12판

Belch & Belch
IMC 광고론

통합 마케팅
커뮤니케이션(IMC)
관점의 광고와 프로모션

Advertising and Promotion, 12th Edition

1 2 3 4 5 6 7 8 9 10 GMP 20 25

Original: Advertising and Promotion, 12th Edition © 2021
By George E. Belch, Michael A. Belch
ISBN 978-1-26-025931-5

This authorized Korean translation edition is jointly published by McGraw-Hill Education Korea, Ltd. and GYOMOON Publisher. This edition is authorized for sale in the Republic of Korea.

This book is exclusively distributed by GYOMOON Publisher.

When ordering this title, please use ISBN 978-89-3632-666-1

Printed in Korea

12판

Belch & Belch IMC 광고론

통합 마케팅 커뮤니케이션(IMC) 관점의 광고와 프로모션

George E. Belch · Michael A. Belch 지음

김동후 · 김영희 · 박현수 · 서찬주 · 손영석 · 송영아 · 이상학 옮김

서찬주 감수

Advertising and Promotion:
An Integrated Marketing Communications
Perspective, 12th Edition

역자 소개

감수

서찬주 숙명여자대학교 경영학과

옮긴이

김동후 중앙대학교 광고홍보학과

김영희 부산대학교 경영대학 경영학과

박현수 단국대학교 미디어커뮤니케이션학부

서찬주 숙명여자대학교 경영학과

손영석 한림대학교 광고홍보학과

송영아 한림대학교 광고홍보학과

이상학 한국항공대학교 경영학과

12판

Belch & Belch

IMC 광고론

12판 발행 2025년 8월 29일

지은이 George E. Belch, Michael A. Belch
감 수 서찬주
옮긴이 김동후, 김영희, 박현수, 서찬주, 손영석, 송영아, 이상학
펴낸이 류원식
펴낸곳 **교문사**

편집팀장 성혜진 | **책임진행** 윤정선 | **디자인** 신나리 | **본문편집** 파워기획

주소 10881, 경기도 파주시 문발로 116
대표전화 031-955-6111 | **팩스** 031-955-0955
홈페이지 www.gyomoon.com | **이메일** genie@gyomoon.com
등록번호 1968.10.28. 제406-2006-000035호

ISBN 978-89-363-2666-1 (93320)
정가 43,000원

잘못된 책은 바꿔 드립니다.

저자 소개

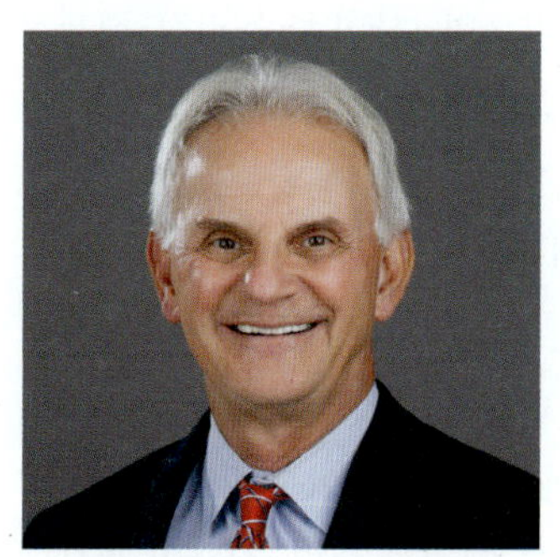

Joshua C Mitchell/www.yourfaceisrad.com

조지 E. 벨치

조지 E. 벨치(George E. Belch)는 샌디에이고 주립대학교 파울러 경영대학의 마케팅 교수이자 수석 부학장으로, 통합 마케팅 커뮤니케이션과 전략 마케팅을 가르치고 있다. 그는 캘리포니아 대학교 로스앤젤레스에서 마케팅 박사 학위를 받았다. 학계에 입문하기 전, 벨치 박사는 듀폰(DuPont)의 마케팅 담당자였으며, DDB 월드와이드(DDB Worldwide) 광고대행사에서는 리서치 애널리스트로 활동했다. 그의 연구 관심사는 소비자의 광고 정보 처리 및 통합 마케팅 커뮤니케이션의 관리 측면에 있다.

그는 『Journal of Marketing Research』, 『Journal of Consumer Research』, 『International Journal of Advertising』, 『Journal of Promotion Management』, 『Journal of Advertising』, 『Journal of Business Research』 등 주요 학술지와 학술대회 논문집에 40편 이상의 논문을 집필하거나 공동 집필했다. 또한 『Journal of Advertising Research』와 『Journal of Marketing Education』의 편집 심사 위원으로 활동 중이다. 2000년에는 교육 및 연구 분야에서의 업적을 인정받아 마케팅 교육자 협회(Marketing Educators' Association)로부터 올해의 마케팅 교육자로 선정되었으며, 1994년과 2003년에는 샌디에이고 주립대학교 경영대학에서 우수 교수상을 수상했다.

그는 전 세계 여러 대학에서 임원 교육 및 개발 프로그램을 강의해왔다. 또한 스프린트, 마이크로소프트, 퀄컴, 아비트론, 스퀘어 D 코퍼레이션, 암스트롱 월드 인더스트리즈, 텍사스 인더스트리즈 등 다국적 기업들을 대상으로 통합 마케팅 커뮤니케이션, 마케팅 기획 및 전략 관련 세미나를 진행해왔다.

Gema Deleon/San Diego State University

마이클 A. 벨치

마이클(미키) A. 벨치(Michael A. Belch)는 샌디에이고 주립대학교의 마케팅 명예교수이자 통합 마케팅 커뮤니케이션 센터 소장이다. 그는 펜실베이니아 주립대학교에서 학사 학위를, 드렉셀 대학교에서 MBA 학위를, 피츠버그 대학교에서 박사 학위를 받았다. 학계에 들어서기 전에는 제너럴 푸드 코퍼레이션(General Foods Corporation)에서 마케팅 담당자로 근무했으며, 맥도날드, 월풀 코퍼레이션, 센코 프로덕츠, GTI 코퍼레이션, IVAC, 메이 컴퍼니스(May Companies), 필립스–램지 광고 및 홍보, 데일리 & 어소시에이츠 광고 등 여러 회사의 컨설턴트로 활동했다. 그는 여러 다국적 기업에서 통합 마케팅 및 마케팅 관리 세미나를 진행했으며, 프랑스, 암스테르담, 스페인, 칠레, 페루, 아르헨티나, 콜롬비아, 중국, 슬로베니아, 그리스 등의 임원 교육 프로그램에서도 강의를 진행했다.

그는 『Journal of Advertising』, 『Journal of Advertising Research』, 『Journal of Business Research』, 『Journal of Promotion Management』, 『International Journal of Advertising』 등 광고, 소비자행동, 국제 마케팅 분야의 학술지와 회의록에 50편 이상의 논문을 저술하거나 공동 집필했다. 또한 『Journal of Advertising』과 『International Journal of Advertising』의 편집 심사 위원회 위원으로 활동 중이다. 그는 학부생과 대학원생으로부터 여러 차례 우수 교육상을 수상했으며, 2007년에는 샌디에이고 주립대학교 경영대학에서 우수 교수상을 수상했다. 최근에는 암스테르담 대학교에서 기프 프란젠 펠로우십을 수여받았다.

역자 서문

『Advertising and Promotion: An Integrated Marketing Communications Perspective, 12판』은 종합적인 광고와 프로모션에 관한 책으로, 약 900페이지에 달하는 방대한 분량을 자랑한다. 이 책은 미국에서 대학교재로 가장 널리 사용되고 있으며, 광고와 프로모션 실무자들도 한 권쯤은 곁에 두고 있는 책이다. 1990년 초 이 두 저자에 의해 처음 출간된 이래 국제적으로 꾸준한 인기를 얻고 있다.

그 이유 중 하나는 이 책의 저자들이 광고와 프로모션 분야에서 풍부한 실무 경험과 학문적 기반을 함께 갖춘 인물이기 때문이라 생각된다. 또 다른 이유로는, 1990년 이전의 광고 교과서들이 광고를 출발점으로 삼아 여러 커뮤니케이션 이슈를 중심으로 다룬 반면, 이 책은 마케팅을 출발점으로 삼아 다양한 프로모션 도구의 통합과 조화를 강조하는 통합 마케팅 커뮤니케이션(IMC)의 큰 그림(big picture)을 제시하고 있기 때문이다.

저자들은 IMC 관점에서 광고와 프로모션 관련 다양한 주제를 풍부한 사례와 이론을 통해 흥미롭게 설명하고 있으며, 광고 및 마케팅 실무자와 대학생 모두에게 설득력 있게 다가가고 있다. 특히, 왜 광고에서 IMC 접근법이 필요한지, 광고주와 광고대행사의 관계 및 최신 동향에 대해 설명하며, 크리에이티브 전략은 두 장에 걸쳐 자세히 다루고 있다. 또한 미디어 플래닝과 IMC 도구로서 전통 4대 매체뿐만 아니라 판매촉진, 홍보, 인터넷, 디지털, 소셜 미디어, 다이렉트 마케팅까지 각 매체의 특징과 효과 측정 방법을 종합적으로 설명하고 있다. 이 밖에도 미국 중심의 광고·프로모션 관련 법적 규제를 다양한 사례와 이론을 통해 소개하고 있으며, 사회적·윤리적·경제적 측면의 이슈도 객관적으로 다루고 있다.

이 책은 광고나 프로모션 이론을 배우는 대학(원)생은 물론, 실무자에게도 유용한 지식을 제공하며 실질적인 지침이 될 수 있다.

다만, 이처럼 방대한 원서를 번역하면서 국내에서는 접하기 어려운 주제와 사례들을 언어와 문화의 차이를 넘어 쉽게 전달하려면 단순한 번역을 넘어서는 애정과 노력, 시간이 필요했다. 그리고 아쉽게도, 광고와 프로모션의 사회적·윤리적·경제적 이슈를 다룬 장은 그 중요성에도 불구하고 분량상의 이유로 번역서에서는 제외되었고, 온라인으로만 제공하게 되었음을 밝힌다. 이 외에도 광고 법규나 국제 광고를 다룬 장들도 각국의 법적 환경과 문화 차이로 인해 번역에서 제외되었다는 점 역시 유감스럽게 생각한다.

이 번역서의 출간을 위해 애써주신 교수님들께 감사드린다. 또한 번역 계약부터 전 과정까지 맡아 주관해주신 박현수 부장님, 그리고 방대한 분량의 원고를 정성스럽게 편집해주신 윤정선 과장님께도 감사의 말씀을 전한다.

이 책이 학생들에게는 광고와 프로모션 분야에 대한 꿈과 희망을, 실무자들에게는 국제적인 감각과 함께 한국 기업의 발전에 도움이 되기를 바란다.

2025년 8월

역자 일동

저자 서문

거의 모든 사람이 광고 및 기타 홍보 수단의 영향을 받고 살아가고 있다. 민간 및 공공 부문의 조직은 타겟 고객과 효과적이고 효율적으로 소통하는 능력이 성공에 매우 중요하다는 것을 깨닫고 있다. 광고 및 기타 홍보 메시지는 제품과 서비스를 판매할 뿐만 아니라, 사회 문제를 알리고 정치 후보를 홍보하며, 알코올 및 약물 남용 같은 문제 해결에도 활용된다. 소비자들은 끊임없이 새로운 방식으로 접근하는 마케터들의 노력을 피하기가 점점 더 어려워지고 있다.

광고 및 홍보에 종사하는 대부분의 사람들은 이보다 더 역동적이고 매혹적인 분야는 없다고 말한다. 하지만 이들은 이 분야가 소비자와의 소통 방식을 영원히 바꿔놓는 극적인 변화를 겪고 있다고도 말한다. 지금은 마케팅, 광고, 홍보 역사상 그 어느 때보다도 역동적이고 혁신적인 변화가 일어나고 있다. 이러한 변화는 AI를 비롯한 기술의 발전과 디지털 및 소셜 미디어의 급속한 성장에 의해 주도되고 있으며, 대부분의 커뮤니케이션은 스마트폰과 태블릿 같은 모바일 기기를 통해 이루어진다.

다른 여러 영역에서도 변화가 일어나고 있다. 소비자들은 광고에 덜 민감하게 반응하고 있으며, 많은 사람들이 기존 미디어와 디지털 미디어 모두에서 나오는 광고 메시지를 피하려 하고 있다. 페이스북, 인스타그램, 트위터, 스냅챗 같은 소셜 미디어 플랫폼은 기존 미디어만큼, 아니 어쩌면 그 이상으로 강력해졌으며, 이러한 플랫폼에서 제품과 브랜드를 홍보하는 인플루언서들도 마찬가지다. 마케터들은 타겟 고객과의 소통 방식도 변화시키고 있다. 소비자들이 뉴스, 정보, 엔터테인먼트의 상당 부분을 온라인에서 접하는 환경이라는 점을 인식하고, 케이블 TV 대신 넷플릭스, 아마존 프라임, 애플 TV+, 훌루, 디즈니+ 같은 스트리밍 서비스를 활용하고 있다.

새로운 시대의 광고주들은 광고의 정의와 게재 방식에 대한 개념을 재정의하고 있다. 기업들은 온라인에서 시청할 수 있는 단편 영화를 제작하고, 제품 배치를 구성하며, 영화나 TV 프로그램에 브랜드를 접목하는 방식으로 제품과 서비스를 홍보하고 있다. 이처럼 브랜드 엔터테인먼트를 활용해 소비자에게 다가가고 있으며, 마케터들은 이벤트 및 체험 마케팅, 스폰서십, 사회공헌 프로모션, 바이럴 캠페인 등 다른 방식에도 더 많은 비용을 투자하고 있다.

이 새로운 환경에서 이 책은 학생들에게 빠르게 변화하는 마케팅 커뮤니케이션 분야를 소개하고자 한다. 광고가 주된 초점이지만 단순한 광고 서론에 머무르지 않는다. 대부분의 기업 홍보 프로그램은 광고 이상의 의미를 지니기 때문이다. 책에서 논의된 여러 변화로 인해, 마케터와 대행사는 통합 마케팅 커뮤니케이션(IMC) 관점에서 광고와 홍보에 접근하고 있으며, 이는 마케팅 및 홍보 프로그램을 계획하고 다양한 커뮤니케이션 기능을 조율하는 데 있어 '큰 그림' 관점이 필요함을 뜻한다. 오늘날의 비즈니스 환경에서 광고와 홍보의 역할을 이해하려면, 기업이 모든 홍보 도구를 활용해 고객과 어떻게 소통하는지를 파악해야 한다. 이 책 12판은 광고 및 홍보 분야에서 일어나고 있는 여러 변화를 다루며, 이러한 IMC 관점을 바탕으로 지속적으로 발전해 나갈 것이다. 또한 이번 개정판에서는 디지털 및 소셜 미디어에 대한 논의를 책 전반에 걸쳐 통합해 이 주제에 중점을 두었다.

조지 E. 벨치, 마이클 A. 벨치

요약 차례

차례

Part ① 통합 마케팅 커뮤니케이션(IMC) 개론

mstepanphotographer/Shutterstock

Part ② 통합 마케팅 커뮤니케이션 프로그램 상황 분석

NicoElNino/Alamy Stock Photo

Part ③ 커뮤니케이션 프로세스 분석

slyellow/Shutterstock

Mark Dierker/McGraw-Hill Education

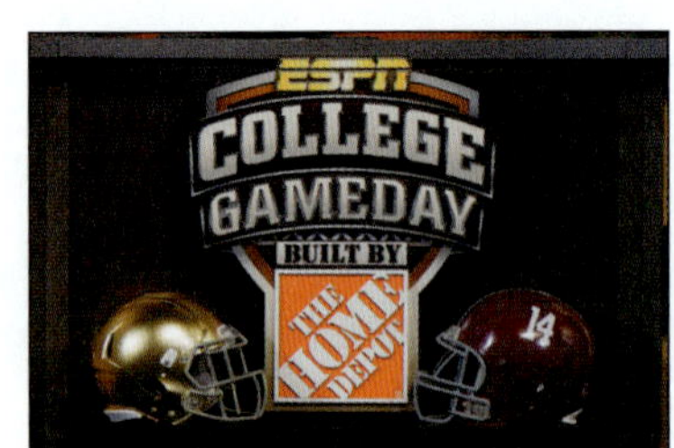

Chris Szagola/AP Images

Mark Dierker/McGraw-Hill Education

북티켓을 활용하시면 'Online Chapter 19', '토의 문제 및 해답'을 전자책으로 보실 수 있습니다.

PART

통합 마케팅 커뮤니케이션(IMC) 개론

Introduction to Integrated Marketing Communications

1 | IMC의 개요

2 | 마케팅 과정에서 IMC의 역할

CHAPTER 1

IMC의 개요

학습 목표

1 | 마케팅에서 광고와 기타 판촉 요소의 역할을 설명한다.

2 | 통합 마케팅 커뮤니케이션(IMC) 개념의 발전을 논의한다.

3 | 광고 및 판촉 프로그램에서 IMC 관점의 가치가 어떻게 향상되었는지 설명한다.

4 | 판촉 믹스의 요소를 구분한다.

5 | 마케터와 그들의 표적 집단 간의 접점을 이해한다.

6 | IMC 계획 수립 과정의 각 단계를 설명한다.

나이키: 그냥 계속 해, 그렇지만 차별화된 방법으로

전 세계 소비자들에게 스포츠 브랜드를 하나만 말해달라고 하면, 아마 대부분은 나이키(Nike)를 답할 것이다. 여기에는 그럴 만한 이유가 있다. 지난 수십 년 동안 나이키는 모든 경쟁자를 제치고 운동화와 운동복 판매에서 가장 큰 판매업체가 되었으며, 세계에서 가장 가치 있는 브랜드 중 하나로 자리 잡았다. 회사의 수익은 새로운 밀레니엄이 시작된 이후로 세 배 이상 증가했으며, 2000년 89억 달러에서 2018년 364억 달러로 증가했고, 2022년까지 500억 달러의 매출을 목표로 하고 있다. 나이키는 인터브랜드(Interbrand)가 매년 발표하는 세계 최고 브랜드 순위에서 17위에 올랐으며, 브랜드 가치는 약 300억 달러로 추정된다. 상위 100위 내에 랭크된 다른 스포츠 브랜드는 나이키보다 30위 이상 낮은 순위에 위치한 아디다스뿐이다.

나이키의 순수하고 대담한 성능 그리고 전 세계 모든 운동선수들에게 영감과 혁신을 전달하려는 정신은 1988년에 채택되어 스포츠 세계의 대표적인 캐치프레이즈가 된 "Just Do It(그냥 해)" 슬로건에 잘 담겨 있었다. 1980년대와 1990년대, 그리고 새로운 밀레니엄에 이르기까지 나이키는 매출을 증가시키고, 마이클 조던, 타이거 우즈, 로저 페더러, 마리아 샤라포바, 세레나 윌리엄스, 크리스티아누 호날두, 르브론 제임스 같은 유명 스포츠 선수들이 등장하는 광고를 통해 전 세계로 브랜드 메시지를 확산시켰다. 나이키의 TV 광고는 스포츠 이벤트 중계 중에 방영되었고, 지면 광고는 빌보드를 비롯 〈Sports Illustrated〉나 〈ESPN The Magazine〉에 게재되었다. 그런데 잠깐. 마지막으로 TV나 잡지에서 나이키 광고를 본 때를 기억하는가? 기억이 나지 않더라도 놀라지 마라. 왜냐하면 나이키의 TV와 인쇄 광고에 대한 지출은 지난 10년 동안 급격히 감소했기 때문이다. 그러나 나이키의 마케팅 예산은 50% 이상 증가하여 연간 약 40억 달러에 육박하고 있다.

여기서 단순한 질문이 가능하다. 나이키의 마케팅 지출은 계속 증가하는데 왜 광고는 점점 더 적게 보이는 걸까? 그 돈은 어디로 가고 있는 걸까? 나이키는 마케팅 예산을 수요 창출 비용이라고 부르며, 여기에는 텔레비전, 인쇄물, 옥외 광고, 디지털 광고, 브랜드 이벤트 그리고 리테일 브랜드 프리젠테이션이 포함된다. 그리고 지금 나이키 예산의 대부분을 차지하는 수요 창출 도구는 디지털 마케팅과 광고다. 이 변화의 이유는 간단하다. 나이키의 핵심 타겟 시장인 십대와 젊은 성인들은 텔레비전을 보거나 잡지를 읽는 대신, 대부분 시간을 온라인과 소셜 미디어에서 보내고 있기 때문이다. 나이키는 디지털 미디어가 전통적인 미디어보다 소비자들과 더 밀접하게 연결하고 상호 작용할 수 있는 기회를 제공한다고 느낀다. 나이키의 CEO인 마크 파커(Mark Parker)는 이러한 변화에 대해 다음과 같이 설명했다.

"예전의 연결은 '여기 제품이 있고, 여기 광고가 있다. 당신이 이것들을 좋아하길 바란다'였지만, 오늘날의 연결은 대화다."

나이키의 전통적인 미디어에서 디지털 미디어로의 전환은 단순히 온라인이나 소셜 미디어에서 광고를 게재하는 것 이상을 포함한다. 나이키는 NikePlus 멤버십 프로그램과 같은 브랜드 커뮤니티를 통해 소비자들과 소통하고 있다. 이 프로그램에는 현재 1억 명의 사용자가 있으며, 모바일 기기용 Nike+ Run Club과 Training Club 앱, 그리고 세계에서 가장 인기 있는 신발 쇼핑 앱인 SNKRS가 포함되어 있다. 나이키는 또한 D2C(Direct-to-consumer) 판매 노력도 강화했다. 현재 나이키는 자사 웹사이트인 Nike.com을 통해 운동화와 의류를 판매하고 있으며, 2017년에는 아마존과 협약을 맺어 자사 제품을 주요 전자상거래 사이트에서 판매하기 시작했다. D2C 판매는 스포츠 오소리티(Sports Authority)와 스포츠 마트(Sport Mart)와 같은 주요 스포츠 용품 소매점들이 파산한 이후 더 중요해져 현재는 나이키 스포츠 용품 판매의 20%가 온라인에서 이루어진다. 나이키는 또한 1,000개 이상의 자체 소매점을 열었는데, 뉴욕시의 5번가에 위치한 총 6개 층으로 이루어진 미래지향적 매장은 그 면적이 6만 8,000평방피트에 이른다.

나이키는 마케팅 커뮤니케이션의 많은 부분을 디지털 미디어로 전환했다. 그러나 최근 나이키는 여전히 전통적인 미디어를 어떻게 활용해야 하는지 잘 알고 있으며 광고에서 위험을 감수할 준비가 되어 있음을 보여주었다. 2018년 가을, 나이키는 "Dream Crazy(드림 크레이지)"라는 제목의 2분 길이 광고를 방영하기 시작했다. 이 광고에는 2016년 이후 NFL에 출전하지 않은 콜린 캐퍼닉(Colin Kaepernick)이 등장했다. 캐퍼닉은 5년간 샌프란시스코 49ers 팀의 스타 쿼터백이었으나, 경기 전 국가 제창 시 무릎을 꿇으며 논란에 휩싸인 이후 NFL에서 경기를 하지 않고 있다. 그는 아프리카계 미국인 남성에 대한 경찰 총격 사건과 미국 내 소수자들에 대한 사회적 부당함에 항의하기 위해 국가를 부를 때 일어나지 않았고, 그의 행동은 NFL 선수들 사이에서 국가를 부를 때 무릎을 꿇는 운동을 촉발했다.

"Dream Crazy" 광고는 나이키의 "Just Do It" 슬로건 30주년을 기념하기 위해 만들어졌으며, 르브론 제임스와 세레나 윌리엄스 같은 다른 스포츠 스타들도 등장했다. 캐퍼닉이 내레이션을 맡은 이 광고에는 어려운 장애물을 극복한 운동선수들이 영감을 주는 이야기와 장면들이 담겨 있었다. 예를 들어, 어린 시절 팔 아랫부분을 절

(계속)

단한 상태에서 NFL에 진출한 샤킴 그리핀과 다리가 없는 채 태어난 10살 레슬러의 이야기가 소개되었다. 이 캠페인에는 캐퍼닉의 사진과 함께 "Believe in something. Even if it means sacrificing everything.(신념을 가져라. 모든 것을 잃는 희생이 따를지라도)"라는 문구가 적힌 인쇄 광고와 빌보드도 포함되었다.

캐퍼닉을 전면에 내세운 기념 캠페인은 분명 나이키에게 위험한 결정이었다. 많은 사람들이 그의 행동을 비애국적이라고 보고, 이를 이유로 회사에 대한 불매 운동을 벌이겠다고 위협했다. 도널드 트럼프 대통령은 나이키가 논란의 여지가 있는 전직 쿼터백과 손잡음으로써 나쁜 메시지를 보낸다고 말했지만, 동시에 회사가 그렇게 할 자유는 '이 나라의 정신'이라고 인정했다. 광고에 대한 반응은 엇갈렸다. 일부는 나이키를 사회 정의를 위한 투사로 보았고, 어떤 이들은 나이키가 사회적 물의를 일으킨 인물을 영웅으로 만들고 있다고 주장했다. 그러나 종래에 나이키는 MZ세대로 구성된 핵심 고객들로부터 많은 관심과 찬사를 받는 논란의 중심에 서게 되었다. CEO인 마크 파커는 디지털 및 소셜 미디어를 통한 기록적인 브랜드 인게이지먼트를 목도했다고 언급했다. 나이키는 캠페인 출시 후 인스타그램 팔로워가 거의 17만 명 증가했고, 트위터와 페이스북 같은 다양한 소셜 미디어에서 나이키에 대한 언급이 급증했다. 많은 유명 인사와 유명 운동선수들이 광고에 대해 긍정적인 의견을 내놓았다. 나이키의 온라인 매출은 캠페인 출시 이후 급증했으며, 회사의 주가는 캐퍼닉이 광고에 등장한 지 2주 만에 사상 최고치를 기록했다. 이 광고의 영상은 나이키 인스타그램 계정에서 두 번째로 가장 많은 '좋아요'를 받은 게시물이 되었다.

많은 전문가들은 "Dream Crazy" 캠페인이 나이키에게 매우 주효했다고 평가한다. 왜냐하면 당시 나이키는 언더아머, 아디다스, 룰루레몬과 같은 경쟁자들에게 모멘텀을 빼앗기고 있었기 때문이다. 이 대담한 결정은 나이키가 그런 경쟁자들뿐만 아니라 올버즈(Allbirds)와 같은 신생 기업들과의 경쟁에서 자신의 입지를 강화하는 데 도움을 주었다. 한 브랜드 전략가는 이 캠페인에 대해 "우리는 아이코닉한 브랜드가 문화적인 순간을 포착하고 입장을 취하면서 계속해서 관련성을 유지하기를 기대하는데, 나이키는 그것을 훌륭하게 해냈다. 나이키는 선수들을 단순한 경기에서의 선수로서가 아니라 사람으로서 지지하는 모습을 보여주었다"고 평했다. 나이키는 2011년에 캐퍼닉과 후원 계약을 체결하여, 그가 더 이상 NFL에서 뛰지 않음에도 캐퍼닉에 대한 금전적 지원을 지속하였다.

나이키가 이루어낸 엄청난 성공의 주요인은 위험을 감수하고 온라인과 오프라인 모두에서 소비자들과 연결할 수 있는 창의적인 방법을 찾으려는 의지라고 할 수 있다. 나이키는 여전히 세계 최고의 마케팅 회사 중 하나로 인정받고 있으며, 광고 및 마케팅 산업의 주요 매체인 〈Advertising Age〉는 2018년 나이키를 '올해의 마케터'로 선정했다. 나이키는 계속해서 "Just Do It"을 매우 성공적으로 실현하고 있다.

자료: Adrianne Pasquarelli, "Marketer of the Year," *Advertising Age*, December 3, 2018, pp. 16–17; John Cassillo and Jason Damata, "How Nike's Advertising Just 'Does' It," *TVREV*, September 13, 2018, https://tvrev.com/how-nikes-advertising-just-does-it-colin-kaepernick/; Laura Stevens and Sara Germano, "Nike Thought It Didn't Need Amazon—Then the Ground Shifted," *The Wall Street Journal*, June 28, 2017, pp. B1, 2; Scott Cendrowski, "Nike's New Marketing Mojo," *Fortune*, February 13, 2012, http://fortune.com/2012/02/13/nikes-new-marketing-mojo/.

이 장의 도입부 삽화는 나이키가 소비자와의 커뮤니케이션 방식 변화에 대응하기 위해 마케팅 전략을 어떻게 조정해왔는지를 보여준다. 이는 현대 마케팅 환경에서 광고 및 기타 마케팅 커뮤니케이션의 역할이 어떻게 변화하고 있는지를 보여주는 훌륭한 사례다. 과거에는 대부분의 기업이 텔레비전, 라디오, 잡지, 신문과 같은 대중 매체에 광고를 게재하여 다수의 소비자에게 마케팅 메시지를 전달하는 데 의존했기 때문에 광고의 프로세스가 비교적 단순했다. 그러나 오늘날의 마케터들은 급변하는 미디어 환경으로 인해 목표 고객에게 효과적으로 도달하고 소통하는 것이 점점 더 어려워지고 있음을 인식하고 있다. 점점 더 많은 시청자, 청취자, 독자들은 대중매체에서 보다 세분화된 타겟팅이 가능한 디지털 미디어로 이동하고 있다. 이러한 디지털 미디어는 소비자가 커뮤니케이션 과정에 보다 적극적으로 참여할 수 있도록 한다. 이제 소비자들은 더 이상 마케터가 일방적으로 제공하는 광고 메시지를 수동적으로 받아들이지 않는다. 그들은 미디어를 통해 받는 콘텐츠를 더욱 주도적으로 통제하기를 원하며, 다양한 출처에서 정보뿐만 아니라 엔터테인먼트도 적극적으로 찾아나서고 있다.

나이키가 사용하는 다양한 마케팅 커뮤니케이션 도구는 기업들이 통합 마케팅 커뮤니케이션(IMC)을 활용하여 목표 고객에게 도달하고 그들과 소통하는 방식을 보여준다. 나이키는 여전히 TV, 잡지, 신문과 같은 전통적인 대중 매체 광고뿐만 아니라, 빌보드와 같은 옥외 광고

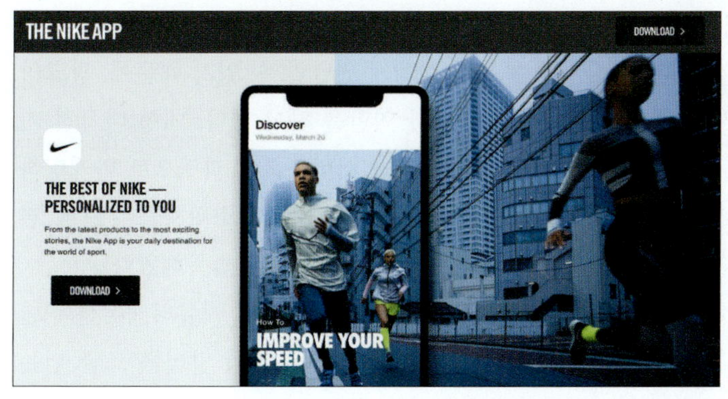

사진 1-1

모바일 마케팅은 나이키의 통합 마케팅 커뮤니케이션 프로그램에서 중요한 부분을 차지하고 있다.

자료: Nike, Inc.

매체를 활용하여 브랜드 인지도를 높이고 정보를 전달하며 강력한 브랜드 정체성을 유지하고 있다. 또한 전통적인 미디어와 함께 다양한 형태의 디지털 광고를 활용하여 소비자들이 자사 웹사이트, 모바일 앱 그리고 오프라인 매장을 방문하도록 유도하며 온라인 행동에 영향을 미친다. 나이키는 소셜 미디어 플랫폼을 통해 운동화와 의류를 프로모션하는데, 이는 오늘날 거의 모든 기업의 디지털 마케팅 전략에서 중요한 부분이 되고 있다. 소비자들은 페이스북, 인스타그램, 트위터를 통해 나이키와 소통하도록 장려되며, 유튜브에서는 나이키의 광고 및 영감을 주는 다양한 영상 콘텐츠를 볼 수 있다. 나이키는 인스타그램에서 8,500만 명 이상의 팔로워를 보유한 인기 브랜드 중 하나로, 광고와 동일한 주제를 반영한 콘텐츠를 게시하며, 운동선수들에게 자신을 믿고 최선을 다해 잠재력을 발휘하도록 영감을 주는 메시지를 전달한다. 이 콘텐츠에는 단편 영화, 다큐멘터리, 영감을 주는 영상과 사진 등이 포함된다. 또한 나이키는 페이스북, 트위터, 인스타그램을 활용해 스포츠 관련 최신 소식, 즉 목표 고객이 관심을 갖고 원하는 정보를 제공한다. 많은 소비자들은 스마트폰을 통해 나이키와 소셜 미디어에서 연결되며, 인기 있는 나이키 앱을 활용해 트레이닝과 피트니스 활동을 추적하거나 나이키 운동화와 의류를 쇼핑하기도 한다(사진 1-1).

홍보(PR) 역시 나이키의 마케팅 커뮤니케이션 프로그램에서 중요한 부분이다. 나이키는 "Dream Crazy" 캠페인과 같은 고도의 인지도를 가진 광고를 통해 세계에서 가장 인기 있는 브랜드로 많은 언론과 미디어의 주목을 받고 있다. 반면 PR을 통해서는 나이키의 비즈니스와 관련된 중요한 사회적 이슈를 다루고, 기업의 사회적 책임(CSR)과 시민의식에 대한 정보를 소비자 및 기타 이해관계자들에게 전달한다. 나이키의 프로모션 활동은 소매 매장에서도 확장되어, 구매 시점에서의 디스플레이(Point-of-Purchase, POP), 특별 할인 및 프로모션 등의 전략을 통해 풋라커(Foot Locker), 딕스 스포팅 굿즈(Dick's Sporting Goods)와 같은 매장에서 나이키 제품을 적극적으로 취급하고 프로모션하도록 유도한다. 또한 나이키는 대학 및 프로 스포츠 팀, NFL, NBA와 같은 리그 그리고 다양한 스포츠 이벤트에 매년 수십억 달러를 투자하며 스폰서십 활동을 펼치고 있다.

나이키를 비롯한 수천 개의 기업들은 제품을 프로모션하고 소비자와 소통하는 방식이 계속 변화하고 있음을 인식하고 있으며, 다양한 커뮤니케이션 도구를 통합하여 마케팅 프로그램을 발전시켜야 하는 필요성을 깨닫고 있다. 시장 세분화, 잡지와 신문과 같은 전통적인 매체의 쇠퇴, 인터넷과 새로운 디지털 및 소셜 미디어의 성장, 글로벌 시장의 등장, 경제적 불확실성, 그리고 소비자의 라이프스타일과 미디어 사용 패턴의 변화는 기업들이 제품과 서비스를 마케팅하고 기존 및 잠재 고객과 커뮤니케이션하는 방식을 변화시키고 있다. 이러한 변화에 대응하는 마케팅 커뮤니케이션 프로그램을 개발하는 것은 시장에서 경쟁하는 거의 모든 기업의 성공에 필수적인 요소다.

광고와 프로모션의 성장

광고와 프로모션은 우리 사회와 경제 시스템에서 필수적인 요소다. 복잡한 현대 사회에서 광고는 소비자와 기업 모두에게 중요한 커뮤니케이션 시스템으로 발전해왔다. 광고와 기타 프로모션 방법을 통해 정교하게 준비된 메시지를 목표 고객에게 전달할 수 있기 때문에, 광고와 프로모션은 대부분의 조직에서 마케팅 프로그램의 중요한 역할을 하고 있다. 대형 다국적 기업부터 소규모 소매업체에 이르기까지 많은 기업들은 제품과 서비스를 효과적으로 마케팅하기 위해 점점 더 광고와 프로모션에 의존하고 있다. 시장 기반 경제에서 소비자들은 구매 결정을 내릴 때 활용할 수 있는 정보를 광고와 다양한 형태의 프로모션에서 습득해왔다.

1980년에는 광고와 판매촉진이 대부분의 기업이 사용하는 주요 마케팅 커뮤니케이션 수단이었으며, 미국에서 기업들이 이 두 마케팅 커뮤니케이션 수단에 1,000억 달러를 조금 넘는 비용을 지출했다. 그중 미디어 광고에는 530억 달러가 사용되었으며, 490억 달러는 제품 샘플, 쿠폰, 콘테스트, 경품 행사, 판촉용 사은품, 리베이트뿐만 아니라 소매업체를 대상으로 한 거래 수당 및 할인과 같은 판매촉진 기법에 지출되었다. 1990년까지 광고 지출은 1,300억 달러로 증가했으며, 판매촉진 비용도 1,400억 달러로 늘어났다. 뉴 밀레니엄이 시작될 무렵, 지역 및 전국 광고에 거의 1,560억 달러가 지출되었으며, 소비자와 소매업체를 대상으로 한 판매촉진 프로그램의 지출은 2,500억 달러를 넘어섰다. 이러한 성장 추세는 지난 20년 동안 계속되어 2019년에는 광고에 약 2,400억 달러가 지출되었으며, 이 중 1,100억 달러는 텔레비전, 라디오, 잡지, 신문, 옥외 광고, 영화관 광고와 같은 전통적인 미디어 광고에 사용되었고, 1,300억 달러는 디지털 및 온라인 광고에 투입되었다. 미디어 광고 외에도, 다이렉트 메일 및 이메일 마케팅과 같은 직접 마케팅에 약 500억 달러가 사용되었으며, 스폰서십 및 이벤트 마케팅에 250억 달러 그리고 소비자 및 유통업체를 대상으로 한 판매촉진에 3,000억 달러 이상이 지출되었다.

광고 지출이 텔레비전, 라디오, 인쇄 매체와 같은 전통적인 미디어에서 온라인 검색, 디스플레이 및 동영상 광고뿐만 아니라 소셜 미디어 광고와 같은 디지털 형식으로 이동하는 변화는 특히 주목할 만하다. 2019년 미국에서 디지털 광고 지출이 처음으로 전통적인 미디어 광고 지출을 초과했으며(54% 대 46%), 2023년까지 디지털 광고는 전체 광고 지출의 3분의 2 이상을 차지할 것으로 예상되었다. 디지털 광고 증가의 원인은 잡지 및 신문의 인쇄판 광고 지출 감소뿐만 아니라 옐로 페이지(Yellow Pages, 미국의 전화번호부)와 같은 디렉터리 광고 지출 감소에서 비롯되고 있다. 디지털 광고에서 가장 큰 비중을 차지하는 분야는 구글, 야후, 빙(Bing)과 같은 검색 엔진에서 제공하는 유료 검색 광고로, 전체 온라인 광고 지출의 거의 절반을 차지한다. 그다음으로 온라인 디스플레이 광고가 뒤를 잇고 있으며, 이는 온라인에서 제공되는 동영상 광고의 성장에 의해 주도되고 있다. 페이스북, 트위터, 인스타그램, 스냅챗과 같은 소셜 미디어 플랫폼은 광고 지출의 측면에서 지난 몇 년간 가장 빠르게 성장한 디지털 채널 중 하나다. 디지털 광고의 성장 대부분은 모바일 마케팅이 주도하며, 광고, 문자 메시지, 프로모션용 판촉 행사 등이 스마트폰 및 태블릿과 같은 모바일 기기로 직접 전송되는 방식으로 이루어지고 있다. 모바일 기기를 통한 디지털 광고는 전체 디지털 광고 지출의 약 3분의 2를 차지하며, 그 비중은 계속해서 증가하는 추세다. 모바일 마케팅으로의 전환은 소비자들이 신문, 잡지, 텔레비전과 같은 전통적인 미디어보다 모바일 기기에 더 많은 시간을 소비함에 따라 자연스럽게 일어나고 있다. 미국 성인은 하루 평균 3시간 30분을 모바일 기기에서 보내며, 이 중 3분의 2는 스마트폰 사용에 할애하는 것으로 추정된다.

광고와 프로모션은 지난 40년 동안 전 세계적으로 성장해왔다. 미국 외 지역에서의 광고 지출은 1980년 550억 달러에서 2002년 2,140억 달러로 증가했으며, 2019년에는 3,940억 달러에 달했다. 미국이 여전히 전 세계 광고 지출의 3분의 1 가까이를 차지하고 있지만, 서유럽과 아시아·태평양 지역의 광고는 전 세계 광고 지출의 절반가량을 차지하고 있다. 미국 다음으로 광고 지출이 많은 국가는 중국, 일본, 영국, 브라질이다. 마케팅 담당자들은 수십억 달러를 판매촉진, 직접 마케팅, 이벤트 후원, 홍보(PR) 등에 추가적으로 투자하고 있다. 미국과 마찬가지로 전 세계적으로 디지털 광고는 빠르게 성장하고 있으며, 2020년까지 전체 광고 지출에서 디지털 광고가 차지하는 비율이 50%에 가까워질 것으로 예상되었다.

전 세계 기업들이 소비자와 기업을 포함한 고객들에게 자사 제품과 서비스를 마케팅하기 위해 노력하면서 광고 및 기타 형태의 프로모션 지출은 계속 증가할 것으로 예상된다. 통합 마케팅 커뮤니케이션(IMC)은 소비재 및 서비스 기업뿐만 아니라 기업 간 거래(B2B) 마케터들에게도 중요한 역할을 하며, 현재 고객 및 잠재 고객과 효과적으로 소통하는 데 핵심적인 요소로 작용한다. IMC가 마케팅 과정에서 어떤 역할을 하는지 이해하기 위해, 먼저 마케팅 기능을 살펴보자.

마케팅의 역할

마케팅은 오늘날 그 어느 때보다 중요하고 광범위하게 활용되고 있다. 대기업부터 중소기업, 지역 사업체에 이르기까지 다양한 조직들은 마케팅이 중요한 비즈니스 기능이며, 시장에서 경쟁력을 확보하는 데 필수적인 역할을 한다는 점을 인식하고 있다. 미국과 캐나다의 마케팅 전문가들을 대표하는 미국마케팅협회(American Marketing Association, AMA)는 거의 20년 동안 마케팅을 "마케팅이란 아이디어, 상품 및 서비스의 개념 개발, 가격 책정, 프로모션, 유통을 계획하고 실행하는 과정으로, 이를 통해 개인 및 조직의 목표를 충족시키는 교환(exchange)을 창출하는 것"으로 정의해왔다. 이 정의는 마케팅에서 **교환**(exchange)을 핵심 개념으로 삼고 있으며, 고객과 관계를 형성하고 유지하기 위한 기본적인 마케팅 활동의 역할을 강조하고 있다. 교환이 이루어지기 위해서는 서로 가치 있는 것을 보유한 두 개 이상의 당사자가 존재해야 하고, 상대방에게 그 가치를 제공하려는 의지와 능력이 있어야 하며, 서로 소통할 수 있는 수단이 존재해야 한다. 광고와 프로모션은 이러한 교환 과정에서 중요한 역할을 하는데, 구체적으로 고객에게 기업의 제품과 서비스를 알리고, 그것이 고객의 필요(needs)와 욕구(wants)를 충족할 수 있음을 설득하는 역할을 한다.

사진 1-2

비영리 단체들은 기부와 지원을 요청하기 위해 광고를 활용한다.

자료: American National Red Cross

모든 마케팅 거래가 제품이나 서비스에 대한 금전적 교환을 포함하는 것은 아니다. 자선 단체, 종교 단체, 예술 기관, 대학 및 다양한 공익 단체를 포함한 비영리 조직들은 매년 수백만 달러의 기부금을 받는다. 많은 비영리 단체들은 광고를 활용하여 대중에게 기부를 요청한다. 사진 1-2에 나타난 바와 같이 미국적십자(American Red Cross)는 매년 약 7만여 건의 재난(홍수, 화재, 토네이도, 허리케인, 지진 등)에 대응하기 위한 필요 자금 마련에 광고를 활용한다. 기부자들은 일반적으로 기부에 대한 물질적인 보상을 받지 않으며, 대신 선행(goodwill)과 이타심(altruism)에서 오는 심리적·사회적 만족감을 얻기 위해 기부하는 경우가 많다.

교환은 여전히 마케팅의 핵심 현상 또는 연구 분야로 인식된다. 그러나 한편으로 마케팅이라는 영역이 빠르게 변화하고 있다는 점에는 학계와 실무자 모두 공감하고 있다. 이러한 변화를 반영하기 위해, 미국마케팅협회(AMA)는 2007년에 **마케팅**(marketing)의 정의를 다음과 같이 개정하였다.

> "마케팅이란 고객, 클라이언트, 파트너 및 사회 전체에 가치를 제공하는 제품과 서비스를 창출하고, 소통하며, 전달하고, 교환하는 활동, 기관 그리고 과정이다."

이 새로운 정의는 마케팅의 역할이 단순한 교환을 넘어 가치 창출과 전달, 관계 형성으로 확대되었음을 보여준다. 이 개정된 정의는 마케팅의 과정에서 비마케터의 역할을 보다 충실하게 반영하고 있다. 또한 마케팅이 고객뿐만 아니라 사회 전체에 가치를 창출, 소통, 전달하는 과정에서 중요한 역할을 한다는 점을 분명히 하고 있다. 오늘날 대부분의 시장은 고객과의 단순한 일회성 교환이나 거래 그 이상을 추구하고 있다. 시장 중심 기업의 초점은 고객과의 관계를 개발하고 유지하는 데 있다. 성공적인 기업들은 고객에게 가치를 창출, 소통, 전달하는 것이 매우 중요하다는 점을 인식하고 있다. **가치**(value)는 고객이 제품이나 서비스에서 얻을 수 있는 모든 혜택을 그것을 획득하고 소비하는 데 드는 모든 비용과 비교하여 느끼는 것이다. 혜택(benefit)은 기능적(제품의 성능), 경험적(제품을 사용하는 느낌), 심리적(특정 브랜드를 소유함으로써 얻는 자존감이나 사회적 지위와 같은 감정)일 수 있다. 비용에는 제품이나 서비스에 대해 지불하는 금액뿐만 아니라 제품/서비스에 대한 정보를 획득하는 것, 구매하는 것, 사용하는 방법을 배우는 것, 제품을 유지·보수하는 것 그리고 폐기하는 것과 같은 기타 요소들이 포함된다.

마케팅 믹스

마케팅은 소비자의 욕구와 욕망을 면밀히 분석하고, 이러한 요구를 충족시키는 제품이나 서비스를 개발하며, 특정 가격으로 제공하고, 특정 장소나 유통 경로를 통해 이용할 수 있도록 하며, 인지도와 관심을 유도하는 프로모션 또는 커뮤니케이션 프로그램을 개발함으로써 교환 과정(exchange process)과 관계 형성(relationship development)을 촉진한다. 이러한 네 가지 요소(제품, 가격, 장소/유통, 프로모션)는 **마케팅 믹스**(marketing mix)의 구성 요소다. 마케팅의 기본적인 역할은 이 네 가지 요소를 결합하여 마케팅 프로그램을 구성하고, 시장에서 소비자와의 교환 가능성을 높이는 것이다.

적절한 마케팅 믹스는 저절로 형성되지 않는다. 마케터들은 마케팅 믹스의 각 요소에 관련된 문제와 선택지에 대해 충분한 지식을 갖춰야 한다. 또한 소비자에게 가치를 제공하는 효과적인 마케팅 프로그램을 만들기 위해서 마케팅 믹스의 요소들을 어떻게 결합할 수 있을지 잘 이해해야 한다. 시장은 소비자 조사(consumer research)를 통해 분석되어야 하며, 이를 통해 얻은 정보를 바탕으로 전체적인 마케팅 전략과 마케팅 믹스를 개발해야 한다.

이 책은 마케팅 믹스의 요소 중 프로모션 변수(promotional variable)에 그 초점을 두고 있다. 그러나 프로모션 프로그램은 실행 가능한 마케팅 전략의 일부가 되어야 하며, 다른 마케팅 활동들과 조화롭게 어울려야 한다. 기업이 광고, 판매촉진(sales promotion) 또는 기타 형태의 마케팅 커뮤니케이션(marketing communication)에 막대한 비용을 지출한다 하더라도, 제품 품질이 낮거나, 가격이 적절하지 않거나, 소비자에게 적절하게 유통되지 않는다면 성공할 가능성은 낮다. 마케터들은 오래전부터 마케팅 믹스 요소들을 결합하여 통합적인 마케팅 전략을 수립하는 것이 중요하다는 사실을 인식해왔다. 또한 많은 기업들은 전통적 미디어 광고, 직접 마케팅(direct marketing), 판매촉진, 인터넷 마케팅, 소셜 미디어, 이벤트 후원(cvcnt sponsorships), PR(public relations) 등의 다양한 마케팅 커뮤니케이션 활동을 통합할 필요성을 깨닫고 있으며, 이를 통해 보다 효과적인 마케팅 커뮤니케이션을 실현하려 하고 있다.

통합 마케팅 커뮤니케이션(IMC)

대중 매체 광고(mass-media advertising)는 수년 동안 대다수 기업의 프로모션 기능에서 지배적인 역할을 해왔다. 기업들은 마케팅 커뮤니케이션의 전 영역을 광고대행사(advertising agencies)에 의존했다. 대부분의 마케터들은 추가적인 프로모션 및 마케팅 커뮤니케이션 도구를 사용했지만, 판매촉진 및 직접 마케팅(direct marketing) 대행사, 패키지 디자인(package design) 업체 등은 일반적으로 보조 서비스(auxiliary services)로 간주되었으며, 프로젝트 단위로 개별적으로 활용되는 경우가 많았다. PR 대행사는 기업의 퍼블리시티(publicity), 이미지(image), 대중과의 지속적인 관계를 관리하는 것을 담당했으나, 마케팅 커뮤니케이션 과정에서 핵심적인 역할을 한다고 인식되지는 않았다.

많은 마케터들은 각각의 마케팅 및 프로모션 기능을 강하게 분리하고, 개별적인 활동으로 계획 및 관리했다. 각 기능마다 별도의 예산(budget), 시장에 대한 다른 관점(view of the market), 서로 다른 목표(objectives)를 설정했다. 기업들은 다양한 마케팅 및 프로모션 도구들을 조직화하여, 목표시장(target markets)에 일관된 브랜드 이미지를 효과적으로 전달할 수 있도록 해야 한다는 점을 깨닫지 못했다.

IMC의 발전

1980년대에 들어 많은 기업은 마케팅 커뮤니케이션에 대한 보다 광범위한 시각을 갖기 시작했으며, 프로모션 도구의 전략적 통합이 필요함을 인식하기 시작했다. 이 시기는 판매촉진, 직접 마케팅, PR과 같은 분야가 급격히 성장한 시기로, 이러한 분야가 마케팅 커뮤니케이션의 주요 형태로서 광고의 지위를 위협하기 시작했다. 이에 따라, 기업들은 마케팅 및 프로모션 기능을 **통합 마케팅 커뮤니케이션**(Integrated Marketing Communications, IMC) 과정으로 전환하기 시작했다. IMC는 다양한 프로모션 요소와 기타 마케팅 활동을 조직적으로 편성하여 고객과 효과적으로 소통하는 과정을 의미한다. 마케터들이 IMC 개념을 받아들이면서, 광고대행사들에게 기존의 미디어 광고 중심 접근 방식에서 벗어나 다양한 프로모션 도구를 조직적으로 통합할 것을 요구하기 시작했다. 또한 여러 기업은 전통적인 광고대행사뿐만 아니라, 다양한 유형의 프로모션 전문가를 활용하여 개별 프로모션 계획의 요소들을 개발하고 실행하는 방향으로 변화하기 시작했다.

많은 대형 광고대행사는 프로모션 도구 간 시너지 효과에 대한 요구에 대응하여, PR(홍보), 판매촉진, 직접 마케팅 회사들을 인수하고, 고객의 모든 프로모션 요구를 한곳에서 해결할 수 있는 'IMC 대행사'로 자신들을 내세우기 시작했다. 일부 광고대행사는 고객의 프로모션 프로그램과 예산을 통제하기 위해 비(非)광고 분야에도 개입하였으나, 실질적으로 광고 제작을 넘어선 가치를 제공하는 데에는 한계가 있었다. 그러나 광고업계는 곧 IMC가 단순한 유행(fad)이 아니라 중요한 개념이라는 점을 인식하게 된다. '새로운 광고(new advertising)', '조율(orchestration)', '매끄러운 커뮤니케이션(seamless communication)'과 같은 용어들이 통합의 개념을 설명하는 데에 활용되었다. 미국광고대행사협회(American Association of Advertising Agencies, 4As)의 태스크포스가 제시한 IMC에 대한 초기 정의는 다음과 같다.

> "통합 마케팅 커뮤니케이션(IMC)은 다양한 커뮤니케이션 분야—예를 들어, 일반 광고(general advertising), 직접 반응 마케팅(direct response), 판매촉진(sales promotion), 홍보(public relations)—의 전략적 역할을 평가하고, 이들을 결합하여 명확성(clarity), 일관성(consistency) 그리고 최대한의 커뮤니케이션 효과(maximum communications impact)를 제공하는 포괄적인 계획의 부가가치를 인식하는 마케팅 커뮤니케이션 기획을 일컫는 개념이다."

4As의 정의는 모든 형태의 프로모션을 활용하여 최대한의 커뮤니케이션 효과를 달성하는 과정에 초점을 맞추었다. 그러나 IMC 개념의 지지자들은 IMC는 보다 광범위한 개념으로 소비자 또는 잠재 고객(prospect)이 제품이나 서비스와 접촉하는 모든 브랜드 또는 기업의 접점(sources of brand or company contact)을 고려하는 것이라고 주장했다. 그들은 IMC 과정이 마케팅 및 프로모션 프로그램을 기획할 때 거시적(big-picture) 접근 방식을 요구하며, 다양한 커뮤니케이션 기능을 통합적으로 조직해야 한다고 지적했다. IMC에 대한 이러한 관점은 기업이 프로모션뿐만 아니라 모든 마케팅 활동에서 고객과 어떻게 커뮤니케이션할지를 인식하고, 이에 기반한 총체적인 마케팅 커뮤니케이션 전략(total marketing communications strategy)을 개발할 것을 요구한다.

소비자가 기업과 그 다양한 브랜드에 대해 가지는 인식은, 그들이 접하는 다양한 메시지와 접촉 경험이 종합되어 형성된다. 이러한 접촉 경험에는 미디어 광고, 가격, 패키지 디자인, 직접 마케팅 노력, 퍼블리시티, 판매촉진, 웹사이트, 매장 진열 그리고 제품이나 서비스가 판매되는 매장의 유형까지 포함된다. IMC 접근 방식은 기업의 모든 마케팅 및 프로모션 활동이 시장에 일관되고 통합된 이미지를 투영하도록 하는 것을 목표로 한다.

이 접근 방식은 소비자가 기업이나 브랜드와 접하는 다양한 접점(contact points)에서의 모든 상호 작용이 브랜드의 약속(brand promise)을 실현하고, 고객 관계(customer relationships)를 강화하며, 충성도(loyalty)를 심화할 수 있는 기회가 된다는 점을 인식한다. 따라서 IMC에서 메시지의 기능은 중앙집중화되어야 하며, 기업이 말하고 행동하는 모든 것은 공통된 테마와 포지셔닝을 전달하도록 해야 한다. 예를 들어, 몽블랑(Montblanc)은 클래식한 디자인과 독창적인 브랜드명 그리고 고가 전략을 활용하여 자사의 시계를 고품질과 높은 사회적 지위를 상징하는 제품으로 포지셔닝한다. 몽블랑은 이러한 고급스러운 이미지를 더욱 강화하기 위해 자사 제품을 부티크, 보석상, 기타 독점적인 매장 및 자사 직영 매장을 통해서만 유통하는 전략을 채택하고 있다.

스위스 브랜드인 몽블랑이 IMC를 활용한 예로 1858 지오스피어(Geosphere) 시계 컬렉션을 프로모션하기 위해 진행해 온 "The Spirit of Mountain Exploration(산악 탐험 정신)"이라는 글로벌 캠페인을 들 수 있다. 1858 지오스피어 컬렉션은 1920년대와 1930년대 군사용 및 산악 탐사를 위해 제작된 크로노그래프(chronographs)와 포켓 워치(pocket watches)에서 영

사진 1-3

몽블랑은 "The Spirit of Mountain Exploration" 캠페인을 통해 우수성과 탐험을 중시하는 젊은 소비자들과 소통하고 있다.

자료: Montblanc

감을 받아 디자인되었다. 이 전문가급 혁신 시계는 산악 등반의 영웅들과 등반가들에게 '성배(holy grail)'로 여겨지는 세븐 서밋 챌린지(Seven Summits Challenge, 각 대륙의 최고봉을 정복하는 도전)에 헌신하는 이들을 기리기 위해 제작되었다. 몽블랑은 "The Spirit of Mountain Exploration" 캠페인을 통해 우수성과 탐험(excellence and exploration)을 중시하는 젊은 세대의 소비자와 소통하고 있다. 이 통합 캠페인(integrated campaign)에는 인쇄 매체와 디지털 및 소셜 미디어 플랫폼(Twitter, Facebook, Instagram) 등이 활용되고, 세계적인 등반가들과 함께 몽블랑 브랜드 홍보대사인 배우 휴 잭맨이 등장한다(사진 1-3).

많은 기업들이 IMC에 대한 이러한 광범위한 관점을 채택하였다. 그들은 이를 마케팅 커뮤니케이션 프로그램을 조정하고 관리하는 방법으로 보고 있으며, 이를 통해 고객에게 기업과 브랜드에 대한 일관된 메시지를 전달할 수 있도록 하고 있다. 이러한 기업들에게 있어 통합(integration)은 다양한 마케팅 및 프로모션 요소를 개별적인 활동으로 다루던 전통적인 방식보다 향상된 접근법을 의미한다. 그러나 이러한 IMC 관점은 주로 다양한 커뮤니케이션 도구들을 전술적으로 조직하여 동일한 시각적·청각적 일관성을 유지하는 데 초점을 맞추고 있다는 점에서 비판을 받아 왔다. IMC는 단순히 프로모션 믹스 요소들을 하나의 통합된 모습과 일관된 목소리를 갖도록 묶는 비교적 단순한 '내부 중심 마케팅(inside-out marketing)' 접근 방식이라는 비판을 받았다. IMC가 계속해서 발전함에 따라, 학자들과 실무자들 모두 보다 전략적인 관점에서 이 분야를 바라보아야 할 필요성을 인식하게 되었다.

IMC에 대한 현대적 관점

마케터들이 점점 더 정교해지고 IMC에 대한 이해도가 높아짐에 따라, 단순히 마케팅 및 커뮤니케이션 프로그램의 다양한 요소를 조정하여 "하나의 모습, 하나의 목소리(one look, one voice)" 접근 방식을 구현하는 것 이상이라는 점을 인식하게 되었다. 현재 IMC는 기업이 고객 및 기타 이해관계자와 소통하고 관계를 형성하는 데 가장 적절하고 효과적인 방법을 식별하는 데 도움을 주는 비즈니스 프로세스로 인정받고 있다. 노스웨스턴 대학교의 돈 슐츠(Don Schultz)는 많은 사람들이 보다 적절하다고 생각하는 IMC의 정의를 다음과 같이 제시했다.

> "통합 마케팅 커뮤니케이션(IMC)이란, 소비자, 고객, 잠재 고객, 직원, 협력사 그리고 기타 내외부의 관련 타겟과 함께 조직되고 측정 가능하며 설득력 있는 브랜드 커뮤니케이션 프로그램을 장기적으로 계획, 개발, 실행, 평가하는 전략적 비즈니스 프로세스다. 목표는 단기적인 재무 수익을 창출하는 동시에 장기적인 브랜드 및 주주 가치를 구축하는 것이다."

이 정의에는 몇 가지 중요한 부분이 있다. 첫째, IMC를 단순히 다양한 커뮤니케이션 활동을 전술적으로 통합하는 것이 아니라, 지속적인 전략적 비즈니스 프로세스로 보고 있다는 것이다. 또한 IMC 과정에서 중요한 역할을 하는 관련 대상이 다양하게 존재함을 인정한다. 외부적으로는 고객, 잠재 고객, 공급업체, 투자자, 이해 단체, 일반 대중 등이 포함되고 내부적으로는 직원 또한 IMC 과정에서 중요한 역할을 한다고 보고 있다. 이 정의는 또한 마케팅 커뮤니케이션 프로그램뿐만 아니라 전반적인 마케팅 활동의 성과를 측정하고 이에 대한 책임을 요구하는 흐름이 점점 강조되고 있는 현실을 반영하고 있다.

오늘날 대부분의 기업은 현재 고객 및 잠재 고객과 효과적으로 소통하는 것이 단순히 전통적인 마케팅 커뮤니케이션 도구를 전술적으로 활용하는 것 이상이라는 점을 인식하고 있다. 이러한 기업들은 대부분의 광고대행사들과 함께 IMC를 적극적으로 도입하고 있으며, 이를 자사의 마케팅 프로그램과 비즈니스 실무에 통합하고 있다. IMC는 널리 채택되고 있으며, 기업들이 현재 직면하고 있는 급변하는 마케팅 환경 속에서 상당한 가치를 제공하고 있다. IMC는 기업들이 고객 및 기타 이해관계자들과의 관계를 더욱 효과적으로 형성하고 유지하며 발전시키기 위해 사용하는 '새로운 세대적' 마케팅 접근 방식으로 평가되고 있다.

IMC의 중요성이 증가하는 이유

대기업과 중소기업 할 것 없이 마케팅 커뮤니케이션 기획 및 전략에 IMC 접근 방식을 채택하고 있으며, 소비재 및 서비스뿐만 아니라 B2B 마케팅을 수행하는 기업들 사이에서도 널리 사용되고 있다. 마케터들이 IMC 접근 방식을 채택하는 데는 여러 가지 이유가 있다. 근본적인 이유는 개별적인 커뮤니케이션 기능이 각각 독립적으로 운영되기보다, 이를 전략적으로 통합하는 것이 더 큰 가치를 제공한다는 점을 알기 때문이다. 마케팅 커뮤니케이션 활동을 통합적으로 조직함으로써 기업들은 중복된 노력을 방지하고, 다양한 프로모션 도구 간의 시너지 효과를 누릴 수 있으며, 보다 효율적이고 효과적인 마케팅 커뮤니케이션 프로그램을 개발할 수 있다. IMC 지지자들은 IMC가 기업이 마케팅 및 프로모션에 대한 투자 수익률을 극대화할 수 있는 가장 쉬운 방법 중 하나라고 주장한다.

통합 마케팅으로의 전환은 변화하는 환경, 특히 소비자, 기술 그리고 미디어 소비 행동에 마케터들이 적응하고 있음을 시사한다. 수십 년 동안 소비자에게 다가가는 것은 그리 어렵지 않다고 여겨졌다. 마케터들은 텔레비전, 라디오, 잡지, 신문과 같은 대중 매체(mass media)에 광고를 게재함으로써 대중(mass audiences)에 도달할 수 있었다. 이 과정은 매우 단순한 공식으로 이루어졌다. 대중 매체는 자동차 제조업체, 소비재 패키징 기업 등의 매스 마케팅 기업들과 공생 관계를 맺고 있었다.

미디어 기업들은 막대한 비용을 들여 고품질의 콘텐츠를 제작하고 배포했으며, 이를 통해 대중을 끌어들였다. 마케터들은 텔레비전 및 라디오 네트워크와 방송국, 또는 잡지 및 신문사에 대규모 광고비를 지불하고, 이를 통해 소비자들에게 광고 메시지를 전달함으로써 자사의 제품과 서비스 구매를 유도했다. 미디어 기업들이 광고를 통해 얻은 수익은 다시 고품질 콘텐츠 제작에 사용되었고, 이로 인해 미디어는 계속해서 마케터들이 원하는 시청자, 청취자, 독자에게 도달할 수 있었다.

그러나 지난 10년 동안 미디어 환경에 전통적인 대중 매체와 이를 뒷받침해 온 경제 모델에 영향을 미치는 주요 변화들이 발생했다. 대형 텔레비전 네트워크가 형성한 대중은 잡지와 신문과 같은 다른 대중 매체의 보완을 받으며 유지되어 왔으나, 이들이 점점 더 빠르게 분화되면서 마이크로 마케팅(micromarketing)으로 전환되었다. 예를 들어, 텔레비전 시청자들은 대중을 타겟으로 하는 기존의 지상파 방송 네트워크인 ABC, CBS, NBC, Fox에서 벗어나, ESPN, HGTV, CNN, MTV와 같은 보다 세밀하게 분류된 시청자를 타겟으로 하는 케이블 네트워크로 이동하고 있다. 또한 점점 더 많은 가구들이 기존 케이블 서비스를 해지하고, 넷플릭스, 훌루, 아마존 프라임, 슬링TV, ESPN+, 유튜브TV와 같은 비디오 스트리밍 서비스를 선택하고 있다. 인터넷 속도가 빨라지고, 애플TV, 로쿠, 아마존 파이어, 구글 크롬캐스트와 같은 다양한 비디오 스트리밍 기기가 등장하면서, 디렉TV(DirecTV), 디시(Dish)와 같은 케이블 및 위성 서비스 가입자 수는 감소하고 있다. 특히 젊은 소비자들은 텔레비전 시청보다 유튜브나 인스타그램에서 더 많은 시간을 보내고 있다. 현재 인터넷은 가장 중요한 광고 매체가 되었으며, 거의 모든 잡지, 신문, 텔레비전 및 라디오 방송국이 온라인 버전을 운영하고 있을 뿐만 아니라, 소비자의 특정 관심사를 충족하는 수백만 개의 웹사이트가 존재한다. 초기 인터넷 광고에서 사용되었던 배너 광고와 팝업 광고는 점차 사라지고, 그 대신 유료 검색 광고, 동영상 광고, 모바일 마케팅 기법과 같은 보다 정교한 광고 형식이 등장하여 온라인 광고의 주요 형태로 자리 잡고 있다.

광고주들은 인터넷을 활용하여 기존의 전통적인 매체보다 더욱 세밀한 타겟팅을 할 수 있다. 특정 소비자 관심사에 맞춰 정교하게 디자인된 웹사이트나 소셜 미디어 사이트에 광고를 게재할 수 있으며, 또한 구글, 야후, 빙과 같은 검색 엔진에 광고를 노출시켜, 사람들이 특정 제품이나 서비스에 대한 정보를 찾을 때 광고를 볼 수 있도록 할 수 있다. 예를 들어, 구글은 키워드 타겟 광고 프로그램인 구글 애즈(Google Ads)를 통해 온라인 검색 광고 시장을 지배하고 있다(사진 1-4). 페이스북, 스냅챗, 트위터, 링크드인, 인스타그램, 유튜브와 같은 소셜 네트워킹 사이트는 인터넷상에서 널리 활용되며, 사람들이 콘텐츠, 의견, 통찰, 경험을 공유하는 한편, 기업, 브랜드, 다양한 이슈에 대해 서로를 교육할 수 있는 기회를 제공한다.

마케터들은 미디어 선택지의 급증과 청중의 분화(fragmentation)와 관련한 문제에 더해, 소비자들의 광고 메시지에 대한 반응이 줄어들고 심지어 광고를 회피할 수 있는 방법을 적극적으로 찾고 있다는 문제에도 직면하고 있다. 많은 소비자들은 지속적으로 판매 메시지에 노출되는 것에 지쳐 광고와 기타 형태의 마케팅 커뮤니케이션에 거부감을 느끼고 있다. 특히, 밀레니얼 세대와 Z세대 연령층(대부분의 대학생들이 포함됨)은 광고에 대해 더욱 회의적이다. 이들은 부모 세대보다 더욱 미디어 포화 상태에서 성장했으며, 브랜드에 대한 인식이 높은 환경에서 자라 왔기 때문에 광고에 대한 반응이 다르며, 이들에게 단순히 메시지를 일방적으로 전달하는 방식은 효과적이지 않다. 밀레니얼 세대와 Z세대의 거의 모든 사람들이 스마트폰을 보유하고 있으며, 전통적인 미디어 소비 시간이 줄어들고 있다. 그러나 다른 연령층과 마찬가지로 이들은 광고 메시지를 회피하는 방법을 적극적으로 찾고 있으며, 이는 텔레비전뿐만 아니라 온라인에서도 마찬가지다. 이들은 컴퓨터, 태블릿, 스마트폰에 광고 차단기(ad blockers)를 설치하고 온라인 광고를 최대한 빨리 건너뛰고 있다(사진 1-5).

사진 1-4
구글 애즈가 온라인 검색 광고에서 가장 인기 있는 플랫폼이 된 이유는 무엇인가?
자료: Google Inc.

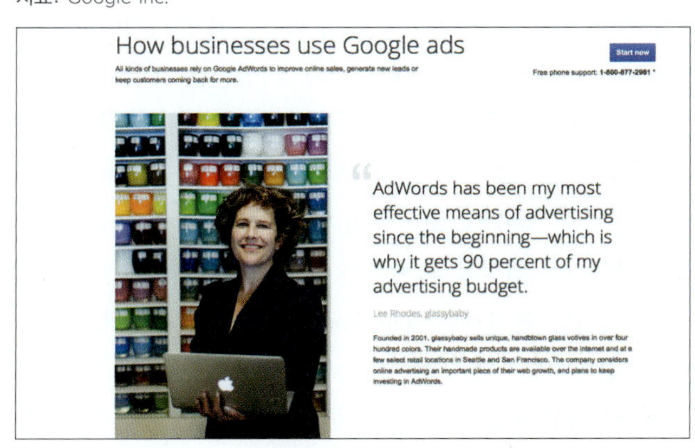

최근 연구에 따르면, 미국 인터넷 사용자의 약 4분의 1이 광고 차단기를 사용하고 있으며, 밀레니얼 세대의 3분의 1 이상,

Z세대의 절반 이상이 광고를 차단하기 위해 컴퓨터와 모바일 기기에 광고 차단기를 설치한 것으로 나타났다.

광고 산업뿐만 아니라 신문, 잡지, 블로그와 같은 온라인 출판사 및 인터넷에 존재하는 수많은 웹사이트들은 광고 차단기가 디지털 광고 비즈니스에 미치는 영향에 대한 우려가 크다. 웹사이트, 애플리케이션, 소셜 미디어 사이트의 공간을 광고용으로 판매하는 기업들은 광고를 본 사람, 광고를 시청한 사람 또는 광고를 클릭한 사람 수를 기준으로 수익을 창출하기 때문에 광고 차단기의 사용은 이들의 기본적인 비즈니스 모델을 위협할 가능성이 있다. 예를 들어, 인기 있는 음악 스트리밍 구독 서비스인 스포티파이(Spotify)는 2019년 초 서비스 이용 약관을 변경하여 광고 차단기를 금지하는 조항을 포함하였으며, 이를 사용하는 계정은 해지할 수 있음을 사용자에게 알렸다.

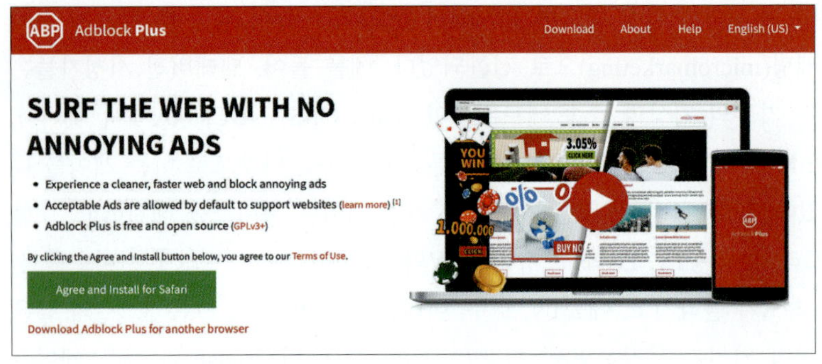

사진 1-5

컴퓨터와 모바일 기기에서 애드블록 플러스(Adblock Plus)의 사용이 증가하고 있다.

자료: eyeo GmbH

기업이 제품과 서비스를 마케팅하는 방식의 근본적인 변화와 마케팅의 규칙을 바꾸는 지속적인 마케팅 혁명 또한 IMC로의 변화를 주도하고 있다. 이러한 변화와 발전은 마케팅 및 프로모션 과정에 참여하는 모든 사람에게 영향을 미친다. 이제 마케터들은 특정한 커뮤니케이션 도구(예: 매체 광고)에만 의존할 수 없으며, 목표 고객에게 메시지를 전달하는 데 가장 효과적인 접점 방법을 활용해야 한다. 광고대행사들도 단순한 광고 전문성을 제공하는 것을 넘어서는 방향으로 재정립하고 있으며, 고객들에게 자신들이 IMC의 모든 부분을 관리할 수 있음을 설득하려고 노력하고 있다. 대부분의 대행사는 전통적인 미디어뿐만 아니라 소셜 미디어 및 모바일을 포함한 급속히 발전하는 디지털 마케팅 영역에서 광고 메시지를 개발하고 배치하는 능력이 향후 성공을 좌우할 것임을 인식하고 있다.

브랜딩에서 IMC의 역할

지난 10년 동안 IMC의 중요성이 증가한 주요 이유는 IMC가 브랜드 정체성과 브랜드 자산을 개발하고 유지하는 과정에서 중요한 역할을 하기 때문이다. 브랜드 전문가 케빈 켈러(Kevin Keller)는 "브랜드 자산을 구축하고 적절하게 관리하는 것은 모든 규모의 기업, 모든 산업, 모든 시장에서 최우선 과제가 되었다"고 강조한다. 선택을 위해 고려해야 하는 제품과 서비스가 점점 더 많아지는 상황에서 시간이 부족한 소비자들에게 잘 알려진 브랜드는 오늘날 시장에서 중요한 경쟁 우위를 가진다.

브랜드 정체성과 브랜드 자산을 구축하고 유지하려면 소비자의 마음속에 긍정적이고 강력하며 독창적인 연상을 불러일으키는 유명 브랜드를 창출해야 한다. 기업들은 브랜드 자산이 공장, 특허, 현금과 같은 중요한 자산과 가치가 동등하다는 점을 인식하고 있다. 강력한 브랜드는 소비자뿐만 아니라 투자자들에게도 프리미엄 가격을 요구할 수 있는 힘이 있다. 경쟁업체가 제품 디자인과 제조 과정을 모방할 수는 있지만, 소비자의 마음속에 자리 잡은 신념, 이미지, 인상뿐만 아니라 브랜드가 불러일으키는 감정을 복제하는 것은 매우 어렵다. 도표 1-1에는 브랜드 컨설팅 분야의 권위 있는 기업인 인터브랜드(Interbrand)가 평가한, 세계에서 가장 가치 있는 브랜드 순위가 제시되어 있다.

브랜드와 소비자 간의 관계는 훨씬 더 복잡해졌다. 그 이유 중 하나는 오늘날의 소비자들

도표 1-1
2019년 세계 최고의 브랜드

순위	브랜드	자산가치(십억 달러)
1	Apple	$234,231
2	Google	167,713
3	Amazon	125,263
4	Microsoft	108,847
5	Coca-Cola	63,365
6	Samsung	61,098
7	Toyota	56,246
8	Mercedes-Benz	50,832
9	McDonald's	45,362
10	Disney	44,352

자료: "Interbrand's Best Global Brands 2019" is a look at financial performance of the brand, role of brand in the purchase decision process, and the brand strength. For more information go to: https://www.interbrand.com/best-brands/best-global-brands/2019/ranking/.

이 브랜드와 이를 생산하는 기업에 대해 과거보다 훨씬 더 많은 정보를 가지고 있기 때문이다. 기업의 가치 사슬(value chain)이 점점 더 투명해지면서, 소비자들은 종종 기업의 사회적·경제적·환경적 기록과 정책을 기준으로 브랜드를 선택한다.

지속 가능성(sustainability)은 미래 세대가 자신의 필요를 충족할 수 있는 능력을 저해하지 않으면서 현재 세대의 필요를 충족하는 발전을 의미하며, 이는 소비자와 기업 모두에게 매우 중요한 이슈가 되었다. 기업들은 지속 가능성을 고려하여 마케팅 전략이 사회와 환경에 미치는 영향을 면밀히 검토하고 있다. 이를 위해 제품과 서비스 포트폴리오를 재평가하는 것은 물론, 제품과 서비스가 어떻게 개발, 생산 그리고 마케팅되는지를 재검토하고 있다.

지속 가능성의 선도 기업으로 꼽히는 아웃도어 의류 브랜드 파타고니아(Patagonia)는 지속 가능성과 투명성을 핵심 원칙으로 설립되었으며, 40년 이상 환경 보호 및 사회적 활동을 지속해왔다. 환경을 보호하고 보존하는 것은 파타고니아의 핵심 경영 원칙이며, 이는 파타고니아의 미션 "최고의 제품을 만들고, 불필요한 피해를 끼치지 않으며, 비즈니스를 통해 환경 문제 해결을 위한 솔루션을 제시하고 실행한다"에서도 잘 드러난다.

파타고니아는 매년 연간 순매출의 1%를 환경 보호 및 지속 가능성을 촉진하는 비영리 단체에 기부하고 있으며, 매년 환경 및 사회적 이니셔티브(Environmental+Social Initiatives) 보고서를 발행하여 지속 가능성 노력과 성과를 공개하고 있다(사진 1-6). 윤리적 관점 1-1에서는 의류 업계를 비롯한 다양한 산업에 속한 기업들이 지속 가능성을 비즈니스 전략의 필수 요소로 도입하는 방식에 대해 논의한다. 기업들은 단순히 환경 보호를 위한 캠페인을 진행하는 것을 넘어, 지속 가능한 방식으로 제품을 생산하고, 공급망을 관리하며, 장기적으로 사회적·환경적 영향을 최소화하는 방향으로 전략을 수립하고 있다.

대공황(Great Recession) 이후 기업에 대한 냉소주의는 여전히 높으며, 많은 기업들은 소비자의 신뢰와 확신을 얻기 위해 끊임없이 노력해야 한다. 또한 인터넷을 통해 소비자들이 제품과 서비스에 대한 방대한 정보를 쉽게 얻고 공유할 수 있게 되면서 기업들은 브랜드 이미지를

윤리적 관점 1-1 >>>

마케터들은 지속 가능성에 중점을 두고 있다

지속 가능성(sustainability)의 중요성은 점점 더 커지고 있으며, 많은 기업들이 자사의 비즈니스 활동이 환경과 사회에 미치는 영향을 고려하기 시작하고 있다. 점점 더 많은 기업들이 지속 가능성을 비즈니스 전략에 통합하고 있으며, 이는 '선한 행동(good)'을 통해 '성공적인 성과(well)'를 거둘 수 있다는 인식에서 비롯된다. 지속 가능성을 비즈니스 실천으로 삼는 것은 새로운 개념이 아니다. 파타고니아(Patagonia), 아일린 피셔(Eileen Fisher), 리바이 스트라우스(Levi Strauss)와 같은 기업들은 수십 년 전부터 환경 친화적인 이니셔티브를 운영에 도입해왔다. 파타고니아는 1973년 창립 이후 지속 가능성을 핵심 운영 원칙이자 마케팅 메시지의 중심으로 삼아 왔으며, 리바이 스트라우스는 1991년 공급망 전반에 걸친 글로벌 행동 강령을 명시한 '약정 조건(Terms of Engagement)'을 수립했다. 1990년대에 들어 많은 기업들이 마케팅 전략에서 지속 가능성을 주요 요소로 채택하기 시작했으며, 환경적 이점을 기반으로 제품과 서비스를 판매하는 과정인 '그린 마케팅(green marketing)' 개념이 인기를 얻었다.

자료: Levi Strauss & Co.

지난 10년 동안 점점 더 많은 기업들이 지속 가능성에 집중하며 이를 마케팅 전략의 핵심 요소로 삼고 있다. 그 이유는 명확하다. 다양한 연구에 따르면, 많은 국가의 소비자들은 사회나 환경에 긍정적인 영향을 미친다고 믿는 기업의 제품과 서비스를 구매하는 경향이 있다. 특히 Z세대와 밀레니얼 세대와 같은 젊은 소비자층은 환경 보호를 위해 소비 습관을 바꾸고 있으며, 브랜드를 선택할 때 지속 가능성 실천 여부를 중요한 기준으로 삼고 있다.

지속 가능성을 활용하여 소비자와 연결되는 대표적인 산업 중 하나가 의류 산업이다. 리바이 스트라우스는 원자재 조달부터 리테일 매장 운영, 제품 생산에 이르기까지 모든 과정에서 지속 가능성을 반영하고 있다. 예를 들어, 이 회사는 5년 전 Levi's® Waste<Less 컬렉션을 출시했으며, 이 제품군의 20%는 재활용 플라스틱 병으로 제작되었다. 또한 리바이 스트라우스는 소비자들에게 옷을 일회용으로 소비하는 사고 방식에서 벗어나도록 장려하며, 더 오래 착용할 수 있도록 의류를 관리하는 것뿐만 아니라 구매한 제품의 수명주기(end of life)까지 고려할 것을 강조하고 있다.

패션 중심의 다른 기업들도 지속 가능성에 집중하고 있다. 제이크루(J.Crew)의 메이드웰(Madewell) 브랜드는 데님 재활용 프로그램을 통해 소비자들의 오래된 청바지가 새 주인을 찾을 수 있도록 도와주고 있으며, 바나나 리퍼블릭(Banana Republic)은 비건 스웨이드 재킷을 프로모션하며 친환경 제품을 강조하고 있다. 그러나 H&M, 자라, 유니클로와 같은 패스트 패션 브랜드들은 패션 주기를 단축시키고 소비자들이 빠르게 옷장을 비우고 채우도록 유도한다는 비판을 받아 왔다. 이에 대응하여 이들 브랜드는 유기농 컬렉션 또는 재활용 이니셔티브를 내세우며 지속 가능성에 대한 노력을 강조하고 있다. 이러한 변화는 슬로 패션(Slow Fashion)과 패션 혁명과 같은 사회적 캠페인에 의해 촉진되었다. 이러한 운동들은 소비자들이 자신이 입는 옷이 어디에서, 어떻게 생산되고 소비되는지를 더 깊이 이해하도록 장려하며, 패션 산업의 투명성 강화를 요

사진 1-6

파타고니아는 지속 가능성의 선도 기업이다.

자료: Patagonia, Inc

구하는 목소리를 확산시키는 데 기여하고 있다.

마케터들은 이제 지속 가능성에 대한 단순한 구호 이상의 노력이 필요하다는 것을 인식하고 있으며, 근거 없는 주장을 남발하지 않도록 신중해야 한다. 오늘날 소비자들은 기업이 실제로 얼마나 지속 가능성을 실천하고 있는지 쉽게 확인할 수 있기 때문이다. 예를 들어, 굿 온 유(Good On You)는 소비자들이 브랜드의 지속 가능성 수준을 평가할 수 있도록 돕는 모바일 애플리케이션으로, 공정 무역, 유기농, 비건 등과 같은 인증을 통합한 단일 등급 시스템을 제공한다. 또한 소비자들은 지속 가능성 관련 과장된 주장이나 단순한 프로모션 행위에 대해 매우 민감하게 반응한다. 감시 단체와 사회 운동가들은 기업의 모든 행동을 면밀히 주시하고 있으며, 작은 실수도 소셜 미디어를 통해 빠르게 확산되어 브랜드 보이콧으로 이어질 수 있다. 기업들은 이제 속이 훤히 들여다 보이는 '유리 어항 속'에 갇혀 있는 듯한 상황이며, 지속 가능성 문제에서 어떻게 행동하는지를 지속적으로 감시받고 있다. 예를 들어, 명품 패션 브랜드 버버리는 2018년 브랜드의 희소성을 유지하기 위해 3,800만 달러 상당의 의류와 뷰티 제품을 소각했다는 사실이 알려지면서 많은 소비자들의 분노를 샀다. 명품 브랜드들은 할인 판매를 방지하고 고가 정책을 유지하기 위해 재고를 폐기하는 관행이 있다. 그러나 이 사건이 언론과 소셜 미디어를 통해 확산되면서 강한 비판을 받았고, 소비자들은 제품 불매 운동을 벌이기에 이르렀다. 결국, 버버리는 미판매 재고를 폐기하는 정책을 중단하겠다고 공식 발표했으며, 버버리 최고경영자(CEO)는 다음과 같은 성명을 발표했다. "현대적인 럭셔리는 사회적 · 환경적 책임을 수반해야 한다."

럭셔리 및 패션 브랜드뿐만 아니라, 다양한 산업의 기업들도 지속 가능성에 집중하고 있다. 예를 들어, 존슨앤존슨은 Earthwards® 프로그램을 통해 소비재, 의료 기기, 의약품 분야에서 보다 지속 가능한 제품 혁신을 추진하고 있다. 소재, 폐기물 감축, 포장, 에너지 및 수자원 사용, 혁신, 사회적 영향 등 7가지 주요 분야 중 최소 3개 이상의 분야에서 지속 가능성 개선을 보인 제품만이 이 프로그램의 인증을 받을 수 있다. 존슨앤존슨은 2020년까지 전체 매출의 20%를 어스워즈 제품에서 창출하는 것을 목표로 삼고 있다.

P&G는 오랫동안 사회적 책임(CSR) 이니셔티브에 참여해왔으며, 특히 2030년까지 극심한 빈곤을 종식시키는 것을 목표로 하는 사회 옹호 단체인 글로벌 시티즌(Global Citizen)과 협력해왔다. 2019년, P&G는 내셔널 지오그래픽의 극심한 빈곤, 불평등, 지속 가능한 개발과 관련된 문제를 다루는 '액티베이트(Activate)' 다큐멘터리 시리즈를 후원하였다. 휴 잭맨, 어셔, 퍼렐 윌리엄스, 레이첼 브로스나한과 같은 유명 인사들이 출연한 해당 다큐멘터리는 172개국, 43개 언어로 제공된다.

P&G의 다양한 브랜드가 이 다큐멘터리 시리즈에 녹아 있다. 예를 들어, P&G의 올웨이즈(Always) 여성 위생용품 브랜드가 생리대 및 관련 용품이 부족하여 생리기간 동안 학교에 가지 못하는 많은 소녀들의 '생리 빈곤' 문제 해결을 위한 지원 활동이 이 다큐멘터리에서 다루어지고 있다. 또한 재난 구호 관련 에피소드에서는 타이드 세탁세제 브랜드와 함께하는 "Tide Loads of Hope(타이드의 희망의 빨래)" 프로그램을 통해 홍수, 토네이도, 허리케인 등 자연재해 발생 지역에 이동식 세탁차량을 보내는 활동을 소개했다. 이 다큐멘터리 시리즈의 IMC 전략으로 내셔널 지오그래픽 매거진의 12페이지 광고 스프레드, 디지털 콘텐츠, 소셜 미디어 캠페인이 포함되었다. 특히, 내셔널 지오그래픽은 인스타그램에서 1억 명에 가까운 팔로워를 보유하고 있으며, 지난 4년간 소셜 미디어 참여도에서 모든 브랜드 중 선두를 차지하고 있다.

지속 가능성은 모든 산업에서 점점 더 중요한 요소가 되고 있다. 마케터들은 대다수의 소비자들이 사회적 · 환경적 가치를 지지하는 기업과 브랜드에 대해 더 긍정적인 이미지를 가지며, 이를 구매 결정에 반영하고 있다는 점을 인식하고 있다. 또한 소비자들의 지속 가능성에 대한 기대 수준이 높아지고 투명성(transparency)은 더욱 중요해지고 있다. 따라서 기업들은 단순히 '선한 행동(good)'을 통해 좋은 성과를 내는 데 그치지 않고, 장기적으로 경쟁력을 유지하기 위해서는 반드시 지속 가능성을 실천해야 한다는 점을 깨달아야 한다.

자료: Adrianne Pasquarelli, "Shades of Green," *Advertising Age*, March 4, 2019, pp. 18-20; Jack Neff, "P&G Joins National Geographic in Star-Studded Docu-Series on Poverty, Inequality and Sustainability," *Advertising Age*, February 8, 2019, https://adage.com/article/cmo-strategy/p-g-joins-national-geographic-docu-series-poverty/316587/; Elizabeth Paton, "Burberry to Stop Burning Clothing and Other Goods It Can't Sell," *The New York Times*, September 6, 2018, https://www.nytimes.com/2018/09/06/business/burberry-burning-unsold-stock.html; Elizabeth Segran, "Levis Is Radically Redefining Sustainability," *Fast Company*, February 9, 2017, https://www.fastcompany.com/3067895/levis-is-radically-redefining-sustainability.

통제하는 것이 점점 더 어려워지고 있다. 소비자들은 인터넷을 활용하여 가격과 품질을 비교하고, 다양한 브랜드에 대한 다른 사람들의 의견을 확인하며, 제품 사용 경험과 만족도를 쉽게 파악할 수 있다. 소셜 미디어의 확산은 전통적인 입소문(word-of-mouth)을 '마우스 클릭(word-of-mouse)'을 통한 바이럴 메시지로 변화시켰으며, 이는 페이스북, 트위터, 유튜브, 옐프와 같은 플랫폼을 통해 순식간에 퍼져나간다. 소비자들의 브랜드에 대한 열정은 변함이 없으나, 기업이 소비자와 브랜드를 연결하는 방식은 빠르게 변화하고 있다.

마케터들은 현대 마케팅 환경에서 기존 고객과 잠재 고객에게 기업이나 브랜드에 대한 정보를 제공할 수 있는 다양한 기회와 방법이 있다는 것을 인식하고 있다. 그러나 중요한 과제는 이러한 다양한 IMC 도구를 효과적이고 효율적으로 활용하여 브랜드 메시지를 전달하는 방법을 이해하는 것이다.

성공적인 IMC 프로그램을 구축하려면 마케터들은 적절한 커뮤니케이션 도구와 기법을 조합하고, 각각의 역할과 활용 범위를 정의하며, 이를 유기적으로 조정해야 한다. 이를 위해 기업의 커뮤니케이션을 담당하는 사람들은 사용 가능한 IMC 도구와 그 활용 방법에 대한 깊은 이해가 필요하다.

프로모션 믹스: IMC를 위한 도구

프로모션(promotion)은 상품과 서비스의 판매 또는 아이디어를 촉진하기 위해 판매자가 주도하는 모든 정보 제공 및 설득 활동을 조정하는 것으로 정의된다. 암묵적인 커뮤니케이션은 마케팅 믹스의 다양한 요소를 통해 이루어지지만, 조직이 시장과 소통하는 대부분의 활동은 신중하게 계획되고 통제된 프로모션 프로그램의 일부로 진행된다. 조직의 커뮤니케이션 목표를 달성하기 위해 사용되는 기본적인 도구들을 일반적으로 **프로모션 믹스**(promotional mix)라고 한다(도표 1-2).

전통적으로 프로모션 믹스는 광고, 판매촉진, 퍼블리시티 및 홍보, 개인 판매의 네 가지 요소로 구성되어 있다고 알려져 있다. 그러나 이 책에서는 직접 마케팅과 디지털 및 인터넷 마케팅, 즉 온라인상에서 이루어지는 마케팅도 타겟 시장과 커뮤니케이션을 하기 위해 마케터들이 활용하는 주요한 프로모션 믹스 요소로 본다. 프로모션 믹스의 각 요소는 IMC 프로그램 내에서 고유한 역할을 수행하는 커뮤니케이션 도구로 간주된다. 각 요소의 형태는 다양하며, 각각의 장점이 있다.

광고

광고(advertising)는 조직, 제품, 서비스 또는 아이디어에 대해 식별 가능한 광고주가 전달하는 비인적 유료 커뮤니케이션 형태라고 정의된다. 본 정의에서 '유료'라는 점은 일반적으로 광고 메시지를 전달하기 위해 지면이나 방송 시간을 구매해야 한다는 것을 의미한다. 예외적으로, 공익광고(PSA)처럼 비영리 단체나 사회적 목적을 위한 광고는 매체가 광고 지면이나 방송 시간을 무상으로 제공하는 경우도 있다.

비인적 요소란 광고가 TV, 라디오, 잡지, 신문 등과 같은 대중 매체를 통해 이루어진다는 것을 의미하며, 이러한 매체는 동시에 많은 사람에게 메시지를 전달할 수 있다. 광고의 비인적인 특성은 메시지 수신자의 즉각적인 피드백을 받을 수 없게 한다(다이렉트 반응 광고는 예외다). 따라서 광고주는 메시지를 전달하기 전에 수용자가 그 메시지를 어떻게 해석하고 반응할지를 미리 고려해야 한다.

도표 1-2
프로모션 믹스의 요소

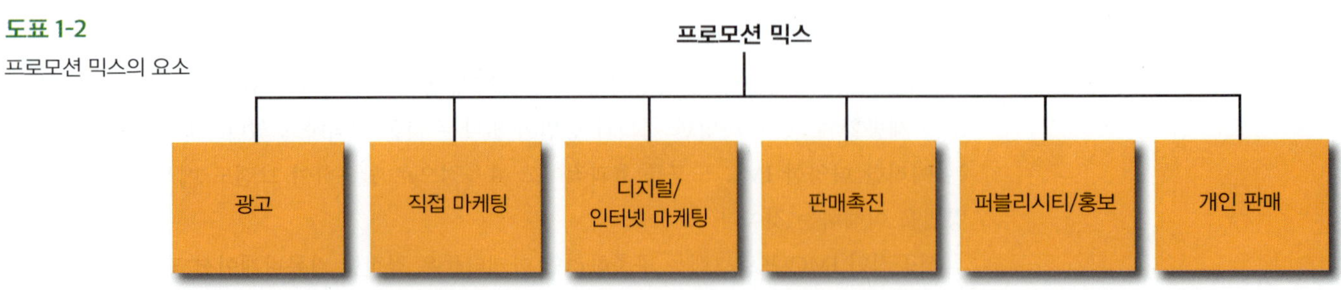

광고는 가장 잘 알려지고 많이 논의되는 프로모션 형태인데, 이는 아마도 광고가 일상 속에 광범위하게 퍼져 있기 때문일 것이다. 광고는 또한 매우 중요한 프로모션 도구이며, 특히 자동차 제조업체, 포장 소비재 회사, 제약회사처럼 대중 소비자 시장을 타겟으로 하는 기업들에게는 더욱 그렇다. 미국에서는 매년 200개 이상의 기업이 각각 2억 달러 이상을 광고에 지출하고 있으며, 이 지출에는 효과를 측정하기 쉬운 매체(TV, 라디오, 신문, 잡지, 옥외 광고, 인터넷 디스플레이 광고)뿐만 아니라, 측정하기 어려운 매체(직접 마케팅, 판촉, 온라인 검색, 소셜 미디어 및 기타 형태)도 포함된다. 도표 1-3은 미국 내 상위 25개 국가 광고주의 광고 및 프로모션 지출 현황을 보여준다.

많은 마케터들이 IMC 프로그램에서 광고를 중요한 요소로 여기는 데에는 여러 가지 이유가 있다. 우선, 미디어 광고는 많은 소비자들에게 광고 메시지를 전달하는 데 여전히 가장 비

도표 1-3

2018년 현재 미국 Top 25 광고주

순위	광고주	광고지출(백만 달러)
1	Comcast Corp.	$6,122
2	AT&T	5,362
3	Amazon	4,470
4	Procter & Gamble Co.	4,305
5	General Motors Co.	3,139
6	Walt Disney Co.	3,132
7	Charter Communications	3,042
8	Alphabet (Google)	2,960
9	American Express Co.	2,798
10	Verizon Communications	2,682
11	Walmart	2,604
12	JP Morgan Chase & Co.	2,513
13	Ford Motor Co.	2,331
14	Pfizer	2,282
15	Nestle	2,202
16	Samsung Electronics Co.	2,152
17	Berkshire Hathaway	2,141
18	L'Oreal	2,137
19	Fiat Chrysler Automobiles	2,129
20	Capital One Financial Corp.	2,065
21	Expedia Group	1,953
22	Johnson & Johnson	1,765
23	Deutsche Telecom (T-Mobile US)	1,700
24	LVMH Moet Hennessy Louis Vuitton	1,560
25	McDonald's	1,541

자료: "Leading National Advertisers Fact Pack," *Advertising Age*, June 24, 2019.

용 효율적인 방법이다. 특히 TV는 대중시장에 도달하는 데에 매우 유용한 수단이다. 미국 주요 4대 방송사의 프라임 타임(오후 8시부터 11시까지) 평균 프로그램은 약 600만 명의 시청자에게 방송된다. 프라임 타임에 네트워크 TV를 통해 가구 1,000세대에 광고를 전달하는 비용은 일반적으로 약 25달러다. 〈NCIS〉, 〈Sunday Night Football〉, 〈The Voice〉와 같은 인기 프로그램은 매주 1,500만~2,000만 명의 시청자를 끌어모은다. ESPN, CNN, MTV와 같은 케이블 방송의 시청자 수는 주요 방송사보다는 적지만, 보다 정밀한 타겟층을 겨냥한 콘텐츠를 제공하기 때문에 많은 마케터들이 관심을 가진다. 또한 〈Time〉, 〈Sports Illustrated〉, 〈People〉과 같은 잡지는 주간 발행부수만 300만 부 이상이다. 잡지의 한 호를 여러 사람이 읽기 때문에 이들 잡지는 한 호로 1,000만 명 이상의 독자에게 도달할 수 있다. 따라서 브랜드 인지도를 구축·유지하고 광고 메시지를 대중 시장에 전달하고자 하는 마케터들에게 미디어 광고는 여전히 매우 효과적인 수단이다.

광고는 기업이나 브랜드 자산을 구축하는 데에도 유용한 도구다. 광고는 소비자에게 정보를 제공하고, 그들의 인식을 형성하거나 변화시키는 데 강력한 수단이기 때문이다. 광고는 브랜드에 대해 호의적이고 차별화된 이미지나 연상을 만들어내는 데 활용될 수 있으며, 이는 기능적 속성만으로는 차별화하기 어려운 제품이나 서비스를 판매하는 기업에게 매우 중요하다. 브랜드 이미지는 많은 제품과 서비스의 구매 결정에 중요한 역할을 하며, 광고는 여전히 브랜드를 구축하는 데 가장 효과적인 수단으로 평가받고 있다. 사진 1-7은 광고의 가치를 알리기 위해 미국광고연맹(American Advertising Federation)이 진행한 캠페인 중 하나의 광고 사례를 보여준다.

광고의 성격과 목적은 산업 분야나 상황에 따라 달라진다. 소비재 시장에 제품이나 서비스를 판매하는 기업은 목표 고객과의 커뮤니케이션 수단으로 광고를 많이 사용하며, 이와 같은 높은 광고 의존은 소매업체나 지역 상인들도 마찬가지다. 광고는 낙농업과 같은 특정 산업이 소고기나 우유 같은 제품군에 대한 수요를 촉진하기 위해 활용되기도 한다. 또한 기업 시장이나 전문가 시장에서 경쟁하는 기업들도 현재 또는 잠재 고객에게 다가가기 위해 광고를 광범위하게 활용한다. 예를 들어, B2B 마케터들은 광고를 활용하여 기업과 제품에 대한 인지도 제고, 영업팀을 위한 리드 생성, 구매 후 고객의 신뢰 강화, 기업의 긍정적 이미지 형성 등을 도모한다. TV와 인터넷이 B2B 광고 지출의 가장 큰 부분을 차지하고 있지만, B2B 마케터들은 대체로 다른 기업 내 주요 의사결정권자들을 광고의 타겟으로 하므로 광고를 잡지나 신문과 같은 비즈니스 전문 매체에 게재하는 경우가 많다. 개인용 컴퓨터, 태블릿, 스마트폰, 프린터와 같은 제품이나, 금융, 은행, 통신, 보험 같은 서비스의 마케팅은 기업 고객과 일반 소비자 모두를 대상으로 하는 경우가 많기 때문에, 마케터들은 양쪽 시장을 동시에 겨냥한 광고 캠페인을 개발하기도 한다. 대표적인 B2B 광고주로는 인텔, 마이크로소프트, AT&T, IBM,

사진 1-7
미국광고연맹은 광고의 가치를 알리고자 한다.

자료: Courtesy of American Advertising Federation

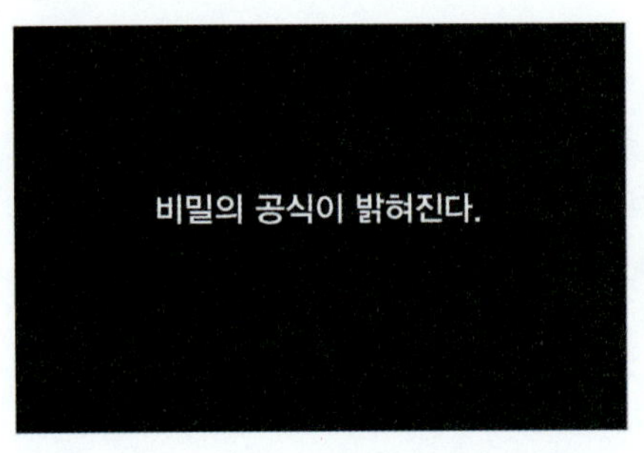

사진 1-8
퀄컴은 5G 무선 기술의 강력한 가능성을 프로모션하고 있다.
자료: Qualcomm

GE 등이 있다. 사진 1-8은 무선 통신 산업을 위한 제품과 서비스를 설계하고 마케팅하는 퀄컴(Qualcomm)의 광고 예시다. 이 회사는 스마트폰, 태블릿 및 다양한 기기에 활용되는 5세대(5G) 무선 기술 분야를 선도하고 있으며, 프린트, TV, 디지털 등 다양한 매체를 광고에 활용하고 있다.

퀄컴은 광고를 통해 5G가 차세대 기술 발전을 어떻게 촉진하며, 'Invention Age(발명 시대)'라 불리는 새로운 시대를 어떻게 이끌어갈 것인지를 보여준다. 이 회사의 IMC는 무선 기기 사용자로서의 일반 소비자뿐만 아니라, 다른 기업들까지도 타겟으로 삼고 있다. 도표 1-4는 가장 일반적인 광고 유형들을 설명하고 있다.

직접 마케팅

미국 경제에서 가장 빠르게 성장하고 있는 분야 중 하나가 직접 마케팅이다. **직접 마케팅**(direct marketing)은 조직이 목표 고객과 직접 커뮤니케이션을 하여 반응이나 거래를 유도하는 활동을 말한다. 전통적으로 직접 마케팅은 프로모션 믹스의 요소로 간주되지 않았지만, 오늘날에는 많은 조직의 IMC 프로그램에서 핵심 역할을 하며, 별도의 목표, 예산, 전략을 수반하는 경우가 많기 때문에, 이 책에서는 직접 마케팅을 프로모션 믹스의 구성 요소로 본다.

직접 마케팅은 단순히 우편 광고나 주문형 카탈로그에 국한되지 않는다. 직접 마케팅은 데이터베이스 관리, 방문 판매, 텔레마케팅, 우편, 온라인, 다양한 방송 및 인쇄 매체를 통한 직접 반응형 광고 등 다양한 활동을 포함한다. 타파웨어, 에이본, 메리케이, 허벌라이프, 암웨이와 같은 기업들은 어떠한 유통 채널도 사용하지 않고, 독립 계약자들이 소비자에게 직접 제품을 판매하는 방식만을 사용한다. 또한 엘엘빈(L.L.Bean), 랜즈엔드(Lands' End), 제이크루(J.Crew) 같은 기업은 의류 제품을 직접 마케팅 방식으로 성공적으로 판매하고 있다. 프로플라워스(ProFlowers), 퍼스널 크리에이션스(Personal Creations), 플라잉 플라워스(Flying Flowers), 셰리스 베리스(Shari's Berries), 기프츠닷컴(Gifts.com) 등 다양한 브랜드 포트폴리오를 보유하고 있는 FTD 컴퍼니스(FTD Companies)는 직접 마케팅을 중심으로 제품을 판매하고 있다.

주요한 직접 마케팅 수단의 하나로 **직접 반응 광고**(direct-response advertising)를 들 수 있다. 이는 광고를 통해 제품을 프로모션하고, 소비자가 제조업체에서 직접 구매하도록 유도하는 방식이다. 전통적으로는 우편물이 직접 반응 광고의 주요 매체였지만, 최근에는 TV와 인터넷이 점점 더 중요한 매체로 떠오르고 있다. 지난 20여 년간 삶의 방식 변화, 특히 맞벌이 가정의 증가는 직접 반응 광고 및 기타 직접 마케팅의 성장에 주요 동력이 되었다. 맞벌이 가정의 증가는 재량소득(discretionary income)은 증가시켰지만, 오프라인 쇼핑에 쓸 수 있는 시간은 줄어드는 결과를 낳았다. 또한 신용카드 사용의 보편화와 수신자 부담 전화번호(080 등)의 제공 역시 제품 구매를 보다 쉽게 만들어 주었다. 최근에는 모바일 기기를 통한 인터넷 접속의 급격한 증가가 직접 마케팅의 성장을 더욱 가속화하고 있다. 많은 소비자들은 스마트폰이나 태블릿을 통해 제품이나 서비스에 대한 정보를 검색하고, 모바일 기기에서 직접 구매하

도표 1-4
광고 유형의 구분

소비재 시장의 광고 유형

전국 광고(National Advertising)
전국 단위 또는 나라의 대부분 지역을 대상으로 대기업이 수행하는 광고를 말한다. 프라임 타임 TV나 주요 전국/지역 매체에서 자주 볼 수 있는 유명 기업 및 브랜드의 광고가 이에 해당한다. 전국 광고의 목적은 소비자에게 기업이나 브랜드 그리고 그 특징, 이점, 장점, 활용 방법 등을 알리거나 상기시키고, 브랜드 이미지를 형성하거나 강화하여 소비자의 브랜드 선호도를 높이는 것이다.

소매/지역 광고(Retail/Local Advertising)
소매업자나 지역 상인이 소비자들에게 특정 매장에서의 쇼핑, 지역 서비스 이용, 지역의 특정 업소 방문 등을 유도하는 광고다. 소매 또는 지역 광고는 가격, 영업시간, 서비스, 분위기, 이미지, 상품 구성과 같은 구체적인 이용 동기를 강조하는 경향이 있다. 소매업자들은 매장 방문객 수를 늘리는 것에 초점을 두고 있으므로, 소매 및 지역 광고는 즉각적인 반응과 판매를 유도하기 위한 직접 반응 광고의 형태인 경우가 많다.

1차 수요 광고 vs. 선택 수요 광고(Primary- vs. Selective-Demand Advertising)
1차 수요 광고(primary-demand advertising)는 일반 제품군 전체 또는 산업 전반에 대한 수요를 자극하는 광고다. 반면, 선택 수요 광고(selective-demand advertising)는 특정 기업의 브랜드에 대한 수요를 유도하는 데 초점을 맞춘 광고다. 대부분의 제품 및 서비스 광고는 선택 수요 자극을 목적으로 하며, 특정 브랜드를 구매해야 하는 이유를 강조한다.
예를 들어, 어떤 브랜드가 시장에서 지배적인 위치를 점하고 있다면, 전체 시장의 성장으로 가장 큰 혜택을 받을 수 있기 때문에 1차 수요 자극에 집중할 수 있다. 또한 신제품을 시장에 안착시키기 위한 프로모션 전략의 일환으로 1차 수요 광고가 사용되기도 하는데, 이는 소비자에게 특정 브랜드보다는 제품의 개념 자체를 납득시키는 것이 더 중요하기 때문이다. 업계 협회들은 종종 면화, 우유, 오렌지 주스, 돼지고기, 소고기 등 회원사의 제품에 대한 1차 수요 자극을 목표로 한 광고 캠페인을 진행하기도 한다.

기업, 전문가 시장의 광고 유형

산업 광고(Industrial Advertising)
산업재 광고는 기업을 위해서 산업재 또는 서비스를 구매하거나 구매에 영향을 미치는 개인을 대상으로 한 광고다. 산업재란 물리적으로 다른 제품의 일부가 되는 제품(원자재나 부품), 다른 제품을 제조하는 데 사용되는 부품(기계류), 또는 기업이 비즈니스를 운영하는 데 도움이 되는 제품(예: 사무용품, 컴퓨터)을 의미한다. 보험, 여행 서비스, 의료 서비스 등과 같은 비즈니스 서비스도 산업재에 포함된다.

전문직 대상 광고(Professional Advertising)
의사, 변호사, 치과의사, 엔지니어, 교수 등 전문직 종사자를 대상으로 하는 광고로, 이들이 업무에 특정 기업의 제품을 사용하도록 유도하기 위한 것이다. 또한 이들이 최종 소비자에게 해당 제품을 추천하거나 사용을 권장하도록 하는 목적도 있다.

유통업체 대상 광고(Trade Advertising)
도매업자, 유통업자, 소매업자 등 유통 경로에 있는 구성원들을 대상으로 하는 광고다. 이 광고의 목적은 유통업체들이 제조업체의 브랜드 제품을 비축하고, 홍보하며, 최종 고객에게 다시 판매하도록 장려하는 것이다.

는 데도 익숙해져 있다. 많은 소비자들은 카탈로그나 기업 웹사이트를 통해 쇼핑하고 온라인으로 주문하는 방식을 매우 매력적으로 인지하며, 마케터들은 이러한 방식이 기존 소매 채널을 보완하면서 매출을 증가시킬 수 있는 효과적인 방법이라는 점을 인식하고 있다. 예를 들어, 나이키, 아디다스, 언더아머와 같은 운동화 및 스포츠 의류 브랜드는 스포츠 소매점이나

사진 1-9

언더아머는 온라인과 오프라인 소매 채널을 모두 활용해 제품을 성공적으로 판매하는 기업의 대표적인 예다.

자료: Under Armour, Inc.

자사 직영 매장에서 제품을 판매하는 것 외에도, 자사 전자상거래 웹사이트를 통해 상당 수준의 매출을 올리고 있다(사진 1-9 참조).

전통적인 유통 채널을 통해 제품을 판매하거나 자체 판매 인력을 보유한 기업들 또한 직접 마케팅을 활용하고 있다. 지난 10년 동안 등장한 주요 마케팅 트렌드 중 하나로 **옴니채널 소매**(omnichannel retailing)를 들 수 있는데, 이는 기업이 소매점, 온라인, 카탈로그, 모바일 앱 등 다양한 유통 채널을 통해 제품을 판매하는 방식을 말한다. 하지만 옴니채널 전략은 단순히 여러 채널에서 제품이나 서비스를 제공하는 것을 넘어서서, 오프라인(물리적) 채널과 디지털(온라인) 채널을 결합하여, 구매 전 정보 탐색부터 구매 후 서비스까지 고객의 쇼핑 경험 전반에 영향을 주는 전략을 포함한다. 직접 마케팅은 소비재 기업과 B2B 마케터의 IMC 프로그램에서 중요한 역할을 한다. 이들은 텔레마케팅을 통해 고객에게 직접 전화해 제품이나 서비스 판매를 시도하거나 세일즈 리드를 선별하기도 한다. 마케터들은 또한 간단한 편지나 전단지, 브로슈어, 카탈로그, 기타 판촉물 등을 우편이나 이메일로 발송하여 제품이나 서비스에 대한 정보를 잠재고객에게 제공한다. 또한 제품 샘플을 배포하는 데에도 직접 마케팅이 사용된다.

현재 많은 기업은 고객 이름, 우편 및 이메일 주소, 지리적·인구통계적·심리적 특성, 구매 패턴, 미디어 선호도, 신용 및 기타 재무 정보 그리고 그 외의 관련 고객 특성에 대한 방대한 데이터베이스를 보유하고 있다. 마케터들은 이러한 정보를 활용하여 직접 우편, 이메일 마케팅, 텔레마케팅 등 다양한 직접 마케팅 방식을 통해 기존 고객과 잠재 고객을 타겟으로 삼는다. 이러한 데이터베이스는 기업의 고객 관계 관리(CRM) 프로그램의 핵심 요소로, CRM은 고객의 선호도와 행동을 체계적으로 추적하고, 제품이나 서비스를 개인의 필요와 욕구에 맞게 조정하는 활동을 포함한다.

디지털/인터넷 마케팅

지난 10여 년 동안 우리는 마케팅, 특히 IMC의 역사에서 가장 역동적이고 혁신적인 변화의 시대를 경험하고 있다. 인터넷을 통한 인터랙티브(쌍방향) 디지털 미디어의 급격한 성장이 기술의 발전과 함께 이 변화를 주도하고 있다. **인터랙티브 미디어**(interactive media)는 사용자가 정보의 형식과 내용을 실시간으로 참여하고 수정할 수 있는 양방향 커뮤니케이션을 가능하게 한다. 이것이 전통적인 매체 광고와 같이 일방향적 특성을 가진 마케팅 커뮤니케이션과 디지털 마케팅의 차이점이다. 디지털 미디어를 통해 사용자는 정보를 수신, 수정, 공유할 수 있을 뿐만 아니라, 문의, 질문에 대한 응답, 온라인 구매 등 다양한 활동을 수행할 수 있다. 인터넷의 급속한 성장 그리고 최근 소셜 미디어의 확산은 기업의 비즈니스 방식과 소비자와의 커뮤니케이션 방식 자체를 완전히 바꾸어 놓았다. 전 세계적으로 매일 더 많은 소비자들이 인터넷을 통해 방대한 양의 웹 정보를 접하고 있다. 현재 전 세계 인터넷 사용자는 45억 명 이상이며, 미국에만 약 2억 9,300만 명의 사용자가 있다. 이는 성인 인구의 90% 이상이 웹에 접근할 수 있다는 의미다. 오늘날 거의 모든 마케터들은 인터넷을 마케팅 커뮤니케이션뿐만 아니라 전체 비즈니스 전략의 핵심 요소로 활용하고 있다.

인터넷은 실제로 다양한 기능을 가진 마케팅 커뮤니케이션 도구다. 어떤 경우에는 인터넷이 광고 매체의 역할을 하기도 한다. 마케터들은 다른 기업 및 조직, 웹운영자의 웹사이트를 자사 제품과 서비스를 프로모션하는 디스플레이 광고나 동영상 광고를 게재하는 데에 활용하고 이에 대한 비용을 지불한다. 광고주는 또한 구글, 빙, 야후와 같은 검색 엔진에 비용을 지불하고 키워드를 기반으로 한 관련 검색 결과 페이지에 자사의 광고를 노출시킨다. 이러한 유료 검색 광고는 현재 인터넷 광고에서 가장 널리 활용되고 있다. 또한 인터넷을 통해 프로모션 믹스의 모든 요소를 실행할 수 있기 때문에 인터넷은 그 자체로 하나의 마케팅 커뮤니케이션 매체이기도 하다. 웹상에서 마케터들은 광고 이외에도 쿠폰, 경품 행사, 추첨 이벤트 등 다양한 판매촉진 인센티브를 온라인으로 제공하고, 인터넷을 활용하여 직접 마케팅, 개인 판매, 홍보 활동을 보다 효과적이고 효율적으로 수행할 수 있다.

우리는 현재 인터넷 혁명의 두 번째 단계, 흔히 웹 2.0이라 불리는 시대로 접어들었다. 이 시기의 핵심은 인터넷 사용자들 간의 협업과 공유에 있다. 이러한 변화는 **소셜 미디어**(social media)의 발전과 성장을 이끌었으며, 소셜 미디어란 사람들 간의 온라인 커뮤니케이션과 상호 작용 수단으로, 정보, 통찰, 경험, 관점 그리고 미디어 자체를 생성하고 공유하며 교환하는 데 활용된다. 미국인의 약 4분의 3 정도가 소셜 네트워크 프로필을 가지고 있으며, 페이스북, 트위터, 링크드인, 인스타그램, 유튜브, 스냅챗, 핀터레스트 등 하나 이상의 소셜 미디어 플랫폼을 사용하고 있는 것으로 추정된다.

특히 십대와 18세에서 29세 사이의 젊은 층에서의 소셜 미디어 사용률이 매우 높은데, 이 연령대의 90% 이상이 소셜 네트워크 사이트를 이용하고 있다. 소셜 미디어는 기업이 고객과 소통하고, 고객의 목소리에 귀 기울이며, 고객으로부터 배우는 방식을 근본적으로 변화시켰으며, 현재는 대부분의 기업에게 주요한 마케팅 도구로 자리 잡았다. 기업과 조직들은 페이스북이나 인스타그램 페이지를 만들고, 유튜브 채널이나 트위터 계정을 운영하거나, 유튜브, 비메오, 메타카페 같은 사이트에 광고와 영상을 게시하는 방식으로 소셜 미디어를 활용하고 있다.

오랜 시간 동안 소비자들은 주로 데스크톱이나 노트북 같은 개인용 컴퓨터를 통해 인터넷과 소셜 미디어에 접속해왔다. 그러나 스마트폰과 태블릿의 보급이 확대되면서, 사람들이 온라인에 접속하는 방식에 획기적인 변화가 일어났다. 이제 대부분 사람들은 모바일 기기를 보유하고 있고, PC보다 스마트폰이나 태블릿을 통해 인터넷에 접속하는 것을 선호한다. 스마트폰과 태블릿의 인기는 마케터들이 소비자와 연결될 수 있는 새로운 길을 열어주었다. 광고는 이미 텔레비전과 PC 등 대부분의 소비자 삶에서 큰 비중을 차지하고 있는 기기의 화면상에 널리 퍼져 있으며, 이제는 스마트폰과 태블릿 화면상에도 광고와 판촉 메시지가 점점 더 많이 등장하고 있다. 이러한 흐름은 **모바일 마케팅**(mobile marketing)의 폭발적인 성장으로 이어졌으며, 이는 휴대전화, 스마트폰, 태블릿 등 손으로 들고 다니는 기기를 대상으로 한 프로모션 활동으로, 앱, 메시지, 모바일 커머스, 고객 관계 관리 등이 이에 해당한다. 모바일 광고는 최근 몇 년 사이 엄청난 성장을 보여, 2019년에는 그 규모가 약 870억 달러로 추산되며, 이는 디지털 광고 지출의 3분의 2 이상, 미국 전체 광고 지출의 거의 3분의 1에 달하는 수준이다.

마케터들이 모바일 마케팅에 관심이 큰 이유는 소비자의 위치나 소비 상황에 따른 맞춤형 메시지를 전달할 수 있기 때문이다. 이 매체의 성장을 견인하는 주요 요인은 소비자가 쇼핑을 보다 경제적이고 효율적이며 생산적이고 즐겁게 만들 수 있도록 돕는 모바일 쇼핑 서비스 및 앱의 발전이다. 현재는 구매 시점에서 즉시 사용할 수 있는 모바일 쿠폰을 소비자의 휴대전화로 직접 전송해주는 서비스도 제공되고 있다. 또한 사용자가 바코드를 스캔하여 현재 위치에서 주변 경쟁업체나 온라인 소매업체의 가격과 비교할 수 있도록 돕는 숍새비(ShopSavvy),

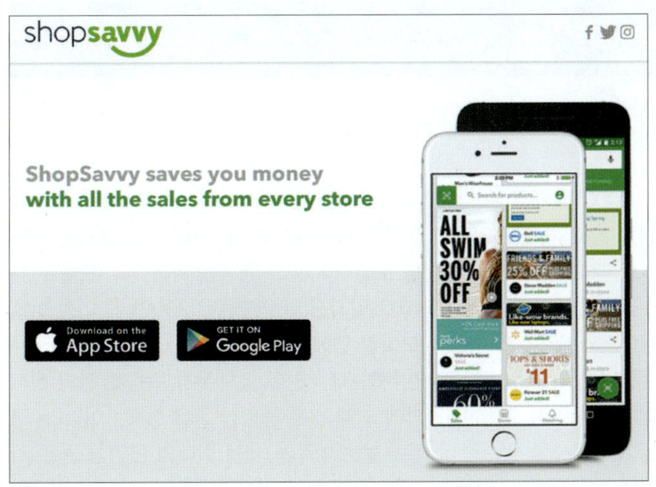

사진 1-10

숍새비 앱은 소비자가 구매 전에 가격을 비교할 수 있도록 도와준다.

자료: ShopSavvy, Inc.

퍼치엑스(Purchx), 레드레이저(RedLaser)와 같은 가격 비교 앱, 그리고 바자보이스(Bazaarvoice)처럼 소비자가 상품 구매 시 외부 의견과 피드백을 모바일 기기에서 직접 확인할 수 있는 소셜 소싱 앱도 등장했다(사진 1-10). 마케터들은 브랜드 전용 앱뿐만 아니라 게임, 영상, 광고 등을 개발하여 소비자와 모바일 기기를 통해 연결되는 다양하고 창의적인 방법을 모색하고 있다. 예를 들어, 스타벅스는 아이폰과 안드로이드 기기용 앱을 개발하여, 소비자가 가까운 매장을 찾거나, 영양 정보를 조회하거나, 줄을 서지 않고 미리 주문 후 픽업할 수 있거나, 스타벅스 리워드 계정을 관리할 수 있도록 지원하고 있다.

쌍방향성은 인터넷과 소셜 미디어 등 디지털 매체의 주요한 장점 중 하나다. 이러한 기능 덕분에 마케터들은 고객이나 잠재 고객으로부터 가치 있는 개인정보를 수집하고, 경우에 따라 실시간으로 맞춤형 서비스를 제공할 수 있다. 예를 들어, 일부 기업은 사용자의 웹 탐색 기록, 위치 정보(경쟁 매장과의 거리 포함) 등 다양한 특성에 따라 가격을 조정하거나 제품 제안을 다르게 보여주기도 한다. 인터넷의 또 다른 장점은, 마케터들이 광고 및 기타 프로모션 활동의 효과를 보다 정밀하고 구체적으로 측정할 수 있는 능력을 제공한다는 점이다. 소비자가 웹사이트를 방문하거나 소셜 미디어에서 시간을 보내는 순간에 수집할 수 있는 다양한 측정지표를 통해, 마케터들은 소비자들이 캠페인에 어떻게 반응하고 있는지, 얼마나 효과적으로 참여하고 있는지, 그리고 프로모션이 투자 대비 어떤 성과를 얻고 있는지를 파악할 수 있다.

많은 기업은 인터넷의 장점을 잘 알고 있으며, 이에 따라 다양한 형태의 디지털 및 소셜 미디어가 IMC 프로그램에서 차지하는 비중을 점점 더 확대하고 있다. 기업들은 자사 웹사이트, 소셜 미디어, 모바일 마케팅을 미디어 광고와 같은 다른 IMC 요소들과 통합한 캠페인을 개발하고 있다. 하지만 현재 디지털 마케팅 환경은 구글, 페이스북, 아마존의 세 주요 기업이 지배하고 있다. 디지털 및 소셜 미디어 관점 1-1에서는 이 세 기업의 발전 과정과 이들이 디지털 광고 시장을 어떻게 주도하게 되었는지를 설명하고 있다.

판매촉진

프로모션 믹스의 다음 요소는 **판매촉진**(sales promotion)으로, 이는 일반적으로 영업사원, 유통업자, 최종 소비자에게 추가적인 가치나 인센티브를 제공하여 즉각적인 판매를 유도하는 마케팅 활동으로 정의된다. 판매촉진은 일반적으로 소비자 대상 활동과 유통업자 대상 활동의 두 가지 주요 범주로 나뉜다.

소비자 대상 판매촉진은 제품이나 서비스의 최종 사용자에게 초점을 맞춘 것으로, 쿠폰, 견본품 제공, 사은품, 환급, 경연 대회 경품 행사, 구매 시점 광고물 등을 포함한다(사진 1-11). 이러한 판촉 도구들은 소비자가 즉각적으로 구매하도록 유도하며, 단기적인 판매 증진 효과를 기대할 수 있다. 유통업자 대상 판매촉진은 도매업자, 유통업자, 소매업자 등 마케팅 중개자를 중심으로 하며, 판촉 및 진열 지원금, 가격 할인, 영업사원 대상 경진대회, 박람회 참가 등을 통해 이루어진다. 이러한 활동은 유통업자가 해당 기업의 제품을 취급하고 프로모션하

디지털 및 소셜 미디어 관점 1-1 >>>

구글, 페이스북, 아마존이 광고 세상을 재편하다

2000년대가 시작될 무렵, 디지털 기술은 이제 막 마케팅과 광고 분야에 영향을 미치기 시작했다. 그 당시 인터넷은 대역폭 문제 등 기술적인 제약이 있었고, 대부분의 소비자는 전화선을 이용한 다이얼업 방식으로 웹에 접속하고 있었다. 일반 소비자는 하루 평균 30분도 채 되지 않는 시간을 온라인에서 보냈으며, 이는 오늘날 하루 평균 약 5시간에 비해 훨씬 짧은 수준이었다. 그러나 무선 인터넷(wi-fi)과 같은 기술 발전은 태블릿과 스마트폰 같은 모바일 기기의 보급을 이끌었고, 특히 스마트폰은 이제 대부분 사람들의 일상에서 없어서는 안 될 필수 도구가 되었다. 많은 기업이 디지털 혁명에 참여해왔지만, 현재 디지털 마케팅과 광고 분야를 지배하고 있는 대표적인 세 기업은 구글, 페이스북, 아마존이라고 할 수 있다. 이들 각 기업이 어떻게 성장해왔으며, 어떻게 이처럼 강력한 영향력을 가지게 되었는지를 살펴보자.

구글이 공동 창업된 시점에 온라인 검색은 아직 초기 단계였다. 세르게이 브린과 래리 페이지는 스탠퍼드 대학원생 시절, 온라인 검색 과정을 개선하는 문제를 연구하다 구글을 창업하게 되었다. 이들이 개발한 시스템은 다른 웹사이트에서 참조되고 링크된 페이지를 우선시하여 보다 관련성 높은 검색 결과를 제공했다. 소비자들은 구글 검색 엔진의 단순한 구조와 빠르고 정확한 결과에 매료되었고, 구글은 빠르게 충성도 높은 사용자층을 확보하면서, 인터넷 사용자 증가와 함께 성장해 주요 검색 엔진이자 온라인 정보의 주요 관문으로 자리 잡았다. 구글은 인터넷 사용자들이 정보를 검색할 수 있도록 돕는 동시에, 이들이 사용하는 검색 키워드와 연계된 광고를 판매함으로써 막대한 수익을 창출하고 있다. 구글 애즈는 사용자가 상품이나 서비스를 검색할 때, 검색 결과 상단에 짧은 광고 메시지를 노출시키는 유료 광고 플랫폼이다. 온라인 광고주는 특정 키워드 검색 결과와 함께 경쟁업체보다 더 높은 위치에 광고를 노출시키기 위해 입찰하고, 광고가 클릭될 때에만 비용을 지불하는 클릭당 비용(cost-per-click) 방식으로 운영된다. 클릭된 광고는 사용자를 광고주의 웹사이트 내 랜딩 페이지로 유도한다.

2003년, 구글은 검색 기반 광고를 넘어 애드센스(AdSense) 프로그램을 통해 제휴 기업이나 온라인 퍼블리셔의 웹사이트에 노출되는 콘텍스트 광고(문맥 기반 광고)를 도입하며 광고 영역을 확장했다. 오늘날 디스플레이 광고와 동영상 광고로 알려진 이 광고들은 200만 개 이상의 웹사이트와 65만 개 이상의 모바일 앱에 노출될 수 있다. 2006년, 구글은 유튜브를 약 16억 달러에 인수했는데, 인수 당시 유튜브는 세 명의 전직 페이팔 직원이 설립한 1년밖에 되지 않은 동영상 공유 플랫폼이었다. 구글이 유튜브를 인수한 후 유튜브는 빠르게 세계 최대의 동영상 공유 사이트로 성장했고, 현재는 매일 10억 시간 이상의 동영상 시청이 이루어지고 있다. 2008년 말, 유튜브는 일부 동영상 앞에 프리롤 광고를 삽입하기 시작했으며, 2009년 초부터는 7가지 다른 형식의 광고를 수용하기 시작했다. 구글은 온라인 광고 산업과 마케팅의 방식 자체를 혁신했다. 구글은 타겟 광고 개념을 정교하게 발전시켜, 전통 매체가 제공할 수 있는 수준을 훨씬 뛰어넘었다. 과거에는 소비자가 상품을 검색하는 바로 그 순간에 광고를 노출시킬 수 있는 방식은 존재하지 않았다.

페이스북은 2004년 마크 저커버그가 하버드 대학 재학 중에 설립했다. 처음에는 하버드 학생들만 이용할 수 있었지만, 곧 미국과 캐나다의 다른 대학으로 확대되었고, 2006년 말에는 13세 이상이면 누구나 가입할 수 있게 되었다. 2010년까지 페이스북은 5억 명 이상의 회원을 확보했고, 2012년 9월에는 월간 활성 사용자 10억 명을 돌파했으며, 불과 5년 뒤에는 20억 명을 넘겼다. 2012년, 페이스북은 인스타그램을 인수했고, 인스타그램은 2018년 말 기준으로 사용자 수 10억 명을 돌파했으며, 그중 약 90%는 미국 외 지역 사용자였다. 2014년에는 전 세계에서 가장 인기 있는 메신저 플랫폼인 왓츠앱을 인수했고, 현재 왓츠앱은 15억 명 이상의 사용자를 보유하고 있다. 구글과 마찬가지로, 페이스북도 광고 및 마케팅에 엄청난 영향을 미쳤다. 마케터들은 페이스북과 인스타그램 사용자들을 연령, 성별, 지역, 관심사, 행동, 연결 관계 등 다양한 인구통계학적 정보에 따라 타겟팅할 수 있다. 또한 사람들은 두 소셜 미디어 플랫

사진 1-11

그림의 범블비 센세이션(Bumble Bee Sensations) 쿠폰은 소비자 대상 판매촉진 도구로 널리 활용되는 인기 있는 방식이다.

자료: Bumble Bee Foods, LLC

도록 유도하는 데 목적이 있다.

많은 소비재 회사들 사이에서 판매촉진은 전체 프로모션 예산의 50~60%를 차지하며, 이 중 상당 부분은 유통업자를 대상으로 한 판촉 활동에 사용된다. 판매촉진 비중이 높아진 이유에는 브랜드 충성도의 하락과 프로모션 혜택에 대한 소비자의 민감도 증가가 있다. 또 다른 주요 이유는 소매업체의 규모와 영향력이 커지면서, 공급업체에게 더 많은 유통 판촉 지원을 요구하고 있기 때문이다.

프로모션과 판매촉진은 광고 및 마케팅 분야에서 종종 혼란을 일으키는 용어다. 앞서 언급했듯이, 프로모션은 기업이 고객과 커뮤니케이션하기 위해 사용하는 마케팅의 한 요소이며, 지금까지 살펴본 모든 프로모션 믹스 요소를 포함한다. 하지만 많은 마케팅 및 광고 실무자는 이 용어를 더 좁은 의미로 사용하여, 소비자나 유통업자(소매업자, 도매업자)를 대상으로 한

폼에서 상당한 시간을 보낸다. 대체로 페이스북 사용자는 하루 평균 약 41분을 앱에서 보내며, 25세 미만 인스타그램 사용자는 하루 평균 32분, 35세 이상 사용자는 하루 평균 24분을 사용하는 것으로 나타났다.

디지털 광고 산업의 세 번째 주요 기업은 아마존이다. 아마존은 1995년 제프 베조스가 설립한 전자상거래 회사로, 처음에는 온라인으로 책을 판매하는 사업에서 시작했다.

이후 몇 년에 걸쳐 장난감, 전자제품, 비디오 게임, 소프트웨어, 각종 생활용품 등 다양한 상품군을 추가하며 사업 영역을 확장했다. 2005년에는 아마존 프라임 서비스를 출시했는데, 이 서비스는 100만 개 이상의 제품에 대해 무료 배송을 제공했으며, 2011년에는 여기에 무료 동영상 스트리밍 서비스도 추가되었다. 2018년 기준으로 전 세계 프라임 회원 수는 1억 명을 넘었고, 이들이 구매한 상품은 연간 50억 개 이상에 달했다. 아마존은 온라인 소매 분야를 선도하고 있으며, 2018년 미국 내 전자상거래 매출의 49%를 차지해 약 2,580억 달러의 매출을 기록했다. 그에 비해 두 번째로 큰 경쟁사인 이베이는 시장 점유율이 7%에 불과했다.

전자상거래에서의 압도적인 영향력을 업은 아마존은 광고 산업에서도 중요한 기업이 되었다. 아마존에 제품을 판매하는 기업들은 그 플랫폼 안에서 제품이 지속적으로 노출되기를 원하는데, 이것이 바로 한 마케팅 임원의 말처럼 "아마존에서 판매한다면, 아마존에서 광고도 하는 셈"이 되는 것이다. 아마존 웹사이트는 미국 내에서 매달 1억 8,000만 명 이상의 방문자를 유치하며, 이들 대부분은 실제 구매 의도를 가진 상태로 사이트에 접속한다. 아마존은 구글의 클릭당 비용 시스템과 유사한 검색 광고뿐만 아니라, 디스플레이 광고와 동영상 광고도 판매하고 있다. 이처럼 이 회사의 광고 영향력은 웹 전반에 걸쳐 확장되어 있다. 아마존은 세계 최대 게임 스트리밍 플랫폼인 트위치(Twitch), 온라인 쇼핑몰 자포스(Zappos.com), 영화 · TV · 연예인 콘텐츠의 대표 소스인 IMDb를 보유하고 있다. IMDb는 신작 영화와 TV 프로그램에 대한 평점 및 리뷰 정보 제공으로 가장 많이 이용되는 사이트다. 또한 아마존은 자체 온라인 출판 네트워크를 통해 광고를 운영하고 있다. 아마존은 고객의 선호도와 온라인 쇼핑 행동에 관한 방대한 데이터를 보유하고 있으며, 이를 통해 광고주가 정확한 타겟 광고를 집행하고, 광고가 실제 매출로 이어졌는지 여부를 파악할 수 있도록 지원한다.

이 세 기업의 디지털 광고 시장에 대한 지배력은 수치로도 확인할 수 있다. 2020년 미국의 디지털 광고 수익은 약 1,290억 달러에 이를 것으로 예상되며, 이 중 구글이 540억 달러, 페이스북이 340억 달러를 차지할 것으로 보인다. 이는 온라인 광고주가 지출한 돈의 약 70%가 이 두 기업에 돌아간다는 뜻이다. 아마존의 디지털 광고 수익도 빠르게 증가하고 있다. 2017년 33억 달러였던 수익이 2020년에는 약 150억 달러에 이를 것으로 추산되며, 이는 구글, 페이스북, 아마존 이 세 기술 기업이 전체 디지털 광고 시장의 약 80%를 차지하게 됨을 의미한다. 이러한 구글, 페이스북, 아마존의 지배력은 광고가 더 이상 TV나 잡지처럼 주목받는 매체에서 창의적인 광고를 제작해 송출하는 방식에 국한되지 않고, 빅데이터와 분석 기술을 활용해 개별 소비자에게 맞춤형 메시지를 전달하는 것으로 중심이 옮겨지고 있음을 보여준다. 세 기업 모두 자사 플랫폼을 사용하는 회원 및 소비자들의 검색 및 구매 활동에 관한 방대한 데이터를 보유하고 있다. 예를 들어, 페이스북은 광고 타겟팅을 위해 1,300개가 넘는 카테고리를 광고주에게 제공하고 있다. 한 미디어 에이전시 임원은 이렇게 말한다.

"우리는 당신이 원하기도 전에 당신이 원하는 것이 무엇인지 알고 있다." 앞으로 구글, 페이스북, 아마존이 디지털 마케팅과 광고 시장을 계속 지배할 수 있을지는 지켜볼 일이다. 현재 페이스북과 구글의 개인정보 보호와 사용자 데이터를 추적 및 마케터와 공유하는 방식에 점점 더 많은 비판이 쏟아지고 있다. 소비자 보호 단체들은 이 세 기업에 대한 정부 규제 강화를 요구하며, 일부 정치인들은 공공재처럼 규제하거나, 독점적 시장 지배력을 이유로 기업을 분할해야 한다고 주장하기도 한다. 향후에는 사용자 동의(opt-in)를 기반으로 하는 법률 도입 등 변화가 있을 가능성이 높으며, 이 경우 사용자의 허락 없이 마케터가 데이터를 수집하거나 접근하는 것이 제한될 수 있다. 그럼에도 불구하고, 당분간은 구글, 페이스북, 아마존이 온라인 광고 산업을 계속해서 지배할 가능성이 높다.

자료: Alexandra Bruell, "Amazon's Ad Business May Be Growing Faster Than Thought," *The Wall Street Journal*, February 20, 2019, https://www.wsj.com/articles/amazons-ad-business-may-be-growing-faster-than-thought-11550660401; Garett Sloane, "Amazon's Big Year," *Advertising Age*, February 4, 2019, p. 8; Garett Sloane, "Advertisers Just Can't Quit Facebook," *Advertising Age*, February 4, 2019, p. 8; Ken Auletta, "How the Math Men Overthrew the Mad Men," *The New Yorker*, May 21, 2018, https://www.newyorker.com/news/annals-of-communications/how-the-math-men-overthrew-the-mad-men.

판매촉진 활동만을 지칭하기도 한다. 이 책에서는 '프로모션'을 보다 넓은 의미로 사용하여, 조직의 다양한 마케팅 커뮤니케이션 활동 전반을 의미하는 용어로 활용한다.

퍼블리시티/홍보

조직의 프로모션 믹스에서 또 하나의 중요한 구성 요소는 퍼블리시티/홍보다.

퍼블리시티 **퍼블리시티**(publicity)란 조직, 제품, 서비스 또는 아이디어에 대한 비개인적인 커뮤니케이션으로 특정 광고주가 운영하거나 기업이 직접 비용을 지불하지 않는 커뮤니케이션을 의미한다. 보통 이는 뉴스 기사, 사설, 공지사항 등의 형태로 조직과 그 제품 또는 서비스에 관한 내용을 다룬다. 광고와 마찬가지로, 퍼블리시티도 불특정 다수를 대상으로 하는 비개인적 커뮤니케이션이지만, 광고와 달리 기업이 비용을 직접 지불하지 않는다는 점에서 차이가 있다. 기업이나 조직은 제품, 서비스, 사회적 이슈 또는 이벤트에 대해 긍정적인 보도가 이루어지도록 언론을 설득하거나 유도함으로써, 소비자의 인지, 지식, 의견, 행동 등에 영향을 미치고자 한다. 퍼블리시티의 대표적인 방법으로는 보도자료 배포, 기자회견, 특집 기사 작성, 사진 및 영상 제공, 영상 보도자료 등이 있다.

다른 형태의 프로모션과 비교했을 때 퍼블리시티의 장점은 신뢰성이다. 소비자들은 일반적으로, 편향되지 않은 출처에서 나온 긍정적인 정보에 대해서는 덜 의심하는 경향이 있다. 예를 들어, 새로 개봉한 영화의 성공(또는 실패)은 종종 영화 평론가들의 평가에 따라 결정되는데, 많은 관객은 평론가들을 객관적인 평가자로 인식한다. 퍼블리시티의 또 다른 장점은 낮은 비용이다. 기업이 TV, 라디오, 신문과 같은 대중 매체에서 시간이나 지면을 구매할 필요가 없기 때문이다. 물론 퍼블리시티 콘텐츠를 제작하거나 이를 전담할 인력을 운영하는 데 비용이 들 수는 있지만, 이러한 지출은 다른 프로모션 프로그램에 드는 비용에 비해서는 훨씬 적다.

기업이 퍼블리시티 내용을 늘 통제할 수 있지는 않기 때문에 때로 그 내용이 부정적일 수 있다. 기업이나 제품에 대한 부정적인 보도는 그 기업에 큰 피해를 줄 수 있다. 예를 들어, 유나이티드 항공은 최근 몇 차례 주요한 홍보 위기를 겪었다. 그중 하나는, 초과 예약된 항공편에서 한 승객이 정당한 탑승권을 가지고 있었음에도 강제로 끌려 내려온 사건이다. 이 장면은 다른 승객의 스마트폰으로 촬영되어 빠르게 확산되며 큰 논란을 일으켰다. 몇 달 후, 유나이티드에 대한 또 다른 부정적 보도가 나왔다. 비행 중 한 승객에게 반려견을 선반 위 수납 공간에 넣으라고 강요했으며, 그 결과 개가 사망한 사건이었다. 이 두 사건 모두 대중의 강한 반발과 불매 운동 위협으로 이어졌다. 페이스북 역시 최근 개인정보 정책과 사용자 데이터 처리 방식 그리고 페이스북 및 인스타그램 사용자 비밀번호가 직원에게 노출된 문제 등에 관한 수많은 부정적인 보도가 나왔다. 이러한 문제에 대한 우려로 많은 이용자들이 페이스북 계정을 비활성화하거나 삭제하기에 이르렀다.

PR 퍼블리시티와 PR을 구분하는 것은 중요하다. 기업이 자사의 이미지와 퍼블리시티 내용을 통제하고 관리하기 위해 정보를 체계적으로 계획하고 배포하는 것은 일반적으로 PR(public relations)이라고 불리는 기능에 해당한다. PR은 '조직과 대중 간에 상호 이익이 되는 관계를 구축하는 전략적 커뮤니케이션 과정'으로 정의된다. PR은 단순히 보도 노출을 목표로 하는 퍼블리시티보다 더 넓은 목적을 가진다. 즉, 다양한 이해관계자들 사이에서 긍정적인 기업 이미지를 구축하고 유지하는 것이 핵심 목적이다. 따라서 PR은 소비자뿐만 아니라 투자자, 직원, 공급업체, 지역사회, 정부(연방, 주, 지방) 등 여러 중요한 대상과의 관계를 관리하는 활동을 포함한다.

PR은 퍼블리시티와 함께 다양한 도구를 활용하여 조직의 이미지를 제고한다. 여기에는 특별 간행물 발행, 지역사회 활동 참여, 기금 모금, 특별 행사 후원, 공공 정책 관련 활동 등이 포함된다. 기업들은 광고를 PR 도구로 활용하기도 한다. 예를 들어, 사진 1-12는 아메리칸 혼다 모터 컴퍼니(American Honda Motor Co.)의 기업의 사회적 책임(CSR) 캠페인의 일환으로, 사회적 가치, 윤리적 경영, 다양성, 환경 보호, 지역사회 참여 등 중요한 이슈에 대한 기업의 입장을 전달하고 있다. 이 광고는 혼다가 연료 효율성이 높은 제품(예: 혼다 제트)을 개발하고, 미국 내에서 혁신을 실현하며 일자리를 창출하는 데 전념하고 있음을 프로모션한다. 전통적으로 퍼블리시티/홍보는 마케팅 및 프로모션 과정에서 중심적인 역할보다는 보조적인

사진 1-12

혼다는 자사의 광고를 통해 미국 내에서 제품을 생산하고 일자리를 창출하는 데 기여하고 있음을 강조하며 기업 이미지를 제고하고 있다.

자료: Honda of America Manufacturing, Inc.

역할로 여겨져 왔다. 그러나 현재는 많은 기업들이 PR을 IMC 전략의 핵심 요소로 포함하고 있다. PR 전문 기업들도 기존의 광고나 마케팅 활동의 여러 기능을 대체할 수 있는 커뮤니케이션 도구로 PR을 점점 더 강조하고 있다.

개인 판매

조직의 프로모션 믹스에서 마지막 요소는 **개인 판매**(personal selling)다. 이는 판매자가 잠재 고객에게 직접 접근하여 제품이나 서비스를 구매하도록 돕거나 설득하거나, 어떤 아이디어에 대해 행동을 유도하는 대면 커뮤니케이션 방식이다. 광고와 달리 개인 판매는 판매자와 구매자 간의 직접적인 접촉을 포함하며, 그 접촉은 대면 방식일 수도 있고 전화 판매와 같은 원격 통신 수단을 통한 것일 수도 있다. 이러한 상호 작용은 마케터에게 유연한 커뮤니케이션을 가능하게 해주며, 판매자는 고객의 반응을 보고 듣고 파악한 뒤 메시지를 그에 맞게 조정할 수 있다. 개인 판매는 개별 맞춤형 커뮤니케이션을 통해 고객의 특정한 니즈나 상황에 맞춰 메시지를 전달할 수 있다.

개인 판매는 보다 즉각적이고 구체적인 피드백이 가능하다는 특징이 있다. 즉각적인 고객의 반응을 통해 판매 활동의 효과를 직접적으로 파악할 수 있으며, 만약 피드백이 부정적일 경우, 판매자는 메시지를 그에 맞게 조정할 수 있다. 또한 개인 판매는 회사의 제품이나 서비스에 가장 적합한 유망 고객층이나 시장을 타겟으로 할 수 있다는 점에서 효율적이다.

개인 판매는 프로모션 믹스의 중요한 요소지만, 대부분의 기업에서 IMC 프로그램의 직접적인 구성 요소로 간주되지 않기 때문에 이 책에서는 다루지 않는다. 또한 개인 판매는 대부분의 조직에서 별도로 운영되며, 광고나 마케팅 커뮤니케이션 관리자의 소관이 아닌 경우가 많다. 그러나 책 전반에 걸쳐, 미디어 광고, 디지털 마케팅, 판매촉진 등 다양한 IMC 도구들이 개인 판매 활동과 어떻게 조직되어야 하는지, 그리고 그런 편성이 필요한 다양한 상황에 대해서 계속 다룰 것이다.

고객 접점을 포함하는 IMC

다양한 프로모션 믹스 요소는 마케터가 기존 고객 및 잠재 고객 그리고 기타 관련된 대상과 커뮤니케이션하기 위해 사용하는 주요 도구이며, 이러한 각각의 도구는 다면성을 가진다. 예를 들어, 매체 광고에는 인쇄 매체, 방송, 옥외 광고 등 다양한 유형이 있고, 판매촉진이나 인터넷 활용 방식 또한 웹사이트, 소셜 미디어, 온라인 광고 등 여러 형태로 나타난다. 기업들이 기존 고객이나 잠재 고객과 커뮤니케이션을 수행하는 방식은 전통적인 프로모션 믹스를 넘어서는 다양한 형태로 확장되고 있다.

도표 1-5

IMC 고객 접점 도구

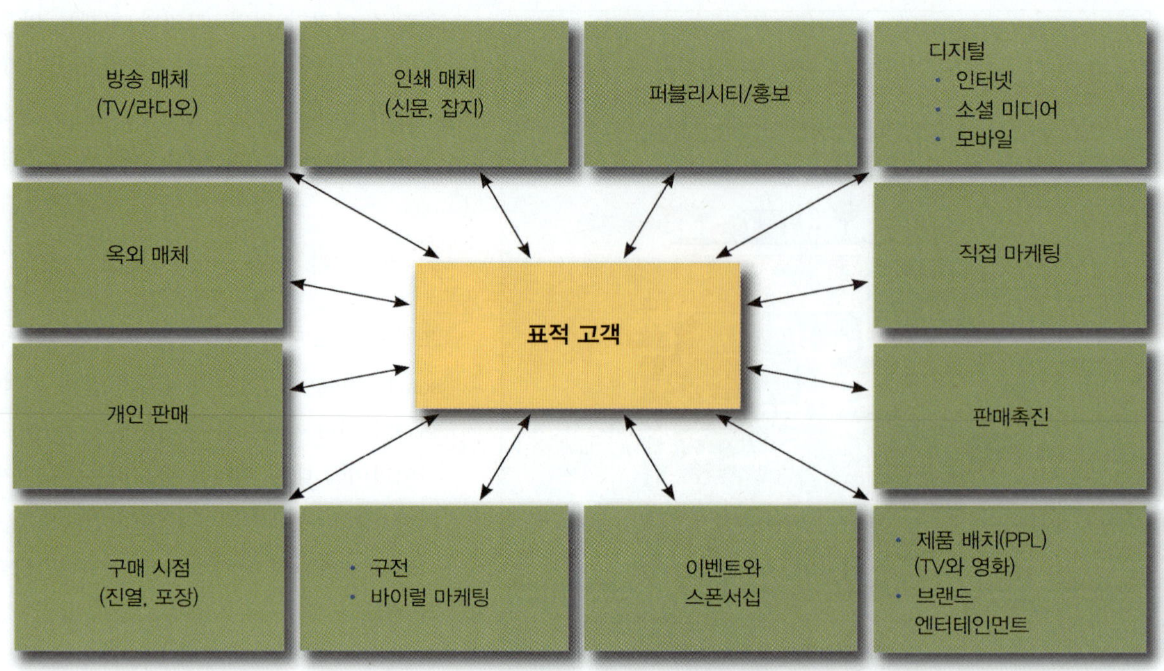

도표 1-5는 마케터가 타겟 고객과 커뮤니케이션할 수 있는 방법을 보다 폭넓게 정리한 것이다.

많은 기업들이 IMC 프로그램을 개발할 때 고객 접점(audience contact or touch point) 관점을 채택하고 있다. 이는 기업이나 브랜드를 긍정적으로 인식시키기 위해 타겟 고객에게 접근할 수 있는 모든 가능한 방법을 고려하여 커뮤니케이션하는 방식이다. **고객 접점**(touch point)이란 고객이 기업이나 그 브랜드에 대해 보고, 듣거나, 접촉하거나, 경험할 수 있는 모든 기회를 의미한다. 접점의 범주는 단순히 브랜드의 광고를 접하는 것에서부터, 매장에서 제품을 실제로 사용하거나 체험해보는 것, 또는 구매 과정이나 서비스 응대 중 기업과 직접 상호 작용하는 것에 이르기까지 광범위하다. 톰 던컨(Tom Duncan)은 고객 접점 또는 커뮤니케이션 접점을 네 가지 기본 범주로 구분하고 있으며, 그 내용은 다음과 같다.

- **기업이 만든 고객 접점**(company-created touch points): 광고, 웹사이트 및 소셜 미디어 채널, 보도자료, 제품 포장, 브로슈어 및 판촉물, 판매촉진 활동, 구매 시점 진열물 그리고 기타 매장 내 장식 요소들과 같이 기업이 계획적으로 제작한 마케팅 커뮤니케이션 메시지를 의미한다. 이러한 접점은 IMC 프로그램에서 큰 비중을 차지하며, 마케터가 직접 통제할 수 있다는 점이 큰 장점이다.
- **내재적 접점**(intrinsic touch points): 제품이나 서비스를 구매하거나 사용하는 과정에서 소비자와 기업 또는 브랜드 간에 발생하는 상호 작용을 의미한다. 예를 들어, 매장 내 판매 직원이나 고객 서비스 담당자와의 대화 등이 이에 해당한다. 이러한 내재적 접점은 마케팅 부서나 IMC 프로그램의 직접적인 통제 아래 있지 않은 경우가 많지만, 던컨은 마케터들이 이러한 고객 상호 작용을 관리하고 개선할 수 있는 방안을 고안하여 고객들이 내재적 접점을 통해 브랜드에 대한 긍정적인 인식을 가질 수 있도록 해야 한다고 강조한다. 또한 내재적 접점 중에는 마케팅 부서나 IMC 관리자가 직접 통제가 가능하거나 적어도 영향을 미칠 수 있는 요소들이 있다. 기업 또는 브랜드의 웹사이트나 소셜 미디어 페이지의 디자인과

기능, 또는 제품 패키징이 이에 해당하며, 패키징은 제품 정보 제공뿐만 아니라 소비자의 사용 경험에도 영향을 미칠 수 있는 요소다. 또한 마케터들은 앞서 설명한 모바일 마케팅 기법을 활용하여, 구매 과정 중에도 소비자와 커뮤니케이션을 할 수 있는 방법을 찾아내고 있다.

- **예상치 못한 접점**(unexpected touch points): 고객이나 잠재 고객이 기업이나 브랜드에 대해 예상치 않게 접하게 되는 정보나 언급으로, 이는 기업의 통제 범위를 벗어난 커뮤니케이션이다. 이러한 예상치 못한 접점 중 가장 영향력이 큰 형태는 구전(word-of-mouth)이다. 구전은 친구, 지인, 이웃, 직장 동료, 가족 등 개인적 관계를 통해 전달되는 커뮤니케이션을 의미한다. 예상치 못한 메시지는 또한 언론을 통해 전해질 수도 있다. 신문이나 방송 매체가 기업이나 브랜드에 대한 기사나 보도를 다루는 경우, 또는 전문가들이 제품과 서비스에 대해 작성하는 글도 이에 해당한다. 최근 들어 제품 및 서비스에 대한 리뷰를 제공하는 웹사이트나 앱도 매우 영향력 있는 예상치 못한 접점으로 자리 잡고 있다. 이러한 사이트 중 일부는 전문가 리뷰를 제공하고, 또 다른 일부는 실제 고객 리뷰를 중심으로 운영된다. 예를 들어, 전자제품 브랜드에 대한 리뷰를 찾는 소비자들은 CNET을 주로 이용하고, 트립어드바이저(TripAdvisor)는 전 세계 여행자들이 매년 약 200만 건 이상의 여행 관련 리뷰와 의견을 제공하고 있다. 이처럼 예상치 못한 접점에서 전달되는 정보는 긍정적일 수도 있고 부정적일 수도 있다. 여러분들은 옐프(Yelp)에서 음식점, 바, 소매점, 전문 서비스 등 지역 비즈니스에 대한 리뷰를 참고해본 경험이 있을 것이다. 옐프는 월 평균 1억 4,500만 명 이상의 순 방문자 수를 기록하고 있으며, 그 안의 리뷰들은 많은 소비자에게 매우 중요한 정보 출처로 작용하고 있다(사진 1-13 참조).
- **고객 주도형 접점**(customer-initiated touch points): 고객이나 잠재 고객이 기업에 먼저 연락을 취할 때 발생하는 상호 작용을 말한다. 이러한 접점은 대부분 제품이나 서비스 사용과 관련된 문의나 불만 제기와 관련되며, 기업에 직접 전화를 하거나, 이메일을 보내거나, 웹사

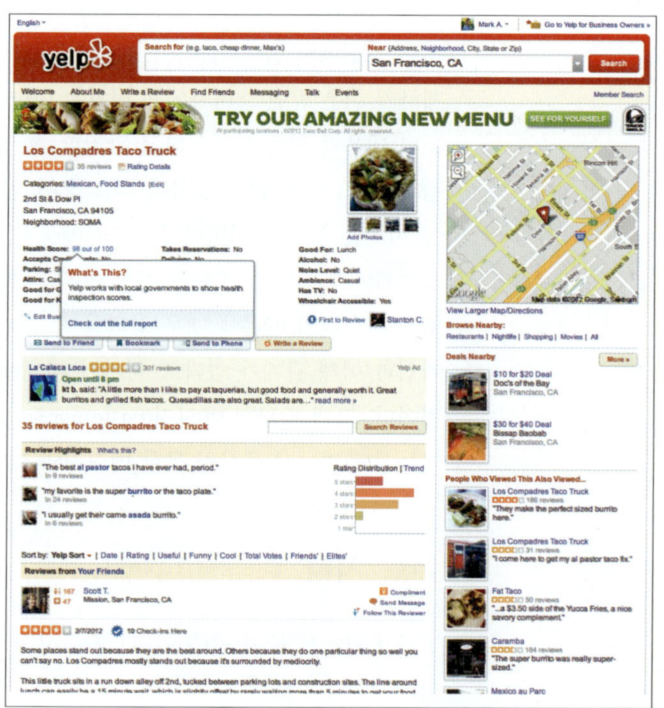

사진 1-13

옐프에 게시된 리뷰는 소비자들이 음식점을 선택할 때 매우 중요한 접점이자 정보 출처로 작용한다.

자료: Yelp Inc.

도표 1-6

IMC 고객 접점: 통제 가능성 vs. 영향력

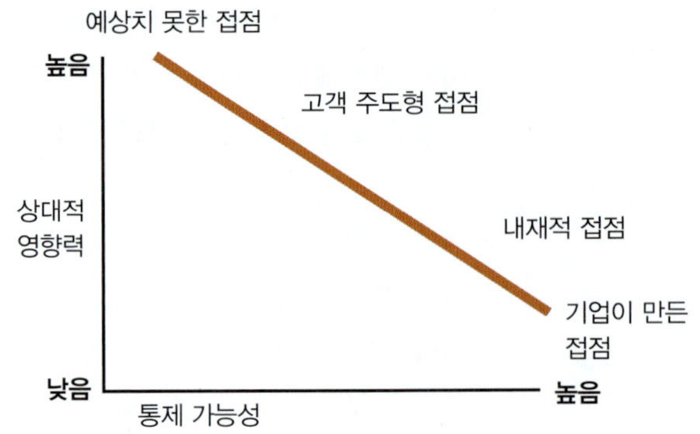

이트 내 고객 응대 섹션에 의견을 남기는 등의 활동을 통해 일어난다. 이러한 고객 접점은 주로 고객 서비스 부서에서 처리하지만, 일부 기업은 인바운드 텔레마케팅 부서를 별도로 운영하며, 이를 직접 판매 전략의 일환으로 활용하기도 한다. 마케터가 이러한 고객 주도형 접점을 어떻게 처리하는가는 고객을 유치하고 유지하는 데 매우 중요한 영향을 미친다. 또한 많은 기업은 고객 서비스의 질을 차별화 요소로 활용하며, 광고나 IMC 프로그램 전반에서 고객 지향적 이미지를 강조한다. 기업은 소비자가 기업에 연락할 때 수신자 부담 전화번호를 사용할 수 있도록 유도하고, 웹사이트 주소를 제품 포장, 광고, 각종 판촉물에 명시하여 현재 고객과 잠재 고객 모두가 쉽게 연락할 수 있도록 하고 있다.

고객 접점(contact or touch point) 관점을 취하는 마케터들은, 소비자들이 기업 및 그 제품과 서비스와 접촉하고 상호 작용하는 경험이 브랜드에 대한 생각과 태도 그리고 구매행동에 중대한 영향은 미친다는 점을 알고 있다. 또한 모든 접점의 효과가 동일한 것은 아니며, 기업이 해당 접점을 통제하거나 영향을 미칠 수 있는 정도도 접점마다 다르다는 점을 이해하고 있다.

도표 1-6은 네 가지 접점 유형을 상대적인 영향력과 마케터의 통제 가능성 측면에서 정리해 보여준다.

이 그림에서 볼 수 있듯이, 기업이 계획한 접점(company-planned touch points)은 가장 통제하기 쉬운 반면 소비자에게 미치는 영향력은 가장 낮다. 마케터는 광고나 기타 프로모션 활동의 내용과 형식을 계획하고 관리할 수 있다. 그러나 소비자들은 이러한 메시지를 과도하게 접하며, 그 안에 담긴 설득의 의도를 잘 알고 있기 때문에 이런 메시지들이 소비자들의 행동에 미치는 영향은 미미하다. 반면 예상치 못한 접점(unexpected messages)은 영향력이 가장 강하지만 기업이 통제하기 가장 어려운 접점이다. 던컨은, 예상치 못한 메시지는 제3자의 신뢰성을 가지기 때문에 매우 강력할 수 있다고 설명한다. 소비자들은 정보를 제공하는 이들이 기업과 이해 관계가 없다고 여기기 때문에 이들을 보다 더 신뢰할 만한 존재로 여기게 되는 것이다. 고객 주도형 메시지(customer-initiated)와 내재적 메시지(intrinsic)는 영향력과 통제 가능성 측면에서 예상치 못한 메시지와 기업 주도형 메시지의 중간에 위치한다.

유료, 자사, 획득 미디어

도표 1-7에서 볼 수 있듯이, 다양한 고객 접점 유형을 분류하는 또 다른 방식으로 유료 미디어, 자사 미디어, 획득 미디어로 미디어를 구분하는 것이 최근 매우 널리 사용되고 있다. **유료**

도표 1-7

유료, 자사 그리고 획득 미디어

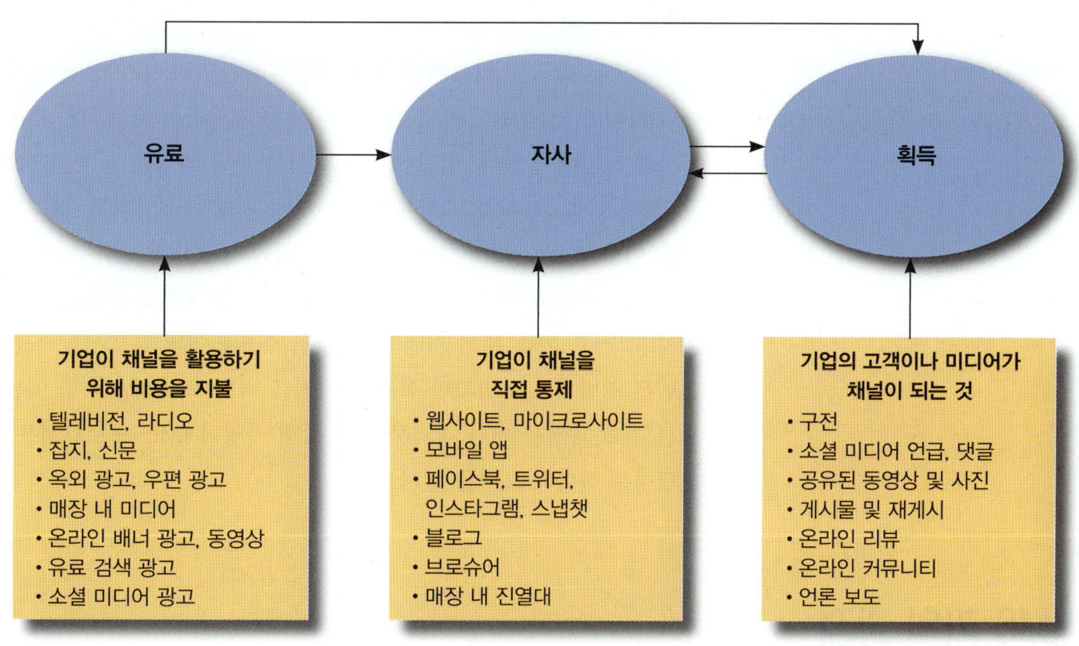

미디어(paid media)는 마케터가 비용을 지불하고 활용하는 채널로, TV, 라디오, 인쇄 매체, 옥외 광고, 우편 광고와 같은 전통적인 광고 매체뿐만 아니라, 유료 검색 광고, 온라인 디스플레이 광고, 동영상 광고 등 다양한 형태의 디지털 광고를 포함한다. **자사 미디어**(owned media)는 기업이 직접 통제하는 마케팅 커뮤니케이션 채널로, 웹사이트, 블로그, 모바일 앱을 비롯하여, 페이스북, 트위터, 인스타그램, 유튜브와 같은 소셜 미디어 채널이 이에 해당한다. **획득 미디어**(earned media)는 기업이나 브랜드가 비용을 지불하지 않고 획득하는 노출을 의미하며, 주로 미디어나 대중과 같은 외부 주체에 의해 만들어진다. 전통적으로는 홍보(PR) 활동이나 긍정적인 구전을 통해 기업이나 브랜드의 노출이 이루어지는 것을 일컫는다. 그러나 디지털 및 소셜 미디어의 성장과 함께, 획득 미디어를 통한 노출은 이제 소셜 미디어를 통해 온라인상에서 이루어지며, 기업이나 브랜드에 대한 정보를 소비자나 미디어가 자발적으로 공유하도록 유도하는 바이럴 마케팅 활동의 결과로 발생한다. 예를 들어, 회사나 브랜드에 대한 트위터에서의 트윗과 리트윗, 페이스북이나 인스타그램의 게시물, 제품 리뷰, 블로그 글, 동영상 공유, 온라인 커뮤니티 내의 토론 등이 이에 해당한다.

오늘날 IMC를 효과적으로 활용하는 마케터들은 유료 미디어, 자사 미디어, 획득 미디어의 세 가지 형태를 모두 조합하여 사용한다. 예를 들어, 유료 미디어를 통한 광고는 여전히 기업이나 브랜드에 대한 인지도와 관심을 높이는 데 효과적인 수단이며, 대중 시장(mass market)을 대상으로 할 때 특히 효율적이다. 또한 미디어 광고는 소비자들이 기업 또는 브랜드의 페이스북, 인스타그램 페이지나 웹사이트 등 다양한 자사 미디어로 유도되어 더 많은 콘텐츠를 접하고, 더 깊은 참여와 몰입을 유도하는 데에 활용될 수 있다. 유료 미디어와 자사 미디어를 잘 기획하고 활용하려는 노력은 언론이나 소비자들이 기업 또는 브랜드에 관한 정보를 흥미롭고 가치 있다고 판단하여 자발적으로 소셜 미디어 등에 이에 대한 내용을 게시하거나 공유하는 등 획득 미디어를 발생시키는 촉매 역할을 할 수 있다. 획득 미디어의 중요한 특징으로 신뢰성을 들 수 있다. 유료 광고에 비해 언론 보도나 소셜 미디어를 통해 전파된 기업 또는 브랜드에 대한 정보는 더 신뢰할 수 있고 진정성 있게 인식되며, 따라서 소비자에게 더 강한 영향력을 발휘할 수 있다.

마케터는 각각의 미디어 유형과 커뮤니케이션 도구가 현재 및 잠재 고객과의 소통에서 얼마나 가치가 있는지, 그리고 이들을 어떻게 결합하여 효과적인 IMC 프로그램을 구성할 수 있을지를 판단해야 한다. 일반적으로 이러한 판단 과정은 타겟 고객을 설정하는 것부터 시작한다. 그런 다음 그 타겟 고객에게 접근하여 정보를 전달하고, 설득하며, 궁극적으로 행동에 영향을 미칠 수 있는 IMC 도구가 무엇인지를 결정하게 된다. 마케팅 커뮤니케이션에 관여하는 사람들은 다양한 커뮤니케이션 도구를 어떤 방식으로 활용할지, 타겟 고객에게 어떻게 도달할지, 그리고 이를 통해 기업의 마케팅 목표를 어떻게 달성할지를 결정해야 한다. IMC 프로그램은 일반적으로 명확한 목표와 목적을 바탕으로 개발되며, 이는 세부적인 마케팅 및 프로모션 기획 과정을 거친 결과물이다. 이제 기업이 IMC 프로그램을 개발하고 실행하는 과정을 설명하는 하나의 모델을 살펴보겠다.

IMC 기획 과정

IMC 전략을 개발할 때, 기업은 다양한 프로모션 믹스 요소를 결합하는 데 있어 각 요소의 강점과 약점을 균형 있게 고려하여 효과적인 커뮤니케이션 프로그램을 구축한다. **통합 마케팅 커뮤니케이션 관리**(integrated marketing communications management)는 다양한 프로모션 믹스 요소들을 활용하여 마케팅 커뮤니케이션 활동을 계획, 실행, 평가, 통제하는 일련의 과정을 포함하며, 이를 통해 타겟 고객과 효과적으로 커뮤니케이션하는 것이 목적이다. 마케터는 어떤 프로모션 도구를 사용할지, 그리고 이를 어떻게 통합해 마케팅 및 커뮤니케이션 목표를 달성할 것인지를 신중히 고려해야 한다. 또한 기업은 전체 마케팅 커뮤니케이션 예산을 각 프로모션 믹스 요소에 어떻게 배분할 것인지도 결정해야 한다. 즉, 광고, 판매촉진, 인터넷, 스폰서십, 개인 판매 등에 각각 몇 퍼센트의 예산을 배정할지 판단해야 한다.

여타 비즈니스 기능과 마찬가지로, 효과적인 IMC 프로그램을 개발하고 실행하는 데에는 기획이 중요한 역할을 한다. 기획은 조직의 IMC 프로그램을 개발하고 실행하며 통제하는 데에 틀을 제공하여 **통합 마케팅 커뮤니케이션 계획**(integrated marketing communications plan) 수립의 과정을 이끌어가는 기반이 된다.

IMC 프로그램에 참여하는 사람들은 프로모션 믹스의 각 요소가 수행할 역할과 기능을 결정하고, 각 요소에 대한 전략을 개발하며, 이들이 어떻게 통합될지를 결정해야 한다. 또한 실행 계획을 세우고 성과를 평가하며, 성과 평가 후에는 결과에 따라 프로그램을 적절히 조정하여야 한다. 마케팅 커뮤니케이션은 전체 마케팅 계획과 프로그램의 한 부분이며, 따라서 전체 마케팅 계획과 프로그램 안에 통합되어야 한다.

도표 1-8에서 IMC 기획 과정을 나타낸 모델을 보여주고 있다. 이 장의 나머지 부분에서는 이 과정에 포함된 여러 단계를 간략하게 설명한다.

마케팅 계획 검토

IMC 기획 과정의 첫 번째 단계는 마케팅 계획과 목표를 검토하는 것이다. 프로모션 계획을 수립하기에 앞서, 마케터는 기업(또는 브랜드)의 과거 상황, 현재 시장에서의 위치, 향후 지향점 그리고 그 목표에 도달하기 위한 방법을 명확히 이해해야 한다. 이 모든 내용은 **마케팅 계획서**(marketing plan)에 포함되어 있다. 마케팅 계획서는 조직 전체, 특정 제품 라인 또는 브랜드를 대상으로 수립된 전반적인 마케팅 전략과 프로그램을 설명하는 문서다. 마케팅 계획은 여러 형식을 취할 수 있으나, 일반적으로 다음의 다섯 가지 기본 요소를 포함한다.

1. **상황 분석**: 내부 마케팅 감사 및 검토, 시장 경쟁 상황 및 외부 환경 요인에 대한 분석으로 구성된다.
2. **구체적인 마케팅 목표**: 마케팅 활동의 방향성과 일정 그리고 성과 측정을 위한 기준을 제시한다.
3. **마케팅 전략 및 프로그램**: 타겟 시장의 선정과 더불어 마케팅 믹스(제품, 가격, 유통, 촉진)의 네 가지 요소에 대한 계획과 결정을 포함한다.
4. **마케팅 전략 실행 계획**: 수행해야 할 구체적인 과업과 책임 주체를 설정한다.
5. **성과 모니터링 및 평가 절차**: 마케팅 활동에 대해 피드백을 제공하고, 필요시 전략이나 전술을 조정할 수 있도록 관리와 통제를 유지하는 과정을 포함한다.

대부분의 기업에 있어 IMC 계획은 전체 마케팅 전략과 계획에서 핵심이다. 따라서 IMC 과정에 관여하는 사람들은 광고 및 기타 프로모션 믹스 요소들이 전체 마케팅 프로그램에서 어떤 역할을 할 것인지를 이해해야 한다. IMC 계획은 마케팅 계획과 유사한 방식으로 수립되며, 마케팅 계획에 담긴 구체적인 정보들을 기반으로 하는 경우가 많다. 프로모션 기획자들은 마케팅 계획서 내용 중 프로모션 전략과 관련된 정보를 중심으로 커뮤니케이션 계획을 세운다.

프로모션 상황 분석

전반적인 마케팅 계획을 검토한 후, 프로모션 계획을 수립하는 다음 단계는 상황 분석을 수행하는 것이다. IMC 프로그램에서의 상황 분석은 프로모션 전략 개발에 영향을 미치거나 관련된 요인에 초점을 맞춘다. 전반적인 마케팅 상황 분석과 마찬가지로, 프로모션 프로그램의 상황 분석도 내부 분석과 외부 분석을 모두 포함한다.

내부 분석 **내부 분석**(internal analysis)은 제품 또는 서비스 제공과 기업 자체와 관련된 주요 요소들을 평가하는 과정이다. 여기에는 기업의 역량, 성공적인 IMC 프로그램을 개발하고 실행할 수 있는 능력, 마케팅 커뮤니케이션 부서의 조직 구조 그리고 과거 프로그램의 성공과 실패 사례 등이 포함된다. 또한 프로모션 기능을 사내에서 수행하는 것과 외부 에이전시(또는 대행사)를 활용하는 것 사이의 상대적인 장단점도 분석해야 한다. 예를 들어, 내부 분석 결과 기업이 IMC 프로그램의 특정 영역을 계획, 실행, 관리할 역량이 부족하다고 판단될 경우, 광고대행사나 디지털 에이전시, 기타 프로모션 전문 기관의 도움을 받는 것이 바람직할 수 있다. 조직이 이미 외부 대행사를 활용하고 있는 경우, 대행사의 업무 품질과 과거 또는 현재 캠페인 성과에 초점을 맞추어 평가하게 된다.

이 책에서는 광고대행사가 클라이언트를 위해 수행하는 기능, 대행사 선정 과정, 보상 방식 그리고 대행사 성과 평가 시 고려할 사항들을 살펴볼 것이다. 또한 디지털/인터랙티브 에이

도표 1-8 IMC 기획 모델

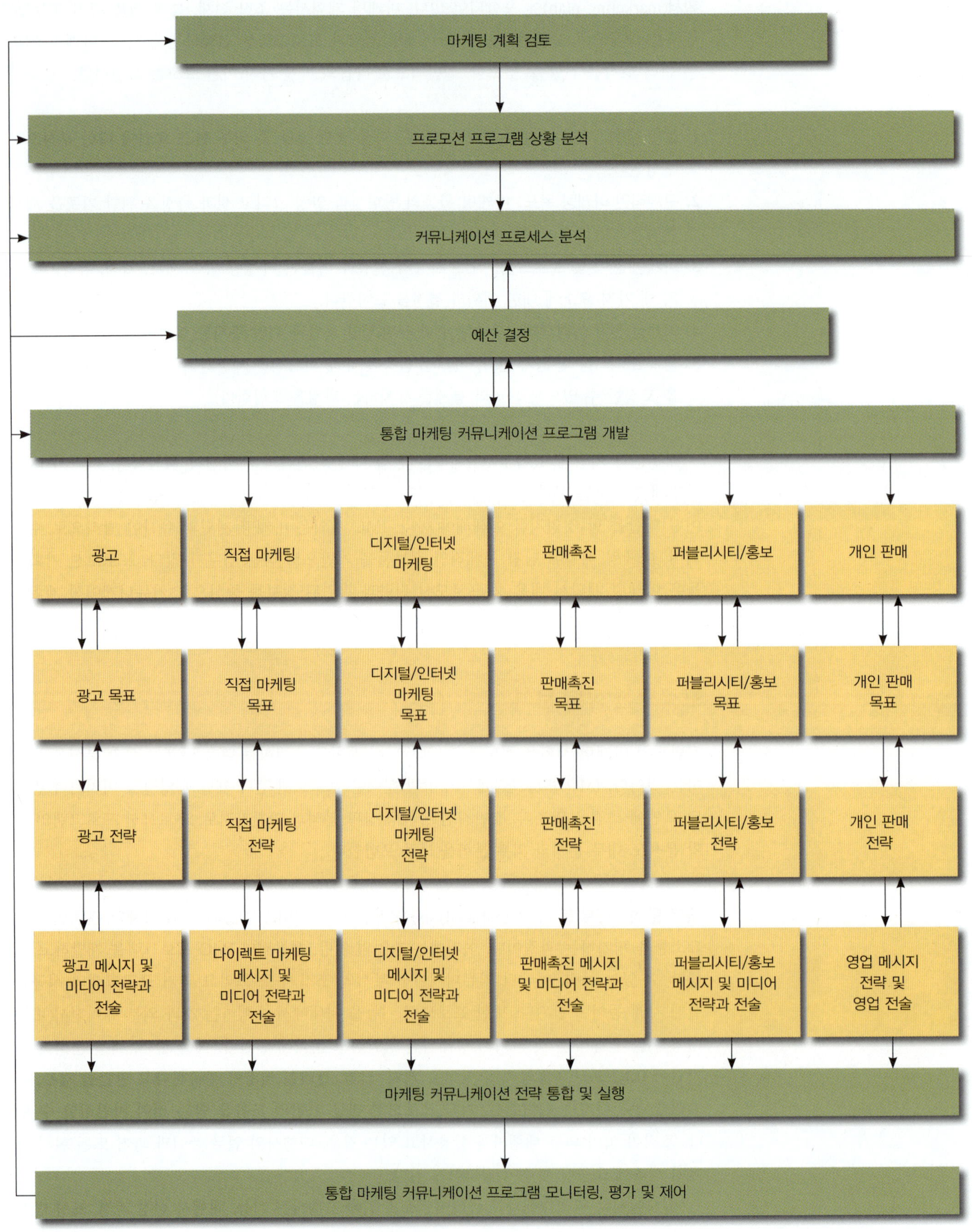

도표 1-8
(결론)

마케팅 계획 검토
전반적인 마케팅 계획 및 목표 검토
광고 및 프로모션의 역할
경쟁사 분석
환경 영향 평가

프로모션 프로그램 상황 분석

내부 분석
- 프로모션 부서 조직
- 기업의 프로모션 프로그램 구현 능력
- 기관 평가 및 선정
- 이전 프로그램 결과 검토
- 기업의 프로모션 프로그램 구현 능력

외부 분석
- 소비자행동 분석
- 시장 세분화 및 타겟 마케팅
- 시장 포지셔닝
- 시장 동향 및 개발

커뮤니케이션 프로세스 분석
수신자의 응답 프로세스 분석
정보원(모델), 메시지, 채널 요인 분석
커뮤니케이션 목표 및 목적 설정

예산 결정
잠정 마케팅 커뮤니케이션 예산 설정
잠정 예산 할당

통합 마케팅 커뮤니케이션 프로그램 개발

광고
- 광고 목표 설정
- 광고 예산 결정
- 광고 메시지 개발
- 광고 매체 전략 개발

직접 마케팅
- 다이렉트 마케팅 목표 설정
- 다이렉트 마케팅 예산 결정
- 다이렉트 마케팅 메시지 개발
- 다이렉트 마케팅 미디어 개발 전략

디지털/인터넷 마케팅
- 인터랙티브/인터넷 마케팅 목표 설정
- 인터랙티브/인터넷 마케팅 예산 결정
- 인터랙티브/인터넷 메시지 개발
- 인터랙티브/인터넷 미디어 개발 전략

판매촉진
- 판매촉진 목표 설정
- 판매촉진 예산 결정
- 판매촉진 도구 결정 및 메시지 개발
- 판매촉진 미디어 전략 개발

퍼블리시티/홍보
- 퍼블리시티/홍보 목표 설정
- 퍼블리시티/홍보 예산 결정
- 퍼블리시티/홍보 메시지 개발
- 퍼블리시티/홍보 미디어 전략 개발

개인 판매
- 개인 판매 및 영업 목표 설정
- 개인 판매/영업 예산 결정
- 영업 메시지 개발
- 영업 역할 및 책임 결정

마케팅 커뮤니케이션 전략 통합 및 실행
프로모션 믹스 전략 통합
광고 생성 및 제작
미디어 시간 및 공간 구매
직접 마케팅 프로그램 설계 및 실행
판매촉진 자료 설계 및 배포
퍼블리시티/홍보 프로그램 설계 및 실행
디지털/인터넷 마케팅 프로그램 설계 및 실행

통합 마케팅 커뮤니케이션 프로그램 모니터링, 평가 및 제어
프로모션 프로그램 결과/효과 평가
프로모션 전략을 제어하고 조정하기 위한 수단 강구

사진 1-14

스타벅스와 같은 기업은 브랜드 이미지가 매우 우호적이다.

자료: mstepanphotographer/Shutterstock

전시, 판매촉진 전문 회사 다이렉트 마케팅 회사, 홍보(PR) 대행사, 미디어 전문 회사 그리고 마케팅 및 미디어 리서치 회사 등 기타 프로모션 관련 전문 기관들의 역할과 기능에 대해서도 논의할 것이다.

내부 분석의 또 다른 측면은 기업이나 브랜드의 이미지 관점에서 강점과 약점을 평가하는 것이다. 기업이 시장에 내놓는 브랜드 이미지나 브랜드 자산(brand equity)은 기업이 자사 및 제품/서비스를 어떻게 광고하고 프로모션할 수 있을지를 결정짓는 데 중요한 영향을 미친다. 시장에 새롭게 진입한 기업이나 브랜드, 혹은 부정적인 인식을 가진 브랜드는 특정 제품이나 서비스의 속성이나 혜택뿐만 아니라 브랜드 이미지 자체를 개선하는 데 집중해야 할 수도 있다. 반면, 우수한 평판과 강력한 브랜드 이미지를 보유한 기업은 자사 제품이나 서비스를 마케팅할 때 이미 한 발 앞서 나가 있는 셈이다. 예를 들어, 애플, 삼성, 나이키, 스타벅스, 메르세데스-벤츠, 에르메스, 루이비통과 같은 브랜드는 매우 긍정적인 브랜드 이미지를 갖고 있으며, 이는 광고를 포함한 IMC 프로그램의 다양한 요소에서 효과적으로 활용될 수 있다(사진 1-14 참조).

또한 내부 분석에서는 제품 또는 서비스의 상대적인 강점과 약점, 경쟁 우위나 차별점(USP), 포장, 가격, 디자인 등과 같은 요소도 함께 평가한다. 이러한 정보는 브랜드에 맞는 광고 메시지를 개발해야 하는 크리에이티브 팀에게 특히 중요하다.

도표 1-9는 마케터가 프로모션 기획을 위한 분석을 수행할 때 고려할 수 있는 항목들의 체크리스트를 보여준다. 내부 분석을 수행하기 위해서는 기업 내부에 존재하지 않는 정보가 필요할 수 있으며, 이는 외부 분석을 통해 추가로 수집해야 할 수도 있다.

외부분석 **외부 분석**(external analysis)은 도표 1-9와 같이, 고객 특성, 시장 세분화, 포지셔닝 전략, 경쟁사 등과 같은 요소들에 초점을 맞춘다. 외부 분석에서 중요한 부분은 고객의 특성과 구매 패턴, 의사결정 과정, 구매에 영향을 미치는 요인들을 면밀히 검토하는 것이다. 또한 소비자의 인식과 태도, 라이프스타일, 구매 결정 기준에도 주의를 기울여야 한다. 이러한 질문에 답하기 위해서는 마케팅 리서치 조사가 필요한 경우가 많다.

외부 분석의 핵심 요소 중 하나는 시장에 대한 평가다. 다양한 세분시장의 매력도와 성장 가능성을 평가하고, 그중 어떤 세그먼트를 타겟으로 삼을지 식별해야 한다. 타겟 시장이 선정되면, 어떻게 포지셔닝할지를 결정하는 데 초점을 맞추게 된다. 회사나 브랜드는 소비자의 마음속에 어떤 이미지 또는 위치를 가져야 할까?

프로모션 프로그램 상황 분석의 이 부분에서는 직간접적 경쟁사에 대한 심층적인 검토도 포함된다. 경쟁사 분석은 전반적인 마케팅 상황 분석에서도 수행되지만, 이 단계에서의 경쟁사 분석은 프로모션 측면에 더욱 집중하여 이루어진다. 분석의 초점은 주요 경쟁사에 맞춰지며, 그들의 구체적인 강점과 약점, 시장 세분화, 타겟 설정, 포지셔닝 전략 그리고 활용 중인 프로모션 전략을 살펴본다. 또한 경쟁사의 프로모션 예산 규모와 배분 방식, 미디어 전략 그

도표 1-9 상황 분석에서 다루는 영역

내부 요인	외부 요인
기업의 프로모션 조직 및 실행 역량 평가	**고객 분석**
프로모션 부서의 조직 구조	누가 우리 제품이나 서비스를 구매하는가?
프로모션 프로그램을 개발하고 실행할 수 있는 기업의 역량	누가 구매 결정을 내리는가?
광고대행사 및 기타 프로모션 전문 기관의 역할과 기능에 대한 판단	누가 구매 결정에 영향을 미치는가?
	구매 결정은 어떻게 이루어지는가? 각자는 어떤 역할을 수행하는가?
과거 프로모션 프로그램 및 성과 검토	고객은 무엇을 구매하며, 어떤 니즈를 충족하려 하는가?
이전 프로모션 목표의 검토	고객이 특정 브랜드를 선택하는 이유는 무엇인가?
이전 프로모션 예산 및 프로모션 실행 장소의 검토	고객은 제품이나 서비스를 어디서 구매하거나 검색하는가?
이전에 사용된 프로모션 믹스 전략 및 프로그램 검토	고객은 언제 구매하는가? 계절적인 요인은 있는가?
과거 프로모션 프로그램의 성과 분석	고객은 우리 제품이나 서비스에 대해 어떤 태도를 가지고 있는가?
기업 또는 브랜드 이미지 평가 및 프로모션에 대한 시사점	구매 결정에 영향을 줄 수 있는 사회적 요인은 무엇인가?
시장에서 해당 기업 또는 브랜드의 정체성과 평판은 어떠한가?	고객의 라이프스타일이 구매 결정에 영향을 미치는가?
제품 또는 서비스의 상대적 강점과 약점 평가	고객은 우리 회사 또는 브랜드를 어떻게 인식하고 있는가?
제품 또는 서비스의 강점과 약점은 무엇인가?	인구통계학적 요인이 구매 결정에 어떤 영향을 미치는가?
핵심적인 혜택은 무엇인가?	**경쟁 분석**
고유한 판매 포인트(USP)가 있는가?	직간접적 경쟁사는 누구인가?
포장, 라벨링, 브랜드 이미지에 대한 평가	경쟁사는 어떤 주요 혜택과 포지셔닝 전략을 사용하는가?
자사 제품 또는 서비스는 경쟁사와 비교하여 어떤 위치에 있는가?	우리는 경쟁사 대비 어떤 위치에 있는가?
	경쟁사의 마케팅 예산 규모는 어느 정도인가?
	경쟁사는 어떤 메시지, 미디어, 디지털 전략을 사용하고 있는가?
	환경 분석
	프로모션 프로그램에 영향을 줄 수 있는 현재의 트렌드나 변화는 있는가?

사진 1-15
탄산수는 가장 빠르게 성장하는 음료 카테고리 중 하나다.
자료: Coca-Cola Company

리고 시장에 전달하고 있는 메시지들도 모두 고려해야 한다.

외부 분석 단계는 마케팅 환경과 프로모션 프로그램에 영향을 미칠 수 있는 현재 동향 또는 개발에 대한 분석도 포함한다. 마케터는 인구통계학적, 경제적, 사회 문화적 요인들을 파악하고 이러한 요인들이 시장에 미치는 영향을 고려해야 한다. 예를 들어, 소비자들이 건강과 영양에 더욱 집중하게 되었고, 이는 음료산업에 큰 영향을 주었다. 설탕 첨가로 인한 높은 칼로리와 다이어트 음료에 사용되는 인공 감미료에 대한 소비자들의 우려로 인해 10년 넘게 청량음료 판매는 감소하고 있다. 건강을 우려하는 많은 소비자들은 차, 주스, 생수, 향미수(flavored water), 스포츠 음료와 같은 대체 음료로 눈을 돌리고 있다. 이런 현상은 마케터들에게 새로운 시장을 개척할 수 있는 기회가 되기도 하였다. 마케터들은 더 건강하고 영양가 있는 것으로 포지셔닝된 새로운 음료 제품을 출시했다. 그 예로 탄산수를 들 수 있는데, 탄산수는 2015년 이후 카테고리 매출이 50% 이상 증가를 기록하는 등 상당한 성장을 보인 음료 중 하나다. 사진 1-15는 코카콜라 회사의 유명 생수 브랜드 다사니(Dasani)의 라인 확장 제품인 탄산수 다사니 스파클링(Dasani Sparkling)의 광고다.

커뮤니케이션 과정 분석

프로모션 기획 과정 중 커뮤니케이션 과정 분석의 단계에서는 기업이 타겟 시장의 소비자들과 어떻게 효과적으로 커뮤니케이션할 수 있을지를 분석한다. 프로모션 기획자는 소비자가 마케팅 커뮤니케이션에 반응하는 과정을 어떻게 거치는지를 고려해야 한다. 소비자의 의사결정이 고관여(high involvement) 제품이나 서비스와 관련될 경우, 그 반응 과정은 관여도가 낮거나 일상적인 구매와는 다르게 나타난다. 이러한 차이는 프로모션 전략의 방향과 방식에 직접적인 영향을 미친다.

이 단계에서는 광고의 모델(source, 원래는 '정보원'을 뜻하며, 메시지를 전달하는 인물을 지칭), 메시지(message), 채널(channel) 요소에 관한 커뮤니케이션 전략 결정도 함께 고려해야 한다. 프로모션 기획자는 다양한 유형의 광고 메시지가 소비자에게 어떤 효과를 미치는지, 그리고 그것이 해당 제품이나 브랜드에 적절한지를 판단해야 한다. 예를 들어, 광고 모델 유명인 기용 여부와 그에 따른 비용 문제도 이 시점에서 검토할 수 있다. 또한 타겟 시장에 도달하기 위해 사용할 수 있는 매체 믹스(media mix)—예를 들어, 인쇄 매체, TV, 라디오, 디지털, 다이렉트 마케팅 등—에 대한 초기 논의와 각 매체의 활용 가능성 및 비용분석도 이 단계에서 이루어질 수 있다.

프로모션 기획 과정의 이 단계에서 중요한 부분 중 하나는 커뮤니케이션 목표와 목적을 설정하는 것이다. 이 책에서는 커뮤니케이션 목표와 마케팅 목표를 명확히 구분하는 것의 중요성을 강조한다. **마케팅 목표**(marketing objectives)는 전체 마케팅 프로그램을 통해 달성하고자 하는 성과를 의미하며, 대개 매출, 시장 점유율, 수익성 등의 측면에서 설정된다.

커뮤니케이션 목표(communication objectives)는 기업이 자사의 프로모션 프로그램을 통해 달성하고자 하는 바를 의미한다. 이는 대개 전달하고자 하는 메시지의 성격이나 달성하고자 하는 구체적인 커뮤니케이션 효과 등으로 나타난다. 커뮤니케이션 목표에는 제품 및 그 속성이나 혜택에 대한 인지 또는 지식 형성, 브랜드 이미지 구축, 긍정적인 태도, 선호도, 구매 의도 유도 등이 포함될 수 있다. 이러한 커뮤니케이션 목표는 전체 마케팅 커뮤니케이션 전략 개발의 중심 원칙이 되어야 하며, 각 프로모션 믹스 영역별 세부 목표 수립의 기준점이 되어야 한다.

예산 결정

커뮤니케이션 목표가 설정된 후에는 프로모션 예산에 대한 검토가 이루어진다. 여기에서는 다음의 두 가지 질문에 대한 답을 찾아야 한다. IMC 프로그램을 실행하는 데 드는 비용은 얼마인가? 그 예산을 다양한 매체, 지역 시장, 시간대별로 어떻게 배분할 것인가? 이상적으로는 광고 및 프로모션에 얼마를 투자해야 하는지는 커뮤니케이션 목표를 달성하기 위해 필요한 수준에 따라 결정한다. 그러나 현실에서는 예산이 보다 단순한 방식으로 산정되는 경우가 많다. 예를 들어, 가용 자금 범위나 회사 또는 브랜드 매출액의 일정 비율로 예산이 설정되기도 한다. 이 단계의 예산은 보통 잠정적인 수준이며, 구체적인 프로모션 믹스 전략이 수립된 이후에야 최종적으로 확정되는 경우가 많다.

IMC 프로그램 개발

IMC 프로그램 개발은 일반적으로 프로모션 기획 과정에서 가장 복잡하고 세부적인 단계다. 앞서 살펴본 바와 같이, 각 프로모션 믹스 요소는 고유한 장점과 한계가 있다. 이 단계에서는 각 요소의 역할과 중요도, 그리고 서로 어떻게 조정·통합될 것인지 결정해야 한다. 도표 1-8에서 볼 수 있듯, 각 프로모션 믹스 요소는 자체적인 목표, 예산, 전략이 있고, 프로모션 프로그램을 실행하기 위한 여러 의사결정이 이루어져야 하며 이와 관련한 여러 활동이 수행되어야 한다. 또한 프로그램의 성과를 평가하고 필요한 경우 조정을 위한 절차도 함께 마련해야 한다.

예를 들어, 광고 프로그램은 자체적인 목표를 가지는데, 이 목표는 일반적으로 목표 청중에게 어떤 메시지와 소구를 전달할 것인지와 연관이 있다. 광고 프로그램별 예산도 책정되는데, 이를 통해 광고 관리자와 광고대행사는 광고 캠페인을 개발하고 광고 메시지를 전달할 매체를 구매하는 데 사용할 수 있는 자금의 범위를 파악할 수 있다.

광고 프로그램에서 중요한 두 가지 측면은 광고 메시지 개발과 미디어 전략 수립이다. 메시지 개발, 즉 크리에이티브 전략(creative strategy)은 광고주가 타겟 고객에게 전달하고자 하는 기본적인 소구나 메시지를 결정하는 과정이다. 많은 학생들은 이러한 과정과 결과로 만들어지는 광고를 프로모션의 가장 흥미로운 부분으로 여기기도 한다. 미디어 전략(media strategy)은 광고 메시지를 타겟 고객에게 전달하기 위해 어떤 커뮤니케이션 채널을 사용할 것인지 결정하는 과정이다. 어떤 유형의 미디어(예: 신문, 잡지, 라디오, TV, 옥외, 디지털)를 사용할지, 그리고 구체적으로 어떤 매체(예: 특정 잡지나 TV 프로그램)를 선택할지에 대해 결정하는 것이다. 이 작업은 각 미디어 옵션이 가지는 장단점, 비용 그리고 메시지를 얼마나 효과적으로 타겟 시장에 전달할 수 있는지 여부를 신중하게 평가한 후 이루어져야 한다.

메시지 전략과 미디어 전략이 결정되면, 이를 어떻게 구체적으로 실행에 옮길지 생각해야 한다. 대부분의 대기업은 광고 메시지의 기획 및 제작, 해당 광고를 실을 매체의 평가 및 구매를 위해 광고대행사를 고용한다. 대다수의 광고대행사는 광고를 개발하고 미디어를 선택하는 과정에서 클라이언트(광고주)와 매우 긴밀하게 협력한다. 왜냐하면 최종적으로 크리에이티브 작업과 미디어 계획을 승인하고 비용을 지불하는 주체는 광고주이기 때문이다.

IMC 프로그램의 다른 요소들에 대해서도 유사한 과정이 진행된다. 광고와 마찬가지로 목표를 설정하고, 전반적인 전략을 수립한 뒤, 메시지 및 미디어 전략을 결정하고, 이를 실행에 옮기기 위한 단계를 밟는다. 광고주가 사용하는 광고대행사가 일부 IMC 기능을 수행하기도 하지만, 필요에 따라 다이렉트 마케팅, 인터랙티브 마케팅, 판매촉진, PR(홍보) 등 각 분야의 커뮤니케이션 전문 기관을 별도로 고용하는 경우도 있다.

모니터링, 평가 그리고 통제

IMC 기획 과정의 마지막 단계는 프로모션 프로그램의 모니터링, 평가 그리고 통제다. IMC 프로그램이 설정된 커뮤니케이션 목표를 얼마나 잘 달성하고 있는지, 그리고 기업의 전반적인 마케팅 목표 달성에 얼마나 기여하고 있는지를 평가하는 것은 중요한 과정이다. IMC 기획자는 단순히 프로모션 프로그램의 성과가 좋은지 나쁜지를 파악하는 것에 그치지 않고, 그 이유가 무엇인지도 잘 알고 있어야 한다. 예를 들어, 광고 프로그램에 문제가 있다면 그것은 광

사진 1-16

구글 아카데미에서는 측정 및 분석 도구 사용법을 교육한다.

자료: Alphabet Inc.

고 메시지의 내용 문제일 수도 있고, 미디어 계획에 문제가 있어 타겟 시장에 효과적으로 도달하지 못하는 것일 수도 있다. 관리자는 이러한 결과가 나타난 구체적인 원인을 파악해야, 프로그램을 올바르게 수정하고 개선할 수 있는 적절한 조치를 취할 수 있다.

대부분의 기업은 광고 및 프로모션 캠페인의 효과를 측정하기 위해 분석 도구(애널리틱스)를 활용하고 있으며, 특히 디지털 광고 분야에서 활발히 사용하고 있다. 대다수의 마케터는 TV나 인쇄 매체와 같은 전통적 미디어에 광고를 집행하는 것 외에도, 디스플레이 광고, 영상 광고 등 다양한 형태의 디지털 광고를 검색, 소셜 미디어, 웹사이트, 모바일 등 다양한 디지털 채널에 노출하는 IMC 프로그램을 운영하고 있다. 구글, 페이스북, 링크드인과 같은 디지털 및 소셜 미디어 플랫폼은 마케터들이 디지털 광고의 효과를 측정하고, 소비자가 구매 퍼널을 어떻게 이동하는지 파악할 수 있도록 매우 상세한 분석 데이터를 제공한다. 이러한 플랫폼들은 마케터들이 측정 도구와 분석 툴을 효과적으로 활용할 수 있도록 온라인 강의, 교육, 인증 프로그램도 함께 제공하고 있다(사진 1-16).

이 책의 마지막 부분은 현대 마케팅에서 점점 더 중요해지고 있는 주제와 관점에 대해 살펴본다. IMC가 작동하는 환경—즉, 조직의 광고 및 판촉 프로그램에 영향을 미치고, 동시에 그로부터 영향을 받는 규제적·사회적·경제적 요인—에 대한 고찰로 본 책은 마무리된다.

이 책의 관점과 구성

전통적으로 광고, 판촉 전략 또는 마케팅 커뮤니케이션 과정을 가르치는 접근 방식은 종종 프로모션 믹스의 다양한 요소를 개별적인 기능으로 취급해왔다. 그 결과, 광고, 판매촉진, 다이렉트 마케팅, 디지털/인터넷, 홍보 분야에서 일하는 많은 사람이 자신의 특정 전문 분야의 관점에서 마케팅 커뮤니케이션 문제에 접근하는 경향이 있다. 광고 담당자는 미디어 광고가 마케팅 커뮤니케이션 목표를 가장 잘 달성할 수 있다고 믿고, 판촉 전문가는 소비자의 반응을 유도하기 위해 판매촉진 프로그램을 주장하며, 홍보 담당자는 문제를 해결하기 위해 PR 캠페인을 옹호할 수 있다. 각자는 주로 한 가지 관점에서 마케팅 커뮤니케이션 문제를 바라보도록 훈련받았기 때문에 이러한 경향은 자연스러운 일이다.

그러나 현대의 비즈니스 환경에서 마케팅, 광고 및 기타 프로모션 분야에서 일하는 사람은 자신의 전문 분야뿐만 아니라 다양한 마케팅 커뮤니케이션 도구를 이해하고 활용할 수 있어야 한다. 광고대행사는 더 이상 광고 영역에만 서비스를 국한하지 않는다. 이제는 판매촉진, 홍보, 다이렉트 마케팅, 이벤트 스폰서십, 디지털/인터랙티브 등 다양한 마케팅 커뮤니케이션 영역에 관여하는 경우가 많다. 브랜드, 제품, 프로모션 매니저와 같이 광고주 측에서 일하는 사람 역시 다양한 마케팅 커뮤니케이션 방법을 활용한 마케팅 프로그램을 개발하고 있다.

이 글에서는 IMC 관점에서 광고와 프로모션을 살펴본다. 조직의 IMC 활동에서 프로모션 믹스 요소와 그 역할을 검토한다. 미디어 광고는 커뮤니케이션 프로그램에서 가장 눈에 띄는 부분일 수 있지만, 현대 마케팅에서 광고의 역할을 제대로 이해하려면 인터넷 및 디지털 마케팅, 직접 마케팅, 판매촉진, 홍보 등 다른 프로모션 영역도 함께 고려해야 한다. 모든 프로모션 믹스 영역이 광고 또는 마케팅 커뮤니케이션 관리자의 직접적인 통제하에 있는 것은 아니다. 예를 들어, 앞서 언급했듯이 개인 판매는 일반적으로 광고 또는 프로모션 부서의 통제를 벗어난 전문 마케팅 기능이다. 마찬가지로 퍼블리시티/홍보 역시 별도의 부서에 배정되는 경우가 많다. 그러나 이러한 모든 부서는 조직의 마케팅 커뮤니케이션 도구를 효과적으로 조율하기 위해 반드시 소통해야 한다.

이 책의 목적은 다음과 같은 사항을 철저히 이해하도록 돕는 데 있다. 광고 분야와 기업의 프로모션 믹스의 다른 요소들이 어떻게 결합되어 IMC 프로그램을 구성하는지 보여준다. 효과적인 IMC 프로그램을 계획, 개발, 실행하려면 관련 담당자가 마케팅, 소비자행동, 커뮤니케이션 프로세스를 이해해야 한다. 이 책의 첫 번째 파트에서는 마케팅 프로세스에서 광고와 다른 형태의 프로모션이 어떤 역할을 하는지 살펴보며, 이를 통해 기초를 다진다. 시장 세분화와 포지셔닝 과정을 살펴보고, IMC 전략 개발에서 광고가 차지하는 역할을 고찰한다. 또한 기업이 IMC를 위해 조직을 구성하고, 마케팅 및 프로모션 서비스를 제공하는 광고대행사 및 기타 회사에 관한 의사결정을 내리는 방법도 논의한다.

그 다음에는 소비자행동에 초점을 맞추고, 커뮤니케이션 프로세스를 분석한다. 광고 및 기타 프로모션 전략을 개발하고 목표와 목적을 수립할 때 프로모션 기획자에게 유용한 다양한 커뮤니케이션 모델을 다룬다. 또한 기업이 마케팅 커뮤니케이션 예산을 어떻게 결정하고 배분하는지도 살펴본다.

프로모션 프로그램 개발의 기초를 다진 후, 이 글에서는 도표 1-8에 제시된 IMC 기획 모델을 따른다. 광고부터 시작하여 각 프로모션 믹스 변수를 살펴본다. 광고에 대한 세부적인 검토에는 크리에이티브 전략과 광고 메시지 개발 과정, 미디어 전략의 개요, 다양한 미디어(인쇄, 방송, 보조 미디어)에 대한 평가가 포함된다. 이후 직접 마케팅, 디지털/인터넷 마케팅, 판매촉진, 퍼블리시티/홍보 등 프로모션 믹스의 다른 영역으로 논의를 확장한다. IMC 기획 과정은 프로그램의 모니터링, 평가, 통제 방식에 대한 논의를 끝으로 마무리하게 된다. 이 단계에서는 특히 광고를 포함한 다양한 프로모션 활동의 효과를 어떻게 측정할 것인지에 대해 중점적으로 논의할 것이다.

요 약

광고 및 기타 형태의 프로모션은 대부분의 조직에서 마케팅 프로세스의 필수적인 부분이다. 지난 10년 동안 미국과 해외 시장에서 광고, 판매촉진, 다이렉트 마케팅 및 기타 형태의 마케팅 커뮤니케이션에 지출되는 금액은 엄청나게 증가했다. 인터넷을 통한 디지털 광고는 물론, 소셜 미디어와 같이 새천년 초에는 존재하지 않았던 다양한 형태의 비전통적 미디어에 대한 지출도 매우 크게 증가했다. 마케팅 프로그램에서 광고와 홍보의 역할을 이해하려면, 먼저 조직 내에서 마케팅의 역할과 기능을 이해해야 한다. 마케팅의 기본 임무는 마케팅 믹스라고 하는 통제 가능한 네 가지 요소를 목표시장과의 교류를 촉진하는 포괄적인 프로그램으로 결합하는 데 있다. 마케팅 믹스의 요소는 제품 또는 서비스, 가격, 장소(유통), 프로모션이다.

수년 동안 대부분의 기업에서 프로모션 기능은 대중 매체 광고 중심으로 운영되어 왔다. 그러나 점점 더 많은 기업들이 통합 마케팅 커뮤니케이션(IMC)의 중요성을 인식하고 있으며, 보다 효율적이고 효과적인 커뮤니케이션 프로그램을 구축하기 위해 다양한 마케팅 및 프로모션 요소를 조정하고 통합하고 있다. 마케터뿐만 아니라 광고대행사 및 기타 홍보대행사가 IMC로 전환하는 데에는 여러 가지 요인이 있다. IMC 관점의 중요성이 커지는 이유는 소비자, 기술, 미디어 환경의 급격한 변화와 밀접하게 관련되어 있다. 또한 기업들이 제품과 서비스를 마케팅하는 방식의 변화 역시 IMC 확산을 촉진하고 있다. 대표적인 변화로는 전통적인 미디어 광고에서 디지털 및 소셜 미디어로의 마케팅 예산 이동, 시장 권한이 제조업체에서 소매업체로 이동한 점, 데이터베이스 마케팅의 성장과 발전, 광고대행사 및 기타 마케팅 커뮤니케이션 기업에 대한 성과 책임 요구 증가, 미디어 시장의 세분화, 미디어 소비 행태의 변화 등을 들 수 있다.

프로모션은 마케팅의 커뮤니케이션 기능으로 보는 것이 가장 적절하다. 이 기능은 광고, 개인 판매, 퍼블리시티/홍보, 판매촉진, 다이렉트 마케팅, 디지털/인터넷 마케팅을 포함한 프로모션 믹스를 통해 수행된다. 각 프로모션 믹스 요소는 고유한 장점과 단점을 가지며, 이는 이들이 전체 마케팅 프로그램 내에서 맡는 역할과 활용 방식에 영향을 미친다. IMC 프로그램을 개발할 때 마케터는 어떤 도구를 사용할지, 그리고 이들을 어떻게 결합해 조직의 마케팅 및 커뮤니케이션 목표를 달성할지 결정해야 한다. 많은 기업은 IMC 프로그램을 개발할 때 '고객 접점(audience contact)' 또는 '터치 포인트(touch point)' 관점을 채택하고 있다. 이는 기업이나 브랜드가 타겟 고객에게 도달하고 긍정적인 이미지를 전달할 수 있는 모든 가능성 있는 경로를 고려한다는 의미다. 접점은 기업이 계획한 접점(company planned), 구매 및 사용 과정에서 자연스럽게 발생하는 내재적 접점(Intrinsic), 예기치 못하게 발생하는 접점(unexpected), 고객이 자발적으로 만든 접점(customer initiated)의 네 가지로 나눌 수 있다. 이러한 접점들은 소비자에게 미치는 영향력의 크기와 마케터가 이를 통제할 수 있는 정도가 각각 다르다. 또한 유료 미디어(paid media), 자사 미디어(owned media), 획득 미디어(earned media)로 나누는 고객 접점의 분류 방식도 최근 널리 사용되고 있다.

프로모션 관리는 다양한 프로모션 믹스 요소들을 조정하여 효과적인 IMC 프로그램을 개발하는 것이다. 도표 1-8에 제시된 IMC 기획 모델은 마케팅 계획 검토, 프로모션 프로그램 상황 분석, 커뮤니케이션 과정 분석, 예산 결정, IMC 프로그램 개발, 커뮤니케이션 전략의 통합 및 실행, 프로모션 프로그램의 모니터링, 평가, 통제와 같은 여러 단계를 포함한다.

CHAPTER 2

마케팅 과정에서 IMC의 역할

자료: FarmersOnly Media Inc.

학습 목표

1. 어떤 조직의 통합 마케팅 프로그램에서 광고와 프로모션의 역할을 설명한다.
2. 표적 마케팅을 정의한다.
3. IMC 프로그램에서 시장 세분화의 역할에 대해 논의한다.
4. 포지셔닝 및 리포지셔닝 전략을 설명한다.
5. 광고와 프로모션 전략에 영향을 미치는 마케팅 믹스 결정을 밝혀낸다.

온라인 데이트 산업 세분화: 모두를 위한 사이트가 있다

오늘날 우리가 알고 있는 온라인으로 데이트 상대를 찾는 관행은 비교적 새로운 현상이지만, 개인 광고를 통해 상대를 찾는 것은 1600년대 후반부터 영국 신문에 등장했다. 이러한 광고는 주로 남성들이 나이가 들기 전에 잠재적인 배우자를 찾기 위하여 게재하였고, 나이가 들면 결혼할 사람을 찾을 확률이 낮아졌다. 데이트 광고는 1700년대와 1800년대 영국과 미국에서 계속되었고, 1900년대 초반 미국에서 특히 인기를 끌었다. 주로 농부나 시골에 사는 사람들, 그리고 1차 세계 대전에서 복무를 마치고 돌아온 외로운 참전용사들이 이용했다.

20세기 내내 다양한 형태와 다양한 매체(신문, 텔레비전, 카탈로그, 비디오테이프 포함)를 통해 파트너를 찾으려는 개인적인 시도가 계속되었지만, 1990년대에 월드 와이드 웹이 설립되고 확장되면서 큰 변화가 일어났다. 1995년에 Match.com은 도메인을 등록한 최초의 주요 데이트 서비스 사이트가 되었다. JDate.com은 유대인 싱글을 연결하기 위해 설계된 사이트로 1997년에 설립되었다. 온라인 데이트 도메인은 2000년대 초반에 eharmony, Ashley Madison, OkCupid 등 여러 새로운 사이트가 설립되면서 급증하기 시작했다. 2007년까지 온라인 데이트는 유료 콘텐츠에서 두 번째로 높은 온라인 산업이 되었다.

다른 산업과 마찬가지로 경쟁자 수가 증가하면 마케터들은 더 이상 모든 사람이나 모든 시장에서 경쟁할 수 없다는 것을 알게 된다. 더 효과적으로 마케팅하기 위해 그들은 시장에서 가장 효과적으로 경쟁할 수 있는 시장 세분화를 모색한다. 2010년에는 세분화가 온라인 데이트 산업에 큰 변혁을 야기했다! 현재는 수백만 명의 사람들이 단순 성관계, 데이트, 이성 관계 또는 결혼을 위해 짝을 찾는 데이트 사이트와 앱을 이용하는데, 이들은 지금 약 7,500개로 추산된다. 여러분들은 그 다양성에 놀랄 것이다! 다음 몇 가지만 고려해 보자.

- **Match.com:** 최초이자 여전히 가장 인기 있는 데이트 사이트는 현재 2,350만 명 이상의 사용자를 보유하고 있으며, 거의 모든 온라인 평가 서비스에서 상위권에 속한다. 가장 많은 온라인 데이트를 가장 높은 성공률로 진행했다.
- **Eharmony와 Zoosk:** 두 사이트는 사이트 평가자들에게 높은 평가를 받고 있다. 두 사이트 모두 재미있고 캐주얼한 데이트에서 진지한 관계에 이르기까지 모든 것을 찾는 싱글을 대상으로 한다. 두 플랫폼 모두 사용자가 프로필을 작성하도록 하여 매치를 돕는다. Eharmony는 기독교인을 선호한다. Zoosk는 페이스북과 구글에 연결되어 있으며, 하루에 300만 건 이상의 메시지 교환을 처리한다. 둘 다 진지한 관계 또는 결혼을 찾는 사람들에게 매우 성공적이라고 주장한다.

이제 주요 플랫폼을 알았으니 더 구체적인 세분시장을 표적으로 하는 몇몇 사이트와 앱을 살펴보자.

- **Silver Singles과 OurTime:** 이 사이트는 '우정, 데이트, 결혼 그리고 그 사이의 모든 것'을 찾는 50세 이상의 싱글을 대상으로 한다. Silver Singles은 강력한 고객 지원과 보안 조치를 제공하며, 가입 및 사용이 쉽다. OurTime은 '성숙한 데이트'에 관심이 있는 50세 이상을 대상으로 하며, 데이트 과정을 간소화했다.
- **EliteSingles:** 검색에 시간을 허비할 수 없는 '교육받은 전문가'를 대상으로 하며, 매력적이고 지적인 싱글만을 찾는 사람을 연결하기 위한 성격 테스트를 제공한다.
- **TheLeague:** 아이비리그 학생과 연결하고자 하는 사람을 대상으로 하는 여러 사이트 중 하나로, 그중 일부는 외모와 '엘리트 지위'를 기준으로 지원자를 선별한다.
- **FarmersOnly.com:** 도시 지역에 거주하거나 도시적 태도를 가지고 있다면 이 사이트는 적합하지 않다. FarmersOnly.com은 시골에 거주하거나, 동물을 사랑하거나, 도시 또는 교외 생활 방식을 좋아하지 않고 의미 있는 관계를 찾는 싱글 농부를 위한 사이트다. 이 사이트를 방문하면 '다른 싱글 농부와 현실적이고 소박한 사람들과 연결'될 수 있다. 이 사이트의 태그라인은 "도시 사람들은 이해하지 못합니다."다. 2005년에 설립된 사이트로 현재 500만 명 이상의 회원을 보유 중이며, 100건 이상의 결혼을 성사시켰다고 주장한다. FarmersOnly.com은 전형적으로 시골 소녀와 결국 시골 소년에게 지는 도시형 구혼자를 묘사하는 기발한 텔레비전 광고를 통해 악명을 얻었다. 그들은 또한 때때로 동물이 말하는 모습, 낚시와 승마와 같은 시골 풍경 그리고 기본적인 시골 라이프스타일을 보여준다.

계속해서 이야기할 수 있지만(현재 7,500개 이상의 사이트가 있다는 것을 기억하라), Match.com이 시작된 이래로 온라인 데이트 사업이 얼마나 세분화되었는지 알아내는 것은 매우 쉽다. 온라인 데이트는 현재 연간 약 18억 달러 규모의 산업으로 추산되는 가운데, 지속적으로 성장하고 있으며, 점점 더 많은 틈새 시장에 매력적으로 다가가기 위해 세분화되고 있다. 다음을 고려해보자.

(계속)

- **beautifulpeople.com**: 사람들이 신체적 매력에 따라 48시간 이내에 다른 회원에 의해 온/오프 투표를 받는 곳이다.
- **singleparentmeet.com**: 새로운 관계를 찾는 자녀가 있는 싱글을 위한 곳이다.
- **ghostsingles.com**: 유령 싱글들이 데이트할 다른 유령을 찾는 곳이다.

처음에는 다소 부정적인 이미지에 시달렸지만, 온라인 데이트는 너무나 보편화되어 이제는 자신과 비슷한 사람을 만나는 또 다른 방법일 뿐인 것처럼 보인다. 그리고 분명히 효과적인 방법이기도 하다. 2002년 〈Wired〉 잡지의 한 기사에서 "20년 후에는 사랑을 찾는 사람이 온라인을 이용하지 않을 것이라는 생각은 어리석게 여겨질 것이다. 이는 마치 카드 카탈로그를 건너뛰고 대신 무작정 책더미를 헤매며 원하는 책을 우연히 발견하려는 것과 같을 것이다."라고 예측했다. 사람들마다 관심사, 라이프스타일, 필요가 다르기 때문에 마케터들은 이를 찾아내고 새로운 온라인 사이트가 탄생할 것으로 보인다.

자료: Amber Brooks, "21 Amazing Online Dating Statistics—The Good, Bad & Weird (2019)," January 14, 2018, www.datingadvice.com; "The Best Online Dating Sites of 2019," January 31, 2019, www.top10bestdatingsites.com; Susie Lee, "The History of Online Dating from 1695 to Now," *Huffington Post*, December 6, 2017, www.huffingtonpost.com; "The History of Online Dating," December 4, 2017, www.onlinedatingadvice.com; Jewel Pi, "7 Unconventional Dating sites for the Extremely Unique Individual," September 4, 2014, coffeemeetsbagel.com.

마케터는 성공하려면 구매자와 잠재적 구매자를 이해하고 그들에게 가장 잘 다가갈 수 있는 구체적인 전략을 개발해야 한다는 것을 알고 있다. 여기에는 시장 기회 식별, 시장 세분화, 표적 마케팅 및 포지셔닝, 마케팅 프로그램 개발이 포함된다. 이 장에서 볼 수 있듯이 이는 종종 도전적인 과제다.

이 장에서는 마케팅 전략이 프로모션의 역할에 어떤 영향을 미치는지 자세히 살펴보고 프로모션 결정이 마케팅 믹스의 다른 영역과 어떻게 조정되어야 하는지 살펴본다. 즉, 마케팅 믹스의 모든 요소는 통합 마케팅 커뮤니케이션(IMC) 프로그램으로 이어지는 전략 계획에서 일관되어야 한다. 도표 2-1의 모델을 프로모션이 조직의 마케팅 전략과 프로그램에 어떻게 일치되는지 분석하기 위한 틀로 사용한다.

이 모델은 조직의 마케팅 전략과 분석, 표적 마케팅 프로세스, 마케팅 계획 프로그램 개발(프로모션 믹스 포함), 표적시장이라는 네 가지 주요 구성 요소로 구성된다. 모델에서 보여주듯이, 마케팅 프로세스는 마케팅 전략의 개발과 분석으로 시작되며, 여기서 회사는 제품이나 서비스 영역과 경쟁하고자 하는 특정 시장을 결정한다. 그런 다음 회사는 마케팅 믹스의 다양한 요소를 효과적으로 표적시장에 도달하는 응집력 있는 마케팅 프로그램으로 조정해야 한다. 회사의 프로모션 프로그램은 최종 구매자뿐만 아니라 제품을 최종 소비자에게 유통하는 채널 또는 '중간상' 구성원에게도 전달된다는 점에 유의한다. 이러한 유통채널 구성원은 회사 제품에 대한 수요가 있다고 확신해야 제품을 보유하고 적극적으로 제품을 판매하고 소비자에게 프로모션할 것이다. 프로모션은 최종 소비자뿐만 아니라 중간상인들에게서도 수요를 구축하고 유지하기 때문에 마케팅 프로그램에서 중요한 역할을 한다.

1장에서 언급했듯이 제품, 가격, 유통, 프로모션과 같은 마케팅 믹스의 모든 요소는 일관성과 최대의 커뮤니케이션 효과를 제공하기 위해 통합되어야 한다. 마케팅 계획을 개발하는 것은 이 목표를 달성하는 데 도움이 된다.

도표 2-1에서 보듯이 마케팅 프로그램을 개발하려면 시장에 대한 심층 분석이 필요하다. 이 분석은 전체 마케팅 계획 과정에서 투입요소로서 마케팅 조사를 광범위하게 활용할 수 있다. 이 투입요소는 제품, 가격 책정, 유통 및 프로모션 결정과 관련하여 마케팅 전략을 개발하기 위한 기반을 제공한다. 각 단계에는 자세한 분석이 필요하다. 이 계획은 마케팅 목표를 달

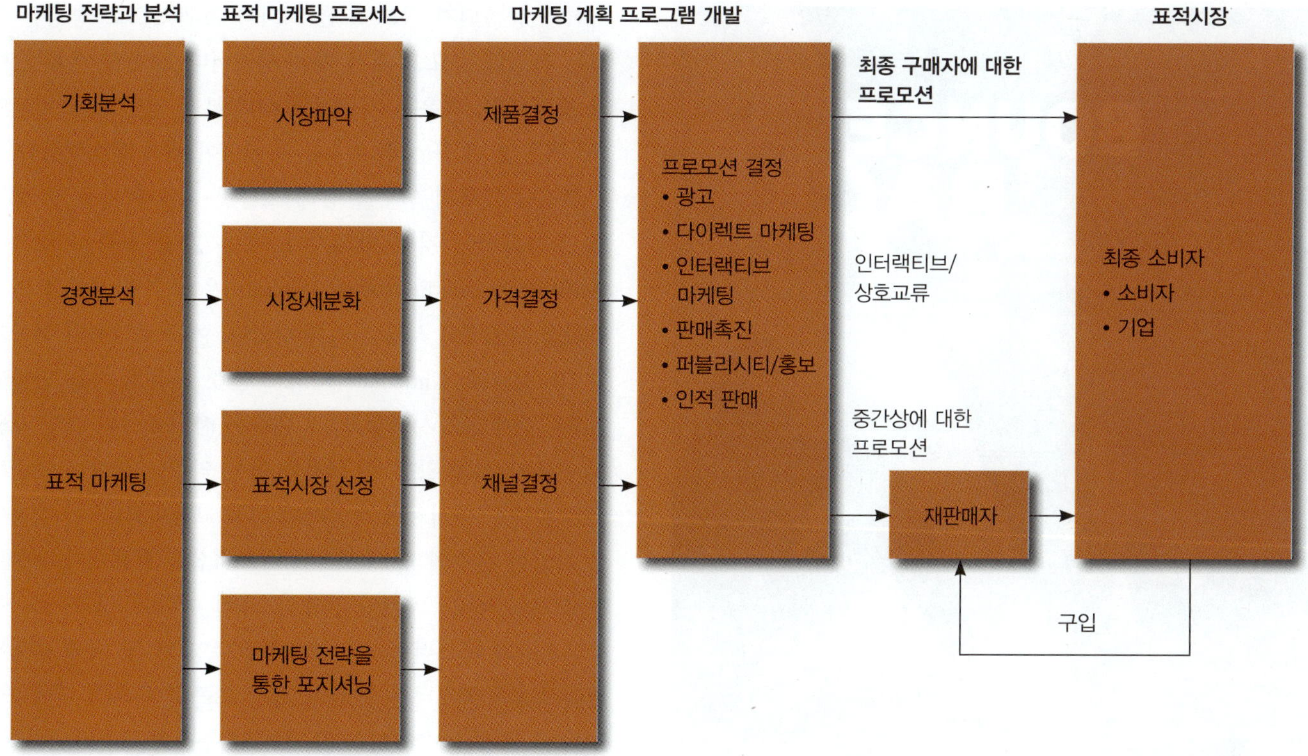

도표 2-1
마케팅과 프로모션 과정 모델

성하기 위한 로드맵 역할을 하기 때문이다. 자세한 시장 분석이 완료되고 마케팅 목표가 설정되면 마케팅 믹스의 각 요소는 포괄적인 통합 마케팅 프로그램에 기여해야 한다. 물론 프로모션 프로그램 요소(이 책의 초점)는 최대의 효과를 얻을 수 있도록 다른 모든 프로그램 요소와 결합되어야 한다.

마케팅 전략과 분석

시장에서 제품 또는 서비스를 성공적으로 교환하고자 하는 조직이라면 조직의 자원을 효율적으로 할당하게 하는 **전략적 마케팅 계획**(strategic marketing plan)이 있어야 한다. 전략적 마케팅 계획은 일반적으로 조직의 전반적인 계획에서 비롯되고 기업 전략과 특정 마케팅 프로그램 및 정책에 대한 가이드 역할을 한다. 앞서 언급했듯이 마케팅 전략은 상세한 상황 분석을 기반으로 한다. 상세한 상황 분석이란 회사가 직면하고 있는 현재의 마케팅 상황이나, 제품 라인에 대한 평가, 또는 개별 브랜드에 관한 분석이다. 이 상황 분석을 통해 기업은 시장과 시장이 제공하는 다양한 기회, 경쟁사 및 시장 회사가 추구하고자 하는 **세분시장**(market segments) 또는 표적시장을 이해하게 된다. 이 장에서는 마케팅 전략과 계획의 각 단계를 검토한다.

기회 분석

시장에 대하여 신중한 분석을 하게 되면 기존 혹은 새로운 시장에서 기존 제품라인의 새로운 시장 기회를 얻을 수 있고, 기존 시장에서 신제품의 시장 기회와 새로운 시장에서 신제품의 시장 기회를 얻을 수 있다. **시장 기회**(market opportunities)는 회사가 믿기로는 고객의 요구와

사진 2-1

초콜릿 우유가 시장 기회를 잡았다.

자료: America's Milk Companies

기회가 충족되지 않고 또한 회사가 효과적으로 경쟁할 수 있는 유리한 수요 추세가 있는 영역이다. 초콜릿 우유를 예로 들어보자. 우유는 기원전 5000년부터 있었고, 소비되었다. 최근 몇 년 동안 흰 우유는 소비량이 계속 감소해왔다.

그러나 과학적 연구를 통해 초콜릿 우유가 운동 후 회복에 효과적이란 것이 밝혀지자, 우유 가공 교육 프로그램(Milk Processor Education Program)은 초콜릿 우유를 마실 기회를 제공하여 시장 기회를 잡았다. 이 프로그램의 이사회는 "Built with Chocolate Milk(초콜릿 우유로 몸을 만들었어요)" 캠페인을 시작했고, 그 내용은 사진 2-1과 같이 초콜릿 우유가 신체 활동 후 회복을 돕는 역할을 한다는 초콜릿 우유에 대한 메시지를 전달하기 위해 고안되었다. 이 캠페인은 다양한 온라인 및 오프라인 파트너십을 활용했다(샘플링 프로그램, 360도 마케팅 캠페인, 소셜 미디어, 광고, 로큰롤 마라톤과의 파트너십 시리즈, 미국 수영 팀 및 미국 올림픽 위원회와의 파트너십 등). 그 결과 초콜릿 우유의 판매량이 2012년 캠페인 시작 이후 일 년 내내 꾸준히 증가하였다.

기업은 일반적으로 시장을 주의 깊게 조사하고 다양한 세분시장의 수요 동향과 경쟁을 살펴봄으로써 시장에서의 기회를 발견해낸다. 시장은 하나의 큰 동질적인 것으로 볼 수 없고, 오히려 많은 이질적인 그룹 또는 세분시장으로 구성되어 있다. 최근 몇 년 동안 많은 기업이 그들의 마케팅 활동을 다양한 세분시장의 욕구와 수요에 맞게 재단하는 것이 매우 중요하다는 것을 인식하였다.

예를 들어, 개인용 컴퓨터(PC) 시장에는 가정용, 정부용, 교육용, 비즈니스용 등의 다양한 세분시장이 있다. 이러한 세분시장은 더욱더 세분화될 수 있다. 커피 산업에는 식료품점을 통한 판매로 일반가정 소비를 위한 소매업과 호텔, 병원, 대학 및 기타 대량 사용자, 군사 판매 등을 포함하는 기관 식품 서비스 소매업이 있다. 각 세분시장 각각은 자체의 마케팅 노력이 필요하다. 제품을 마케팅하는 자동차 산업에서는 어떠한 특정 시장 부문(들)에서 경쟁할지를 결정해야 한다. 이러한 결정은 어떤 세분시장에서 벌어지는 경쟁의 강도와 양상에 따라 다르다. 많은 자동차 회사들이 현재 다양한 모델을 제공하면서 하이브리드 자동차 시장에서 경쟁하고 있다(사진 2-2). 메르세데스는 지금 경량 트럭 시장과 고급 픽업 시장에서 경쟁하고 있다. 재규어와 볼보는 두 회사 모두 2020년 이후에는 전기차만 만들겠다고 밝혔다.

경쟁 분석은 마케팅 전략 개발에서 중요한 부분으로, 추가적으로 살펴볼 필요가 있다.

경쟁 분석

경영자들은 기업의 제품 및 서비스에 대한 마케팅 전략과 계획을 개발함에 있어서 시장에서 직면할 경쟁을 신중하게 분석해야 한다. 이와 같은 일은 직접적인 브랜드 경쟁(자체 브랜드도 포함될 수 있음)에서 대체재와 같은 보다 간접적인 형태의 경쟁이 있다. 예를 들어, 생수 시장이 성장함에 따라서, 많은 회사들이 이 분야에서 경쟁하게 하고 다양한 제품들을 제공하도록

사진 2-2

이 포르쉐 광고에 나타난 바와 같이 많은 자동차 회사들이 하이브리드에서 경쟁한다. 하이브리드 및 전기 시장 이외에도, 소비자 자동차 시장에서 자동차 회사가 공략할 수 있는 다른 방법은 무엇인가?

자료: Grzegorz Czapski/Shutterstock

하였다(사진 2-3). 2025년까지 이 분야의 매출액은 4,700억 달러 이상에 달하며 계속 증가할 것으로 예상된다.

보다 일반적인 수준에서 마케터는 소비자의 재량권을 놓고 경쟁하고 있고, 잠재적인 소비자들이 그들의 돈을 쓸 수 있도록 하는 다양한 방법을 이해하고 있어야 한다. 전 세계 경기 침체의 영향으로 명품 브랜드의 제조업체들은 그들의 마케팅 전략을 재고하게 하고 있다. 명품의 판매금액은 경기 침체기간 동안인 2008년에 하락했고 또다시 2009년에도 하락했다. 그러나 2013년 상위 100대 명품 브랜드는 8.2%의 성장률로 반등했으며, 이러한 성장은 2022년까지 계속될 것으로 예상된다. 시장 침체 또는 불확실성은 종종 명품 판매에 직접적인 영향을 줄 것이다.

마케팅 전략 개발의 중요한 측면은 **경쟁우위**(competitive advantage)를 찾는 것인데, 이는 어떤 기업이 경쟁사보다 우위를 점할 수 있는 특별한 것을 가지고 있다는 것이다. 경쟁 우위를 확보하는 방법에는 프리미엄 가격을 받을 수 있는 고품질의 제품을 보유하거나, 소비자들에게 우수한 고객 서비스를 제공하거나, 싼 제조비용으로 가격이 낮은 제품을 제공하거나, 유통채널을 압도하는 방법이 있다. 경쟁적인 우위를 얻으려면 차별화와 브랜드 자산을 창조하고 유지하는 광고를 통해서도 얻을 수 있는데, 좋은 사례로 안전성과 성능을 강조하는 미쉐린 타이어의 장기 광고 캠페인이 있다. 강한 브랜드 이미지를 가진 애플, 삼성, 나이키, BMW, 맥도날드 등의 브랜드는 그들의 시장에서 경쟁 우위를 제공한다.

일부 시장의 경쟁 환경은 끊임없이 변화하고 있다. 예를 들면, 새로이 시장에 진입하는 브랜드가 있다든지, 다양한 이유로 수명주기의 끝에 도달하는 브랜드의 경우라든지, 혹은 시장 상황에 적응하지 못하는 것부터 우월한 기술혁신을 했지만 부정적인 여론에 마주친다든지 등이 있다(VCR 및 CD에 대해 생각해보라). 때로는 한때 인기 있던 브랜드가 시장 점유율 손실을 경험하지만 이후 명맥을 유지하다가 나중에는 이를 만회하기도 한다. 휠라(Fila), 닥터마틴(Dr. Martens), 챔피온(Champion), 폴라로이드(Polaroid)와 같이 한때 인기를 끌었던 브랜드를 생각해보자. 이들 브랜드들은 1980년대에 인기를 끌었지만 1990년대와 2000년대 초반 모두 어려움을 겪었다. 이제 이 브랜드들은 제품 디자인 변경 덕분에(휠라, 폴라로이드), 혹은 사회적으로 영향력 있는 유명인들과의 협업으로(챔피온, 닥터마틴) 젊은이들 사이에서 인기

사진 2-3

펩시가 소유하고 있는 SoBe는 다양한 종류의 물을 제공하고 있고, 직접 브랜드 경쟁이라는 하나의 사례가 된다.

자료: SoBe by PepsiCo

IMC 관점 2-1 >>>

뷰익(Buick)을 위해 새 이미지 만들기

자료: Buick/GM

뷰익 자동차의 구매를 고려해본 적 있는가? 아마 아닐 것이다. 누군가 뷰익을 언급할 때 일반적으로 가장 먼저 떠오르는 것은 '낡은', '구식', '노인이 소유'하고, '할아버지가 운전'할 것으로 예상되는 자동차다. 당신이 대학을 졸업한 직후라면 그 차를 구입하는 것에 대해 생각하지 않을 것이다. 뷰익은 이러한 이미지를 바꾸기 위해 나섰다. 116년의 역사를 지닌 이 자동차 회사는 젊은 잠재 고객에게 어필하고 더 많은 자동차를 판매하고 싶어 한다. 이를 달성하기 위해 뷰익은 이미지를 바꾸고 밀레니얼 세대를 포함한 젊은 층에게 더 매력적으로 보이기 위해 대대적인 리포지셔닝 노력을 가했다.

2008년 뷰익 소유자의 평균 연령은 63세였다. 2018년에는 58세로 줄었다. GM 파트너인 올스모빌(Oldsmobile)처럼 뷰익은 단종을 우려했다(올스모빌 역시 고령층의 구매자가 많았고, 107년의 역사를 가진 후 2004년에 폐업했다). 하지만 뷰익은 조용히 사라지지 않고 컴백했다.

뷰익의 변화는 절실히 필요한 신차 모델의 도입으로 시작했다. 2015년 도로를 달리던 약 50만 대의 뷰익 중 80%가 더 이상 제작되지 않았거나(느릿느릿 움직이는 뷰익 센추리와 레세이버 모델 포함), (GM의 마케팅 부사장이 지적한 것처럼) 폐차장이나 빙고 가게 앞에 쌓여 있었다는 사실을 고려하면 그들은 분명히 젊은 층에게 매력적이지 않은 이미지였다. 변화가 필요한 시점이었다. 새로이 재설계된 새 모델에는 매력적인 인클레이브(Enclave) 스포츠 유틸리티 차량(SUV)과 더 작은 크로스오버 형식인 앙코르(Encore), BMW 3 시리즈 크기의 리갈(Regal) 그리고 25년 만에 출시된 최초의 뷰익 컨버터블인 카스카다(Cascada)가 포함된다. 이 신차들은 모두 밀레니얼 세대 시장에 어필하도록 설계되었다. 쇼룸이 재설계되고 고객 서비스가 개선되었으며 '행복'을 발산하는 새로운 광고 문구가 만트라처럼 널리 퍼졌다. 매출은 증가했고 계속 상승세를 이어가고 있었다.

그러나 뷰익의 성공을 이끈 대표 요인은 "That's a Buick?(저게 뷰익이야?)" 광고 캠페인을 중심으로 한 강력하고 효과적인 IMC 전략이었다. 이 광고 캠페인은 뷰익 자동차의 이미지를 약간 비웃은 내용이다. 이 광고는 고령층의 사람과 밀레니얼 세대들이 새로운 뷰익을 처음 보고 차가

사진 2-4

휠라가 이미지를 되살리고 있다.

자료: FILA Online, Inc.

가 급증하고 있다. 성공하거나 혹은 성공에 머물기 위해 마케터는 항상 경쟁적인 환경을 모니터링해야 한다(사진 2-4).

경쟁사의 마케팅 프로그램은 회사의 마케팅 전략에 영향을 미치기 때문에 이들을 잘 분석하고 모니터링해야 한다. 자사의 마케팅 및 프로모션 전략에 대한 경쟁사들의 반응도 매우 중요하다. 경쟁업체는 가격 인하, 프로모션 지출 증가, 새로운 브랜드 개발, 또는 비교 광고(사진 2-5)를 통해 서로를 공격한다. 치열한 앙숙의 경쟁 가운데 하나로 코카콜라와 펩시 사이 전투를 들 수 있다. 시장에서 또 다른 앙숙의 경쟁관계로는 허츠(Hertz)와 애이비스(Avis), 버라이존(Verizon)과 AT&T, 그리고 애플과 삼성이 있다.

경쟁의 마지막 측면으로 살펴보면, 미국 시장에 진출하여 미국 국내 기업으로부터 사업을 빼앗아 가는 외국 기업의 숫자가 증가하고 있다는 것이다. 맥주에서 자동차, 전자제품에 이르기까지의 수입품들은 미국 기업들이 맞서 싸워

실제로 뷰익이라고 믿지 않는다. 한 스폿 광고에서는 할머니가 손자의 새 차가 뷰익이라는 것을 믿지 못하는 장면이 나온다. 또 다른 광고에서는 발렛파킹 해주는 사람이 고객의 요청대로 뷰익차를 찾아주려고 하지만, 스타일리시하지 않은 차만 찾고 있었기 때문에 뷰익을 찾을 수 없다(결국은 열쇠 고리의 버튼을 누르고 표시등이 깜박일 때 찾는다).

어떤 사람은 뷰익이 스타일이 좋다는 사실을 알게 되지만 쉽게 믿지 못한다. 다른 광고들 역시 뷰익이 그렇게 매력적일 수 있음을 보여주며, 사람들을 놀라게 하는 같은 주제를 담고 있다. 다양한 형태의 광고와 광고물이 시청자들의 관심을 끌고 사로잡았다. 이 캠페인은 올해로 5년 넘게 이어지고 있다.

두 번째 캠페인은 더욱 구체적으로 밀레니얼 세대를 겨냥하는데, 그 제목은 "#Buickhappiness(#뷰익행복)"이며 행복과 '운전의 삼매경'을 강조한다. '24시간 행복의 테스트 드라이브'를 제공하면서, 광고 캠페인은 자동차 회사가 하는 모든 일에서 행복감을 느낄 수 있다는 메시지를 담고 있다. 이 캠페인은 전통적인 광고 외에도 일련의 온라인 동영상, 팟캐스트, 디지털 이미지, 수많은 보도자료 그리고 이스라엘 수퍼모델과 뷰익 앙코르 앞에서 포즈를 취하는 요기 바(Yogi Bah) 그리고 '행복 연구자' 숀 앵커(Shawn Achor)의 동영상을 포함한 기타 접점을 통해 홍보되었다. 할리우드 안마사 도트 박사도 포함되었으며, 그는 운전자가 스트레스와 싸우는 데 도움이 되는 자기 이완 기술을 시연한다. 이 캠페인의 목표는 더 많은 밀레니얼 세대와 베이비붐 세대에게 다가가 전반적으로 좋은 인상을 심어주는 것이었으며, 그 목적은 새로운 GM 모델뿐만 아니라 "That's a Buick?" 캠페인을 이어가며 재포지셔닝된 브랜드를 다시 한 번 선보이기 위한 것이었다.

뷰익은 역사상 처음으로 수퍼볼 50(2016)에서 광고를 선보이며, 25년 만에 처음으로 출시한 컨버터블 모델인 카스카다를 소개했다. 이 광고에는 뉴욕 자이언츠 와이드 리시버 오델 베컴이 배우 애밀리 라타이코프스키의 곡예 동작을 보고 웨딩 부케를 잡는 모습이 담겨 있다. 이 캐치는 오델이 과거에 보여준 상상을 초월하는 터치다운 캐치, 이른바 '전 세계적인 캐치'를 떠올리게 한다. 엘리 켐퍼(Ellie Kemper)는 디지털 미디어 전용 캠페인에 등장하며, 모든 유명 인사들은 온라인 채팅에도 활발히 참여하고 있다. 수퍼볼은 오랫동안 광고가 주목받는 무대로 알려져 왔을 뿐만 아니라, 동시에 온라인 채팅의 천국이기도 하다. 경기 중에는 총 2,500만 건의 트윗이 생성되었고, 분당 평균 39만 5,000건이 게시되었으며, 페이스북에서는 2015년 경기 당시 6,500만 명의 사용자가 총 2억 6,500만 개의 게시물, 댓글, 좋아요를 남겼다. 베컴의 360만 명, 라타이코프스키의 470만 명에 달하는 인스타그램 팔로워는 소셜 미디어에서 엄청난 반향을 일으킬 수 있는 가능성을 제공한다. 그리고 이 소비자들은 더 이상 '여러분의 할아버지 세대'가 아니다. 뷰익은 분명히 미디어 전략을 통해 젊은 고객층으로 돌아가고 있다.

뷰익은 당분간 이러한 노력을 계속할 것으로 보이며, 추가적인 전략도 고안되고 있다. 대부분의 전략은 밀레니얼 세대 및 베이비붐 세대를 대상으로 하며, 이는 제품 라인의 이미지를 재구성하거나 아직 뷰익을 소유하지 않은 사람들에게 새로운 이미지를 심어주기 위해 설계되었다. 리포지셔닝된 '낡은' 차가 힙해질 수 있을까? 2018년 뷰익의 판매량이 2009년의 두 배를 넘어 20만 6,000대를 기록했다는 점을 감안하면, 분명 그렇게 보인다.

현재 뷰익은 쉐보레에 이어 전 세계적으로 GM의 두 번째 대표 브랜드이며, 중국에서는 GM의 대표 브랜드로 자리 잡고 있다.

자료: Jamie L. LaReau, "The GM Brand That Nearly Died and the Unlikely Buyers Saving It," www.freepress.com June 27, 2018; www.carsalesbase.com, March 4, 2019; Dale Buss, "Buick Refreshes Its Branding to Appear More Refined and Modern," www.Brandchannel.com, March 13, 2018.

사진 2-5

이 광고에서 삼성은 삼성브랜드에 초점을 맞추고 애플에 비교하지만, 애플의 이름이나 로고는 실제로 보여주지 않는다.

자료: Samsung

야 할 점점 더 치열한 경쟁의 양상을 보이고 있다. 글로벌 경제에서 경쟁하고 있는 기업들은 자국시장을 방어할 뿐만 아니라 효과적으로 국제 시장에서 경쟁하는 방법을 알아야 한다.

표적시장 선택

상세한 경쟁 분석을 포함하여 다양한 세분시장에서 제공하는 기회를 평가한 후 기업은 하나 혹은 그 이상을 표적시장으로 선택할 수 있다. 이 표적시장은 기업의 마케팅 노력의 초점이 되며, 기업이 바로 이 표적시장에서 앞으로 어떠한 기업이 될지 또한 무엇을 달성하고자 하는 바에 따라서 기업의 목표와 목적이 설정된다. 1장에서 언급했듯이 이러한 목표와 목적은 매출액, 시장 점유율 및 수익성과 같은 구체적인 성과 변수의 관점에서 설정된다. 기업이 경쟁할 표적시장(들)을 선택하는 것은 마케팅 전략의 중요한 부분이며, 광고 및 프로모션 노력에 직접적인 영향을 미친다. IMC 관점 2-1에서는 젊은 표적시장에 도달하기 위한 뷰익

(Buick) 자동차의 성공적인 시도에 대해 논의한다.

통합 마케팅 커뮤니케이션 계획 프로그램에 대한 논의에서 상황 분석은 프로모션 계획 프로세스의 시작 부분에서 수행된다는 점을 기억하라. 통합 마케팅 커뮤니케이션 계획 프로그램의 두 가지 구체적인 목표인 마케팅 목표와 커뮤니케이션 목표는 상황 분석에서 파생되며, 이러한 목표를 달성하기 위해 프로모션 믹스 전략이 개발된다. 마케터는 하나의 제품, 브랜드 또는 서비스 제공으로 전체 시장을 추적하는 경우가 거의 없다. 오히려, 그들은 시장을 세분화하고 마케팅 및 프로모션 활동을 위해 이러한 세분시장 중 하나 이상을 대상으로 하는 다양한 전략을 추구한다. 이는 시장 접근 방식에 따라 다른 목표를 설정할 수 있고, 다른 예산이 사용될 수 있으며, 프로모션 믹스 전략이 달라질 수 있다는 것을 의미한다.

표적 마케팅 프로세스

모든 소비자의 욕구를 충족시킬 수 있는 제품이 거의 없기 때문에, 기업은 종종 다양한 소비자 욕구를 충족시키기 위해 각기 다른 마케팅 전략을 개발한다. 마케터가 이 작업을 수행하는 프로세스(도표 2-2)를 **표적 마케팅**(target marketing)이라고 하며, 충족되지 않은 욕구가 있는 시장 식별, 시장 세분화, 표적시장 설정 , 마케팅전략을 통한 제품 또는 서비스 포지셔닝의 네 가지 기본 단계가 포함된다.

도표 2-2

표적 마케팅 프로세스

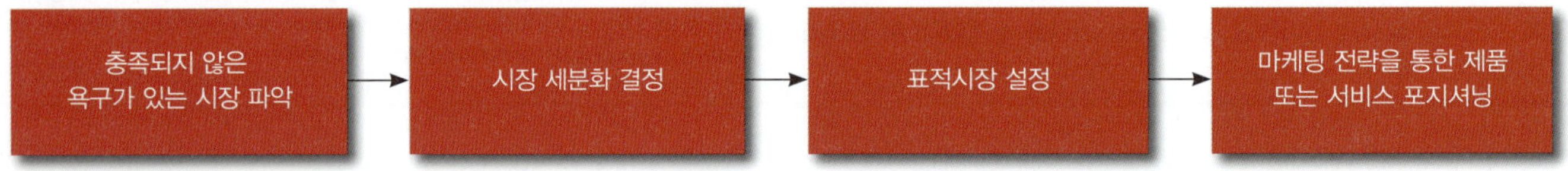

시장 파악

표적 마케팅 전략을 사용할 때 마케터는 사람들 그룹(또는 세분시장)의 특정 욕구 사항을 파악하고, 세분시장 중 하나 이상을 대상으로 선택하며, 각각을 대상으로 하는 마케팅 프로그램을 개발한다. 이 접근 방식은 소비자의 욕구, 태도 및 라이프스타일에 있어서 시장의 변화를 비롯하여 여러 가지 이유(경쟁업체의 세분화 사용 증가, 그리고 더 많은 관리자들이 세분화에 대한 교육을 받고 이 전략과 관련된 이점을 깨닫는다는 사실 등)로 마케팅에서의 적용 가능성을 높였다. 그러나 아마도 가장 좋은 설명은 소비자들의 욕구를 가장 효과적으로 충족시키기 위한 마케팅 프로그램을 설계하기 위해서는 소비자에 대해 가능한 한 많이 이해하여야 한다는 기본 전제로 돌아간다.

표적시장을 파악하면 유사한 라이프스타일, 욕구 등을 가진 소비자를 색출해내어 그들의 특정 요구 사항에 대한 지식이 증가된다. 마케터가 소비자와 이러한 공통 기반을 더 많이 구축할수록 그들은 커뮤니케이션 프로그램에서 이러한 요구 사항을 해결하고 제품 또는 서비스 제공이 그들의 욕구를 충족시킬 것이라는 사실을 잠재 소비자에게 알리거나 설득하는 데 더 효과적일 것이다.

맥주 산업을 예로 들어보자. 몇 년 전만 해도 맥주는 차별화가 거의 없고 현지 유통업체가

도표 2-3

미국 수제 맥주 시장

자료: Craft Beer Industry Market Segments, Brewers Association, 2019

소규모 맥주 양조장
브루펍
계약 양조 회사
지역 크래프트 브루어리
대형 맥주 양조장

많으며 진정한 국가 브랜드가 거의 없었다. 업계가 통합되기 시작하면서 많은 브랜드가 대형 맥주 회사에 흡수되거나 시장에서 사라졌다. 경쟁자 수가 줄어들면서 주요 맥주 회사 간의 경쟁이 치열해졌다. 보다 효과적으로 경쟁하기 위해 맥주 회사는 맥주를 마시는 사람들의 다양한 취향, 생활 방식 등을 살펴보기 시작했고 이 정보를 사용하여 마케팅 전략을 고안했다. 이 프로세스를 통해 많은 시장 부문을 식별할 수 있었으며, 이들 각 시장 부문은 서로 다른 고객의 욕구, 라이프스타일 및 기타 특성을 가진다.

맥주 시장은 지난 몇 년 동안 국내 브랜드와 수입 브랜드가 통합 노력을 늘리면서 극적으로 변화했다. 가장 빠르게 성장하는 부문 중 하나인 수제 맥주는 이제 여러 세분시장으로 구성되어 있으며, 각 부문에서 다양한 제품을 제공하고 있다(도표 2-3). 대부분의 대형 전통 맥주 회사는 각 부문에서 다양한 제품을 제공하여 그들 간에 경쟁을 하고 또한 소규모 수제 맥주 회사와도 서로 경쟁하고 있다(사진 2-6). 2014년 이후 수제 맥주 시장은 196억 달러 규모의 산업에서 2019년에는 450억 달러 이상으로 성장했다. 각 회사는 서로 다른 고객의 욕구를 충족한다. 맛은 중요한 요소다. 하지만 이미지, 비용 및 사회적 호소력도 중요하다. 그 밖에도 소비자의 사회적 계층, 생활 방식, 경제적 지위 등 다양한 구매 이유가 작용하고 있다.

거의 모든 제품 및 서비스 카테고리에서 경쟁하는 마케터는 고객의 요구를 더 잘 충족시키기 위해 시장을 세분화할 방법을 끊임없이 찾고 있다. 이 섹션의 나머지 부분에서는 시장 세분화 방법에 대해 설명한다.

사진 2-6

전통적인 맥주 회사는 이제 수제 맥주를 제공하고 있다. 밀러쿠어스(MillerCoors)는 다양한 시장 부문에서 보다 효과적으로 경쟁할 수 있도록 최근 샌디에고(San Diego)의 수제 맥주사인 세인트 아처 브루잉 컴퍼니(Saint Archer Brewing Co.)를 인수했다

자료: Saint Archer Brewing Co.

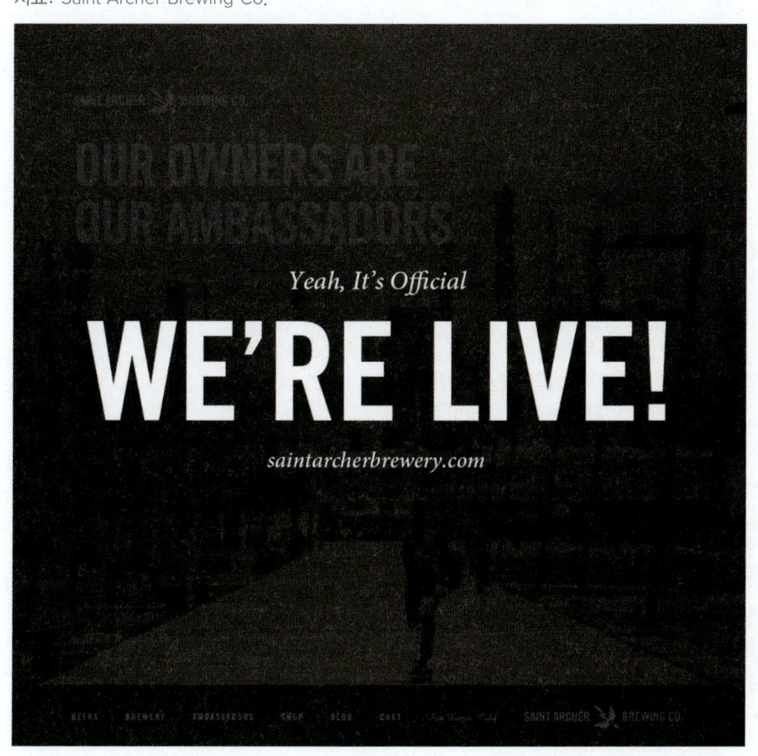

시장 세분화

모든 소비자를 위한 마케팅 전략을 개발하는 것은 불가능하다. 오히려, 마케터는 동일한 욕구를 가지고 있고 마케팅 활동에 유사하게 반응할 광범위한 구매자 부류를 식별하려고 시도한다. **시장 세분화**(market segmentation)는 시장을 (1) 공통의 욕구를 가지고 있고 (2) 마케팅 활동에 유사하게 반응하는 별개의 그룹으로 나누는 것이다.

마케터가 시장을 더 많이 세분화할수록 시장에 대한 이해가 더 정확해진다. 그러나 시장이 더 많이 나뉠수록 각 세분시장에 있는 소비자는 더 적어진다. 따라서 중요한 결정은 세분화 프로세스에서 어

디까지 세분화해야 하는가다. 세분화 프로세스는 어디에서 중지해야 할까? 맥주 산업에서 취한 전략에서 볼 수 있듯이 아주 멀리 나아갈 수 있다!

프로모션 활동을 계획할 때 경영자는 표적시장이 개별화된 전략을 지원할 수 있을 만큼 충분히 큰지 그 여부를 고려한다. 좀 더 구체적으로 말하자면, 그들은 이 세분시장에 도달할 수 있는지 고려한다. 광고 커뮤니케이션 프로그램으로 도달할 수 있을까? 예를 들어, 10장에서 일부 표적시장에 도달하는 데 효율적으로 사용할 수 있는 미디어가 없는 경우도 있음을 볼 수 있다. 또는 판매촉진 관리자가 여러 세분시장을 식별하지만 해당 세분시장에 도달하는 데 필요한 프로그램을 개발하지 못할 수 있다. 회사는 필요한 광고 캠페인을 개발하기 위한 자금이 부족하거나, 모든 영역을 담당할 영업 직원이 부적절하거나, 다른 프로모션에 결함이 있을 수 있다. 세분화 전략이 적절하다고 판단한 후 마케터는 시장에 대응할 기반을 마련해야 한다. 다음 섹션에서는 시장을 세분화하기 위한 몇 가지 기반에 대해 설명하고 광고 및 프로모션에 적용 사례를 보여준다.

시장 세분화 변수 도표 2-4에서 볼 수 있듯이 시장을 세분화하는 데 사용할 수 있는 몇 가지 방법이 있다. 마케터는 세분화 변수 중 하나 또는 접근 방식을 조합하여 사용할 수 있다. 스노 스키를 마케팅하는 데 사용할 수 있는 시장 세분화 전략을 고려해보자. 소비자의 라이프

도표 2-4 시장 세분화 변수들

시장 세분화 근거	세분화 변수	적용 사례
지리적	지역	북동, 중서부, 남쪽, 서쪽 등
	도시 크기	Under 10,000, 10,000~24,999, 25,000~49,999, 50,000~99,999 etc
	통계지역	대도시 및 소도시 통계 지역, 인구 조사 지역 등
	미디어 tv	미국 내 210개 지정 시장 지역(DMA)(Nielsen)
	인구 밀도	도시, 교외, 작은 마을, 시골
인구통계적	성별	남성, 여성
	연령	6세 미만, 6~11세, 12~17세, 18~24세, 25~34세 등
	인종/민족	아프리카계 미국인, 동양인, 히스패닉, 백인 등
	생애 단계	유아, 유치원, 아이, 젊음, 대학, 성인, 선배
	탄생 시대	베이비 붐 세대(1946~1964), X 세대(1965~1976) 등
	가족 수	1, 2, 3~4, 5개 이상
	결혼 여부	미혼, 기혼, 별거 중, 이혼, 사별, 동거 파트너
	소득	$15,000 미만, $15,000~$24,999, $25,000~$34,999 등
	교육	일부 고등학교 이하, 고등학교 졸업자(또는 GED) 등
	직업	관리 및 전문, 기술, 영업, 농업, 등
심리도식적	인격	사교적인, 지독한, 외향적, 침략적인, 야심찬 등
	가치관(VALS 2)	혁신, 사상가, 성취자, 경험자, 신자, 생활고 등
	라이프스타일(닐슨 PRIZM®)	블루 블러드 영지, 싱글 시티 블루스 등(총 66 이웃 클러스터)
	욕구	질, 서비스, 가격/가치, 건강, 편의 등
행동	소매점 유형	백화점, 전문점, 아울렛, 편의점, 대량 판매점
	다이렉트 마케팅	우편 주문/카탈로그, 호별, 직접 응답, 인터넷
	제품 기능	상황별, 일반
	사용률	라이트 사용자, 중간 사용자, 헤비 사용자
	사용자 지위	비사용자, 전 사용자, 전망, 처음 사용자
	인식/의도	불식, 인식, 관심, 구매 의도, 구매자, 거절자

스타일(활동적이고, 재미를 사랑하며, 야외 스포츠를 즐기는 것)은 중요한 요소다. 그러나 나이(활강 스키 참가는 약 30세가 되면 크게 떨어짐)와 수입(최근에 리프트 티켓 가격을 본 적이 있는가?), 결혼 여부와 같은 다른 요인도 있다. 세분화를 위한 변수들을 검토하고 각각에 사용된 몇 가지 프로모션 전략을 검토해보자.

지리적 세분화 **지리적 세분화**(geographic segmentation)는 시장을 서로 다른 지리적 단위로 나누는 방법이다. 이러한 단위에는 국가, 주, 카운티 또는 이웃이 포함될 수 있다. 소비자는 거주 지역에 따라 구매 습관이 다른 경우가 많다. 음식, 음료, 외국 제품에 대한 태도 등과 관련하여 지역적 차이가 존재할 수 있다.

예를 들어, 많은 기업들은 캘리포니아를 미국의 다른 지역과 매우 다른 시장으로 간주하고 해당 주의 소비자를 대상으로 하는 특정 마케팅 프로그램을 개발했다. 다른 회사들은 특정 지역을 대상으로 하는 프로그램을 개발했다. 사진 2-7은 Jackson Hole Huckleberry(와이오밍), Vernors(미시간) 및 Moxie(뉴잉글랜드)와 함께 지역(Cheerwine의 경우 남부)에서 마케팅을 통해 성공을 거둔 지역 청량 음료 '컬트 브랜드' 중 하나인 치어와인(Cheerwine) 브랜드의 광고를 보여준다. 올드 브루클린 베버리지 컴퍼니(Olde Brooklyn Beverage Company)라는 한 회사는 심지어 뉴욕 시의 특정 구역을 기반으로 한 브랜드를 홍보하기까지 했는데, 그 제품의 '브루클린 애티튜드(Brooklyn Attitude)'를 홍보함으로써 대형 브랜드와 차별화했다.

인구통계학적 세분화 연령, 성별, 가족 규모, 교육, 소득 및 사회 계층과 같은 인구통계학적 변수를 기반으로 시장을 분할하는 것을 **인구통계학적 세분화**(demographic segmentation)라고 한다. 시크릿 디오도란트(Secret Deodorant)와 레이디 쉬크(Lady Schick) 면도기는 성별이라

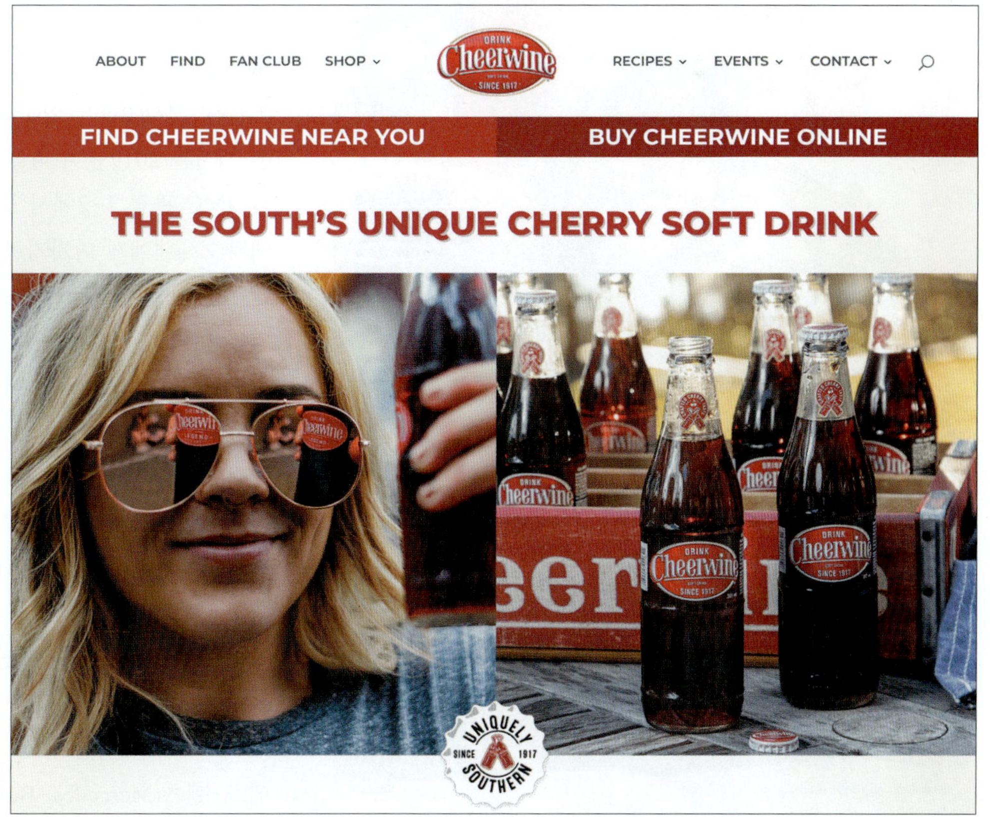

사진 2-7

치어와인은 특정 지역에서 더 인기가 있다.

자료: Carolina Beverage Corp.

사진 2-8

WomensHealth.com은 성공적으로 여성들을 표적시장으로 삼았으며 성별을 성공적인 인구통계학적 변수로 삼은 좋은 사례다. 성별을 인구통계학적인 세분화의 변수로 쓸 때 장점과 단점은 무엇인가?

자료: WomensHealth.com

는 인구통계학적 변수를 세분화의 기초로 사용하여 큰 성공을 거둔 제품이다. WomensHealth.com은 여성을 대상으로 하는 웹사이트 및 잡지인데, 인터넷에서 가장 성공적인 웹사이트 중 하나로 꼽힌다(사진 2-8). 여성을 위한 상위 10개 웹사이트가 연령, 라이프스타일, 피트니스 등으로 자세히 세분화되어 있다.

인구통계를 기반으로 한 시장 세분화는 직관적으로 보일 수 있지만 기업은 특정 인구통계 그룹에 더 많은 관심을 기울여야 한다는 것을 알게 된다. 예를 들어, IKEA는 쇼핑객의 70% 이상이 여성이라는 점에 주목하여 매장 환경을 보다 '여성 친화적'으로 개선했으며, 홈디포(Home Depot)와 월마트(Walmart)도 마찬가지였다. 그래미상과 아카데미상보다 수퍼볼을 시청하는 여성이 더 많다는 사실을 깨달은 P&G(Olay), 펩시(Bubly Sparkling water), 옐로우테일 와인과 같은 회사는 2019년 수퍼볼 경기 중 여성 타겟 광고를 후원했다. IMC 관점 2-2에서 볼 수 있듯이 기업들은 밀레니얼 세대와 Z세대에게 다가가는 데 어려움을 겪고 있다. 그 결과, 많은 회사들이 1946년에서 1964년 사이에 태어난 7,600만 명의 미국인들인 베이비 붐 세대에 더 많은 관심을 기울이기 시작했다. 그들의 거대한 소비력을 감안할 때, 이 연령대는 여행사 및 제약 회사를 포함하는 많은 회사들에게 더 매력적으로 되었다. 그들의 은퇴 계획에 대한 욕구를 감지하고서, 와코비아(Wachovia)는 이 부문에 대한 마케팅 노력을 강화했다. 〈AARP, The Magazine〉은 50+세를 대상으로 하며 3,850만 명 이상의 독자를 보유하고 있다(사진 2-9). 인구통계학적 세분화를 성공적으로 활용한 다른 사례로는 다음과 같은 제품들이 있다. 도브(Dove)는 성별, 도앤스 필스(Doan's Pills)는 연령, 코카콜라(Coca-Cola)는 인종, 메르세데스-벤츠(Mercedes-Benz), 렉서스(Lexus), BMW는 소득

사진 2-9

AARP 잡지는 50대 이상의 세분시장을 목표로 한다.

자료: AARP

IMC 관점 2-2 >>>

밀레니얼 세대에서 Z세대까지: 완전히 새로운 마케팅 과제와 함께 횃불과 같은 도전을 준다*

자료: Simone Hogan/Shutterstock

지난 몇 년 동안 마케터가 가장 많이 찾는 집단 중 하나는 1982년에서 2000년(또는 그 무렵) 사이에 태어난 밀레니얼 세대이다. 그리고 여기에는 그럴만한 이유가 있다. 이 집단은 8,000만 명 이상이며, 미국에서만 2,000억 달러가 넘는 소비력을 가지고 있다.

마케터가 밀레니얼 세대를 대상으로 하는 광범위한 타겟팅 노력에 익숙해지기 시작한 것처럼, Z세대라는 새로운 연령 집단이 등장했다. Z세대는 대략 1995년 또는 그 이후에 태어난 사람들로 구성된다. 2020년까지 미국 인구의 약 33%를 차지할 것이며, 미국 경제에 1,430억 달러 이상을 지출할 것이다(참고: 이 코호트의 출생 연령과 지출 추정치는 다양하다). 밀레니얼 세대와 마찬가지로 Z세대는 기업이 추구할 수 있는 매력적인 시장을 제공한다. 밀레니얼 세대와 마찬가지로 이들도 마케터가 이해하기 어려운 과제를 던져주고 밀레니얼 세대와 달리 Z세대는 다음과 같은 고유한 특징이 있다.

- Z세대는 인종, 성별, 정체성, 섹슈얼리티에 대해 더 진보적인 태도를 가지고 있다.
- **소셜 플랫폼을 사용하는 방식이 다르다:** 광고 및 마케팅 매니지먼트 파트너 리서치 회사인 무브먼트(Movement)의 사라 캔티용(Sarah Cantillon)은 밀레니얼 세대와 이전 세대가 비슷한 방식으로 소셜 미디어를 사용하는 경향이 있지만 Z세대는 더 분별력이 있다고 지적한다. Z세대는 긴 형식의 콘텐츠를 위해 유튜브를 선택하고, 인스타그램은 영감을 얻고, 스냅챗은 친구들과 소통하기 위해 선택한다고 말한다.
- **그들은 창의적이고 혁신적이며 기업가 정신이 있다:** 캔티용은 Z세대가 이러한 요소를 기반으로 자신의 정체성을 표현할 수 있는 브랜드와 제품을 선호한다고 말한다.

조지 빌(George Beal)은 Z세대와 밀레니얼 세대가 다음과 같은 점에서 다르다고 제안한다.

- **집중력:** 빌은 Z세대가 밀레니얼 세대보다 정보를 더 빨리 처리하기 때문에 집중력이 떨어진다고 주장한다. 스냅챗과 같은 앱과 함께 성장하면서 그들은 빠르게 의사소통하고 더 쉽게 지루해하게 되었다.
- **멀티태스킹:** 조지 빌에 따르면 Z세대는 멀티태스킹에 더 능숙하고, 그 이유는 그들이 평생토록 그렇게 해왔기 때문이다.
- **정상가보다는 싸게:** 밀레니얼 세대는 돈을 쓰는 방법에 더 관심이 있다. 저렴한 물건을 찾고, 일반적으로 가격에 더 민감하다.
- **개인주의:** Z세대는 밀레니얼 세대보다 더 독특함을 추구하기 때문에 사용하는 브랜드, 거래하는 회사, 심지어 누구를 위해 일하는지에 대해서도 다르게 반응한다.
- **그 외:** 빌은 또한 Z세대가 이전 세대보다 기업가 정신이 강하고, 기대치가 높으며, 글로벌 지향적이라고 말한다. 기술과 함께 자란 Z세대는 온라인 쇼핑과 수준 높은 교육에 더 중점을 둔다.

그렇다면 이것이 마케터에게 의미하는 바는 무엇일까? 애틀랜틱 리씽크(Atlantic Rethink), 하버드 칼리지 컨설팅 그룹(Harvard College Consulting group), 컴스코어(Comscore)가 최근 실시한 매우 포괄적인 연구는 브랜드, 미디어, 커리어에 대한 코호트의 관점 간의 차이를 조사했다. 이 연구는 두 그룹이 어떤 미디어를 사용하는지(흥미롭게도 Z세대는 2000년 이후 설립된 미디어보다 더 오랫동안 확립된 미디어를 선호함), 개인정보 보호(Z세대는 덜 우려함), 브랜드(Z세대는 브랜드에 대한 기대치가 더 높고, 브랜드 약속에 대하여 더 회의적이며, 브랜드 충성도가 낮음)에 대해 서로 다르다는 결론을 내렸다. 또한 브랜드와 관련하여 Z세대는 브랜드가 사회적 인식이 더 높아야 한다고 생각하고, 친구의 추천에 더 많은 영향을 받으며, 유명인보다 소셜 인플루언서의 영향을 더 많이 받을 것으로 기대한다.

마침내 밀레니얼 세대를 이해하게 되었다고 생각한 순간, 우리는 다시 시작하게 되었다!

자료: Sarah Cantillon, "Five Insights on Gen Z," January 22, 2019, www.warc.com; "Gen Z Harder to win Over by Brands, Media, and the Companies Recruiting Them," *The Atlantic*, February 13, 2019, www.theatlantic.com; Emily He, "Gearing Up for Gen-Z: What Employers Should Know about Today's Young Workers," February 25, 2019, www.tweetthis.com; George Beal, "8 Key Differences between Gen Z and Millennials," *Huffington Post*, November 1, 2017, www.huffpost.com.

* 위 내용은 2019년 당시의 소비자 조사 및 통계를 기반으로 작성된 것이다.

수준, 뱅퀏(Banquet)의 미리 포장된 저녁 식사는 가족 규모를 기준으로 세분화를 적용해 성공을 거두었다.

인구통계는 여전히 시장을 세분화하는 가장 일반적인 방법일 수 있지만, 다른 요인이 동질성 및 소비자행동의 기본 기반이 될 수 있음을 인식하는 것이 중요하다. 민첩한 마케터는 세분화를 위한 추가 기반을 식별하고 인구통계의 한계를 인식할 것이다. 미디어 전략가인 제이미 베클랜드(Jamie Beckland)가 지적한 바와 같이, 많은 마케터들은 인구통계학적 특성보다는 사이코그래픽 프로파일링에 더 많이 의존하고 있다.

심리도식적 세분화 성격, 수명주기 및 라이프스타일을 기준으로 시장을 나누는 것을 **심리도식적 세분화**(psychographic segmentation)라고 한다. 성격이 세분화에 유용한 기초가 되는지에 대해서는 약간의 의견 차이가 있지만, 라이프스타일 요인들이 효과적으로 사용되어 왔다. 많은 사람들은 라이프스타일이 세분화하는 가장 효과적인 기준으로 생각한다.

라이프스타일의 결정은 일반적으로 소비자의 활동, 관심사 및 의견(AIO)에 대한 분석을 기반으로 한다. 이러한 라이프스타일은 소비자의 제품, 브랜드, 미디어 사용과 상관 관계가 있다. 많은 제품과 서비스에서 라이프스타일은 식품, 의복 및 자동차 선택의 차이를 포함하여 수많은 다른 소비자행동 중에서 사용과 비사용을 가장 잘 구별하는 요인이 될 수 있다.

사이코그래픽 세분화는 VALS(Values and Lifestyles) 프로그램의 출현으로 점점 더 인기를 얻고 있다. 마케터들이 VALS보다 훨씬 이전에 라이프스타일 세분화를 채택했고 PRIZM과 같은 여러 대안을 사용할 수 있지만, VALS는 여전히 가장 인기 있는 옵션 중 하나다. VALS 2는 미국인을 독특한 태도, 행동 및 의사 결정 패턴을 보이는 여덟 가지 라이프스타일 세분시장으로 나눈다. VALS는 일본, 중국, 도미니카 공화국, 나이지리아, 영국, 베네수엘라를 포함한 여러 국제 시장에서도 사용할 수 있다. VALS 2 시스템은 소비자행동을 예측하는 데 탁월한 지표이며, 현재 많은 기업들이 라이프스타일 세분화를 사용하여 브랜드를 포지셔닝하고, 가치 제안을 결정하고, 미디어를 선택하고 있다.

사이코그래픽 분석의 또 다른 형태는 소셜 프로필 데이터(거의 모든 소셜 네트워크를 통해 사용 가능), 행동 데이터(온라인 행동을 통해 사용자 추적) 및 라이프사이클 데이터(기저귀 구매, 고등학교 졸업 등과 같은 소비자 라이프사이클 단계)를 포함한 여러 데이터베이스의 사용에 의존한다. Amazon.com은 한동안 이 전략을 성공적으로 사용했으며, 다른 기업들도 이제는 전통적인 인구통계학적 프로파일링에 비해 제공되는 이점을 보기 시작했다.

행동적 세분화 소비자의 사용량, 충성도 또는 제품에 대한 구매 반응에 따라 소비자를 그룹으로 나누는 것은 **행동적 세분화**(behavioristic segmentation)다. 예를 들어, 제품 또는 브랜드 사용, 사용 정도(무거운 것 vs. 가벼운 것) 및 브랜드 충성도는 인구통계학적·심리적 기준과 결합되어 시장세분화의 근거를 제공한다. 사용 여부의 경우, 마케터는 구매자와 동일한 특성을 가진 브랜드 또는 제품의 비구매자가 다른 특성을 가진 비사용자보다 제품구매 가능성이 더 크다고 가정한다. 15장에서 볼 수 있듯이, 페이스북과 같은 많은 기업들이 행동적 세분화를 기반으로 소셜 미디어를 통해 소비자를 표적한다.

사용 정도는 소수의 소비자가 많은 제품이나 브랜드를 불균형적으로 구매할 수 있다는 사실과 관련이 있다. 산업 마케터들은 **80-20 법칙**(80-20 rule)을 언급하는데, 이는 구매자의 20%가 판매량의 80%를 차지하는 것을 의미한다. 다시 말하지만, 이러한 사용자의 특성을 확인하고 목표고객을 설정하면 훨씬 더 많은 노력을 집중하고 시간과 비용 낭비를 줄일 수 있다. 이와 같은 헤비하프 전략은 소비자 시장에서도 가능하다. 대부분의 많은 제품(예: 비누 및 세제, 샴푸, 케이크 믹스, 맥주, 개 사료, 콜라, 버번, 화장지, 화장지!)을 구매하는 다수는 전체 인구에서 작은 비율을 차지한다. 어쩌면 몇 가지 추가적인 예를 생각해볼 수 있을 것이다.

사진 2-10

스페셜 K는 단백질을 원하는 사람들을 위해 시리얼을 제공한다.

자료: Keith Homan/Shutterstock

편익 세분화 제품을 구매할 때 소비자는 일반적으로 근원적 욕구(need)나 구체적인 욕구(want)를 충족하려고 한다. 그들은 이러한 욕구를 충족시키기 위해 특정 편익을 제공하는 제품을 찾고 있다. 제품에서 추구하는 속성을 기반으로 소비자를 그룹화하는 것은 **편익 세분화**(benefit segmentation)로 알려져 있으며 널리 사용된다(사진 2-10).

손목시계를 구입하는 경우를 생각해보자. 정확성, 방수 기능 또는 스타일리시함과 같은 특정 이점을 위해 시계를 구입할 수 있지만 다른 사람들은 다른 이점을 추구할 수 있다. 시계는 일반적으로 생일, 크리스마스, 졸업식 선물로 제공된다. 물론 선물을 구매할 때 동일한 혜택 중 일부가 고려되지만 구매자가 얻는 혜택은 사용자가 얻을 수 있는 혜택과 다르다. 시계를 좋은 선물로 묘사하는 광고는 구매 결정을 내릴 때 고려해야 할 다양한 기준을 강조한다. 다음에 시계 광고를 보게 되면 기본적인 매력과 제공하는 이점에 대해 생각해보자.

시장세분화 과정 세분화 과정은 시간이 걸려서 진전되며 상황 분석의 필수적인 부분이다. 이 단계에서 마케터는 시장에 대해 가능한 한 많은 것을 파악하려고 한다. 어떤 욕구가 충족되지 않고 있는가? 어떤 편익을 모색하고 있는가? 이러한 제품과 서비스를 찾는 다양한 그룹을 구별하는 특징은 무엇인가? 여러 가지 대안적인 세분화 전략이 사용될 수 있다. 특정 세분시장이 식별될 때마다 마케터가 이 그룹을 이해하는 데 도움이 되는 추가 정보가 수집된다.

예를 들어, 원하는 편익을 기반으로 특정 세분시장이 식별되면 이 시장을 특성화하고 이 시장에 대한 이해를 넓히기 위하여 마케터는 심리도식적 특성과 인구통계를 조사한다. 행동적 세분화 기준도 검토된다. 예를 들어, 스키 부츠를 구입할 때는 구매자가 스키를 타는 유형에 따라 유연성 또는 강성과 같은 특정한 편익을 추구할 수 있다. 이 모든 정보는 스키 타는 사람의 모습을 제공하기 위해 결합된다.

많은 회사들이 마케팅 관리자가 시장을 정의하고 시장을 대상으로 하는 전략을 개발하는 데 도움이 되는 리서치 서비스를 제공한다. 앞서 논의한 VALS 및 PRIZM 시스템은 제공되는 서비스 중 일부에 불과하다. 다른 곳은 인구통계학적, 사회경제적, 지리적 데이터를 사용하여 소비자 가구를 별개의 '미시지리적(microgeographic)' 세분시장으로 그룹화한다. 이러한 회사 중 하나인 닐슨 클래리타스(Nielsen Claritas)는 인구 조사 추적, 블록 그룹 또는 우편번호 +4와 같은 작은 지리적 영역의 인구통계 및 심리통계 프로필을 제공한다. 이 시스템의 사용자에는 에이스 하드웨어(Ace Hardware), 월마트(Walmart) 및 기타 여러 회사가 있다(사진 2-11 참조).

표적시장 설정

세분화 분석의 결과는 다양한 시장 기회를 보여줄 것이다. 이용할 수 있는 표적시장 설정 과정은 다음 두 단계로 구성된다. (1) 진입할 세분시장의 수를 결정하고, (2) 가장 잠재력이 높은 세분시장을 결정한다.

사회적인 그룹

고 ↑ $ ↓ 저	도시	교외	제2의 도시	도시와 시골
	U1 **도심 속 업타운** 19 아메리칸 드림 21 코스모폴리탄	**S1** **엘리트 교외** 02 네트워크 연결 이웃 03 무버 & 셰이커	**C1** **제2의 도시 사회** 33 세컨드시티 스타트업 37 밝은 조명, 릴 시티	**T1** **상류 지주 계층** 11 패스트 트랙 가족 15 새로운 홈스테더
	U2 **미드타운 믹스** 17 도시 연장자 35 도시 성취자	**S2** **풍요로운 사람들** 08 그레이 파워 14 키즈 & 막다른 골목	**C2** **도심** 48 세대 웹 53 로테크 싱글	**T2** **시골의 편안함** 28 컨트리 캐주얼 29 화이트 피켓 울타리
	U3 **어반 코어** 43 도시의 터줏대감 45 어반 모던 믹스	**S3** **미들버브** 20 빈 둥지 30 수영장 및 파티오	**C3** **마이크로 시티 믹스** 59 새로운 용광로 64 절약가족	**T3** **중앙 아메리카** 38 고향 은퇴 52 단순한 즐거움
		S4 **교외 지역 내부** 34 젊고 영향력 있는 50 메트로 졸업생		**T4** **소박한 생활** 60 스몰 타운 대학생 65 젊고 & 소박함

사진 2-11

닐슨 클래리타스는 마케터를 위한 프로파일 자료들을 제공한다.

자료: Nielsen Claritas

진입할 세분시장 수 결정 시장을 진입하는 데에는 세 가지의 대안을 사용할 수 있다. **무차별적 마케팅**(undifferentiated marketing)은 세분시장의 차이를 무시하고 전체 시장에 단 하나의 제품 또는 서비스만 제공하는 것이다. 예를 들어, 헨리 포드(Henry Ford)가 최초의 조립 라인 자동차를 출시했을 때, 모든 잠재 소비자에게는 동일한 기본 제품, 즉 검은색 포드가 제공되었다. 수년 동안 코카콜라는 하나의 제품 버전만 제공했다. 이 표준화된 전략은 회사 비용을 절감하지만 다른 시장에 다른 버전의 제품을 제공할 기회를 허용하지 않는다.

차별화된 마케팅(differentiated marketing)은 여러 세분시장에서 마케팅을 하고 각 부문에 대해 별도의 마케팅 전략을 개발하는 것을 말한다. 예를 들어, 메리어트호텔 체인은 휴가, 비즈니스, 장기 또는 단기 체류 등을 포함하여 다양한 여행자에게 다양한 고객 서비스를 제공한다.

세 번째 대안인 **집중 마케팅**(concentrated marketing)은 기업이 한 세분시장을 선택하고 이 시장에서 큰 점유율을 차지하려고 할 때 사용된다. 폭스바겐은 1950년대 미국에서 경제적인 차 부문에서 경쟁하는 유일한 주요 자동차 회사였을 때 이 전략을 사용했다. 폭스바겐은 이제 보다 차별화된 전략을 취하고 있지만, 다른 회사들은 집중 전략이 효과적이라는 것을 알았다. 예를 들어, 롤스로이스는 자동차 사업을 고소득자 세분시장에만 집중해왔다. 로레알(L'Oréal)

사진 2-12
힐튼(Hilton)은 소비자에 초점을 맞춘 포지셔닝을 사용한다.
자료: Hilton

은 화장품 및 뷰티 시장에서 경쟁하고 있다.

어떤 세분시장이 잠재력을 제공하는지 결정 시장을 선택하는 두 번째 단계는 가장 매력적인 세분시장을 결정하는 것이다. 회사는 세분시장의 판매 잠재력, 성장 기회, 경쟁 및 자체 경쟁 능력을 검토해야 한다. 그런 다음 이 그룹에 마케팅할 수 있는지 여부를 결정해야 한다. 새로운 시장에 진입했지만 자원이나 전문 지식이 부족하여 성공적으로 경쟁할 수 없다는 것을 알게 된 회사에 대한 이야기가 많다. 목표로 삼을 세분시장을 선택하고 경쟁할 수 있다고 판단한 후 회사는 도표 2-2의 마지막 단계인 시장 포지셔닝 단계로 진행한다.

시장 포지셔닝

포지셔닝 접근 방법 포지셔닝 전략은 일반적으로 소비자 또는 경쟁사에 초점을 맞춘다. 두 접근 방식 모두 제품 편익과 소비자 욕구의 연관성을 포함하지만, 전자는 사진 2-12와 같이 소비자가 얻을 수 있는 이점과 제품을 연결하거나 유리한 브랜드 이미지를 생성함으로써 이를 수행한다. 후자의 접근 방식은 제품과 제품이 제공하는 편익을 비교하여 제품을 포지셔닝한다. 스코프 아우트래스트(Scope Outlast) 구강 청결제(경쟁사 브랜드보다 5배 더 오래 지속되는 것으로 포지셔닝) 및 버츠비(Burt's Bees, 경쟁사 브랜드보다 더 나은 가치로 포지셔닝)와 같은 제품은 이 전략을 성공적으로 사용했다(사진 2-13).

많은 광고 실무자들은 시장 포지셔닝을 시장에서 브랜드를 구축하는 데 가장 중요한 요소로 간주한다. 데이비드 아커(David Aaker)와 존 마이어스(John Myers)는 포지션(position)이라는 용어가 시장에서 브랜드 또는 제품의 이미지를 나타내는 데 사용되어 왔다고 지적한다. 잭 트라우트(Jack Trout)와 알 리스(Al Ries)는 이러한 브랜드 이미지가 경쟁사의 이미지와 대조되어야 한다고 제안한다. 그들은 "오늘날의 시장에서는 경쟁사의 이미지가 자신의 이미지만큼, 때로는 그보다 더 중요하다"고 말한다. 트라우트는 좋은 브랜딩 전략이란 포지셔닝 없이는 존재할 수 없다고 말한다. 그는 또한 브랜딩이란 것은 브랜드를 구축하는 과정에 관한 것이고, 포지셔닝은 해당 브랜드를 소비자의 마음속에 넣는 것이라고 주장한다. 따라서 이 책에서 사용된 포지셔닝은 경쟁 제품 또는 브랜드에 대한 제품 및 브랜드의 이미지와 관련이 있다. 제품 또는 브랜드의 포지션은 제품이 제공하는 편익을 전달하고 경쟁사와 차별화하는 핵심 요소다. 이제 마케터가 제품을 포지셔닝하기 위해 사용하는 전략으로 돌아가보겠다.

사진 2-13
이 광고에서 버츠비는 립 밤의 성분을 경쟁사의 성분과 비교하여 편익 포지셔닝 전략을 사용한다.
자료: Burt's Bees

포지셔닝(positioning)은 "제품이나 서비스를 경쟁사와 의미 있게 차별화하는 방식으로 광범위한 시장의 세분시장 하나 혹은 이상의 세분시장에 맞추는 기술 및 과학"으로 정의된다. 보시다시피, 제품, 서비스 또는 심지어 매장의 포지션은 소비자 마음에 떠오르는 이미지와 소비자가 그와 관련하여 인식하는 속성이다. 이러한 커뮤니케이션은 메시지 자체를 통해 이루어지며, 메시지 자체에서는 편익과 표적시장에 도달하기 위해 사용되는 미디어 전략을 설명한다. 잠시 시간을 내어 일부 제품이 어떻게 포지셔닝되고 해당 포지셔닝이 어떻게 전달되는지 생각해보자. 예를 들어, 메르세데스, 닥터 페퍼 또는 애플이라는 이름을 들었을 때 무엇이 떠오르는가? 니만 마커스(Neiman Marcus), 월마트(Walmart), 제이시페니(JCPenney)와 같은 백화점은 어떠한가? 이제 이러한 각 제품 및 회사에 대한 광고를 생각해보라. 그들의 접근 방식은 경쟁사의 접근 방식과 다른가? 이러한 광고는 언제, 어디에 게재되는가? 그들이 전달하고자 하는 메시지는 무엇인가?

포지셔닝 전략개발

프로모션 프로그램을 개발하는 데 여러 가지 포지셔닝 전략이 사용될 수 있다. 데이비드 아커와 게리 샨스비(J. Gary Shansby)는 제품 속성, 가격/품질, 용도, 제품 등급, 사용자, 경쟁업체별 포지셔닝이라는 6가지 전략에 대해 논의한다. 아커와 마이어스는 문화적 상징에 의해 포지셔닝하는 또 하나의 접근법을 추가한다.

제품 속성과 편익에 의한 포지셔닝

포지셔닝에 대한 일반적인 접근 방식은 제공되는 특정 특성이나 편익을 기반으로 브랜드를 경쟁업체와 차별화하는 것이다. 경우에 따라 한 제품이 둘 이상의 제품 편익으로 포지셔닝될 수가 있다. 마케터는 **현저한 속성**(salient attributes, 소비자에게 중요하고 구매 결정을 내리는 기초가 되는 속성)을 식별하려고 한다. 예를 들어, 애플이 처음 컴퓨터를 소개했을 때 강조한 주요 이점은 사용 편의성이었는데, 이는 당시 시장에 있는 컴퓨터의 복잡성을 감안할 때 효과적인 전략이었다. 애플은 여전히 이 포지셔닝을 유지하고 있지만 혁신적인 제품이란 포지셔닝도 떠오른다. 최근에는 수분 공급을 강화하고, 신체의 체력 발휘를 돕고, 면역력을 높이는 등의 새로운 물 제품이 많이 등장하고 있다. 파이브아워 에너지(5-hour ENERGY)는 무설탕 에너지 샷 제품으로 다양한 맛과 빠른 효과를 앞세워 시장에 포지셔닝되고 있다(사진 2-14).

사진 2-14
파이브아워 에너지는 비타민, 영양소, 제로 설탕 및 저칼로리를 강조하여 경쟁사와 차별화된 에너지 샷으로 자리매김하고 있다.
자료: Living Essentials Marketing, LLC.

가격 대비 품질에 의한 포지셔닝

마케터는 종종 가격/품질 특성을 사용하여 브랜드를 포지셔닝한다. 이를 수행하는 한 가지 방법은 고품질 브랜드의 이미지를 반영하는 광고를 사용하는 것인데, 이때 비용은 관련이 없지만 브랜드 사용으로 인한 품질 이점에 비해 부차적인 것으로 간주된다. 시장의 하이엔드에 포지셔닝된 프리미엄 브랜드는 이러한 포지셔닝 접근 방식을 사용한다. 포지셔닝을 위해 가격/품질 특성을 사용하는 또 다른 방법은 브랜드가 매우 경쟁력 있는 가격으로 제공하는 품질 또는 가치에 초점을 맞추는 것이다. 예를 들어, 콜스(Kohl's)는 좋은

사진 2-15

콜스는 자사의 브랜드를 적절한 가격에 좋은 가치를 지닌 것으로 포지셔닝한다.

자료: NetPhotos/Alamy

가치를 제공하는 가족 중심의 전문점이라는 위치를 차지한다(사진 2-15). 가격이 중요한 고려사항이지만 포지셔닝 전략이 효과적이려면 제품 품질이 경쟁 브랜드와 비슷하거나 더 좋아야 한다는 점을 기억하라.

사용 또는 용도에 의한 포지셔닝

브랜드의 특정 이미지나 포지셔닝을 전달하는 또 다른 방법은 특정 사용 또는 용도와 연결하는 것이다. 사진 2-16에 표시된 인튜잇(Intuit) 광고는 특히 소기업 소유자 및 기업가를 대상으로 한다.

이 전략은 특정 사용 또는 응용도를 기반으로 시장에 진입하는 데 자주 사용되지만 제품 사용을 확장하는 효과적인 방법이기도 하다. 예를 들어, 암앤해머(Arm & Hammer) 베이킹 소다는 빵 굽는 것부터 속 쓰림 완화, 카펫 및 냉장고 냄새 제거에 이르기까지 다양한 용도로 홍보되어 왔다(사진 2-17).

사진 2-16

인튜잇은 특히 소기업 소유주에게 유용한 제품을 제공한다.

자료: Intuit, Inc.

사진 2-17

암앤해머 베이킹 소다는 다양한 제품 용도를 보여준다.

자료: ZikG/Shutterstock

사진 2-18

이 광고에서 캘리포니아 아보카도 위원회는 캘리포니아 아보카도를 효과적으로 마케팅하기 위해 포지셔닝을 어떻게 사용하는가?

자료: California Avocado Commission

제품 등급별 포지셔닝

제품에 대한 경쟁은 종종 제품 등급 외부에서 발생한다. 예를 들어, 항공사는 다른 항공사와 경쟁하는 동안 기차와 버스도 실행 가능한 대안이라는 것을 알고 있다. 암트랙(Amtrak)은 비용 절감, 즐거움 및 기타 이점을 언급하면서 비행기의 대안으로 자리매김했다. 돌(Dole) 과일 주스는 8온스의 주스가 과일 2개에 해당한다고 주장하면서 소비자가 '과일을 마시도록' 장려한다. V8은 채소를 마시는 것을 촉진한다. 다른 브랜드에 대비하여 포지셔닝하는 대신에 그 대안 전략으로 다른 제품 범주에 대해 자신을 포지셔닝하는 것이다. 캘리포니아 아보카도 위원회(California Avocado Commission)는 아보카도를 채소가 아닌 과일로 더욱 강력하게 포지셔닝하기 위해 대대적인 IMC 캠페인을 시작했다. 인쇄물, 라디오, 옥외 광고 및 온라인 캠페인은 유머러스한 접근 방식을 취하여 아보카도를 '재미있는 과일'로 포지셔닝하는 동시에 다른 과일 및 채소에 비해 건강에 좋은 이점을 보여주고 크림치즈, 버터, 딥 소스 등 아보카도가 대안이 될 수 있는 다양한 제품을 제공했다. 광고에 사용할 카피의 내용에 관해서는 위원회가 소매업체에 제공했다(사진 2-18). 마운틴 하이(Mountain High) 요구르트 광고는 제품을 오일, 지방 등과 같은 다른 베이킹 재료의 대체품으로 포지셔닝한다.

제품 사용자에 의한 포지셔닝

제품을 특정 사용자 또는 사용자 그룹과 연결하여 제품을 포지셔닝하는 것은 또 다른 접근 방식이다. 예를 들어, 사진 2-19에 나와 있는 글로브 슈즈(Globe Shoes) 광고가 있다. 이 광고는 특정 그룹(이 경우 스케이트 보더)과의 동일시 또는 연관성을 강조한다.

사진 2-19

글로브는 제품 사용자(이 경우 스케이트 보더)별로 포지셔닝한다.

자료: Globe International Limited

사진 2-20

호랑이 토니는 문화적 상징이 되었다.

자료: Sheila Fitzgerald/Shutterstock

경쟁사에 의한 포지셔닝

경쟁업체는 포지셔닝 전략에 있어 기업의 자체 제품이나 서비스만큼 중요할 수 있다. 광고주들은 과거에는 광고에서 경쟁업체를 언급하는 것이 중대한 금기라고 생각했다. 그러나 오늘날 시장에서는 제품 또는 브랜드에 대한 효과적인 포지셔닝 전략으로 특정 경쟁업체에 초점을 맞출 수 있다. 이 접근 방식은 제품 등급별 포지셔닝과 유사하지만, 이 경우 경쟁업체는 동일한 제품 범주 내에 있다. 아마도 이 전략의 가장 잘 알려진 사례는 에이비스(Avis)일 것인데, 에이비스는 렌터카 리더인 헐츠(Hertz)에 맞서 "우리는 두 번째이기 때문에 더 열심히 노력한다."고 말했다. 앞서 보여준 삼성 광고(사진 2-5)는 경쟁사에 비해 브랜드를 포지셔닝하는 예이다. 경쟁업체로 포지셔닝할 때 마케터는 브랜드를 차별화하기 위해 다른 포지셔닝 전략도 같이 사용해야 하는 경우가 많다.

문화적 상징에 의한 포지셔닝

아커(Aaker)와 마이어스(Myers)는 브랜드를 차별화하기 위해 문화적 상징을 사용하는 추가적인 포지셔닝 전략이 있다고 한다. 의미 있는 상징과 연관될 때 브랜드는 쉽게 식별할 수 있고 다른 브랜드와 구별된다. 예를 들어, 졸리 그린 자이언트(Jolly Green Giant), 키블러 엘브스(Keebler Elves), 스피디 알카-셀처(Speedy Alka-Seltzer), 필스버리 도보이(Pillsbury Doughboy), 웰스 파고(Wells Fargo) 역마차, 로날드 맥도날드(Ronald McDonald), 치키타 바나나(Chiquita Banana) 및 미스트 피넛(Mr. Peanut)이 있다. 토니 더 타이거(Tony the Tiger, 켈로그를 60년 넘게 사용하여 왔으며, 몇 차례의 얼굴 주름 펴기 성형수술이 있었음)는 분명히 문화적 상징으로 자격이 있다(사진 2-20). 이러한 각 상징들은 경쟁업체의 제품과 대표하는 제품을 성공적으로 차별화했다.

리포지셔닝

마지막 포지셔닝 전략은 제품 또는 브랜드의 위치를 변경하는 것이다. 제품 **리포지셔닝**(repositioning)은 일반적으로 판매가 감소하거나 정체되거나 다른 시장 위치에서 예상되는 기회 때문에 발생한다. 리포지셔닝은 제품이나 브랜드에 대한 확고한 인식과 태도 때문에 달성하기 어려운 경우가 많다. IMC 관점 2-1에서는 오랜 전통을 자랑하는 브랜드인 뷰익(Buick)이 새로운 방향을 모색하는 흥미로운 사례에 대해 논의한다. 자신의 위치를 바꾸려고 시도한 다른 회사들로는 제이시페니(JCPenney), 래이지보이(La-Z-Boy) 및 MTV가 있으며 다양한 정도의 성공을 거두었다.

이 절을 마치기 전에, 다양한 기업들이 추구하는 포지셔닝(및 재포지셔닝) 전략에 대해 잠시 생각해보자. 떠오르는 모든 성공적인 제품은 아마도 뚜렷한 시장 포지션을 차지하고 있을 것이다.

마케팅 계획 프로그램 개발

마케팅 전략의 개발과 표적시장의 선택은 마케팅 부서에 어떤 고객이 집중해야 하고 무엇을 만족시켜야 하는지 알려준다. 마케팅 프로세스의 다음 단계는 마케팅 믹스의 다양한 요소를 응집력 있고 효과적인 마케팅 프로그램으로 결합하는 것이다. 각 마케팅 믹스 요소는 다차원적이며 여러 의사결정 영역을 포함한다. 마찬가지로, 각자는 전체 IMC 프로그램을 고려하고 기여해야 한다. 이제 제품, 가격 및 유통 채널을 살펴보고 어떻게 이들 각각이 프로모션 프로그램에 영향을 미치고 상호 작용하는지를 살펴본다.

제품 의사결정

조직은 일반적으로 돈을 대가로 소비자에게 제공할 제품, 서비스 또는 아이디어를 가지고 있기 때문에 존재한다. 이러한 제공물들은 물리적 제품(예: 청량음료, 청바지 또는 자동차), 서비스(은행, 항공사 또는 법률 지원), 명분 대의(스페셜 올림픽, 미국 암 협회) 또는 개인(정치 후보자)의 형태로 제공될 수 있다. 제품은 판매할 수 있는 모든 것이며, 사용되거나 제공될 때에 개인에게 만족을 주는 것이다.

제품은 단순한 물리적 물체 그 이상이며, 소비자의 욕구를 충족시키는 혜택 또는 가치의 묶음이다. 욕구는 순전히 기능적일 수도 있고, 사회적·심리적 혜택을 포함할 수도 있다. 예를 들어, 미쉐린 타이어 캠페인은 미쉐린 타이어에 내재된 품질(가치)과 성능 및 기능에 속하는 내구성을 강조한다. **제품 상징성**(product symbolism)이라는 용어는 제품이나 브랜드가 소비자에게 어떤 의미인지를, 그리고 소비자가 그것을 구매하고 사용하면서 경험하는 것을 의미한다. 많은 제품의 경우 기능적 유용성보다 강력한 상징적 특징과 사회적·심리적 의미가 더 중요할 수 있다. 예를 들어, 청소년과 젊은이들은 베르사체, 구찌, 프라다와 같은 디자이너 의류를 상징적 의미와 이미지를 기반으로 구매한다. 광고는 이러한 브랜드의 이미지를 개발하고 유지하는 데 중요한 역할을 한다.

제품 계획에는 디자인 및 품질과 같은 품목 자체에 대한 결정뿐만 아니라 브랜드 이름 및 패키지 디자인과 더불어 서비스 및 보증과 같은 측면에 대한 결정도 포함된다. 소비자는 제품과 그 성분의 현실 모습을 뛰어넘어 그 너머를 본다. 제품의 품질, 브랜딩, 포장, 심지어 이를 뒷받침하는 회사까지 모두 소비자의 인식에 기여한다. 효과적인 IMC 프로그램에서 광고, 브랜딩 및 포장은 모두 제품을 단순한 속성 번들 이상으로 묘사하도록 설계되었다. 이 모든 것들은 제품의 물리적 특성을 훨씬 넘어서는 제품의 이미지나 포지셔닝을 제시하기 위해 조정된다.

브랜딩 브랜딩은 소비자의 마음속에 회사나 제품 또는 서비스에 대한 호의적인 정체성과 이미지를 구축하고 유지하는 것에 관한 것이다. 브랜딩의 목표는 (1) 브랜드 인지도와 관심을 구축하고 유지, (2) 회사, 제품 또는 서비스에 대한 태도 형성 및 향상, (3) 소비자와 브랜드 간 관계 구축 및 육성이다. **브랜드 아이덴티티**(brand identity)는 브랜드 이름, 로고, 기호, 디자인, 포장 및 소비자가 가지고 있는 다양한 연상들의 이미지 등의 조합으로 구성된다. 나이키 광고에 대해 잠시 생각해보자. 제품의 이점과 속성은 일반적으로 언급조차 되지 않지만 브랜드에 대한 정보는 효과적으로 전달된다.

사진 2-21

롤렉스는 광고를 통해 강력한 브랜드 자산을 창출한다.

자료: Rolex SA

브랜딩 전략과 관련하여 광고의 중요한 역할 중 하나는 **브랜드 자산**(brand equity)을 창출하고 유지하는 것이며, 이 브랜드 자산은 호의적인 이미지, 차별화에 대한 인상, 회사 이름, 브랜드 이름 또는 상표에 대한 소비자의 애착 강도에서 비롯되는 부가가치 또는 상표권의 무형 자산으로 생각할 수 있다. 브랜드 자산을 통해 브랜드는 이름이 없었다면 누릴 수가 없는 더 많은 판매량과 더 높은 마진을 얻을 수 있어 회사에 경쟁 우위를 제공할 수 있다. 회사 또는 그 브랜드가 누리는 강력한 브랜드 자산은 종종 광고를 통해 강화된다. 예를 들어, 롤렉스 시계는 높은 품질과 광고를 통해 얻은 강력한 브랜드 자산 때문에 프리미엄 가격을 요구한다(사진 2-21).

포장 포장은 점점 더 중요해지고 있는 제품 전략의 또 다른 측면이다. 전통적으로 이 포장은 경제성, 보호 및 보관과 같은 기능적 이점을 제공했다. 그러나 많은 상점의 셀프 서비스 강조와 점점 더 많은 구매 결정이 구매 시점에서 이루어진다는 사실 때문에 포장의 역할과 기능이 변경되었다. 리글리 껌(Wrigley's gum)은 수퍼마켓에서 이루어지는 모든 구매의 3분의 2가 계획되지 않은 것임을 인식하여 계산대에서 소비자의 주목을 끌기 위한 노력을 강화했다. 이 시카고 회사는 소비자가 계산대에서 충동 상품을 구매하는 방법과 이유, 그리고 리글리가 매출을 늘리기 위해 고객의 관심을 끄는 데 어떻게 더 효과적일 수 있는지 자세히 조사하고 있다. 포장은 종종 소비자가 제품에 처음 노출되는 것이므로 호의적인 첫인상을 주어야 한다. 일반적인 수퍼마켓에는 30,000개 이상의 품목이 소비자의 주목을 끌기 위해 경쟁한다. 포장은 소비자의 관심을 끌고 유지해야 할 뿐만 아니라 제품 사용 방법, 구성 및 내용물 공개, 공개와 관련된 법적 요구사항에 대한 정보를 전달해야 한다. 또한 많은 회사에서 경연 대회, 경품 행사 또는 사은품 제안과 같은 판매촉진 메시지를 전달하기 위해 포장을 설계한다.

사진 2-22

이 WD-40 광고는 포장을 성공적으로 사용하여 제품의 많은 용도 중 몇 가지를 보여준다.

자료: WD-40 Company

많은 기업들은 포장을 소비자와 소통하고 소비자의 마음에 브랜드에 대한 인상을 심어주는 중요한 방법으로 보고 있다. 또 다른 경우에는 포장이 새로운 용도를 제공하여 브랜드를 확장할 수 있다(사진 2-22). 크기, 모양, 색상 및 글자와 같은 디자인 요소는 모두 포장의 매력에 기여하며 점포 선반에서 소비자의 장바구니까지 가는 것을 결정하는 데 광고만큼 중요할 수 있다. 많은 회사들이 독특한 브랜드 이미지와 아이덴티티를 창조하기 위해 포장을 사용한다. 다음에 향수 매장을 지나갈 때 잠시 멈춰서서 다양한 독창적인 포장 디자인을 살펴보아라(사진 2-23 참조).

가격 결정

가격 변수는 소비자가 제품이나 서비스를 구매하기 위해 포기해야 하는 것을 나타낸다. 가격은 상품과 교환되는 금액으로 논의되지만, 소비자의 제품 가격에 미치는 원가에는 시간, 정신 활동 및 신체적 노력이 포함된다. 마케팅 관리자는 일반적으로 가격 수준을 설정하고, 가격 정책을 개발하고, 시장에서 가격에 대한 경쟁업체

사진 2-23

이 디올(Dior) 향수 패키지는 제품의 이미지를 창조한다.

자료: kimmyjelly.th/Shutterstock

와 소비자의 반응을 모니터링하는 데 관심이 있다. 기업은 제품이나 서비스에 대해 부과하는 가격을 결정할 때 원가, 수요 요인, 경쟁 및 인식된 가치를 포함하여 여러 요소를 고려해야 한다. IMC 관점에서 볼 때, 가격은 제품에 대한 인식 및 커뮤니케이션 전략과 일치해야 한다. 물론 높은 가격은 더 높은 제품 품질을 전달하는 반면, 낮은 가격은 할인 또는 '가치'에 대한 인식을 반영한다. 최고 품질로 포지셔닝되었지만 경쟁사보다 낮은 가격을 제시하는 제품은 소비자를 혼란스럽게 할 뿐이다. 즉, 가격, 광고 및 유통 채널은 제품의 포지셔닝에 대하여 하나의 통일된 목소리를 제시해야 한다.

가격과 광고 및 프로모션의 관계 제품 품질, 경쟁 및 광고와 같은 요인들은 모두 기업이 가격을 결정하는 데 상호 작용한다. 연구에 따르면 가격 책정과 광고 전략은 같이 간다. 높은 상대적 광고 지출은 프리미엄 가격과 함께 제공되어야 하며, 낮은 상대적 광고 지출은 낮은 가격에 맞게 조정되어야 한다. 이러한 결과는 하나의 목소리를 전달해야 한다는 IMC의 관점을 명백히 뒷받침한다. 최근의 포괄적인 연구에서 텔레비전 광고에 노출되면 가격 변동에 반응하는 소비자의 경향이 감소하는 것으로 나타났다. 이 연구는 또한 제품을 많이 구매하는 대량 사용자에게 있어서 가격 민감도가 감소할 가능성이 가장 높다는 것을 보여주었다.

유통채널 결정

소비자로서 우리는 일반적으로 마케팅 중간상인들 또는 채널 구성원의 역할을 당연하게 생각한다. 탄산음료 여섯 개짜리 팩이나 세제 한 상자를 원한다면 수퍼마켓, 편의점 또는 약국에서 구입할 수 있다. 제조업체는 이러한 중간상인들의 가치와 중요성을 이해한다.

마케터의 가장 중요한 마케팅 결정 중 하나는 제품과 서비스를 구매할 수 있도록 하는 방법과 관련이 있다. 기업은 좋은 가격에 우수한 제품을 가질 수 있지만 고객이 원하는 곳에서, 고객이 원할 때, 적절한 지원과 서비스와 함께 사용할 수 없다면 가치가 거의 없다. 마케팅 믹스의 장소 요소인 **마케팅 채널**(marketing channels)은 '제품이나 서비스를 사용하거나 소비할 수 있도록 하는 과정에 관여하는 상호 의존적인 조직의 집합'이다.

유통채널 전략은 커뮤니케이션 목표와 채널 전략이 IMC 프로그램에 미칠 영향을 고려해야 한다. 스튜어트(Stewart)와 동료들은 '커뮤니케이션 및 유통기능의 경계가 모호해지고 있음을 반영'하는 '통합 채널 관리'의 필요성에 대해 논의한다. 제품 및 가격 결정과 일관되게 제품이 유통되는 제품은 커뮤니케이션 메시지를 보낸다. 니만(Neiman), 마커스(Marcus), 삭스(Saks)에서 제품을 판매한다는 사실이 K마트(Kmart)나 월마트(Walmart)에서 유통될 때와 다른 제품의 이미지를 전달하는가? 잠깐 생각해보면, 이들 유통에서 판매된다는 사실만으로도 소비자의 마음에 제품에 대한 이미지를 전달한다. 스튜어트는 식료품점 디스플레이, 구매 시점 머천다이징, 진열 영상 등 채널 요소가 커뮤니케이션에 어떻게 기여하는지에 대한 사례를 제공한다. 잘 통합된 마케팅 프로그램의 유통 채널은 상기 광고의 한 형태 역할을 한다. 소비자는 브랜드 이름을 보고 광고를 떠올린다. 마지막으로 맥도날드를 지나쳤을 때를 생각해보

라. 맥도날드 광고가 생각나는가?

기업은 채널 중간상인들을 이용하지 않고 **직접 유통채널**(direct channels)을 통해 고객에게 판매하도록 선택할 수 있다. 이러한 유형의 채널 형식은 애드보케어(Advocare), 타퍼웨어(Tupperware) 및 매리 캐이(Mary Kay)와 같은 직접 판매 프로그램을 사용하는 회사 또는 직접 반응 광고, 텔레마케팅 또는 인터넷을 사용하여 제품을 판매하는 회사에 의해 소비자 시장에서 사용되기도 한다. 직접 유통채널은 또한 광범위한 협상 및 판매 노력, 판매 후 서비스 및 후속 통화가 필요한 비싸고 복잡한 제품을 판매하는 산업 제품 및 서비스 제조업체에서 자주 사용한다.

15장에서는 IMC 프로그램에서 인터넷과 디지털 미디어의 역할에 대해 논의한다. 이미 많은 회사들은 인터넷을 웹사이트에서 제품과 서비스 파는 직접 유통채널로 사용하고 있다. 아마존(Amazon.com)과 반스앤노블(Barnesandnoble.com)이 그러한 사례다.

대부분의 소비재 회사는 일반적으로 **간접 유통채널**(indirect channels)을 통해 유통한다. 도매업체(다른 중간상인에게 판매하는 기관) 또는 소매업체(주로 최종 소비자에게 판매)의 네트워크를 사용한다.

프로모션 전략 개발: 푸시 혹은 풀 전략?

여러분 대부분은 궁극적인 소비자 또는 산업재 고객을 겨냥한 광고나 다른 형태의 프로모션에 대해 알고 있다. 미디어에서 이러한 광고를 보고 우리는 종종 우리가 프로모션 목표 고객의 일부라는 것을 안다. 소비자 마케팅 믹스를 개발하는 것 외에도 회사는 유통채널 구성원에게 동기를 부여하는 프로그램을 가지고 있어야 한다. 제조업체의 제품을 유통업체에게 재고를 가지게 하고, 판매하게 하고 프로모션하기 위해 고안된 프로그램을 **프로모션 푸시 전략**(promotional push strategy)이라 한다. 이 전략의 목표는 공격적인 판매와 프로모션으로 중간상인 혹은 재판매업체를 밀어붙이는 것이다.

중간상 프로모션에는 프로모션 믹스의 모든 요소가 포함된다. 회사 영업 담당자는 재판매자들에게 제품을 설명하고, 최종 소비자의 수요를 구축하기 위한 회사의 계획을 논의하고, 초창기 할인, 프로모션 공제 및 협력 광고 프로그램과 같은 중간상에 제공되는 특별 프로그램을 설명하도록 요청한다. 회사는 **중간상 광고**(trade advertising)를 사용하여 도매업자 및 소매업자의 관심을 끌고 고객에게 재판매를 위해 제품을 구매하도록 동기를 부여할 수 있다. 중간상 광고는 일반적으로 특정 산업을 위한 간행물에 게재된다.

푸시 전략은 재판매자가 제조업체의 제품에서 수익을 낼 수 있다고 확신시키고 상품을 주문하여 고객에게 푸시하도록 장려하려고 한다. 대안 전략은 최종 소비자를 대상으로 하는 광고 및 판매촉진에 돈을 지출하는 **프로모션 풀 전략**(promotional pull strategy)이다. 풀 전략의 목표는 소비자의 수요를 창출하고 소매업체에 제품을 요청하도록 장려하는 것이다. 소비자 수요를 보고 소매업체는 도매상(사용되는 경우)에서 제품을 주문하고 도매상은 다시 제조업체에 제품을 요청한다. 따라서 최종 사용자 수준에서 수요를 자극하면 유통채널을 통해 제품을 끌어들인다.

프로모션 푸시 혹은 풀 전략을 강조할지 여부는 회사와 중간상의 관계, 프로모션 예산 및 회사 제품에 대한 수요를 포함한 여러 요인에 따라 달라진다. 유리한 채널 관계를 맺고 있는 회사는 푸시 전략을 사용하고 채널 회원과 긴밀히 협력하여 제품 재고 및 판매촉진 장려를 선호할 수 있다. 프로모션 예산이 제한된 회사는 풀 전략에 필요한 광고 및 판매촉진을 위한 자금이 없을 수 있으며, 재판매업자와 긴밀히 협력하여 유통 및 수요를 구축하는 것이 비용 면에서 더 효율적일 수 있다. 제품이 고유한 이점이 있어서 제품에 대한 수요 전망이 유리하거나, 경쟁 브랜드보다 우수 또는 소비자들 사이에서 매우 인기가 있는 경우 풀 전략이 더욱 적절할 수 있다. 기업은 푸시와 풀 전략을 조합하여 사용하며, 제품의 수명주기를 거치면서 강조점이 변경된다.

광고와 프로모션의 역할

도표 2-1의 마케팅 모델에서 볼 수 있듯이 마케팅 프로그램에는 중간상(채널 멤버회원)과 회사의 최종 고객에 대한 프로모션이 포함된다. 마케터는 다양한 프로모션 믹스 요소인 광고, 판매촉진, 다이렉트 마케팅, 퍼블리시티/홍보, 디지털/인터넷 마케팅, 개인 마케팅 판매 등을 제품, 가격, 유통을 소비자에게 알리기에 사용할 수 있다. 각 프로모션 믹스 변수는 마케터가 프로모션 목표를 달성하는 데 도움이 되며, IMC 프로그램을 달성하기 위해서는 모든 변수가 함께 작동해야 한다.

지금까지 IMC 프로그램의 기초가 되는 마케팅 계획의 다양한 요소에 대해 논의했다. IMC 프로그램의 개발 및 구현은 시장 분석, 표적 마케팅 및 포지셔닝, 다양한 마케팅 믹스 요소의 조정에 기반을 둔다. 이 책의 다음 장에서는 마케팅 목표를 달성하는 데 도움이 되는 다양한 IMC 요소의 역할을 탐구한다.

요 약

프로모션은 제품, 서비스 또는 아이디어를 고객에게 마케팅하려는 조직의 노력에서 중요한 역할을 한다. 도표 2-1은 프로모션이 회사의 마케팅 프로그램에 어떻게 부합하는지 분석하는 모델을 보여준다. 이 모델에는 마케팅 전략 및 분석, 표적시장 마케팅, 프로그램 개발 및 표적시장이 포함된다. 마케팅 프로세스는 표적시장 선택 및 회사의 마케팅 프로그램 개발을 위한 상세한 상황 분석 및 가이드를 기반으로 하는 마케팅 전략으로 시작된다.

기획 단계에서 상황 분석을 위해서는 마케팅 전략이 있다는 것을 가정해야 한다. 프로모션 프로그램은 이 전략을 가이드로 하여 개발되었다. 내려야 할 주요 결정 중 하나는 표적시장 식별, 세분화, 표적화 및 포지셔닝을 포함하는 표적 마케팅 프로세스와 관련이 있다. 시장을 세분화하기 위한 몇 가지 기반과 제품을 포지셔닝하는 다양한 방법이 있다.

표적 마케팅 프로세스가 완료되면, 제품, 가격, 유통 및 프로모션에 대한 마케팅 프로그램 결정을 내려야 한다. 이 모든 것은 포지셔닝 전략이 한 목소리로 지원되는 통합 마케팅 커뮤니케이션 관점에서 조정되어야 한다. 따라서 모든 제품 전략, 가격 전략 및 유통 선택은 제품 또는 브랜드의 전반적인 이미지에 기여하는 목적으로 이루어져야 한다. 광고 및 프로모션 결정은 이 목표를 달성하기 위해 다른 마케팅 믹스 결정과 통합되어야 한다.

PART

통합 마케팅 커뮤니케이션 프로그램 상황 분석

Integrated Marketing Communications Program Situation Analysis

CHAPTER 3

광고와 프로모션 조직: 광고대행사 및 기타 마케팅 커뮤니케이션 조직의 역할

자료: NicoElNino/Alamy Stock Photo

학습 목표

1 | 기업이 광고 및 통합 마케팅 커뮤니케이션 기능을 위해 어떻게 조직하는지 설명한다.

2 | 광고 및 프로모션을 위해 조직하는 다양한 방법의 장점과 단점을 비교한다.

3 | 광고대행사 유형과 그들이 수행하는 역할을 알아본다.

4 | 광고대행사를 선택, 보상 및 평가하는 방법을 설명한다.

5 | 전문 마케팅 커뮤니케이션 조직의 역할과 기능을 파악한다.

6 | 통합 마케팅 서비스 대행사를 사용할 때 장단점을 비교한다.

매스맨(Math Men)이 매드맨(Mad Man)을 추월하고 있다

1859년, 찰스 디킨스(Charles Dickens)는 그의 고전 소설 『두 도시 이야기(A Tale of Two Cities)』를 썼는데, 이 소설은 역사상 가장 위대한 오프닝 대사 중 하나인 "최고의 시대였고, 최악의 시대였다"로 시작한다. 같은 해에 찰스 다윈은 그의 유명한 저서 『종의 기원(On the origin of species)』을 저술하였고, 여기에서 가장 강하고 성공한 사람이나 사물만 계속 존재하는 상황을 의미하는 '적자생존(Survival of the fittest)'이라는 개념을 도입했다. 한 세기 반이 조금 지난 지금, 디킨스의 정서와 다윈의 이론이 광고의 세계에 적용할 수 있다고 주장하는 사람들이 있다. 광고계에 종사하는 남성과 여성을 일컫는 용어인 매드맨(Mad Men)이 있던 시절이 있었는데, 이들이 TV, 라디오 광고 또는 잡지와 신문의 인쇄 광고를 통해 전달되는 창의적인 메시지를 개발하였고 광고 세계를 지배하고 있었다. 그러나 이제는 컴퓨터, 알고리즘, 빅 데이터, 분석 및 인공 지능을 영역으로 하는 엔지니어, 수학자 및 데이터 과학자인 매스맨(Math Men)에 의해 가려지고 있다.

〈The New Yorker〉 잡지에서 미디어와 커뮤니케이션을 담당하는 작가 켄 아울레타(Ken Auletta)는 그의 저서 『프레니미즈: 광고 비즈니스의 대혼란(및 기타 모든 것)(Frenemies: The Epic Disruption of the Ad Business(and Everything Else))』에서 광고 산업이 직면한 현재 실존적 위기에 대해 썼다. 그의 책 제목은 세계 최대의 광고 및 WPP의 창립자이자 전 최고 경영자인 마틴 소렐(Martin Sorrell) 경이 대중화한 용어에서 유래했는데 그는 광고회사는 구글, 페이스북 및 아마존과 같은 기술 회사에 의존하고 경쟁해야 한다고 지적했다. 프레니미즈 목록에는 광고의 인하우스를 더 많이 선호하는 광고회사의 고객인 광고주와, 광고로 인해 중단되고 싶지 않고 광고 차단기를 사용하여 광고를 중지하거나 넷플릭스, 아마존 프라임(Amazon Prime), 애플 티비 플러스(Apple TV+) 및 기타 스트리밍 서비스와 같이 광고가 없는 미디어 대안으로 눈을 돌리고 있는 일반 대중들도 포함한다. 아울레타는 또한 세계적인 컨설팅 회사인 액센추어(Accenture), 딜로이트(Deloitte), IBM과 PwC가 어떻게 디지털 사업부를 개설하고 마케팅 부서를 열고 고객을 담당하는 마케팅 부서와 최고 경영자(C-suite)를 마련하였는지를 토론하고 있다. 이러한 컨설팅 회사들은 기존 광고만으로는 더 이상 해결할 수 없는 비즈니스 및 마케팅 문제에 대한 광범위한 전략 및 데이터 분석 솔루션을 제공한다.

많은 광고대행사들은 디지털 미디어의 급속한 성장과 디지털 미디어가 고객의 IMC 프로그램의 필수적인 부분이 되고 있음을 인식하고 있다. 이에 대응하기 위해 사내 역량을 확대하고 디지털 및 소셜 미디어에 대한 전문성을 갖춘 기업을 인수했다. 그러나 많은 광고대행사는 마케팅 커뮤니케이션 산업이 너무 빠르게 변화하여 디지털 역량을 확장하거나 인수하는 것만으로는 따라잡을 수 없다는 사실을 알게 되었다. 광고 및 마케팅 서비스 환경은 지난 5년 동안 극적으로 변화했으며 계속해서 도전이 되고 있다. 이 중 상당 부분은 마케터가 소비자와 소통하는 데 사용하는 디지털 미디어 및 기타 신기술과 관련된 복잡성 때문이다. 마케터는 고객과 연결할 수 있는 새롭고 더 나은 방법을 찾고 있으며, 많은 사람들은 디지털 미디어와 기타 도구에서 제공하는 상세한 분석을 활용하여 이를 위한 노력의 효과를 평가하고 있다.

디지털 혁명으로 인한 혼란은 모든 측면에서 광고대행사들을 압박하고 있다. 미디어 구매는 특히 디지털 및 소셜 미디어에서 점점 더 자동화되고 있으며, 빅 데이터는 마케터가 사용하는 광고 전략 및 전술의 계획 및 평가를 주도하고 있다. 구글, 페이스북 및 아마존과 같은 디지털 광고 플랫폼은 엡실론(Epsilon), 액시옴(Acxiom) 및 익스페리언 마케팅(Experian Marketing)과 같은 데이터/고객 관계 마케팅 회사와 마찬가지로 마케팅 커뮤니케이션 생태계에서 매우 강력한 플레이어가 되었다. 광고대행사 외에도 마케터는 다양한 공급업체와 기술 제공업체를 이용하고 있다. 한 보고서에 따르면 마케터는 IMC 캠페인 및 관련 데이터를 계획, 관리 및 평가하는 데 도움이 되는 30가지 도구를 사용하고 있다.

많은 광고대행사들이 직면한 과제는 광고 산업과 그들의 비즈니스 모델에 혼란을 일으키는 모든 요인에 어떻게 대응할 것인가 하는 것이다. 많은 광고회사는 크리에이티브 문제와 업무량이 증가하는 문제뿐만 아니라 마케팅 지출을 줄일 방법을 찾고 있는 고객, 보상 수수료를 둘러싼 광고대행사와의 싸움에 직면해 있는 시기에 이러한 작업을 수행하고 있다. 또한 마케터들은 외부 대행사를 이용하지 않고 사내광고대행사를 써서 광고를 하거나 외부 광고대행사의 서비스를 제한하고 있다. 많은 기업이 더 이상 광고회사가 IMC 프로그램에서 주도적인 역할을 하는 전통적인 등록 광고대행사(Agency of Record, AOR) 관계를 찾고 있지 않으며, 다양한 분야에서 전문 지식을 갖춘 동급 최고의 마케팅 파트너와 협력하기를 원한다.

디지털 및 기술 혁명은 계속해서 광고 세계에 영향을 미치고 있다. 켄 아울레타는 "광고만큼 변화에 큰 충격을 받은 산업은 거의 없으며, 그 결과 광고는 자신의 존재에 대한 근본적인 도전에 직면해 있다"라고 주장한다. 광고대행사도 이러한 변화의 영향을 받고 있으며 '프레니미즈'와 협력할 방법을 찾을 수밖에 없다. 많은 업계

(계속)

전문가는 광고대행사가 핵심 역량을 넘어서서 디지털 및 소셜 미디어 또는 데이터 및 분석과 같은 영역에서 거대 기술 기업과 직접 경쟁하려고 시도하지 않도록 주의해야 하며, 오히려 그들과 협력하는 방법을 모색해야 한다고 지적한다. 전통적인 광고대행사가 우위를 점할 수 있는 한 가지 영역은 창의성이며, 미래는 창의성과 데이터를 결합하는 능력에 달려 있을 수 있다.

그러나 이는 창의적인 방식으로 데이터를 분석할 수 있는 사람들이 참여해야 한다는 의미이기도 하다. 뛰어난 크리에이티브 작업으로 유명한 광고대행사 드로가5(Droga5)의 공동 창립자이자 전 부회장 겸 최고 경영자(CEO)인 앤드루 에식스(Andrew Essex)는 "시계추는 스토리텔링과 아이디어와 같은 인간의 독창성으로 되돌아가야 하며, 여기서 기술 회사가 무너진다"라고 말한다.

여기에서 논의된 변화는 광고대행사에 엄청난 도전을 제시하며, 그들이 생존하고 번영하기 위해서는 스스로 변화시켜야 한다. 일부 대행사들은 변화를 거부하고 몇 년 전 인기 있는 텔레비전 드라마 시리즈인 매드맨(Mad Men)에서 묘사된 광고의 영광스러운 시절로 돌아갈 희망에 매달릴 가능성이 높다. 한 광고대행사의 마케팅 담당 임원이 지적한 바와 같이, "매드맨은 사람들이 단 하나의 채널에 실린 아름다운 광고로 온 국민의 관심을 끌고 수많은 사람의 행동을 변화시킬 수 있었던 시절에 대한 향수를 불러일으켰다"라고 지적한다. 그러나 대부분의 사람은 그러한 시대가 오래전에 지나갔고 적응하지 못하는 대행사는 매드맨의 재방송을 보고 광고가 좋았던 옛 시절을 그리워할 수 있다는 것을 알고 있다.

자료: Brian Braiker, "'Frenemies' Author Ken Auletta on the Ad Industry's Existential Crisis," *Advertising Age*, June 5, 2018, https://adage.com/article/podcasts/frenemies- author-ken-auletta-ad-industry-s-crisis/313731/Stuart Elliott, "They're Not 'Mad Men' Anymore, But the Ad Business Is Still High Stakes, *The New York Times*, June 5, 2018, www.nytimes.com/2018/06/05/books/review/ken-auletta-frenemies.html; Lindsay Stein, "Agency of the Future: Survival of the Fittest," *Advertising Age*, April 2, 2018, pp. 12-15; Terence Kawaja, "Back to 'Mad Men'—What the Future Holds for Ad Agencies," *Advertising Age*, September 3, 2015, http://adage.com/article/guest-columnists/back-mad-men-future-holds-ad-agencies/300195/.

통합 마케팅 커뮤니케이션(IMC) 프로그램을 개발하고 구현하는 것은 일반적으로 많은 사람들의 노력이 수반되는 복잡하고 세부적인 프로세스다. 소비자로서 우리는 일반적으로 우리의 관심을 끄는 영리한 광고를 만드는 개인이나 조직, 방문하는 웹사이트, 온라인에서 시청하는 비디오, 또는 우리가 이기기를 바라는 경연 대회와 경품 행사에 대해 거의 생각하지 않는다.

그러나 마케팅 프로세스에 관련된 사람들에게는 산업의 특성과 관련 조직의 구조 및 기능을 이해하는 것이 중요하다. 처음 두 장에서 논의한 바와 같이 광고 및 프로모션 비즈니스는 마케터가 고객과 소통할 수 있는 더 나은 방법을 모색함에 따라 변화하고 있다. 이러한 변화는 마케터가 통합 마케팅 커뮤니케이션을 조직하는 방식뿐만 아니라 광고대행사 및 기타 커뮤니케이션 전문가들과의 관계에 영향을 미친다.

이 장에서는 IMC 프로세스에 참여하는 다양한 조직, 그들의 역할과 책임, 그리고 그들 간의 관계를 살펴본다. 기업이 광고 및 프로모션을 위해 내부적으로 어떻게 조직하는지 그 방법에 대해 논의한다. 대부분의 기업에서 광고는 외부 광고대행사가 계획하고 실행한다. 많은 대형 광고대행사는 홍보, 디지털/인터넷, 판매촉진 및 직접 마케팅을 포함한 다양한 IMC 기능을 제공한다. 따라서 광고대행사의 역할과 회사와 대행사의 전반적인 관계에 특히 주의를 기울일 것이다.

프로모션 과정의 다른 참가자(예: 직접 마케팅, 판매촉진, 디지털/인터랙티브 광고대행사 및 홍보 회사)는 더 많은 기업이 프로모션에 대한 통합 마케팅 커뮤니케이션 접근 방식을 취함에 따라 점점 더 중요해지고 있다. 우리는 또한 프로모션 과정에서 이러한 전문 마케팅 커뮤니케이션 조직의 역할을 검토한다. 이 장은 마케터가 하나의 대형 광고대행사의 통합 서비스를 사용하는 것이 가장 좋은지 아니면 다양한 커뮤니케이션 전문가의 별도 서비스를 사용하는 것이 가장 좋은지에 대한 논의로 마무리된다.

IMC 과정에서의 참여자들: 개요

광고업계의 세부 사항을 논의하기 전에 전체 시스템에 대한 개요를 제공하고 누가 참여하는지를 밝히고자 한다. 도표 3-1에서 볼 수 있듯이 IMC 과정의 참가자는 5개 주요 그룹[광고주(또는 고객), 광고대행사, 미디어 조직, 전문 커뮤니케이션 서비스 회사 및 부수적 서비스 회사]으로 나눌 수 있다. 각 그룹은 프로모션 프로세스에서 특정 역할을 한다.

광고주 또는 **고객사**(clients)는 IMC 프로세스의 주요 참여자다. 그들은 마케팅할 제품, 서비스 또는 명분이 있으며, IMC 프로그램 비용을 지불하는 자금을 제공한다. 광고주는 또한 마케팅 계획을 개발하고 이를 지원할 광고 및 프로모션 프로그램에 대한 최종 결정을 내리는 데 중요한 책임을 진다. 조직은 자체 광고 또는 마케팅 커뮤니케이션 부서를 통해 또는 사내 대행사를 설정하여 이러한 노력의 대부분을 자체적으로 수행할 수 있다.

그러나 많은 조직에서는 커뮤니케이션 메시지의 생성, 제작 및 배치를 전문으로 하고 마케팅 및 프로모션 프로세스를 용이하게 하기 위해 다른 서비스를 제공할 수 있는 외부 회사인 **광고대행사**(advertising agency)를 사용한다. 많은 회사들이 AOR(Agency of Record, 등록대행사)을 두고 있는데, 등록대행사는 브랜드 및 크리에이티브 전략, 미디어 계획, 웹사이트 개발 및 유지 관리, 디지털 마케팅과 같이 회사 또는 브랜드가 필요로 할 수 있는 대부분의 IMC 서비스에 대한 주요 책임을 지는 단일 광고대행사다. 그러나 많은 제품 및 서비스를 판매하는 회사에는 각 브랜드 또는 부문에 대한 등록대행사가 있을 수 있다. 예를 들어, 크래프트 하인즈(Kraft-Heinz)는 다양한 브랜드를 취급하는 4개의 주요 광고대행사를 보유하고 있는 반면, 제너럴모터스(General Motors)는 뷰익(Buick), 캐딜락(Cadillac), 쉐보레(Chevrolet) 및 지엠씨(GMC)를 포함한 다양한 자동차 부문에 대해 서로 다른 등록대행사를 보유하고 있다. 이 자동차 대기업은 또한 플라이시먼 힐라드(Fleishman Hillard)를 모든 브랜드의 홍보 담당 등록대행사로 사용할 뿐만 아니라 여러 디지털, 판매촉진 및 체험 마케팅 대행사로, 엔터테인먼트 마케팅 대행사, 그리고 여러 스포츠 마케팅 대행사를 사용한다. 많은 대기업은 종종 다문화 시장을 위한 광고 및 디지털 캠페인 개발을 전문으로 하는 대행사를 추가로 사용한다. 예를 들어, 미국 토요타 자동차 판매회사(Toyota Motor Sales, USA)는 등록대행사인 사치앤사치(Saatchi & Saatchi) 이외에도 미국 내 다른 광고대행사를 통해 아프리카계 미국인, 히스패닉 및 아시아계 미국인 시장을 위한 광고를 제작한다. 점점 더 많은 광고대행사가 광고주의 파트너 역할을 하고 마케팅 및 프로모션 프로그램 개발에 보다 큰 책임을 지고 있다.

미디어 조직(media organizations)은 광고 및 프로모션 프로세스의 또 다른 주요 참가자다.

도표 3-1

IMC 프로세스 참여자들

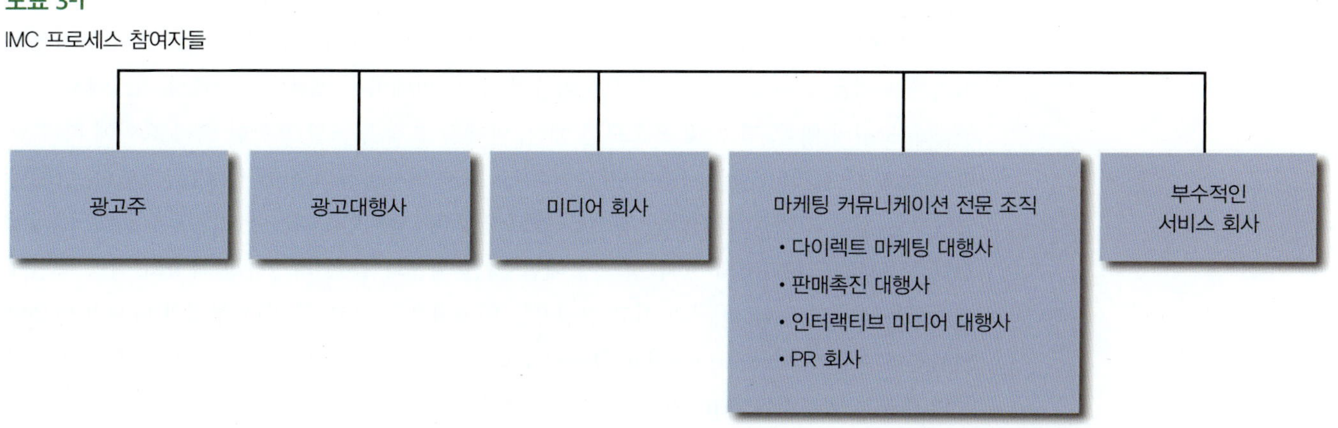

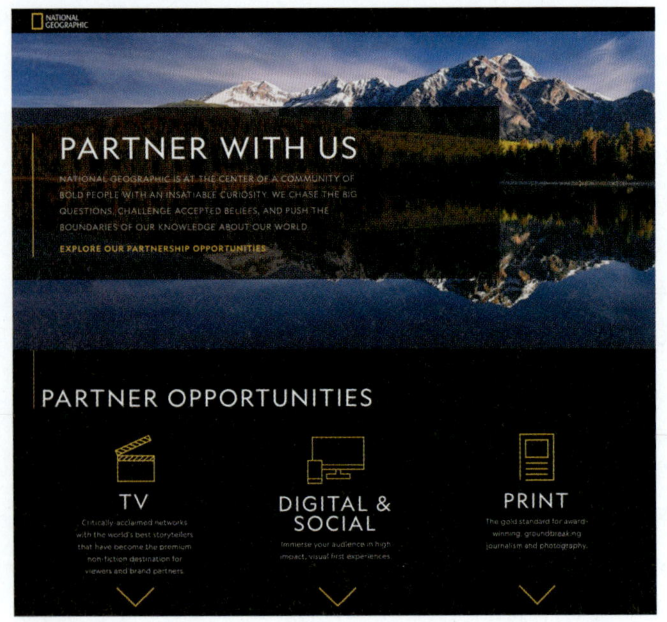

사진 3-1

내셔널 지오그래픽은 마케터가 미디어 플랫폼을 사용하여 소비자와 연결할 수 있는 다양한 방법을 프로모션한다.

자료: National Geographic Partners, LLC

대부분의 미디어가 갖는 주요 기능은 구독자, 시청자 또는 독자에게 정보나 즐거움을 제공하는 것이다. 그러나 프로모션 기획인의 관점에서 볼 때 미디어의 목적은 회사의 마케팅 커뮤니케이션 메시지를 위한 환경을 제공하는 것이다. 미디어는 광고주와 대행사가 소비자와 함께 시간과 공간을 사고 싶어 할 수 있도록 소비자를 끌어들이는 사설 또는 프로그램 콘텐츠를 가지고 있어야 한다. 사진 3-1은 내셔널 지오그래픽이 소비자와 연결하는 방법으로 텔레비전, 디지털 및 소셜 미디어, 인쇄물과 같은 미디어 제품군을 프로모션하는 방법을 보여준다. 미디어는 광고주가 시장과 고객을 이해하는 데 도움이 되는 많은 다른 기능을 수행하는 동안, 매체의 주요 목표는 기업이 메시지를 효과적으로 목표시장에 도달할 수 있는 방법으로서의 자신을 판매하는 것이다.

다음 참가자 그룹은 **전문 마케팅 커뮤니케이션 서비스**(specialized marketing communication services)를 제공하는 조직이다. 여기에는 직접 마케팅 대행사, 판매촉진 대행사, 디지털/인터랙티브 대행사 및 홍보 회사가 포함된다. 이러한 조직은 그들의 전문 분야에서 서비스를 제공한다. 직접 마케팅 대행사는 직접 마케팅 프로그램을 개발 및 구현하는 반면, 판매촉진 대행사는 경연 대회 및 경품 행사, 사은품 제안 또는 샘플링 프로그램과 같은 판매촉진 프로그램을 개발한다. 디지털/인터랙티브 대행사는 인터넷용 웹사이트를 개발하고 마케터가 인터랙티브 미디어 영역으로 더 깊이 들어갈 수 있도록 돕기 위해 유지되고 있다. PR 회사는 회사와 제품 및 서비스에 대한 홍보를 생성 및 관리하고 관련 대중과의 관계 및 커뮤니케이션에 중점을 두는 데 사용된다.

도표 3-1의 프로모션 프로세스에 나타난 최종 참가자는 광고주, 광고대행사, 미디어 조직 및 전문 마케팅 커뮤니케이션 회사에서 사용하는 광범위한 지원 기능인 **부수적 서비스**(collateral services)를 제공하는 회사들이다. 이러한 개인이나 기업들은 다른 참가자가 광고 및 기타 프로모션 기능을 계획하고 실행하는 데 사용하는 특수 기능을 수행한다. 이제 각 참가자의 역할을 더 자세히 살펴보자(미디어 조직은 10장부터 14장까지에서 살펴본다).

기업의 광고와 프로모션을 위한 조직: 고객사의 역할

거의 모든 비즈니스 조직이 어떤 형태로든 마케팅 커뮤니케이션을 사용한다. 그러나 기업이 이러한 노력을 위해 조직하는 방식은 회사의 규모, 판매하는 제품 수, 마케팅 믹스에서 광고 및 프로모션의 역할, 광고 및 프로모션 예산, 마케팅 조직 구조를 포함한 여러 요인에 따라 달라진다. 조직 전체의 많은 사람이 광고 및 프로모션 의사결정 과정에 참여할 수 있다. 마케팅 담당자는 광고와 가장 직접적인 관계를 맺고 있으며, 캠페인 계획, 광고대행사 선택, 미디어 전략 및 IMC 프로그램의 효과 평가에 대한 의견 제공과 같은 의사결정 과정의 여러 측면에 관여하는 경우가 많다. 회사의 최고 경영자는 일반적으로 광고 및 기타 형태의 마케팅 커뮤니케이션이 어떻게 회사를 나타내고 있는지에 관심이 있으며, 이러한 의사결정이 일상 책임 업무의 일부가 아니지만 IMC 의사결정에 관여하는 것을 의미할 수도 있다.

조직 안팎의 많은 사람들이 광고 및 프로모션 과정에 어느 정도 의견을 제시하고 있지만, 프로그램 관리에 대한 직접적인 책임은 회사 내에서 누군가가 맡아야 한다. 많은 회사에는 마케팅 이사 아래에서 운영되는 광고관리자가 이끄는 광고부서가 있다. 일부 회사에서는 이 부서를 마케팅 커뮤니케이션(marcom)이라고 할 수 있다. 큰 회사이며 다품목의 제품을 파는 회사에서 많이 사용하는 대안은 분권형 마케팅(브랜드 관리) 시스템이다. 세 번째 옵션은 회사 내에 별도의 광고대행사, 즉 사내 광고대행사를 구성하는 것이다. 이러한 각 대안은 다음 장에서 자세히 설명한다.

중앙 집중식 시스템

많은 조직에서 마케팅 활동은 도표 3-2와 같이 영업, 마케팅 조사 및 제품 계획과 같은 다른 마케팅 기능과 함께 광고와 함께 기능적 라인에 따라 구분된다. **광고관리자**(advertising manager)는 판매를 제외한 모든 프로모션 활동을 담당한다(일부 회사에서는 이 개인이 마케팅 커뮤니케이션 관리자라는 직함을 가짐). **중앙 집중식 시스템**(centralized system)의 가장 일반적인 예에서 광고 또는 마콤(marcom) 관리자는 예산 책정, 광고 제작 및 제작 조정, 매체 계획, 회사의 모든 제품 또는 서비스에 대한 프로모션 프로그램 모니터링과 관리를 포함한 전체 프로모션 활동을 통제한다.

광고 또는 마케팅 커뮤니케이션 관리자의 구체적인 임무는 회사의 규모와 프로모션 프로그램에 부여하는 중요성에 따라 다르다. 광고 관리자와 직원이 수행하는 기본 기능에는 광고 관리 및 실행, 다른 부서들과의 조정, 그리고 외부 대행사 및 서비스와의 조정이 포함된다.

관리와 실행 광고 관리자는 광고부서를 조직하고 그 활동을 감독하고 통제해야 한다. 광고 관리자는 또한 부하 직원 및 광고대행사에 의한 계획 실행을 감독한다. 이를 위해서는 프로덕션, 미디어, 아트, 카피, 디지털/인터랙티브 및 판매촉진과 같은 부서와 협력해야 한다. 외부 광고대행사를 이용하는 경우, 광고부서는 광고 집행의 책임이 상당 부분 줄어들지만, 광고대행사의 계획을 검토하고 승인해야 한다.

다른 부서와의 협력 광고관리자는 광고부서의 활동을 다른 부서의 활동, 특히 다른 마케팅 기능과 관련된 활동과 조정해야 한다. 예를 들어, 광고부서는 마케팅 조사 및 영업 부서와 소통하여 고객에게 중요하고 회사 커뮤니케이션에서 강조해야 하는 제품 기능을 결정해야 한

도표 3-2

중앙 집중식 시스템하의 광고부서

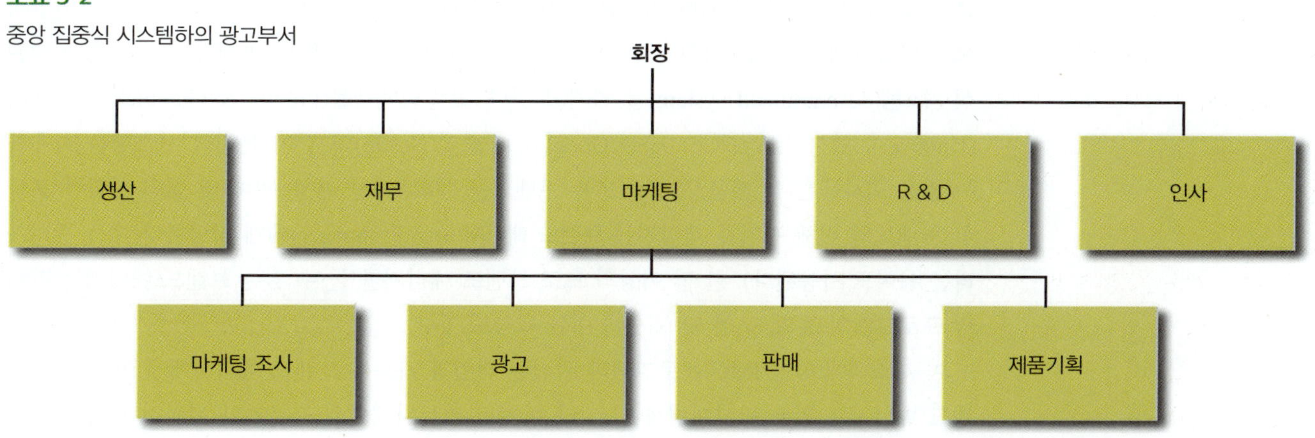

다. 또한 연구를 통하여 인구통계 및 심리적 프로필, 미디어 사용 패턴을 포함하여 제품/서비스 또는 브랜드를 사용하는 사람들에 대한 정보를 제공할 수 있다. 또한 광고부서에는 브로슈어, 판매촉진 도구, 광고 자료 및 구매 시점 디스플레이와 같이 영업 직원이 고객을 방문할 때 사용할 수 있는 자료를 준비할 책임이 따른다.

외부 대행사 및 서비스 회사들과의 협조 많은 회사들이 광고 또는 마케팅 커뮤니케이션 부서를 가지고 있지만 여전히 광고대행사와 디지털 대행사와 같은 기타 외부 서비스를 사용한다. 예를 들어, 기업은 미디어 구매 서비스를 사용하여 광고를 게재하고 부수적 서비스 대행사를 사용하여 브로슈어, 구매 시점 자료 등을 개발하면서 사내에서 광고 프로그램을 개발할 수 있다. 이 광고부서는 회사와 외부 서비스 제공업체 간의 연락 담당자 역할을 하며, 사용할 서비스 제공업체를 결정한다. 외부 서비스가 사용되면 광고관리자는 다른 마케팅 관리자와 협력하여 그들의 업무 노력을 조정하고 성과를 평가한다.

중앙 집중식 조직 시스템은 회사가 광고할 다양한 부서, 제품이나 서비스 라인 또는 브랜드가 많지 않을 때 자주 사용된다. 예를 들어, 사우스웨스트(Southwest), 아메리칸(American), 제트블루(JetBlue)와 같은 항공사는 타겟(Target), 월마트(Walmart), 베스트바이(Best Buy)와 같은 주요 소매업체와 마찬가지로 광고 또는 마콤 부서를 중앙 집중식으로 운영하고 있다. 많은 회사들이 중앙 집중식 부서를 선호하는데, 그 이유는 한곳에서 광고 및 마케팅 프로그램을 개발하고 조정하면 프로모션 프로그램에 대한 커뮤니케이션이 용이해지고 최고 경영진이 의사결정에 더 쉽게 참여할 수 있기 때문이다. 중앙 집중식 시스템은 IMC 프로그램 결정에 참여하는 사람이 적고 그러한 결정을 내리는 경험이 증가함에 따라 프로세스가 더 쉬워지기 때문에 보다 효율적인 운영으로 이어질 수도 있다.

동시에 중앙 집중식 운영에는 문제가 내재되어 있다. 첫째, 광고부서 직원이 브랜드의 전반적인 마케팅 전략을 이해하기 어려울 수 있으며, 특히 기획 과정에 참여하지 않는 경우 더욱 그렇다. 광고부서는 또한 제품/서비스 또는 브랜드의 특정 요구 사항과 문제에 응답하는 속도가 느릴 수 있다. 회사가 커지고 새로운 제품, 서비스, 브랜드 또는 사업부를 개발하거나 인수함에 따라 중앙 집중식 시스템은 비실용적일 수 있다.

분권식 시스템

여러 부서와 다양한 제품/서비스 및 브랜드를 가진 대기업에서는 중앙 집중식 시스템을 통해 모든 광고, 프로모션 및 기타 기능을 관리하기가 매우 어렵다. 이러한 유형의 회사는 일반적으로 다양한 부서, 제품 라인 또는 비즈니스에 대해 별도의 영업 및 마케팅 부서가 있는 **분권식 시스템**(decentralized system)을 가지고 있다. 프락터앤갬블(Procter & Gamble), 유니레버(Unilever), 펩시코(PepsiCo), 구글(Google), 네슬레(Nestlé)와 같이 분권식 시스템을 사용하는 많은 회사들은 각 제품/서비스 또는 브랜드를 계획, 예산 편성, 판매 및 이익 성과를 포함한 브랜드의 전체 관리를 책임지는 **브랜드 매니저**(brand manager)에게 할당한다(제품 관리자라는 용어도 사용된다). 한 명 이상의 보조 브랜드 매니저를 둘 수 있는 브랜드 매니저는 마케팅 프로그램의 계획, 구현 및 통제에 대한 책임도 있다.

이 시스템에 따라 IMC 프로그램과 관련된 책임과 기능은 브랜드 매니저에게 이전되며, 브랜드 매니저는 외부 광고대행사 및 기타 마케팅 커뮤니케이션 전문가와 긴밀히 협력하여 프

사진 3-2

프락터앤갬블의 많은 브랜드들이 서로 경쟁하고 있다.

자료: (Left) Tide by Procter & Gamble; (Right) Gain by Procter & Gamble

로모션 프로그램을 개발한다. 다품목 제품 또는 서비스를 가진 회사에서 각 브랜드는 자체 광고대행사를 가질 수 있으며, 외부 경쟁업체뿐만 아니라 회사 내 다른 브랜드와 경쟁할 수 있다. 예를 들어, 사진 3-2는 세탁 세제 시장의 점유율을 놓고 경쟁하는 프락터앤갬블 제품인 타이드(Tide)와 게인(Gain)에 대한 광고를 보여준다.

도표 3-3에서 볼 수 있듯이 광고부서는 마케팅 서비스의 일부이며, 브랜드 관리자를 지원한다. 마케팅 서비스의 역할은 브랜드 관리자가 IMC 프로그램을 계획하고 조정하는 데 도움을 주는 것이다. 일부 회사에서는 마케팅 서비스 그룹에 판매촉진이 포함될 수 있다. 브랜드 관리자는 판매촉진 팀 및 대행사와 협력하여 예산을 개발하고, 전략을 정의하고, 중간상인 및 소비자 판매촉진 모두에 대한 전술적 실행을 구현할 수 있다. 마케팅 서비스는 패키지 디자인 및 상품판매와 같은 다른 유형의 지원 서비스도 제공할 수 있다.

일부 회사는 관련 제품 그룹을 처리하는 모든 브랜드 관리자의 노력을 조정하기 위해 브랜드 관리자 위에 추가 관리 계층을 가질 수 있다. 일반적으로 **카테고리 관리 시스템**(category management system)이라고 하는 이 시스템에는 카테고리 관리자와 브랜드 및 광고 관리자가 포함된다. 카테고리 매니저는 전체 제품 카테고리의 관리를 감독하고 수익과 시장 점유율을 구축하기 위해 다양한 브랜드의 전략적 역할에 중점을 둔다. 각 카테고리 관리자에는 각 특정 브랜드에 대해 보고하는 한 명 이상의 브랜드 관리자와 광고관리자가 있다.

광고 또는 마케팅 매니저는 IMC 프로그램의 다양한 부분을 검토 및 평가하고 브랜드 매니저에게 조언하고 상담할 수 있다. 이 사람은 광고 및 기타 형태의 프로모션에 대한 브랜드 관리자의 결정을 무시할 수 있는 권한이 있다. 광고 및 프로모션에 많은 비용을 지출하는 일부 다품목 제품 회사에서 광고관리자는 회사의 많은 미디어 구매에 대한 미디어 할인을 얻기 위해 다양한 대행사의 노력을 조정할 수 있다. 카테고리 관리는 프락터앤갬블과 같은 대규모 다품목 제품 또는 많은 사업부를 가진 회사에서 자주 사용되며, 이들의 광범위한 포트폴리오에는 65개 브랜드가 있는 10개의 제품 카테고리가 포함되며, 그중 21개는 매년 10억 달러 이상의 수익을 창출한다(사진 3-3). 예를 들어, 헤어 케어 카테고리에는 해드앤숄더(Head & Shoulders), 오씨(Aussie), 팬틴(Pantene) 그리고 허브 에센스(Herbal Essences) 등이 있다.

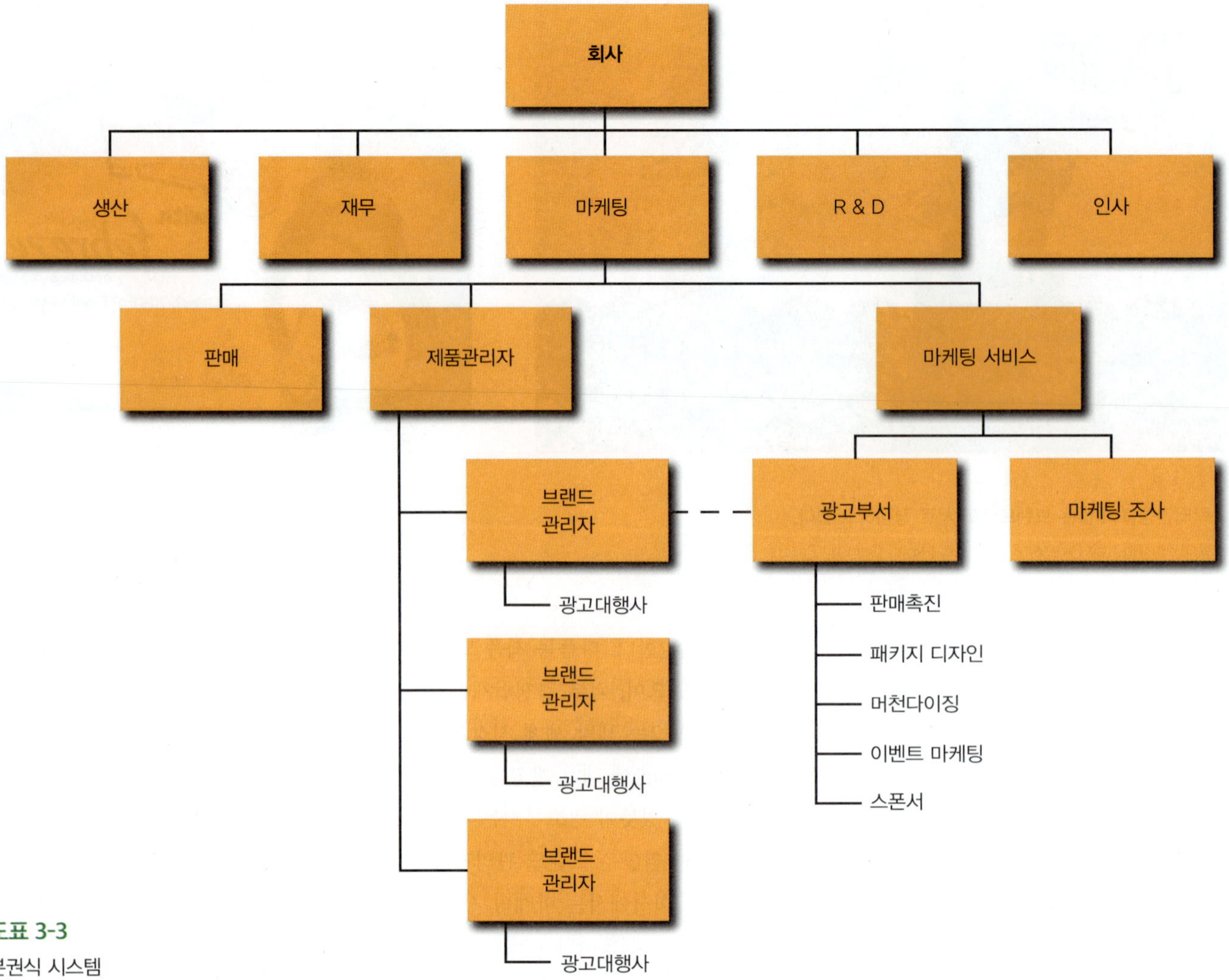

회사

- 생산
- 재무
- 마케팅
  - 판매
  - 제품관리자
    - 브랜드 관리자
      - 광고대행사
    - 브랜드 관리자
      - 광고대행사
    - 브랜드 관리자
      - 광고대행사
  - 마케팅 서비스
    - 광고부서
      - 판매촉진
      - 패키지 디자인
      - 머천다이징
      - 이벤트 마케팅
      - 스폰서
    - 마케팅 조사
- R & D
- 인사

도표 3-3

분권식 시스템

분권식 시스템의 장점은 각 브랜드가 집중된 관리적 관심을 받아 시장기회뿐만 아니라 문제에 더 빠르게 대응할 수 있다는 것이다. 브랜드 관리자는 표적시장 식별과 브랜드를 차별화할 IMC 프로그램 개발을 포함하여, 마케팅 프로그램에 대한 전적인 책임을 진다. 또한 브랜드 매니저 시스템은 더욱 유연해졌으며 크리에이티브 플랫폼, 미디어, 프로모션 일정과 같은 광고 및 프로모션 프로그램의 다양한 측면을 더 쉽게 조정할 수 있다.

분권식 시스템에는 몇 가지 단점이 있다. 브랜드 관리자는 교육과 경험이 부족한 경우가 많다. 브랜드에 대한 프로모션 전략은 광고 또는 판매촉진이 할 수 있는 것과 할 수 없는 것, 그리고 각각을 어떻게 사용해야 하는지 실제로 이해하지 못하는 브랜드 관리자가 개발할 수 있다. 브랜드 관리자는 단기적인 계획과 관리 업무에 너무 집중한 나머지 장기 프로그램 개발을 소홀히 할 수 있다.

사진 3-3

P&G의 광범위한 브랜드 포트폴리오는 관리를 위해서 다양한 범주에 걸쳐 있다.

자료: Procter & Gamble

또 다른 문제는 개별 브랜드 매니저가 경영진의 관심, 마케팅 비용 및 기타 자원을 놓고 경쟁하는 경우가 많아 비생산적인 경쟁과 자금의 잘못된 배분으로 이어질 수 있다는 것이다. 경영자의 설득력은 브랜드의 장기적 수익 잠재력보다 예산을 결정하는 더 큰 요인이 될 수 있다. 이러한 유형의 문제는 프락터앤갬블이 카테고리 관리 시스템으로 전환하기로 결정한 핵심 요인이었다.

마지막으로, 브랜드 관리 시스템은 브랜드 관리자가 개발하는 계획을 구현하고 통제하는 데 필요한 기능에 대한 권한을 브랜드 관리자에게 제공하지 못한다는 비판을 받아왔다. 일부 기업은 광고 및 판매촉진 관리자와 그 전문가 직원의 역할과 책임을 확대하여 이 문제를 해결했다. 스태프 전문가는 개별 브랜드 관리자에게 자문을 제공하며, 광고 또는 판매촉진 의사결정에는 광고 및 판매촉진 관리자, 브랜드 관리자 및 마케팅 관리자가 포함된다. 예를 들어, 미국에서 가장 큰 광고주 중 하나인 제너럴모터스는 브랜드 관리 시스템을 중단하고 사업부 마케팅 책임자에게 다양한 모델의 광고 및 프로모션에 대한 더 많은 통제권을 부여하기로 결정했다. 전통적인 브랜드 관리 시스템은 최근 비평가들이 브랜드 관리자가 계획 및 예산 책정과 같은 내부 문제에 너무 많은 시간을 할애하고 외부 문제나 창의성 및 문제 해결에 충분한 노력을 기울이지 않는다고 주장하면서 공격받고 있다.

브랜드 관리 시스템이 직면한 새로운 과제는 빠르게 변화하는 디지털 마케팅 세계에 뒤처지지 않도록 관리자를 교육하고 다양한 소셜 미디어 플랫폼에서 브랜드의 아이덴티티를 관리하는 것이다. 브랜드 관리자는 어떤 플랫폼을 활용하고 어떻게 사용할지, 회사 내부에서 소셜 미디어 가이드라인을 만들 때 고려해야 할 사항, 소셜 미디어를 사내에서 처리할지 아웃소싱할지 여부, 다양한 소셜 미디어 도구의 효과와 투자 수익을 평가하는 데 사용해야 하는 지표 결정에 참여할 수 있다. 브랜드 관리자는 페이스북, 핀터레스트, 인스타그램, 유튜브 및 스냅챗과 같은 다양한 소셜 미디어 사이트에 대한 플레이북을 포함하는 소셜 미디어 전략 개발에 종종 참여한다(사진 3-4).

사진 3-4

브랜드 관리자는 브랜드 아이덴티티를 관리하기 위해 소셜 미디어 사용 방법을 이해해야 한다.

자료: Crain Communications Inc., Courtesy of Ad Age

사내 광고대행사

일부 회사는 비용을 절감하고 대행사 활동에 대한 통제력을 강화하기 위한 노력의 일환으로 내부적으로 사내 광고대행사(In-House Agencies)를 설립했다. 사내 광고대행사는 광고주가 설립, 소유 및 운영하는 광고대행사다. 일부 사내 대행사는 광고부서에 불과하지만 다른 회사에서는 별도의 정체성이 부여되고 많은 광고 비용 지출을 담당한다. 사내 광고대행사를 이용하는 대형 광고주로는 현대/기아, 에이번, 레브론, 랜드로버, 베네통 등이 있다. 많은 회사들이 사내 광고대행사를 독점적으로 사용한다. 다른 회사들은 사내 노력과 외부 기관의 노력을 결합한다. 예를 들어, 거대 소매업체인 타겟에는 주간 회람, 다이렉트 메일, 매장 내 디스플레이, 프로모션 및 기타 마케팅 자료의 디자인을 처리하는 내부 크리에이티브 부서가 있다. 그러나 이 회사는 대부분의 브랜딩 및 이미지 지향 광고와 특정 TV 및 인쇄 작업을 위해 외부 대행사를 사용한다. 베네통(Benetton)과 바나나 리퍼블릭(Banana Republic)과 같은 다른 회사들도 외부 광고대행사와 협력하는 사내 광고부서를 둔다.

사내 광고대행사를 이용하는 가장 큰 이유는 광고 및 프로모션 비용을 줄이기 위해서다. 광고 예산이 매우 큰 회사는 미디어 수수료 또는 협상된 수수료의 형태로 외부 광고대행사에 상당한 금액을 지불한다. 사내 광고대행사 구조에서 이러한 수수료는 사내 대행사로 이동한다. 사내 대행사는 외부 대행사보다 저렴한 비용으로 부수적 자료 제작, 디지털 미디어, 패키지 디자인, 홍보 등의 관련 업무를 제공할 수도 있다. 사내 대행사는 마케팅 커뮤니케이션 기능을 최고 경영진과 더 밀접하게 연결하기 때문에 일부 회사에서 선호하기도 한다. 포레스터 리서치(Forrester Research)의 연구에 따르면 사내 광고대행사의 거의 60%가 회사의 최고 경영자(CEO) 또는 최고 마케팅 책임자(CMO)에게 직접 보고하는 것으로 나타났다. 또 다른 이유는 사내 대행사가 제공하는 안정성인데, 외부 광고대행사는 이직률이 훨씬 높기 때문에 고객-광고대행사 관계에 타격을 줄 수 있기 때문이다. 반면, 사내 대행사는 직원을 유지하는 것으로 알려져 있으며, 이직률이 5% 미만이다.

돈을 절약하는 것만이 사내 광고대행사를 사용하는 유일한 이유는 아니다. 시간 절약, 외부 광고대행사에 대한 나쁜 경험, 증가된 지식 및 제품이나 서비스에 대한 광고와 프로모션을 매일 진행하면서 오는 시장에 대한 이해도도 그 이유다. 또한 회사는 광고 프로세스에 대한 보다 엄격한 제어를 유지하고 회사의 전체 마케팅 프로그램과 프로모션을 보다 쉽게 조정할 수 있다.

일부 회사는 외부 광고대행사보다 더 나은 업무를 수행할 수 있다고 믿기 때문에 사내 대행사를 사용한다. 그들은 시장과 경쟁업체에 대해 더 많은 지식을 가지고 있을 뿐만 아니라 비즈니스의 복잡성에 대해 더 잘 이해하고 있다고 느낄 수 있다. 최근에는 많은 기업들이 외부 광고대행사를 그만두고 IMC 프로그램의 다른 영역뿐만 아니라 크리에이티브 작업을 처리하는 사내 광고대행사를 개발하고 있다. 예를 들어, 매년 광고에 10억 달러 이상을 지출하는 거대 통신 기업인 버라이존(Verizon)은 일관성과 통제력을 높이기 위해 사내 대행사를 설립했다. 광고대행사를 사내로 옮긴 또 다른 회사는 그리스 요구르트 시장의 선두주자인 코바니(Chobani)다. 이 회사의 최고 크리에이티브 책임자(CCO)는 내부적으로 업무를 조율하는 것이 더 쉬울 뿐만 아니라 광고 통신 활동을 더 빠르게 구현할 수 있다고 언급했다. 그는 또한 코바니가 광고대행사 수수료가 아닌 성장 이니셔티브에 투입함으로써 마케팅 예산을 더 강화할 수 있다고 했다.

사내 광고대행사를 반대하는 사람들은 광고주에게 외부 광고대행사의 경험과 객관성, 서비스 범위를 제공할 수 없다고 말한다. 그들은 외부 광고대행사가 더 고도로 숙련된 전문가를 보유하고 최고의 창의적인 인재를 유치하며, 외부 광고대행사를 사용하면 회사가 광고 문제에 대해 더 다양한 관점을 가질 수 있고 더 큰 유연성을 얻을 수 있다고 주장한다. 또한 외부 광고대행사는 더 큰 전략적 계획 능력, 고객에 대한 외부 관점, 디지털 또는 텔레비전과 같은 특정 미디어에 대한 더 창의적인 경험을 제공할 수 있다. 사내 광고대행사의 인력은 동일한 제품 라인에서 일하는 동안 시야가 협소해지거나 부실해질 수 있지만 외부 대행사에는 다양한 배경과 아이디어를 가진 다양한 사람들이 제품을 광고할 수 있다. 회사는 외부 광고대행사가 만족스럽지 않으면 해고할 수 있기 때문에 유연성이 큰 반면, 사내 광고대행사의 변화는 더 느리고 혼란만 가중시킬 수 있다.

사진 3-5

언더아머는 대부분의 광고를 드로가5를 사용하여 처리한다.

자료: Under Armour, Inc

사내 광고대행사의 비용 절감은 다음 사항을 고려하여 평가되어야 한다. 많은 기업에서 고품질 광고는 마케팅 성공에 매우 중요하며 사내 서비스 사용 여부를 결정하는 주요 기준이 되어야 한다. 기업은 기업이 성장하고 광고 예산과 IMC 요구가 증가함에 따라 외부 광고대행사를 고용하는 경우가 많다. 예를 들어, 언더아머(Under Armour)는 운동화 및 의류 시장에서 주요 경쟁자 중 하나가 되었다. 언더아머의 경영진은 회사가 성장하고 새로운 제품 카테고리로 확장됨에 따라 모든 광고를 사내에서 처리하기가 어렵다는 것을 인식하고 2015년에 드로가5(Droga5)를 최초의 레코드 광고대행사로 선정했다. 이 회사는 처음으로 여성 비즈니스를 위한 업무를 처리하기 위해 드로가5를 사용했으며, 이에 대응하여 수퍼모델 지젤 번천(Gisele Bundchen)과 발레리나 미스티 코플랜드(Misty Copeland)가 등장하는 "I Will What I Want(난 하고 싶은 걸 할 거야)" 바이럴 캠페인(사진 3-5)을 비롯한 여러 수상 경력에 빛나는 광고를 개발했다. 드로가5는 현재 트레이닝, 달리기, 농구, 축구, 커넥티드 피트니스에 대한 언더아머의 거의 모든 광고를 담당하고 있다. 이 광고대행사는 최근 중국과 유럽과 같은 시장에서 해외 판매를 늘리기 위한 노력의 일환으로 배우 드웨인 잔슨(Dwayne "The Rock" Johnson)과 여러 국제 운동선수가 등장하는 언더아머의 글로벌 캠페인을 개발했다.

어떤 유형의 광고 조직을 사용할 것인지에 대한 최종 결정은 어떤 유형이 회사에 가장 적합한지에 따라 다르다. 디지털 및 소셜 미디어 관점 3-1에서 논의된 바와 같이, 광고 및 기타 IMC 기능을 처리하기 위해 사내 광고대행사를 사용하는 기업의 수가 증가하고 있으며, 이는 부분적으로 마케터가 더 많은 콘텐츠를 더 빨리 제작해야 하는 디지털 광고 도구의 폭발적 증가에 기인한다. 세 가지 시스템의 장점과 단점은 도표 3-4에 요약되어 있다. 이제 우리는 외부 광고대행사의 기능과 프로모션 프로세스에서의 역할에 주목한다.

도표 3-4

광고 조직 시스템의 비교

조직 시스템	장점	단점
중앙 집중식	• 원활한 커뮤니케이션 • 필요한 인원이 적음 • 직원의 연속성 • 더 많은 최고 경영진 참여 허용	• 전반적인 마케팅 목표에 대한 참여와 이해가 적음 • 더 긴 응답 시간 • 여러 제품 라인을 처리할 수 없음
분권식	• 집중적인 경영 관심 • 문제와 기회에 대한 신속한 대응 • 유연성 향상	• 비효율적인 의사결정 • 내부 갈등 • 자금 배분 오류 • 권위의 결핍 • 외부 초점이 아닌 내부 초점
사내 광고대행사	• 비용 절감 • 더 많은 제어 • 조정기능 증가 • 안정성 • 최고 경영진에 대한 접근	• 경험 적음 • 객관성 감소 • 유연성이 떨어짐 • 최고의 크리에이티브 인력에 대한 접근성이 적음

디지털 및 소셜 미디어 관점 3-1 >>>

마케터들은 IMC 프로그램을 사내로 끌어들이고 있다

전통적으로 대부분의 주요 기업은 광고를 계획, 개발 및 구현하기 위해 내부 또는 사내에서 수행하는 대신 외부 광고대행사를 이용했다. 그들은 외부 광고대행사가 다양한 산업 분야의 다양한 회사에서 일할 수 있는 이점이 있기 때문에 귀중한 외부에서 바라보는 관점을 제공한다는 것을 알고 있다. 이를 통해 시장 동향 및 개발, 고객 행동의 변화 및 미디어 소비 방식 및 기타 중요한 요인을 더 잘 이해할 수 있다. 외부 광고대행사는 또한 고객의 조직 내에 존재할 수 있는 내부 편견이나 정치에 영향을 받지 않기 때문에 보다 객관적일 수 있다. 또한 광고대행사는 최고의 창의적 인재를 보유한 것으로 인식되므로 소비자의 반응을 불러일으키는 획기적인 광고 캠페인을 창출할 수 있는 창의적인 아이디어를 얻을 수 있는 좋은 근원이다.

마케팅 및 광고업계의 전통적인 인식은 사내 대행사가 주로 비용을 절감하거나 광고 및 프로모션 프로그램에 대한 통제력을 유지하려는 회사에서 사용한다는 것으로 알고 있다.

예를 들어, 마케팅 예산이 제한된 소규모 회사는 초기 단계에서는 사내 광고사를 이용하다가 매출 및 마케팅 예산이 증가함에 따라 외부 광고대행사로 이전하는 경우가 많다. 사내 광고사의 사용은 금융 서비스 또는 소매와 같은 일부 산업에서 선호되는 모델로 간주되며, 이러한 산업에서는 부수적인 자료, 다이렉트 메일, 프로모션, 비디오 및 이벤트 및 프로모션을 지원하기 위한 자료를 포함하여 많은 양의 마케팅 콘텐츠를 생성하고 배포해야 한다.

최근 여러 연구에 따르면 사내 광고사의 사용은 소규모 회사 및 특정 산업을 넘어 많은 대기업에서도 보편화되고 있다. 미국광고주협회(Association of National Advertisers, ANA)의 2018년 보고서에 따르면 마케터의 78%가 현재 어떤 형태로든 사내 광고사를 보유하고 있으며, 이는 2012년의 58%, 10년 전의 42%에 비해 크게 증가한 수치다. ANA는 사내 광고사를 외부 광고대행사 또는 기타 마케팅 커뮤니케이션 대행사가 일반적으로 수행하는 업무를 담당하는 부서, 그룹 또는 개인으로 정의하며, 내부 PR 기능은 포함되지 않는다고 한다. ANA의 연구 결과에 따르면, 사내 광고사를 이용하는 마케터가 외부 광고대행사를 이용하는 것을 중단한 것은 아니며, 많은 사람들이 외부 광고대행사를 계속 이용하고 있기 때문이다. 실제로, ANA 회원사인 대다수의 회사가 여전히 외부 광고대행사와 관계를 맺고 있다고 보고서는 지적했다.

마케터가 광고 및 기타 IMC 기능을 사내에서 사용하는 데에는 여러 가지 이유가 있다. 사내 광고사 이용이 증가한 이유 중 하나로 비용 절감을 꼽았지만, 또 다른 주요 요인은 기업이 보다 창의적인 콘텐츠를 더 빠르고 민첩하게 제작할 수 있도록 하는 소셜 미디어와 같은 새로운 디지털 광고 도구의 폭발적인 증가였다. 많은 기업들은 사내에서 하루 중 7시간 온라인 상태인 소비자와 보조를 맞추는 데 필요한 콘텐츠의 양과 빠른 처리 시간을 가장 잘 처리할 수 있다고 생각한다. 또한 마케터는 분석 및 다양한 데이터 소스의 관리에서 더 많은 통찰력을 원하고, 이 분야에서 전통적인 광고대행사의 능력이 제한적이라고 생각한다.

기업이 광고를 사내로 옮기는 또 다른 이유는 대행사가 너무 느리게 움직이고 빠르게 변화하는 고객의 요구에 보조를 맞출 수 없기 때문이다. 많은 광고대행사의 직원들은 업무가 다양해지고 너무 많은 광고주를 담당하기 때문에 고객의 요구에 대응하기 어렵다. 일부 전문가들은 또한 광고주인 고객사들은 소셜 미디어 및 콘텐츠 마케팅과 같은 새로운 방식으로 고객과 연결하고 통합 모델을 사용하는 것을 선호하는 반면 광고대

광고대행사

많은 주요 회사는 프로모션 프로그램을 개발, 준비 및 실행하는 데 도움을 주기 위해 광고대행사를 사용한다. 광고대행사는 고객을 위한 광고 프로그램을 계획하고 실행하는 것을 전문으로 하는 서비스 조직이다. 14,000개 이상의 미국 및 국제 대행사가 주요 대행사 및 광고 데이터베이스인 레드북(REDBOOK)에 등재되어 있다. 그러나 대부분은 5명 미만의 직원을 고용하는 개인 소유의 소규모 사업체다. 미국 광고대행사 사업은 매우 집중되어 있다. 국내 **취급고**(billings, 광고주가 지불하는 자금으로 대행사가 미디어 구매 및 기타 여러 가지 광고프로모션 활동에 대한 대행사 지출)의 거의 3분의 2는 상위 500개 대행사에서 처리한다. 실제로, 미국 내 상위 900개 광고대행사가 수행하는 총업무량의 거의 30%를 처리하는 것은 10개의 미국 광고대행사에 불과하다. 미국에서 총매출에 따라 순위가 매겨진 상위 10개 광고대행사는 도표 3-5에 나열되어 있다.

자료: In-House Agency Forum

행사들은 전통적인 미디어 광고에 너무 집중하고 있다고 주장한다. 예를 들어, 안호이저-부시 인베브(Anheuser-Busch InBev)는 광고대행사가 기획 및 제작에 더 오랜 시간이 소요되는 TV 광고에 너무 집중하고 있다고 판단하여 사내에서 자동화 방식으로 디지털 미디어를 구매하고(programmatic media buying) 재빠르게 전세를 뒤집는 소셜 미디어 콘텐츠 제작을 사내에서 수행했다. 사내에서 자동화 방식으로 디지털 미디어를 구매함으로써 회사는 미디어에 지출한 비용에 대해 무엇을 얻고 있는지 정확히 확인할 수 있다.

많은 기업이 광고를 사내로 이전하는 또 다른 이유는 더 많고 더 나은 창의적인 인재를 유치할 수 있기 때문이다. 수년 동안 크리에이티브 인력은 '다크 사이드'로 넘어가는 것을 꺼렸는데, 이는 사내 대행사가 크리에이티브 커리어가 죽는 곳으로 여겨졌기 때문이다. 그러나 최근 몇 년 동안 달러쉐이브클럽(Dollar Shave Club), 스포티파이(Spotify), 인텔(Intel), 버라이존(Verizon)과 같은 회사의 사내 대행사에서 획기적인 크리에이티브 작업이 이루어졌으며, 최고의 크리에이티브 인재가 광고대행사에서 광고주 측으로 도약했다. 많은 크리에이티브 인력들이 한 회사나 브랜드의 광고 작업에 국한되기를 원하지 않지만, 일부 크리에이티브 인력들은 핵심 비즈니스에 더 가까이 다가가고 브랜드 문화 속에서 살아 숨쉴 수 있는 기회를 갖는 것을 좋아하는데, 이는 광고대행사 측면에서는 어려운 일이다.

광고뿐만이 아니라 프로그램 미디어 구매와 디지털 작업과 같은 IMC 프로세스의 다른 영역들을 사내에서 진행하는 추세는 계속될 것으로 보인다. 전통적인 광고대행사는 사내 대행사의 사용 증가에 세심한 주의를 기울여야 하며, 고객이 광고 및 기타 IMC 기능을 더 많이 사내에서 처리하도록 이끄는 요인을 해결할 수 있는 방법을 고려해야 한다. 외부 광고대행사를 사용해야 하는 필요성은 사라지지 않겠지만 광고대행사는 고객의 요구에 더 잘 부응할 수 있는 방법을 찾아야 하며, 그렇지 않으면 고객이 사내에서 더 많은 광고 업무를 수행해야 한다는 위험을 감수해야 한다.

자료: Adrianne Pasquarelli, "New Report Cites Skyrocketing Growth of Internal Agencies," *Advertising Age*, October15, 2018, https://adage.com/article/cmo-strategy/report-cites-skyrocketing-growth-internal-agencies/315253/; Ann-Christine Diaz, "In-House 101," *Advertising Age*, May 14, 2018, pp. 12-13; Jack Neff, "Marketers Do It for Themselves," *Advertising Age*, April 2, p. 20; Adrianne Pasquarelli, "Inside Job: It's All about the Balance," *Advertising Age*, pp. 16-18.

도표 3-5

미국 상위 10개 광고대행사, 2018

등위	광고대행사	본부	미국에서의 총수입(백만 달러)
1	Cognizant Interactive	New York, NY	$3,672
2	Accenture Interactive	New York, NY	3,526
3	Deloitte Digital	New York, NY	2,812
4	PwC Digital Services	New York, NY	2,490
5	Epsilon–Conversant	Irving, TX	1,873
6	IBM iX	Armonk, NY	1,751
7	Advantage Marketing Partners	Irvine, CA	1,287
8	RRD Marketing Solutions	Chicago, IL	1,181
9	Publicis Sapient	Boston, MA	1,101
10	Wunderman Thompson	New York, NY	1,035

자료: *Advertising Age*, Agency Report 2019, April 29, 2019, p. 31.

광고대행사 통합

1980년대 후반과 90년대에 접어들면서 광고 산업은 대형 광고대행사가 다른 광고대행사 및 지원 조직과 합병하거나 인수하여 대규모 광고 조직 또는 수퍼광고대행사를 형성하면서 큰 변화를 겪었다. 이러한 **수퍼광고대행사**(superagencies)는 전 세계적으로 고객에게 IMC 서비스를 제공할 수 있도록 구성되었다. 일부 광고주들은 대형 광고대행사에 환멸을 느껴 유연하고 반응이 빠른 소규모 광고대행사로 이직했다. 그러나 90년대 중반에 대행사 사업은 여러 중형 대행사가 인수되어 옴니콤 그룹(Omnicom Group), WPP 그룹 및 인터퍼블릭 그룹(Interpublic Group of Companies) 등과 같은 대형 광고 조직 지주 회사의 일부가 되면서 또 다른 통합의 물결을 겪었다. 많은 중견 광고대행사는 고객이 국제 커뮤니케이션 기능을 갖춘 대행사를 원하고 더 큰 조직과의 제휴를 통해 전 세계 광고대행사 네트워크에 접근할 수 있었기 때문에 더 큰 광고대행사에 인수되거나 제휴를 맺었다. 광고대행사 업계의 통합은 팔론(Fallon Worldwide), 리오버넷(Leo Burnett), 사치앤사치(Saatchi & Saatchi) 및 캐플런탈러(Kaplan Thaler)와 같은 대형 광고대행사가 프랑스의 거대 지주 회사인 퍼블리시스 그룹(Publicis Groupe)에 인수됨에 따라 새 천년에도 계속되었다. WPP 그룹, 옴니콤 그룹, 인터퍼블릭 그룹, 퍼블리시스 그룹 등 상위 4개 지주 회사가 소유한 광고대행사는 미국 내 광고대행사가 창출하는 매출의 절반을 약간 상회한다. 다섯 번째 주요 지주 회사는 도쿄에 본사를 둔 덴츠(Dentsu)로, 일본 미디어 광고의 거의 30%를 장악하고 있으며, 다른 여러 아시아 시장에서도 강세를 보이고 있다.

광고업계가 IMC로의 전환을 도모하게 되자 광고대행사들은 전통적인 광고 서비스 이외의 다른 수입원에서 수익의 상당 부분을 얻고 있는데 이는 미국 광고대행사 수익의 30% 미만을 차지한다. 광고대행사의 수익은 디지털 및 미디어 구매, 홍보, CRM/다이렉트 마케팅, 헬스케어, 프로모션과 같은 전통적인 수입원이 아닌 다른 영역에서 발생한다.

많은 광고 조직과 주요 대행사가 디지털/인터랙티브 커뮤니케이션, 홍보, 고객 관계 관리(CRM), 다이렉트 마케팅, 건강관리, 판매촉진 등의 분야를 전문으로 하는 기업을 인수하여 고객에게 더욱 광범위한 IMC 서비스를 제공하고 있다. 이 수치에서 특히 주목할 만한 것은 광고대행사 수익에서 디지털 미디어가 차지하는 비율이다. 2009년에는 25%에 불과했던 미국 광고대행사의 매출은 현재 절반 이상을 디지털 미디어에서 창출하고 있다. 디지털의 엄청난 증가는 미국에만 국한되지 않는다. 퍼블리시스 그룹, 덴츠 및 WPP 그룹과 같은 주요 대행사 지주 회사들은 다양한 형태의 디지털 활동에서 전 세계 수익의 상당 부분을 창출한다.

광고대행사의 역할

광고대행사가 수행하는 기능은 이 장의 앞부분에서 논의한 조직의 형태 중 하나를 통해 기업이 직접 수행할 수 있지만 대부분의 대기업은 외부 회사를 사용한다. 이 장에서는 광고주가 외부 대행사를 이용하는 몇 가지 이유에 대해 설명한다.

광고대행사를 사용하는 이유 아마도 외부 광고대행사를 사용하는 주된 이유는 고객이 선택한 분야에서 고도로 숙련된 전문가가 서비스를 제공하기 때문일 것이다. 광고대행사 직원에는 아티스트, 작가, 미디어 분석가, 연구원 및 고객의 제품 또는 서비스를 마케팅하는 데 도움

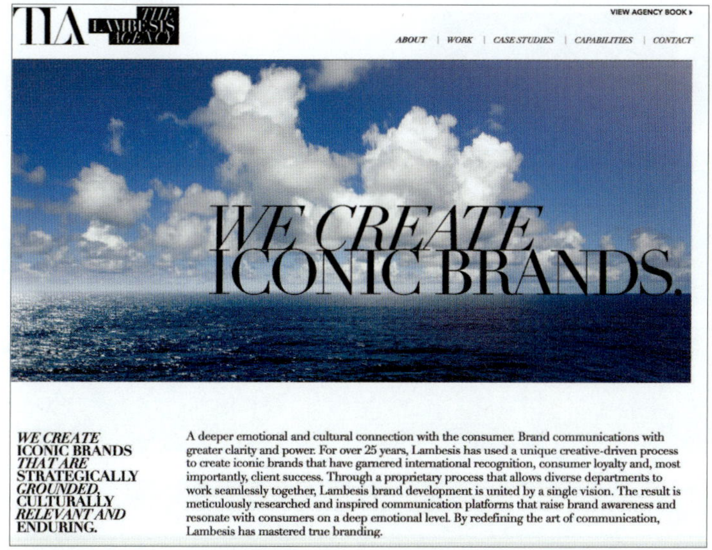

사진 3-6

램비시스 광고대행사는 고객을 위한 강력한 브랜드 창출을 전문으로 한다.

자료: The Lambesis Agency

이 될 수 있는 특정 기술, 지식 및 경험을 가진 기타 사람이 포함될 수 있다. 많은 광고대행사는 특정 유형의 비즈니스를 전문으로 하며 업계에 대한 지식을 사용하여 전략적 마케팅 및 브랜딩을 통해 고객을 지원한다. 예를 들어, 램비시스(The Lambesis Agency) 광고대행사는 고객이 강력한 브랜드를 개발할 수 있도록 통합 마케팅 커뮤니케이션을 사용하는 것을 전문으로 한다(사진 3-6).

외부 광고대행사는 회사 내부 정책, 편견 또는 기타 제한 사항의 적용을 받지 않는 시장과 비즈니스에 대한 객관적인 관점을 제공할 수 있다. 광고대행사는 각기 다른 고객을 위한 다양한 마케팅 문제를 해결하면서 얻은 광범위한 경험을 활용할 수 있다. 예를 들어, 여행 관련 광고주를 처리하는 광고대행사에는 항공사, 크루즈 선박 회사, 여행사, 호텔 및 기타 여행 관련 업계에서 일한 경험이 있는 개인이 있을 수 있다. 대행사는 이 분야에 대한 경험이 있거나 이전에 고객의 경쟁사 중 하나의 광고주에게서 일한 적이 있을 수 있다. 따라서 광고대행사는 고객에게 업계(경우에 따라 경쟁사)에 대한 통찰력을 제공할 수 있다.

광고대행사의 유형

광고대행사의 규모는 1인 또는 2인 운영에서 직원 1,000명 이상의 대규모 조직에 이르기까지 다양하기 때문에 제공되는 서비스와 수행 기능 또한 다양하다. 이 장에서는 어떠한 유형의 광고회사가 있는지, 그들이 고객을 위해 어떤 서비스를 수행하는지 및 광고대행사가 어떻게 조직되어 있는지를 살펴본다.

종합서비스 대행사 많은 회사들이 고객에게 광고 기획, 창작 및 제작을 포함한 모든 범위의 마케팅, 커뮤니케이션 및 프로모션 서비스 및 관련 연구를 수행하고 미디어를 사는 등의 서비스 제공 역할을 하는 **종합서비스 광고대행사**(full-service agency)가 되길 원한다. 종합서비스 대행사는 전략적 시장 계획, 판매촉진, 다이렉트 마케팅, 디지털/인터랙티브 능력, 포장 디자인, 홍보와 퍼블리시티와 같은 비광고 서비스를 제공할 수도 있다. 종합서비스 광고대행사는 도표 3-6과 같이 다양한 광고 기능을 수행하고 고객에게 서비스를 제공하는 데 필요한 활동을 제공하는 부서로 구성된다.

광고주 서비스 광고주 서비스(account services) 또는 광고주 관리는 광고대행사와 고객 간의 연결 고리다. 광고주의 규모와 광고 예산에 따라 한 명 이상의 AE가 연락 담당자 역할을 한다. AE(Account Executive)는 광고주의 마케팅 및 프로모션 요구 사항을 이해하고 대행사 직원에게 이를 해석할 책임이 있다. AE는 광고를 기획, 고안 및 제작하는 광고대행사의 노력을 조정한다. 광고주 담당자는 광고대행사의 권장 사항을 제시하고 광고주의 승인을 얻는다.

광고대행사와 광고주 관계의 중심점으로서 AE는 광고주의 비즈니스에 대해 많은 것을 알

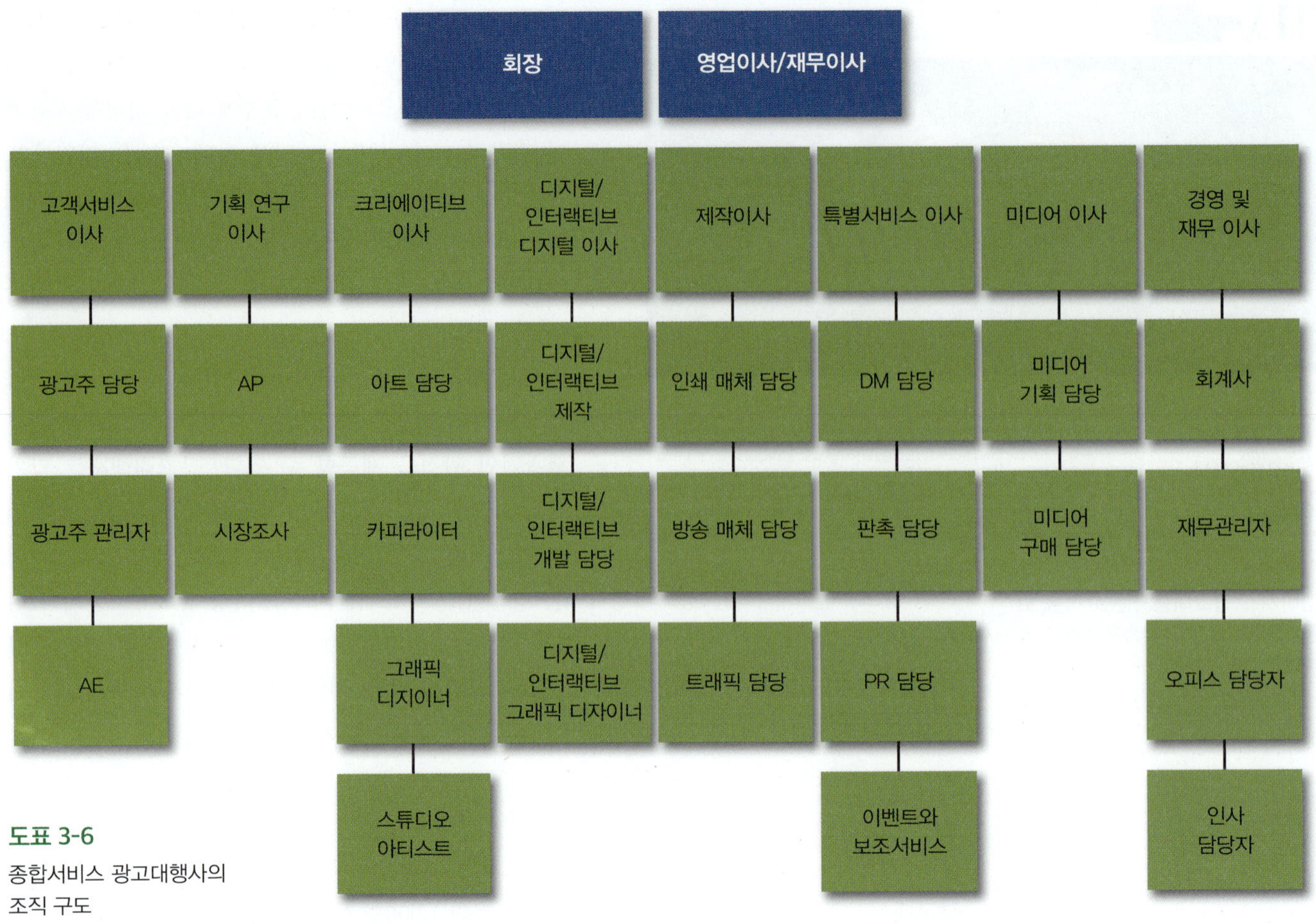

도표 3-6
종합서비스 광고대행사의 조직 구도

아야 하며, 이를 광고주를 담당하는 광고대행사의 전문가에게 전달할 수 있어야 한다. 이상적인 AE는 탄탄한 마케팅 배경과 광고 프로세스의 모든 단계에 대한 철저한 이해를 갖추고 있다. 마케팅, 광고 분야 혹은 다른 학문의 학부 및 석사 학위를 소지한 대학 졸업생들이 AE 직책에 고용되고 AE 분야에서 경력을 쌓는다. 그러나 혁신적인 변화가 광고 비즈니스를 휩쓸면서 AE의 역할이 급격히 변화하고 있으며, 이 직책에 유의미하게 살아남기 위하여 고군분투하고 있다. 마케터의 비용 절감으로 한때 비대했던 광고대행사의 AE들이 최근 몇 년 동안 30%나 줄어들었다. 더욱이, 남아 있는 사람들에게는 그 직책에 대한 기대와 요구가 변화하고 있다. 광고대행사는 광고에 대한 전문 지식뿐만 아니라 훌륭한 전략적 사고를 하고 광범위한 비즈니스 통찰력을 갖춘 AE를 원한다. 그리고 다이렉트, 디지털 및 소셜 미디어와 같은 다른 통합 마케팅 커뮤니케이션 도구가 더욱 중심이 됨에 따라 광고주들은 AE가 해당 분야에서 이러한 다양한 도구를 이해하고 조정할 수 있기를 원한다. 그들은 또한 복잡한 커뮤니케이션 문제를 해결하고, 성숙한 방식으로 의사소통하고, 대행사와 그 능력을 팔고, 광고주에게 반격할 때를 아는 등의 기술을 가진 인물을 원한다. 일부 광고대행사는 기본적인 광고대행사의 비즈니스 문제, 전략적 마케팅, 조달 프로세스 및 관계 구축을 포함한 다양한 영역에서 교육하도록 설계된 AE를 위한 고객 서비스 교육 프로그램을 개발하고 있다. 광고대행사와 광고주는 종종 광고대행사 직원에게 광고주의 비즈니스 목표와 마케팅 전략, 재무/예산 상황에 대한 개요를 제공하는 의사소통 및 함양 프로그램을 개발하여 이 문제를 해결하기 위해 같이 협력한다. 이를 통해 창의적인 솔루션을 개발해야 하는 한계를 이해할 수 있다. AE는 광고대행사와 광고주 간의 관계를 관리하는 데 중요한 역할을 계속 수행할 것이다. 그러나 회색 양모 양복을 입은 구식 AE의 시대는 오래전에 지나갔으며, 광고대행사는 광고주와 가장 밀접하게 일하는 사람들로부터 더 많은 것을 기대한다(사진 3-7).

사진 3-7

AE의 역할은 변했다.

자료: John Kuczala/Getty Images

마케팅 서비스 지난 20년 동안 마케팅 서비스의 사용이 급격히 증가했다. 점점 더 주목받고 있는 서비스 중 하나는 리서치로, 광고대행사가 고객과 효과적으로 소통하기 위해서는 목표 고객을 잘 이해해야 한다는 것을 깨닫게 되었다. 1장에서 논의한 바와 같이 광고 기획 프로세스는 목표 고객에 대한 연구와 정보를 기반으로 한 철저한 상황 분석으로 시작된다. 대부분의 종합서비스 광고대행사는 고객을 위한 광고를 개발하는 데 유용한 정보를 수집, 분석 및 해석하는 기능을 하는 연구 부서를 유지·관리한다. 이는 1차 연구(연구부서에서 연구를 설계, 실행 및 해석하는 경우) 또는 2차(이전에 출판된) 정보 소스를 사용하여 수행할 수 있다. 때때로 연구부서는 독립적인 연합 연구 회사 또는 컨설턴트가 수행한 연구를 인수한다. 그런 다음 연구원은 이러한 보고서를 해석하고 해당 광고주에 대해 작업하는 다른 직원에게 정보를 전달한다. 연구부서는 또한 광고대행사가 고려하고 있는 광고의 효과를 사전에 테스트하기 위한 연구를 설계하고 수행할 수 있다.

많은 대형 광고대행사에서 마케팅 서비스 부서에는 고객의 제품 또는 서비스와 관련된 정보를 수집하고 창의적인 전략 개발 및 IMC 캠페인의 다른 측면에 사용할 수 있는 담당자인 AP(Account Planner, 광고주 플래너)가 포함될 수 있다. AP는 고객뿐만 아니라 어카운트 임원, 크리에이티브 팀 멤버, 미디어 전문가 및 리서치 부서 직원을 포함한 다른 광고대행사 직원과 협력하여 광고주의 목표 고객을 더 잘 이해하고 그들과 소통하는 가장 좋은 방법을 얻는 데 도움이 될 수 있는 정보를 수집한다. AP들은 소비자에 대한 정보뿐만 아니라 대행사의 크리에이티브 부서에서 광고 아이디어 및 개념 개발을 안내하는 데 사용하는 문서인 크리에이티브 브리프를 준비하는 데 사용할 수 있는 시장에서의 발생하는 상황에 대한 정보를 수집하고 구성한다. AP는 또한 IMC 프로그램의 광고 및 기타 요소에 대한 소비자의 반응을 평가하고 크리에이티브 직원 및 기타 광고대행사 직원에게 성과에 대한 피드백을 제공하는 데 참여할 수 있다.

AP는 크리에이티브 팀과 다른 광고대행사 직원에게 소비자에 대한 더 많은 통찰력과 광고 및 기타 IMC 도구를 사용하여 소비자와 소통하는 방법을 제공하기 때문에 많은 광고대행사에서 매우 중요한 역할을 하게 되었다. 그러나 AP 기능도 마케팅 커뮤니케이션 채널 수와 소비자와 연락하는 방법의 수가 증가함에 따라 더욱 까다로워졌다. AP는 점점 더 다양한 마케팅 커뮤니케이션 분야의 사람들과 상호 작용하고 있으며, 이러한 모든 영역에서 발생하는 진전 상황을 따라잡아야 한다. AP로 유명한 광고대행사인 굿비 실버스타인 앤 파트너스(Goodby, Silverstein & Partners)의 글로벌 브랜드 전략 디렉터인 존 쏘프(John Thorpe)는 "더 이상 플래너가 전략만 잘할 수 없다. 부서 간 경계를 넘나드는 활동이다. AP들은 광고에 있어서는 두루두루 많은 것을 잘해야 한다. 광고대행사 곳곳에서 양수 겹장의 재주꾼들이 필요하다."

광고업계는 AP 계획의 중요성과 성공적인 IMC 캠페인 개발에서 AP 계획의 중요한 역할을 인식하고 있다. 예를 들어, 미국의 광고대행사 비즈니스를 대표하는 선도적인 협회인 4A는 매년 다양한 범주의 전략에 있어서 우수함을 표창하는 제이 치앗 상(Jay Chiat Awards)을 수여한다. 이 상은 창의적인 광고 캠페인을 통해 구현되는 혁신적인 통찰력과 아이디어를 개발한 기획자 및 기타 광고대행사 전문가의 전략적 사고 및 광고주 계획에 수여된다(사진

사진 3-8

제이 치앗 상은 AP의 우수성을 치하한다.

자료: American Association of Advertising Agencies

3-8). 이전에 AP 부문 4As 어워드라고 불렸던 이 상은 2004년 미국의 광고대행사에 AP 분야를 소개한 것으로 알려진 광고계의 전설 제이 치앗(Jay Chiat)을 기리기 위해 이름이 변경되었다.

광고대행사의 미디어 부서는 고객의 광고 메시지를 전달하는 데 사용될 미디어의 공간 또는 시간을 분석하고, 선택하며 계약을 한다. 미디어 부서는 목표시장에 도달하고 메시지를 효과적으로 전달할 수 있는 미디어 계획을 개발해야 한다. 광고주의 광고 예산의 대부분이 미디어 시간과 공간에 지출되기 때문에 이 부서는 목표고객과 의사소통하고 비용 면에서 효율적인 계획을 개발해야 한다.

미디어 전문가는 미디어가 어떤 목표고객에게 도달하여야 하는지, 단가는 얼마인지, 광고주의 목표시장과 얼마나 잘 일치하는지 알아야 한다. 미디어 기획부서는 효율적으로 미디어 계획을 수립하기 위하여 인구통계학적인 정보, 잡지 및 신문의 구독률, 라디오 청취율, 소비자의 인터넷/소셜 미디어 사용 정도 및 TV 시청 패턴에 대한 정보를 검토해야 한다. 미디어 구매자는 실제 시간과 공간을 구매하여 미디어 계획을 구현한다.

미디어 기획 및 구매는 광고대행사 비즈니스에서 매우 중요한 부분이 되었다.

가격을 협상하고 방대한 미디어 수단 및 기타 고객 접점 소스를 효과적으로 사용하는 대행사의 능력은 광고를 만드는 능력만큼 중요해지고 있다. 일부 주요 광고대행사 및 지주 회사들은 고객에게 더 나은 서비스를 제공하기 위해 독립 미디어 서비스 회사를 설립했다. 이 장의 뒷부분에서 논의될 이러한 미디어 전문 회사는 모회사 광고대행사의 미디어 요구 사항을 충족하지만 다른 광고주들에게 미디어 서비스를 제공할 수도 있다.

리서치 및 미디어 부서는 풀 서비스 광고대행사가 고객의 광고 프로그램을 계획하고 실행하는 데 필요한 대부분의 기능을 수행한다. 일부 광고대행사는 다른 프로모션 영역을 지원하기 위해 고객에게 추가 마케팅 서비스를 제공한다. 광고대행사 가운데는 경연 대회, 사은품, 프로모션, POS 자료 및 기타 판매 자료 개발을 전문으로 하는 판매촉진 부서 또는 판매부서가 있을 수 있다. 직접 마케팅 전문가와 패키지 디자이너, PR/홍보 부서가 있을 수 있다. 많은 광고대행사가 고객을 위한 디지털 콘텐츠를 제작하기 위해 디지털/인터랙티브 부서를 개발했다. 통합 마케팅 커뮤니케이션의 인기가 높아짐에 따라 많은 광고대행사가 이러한 다른 프로모션 영역에서 기능을 개발하고 서비스를 제공하도록 요구되고 있다. 광고대행사는 전통적인 미디어 광고를 넘어서는 통합 마케팅 역량을 개발해야 한다는 것을 인식하고 있다.

크리에이티브 서비스 크리에이티브 서비스 부서는 광고 제작 및 실행을 담당한다. 광고에 대한 아이디어를 구상하고 헤드라인, 부제목 및 본문(메시지를 구성하는 단어)을 작성하는 사람을 **카피라이터**(copywriters)라고 한다. 그들은 또한 광고 캠페인의 기본적인 소구나 주제를 결정하는 데 관여할 수 있으며, 종종 인쇄 광고 또는 텔레비전 광고의 대략적인 초기 시각적 레이아웃을 준비할 수 있다.

카피라이터는 메시지가 무엇을 말하는지에 대한 책임이 있지만 아트 부서는 광고의 시각 부분에 대한 책임이 있다. 인쇄 광고의 경우 아트 디렉터와 그래픽 디자이너는 광고가 어떻게 보일지 또한 최종 광고가 어떻게 제작될지 보여주는 도면인 레이아웃을 준비한다. TV 광고의 경우 레이아웃은 스토리 보드라고 하며, 이는 광고를 정지 형태로 묘사하는 일련의 프레임 또는 패널이다.

크리에이티브 부서의 구성원은 고객의 제품 또는 서비스에 대한 크리에이티브 전략의 기초가 되기로 결정된 핵심 사항을 전달하는 광고를 개발하기 위해 협력한다. 작가와 아티스트들은 일반적으로 대행사의 크리에이티브 디렉터의 지시에 따라 작업하며, 크리에이티브 디렉터는 조직에서 제작하는 모든 광고를 감독한다. 디렉터는 부서의 크리에이티브 철학을 설정하고 광고대행사의 가장 큰 고객을 위한 광고 제작에 직접 관여할 수도 있다.

카피, 레이아웃, 일러스트레이션 및 기계적 사양(mechanical specification)이 완성되고 승인되면 광고는 제작부서로 인계된다. 대부분의 대행사는 실제로 완성된 광고를 제작하지 않는다. 그들은 인쇄업자, 조각사, 사진작가, 인쇄공 및 기타 업체를 고용하여 완제품을 완성한다. 방송 광고 제작을 위해서는 승인된 스토리보드를 완성된 광고로 전환해야 한다. 제작부서는 광고에 출연할 인물의 캐스팅과 장면의 설정을 감독할 수 있을 뿐만 아니라 독립 제작 스튜디오를 선택할 수도 있다. 제작부서는 창의적인 개념을 광고로 전환하기 위해 외부 감독을 고용할 수 있다. 예를 들어, 나이키는 데이비드 핀처(David Fincher)와 스파이크 리(Spike Lee) 같은 영화감독을 고용하여 일부 광고를 제작했다. BMW는 가이 리치(Guy Ritchie)와 앙 리(Ang Lee)와 같은 유명 영화감독을 기용하여 일부 광고와 웹툰을 제작했다. 아카데미상 수상자인 마틴 스콜세지(Martin Scorsese)는 돌체앤가바나(Dolce & Gabbana)의 광고를 감독했고, 리들리 스콧(Ridley Scott)은 애플과 닛산의 광고를 감독했다. 카피라이터, 아트 디렉터, 어카운트 매니저, 리서치 및 기획 담당자, 광고주 대표 모두가 제작 결정에 참여할 수 있으며, 특히 거액의 예산이 투입되는 경우 그 경향이 더욱 뚜렷하다.

광고를 만드는 데는 많은 사람들이 관련되어 있으며 제작에 몇 달이 소요된다. 많은 고객을 보유한 대형 광고대행사에서는 크리에이티브 및 프로덕션 프로세스를 조정하는 것이 큰 문제가 될 수 있다. 업무조정부서(traffic department)는 광고가 제시간에 완료되고 미디어에 광고를 제출하기 위한 모든 기한이 준수되도록 하기 위해 모든 제작 단계를 조정한다. 업무조정부서는 광고대행사의 크리에이티브 서비스 영역에 위치하거나, 미디어 또는 광고주 관리의 일부이거나, 혹은 분리될 수 있다.

관리와 재무 다른 비즈니스와 마찬가지로 광고대행사는 회계, 재무 및 인사와 같은 기본적인 운영 및 행정 기능을 수행하고 관리해야 한다. 또한 새로운 비즈니스를 창출하기 위해 노력해야 한다. 대형 광고대행사는 이러한 기능을 수행하기 위해 행정, 관리 및 사무 인력을 고용한다. 광고대행사 수입의 대부분(약 64%)은 직원의 급여와 복리후생으로 사용된다. 따라서 광고대행사는 인력을 신중하게 관리하고 직원으로부터 최대한의 생산성을 얻어야 한다.

광고대행사의 조직과 구조 종합 광고대행사는 고객의 욕구를 충족하고 자체 내부 요구 사항을 충족할 수 있는 조직 구조를 개발해야 한다. 대부분의 중견 광고대행사 및 대형 광고대행사는 부서 또는 그룹 시스템으로 구성되어 있다. **부서 시스템**(departmental system)에서는 도표 3-6에 표시된 각 광고대행사의 기능은 별도의 부서로 설정되며, 전문 분야를 수행하고 광고대행사의 모든 고객에게 서비스를 제공하기 위해 필요에 따라 동원된다. 광고 레이아웃, 작성 및 제작은 크리에이티브 부서에서 수행한다. 마케팅 서비스는 모든 연구 또는 미디어 선택 및 구매에 대한 책임이 있다. 그리고 광고주 서비스 부서는 고객 연락을 처리한다. 일부 광고대행사는 직원들이 다양한 고객 서비스에 대한 전문 지식을 개발할 수 있는 기회를 제공받기 때문에 부서 시스템을 선호한다.

많은 대형 광고대행사는 각 부서의 개인이 그룹으로 함께 작업하여 특정 광고주에 서비스를 제공하는 **그룹 시스템**(group system)을 사용한다. 각 그룹은 AE 또는 경영자가 이끌며, 미디어 플래너 및 구매자를 포함하여 한 명 이상의 미디어 담당자가 있고, 카피라이터, 아트 디렉터, 아티스트 및 제작 인력을 포함하는 크리에이티브 팀이 있으며, 한 명 이상의 AE로 구성된다. 이 그룹에는 마케팅 조사, 직접 마케팅 또는 판매 프로모션과 같은 다른 부서의 개인도 포함될 수 있다. 그룹의 규모와 구성은 고객의 취급고와 대행사 광고주의 중요성에 따라 다르다. 매우 중요한 광고주의 경우 그룹 구성원이 하나의 클라이언트에만 독점적으로 할당될 수 있다. 일부 광고대행사에서는 여러 소규모 고객에게 서비스를 제공할 수 있다. 많은 광고대행사가 그룹 시스템을 선호하는 이유는 직원들이 고객의 비즈니스에 대해 매우 잘 알고 광고주 서비스에 연속성이 있기 때문이다.

다른 형태의 대행사들과 서비스 기관

모든 광고대행사가 대규모 종합 광고대행사는 아니다. 많은 소규모 대행사들은 직원들이 다양한 업무를 처리하기를 기대한다. 예를 들어, AE는 자체 조사를 수행하고, 자체 미디어 일정을 수립하며, 크리에이티브 부서에서 작성하고 디자인한 광고 제작을 조정할 수 있다.

일부 대기업을 포함한 많은 광고주는 풀 서비스 대행사의 서비스 비용을 지불하는 데 관심이 없지만 대행사가 제공해야 하는 특정 서비스 중 일부에는 관심이 있다. 지난 수십 년 동안 크리에이티브 부티크 및 미디어 구매 서비스를 포함하여 종합 광고대행사에 대한 여러 대안이 발전했다.

크리에이티브 부티크 **크리에이티브 부티크**(creative boutique)는 크리에이티브 서비스만 제공하는 소규모 광고대행사로, 오랫동안 광고업계에서 중요한 부분을 차지해왔다. 이러한 전문 대행사는 작가, 예술가 등 창의적인 인력을 직원으로 두고 있지만 미디어, 리서치, 광고주 계획 능력은 갖추고 있지 않다. 크리에이티브 부티크는 외부 광고대행사의 크리에이티브 서비스만 사용하면서 내부적으로 다른 마케팅 커뮤니케이션 기능에 대한 통제권을 유지하려는 일부 광고주의 욕구에 부응하여 발전했다. 대부분의 크리에이티브 부티크는 광고주를 위해 직접 일하지만, 종합 광고대행사는 매우 바쁘거나 정규직 직원을 더 추가하지 않으려는 경우 종종 크리에이티브 작업을 하청한다. 그들에게는 일반적으로 프로젝트 또는 시간당 수수료 기준으로 보상된다.

많은 크리에이티브 부티크는 종합 광고대행사의 크리에이티브 부서 구성원들이 설립하는 경우가 많은데, 그들은 회사를 떠나지만 그들의 창의적인 재능을 유지하고자 하는 광고주를 데리고 가면서 형성되었다. 이러한 소규모 대행사의 큰 장점은 대형 광고대행사의 번거로운 관료주의와 정치 없이 창의적인 작업을 신속하게 수행할 수 있는 능력에 있다. 또한 많은 광고주들은 대형 광고대행사에서보다 더 많은 관심을 받고, 창의적인 인재에 더 쉽게 접근할 수 있기 때문에 소규모 크리에이티브 부티크와 직접 일하는 것을 선호한다.

크리에이티브 부티크는 계속해서 광고 산업에서 중요한 부분을 차지할 것이다. 그러나 그들이 비즈니스를 위해 더 큰 대행사와 경쟁해야 하기 때문에, 특히 광고 지출이 감소할 때 어려움에 직면한다. 또한 많은 광고주들은 크리에이티브 작업보다는 전략 및 비즈니스 구축 아이디어를 찾는 경우가 많기 때문에 대형 광고대행사가 제공하는 다양한 서비스를 원한다. 많은 크리에이티브 부티크는 성장하고 더 많은 고객을 확보하고 매우 크고 성공적인 독립 대행사가 됨에 따라 추가 서비스를 제공한다. IMC 관점 3-1에서는 나이키, KFC 및 기타 여러 주요 광고주와 같은 고객을 위한 뛰어난 크리에이티브 작업으로 선도적인 독립 대행사로 널리 인정받고 업계의 수많은 상을 수상한 위덴앤케네디(Wieden+Kennedy)에 대해 논의한다.

미디어 전문 회사들 **미디어 전문 회사**(media specialist companies)는 특히 텔레비전 및 디지털 광고를 위한 미디어 구매를 전문으로 하는 조직이다. 광고 매체를 구매하는 작업은 특히 미디어 청중이 다양해지고 디지털 미디어의 성장으로 인해 더욱 복잡해졌다. 미디어 구매 서비스는 광고 시간과 공간의 분석 및 구매를 전문으로 함으로써 틈새시장을 찾았다. 광고대행사와 광고주는 종종 자체 미디어 전략을 개발하고 이를 실행하기 위해 미디어 구매 서비스를 고용한다. 그러나 일부 미디어 구매 서비스는 광고주가 미디어 전략을 계획하는 데 도움이 된다.

미디어 구매 서비스는 많은 시간과 공간을 구매하기 때문에 큰 할인을 받고 소규모 광고대행사 또는 고객의 미디어 구매 비용을 절약할 수 있다. 최근 몇 년 동안 광고 매체 구매의 주요 발전은 광고 매체의 구매, 배치 및 최적화를 자동화하는 광범위한 기술을 지칭하는 **프로그램 구매**(programmatic buying)의 급속한 성장이다. 프로그램 구매는 마케터가 사용할 수 있는 수많은 옵션이 있고 구매 프로세스가 자동화되고 종종 실시간 입찰을 기반으로 하는 디지털 광고 공간의 구매에서 시작되었다. 그러나 프로그램 구매는 디지털 미디어를 넘어 TV 광고 시간을 구매하는 데에도 사용되면서 확장되고 있다. 미디어 구매 서비스는 일반적으로 작업에 대한 약정요금 또는 수수료를 받는다.

미디어 전문 회사는 광고주들이 종합광고대행사에 대한 대안을 모색함에 따라 광고 산업의 주요 부분이 되었다. 많은 마케터들이 광고 예산에 대한 영향력을 높이기 위해 미디어 서비스에서 크리에이티브 작업을 분리하고 미디어 구매를 통합하여 광고 예산에 대한 영향력을 높일 수 있다. 나이키, 현대/기아, 레블론(Revlon)은 미디어 구매의 일부 또는 전부를 종합 광고대행사에서 미디어 전문 대행사로 이전한 회사 중 하나다. 모든 주요 대행사 지주 회사는 고객을 위한 미디어 리서치, 계획 및 구매를 처리할 수 있는 미디어 대행사를 소유하고 있다. 예를 들어, 스타콤(Starcom)은 퍼블리시스 그룹(Publicis Groupe)의 미디어 대행사이고, 마인쉐어(Mindshare)와 그룹엠(GroupM)은 WPP가 소유하고 있다.

많은 대형 광고주가 비용을 절감하고 미디어 효율성을 개선하기 위해 이러한 대형 미디어 대행사와 미디어 구매를 통합했다. 펩시코(PepsiCo), 유니레버(Unilever), 코카콜라(Coca-Cola)와 같은 다국적 마케터들도 미디어 전문 광고대행사를 통해 글로벌 미디어 구매를 처리하며, 이를 통해 규모의 경제를 달성하고 국가 간에 보다 균일한 미디어 전략을 세우고 나라

IMC 관점 3-1 >>>

위덴앤케네디(Wieden + Kennedy)는 독립성을 활용하여 크리에이티브 강자가 된다

1982년, 댄 위덴(Dan Wieden)과 데이비드 케네디(David Kennedy)는 오리건주 포틀랜드에 작은 부티크 광고대행사를 열었고, 단 하나의 광고주인 운동화 회사 나이키(Nike)가 그들의 첫 번째 대행사가 되었다. 향후 10년 동안 위덴앤케네디(Wieden+Kennedy, W+K) 광고대행사는 1988년 상징적인 "Just Do It" 캠페인의 출시를 포함하여 나이키와 ESPN 및 밀러 맥주회사(Miller Brewing Company)와 같은 광고주들을 위해 수행한 뛰어난 크리에이티브 작업으로 유명해졌다. 이 기간 동안 광고 산업은 통합의 물결이 일어나면서 큰 변화를 겪었고, 대부분의 중견 대행사는 대형 대행사와 합병되거나 인수되어 주요 대행사 지주 회사 중 하나의 일부가 되었다.

그러나 W+K는 인수 합병 열풍에 저항하여 현재 세계 최대의 독립 기관으로 남아 있다.

이 대행사는 전 세계 7개 도시에 지사를 두고 있으며, 나이키 외에도 델타항공(Delta Airlines), KFC, 버드 라이트 맥주(Bud Light), 올드스파이스(Old Spice), 터보택스(TurboTax), 포드(Ford)와 같은 회사 및 브랜드에 광고 서비스를 제공한다.

W+K는 고객을 위한 영향력 있는 광고를 만들 뿐만 아니라 대행사도 그 일을 수행하는 데 있어서 빼어나게 잘 하고 있다. 광고업계의 두 주요 산업 간행물인 〈Advertising Age〉와 〈Adweek〉는 모두 W+K를 2018년 올해의 광고대행사로 선정했다. 1년 전, 〈Adweek〉는 W+K의 마케팅 커뮤니케이션 능력으로 공유 경제의 최전선에 서 있는 인스타그램(Instagram), 틴더(Tinder), 넷플릭스(Netflix) 및 폭스 스포츠(Fox Sports)와 에어비앤비(Airbnb), 리프트(Lyft) 등의 광고주를 영입한 능력을 인정하여 W+K를 2017년 올해의 글로벌 광고대행사로 선정하였다. 광고업계가 기존 미디어에서 디지털 미디어로 전환하고 더 빠르고 적은 비용으로 일을 처리해야 하는 광고주들의 요구로 어려움을 겪고 있는 동안, W+K는 소비자의 주목과 관심을 끌 수 있는 영감을 주는 창의적인 작업을 수행하겠다는 오래된 약속을 유지해왔다. 이 광고대행사의 공동대표인 콜린 드쿠르시(Colleen DeCourcy)는 W+K의 성공에는 두 가지 형태가 있다고 말한다. "하나는 훌륭한 아이디어였는지 여부이고, 다른 하나는 누군가가 그것에 관심을 가졌는지의 여부"다.

W+K는 사람들이 좋아하는 광고를 만들 뿐만 아니라 그 광고를 같이 나누고 이야기하고 싶게 한다. 예를 들어, 이 광고대행사는 안호이저-부시(Anheuser-Busch)의 버드 라이트 브랜드를 위한 "Dilly Dilly(딜리딜리)" 캠페인을 만들었고, 광고에 사용된 캐치프레이즈는 빠르게 대중문화의 일부가 되었다. 이 캠페인은 중세 왕좌의 게임(Game of Thrones)과 같은 세계관을 중심으로 하는데, 충성스러운 신하가 연회에 맥주 여섯 팩을 가져와 왕에게 칭찬을 받고, 모두가 버드 라이트 한 병을 들고 "딜리 딜리"라고 환호한다. 버드 라이트 캠페인은 2018년 수퍼볼 기간 동안 필라델피아 이글스 팬들이 이글스 쿼터백의 기막힌 트릭 플레이로 팀이 뉴잉글랜드 패트리어츠를 이기자, 쿼터백이 광고 속 문구를 인용해 "필리 필리"를 외치기 시작하면서 빠르게 확산되었다. W+K는 브랜딩 기회를 포착하고 안호이저-부시와 협력하여 이글즈 미식축구 구장 외부에 쿼터백과 코치가 플레이에 대해 논의하는 모습을 보여주는 동상을 만들어 경기에서 승리한 터치다운을 기념했다. 이 캠페인은 유튜브에서 수백만 번 조회되고 소셜 미디어에서 엄청난 화제를 불러 일으켰기 때문에 버드 라이트의 대중문화 쿠데타라 할 수 있다.

7개월 후, 이 광고대행사는 NFL 쿼터백에서 활동가로 변신한 콜린 캐퍼닉(Colin Kaepernick)이 등장하는 광고를 제작했으며(1장에서 논의) 나이키의 "Just Do It" 캠페인 30주년을 기념했다. 이유는 서로 다르지만, 두 캠페인 모두 W+K 고객을 미국 문화의 중심에 놓았으며, 드쿠르시(DeCourcy)가 언급했듯이 "둘 다 서로 다른 시기에 다른 사람들을 위해 한 해를 풀어주는 방출 밸브와 같았다." W+K의 기술 부서인 더 로지(The Lodge)는 뉴욕 매장에 있는 첨단기술제품 체험 센터인 '나이키 바이 유 스튜디오(Nike By You Studio)'를 운영하기도 했는데, 이 센터에서는 쇼핑객들이 90분 이내에 자신만의 신발을 맞춤 디자인할 수 있다.

별로 광고를 집행할 수 있다. 예를 들어, 마즈(Mars)는 최근 스니커즈(Snickers), 스키틀스(Skittles), 엠앤엠즈(m & ms), 트윅스(Twix)와 같은 브랜드에 대한 전 세계 미디어 지출 11억 달러를 WPP의 그룹엠과 통합했다. 마즈의 글로벌 미디어 간부는 데이터를 사용하여 미디어 계획 및 구매 결정을 내릴 수 있는 그룹엠의 능력을 대행사를 선택한 주요 요인으로 꼽았다.

전통적인 광고대행사 미디어 부서의 구조 밖에서 운영되는 미디어 구매 서비스의 부상과 대행사 시스템에서 이러한 부서의 기능을 줄여가는 것은 최근 몇 년 동안 광고업계에서 발생한 가장 중요한 두 가지다. 미국광고주협회(Association of National Advertisers)를 위해 실시한 연구에 따르면 미디어 계획 및 구매를 처리하기 위해 여전히 '일반' 광고대행사를 사용하는 기업은 소수에 불과하지만 대다수는 이러한 기능을 처리하기 위해 미디어 대행사 전문가를 사용한다. 이러한 미디어 전문가는 특히 대규모 광고주의 경우 크리에이티브 작업을 처리

자료: Wieden Kennedy

위덴앤케네디는 거의 잊혀진 브랜드를 되살리는 데 도움이 되었고 소셜 미디어에서 수행된 가장 효과적인 바이럴 마케팅 캠페인 중 하나의 기초가 된 올드 스파이스(Old Spice) 바디워시의 "The Man Your Man Could Smell Like(당신의 남자가 맡을 수 있는 남자)" 광고를 포함하여 수년 동안 여러 다른 고객을 위해 수상 경력에 빛나는 크리에이티브 작업을 수행했다. W+K는 또한 ESPN의 장기 캠페인인 "This is Sports Center(여기는 스포츠 센터다)" 캠페인을 통해 ESPN의 브랜드를 도왔는데, 이 캠페인은 스타 운동선수들이 있는 ESPN 사무실의 비하인드 스토리를 살펴보는 데 초점을 맞췄다.

ESPN의 방송 출연자들과 팀 마스코트들은 평범하지만 유머러스한 방식으로 소통했다. 이 캠페인은 20년 이상 진행되었으며, ESPN을 가장 널리 시청하는 케이블 네트워크이자 스포츠계의 필수적인 부분으로 만드는 데 도움이 된 문화 현상이 되었다. W+K는 또한 KFC를 설립한 유명한 커넬 샌더스 캐릭터를 다시 데려오고, 코미디언 대럴 해먼드(Darrell Hammond)와 놈 맥도널드(Norm Macdonald), 컨트리 가수 레바 맥도널드(Reba McEntire)와 같은 배우들을 번갈아가며 캐스팅함으로써 KFC의 미국 판매를 반전시키는 데 도움을 주었다.

수년 동안 W+K에서 일한 사람들은 이 광고대행사의 성공 이유와 훌륭한 창의적인 아이디어를 제시할 수 있는 능력에는 대행사의 규모와 독립성이 있다고 믿는다. 이 광고대행사는 고객의 비즈니스 세부 사항에 얽매이는 것을 좋아하지 않으며, 창의적인 사람들이 고객을 만족시키기 위해서만이 광고를 개발하는 것을 좋아하지 않는다. W+K는 회사의 창의적인 문화를 줄기차게 보호하려 하며, W+K의 한 전직 임원은 다음과 같이 말한다. "진정한 독립성 없이 광고대행사는 결코 창의적으로 이끌 수 없다. 가장 큰 과제는 창의적인 제품을 보호하는 것이다." 실제로 W+K는 밀러 맥주회사(Miller Brewing Company) 및 크라이슬러(Chrysler)와 같은 광고주들과는 서로 다른 다양한 관점으로 인하여 고객과의 관계를 종료한 역사를 가지고 있다. 2017년, W+K는 25년 만에 ESPN과 결별했고, 단 2년 만에 버라이존(Verizon)과도 결별했다.

그러나 W+K는 최근 에어비엔비(Airbnb)와 같은 여러 새로운 광고주를 영입하였는데, 에어비엔비는 W+K 대행사가 자신들의 영혼이 호스트 커뮤니티에 있다는 것을 이해하는 능력을 칭찬했다. W+K는 여행자들이 현지인들과 유대감을 형성하고, 에어비앤비에서만 경험할 수 있는 계획되지 않은 순간을 통해 여행의 마법을 느낄 수 있는 방법을 보여주는 캠페인을 만들었다. 또한 W+K의 암스테르담 지사는 인스타그램 콘텐츠와 사용자 자신의 일상 장면을 겹쳐 놓은 "Stories Are Everywhere(이야기는 어디에나 있다)"라는 캠페인을 통해 페이스북 소유의 앱 동영상 기능인 인스타그램 스토리즈를 전 세계에 소개했다.

위덴앤케네디는 지난 40년 동안 수많은 상과 찬사를 받았으며, 광고업계에서 가장 널리 존경받는 광고대행사 중 하나였다. 그러나 공동 회장인 드쿠르시는 모든 상의 중요성을 과소 평가하면서 "중요한 것은 일하는 것"이라고 말하면서 W+K의 진정한 원동력을 지적한다.

자료: Jeff Beer, "Just Doing It," *Fast Company*, February 2019, pp. 73-78; "U.S. Agency of the Year: Wieden+Kennedy's Work Resonated Even in a Divided American Conversation," *Adweek*, December 2, 2018, www.adweek.com/agencies/u-s-agency-of-the-year-wieden-kennedys-work-resonated-even-in-a-divided-america/; E.J. Schultz, "Wieden & Kennedy Is Ad Age's 2018 Agency of the Year," *Advertising Age*, February 19, 2018, pp.10-11; Gabriel Beltrone, "Inside Wieden+Kennedy's Evolution into the Go-to Agency for the New Economy," *Adweek*, December 23, 2017, www.adweek.com/agencies/u-s-agency-of-the-year-wieden-kennedys-work-resonated-even-in-a-divided-america/.

하는 기본 대행사와 동일한 대행사 지주 회사의 일부인 경우가 많다. 그러나 약 1/3의 경우는 미디어 전문 대행사와 광고대행사는 관련이 없다.

미디어 환경이 더욱 복잡해짐에 따라 프로그램 구매(programmatic buying), 빅 데이터, 그리고 어낼리틱스 등은 미디어 계획 및 구매 프로세스에서 훨씬 더 중요해질 것이다.

이로 인해 마케터는 미디어 계획 및 구매 프로세스를 신중하게 검토하게 되며, 미디어 전문 회사를 더 많이 사용할 수 있다. 사진 3-9는 가장 큰 미디어 전문 회사로 인터퍼블릭 그룹(Interpublic Group)의 하나인 이니셔티브(Initiative)가 서비스를 프로모션하는 방법을 보여준다.

사진 3-9
이니셔티브는 선도적인 미디어 전문 회사 중 하나다.
자료: Initiative

광고대행사 보상

광고대행사가 수행하는 서비스 유형과 양은 광고주마다 다르다. 따라서 광고대행사는 서비스에 대한 대가를 받기 위해 다양한 방법을 사용한다. 광고대행사는 일반적으로 수수료 시스템, 약정요금제 또는 비율 요금제의 세 가지 방법으로 보상받는다.

매체사로부터의 수수료

광고대행사를 보상하는 전통적인 방법은 광고대행사가 고객을 위해 구매한 광고 시간이나 공간에 대해 미디어로부터 지정된 수수료(보통 15%)를 받는 **수수료 시스템**(commission system)을 사용하는 것이다(옥외 광고의 경우, 수수료는 16⅔%다). 이 시스템은 다음 예와 같이 지불을 결정하는 간단한 방법을 제공한다.

광고대행사가 전면 잡지 광고를 준비하고 10만 달러 비용으로 잡지 뒤표지에 광고를 게재하기로 했다고 가정해보자. 광고대행사는 공간을 주문하고 잡지사에 광고를 전달한다. 광고가 게재되면 잡지사는 10만 달러에서 15%(1만 5,000달러)를 뺀 8만 5,000달러를 대행사에 청구한다. 미디어는 또한 조기 지불에 대해 2%의 현금 할인을 제공할 것이며, 이는 광고대행사가 고객에게 전달할 수 있다. 광고대행사는 도표 3-7과 같이 고객에게 순 금액의 2% 현금 할인을 뺀 100달러 또는 총 9만 8,300달러를 청구한다. 1만 5,000달러의 수수료는 서비스에 대한 광고대행사의 보상을 나타낸다.

수수료 시스템에 대한 평가 수수료 시스템은 수년 동안 주요 광고대행사 보상 방법이었지

도표 3-7
수수료 시스템의 지불 사례

미디어가 대행사에 청구		대행사가 광고주에게 청구	
잡지면 비용	$100,000	잡지면 비용	$100,000
15% 커미션 제외	−15,000	2% 현금 할인	−1,700
잡지면 원가	85,000	광고주가 대행사에 지급	$ 98,300
2% 현금 할인	−1,700		
대행사가 미디어에 지불하는 금액	$ 83,300	광고대행사 수입	$ 15,000

만 항상 논란이 되어 왔다. 수수료 시스템을 비판하는 사람들은 광고대행사가 수수료 수준을 높이기 위해 고객에게 고가의 미디어를 추천하도록 부추긴다고 오랫동안 주장해왔다. 또한 이 제도는 지난 10년 동안 급증한 미디어 비용과 광고대행사 보상을 연계시킨다는 이유로 비판받아 왔다. 또 다른 이들은 이 시스템이 광고대행사가 대중 매체 광고를 추천하고 고객이 요청하지 않는 한 다이렉트 메일, 판매촉진, 홍보 및 이벤트 스폰서십과 같은 수수료 없는 IMC 도구를 피하도록 권장한다고 주장한다.

수수료 시스템을 옹호하는 사람들은 관리하기가 쉽고 광고주를 위해 개발된 광고의 품질과 같은 비가격 요소에 대한 광고대행사의 보상에 중점을 둔다고 주장한다. 이 제도의 지지자들은 광고대행사의 서비스가 수수료의 규모에 비례한다고 주장하는데, 이는 광고대행사에 높은 수익을 창출하는 대형 계좌에 더 많은 시간과 노력이 투입되기 때문이다. 그들은 광고대행사가 받는 큰 수수료를 정당화하는 방법으로 추가 비용 없이 대규모 광고주를 위해 다른 서비스를 수행하는 경우가 많기 때문에 시스템이 보이는 것보다 더 유연하다는 점에 주목한다.

기업들은 1990년대에 들어서면서 수수료 제도에서 벗어나기 시작했고, 대부분의 기업들은 더 이상 수수료 제도를 대행사에 대한 보상의 기초로 사용하지 않는다. 그러나 ANA (Association of National Advertisers)에서 실시한 광고대행사 보수에 대한 가장 최근의 연구에 따르면 미국 내 주요 광고주의 12%가 여전히 광고대행사에 수수료를 지불하고 있으며, 이는 2010년의 3%에 비해 크게 증가한 수치다. 수수료를 지불하는 회사 중 대부분은 전통적인 15%를 지불하지 않는다. 대부분의 광고주는 고객의 미디어 지출이 증가함에 따라 낮아지는 차등 규모를 기준으로 수수료가 책정되는 **협상 수수료**(negotiated commission) 시스템을 사용한다. 광고대행사는 또한 광고주들이 IMC 프로그램을 확장하여 다른 형태의 프로모션을 포함하고 대중 매체 광고를 줄임에 따라 수입을 미디어 수수료에 덜 의존하고 있다. 글로벌 광고대행사 보상에 대한 ANA의 초기 설문조사에 따르면 글로벌 마케터의 1/3 이상이 여전히 광고대행사에게 보상하기 위해 전통적인 미디어 수수료를 사용하기 때문에 미국 이외의 지역에서는 수수료에 의존하는 것이 더 흔한 관행인 것으로 나타났다. 수수료 사용이 높은 이유 중 하나는 브라질 및 일본과 같은 일부 국가에서는 광고대행사에 보상하기 위해 수수료를 사용하는 것이 법으로 의무화되어 있거나 일반적인 관행이기 때문이다.

약정요금, 원가가산 및 인센티브 시스템

많은 사람들이 수수료 시스템이 모든 당사자에게 공평하지 않다고 생각하기 때문에 많은 광고대행사와 그들의 광고주는 광고대행사 보상에 대하여 일종의 약정요금 또는 원가가산 계약을 개발했다. 일부는 요금제와 수수료 시스템의 조합인 인센티브 보상 제도를 사용하고 있다.

약정요금제 약정요금 방식(fee arrangement)에는 두 가지 기본 유형이 있다. 정액 또는 **고정 요금제 방식**(fixed-fee method)에서는 광고대행사는 모든 서비스에 대해 월단위로 기본요금을 부과하고 미디어 수수료를 광고주의 몫으로 제공한다. 광고대행사와 광고주는 수행해야 할 특정 작업과 광고대행사가 받을 금액에 동의한다. 이 방식은 광고주가 법률, 회계 또는 컨설팅과 같은 다른 서비스에 대한 비용을 지불하는 데 사용하는 시스템과 유사하다. 광고주와 광고대행사는 월별, 연간 또는 전체 수수료에 동의하며, 이는 광고주에서 일하는 대행사 직원의 급여 수준에 따라 달라질 수 있다. 다른 경우에는 작업을 수행하는 사람의 급여 수준에 관계없이 모든 작업에 대한 고정 시간당 요금이 결정된다. 부과할 약정요금을 결정하기 위해 광고대행사는 급여, 임대료, 운영 및 기타 비용에 대한 비용을 할당한 다음 이러한 비용을 회수하고 광고대행사에 이익을 제공할 금액을 결정한다.

때때로 광고대행사는 **약정요금-수수료 결합방식**(fee-commission combination)을 통해 보상을 받으며, 광고대행사가 받는 미디어 수수료는 요금제와 비교해서 결정된다. 만일 수수료가 약정한 요금제보다 적으면 광고주가 차액을 보충해야 한다. 광고대행사가 수수료 없는 미디어에서 광고주를 위해 많은 일을 하는 경우, 약정요금은 받은 수수료 이상으로 청구될 수 있다.

두 가지 유형의 약정요금방식을 적용하는 경우 광고대행사는 약정 기간 동안 프로젝트에 대해 광고주에게 서비스를 제공하는 비용과 원하는 이윤을 신중하게 평가해야 한다. 추후 의견 불일치를 피하기 위해, 요금제 방식은 광고대행사가 광고주를 위해 어떤 서비스를 수행할 것으로 기대되는지 정확히 명시해야 한다. ANA 연구에 따르면, 약정요금제 방식은 최근 들어서 광고대행사 보상의 전형적인 형태라 할 수 있으며, 마케터의 절반 이상이 이러한 유형의 계획을 사용한다.

원가가산 약정제 **원가가산 약정제**(cost-plus agreement)에서는, 광고주는 업무 비용에 약정된 이윤(종종 총비용의 백분율)을 더한 금액을 기준으로 광고대행사에 수수료를 지불하는 데 동의한다. 이 시스템은 광고대행사가 광고주를 위해 작업하는 데 발생하는 비용에 대한 자세한 기록을 보관하도록 요구한다. 직접 비용(인건비 시간 및 본인 부담 비용)과 간접비 할당 및 이익에 대한 마크업 등으로 대행사가 광고주에게 청구하는 금액이 결정된다.

약정요금제 및 원가가산 시스템은 일반적으로 수수료 시스템과 함께 사용된다. 수수료 기반 시스템은 광고주의 규모, 광고 예산, 사용하는 미디어 및 필요한 서비스에 따라 광고주와 광고대행사 모두에게 유리할 수 있다. 많은 광고주들이 광고 및 프로모션 비용이 어디에 어떻게 사용되는지에 대한 자세한 분석을 받기 때문에 약정제 또는 원가가산 시스템을 선호한다. 그러나 이러한 계약은 신중한 비용 계산이 필요하고 광고주의 비즈니스에 입찰할 때 추정하기 어려울 수 있기 때문에 광고대행사에게는 부담이 될 수 있다. 광고대행사는 또한 광고주가 회사 내부 비용 수치를 볼 수 있도록 하는 것을 꺼린다.

인센티브 보상 많은 광고주들이 광고대행사에 더 많은 능력을 요구하고 있으며, 일종의 **인센티브 기반 시스템**(incentive-based system)을 통해 광고대행사 보상을 성과에 연계하고 있다. 최근에는 이 제도의 새로운 변형이 가치기반 보상(value-based compensation)의 형태로 등장했는데, 이는 광고대행사가 합의된 지표에 의해 측정된 결과를 달성하거나 초과하는 경우 기본비용 이상으로 보상받는 것이다. 비용은 광고대행사가 수행할 것으로 예상되는 작업,

도표 3-8

인센티브 계획에 사용되는 성과 기준

평가 항목	중요도(%)
성과 측정	82
매출액 목표	53
브랜드/광고 인지도	51
프로젝트 목표 달성	44
브랜드 인식	33
카피 테스트 결과	24
시장 점유율 목표	24
이익 목표	24
기타 기준	13
인센티브의 근거	
광고대행사 성과	27
광고주 실적	13
광고대행사 및 광고주 모두	53

자료: Association of National Advertisers, *Trends in Agency Compensation*, 14th ed., 2007.

필요한 직원 배치 및 시간당 요금에 따라 결정된다. 많은 변형이 있지만 기본 아이디어는 광고대행사의 최종 보상 수준이 미리 결정된 성과 목표를 얼마나 잘 충족하는지에 달려 있다는 것이다. 이러한 목표에는 종종 판매 또는 시장 점유율과 같은 객관적인 측정지수들뿐만 아니라 대행사의 창의적인 작업 품질 평가와 같은 보다 주관적인 측정지수들이 포함된다. 인센티브 기반 시스템을 사용하는 회사는 미디어 약정요금, 수수료, 보너스 또는 이러한 방법의 조합을 통해 광고대행사에 대한 보상을 결정한다. 성과 인센티브의 사용은 광고주의 규모에 따라 다르며, 규모가 큰 광고주가 가장 많이 사용한다. 도표 3-8은 사용된 다양한 성과 기준과 인센티브의 기초를 보여준다.

시대의 흐름이 인센티브 기반 시스템으로 전환된다는 것을 인식하는 일부 광고대행사는 보상을 성과와 연계하는 데 동의했다. 대행사의 경영진은 대행사가 캠페인에 대한 완전한 통제권을 가질 때 성과급이 가장 효과적이라고 지적한다. 따라서 캠페인이 제품이나 서비스 판매에 도움이 되지 않는 경우 대행사는 완전한 책임을 지고 보상액을 줄이는 것을 감수한다. 반면에 매출이 증가하면 대행사는 업무에 대한 더 큰 보상을 받을 수 있다.

비율 요금제

광고대행사에 보상하는 또 다른 방법은 **비율 요금제**(percentage charges) 광고대행사가 외부 제공업체로부터 구매하는 다양한 서비스에 추가로 몇 퍼센트를 붙여 지불하는 것이다. 여기에는 시장 조사, 삽화, 인쇄, 사진 및 기타 서비스 또는 자료가 포함될 수 있다. 마크업(markup)은 일반적으로 17.65%에서 20% 사이이며 광고주에게 전체 청구서에 추가된다. 이러한 경우에는 광고대행사에 대하여 수수료를 허용하지 않기 때문에 백분율 요금은 관리 비용을 충당하는 동시에 광고대행사의 노력에 대한 합리적인 이익을 허용한다(초기 원가에 17.65% 마크업을 추가하면 15%의 수수료가 산출된다. 예를 들어, 리서치 원가 $100,000 × 17.65% = $100,000 + $17,650 = $117,650이다. 17,650달러는 117,650달러의 약 15% 수수료다).

광고대행사 보상의 미래

보시다시피 누구나 좋아하는 한 가지의 광고대행사 보상 방법은 없다. 기업들은 지난 10년 동안 수수료 시스템 및 가치 기반 보상 시스템의 사용 증가를 포함하여 광고대행사 보상 계획에서 지속적으로 중요한 변화를 이루어 왔다.

더 많은 기업이 IMC 접근 방식을 채택함에 따라 기존 미디어 광고에 대한 의존도를 줄이고 있으며, 이는 광고대행사에 보상하는 방식의 변화로 이어지고 있다. 광고대행사 보상의 변화는 경제적 요인에 의해서도 주도되고 있으며, 대부분의 기업이 마케팅 프로그램의 모든 영역에서 비용을 절감하기 위한 노력의 일환으로 광고 및 프로모션 예산을 삭감하고 있다. 대부분의 마케터는 마케팅 예산을 늘리지 않았으며 광고 및 기타 형태의 마케팅 커뮤니케이션에 대한 지출을 계속 보수적으로 유지하고 있다. 광고주들은 광고대행사가 수익을 낼 수 있어야 한다는 것을 알고 있지만, 많은 광고주들은 내부 비용을 줄이고, 비용 절감이 필요한 영역을 식별하고, 통제 가능한 지출을 엄격하게 관리하기 위해 계속해서 도전할 가능성이 높다.

또한 기업은 광고대행사에 부과하는 약정요금에 대해 더 많은 책임을 지도록 하고 있으며, 대행사가 약정 요금제를 구성, 결정 및 제시하는 방법에 대해 더 많은 투명성을 요구하고 있다. ANA 광고대행사 보상 설문조사의 가장 중요한 결과 중 하나는 재무 및 조달 부서를 포함한 고위 경영진이 광고대행사 보상의 관리 및 협상에 더 많이 관여하고 있다는 것이다. 이전 ANA 보상 설문조사에 따르면 응답자의 75%가 조달 부서(procurement dept.)가 광고대행사 보상 협상에 관여하고 있다고 답했으며, 거의 절반이 마케팅 지원을 통한 조달 부서 주도라고 답했고, 28%만이 마케팅 주도라고 답했다.

조달 전문가의 광고대행사 보상 협상 참여는 계속해서 광고대행사 보상에 영향을 미치고 있으며, 조달 중심의 비용 절감에 대한 강조가 증가함에 따라 새로운 문제가 등장했다. 미디어 리베이트 관행은 광고대행사가 미디어 구매로부터 대량구매 할인 또는 보상을 받는 것인데 이는 광고주에게 전달되지 않는 것으로 느슨하게 정의된다. 앞서 논의한 바와 같이, 많은 지주회사들이 미디어 사업부를 미디어 기획 및 구매만 처리하는 독립 회사로 분사했다. 이러한 대형 미디어 구매 회사는 규모와 힘을 사용하여 광고주를 위해 더 나은 미디어 가격과 비용 절감을 이끌어낼 수 있다. 그러나 문제는 이러한 절감액이 광고주에게 전달되는지 아니면 미디어 구매자에게 남아 있는지 여부다. 미디어 리베이트는 미국 밖에서는 비난을 받고 있지만 용인되는 관행이며, ANA에서 실시한 설문 조사에 따르면 미국에서도 이러한 리베이트가 점점 더 보편화되고 있는 것으로 나타났다.

마케터와 광고대행사는 리베이트가 공개되어 고객에게 전달된다면 문제가 되지 않는다는 데 동의한다. 그러나 미디어 리베이트를 구성하는 것이 무엇인지, 그리고 광고주에게 전달되어야 하는 것이 무엇인지 정확히 정의하는 데 문제가 발생한다. 이는 리베이트가 미디어 판매자가 물량 목표를 달성하기 위해 광고대행사에 간단한 현금 지불의 형태를 취하는 경우가 거의 없기 때문이다. 업계 전문가들은 인보이스 조기 지불에 대한 할인이나, 미디어 회사에서 광고대행사에게 연구 또는 기타 서비스에 대한 보상으로 주는 금액과 같이 보다 창의적인 형태를 취하는 경우가 많다고 하는데, 이들은 결국 미디어 대행사가 전표를 요구하지 않는 광고주에게 판매할 수가 있다. 리베이트는 또한 전문 대행사 지주 회사 법인으로 흘러 들어갈 수 있으며, 이 경우 추적이 매우 어려워진다.

광고업계에 종사하는 많은 사람들은 양측이 협력할 수 있는 방법을 찾아야 한다고 주장한다. 마케터는 광고대행사가 간신히 돈을 버는 관계가 지속 가능하지 않다는 것을 인식하고 광고대행사가 합리적인 수익을 낼 수 있는 권리를 존중해야 하며, 광고대행사는 비용을 줄이고 더 적은 이윤을 받아들일 수 있는 방법을 계속 찾아야 한다. 그러나 광고대행사에 대한 견제 장치를 계속 강화하는 광고주는 광고대행사가 광고주의 요구에 굴복할 때 받는 서비스 품질이 저하될 수 있음을 알게 될 수 있다고 지적한다.

광고대행사 평가

광고 및 프로모션에 상당한 금액이 지출되는 것을 감안할 때, 지출의 책임에 대한 요구가 증가했다. 광고대행사의 성과에 대한 정기적인 검토가 필요하다. 광고대행사 평가 프로세스에는 일반적으로 두 가지 유형의 평가가 포함되는데, 하나는 재무 및 운영이고 다른 하나는 보다 정성적이다. **재무 감사**(financial audit)는 광고대행사가 사업을 수행하는 방식에 중점을 둔다. 비용 및 지출, 광고주에 청구된 인건비, 미디어 및 외부 공급업체에 대한 지불을 확인하도록 설계되었다. **정성적 감사**(qualitative audit)는 광고주의 광고 프로그램을 계획, 개발 및 구현

도표 3-9
광고대행사가 광고주의 비즈니스에 가치를 더하는 방법

1. 참신하고 적절한 창의적인 아이디어를 개발하고 생산한다.
2. 광고대행사 규율과 기능이 통합되고 광고대행사 팀과 부서가 광고주를 대신하여 잘 협력하도록 한다.
3. 이기심을 억제하고 높은 상호 존중의 환경을 조성하여 광고주와 협력하는 방식으로 일한다.
4. 다양한 커뮤니케이션 채널에 통합할 수 있는 아이디어와 프로그램을 개발한다.
5. 광고주의 비즈니스에 최고의 인력을 배정하고 필요할 때 최고 AE를 사용할 수 있도록 한다.
6. 인지도, 고려도, 구매 의도와 같은 브랜드 동인을 평가한다.
7. 새로운 미디어 및 기술에 대한 지침과 솔루션을 제공한다.

자료: "Report on the Agency-Advertiser Value Survey," American Association of Advertising Agencies and Association of National Advertisers, August 2007.

하기 위한 대행사의 노력에 초점을 맞추고 달성된 결과를 고려한다.

광고대행사 평가는 종종 주관적이고 비공식적인 기준으로 수행되며, 특히 광고 예산이 낮거나 광고가 회사의 마케팅 성과에서 가장 중요한 요소로 간주되지 않는 소규모 회사에서 특히 그렇다. 그러나 일부 회사는 특히 예산이 많고 광고 기능이 많이 강조되는 경우 공식적이고 체계적인 평가 시스템을 개발했다. 이러한 회사의 최고 경영진은 자금이 효율적이고 효과적으로 사용되고 있는지 확인하기를 원한다. 광고 및 기타 형태의 프로모션 비용이 증가함에 따라 더 많은 회사가 대행사의 성과를 평가하기 위한 공식 절차를 채택하고 있다. 예를 들어, 미국광고주협회(Association of National Advertisers)에서 실시한 설문조사에 따르면, 마케터의 76%는 전통적인 크리에이티브 대행사에 대한 공식적인 평가 프로세스를 가지고 있는 반면 68%는 전통적인 미디어 대행사에 대한 공식 평가 프로세스를 가지고 있다. 이 설문조사는 또한 정성적 성과가 양적 요인보다 더 많은 가중치를 부여한다는 것을 발견했다. 설문 조사에서 확인된 주요 질적 성과 기준 중에는 혁신, 아이디어, 팀워크, 마감일 준수, 전략 및 실행이 있었다. 이 연구의 흥미로운 발견 가운데 하나는 디지털, 홍보, 직접 마케팅 및 다문화 대행사에 대한 공식적인 검토가 수행될 가능성이 훨씬 낮다는 것이다.

광고대행사를 평가할 때 중요한 고려사항은 광고주의 비즈니스에 제공하는 가치다. 미국의 광고대행사를 위한 협회인 4A와 미국광고주협회는 대행사와 광고주가 가치를 정의하는 방법과 광고주의 비즈니스에 가장 많은 가치를 제공하는 대행사 활동을 이해하기 위해 주요 연구를 수행했다. 광고주가 비즈니스에 가장 많은 가치를 더한다고 표시한 광고대행사 활동의 상위 7개 차원이 도표 3-9에 나와 있다. 이 연구는 또한 광고주가 광고주-광고대행사의 관계에 있어서 가치를 더하는 방법을 살펴본 결과, 주요 가치 동인에는 브랜드의 문제/기회를 이해하고, 광고대행사가 최상의 작업을 수행하는 데 필요한 시간과 자원을 제공하고, 예상 결과를 명확히 하고, 명확한 방향을 제시하고, 건설적인 피드백을 제공하는 것이 포함된다는 것을 발견했다.

광고주 획득과 상실

앞서 설명한 평가 프로세스는 성과를 개선하고 관계를 보다 생산적으로 만들기 위해 광고대행사 및 광고주가 수행해야 하는 개선 사항을 나타내는 것과 같이 광고주와 광고대행사 모두에게 귀중한 피드백을 제공한다. 많은 광고대행사가 광고주와 매우 오래 지속되는 관계를 유지해왔다. 예를 들어, GE는 1920년부터 BBDO 월드와이드(BBDO Worldwide) 대행사와 함께해왔다. 말보로와 리오버넷(64년), 유니레버(Unilever)와 물런로(MullenLowe, 120년), 마즈(Mars)와 BBDO(84년) 등의 회사는 오랜 관계를 가져온 다른 잘 알려진 회사 또는 브랜드다.

많은 성공적인 광고대행사-광고주 관계가 수년 동안 지속되고 있지만, 마케터가 소비자와 연결할 수 있는 새로운 방법을 모색함에 따라 단일 광고대행사에 대한 충성도는 점점 줄어들고 있다. 최근 몇 년 동안 오랫동안 지속되어 온 많은 고객 관계가 종료되었다. 예를 들어, 2018년에 캠벨(Campbell Soup Company)은 1954년으로 거슬러 올라가는 광고업계에서 가장 오래된 고객-대행사 관계 중 하나인 BBDO와의 관계를 종료했다. 캠벨이 이러한 변화를 단행한 이유는 마케팅 모델을 현대화하고 여러 분야 간의 커뮤니케이션을 통합하고자 했기 때문이다. 최근 거대 보험사 존 핸콕(John Hancock)의 모회사인 매뉴라이프(Manulife)가 힐 홀리데이(Hill Holliday)와의 32년 관계를 끝내고 글로벌 크리에이티브 비즈니스를 딜로이트 디지털(Deloitte Digital)로 이전하면서 또 다른 오랜 관계가 끝났다. 이러한 움직임은 디지털 컨설팅 회사가 미디어를 넘어 주요 광고주의 크리에이티브 작업을 수주할 수 있었던 최초의 사례 중 하나였기 때문에 업계의 많은 관심을 끌었다. 패스트 푸드 체인 잭인더박스(Jack in the Box)는 또한 몇 년 전에 오랜 광고대행사인 시크릿 웨펀 마케팅(Secret Weapon Marketing)과의 20년 관계를 종료했다. 사진 3-10은 광고대행사가 재임 기간 동안 패스트푸드 체인이 엄청난 성장을 달성하는 데 도움이 되는 역할을 언급하면서 여러 업계 간행물에 게재한 광고를 보여준다.

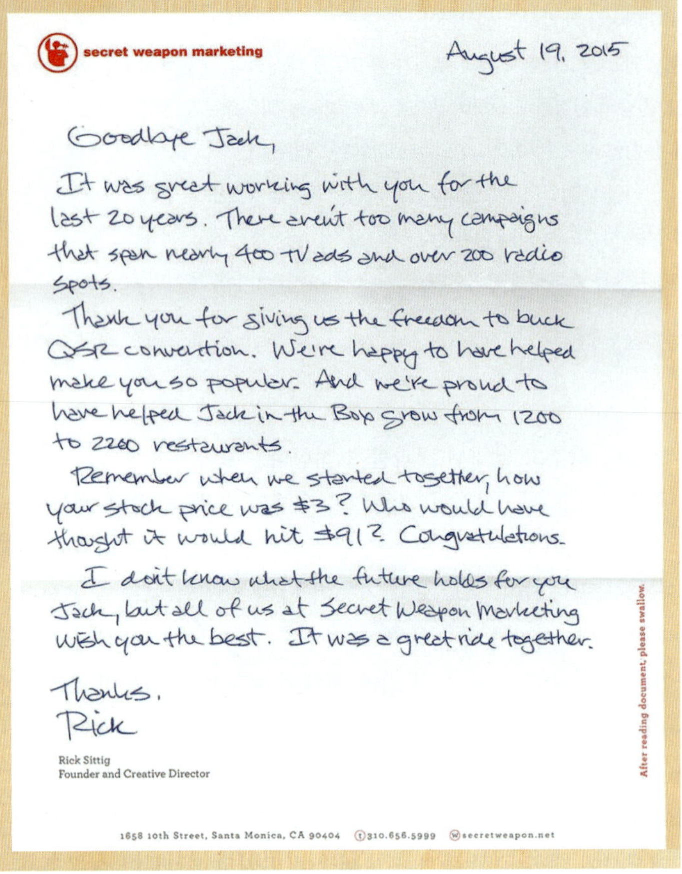

secret weapon marketing

August 19, 2015

Goodbye Jack,

It was great working with you for the last 20 years. There aren't too many campaigns that span nearly 400 TV ads and over 200 radio spots.

Thank you for giving us the freedom to buck QSR convention. We're happy to have helped make you so popular. And we're proud to have helped Jack in the Box grow from 1200 to 2200 restaurants.

Remember when we started together, how your stock price was $3? Who would have thought it would hit $91? Congratulations.

I don't know what the future holds for you Jack, but all of us at Secret Weapon Marketing wish you the best. It was a great ride together.

Thanks,
Rick

Rick Sittig
Founder and Creative Director

After reading document, please swallow.

1658 10th Street, Santa Monica, CA 90404 (T)310.656.5999 (W)secretweapon.net

사진 3-10

시크릿 웨펀 마케팅 대행사는 오랜 고객인 잭인더박스에게 작별 인사를 한다. 고객을 확보하고 잃는 것은 광고대행사 비즈니스에서 어려운 부분이다.

자료: Secret Weapon Marketing

일부 회사는 더 나은 창의적인 작업을 찾거나 최고 경영진의 변화로 이어지는 조직 개편, 마케팅 또는 광고 전략의 변경, 광고주와 광고대행사 간의 인수 합병으로 인해 발생할 수 있는 갈등과 같은 다양한 이유로 광고대행사를 자주 변경한다. 광고주는 모든 광고 및 마케팅 활동을 한곳에 통합하기 위해 대행사를 변경할 수도 있다. 삼성, IBM, 콜게이트, 마이크로소프트 등과 같은 많은 글로벌 마케터들은 마케팅 커뮤니케이션에 대한 통제력을 높이고 전 세계적으로 일관된 브랜드 이미지를 만들기 위해 최근 몇 년 동안 협력하는 광고대행사의 수를 줄였다.

지난 5년 동안 세계 최대의 광고주인 프락터앤갬블은 전 세계에서 협력하는 광고대행사 수를 줄여왔다. 2014년, P&G는 10억 달러 이상의 비용 절감을 목표로 제작 작업을 모으고 크리에이티브 작업을 외부에 공개모집하기 시작했을 때 6,000개 이상의 대행사를 보유하고 있었다. 2018년까지 P&G는 거래한 광고 및 마케팅 대행사의 수는 2,500개로 절반 이상 감소했으며, 2021년까지 이를 50% 더 줄일 계획이다.

고객이 광고대행사를 바꾸는 데에는 여러 가지 이유가 있다. 이러한 잠재적인 문제를 이해하면 광고대행사가 문제를 피하는 데 도움이 될 수 있다. 또한 광고대행사가 새로운 고객을 확보하기 위해 거치는 과정을 이해하는 것이 중요하다.

광고대행사가 고객을 잃는 이유 광고대행사가 고객을 잃는 일반적인 이유는 다음과 같다.

- **형편없는 성과와 서비스:** 고객은 광고대행사가 제공하는 광고 및 서비스 품질에 만족하지 않게 된다.
- **빈약한 의사소통:** 광고주와 광고대행사 직원이 호의적인 업무 관계를 유지하는 데 필요한 의사소통 수준을 개발하거나 유지하지 못한다.
- **고객의 비현실적인 요구:** 광고주는 대행사가 받은 보상 금액을 초과하여 요구하고 계좌의 수익성을 떨어뜨린다.
- **성격 갈등:** 광고주 측과 광고대행사 측에서 일하는 사람들이 함께 잘 일할 수 있는 친밀한 관계를 가지고 있지 않다.
- **인사 변경:** 광고대행사나 광고주의 인사가 바뀌면 문제가 발생할 수 있다. 새로운 관리자는 관계를 맺은 광고대행사를 사용하고자 할 수 있다. 광고대행사 직원은 대행사를 바꾸거나 자신의 대행사를 시작할 때 종종 광고주를 가지고 간다.
- **광고주 또는 광고대행사의 규모 변경:** 광고주는 광고대행사를 능가하거나 비즈니스를 처리하기 위해 더 큰 광고대행사가 필요하다고 결정할 수 있다. 반대로 광고대행사가 너무 커지면 광고주가 비즈니스에서 차지하는 비율이 너무 작아져 주의를 끌지 못할 수도 있다.
- **이해 상충:** 광고대행사가 다른 대행사와 합병하거나 광고주가 인수 또는 합병의 일부일 때 갈등이 발생할 수 있다. 미국에서는 광고대행사가 각각 직접 경쟁하는 두 개의 광고주를 처리할 수 없다. 또 다른 경우에는 간접 경쟁조차도 용납되지 않을 것이다.
- **광고주의 사업 및 마케팅 전략의 변경:** 광고주는 마케팅 전략을 변경하고 새로운 프로그램을 수행하기 위해 새로운 광고대행사가 필요하다고 결정할 수 있다. 점점 더 많은 기업이 IMC 접근 방식을 채택함에 따라 통합 기능을 갖추고 미디어 광고 이상을 처리할 수 있는 대행사를 찾고 있다. 최근 많은 기업들이 광고대행사를 변경하고 강력한 디지털 마케팅 역량을 갖춘 곳으로 비즈니스를 이전했다.
- **매출 감소:** 광고주의 제품이나 서비스의 판매가 정체되거나 감소할 때 광고가 문제의 원인으로 보일 수 있다. 새로운 창의적 접근 방식을 위해 새로운 광고대행사를 찾을 수 있다. 예를 들어, 안호이저-부시(Anheuser-Busch)는 최근 몇 년 동안 버드와이저(Budweiser)의 매출 및 시장 점유율 감소를 반전시키기 위해 광고대행사를 여러 번 변경했다.
- **상충되는 보상 철학:** 보상의 수준이나 방법에 대해 의견 차이가 발생할 수 있다. 더 많은 기업이 인센티브 기반으로 전환함에 따라 보상 시스템, 보상에 대한 의견 불일치가 점점 더 보편화되고 있다.
- **정책 변경:** 정책 변경은 광고주와 광고대행사의 관계에서 어느 한쪽이 관계의 중요성을 재평가하거나, 광고대행사가 새로운(및 더 큰) 광고주를 인수하거나, 양측이 합병 또는 인수를 겪을 때 발생할 수 있다.
- **마케팅 또는 크리에이티브 전략에 대한 의견 불일치:** 광고대행사는 때로는 광고주가 추구하고자 하는 마케팅 전략이나 브랜드에 가장 적합할 수 있는 창의적인 접근 방식에 대해 광고주와 의견이 일치하지 않다. 예를 들어, 위덴앤케네디(Wieden+Kennedy)는 마케팅 및 크리에이티브 전략에 대한 의견 차이로 밀러 맥주회사(Miller Brewing Co.)를 포함한 여러 광고주와의 관계를 종료했다.
- **통합 마케팅 역량 부족:** 많은 광고주들이 다양한 IMC 영역에서 더 광범위한 역량을 갖춘 대

행사 또는 디지털 마케팅과 같은 특정 영역에서 더 큰 전문성을 갖춘 대행사를 찾기 위해 광고대행사를 변경하고 있다. 경우에 따라 광고주는 한 지붕 아래에서 보다 통합된 마케팅 서비스를 제공할 수 있는 대행사를 찾고 있다. 그러나 많은 마케터들이 자신의 특별한 재능과 전문성을 기반으로 프로젝트 단위로 대행사 및 기타 마케팅 커뮤니케이션 파트너를 고용하는 오픈소스 모델로 전환하고 있다.

광고대행사가 광고주와의 관계에서 다양한 경고 신호를 인식하면 광고주가 만족할 수 있도록 프로그램과 정책을 조정하려고 노력할 수 있다. 여기에서 논의된 상황 중 일부는 광고대행사에게는 불가피하고 다른 상황은 광고대행사가 통제할 수 없다. 그러나 광고주를 유지하기 위해서는 광고대행사가 통제할 수 있는 문제를 해결해야 한다.

광고대행사가 광고주와 계속 일하는 것이 더 이상 최선의 이익이 아니라고 결정할 때가 올 수 있다. 인사 갈등, 경영 철학의 변화 및 불충분한 재정적 인센티브는 그러한 결정의 이유 중 일부에 불과하다. 광고대행사가 성장하고 더 많은 돈을 벌 수 있는 더 나은 비즈니스 기회를 위해 떠나기로 결정할 수도 있다. 광고대행사가 훌륭한 작업을 수행하고 효과적인 IMC 캠페인을 개발하는 것으로 알려지면 종종 동일한 업계의 회사를 포함할 수 있는 더 큰 고객을 추구할 기회를 갖게 된다. 그러나 이해 상충 정책은 광고대행사가 제품 또는 서비스 범주에서 둘 이상의 회사를 위해 일하는 것을 금지한다.

광고대행사가 고객을 확보하는 방법 광고대행사가 추구하는 광고주 경쟁은 대부분의 광고주가 이미 광고 기능을 위해 조직했으며, 매년 이러한 서비스를 필요로 하는 새로운 광고주의 수가 제한되어 있기 때문에 치열하다. 소규모 광고대행사는 새로운 광고주와 함께 일하고 함께 성장할 의향이 있을 수 있지만 대형 광고대행사는 광고에 연간 최소 100만 달러를 지출할 수 있을 때까지 이러한 회사에 관심을 갖지 않는 경우가 많다. 많은 우수한 광고대행사들은 연간 500만 달러 미만을 지출하는 광고주를 수락하지 않는다. 해당 지출 수준에 도달하면 광고주에 대한 경쟁이 심화된다.

대형 광고대행사에서 대부분의 새로운 비즈니스는 이미 광고대행사를 가지고 있지만, 관계를 변경하기로 결정한 광고주로부터 비롯된다. 따라서 광고대행사는 새로운 광고주를 끊임없이 찾고 경쟁해야 한다. 이를 수행하는 몇 가지 방법은 다음과 같다.

소개 많은 우수한 광고대행사는 기존 고객, 미디어 대표 및 기타 대행사의 소개를 통해 새로운 고객을 확보한다. 이러한 광고대행사는 고객, 미디어 및 비즈니스를 제공할 수 있는 외부 당사자와 좋은 업무 관계를 유지한다.

섭외 새로운 비즈니스를 얻는 가장 일반적인 방법 중 하나는 직접 찾아가 섭외하는 것이다. 규모가 작은 대행사에서는 사장이 새로운 광고주를 직접 섭외할 수 있다. 대부분의 대형 광고대행사에서는 새로운 비즈니스 개발 그룹에서 새로운 고객을 찾고 연락을 취한다. 이 그룹은 영업 권유 편지를 작성하고, 콜드 콜(cold call, 무작위로 전화)을 하며, 후속 조치를 담당한다. 최근 경기 침체 기간 동안 많은 기업이 광고 지출을 삭감함으로써 많은 대행사가 현행 대행사에 만족하는 마케터에게는 섭외하지 않은 방식으로 서비스를 간청하게 되었다. 고위 경영진은 새로운 비즈니스가 광고대행사의 생명선이라는 것을 인식하고 있으며, 일부는 비즈니스 개발팀이 검토를 위해 광고주로 올리지 않은 광고주를 추적하도록 장려할 수 있다.

프리젠테이션 새로운 광고대행사에 대한 검색 프로세스는 일반적으로 광고주가 관심 있는 광고대행사에 기본 정보를 제출하도록 요청하는 정보 요청 문서(Request For Information, RFI)를 보내는 것으로 시작된다. RFI에서 광고주는 경쟁자 목록을 좁히고 경쟁에서 살아남은 광고대행사에게 제안서 요청(Request For Proposal, RFP)을 보낸다. 이 과정에서 결선에 진출하는 광고대행사는 프리젠테이션을 준비해야 하는데, 이 프리젠테이션에서는 광고주의 마케팅 상황을 파악하고 창의적인 전략과 아이디어를 포함하는 임시 캠페인을 제안해야 한다. 광고대행사는 텔레비전 광고 및 기타 창의적인 작업의 대략적인 버전을 개발하도록 요청받을 수도 있다. 광고주를 갈구하는 광고대행사의 목표는 결승 진출자 목록에 드는 것이고 프리젠테이션 경쟁에 초대받는 것이다. 이를 통해 광고대행사는 이전의 창의적인 작업을 보여줄 뿐만 아니라 광고대행사의 경험, 인력, 역량 및 운영 절차를 설명할 수 있는 자체 판매 기회를 얻을 수 있다.

새로운 광고대행사를 찾는 데는 최종 후보자 수와 프리젠테이션에서 예상되는 세부 사항의 양에 따라 몇 달이 걸릴 수 있다. 프리젠테이션은 많은 시간과 준비가 필요하고, 사업 수주에 대한 보장이 광고대행사에 상당한 비용이 들 수 있기 때문에 많은 대행사들이 '창의적인 총격전'에 참여하기를 거부한다. 그들은 광고대행사가 그들의 경험과 이전 고객에게 제공한 서비스 및 프로그램을 기반으로 선택되어야 한다고 주장한다. 비평가들은 또한 주요 광고주를 겨냥하는 데 수십만 달러가 들 수 있는 비용 외에도 프리젠테이션을 위해 개발된 창의적인 작업이 종종 사용되지 않으며, 광고대행사와 광고주가 어떻게 협력할 것인지에 대한 진정한 지표를 항상 제공하지 않는다는 점에 주목한다. 그러나 많은 마케터들은 여전히 프리젠테이션이 새로운 광고대행사를 선택하는 과정에서 중요한 부분이라고 생각하고 계속 사용한다. 따라서 대부분의 광고대행사는 선택에 의해 또는 광고주를 얻기 위해 그렇게 해야 하기 때문에 이러한 형태의 제안 요청에 참여한다.

프리젠테이션에 중점을 두기 때문에, 광고주가 광고대행사를 선택하는 데 도움을 주는 것을 전문으로 하는 광고대행사 검토 컨설턴트의 역할이 매우 중요해졌다. 이러한 컨설턴트는 광고대행사 검토 프로세스에 대한 객관적인 관점을 제시하고 검토를 성공적으로 수행하는 데 필요한 리소스, 경험 또는 조직적 합의가 부족할 수 있는 광고주를 지원하는 데 자주 사용된다. 이러한 검토 컨설턴트는 광고 예산이 1,000만 달러 이상인 광고주가 광고대행사를 리뷰할 때에 자주 사용된다. 그들의 의견은 광고주에 의해 존중되기 때문에 전체 광고대행사 검토 프로세스는 그들의 지침에 따라 구성될 수 있다. 그러나 한 가지 연구에 따르면 많은 기업이 검토 컨설턴트를 통해 리뷰를 작성하지만 어떤 광고대행사를 고용할지에 대한 최종 결정에 항상 직접적인 영향을 미치는 것은 아니라고 한다.

광고업계의 많은 사람들은 프리젠테이션보다는 대행사의 전략적 비전과 문제를 생각하고 해결하는 방법에 더 중점을 두고 검토 프로세스의 변화를 요구하고 있다.

그들은 또한 광고대행사가 특정 과제를 통해 경쟁을 준비하고 창의적인 능력을 테스트하는 데 소요된 시간에 대한 보상을 받는 등 프로세스를 간소화할 필요가 있다고 제안한다. 그러나 많은 광고주들은 광고대행사 선정 프로세스를 변경할 가능성은 거의 없으며, 광고대행사는 비즈니스를 위해 경쟁하려면 절차를 계속 따라야 한다.

사진 3-11

캐시미어는 잡지사 〈Advertising Age〉로부터 2019 올해의 다문화 광고대행사로 선정되었다.

자료: Cashmere

홍보 광고대행사는 또한 퍼블리시티/홍보(Public Relations, PR) 활동을 통해 영업을 개척한다. 그들은 종종 시민 및 사회단체에 참여하고 지역 사회에서 존경을 받기 위해 자선 단체와 함께 무료(자체 비용으로, 무보수로)로 일한다. 미국광고대행사협회(American Association of Advertising Agency) 및 광고연구재단(Advertising Research Foundation)과 같은 전문직 협회에 가입하는 것도 새로운 인맥을 접할 수 있는 기회가 된다. 성공적인 광고대행사는 종종 대중 매체뿐만 아니라 업계 전반에 걸쳐 무료 퍼블리시티를 받는다.

이미지 및 평판 광고대행사가 새로운 비즈니스를 얻을 수 있는 가장 효과적인 방법은 서비스를 제공하는 광고주를 위해 훌륭한 일을 한다는 명성을 얻는 것이다. IMC의 다른 영역뿐만 아니라 광고 분야에서 뛰어난 창의적인 작업을 수행하는 대행사에 대해 광고 및 마케팅 업계를 통해 소문이 빠르게 이동한다. 광고주가 자신의 작품을 출품하고 인정받을 수 있는 많은 시상식이 있으며, 예를 들어, 에피 어워드(Effie Awards)는 매년 IMC 캠페인이 달성한 결과와 캠페인을 만드는 데 필요한 전략에 따라 수여된다. 뛰어난 광고 창의성뿐만 아니라 미디어 계획 및 전략, 디지털 미디어, 홍보 및 판매촉진과 같은 특정 영역에서 수행된 작업을 인정하는 다른 많은 상이 있다. 예를 들어, 칸 라이온스 상(Cannes Lions Awards)은 매년 칸 국제광고 페스티벌(Cannes International Advertising Festival)의 일환으로 수여되며, 마케팅 커뮤니케이션 업계에서 가장 권위 있는 상이 되었다. 클리오 광고제(CLIO Awards) 역시 세계에서 가장 인정받는 국제 광고, 디자인 및 커뮤니케이션 대회 중 하나이며, 다양한 범주와 미디어 유형에 걸쳐 창의적인 우수성에 대해 상장을 수여한다.

〈Advertising Age〉 및 〈Adweek〉와 같은 주요 업계 간행물도 크리에이티브 작업의 품질을 기준으로 매년 최고의 광고대행사를 선정한다. 이러한 간행물뿐만 아니라 다른 산업 그룹 및 협회에서 인정을 받으면 대행사의 명성과 이미지가 향상된다. 사진 3-11은 캐시미어(Cashmere)가 잡지사 〈Advertising Age〉로부터 2019 올해의 다문화 광고대행사(Multicultural Agency of the Year)로 선정된 것을 홍보하기 위해 웹사이트를 어떻게 사용했는지 보여준다.

전문 서비스 회사

많은 회사들이 프로모션 프로그램의 개발 및 구현을 광고대행사에 맡긴다. 그러나 다른 여러 유형의 조직은 광고대행사의 노력을 보완하는 전문 서비스를 제공한다. 직접반응 대행사, 판매촉진 대행사 및 홍보 회사는 마케터가 미국 및 국제 시장에서 IMC 프로그램을 개발하고 실행하는 데 중요하다. 이러한 기업들이 수행하는 기능을 검토해보자.

다이렉트 마케팅 대행사

IMC에서 가장 빠르게 성장하는 분야는 기업이 텔레마케팅, 다이렉트 메일, 텔레비전, 인터넷 및 기타 형태의 직접 반응 광고를 통해 소비자와 소통하는 다이렉트 마케팅이다. 이 산업이

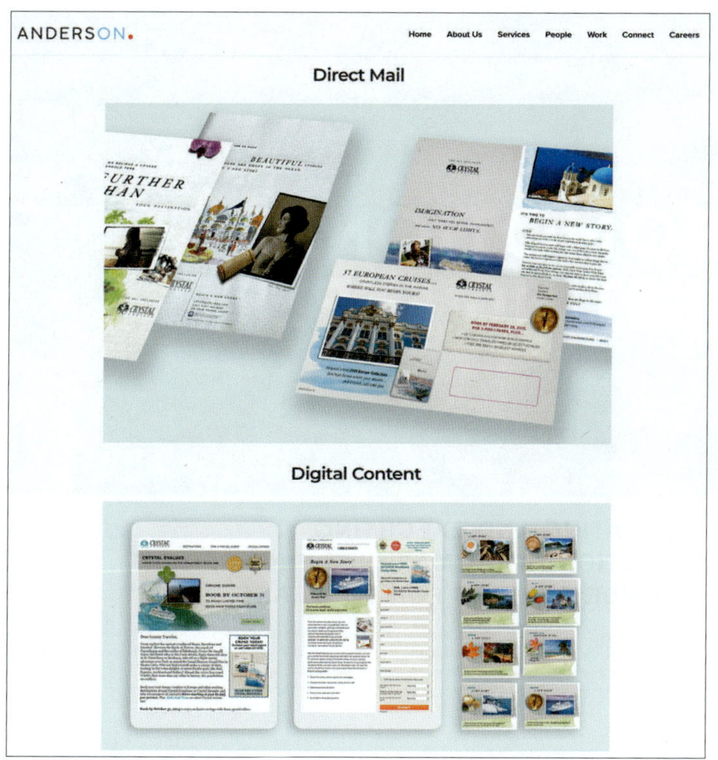

사진 3-12

앤더슨(Anderson)과 같은 다이렉트 마케팅 대행사는 광고주에게 다양한 직접 마케팅 및 디지털 마케팅 서비스를 제공한다.

자료: Anderson

성장함에 따라 소비재 및 산업재 시장 모두에서 기업에 전문기술을 제공하는 수많은 직접마케팅 대행사가 발전했다. 랩(Rapp), 분더만(Wunderman), 오길비원(OgilvyOne)과 같은 최고의 직접 마케팅 대행사 중 다수는 대형 대행사 지주 회사의 자회사다. 그러나 대기업과 일하는 대행사와 현지 기업의 요구를 처리하는 중소기업에 서비스를 제공하는 대행사를 포함하여 많은 독립적인 직접마케팅 대행사도 있다. 이러한 대행사 중 다수는 직접 마케팅으로 디지털 기능을 추가했으며, 인터넷 및 기타 디지털 채널을 활용하여 표적고객에게 다가가고 있다(사진 3-12).

다이렉트 마케팅 대행사(direct marketing agencies)는 데이터베이스 분석 및 관리, 다이렉트 메일, 리서치, 미디어 서비스, 크리에이티브 및 제작 기능을 포함한 다양한 서비스를 제공한다. 전통적으로 다이렉트 메일이 주요 무기였지만, 많은 다이렉트 마케팅 대행사는 인포머셜 제작, 디지털 마케팅, 분석 및 데이터베이스 관리와 같은 영역을 포함하도록 서비스를 확장하고 있다. 데이터베이스 개발 및 관리는 다이렉트 마케팅 광고대행사에서 제공하는 가장 중요한 서비스 중 하나가 되고 있다. 많은 기업이 데이터베이스 마케팅을 사용하여 새로운 고객을 정확히 찾아내고 기존 고객과의 관계와 충성도를 구축하고 있다. 일반적인 다이렉트 마케팅 대행사는 광고주 관리, 크리에이티브 및 미디어의 세 가지 주요 부서로 나뉜다. 일부 대행사에는 고객을 위한 데이터베이스를 개발하고 관리하는 기능을 하는 부서도 있다. 어카운트 매니저는 고객과 협력하여 다이렉트 마케팅 프로그램을 계획하고 전체 통합 마케팅 커뮤니케이션 프로세스에서 자신의 역할을 결정한다. 크리에이티브 부서는 카피라이터, 아티스트 및 프로듀서로 구성된다. 크리에이티브는 직접 반응 메시지 개발을 담당하고 미디어 부서는 배치를 담당한다.

광고대행사와 마찬가지로 직접 마케팅 대행사는 새로운 비즈니스를 유치하고 종종 공식 평가 프로그램을 통해 기존 고객의 성과 검토를 받아야 한다. 대부분의 다이렉트 마케팅 대행사는 수수료 기준으로 보상을 받는다.

판매촉진 대행사

경연 대회, 경품 행사, 환불과 리베이트, 사은품과 인센티브 제안, 견본 프로그램과 같은 판매촉진 프로그램을 개발하고 관리하는 것은 매우 복잡한 작업이다. 대부분의 회사는 **판매촉진 대행사**(sales promotion agency)를 통해 이러한 프로그램을 개발하고 관리한다. 일부 대형 광고대행사는 자체 판매촉진 부서를 만들거나 판매촉진 회사를 인수했다. 그러나 대부분의 판매촉진 대행사는 다양한 판매촉진 프로그램을 계획, 개발 및 실행하는 데 필요한 서비스를 전문적으로 제공하는 독립 회사다.

판매촉진 대행사는 종종 고객의 광고 및 직접 반응 대행사와 협력하여 광고 및 직접 마케팅 프로그램과의 노력을 조정한다. 대형 판매촉진 대행사에서 제공하는 서비스에는 프로모션

사진 3-13
돈 자고다 어소시에이츠는 주요 판매촉진 대행사 중 하나다.
자료: Don Jagoda Associates, Inc.

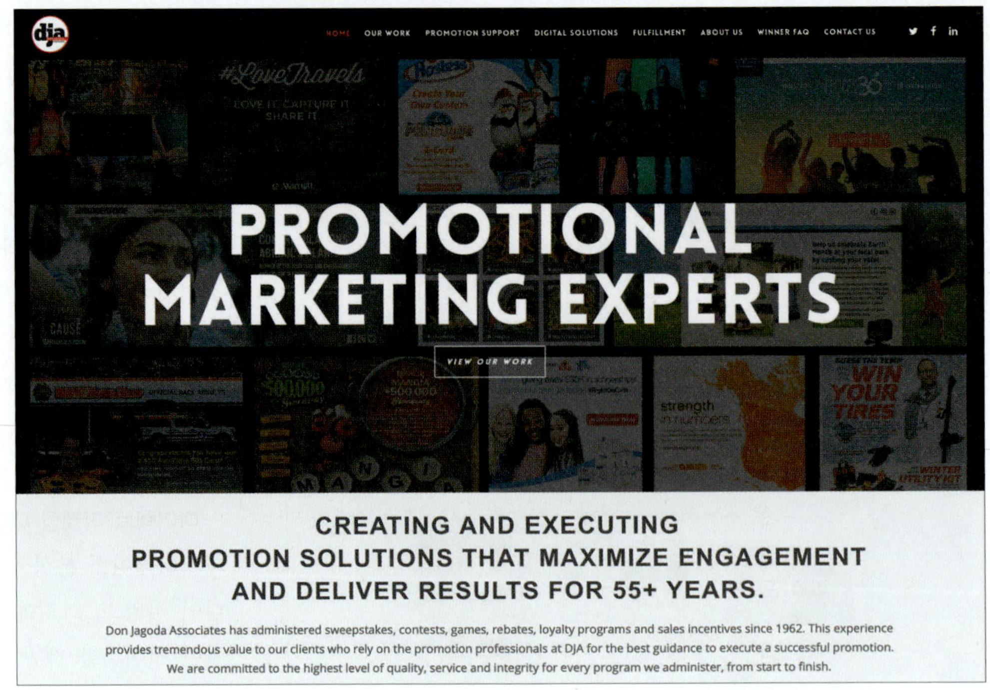

계획, 크리에이티브 리서치, 끼워팔기, 채워넣기, 사은품 디자인 및 제조, 카탈로그 제작, 경연대회/경품 행사가 포함된다. 또한 많은 판매촉진 대행사들이 통합 마케팅 서비스 역량을 확대하기 위해 디지털 및 다이렉트/데이터베이스 마케팅을 개발한다. 판매촉진 대행사는 일반적으로 요금제 기준으로 보상된다. 사진 3-13은 주요 판매촉진 대행사 중 하나인 돈 자고다 어소시에이츠(Don Jagoda Associates)의 웹사이트 페이지를 보여준다. IMC 프로그램에서 판매촉진의 역할은 16장에서 다룬다.

PR 회사

많은 대기업은 광고대행사와 PR 회사를 모두 사용한다. **PR 회사**(public relations firm)는 조직의 퍼블리시티(publicity), 이미지(image) 그리고 소비자, 직원, 공급업체, 주주, 정부, 노동단체, 시민 행동 단체, 일반 대중 등 다양한 이해관계자들과의 관계를 관리하기 위한 프로그램을 개발하고 실행한다. PR 회사는 광고주와 이러한 다양한 대중 간의 관계를 분석하고, 광고주의 정책 및 행동이 이러한 대중과 어떻게 관련되어 영향을 미치는지 판단한다. 그 후, PR 전략 및 프로그램을 개발하고, 다양한 홍보 도구를 사용하여 이러한 프로그램을 구현하고, 그 효과를 평가한다.

홍보 회사의 활동에는 PR 전략 및 프로그램 계획, 퍼블리시티 생성, 로비 및 홍보 활동 수행, 지역 사회 활동 및 이벤트 참여, 보도자료 및 기타 커뮤니케이션 준비, 연구수행, 특별 이벤트 홍보 및 관리, 위기관리가 포함된다. 기업이 프로모션 계획에 IMC 접근 방식을 채택함에 따라 광고 및 기타 프로모션 영역과 더불어서 PR 활동을 계획하고 있다. 많은 기업이 메시지 신뢰도를 높이고 미디어 비용을 절감하기 위해 홍보 및 퍼블리시티 활동을 마케팅 커뮤니케이션 믹스에 통합하고 있다. 홍보 회사는 일반적으로 수수료 또는 상담료 형식의 의뢰비용에 의해 보상된다. 17장에서 그 역할을 더 자세히 살펴볼 것이다.

디지털 대행사

인터넷과 다른 형태의 디지털 미디어가 급속히 성장함에 따라 마케터의 변화하는 요구를 충족시키기 위해 새로운 유형의 전문 마케팅 커뮤니케이션 조직인 **디지털 대행사**(digital agencies)가 발전했다.

많은 마케터가 웹사이트 디자인 및 개발, 앱, 검색 엔진 최적화(Search Engine Optimization, SEO), 배너 광고, 비디오, 모바일 마케팅 및 소셜 미디어 캠페인과 같은 다양한 디지털 마케팅 도구 사용을 전문으로 하는 디지털 대행사를 사용하고 있다. 그들은 디지털 마케팅 프로그램의 개발 및 구현에 디지털 미디어, 콘텐츠 마케팅, 이메일 마케팅 및 리드 생성(lead generation, 잠재 고객 발굴), 데이터베이스 및 고객 관계 관리, 측정 및 분석과 같은 영역에 대한 이해와 전문 지식이 필요하다는 것을 알고 있다.

많은 광고주들은 광고대행사 외에도 이제 디지털 마케팅을 전문으로 하는 대행사와 협력하기로 선택하여 해당 분야에서 더 많은 깊이와 경험을 가지고 있다. 이로 인해 많은 대형 광고대행사가 리오버넷(Leo Burnett Group)의 일부인 아크(Arc) 및 디지털 비비디오(Digital BBDO)와 같이 광고대행사 내에서 별도의 법인으로 운영되는 자체 디지털 회사를 개발하게 되었다. 또한 퍼블리시스 세이피언트(Publicis Sapient), AKQA, 디지타스엘비아이(DigitasLBi) 및 R/GA와 같은 다른 여러 대형 디지털 대행사는 주요 광고대행사 지주 회사가 소유하고 있으며, 이 회사는 네트워크의 다른 광고대행사에 디지털 리소스를 제공한다. 많은 전통적인 광고대행사는 대행사 내 소수의 전문가부터나 혹은 부서 전체에 이르기까지 광고주를 위한 통합 캠페인을 개발하기 위해 대행사의 다른 부분과 긴밀하게 협력하는 디지털 기능을 개발했다. 예를 들어, 위덴앤케네디(Wieden + Kennedy)는 몇 년 전 공동 창립자인 댄 위덴(Dan Wieden)이 디지털 혁명을 광고 세계에 통합하는 도전이 광고대행사를 변화시키거나 "우리를 무기력하게 만들 것"이라고 언급하면서 디지털 기능을 확장하기 시작했다. 강력한 온라인 역량을 개발한 또 다른 광고대행사는 타코벨(Taco Bell), 스내플(Snapple), 닥터 페퍼(Dr. Pepper)와 같은 고객을 위한 디지털 작업을 처리하는 도이치(Deutsch)다.

대부분의 광고대행사가 디지털 역량을 개발했지만, 많은 마케터가 디지털 마케팅 작업을 처리하기 위해 보다 전문화된 대행사로 눈을 돌리고 있다. 지난 몇 년 동안 디지털 마케팅, CRM, 분석 및 기타 기술 중심 서비스를 제공하는 주요 경영 컨설팅 회사의 사업부인 엑센추어(Accenture), PwC, 딜로이트 디지털(Deloitte Digital) 및 IBM과 같은 컨설팅 회사의 급속한 성장이 있었다. 디지털 및 소셜 미디어 관점 3-2에서는 컨설팅이 마케팅 산업을 어떻게 뒤흔들고 있는지에 대해 논의한다.

인터넷과 디지털 미디어가 점점 더 중요한 마케팅 도구로 떠오르면서, 더 많은 기업이 성공적인 통합 마케팅 프로그램을 개발하기 위해 디지털 대행사로 눈을 돌릴 것이다. 소셜 미디어 및 모바일 마케팅의 성장은 또한 페이스북, 트위터, 인스타그램, 스냅챗 및 기타 소셜 플랫폼을 위한 애플리케이션 및 캠페인 개발을 전문으로 하는 회사를 탄생시키고 있다. 예를 들어, 마케터가 다양한 소셜 및 모바일 플랫폼에서 소셜 미디어 활동을 구축, 모니터링, 관리 및 측정할 수 있도록 지원하는 많은 회사가 있다. 이러한 회사는 광고주와 협력하여 다양한 유형의 프로모션과 사용자 생성 사진(user generated photos), 에세이 및 비디오 경연 대회를 포함하여 소비자를 참여시킬 수 있는 다양한 방법을 개발한다. 소셜 및 모바일 미디어 캠페인 개발을 전문으로 하는 디지털 대행사뿐만 아니라 디지털 회사도 마케터가 IMC 노력의 더 많은

디지털 및 소셜 미디어 관점 관점 3-2 >>>

광고업계를 뒤흔드는 컨설팅 회사

20세기를 거쳐 새 천년에 접어들면서 광고 산업은 전통적인 광고대행사에 의해 지배되었다. 가장 중요한 발전 중 하나는 1986년 3개의 주요 광고대행사[BBDO, 도일 대인 번바크(Doyle Dane Bernbach) 및 니덤 하퍼(Needham Harper)]를 옴니콤 그룹(Omnicom Group)이라는 새로운 지주 회사로 합병한 것이다. 〈Advertising Age〉는 이 합병을 "빅뱅"이라고 불렀는데, 그 이유는 이 합병이 광고대행사 비즈니스의 통합과 향후 20년 동안 업계를 지배한 4개의 주요 광고대행사 지주 회사의 형성으로 이어진 인수합병 돌풍의 촉매제 역할을 했기 때문이다. 그러나 지난 몇 년 동안 빅뱅만큼이나 파괴적일 수 있는 또 다른 주요 변화가 일어나고 있는데, 이는 오래된 대행사가 광고나 마케팅보다 회계 또는 경영 컨설팅 전문 지식으로 더 잘 알려진 모회사가 있는 다른 유형의 대행사와 경쟁하게 됨에 따라 발생한다. 2017년에는 사상 처음으로 액센추어 인터랙티브(Accenture Interactive), PwC, IBM iX, 딜로이트 디지털(Deloitte Digital) 등 4개 컨설팅 회사의 마케팅 서비스 사업부가 세계 10대 광고대행사 기업 중 하나로 선정되었으며, 그 순위를 유지했다.

컨설팅 회사는 종종 고객을 위해 획기적이고 창의적인 작업을 수행하는 데 중점을 두는 전통적인 광고대행사의 관심과 명성을 받지 못한다. 그들 중 대부분은 기술, 데이터, 분석, 콘텐츠 제작 및 새로운 디지털 시대의 마케터에게 필수적인 기타 영역에 대한 전문 지식과 역량과 함께 고객 컨설팅 서비스를 제공함으로써 광고대행사의 부속품으로 자리매김했다. 또한 최고 마케팅 책임자 및 부사장과 같은 고위 경영진과의 액세스를 활용하고 소비자 통찰력에 대한 데이터 기반 접근 방식과 특히 디지털 미디어를 통해 광고주들과 소통할 수 있는 가장 좋은 방법으로 광고주들을 끌어들이고 있다. 주요 컨설팅 회사는 세계 최고의 기업 대다수에 회계, 정보 기술 및 경영 컨설팅 서비스를 제공하며, 마케팅 부서 및 기업 계층 구조를 통해 일하는 대신 CEO 및 기타 최고 경영진을 통해 하향식으로 일할 수 있는 경우가 많다. 또한 광고대행사가 해결할 수 없는 문제에 대한 솔루션을 제공하고 비용을 절감하는 것으로 포지셔닝하는 반면, 광고대행사는 비용 동인으로 인식되어 결과적으로 컨설팅은 조달 및 재무 부서에서 그리 자세히 조사되지 않는다.

컨설팅의 급속한 성장은 광고 중심의 마케팅에서 전체 소비자 여정을 고려하는 보다 통합된 접근 방식으로의 움직임을 반영하는 것이기도 하다. 액센추어 인터랙티브의 전무이사이자 전직 광고대행사 임원인 브라이언 위플(Brian Whipple)은 "역사적으로 브랜드는 제품이나 서비스에 대해 어떻게 느끼거나 감정을 표현하거나 생각해야 하는지에 대한 제안을 제공하는 광고로 푸시된 메시지를 통해 구축되었다. 우리는 더 이상 그것이 전혀 사실이라고 믿지 않는다. 대신 액센추어의 철학은 전자 상거래 경험에서 실제 매장에서 사람들을 대하는 방식에 이르기까지 수백 번의 소비자 상호 작용을 통해 브랜드가 구축된다는 것이다." 예로, 액센추어 인터랙티브는 샌드위치 체인점 서브웨이(Subway)가 고객 경험을 개인화하기 위해 서브웨이 디지털(Subway Digital)이라는 새로운 계획을 도입하는 데 도움을 주었다. 이 프로젝트에는 마이웨이(MyWay) 로열티 프로그램 개발과 주문 및 결제 기능이 포함된 서브웨이 앱의 백엔드 디자인이 포함되었다. 또 다른 컨설팅 회사인 IBM iX는 왓슨(Watson) 수퍼컴퓨터를 사용하고 GM의 온스타(OnStar) 안전 및 보안 시스템과 파트너십을 맺은 인공지능 시스템은 운전자에게 개인화된 브랜드 메시지를 제공한다. 온스타 고(OnStar Go)라고 불리는 이 프로그램은 GM 차량 운전자에게 접객업, 레스토랑, 엔터테인먼트, 주유소 및 기타 서비스를 위한 위치 기반 정보를 제공한다.

지금까지 컨설팅은 광고대행사가 지배하는 크리에이티브 영역으로 너무 멀리 이동하지 않았다. 그러나 대부분의 업계 전문가들은 그렇게 되는 것은 시간문제라고 주장한다. 컨설팅 회사는 이미 고객을 위해 디지털 작업을 수행하고 있으며, 소비자에 대한 방대한 양의 데이터와 통찰력을 사용하여 광고대행사의 크리에이티브 영역으로 이동할 가능성이 매우 높다. 포레스터 리서치(Forrester Research)의 부사장 겸 리서치 디렉터는 컨설팅 회사들이 미래에 광고에서 중요한 역할을 할 것이라고 언급하면서 "그들은 이 분야를 위해 노력하고 있으며 이를 위한 현금을 가지고 있다. 그들은 여기에 머물러 있다."라고 한다. 몇몇 컨설팅회사들은 이미 크리에이티브 대행사를 인수했다. IBM은 리소스/아미라티(Resource/Ammirati)를 인수했고, 딜로이트는 샌프란시스코에 본사를 둔 히트(Heat)를 인수했다. 액센추어 인터랙티브는 영국의 대규모 독립 크리에이티브 회사인 카르마라마(Karmarama)를 인수했다.

컨설팅 업체들은 지금까지 전통적인 광고대행사로부터 사업을 빼앗기 위한 전면적인 공격을 막아왔다. 그러나 〈Advertising Age〉의 작가 마크 우넥(Mark Wnek)이 지적하듯이 "광고대행사보다 훨씬 더 깊숙이 고위 경영진에 대한 고리를 가진 컨설팅 회사들이 미디어 구매 등을 둘러싼 투명성 문제로 피를 흘리지 않고 이제 거래를 성사시키지 못할 것이라고 장담하는 것은 용감한 사람일 것이다." 이 컨설팅 업체들은 2019년 액센추어 인터랙티브가 거의 5억 달러를 지불하고 크리에이티브 강자로 널리 알려진 선도적인 독립 광고대행사 드로가5(Droga5)를 인수했을 때 광고 사업에 더 깊이 진출할 계획이라는 메시지를 보냈다. 드로가5의 인수는 컨설턴트의 크리에이티브 능력이 제한될 수 있기 때문에 광고대행사에 거의 위협이 되지 않는다는 생각을 잠재웠다.

자료: Lindsay Stein, "Agency of the Future: Survival of the Fittest," *Advertising Age*, April 2, 2018, pp. 12-25; Mark Wnek, "How Mad Ave Opened the Door to Management Consultancies," *Advertising Age*, January 12, 2018, https://adage.com/article/agency-viewpoint/mad-ave-opened-door-management-consultancies/311780/. E. J. Schultz, "The Race Is On!" *Advertising Age*, May 1, 2017, pp. 12-17; Judann Pollack, "Behind Accenture's Groundbreaking Droga5 Deal," *Advertising Age*, April 3, 2019, https://adage.com/article/agency-news/accenture-interactive-set-buy-droga5/317215.

사진 3-14

미룸은 마케터에게 디지털 및 기타 다양한 서비스를 제공한다.

자료: Mirum Agency

We are a borderless agency of over 2500 digital experts, storytellers, technologists, makers and relentlessly curious minds. Across the globe, we make experiences that people want and businesses need. Our approach is to be entrepreneurial and to create agile teams that blend strategy, creativity, technology, media and analytics to drive innovation. We work to discover business and human motivations because we believe experiences build brands.

부분을 기존 미디어에서 디지털 공간으로 이동함에 따라 그 중요성과 함께 계속 성장할 것이다. 또한 많은 디지털 대행사가 고객에게 전략 및 계획, 데이터 분석 및 모델링, 디지털 창의성, 리테일 활성화, CRM과 같은 다양한 서비스를 제공하기 위해 역량을 확장하고 있다. 사진 3-14는 고객사로 넥스텔(Nextel), 퀄컴(Qualcomm), 마쓰다(Mazda USA)와 액스(Axe) 등이 있는 선도적인 글로벌 디지털 대행사인 미룸(Mirum)이 그 디지털 능력을 홍보한다.

부수적인 서비스 기관들

프로모션 프로세스의 최종 참가자는 다양한 광고 관련 부수적인 서비스(collateral service)를 제공하는 기관들이다. 여기에는 마케팅 리서치 회사, 패키지 디자인 회사, 컨설턴트, 사진작가, 그래픽 디자인 회사, 탤런트 광고대행사, 비디오 제작 회사 및 이벤트 마케팅 서비스 회사가 포함된다. 가장 널리 사용되는 부수적인 서비스업의 하나는 바로 마케팅 리서치 회사다. 기업은 대상 고객을 이해하고 광고 및 프로모션 프로그램을 설계하고 평가하는 데 유용한 정보를 수집하기 위해 점점 더 마케팅 조사에 의존하고 있다. 자체 마케팅 리서치 부서가 있는 회사조차도 일부 서비스를 수행하기 위해 외부 리서치 대행사를 고용하는 경우가 많다. 마케팅 리서치 회사는 전문 서비스를 제공하며 광고주의 홍보 프로그램에 유용한 객관적인 정보를 수집할 수 있다. 그들은 심층 인터뷰 및 포커스 그룹과 같은 질적 연구뿐만 아니라 시장 조사와 같은 정량적 연구를 수행한다.

점점 더 많은 기업이 디지털 마케팅을 IMC 프로그램의 필수로 여김에 따라 새로운 유형의 마케팅 기술 서비스가 등장하여 마케터와 광고대행사가 사용하고 있다. 이러한 기술은 모바일, 콘텐츠 및 이메일 마케팅과 같은 영역뿐만 아니라 소셜 미디어, 프로그램 미디어 구매, 고객 경험, 분석 및 기타 전문 영역에 중점을 둔다. 수석 마케팅 기술자 블로거인 스캇 브링커(Scott Brinker)는 매년 마케팅 기술 환경과 마케팅 기술 솔루션을 제공하는 회사의 수를 추적하여 chiefmartec.com에서 찾을 수 있는 인기 있는 마케팅 기술 풍경도(Marketing Technology Landscape)를 수퍼그래픽으로 보여준다. 사진 3-15는 7,000개 이상의 마케팅 기술 솔루션이

사진 3-15
마케팅 기술 풍경도는 매우 복잡해졌다.
자료: Marketing Technology Media, LLC

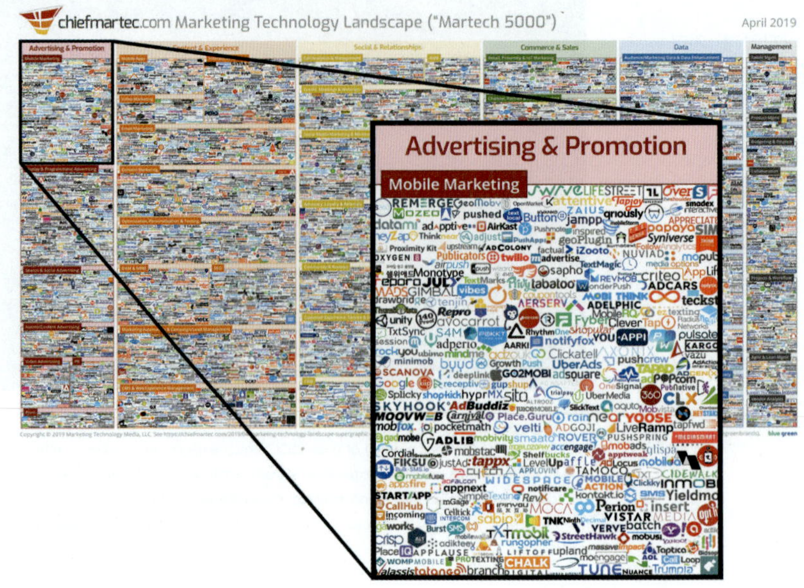

포함된 2019년 차트를 보여주며, 그중 다수는 마케터가 IMC 프로그램의 효과를 개발, 구현 및 측정하는 데 사용한다.

IMC 서비스

마케터는 IMC 프로그램을 계획, 개발 및 구현하는 데 도움을 줄 수 있는 다양한 전문 조직 중에서 선택할 수 있다. 그러나 기업은 각 마케팅 커뮤니케이션 기능에 대해 다른 조직을 사용할지 아니면 이러한 모든 서비스를 한 지붕 아래에서 제공하는 대형 광고대행사와 통합할지 결정해야 한다. 많은 대형 광고대행사가 내부 전문성을 개발하거나 다양한 분야의 전문가를 영입하여 IMC 역량을 확대하고 있다. 우리는 또한 얼마나 많은 광고주들이 비용을 절감하기 위해서뿐만 아니라 디지털 마케팅에 대한 더 많은 통제력을 갖기 위해 보다 많은 IMC 프로그램을 사내에서 처리하고 있는지 확인했다.

통합 서비스의 장단점

IMC 프로그램의 통제권을 광고주가 가져야 하는지 아니면 광고대행사가 가져야 하는지에 대해 수년 동안 논쟁이 지속됐다. 통합 마케팅의 개념은 새로운 것이 아니며, 특히 수년 동안 다양한 프로모션 도구를 스스로 조정해 온 소규모 회사와 커뮤니케이션 대행사에서 특히 그렇다. 그리고 대형 광고대행사는 20년 이상 광고주의 프로모션 사업을 더 많이 확보하기 위해 노력해왔다. 그러나 과거에는 다양한 서비스가 별도의 수익 센터로 운영되었다. 각 팀은 진정으로 통합된 마케팅 프로그램을 개발하기보다는 자사의 전문성을 밀어붙이고 자사의 목표를 추구하려는 동기를 가지고 있었다.

통합 마케팅 서비스를 지지하는 사람들은 과거의 문제가 해결되고 있으며, 광고대행사와 광고대행사 자회사의 다양한 사람들이 고객에게 일관된 메시지를 전달하기 위해 협력하는 방법을 배우고 있다고 주장한다. 그들은 전체 IMC 프로세스에 대한 통제를 유지하는 것이 각 커뮤니케이션 프로그램 요소 간에 더 큰 시너지 효과를 얻을 수 있다고 주장한다. 또한 고객이 미디어 광고, 다이렉트 마케팅, 디지털/소셜, 이벤트, 판매 프로모션, 홍보 등 모든 마케팅 활동을 하나의 광고대행사를 통해 조정하는 것이 더 편리하다는 점에 주목한다. 통합 마케팅 기능을 갖춘 광고대행사는 회사 또는 브랜드에 대한 단일 이미지를 만들고 모든 사람을 한 목소리로 다룰 수 있다.

그러나 모든 회사가 전체 IMC 프로그램을 하나의 대행사에 넘기고 싶어 하는 것은 아니다. 반대론자들은 서비스를 제공하는 사람들이 예산을 둘러싼 정치적 다툼에 휘말리고, 서로 소통해야 할 만큼 자주 소통하지 못하며, 시너지를 얻지 못한다고 말한다. 그들은 또한 프로모션 프로그램의 모든 측면을 통제하려는 광고대행사의 노력은 그렇지 않으면 독립된 서비스 제공업체에게 잃을 수 있는 사업을 유지하려는 시도에 불과하다고 주장한다. 그들은 시너지와 규모의 경제가 이론적으로는 좋지만 달성하기 어려웠고 광고대행사 자회사 간의 경쟁과 갈등이 주요 문제였다고 지적한다.

많은 회사들이 커뮤니케이션 기능을 위해 다양한 서비스 공급업체를 이용하고 있으며, 광고, 판매촉진 또는 홍보와 같은 각 프로모션 업무에 가장 적합하다고 생각되는 전문가를 선택한다. 많은 광고대행사가 통합을 마스터하고 서로 경쟁하기 위해 노력하고 있지만, 여전히 전문 서비스를 제공하는 회사와 경쟁해야 한다. 마케팅 컨설턴트 잭 트라우트(Jack Trout)는 "전문 업체가 많은 한, 광고대행사를 통합하는 것은 까다로울 것이다. 전문가들이 문을 열고 들어와서 '이게 우리가 하는 전부이고 우리가 잘하는 것'이라고 말하는데, 이는 엄청난 논쟁이다. 모든 마케팅 업무를 사내에서 수행하는 광고대행사는 결코 동급 최고로 인식되지 않을 것이다."라고 말한다.

이미 복잡한 광고주-광고대행사 관계는 마케팅 예산 감소, 이에 따른 IMC 프로그램 비용을 절감하려는 광고주의 욕구, 그리고 소셜 미디어, 모바일 마케팅 및 기타 비전통적인 형태의 커뮤니케이션 사용이 엄청나게 증가하고 있다는 등의 몇 가지 다른 요인의 결과로 더욱 어려워지고 있다. 포레스터 리서치(Forrester Research)의 "광고대행사의 미래(The Future of Agency)"라는 연구에서는, 오늘날 마케터가 직면한 가장 큰 과제는 광고 및 IMC 전략을 변경하고자 할 때 누구에게 의지해야 하는지 아는 것이라 시사해준다.

이 연구는 많은 광고대행사가 전통적 서비스와 비전통적 서비스를 모두 한데 묶어 모든 서비스를 제공할 수 있는 것으로 포지셔닝하려고 노력하고 있다고 지적한다.

그러나 더 가능성이 높은 시나리오는 마케터가 서로 다른 영역의 여러 대행사를 통해 비즈니스를 진행하게 될 것이며, 이들이 함께 일하도록 하는 것이 중요하다. 그들은 또한 IMC 프로그램의 관리 및 조정을 담당할 사람을 결정해야 한다. 일부 기업, 특히 전자상거래에 많이 관여하거나 사업에 주요 기술 구성 요소를 가지고 있는 기업은 이제 컨설팅 회사와 같은 디지털 대행사가 IMC 프로그램을 주도하도록 선택하고 있다.

IMC에 대한 책임: 광고대행사 대 광고주

광고주와 광고대행사 임원을 대상으로 한 설문조사에 따르면 두 그룹 모두 통합 마케팅이 조직의 성공에 중요하며 앞으로 더욱 중요해질 것이라고 생각하는 것으로 나타났다.

그러나 마케터와 광고대행사 경영진은 IMC 프로세스를 누가 담당해야 하는지에 대해 의견이 매우 달랐다. 많은 광고주가 자체 IMC 캠페인에 대한 전략을 수립하고 조정하는 것을 선호하지만, 일부 광고대행사 경영진은 이를 자신의 영역으로 간주한다.

광고대행사 경영진은 자사가 통합 캠페인에 필요한 다양한 요소를 처리할 수 있다고 믿지만, 많은 마케터, 특히 대기업은 이에 동의하지 않는다. 마케팅 임원들은 IMC를 구현하는 데 가장 큰 장애물은 이를 실현할 수 있는 광범위한 관점과 기술을 가진 사람들이 부족하다는 것이라고 말한다. 내부 영역 다툼, 광고대행사의 자존심, 예산 삭감에 대한 두려움 등도 성공적인 통합 마케팅 캠페인의 주요 장애물로 꼽힌다. 글로벌 리서치 회사인 CEB(Corporate Executive Board)의 광고 및 마케팅 원탁회의(Advertising and Marketing Roundtable)에서 실시한 연구에서는 글로벌 기업의 광고 및 마케팅 커뮤니케이션 부서 책임자와 광고대행사 임원을 대상으로 여러 광고대행사 파트너의 활용에 관한 설문조사를 실시했다. 이 연구는 단일 광고대행사 또는 브랜드를 위해 일하는 고정된 대행사 명단의 전통적이고 정적인 모델이 일부 마케터의 공개채용(open source) 모델로 대체되고 있음을 발견했다. 이 모델에서 마케터는 필요에 따라 자신의 특별한 재능과 전문 지식을 활용하기 위해 때로는 프로젝트 단위로 수많은 이질적인 마케팅 파트너를 고용한다. CEB 보고서는 고객들이 점점 더 주요 광고대행사를 다양한 IMC 분야의 전문가 네트워크의 브랜드 관리자 및 코디네이터로 격하시킬 것이라고 지적한다.

많은 광고대행사는 전문가의 관리자이자 조정자라는 새로운 역할을 받아들여야 한다는 전제를 받아들이지 않는다. 이러한 광고대행사는 여전히 스스로를 전략적이고 실행 가능한 파트너로 간주하고 있으며 고객에게 완전한 서비스 라인을 제공하기 위해 더 많은 리소스를 추가하고 있다. 그들은 디지털/인터랙티브, 멀티미디어 광고, 데이터베이스 관리, 다이렉트 마케팅, 홍보 및 판매촉진에 대한 광고대행사의 기능을 확장하고 있다. 그러나 많은 마케터는 여전히 IMC 캠페인에 대한 전략을 수립하고 여러 제공업체를 사용하여 전문 지식, 높은 품질과 창의성, 더 나은 제어 및 비용 효율성을 추구하기를 원한다. 미국 혼다의 전 최고 마케팅 책임자인 스티븐 센터(Steven Center)는 아마도 대부분의 최고 마케팅 임원들이 공유하는 입장을 취하고 있을 것이다. 그는 "광고대행사는 우리보다 훨씬 더 많은 것에 노출되어 있으며, 원시적인 아이디어, 시장 정찰 및 정보를 가져와야 한다. 그러나 그들은 우리의 마케팅 사명을 달성하기 위해 회사를 조직하는 방법을 알려주지 않을 것이다. 그 책임은 항상 전적으로 브랜드 소유자에게 있어야 한다."고 말했다.

미래를 위한 준비

이 장 전체에서 언급했듯이 특히 지난 20년 동안 광고주-광고대행사 관계와 관련하여 많은 변화가 있었다. 전통적인 광고대행사는 특히 디지털 마케팅 및 정보기술 분야에서 다양한 전문 회사뿐만 아니라 IMC 기능을 더 많이 사내로 가져오는 광고주와의 경쟁에 직면해 있다. 광고대행사는 광고주에게 자신의 가치를 입증하고 서비스뿐만 아니라 마케팅 커뮤니케이션 문제에 대한 솔루션을 어떻게 제공하고 있는지 보여줄 수 있어야 한다. 선도적인 광고대행사 컨설팅 회사인 이그니션 컨설팅 그룹(Ignition Consulting Group)의 설립자인 팀 윌리엄스(Tim Williams)는 대행사가 스스로를 변화시키고 미래를 준비하기 위해 노력해야 하는 기본 요소를 설명하는 틀을 만들었다. 윌리엄스는 이러한 요소를 2020년대의 광고대행사의 초석(Foundations of the 2020 agency)이라고 부르며, 도표 3-10과 같이 8개의 다른 영역으로 그

도표 3-10

2020 광고대행사의 초석

영역	기본 요소
책임	• 결과뿐만 아니라 결과에 대한 책임 • 성공 지표에 대한 관심 vs. 서비스 비용에 대한 관심 • 중요한 것의 측정: 광고대행사의 시간이 아닌 고객을 위한 결과
민첩성	• 업무흐름에 민첩한 철학 적용 • 프로토 타이핑 및 최소 실행 가능한 제품 • 학제 간 팀 vs. 부서
협력	• 시간 관리보다 협업을 중시하는 문화 • 받는 사람이 아닌 주는 사람 • 평화로운 경쟁자로서의 광고대행사 파트너
디지털 피트니스	• 디지털 IQ가 높은 개인 • 광고대행사 전반에 걸친 역량으로서의 디지털 vs. 부서 • 데이터 및 개인화에 대한 깊은 이해
효율성	• 단순한 서비스가 아닌 솔루션 제공 업체 • 진정한 프로젝트 관리 vs. 시간 추적자 • 광고대행사의 효율이 아니라 광고주를 위한 효율성에 집중
전문성	• 특정 시장 또는 잠재 고객에 대한 지식 • 동급 최고의 비즈니스 모델 vs. 풀 서비스 • 우수성과 최고의 업무수행 센터
혁신성	• 고용을 위한 일이 아닌 지적 재산으로부터 수익 창출 • 독립 사업부로서의 연구소 • 서비스 사업이 아닌 마케팅 발명 사업가
가격정책	• 핵심역량으로서의 가격 책정 vs. 원가계산 • 광고주와 광고대행사 모두의 경제적 인센티브 조정 • 전문 바이어가 협상하는 전문 판매자

룹화한다. 이러한 요소에는 추가서비스 및 기능 추가와 같은 단순한 수정이 아니라 광고대행사가 자신의 비즈니스 모델을 보는 방식과 광고주에게 서비스를 제공하는 방식에 대한 근본적인 변화를 요구한다. 윌리엄스는 광고대행사가 광고주에게 제공하는 서비스에 다시 초점을 맞추고 재정의하여 스스로를 필수 불가결한 존재로 만드는 방법을 고려해야 하며, 이를 위해서는 서비스 모델과 비즈니스 운영 방식을 주의 깊게 검토해야 한다고 주장한다.

요 약

광고 및 프로모션 프로그램의 개발, 실행 및 관리에는 회사 안팎의 많은 개인의 노력이 포함된다. 통합 마케팅 커뮤니케이션(IMC) 프로세스의 참가자에는 광고주 또는 고객, 광고대행사, 미디어 조직, 전문 마케팅 커뮤니케이션 회사 및 동종 부수적인 서비스 제공자가 포함된다.

기업은 광고 및 프로모션을 내부적으로 조직하기 위해 세 가지 기본 시스템을 사용한다. 중앙 집중식 시스템은 원활한 커뮤니케이션, 낮은 인력 요구 사항, 직원의 연속성 및 더 많은 최고 경영진 참여의 이점을 제공한다. 단점으로는 전체 마케팅 목표에 대한 참여도가 낮고, 응답 시간이 길며, 여러 제품 라인을 처리하기 어렵다는 점이 있다.

분권식 시스템은 비효율적인 의사결정, 내부 갈등, 자금 배분 오류, 권한 부족 등으로 제한될 수 있지만, 경영진의 관심 집중, 문제에 대한 보다 신속한 대응, 유연성 향상이라는 이점을 제공한다. 사내 광고대행사는 비용 절감, 통제력 및 조정 증가의 이점을 제공하지만 경험, 객관성 및 유연성이 떨어지는 단점이 있다. 그러나 IMC 프로그램의 전부 또는 적어도 일부를 처리하기 위해 사내 광고대행사를 사용하는 회사의 수가 증가하고 있다. 사내 광고대행사를 더 많이 사용하려는 움직임은 기업이 더 많은 IMC 콘텐츠를 적시에 제작하고 이를 수행해야 하는 디지털 마케팅의 사용 증가에 의해 주도되고 있다.

많은 회사들이 프로그램 개발 및 실행을 돕기 위해 광고대행사를 이용한다. 이러한 광고대행사는 종합 서비스 광고대행사, 크리에이티브 부티크 및 미디어 구매 서비스를 포함하여 다양한 형태를 취할 수 있다. 첫 번째는 고객에게 모든 범위의 서비스(크리에이티브, 광고주, 마케팅, 재무 및 관리 서비스 포함)를 제공한다. 다른 둘은 각각 크리에이티브 서비스와 미디어 구매를 전문으로 한다. 광고대행사는 수수료 시스템, 백분율 요금, 수수료 및 비용 기반 시스템을 통해 보상을 받는다. 최근에는 광고대행사의 책임에 대한 강조가 증가하고 있다. 광고대행사는 재무적 측면과 질적 측면 모두에서 평가받고 있으며, 일부 광고주는 광고대행사 보상을 매출 및 시장 점유율과 같은 성과 측정과 연결하는 인센티브 기반 보상 시스템을 사용하고 있다.

마케터는 광고대행사를 이용하는 것 외에도 다이렉트 마케팅 대행사, 판매촉진 대행사, 홍보 회사 및 디지털 대행사를 포함한 다른 마케팅 커뮤니케이션 전문가의 서비스를 사용한다. 마케터는 각 프로모션 기능에 대해 다른 전문가를 사용할지 아니면 이러한 모든 서비스를 한 지붕 아래에서 제공하는 광고대행사에서 모든 IMC를 수행하도록 할지 결정해야 한다.

최근 연구에 따르면 대부분의 마케터는 IMC 캠페인에 대한 전략을 수립하고 조정하는 것이 광고대행사의 책임이 아닌 자신의 책임이라고 생각한다. 비광고 분야에 대한 폭넓은 시야와 전문 기술의 부족은 광고대행사가 IMC에 더 많이 참여하는 데 큰 장벽으로 간주된다. 광고대행사는 고객에게 자신의 가치를 입증하고 마케팅 커뮤니케이션 문제에 대한 솔루션을 제공하는 방법을 보여줄 수 있어야 한다. 광고대행사가 스스로를 변화시키고 미래를 준비하기 위해 노력해야 하는 기본 요소를 설명하는 프레임워크가 제시되었다.

CHAPTER 4

소비자행동에 대한 관점

자료: Elsa/Getty Images

학습 목표

1 | 소비자행동에 대한 이해가 광고 및 프로모션 프로그램을 개발하는 데 중요한 이유에 대해 논의한다.

2 | 소비자 의사결정 과정의 단계를 설명한다.

3 | 지각 및 동기부여와 같은 심리적 과정이 소비자행동에 미치는 영향을 설명한다.

4 | 행동학습 이론과 인지학습 이론에 대해 토론한다.

5 | 문화와 하위문화와 같은 외부 요인이 미치는 영향을 설명한다.

6 | 소비자행동을 연구하는 새로운 방법을 파악한다.

양키스는 할 이야기가 있다

현재 브랜딩에서 가장 인기 있는 트렌드 중 하나는 스토리텔링인데, 뉴욕 양키스(Yankees) 야구팀은 100년 넘게 이 기술을 사용해왔다. 1903년에 설립된 양키스는 모든 스포츠를 통틀어 가장 성공적인 메이저 리그 프랜차이즈 중 하나다. 그리고 그들을 사랑하든 미워하든, 그들의 마케팅 능력에 대한 공로를 인정해야 한다.

그러나 스토리텔링이 왜 양키스에게 그토록 성공적인 전략이었는지, 그리고 질로우(Zillow), 스포티파이(Spotify), 하기스(Huggies) 등 여러 브랜드를 포함한 다른 브랜드에서도 그렇게 되었는지 이해하려면 브랜드와 관련된 스토리텔링이 무엇인지, 그리고 다른 마케팅 전략과 무엇이 다른지 이해해야 한다.

스코프 프로덕션(Scope Productions)의 크리에이티브 디렉터인 샤크 아부드(Shaq Abboud)는, 아주 어릴 때부터 부모님이 우리에게 동화와 동요를 읽어주고, 흥미롭고 즐겁고 기억에 남는 방식으로 쓰여진 이야기를 들려주셨다고 설명한다. 좋은 이야기는 성인이 되어서도 우리의 삶에 영향을 줄 수 있다. 우리는 여전히 이야기를 사랑하고, 그것들을 기억하고 있다고 아부드는 말한다. 그는 또한 브랜드에 대한 좋은 이야기도 같은 효과를 낼 수 있다고 말한다. 다른 마케터들도 이에 동의하며, 스토리텔링은 제대로 수행될 경우 소비자와 브랜드 간의 더 강력하고 깊은 연결을 이끌어낼 수 있는 인간 경험이라는 점에 주목한다. 그러나 그들은 좋은 이야기를 쓰는 것이 쉽지 않으며 이는 과학인 동시에 예술이라고 덧붙인다.

마케팅 대행사인 원스팟(Onespot)의 마케팅 수석 이사인 마리사 스턴버그(Marissa Sternberg)는 스토리텔링의 효과를 만드는 과학을 조사했다. 스턴버그는 이야기가 뇌의 일부를 활성화시켜 듣는 사람이 신경 결합이라는 과정을 통해 이야기를 자신의 생각으로 바꿀 수 있게 한다고 설명한다. 이로 인해 뇌가 도파민을 시스템으로 방출하여 기억하기 쉽고 정확도가 높아지도록 감정적으로 충전된 일이 일어난다. 수신자가 캐릭터의 관점에서 이야기를 경험하는 데 도움이 되는 세부 사항은 뇌 피질의 감각, 운동, 시각, 청각 및 후각 부분을 참여시켜서 훨씬 더 효과적인 의사소통을 할 수 있다.

전직 총괄 매니저 겸 CMO이자 현재 버지니아 대학교 다든 경영대학원 조교수인 킴벌리 A. 휘틀러(Kimberly A. Whitler)가 지적한 바와 같이, 대부분의 광고는 소비자와 소통할 수 있는 시간이 약 30초에 불과하다. 이는 광고주가 소비자에게 전달하고 해당 정보를 제공해야 하는 가장 중요한 아이디어에 집중해야 함을 의미한다. 반면에 스토리텔링은 소비자와 소통할 수 있는 스토리 또는 일련의 스토리로 이어질 수 있으며, 소비자에게 훨씬 더 많은 콘텐츠를 제공하는 동시에 더 많은 참여를 유지할 수 있다. 이를 통해 마케터는 청중과 더 깊은 관계를 발전시킬 수 있으며, 스토리는 하나의 속성에 집중하기보다는 브랜드가 소비자에게 의미하는 바를 전달할 수 있다.

양키스를 예로 들어 보겠다. 스토리텔링 인사이트 회사인 쉐어 모어 스토리즈(Share More Stories)의 CEO 제임스 워렌(James Warren)은 스토리텔링이 100년 넘게 양키스 브랜드의 핵심이었으며, 양키스의 구단주인 조지 스타인브레너(George Steinbrenner)는 스토리텔링의 달인이었다고 말한다. 일이 잘 풀리자 스타인브레너는 스토리텔링에 불을 지폈다. 일이 잘 풀리지 않았을 때, 대릴 스트로베리(Darryl Strawberry)의 약물 남용 문제로부터 회복을 위한 노력과 가능성에 관한 이야기를 다루었다. 이제 YES 네트워크(Yankees Entertainment and Sports Network)는 과거와 현재의 양키 이야기를 보여주고, 스타즈앤핀스트라이프스(Stars and PinStripes)와 같은 다른 프로그램은 유명 양키스 팬들의 이야기를 공유한다. 뉴요커, 팬, 양키스 사이에 공유된 이야기가 생겨남에 따라서 양키스는 더 인간적이고 친근하게 만듦으로써 단순한 브랜드 그 이상이 되었다고 워렌은 말한다.

다른 많은 회사들도 스토리텔링이 효과적인 마케팅 도구라는 것을 알게 되었다. 예를 들면 다음과 같다.

- **질로우:** 미국에 본사를 둔 온라인 부동산 마켓플레이스 회사인 질로우는 시장 가치 추정치, 평방피트, 사진 등을 포함하여 1억 1,000만 가구 이상에 대한 데이터를 보유하고 있다. 이 사이트는 또한 밀레니얼 세대가 저렴한 주택을 찾을 수 있는 최고의 장소는 어디인지, 다양한 도시에서 집이 서로 얼마나 가까운지, 은퇴하기에 가장 좋은 장소는 어디인지, '트릭 오어 트릿을 위한 최고의 도시 20곳'에 대한 이야기를 게재했다.
- **스포티파이:** 이 음악 스트리밍 서비스는 3,000만 명의 구독자가 어떤 노래와 아티스트를 선택하는지에 대한 지속적인 데이터를 수집한다. 또한 이 데이터를 사용하여 미국 전역의 다양한 대학이 음악을 어떻게 듣는지 살펴보는 "2017년도엔 학생들은 어떻게 음악을 듣나요(How Students Listen 2017)"와 같은 스토리를 만들어낸다. 이 스토리는 가장 많이 듣는 곳, 가장 인기 있는 장르, 듣는 음악의 다양성과 같은 통찰력을 보여준다.
- **하기스:** 기저귀 브랜드 하기스의 캐나다 사업부는 팸퍼스(Pampers, 시장 선두주자)와 경쟁하기 위해서는 출산을 위해 병원에 도착하기 전에 어머니가 하기스를 선택하도록 하는 구체적이고 감정적인 이유를 제공해야 한다는 것을 알고 있었다. 두 가

(계속)

지 이니셔티브에 초점을 맞춘 스토리텔링 캠페인이 개발되었다. (1) 어머니에게 아기와의 피부 접촉의 중요성에 대해 교육하고, (2) 캐나다 병원에 포옹이 필요한 아기에게 포옹을 줄 수 있는 자원봉사자 '포옹꾼'이 있는지 확인한다. 캠페인 결과에 따르면 새 엄마는 하기스에 대해 완전히 새로운 관점을 갖게 되었고 참여도는 300%, 매출은 32% 증가했다.

성공적인 스토리텔링 캠페인을 벌인 다른 회사로는 버드와이저(말과 개를 활용), 스바루(Subaru), 에어비앤비(Airbnb) 등이 있다.

자료: Shaq Abboud, "Unleash Your Secret Weapon: Video Storytelling. Why Is It the Future of Marketing?" March 21, 2019, www.martechadvisor.com; Kimberly Whitier, "3 Reasons Why Storytelling Should Be a Priority for Marketers," *Forbes*, July 14, 2018, www.forbes.com; Lorna Keane, "10 Examples of Brand Storytelling (with Data) That Hit the Mark," April 23, 2018, www.globalwebindex.com; Marissa Sternberg, "Infographic: The Science of Storytelling," July 1, 2017, www.onespot.com.

이 장의 서두에서는 마케터가 마케팅 커뮤니케이션을 보다 효과적으로 만들기 위해 사용하는 여러 기술 중 하나에 대해 설명한다. 마케팅 연구자들은 소비자가 자신의 메시지를 더 잘 듣도록 동기를 부여하는 요인을 알아내기 위해 끊임없이 연구를 수행하고 있으며, 스토리텔링은 가장 효과적인 방법 중 하나로 밝혀졌다. 소비자 연구는 경영자가 마케팅 전략을 설계하는 데 도움이 되는 주요 구성 요소다. 마케터는 많은 요인이 소비자의 의사결정에 직간접적으로 영향을 미칠 수 있다는 것을 알고 있다. 그들에게 중요한 것은 소비자의 욕구가 어떻게 그리고 왜 발생하는지, 그 욕구가 무엇이며, 누가 해당 제품이나 서비스를 사용할 가능성이 있는지다. 특히 마케터는 구매 결정으로 이어지고 영향을 미치는 여러 가지 요인을 이해하기 위해 소비자행동을 연구한다. 종종 마케터는 통찰력을 얻기 위해 다른 분야에서 차용한 기술을 사용한다. 심리학, 인류학, 사회학 및 신경 과학에서 사용되는 연구 방법은 경영자가 소비자의 구매 동기를 탐구하려고 시도함에 따라 기업에서 점점 더 인기를 얻고 있다. 효과적인 마케팅 전략을 수립하기 전에 이러한 동기와 소비자의 태도, 라이프스타일, 의사결정 프로세스를 이해해야 한다.

이는 프로모션 기획자가 통합 마케팅 커뮤니케이션(IMC) 프로그램을 개발할 때 고려해야 하는 소비자행동의 몇 가지 측면에 불과하다. 보시다시피 소비자 선택은 다양한 요인의 영향을 받는다.

소비자행동을 심층적으로 살펴보는 것은 이 교과서의 범위를 벗어난다. 그러나 프로모션 기획자는 소비자 의사결정과 이에 영향을 미치는 요인과 또한 이러한 지식을 프로모션 전략 및 프로그램 개발에 어떻게 사용할 수 있는지에 대한 기본적인 이해가 필요하다. 소비자행동에 대한 개요부터 시작한다.

소비자행동의 개관

모든 마케터가 직면한 과제는 어떻게 소비자들이 제공하는 제품이나 서비스에 유리하게끔 소비자의 구매행동에 영향을 미치는 방법이다. 비자(Visa)와 같은 회사의 경우 이는 소비자가 신용카드로 더 많은 구매를 하도록 하는 것을 의미한다. BMW의 경우 자동차를 구매하거나 임대하도록 하는 것을 의미한다. UPS나 페덱스(FedEx)와 같은 기업 간 거래(B2B) 마케터의 경우 조직 구매자가 자사 제품을 더 많이 구매하거나 서비스를 사용하도록 하는 것을 의미한다. 궁극적인 목표는 소비자의 구매행동에 영향을 미치는 것이지만, 대부분 마케터는 실제 구

사진 4-1

텔루라이드(Telluride) 스키 리조트는 스키어 라이프스타일을 즐기는 사람들에게 어필한다.

자료: Telluride Ski & Golf Resort

매가 전체 구매 과정의 일부일 뿐이라는 것을 알고 있다.

소비자행동(consumer behavior)은 사람들이 자신의 니즈(needs, 근원적인 욕구)와 구체적인 욕구(want)를 충족시키기 위해 제품과 서비스를 검색, 선택, 구매, 사용, 평가 및 폐기할 때 사람들이 관여하는 과정과 활동으로 정의할 수 있다. 많은 제품과 서비스의 경우 구매 결정은 광범위한 정보 검색, 브랜드 비교 및 평가 및 기타 활동을 포함할 수 있는 길고 자세한 과정의 결과다. 다른 구매 결정은 더 우연적이며 매장에서 할인된 가격으로 눈에 띄게 진열된 제품을 보는 것 이상의 결과가 아닐 수 있다. 매장에 있는 동안 충동구매를 한 적이 몇 번이나 되는지 생각해보라.

마케터가 구매행동에 영향을 미치는 데 성공하는 것은 주로 소비자행동을 얼마나 잘 이해하는지에 달려 있다. 마케터는 고객이 충족시키려는 구체적인 욕구 사항과 그것이 구매 기준으로 어떻게 변환되는지 알아야 한다. 그들은 소비자가 다양한 대안에 대한 정보를 수집하고 이 정보를 사용하여 경쟁 브랜드 중에서 선택하는 방법과 구매 결정을 내리는 방법을 이해해야 한다. 그들은 어디에서 제품을 구매하는 것을 선호하는가? 구매 시점에 마케팅 자극의 영향을 어떻게 받는가? 마케터는 또한 소비자 결정 프로세스와 구매 이유가 다양한 유형의 고객마다 어떻게 다른지 이해해야 한다. 예를 들어, 구매 결정은 소비자의 성격이나 라이프스타일에 영향을 받을 수 있다. 사진 4-1에 표시된 광고가 스키어 라이프스타일을 즐기는 사람들의 흥분을 어떻게 묘사하는지 주목해보자.

도표 4-1의 개념적 모델은 소비자 결정 프로세스를 분석하기 위한 프레임워크로 사용된다. 우리는 이 모델의 다양한 단계에서 일어나는 일과 광고와 프로모션을 사용하여 의사결정에 영향을 미치는 방법에 대해 논의할 것이다. 또한 동기, 지각, 태도, 통합 과정과 같은 다양한 심리적 개념의 영향을 살펴볼 것이다. 소비자 의사결정 과정의 변화가 탐구될 것이며, 소비자 학습과 소비자 의사결정 과정에 대한 외부 영향에 대한 관점도 탐구될 것이다. 이 장은 소비자행동을 연구하는 대체 수단에 대해 살펴보며 마무리된다.

소비자의 의사결정 과정

도표 4-1에서 볼 수 있듯이, 소비자의 구매 결정 과정은 일반적으로 구매자가 제품이나 서비스를 구매할 때 거치는 여러 단계로 구성되어 있다고 보인다. 이 모델은 의사결정이 여러 가지 내부 심리적 과정을 포함한다는 것을 보여준다. 동기부여, 지각, 태도 형성, 통합 및 학습은 소비자의 일반적인 의사결정 과정에 영향을 미치기 때문에 프로모션 기획자에게 중요하다. 구매 결정 모델의 각 단계를 살펴보고, 다양한 하위 프로세스가 소비자행동 과정의 각 단계에서 일어나는 일에 어떠한 영향을 미치는지 그리고 프로모션 기획자가 이 과정에 어떻게 개입하고 영향을 줄 수 있는지 논의한다.

문제 인식

도표 4-1은 소비자 의사결정 과정의 첫 번째 단계가 **문제 인식**(problem recognition)임을 보

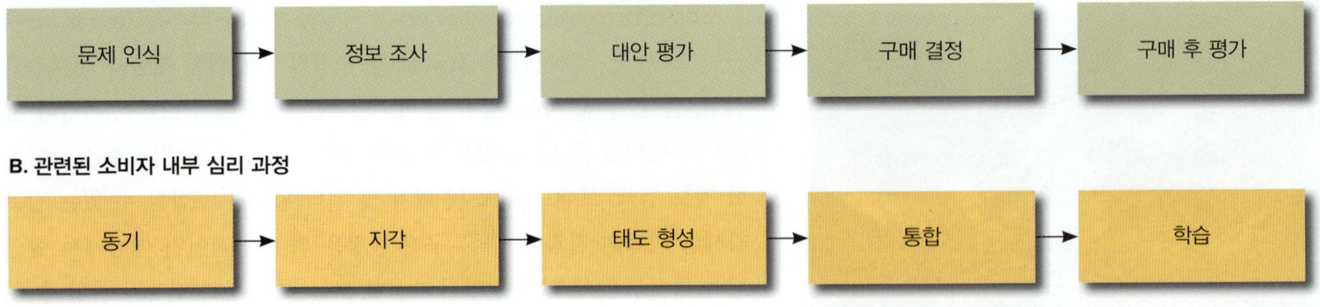

도표 4-1

소비자 의사결정의 기본 모형

여주는데, 이 단계는 소비자가 근원적인 욕구를 인식하고 그 문제를 해결하려는 동기가 부여될 때에 발생한다. 문제 인식 단계는 이후의 의사결정 과정을 유발시킨다.

문제 인식은 소비자의 이상적 상태와 실제 상태의 차이로 인해 발생한다. 소비자가 원하는 상황과 실제 상황 사이에 불일치가 존재한다(문제가 항상 부정적인 상태를 의미하는 것은 아니라는 것을 알 필요가 있다. 소비자에게는 목표가 있으며, 이 목표는 보다 긍정적인 상황을 달성하는 것일 수 있다).

문제 인식의 원인 문제 인식의 원인은 매우 간단하거나 복잡할 수 있으며, 소비자의 현재 또는 원하는 상태의 변화로 인해 발생할 수 있다. 이러한 원인은 내부 및 외부 요인의 영향을 받을 수 있다.

재고 없음 문제 인식은 소비자가 기존 제품 공급을 사용하고 재고를 보충해야 할 때 발생한다. 구매 결정은 일반적으로 간단하고 일상적이며, 종종 친숙한 브랜드나 소비자가 충성심을 느끼는 브랜드를 선택함으로써 해결된다.

불만족 문제 인식은 소비자가 현재 상황 또는 사용하는 제품이나 서비스에 대한 불만족으로 인해 발생한다. 예를 들어, 소비자는 자신의 스노 부츠가 더 이상 편안하거나 스타일리시하지 않다고 생각할 수 있다. 광고는 소비자가 문제가 있거나 구매해야 할 때를 인식하는 데 도움이 될 수 있다. 사진 4-2에 나와 있는 니코덤(NicoDerm) 광고는 흡연에 불만족하고 금연을 원하는 사람들에게 도움을 제공한다.

사진 4-2

이 광고에서, 니코덤은 문제 인식 단계에 있는 사람들을 돕겠다고 제안한다.

자료: GlaxoSmithKline

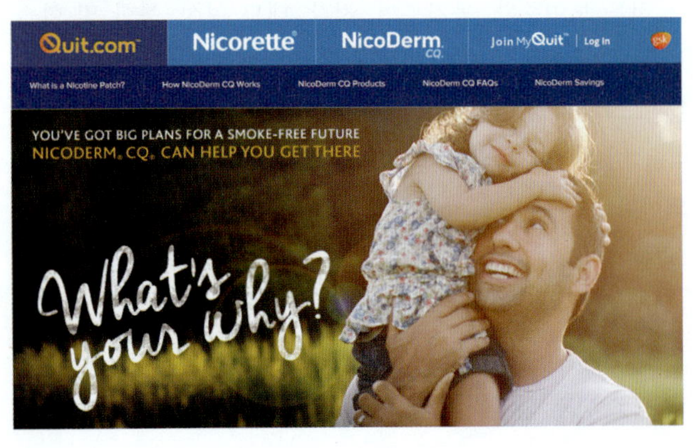

새로운 근원적인 욕구/구체적인 욕구 소비자의 삶의 변화는 종종 새로운 근원적인 욕구와 구체적인 욕구를 초래한다. 예를 들어, 재정 상황, 고용 상태 또는 라이프스타일의 변화는 새로운 근원적인 욕구를 만들고 문제 인식을 유발할 수 있다. 보시다시피 대학을 졸업하고 직장 생활을 시작할 때 새로운 직장 때문에 옷장을 바꿔야 할 수도 있다(안녕, 청바지와 티셔츠/환영, 정장과 넥타이). 아기를 낳으면 가족용 자동차를 사야 할 수도 있다.

모든 제품 구매가 근원적인 욕구에 따라 이루어지는 것은 아니다. 소비자가 찾는 제품이나 서비스 중에는 필수적이지 않지만 그래도 원하는 것도 있다. 원하는 것은 사람이 가지고 있지 않은 것에 대한 욕망이다. 소비자에게 판매되는 많은 제품은 근원적인 욕구보다는 구체적인 욕구를 충족시켜 준다.

사진 4-3

스플랫은 소비자들이 머리 색깔을 바꿔서 다르게 보이도록 권유한다.

자료: Developus

관련 제품/구매 문제 인식은 제품 구매를 통해서도 자극될 수 있다. 예를 들어, 새로운 아이폰(iPhone)을 구매하면 충전기, 이어폰 또는 보호 커버와 앱과 같은 액세서리에 대한 필요성을 인식하게 될 수 있다. 아이패드(iPad)를 구매하면 커버와 화면 클리너를 구매하게 될 수 있다. 노트북을 구매하면 소프트웨어 프로그램, 업그레이드, 프린터 등이 필요할 수 있다.

마케터가 유발하는 문제 인식 문제 인식의 또 다른 자료원은 마케터가 소비자에게 현재 상태나 상황에 만족하지 않도록 격려하는 행동이다. 구강 청정제, 탈취제, 발 스프레이와 같은 개인 위생 제품에 대한 광고는 소비자가 이러한 제품을 사용하여 해결할 수 있는 불안감을 조성하도록 설계될 수 있다. 마케터는 패션과 의류 디자인을 바꾸고 소비자에게 옷장이 구식이라는 인식을 심어준다. 사진 4-3은 스플랫(Splat)이 사람들이 머리 색깔을 바꾸도록 권유하는 방식을 보여준다.

마케터는 또한 소비자의 참신함을 추구하는 행동 경향을 이용하여 다양한 브랜드를 시도하게 한다. 소비자는 기본적으로 기존 브랜드에 만족하더라도 종종 새로운 제품이나 브랜드를 시도한다. 마케터는 이미 포화된 시장에 새로운 브랜드를 도입하고 무료 견본 출시기념 특판 가격 제공, 쿠폰과 같은 판매촉진 기법과 광고를 사용하여 브랜드 전환을 장려한다.

신제품 문제 인식은 혁신적인 제품이 출시되어 소비자의 관심을 끌 때도 발생할 수 있다. 마케터는 끊임없이 새로운 제품과 서비스를 출시하고 소비자에게 해결할 수 있는 문제 유형에 대해 알려준다. 예를 들어, 스마트폰은 전화기 그 이상이 되었는데, 생각할 수 있는 모든 것을 할 수 있는 앱이 점점 더 많아지고 있기 때문이다. 애플의 애플리케이션(앱) 스토어에는 스마트폰과 아이패드용 무료 및 유료 앱이 100만 개가 넘는다(사진 4-4). 앱이 더 많이 추가됨에 따라 이러한 제품은 더 많은 소비자에게 매력적으로 다가갈 것이다.

소비자에게 문제 인식을 유도하려는 마케터의 시도가 항상 성공하는 것은 아니다. 소비자는 마케터가 판매하는 제품에 대한 문제나 필요성을 알지 못할 수 있다. 방금 제공한 스마트폰 예를 사용하면 일부에게는 앱이 제공하는 모든 잠재력이 불필요하다고 여겨질 수 있다. 그들은 그저 전화, 문자, 이메일을 보내고 받을 수만 있기를 원한다.

사진 4-4

스마트폰 및 아이패드용 앱은 현재 수백만 개에 달한다.

자료: Warchi/iStock/Getty Images

소비자의 동기

마케터는 문제 인식이 종종 기본적이고 간단한 프로세스지만, 소비자가 문제를 인식하고 이를 해결하려는 동기를 부여받는 방식이 나머지 의사결정 프로세스에 영향을 미칠 것이라는 점을 알고 있다. 예를 들어, 한 소비자는 기능적 관점에서 새로운 시계를 구매해야 할 필요성을 인식하고, 신뢰할 수 있고 저렴한 대안에 집중할 수 있다. 다른 소비자는 시계 구매를 패션 스테이트먼

도표 4-2
매슬로의 욕구 계층

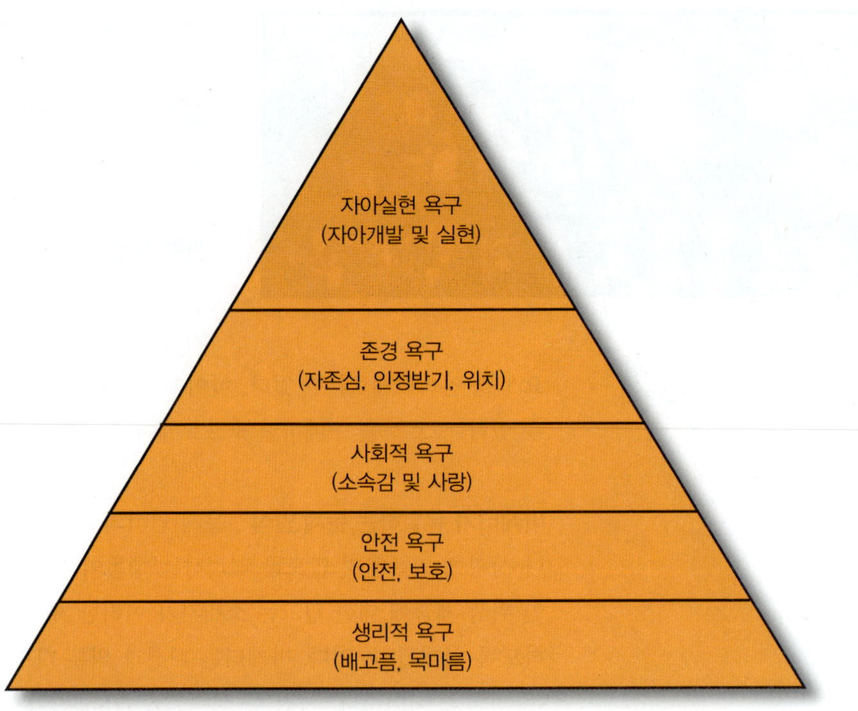

트로 보고 다양한 브랜드의 디자인과 이미지에 집중할 수 있다. 소비자 구매의 근거를 더 잘 이해하기 위해 마케터는 **동기**(motive), 즉 소비자가 특정 행동을 취하도록 하는 요인을 조사하는 데 상당한 주의를 기울인다.

욕구의 계층 소비자 동기를 이해하는 가장 인기 있는 접근 방식 중 하나는 심리학자 아브라함 매슬로(Abraham Maslow)가 수년 전에 대중화한 고전적인 인간 동기이론에 기초를 두고 있다. 그가 제시한 **욕구의 계층 이론**(hierarchy of needs)은 중요성에 따라 계층적으로 배열된 5가지 기본적인 인간 욕구 수준을 가정한다. 도표 4-2에서 볼 수 있듯이, 5가지 욕구는 (1) 생리적 욕구: 음식, 주거, 의복, 섹스와 같이 생명을 유지하는 데 필요한 것에 대한 기본적 욕구, (2) 안전: 신체적 해로부터 보안과 안전에 대한 욕구, (3) 사회적/사랑과 소속감: 다른 사람과 만족스러운 관계를 맺고 사랑, 애정, 소속감, 수용의 감각을 느끼고자 하는 욕구, (4) 자존감: 성취감을 느끼고 다른 사람으로부터 인정, 지위, 존경을 얻고자 하는 욕구, (5) 자아실현: 자기실현 욕구와 자신의 잠재력을 실현하고자 하는 욕구다.

매슬로의 이론에 따르면, 상위 욕구가 의미를 갖기 전에 하위 수준의 생리적 및 안전 욕구가 충족되어야 한다. 이러한 기본적 욕구가 충족되면 개인은 자존감과 같은 상위 욕구를 충족하려고 시도한다. 실제로 사람들이 욕구 계층을 계단식으로 이동할 가능성은 낮다. 하위 수준의 욕구는 소비자 구매행동에 대한 지속적인 동기부여의 원천이다. 그러나 대부분의 선진국에서는 기본적인 생리적 욕구가 충족되기 때문에 마케터들은 종종 소비자의 고차원적 욕구에 어필하여 기본적인 생리적 욕구를 충족시키는 제품을 판매한다.

매슬로의 욕구 계층 구조에는 결함이 있지만, 마케터가 제품과 서비스에서 어떤 욕구가 충족되기를 원하는지 결정하는 데 사용할 수 있는 프레임워크를 제공한다. 그런 다음 브랜드가 이러한 욕구를 어떻게 충족시킬 수 있는지 보여주는 광고 캠페인을 설계할 수 있다. 마케터는 또한 다른 세분시장이 다른 욕구 수준을 강조한다는 것을 알고 있다. 예를 들어, 젊은 독신자

사진 4-5

토요타가 안전에 초점을 맞추어 보안 요구 사항에 호소하는 반면, 재규어 광고는 왜 자아실현에 호소하는 것일까?

자료: (left) Toyota Motor Sales, U.S.A., Inc.; (right) Jaguar Land Rover North America, LLC. All Rights Reserved

는 자동차를 구매하여 사회적 또는 자존감 욕구를 충족시키려 할 수 있지만, 자녀가 있는 가족은 안전 욕구에 더 집중할 것이다. 사진 4-5의 토요타 광고는 소비자의 보안 욕구에 초점을 맞추고, 재규어 광고는 자아실현을 다룬다.

정신분석 이론 소비자 동기를 연구하는 데 다소 논란이 많은 접근 방식은 지그문트 프로이트(Sigmund Freud)가 개척한 **정신분석 이론**(psychoanalytic theory)이다. 그의 연구는 성격의 구조와 발달을 다루었지만, 프로이트는 또한 인간 행동의 근본적인 동기를 연구했다. 정신분석 이론은 현대 심리학의 발전은 물론 동기부여와 성격에 대한 설명에 큰 영향을 미쳤다. 또한 구매 결정의 근간이 될 수 있는 깊이 뿌리박힌 동기를 탐구하는 데 관심이 있는 마케터가 소비자행동을 연구하는 데 적용되었다.

정신분석 이론을 소비자행동과 연관시키려는 사람들은 소비자의 구매 동기가 종종 매우 복잡하고 일반 관찰자와 소비자 자신에게 불분명하다고 믿는다. 구매 또는 소비에 대한 많은 동기는 잠재의식을 탐구해야만 알 수 있는 깊은 동기에 의해 주도될 수 있다.

마케팅에서 이런 유형의 연구를 처음으로 수행한 사람으로 어니스트 디처(Ernest Dichter)와 제임스 비카리(James Vicary)는 여러 대기업에 고용되어, 정신분석 기법을 사용하여 소비자의 구매 동기를 파악했다. 이 연구자들의 작업과 이 접근 방식을 계속 사용하는 다른 사람들의 작업은 **동기 연구**(motivation research)라는 제목을 사용했다.

마케팅에서의 동기 연구 동기 연구자는 다양한 방법론을 사용하여 소비자행동의 근본 원인에 대한 통찰력을 얻는다. 사용된 방법에는 심층 인터뷰, 투사 기법, 연관성 테스트, 소비자가 제품과 브랜드와 관련된 연관성을 끌어내도록 권장하는 포커스 그룹이 포함된다(도표 4-3 참조). 예상할 수 있듯이 이러한 연관성은 종종 사람들이 구매하는 이유에 대한 흥미로운 통찰력으로 이어진다. 예를 들면 다음과 같다.

- 남자가 아내를 위해 고가의 모피를 구매한 것은 그의 잠재력을 증명한다.
- 소비자가 대형차를 선호하는 이유는, 대형차가 일상의 '정글' 같은 운전환경에서 자신을 보호한다고 믿기 때문이다.
- 한 남자가 애인 대용으로 컨버터블을 구매한다.
- 여성은 아기를 낳는 것 같은 기분 때문에 케이크 굽기를 좋아한다.
- 여성은 '남자를 유혹'하고 '자신의 존재를 영광스럽게 하기 위해' 향수를 바른다.

도표 4-3
소비자의 마음을 조사하는 데 사용되는 마케팅 기법

심층면접법
질문자가 소비자에게 구조화되지 않은 인터뷰에서 자유롭게 이야기하도록 요청하는 대면 상황으로, 소비자의 동기, 아이디어 또는 의견에 대한 통찰력을 얻기 위해 고안된 특정 질문을 사용한다.

투사 기법
소비자의 가치, 동기, 태도 또는 표현하거나 식별하기 어려운 요구 사항에 대한 통찰력을 얻기 위해 고안된 노력으로, 이러한 내부 상태를 외부 대상에 투사하도록 한다.

연상 테스트
개인에게 자극이 제시되었을 때 가장 먼저 떠오르는 것으로 응답하도록 요청하는 기술이다. 자극은 단어, 그림, 광고 등일 수 있다.

포커스 그룹
특정 제품, 아이디어 또는 이슈에 대해 논의하기 위해 모인 유사한 배경 또는 관심사를 가진 소수의 사람들

- 남성은 여성보다 프랑크푸르트 소시지를 더 좋아하는데, 프랑크푸르트 소시지를 요리하면 (남성이 아니라!) 여성이 죄책감을 느끼기 때문이다. 이것은 게으름을 인정하는 것이다.
- 사람들이 샤워를 할 때, 비누 거품과 함께 죄가 배수구로 빠져나간다고 느낀다.

이러한 예에서 볼 수 있듯이, 동기부여 연구는 매우 흥미롭지만 논란의 여지가 있는 결과를 낳았고 마케팅 관리자들은 회의적이었다. 그러나 대기업과 광고대행사는 동기부여 연구를 사용하여 제품을 마케팅하고 있다.

정신분석 이론과 동기부여 연구의 문제점 및 공헌 정신분석 이론은 너무 모호하고 외부 환경에 반응하지 않으며 개인의 초기 발달에 너무 의존한다는 비판을 받아왔다. 또한 결론을 도출하는 데 작은 표본을 사용한다. 무의식에 중점을 두기 때문에 결과를 검증하는 것이 어렵거나 불가능하여 동기 연구는 도출된 결론과 실험적 검증의 부족으로 비판을 받는다. 동기 연구는 일반적으로 참여자가 매우 적기 때문에 실제로 몇몇 개인의 특이성을 발견하고 그 결과를 전체 인구에 일반화할 수 없다는 우려도 있다.

그래도 소비자행동에 대한 이해를 증진하는 데 있어 정신분석적 접근 방식을 무시하기는 어렵다. 그 통찰력은 종종 구매자의 깊이 뿌리박힌 감정, 희망, 열망 및 두려움을 겨냥한 광고 메시지의 기초로 사용될 수 있다. 이러한 전략은 종종 합리성에 기반한 소구보다 더 효과적이다.

일부 기업과 광고대행사는 동기조사를 사용하여 소비자의 생각 방식에 대한 추가적인 통찰력을 얻었다. 다음은 그 예다.

- 크라이슬러(Chrysler)는 소비자를 마치 아이들처럼 바닥에 앉히고 가위를 사용하여 잡지에서 자동차를 설명하는 단어를 잘라내게 했다.
- 맥캔 에릭슨(McCann Erickson)은 여성에게 바퀴벌레에 대한 감정을 그려서 설명하도록 했

다. 이 광고대행사는 많은 여성이 바퀴벌레를 자신을 버린 남성과 연관시켰고, 이것이 여성이 바퀴벌레가 죽는 것을 볼 수 있는 바퀴벌레 살충제를 선호하는 이유라고 결론지었다.

- 사치앤사치(Saatchi & Saatchi)는 심리적 조사를 사용하여 맥도날드(McDonald)가 버거킹(Burger King, 더 공격적이고 거리를 두는 것으로 인식됨)보다 더 잠재 고객을 불러오는 분위기를 조성한다는 결론을 내렸다.
- 푸트콘앤벨딩(Foote, Cone & Belding)은 소비자에게 얼굴 사진을 많이 주고 특정 제품을 사용할 수 있는 사람들의 유형과 얼굴을 연관시키도록 했다.
- 광고대행사 마커스 토마스(Marcus Thomas, LLC)는 심층적인 일대일 인터뷰를 실시하고 투사 기법을 사용하여, 한 심혈관 치료시설이 다른 치료시설보다 더 선택되는 근본적인 동기를 파악했다.

동기 연구는 종종 비판을 받지만 마케팅 분야에도 기여했다. 연구의 질적 특성은 소비자가 어떻게 그리고 왜 구매하는지 평가하는 데 중요한 것으로 간주된다. 포커스 그룹과 심층 인터뷰는 소비자의 감정에 대한 통찰력을 얻는 데 귀중한 방법이며, 투사 기술은 종종 고정 관념적이거나 사회적으로 바람직한 반응을 피하는 유일한 방법이다. 또한 동기 연구는 사이코 그래픽스의 선구자다(2장에서 논의됨).

마지막으로, 구매자는 때때로 구매 결정에서 상징적 동기와 기능적 동기에 의해 동기를 부여받는다는 것을 알고 있다. 일부 사람들은 광고주의 돈을 놓고 경쟁이 치열해짐에 따라 TV에서 성적 콘텐츠의 양과 노골성도 증가했으며, 많은 프로그램과 광고가 이제 허용되는 것에 대한 한계를 넓히고 있다고 믿는다. 동시에 일부 회사는 덜 노골적인 방식으로 광고에서 성을 사용하고 있다. GoDaddy.com과 같은 일부 회사는 수년 동안 주로 주의를 끌기 위해 광고에 다양한 성적 이미지를 사용했다. 사진 4-6에 나와 있는 광고는 분명히 성적 내용을 담고 있지만 지나치지 않다.

정보 탐색

소비자 의사결정 프로세스의 두 번째 단계는 정보 탐색이다. 소비자가 제품이나 서비스 구매로 충족할 수 있는 문제나 필요성을 인식하면 구매 결정을 내리는 데 필요한 정보를 탐색하기 시작한다. 초기 탐색 노력은 종종 다양한 구매 대안에 대한 과거 경험 및 지식을 회상하기 위해 기억에 저장된 정보를 스캔하려는 시도로 구성된다. 이러한 정보 탐색을 **내부 탐색**(internal

사진 4-6
GoDaddy.com은 섹스에 초점을 맞추지 않고도 매력적인 모델을 광고에 계속 사용한다.
자료: GoDaddy Operating Company, LLC

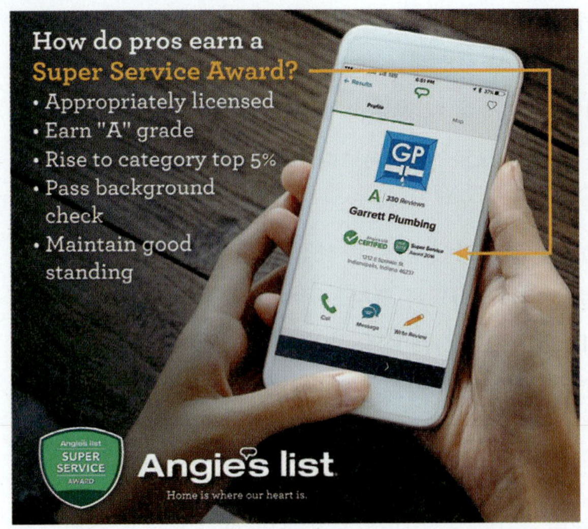

사진 4-7

AngiesList.com은 많은 소비자에게 귀중한 정보의 원천이다.

자료: Angie's List

search)이라고 한다. 많은 일상적이고 반복적인 구매의 경우, 기억에 저장된 이전에 획득한 정보(예: 과거 실적 또는 브랜드 사용 결과)는 대안을 비교하고 선택하기에 충분하다.

내부 탐색에서 충분한 정보를 얻지 못하면 소비자는 **외부 탐색**(external search)에 참여하여 추가 정보를 찾는다. 외부 정보 원천에는 다음이 포함된다.

- **인터넷 원천**: 회사 웹사이트, 소비자 게시물, 앤지 리스트(Angie's List), 옐프(Yelp) 등과 같은 조직을 통해 제공되는 조직적 정보나 후원 정보와 같은 인터넷 원천(사진 4-7)
- **개인적 원천**: 친구, 친척 또는 동료 등
- **마케터가 통제하는(상업적) 원천**: 광고, 영업 사원 또는 구매 시점 디스플레이 및 포장 등
- **공개 원천**: 잡지나 신문 기사 및 TV 보고서 등
- **개인적 경험**: 제품을 실제로 다루거나, 조사하거나, 테스트하는 것 등

사용할 외부 정보의 양과 자료원을 결정하는 데는 구매 결정의 중요성, 정보를 얻는 데 필요한 노력, 관련 과거 경험의 양, 구매와 관련된 인식된 위험의 정도, 사용 가능한 시간 등 여러 요소가 관련된다. 예를 들어, 금요일 밤에 볼 영화를 선택하는 것은 단순히 친구와 이야기하거나 앱으로 영화 가이드를 확인하는 것을 수반할 수 있다. 신차와 같은 보다 복잡한 구매는 여러 정보 자료원을 사용할 수 있다. 예를 들어, 켈리 블루북(Kelley Blue Book)이나 소비자 리포트(Consumer Reports) 또는 카팩스(Carfax)를 검토하거나, 가족 및 친구와의 토론, 온라인 검색, 자동차 시승 등을 사용할 수 있다. 구매 결정 시점에서는 광고의 정보 제공이 매우 중요하다.

지각

소비자가 외부 원천에서 정보를 획득하고 사용하는 방법에 대한 지식은 마케터가 커뮤니케이션 전략을 수립하는 데 중요하다. 마케터는 특히 (1) 소비자가 외부 정보를 감지하는 방법, (2) 다양한 정보 원천을 선택하고 주의를 기울이는 방법, (3) 이 정보가 해석되고 의미가 부여되는 방법에 관심이 있다. 이러한 과정은 모두 **지각**(perception)의 일부이며, 개인이 정보를 수신, 선택, 구성 및 해석하여 세상에 대한 의미 있는 그림을 만드는 과정이다. 지각은 개별적인 과정이며 개인의 신념, 경험, 필요, 기분 및 기대와 같은 내부 요인에 따라 달라진다. 지각 과정은 또한 자극의 특성(예: 크기, 색상 및 강도)과 자극을 보거나 듣는 맥락의 영향을 받는다(사진 4-8).

사진 4-8

이 심플리 오렌지(Simply Orange) 광고에서 색상과 맥락의 사용은 소비자의 인식에 영향을 미치고 오렌지 주스를 구매하려는 충동을 촉진하는 데 도움이 된다.

자료: Simple Orange Juice Company

감각 지각에는 세 가지 별개의 과정이 포함된다. **감각**(sensation)은 광고, 패키지, 브랜드 이름 또는 구매 지점 디스플레이와 같은 자극에 대한 감각(미각, 후각, 시각, 촉각 및 청각)의 즉각적이고 직접적인 반응이다. 지각은 이러한 감각을 사용하여 자극의 표현을 만든다. 마케터는 소비자의 마케팅 자극에

사진 4-9

이 광고는 소비자에게 광고가 어떻게 그들의 요구에 대응하는지 상기시켜 준다.

자료: Courtesy of The American Association of Advertising Agencies

대한 반응을 이해하는 것이 중요하다는 것을 알고 있다. 예를 들어, 광고 또는 패키지 디자인의 시각적 요소는 소비자의 호의적인 관심을 끌고 경쟁자와 차별화되어야 한다.

마케터는 때때로 광고 메시지가 주목받도록 감각의 입력 수준을 높이려고 한다. 블루밍데일(Bloomingdales), 크래프트 푸즈(Kraft Foods), 나이키와 같은 회사는 모두 향을 사용하여 제품을 판매했으며, 미국과 유럽에서 수행된 여러 연구에 따르면 향을 사용하면 소매점에서 매출이 증가할 수 있다고 한다. 향 스트립은 오랫동안 잡지에 사용되어 왔으며, 〈Allure〉 잡지 독자를 대상으로 한 연구에 따르면, 독자의 86%가 향 스트립을 사용해 봤다고 답했고, 72%는 그 결과 제품을 구매했다고 답했다.

정보 선택 감각의 입력은 중요하지만 지각 과정의 일부에 불과하다. 마케팅 자극에 주의를 기울일지 여부와 해석 방법을 결정하는 다른 요인에는 소비자의 성격, 필요, 동기, 기대, 경험과 같은 내부 심리적 요인이 있다. 이러한 심리적 입력은 사람들이 어떤 것에 주의를 기울이고 다른 것은 무시하는 이유를 설명한다. 두 사람이 서로 다르게 선택하고, 주의를 기울이고, 이해하기 때문에 같은 자극을 매우 다르게 인식할 수 있다. 개인의 지각 과정은 일반적으로 자신의 필요와 관련된 환경 요소에 초점을 맞추고 관련 없는 자극은 무시한다. 스마트폰, 자동차 또는 전자 제품 중 하나를 구매할 때 광고에 얼마나 더 주의를 기울이는지 생각해보라(사진 4-9의 미국광고대행사협회 메시지에서 언급된 요점).

정보의 해석 소비자가 자극을 선택하고 주의를 기울이면 지각 과정은 유입 정보를 구성, 분류 및 해석하는 데 초점을 맞춘다. 지각 과정의 이 단계는 매우 개별화되어 있으며 내부 심리적 요인의 영향을 받는다. 개인이 유입 자극에 부여하는 해석과 의미도 부분적으로 자극의 특성에 따라 달라진다. 예를 들어, 많은 광고는 객관적이며 메시지가 명확하고 간단하다. 다른 광고는 더 모호하며 의미는 소비자의 개별 해석에 크게 영향을 받는다. 선택성은 소비자의 지각 과정의 여러 단계에서 발생한다. 지각은 내부 및 외부 요인이 수신되는 내용과 처리 및 해석 방식에 영향을 미치는 필터링 프로세스로 볼 수 있다. 사람이 특정 날에 노출되는 마케팅 자극의 엄청난 수와 복잡성으로 인해 이러한 필터링이 발생해야 한다. **선택적 지각**(selective perception)은 도표 4-4에서 볼 수 있듯이 지각의 노출, 주의, 이해 또는 보유 단계에서 발생할 수 있다. 동시에 정보에 대한 이러한 선택적 주의는 디지털 및 소셜 미디어 관점 4-1에서 볼 수 있듯이 마케터에게 문제가 될 수 있다.

선택적 지각 **선택적 노출**(selective exposure)은 소비자가 정보에 노출될지 여부를 선택할 때 발생한다. 예를 들어, 텔레비전 쇼를 보는 사람은 광고 시간에 채널을 바꾸거나 방을 나갈 수 있다.

도표 4-4

선택적 지각 과정

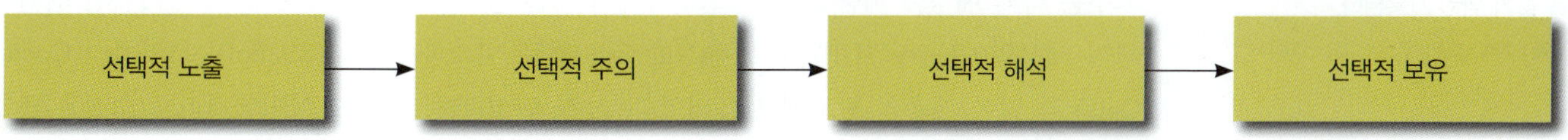

디지털 및 소셜 미디어 관점 4-1 > > >

디지털 광고 없는 세상: 원하는 것이 무엇인지 조심하세요

소비자는 종종 광고에 짜증을 내며, 대부분이 아니더라도 많은 사람들이 광고를 전혀 보지 않을 수 있는 기회를 환영할 것이다. 사실, 소비자들은 수년 동안 텔레비전 쇼의 광고 시간에 리모컨을 사용하여 채널을 바꾸거나 음악이 끝나고 광고가 시작될 때 자동차에서 라디오 채널을 바꾸는 등 광고 메시지를 일상적으로 피하고 있다. 1999년 티보(tivo)에서 처음 도입한 디지털 비디오 레코더(DVR)는 시청자가 녹화된 쇼를 볼 때 콘텐츠(광고 포함)를 빨리 넘길 수 있게 함으로써 소비자에게 광고를 피할 수 있는 또 다른 방법을 제공했다. 연구에 따르면 65세 이상의 사람들이 전통적인 TV를 가장 많이 시청하는 비율(하루 6.51시간)이고, TV 연결 장치(DVD/Blu-ray 장치, 게임 콘솔, 인터넷 연결 장치)를 가장 적게 시청하는 비율(하루 0.21시간)인 반면, 18~34세의 사람들은 전통적인 장치와 TV 연결 장치를 거의 비슷한 비율로 시청한다. 녹화된 TV 쇼를 시청하는 시청자의 절반은 일상적으로 광고를 건너뛰는 것으로 추정되며, 많은 시청자가 멀티태스킹을 하고 있고 휴대전화, 컴퓨터 및 태블릿 등의 기기를 사용하느라 바빠서 광고를 빨리 넘길 수 없다면 그 숫자는 더 많았을 것이다. 시청자의 87%가 식사에서 신체 활동에 이르기까지 다른 활동을 하는 동안에도 TV를 시청하는 것으로 추정된다. 일부 소비자는 광고가 없는 넷플릭스(Netflix), 쇼타임(Showtime) 또는 HBO에 가입하거나 훌루(Hulu)에서 광고 없는(No Commercials) 플랜을 구매하여 TV 광고를 전혀 보지 않는다. 2018년 말까지 더 많은 사람들이 좋아하는 쇼를 보기 위해 라이브 TV보다 넷플릭스에 간다고 주장했다.

마케터들은 소비자들이 TV 광고를 시청하거나 주의를 기울이는 것이 더 어려워졌다는 것을 알고 있다. 또한 사람들이 기존 미디어보다 온라인에서 더 많은 시간을 보내고 있으며, 미디어 지출을 다양한 형태의 디지털 광고로 옮기고 있다는 사실도 알고 있다. 마케터의 디지털 광고 지출은 이미 신문과 잡지의 기존 미디어를 앞지르고 있으며, 2019년에는 TV를 앞지르고 미국 전체 광고 지출의 54%를 차지할 것으로 예상된다. 그러나 마케터가 광고를 온라인으로 옮기면서, 소비자들은 광고를 피하기 위해 또 다른 무기인 광고 차단기를 다루게 되었다. 많은 소비자가 데스크톱과 랩톱 컴퓨터에 광고 차단 소프트웨어를 설치했지만, 점점 더 많은 소비자가 모바일 기기에 설치하고 대부분의 광고를 걸러낸다. 광고 차단기 사용률은 꾸준히 증가하여 2020년까지 27% 이상에 도달할 것으로 예상된다.

많은 사람들과 마찬가지로 온라인에서 많은 시간을 보낸다면 광고 차단은 좋은 생각처럼 들릴 것이다. 왜냐하면 전혀 흥미롭지 않은 수많은 성가신 광고에 노출되는 것을 피할 수 있기 때문이다. 그러나 광고 산업과 신문, 잡지, 블로그 및 인터넷에서 사용할 수 있는 수많은 웹사이트와 같은 온라인 게시자는 광고 차단기가 디지털 광고 사업에 미치는 영향에 대해 우려하고 있다. 그들이 우려하는 이유는 광고 차단이 인터넷 전반의 핵심 비즈니스 모델을 훼손할 가능성이 있기 때문이다. 이 모델은 정말 간단하다. 온라인 콘텐츠를 제공하는 회사는 우리 모두가 방문하는 웹사이트, 앱 및 소셜 미디어 사이트에서 광고 공간을 판매하여 수익을 올리고, 광고를 보거나 클릭하는 사람의 수에 따라 비용을 지불받는다. 대부분의 사이트에서 방문자의 10%에서 50%가 광고 차단기를 사용하는 것으로 추정되며, 이는 회사가 수익을 얻을 수 있는 대상 고객 중 상당수가 사라졌다는 것을 의미한다. 문제를 더하는 것은 많은 광고주가

사진 4-10
색상은 코카콜라 제품에 대한 관심을 끌기 위해 사용된다.
자료: The Coca-Cola Company

선택적 주의(selective attention)는 소비자가 다른 자극을 배제하고 특정 자극에 주의를 집중하기로 선택할 때 발생한다. 선택적 주의에 대한 한 연구에 따르면 일반적인 소비자는 하루에 약 5,000개의 광고에 노출되지만 이러한 메시지 중 150~155개만 인지한다고 추정했다. 다른 추정치는 하루에 최대 4,000개에서 최소 362개까지 다양하다. 숫자는 다를 수 있지만 소비자가 대부분의 광고를 걸러낸다는 데는 의견이 일치한다. 즉, 광고주는 메시지가 눈에 띄도록 상당한 노력을 기울여야 한다. 광고주는 종종 광고의 창의적인 측면을 사용하여 소비자의 관심을 얻는다. 예를 들어, 일부 광고주는 흑백 배경에 제품을 컬러로 표시하여 다른 광고주와 차별화한다. 이 창의적인 전략은 체리 세븐업(Cherry 7UP), 너프린(Nuprin), 펩토 비스몰(Pepto-Bismol), 코카콜라(Coca-Cola) 등 많은 제품의 광고에 사용되었다. 사진 4-10에서 브랜드 아이덴티티에 초점을 맞추

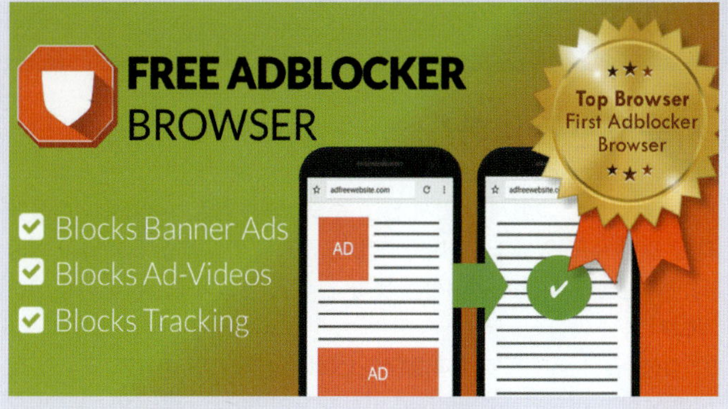

자료: Rocketshield, Inc.

가장 탐내는 타겟 시장 중 하나인 밀레니얼 세대가 광고 차단기를 가장 많이 사용한다는 사실이다. 조사에 따르면 이 연령대의 41%가 소프트웨어를 설치했다.

대부분의 소비자는 스마트폰과 태블릿의 콘텐츠를 어지럽히는 광고 메시지가 없어서 기쁘고, TV 광고를 빨리 넘길 수 있어서 기뻐한다. 그러나 광고를 피해야 할 것으로 생각하는 사람들은 광고 없는 세상에 살면 어떻게 될지 잠시 생각해보는 것이 좋다. 광고가 없다면 TV 네트워크와 지역 방송국은 수익을 위해 전적으로 시청자에게 의존해야 하며, 이미 월 구독 TV 서비스에 100달러 이상을 지불하고 있는 일반 가구는 월 청구서가 50% 증가하고 채널을 훨씬 적게 보게 될 것이다. 젊은 소비자가 시간을 보내는 대부분의 소셜 미디어 사이트(예: 페이스북, 인스타그램, 스냅챗)은 거의 모든 수입을 광고에서 창출한다. 광고 없는 페이스북을 위해 연간 얼마를 지불할 의향이 있는지, 그리고 페이스북에서 전세계(미국, 캐나다, 유럽, 아시아 태평양을 제외한 모든 지역)라고 부르는 지역에 거주하는 4억 5,000만 명의 사용자를 보조하기 위해 지불할 의향이 있는지 스스로에게 물어볼 수 있다. 이들은 적당한 가입비조차 낼 수 없는 어려운 형편이다.

텔레비전 산업과 소셜 미디어 사이트 외에도 웹 게시자와 잡지 및 신문 산업은 모든 광고 수익을 잃으면 황폐해질 것이다. 많은 사람들이 이미 잡지와 신문의 콘텐츠를 온라인에서 무료로 읽고 있는데, 대부분의 출판사가 사람들이 디지털 버전 구독료를 내도록 하는 데 실패했거나 소비자가 방화벽을 우회하는 방법을 찾았기 때문이다. 따라서 디지털 광고는 이들의 생존에 필수적이다. 다음에 구글 검색을 할 때 구글은 기본적으로 수익의 약 90%를 광고에서 창출하는 광고 제공 회사라는 점을 기억하라.

따라서 여러분이 많은 소비자와 마찬가지로 광고가 성가시고, 방해가 된다고 생각해서 광고를 좋아하지 않는다면, 광고가 없는 세상이 어떨지 두 번 생각해보는 것이 좋다. 〈Advertising Age〉 잡지에 기고하는 사이먼 듀멘코(Simon Dumenco)는 다음과 같이 잘 설명한다.

"광고를 싫어하고 광고를 차단하려는 사람들이여, 이 점을 명심하라. 유명한 카피라이터 오스카 와일드가 한 번 쓴 적이 있다. '신들이 우리를 벌하고 싶을 때, 그들은 우리의 기도에 응답한다.'"

자료: "The State of Traditional TV," April 3, 2019, www.marketingcharts.com; "US Digital Ad Spending Will Surpass Traditional in 2019," February 2019, www.emarketer.com; Dade Hayes, "Netflix, Not Live TV, Is Where More Viewers Watch Their Favorite Shows—Study," November 8, 2018, www.deadline.com; Stephanie Prange, "Parrot Study: Majority of Viewers Multitask while Watching TV," August 19, 2018, www.mediaplaynews; "Ad Blocking User Penetration Rate in the United States from 2014 to 2020," *Statistica*, 2019; Jack Neff, "The Big Agenda: What Lies Ahead for Marketing in an Increasingly Ad-Free Future," *Advertising Age*, January 11, 2016, http://adage.com/article/print-edition/big-agenda-ad-industry-2016/302067/; Simon Dumenco, "Imagine a World without Ads," *Advertising Age*, September 28, 2015, pp. 28–32; Maureen Morrison and Tim Peterson, "The War on Advertising," *Advertising Age*, pp. 10–12; Adam Satariano, "If You Blocked This Ad, We Wouldn't Get Paid," *Bloomberg Businessweek*, September 27, 2015.

면서도 주의를 끌기 위해 코카콜라 광고에서 빨간색을 사용한 방식에 주목하라. 광고에서 브랜드 이름을 언급하지 않기 때문에 코카콜라가 이 색상을 거의 소유하고 있는 것처럼 보인다. 디지털 및 소셜 미디어 관점 4-2에서는 광고의 다른 감정적 측면에 대해 설명한다.

소비자가 광고주의 메시지를 알아차리더라도 의도한 대로 해석될 것이라는 보장은 없다. 소비자는 **선택적 해석**(selective comprehension)에 참여하여 자신의 태도, 신념, 동기 및 경험에 따라 정보를 해석할 수 있다. 그들은 종종 자신의 입장을 뒷받침하는 방식으로 정보를 해석한다. 예를 들어, 소비자가 좋아하는 브랜드를 폄하하는 광고는 편향적이거나 거짓으로 간주될 수 있으며, 그 주장은 받아들여지지 않을 수 있다. 이는 특히 정치에서 그렇다.

도표 4-4에 나와 있는 최종 스크리닝 과정은 **선택적 보유**(selective retention)로, 소비자는 정보를 주의 깊게 읽고 이해한 후에도 보고 듣고 읽은 모든 정보를 기억하지 못한다. 광고주는 소비자의 기억에 정보가 보존되어 구매할 때 사용할 수 있도록 하려고 한다. 학습 및 기억 과정에 도움이 되는 기호, 운율, 연관성 및 이미지와 같은 **기억술**(mnemonics)이 도움이 된다. 많은 광고주는 회사 이름을 철자로 표시하고 기억하기 쉬운 전화번호를 사용한다(예: 1-800-GOFEDEX).

디지털 및 소셜 미디어 관점 4-2 > > >

성공적인 브랜딩은 단지 감정, 색상, 이모티콘만을 사용하는 것일까?

자료: PepsiCo, Inc.

수년 동안 마케터들은 브랜드를 성공적으로 만드는 요인을 파악하기 위해 연구를 수행해왔다. 이 주제에 대한 수많은 기사와 책이 있었고, 그것들은 매우 귀중한 통찰력을 제공했지만, 아무도 브랜딩의 '성배(holy grail)'를 내놓지 못했다. 생리학적 연구, 태도 연구, 사회학 및 문화 인류학은 통찰력을 얻기 위해 탐구된 수많은 접근 방식 중 일부에 불과하다. 조지 보이킨(George Boykin)이 언급했듯이, 사람들이 구매하도록 설득하는 방법에는 합리적 설득(rational persuasion)과 감성적 설득(emotional persuasion)의 두 가지가 있다. 합리적 설득은 논리적 주장과 믿을 수 있는 증거를 사용한다. 의식적인 마음은 참여하고 정보를 처리하도록 동기를 부여받아야 한다. 감성적 설득은 잠재의식의 '자동 조종 장치'에 의존하여 정보를 수신, 처리 및 평가하여 결정을 내린다. 잠재의식에 있는 감성과 본능은 의식적인 생각을 대신하는 자동 조종 장치로 작용한다. 다시 말해, 보이킨은 결정이 잠재의식 수준에서 내려질 때 감성과 본능, 즉 '직감(gut feeling)'에 기반을 둔다고 말한다. 이러한 연구들이 내린 결론 한 가지는 브랜드의 성공을 보장하는 단 하나의 것은 없다는 것이다.

하지만 결국 그렇게 어렵지 않을 수도 있다! 감정, 색상, 이모티콘에 대한 것일 수도 있을까? 아마도 그렇지 않겠지만, 이러한 요소들이 성공적인 브랜딩에 확실히 기여하는 듯하다. 다음 통찰력 중 몇 가지를 고려해보자.

감성(emotion): 독일 부퍼탈(Wuppertal) 대학교의 마케팅 교수인 토비아스 랑그너(Tobias Langner) 박사가 온라인에서 브랜드와 친구가 되는 것에 대해 수행한 연구는 심리와 마케팅(Psychology and Marketing) 저널에 게재되었으며, "어떤 사람들은 가까운 친구보다 좋아하는 브랜드에 더 따뜻한 감성을 느낀다"는 결론을 내렸다. 랑그너와 그의 연구원들은 연구 참가자들에게 가까운 친구, 연인 그리고 자신이 좋아한다고 주장하는 브랜드(BMW와 아디다스 포함)의 사진을 포함한 일련의 사진을 살펴보고, 시각적 평가 척도와 생리적 측정에 응답하도록 요청했다. 응답자들은 브랜드보다 상대방에 대한 사랑을 더 많이 보였다. 그러나 친구에 관해서는 브랜드에 대해 더 긍정적인 감성과 더 큰 생리적 반응을 보고했고, 연구자들은 "우리가 사랑하는 브랜드와 상호 작용할 때 경험하는 감성은 가까운 친구가 유발하는 감성만큼 강렬하다"는 결론을 내렸다.

루카스 콘리(Lucas Conley)는 브랜딩 산업에 대한 탐구에서 하이엔드 패션 산업과 관련하여 강박적 브랜딩 장애(OBD)에 대해 논의한다. 콘리는 루이비통과 같은 하이엔드 패션이 일본 여성들에게 매우 인기가 있어 일부 여성은 사랑하는 브랜드를 더 쉽게 구매할 수 있도록 하기 위해 모성을 피했다고 인정했다고 주장한다. 그는 브랜드가 가까운 친구의 실제 네트워크를 대체하고 있지만, 가치관을 공유하고 결코 의견이 일치하지 않는다고 결론 내린다. 브랜드와의 정서적 유대감?

색상: 마케팅에서 색상의 영향에 대한 연구는 날씨와 같다. "모두가 이를 처리해야 하지만 아무도 이에 대해 아무것도 할 수 없다." 다시 말해, 우리 모두는 색상이 브랜드 인식에 영향을 미친다고 믿지만, 개인적인 경험은 이 영향을 구체적인 감성으로 변환하는 우리의 능력을 방해한다. 그러나 최근 여러 연구에서 색상이 브랜딩과 구매에 미치는 영향에

잠재의식적 지각 광고주는 소비자가 관련성이 없거나 원치 않는 광고 메시지를 걸러내기 위해 선택적 지각을 사용한다는 것을 알고 있으므로, 다양한 창의적인 전략을 사용하여 메시지를 눈에 띄게 한다. 광고주가 사용했다는 논란의 여지가 있는 전략 중 하나는 소비자의 잠재의식에 호소하는 것이다. **잠재의식적 지각**(subliminal perception)은 의식적 인식 수준 이하의 자극을 지각하는 능력을 말한다. 심리학자들은 일반적으로 의식적으로 인식하지 않고도 사물을 지각하는 것이 가능하다는 데 동의한다.

상상이 가겠지만, 잠재의식적 오디오 메시지나 시각적 단서와 같은 숨겨진 설득자를 사용하여 소비자에게 영향을 미칠 가능성은 광고주에게는 흥미로울 수 있지만 소비자에게는 환영받지 못할 것이다. 마케터가 잠재의식적 수준에서 소비자에게 영향을 미친다는 아이디어는 강력한 윤리적 의미를 갖는다. 수년 동안 연구자들은 동기 연구와 잠재의식적 광고가 소비자

대한 중요한 통찰력을 제공했다. 이러한 연구에 따르면 (1) 일부 제품의 경우 제품에 대한 즉각적인 판단의 90%는 색상만으로 이루어질 수 있다. (2) 색상과 브랜드 '적합성'(예: 적절성)이 중요하다. (3) 색상은 브랜드의 인식된 '개성'에 영향을 미친다. (4) 소비자는 인식 가능한 브랜드를 선호하므로 색상은 브랜드 정체성을 만드는 데 매우 중요하다.

스탠포드 교수인 제니퍼 에이커(Jennifer Aaker)는 수년간 색상의 적절성과 제품 간의 관계에 대한 연구를 수행했다. 브랜드 개성의 차원에 대한 그녀의 연구는 브랜드 개성에 진실성, 흥분, 역량, 세련미, 견고함을 포함한 5가지 핵심 차원이 있으며, 색상은 이러한 특정 특성과 일치한다는 결론에 도달했다(예: 갈색은 견고함, 빨간색은 흥분과 일치). 이 연구는 브랜드 색상을 선택하는 방법을 규정하지는 않지만 색상-브랜드 상호 작용으로 인해 생성되는 감성, 분위기, 이미지가 설득력에 영향을 미칠 것이라는 점을 분명히 나타낸다.

색상에 대한 몇 가지 추가 연구에서는 (1) 성별이 색상 선호도에 영향을 미치고, (2) 웹사이트에서 전환율에 영향을 미치는 최상의 색상은 없으며, (3) 색상 이름이 중요하다는 결론을 내렸다. 화려한 이름이 더 선호되고(모카는 갈색보다 선호됨) 독특한 이름은 구매 의도를 높일 수 있다. 이러한 모든 연구는 동일한 결론에 도달한다. 색상은 브랜드 인식에 영향을 미친다.

이모티콘(Emojis): 이러한 연구와 소비자행동에 대한 수많은 다른 연구는 브랜드가 감성적 가치가 있을 때 더 성공적일 것이라는 우리의 지식을 더해준다. 따라서 예상할 수 있듯이 회사는 광고를 통해 소비자와 감성적 수준에서 끊임없이 연결하려고 한다. 문제는 그렇게 할 수 있는 시간이 몇 초뿐이라는 것이다. 이모티콘이 답이 될 수 있을까? 회사들은 그렇게 생각하기 시작했다.

그런 회사 중 하나가 이모지(Emogi)로, 그림 문자와 데이터 과학을 결합하여 감성적 광고를 만든 최초의 회사다. 이모지의 설립자이자 CEO인 트래비스 몬태크(Travis Montaque)에 따르면, 브랜드 커뮤니케이션에 이모티콘을 포함하면 평균 응답률을 최대 10배, 참여도를 최대 6배까지 높일 수 있으며, 체류 시간을 두 배로 늘릴 수 있다. 광고가 감성을 주도하고 감성이 구매행동을 주도한다는 믿음이 있다. 이모티콘을 사용하면 광고주가 단 몇 초 안에 소비자와 연결할 수 있다.

2016년 페이스북은 '좋아요' 버튼에 5개의 새로운 '반응' 이모티콘을 추가했다. 마크 저커버그(Mark Zuckerberg)에 따르면, 이 새로운 이모지는 페이스북 사용자가 게시물에 응답할 때 감성을 빠르게 표현할 수 있는 더 나은 방법을 제공하기 위해 추가되었다. 어떤 이모티콘을 사용할지 결정하기 위해 페이스북은 캘리포니아 버클리 대학교 사회심리학 교수인 다처 카이트너(Dacher Keltner)를 고용하였는데, 그는 자주 사용되는 스티커, 이모티콘, 댓글 단어를 분석하기 위해 국제적으로 연구를 수행했다. 그 결과 페이스북은 "사랑", "하하", "와우", "슬픔", "화남" 이모티콘을 추가했다.

코카콜라와 같은 일부 회사는 이미 감성을 만드는 데 성공했다. 코카콜라는 행복을 브랜드와 연관시키려는 노력의 일환으로 수년간 "Spreading Smiles(미소를 퍼뜨려)"라는 소비자에게 10단계 행복 가이드, 트위터에서 기분과 관련된 단어를 분석하는 행복 미터, 그리고 최근에는 비디오, 옥외 광고, 버스 랩, 소셜 미디어에서 #행복한셀카 콘테스트를 포함하는 "Choose Hapiness(행복을 선택하세요)" 캠페인을 진행했다. 코카콜라는 행복한 감성을 브랜드와 연결하는 것이 도움이 될 뿐이라고 믿는다.

경쟁사인 펩시도 감성 열풍에 뛰어들었다. 펩시는 새로운 "Say It with Pepsi(펩시와 함께 말하세요)" 캠페인을 통해 100여 개의 글로벌 시장에서 캔과 병에 70개가 넘는 고유하게 디자인된 이모티콘을 사용했다. 펩시 대변인에 따르면 "펩시 모지(Pepsi Mojis)"는 마케팅 메시지를 '그래픽하고 빠르고 공감할 수 있는 방식으로' 전달하도록 설계되었으며, 새로운 캠페인의 중심이 될 것이다. 이 캠페인은 디지털 및 기존 광고로 지원되며 이모티콘은 펩시 모지에서 영감을 받은 선글라스로 확장된다. 축구에서 영감을 받은 이모티콘을 특징으로 하는 유럽의 축구 테마 캠페인에는 레알 마드리드의 축구 스타 하메스 로드리게스(James Rodriguez)와 맨체스터 유나이티드의 스페인 골키퍼 다비드 데 헤아(David de Gea)가 포함된다. 추가 전략도 이미 개발 중이다.

펩시는 감성, 브랜드 개성, 이모티콘에 대한 연구를 읽고 이를 모두 하나의 캠페인에 통합한 것 같다.

자료: E. J. Schultz and Jessica Wohl, "Pepsi Preps Global Emoji Can and Bottle Campaign," February 19, 2016, www.adage.com; Nathan Bomey, "Emojis to Grace Pepsi Products in Summer Campaign," February 19, 2016, www.usatoday; Chris Perez, "People Have Mixed Emojis over Facebook's New 'Likes,'" February 25, 2016, nypost.com; Tessa Wegert, "Emotion in Ads: Does Sentiment Sell?" July 30, 2015, www.clickz.com; "Does Your Wife Win Out over Your Favorite Brand?" July 30, 2015, www.ozy.com; "The Psychology of Color in Marketing and Branding," www.entrepreneur.com; George Boykin, "How Is Emotional Appeal Used to Persuade?" www.smallbusiness.chron.com, February 12, 2019.

행동에 영향을 미치는 데 효과적일 가능성이 있는지에 대해 의견이 엇갈려왔다. 50년간의 연구와 논의 끝에 소비자와 연구자들은 더 이상 잠재의식적 광고에 관심을 가질 필요가 없다고 느꼈다. 하지만 그에 대한 관심 자체는 여전히 사라지지 않았다.

대안 평가

의사결정 과정의 정보 검색 단계에서 정보를 얻은 후, 소비자는 대안 평가로 넘어간다. 이 단계에서 소비자는 문제를 해결하고 의사결정 과정을 시작한 욕구사항이나 동기를 충족시킬 수 있는 것으로 식별한 다양한 브랜드나 제품 및 서비스를 비교한다. 대안 평가 과정에서 고려할 구매 옵션으로 식별된 다양한 브랜드를 소비자의 환기 세트라고 한다.

사진 4-11

미시간주는 기업이 활동하기 좋은 곳으로 환기 세트에 포함되기를 원한다.

자료: Michigan Economic Development Corporation

환기 세트 환기 세트(evoked set)는 일반적으로 소비자가 알고 있는 모든 브랜드의 하위 세트일 뿐이다. 소비자는 대안 평가 단계에서 검토할 브랜드 수를 관리 가능한 수준으로 줄인다. 환기 세트[때로는 고려 세트(consideration set)라고도 함]의 정확한 크기는 소비자마다 다르며 구매의 중요성과 소비자가 대안을 비교하는 데 사용할 시간과 에너지의 양과 같은 요인에 따라 달라진다.

대부분의 광고 및 홍보 전략의 목표는 브랜드가 소비자의 환기 세트에 포함되고 대안 평가 중에 고려될 가능성을 높이는 것이다. 마케터는 광고를 사용하여 소비자에게 인지도(top-of-mind awareness)를 높여 자사 브랜드가 대상 고객의 환기 세트에 포함되도록 한다. 광고 예산이 많은 인기 브랜드는 리마인더 광고(reminder advertising)를 사용하여 인지도를 높이고 제품 시장에서 소비자에게 고려될 가능성을 높인다. 신규 브랜드나 시장 점유율이 낮은 브랜드의 마케터는 소비자에게 인지도를 높이고 환기 세트에 침투해야 한다. 미시간(Michigan)주를 살기 좋고 사업하기 좋은 곳으로 프로모션하는 광고(사진 4-11)는 이 전략이 제품 및 브랜드와 다른 맥락에서 사용되고 있음을 보여준다. 이 광고는 미시간의 많은 이점을 제시하고, 잠재적 기업이 미시간을 거주 또는 이전할 수 있게 환기 세트에서 고려하도록 장려한다.

광고는 브랜드 인지도를 만들고 유지하고 브랜드가 환기 세트에 포함되도록 하는 데 귀중한 홍보 도구다. 그러나 마케터는 또한 구매 결정이 이루어지는 실제 환경에서 브랜드를 홍보하기 위해 노력한다. 구매 시점 자료와 매장 내 샘플링, 통로 끝 진열, 특별 가격을 내세우는 선반 태그와 같은 프로모션 기법은 소비자가 처음에는 환기 세트에 포함되지 않았을 수 있는 브랜드를 고려하도록 장려한다.

평가기준과 결과 소비자가 환기 세트를 식별하고 대안 목록을 갖게 되면 다양한 브랜드를 평가해야 한다. 여기에는 소비자에게 중요한 특정 기준에 따라 선택 대안을 비교하는 것이 포함된다. **평가기준**(evaluative criteria)은 다양한 대안을 비교하는 데 사용되는 제품 또는 서비스 차원 또는 속성이다. 평가기준은 객관적이거나 주관적일 수 있다. 예를 들어, 자동차를 구매할 때 소비자는 가격, 보증, 연비와 같은 객관적인 속성과 이미지, 스타일, 성능과 같은 주관적인 요소를 사용한다.

평가기준은 일반적으로 제품 또는 서비스 속성으로 간주된다. 많은 마케터는 제품이나 서비스를 속성의 묶음(bundle of attributes)으로 보지만, 소비자는 대신 결과(consequences) 또는 성과(outcome) 측면에서 제품이나 서비스를 생각하는 경향이 있다. 그들은 두 가지 광범위한 유형의 결과를 구별한다. **기능적 결과**(functional consequences)는 소비자가 구체적이고 직접 경험하는 제품 또는 서비스 사용의 구체적인 결과다. 청량음료나 감자칩의 맛, 자동차의 가속도, 인터넷 서비스 제공자의 속도는 기능적 결과의 예다.

심리사회적 결과(psychosocial consequences)는 보다 무형적이고 주관적이며 개인적인 추상적 결과다. 예를 들어, 제품이 당신에게 어떤 느낌을 주는지 또는 다른 사람들이 당신이 제품을 구매하거나 사용하는 것에 대해 어떻게 볼 것이라고 생각하는지와 같다.

제품/서비스 속성과 소비자가 특정 브랜드에서 경험할 것이라고 생각하는 결과 또는 성능은 매우 중요하다. 왜냐하면 이는 종종 소비자가 태도와 구매 의도를 형성하고 다양한 선택 대안 중에서 결정하는 기준이기 때문이다. 대안 평가 단계에서는 두 가지 하위 프로세스가 매우 중요한데, (1) 소비자 태도가 생성, 강화 및 변경되는 프로세스, (2) 소비자가 브랜드를 비교하고 구매 결정을 내리는 데 사용하는 의사결정 규칙 또는 통합 전략이 그것이다. 이러한 각 프로세스를 보다 자세히 살펴보겠다.

태도

태도는 대상에 반응하는 학습된 선입견이며, 소비자행동에서 가장 많이 연구된 개념 중 일부다. 최근의 관점에서는 태도를 대상에 대한 개인의 전반적인 감정이나 평가를 나타내는 요약 구조로 본다. 소비자는 개인[노박 조코비치(Novak Djokovic)나 대니카 패트릭(Danica Patrick)과 같은 유명인], 브랜드[치리오스(Cheerios), 스페셜 K(Special K)], 회사[AT&T와 뱅크 오브 아메리카(Bank of America)], 제품 범주(소고기, 돼지고기, 참치), 소매점[월마트(Wall Mart), 타겟(Target)] 또는 광고(나이키)를 포함하여 마케터에게 중요한 다양한 대상에 대한 태도를 가지고 있다.

태도는 이론적으로 소비자의 대상(또는 브랜드나 회사)에 대한 평가를 요약하고 긍정적이거나 부정적인 감정과 행동 경향을 나타내기 때문에 마케터에게 중요하다. 마케터가 태도에 관심을 갖는 것은 태도가 소비자의 구매행동과 관련이 있다는 가정에 근거한다. 그러나 태도는 마케터에게 매우 중요하다. 광고와 홍보는 새로운 제품/서비스 또는 브랜드에 대한 호의적인 태도를 만들고, 기존의 호의적인 태도를 강화하고, 부정적인 태도를 바꾸는 데 사용된다. 광고와 특히 관련이 있는 태도를 연구하고 측정하는 접근 방식은 다중 속성 태도 모델이다.

다속성 태도 모델 소비자를 연구하는 사람들과 마케팅 실무자들은 20년 동안 다속성 태도 모델을 사용하여 소비자 태도를 연구해왔다. **다속성 태도 모델**(multiattribute attitude model)은 제품이나 브랜드와 같은 태도 대상이 소비자가 태도를 형성하는 기반을 제공하는 여러 속성을 가지고 있다고 본다. 이 모델에 따르면 소비자는 특정 브랜드 속성에 대한 믿음을 가지고 있으며, 이러한 속성에 다양한 수준의 중요성을 부여한다. 이 접근 방식을 사용하면 특정 브랜드에 대한 태도를 다음과 같이 표현할 수 있다.

$$A_B = \sum_{i=1}^{n} B_i \times E_i$$

여기서, A_B = 브랜드에 대한 태도

B_i = 속성 i에 대한 브랜드 성과에 대한 믿음

E_i = 속성 i에 부여된 중요성

n = 고려된 속성 수

예를 들어, 소비자는 특정 속성에 대한 다양한 브랜드의 치약에 대한 믿음(B_i)을 가질 수

있다. 한 브랜드는 불소가 들어 있어 충치를 예방하고 맛이 좋으며 치석 축적을 제어하는 데 도움이 된다고 인식될 수 있다. 다른 브랜드는 이러한 속성이 없는 것으로 인식될 수 있지만, 소비자는 해당 브랜드가 입 냄새 제거 및 치아 미백과 같은 다른 속성에서 좋은 성과를 보인다고 믿을 수 있다.

태도를 예측하려면 소비자가 이러한 각 속성(E_i)에 얼마나 많은 중요성을 부여하는지 알아야 한다. 예를 들어, 자녀를 위해 치약을 구매하는 부모는 충치 예방에 효능이 좋은 브랜드를 선호할 수 있으며, 이러한 선호도는 첫 번째 브랜드에 대한 더 호의적인 태도로 이어진다. 청소년과 젊은 성인은 입 냄새를 제거하고 치아를 하얗게 하는 브랜드를 선호하여 두 번째 브랜드를 선호할 수 있다.

소비자는 모든 제품이나 서비스 범주에서 브랜드에 대해 다양한 신념을 가질 수 있다. 그러나 이러한 신념이 모두 태도 형성에 활성화되는 것은 아니다. 활성화되어 태도의 기반을 형성하는 특정 속성이나 결과에 대한 신념을 **두드러진 신념**(salient belief)이라고 한다. 마케터는 이러한 두드러진 신념을 식별하고 이해해야 하며, 신념의 두드러짐은 세분시장마다, 시간이 지남에 따라, 소비 상황에 따라 다르다는 것을 인식해야 한다.

태도 변화 전략 다속성 모델은 마케터가 소비자 태도의 기본을 이해하고 진단하는 데 도움이 된다. 브랜드에 대한 소비자의 평가에 근거하는 신념과 다양한 속성 또는 결과의 중요성을 이해함으로써 마케터는 브랜드 태도를 만들고, 변경하거나 강화하기 위한 커뮤니케이션 전략을 더 잘 개발할 수 있다. 다속성 모델은 마케터가 다음을 포함하여 소비자 태도에 영향을 미칠 수 있는 여러 가지 방법에 대한 통찰력을 제공한다.

- 중요한 속성에 대한 브랜드의 강점 또는 신념 평가를 높이거나 변경한다[콜게이트 옵틱 화이트(Colgate Optic White)] 치약은 가장 뛰어난 미백 효과를 가지고 있다).
- 속성의 중요성 또는 가치에 대한 소비자의 인식을 변경한다[미쉐린(Michelin) 타이어는 연비와 안전성이 더 높다].
- 태도 형성 과정에 새로운 속성을 추가한다[클로락스 그린(Clorox Green)은 환경 친화적이다].
- 경쟁 브랜드에 대한 신념 평가의 인식을 변경한다(GM은 자사 자동차가 어떤 브랜드와도 경쟁할 수 있음을 보여준다).

첫 번째 전략은 광고주가 일반적으로 사용한다. 그들은 중요한 속성 또는 결과를 식별하고 소비자에게 브랜드가 이 속성에서 얼마나 잘 수행되는지 상기시킨다. 소비자가 마케터의 브랜드가 중요한 속성을 가지고 있다고 인식하지 못하거나 신념 강도가 낮은 상황에서 광고 전략은 신념 평가를 변경하는 데 초점을 맞출 수 있다. 신념 강도가 높더라도 광고를 사용하여 중요한 속성에 대한 브랜드 평가를 높일 수 있다. BMW의 "The Ultimate Driving Machine(최고의 드라이빙 머신)" 캠페인은 신념을 만들고 광고를 통해 강화하도록 설계된 전략의 좋은 예다.

마케터는 종종 특정 속성의 상대적 중요성을 변경하여 소비자 태도에 영향을 미치려고 시도한다. 이 두 번째 전략은 소비자가 브랜드에 대한 태도를 형성하는 데 있어 속성에 더 많은 중요성을 부여하도록 하는 것을 포함한다. 이 전략을 사용하는 마케터는 문제를 해결하는 데 속성의 중요성을 높이고자 한다(사진 4-12).

소비자 태도에 영향을 미치는 세 번째 전략은 소비자가 브랜드를 평가하는 데 사용할 수

사진 4-12

이 미쉐린 광고는 경쟁사의 광고에 비해 이점을 강조한다. 어떤 포지셔닝 전략이 사용되고 있는가?

자료: Michelin North America, Inc.

사진 4-13

이 광고는 시장 리더인 리바이스(Levi's)가 강력한 브랜드 이미지를 사용하여 소비자의 감정에 어필할 수 있음을 보여준다. 자료: Levi Strauss & Co.

있는 새로운 속성을 추가하거나 강조하는 것이다. 마케터는 종종 제품을 개선하거나 브랜드 사용과 관련된 추가 혜택이나 결과에 초점을 맞춤으로써 이를 수행한다. 예를 들어, 탐스 신발(Tom's Shoes)은 신발이 한 켤레 판매될 때마다 빈곤한 사람에게 한 켤레의 신발을 기부한다. 회사는 판매된 한 쌍의 안경에 대해서도 똑같이 한다.

마지막으로 마케터가 사용하는 전략은 경쟁 브랜드나 제품 범주의 속성에 대한 소비자의 믿음을 바꾸는 것이다. 이 전략은 마케터가 특정 제품 속성에 대해 자사 브랜드를 경쟁사와 비교하는 비교 광고의 증가로 훨씬 더 일반화되었다.

통합 과정 및 의사결정 규칙

대안 평가 단계의 또 다른 중요한 측면은 소비자가 브랜드의 특성에 대한 정보를 결합하여 구매 결정에 도달하는 방식이다. **통합 과정**(integration process)은 제품 지식, 의미 및 신념을 결합하여 두 개 이상의 대안을 평가하는 방식이다. 통합 과정 분석은 소비자가 구매 대안 중에서 결정하는 데 사용하는 다양한 유형의 의사결정 규칙 또는 전략에 초점을 맞춘다.

소비자는 종종 특정 속성에 대한 대안을 검토하고 비교해야 하는 공식적인 통합 전략 또는 의사결정 규칙을 사용하여 구매 선택을 한다. 이 프로세스에는 속성별로 대안을 매우 신중하게 평가하는 것이 포함된다. 소비자가 이러한 공식적인 의사결정 규칙을 적용할 때 마케터는 소비자에게 필요한 정보를 제공하기 위해 어떤 속성이 고려되는지 알아야 한다.

때때로 소비자는 **휴리스틱**(heuristics)이라고 알려진 보다 단순화된 의사결정 규칙을 사용하여 구매 결정을 내린다. 자주 구매되는 익숙한 제품의 경우 소비자는 가격 기반 휴리스틱(가장 저렴한 브랜드 구매) 또는 프로모션 기반 휴리스틱(쿠폰, 할인 또는 특별 거래를 통해 가격 할인을 받을 수 있는 브랜드 선택)을 사용할 수 있다.

휴리스틱의 한 유형은 소비자가 전반적인 인상이나 고려 중인 다양한 대안에 대한 요약 평가를 기준으로 선택하는 **감정참조 규칙**(affect referral decision rule)이다. 이 결정 규칙은 소비자가 구매 시점에 접근할 수 있는 메모리에 저장된 브랜드에 대한 감정적 인상을 가지고 있다고 제안한다.

친숙하고 인기 있는 브랜드를 판매하는 마케터는 제품에 대한 전반적인 감정적 느낌이나 인상을 강조하여 영향 추천 규칙에 어필할 수 있다. 강력한 전반적인 브랜드 이미지를 가진 제품을 보유한 시장선도 상표들은 종종 감성에 어필하여 브랜드를 홍보하는 광고를 사용한다. 올스테이트(Allstate)의 "You're in Good Hands(안심해도 괜찮아)", 질레트(Gillette)의 "The Best a Man Can Get(남자가 얻을 수 있는 최고)", Nationwide(네이션와이드)의 "Nationwide is on your side(네이션와이드는 당신 곁에)"는 모두 이 전략의 예다(사진 4-13).

구매 결정

구매 과정의 어느 시점에서 소비자는 유발된 세트에서 대체 브랜드에 대한 정보를 검색하고 평가하는 것을 중단하고 구매 결정을 내려야 한다. 대체 평가 단계의 결과로 소비자는 특정 브랜드를 구매하려는 **구매 의도**(purchase intention) 또는 성향을 개발할 수 있다. 구매 의도는 일반적으로 구매 동기와 고려 중인 브랜드의 속성 또는 특성의 일치에 기반한다. 구매 의도의 형성에는 동기, 인식, 태도 형성 및 통합을 포함하여 이 장에서 논의된 많은 개인적 하위 프로세스가 포함된다.

구매 결정은 실제 구매와 동일하지 않다. 소비자가 구매할 브랜드를 선택한 후에도 여전히 결정을 실행하고 실제 구매를 해야 한다. 언제, 어디에서, 얼마를 지출할지와 같은 추가 결정이 필요할 수 있다. 종종 구매 의도 또는 결정의 형성과 실제 구매 사이에 시간 지연이 있으며, 특히 자동차, 개인용 컴퓨터, 내구 소비재와 같이 매우 복잡하고 관련된 구매의 경우 그렇다.

소비자용 포장재와 같은 저관여 품목이 많이 포함된 비내구재의 경우, 결정과 실제 구매 사이의 시간이 짧을 수 있다. 소비자는 집을 떠나기 전에 특정 브랜드 이름이 포함된 쇼핑 목록을 만들 수 있는데, 왜냐하면 소비자들은 **브랜드 충성도**(brand loyalty)를 개발해 놓았기 때문이다. 브랜드 충성도는 특정 브랜드에 대한 선호도라 할 수 있는데, 이로 인해 반복적으로 구매하게 되는 것이다. 물론 브랜드 충성도는 비내구재에만 국한되지 않는다. 소비자는 여러 유형의 제품과 서비스에 대한 충성도를 키운다. 마케터는 소비자 사이에서 브랜드 충성도를 개발하고 유지하기 위해 노력한다. 그들은 리마인더 광고를 사용하여 브랜드 이름을 소비자에게 계속 알리고, 매장에서 눈에 띄는 선반 위치와 진열대를 유지하고, 소비자가 브랜드를 바꾸지 않도록 주기적인 프로모션을 운영한다.

소비자의 브랜드 충성도를 얻고 유지하는 것은 쉽지 않다. 웰스파고 은행 직원이 고객도 모르게 사기성 은행 계좌를 개설한 스캔들 이후, 이 인기 은행은 소비자금융보호국에 벌금을 물었고 주가가 최저가로 떨어졌으며 많은 소비자가 계좌를 해지했다. 상황이 너무 나빠지자 은행은 2018년에 리브랜딩 캠페인에 착수했다. 경쟁업체는 소비자가 자사 브랜드를 시도하도록 여러 가지 기술을 사용했는데, 그중에는 신제품 출시와 무료 샘플이 있다. 도표 4-5는 이 목표를 달성한 일부 브랜드를 보여준다. 마케터는 브랜드를 바꾸는 소비자를 대체하는 동시에 충성도 높은 소비자를 유지하기 위해 끊임없이 노력해야 한다.

이미 살펴본 바와 같이, 비내구성 편의 품목에 대한 구매 결정은 때때로 매장에서 구매와 거의 동시에 이루어진다. 마케터는 소비자가 자사 브랜드를 가장 먼저 인식하고 고려할 수 있도록 브랜드 인지도를 높여야 한다. 포장, 선반 진열, 구매 시점 자료, 패키지 쿠폰이나 프리미엄 혜택과 같은 홍보 도구는 구매 시점에 인지적 과정을 통해 내리는 결정에 영향을 미칠 수 있다.

구매 후 평가

소비자의 의사결정 과정은 구매로 끝나지 않는다. 제품이나 서비스를 사용한 후 소비자는 성과 수준을 기대치와 비교하여 만족하거나 불만족한다. 만족은 소비자의 기대치가 충족되거나 초과될 때 발생하고, 불만족은 성과가 기대치에 못 미칠 때 발생한다. 구매 후 평가 과정은 제품을 실제로 사용하여 얻은 피드백이 향후 구매 가능성에 영향을 미치기 때문에 중요하다. 긍

도표 4-5

최상의 브랜드 충성도를 가진 브랜드

범주	1위 브랜드*
항공사	JetBlue
앱 기반 승차 공유	Lyft
운동화	Nike
자동차	Hyundai
캐주얼/패스트 캐주얼 다이닝	Panera
신용카드	Discover
에너지 드링크	Red Bull
아이스크림	Ben & Jerry's
노트북 컴퓨터	Microsoft Surface
온라인 리테일러	Amazon
온라인 비디오 스트리밍	Netflix
피자	Domino's
소셜 네트워킹 사이트	Instagram

* 여기에 나열된 브랜드들은 2016년 브랜드 키(Brand Keys)가 조사한 소비자 충성도 지수(Customer Loyalty Engagement Index)에서 가장 높은 순위를 기록했다.

자료: Brand Keys, Inc.

정적인 성과는 브랜드가 유발된 세트에 유지될 가능성이 높고, 다시 구매될 가능성이 높아짐을 의미한다. 불리한 결과는 소비자가 브랜드에 대해 부정적인 태도를 형성하여 다시 구매될 가능성이 낮아지거나 환기된 세트에서 제외될 수도 있다.

구매의 또 다른 가능한 결과는 **인지부조화**(cognitive dissonance), 즉 소비자가 어려운 구매 선택을 한 후 경험하는 심리적 긴장감이나 구매 후 의심이다. 이러한 인지부조화는 소비자가 가까운 대안들 중에서 선택해야 하는 중요한 결정에서 발생할 가능성이 더 높다(특히 선택하지 않은 대안이 선택한 대안에 없는 독특하거나 바람직한 특징을 가지고 있는 경우).

인지부조화를 경험하는 소비자는 이를 줄이기 위해 여러 가지 전략을 사용할 수 있다. 그들은 구매 결정이 옳았음을 확인받기 위해 다른 사람에게 확신과 의견을 구하거나, 선택하지 않은 대안에 대한 태도나 의견을 낮추거나, 선택한 것을 뒷받침하지 않는 정보를 거부하거나 왜곡하거나, 선택을 뒷받침하는 정보를 찾을 수 있다. 지지하는 정보의 중요한 자료원은 광고인데, 소비자는 선택한 브랜드의 광고에 더 주의를 기울이는 경향이 있기 때문이다. 따라서 기업이 자사 브랜드를 구매하려는 소비자의 결정을 강화하기 위해 광고를 하는 것이 중요할 수 있다.

마케터는 구매 후 커뮤니케이션도 중요하다는 것을 깨닫게 되었다. 일부 기업은 구매자를 안심시키고 결정의 지혜를 강화하기 위해 후속 편지와 브로슈어를 보낸다. 많은 회사에서 소비자가 제품에 대한 정보가 필요하거나 질문이나 불만이 있을 때 전화할 수 있는 무료 전화번호나 이메일 주소를 설정했다. 요즘은 수행한 모든 서비스에 대해 후속 조사를 받는 것 같지 않은가? 일부 마케터는 고객 만족을 보장하기 위해 자유로운 반품 및 환불 정책과 연장된 보증 및 보장을 제공하기도 한다. 일부는 고객의 구매 후 불만족을 새로운 사업을 얻을 수 있는 기회로 활용했으며, 이는 사진 4-14에 반영되어 있다.

사진 4-14

앨라이 은행(Ally Bank)은 소비자의 은행에 대한 불만을 이용하려 한다.

자료: Ally Financial Inc.

사진 4-15

이 링컨 파이낸셜 광고는 마케터가 확장된 문제 해결에 관여하는 소비자에게 소구할 수 있는 방법을 보여준다.

자료: Lincoln National Corporation

소비자 의사결정의 다양성

앞에서는 소비자 의사결정의 일반적인 모델을 설명한다. 그러나 소비자는 항상 구매 결정 과정의 5단계에 모두 참여하거나 제시된 순서대로 진행하지는 않는다. 이전에 제품이나 서비스를 구매한 경험이 있거나 결정이 개인적, 사회적 또는 경제적으로 중요하지 않은 경우 하나 이상의 단계를 최소화하거나 건너뛸 수도 있다. 효과적인 프로모션 전략과 프로그램을 개발하려면 마케터는 타겟 소비자가 구매 결정을 내리는 데 사용하는 문제 해결 과정을 어느 정도 이해해야 한다.

소비자로서 내리는 구매 결정의 대부분은 습관적이거나 일상적인 선택 과정에 근거한다. 가격이 저렴하고 자주 구매되는 많은 제품의 경우 의사결정 프로세스는 문제를 인식하고, 빠른 내부 검색을 수행하고, 구매하는 것 이상으로 구성되지 않는다. 소비자는 외부 검색이나 대안 평가에 거의 또는 전혀 노력을 기울이지 않는다.

일상적인 반응 구매 과정이 특징인 제품의 마케터는 소비자의 환기 세트에 브랜드를 확보하거나 유지해야 하며, 고려 대상에서 제외될 수 있는 모든 것을 피해야 한다. 강력한 시장 점유율을 가진 기존 브랜드는 대부분 소비자의 환기 세트에 속할 가능성이 높다. 이러한 브랜드의 마케터는 소비자가 일상적인 선택 과정을 따르고 계속해서 자사 제품을 구매하기를 원한다. 즉, 상기 광고, 주기적 프로모션, 소매점의 눈에 띄는 진열대를 통해 높은 수준의 브랜드 인지도를 유지하는 것을 의미한다. 신규 브랜드나 시장 점유율이 낮은 브랜드의 마케터는 다른 과제에 직면한다. 그들은 소비자의 일상적인 선택 과정을 방해하고 다른 대안을 고려하도록 하는 방법을 찾아야 한다. 무료 샘플, 특별 가격 제공, 고가 쿠폰 등의 형태로 판매촉진 노력과 함께 높은 수준의 광고를 사용하여 시도 또는 브랜드 전환을 장려할 수 있다.

소비자가 특정 제품이나 서비스를 구매한 경험이 부족하고 구매 결정을 내리는 데 사용할 수 있는 브랜드 및 기준에 대한 지식이 거의 없거나 전혀 없는 경우 더 복잡한 의사결정 과정이 발생할 수 있다. 구매 결정을 내리는 데 어떤 속성이나 기준을 사용해야 하는지, 그리고 이러한 차원에서 다양한 대안이 어떻게 수행되는지 배워야 할 수도 있다. 문제 해결을 특징으로 하는 제품이나 서비스의 경우, 제한적이든 광범위하든, 마케터는 소비자가 결정하는 데 도움이 되는 정보를 제공해야 한다. 소비자에게 브랜드에 대한 자세한 정보와 구매 동기와 목표를 충족하는 방법을 제공하는 광고가 중요하다. 유통 채널에는 회사의 제품이나 서비스의 특징과 이점, 그리고 경쟁 제품보다 우수한 이유를 설명할 수 있는 지식이 풍부한 영업 사원이 있어야 한다.

사진 4-15의 링컨 파이낸셜(Lincoln Financial) 광고는 재무 계획을 고려할 때 확장된 문제 해결에 참여할 수 있는 소비자에게 광고가 어떻게 소구할 수 있는지에 대한 좋은 예다. 광고가 목표를 이루는 것에 대해 걱정할 수 있는 소비자와 어떻게 소통하는지 주목하라. 이 광고는 전문가의 조언을 제공하고 다양한 옵션을 계획함으로써 소비자에게 도움을 준다.

소비자 학습 과정

의사결정 과정에 대한 논의는 소비자가 구매하는 방식이 제품이나 서비스의 특성, 제품에 대한 경험의 양, 구매의 중요성을 포함한 여러 요인에 따라 다르다는 것을 보여준다. 여기에 관한 문제 해결의 한 요인은 제품이나 브랜드에 대한 소비자의 관여도다. 5장에서는 관여도의 의미, 저관여와 고관여 의사결정의 차이, 광고 및 홍보 전략 개발에 대한 관여도의 의미를 살펴본다.

지금까지 소비자행동에 대한 우리의 연구는 인지적인 관점(cognitive orientation)에서 의사결정 과정을 살펴보았다. 5단계 의사결정 과정 모델은 소비자를 다양한 대안을 평가하고 욕구나 구매 동기를 충족시킬 수 있는 정도를 결정하기 위해 다양한 정신적 과정에 참여하는 문제 해결자이자 정보 처리자로 본다. 그러나 소비자가 구매 결정을 내리는 데 사용하는 지식과 경험을 습득하는 방법에 대한 다른 관점이 있다. 이러한 관점을 이해하기 위해 학습에 대한 다양한 접근 방식과 광고 및 프로모션에 대한 의미를 살펴본다.

소비자 학습은 "개인이 미래의 관련된 행동에 적용할 구매 및 소비 지식과 경험을 습득하는 과정"으로 정의되었다. 학습에 대한 두 가지 기본 접근 방식은 행동 접근 방식과 인지 학습 이론이다.

행동학습이론

행동학습이론은 행동을 유발하는 데 있어 외부 환경 자극의 역할을 강조하고 내부 심리적 과정의 중요성을 최소화한다. 행동학습이론은 자극-반응(S-R)에 기초를 두고 있으며, 학습은 환경의 외부 자극에 대한 반응의 결과로 발생한다는 전제다. 행동학습 이론가들은 학습이 자극과 반응 간의 연결을 통해 발생한다고 믿는다. 우리는 두 가지 행동학습 이론 접근 방식인 고전적 조건화와 조작적 조건화의 기본 원리를 살펴볼 것이다.

고전적 조건화 **고전적 조건화**(classical conditioning)는 학습이 자극과 반응 간에 이미 존재하는 관계가 있는 연상 과정(associative process)이라고 가정한다. 이러한 유형의 학습에 대한 가장 잘 알려진 예는, 러시아 심리학자 파블로프(Pavlov)가 동물을 대상으로 수행한 연구에서 나온 것이다. 파블로프는 먹이를 줄 때 그의 개들이 음식을 보면 침을 흘린다는 것을 알아챘다. 음식과 침의 연결은 가르쳐지는 것이 아니라 타고난 반사 반응이다. 이 관계는 조건화 과정 이전에 존재하기 때문에 음식은 무조건 자극(unconditioned stimulus)이라고 하며, 침 흘림은 무조건 반응(unconditioned response)이라고 한다. 다른 중립 자극에 대한 반응으로 침 흘림이 조건화될 수 있는지 알아보기 위해 파블로프는 종소리와 음식 제시를 짝지었다. 여러 번의 시도 끝에 개들은 종소리만 들어도 침 흘리는 법을 배웠다. 따라서 종은 원래 무조건 반응과 유사한 **조건 반응**(conditioned response)을 유발하는 **조건 자극**(conditioned stimulus)이 되었다.

연상 과정을 통해 학습이 일어나는 데는 두 가지 요인이 중요하다. 첫 번째는 인접성(contiguity)으로, 무조건 자극과 조건 자극은 시간적·공간적으로 가까워야 함을 의미한다. 파블로프의 실험에서 개는 두 자극이 인접하게 제시되었기 때문에 종소리와 음식을 연상시키는 법을 배운다. 또 다른 중요한 원리는 반복(repetition) 또는 연상 빈도다. 무조건 자극과 조건 자

도표 4-6

고전적 조건화 과정

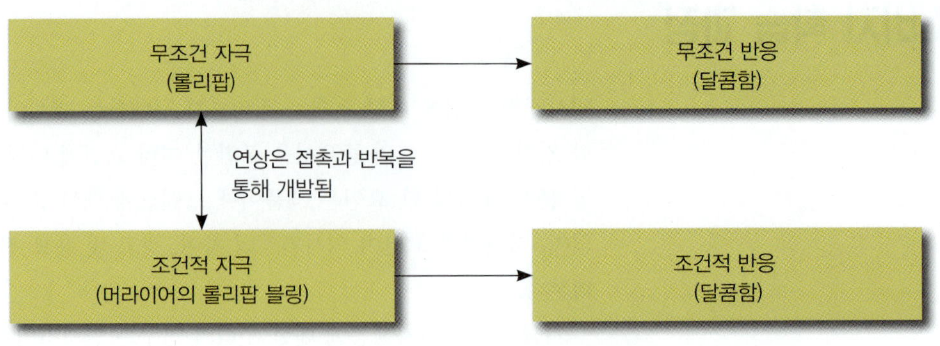

극이 함께 나타나는 빈도가 높을수록 두 자극 간의 연상이 강해진다.

고전적 조건화 적용 고전적 조건화를 통한 학습은 마케팅에서 중요한 역할을 한다. 구매자는 연상 과정을 통해 다양한 브랜드에 대한 호의적인 인상과 이미지를 형성하도록 조건화될 수 있다. 광고주는 자사 제품과 서비스를 소비자의 긍정적인 반응을 유발하는 것으로 알려진 지각, 이미지 및 감정과 연상시키려고 노력한다. 많은 제품이 이미지 광고를 통해 홍보되는데, 여기서 브랜드는 유쾌한 감정을 유발하는 무조건 자극과 함께 표시된다. 브랜드가 이 무조건 자극과 동시에 제시되면 브랜드 자체가 동일한 호의적인 반응을 유발하는 조건 자극이 된다.

도표 4-6은 이 프로세스를 제공하고, 사진 4-16의 롤리팝 스플래시(Lollipop Splash) 광고는 이 전략의 적용을 보여준다. 이 광고가 제품을 막대사탕의 모양 및 단맛과 연관시키는 방식에 주목하라. 브랜드의 포지셔닝은 이러한 연관성을 활용한다.

고전적 조건화는 제품이나 서비스를 호의적인 감정 상태와 연관시킬 수도 있다. 제럴드 곤(Gerald Gorn)의 연구에서는 이 접근 방식을 사용하여 광고의 배경 음악이 제품 선택에 어떤 영향을 미치는지 조사했다. 그는 피험자들이 싫어하는 음악보다 좋아하는 음악의 배경에 맞춰 제품을 제시했을 때 제품을 선택할 가능성이 더 높다는 것을 발견했다. 이러한 결과는 광고에서 생성된 감정이 고전적 조건화를 통해 광고된 제품과 연관될 수 있기 때문에 중요하다는 것을 시사한다. 다른 연구에서는 메시지와 일치하는 음악이 광고 회상과 인식을 모두 향상시켰으며 음악은 광고 슬로건의 회상을 향상시키는 기억 장치로 효과적으로 사용될 수 있음을 보여주었다. 광고주는 종종 중립적인 제품이나 서비스 자극을 유머, 흥미로운 스포츠 이벤트, 대중 음악 등 긍정적인 감정을 불러일으키는 이벤트나 상황과 결합하려고 시도한다.

사진 4-16

머라이어 캐리(Mariah Carey)의 새로운 향수는 제품을 막대사탕 롤리팝의 모양 및 단맛과 연관시킨다.

자료: Mariah Carey Beauty and EA Fragrances Co.

도표 4-7

마케팅의 도구적 조건화

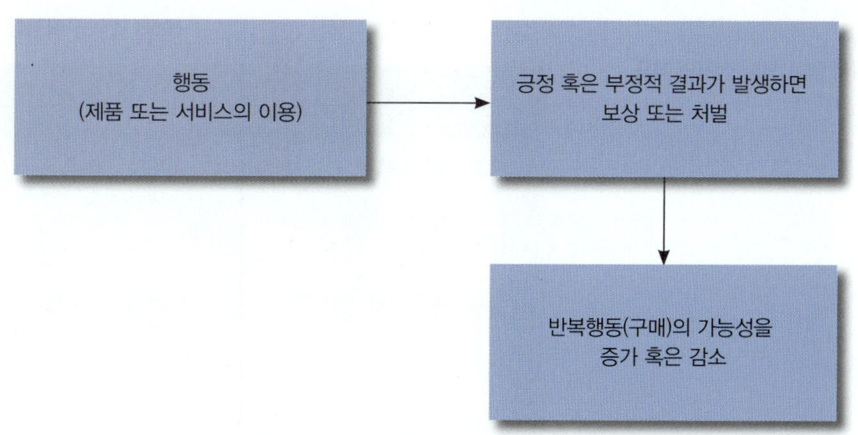

조작적 조건화 고전적 조건화는 학습 과정에서 개인을 단순히 자극을 받는 수동적 참여자로 본다. 조건화는 반응에 앞서 발생하는 자극에 노출된 결과로 발생한다. **조작적 조건화**(operant conditioning) 접근 방식에서 개인은 학습이 발생하기 위해 환경의 어떤 측면에 대해 능동적으로 조작한다거나 행동해야 한다. 조작적 조건화는 때때로 도구적 조건화(instrumental conditioning)라고도 하는데, 개인의 반응이 긍정적 강화(보상) 또는 부정적 강화(원하는 행동을 수행했을 때 부정적인 결과가 제거될 때 발생하는 보상의 한 형태)를 얻는 데 도구적이기 때문이다.

강화(reinforcement)는 특정 반응과 관련된 보상 또는 유리한 결과인데, 이는 조작적 조건화의 중요한 요소다. 강화된 행동은 자극과 반응 간의 유대감을 강화한다. 따라서 소비자가 광고에 대한 반응으로 제품을 구매하고 긍정적인 결과를 경험하면 소비자가 이 제품을 다시 사용할 가능성이 높아진다. 결과가 유리하지 않으면 제품을 다시 구매할 가능성이 낮아진다.

조작적 조건화의 원리는 도표 4-7에서 볼 수 있듯이 마케팅에 적용할 수 있다. 기업은 고객의 요구를 충족하는 제품과 서비스를 제공하고 반복 구매 가능성을 강화하기 위해 보상을 제공하려고 한다. 강화는 광고에서도 암시될 수 있다. 많은 광고는 소비자가 제품이나 서비스를 사용함으로써 얻을 수 있는 혜택이나 보상을 강조한다. 광고에서 소비자에게 불쾌한 결과를 피하기 위해 특정 제품이나 브랜드를 사용하도록 권장할 때도 강화가 발생한다. 예를 들어, 사진 4-17의 카팩스(Carfax) 광고는 이 서비스를 사용하면 부정적인 결과(즉, 문제가 있는 중고차를 구매하는 것)를 피하는 데 도움이 되는 방법을 보여준다.

사진 4-17

카팩스는 부정적인 결과를 피하는 방법을 보여준다.

자료: Carfax, Inc.

마케터가 프로모션 전략을 통해 강화를 사용하는 데 특히 관련성이 있는 두 가지 개념은 강화(reinforcement)와 형성화(shaping)의 일정이다. **강화 일정**(schedules of reinforcement)이 다르면 학습 및 행동 패턴이 달라진다. 학습은 모든 반응이 보상되는 연속 강화 일정(continuous reinforcement schedule)에서 가장 빠르게 발생하지만, 강화가 중단되면 행동이 중단될 가능성이 높다. 마케터는 소비자에게 연속 강화를 제공해야 하며 그렇지 않으면 강화를 제공하는 브랜드로 전환할 위험이 있다.

학습은 더 느리게 일어나지만 부분적(partial) 또는 간헐적

도표 4-8
마케팅에서 행동 형성 절차의 적용

목표: 반복구매행동

유사한 결과	형성화 절차	적용된 강화
제품 사용 유도	무료 견본품 제공, 대규모 할인 쿠폰	제품성능: 쿠폰
경제적 의무조항 거의 없이 구매 유도	비용부담 거의 없이 즉시 구매할 수 있는 쿠폰, 약간의 할인 또는 차기 구매가 보장된 쿠폰	제품성능: 쿠폰
적절한 경제적 의무조항으로 구매 유도	적절한 비용으로 구입할 수 있는 약간의 할인쿠폰	제품성능
정찰가격으로 구매하도록 유도	쿠폰 없이 구매할 수 있도록 함	제품성능

(intermittent) 강화 일정을 사용하고 개인의 일부 반응만 보상하면 더 오래 지속된다. 프로모션 프로그램에는 부분적 강화 일정이 있다. 회사는 소비자에게 회사의 제품을 사용하도록 인센티브를 제공할 수 있다. 회사는 소비자가 인센티브에 의존하게 되어 인센티브가 철회되면 브랜드 구매를 중단할 수 있기 때문에 매번 인센티브를 제공하고 싶어하지 않는다(지속적 강화). 버스 승차에 대한 강화의 효과를 조사한 연구에 따르면 버스를 타는 것에 대한 보상으로 제공된 할인 쿠폰은 부분적 일정으로 제공될 때와 연속적 일정으로 제공될 때 모두 효과적이었다. 그러나 부분적 일정에서 할인 쿠폰을 제공하는 비용은 상당히 적었다.

강화 일정은 또한 원하는 행동 패턴이나 반응으로 이어지는 연속적인 행위의 강화인 **형성**(shaping)이라고 알려진 프로세스를 통해 소비자 학습과 행동에 영향을 미치는 데 사용될 수 있다.

프로모션 맥락에서 형성 절차는 신제품에 대한 소개 프로그램의 일부로 사용된다. 도표 4-8은 샘플과 할인 쿠폰을 사용하여 신제품을 소개하고 소비자를 체험에서 반복 구매로 전환하는 방법의 예를 보여준다. 마케터는 형성 절차를 사용할 때 주의해야 한다. 인센티브를 너무 일찍 없애면 소비자가 원하는 행동을 확립하지 못할 수 있지만, 인센티브를 과도하게 사용하면 소비자의 구매가 제품이나 서비스보다는 인센티브에 따라 달라질 수 있다.

인지학습이론 행동학습이론은 소비자에 대한 기계적 관점을 가정하여 외부 자극 요인에 지나치게 중점을 둔다는 비판을 받아왔다. 이 이론은 동기, 사고, 지각과 같은 내부 심리적 과정을 무시한다. 이들은 외부 자극 환경이 상당히 예측 가능한 반응을 이끌어낼 것이라고 가정한다. 많은 소비자 연구원과 마케터는 행동학습이론에 대한 단순화된 설명에 동의하지 않으며 소비자 의사결정의 기초가 되는 복잡한 정신적 과정에 더 관심이 있다. 학습과 의사결정을 연구하는 인지적 접근 방식은 최근 몇 년 동안 소비자행동 분야를 지배해왔다. 도표 4-9는 인지

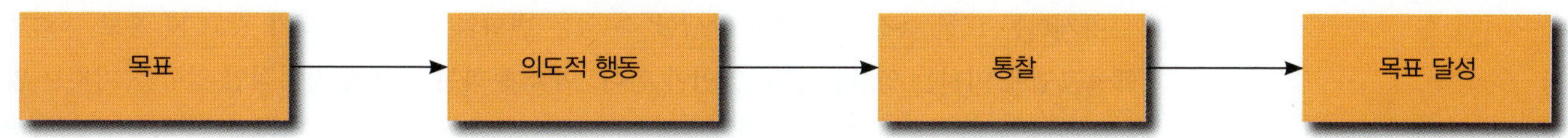

도표 4-9
인지학습 과정

이론가들이 학습 과정을 어떻게 보는지 보여준다.

소비자행동은 일반적으로 선택과 의사결정을 포함하기 때문에 인지적 관점은 마케터, 특히 제품/서비스에 중요하고 관련된 구매 결정이 필요한 마케터에게 특히 매력적이다. 지각, 브랜드에 대한 신념 형성, 태도 개발 및 변화, 통합과 같은 인지적 과정은 많은 유형의 구매에 대한 의사결정 과정을 이해하는 데 중요하다. 5단계 의사결정 과정 모델을 논의하는 동안 살펴본 하위 프로세스는 모두 소비자행동에 대한 인지학습 접근 방식과 관련이 있다.

소비자행동에 대한 환경적인 영향

소비자는 외부와 고립되어 구매 결정을 내리지 않는다. 소비자 의사결정에 영향을 줄 수 있는 여러 외부 요인이 확인되었다. 이는 도표 4-10에 표시되어 있으며, 다음에서 더 자세히 살펴본다.

문화

소비자행동에 영향을 미치는 외부 요인 중 가장 광범위하고 추상적인 것은 **문화**(culture), 즉 사회 구성원이 공유하는 학습된 의미, 가치, 규범 및 관습의 복잡성이다. 문화적 규범과 가치는 소비행동을 포함한 삶의 모든 측면에서 사회 구성원에게 방향과 지침을 제공한다. 마케터가 국제 마케팅 노력을 확대함에 따라 소비자행동에 대한 문화의 영향을 연구하는 것이 점점 더 중요해지고 있다. 각 국가에는 마케터가 마케팅 프로그램을 개발할 때 이해해야 하는 특정 문화적 전통, 관습 및 가치가 있다.

도표 4-10
소비자행동에 영향을 미치는 외부 요인

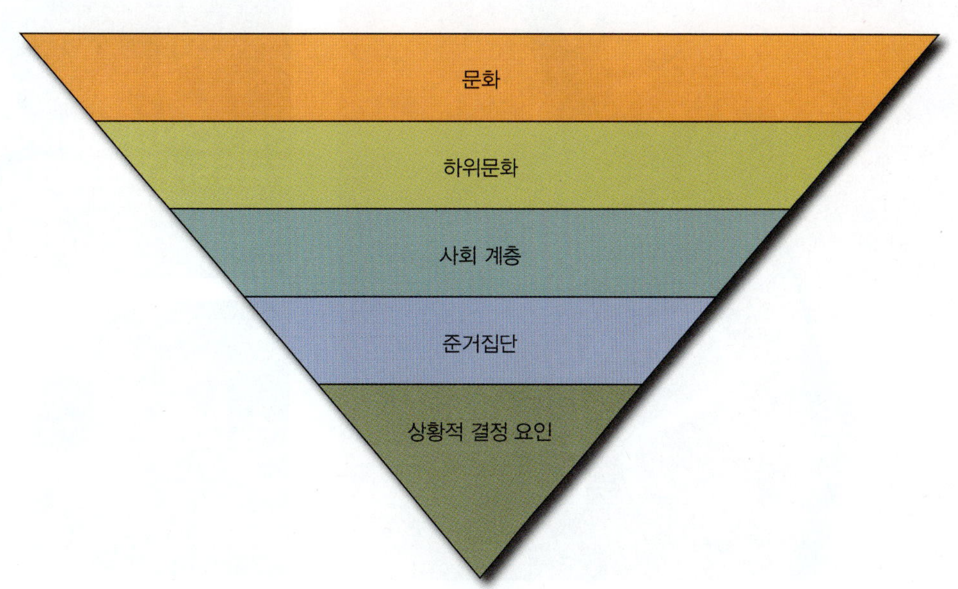

마케터는 또한 특정 문화에서 발생할 수 있는 변화와 이러한 변화가 광고 및 홍보 전략과 프로그램에 미치는 영향을 알고 있어야 한다. 미국 문화는 광고에 직접적인 영향을 미치는 많은 변화를 지속적으로 겪는다. 마케팅을 연구하는 사람들은 이러한 변화와 회사가 제품과 서비스를 마케팅하는 방식에 미치는 영향을 관찰하고 주목한다.

마케터는 문화가 소비자에게 입증 가능한 영향을 미친다는 것을 인식하지만 종종 다른 시장의 문화적 차이에 대응하는 데 어려움을 겪는다. 다양한 문화의 미묘한 차이는 종종 이해하고 감지하기 어렵지만, 마케터는 소비자의 구매 결정이 이루어지는 문화적 맥락을 이해하고 이에 따라 광고 및 프로모션 프로그램을 조정해야 한다.

하위문화

주어진 문화 내에는 일반적으로 신념, 가치, 규범 및 행동 패턴이 더 큰 문화적 주류와 차별화되는 소규모 그룹 또는 세분시장이 있다. 이러한 **하위문화**(subculture)는 연령, 지리적, 종교적, 인종적, 민족적 차이에 따라 달라질 수 있다. 미국 내에는 여러 하위문화가 존재한다. 가장 큰 인종/민족적 하위문화는 아프리카계 미국인, 히스패닉계 및 다양한 아시아계 그룹이다. 이러한 인종/민족적 하위문화는 규모, 성장, 구매력 및 고유한 구매 패턴 때문에 마케터에게 중요하다. 마케터는 이러한 타겟 시장을 위한 다양한 제품과 서비스에 대한 특정 마케팅 프로그램을 개발한다. 사진 4-18의 광고는 미국 하위문화(이 경우 아프리카계 미국인과 히스패닉계)에 어필하도록 특별히 설계된 여러 광고 중 두 가지에 불과하다. 십대, X세대, Y세대, 노년층 등을 표적으로 하는 브랜드도 쉽게 찾을 수 있다.

사진 4-18

하위문화를 표적으로 하는 광고

자료: (left) Giorgio Armani S.p.A.; (right) L'Oréal International

사진 4-19
이 아메리칸 유로콥터(American Eurocopter) 광고는 상류 계층에 어필하려고 시도한다.
자료: American Eurocopter

사회 계층

사실상 모든 사회는 개인을 해당 사회 구성원에게 중요한 기준에 따라 특정 사회 범주에 배정할 수 있는 어떤 형태의 계층화를 보인다. **사회 계층**(social class)은 비슷한 라이프스타일, 가치관, 규범, 관심사, 행동을 공유하는 사람들을 그룹화할 수 있는 사회의 비교적 동질적인 구분을 말한다. 사회 계층을 결정하는 방법은 여러 가지가 있지만, 미국의 계층 구조는 일반적으로 직업적 지위, 교육 수준, 소득을 기반으로 한다. 사회학자들은 일반적으로 미국에 상위(19%), 중위(52%), 하위(29%) 계층의 세 가지 광범위한 수준의 사회 계층이 있다는 데 동의한다.

사회 계층은 각 사회 계층의 소비자가 종종 비슷한 가치관, 라이프스타일, 구매행동을 가지고 있기 때문에 마케터에게 중요한 개념이다. 따라서 다양한 사회 계층 그룹은 시장 세분화를 위한 자연스러운 기반을 제공한다. 다양한 사회 계층의 소비자는 다양한 제품과 서비스를 사용하는 정도와 여가 활동, 쇼핑 패턴, 미디어 습관이 다르다. 마케터는 제품과 서비스의 포지셔닝 지정, 다양한 사회 계층에 도달하기 위해 사용하는 미디어 전략, 전개하려는 광고 소구 유형을 통해 이러한 차이에 대응한다. 사진 4-19의 광고는 제품이 카피와 일러스트레이션 모두에서 어떻게 상류 계층에 어필하려고 시도하는지 보여준다.

준거집단

마지막으로 파티에 참석했을 때를 떠올려보자. 파티복을 입었을 때, 여러분은 아마도 다른 사람들이 무엇을 입을지 궁금해했을 것이다. 여러분이 옷을 고르는 것은 참석할 가능성이 있는 사람들의 영향을 받았을 수 있다. 이 간단한 예는 그룹이 여러분의 행동에 미칠 수 있는 영향의 한 형태를 보여준다.

집단은 "규범, 가치 또는 신념을 공유하고 서로에 대해 암묵적 또는 명시적으로 정의된 특정 관계를 가지고 있어 그들의 행동이 상호 의존적인 두 명 이상의 개인"으로 정의된다. 집단은 학습과 사회화에 영향을 미치는 주요 요인 중 하나이며, 집단 상황은 우리의 구매 결정에 많은 부분을 구성한다.

준거집단(reference group)은 "개인이 자신의 판단, 의견 및 행동의 기준으로 사용하는 관점 또는 가치가 있는 집단"이다. 소비자는 집단이 없을 때에도 특정 행동에 대한 지침으로 세 가지 유형의 참조 집단(연관적, 열망적, 회피적)을 사용한다. 파티 예에서, 동료들은 (그 자리에 없었지만) 의복 선택에서 언급한 복장 기준을 제공했다. 마찬가지로 대학 동창, 가족, 직장 동료 또는 열망하는 집단이 참조 대상일 수 있으며, 소비 패턴은 일반적으로 가장 중요한 집단의 기대에 부합한다.

마케터는 광고 및 홍보 전략을 개발할 때 준거집단의 영향을 사용한다. 사진 4-20의 광고는 각각 열망 준거집단(aspirational, 우리가 속하고 싶어 하는)과 회피 준거집단(disassociative, 우리가 속하고 싶어 하지 않는)의 예다.

사진 4-20

왼쪽의 미국 공군 광고는 열망 준거집단을 보여주고, 오른쪽의 Healthysask.ca 광고는 회피 준거집단을 강조한다.

자료: (left) U.S. Air Force; (right) Saskatchewan Ministry of Health

가족 의사결정: 집단 영향의 예 어떤 경우에는 집단이 참조 대상 이상으로 직접적으로 관여할 수 있다. 가족 구성원은 서로에 대한 참조 대상일 수도 있고, 실제로 구매 결정 프로세스에 관여하여 개별 구매 단위로 작용할 수도 있다. 도표 4-11에서 볼 수 있듯이, 가족 구성원은 의사결정 과정에서 다양한 역할을 맡을 수 있다. 각 역할은 마케터에게 영향을 미친다.

첫째, 광고주는 의사결정 과정에서 다양한 역할을 담당하는 사람을 결정하여 해당 사람(또는 그 사람들)을 대상으로 메시지를 전달해야 한다. 이러한 역할은 적절한 잡지, 신문 또는 TV나 라디오 방송국을 사용해야 하기 때문에 미디어 전략도 결정한다. 둘째, 의사결정 과정과 각 가족 구성원의 정보사용을 이해하는 것은 메시지 디자인과 프로모션 프로그램 요소 선택에 중요하다. 요약하자면, 효과적인 프로모션 프로그램을 만들려면 마케터는 의사결정 과정이 어떻게 작동하는지와 각 가족 구성원이 하는 역할을 전반적으로 이해해야 한다.

도표 4-11

가족의 의사결정 과정에서의 역할

구분	내용
발안자	구매 결정 프로세스를 개시하는 책임자 예 새 차가 필요하다고 판단한 어머니
정보 제공자	결정을 내리는 데 사용할 정보를 수집하는 책임자 예 특정 잡지에서 제품 정보를 찾는 방법을 알고 있거나 딜러에게서 정보를 수집하는 십대 자동차 애호가가 이에 해당한다.
영향력 있는 사람	선택 과정에서 사용할 기준에 영향을 미치는 사람 예 모든 가족 구성원이 관련될 수 있다. 어머니는 자신의 기준을 가지고 있는 반면, 다른 사람들은 각자 자신의 의견이 있을 수 있다.
의사결정권자	실제로 결정을 내리는 사람(들) 예 어머니 혼자일 수도 있고, 다른 가족 구성원과 함께일 수도 있다.
구매 대리인	구매를 하는 물리적 행위를 수행하는 개인 예 자동차의 경우, 남편과 아내가 함께 선택하고 구매 계약에 서명하기로 결정할 수 있다.
소비자	제품의 실제 사용자 예 가족용 자동차의 경우, 모든 가족 구성원이 소비자다. 개인용 자동차의 경우, 어머니만이 소비자일 수 있다.

상황적 결정 요인

마지막 외부 요인은 구매 및 사용 상황이다. 소비자가 제품이나 브랜드를 사용할 구체적인 상황은 그들의 인식, 선호도 및 구매행동에 직접적인 영향을 미친다. 세 가지 유형의 **상황적 결정 요인**(situational determinants)이 영향을 미칠 수 있다. 구체적인 사용 상황, 구매 상황 및 커뮤니케이션 상황이다.

사용(usage)은 제품이 사용될 상황을 말한다. 예를 들어, 개인 소비를 위한 구매는 대중에게 드러나는 소비와는 다르게 생각될 수 있다. 구매(purchase) 상황은 구매 시점에 작동하는 환경을 더 직접적으로 포함한다. 시간 제약, 매장 환경 및 기타 요인은 모두 영향을 미칠 수 있다. 커뮤니케이션(communication) 상황은 광고 노출이 발생하는 상황(자동차에서 라디오를 듣거나 친구와 함께 등)이다. 이는 소비자에게 미치는 영향이 특정 상황에 따라 달라지기 때문에 홍보 전략 개발과 가장 관련이 있을 수 있다. 예를 들어, 소비자는 집에서 혼자 듣는 광고에 친구와 함께 듣거나 직장이나 산만함이 있는 곳에서 듣는 광고보다 더 많은 주의를 기울일 수 있다. 광고주가 청취자가 주의를 기울일 가능성이 높은 특정 시간을 분리할 수 있다면, 아마도 청취자의 전적인 주의를 끌 수 있을 것이다.

요약하자면, 상황적 결정 요인은 메시지의 잠재적 성공을 향상시키거나 저하시킬 수 있다. 광고주가 작동할 수 있는 상황적 영향을 평가할 수 있는 정도에 따라 목표 고객과 성공적으로 소통할 가능성이 높아진다.

소비자행동에 대한 대안적 접근 방식

논의된 관점 외에도 소비자 연구자들은 경제학, 사회학, 인류학, 철학, 기호학, 신경 과학, 역사와 같은 다른 과학 분야에서 얻은 관점으로, 이러한 심리적 접근 방식을 보완한다. 이러한 학제 간 관점은 소비자를 연구하는 데 사용되는 방법론의 영역을 확대하고 소비자 의사결정 과정에 대한 추가적인 통찰력을 제공했다. 또한 새로운 기술은 소비자행동을 탐구하는 새로운 수단을 제공했다.

새로운 방법론

심리학자들은 종종 환경 변수를 일정하게 유지할 수 있는 통제된 환경에서 광고 및 기타 형태의 커뮤니케이션에 대한 소비자 반응을 연구하는 반면, 사회학자와 인류학자는 맥락에서 행동을 연구한다. 이러한 이유로 그들은 종종 개별 인터뷰, 참여 관찰 연구 및 민족지학과 같은 질적 방법론을 사용한다. 이러한 방법은 소비자행동에 영향을 미칠 수 있는 사회적, 문화적, 환경적 영향을 포착하는 데 도움이 되며, 기존 또는 온라인 설문 조사 방법보다 이해하는 데 더 효과적일 수 있다. 인문학은 또한 소비자 연구를 위한 새로운 방법론의 원천이었다. 역사가와 기호학자들은 광고 메시지와 다른 형태의 커뮤니케이션 자체에 분석을 집중한다. 이러한 연구자들은 언어적 또는 역사적 관점에서 커뮤니케이션의 중요성을 조사한다. 기호학적 및 구조적 분석과 같은 연구 방법은 광고의 상징적 의미와 소비의 다양한 측면을 조사한다.

새로운 통찰력

이러한 대안적 관점과 방법론은 추가적인 통찰력을 제공하고 소비자에 대한 지식을 확장한다. 예를 들어, 문화를 형성하고 커뮤니티를 유발하는 광고 메시지의 문화적 중요성은 이제 더 잘 이해된다. 마찬가지로 마케터는 이제 광고 캠페인이 어떻게 인기를 얻고 우리 문화를 형성하는 데 도움이 되는지 더 잘 이해하게 되었다. 최근 몇 년 동안 광고에 대한 많은 해석적 분석 덕분에 우리는 광고 이미지가 사회에 미치는 영향도 더 잘 알게 되었다.

일부 소비자 연구자들은 학제 간 연구가 소비자의 복잡성과 다차원성을 고려하기 때문에 소비자 연구에 더 적합하다고 믿는다. 심리학적 연구와 함께 고려할 때 이러한 대안적 접근 방식은 커뮤니케이션의 영향을 더 잘 이해하는 데 도움이 된다.

요 약

이 장에서는 소비자행동 분야를 소개하고 프로모션 전략과의 관련성을 살펴보았다. 소비자행동은 사람들이 자신의 필요와 욕구를 충족시키기 위해 제품과 서비스를 검색, 선택, 구매, 사용, 평가 및 폐기할 때 수행하는 과정과 활동으로 보는 것이 가장 좋다. 소비자 의사결정 프로세스의 5단계 모델은 문제 인식, 정보 검색, 대안 평가, 구매 및 구매 후 평가로 구성된다. 소비자 의사결정 프로세스에 영향을 미치는 내부 심리적 프로세스에는 동기부여, 지각, 태도 형성 및 변화, 통합 프로세스가 포함된다.

의사결정 프로세스 모델은 주로 인지적 관점에서 소비자행동을 본다. 이 장에서는 소비자 학습에 대한 다양한 접근 방식과 광고 및 프로모션에 대한 의미를 검토하여 다른 관점을 고려했다. 고전적 조건화 및 조작적(도구적) 조건화와 같은 행동학습이론이 논의되었다. 행동학습이론의 문제점이 지적되었고 인지학습의 대안적 관점이 논의되었다.

이 장에서는 또한 소비자 의사결정에 영향을 미치는 관련 외부 요인을 조사했다. 문화, 하위문화, 사회 계층, 준거집단, 상황적 결정 요인이 논의되었고, 프로모션 전략과 프로그램 개발에 대한 의미도 논의되었다. 이 장은 소비자행동 연구에 대한 대안적 관점에 대한 소개로 마무리되었다.

PART 3

커뮤니케이션 프로세스 분석

Analyzing the Communication Process

CHAPTER 5

커뮤니케이션 프로세스

자료: Patrick Ta/Instagram, Inc.

학습 목표

1 | 커뮤니케이션 과정과 IMC에서의 역할을 설명한다.

2 | 커뮤니케이션 과정의 기본 모델을 설명한다.

3 | 입소문(word-of-mouth) 영향력과 바이럴 마케팅의 역할에 대해 논의한다.

4 | 마케팅 커뮤니케이션에 대한 수용자의 반응과 그것이 프로모션 기획 및 전략에 미치는 시사점을 분석한다.

5 | 소비자 의사결정 과정에 대한 소셜 미디어의 영향력을 설명한다.

6 | 마케팅 커뮤니케이션에 대한 소비자의 인지적 정보처리 과정을 논의한다.

인플루언서 마케팅의 폭발적인 성장

마케터들은 오랫동안 영향력 있는 사람들을 활용하여 제품과 서비스를 판매해왔다. 텔레비전을 시청하거나 잡지를 읽다 보면 배우, 연예인, 운동선수와 같은 유명인이 등장하는 광고를 자주 볼 수 있다. 기업들은 광고 메시지에 대한 관심을 끌고, 브랜드와 연관시키기 위해 이들에게 많은 비용을 지불하는 경우가 많다. 그러나 최근 많은 마케터들이 유명인 홍보대사 활용에 대해 재고하고 있으며, TV 광고, 인쇄 광고, 광고판 대신 소셜 미디어에 브랜드 메시지를 게시하도록 인플루언서에게 비용을 지불하고 있다. 이를 위해서도 상당한 금액을 투자하고 있다.

인스타그램 게시물 예약 서비스를 제공하는 호퍼 HQ(Hopper HQ)는 인스타그램 리치 목록을 만들어, 소셜 미디어에서 가장 영향력 있는 인플루언서와 그들이 스폰서 게시물당 얼마를 청구하는지 공개하였다. 카다시안-제너 가족이 1위를 차지하였으며, 자매 중 세 명이 상위 10위 안에 들었다. 카일리 제너는 게시물당 100만 달러의 수수료를 받고 1억 1,000만 명의 팔로워에게 메시지를 전달하여 1위에 올랐다. 킴 카다시안은 게시물당 75만 달러를 받고 1억 1,300만 명의 팔로워를 보유하고 있으며, 켄달 제너는 1억 7,700만 명의 인스타그램 팔로워에게 게시물을 올릴 때마다 50만 달러의 수수료를 받고 있다. 상위 10위권에는 포르투갈의 크리스티아누 호날두, 브라질의 네이마르, 아르헨티나의 리오넬 메시 등 UEFA 챔피언스리그 팀에서 뛰는 세계적인 축구 스타 세 명도 포함되어 있다. 호날두는 게시물당 75만 달러를 받으며, 1억 3,300만 명의 팔로워를 보유한 가수 셀레나 고메즈에 이어 3위에 올랐다.

인스타그램 리치 인플루언서 대부분은 A급 유명인처럼 엄청난 출연료를 받지도 않고, 수천만 명의 팔로워를 보유하지도 않는다. 그럼에도 불구하고, 브랜드 언급, 긍정적인 감정, 브랜드에 대한 호의적인 연상을 유도하기 위해 인플루언서를 활용한 바이럴 마케팅 캠페인을 사용하는 마케터가 늘어나면서, 많은 인플루언서들이 소셜 미디어 인플루언서로서 상당한 수입을 올리고 있다. 소셜 미디어 인플루언서는 페이스북, 인스타그램, 트위터, 스냅챗, 유튜브 등 주요 소셜 미디어 플랫폼뿐만 아니라 뮤지컬리(Musically)와 같은 소규모 플랫폼에도 존재한다. 또한 이들 중 다수는 패션, 스포츠, 음식, 엔터테인먼트, 비즈니스 및 기타 다양한 주제와 관심사를 다루는 자신의 블로그를 운영하고 있다.

인플루언서의 활용은 점점 증가하고 있다. 마케터들이 최근 몇 년간 가장 많이 사용하는 방법 중 하나가 되었다. 설문조사에 따르면, 마케터의 거의 90%가 하나 이상의 바이럴 마케팅 또는 인플루언서 마케팅 캠페인을 사용하고 있으며, 마케터의 약 4분의 3이 매년 인플루언서를 위한 예산을 유지하거나 늘릴 계획이라고 답하였다. 많은 마케터들은 인플루언서 캠페인을 IMC 프로그램의 필수 요소로 삼고 있다. 전통적인 미디어 광고를 통해 소비자에게 다가가는 것이 어려울 뿐만 아니라, 온라인에서도 소비자에게 접근하는 일이 점점 더 어려워지고 있다. 현재 절반에 가까운 소비자가 광고 차단기를 사용하고 있으며, 이는 마케터가 검색, 디스플레이, 소셜 미디어를 통한 디지털 광고로 이들을 타겟팅할 수 없다는 것을 의미한다. 하지만 많은 사람들이 온라인에서 시간을 보내는 인플루언서의 인스타그램, 트위터, 페이스북 사이트를 통해 이들에게 도달하는 것은 가능하다. 예를 들어, 카다시안, 켄달 제너, 아리아나 그란데와 같은 유명인을 고객으로 둔 메이크업 아티스트 패트릭 타는 인스타그램에서 150만 명 이상의 팔로워를 보유하고 있다.

마케터들은 인플루언서를 통해 이미 관심이 있고 반응할 가능성이 높은 소비자에게 타겟팅된 노출을 할 수 있다. 또한 소셜 미디어에서 친구 및 팔로워와의 관계에 내재된 진정성을 활용하기 위해 인플루언서에 주목하고 있다. 이러한 팔로워들은 페이스북이나 인스타그램 피드를 스크롤하며 자신이 좋아하는 인플루언서나 블로거의 사진이나 영상을 볼 때, 자신이 영향을 받고 있다고 느끼지 않는다. 많은 인플루언서들은 마케터와 협업하여 브랜드에 대한 경험이나 의견을 미묘하지만 효과적으로 공유하는 방법에 매우 능숙해졌다. 최고의 셀러브리티와 운동선수들이 메가 인플루언서로서 많은 주목을 받지만, 많은 마케터들은 1,000명에서 10만 명 사이의 팔로워를 보유한 마이크로 인플루언서에게 관심을 돌리고 있다. 이들 그룹에는 유명인이 아닌, 패션, 뷰티, 여행, 피트니스 등 특정 분야에 대한 열정이나 높은 전문성을 가진 일반인이 포함된다. 심지어 소셜 미디어에 집중하여 링크드인, 트위터, 페이스북, 인스타그램 등에서 최신 트렌드, 개발, 콘텐츠에 대한 정보를 제공하는 소셜 미디어 인플루언서들도 있다.

많은 시장에서는 대규모 팬층을 보유한 매크로 인플루언서보다는 마이크로 블로거에게 더 많은 예산을 할당하고 있다. 많은 전문가들은 마이크로 블로거가 팔로워 수는 적지만 참여율이 높으며, 팔로워가 많은 사람의 게시물보다 콘텐츠 성과가 더 좋다고 본다. 연구에 따르면 팔로워가 1,000~10,000명인 인플루언서의 '좋아요' 비율은 약 4%에 달한다. 팔로워가 10,000~100,000명인 경우 2.4%로 떨어지고, 100만 명 이상인 경우 2% 미만으로 떨어진다. 팔로워 수가 많은 매크로 인플루언서 중 상당수는 매우 다양한 팬층을 보유하고 있어, 마케터가 브랜드에 관심이 없는 잠재 고객에게까지 비용을 지불할 수 있음을 의미한다. 반면, 마이크로 블로거는 일

(계속)

반적으로 제품, 서비스 또는 주제에 관심이 많고 구매결정에 도움이 되는 정보를 찾는 특정 틈새 오디언스를 대상으로 한다. 또한 마이크로 블로거는 팔로워와 더 잘 연결되는 경우가 많아 더 신뢰할 수 있고 진정성 있으며 공감대를 형성할 수 있다. 시장 조사 회사인 콜렉티브 바이어스(Collective Bias)의 설문조사에 따르면, 응답자의 60%가 구매 전 블로거나 소셜 미디어 인플루언서 게시물의 추천을 고려한 적이 있다고 답하였다. 또한 소비자의 20%는 유명인보다 비연예인이 온라인에서 보증하는 제품을 구매할 가능성이 더 높다고 답하였다. 밀레니얼 세대의 경우, 비연예인의 보증에 대한 선호도가 70%에 달하였다.

마케터들이, 특히 예산이 제한된 소규모 브랜드들이 마이크로 블로거와 협업하는 또 다른 이유는 비용 문제 때문이다. 마이크로 블로거는 팔로워 수가 많은 인플루언서보다 게시물당 비용이 낮기 때문에 더 비용효율적이다. 인플루언서와 브랜드를 연결해 주는 플랫폼인 Influenc.co에 따르면, 팔로워 수가 2,000명 미만인 인플루언서의 경우 스폰서 게시물당 평균 124달러를 청구하는 반면, 팔로워 수가 25만 명에서 50만 명 사이인 인플루언서는 평균 690달러를 요구한다. 물론, 브랜드가 더 넓은 도달 범위를 확보하기 위해서는 여러 명의 마이크로 인플루언서와 협력해야 할 수도 있지만, 전체 비용은 대형 인플루언서를 활용하는 것보다 낮게 유지될 가능성이 높다.

인플루언서의 활용은 앞으로도 계속 증가하며, 대기업과 중소기업 모두의 IMC 프로그램의 일부로 자리 잡게 될 것이다. 그러나 마케터들과 소셜 미디어 플랫폼들이 직면한 문제 중 하나는 팔로워 수의 신뢰성이다. 이는 메가 인플루언서뿐만 아니라 마이크로 블로거에게도 해당되는 문제다. 일부 인플루언서는 팔로워를 구매하거나, 봇(bot)을 활용하기도 한다. 봇은 자동으로 팔로우/언팔로우, 댓글 작성, 좋아요 클릭 등을 수행해 자신의 계정에 주목을 끌고 팔로워 수를 인위적으로 늘리려는 목적으로 사용된다. 하지만 팔로워 수가 많다고 해도 상당수가 가짜 계정이라면 아무런 의미가 없다. 따라서 마케터는 갑작스럽고 불규칙한 팔로워 수의 급증과 같은 경고 신호를 주의 깊게 살펴야 한다. 이는 인플루언서가 더 높은 게시물 단가를 책정하기 위해 팔로워를 구매했을 가능성을 시사하기 때문이다.

소셜 미디어 플랫폼인 트위터, 페이스북, 인스타그램 등은 봇을 근절하라는 압력에 대응해왔지만, 문제 해결은 여전히 요원하다. 결국 답은 인플루언서들 스스로가 소비자들의 팔로우 의지와 마케터들의 인플루언서 활용 의지는 활동적이고 진정성 있으며 적극적으로 소통하는 진짜 팔로워들을 구축하고 유지하는 능력에 달려 있음을 인식해야 한다.

자료: Sarah Penny, "How Brands Can Spot Influencers with Fake Followers" *Marketing Week*, November 12, 2018, https://www.marketingweek.com/2018/11/12/fake-followers-influencers/; Myelle Lansat, "The 75 Celebrities and Influencers Who Make the Most Money per Instagram Post, Ranked," *Business Insider*, September 27, 2018, https://www.businessinsider.com/celebrities-influencers-who-make-the-most-money-instagram-2018-9; Tamara E. Holmes, "Micro-Influencers: How Small Businesses Sidestep Traditional Advertising to Grow Sales," *USA Today*, March 29, 2018, https://www.usatoday.com/story/money/small-business/2018/03/29/micro-influencers-how-small-businesses-sidestep-traditional-advertising-grow-sales/465217002/; "Micro, Not Macro: Rethinking Influencer Marketing," *Advertising Age*, December 12, 2016, https://adage.com/article/digitalnext/micro-macro-influencer-marketing-kim-kardashian/307118.

통합 마케팅 커뮤니케이션(IMC) 프로그램의 모든 요소는 '커뮤니케이션'이라는 공통된 기능을 수행한다. 조직의 IMC 전략은 현재 고객 또는 잠재 고객뿐만 아니라 다양한 이해관계자에게 전달되는 커뮤니케이션 활동을 통해 실행된다. 조직은 광고, 브랜드명, 로고 및 그래픽 시스템, 웹사이트, 보도자료, 패키지 디자인, 프로모션, 시각 이미지 등 다양한 방식으로 메시지를 전달한다. 이 장의 도입부에서 논의된 바와 같이, 전통적인 매체만으로는 소비자에게 마케팅 메시지를 전달하는 것이 점점 더 어려워지고 있기 때문에, 기업들은 소비자와의 소통을 위해 보다 혁신적인 방식을 개발하고 있다.

마케터가 타겟 고객과 어떻게 커뮤니케이션할지는 고객이 해당 기업이나 브랜드에 대해 얼마나 알고 있는지, 그리고 그 브랜드가 형성하고자 하는 이미지가 무엇인지 등 다양한 요인에 따라 달라진다. IMC 프로그램의 기획 및 실행에 관여하는 사람들은 커뮤니케이션 과정을 이해하고, 이를 기반으로 기업이나 브랜드에 대한 메시지를 어떻게 창출하고, 전달하며, 관리하고, 평가할 것인지를 고려해야 한다. 효과적인 마케팅 커뮤니케이션 프로그램을 개발하는 일은 단순히 제품의 특징이나 속성 하나를 강조하는 것보다 훨씬 복잡하다. 마케터는 소비자가 자신들의 메시지를 어떻게 인식하고 해석할지, 그리고 그 반응이 기업이나 제품/서비스에 대한 태도와 행동에 어떤 영향을 미칠지를 깊이 이해해야 한다. 또한 소셜 미디어의 활용이 점점 더 보편화됨에 따라, 소비자들이 서로 어떻게 소통하는지, 그리고 기업이 이러한 대화에 어떻게 참여하고 영향력을 행사할 수 있는지를 이해하는 것도 매우 중요하다.

이 장에서는 커뮤니케이션의 기본 개념을 검토하고, 소비자가 광고 및 프로모션 메시지에 어떻게 반응하는지에 대한 다양한 관점과 모델을 살펴본다. 이 장의 목표는 마케팅 커뮤니케이션 프로그램을 기획하고 실행하며 평가하는 데 있어 커뮤니케이션의 과정을 이해하는 것이 얼마나 유용한지를 보여주는 데에 있다.

커뮤니케이션의 본질

커뮤니케이션(communication)은 다양한 방식으로 정의되어 왔으며, 정보의 전달, 아이디어의 교환, 또는 송신자와 수신자 간에 공통된 사고나 일체감을 형성하는 등으로 설명된다. 이러한 정의들은, 커뮤니케이션이 이루어지기 위해서는 양측 간에 일정 수준의 공통된 사고가 형성되어야 하며, 한 사람(또는 집단)으로부터 다른 사람(또는 집단)에게 정보가 전달되어야 한다는 점을 시사한다. 그러나 이 장에서 살펴보게 되겠지만, 이러한 사고의 공통성을 형성하는 일은 생각만큼 쉽지 않으며, 많은 커뮤니케이션 시도가 실패로 끝나버리기도 한다.

커뮤니케이션 과정은 대개 매우 복잡하다. 성공적인 커뮤니케이션은 메시지의 특성, 수신자의 해석 방식 그리고 그 메시지가 전달되는 환경과 같은 다양한 요소에 의해 좌우된다. 또한 메시지를 전달하는 출처(source)에 대한 수신자의 인식이나 사용된 매체(media) 역시 커뮤니케이션의 효과에 영향을 미치며, 이외에도 수많은 요인이 작용할 수 있다. 단어, 이미지, 소리, 색상 등은 청중에 따라 서로 다른 의미를 가질 수 있으며, 사람들은 이를 다양하게 지각하고 해석한다. 예를 들어, 미국 동부나 서부에서 "소다(soda)"를 요청하면 일반적으로 콜라나 펩시 같은 탄산음료가 나온다. 하지만 중서부나 남부 지역에서는 탄산음료를 "팝(pop)"이라고 부르며, "소다"를 요청하면 때때로 아이스크림이 들어간 소다 음료(플로트)가 나올 수도 있다. 이처럼, 마케터는 단어와 심볼이 소비자에게 어떤 의미로 받아들여지는지, 그리고 그것이 제품과 메시지에 대한 해석에 어떤 영향을 미치는지를 잘 이해해야 한다.

사진 5-1
이 우유 옥외 광고는 가족에 대한 사랑을 어필하며 히스패닉계 소비자를 타겟으로 한다.
자료: The California Milk Advisory Board

언어는 효과적인 커뮤니케이션을 방해하는 주요 장벽 중 하나다. 국가마다 언어가 다를 뿐만 아니라, 한 국가 내에서도 다양한 언어나 방언이 존재하고, 그 외에도 미묘한 언어적 뉘앙스나 지역 특유의 표현에서 문제가 발생할 수 있다. 미국 내에서는 이중 언어 사용 및 다문화적 배경을 가진 민족 시장의 성장이 국내 마케터들에게 또 다른 도전 과제가 되고 있다. 예를 들어, 많은 마케터들이 히스패닉 시장의 중요성을 인식하고 있지만, 이 빠르게 성장하는 집단과 효과적으로 커뮤니케이션하는 일은 매우 까다롭다.

이들은 히스패닉 문화에 맞춘 전용 광고를 새로 제작할 것인지, 기존의 일반 광고를 스페인어로 더빙하거나 재구성할 것인지, 혹은 영어 광고를 그대로 활용하되, 이중언어를 사용하는 히스패닉 소비자가 알아서 받아들이기를 기대할 것인지 등의 선택지 사이에서 결정을 내려야 한다. 많은 기업들은 이 시장을 위해 히스패닉 전용 광고를 별도로 제작하고 있으며, 사진 5-1은 캘리포니아 우유 가공업체 협회(California Milk Processor Board)가 히스패닉 소비자를 겨냥해 제작한 광고다. 이 광고의 메시지가 우유가 가족 전통과 잘 어울린다는 내용에 중점을 두는 방식에 주목할 필요가 있다.

기업이 해외 시장에서 자사 제품과 서비스를 마케팅할 때, 커뮤니케이션은 특히 더 어려운 과제가 될 수 있다. 번역 오류나 부적절한 단어 선택으로 인해 종종 문제가 발생하기 때문이다. 국제 마케터들은 자신들이 사용하는 단어, 기호, 심볼, 표현이 브랜드명이나 로고, 다양한 프로모션 수단에서 어떤 의미나 뉘앙스로 해석될 수 있는지를 반드시 인지해야 한다. 또한 광고 문구, 슬로건, 이미지, 심볼은 다른 언어로 쉽게 옮겨지지 않는 경우가 많다. 이로 인해 커뮤니케이션에 방해가 생기거나, 심지어는 기업 또는 브랜드의 신뢰도와 이미지에 손상을 입히는 당혹스러운 실수로 이어지기도 한다.

커뮤니케이션의 기본 모델

수년에 걸쳐, 커뮤니케이션 과정의 다양한 요소들에 대한 기본 모델이 발전해왔으며, 이는 도표 5-1에 나타나 있다. 커뮤니케이션 과정에서의 주요 참여자를 나타내는 두 가지 요소는 송신자(sender)와 수신자(receiver)다. 또 다른 두 가지는 주요 커뮤니케이션 도구인 메시지(message)와 채널(channel)이다. 나머지 네 가지는 주요 커뮤니케이션 기능 및 과정인 인코딩(encoding), 디코딩(decoding), 반응(response) 그리고 피드백(feedback)이다. 마지막 요소인 노이즈(noise)는 이 과정에서 방해가 될 수 있는 외부의 요소들을 의미하며, 효과적인 커뮤니케이션을 저해할 수 있다.

도표 5-1
커뮤니케이션 프로세스 모델

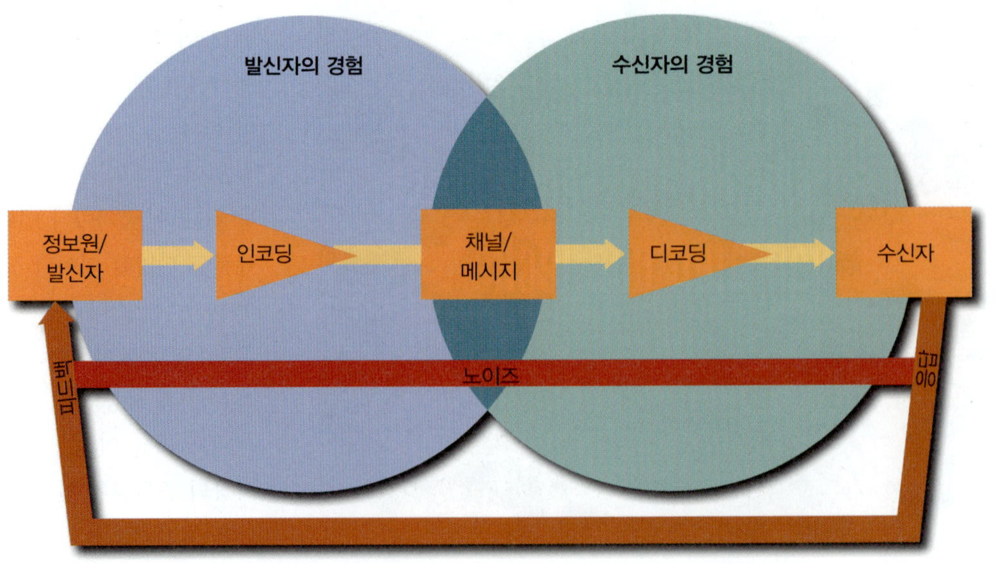

발신자/정보원

커뮤니케이션의 **정보원**(source) 또는 발신자는 다른 사람이나 사람들 집단과 정보를 공유하려는 개인이나 조직이다. 이 정보원은 개인일 수도 있고(예: 판매사원이나 광고에 등장하는 유명인과 같은 고용된 대변인), 비인격적인 실체일 수도 있다(예: 회사나 조직 자체). 예를 들어, 많은 광고에서의 정보원은 특정 대변인이나 인물이 등장하지 않기 때문에 회사 자체인 경우가 많다. 그러나 많은 기업들은 광고에 등장하여 메시지를 전달할 대변인을 사용한다. 많은 경우 유명한 대변인은 기업의 광고에 관심을 끌고 메시지를 전달하며, 타겟 청중이 메시지를 받아들이는 데에 많은 영향을 미치는 등 매우 중요한 역할을 할 수 있다. 예를 들어, 시티즌 시계(Citizen Watch Company)는 "Better Starts Now(지금, 더 나은 시작)" 글로벌 캠페인에서 자사의 에코드라이브(Eco-Drive) 시계를 프로모션하기 위해 다양한 운동선수와 유명 인사를 브랜드 홍보대사/대변인으로 기용해왔다. 사진 5-2는 가수 켈리 클락슨(Kelly Clarkson)이 등장한 이 캠페인의 광고 중 하나를 보여준다.

수신자가 정보원에 대해 어떻게 생각하는지는 그 수신자가 커뮤니케이션을 받아들이는 데에 영향을 미치기 때문에, 마케터는 수신자가 지식이 풍부하고 신뢰할 수 있다고 믿거나, 어떤 방식으로든 자신과 동일시하거나 공감할 수 있는 커뮤니케이터를 신중하게 선택해야 한다(이러한 특성이 수신자의 반응에 어떤 영향을 미치는지는 6장에서 더 자세히 논의된다).

커뮤니케이션 과정은 발신자가 수신자에게 전달할 메시지를 나타내기 위해 단어, 기호, 그림 등을 선택하면서 시작된다. 이 과정은 **부호화**(encoding)라고 하며, 생각이나 아이디어, 정보를 상징적인 형태로 표현하는 것을 말한다. 발신자의 목표는 메시지를 수신자가 이해할 수 있도록 부호화하는 것이다. 이를 위해서는 대상 청중에게 익숙한 단어, 기호, 상징 등을 사용하는 것이 중요하다. 예를 들어, 원형에 선이 그어진 기호는 주차금지, 금연 등 보편적인 의미를 가진다. 많은 기업들이 전 세계 소비자들에게 잘 알려진 로고를 가지고 있기도 하다. 예를 들어, 맥도날드의 황금 아치, 나이키의 스우시, 코카콜라의 상표 등이 있다. 마케터는 자사나 브랜드와 연관된 로고와 같은 상징들에 매우 주의 깊게 접근해야 한다. 이런 상징들은 종종 소비자들이 해당 브랜드를 즉각적으로 인식하게 만드는 지름길이 되기 때문이다. 경우에 따라 마케터는 소비자에게 다른 메시지를 전달하기 위해 로고를 변경하기도 한다. 예를 들어, 스타벅스는 자사의 전략적 초점을 커피 외의 제품 카테고리로 확장하려는 목적에서 기존의 초록색 원형 로고에서 "Starbucks Coffee"라는 문구를 제거하고, 상징적인 세이렌 이미지를 더 부각시킨 새로운 로고로 변경하였다. 이러한 변화는 또한 서구 문자를 사용하지 않는 국가들에서도 로고가 잘 인식될 수 있도록 하기 위한 목적도 있었다. 하지만 소비자들이 기업의 로고에 강한 애착을 가지고 있는 경우가 있는데, 이런 경우 소비자들은 로고 변경에 부정적 반응을 보일 수 있다. 예컨대 몇 년 전, 갭(Gap)은 기존

사진 5-2

가수 켈리 클락슨이 이 시티즌 에코드라이브 시계 광고에 등장한다.

자료: Citizen Watch Company of America, Inc.

디지털 및 소셜 미디어 관점 5-1 >>>

디지털 시대의 로고

내용을 읽기 전 잠시 멈추고, 유명한 기업과 브랜드들이 사용하는 로고에 대해 생각해보자. 어떤 로고가 떠오르고, 그중에서 가장 좋아하는 것은 무엇인가? 아마도 나이키의 스우시, 맥도날드의 황금 아치, 혹은 스타벅스의 세이렌일지도 모른다. 최근 브랜드 전략 및 디자인 회사인 지겔앤게일(Siegel+Gale)이 미국과 영국의 3,000명을 대상으로 가장 기억에 남는 브랜드 마크를 묻는 설문조사를 실시한 결과, 네 개의 기업이 대부분의 표를 차지했다. 나이키가 16%, 애플이 15.6%, 맥도날드가 11.1% 그리고 코카콜라가 9.7%를 차지했다. 반면, 구글, 마이크로소프트, 아마존, 아디다스 등 다른 주요 글로벌 브랜드의 로고는 모두 3% 미만의 응답률을 보였다.

세계에서 가장 인지도가 높은 로고로 평가받는 나이키의 유명한 스우시는 1971년 포틀랜드 주립대학교의 그래픽 디자인 학생 캐롤린 데이비슨(Carolyn Davidson)이 만들었다. 당시 회사 이름은 블루 리본 스포츠(Blue Ribbon Sports)였으며, 창립자인 필 나이트(Phil Knight)는 그녀에게 로고 디자인을 의뢰하면서 단지 "움직임의 느낌을 불러일으키는 무언가"를 원한다고만 말했다. 데이비슨은 여러 개의 스케치를 제안했고, 결국 나이트는 달리는 사람이 남기는 자취처럼 보인다는 이유로 스우시를 선택했다. 나이트는 그의 회고록 『슈 독(Shoe Dog)』에서 처음에는 그 로고가 썩 마음에 들지는 않았지만, 다른 로고를 개발할 시간과 예산이 부족했기 때문에 그대로 진행했다고 밝혔다. 얼마 후 그는 회사 이름을 그리스 신화의 승리의 여신 '나이키(Nike)'로 바꾸고, 그 스우시 로고를 신발 옆면에 넣어 브랜드를 론칭했다. 데이비슨은 총 17시간의 작업에 대해 35달러를 받았고, 이후에도 나이키를 위해 일부 디자인 작업을 계속했다.

한 업체의 제품을 다른 업체의 제품과 구별하기 위해 로고나 시각적 상징을 사용하는 관행은 수백 년 전부터 존재해왔다. 그러나 시간이 흐르면서, 단순히 제품이나 서비스의 출처를 식별하는 실용적 개념이었던 로고나 상표는 점차 기업 정체성을 상징하는 보다 추상적인 개념으로 발전하였다. 기업들은 로고와 기타 시각적 커뮤니케이션 요소들이 브랜드의 본질을 담아내고, 브랜드에 가치를 더해준다고 보기 시작했다. 이에 따라 기업들은 이러한 요소들을 매우 소중히 여기게 되었고, 브랜드명, 로고 및 기타 시각적 커뮤니케이션 수단의 사용 방식에 대해 매우 구체적으로 규정한 표준 매뉴얼을 개발하여 이를 엄격히 관리하게 되었다.

마케터들이 로고를 그렇게나 중요하게 여기는 이유 중 하나는, 소비자들이 로고에 감정적으로 애착을 가지는 경우가 많기 때문이다. 이러한 애착은 기업이나 브랜드에 대한 인식뿐만 아니라 구매결정에도 영향을 미칠 수 있다. 따라서 마케터들은 로고나 기타 패키지 디자인을 변경할 때 소비자들의 반발에 직면할 수 있다. 로고나 디자인이 바뀌면 소비자들은 내부의 제품도 변했을지 모른다는 불신을 가질 수 있다. 예를 들어, 펩시코는 오랫동안 사용하던 오렌지에 빨대가 꽂힌 트로피카나 주스 브랜드의 상징을 주스가 담긴 유리잔의 좀 더 현대적이고 추상적인 이미지로 변경했다. 하지만 소비자들은 이 새로운 디자인이 트로피카나를 일반 제품이나 PB상품처럼 보이게 만든다고 불만을 제기하며, 기존 디자인으로 되돌릴 것을 요구하며 편지, 이메일, 전화 등으로 항의했다. 결국 한 달 만에 판매가 20% 급감하자, 펩시코는 소비자들의 요구에 따라 원래의 디자인으로 되돌렸다.

마케터들이 로고에 대해 생각하는 방식도 변화하고 있다. 특히 페이스북, 스냅챗, 트위터, 우버, 에어비앤비, 아마존과 같은 디지털 기술 기업들은 대부분의 서비스가 스마트폰 앱을 통해 제공되기 때문에, 사용자가 화면을 넘길 때마다 로고를 보게 된다. 이러한 기업들은 로고나 기타 시각적 상징을 개발할 때 기능성과 심미성을 동시에 고려하는 '인터랙션 디자인 중심' 접근 방식을 취하고 있다. 디지털 기기에서의 로고나 이름은 단순한 브랜딩 요소를 넘어, 여러 아이콘 중 하나로 작은 화면에서도 쉽게 인식될 수 있어야 한다.

스마트폰상에서 로고의 기능성을 신중하게 고려하는 디지털 기업의 예로는 차량 공유 시장의 선두주자인 우버(Uber)가 있다. 우버는 창립 이후 10년 동안 로고를 여러 번 재설계했으며, 그때마다 'U' 자 형태의 변형을 사용했다. 2016년에는 원 안에 사각형이 있고, 이 두 요소가 가느다란 선으로 연결된 새로운 로고를 공개했다. 이 로고는 전 세계 시장에서 통

로고를 보다 현대적으로 보이게 하기 위해 새 로고를 도입했지만, 소셜 미디어에서의 반응이 매우 부정적이었고, 갭은 단 4일 만에 이전 로고로 되돌아갔다. 디지털 및 소셜 미디어 관점 5-1에서는 로고의 역할과 그것이 디지털 시대에서 점점 더 중요해지고 있는 이유를 다룬다.

메시지

부호화 과정은 발신자가 전달하고자 하는 정보나 의미를 담은 **메시지**(message)의 개발로 이어진다. 이 메시지는 언어적일 수도 있고 비언어적일 수도 있으며, 구두로 전달되거나 서면으로 작성되거나 상징적일 수도 있다. 메시지는 사용되는 커뮤니케이션 채널에 적합한 형태로 전송 가능하게 만들어져야 한다. 광고의 경우 메시지는 단순히 라디오 광고로 읽힐 몇 마디

자료: slyellow/Shutterstock

용될 수 있도록 'U'라는 글자 형태가 아무런 의미를 가지지 않는 국가들을 고려해 순수하고 단순한 상징을 만들고자 한 것이었다. 하지만 단 2년 후, 논란이 많았던 창립자 트래비스 캘러닉(Travis Kalanick)을 CEO 자리에서 물러나게 한 이후, 우버는 새로운 가치인 '안전', '접근성', '글로벌 비전'을 전달하고자 글로벌 리브랜딩의 일환으로 다시 로고를 변경했다. 새로운 로고는 검정 배경 위에 흰색으로 "Uber"라는 이름을 표기하며, 첫 글자인 U만 대문자로 사용되었다. 이번 리브랜딩을 주도한 글로벌 브랜드 컨설팅 회사인 울프 올린스(Wolff Olins)의 크리에이티브 디렉터는 변경 이유를 다음과 같이 설명했다. "이 디자인은 모든 사람이 'Uber'라는 단어를 보다 쉽게 읽을 수 있게 해줍니다. 다양한 형태와 크기의 글자들이 혼합되었을 때 더욱 가독성이 높고, 특히 단어의 처음과 끝 글자를 뇌가 먼저 인식하게 하여, 오탈자가 있어도 단어를 알아볼 수 있게 도와줍니다."

일부 브랜딩 전문가들은 로고의 디자인도 중요하지만, 실제로 로고가 인식되고 의미를 갖게 되는 것은 "로고 락업(lockup)"—또는 광고 메시지, 스폰서십, 기타 마케팅 커뮤니케이션 상황에서의 사용 방식—이라고 주장한다. 유명 디자이너이자 팟캐스트 〈Design Matters〉의 진행자인 데비 밀먼(Debbie Millman)은 "로고 자체가 아니라, 그것을 어떻게 마케팅하느냐가 중요하다"며, 나이키 스우시처럼 로고가 독립적으로 인식될 수 있는 이유는 마케팅 덕분이라고 언급했다. 그러나 일부 기업들은 로고 락업 없이도 인식될 수 있는, 이른바 로고의 '성배'라고 불리는 경지에 도달하기도 한다. 예를 들어, 마스터카드는 2019년 초 자사의 이름을 로고에서 제거하고, 서로 겹쳐진 빨간색과 노란색 원만 남기는 방식으로 로고를 변경했다. 이는 디지털 결제가 주류가 되는 포스트 신용카드 시대를 준비하기 위한 브랜딩 전략 변화의 일환이었다. 당시 마스터카드의 최고 마케팅 및 커뮤니케이션 책임자는 다음과 같이 설명했다. "디지털 시대의 혁신은 현대적 단순함을 요구합니다. 전 세계 소비자 중 80% 이상이 '마스터카드'라는 단어 없이도 이 심볼을 자발적으로 인식한다는 점에서, 이제 우리는 브랜드 진화의 다음 단계로 나아갈 준비가 되었다고 판단했습니다."

로고나 기타 시각 커뮤니케이션 요소를 재디자인하는 일은 매우 비용이 많이 들고, 상당한 시간과 노력이 요구된다. 예를 들어, 마스터카드는 단어 없이도 로고를 인식할 수 있는지를 확인하기 위해 거의 2년에 걸친 리서치를 진행했다. 우버와 같은 기술 기업들도 로고를 재디자인할 때 광범위한 사용자 조사를 포함한 길고 반복적인 과정을 거친다. 그러나 이와는 정반대의 접근을 택한 기업도 있다. 예를 들어, 스냅의 창립자인 에반 스피겔(Evan Spiegel)은 대학 기숙사에서 어느 날 저녁 자신의 개인 컴퓨터로 스냅챗의 원래 로고를 디자인했다고 밝혔다. 이 로고는 노란색 배경 위에 흰색 유령이 그려진 형태다. 그는 상위 100개의 앱을 조사한 결과, 노란색을 사용하는 앱이 없다는 점을 발견하고 해당 색상을 배경으로 선택했다고 한다.

이 내용을 읽고 나면, 나이키의 상징이 된 로고를 디자인하고도 단돈 35달러만 받은 캐롤린 데이비드슨에 대해 안타까운 마음이 들 수도 있다. 하지만 다행히도, 나이키는 이후 그녀에게 경의를 표하며 회사의 주식을 넉넉하게 증정했고(가치는 약 100만 달러에 이르는 것으로 추정됨), 스우시 디자인이 새겨진 다이아몬드와 금 반지도 선물했다.

자료: Mike Snider, "Mastercrad Ditches Letters for Its New Logo in Iconic Brand Move," *USA Today*, January 8, 2019, p. B1; Mark Wilson, "Uber Has a New Design. Again," *Fast Company*, September 12, 2018, https://www.fastcompany.com/90235065/uber-has-a-new-brand-again; Rob Walker, "How Logos Became the Most Important Quarter-Inch in Business," *Fortune*, June 16, 2017, http://fortune.com/2017/06/16/businesslogos-evolution-importance/; "The $35 Nike Logo and the Woman Who Designed It," *Creative Market*, May 2, 2016, https://creativemarket.com/blog/the-35-nike-logo-and-the-woman-who-designed-it.

문장을 작성하는 것부터 고비용의 TV 광고를 제작하는 것까지 다양할 수 있다. 많은 제품들에 있어, 실제로 메시지에 사용된 단어 그 자체보다 광고가 만들어내는 인상이나 이미지가 커뮤니케이션 효과를 결정짓는 경우가 많다. 예를 들어, 사진 5-3에 제시된 코치(Coach) 광고는 메시지를 전달하기 위해 오직 이미지 한 장만을 사용하고 있지만, 브랜드 이름과 이미지의 조합만으로도 코치가 전달하고자 하는 "도시적인 태도를 더한 동경의 유산"이라는 메시지를 효과적으로 전달하고 있다. 이 광고는 코치의 새로운 럭셔리 라인인 Coach 1941의 핸드백, 의류, 신발 제품을 홍보하기 위한 캠페인의 일환으로, 코치는 이를 "새로운 세대를 위한 럭셔리와 진정성의 재창조"로 설명하고 있다.

마케터는 소비자에게 전달할 메시지의 내용뿐만 아니라 메시지의 구성 및 디자인에 대한 결정도 한다. 메시지의 내용(content)은 그 안에 담긴 정보 및 의미를 뜻하며, 구성과 디자인

(structure and design)은 해당 정보나 의도된 의미를 효과적으로 전달하기 위해 메시지가 어떻게 구성되는지를 나타낸다. 메시지 호소 방식 및 구성에 관한 내용은 다음 장에서 더 자세히 다루게 되며, 메시지 디자인에 대해서는 크리에이티브 전략을 다루는 8장과 9장에서 설명할 예정이다.

사진 5-3

광고가 투사하는 이미지는 종종 말보다 더 많은 것을 전달한다.

자료: Coach, Inc.

채널

채널(channel)이란 커뮤니케이션이 발신자 또는 송신자로부터 수신자에게 전달되는 방법을 의미한다. 가장 넓은 수준에서 커뮤니케이션 채널은 비인적 채널과 인적 채널의 두 가지 유형으로 나뉜다. 비인적 커뮤니케이션 채널은 발신자와 수신자 간의 직접적인 대면 접촉 없이 메시지를 전달하는 채널이다. 이러한 비인적 채널은 일반적으로 **매스 미디어**(mass media) 또는 대중 커뮤니케이션이라 불리는데, 이는 그 안에 담긴 메시지가 한 사람 이상에게 전달되며, 종종 동시에 많은 사람들에게 보내지기 때문이다. 예를 들어, 프라임타임 TV 프로그램에서 방영되는 TV 광고는 어느 저녁에 1,000만 명의 시청자에게 노출될 수 있으며, 인기 있는 잡지에 실린 인쇄 광고는 일주일 또는 한 달 동안 수백만 명의 독자에게 전달될 수 있다.

비인적 커뮤니케이션 채널은 크게 인쇄 매체와 방송 매체의 두 가지 유형으로 구성된다. 인쇄 매체에는 신문, 잡지, 다이렉트 메일 그리고 옥외 광고판이 포함되며, 방송 매체에는 라디오와 텔레비전이 포함된다. 인터넷은 비인적 커뮤니케이션과 인적 커뮤니케이션의 특성을 모두 지닌 매체다. 오늘날 인터넷은 대부분의 소비자에게 중요한 정보원이 되었고, 배너 광고, 동영상 광고, 유료 검색, 소셜 미디어 광고 등 다양한 형태의 온라인 광고를 통해 많은 광고 메시지가 전달되면서 매스미디어 매체로 자리 잡았다. 인터넷의 경우, 소비자들이 온라인상에 제공된 정보나 콘텐츠를 단순히 소비하는 경우가 많고 이를 제공하는 기업들과 개인적인 접촉이 없기 때문에 여러 면에서 비인적 성격을 지닌다. 하지만 동시에 인터넷은 점점 더 인적 커뮤니케이션의 성격을 가진 채널로 변화하고 있다. 소비자들이 온라인에서 마케터들과 상호 작용할 수 있을 뿐만 아니라 다양한 형태의 소셜 미디어를 통해 서로 소통하고 정보를 공유할 수 있기 때문이다.

인적 커뮤니케이션 채널은 두 사람 이상 간의 직접적인 커뮤니케이션을 포함하며, 대면 접촉(직접 만남)뿐만 아니라 이메일이나 소셜 미디어를 통한 방법으로도 이루어질 수 있다. 판매원은 구매자나 잠재 고객에게 판매 메시지나 프리젠테이션을 전달할 때 인적 커뮤니케이션 채널의 역할을 한다. 인적 커뮤니케이션 채널의 주요 장점은 메시지나 프리젠테이션을 개별 개인이나 청중에 맞춰 조정할 수 있으며, 발신자가 청중으로부터 직접적인 피드백을 받을 수 있다는 점이다. 친구, 이웃, 동료, 직장 동료, 가족 구성원 등 개인의 사회적 네트워크 구성원들도 인적 커뮤니케이션 채널로 작용한다. 이런 커뮤니케이션은 종종 제품이나 서비스에 대한 소비자 간의 비공식적인 커뮤니케이션인 **구전**(word-of-mouth, WOM) 효과를 의미하며, 매우 강력한 정보원으로 작용한다.

인터넷과 소셜 미디어의 등장과 함께 마케팅 맥락에서의 구전 방식은 수년에 걸쳐 변화해 왔다. 앤드루 베이커(Andrew Baker)와 나빈 돈투(Naveen Donthu)는 마케팅에서 구전의 다양한 형태가 존재한다고 언급하며, 여기에는 구전 대화(WOM conversation), 전자적 구전(electronic word-of-mouth, eWOM), 온라인 리뷰 그리고 조작된 구전(engineered WOM)이 포함된다. 구전 대화는 마케팅과 관련된 주제를 두 명 이상의 소비자가 상호 작용적으로 논의하는 것으로, 어느 쪽에도 명확한 상업적 동기가 없는 대화를 말한다. 전자적 구전(eWOM)은 컴퓨터나 스마트폰과 같은 디지털 기기를 이용하여 마케팅 관련 주제에 대한 정보나 소비자 정서를 전달하는 것으로, 일반적으로 트위터나 페이스북과 같은 소셜 미디어 플랫폼을 통해 발생한다.

온라인 리뷰는 마켓플레이스의 제품이나 서비스에 대해 소비자가 평가를 남기는 것으로, 이러한 평가를 수집하도록 의도적으로 설계된 온라인 플랫폼을 통해 제출된다. 조작된 구전은 소비자가 어떤 보상을 받기 위해 구전 대화에 참여하는 경우와 같이 그 동기가 상업적일 때를 의미한다. 제품 샘플이나 보상을 받고 브랜드에 대한 정보를 공유하거나 의견을 유도하는 소셜 미디어 인플루언서는 종종 인위적인 성격을 가진 조작된 구전의 예시로 간주된다.

많은 마케터들은 자사 또는 브랜드에 대한 긍정적인 구전을 생성하기 위해 한 가지 이상의 구전 방식을 활용하여 적극적으로 노력한다. 예를 들어, 마케터는 소비자들이 해당 제품이나 서비스에 대해 다른 소비자들과 직접 대화하거나, 소셜 미디어에서 공유하거나, 옐프(Yelp)나 아마존과 같은 사이트에 평점이나 리뷰를 남기도록 장려할 수 있다. 하지만 디지털 및 소셜 미디어의 성장으로 인해, 많은 마케터들은 자사 브랜드에 대한 관심을 유도하고 논의를 촉진하기 위해 조작된 구전을 활용하고 있다. **버즈 마케팅**(buzz marketing)은 기업, 제품, 서비스, 브랜드 또는 광고 메시지에 대한 구전 커뮤니케이션을 설명하는 용어다. 버즈 마케팅은 주로 마케터에 의해 유도된다. 마케터가 자사 브랜드에 대한 구전 논의를 유도하는 것이 새로운 개념은 아니다. 샘플을 나눠주거나, 영향력 있는 사람들에게 제품을 제공하고 이를 주변 사람들에게 추천하도록 유도하는 방식은 오래전부터 사용되어 왔다. 예를 들어, 주류 브랜드 마케터들은 바텐더나 서버들이 특정 브랜드를 프로모션하게 하는 것이 얼마나 효과적인지 오래전부터 인지하고 있었으며, 제약회사들은 영향력 있는 의사들이 자사 제품의 효능을 동료 의사들과 공유하도록 장려하는 경우도 흔하다.

디지털 미디어 시대에 접어들면서, 전통적인 구전(WOM)과 버즈 마케팅 기법은 점차 더 체계적이고 조직적인 방식으로 발전하여, 사람들이 특정 기업이나 브랜드에 대해 호의적인 말을 하도록 장려하기도 하고 해당 기업이나 브랜드를 자신의 소셜 네트워크에서 다른 사람들에게 추천할 것을 유도하기도 한다. 많은 마케터들은 **바이럴 마케팅**(viral marketing)을 활용하고 있으며, 이를 통해 소비자 개인의 도움과 협력을 통해 마케팅 관련 메시지를 전파한다. 마케터들은 에이전시들과 협력하여 다양한 방식으로 브랜드에 대한 관심을 유도하고 있다. 소비자들이 사용자 생성 콘텐츠(User-Generated Content, UGC)—사진, 동영상, 제품 사용 아이디어 등—를 자사 웹사이트나 페이스북, 트위터, 인스타그램, 유튜브 등의 소셜 미디어 플랫폼을 통해 공유하도록 장려하는 등의 활동이 이에 해당한다. 예를 들어, 고프로(GoPro)는 충성도 높은 사용자들이 트위터, 유튜브, 인스타그램에 #GoPro 해시태그를 붙여 최고의 영상이나 사진을 업로드하도록 유도하며, 바이럴 마케팅을 성공적으로 수행하고 있다. 고프로로 촬영한 사용자 생성 콘텐츠는 다양한 챌린지와 콘테스트에 출품될 수 있으며, 우승자에게는 현금이나 경품이 제공된다(사진 5-4). 고프로는 또한 '오늘의 사진(Photo of the Day)'을

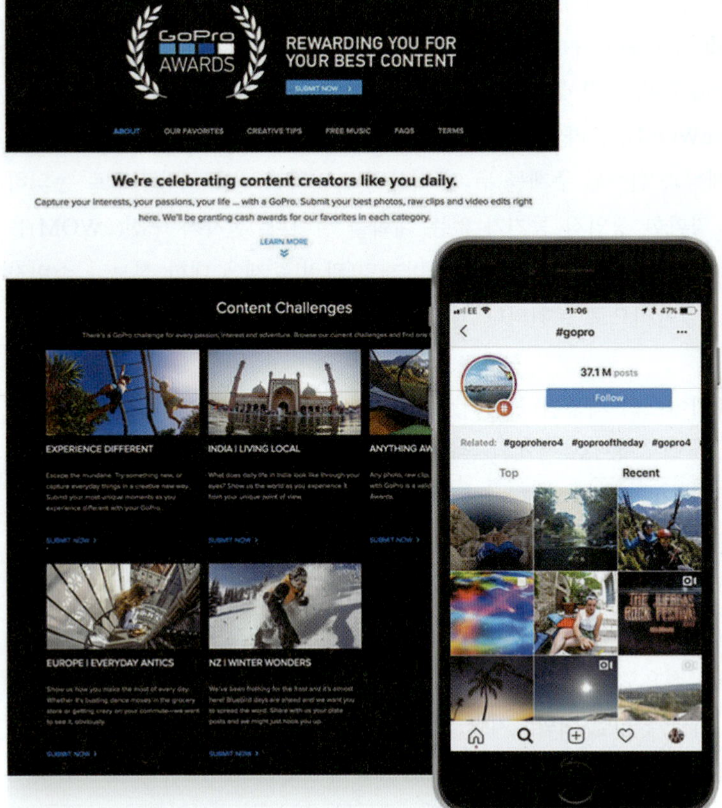

사진 5-4

고프로는 카메라 사용자가 동영상과 사진 등의 콘텐츠를 공유하도록 유도한다.

자료: GoPro, Inc.

인스타그램에 다시 게시함으로써 사용자들의 작품을 인정하고 있으며, 유튜브 채널은 거의 700만 명에 이르는 구독자를 보유하고 있다.

성공적인 바이럴 마케팅은 매우 어려울 수 있는데, 바이럴 마케팅은 종종 마케터가 통제할 수 없는 다양한 요인에 영향을 받기 때문이다. 연구자들은 바이럴 마케팅 프로그램의 성공에 영향을 미치는 주요 요인으로 메시지 특성, 발신자 또는 수신자의 개인적 특성, 그리고 소셜 네트워크 특성의 세 가지를 제시하였다. 메시지 특성(message characteristics)은 바이럴 메시지의 내용과 창의적 디자인과 관련되며, 정보가 얼마나 재미있고, 몰입감 있으며, 새롭고, 유머러스하거나 유익한지 등의 요소를 포함한다. 강력한 바이럴 요소를 가지고 있는 동영상과 광고는 소비자들이 자발적으로 시청하고 공유하도록 유도한다. 최근 몇 년간 가장 많이 공유된 광고 중 하나로 아마존의 스마트 스피커 에코(Echo)를 위한 광고인 "Alexa loses her voice(알렉사, 목소리를 잃다)"를 들 수 있다. 이 유쾌한 광고는 개인 비서 디바이스인 알렉사가 목소리를 잃어버리는 바람에 아마존이 여배우 레벨 윌슨, 래퍼 카디 비, 배우 앤서니 홉킨스, 세계적 셰프 고든 램지와 같은 유명인사들의 목소리로 알렉사의 목소리를 대체하려는 내용을 담고 있다. 이 광고는 2018년 수퍼볼에서 가장 인기 있는 광고였으며, 경기 전후로 트위터에서 가장 많이 언급된 캠페인으로, 약 72만 건의 언급을 기록했다. 이후 10개월 동안 유튜브에서 5,000만 회 이상 조회되며, 그 해 가장 많이 본 광고가 되었다.

메시지 자체 외에도, 개별 소비자의 특성 또한 바이럴 마케팅 과정에서 중요한 역할을 한다. 인구통계적 요인, 성격 특성, 콘텐츠 및 메시지를 공유하고 수신하려는 동기와 같은 요소들이 바이럴 캠페인의 효과에 영향을 미친다. 예를 들어, 여성과 젊은 소비자는 남성과 나이 든 소비자에 비해 메시지를 전달하는 대상에게 더 많은 영향을 주고자 하는 욕구가 강하고 바이럴 영향에 더 민감한 경향이 있다. 또한 외향성, 혁신성, 이타성과 같은 개인의 성격적인 특성도 메시지 공유 의도에 영향을 미친다. 온라인에서 무엇이 시청되고 공유되는지를 분석한 광고 마케팅 기술 회사 언룰리(Unruly)의 연구는 소셜 공유에 대한 동기에 대한 인사이트를 제공한다. 이 회사는 4,300억 건 이상의 동영상 조회수와 10만 개 이상의 소비자 데이터 포인트를 분석하여, 바이럴 성공을 이끄는 두 가지 가장 강력한 요인으로 심리적 반응(콘텐츠가 시청자에게 어떤 감정을 유발하는가)과 사회적 동기(왜 그것을 다른 사람과 공유하고 싶은가)가 있다는 것을 밝혔다. 언룰리는 이러한 분석을 바탕으로 소셜 공유의 10가지 동기를 도출했으며, 이는 도표 5-2에 제시되어 있다.

소셜 네트워크 특성과 관련하여, 메시지가 확산되는 네트워크의 구조에 더해, 다른 사람들과의 관계로 정의되는 소비자의 소셜 네트워크 내 위치 또한 바이럴 메시지의 전파에 영향을 미칠 수 있다. 많은 마케터들은 블로거나 페이스북, 인스타그램, 트위터 등에서 많은 팬이나

도표 5-2

동영상 소셜 공유의 동기

자료: Adapted from "Why Some Videos Go Viral" from *Harvard Business Review*, September 2015. https://hbr.org/2015/09/why-some- videos-go-viral.

동기	설명
의견 구하기	친구들이 어떻게 생각하는지 확인하고 싶습니다.
공유된 열정	친구들과 공통 관심사에 대해 소통할 수 있습니다.
대화 시작	온라인 대화를 시작하고 싶습니다.
소셜 유틸리티	내 친구들에게 유용할 수 있습니다.
자기 표현	나에 대해 뭔가를 말해줍니다.
실생활 속 소셜	오프라인에서 친구들과 사귀는 데 도움이 될 것입니다.
소셜 굿	좋은 취지를 위한 일이고 저도 돕고 싶습니다.
시대정신	현재 트렌드 또는 이벤트에 관한 내용입니다.
Kudos: 권한	내 지식을 증명하고 싶습니다.
Kudos: 멋진 사냥	친구들에게 가장 먼저 알리고 싶습니다.

팔로워를 보유한 사람들처럼 소셜 미디어 영역에서 매우 영향력 있는 개인을 식별하려고 노력하며, 이들에게 메시지를 전달해 그들이 자신의 소셜 네트워크 내 다른 사람들에게 해당 메시지를 전달해주기를 기대한다.

바이럴 마케팅의 또 다른 중요한 측면은 **시딩**(seeding)이라고 불리는 개념으로, 이는 메시지 확산을 시작하기 위해 활용할 초기 소비자 그룹을 식별하고 선택하는 작업을 의미한다. 바이럴 마케팅을 활용하는 기업은 시딩 전략을 수립해야 하며, 여기에는 필요한 초기 소비자('시드') 수를 결정하고 바이럴 과정을 시작할 적절한 소비자를 선택하는 것이 포함된다. 예를 들어, 지프(Jeep)는 랭글러(Wrangler) SUV를 프로모션하는 소셜 미디어 캠페인을 전개하였는데, 그 대상은 차량을 처음 구입하고 중간가격대의 차량을 원하는 모험심 강한 밀레니얼 세대의 젊은 직장인들이었다. 이 캠페인을 위해 지프는 하와이에서 열린 월드 서프 리그(World Surf League) 행사 기간 동안 전문 서퍼, 사진작가, 소셜 인플루언서들과 협업하였다. 지프는 이들이 인스타그램에 사진과 영상을 게시하고, #JeepWSL 해시태그를 활용해 공유하도록 하여 바이럴 캠페인을 실행했다. 이 캠페인의 목표는 랭글러를 서핑 이벤트와 연결시키고, 모험과 경험을 추구하는 사람들에게 적합한 차량으로 포지셔닝하는 것이었다.

광고대행사 및 기타 일부 기업들은 바이럴 마케팅 프로그램 개발에 특화되어 있으며, 클라이언트와 협업하여 이러한 캠페인을 기획한다. 일부 기업은 소비자들이 자사 제품에 대한 경험을 온라인에서 이야기할 수 있도록 웹 커뮤니티를 구축하기도 한다. 예를 들어, 세계 최대 광고주 중 하나인 P&G(Procter & Gamble)는 미국에서 가장 영향력 있는 소비자 집단인 '엄마들'을 타겟으로 하는 입소문(word-of-mouth) 브랜드 커뮤니티 '보컬포인트(Vocalpoint)'를 운영하고 있다. 최근 P&G는 보컬포인트의 초점을 28세에서 45세 사이의 여성으로 확대하였으며, 현재 이 커뮤니티의 회원 수는 67만 명 이상이다. 이 여성들은 페이스북, 트위터, 다양한 블로그 등 소셜 미디어를 활발히 사용하며, 하루에도 많은 여성들과 소통하거나 교류한다. 또한 P&G는 보컬포인트의 성공을 바탕으로, 미국 내 스페인어 사용 여성을 타겟으로 한 새로운 브랜드 커뮤니티 '오르구요사(Orgullosa)'를 개발하였다. 보컬포인트와 오르구요사는 P&G의 대표적인 브랜드 커뮤니티로, 향후 다른 타겟 소비자층에 도달하기 위한 모델로도 활용될 가능성이 높다(사진 5-5).

사진 5-5

보컬포인트와 오르구요사는 여성들이 제품 및 다양한 이슈에 대한 정보를 공유할 수 있는 온라인 커뮤니티다.

자료: Procter & Gamble

구전과 IMC의 통합 바이럴 기법은 브랜드에 대한 화제를 유도하는 인기 있는 방식으로 자리 잡았지만, 구전 마케팅을 중심으로 하는 시장 조사 회사인 켈러 페이 그룹(Keller Fay Group)이 실시한 연구에 따르면, 제품, 서비스, 브랜드에 대한 대화 중 약 90%는 오프라인에서 발생하는 것으로 나타났다. 브랜드에 대한 입소문 커뮤니케이션의 대부분(75%)은 대면 상호 작용(face-to-face interaction)을 통해 이루어지며, 그 다음은 전화 대화(15%)다. 온라인 채널(이메일/인스턴트 메시지, 블로그, 채팅방 등)을 통한 입소문은 전체의 단 10%에 불과하다. 이 연구는 또한, 입소문 대화의 절반가량이 브랜드에 사용된 다양한 IMC 도구들—인쇄 및 TV 광고, 웹사이트, 판매 시점 디스플레이(point-of-sale displays), 판매 촉진 등—에 대한 언급을 포함하고 있다는 점도 밝혀냈다.

또 하나의 중요한 발견은, 광고에 의해 영향을 받은 구전(word-of-mouth, WOM) 대화는 일반적인 입소문 대화보다 특정 브랜드를 구매하거나 시도해보라는 추천을 포함할 가능성이 훨씬 더 높다는 점이다. 또한 이러한 입소문 대화는 매우 강력한 효과를 가진다. 소비자들은 타인으로부터 들은 정보에 대해 높은 신뢰도를 부여하며, 50%의 소비자들이 이러한 대화로 인해 실제 구매할 가능성이 매우 높다고 응답했다.

켈러 페이의 후속 연구에 따르면, 광고가 입소문(WOM)에서 차지하는 역할은 더욱 강력한 것으로 나타났다. 소비자의 브랜드 관련 대화 중 약 4분의 1은 광고에 대한 논의를 포함하고 있으며, 이 중에서도 텔레비전 광고가 가장 많이 언급되는 형태의 광고였다. 이는 다른 어떤 매체보다도 TV 광고에 더 많은 예산이 투입되는 현실을 반영하는 것이다. 그러나 잡지, 신문, 인터넷, 라디오, 옥외 광고 등 다른 형태의 광고들을 합치면, 광고에 대한 대화를 유도하는 측면에서 TV 광고와 거의 비슷한 수준이라는 점도 나타났다. 이는 다양한 IMC 도구들이 입소문을 유도하는 데 효과적으로 활용될 수 있음을 시사한다.

이러한 연구 결과는 IMC 관점에서 여러 가지 중요한 시사점을 가진다. 첫째, 소비자들이 브랜드에 대해 호의적으로 이야기하고 IMC 프로그램의 다양한 요소를 언급함으로써 강력한 '전달 효과(pass-along effect)'가 발생할 수 있음을 보여준다. 그러나 소비자들은 매일 수많은 마케팅 메시지에 노출되고 이러한 메시지에 무관심하기 때문에, 이들로 하여금 브랜드에 대해 이야기하게 만드는 것은 매우 어렵다. 따라서 마케터들은 소비자의 대화를 유도할 수 있고 공유할 가치가 있는 창의적인 광고 및 커뮤니케이션 콘텐츠를 개발해야 한다. 이러한 결과는 또한 IMC의 모든 요소들이 소비자에게 브랜드를 어떻게 인식하게 만드는지, 그리고 그에 따른 구전에 어떻게 영향을 미치는지를 인식하는 것이 중요함을 재확인시켜 준다. 특히, 소비자들이 다른 사람들과의 대화를 통해 가장 큰 영향을 받는다는 점은 마케터들이 이러한 상호 작용에 긍정적으로 개입할 수 있는 방안을 찾아야 함을 시사한다. 그러나 켈러와 페이가 지적했듯이, 대부분의 입소문 논의는 오프라인에서 이루어지기 때문에 마케터들은 소셜 미디어에만 의존해서는 안 되며, 브랜드 옹호(brand advocacy)를 유도하기 위해 보다 강력하고 다양한 IMC 도구들을 병행해서 활용해야 한다.

마케터들이 버즈 마케팅 기법을 사용할 때에는 자신들이 가지고 있는 선입견에 주의해야 한다. 예를 들어, 데이비드 고데스(David Godes)와 다이앤 메이즐린(Diane Mayzlin)이 체인점의 입소문 캠페인 효과에 대해 수행한 연구는 기업들이 버즈 마케팅 노력을 어디에 집중해야 하는지를 더 잘 이해할 수 있도록 가장 효과적인 '에이전트'의 특성을 분석하였다. 이 연구는 해당 매장의 충성 고객이 아닌 사람들이 충성 고객보다 입소문을 통해 매출을 증가시키는 데 더 효과적이라는 결과를 보여주었다. 이러한 다소 직관에 반하는 결과는 충성 고객은 이미 친구나 지인에게 그 제품에 대해 이야기하고 있다는 점으로 설명할 수 있다. 이미 긍정적인 구전을 만들어내고 있는 충성 고객에 비해 비충성 고객은 입소문을 유도하려는 버즈 마케팅 캠페인에 더 반응할 가능성이 있다는 것이다. 마케터들은 충성 고객과 비충성 고객 모두 중에서 버즈를 생성하는 데 가장 효과적인 사람들을 식별해야 한다. 또래 집단으로부터 의견 선도자(opinion leader)로 인식되는 사람들이나, 사람을 자주 만나고 새로운 관계를 형성하는 데 적극적인 '소셜 버터플라이(social butterflies)'들이 버즈 생성에 효과적인 사람들이라고 할 수 있다.

버즈 및 바이럴 마케팅 캠페인의 활용이 점점 더 보편화되고 있는 가운데, 메시지를 전달하는 사람이 자신의 소속을 밝혀야 하는지에 대한 우려도 제기되고 있다. 이에 따라 구전 마케팅의 활용을 장려하고, 그 윤리적 사용을 보장하기 위해 2004년 Word of Mouth Marketing Association(WOMMA)이 설립되었다. WOMMA는 소비자와 업계를 보호하기 위한 윤리적 가이드라인을 제정하였으며, 이에 따르면 제품이나 서비스를 추천하는 사람은 자신이 누구를 위해 일하고 있는지 반드시 공개해야 한다. 마케터는 이러한 공개가 이루어지도록 보장해야 한다. 소비자를 상업 착취로부터 보호하는 목적으로 세워진 비영리 단체인 커머셜 얼러트(Commercial Alert)의 전무이사 게리 러스킨(Gary Ruskin)은 이러한 공개가 이루어지지 않을 경우 "인간관계의 상업화(commercialization of human relations)"라는 위험이 발생한다고 지적한다. 이는 친구가 친구를 광고 도구로 대하게 되는 상황을 초래하여 사회적 신뢰를 저해할 수 있다는 것이다.

전문가들은 바이럴 마케팅 기법은 조작에 매우 취약하다고 지적하며, 마케터들은 이를 사용할 때 주의를 기울여야 한다고 경고한다. 일부 기업들은 브랜드에 대한 인위적인 관심을 유도하려다 소비자들이 이를 간파하면서 캠페인이 역효과를 낳은 사례도 있었다. 일부 전문가들은 바이럴 마케팅의 인기가 높아질수록 그 효과는 오히려 약화될 수 있다고 주장한다. 모든 브랜드가 버즈를 만들려고 한다는 사실을 소비자들이 인식하게 되면, 이 기법에 대한 거부감을 가질 수 있다는 것이다. 그럼에도 불구하고 소셜 미디어의 성장과 함께 소비자들이 기존의 전통 매체 광고에 점점 더 무관심해지고 관심을 덜 가지게 되면서, 마케터들은 여전히 소비자들이 서로 공유하고자 하는 브랜디드 콘텐츠 및 메시지를 개발하고 전달하려는 방법을 모색할 가능성이 높다. 이러한 방식은 마케팅 메시지의 도달 범위와 영향력을 확대할 수 있을 뿐만 아니라, 소비자의 암묵적인 추천 효과까지 더해줄 수 있다.

바이럴 마케팅을 효과적으로 활용하기 위해서는, 마케터들이 구전(WOM)과 바이럴 요소가 강한 캠페인을 전략적으로 개발하고 실행해야 한다. 예를 들어, 켈러와 페이는 마케터들이 단순히 소셜 미디어만이 아닌 '소셜 소비자(social consumers)'의 관점에서 사고할 것을 제안한다. 즉, 소비자들이 브랜드나 특정 제품/서비스 카테고리에 대해 서로 나누는 이야기(story-telling)에 초점을 맞추고, 브랜드의 이야기와 소비자의 이야기 사이에 적절한 연결고리가 형성되도록 해야 한다는 것이다. 또한 브랜드 전략가들은 자신들의 브랜드나 카테고리에 대해 이야기할 가능성이 높은 사람들을 식별하고, 사람들이 언제, 어디서, 왜 이야기하는지를 이해하려고 노력해야 한다고 강조한다.

사진 5-6

이 광고는 공통 기반이라는 개념을 사용한다.

(Ad) 자료: The PEW Charitable Trusts; (photo): Courtesy of Ken Stinnett Photography

마케터들은 온라인과 오프라인 대화 채널이 종종 독립적으로 작동한다는 점을 인식하는 것이 중요하다. 각 채널에 적합한 전략과 전술이 따로 필요할 수 있다. 페이와 라킨은 10년 이상의 연구 데이터를 분석하여 온라인 대화와 오프라인 대화 사이에 관계가 있는지를 조사했는데, 두 채널 간의 상관 관계는 거의 없다는 결론을 내렸다. 이들은 온라인 세계와 오프라인 세계가 각자의 특성과 성격을 지닌 독립된 생태계처럼 작동한다고 보았다. 따라서 소셜 미디어 전략이 오프라인 입소문을 통한 사회적 영향력 전략을 대체할 수 있다고 가정하는 것은 잘못된 판단이다.

수신자/디코딩

수신자(receiver)는 송신자(sender)가 생각이나 정보를 전달하려는 사람(들)이다. 일반적으로 수신자는 마케터의 메시지를 읽고, 듣고, 혹은 보는 목표시장 또는 청중의 소비자들이다. 이들은 송신자의 메시지를 **디코딩**(decoding)하는데, 디코딩이란 송신자의 메시지를 다시 생각(thought)으로 변환하는 과정이다. 이 과정은 수신자의 준거 틀(frame of reference) 또는 **경험의 장**(field of experience)에 크게 영향을 받는다. 이는 수신자가 커뮤니케이션 상황에 가져오는 경험, 인식, 태도, 가치관 등을 의미한다.

효과적인 커뮤니케이션이 이루어지기 위해서는 수신자의 메시지 디코딩 과정이 발신자의 인코딩과 일치해야 한다. 간단히 말해, 수신자가 발신자가 전달하려는 내용을 이해하고 정확하게 해석해야 한다는 의미다. 도표 5-1에서 보여주듯이, 발신자와 수신자 각각은 커뮤니케이션 상황에 고유의 준거 틀(frame of reference)(각 원으로 표시됨)을 가지고 있다. 이 두 사람 간에 공통된 기반(common ground)이 존재할 때 효과적인 커뮤니케이션이 이루어질 가능성이 높아진다(이는 두 원이 겹치는 부분으로 나타난다). 발신자가 수신자에 대해 더 많이 알수록, 수신자의 욕구를 더 잘 이해하고 공감하며, 더 효과적으로 커뮤니케이션할 수 있다. 사진 5-6은 퓨 환경 단체(Pew Environmental Group)의 "미국 자연 보호 캠페인(Campaign for America's Wilderness)" 광고를 보여주며, 공통 기반(common ground)의 개념을 활용하고 있다. 이 광고는 공화당과 민주당 모두가 13개 주의 자연 보호지를 영구 보호하는 법안을 통과시키는 것의 중요성에 동의하고 있음을 강조함으로써, 정치적 성향에 관계없이 미국 자연 보호의 중요성에 대해 공감대를 형성하려는 메시지를 전달하고 있다.

발신자와 수신자 간의 공통 기반(common ground)이라는 개념은 매우 기본적이지만, 광고 커뮤니케이션 과정에서는 종종 큰 어려움을 초래하기도 한다. 마케팅 및 광고 관련 종사자들은 광범위한 대중 소비자들과 매우 다른 경험 영역(field of experience)을 가지고 있는 경우가 많다. 이들 대부분은 대학 교육을 받았으며, 뉴욕, 시카고, 로스앤젤레스와 같은 대도시에서 거주하거나 일하고 있다. 이들은 젊고, 유행에 민감하며, 성공 지향적인 전문가들로, 음악, 영화, 최신 클럽과 레스토랑에 깊은 관심을 가지며, 아이나 노부모를 돌봐야 할 일 같은 방해 요소는 거의 없다. 그러나 이들은 종종 대학을 다닌 적이 없거나, 블루칼라 직종에 종사하거나, 농촌이나 소도시에 거주하는 수백만의 소비자들과 소통해야 하는 광고를 제작하고 있다. 한 대형 광고대행사의 크리에이티브 디렉터는 광고인이 어떻게 문화적 주류에서 고립되는지를 다음과 같이 설명했다. "우리는 그들을 끌어들여 죽을 만큼 일하게 만든다. 그러고 나면 그들은 '스시를 먹는 사람들' 사이에서 어울리기 시작하고, 결국 '벨비타(Velveeta, 가공 치즈)'를 먹는 사람들과는 접점을 잃게 된다."

공통 기반을 형성하는 데 어려움을 초래할 수 있는 또 다른 요인은 연령이다. 미국을 비롯한 많은 국가에서 인구 고령화가 진행되면서, 광고대행사 직원들과 고령 소비자들 간의 연령 차이로 인해 발생할 수 있는 문제들에 대한 우려가 제기되어 왔다. 광고 및 관련 산업에는 오랫동안 젊은 층 편향이 존재한다는 주장이 제기되어 왔다. 즉, 마케터들이 50세 이상 소비자들보다 젊은 소비자층에 집착하고 있다는 것이다. 이는 50세 이상 소비자들이 전체 자산의 절반을 보유하고 있으며, 매년 수조 달러에 달하는 상품과 서비스를 소비하고 있고, 대부분의 국가에서 인구 비중도 상당하다는 점을 고려할 때 문제가 될 수 있다. 연구에 따르면, 미국을 포함한 여러 나라에서 광고대행사 종사자들은 전체 성인 인구보다 훨씬 젊은 경향이 있다. 미국노동통계국(Bureau of Labor Statistics)에 따르면, 광고·프로모션 및 관련 서비스 분야 종사자의 63%가 45세 미만이며, 중위 연령은 39세다. 이러한 젊은 층 중심의 편향은 특히 크리에이티브 부서에서 두드러지는데, 이 부서에서 일하는 인력 대부분이 40세 미만이기 때문이다.

광고대행사들이 젊은 인력을 고용하는 데는 여러 가지 이유가 있다. 첫째는 경제적인 이유다. 젊은 직원은 인건비가 적게 들며, 비용 절감을 중시하는 광고 업계에서는 경력 20년의 카피라이터보다 대학을 갓 졸업한 신입 사원이 훨씬 저렴한 인력이다(물론, 경력이 짧은 직원이 적은 급여를 받는 것은 광고 업계뿐만 아니라 대부분의 산업에서 공통된 사실이다). 둘째는 창의성 때문이다. 많은 광고대행사들은 젊은 직원들이 빠듯한 마감과 높은 성과 압박 속에서도 창의적인 아이디어를 더 잘 낼 수 있다고 믿는다. 셋째는 디지털 격차(digital divide)다. 지난 20년간 디지털 기술이 광고 산업을 근본적으로 변화시키면서, 젊은 세대에 대한 선호가 생겨났다. 광고대행사와 마케터들은 모바일 마케팅, 소셜 미디어, 기타 디지털 플랫폼을 통해 소비자에게 접근하고 소통하는 방법을 잘 아는 디지털 네이티브(digital natives)를 찾고 있다(사진 5-7 참조).

사진 5-7

연령 차별은 광고 업계에서 문제가 되고 있다.

자료: ©Jerry King Cartoons

비평가들은 대부분의 광고가 실제로는 소비자보다는 광고를 제작한 사람들과 더 연관이 있다고 주장한다. 광고에서 중요한 것은 광고나 마케팅을 하는 사람들보다 제품과 서비스를 실제로 구매하는 소비자에 초점을 맞추는 것이다. 마케터와 광고대행사는 반드시 자사의 메시지를 수신하는 타겟 시장 소비자들의 관점과 사고방식을 이해해야 한다. 많은 기업들이 소비자들이 광고 메시지를 올바르게 이해하고, 의도한 대로 해석하는지 확인하기 위해 상당한 시간과 비용을 들여 광고 사전 테스트를 수행한다. 광고 사전 테스트에 대한 내용은 18장에서 더 자세히 다룰 예정이다.

노이즈

커뮤니케이션 과정 전반에 걸쳐 메시지는 수신을 왜곡하거나 방해할 수 있는 외부 요인들에 노출된다. 이러한 계획되지 않은 왜곡이나 방해를 **노이즈**(noise)라고 한다. 메시지를 인코딩하는 과정에서 발생하는 오류, 라디오나 TV 신호의 왜곡, 메시지를 수신할 때의 산만한 환경 등이 노이즈의 예시다. 예를 들어, TV 광고를 시청하거나 라디오 광고를 듣고 있을 때 신호 전송에 문제가 생기면, 광고 메시지의 수신이 방해받아 광고 효과가 감소하게 된다. 지난 10여 년 동안 텔레비전 시청 환경에서 새로운 형태의 노이즈가 등장했는데, 바로 노트북, 태블릿, 모바일폰/스마트폰과 같은 기술기기의 방해다. 대부분의 사람들은 이제 텔레비전을 시청하면서 동시에 다른 작업을 하는데, 그 대부분이 스마트폰, 태블릿, 데스크톱/노트북과 같은 디지털 기기를 사용하는 것이다. 이마케터(eMarketer)의 연구에 따르면, 성인 인구의 약 75%가 TV를 시청하는 동안 다른 디지털 기기를 함께 사용하는 것으로 나타났다. 또 다른 여러 연구에서도 광고 시청에만 집중하는 시청자는 극히 소수에 불과하며, 전체의 약 10%만이 텔레비전 시청 중 다른 활동을 하지 않는다고 보고했다. 디지털 텔레비전 기술 회사인 TiVo가 실시한 설문조사 결과(도표 5-3)에 따르면, 응답자의 80% 이상이 광고 시간 동안 거의 항상 혹은 때때로 멀티태스킹을 한다고 답했다. 모바일 기기의 사용 증가를 고려할 때, 실제 멀티태스킹 비율은 이 조사 결과보다 더 높을 가능성이 있다.

멀티태스킹은 잡지나 책을 읽는 것과 같은 활동을 포함하기도 하지만, 광고주들에게 특별히 골칫거리가 되는 것은 바로 디지털 기기의 사용이다. 최근 연구에 따르면, 조사에 응한 마케팅 임원들의 거의 절반이 소비자들이 '세컨드 스크린(second screen)'에 주의가 분산되는 것을 TV 광고의 효과를 제한하는 주요 요인 중 하나로 꼽았다. 대다수의 임원들은 TV 광고만으로는 소비자의 주의를 끌기 어려워졌기 때문에, 더 많은 예산을 디지털 및 소셜 미디어에 할당하고 있다고 언급했다. 또한 발신자(sender)와 수신자(receiver)의 경험 영역(field of experience)이 겹치지 않을 때도 노이즈가 발생할 수 있다. 공통 기반이 부족하면, 메시지를 부호화할 때 수신자에게 익숙하지 않거나 다른 의미를 가지는 기호, 상징, 단어 등을 사용하는 오류가 생길 수 있다. 발신자와 수신자 간의 공통 기반이 많을수록 이러한 유형의 노이즈가 발생할 가능성은 낮아진다.

도표 5-3

텔레비전 시청자의 멀티태스킹 사용 빈도

참고: n=856, 18세 이상, 반올림으로 인해 숫자가 100% 합산되지 않을 수 있음

자료: Tivo, "Second Annual Social Media & Multitasking," October 16, 2014.

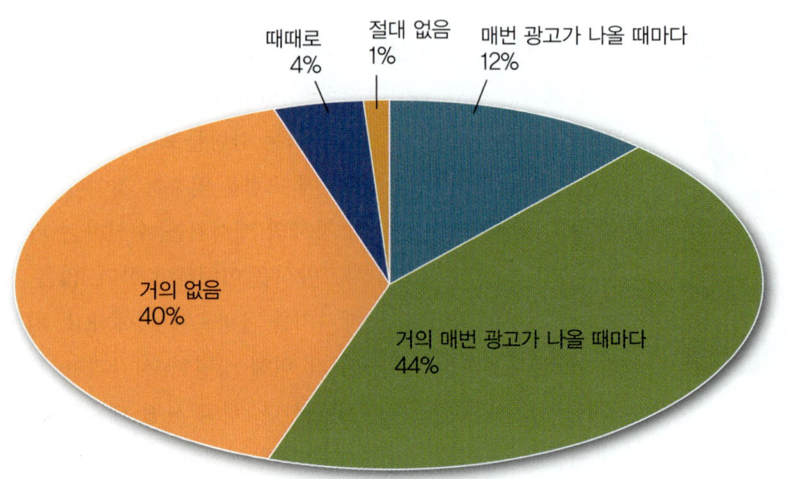

반응/피드백

수신자가 메시지를 보고, 듣고, 읽은 후에 보이는 일련의 반응을 **반응**(response)이라고 한다. 수신자의 반응은 정보를 기억에 저장하는 것과 같은 비가시적인 행동에서부터, 온라인 광고를 클릭해 마케팅 담당자의 랜딩 페이지나 웹사이트로 이동하거나, TV 광고를 보고 전화 주문을 하는 것과 같은 즉각적인 행동까지 다양할 수 있다. 마케터들은 **피드백**(feedback)에 매우 관심이 많다. 피드백은 수신자의 반응 중 발신자에게 다시 전달되는 부분을 말하며, 다

양한 형태를 취할 수 있다. 피드백은 커뮤니케이션 흐름에서 루프를 닫는 역할을 하며, 발신자가 의도한 메시지가 어떻게 해석되고 수신되고 있는지 모니터링할 수 있도록 해준다.

예를 들어, 개인 판매(personal-selling) 상황에서는 고객이 질문을 하거나, 의견을 말하거나, 반대 의견을 제시하거나, 몸짓이나 찡그림과 같은 비언어적 반응을 통해 자신의 반응을 나타낼 수 있다. 이처럼 판매원은 고객의 반응을 통해 즉각적인 피드백을 받을 수 있는 이점이 있다. 그러나 대중 매체(mass media)를 사용할 때는 이러한 피드백이 어렵다. 광고주는 고객과 직접 접촉하지 않기 때문에, 자신의 메시지가 어떻게 수신되었는지 판단하기 위해 다른 방법을 사용해야 한다. 가장 궁극적인 피드백 형태는 매출이지만, 광고와 구매행동 간의 직접적인 관계를 보여주는 것은 쉽지 않다. 그래서 마케터들은 고객 문의, 매장 방문, 쿠폰 사용, 회신 엽서와 같은 다양한 방법을 통해 피드백을 얻는다. 리서치 기반 피드백은 광고의 열독률(readership)과 회상률(recall), 메시지 이해도, 태도 변화, 기타 반응 형태 등을 분석한다. 이 정보를 통해 광고주는 커뮤니케이션 과정의 성공 또는 실패 이유를 파악하고 필요한 조정을 할 수 있다.

성공적인 커뮤니케이션은 마케터가 적절한 정보원(source)을 선택하고, 효과적인 메시지 또는 소구(appeal)를 적절히 인코딩(encoding)한 후, 타겟으로 하는 청중에 가장 잘 도달할 수 있는 채널 또는 매체(media)를 선택하여 메시지가 효과적으로 디코딩(decoding)되고 전달될 수 있도록 할 때 이루어진다. 6장에서 우리는 정보원(모델), 메시지, 채널 결정에 대해 살펴보고, 프로모션 기획자들이 이러한 통제 가능한 변수들을 가지고 어떻게 커뮤니케이션 전략을 개발하는지 알아볼 것이다. 이러한 결정은 타겟 청중이 프로모션 메시지에 어떻게 반응할지를 고려해야 하므로, 이 장의 나머지 부분에서는 수신자와 소비자가 광고 및 기타 마케팅 커뮤니케이션에 어떻게 반응하는지에 대한 과정을 살펴본다.

수신자 분석

고객과 효과적으로 소통하기 위해 마케터는 타겟이 되는 청중이 누구인지, 그들이 자사 제품이나 서비스에 대해 무엇을 알고 있고 어떤 감정을 가지고 있는지, 그리고 의사결정 과정에 어떠한 영향을 줄 수 있는지 이해해야 한다. 또한 마케터는 다양한 커뮤니케이션 정보원이나 메시지 유형에 시장이 어떻게 반응할 것인지도 알아야 한다. 정보원(source), 메시지(message), 채널(channel) 등의 통제 가능한 커뮤니케이션 변수에 대한 결정을 내리기에 앞서, 판촉 기획자는 이러한 요인들이 가지는 잠재적 효과에 대해 이해할 필요가 있다. 이 절은 마케팅 커뮤니케이션의 수신자에 초점을 맞추고 있다. 여기서는 청중을 어떻게 식별하고, 이들이 판촉 메시지에 반응하는 과정에서 어떤 단계를 거치게 되는지를 살펴본다. 이러한 정보는 다음 장에서 다룰 통제 가능한 커뮤니케이션 변수 평가의 기초가 된다.

타겟 청중 분석

마케팅 커뮤니케이션 프로세스는 본질적으로 기업의 광고 및 판촉 활동의 중심이 될 청중을 식별하는 것에서 시작된다. 타겟 청중은 개인, 집단, 틈새시장, 시장 세분 집단, 또는 일반 대중으로 구성될 수 있다(도표 5-4 참조). 마케터는 이처럼 다양한 종류의 청중들을 각각의 서

도표 5-4

타겟 청중의 단계적 구분

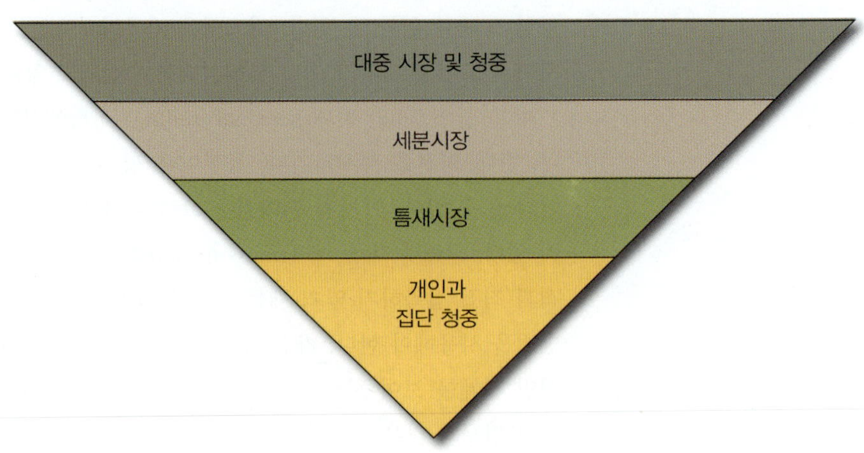

로 다른 방식으로 접근한다.

타겟 시장을 구성하는 개인들은 그들의 특별한 니즈를 위해 맞춤설계된 커뮤니케이션을 필요로 하기도 한다. 이러한 경우에는 일반적으로 개인 간 커뮤니케이션이 필요하며, 이는 주로 개인판매(personal selling)를 통해 이루어진다. 광고와 같은 다른 형태의 커뮤니케이션은 잠재 고객의 주의를 끌기 위함이고, 구체적인 메시지는 개별 고객의 니즈에 대응할 수 있는 판매원이 전달하는 것이다. 이러한 방식으로 홍보하는 대표적인 제품 및 서비스로 생명 보험, 금융 서비스, 부동산 등을 들 수 있다.

타겟 청중 구분의 두 번째 단계는 '집단(group)'이다. 마케터는 직접 구매결정을 하거나 구매결정에 영향을 미치는 사람들로 구성된 집단과 커뮤니케이션을 해야 한다. 예를 들어, 조직 구매의 과정에는 일반적으로 규모와 구성이 다양한 구매 센터 또는 위원회가 포함된다. 기업이 자사 제품이나 서비스를 다른 기업이나 조직에 마케팅할 때는, 구매 위원회에 누가 포함되어 있는지, 각 개인이 어떤 측면의 의사결정에 영향을 미치는지, 그리고 각 위원이 제품을 평가할 때 사용하는 기준이 무엇인지 이해해야 한다. 광고 및 기타 마케팅 커뮤니케이션의 대상은 구매 센터의 각 구성원일 수 있다. 따라서 실제로 의사결정에 영향을 미치거나 의사결정을 내리는 개인에게 접근하기 위해 다층적인 대인 판매(multi-level personal selling)가 필요할 수 있다.

마케터는 유사한 니즈와 욕구를 가진 고객들을 동일한 커뮤니케이션 전략으로 접근할 수 있는 일종의 세분시장(market segment)으로 간주할 수 있다. 이 중 규모가 매우 작고 그 정의가 명확한 고객 집단을 틈새시장(market niches)이라고 한다. 이러한 집단은 일반적으로 개인 판매 활동이나 다이렉트 메일과 같은 고도로 타겟팅된 매체를 통해 도달할 수 있다. 타겟 청중 구분 단계에서의 세분시장(market segments)은 유사한 니즈를 가진 틈새시장보다는 더 넓은 범주의 구매자들로, 유사한 메시지를 통해 접근할 수 있다. 2장에서 살펴본 것처럼, 시장을 세분화하고 다양한 방법을 통해 각 세분시장의 고객들에게 접근할 수 있다. 세분시장의 규모가 커질수록, 마케터는 일반적으로 신문, 잡지, 텔레비전과 같은 보다 광범위한 매체를 활용하게 된다.

대부분의 소비재 마케터는 현재 또는 잠재 고객으로 이루어진 대중시장(mass markets)의 주목을 끌기 위해 광고나 홍보와 같은 매스 커뮤니케이션을 활용한다. 매스 커뮤니케이션은 일방향 소통으로 정보가 마케터로부터 소비자에게로 흘러간다. 일반적으로 메시지에 대한 청중의 반응과 관련한 피드백은 간접적이며 측정하기 어렵다.

예를 들어, TV 광고는 마케터가 수백만 명의 소비자에게 동시에 메시지를 전달하는 것을 가능하게 한다. 그러나 이것이 커뮤니케이션의 효과를 담보하지는 않는다. 소비자는 하루 동안 수백 개의 메시지에 노출되며, 이 수많은 메시지가 전하는 정보에 제대로 주의를 기울이거나, 정보를 처리하고 이해하며, 제대로 기억하여 추후 정보를 회상할 수 있을 것이라는 보장은 없다. 설령 소비자가 메시지의 정보를 처리한다 하더라도, 그 소비자가 해당 정보에 흥미를 느끼지 못하거나 의미를 오해할 가능성도 있다. 제이콥 제이커비와 와인 D. 호이어(Jacob Jacoby & Wayne D. Hoyer)의 연구는 독자는 모든 인쇄 광고의 20% 정도를 잘못 이해하며, TV 광고가 전하는 정보의 제대로 이해하지 못할 확률은 그보다 더 높다고 보고하고 있다.

개인적 또는 대면 커뮤니케이션과 달리, 매스 커뮤니케이션에서는 마케터가 메시지를 명확하게 더 설명하여 보다 효과적으로 전달할 수 있는 기회가 없다. 마케터가 커뮤니케이션 상황에 접근할 때에는 타겟 청중에 대한 지식을 바탕으로 그들이 메시지에 어떻게 반응할 것인지를 잘 이해하고 있어야 한다. 다시 말해 마케터는 수신자의 반응 프로세스와 그것이 프로모션 기획 및 전략에 시사하는 바를 이해해야 한다.

반응 프로세스

효과적인 IMC 프로그램을 개발하는 데 있어 가장 중요한 것 중 하나는 수신자가 특정 행동(예: 제품 구매)으로 나아가는 과정에서 겪게 되는 반응의 과정을 이해하고, 마케터의 프로모션 활동이 소비자의 반응에 어떤 영향을 미치는지를 파악하는 것이다. 마케터는 회사 또는 브랜드 이름을 알리는 것 한 가지를 목표로 삼고 제품에 대한 관심을 유도할 수 있다. 마케터는 또한 소비자의 회사/브랜드에 대한 지식과 태도를 바꾸어 궁극적으로는 행동을 변화시키기 위해 상세한 정보를 전달하고자 할 수도 있다.

전통적 반응 계층 구조 모델

소비자가 회사/제품/브랜드에 대해 전혀 알지 못하는 상태에서 실제 구매행동에 이르기까지 거치는 단계를 설명하기 위해 다양한 모델들이 개발되었다. 이 모델들은 각기 다른 목적과 맥락에서 개발되었으며, 모델에 포함된 단계도 다르다. 예를 들어, **AIDA 모델**(AIDA model)은 개인 판매 과정에서 판매원이 고객을 어떻게 이끌어가야 하는지를 단계별로 보여주기 위해 개발되었다. 이 모델은 구매자가 주의(attention), 흥미(interest), 욕구(desire), 행동(action)의 단계를 거친다고 본다. 반면, **혁신 수용 모델**(innovation adoption model)은 혁신 확산 연구에서 발전된 것으로, 소비자가 새로운 제품이나 서비스를 수용하는 과정에서 거치는 단계를 설명한다. 이 모델에 따르면, 새로운 제품이나 서비스를 최종적으로 수용하기 전에 소비자는 인식(awareness), 흥미(interest), 평가(evaluation), 시도(trial)의 단계를 거친다.

반응 계층 모델 중 가장 널리 알려진 것은 로버트 라비지(Robert Lavidge)와 게리 스타이너(Gary Steiner)가 광고 목표 설정 및 측정을 위한 패러다임으로 제시한 '**효과 계층 모델**(hierarchy of effects model)'이다. 이 모델은 소비자가 브랜드에 대해 전혀 인식하지 못하는 단계에서 시작하여, 브랜드에 대해 학습하고, 호의적인 태도나 감정을 형성한 뒤 궁극적으로 해당 브랜드를 구매하는 과정까지의 단계를 보여준다. 이 모델의 각 단계는 도표 5-5에 나타나 있

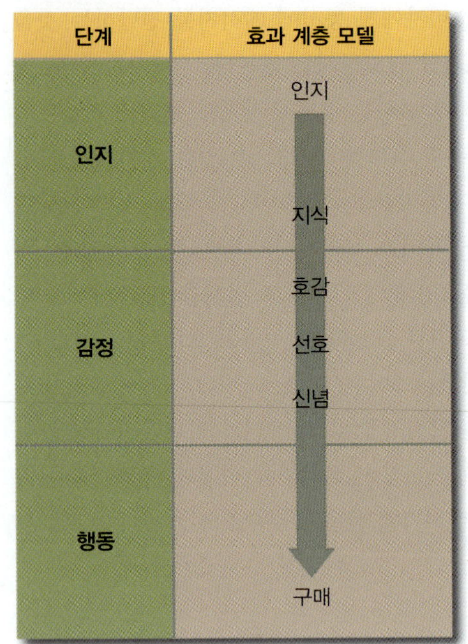

도표 5-5
효과 계층 모델

다. 이 모델은 소비자가 제품이나 서비스에 대한 초기 인식에서 구매에 이르기까지 일련의 단계를 순차적으로 거친다고 가정한다. 광고는 이러한 반응의 각 단계에 영향을 미칠 수 있으며, 광고 효과는 시간이 지남에 따라 점진적으로 나타난다는 점이 이 모델의 기본 전제다. 즉, 광고가 즉각적인 행동 반응이나 구매로 이어지기보다는, 여러 단계를 통해 소비자의 태도와 인식을 변화시켜야 최종적인 행동으로 연결된다는 것이다. '효과 계층 모델'은 또한 마케팅 커뮤니케이션에서 자주 활용되는 '구매 퍼널(purchase funnel)' 메타포의 기초가 되기도 한다. 소비자는 퍼널의 상단에서 여러 브랜드를 고려하다가, 정보를 습득하고 대안을 평가하면서 그 수를 점차 줄여가며 최종적으로 구매할 브랜드를 선택한다. 이 효과 계층 모델과 구매 퍼널은 광고 및 IMC 목표 설정, 효과 측정의 이론적 기반으로서 7장에서 다시 논의될 예정이다.

대체 반응 계층 구조

효과 계층 모델, AIDA 모델 그리고 혁신 수용 모델은 모두 반응의 과정이 세 가지 기본 단계가 순서대로 구성된 것으로 본다. 인지적 단계에서 소비자는 브랜드에 대해 알게 된다. 이 단계에는 브랜드의 존재에 대한 인식과 그것의 속성, 특성 또는 혜택에 대한 지식, 정보 또는 이해가 포함된다. 감정적 단계에서 소비자는 특정 브랜드에 대해 감정(좋고 싫음)을 갖게 된다. 여기서 감정은 선호나 신념(conviction)과 같은 더 강한 수준의 것도 포함한다. 의지적 또는 행동적 단계는 브랜드에 대한 소비자의 행동을 의미하며, 시험 사용, 구매 그리고 궁극적으로 재구매 또는 거부의 결정과 같은 행동이 포함된다.

다양한 반응 프로세스 모델들은 이 세 가지 반응의 단계가 순서대로 일어난다고 가정한다. 즉, 브랜드에 대한 인지(예: 브랜드에 대한 인식 및 지식 습득) 단계가 감정 반응(예: 호감이나 선호)보다 먼저 일어나며, 그 다음으로 행동(예: 사용이나 구매)이 뒤따른다는 것이다. 반응의 단계는 대체로 이러한 순서를 거친다고 할 수 있지만, 늘 그런 것은 아니다. 수십 년에 걸친 마케팅, 사회심리학, 커뮤니케이션 분야의 연구들은 이러한 전통적인 인지 → 감정 → 행동 순서에 대해 의문을 제기해왔다. 반응 계층 구조에 대한 여러 가지 대안적 구성이 제안되었다. 예를 들어, 마이클 레이(Michael Ray)는 제품/서비스의 차별성과 소비자의 제품 또는 서비스에 대한 관여 수준에 따른 반응 계층 모델을 개발하였다. 이 장에서는 광고와 판촉에 특히 관련된 두 가지 모형—표준 학습 계층 모델과 저관여 모델—에 초점을 맞춰 설명할 것이다.

표준 학습 계층 구조 많은 구매 상황에서 소비자는 전통적인 커뮤니케이션 모델이 보여주는 반응의 단계를 순서대로 거치게 된다. 레이는 이를 **표준 학습 모델**(standard learning model)이라고 부르며, 이는 학습(learn) → 느낌(feel) → 행동(do)의 순서로 이루어져 있다. 다양한 브랜드에 대해 습득한 정보와 지식이 감정(affect) 또는 느낌(feeling)의 형성에 기반이 되며, 이러한 감정이 소비자의 행동(예: 실제 사용 또는 구매)을 이끈다. 이 계층 구조에서는 소비자가 커뮤니케이션 과정에 적극적으로 참여하며, 능동적인 학습을 통해 정보를 수집하는 존재로 간주된다.

레이는 소비자가 구매 과정에 관여하는 정도가 높고 경쟁 브랜드 간의 차별성이 클 때 소비자의 반응은 표준 학습 계층 구조(standard learning hierarchy)를 따를 가능성이 높다고 제

사진 5-8

이 혼다 인사이트 하이브리드 광고는 스타일링과 중요한 기능에 초점을 맞춰 표준 학습 계층 구조에서의 인지 및 감정의 단계를 모두 다루고 있다.

자료: American Honda Motor Co., Inc.

안한다. 산업재 및 산업서비스, 소비자 내구재(개인용 컴퓨터, 프린터, 카메라, 가전제품, 자동차 등)를 구매할 때 나타나는 고관여 구매결정에서 소비자는 표준 학습 계층 구조의 반응 과정을 따를 가능성이 높다. 이러한 제품 및 서비스에 대한 광고는 소비자가 브랜드를 평가하고 구매결정을 내리는 데 활용할 수 있는 정보를 상세히 제공한다. 또한 광고는 타겟시장 내 소비자에게 중요한 제품의 어떤 속성이나 기능에 초점을 맞출 수 있다. 예를 들어, 사진 5-8에 제시된 새로운 혼다 인사이트(Honda Insight) 광고는 자동차의 디자인과 기능이 기존 하이브리드 차량보다 얼마나 매력적인지를 보여줌으로써 표준 학습 계층 구조의 인지적, 감정적 단계를 모두 다루고 있다.

저관여 계층 구조 레이가 제안한 반응 계층 구조 중에서 아마도 가장 흥미로운 것은 **저관여 계층 구조**(low-involvement hierarchy)일 것이다. 이 계층 구조는 수신자의 반응이 인지(cognition), 행동(behavior), 태도 변화(attitude change)의 순서로 나타난다고 본다. 레이는 구매결정에 대한 관여도가 낮고, 브랜드 대안들 간의 차이가 거의 없으며, 대중 매체(특히 텔레비전) 광고가 중요한 경우에 이러한 인지 → 행동 → 감정(learn → do → feel) 순서가 나타날 수 있다고 제안한다.

저관여 계층 구조(low-involvement hierarchy)의 개념은 상당 부분 허버트 크루그먼(Herbert Krugman)의 텔레비전 광고 효과에 대한 이론에 기반을 두고 있다. 크루그먼은 TV 광고가 브랜드 인지도와 회상에는 강한 영향을 미치지만, 제품에 대한 소비자의 태도에는 거의 변화를 주지 않는 이유를 알아내고자 했다. 그는 TV가 기본적으로 저관여 매체이며, 시청자는 광고를 보는 동안 지각적 방어(perceptual defenses)를 잘 하지 않거나 아예 하지 않는다는 가설을 세웠다. 저관여 상황에서 소비자는 메시지를 이전에 습득한 신념과 욕구, 또는 과거의 경험과 비교하지 않는다. 광고는 반복 노출을 통해 소비자의 지식 구조에 미묘한 변화를 일으키며, 이는 제품이나 브랜드에 대한 태도의 변화를 수반하지는 않지만 브랜드명, 광고 주제, 혹은 슬로건과 같은 광고 브랜드에 대한 어떤 정보를 학습하게 한다. 크루그먼에 따르면, 소비자가 실제 구매 상황에 이르게 되면, 이러한 정보는 구매를 유도하기에 충분할 수 있다. 이후 소비자는 제품을 사용한 경험을 통해 해당 제품이나 브랜드에 대한 태도를 형성하게 된다. 따라서 저관여 상황에서의 반응 순서는 다음과 같다.

저관여 상황에서의 메시지 노출 → 인지 구조의 변화 →
구매 → 긍정적 혹은 부정적 경험 → 태도 형성

저관여 계층 구조에서 소비자는 적극적인 정보 탐색보다는 수동적인 학습과 무작위적인 정보 포착에 몰두한다. 광고주는 수동적이고 관심이 적은 소비자가 실제 메시지의 내용보다는 음악, 등장인물, 상징, 슬로건 또는 징글(jingle)과 같은 비메시지 요소에 더 집중할 수 있다는 점을 알아차려야 한다. 광고주는 이러한 상황을 활용하여 소비자의 능동적인 인지 처리

없이도 기억에 저장되어 실제 구매 상황에서 두드러진 역할을 할 수 있는 인상적인 징글을 개발할 수 있다.

저관여 제품의 광고주들은 핵심 카피 포인트나 차별화된 제품 혜택과 같은 제품에 대한 주장을 단순 반복하기도 한다. 스콧 호킨스(Scott Hawkins)와 스티븐 호크(Stephen Hoch)의 연구에 따르면, 저관여 조건하에서 단순한 제품 주장을 반복하면 소비자의 기억과 해당 주장에 대한 신뢰가 증가한다고 한다. 이들은 저관여 제품의 경우, 장황하고 자세한 메시지를 통해 더 많은 청중에게 도달하는 것보다는 반복 전략을 집중적으로 사용하는 것이 더 높은 수익으로 연결될 수 있다고 결론지었다. 예를 들어, 하인즈(Heinz)는 "가장 진하고 풍부하다"는 메시지를 반복함으로써 30년 넘게 케첩 시장을 지배해왔다. 그동안 이 브랜드를 위한 다양한 광고 캠페인이 전개되었지만, 모든 캠페인에서 동일하게 하인즈는 최고이며 선호도가 가장 높은 케첩 브랜드라는 기본 메시지를 전달해왔다(사진 5-9).

사진 5-9

효과적인 광고 덕분에 케첩 시장의 선두주자로 자리매김할 수 있었다.

자료: Kraft-Heinz, Inc.

저관여 광고 소구는 우리가 자주 구매하는 소비재 제품 광고에서 흔히 나타난다. 예를 들어, 코카콜라(Coca-Cola)의 광고는 소비자에게 "Taste the feeling(그 기분을 맛보세요)" 또는 "Share a Coke(코카콜라를 나누세요)"라고 권유한다. 바운티(Bounty) 종이 타월은 "quicker picker-upper(더 빠르게 흡수하는 타월)"라는 문구를 사용하고, 오스카 마이어(Oscar Mayer)는 "I wish I were an Oscar Mayer wiener(내가 오스카 마이어 소시지였으면 좋겠어요)"라는 중독성 있는 징글을 사용한다. 이러한 슬로건은 소비자들이 매장에서 쇼핑을 하며 구매결정을 내릴 때, 해당 브랜드를 최우선적으로 떠올리고 인식할 수 있도록 설계된 것이다.

저관여 제품 광고주들이 자주 사용하는 또 다른 인기 있는 크리에이티브 전략으로 광고 분석가 해리 맥마한(Harry McMahan)이 VIP(Visual Image Personality, 시각 이미지 성격)라고 부르는 것을 들 수 있다. 광고주들은 종종 **필즈버리 도보이**(Pillsbury Doughboy), **모리스 더 캣**(Morris the Cat), 미스터 클린(Mr. Clean)과 같은 상징적인 캐릭터를 활용해 소비자들이 광고를 식별하고 기억할 수 있는 시각 이미지를 개발한다. 에버레디(Eveready)는 1989년부터 에너자이저 배터리 광고에 분홍색 토끼 캐릭터를 사용하기 시작했으며, 이 캐릭터는 30년 넘게 브랜드의 판매가 "쭉 지속되는 것에" 많은 기여를 하고 있다. 사진 5-10에서 볼 수 있듯이, 에너자이저 토끼는 자신만의 페이스북 페이지도 가지고 있으며, 팬 수는 거의 50만 명에 달한다.

사진 5-10

에너자이저 토끼는 여전히 브랜드의 인기 있는 상징적 캐릭터다.

자료: Eveready Battery Company, Inc.

반응 프로세스 모델의 시사점

소비자의 반응 과정을 보여주는 계층 모형(hierarchy models)은 여러 면에서 판촉 기획자에게 유용하다. 첫째, 이 모형은 브랜드에 대해 무지한 잠재 구매자를 구매 직전의 상태로 이끌기 위해 거쳐야 할 일련의 단계를 명확히 보여준다. 예를 들어, 마케터는 IMC 캠페인을 기획할 때 소비자가 브랜드를 인식하게 만들 뿐만 아니라, 소비자가 그 브랜드에 대해 더 알고 싶어 하거나 감정적으로 연결될 수 있도록 하여야 한다. 둘째, 잠재 구매자들이 반응 계층 내에 있는 단계가 각기 다를 수 있으므로, 마케터는 잠재 구매자들이 있는 반응 계층 내 단계에 따라 커뮤니케이션을 다르게 설계하여야 한다. 예를 들어, 스마트워치와 같은 혁신 제품을 출시하는 회사는 소비자들 사이에서 제품의 인지도를 높이기 위해 전통적인 미디어 광고를 통해 제품과 그 특징 및 이점을 알릴 수 있다. 마케터는 광고를 통해 제품에 대한 정보를 제공하고, 디지털 및 소셜 미디어를 활용해 소비자가 웹사이트를 방문하거나 소매점에 직접 가서 제품에 대해 더 알아보도록 유도할 수 있다. 웹사이트를 방문하거나 소매점에서 제품 시연을 체험한 소비자는 단순히 광고만 본 소비자보다 반응 계층의 단계를 더 많이 통과하므로 구매에 가까워질 것이다. 고객 충성도를 확보한 성숙 브랜드의 경우, 마케터는 긍정적인 인식을 강화하고 브랜드의 상기도(top-of-mind awareness)를 유지하기 위해, 인지도를 높이는 정보 제공의 광고보다는 제품을 상기하는 데 도움이 되는 광고만을 필요로 할 수 있다.

계층 모형은 커뮤니케이션 효과를 측정하는 중간 지표로도 유용할 수 있다. 마케터는 청중이 반응 계층의 어느 단계에 있는지를 알아야 한다. 예를 들어, 조사 결과 어떤 타겟 세그먼트는 광고주의 브랜드에 대한 인지도가 낮은 반면, 또 다른 세그먼트는 브랜드와 그 다양한 속성에 대해서는 인지하고 있지만 브랜드 호감도나 선호도는 낮은 것으로 나타날 수 있다. 첫 번째 시장 세그먼트에 대해서는 IMC 프로그램의 목표가 브랜드에 대한 인지도 제고가 된다. 이를 위해 광고 수를 늘리거나 제품 샘플링 프로그램을 사용할 수 있다. 두 번째 세그먼트의 경우, 인지도는 이미 높지만 호감도와 선호도가 낮기 때문에 광고주는 이러한 양가감정이나 부정적인 감정의 원인을 파악하고, 이후의 광고에서 이 문제를 해결하려 시도해야 한다.

전통적인 혹은 대안적인 반응 계층 모형만으로는 모든 반응 순서와 소비자행동을 충분히 설명하는 데에는 한계가 있다. 광고는 소비자가 제품에 대해 배우고, 태도를 형성하며, 구매 결정을 내리는 데 사용하는 정보의 출처 중 하나일 뿐이다. 소비자들은 광고 및 기타 마케팅 커뮤니케이션뿐만 아니라 직접적인 경험을 통해 얻은 정보를 통합하여 브랜드에 대한 판단을 내릴 가능성이 높다. 예를 들어, 로버트 스미스(Robert Smith)의 연구는 소비자가 브랜드를 평가하는 데 있어 시사용(trial) 경험과 광고를 통해 얻은 정보를 통합, 활용한다는 것을 밝혔다. 이 연구의 결과에 따르면, 시사용 이전에 광고에 노출된 경우, 시사용 경험이 부정적이라도 사전에 노출된 광고가 부정적 시사용 경험이 브랜드 평가에 미치는 부정적인 영향을 완화하는 효과가 있다. 그러나 부정적인 시사용 경험이 광고 노출보다 먼저 발생하면, 그 광고에 대한 인지적 평가가 더 부정적으로 나타난다. 보다 최근의 연구에서는 광고가 브랜드와의 경험과 기억에 대한 소비자의 객관적인 감각적 해석에도 영향을 미칠 수 있다는 점이 밝혀졌다.

다양한 반응 모형들은 소비자가 광고 및 기타 형태의 마케팅 커뮤니케이션에 어떻게 반응하는지를 이해하는 데 유용한 관점을 제공한다. 또한 이러한 모형들은 마케터가 다양한 상황에서 어떤 촉진 전략을 추구할 수 있을지에 대한 이해도 높혀준다. 이러한 반응 과정의 대안적 모형들은 전통적인 표준 학습 모형이 항상 어디에나 적용되지는 않음을 보여준다. 즉, 높은 관여도를 가진 소비자는 능동적으로 정보를 처리하고 학습하며, 고차원적인 신념과 잘 만들어진 태도에 근거해 행동한다는 일반적인 믿음은 어떤 구매 유형에는 적용되지 않을 수 있다. 광고에 반복적으로 노출된 소비자는 때때로 일반적인 인식만으로 구매결정을 내리며, 구매 후에 태도를 형성하거나 아예 형성하지 않을 수 있다. 광고 및 기타 촉진 활동의 역할은 소비자에게 제품을 시도하게 만들어, 소비자가 제품과의 직접적인 경험을 통해 브랜드 선호도를 형성하도록 유도하는 것이라고 할 수 있다.

프로모션 계획의 관점에서 마케터는 자사의 제품과 서비스에 관한 커뮤니케이션 상황을 검토하고, 소비자가 어떤 유형의 반응 과정을 보일 가능성이 가장 높은지를 파악하는 것이 중요하다. 마케터는 관여 수준과 제품/서비스의 차별성뿐만 아니라, 소비자가 다양한 정보원을 사용하는 정도와 제품 또는 서비스에 대한 경험 수준을 분석해야 한다. 마케팅 매니저가 가장 가능성이 높은 반응의 순서를 결정하면, IMC 프로그램을 이에 맞게 설계하여 자사 제품이나 서비스에 유리하도록 반응 과정에 영향을 줄 수 있다. 관여 수준을 비롯하여 다른 다양한 요인들(소비자의 반응 과정과 태도 형성 및 이후의 브랜드 선택에 영향을 미치는 동기 등)을 반영한 몇몇 계획 모델들이 개발되어 있다. 이러한 모델들은 제품 유형과 소비자의 의사결정 과정 순서에 따라 광고 및 기타 프로모션 도구들의 쓰임이 다르다는 것을 보여주기 때문에, 마케터가 IMC 전략을 개발하는 데 유용하게 활용될 수 있다.

과거에는 소비재(consumer-packaged goods, CPG)와 같은 저관여 제품의 브랜드 인지도 구축 및 유지를 위해 텔레비전과 인쇄 매체 같은 전통적인 미디어에 IMC 예산의 상당 부분을 사용했으며, 쿠폰이나 프로모션 제안과 같은 소비자 프로모션에도 많은 예산을 투입해왔다. 그러나 디지털 마케팅 시대가 도래하면서 많은 CPG 마케터들은 소셜 미디어를 통해서도 소비자들과 연결될 수 있다는 사실을 인식하게 되었다. 디지털 및 소셜 미디어 관점 5-2에서는 프락터앤갬블이 자사의 화장지 대표 브랜드인 차민(Charmin)의 IMC 전략을 어떻게 조정했는지, 그리고 소비자와 효과적으로 소통하기 위해 소셜 미디어를 어떻게 활용하고 있는지를 다룬다.

소셜 소비자 의사결정 여정

앞서 논의된 반응 모델들은 소비자가 광고 및 기타 IMC 도구에 어떻게 반응하는지를 이론화하고 연구하며 계획하는 데 있어 중심적인 역할을 해왔다. 그러나 지난 10여 년 동안 소비자들이 브랜드를 평가하고 구매결정을 내리는 환경은 디지털 콘텐츠—특히 소셜 미디어—의 확산과 함께 극적으로 변화하였다. 소셜 네트워킹 도구의 등장과 스마트폰, 태블릿과 같은 디지털 기기의 보급으로 인해, 소비자들은 그 어느 때보다 더 큰 힘을 갖게 되었으며, 정보를 손쉽게 접근하고 검색할 수 있을 뿐만 아니라, 서로 연결되어 이를 공유하고, 제품/서비스 및 브랜드에 대해 논의하며, 마케터와 빠르고 쉽게 상호 작용할 수 있게 되었다.

광고연구재단(ARF)은 디지털 및 소셜 미디어가 구매 의사결정 과정에서 어떻게 활용되는지, 그리고 소비자들이 이를 언제, 어떻게 사용하는지에 대한 연구를 의뢰하였다. 이 연구가 발견한 내용이 핵심은 "소비자들이 사실상 항상 '온(on)' 상태에 있으며, 지속적으로 잠재적 구매를 고려하고 다양한 제품 및 서비스 제공업체를 평가하고 있다"는 점이다. 소비자들은 '능동적(active)' 쇼핑 모드 또는 '수동적(passive)' 쇼핑 모드에 있을 수 있다. 소비자가 '수동적' 쇼핑 모드에 있을 때에는, 구매와 관련된 정보와 조언을 의도치 않게 접하게 된다. 예를 들어,

소셜 미디어에서 본 지인의 댓글, TV 프로그램이나 잡지, 웹사이트에서 본 광고, 또는 누군가가 특정 제품이나 서비스를 사용하는 모습을 목격하는 경우가 해당된다. 반면에 '능동적' 쇼핑 모드에서 소비자들은 구매결정에 확신을 줄 수 있는 정보나 도움을 적극적으로 찾는다. 이들은 기업 또는 브랜드의 웹사이트나 페이스북 페이지를 방문하고, 구글, 야후, 빙(Bing) 등의 검색 엔진을 사용하거나, 소매점을 방문하거나, 친구나 지인과 온라인 또는 대면으로 대화를 나누기도 한다.

이 연구와 맥킨지(McKinsey & Company)의 글로벌 디지털 마케팅 전략 실무 그룹이 수행한 연구에서 나온 또 다른 중요한 결론은, 소비자들이 구매결정을 내릴 과정이 전통적인 효과계층(hierarchy of effects) 및 구매 퍼널(purchase funnel) 모델이 묘사하는 선형적 방식이 아니라는 것이다. 이 전통적 모델에서는 소비자들이 퍼널의 넓은 부분에서 여러 브랜드를 염두에 두었다가 점차 선택지를 좁혀가며 최종 선택을 한다고 본다. 그러나 맥킨지와 ARF의 연구에 따르면, 소비자는 훨씬 더 반복적이고 덜 환원적인 과정을 거친다. 소비자는 또한 브랜드를 처음 접하고, 제품이나 서비스를 조사하고, 소셜 네트워크를 통해 제품에 대한 정보를 입수하는 등과 같이 다양한 지점에서 구매경로에 진입할 수 있다. 이러한 발견을 바탕으로, 맥킨지의 데이비드 에델먼(David Edelman)과 그의 동료들은 소비자들이 구매결정 과정에서 기업 및 브랜드와 어떻게 상호 작용하는지를 이해하기 위한 '소비자 의사결정 여정(consumer decision journey)' 프레임워크를 제안했다. 이 의사결정 여정은 다음의 네 가지 기본 단계를 포함한다. 고려(consider), 평가(evaluate), 구매(buy) 그리고 즐김-추천-유대(enjoy-advocate-bond). 이 프레임워크는 소비자 의사결정 과정을 전통적인 매체 광고와 같은 마케터가 지배하고 통제하는 접점을 기반으로 한 선형적이고 단일한 구매 경로가 아닌, 여러 개의 피드백 루프가 있는 구불구불한 여정(winding journey)으로 본다.

에델먼과 그의 동료들은 소셜 미디어가 소비자행동에 미치는 중요성과 영향력이 점점 커지고 있음을 감안하여, 소비자 의사결정 여정(consumer decision journey) 프레임워크가 소셜 미디어를 포함할 수 있도록 확장하였다. 도표 5-6에 제시된 이 소셜 소비자 의사결정 여정(social consumer decision journey) 프레임워크는, 소비자들이 마케터나 유통업체의 통제를 받지 않는 디지털 및 소셜 미디어 채널을 통해 다수의 브랜드와 연결되고, 평가를 하는 브랜드의 집단이 변하기도 하며, 때로는 최종 선택을 위해 브랜드 후보군을 좁히기만 하는 것이 아니라 어떤 경우에는 오히려 확장하기도 한다는 점을 보여준다. 구매 이후에도 소비자들은 여전히 매우 적극적으로 브랜드에 관여하며, 자신이 구매한 제품이나 서비스에 대해 디지털 및 소셜 미디어를 통해 공개적으로 칭찬하거나 비난할 수 있다. 소셜 미디어에 대해 맥킨지 그룹은 다음과 같이 설명한다. "소셜 미디어는 소비자 의사결정 여정의 독특한 구성 요소다. 소셜 미디어는 소비자들이 브랜드와 제품을 고민하는 시점부터 구매 이후에 이르기까지의 경험이 브랜드 선호에 영향을 미치고, 그들의 잠재적 옹호가 타인에게 영향을 미치는 시점까지 모든 단계에 걸쳐 소비자에게 접촉할 수 있는 유일한 형태의 마케팅이다." 도표 5-6에서 볼 수 있듯, 유튜브, 트위터, 페이스북, 포스퀘어와 같은 다양한 디지털 및 소셜 미디어 도구들은 소비자 의사결정 여정의 여러 단계에서 다양한 방식으로 소비자에게 영향을 미칠 수 있다.

소비자 의사결정 여정 프레임워크는 IMC 프로그램을 개발과 관련하여 마케터들에게 여러 시사점을 제공한다. 에델먼은 마케터들이 다양한 형태의 미디어 광고 등 여러 IMC 도구에 예산을 어떻게 배분할지를 결정하기보다는, 결정 여정의 각 단계에 초점을 맞추어야 한다고 강조한다. 마케터들은 종종 IMC 예산의 많은 비율을 광고 및 판매촉진 활동에 사용하며, 이러

디지털 및 소셜 미디어 관점 5-2 > > >

샤민(Charmin): 소셜 미디어에서 가장 톡톡 튀는 브랜드

소비자에게 소셜 미디어에서 가장 창의적이고 매력적인 브랜드가 무엇이냐 질문에, 샤민 화장지를 떠올리는 사람은 많지 않을 것이다. 많은 소비자들은 여전히 샤민을 상징하는 미스터 위플(Mr. Whipple)과 "Please don't squeeze the Charmin(샤민을 쥐지 마세요)"라는 광고 캠페인을 떠올릴 것이다. 20년 넘게 이어진 이 캠페인은 20세기 최고의 광고 캠페인 중 하나로 평가받고 있다. 하지만 매력적이지 않은 제품, 즉 사회적 대화에서 자주 등장하지 않으며 농담의 소재가 되기 쉬운 생리적 필수품을 마케팅하는 것은 쉽지 않은 일이다. 그럼에도 불구하고 샤민은 소비자들이 매년 90억 달러 이상을 지출하는 화장지라는 제품 카테고리에서 시장 선두주자가 되었다. 이는 즉흥적인 방식이 아니라, 철저히 계획된 IMC 전략을 통해 이루어진 성과다.

화장지의 주요 제품 속성은 항상 부드러움과 유연성이었다. 그러나 P&G의 광고대행사는 초기에는 경쟁 브랜드들이 내세우는 화장지의 강점이 비슷했기 때문에 샤민이 다른 제품들보다 더 부드럽고 유연하다는 것을 소비자들에게 설득할 방법을 찾는 데 어려움을 겪었다. 하지만 1964년, 광고대행사는 창의적인 아이디어를 떠올렸다. 바로 까다로운 수퍼마켓 매니저를 중심으로 광고 캠페인을 개발하는 것이었다. 이 매니저는 고객들이 샤민 제품의 부드러움을 직접 느껴보기 위해 포장재를 꽉 쥐는 행동에 화를 내는 캐릭터였다. "미스터 위플"이라는 캐릭터가 탄생하여 샤민의 "꽉 쥐어지는 부드러움을 홍보하게 되었다. TV 광고에서 미스터 위플은 샤민 포장재를 꽉 쥐는 쇼핑객들을 꾸짖지만, 이내 자신도 몰래 즐거운 표정으로 샤민을 꽉 쥐어보는 모습을 보였다. "Please Don't Squeeze the Charmin(제발 샤민을 꽉 쥐지 마세요)" 캠페인은 20년 이상 진행되었고, 미스터 위플은 500편 이상의 TV 광고뿐만 아니라 잡지 및 신문 광고에도 등장했다.

1999년, P&G는 14년간의 공백을 깨고 미스터 위플을 다시 샤민 광고에 등장시켰다. 이는 브랜드의 주요 개선 사항을 알리기 위한 캠페인의 일환이었다. 그러나 새로운 밀레니엄이 시작되면서 P&G와 광고대행사 퍼블리시스 뉴욕은 샤민 광고의 방향을 새롭게 전환했다. 이들은 "Call of Nature(자연의 부름)"이라는 새로운 애니메이션 캠페인을 시작했는데, 숲속에서 샤민의 편안함을 경험하는 곰을 주인공으로 내세웠다. 이 캠페인은 영국에서 시작되었지만 미국으로도 확대되었으며, 1년 뒤에는 샤민 애니메이션 곰 가족에 세 마리의 새끼 곰들이 합류하며 이야기가 더욱 풍성해졌다.

애니메이션의 귀엽지만 다소 어설픈 곰들이 지난 20년간 샤민 광고의 상징이었다. 하지만 샤민의 IMC 캠페인은 미스터 위플 시대를 기억하는 이들을 다소 당혹스럽게 만들 수도 있는 새로운 방향으로 진화했다. 퍼블리시스 뉴욕(Publicis New York)은 "Enjoy the go(즐거운 경험)"라는 태그라인을 내세운 IMC 캠페인을 기획했다. 이 캠페인에는 애니메이션 곰을 활용한 광고는 물론, 마이크로사이트, 모바일 앱, 소셜 미디어, 브랜드 화장실 체험, 그리고 자선/공익 마케팅 요소까지 포함되었다. 캠페인의 일환으로 P&G는 뉴욕 타임스퀘어에 샤민 브랜드의 공공 화장실을 설치하여 휴가철 동안 운영했다. 웹사이트에는 새해 카운트다운 기능이 있었고, 소비자들은 화장실에서 사람들을 즐겁게 해주는 배우들로 구성된 "샤민 고 팀(Charmin Go Team)"과 소통할 수 있었다. 이 화장실에는 사진 촬영을 위한 거대한 변기, 디지털 그래피티 벽, 영상 "고해성사" 부스, 그리

도표 5-6

소셜 소비자 의사결정 여정

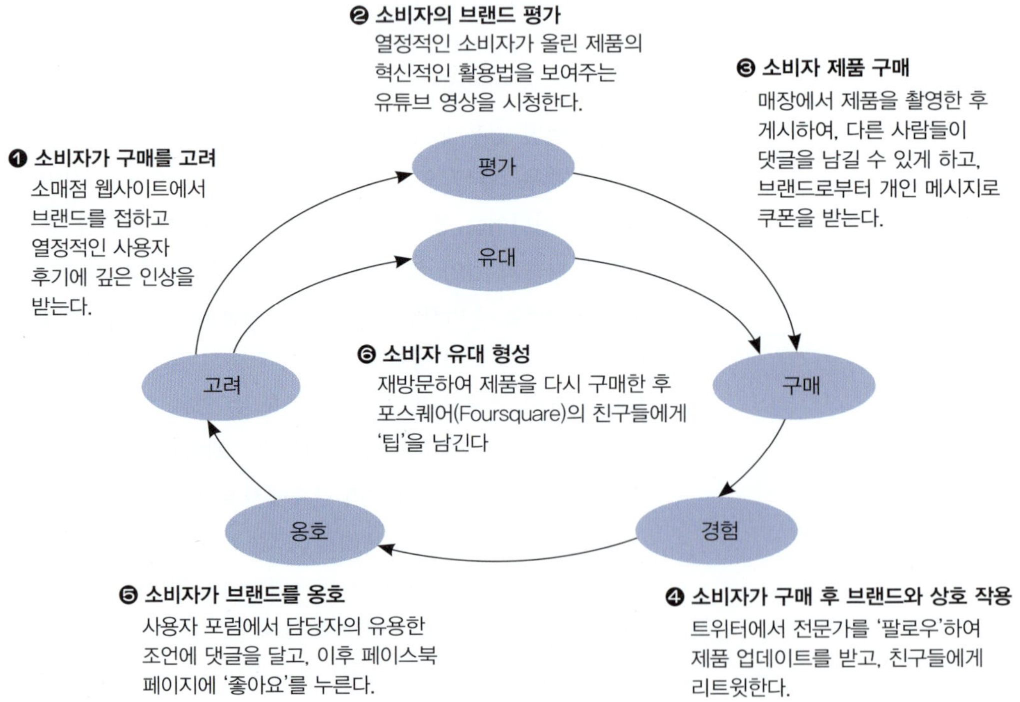

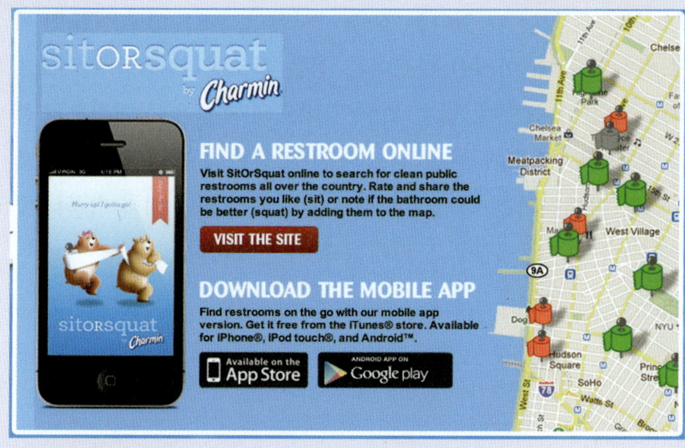

자료: Charmin by Procter & Gamble and Publicis Worldwide

고 복싱부터 디스코까지 다양한 테마의 변기 커버가 마련되어 있었다.

샤민은 소셜 미디어에서 가장 활발하게 활동하는 브랜드 중 하나로 자리매김했다. 페이스북 팬 100만 명 이상, 트위터 팔로워 8만 명 이상을 보유하고 있으며, 유튜브와 인스타그램 같은 비디오 플랫폼에서도 존재감을 드러낸다. P&G 브랜드 관리팀 5명과 광고대행사 8명으로 구성된 샤민 소셜 미디어 팀은 다양한 플랫폼에서 팬들의 피드백을 지속적으로 모니터링하며 소비자 정서를 평가하고 메시지를 세부적으로 조정한다. 샤민의 소셜 미디어 전략은 소셜 미디어 환경의 변화와 함께 진화해왔으며, 관련성 있고 재미있으며 유머를 핵심 요소로 활용하는 콘텐츠를 통해 가장 적극적인 브랜드 커뮤니티 중 하나를 구축했다. 샤민은 단순히 화장지에만 초점을 맞추는 것이 아니라, 화장실과 관련된 모든 인간적인 경험에 집중함으로써 소셜 미디어에서 소비자들과 소통한다. 샤민의 "Enjoy the Go" 캠페인의 핵심 구성 요소는 팔로워들이 화장실 에티켓에 대한 생각을 공유할 수 있는 인기 해시태그 #tweetfromtheseat다.

샤민은 모바일 마케팅 분야로도 진출했다. 소비자들에게 전 세계에서 가장 깨끗한 공중화장실을 찾아주고, 사용자들이 직접 화장실 위치, 평점, 운영 시간 등의 상세 정보를 등록할 수 있도록 돕는 SitOrSquat 앱을 후원하고 이후에는 직접 인수했다. 거의 100만 명에 가까운 소비자들이 이 앱을 다운로드했으며, 소셜 미디어 블로거들과 전통 언론의 뉴스 기사를 통해 어마어마한 양의 획득 미디어(earned media)를 창출했다.

샤민의 브랜드 팀과 퍼블리시스 뉴욕은 소셜 미디어에서 소비자들과 소통하는 데에 있어 재미있고 관련성 있는 콘텐츠가 얼마나 중요한지 잘 이해하고 있다. 이들은 다양한 채널을 계속 활용하여 샤민 브랜드에 대한 흥미를 유발하고, 자칫하면 특별할 것 없는 제품을 차별화하는 IMC 프로그램을 개발하고 있다. 이들의 노력은 늘 주목을 받아왔다. 몇 년 전, 〈Time magazine〉은 소셜 미디어 및 마케팅 전문가 패널의 추천을 받아 "최고의 재치와 비판, 그리고 통렬한 답변을 트윗하는 브랜드"로 샤민을 "트위터에서 가장 톡톡 튀는 브랜드"로 선정했다.

화장지를 판매하기 위한 창의적인 캠페인을 개발하는 것은 많은 사람들에게 마케팅에서 가장 선망받는 직업은 아닐 수 있다. 하지만 샤민을 마케팅하며 소비자들이 "Enjoy the go"를 하도록 끊임없이 창의적인 방법을 찾아내는 사람들에게는 이 말을 전하지 않는 것이 좋겠다.

자료: David Kirkpatrick, "Charmin Drives Toilet-Equipped Vans to New Yorkers Feeling the Call of Nature," *MarketingDive*, June 22, 2017, https://www.marketingdive.com/news/charmin-drives-toilet-equippedvans-to-new-yorkers-feeling-the-call-of-natu/445574/; Alina Gorbatch, "5 'Boring' Brands with Amazing Social Media Strategies," *awario*, June 14, 2017, https://awario.com/blog/5-boring-brands-amazing-social-mediastrategies; Chris Syme, "How Charmin Became the Sassiest Brand on Twitter," *SocialMediaToday*, March 4, 2014, www.socialmediatoday.com/content/how-charmin-became-sassiest-brand-twitter.

한 활동은 '고려(consider)'와 '구매(buy)' 단계에 있는 소비자들에게 영향을 주도록 설계된다. 하지만 '평가(evaluate)'와 '즐김-옹호-유대(enjoy-advocate-bond)' 단계에 있을 때 받는 영향이 더 클 수도 있다. 많은 소비자들이 가장 중요하게 생각하는 구매 유인은 다른 사람의 옹호나 추천일 가능성이 많기 때문이다. 에델먼은 또한 마케터들이 유료 미디어(paid media), 즉 '작동(media working) 예산'으로 불리는 부분에만 예산을 집중할 것이 아니라, 브랜드가 직접 통제할 수 있는 자산인 소유 미디어(owned media, 웹사이트나 페이스북 팬 페이지 등)와, 고객이 생성한 콘텐츠(블로그, 포럼, 소셜 미디어 플랫폼 등)를 포함하는 획득 미디어(earned media)의 역할 또한 고려해야 한다고 강조한다.

ARF(광고연구재단)에서 의뢰한 연구는 소비자 의사결정 여정에서 소셜 및 디지털 미디어의 역할과 밀접한 관련이 있는 결과를 보여준다. 이 연구에 따르면 소비자들은 자신이 꽤 괜찮은 쇼핑을 했다는 것을 다른 사람들에게 자랑하고 싶어 한다. 마케터들은 소비자의 이러한 욕구를 활용하여 소비자들이 자신의 이야기와 경험을 공유할 수 있는 포럼을 제공함으로써 자사 제품과 브랜드 경험에 대한 자연스러운 공유가 일어날 수 있도록 할 수 있다. 또한 이 연구는 온라인 활동의 상당 부분이 제품 구매 이후에 발생한다는 사실도 밝혔는데, 이는 마케터들이 온라인 미디어를 통해 소비자와의 대화를 발전시키고, 소비자와 함께 논의하며, 소비자의 브랜드 충성도와 애착을 심화시킬 수 있는 수 있다는 것을 시사한다. ARF 연구는 또한 제품 및 서비스의 범주에 따라 소비자의 구매 여정이 다르다는 점을 강조한다. 위험/관여도가 높은 제품일수록 여정이 길어지는 경향이 있으며, 낮은 위험/관여도의 제품은 상대적으로 짧다. 또한 브랜드에 대한 생각과 오프라인 광고가 여전히 고려 단계 전반에 걸쳐 영향을 미친다는 점도 중요한 발견이다. 따라서 마케터들은 강력한 브랜드를 구축하고 유지하며, 의사결정 여정 전반에 걸쳐 가시적이고 지속적인 존재감을 드러내는 것이 중요하다.

커뮤니케이션의 인지적 처리 과정

수년간 마케팅 커뮤니케이션의 수신자 반응에 대한 연구는 계층적 반응 모델(hierarchical response models)에 초점을 맞추고 있었다. 이 모델들은 주로 특정 통제 가능한 변수(예: 정보원 및 메시지 요인)와 결과 또는 반응 변수(예: 주의, 이해, 태도, 구매 의도) 사이의 관계를 규명하는 데 중점을 두었다. 그러나 이러한 접근법은 여러 면에서 비판을 받았다. 특히, 반응의 원인을 설명할 수 없다는 점에서 '블랙박스'와 같은 특성이 지적되었다. 즉, 특정 요인이 특정 반응을 유발한다는 것은 알 수 있지만, 어떤 과정을 거쳐 그러한 반응이 나타나는지는 설명하지 못한다는 한계가 있었다. 이러한 문제에 대한 대응으로, 연구자들은 설득적인 메시지에 대한 인지적 반응의 본질을 이해하고자 노력하기 시작했다. 그 결과, 소비자들의 광고 메시지 인지 처리 과정을 탐구하기 위한 여러 접근법이 개발되었다.

인지 반응 접근법

광고 메시지에 대한 소비자들의 인지적 처리 과정을 연구하는 데 가장 널리 사용되는 방법 중 하나는 **인지 반응**(cognitive responses)을 평가하는 것이다. 인지 반응이란 소비자가 커뮤니케이션을 읽거나, 보거나, 들을 때 머릿속에 떠오르는 생각들을 의미한다. 이러한 생각들은 측정하기 위해 일반적으로 소비자들에게 메시지에 대한 반응을 직접 적거나 구두로 보고하도록 하는 방법을 사용한다. 이러한 생각들이 수신자의 인지적 처리 과정 또는 반응을 반영하며, 궁극적으로 메시지에 대한 수용 또는 거부를 형성하는 데 기여한다는 것을 전제로 한다.

인지 반응 접근법(The Cognitive Response Approach)은 학계 및 광고 실무 관련 연구에서 널리 활용되어 왔다. 그 초점은 광고 메시지가 어떤 유형의 반응을 유발하는지, 그리고 이러한 반응이 광고에 대한 태도, 브랜드 태도, 구매 의도와 어떻게 관련되는지를 파악하는 것이었다. 도표 5-7은 연구자들이 식별한 세 가지 기본 인지 반응 범주 —제품/메시지 관련, 정보원 관련, 광고 실행 관련 생각—와 이것이 태도 및 의도와 어떻게 연관되어 있는지를 보여준다.

제품/메시지 관련 생각 생각의 첫 번째 범주는 제품 또는 서비스, 커뮤니케이션에서 제기된 주장에 대한 것이다. 특히 **반대 주장**(counterarguments)과 **지지 주장**(support arguments)이라는 두 가지 특징적인 반응에 주목해왔다.

반대 주장은 메시지에 나타난 입장에 대해 반대하는 수신자의 생각이다. 예를 들어, 사진 5-11에 제시된 울트라 타이드(Ultra Tide) 광고를 살펴보자. 소비자는 광고에서 제기된 주장에 대해 불신이나 불승인을 표현할 수 있다("어떤 세제도 저 얼룩을 지울 수 없을 거야!"). 같

도표 5-7
인지적 반응 모델

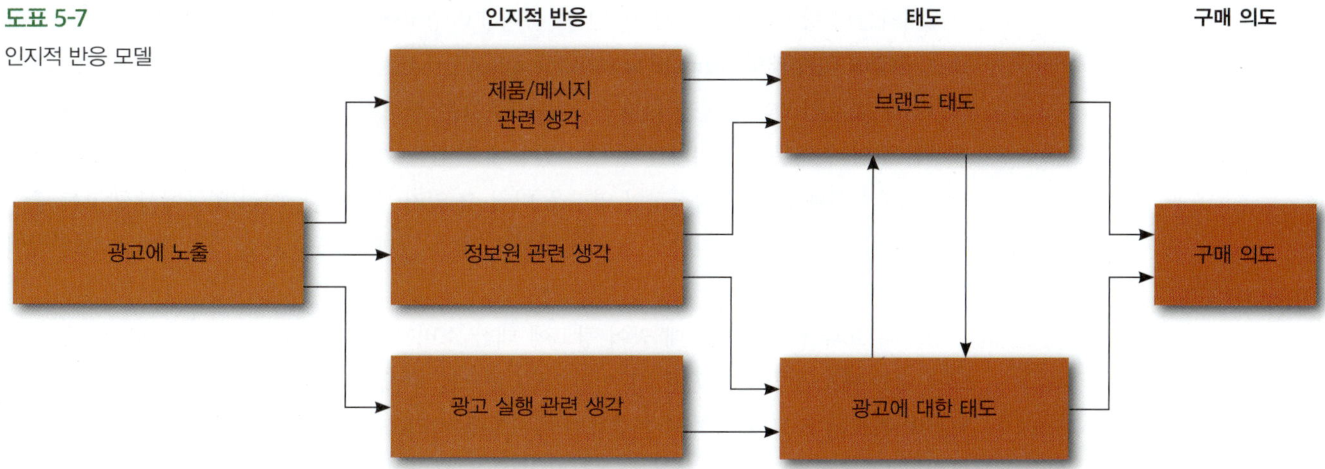

은 광고를 보는 다른 소비자들은 지지 주장, 즉 메시지가 보여주는 주장에 대해 긍정적인 생각을 나타낼 수 있다("울트라 타이드 정말 좋은 제품 같아—한번 써 봐야겠어").

메시지가 수신자의 신념에 반대하는 주장을 만들어내면 수신자가 반대 주장을 할 가능성이 더 커진다. 예를 들어, 자신이 좋아하는 브랜드를 비방하는 광고를 보는 소비자는 그 주장에 반대 주장을 할 가능성이 높다. 반대 주장은 메시지 수용과 부정적인 연관이 있다. 즉, 수신자가 반대 주장을 많이 할수록 메시지에서 주장하는 입장을 수용할 가능성이 낮아진다. 반면에 지지 주장은 메시지 수용과 긍정적인 관련을 맺는다. 따라서 마케터는 반대 주장을 최소화하고 지지 주장을 장려하는 광고나 기타 판촉 메시지를 개발해야 한다.

정보원 관련 생각 인지 반응의 두 번째 범주는 커뮤니케이션의 정보원에 대한 생각이다. 이 범주에서 가장 중요한 반응 유형 중 하나는 **정보원 비하**(source derogations), 즉 주장을 하는 대변인이나 조직에 대한 부정적인 생각이다. 이러한 생각은 일반적으로 메시지 수용도를 감소시킨다. 만약 소비자들이 특정 대변인을 성가시거나 신뢰할 수 없다고 여긴다면, 그들은 이 정보원이 말하는 내용을 잘 수용하지 않을 것이다.

사진 5-11
소비자들은 종종 품질 좋은 제품의 광고에 반응하여 지지 주장을 한다.
자료: Tide by Procter & Gamble

물론, 정보원에 관련한 생각이 항상 부정적인 것만은 아니다. 정보원에 대해 호의적으로 반응하는 수신자들은 긍정적인 생각—**정보원 지지**(source bolsters)—을 생성한다. 예상하듯이, 대부분의 광고주들은 이러한 효과를 메시지로 전달하기 위해 타겟 청중이 좋아하는 대변인을 고용하려 한다. 적절한 정보원이나 대변인을 선택하는 데 관련된 고려사항들은 6장에서 논의할 것이다.

광고 실행 관련 생각 도표 5-7에 나타난 인지 반응의 세 번째 범주는 광고 자체에 대한 개인의 생각으로 구성된다. 수신자들이 광고를 읽거나 볼 때 갖는 생각 중 상당수는 제품 또는 메시지가 하는 주장과 직접적으로 관련된 것이 아니다. 이런 생각들은 오히려 광고에 대한 소비자의 감정을 나타내는 정서적 반응이라고 할 수 있다. 이러한 생각에는 광고의 창의성, 시각 효과의 품질, 색상, 음색과 같은 광고 실행 요인에 대한 반응이 포함될 수 있다. **광고 실행 관련 생각**(Ad execution-related thoughts)은 호의적일 수도 있고 비호의적일 수도 있다. 이는 광고에 대한 태도뿐만 아니라 브랜드에도 영향을 미치기 때문에 중요하다.

소비자들의 광고에 대한 정서적 반응, 특히 TV 광고에 대한 반응에 많은 관심이 집중되어 왔다. **광고에 대한 태도**(Attitude toward the ad, A→ad)는 수신자가 광고에 대해 느끼는 호의적이거나 비호의적인 감정을 나타낸다. 광고주들은 정서적 반응이 광고 효과의 중요한 결정 요인임을 알기 때문에 소비자들의 광고 반응에 관심을 가진다. 이러한 반응은 브랜드 자체로 전이되거나 구매 의도에 직접적인 영향을 미칠 수 있기 때문이다. 여러 연구에서 광고를 좋아하는 사람들이 해당 제품이나 서비스에 대한 더 높은 구매 의도를 가질 가능성이 높다는 점이 밝혀졌다.

광고의 효과를 결정하는 데 있어 광고에 대한 소비자들의 감정(affective reactions)은 브랜드에 대한 태도만큼이나 (혹은 그 이상으로) 중요할 수 있다. 광고가 유발하는 감정적 반응과 느낌의 정도는 광고의 성격과 수신자가 메시지를 처리하는 방식 등 여러 요인에 따라 달라진다. 광고주들은 긍정적인 감정과 정서적 반응을 유발하도록 고안된 감성적 소구(emotional appeals)를 창의적 전략의 기반으로 삼는다. 이러한 전략의 성공 여부는 일정부분 소비자의 브랜드 관여도(involvement)와 메시지에 주의를 기울이고 처리할 가능성에 달려 있다. 마케터가 소비자의 광고에 대한 호의적인 태도를 형성하는 또 다른 방법은 유머를 사용하는 것이다. 유머는 소비자를 긍정적인 기분으로 만들고 광고 자체뿐만 아니라 브랜드에 대한 호감도를 높일 수 있다. 예를 들어, 매년 수퍼볼 기간 동안 방영되는 많은 광고들은 유머러스한 소구를 사용하는데, 이는 마케터들이 소비자들이 경기 중과 경기 후에 광고를 열심히 시청하고 다른 사람들과 이에 대해 이야기할 것이라는 것을 알기 때문이다.

관여도(involvement)를 비롯하여 소비자가 설득 경로를 따르고 메시지를 인지적으로 처리하는 방식에 영향을 미칠 수 있는 다른 요인들을 포함하는 모델을 살펴봄으로써 수신자에 대한 분석을 마무리할 것이다.

정교화 가능성 모델

도표 5-8의 **정교화 가능성 모델**(The Elaboration Likelihood Model, ELM)은 소비자들이 설득의 메시지를 처리하고 반응하는 방식의 차이를 다루고 있다. 이 모델은 리처드 페티(Richard Petty)와 존 카시오포(John Cacioppo)가 설득적 커뮤니케이션(예: 광고)이 태도에 영향을 미침으로써 설득으로 이어지는 과정을 설명하기 위해 고안되었다. ELM에 따르면, 태도 형성과 변화의 과정을 결정하는 것은 설득적인 메시지에 대한 반응하여 관련 정보를 얼마나 어떻게 정교화(elaboration) 또는 처리하는가다. 높은 정교화(high elaboration)는 수신자가 메시지에 포함된 정보나 주장을 신중하게 고려하고, 사고하며, 평가하는 것을 의미한다. 낮은 정교화(low elaboration)는 수신자가 적극적인 정보 처리나 사고에 참여하지 않고, 간단한 긍정적 또는 부정적 단서에 기반하여 메시지에서 주장하는 입장에 대한 추론을 할 때 발생한다.

ELM은 정교화 가능성이 메시지를 처리하려는 동기와 메시지 처리 능력의 두 가지 요인에 의해 결정됨을 보여준다. 메시지를 처리하려는 동기(motivation)는 관여도, 개인적 관련성, 그리고 개인의 필요와 각성 수준과 같은 요인에 영향을 받는다. 능력(ability)은 개인의 지식, 지적 능력 그리고 메시지를 처리할 수 있는 기회에 영향을 받는다. 예를 들어, 유머러스한 광고나 매력적인 모델이 등장하는 광고는 시청하는 사람이 제품에 대한 정보를 처리하는 데 방해가 될 수 있다.

ELM에 따르면, 설득 또는 태도 변화로 이어지는 과정에 두 가지 경로가 있다. **중심 경로**

도표 5-8

설득의 정교화 가능성 모델

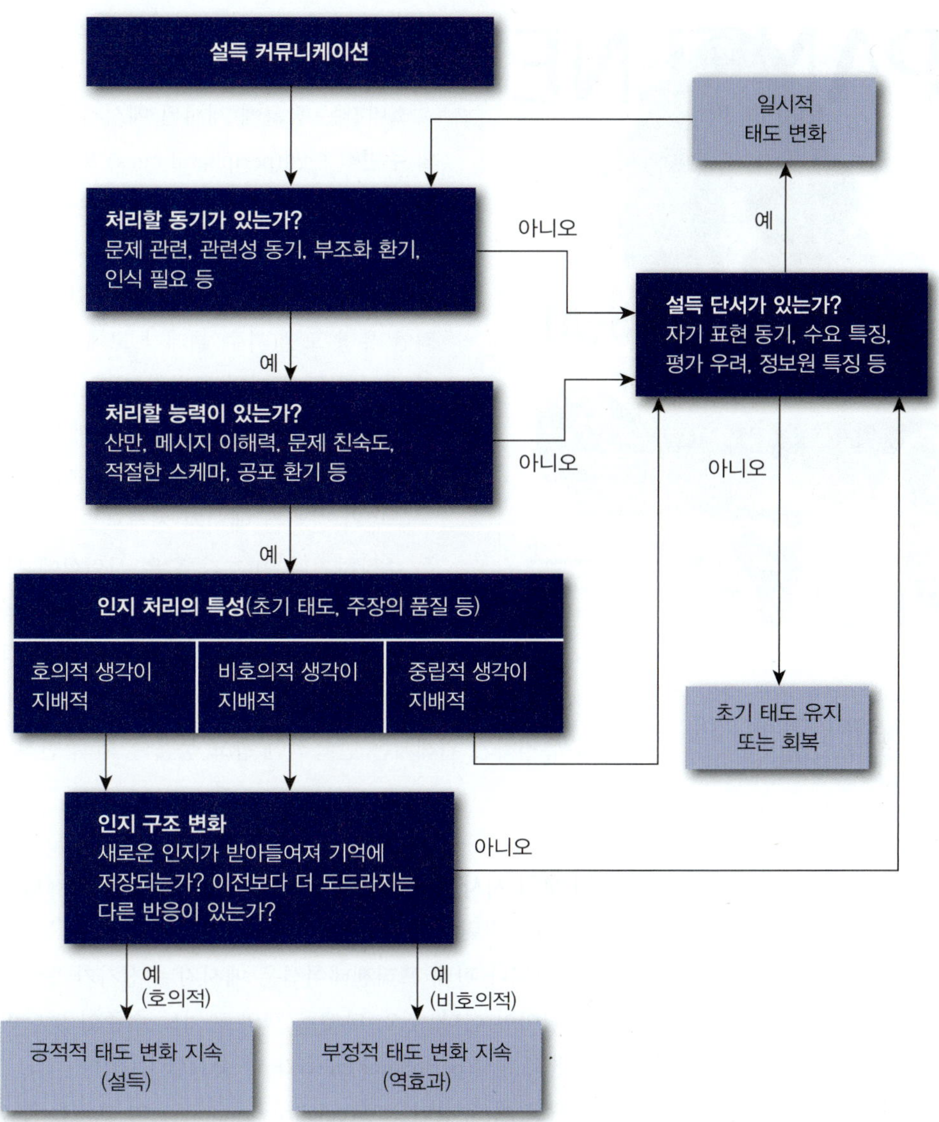

(central route)를 통한 설득 시, 수신자는 커뮤니케이션 과정에서 매우 활동적이고 적극적인 참여자로 간주된다. 이들은 메시지에 주의를 기울이고, 이해하며, 평가할 능력과 동기가 높다. 광고 메시지에 대한 중심 처리가 발생하면, 소비자는 메시지 내용에 면밀히 주의를 기울이고 메시지의 주장을 세심히 살핀다. 높은 수준의 인지 반응 활동 또는 처리가 발생하며, 광고가 수신자를 설득할 수 있는지의 여부는 대개 제시된 주장의 질에 대한 수신자의 평가에 달려 있다. 주로 호의적인 인지 반응(지지 주장 및 정보원 지지)은 인지 구조의 호의적인 변화로 이어지며, 이는 긍정적인 태도 변화 또는 설득으로 귀결된다.

반대로, 인지 처리가 비호의적이어서 반대 주장 및 정보원 비하로 귀결되는 경우, 인지 구조의 변화는 비호의적이며 역효과(boomerang)를 내거나 부정적인 태도 변화를 초래한다. 중심 경로를 통해 발생하는 태도 변화는 비교적 오래 지속되며, 이후의 노력에도 잘 변하지 않는다.

도표 5-8의 오른쪽에 보이는 설득의 **주변 경로**(peripheral route)에서 수신자는 정보를 처리할 동기나 능력이 부족하여 상세한 인지 처리 과정에 참여할 가능성이 낮다고 여겨진다. 수신자는 메시지에 제시된 정보를 평가하기보다는, 부수적인 주변적 단서(peripheral cues)에 의존

한다. 메시지에 대한 수신자의 반응은 이 주변적 단서들을 어떻게 평가하는지에 달려 있다.

사진 5-12
이 광고에는 주변 단서, 특히 유명인 광고 모델이 포함되어 있다.
자료: Procter & Gamble

소비자는 광고에 제시된 메시지 주장을 신중하게 평가하는 대신 여러 유형의 주변적 단서(peripheral cues) 또는 인지적 지름길(cognitive shortcuts)을 사용할 수 있다. 광고 속 모델이 전문적이거나 매력적이고 호감을 주는 경우, 혹은 소비자가 광고실행의 어떤 부분(예: 제작 방식, 음악, 이미지)을 좋아하는 경우 호의적인 태도가 형성될 수 있다. 사진 5-12의 팬틴 샴푸 광고에서 매력적인 유명 모델(가수 셀레나 고메즈)과 브랜드 포지션과 잘 어울려지는 시각적 이미지 등의 여러 주변적 단서들이 어떻게 나타나는지 주목해보자. 이러한 단서들은 소비자가 광고의 주요 메시지를 처리하지 않더라도 브랜드에 대한 긍정적인 태도를 형성하는 데 도움이 될 수 있다.

주변적 단서는 메시지 거부로도 이어질 수 있다. 예를 들어, 극단적인 입장을 주장하거나, 비호감 혹은 신뢰성에 문제가 있는 모델을 사용하거나, 제대로 실행되지 않은 광고(예: 지역 소매업체를 위한 저예산 광고)는 정보나 메시지 내용에 대한 어떤 고려도 없이 거부될 수 있다. 도표 5-8에 나타난 바와 같이, ELM은 주변 처리를 통해 형성된 태도는 일시적인 것으로 본다. 따라서 호의적인 태도를 유지하기 위해서는 반복적인 광고 등을 통해 주변적 단서에 지속적으로 노출되도록 해야 한다.

ELM의 시사점 정교화 가능성 모델(ELM)은 마케팅 커뮤니케이션, 특히 관여도(involvement)와 관련하여 중요한 시사점을 제공한다. 예를 들어, 타겟 고객의 관여도 수준이 높은 경우, 광고나 판매 프리젠테이션은 메시지 수신자가 반박하거나 반대하기 어려운 강력한 주장을 담아야 한다. 만약 타겟 고객의 관여도 수준이 낮다면, 상세하고 강한 메시지의 내용보다 주변적 단서(peripheral cues)가 더 중요할 수 있다.

광고 속 유명인 모델(celebrity endorser)의 효과는 수신자의 관여도 수준에 따라 달라진다는 것을 보여주는 ELM(정교화 가능성 모델)에 관한 실험결과가 있다. 소비자의 관여도가 낮을 때에는 유명인 모델이 태도에 미치는 영향이 상당했다. 하지만 수신자의 관여도가 높을 때는 유명인이 모델이라는 사실이 브랜드 태도에 전혀 영향을 미치지 않았다. 대신, 광고에 사용된 메시지의 내용이 브랜드 태도 형성에 더 중요하게 작용했다.

이러한 연구 결과는 유명인이 낮은 관여도 상황에서는 주변적 단서로 작용하여, 수신자가 메시지를 광범위하게 처리하는 대신 정보원에 대한 감정을 바탕으로 호의적인 태도를 형성하도록 한다는 점으로 설명된다. 그러나 높은 관여도를 가진 소비자는 메시지 내용에 대해 더 상세한 중심 처리(central processing)에 돌입한다. 이 경우, 메시지의 질이 유명인 모델의 정체성보다 더 중요해진다. ELM은 소비자가 따르는 설득 경로가 가장 효과적인 메시지 유형을 결정함을 시사한다. 많은 마케터들은 자사 제품 카테고리에 대한 소비자의 관여도 수준이 낮고, 소비자들이 광고 메시지를 자세히 처리할 동기가 부족하다는 점을 알고 있다. 이것이 바로 저관여 제품 마케터들이 주변적 단서를 강조하는 창의적인 전술에 의존하고, 브랜드에 대한 호의적인 태도를 형성하고 유지하기 위해 반복적인 광고를 사용하는 이유다.

ELM은 광고가 소비자에게 어떻게 영향을 미치는지에 대해 논할 때 가장 자주 인용되는 이론 중 하나이며, 광고 및 다른 형태의 설득에 관한 학술 문헌에 가장 영향력 있는 이론적 기여를 했다고 평가받는다. 그러나 이 모델은 다른 한편으로는 학계 연구자들 사이에서 논쟁과 비판의 대상이 되어왔는데, 이는 이전 연구에서 논의된 결과들을 재현하는 데 실패했기 때문이다. 최근 세 국가(미국, 영국, 호주)의 피험자들을 대상으로 한 연구의 결과는 중심 경로를 통해 형성된 태도가 주변 경로를 통해 형성된 태도보다 행동을 더 잘 예측한다는 이전 연구의 핵심적인 발견을 뒷받침하지 못했다. 이런 결과들이 미디어 환경의 변화, 특히 디지털 및 소셜 미디어의 지배로의 전환은 전통적인 대중 매체가 지배적이던 시대에 개발된 광고 이론들이 여전히 유의미한지 의문을 제기한다.

반응 프로세스와 광고의 효과 요약

수신자 분석에서 보았듯이, 소비자가 마케팅 커뮤니케이션에 반응하는 과정은 다양한 관점에서 볼 수 있다. 바크라차스(Vakratsas)와 앰블러(Ambler)는 광고가 어떻게 작용하고 소비자에게 어떤 영향을 미치는지 더 잘 이해하기 위해 250개 이상의 저널 기사와 책을 검토했다. 그 결과, 그들은 거의 100년간 효과 계층(effects hierarchies)이 활발히 활용되어 왔음에도 불구하고, 시간적 순서라는 의미의 효과 계층 개념을 뒷받침할 만한 것은 거의 없다고 결론내렸다. 그들은 반응 과정과 광고가 작동하는 방식을 이해하려 할 때, 광고와 구매 사이에 세 가지 중요한 중간 효과가 있다고 언급한다(도표 5-9 참조). 여기에는 사람의 반응 중 '생각' 차원인 인지(cognition), '느낌' 차원인 정서(affect) 그리고 제품 구매 및 사용 결과에 기반한 피드백 차원인 경험(experience)이 포함된다. 바크라차스와 앰블러는 정보를 처리하는 동기 및 능력과 같은 요인이 광고에 대한 개별 반응을 매개하거나 필터링하여 광고에 대한 개인의 반응을 급진적으로 변경하거나 바꿀 수 있다고 결론내린다. 그들은 광고 효과가 이 세 가지 차원을 바탕으로 평가되어야 하며, 제품 카테고리, 제품 수명주기 단계, 타겟 고객, 경쟁, 마케팅 믹스 요소의 영향 등의 요인에 따라 일부 중간 변수가 다른 변수보다 더 중요할 수 있음을 제안한다.

도표 5-9
광고의 작동 방식 연구를 위한 프레임워크

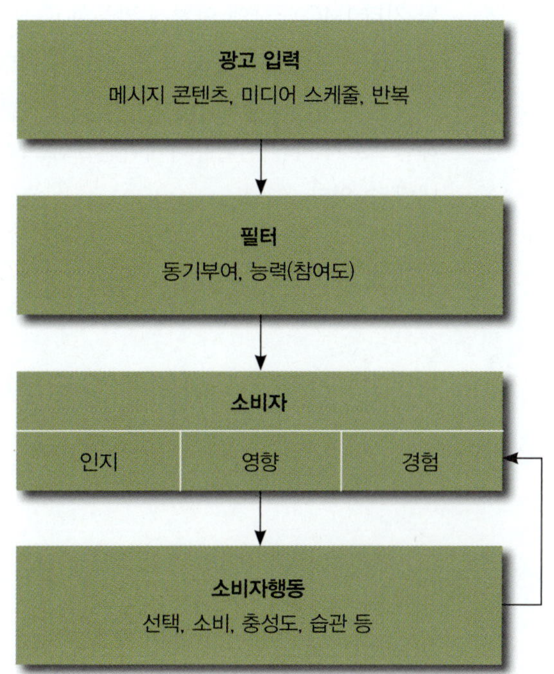

다른 연구자들 역시 계층 모델에 대해 비판적이었다. 예를 들어, 홀(Hall)은 광고주들이 광고 효과의 계층 모델에 대한 명시적, 암묵적 의존에서 벗어나 정서와 경험을 광고 과정의 중심에 두는 모델을 개발할 필요가 있다고 주장한다. 이러한 비판이 시사하는 바는 마케터들이 인지, 정서, 경험을 광고가 영향을 미칠 수 있는 중요한 변수로서 다루어야 한다는 것이다. 그러나 반응의 특정한 순서를 가정하기보다는, 다양한 제품/시장 상황에서 광고 및 다른 형태의 프로모션이 이러한 중간 변수들에 어떻게 영향을 미칠 수 있는지 더 잘 이해하기 위한 연구와 분석이 이루어져야 한다.

효과 계층 모델과 관련하여 여러 문제점과 우려가 제기되었음에도 불구하고, 많은 이들은 이 모델이 광고 실무 및 연구에 가치가 있다고 믿는다. 예를 들어, 토마스 배리(Thomas Barry)는 이러한 모델들이 한계에도 불구하고 행동을 예측하는 데 도움이 된다고 주장한다. 그는 또한 이 모델들이 청중 또는 세분화 경험에 기반하여 광고 전략이 인지, 정서, 행동에 영향을 미치는 데 집중해야 할 것인지에 대한 통찰력을 제공한다고 말한다. 이 모델들은 또한 가치 있는 계획, 교육 및 개념적 프레임워크를 제공한다.

IMC 프로그램을 기획하는 담당자들은 타겟 고객과 그들이 광고 및 기타 형태의 마케팅 커뮤니케이션에 어떻게 반응할 수 있는지에 대해 가능한 한 많이 알 필요가 있다. 예를 들어, 윌리엄 웨일바허(William Weilbacher)는 마케팅 커뮤니케이션 프로그램이 단지 광고만을 포함하는 것이 아니라고 언급했다. 소비자들은 PR, 광범위한 판매촉진 활동, 소셜 미디어, 다이렉트 마케팅, 이벤트 후원, 영화 및 TV 프로그램 제품 배치 그리고 다른 형태의 마케팅 커뮤니케이션을 포함하는 브랜드 후원 커뮤니케이션에 지속적으로 몰두하고 있다. 그는 계층 모델이 단순히 광고의 효과를 설명하는 것을 넘어, 소비자들이 브랜드에 대한 모든 다양한 통합 마케팅 커뮤니케이션 활동으로부터 정보를 어떻게 통합하고 어떤 효과를 얻는지 고려해야 한다고 주장한다. 소셜 소비자의 의사결정 여정 논의에서 보았듯이, 수많은 형태의 소셜 미디어 및 기타 디지털 소스로부터의 정보로 인해 소비자 반응 과정과 의사결정에 영향을 미치는 요인의 수가 증가하고 있다.

이 장에서 다룬 다양한 모델들은 커뮤니케이션의 기본 요소를 제시하고, 소비자들이 광고 및 기타 IMC 도구에 어떻게 반응하고 정보를 처리하는지에 대한 통찰력을 제공한다. 커뮤니케이션 과정을 이해하는 것은 통합 마케팅 커뮤니케이션을 연구하고 평가하는 데 기초를 제공하므로 매우 중요하다. IMC의 다양한 측면에 관여하는 사람들은 커뮤니케이션 과정을 이해함으로써 마케팅 커뮤니케이션 프로그램을 계획, 실행, 평가하는 데에 있어 더 나은 결정을 내릴 수 있다.

요 약

IMC 프로그램의 모든 요소는 커뮤니케이션을 목적으로 한다. 따라서 프로모션 기획자들은 커뮤니케이션 과정을 이해해야 한다. 커뮤니케이션 과정은 매우 복잡할 수 있다. 성공적인 마케팅 커뮤니케이션은 메시지의 본질, 청중의 해석, 메시지가 수신되는 환경을 등 여러 요인에 영향을 받는다. 효과적인 커뮤니케이션이 이루어지려면, 발신자는 수신자가 메시지를 발신자의 의도대로 해독할 수 있도록 인코딩해야 한다. 수신자로부터의 피드백은 발신자가 올바른 해독이 이루어졌는지 또는 노이즈가 커뮤니케이션 과정을 방해했는지 판단하는 데 도움이 된다.

비개인적 커뮤니케이션 채널은 발신자와 수신자 간의 직접적인 대인 접촉 없이 메시지를 전달하며 일반적으로 대중 매체라고 불린다. 개인적 채널은 두 명 이상의 사람 간의 직접적인 커뮤니케이션을 포함하며, 대면 접촉이나 이메일, 소셜 미디어와 같은 다른 방법을 통해 이루어질 수 있다. 친구, 이웃, 지인, 직장 동료 또는 가족 구성원과 같은 사회적 네트워크의 구성원 또한 개인적 커뮤니케이션 채널로 구전(WOM) 영향을 대표하며, 이는 매우 강력한 정보원이 될 수 있다. 마케터들은 종종 개별 소비자의 도움과 협력을 통해 마케팅 관련 메시지를 전파하는 바이럴 마케팅을 통해 입소문을 창출하려고 노력한다.

프로모션 기획은 수신자 또는 타겟 청중으로부터 시작된다. 마케터들은 청중이 다양한 커뮤니케이션 원천이나 메시지 유형에 어떻게 반응할지 이해해야 하기 때문이다. 프로모션 기획을 위해 마케터는 수신자를 그 구성(즉, 개인, 집단 또는 대중 청중)과 그들이 거치는 반응 과정 등을 중심으로 분석할 수 있다. AIDA, 혁신 채택, 효과 계층 모델을 포함한 여러 반응 과정 모델이 개발되었다. 전통적인 반응 계층의 반응 순서는 상황에 따라 바뀌기도 하는데, 이것을 잘 보여주는 것이 표준 학습 모델과 저관여 모델이다.

디지털 콘텐츠(소셜 미디어 포함)가 우리 일상생활에 널리 퍼지고 소비자행동에 영향을 미치면서 소비자들이 브랜드를 평가하고 구매결정을 내리는 환경이 극적으로 변화했다. 소셜 소비자 의사결정 여정 프레임워크는 소비자들이 브랜드와 처음 상호 작용하거나, 제품 또는 서비스를 조사하거나, 소셜 네트워크를 통해 그것에 대해 듣는 등 다양한 지점에서 구매 경로에 진입할 수 있음을 인정한다.

인지 반응 접근법은 메시지에 의해 유발된 생각과 그 생각들이 수신자의 궁극적인 커뮤니케이션 수용 또는 거부하는 반응을 어떻게 형성하는지 검토한다. 태도 형성 및 변화에 대한 정교화 가능성 모델(ELM)은 메시지의 수신자는 메시지를 처리할 때 설득의 중심 경로(central route)와 주변 경로(peripheral route)의 두 가지 형태를 보인다고 제안하는데, 이 둘 중 어떤 형태를 보이는지는 메시지를 처리하려는 수신자의 동기와 능력에 의해 결정된다. 광고와 구매 사이에는 인지(cognition), 정서(affect), 경험(experience)을 포함한 세 가지 중요한 중간 효과가 있다. IMC 프로그램을 계획하는 책임자들은 타겟 청중과 그들이 광고 및 기타 형태의 마케팅 커뮤니케이션에 어떻게 반응할 수 있는지에 대해 최대한 많이 배워야 한다.

CHAPTER 6 모델, 메시지, 채널 요소

자료: NIKE Inc.

학습 목표

1 | 커뮤니케이션 시스템 내 다양한 변수와 그들이 소비자의 프로모션 메시지를 처리하는 방식에 미치는 영향을 논의한다.

2 | 프로모션 메시지의 모델을 선택할 때 고려해야 할 결정 요인들을 밝히고자 한다.

3 | 다양한 메시지 구조 및 소구 유형의 차이를 비교한다.

4 | 다양한 채널 유형이 마케팅 커뮤니케이션 절차에 어떠한 영향을 미치는지 설명한다.

타이거 우즈와 마리아 사라포바 그들의 이미지를 재건하다

기업들은 수십 년 동안 유명 운동선수들을 이용해 제품과 서비스를 광고하고, 그들을 광고 대변인으로 활용해왔다. 마케터들은 잘 알려져 있고, 때로는 존경받는 운동선수들을 이용하여 타겟 소비자들에게 광고 메시지에 대한 관심을 이끄는 것이 효과적임을 인지하고 있었다. 스포츠 스타들은 보통 스포츠와 관련된 상품, 즉 운동화, 의류, 스포츠 장비와 같은 제품을 광고한다. 하지만 인기가 많은 스포츠 스타의 경우, 스포츠를 넘어 자동차, 패스트푸드, 탄산음료, 의류, 항공사, 시계뿐만 아니라 컨설팅 및 금융 서비스 등 다양한 제품을 광고하는 데에도 활용되고 있다.

마케터들이 스포츠 스타를 활용하여 제품과 서비스를 프로모션하는 데는 여러 이유가 있다. 소비자들은 운동선수를 일종의 전문가로 인식하며, 특히 그들의 경기력과 관련이 있는 제품일 경우 그들의 경기력과 제품 품질을 동일시하기도 한다. 다른 이유로는 많은 운동선수가 그들의 인기를 기반으로 유명 인사가 되는데, 스포츠 팬들은 이들을 존경하고 때로는 우상화하여, 그들이 광고하는 브랜드를 사용함으로써 그들과의 동일시를 추구한다는 점이다. 다시 말해, 열성적인 스포츠 팬들은 종종 성공한 운동선수와 자신을 동일시하며, 운동선수의 성공이 자신의 성공처럼 느껴지는 반사적 영광 누리기(BIRGing)라는 심리적 과정을 거치기도 한다.

하지만 운동선수와 관련된 논쟁적 상황이 벌어진다면, 그 운동선수가 대변하고 있는 기업이나 브랜드에 어떤 영향을 미치게 될까? 특히 사진, 영상, 댓글, 의견이 빠르게 확산되는 오늘날의 소셜 미디어 중심 세계에서, 논란에 휩싸인 스포츠 스타가 부정적인 여론에서 회복될 수 있을까? 지난 10년 동안, 세계적으로 가장 인기 있는 두 종목의 스포츠에서 활약했던 두 명의 스포츠 스타들은 그들의 문제적 행동으로 인해 큰 어려움을 겪었다. 프로 골프 선수 타이거 우즈와 테니스 스타 마리아 샤라포바가 바로 그들이다. 이들은 모두 대중적 이미지를 재건하고 광고 모델로서의 가치를 회복하기 위해 노력하고 있다.

2009년 추수감사절 주말 이전이라면, 가장 영향력 있는 광고 모델이 누구냐는 질문에 대다수의 스포츠 마케팅 전문가들은 프로 골프 선수인 타이거 우즈를 손꼽는 데 주저함이 없었을 것이다. 그리고 거기에는 충분한 이유가 있었다. 프로로 전향한 이후, 우즈는 골프계에서 절대 강자의 면목을 보여주었다. 그는 13년간 PGA 투어에서 통상 71승을 기록했고, 역대 우승 기록에서 3위에 올랐다. 또한 메이저 대회에서 14회나 우승하며 전설적인 잭 니클라우스의 19회 기록에 근접하고 있었다. 우즈는 명확한 이미지와 호감 가는 성격, 신뢰감을 주는 모습으로 브랜드 모델로서 모두가 원하는 인물이었다. 이러한 우즈의 이미지와 인기는 그를 매년 1억 달러 이상을 벌어들이는 광고계의 블루칩으로 부상하게 만들었고, 우즈는 액센추어, 질레트, 태그호이어, 게토레이, 어퍼덱, 나이키와 같은 유명 기업들과 계약을 맺을 수 있었다. 특히 나이키는 단순히 그를 광고 모델로만 기용한 것이 아니라, 그를 중심으로 나이키 골프 분야와 여러 브랜드를 구축했다.

하지만 2009년 11월 27일 이른 아침, 아내와의 말다툼 후 일어난 자동차 사고로 우즈를 둘러싼 모든 것이 바뀌었다. 이 사고는 그의 개인사를 향한 언론의 집중적인 조명을 야기했고, 이 과정에서 기혼에 두 아이를 둔 우즈가 수많은 혼외 관계를 가졌다는 사실이 밝혀졌다. 사고 몇 주 후, 우즈는 성 중독 및 그간의 훈련으로 야기된 통증 완화를 위한 재활 클리닉에 입소했다. 우즈의 잘못된 행동은 그의 개인사를 엉망으로 만들었을 뿐만 아니라, 그와 수익성 높은 광고 계약을 맺고 있던 기업들에게도 큰 악영향을 미쳤다. 사고 발생 몇 주 후, 나이키와 어퍼덱을 제외한 거의 모든 기업들이 우즈와의 계약을 해지했으며, 이는 연간 약 5,000만 달러의 광고 수익 손실로 이어졌다.

그 후 8년 동안 우즈는 부상과 싸우며 여러 차례 허리 수술을 받았고, 2017년 초 척추 융합 수술은 우즈 자신도 자신의 경력이 끝난 것이 아닐까 우려할 정도로 심각한 것이었다. 2017년 시즌 대부분을 결장한 후, 우즈는 2018년 복귀하여 예전의 기량을 회복하기 시작했다. 2018년 9월, 그는 5년 만에 PGA 투어 챔피언십에서 우승했다. 그리고 2019년 4월, 우즈는 가장 권위 있는 메이저 대회 중 하나인 마스터스에서 다섯 번째 우승을 차지하며 모두를 놀라게 했다. 마스터스의 우승은 그의 15번째 메이저 챔피언십이었으며, 43세의 우즈는 마스터스에서 두 번째로 나이 많은 우승자가 되었다. 많은 사람들은 그의 복귀를 역대 가장 위대한 복귀로 칭송했으며, 며칠 후 도널드 트럼프 대통령은 "스포츠와 무엇보다도 삶에서의 놀라운 성공과 복귀"를 인정하며 우즈에게 대통령 자유 훈장을 수여하겠다고 발표했다.

우즈의 마스터스 우승은 그를 다시 한 번 골프뿐만 아니라 모든 스포츠에서 가장 위대한 스타로 만들기에 충분했다. 하지만 그가 광고 모델로서의 수퍼스타 지위를 회복할 수 있을지는 아직 미지수다. 나이키는 그가 어려움을 겪는 동안에도 그를 지속적으로 지지했으며, 비록 나이키가 더 이상 골프 클럽을 제작하지 않지만, 우즈에 대한 나이키의 로열티는 나이키 골프화와 의류 판매량에 있어서 우즈의 절대적 영향력으로 보상받고 있다. 우즈는 또한 음료 회사 몬스터 에너지와 테일러메이드, 브리지스톤 골프 등 여러 골프 장비 회

(계속)

사와 광고 계약을 맺고 있다. 브리지스톤 CEO는 골프 장비 업계의 오래된 격언인 "일요일에 이기고 월요일에 판매한다"를 인용하며 우즈의 영향력을 잘 묘사했다. 다른 기업들이 우즈가 골프 장비 이상의 제품 판매에도 도움을 줄 수 있다고 생각할지가 흥미로운 부분이다.

옳지 못한 행동으로 이미지와 광고 모델로서의 지위에 손상을 입은 또 다른 유명 운동선수는 테니스 스타 마리아 샤라포바다. 그녀는 2005년부터 2015년까지 11년 연속 세계에서 가장 높은 수익을 올린 여성 운동선수로, 연간 광고 수익만 2,000만 달러에 달했다. 매력적이고 인기 있는 테니스 스타인 그녀는 그랜드슬램에서 5번 우승했으며, 4대 메이저 대회를 모두 석권한 '커리어 그랜드슬램'을 달성한 10명의 여성 선수 중 한 명이다. 그러나 2016년 1월, 샤라포바는 호주 오픈에서 약물 테스트를 통과하지 못해 논란에 휩싸였다. 그녀는 심폐지구력 향상을 위해 사용되는 약물인 멜도니움에 양성 반응을 보였는데, 해당 약물은 세계 반도핑 기구로부터 2016년 초 금지 약물로 지정되었다. 샤라포바는 10년 넘게 건강 문제로 이 약물을 복용해왔지만 업데이트를 읽지 못했다고 주장했으나 국제테니스연맹(ITF)은 샤라포바에게 2년간 출전 정지 처분을 내렸다. 추후 그녀는 징계 기간에 항소해 출전 기간을 15개월로 단축시켰다.

샤라포바의 징계에 대한 광고주들의 반응은 엇갈렸다. 생수 브랜드 에비앙과 그녀의 오랜 라켓 스폰서인 헤드는 즉각적으로 지지를 표명했다. 반면, 나이키는 연간 1,250만 달러에 달하는 샤라포바와의 광고 계약을 일시 중단했으며, 이는 8년 동안 1억 달러에 이르는 큰 금액이었다. 독일 자동차 회사 포르쉐도 계약 중단에 동참했다. 하지만 몇 달 후, 나이키는 샤라포바가 ITF 규정을 고의로 위반하지 않았고 실수에 대해 사과했다며 계약을 재개했다. 포르셰 또한 그녀를 브랜드 홍보대사로 복귀시켰지만, 스위스 시계 브랜드 태그호이어와 에이본 화장품은 계약을 갱신하지 않기로 했다.

15개월의 출전 정지 기간 동안, 샤라포바는 자신의 비즈니스 기술을 향상시키기 위해 노력했다. 그녀는 하버드 비즈니스 스쿨에서 여러 차례 일주일 간의 집중 비즈니스 과정을 이수했고, 미국 프로농구협회(NBA)와 런던 소재 광고 회사에서 인턴십을 수행했다. 그녀는 이 경험을 활용해 초콜릿과 젤리를 생산하는 슈가포바를 설립했다. 슈가포바 제품은 수퍼마켓과 편의점을 포함해 5만 개 이상의 매장에서 판매되고 있다. 샤라포바는 2017년 4월 프로 테니스에 복귀했으며, 6개월 후 세계 테니스 협회(WTA) 대회에서 우승했다. 비록 이후로는 성적이 예전같지 않지만, 샤라포바는 여전히 페이스북 팔로워 1,400만 이상, 350만 인스타 팬을 거느리고 있는 인기 있는 광고 모델로 활동하고 있다. 이 외에도, 샤라포바는 세계적인 스포츠 시설 설계사와 협력해 전 세계 호텔과 리조트를 위한 피트니스 및 테니스 시설을 설계하는 프로젝트에 참여하는 등 테니스 이후의 인생을 준비하고 있다.

자료: Merrit Kennedy, "Tiger Woods Rises AgainAnd Sponsors Are Celebrating His Resilience", *NPR*, April 16, 2019, https://www.npr.org/2019/04/15/713443562/tiger-woods-rises-again-and-sponsors-are-celebrating-his-resilience; Brian Braiker, "How Do You Build a Brand Like Maria?" *Advertising Age*, October 30, 2017, pp. 2731; Lara O'Reilly, "Maria Sharapova Is Losing Sponsorship Deal Worth Tens of Millions of Dollars after Her Failed Drug Test", *Business Insider*, March 8, 2016, http://www.businessinsider.com/nike-ends-100-million-maria-sharapova-deal-over-failed-drug-test-2016-3; Jeremy Mullman, "For Nike, the Tiger Woods Brand Was Too Big to Fail", *Advertising Age*, April 12, 2010, pp. 1, 21.

이 장에서는 커뮤니케이션 시스템의 주요 변인인 모델, 메시지, 채널 등에 대해 분석할 예정이다. 모델의 특성과 이러한 특성이 홍보 메시지에 주는 영향력 그리고 특정 유형의 전달자가 다른 전달자보다 더 효과적일 수 있는 이유를 살펴볼 것이다. 그 이후에는 메시지 자체에 초점을 맞추어, 메시지의 구조와 소구 유형이 메시지 전달의 효과성에 어떤 영향을 미치는지 분석할 예정이다. 마지막으로, 채널이나 매체와 관련된 요인의 커뮤니케이션 과정에 대한 영향력을 논의하겠다.

설득 매트릭스를 통한 프로모션 계획

효과적인 광고 및 프로모션 캠페인을 개발하기 위하여, 기업은 적절한 대변인을 선정하여 적합한 채널이나 매체를 선정, 설득력 있는 메시지를 전달해야 한다. 모델, 메시지, 채널 요인은 기업이 통제 가능한 커뮤니케이션 요소들이라 할 수 있다. **설득 매트릭스**(persuasion matrix, 도표 6-1)를 통해 마케터는 각 통제 가능한 요소가 소비자의 반응 과정과 어떻게 상호 작용

종속변수: 설득되는 단계	독립변수: 커뮤니케이션 요소 모델	메시지	채널	수신자	목적지
메시지 제시			(2)		
주의	(4)				
이해				(1)	
수용		(3)			
보유					
행동					

도표 6-1

설득 매트릭스

하는지를 이해할 수 있다. 이 매트릭스는 두 가지 변수 세트를 포함한다. 독립 변수는 5장에서 설명된 커뮤니케이션 과정의 통제 가능한 요소이며, 종속 변수는 소비자들이 설득되는 과정에서의 단계들이다. 마케터는 메시지를 전달하는 모델이나 인물, 메시지 소구 유형, 채널 또는 매체를 선택할 수 있다. 비록 마케터들이 수신자들을 통제할 수는 없지만, 그들은 목표 청중을 선택할 수 있다. 초기 메시지 수용자들이 해당 정보를 구전을 통해 친구나 지인들에게 전파할 수 있다는 점에서 목표 청중은 목적 변인으로 고려될 수 있다.

프로모션 기획자는 각 단계의 전략이 다른 단계에 악영향을 미치지 않도록, 개별 독립 변수 결정이 반응의 위계 구조에 어떠한 영향을 미치는지 알아야만 한다. 예를 들어, 유머러스한 메시지는 주목을 끌기에는 효과적이나, 소비자가 그 내용을 적절히 처리하지 못하면 이해도가 떨어질 수 있다. 유머, 성적 소구, 유명인을 활용한 광고들이 소비자의 주의를 끌기에는 유리할 수 있으나, 브랜드명이나 메시지 회상 측면에서는 불리할 수 있다. 도표 6-1의 숫자들은 설득 매트릭스를 통해 알 수 있는 의사결정에 대해 설명하고 있다.

1. **수신자/이해도: 수신자가 광고를 이해할 수 있는가?** 마케터는 마케팅 메시지를 명료하고 이해하기 쉽게 만들기 위해 표적시장을 제대로 이해하는 것이 필요하다. 교육 수준이 낮은 사람은 복잡한 메시지를 해석하는 데 어려움을 겪을 수 있다. 전문 용어는 일부 수신자에게 익숙하지 않을 수 있기 때문이다. 마케터의 표적시장에 대한 이해도가 높을수록, 고객이 쉽게 받아들일 수 있는 단어, 상징, 표현을 더 잘 선택할 수 있다.
2. **채널/설명: 어떤 미디어를 통해 광고 메시지를 송출해야 하는가?** 미디어 구매는 노출 가능성, 즉 소비자가 메시지를 볼 기회를 기반으로 이루어진다. 광고 미디어에 대한 결정은 도달 가능한 청중의 규모와 구성 그리고 비용에 크게 좌우된다. 예를 들어, 인기 있는 프라임타임 TV 프로그램인 〈NCIS〉는 매주 약 1,500만 명이 시청하며, 〈Time〉과 〈People〉 같은 잡지는 매주 300만 명 이상의 독자가 구독할 뿐만 아니라, 디지털 에디션을 통해 수백만

이상에게 더 도달할 수 있다. 하지만 이보다 더 중요한 점은 타겟 소비자에게 '얼마나 잘 도달할 수 있는가'다. 케이블 네트워크 E!에서 방영되는 '카다시안 따라잡기'는 매주 약 200만 명의 시청자를 기록하고 있는데, 그들은 주로 18세에서 49세 사이의 패션에 민감하고 기술에 능숙한 젊은 남녀라는 특징이 있다. 최근 들어 시청률이 하락하고 있지만, 타겟 청중의 특성으로 인해 패션, 전자 분야의 기업들은 이 프로그램을 여전히 잠재 소비자에게 접근할 수 있는 효과적인 수단으로 생각하고 있다.

3. **메시지/유용함: 어떤 유형의 메시지가 호의적인 태도나 감정을 이끌어낼까?** 마케터는 일반적으로 제품이나 서비스에 긍정적인 감정을 야기하는 메시지를 만들려고 노력한다. 유머러스한 메시지는 소비자를 기분 좋게 만들고 이는 곧 광고 속의 브랜드를 긍정적으로 인식하게 만든다. 음악은 소비자를 감정적으로 만들어 메시지를 더 잘 받아들이도록 한다. 많은 광고주들은 소비자를 자극하거나 이성에 대한 매력을 강화하는 명시적 성적 소구를 사용한다. 또한 일부 마케터는 자사의 브랜드를 경쟁사와 비교하기도 한다.
4. **모델/주의 집중: 누가 소비자 관심을 이끄는 데 효과적인가?** 매일 쏟아지는 수많은 광고의 경쟁적 상황 속에서 주목받는 광고를 만드는 것은 매우 어려운 일이다. 마케터들은 배우, 운동선수, 연예인 또는 매력적인 모델 같은 인물들을 활용하여 타겟 소비자의 관심을 끌어 이 문제를 해결하고자 한다.

모델 요소

모델 요소는 다면적인 개념이라고 할 수 있다. 예를 들어, 티나 페이가 아메리칸 익스프레스 광고에 출연할 때, 이 광고의 중심은 페이 자신일까, 아니면 회사일까, 또는 이 둘의 조합일까? 소비자들은 친구, 친척, 이웃에게 정보를 얻기도 한다. 사실 개인적 정보원은 구매 결정에 가장 큰 영향을 미치는 요인이다. 소비자는 개인 간에 전달되는 구전 정보를 광고와 같은 공식적인 마케팅 채널 정보보다 더 신뢰하고 믿는 경향이 있다. 5장에서 논의한 것처럼, 마케터들은 제품과 서비스에 대해 긍정적인 구전 대화와 추천을 유도하기 위해 인플루언서 및 바이럴 마케팅 방법을 활용하고 있다.

사진 6-1

가수 미란다 램버트가 "The Breakfast Project" 캠페인의 일환으로 우유를 홍보하고 있다.

자료: The California Milk Advisory Board

이 장에서 **모델**(source)이라는 용어는 '마케팅 메시지를 전달하는 데 직접적이든 간접적이든 관여하는 사람'을 의미한다(source는 5장에서와 같이 '정보원'을 뜻하지만, 6장에서는 주로 개인적인 정보원을 다루므로, 일반인이나 광고업계에서 흔히 쓰는 쉬운 용어인 '모델'로 표시함). 직접 모델은 메시지를 전달하거나 제품 또는 서비스를 보증하는 대변인을 지칭한다. 예를 들어, 밀크 프로세서 교육 프로그램(Milk Processor Education Program)의 아침식사 프로젝트(The Breakfast Project) 캠페인에 출연한 컨트리 음악 스타 미란다 램버트는 우유를 포함한 영양가 있는 아침 식사를 강조한다(사진 6-1). 반면 간접 모델은 직접적으로 메시지를 전달하기보다 광고에 대한 관심을 끌거나 전체 광고 비주얼과 같은 광고 표현력을 강화한다. 일부 광고는 직간접 모델 모두 사용하지 않기도 하는데, 이 경우는 메시지를 전달하는 기업 자체가 모델이라 할 수 있다. 대부분의 연구가 사람을 메시지 모델로 상정하기 때문에, 모델 요소에 관한 검토는 이 접근법을 따른다.

기업들은 판매 메시지를 전달할 사람을 선정할 때 많은 주의를 기울인다. 많은

도표 6-2

모델 속성과 수신자 처리 방식

기업들은 자사의 제품이나 회사를 광고하는 모델을 위해 막대한 비용을 지불한다. 이 외에도, 회사를 대표하고 판매 메시지를 전달하는 영업사원들을 모집, 선정, 훈련하는 데 수백만 달러를 투자한다. 기업들은 모델 특성이 판매 및 광고 메시지에 영향을 미친다는 사실을 잘 인지하고 있다.

마케터들은 메시지의 영향력을 극대화할 수 있는 특성을 가진 모델을 선발하기 위해 노력한다. 모델은 지식이 풍부하거나, 인기가 많거나, 신체적으로 매력적일 수 있으며, 타겟 소비자들을 대변할 수 있다. 때로 모델은 어떤 식으로 소비자들에게 보상이나 처벌을 내릴 수 있는 영향력을 보여주기도 한다. 허버트 켈먼(Herbert Kelman)은 모델 속성을 세 가지(신뢰성, 매력도, 힘) 기본 범주로 분류했다. 이들 각각은 다른 과정을 통해 수신자의 태도나 행동에 영향을 미친다(도표 6-2 참조).

모델 신뢰성

신뢰성(credibility)은 수신자가 모델이 관련된 지식, 기술, 경험이 있고, 편견 없이 객관적인 정보를 제공한다고 믿는 정도를 의미한다. 신뢰성에는 전문성과 진실성이라는 두 가지 중요한 측면이 있다.

전문성을 갖춘, 즉 지식이 있는 것으로 보이는 전달자는 전문성이 부족한 전달자보다 더 설득력이 있다. 그러나 전문성이 있는 모델 역시 정직하고 윤리적이며 신뢰할 수 있다는 진실성이 담보되어야 한다. 전달자의 지식이 풍부하더라도, 청중이 그 또는 그녀가 편향적이거나 개인적인 동기(예: 제품 프로모션을 위해 돈을 받았다)가 있다고 인식하면 그 영향력은 감소한다.

커뮤니케이션 연구를 통해 밝혀진 가장 신뢰할 만한 효과는, 전문적이거나 진실한 모델이 그렇지 않은 모델보다 더 설득력이 있다는 점이다. 신뢰할 수 있는 모델이 제공하는 정보는 **내면화**(internalization)라는 과정을 통해 수신자의 신념, 의견, 태도 또는 행동에 영향을 미친다. 이 과정에서 수신자는 모델의 정보가 정확하다고 믿기 때문에, 그의 의견을 받아들이게 된다. 일단 수신자가 의견이나 태도를 내면화하면, 이는 그의 신념 체계에 통합되고 메시지의 출처를 잊은 후에도 유지된다.

특히 수신자가 광고 속 제품, 서비스, 회사, 이슈에 대해 부정적인 입장일 때, 높은 신뢰성을 가진 전달자의 역할이 중요해진다. 신뢰할 수 있는 모델은 반박 논쟁을 억제할 가능성이 높기 때문이다. 5장에서 논의한 것처럼, 반박 논쟁이 줄어들면 메시지 수용과 설득력이 증가한다.

사진 6-2

도브는 피부 관리 전문가들에게 추천받는다는 점을 강조한다.

자료: Dove by Unilever

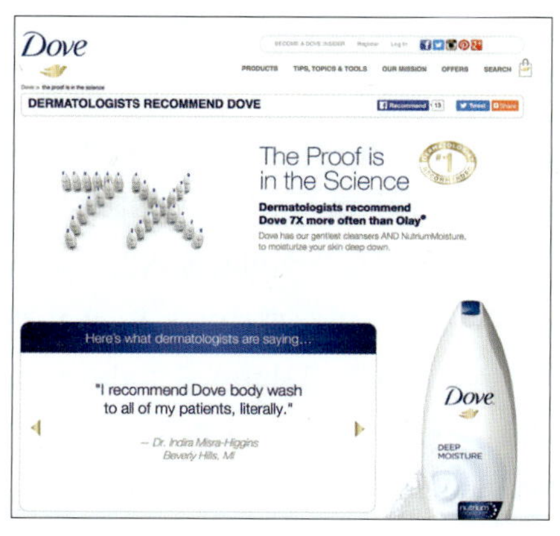

전문성 내면화 과정을 통해 형성된 태도와 의견은 개인의 신념 체계 일부가 되기 때문에, 마케터들은 높은 신뢰성을 가진 전달자를 활용하려 한다. 기업들은 모델의 전문성을 알리기 위해 다양한 기법을 사용한다. 판매원들은 제품 라인에 대한 교육을 받는데, 이는 고객이 그들의 전문성을 높게 평가하는 데 도움을 준다. 첨단기술 제품의 마케터들은 엔지니어링, 컴퓨터 과학 등 전문 기술 배경을 가진 영업 직원을 채용하여 그들의 전문성을 강화하기도 한다.

대변인은 종종 특정 제품이나 서비스 분야에서 지식, 경험, 전문성을 기반으로 선정된다. 의사나 치과의사와 같이 일반적으로 전문가로 인식되는 직종의 사람들이 광고 모델로 활용되는 것은 흔하다. 예를 들어, 도브(Dove)는 자사의 클렌징 제

글로벌 관점 6-1 >>>

유명인 광고 출연, 그러나 해외에서만

많은 유명인들이 제품을 홍보하고 광고 대변인으로 활동하며 막대한 수익을 올리고 있지만, 일부 대형 스타들은 미국 내에서는 광고에 출연하지 않으려 한다. 상업적 이미지를 팬들에게 주고 싶지 않기 때문이다. 또한 배우들 사이에서는 광고에 출연하는 것이 할리우드 제작자나 감독들에게 자신의 이미지를 격하시키는 요인이 될 수 있다는 인식이 오래전부터 존재해왔다. 그러나 최근 몇 년간 이러한 경향이 바뀌고 있으며, 몇몇 거물급 연예인들조차 자신들의 명성을 활용해 광고 수익을 창출하기로 결정하기도 하였다. 예를 들어, 매튜 매커히(Matthew McConaughey)는 포드의 링컨 모터 컴퍼니와 상당한 금액의 광고 계약을 체결하였는데, 이를 통해 해당 럭셔리 브랜드가 더 젊고 문화적으로 진보적인 소비자들에게 다가갈 수 있도록 도왔다. 그는 2014년부터 링컨 광고에 출연하기 시작했으며, 지난 5년간 링컨 자동차와 SUV의 판매 증가에 기여한 것으로 평가받는다. 배우 샤를리즈 테론(Charlize Theron)은 디올(Dior)의 자도르(J'adore)와 연간 500만 달러의 광고 계약을 맺었고, 니콜 키드먼(Nicole Kidman)은 샤넬 No. 5 향수 라인의 광고에 출연하여 800만 달러의 수익을 벌어들였다.

자료: Beam Suntory Inc.

몇몇의 A급 스타들은 미국 내의 광고에는 출연하지 않으려 하지만, 해외 광고는 환영하고 있다. 특히 일본에서 미국 유명인들이 출연하는 광고는 흔하다. 단지 몇 시간의 촬영을 통해 10초짜리 광고를 제작하는 데 미국의 스타들은 100만 달러에서 300만 달러를 받을 수 있다. 미국 팬들이 볼 수도 없는 광고이기 때문에, 이러한 조건은 거부하기 어렵다. 다시 말해, 그들은 적은 작업량으로 더 많은 돈을 벌 수 있으며, 일본 광고가 미국에서 방영되지 않기 때문에 예술적 영혼을 팔았다는 비난도 피할 수 있다.

세계에서 가장 유명한 배우 중 한 명으로 꼽히는 아카데미 수상자 레오나르도 디카프리오(Leonardo DiCaprio)는 일본에서 15초짜리 짐 빔(Jim Beam) 버번 브랜드 광고에 출연했다. 이 광고에서 그는 단지 "멋진 버번, 짐 빔"이라고만 말한다. 이 광고는 일본에서만 사용될 예정이었지만, 방영 직후 유튜브를 통해 미국과 다른 국가에도 퍼졌다.

브래드 피트, 휴 잭맨, 케이티 페리, 스칼렛 요한슨, 벤 스틸러, 해리슨 포드, 조니 뎁 같은 거물급 스타들도 일본 광고에 출연하며 수백만 달러를 벌어들였다. 예를 들어, 팝 스타인 케이티 페리는 일본 세제 브랜드 런드린(Laundrin) 광고에 출연했는데, 이 광고에서는 그녀가 분주한 대중 행사에서 집으로 돌아와 깨끗이 세탁된 목욕 가운을 입고 팬케이크를

품이 피부과 의사들에게 가장 많이 추천받아 왔다는 점을 60년 이상 광고에서 강조했다(사진 6-2). 루비나 오해니언(Roobina Ohanian)은 연구를 통해 전문가 모델의 중요성을 강조해왔다. 그녀는 유명인 광고 모델의 전문성이 매력도나 신뢰도보다 구매 의도를 설명하는 데 더 중요한 요인이라고 밝혔다. 그녀는 유명인 대변인이 그들이 광고하는 제품에 대해 풍부한 지식과 경험이 있고, 자질을 갖추었을 때 광고 효과가 극대화될 수 있다고 제안한다. 다수의 다른 연구들 또한, 유명인들이 광고 제품이나 서비스와 관련된 전문성이 있다고 인식될 때 광고 메시지에 설득력을 더할 수 있음을 보여주었다.

진실성의 적용 전문성도 중요하지만, 목표 청중들은 모델이 믿을 수 있는 사람이라고 느껴야만 한다. 하지만 진실한 이미지를 가진 유명인이나 사람을 찾는 것은 쉬운 일이 아니다. 진실한 이미지를 가진 공인들은 제품을 광고하는 행위가 자신의 명성과 이미지에 악영향을 미칠 수 있다는 걱정으로 인해 광고 모델로 나서기를 꺼리는 경향이 있기 때문이다. E-폴 마켓 리서치(E-Poll Market Research)는 지속적으로 소비자 설문조사를 실시하여 유명인의 인기와 시장성을 평가하고 있는데, 총 46가지의 성격 특성(예: 신뢰도, 성실성, 유행 선도, 영향력 등)이 사용되고 있다. 이를 통해, 매년 E-스코어 셀러브리티 리포트(E-Score Celebrity

만드는 모습이 담겼다. 브래드 피트는 캔 커피와 청바지 광고에 출연했으며, 최근에는 일본에 본사를 둔 다국적 기업 소프트뱅크 광고 시리즈에 등장했다. 해리슨 포드는 땀에 젖은 상의를 벗은 채로 기린(Kirin) 맥주 광고와 인쇄 광고에 출연하며 수백만 달러를 받았다. 때때로 유명인들은 일본 광고 스타일과 일본 관객의 취향에 맞추기 위해 그들의 이미지나 성격을 바꾸기도 한다. 일본 광고는 미국이나 유럽 광고와 완전히 다른 분위기를 가지고 있으며, 서구의 기준으로는 "촌스럽다"거나 "유치하다"는 평가를 받기도 한다. 예를 들어, 마돈나는 다카라 사케 광고에서는 기모노를 입고 칼을 휘두르며 "나는 순수하다"고 외치기도 하였다. 벤 스틸러는 기린 맥주 광고에서 맥주를 열자, 얼음 블록에 갇히고 미식축구 선수들에게 태클을 당하는 모습을 연출하기도 하였다.

일본 기업들이 스타들에게 막대한 비용을 지불하는 데는 여러 이유가 있다. 상당수의 일본인들이 미국 문화와 스타들에게 매료되어 있으며, 미국 스타가 일본 브랜드를 광고하면 해당 브랜드에 국제적인 이미지가 담긴다고 믿고 있다. 또한 일본 광고는 정보 전달이나 증언보다는 스타일과 분위기에 초점을 맞추고 있는데, 소비자들 역시 제품 정보를 지루하게 듣기보다는 재미있게 즐기기를 선호한다. 일본 광고의 80% 이상이 10초 또는 15초짜리이며, 약 85%가 시청자의 관심을 끌기 위해 유명인을 활용한다.

일본뿐만 아니라 다른 나라에서도 미국 스타들을 활용하고 있다. 예를 들어, 2018년 머라이어 캐리는 국제 예약 사이트 호스텔월드(Hostel-world)의 광고 캠페인에 출연했다. 이 광고는 사람들이 호스텔에 대해 가지고 있는 부정적인 인식을 바꾸기 위해 제작되었다. 3분짜리 광고는 성격이 까다롭다고 알려진 머라이어 캐리가 럭셔리 호텔 대신 바르셀로나의 호스텔에 실수로 예약되었지만, 이곳에서의 시간을 즐기는 모습을 그렸다. 이 광고는 유럽과 아시아에서 주로 방영되었다. 레오나르도 디카프리오는 최근 중국 회사 OPPO 모바일의 광고 시리즈에 출연했으며, 래퍼 스눕 독은 독일 통신 회사 바이브모바일(Vybemobile) 광고에서 냉장고에서 튀어나와 노래를 부르는 모습을 보여주었다.

해외 광고 계약으로 수익을 올리는 일부 유명인들은 여전히 자국에서 자신의 이미지를 보호하고 상업적이란 평가를 받지 않으려 노력한다. 많은 스타들은 계약서에 비밀 유지 조항을 삽입하여 광고가 일본 외 지역에서 방영되지 않거나 심지어 논의조차 되지 않도록 명시한다. 그들은 여전히 TV 광고 출연이 본국에서 자신의 명성에 해가 될 수 있다고 여긴다. 하지만 인터넷의 성장으로 광고를 특정 국가에만 제한하는 것이 어려워졌다. 유튜브 같은 인기 웹사이트를 통해 광고를 찾아보는 것은 어렵지 않다. 광고대행사 캡란 테일러 그룹의 CEO 린다 테일러는 "브래드 피트가 일본에서 출연한 광고가 미국 소비자들에게는 보여지지 않을 것이라 생각하며 광고에 출연하던 시대는 지났다"고 지적한다. 하지만 그녀는 유명인들이 광고에 출연하는 것이 상업적이라 낙인 찍던 관행 역시 과거의 일이 되었다고 언급하며, 할리우드가 광고 출연에 대해 가졌던 거만함이 점차 사라지고 있다고 덧붙였다.

시러큐스 대학교 교수이자 텔레비전 및 대중문화 전문가인 로버트 톰프슨은 할리우드 유명인들이 광고에 출연하는 것이 더 이상 낙인 효과를 유발하지 않는다고 말한다. 그는 "TV 광고는 10년 전보다 훨씬 힙하고 쿨하다. 사람들은 이제 그것을 숨겨야 한다고 느끼지 않는다"고 말했다. 그러나 대부분의 유명인은 여전히 해외 광고 출연 사실이 본국에 알려지지 않기를 바란다. 안타깝게도 이것이 현실이다.

자료: Emerald Catron, "30 Celebrities with Surprising Overseas Endorse-ment Deals", *BestLife*, June 1, 2018, https://bestlifeonline.com/celebrity-commercials-overseas/; Roo Ciambriello, "A Glam Hostel Gets Put to the Test When Mariah Carey Is Accidentally Booked", *Adweek*, April 10, 2018, https://www.adweek.com/creativity/a-glam-hostel-gets-put-to-the-test-when-mariah-carey-is-accidentally-booked/; Bradford Wernie, "Lincoln Signs Matthew McConaughey to Help Win Younger Car Buyers", *Advertising Age*, August 21, 2014, http://adage.com/article/news/matthew-mcconaughey-signs-lincoln-boost-mkc/294661/; Jeff Labrecque, "Leonardo DiCaprio and the Easy Money of Foreign Commercials", *EW.com*, February 19, 2013, http://popwatch.ew.com/2013/02/19/leonardo-dicaprio-celebrity-foreign-commercials/;

Report)는 대변인 지수 점수를 발표하는데, 이 지수는 유명인의 인지된 신뢰성과 권위를 반영하여 대변인으로서의 잠재력을 제안하고 있다. 가장 최근의 보고서에서 발표된 상위 지수에 배우 베티 화이트, 톰 행크스, 매튜 그블러, 드웨인 '더 록' 존슨이 이름을 올렸다. 오프라 윈프리는 수년간 매우 신뢰받는 모델이었으며, 그녀의 'Favorite Things(가장 좋아하는 물건들)' 리스트는 많은 소비자들에게 가장 신뢰할 만한 제품 추천 리스트로 인식되고 있다. 윈프리는 2016년부터 광고에 출연하기 시작했는데, 이는 그녀가 웨이트 워처스(Weight Watchers)의 지분 10%를 인수한 시점이었다. 그녀의 경영 참여와 대변인 역할은 대중의 관심을 끌었고, 이는 해당 프로그램 가입자 증가로 이어졌다. 그러나 2018년 말, 배우 케이트 허드슨과 가수 로비 윌리엄스가 이 회사에 새로운 브랜드 대변인으로 참여하면서, 웨이트 워처스는 체중 감량 프로그램에서 웰니스 브랜드로 포지셔닝을 변경하였다. 이 과정에서 기존 이미지를 상쇄하기 위해 회사 이름도 웨이트 워처스에서 WW로 변경되었다. 많은 톱스타들이 대변인이나 광고 모델로 활동하면서 큰 돈을 벌 수 있지만, 그들의 이미지에 미칠 영향을 우려하여 실제 그런 일을 거의 하지 않는다. 글로벌 관점 6-1에서 일부 미국 유명인들이 자국에서의 이미지를 보호하기 위해 일본이나 다른 나라에서만 제품을 광고하는 방식을 논하였다.

마케터들은 진실성 문제를 퍼블리시티(publicity)와 같은 IMC 도구를 사용해 다루기도 한다. 뉴스 캐스터와 같은 모델에게 받은 정보는 매우 영향력이 강하다. 왜냐하면, 이들의 역할이 종종 언론 보도자료로 생성된 정보를 전달하는 일이지만, 이로 인해, 대중은 이들이 가치 중립적이라고 인식하고, 그 인식이 신뢰도를 높일 수 있기 때문이다. 어떤 상황에서는 유명인이 뉴스 프로그램이나 토크쇼에 출연해 영화 개봉이나 음악 발표와 같은 행사를 알리기도 한다. 하지만 잠행 마케팅(stealth marketing) 기법이 증가하면서, 많은 소비자들은 뉴스 프로그램이나 토크쇼에서 유명인들이 하는 프로모션 활동에 경계심을 가지기 시작했다. 예를 들어, 뉴욕 타임스는 제약 회사들이 뉴스 및 토크쇼에서 자사의 약품을 홍보하는 대가로 유명인들에게 혹은, 그들이 후원하는 자선단체에 비용을 지급하고 있다는 사실을 폭로하기도 하였다. 이 기사의 논란 이후, CNN과 주요 방송 네트워크는 유명인과의 인터뷰 중 일어난 모든 금전 거래를 공개할 것이라고 발표했다.

소셜 미디어의 성장으로 온라인 리뷰나 블로그뿐만 아니라 페이스북이나 트위터와 같은 소셜 미디어 플랫폼상에서 기업이나 브랜드가 브랜드를 프로모션하고 추천하는 콘텐츠에 대한 진실성에 대한 우려도 커지고 있다. 2009년, 연방거래위원회(FTC)는 온라인 대변인과 블로거들이 가질 수 있는 기업과의 물질적 연결성을 공개해야 한다는 가이드라인을 발표했다. FTC는 온라인 리뷰 중 30%가 가짜이며, 작성자가 게시물에 대한 대가를 받거나 기업과의 연관성을 공개하지 않는 사례를 입증한 연구 결과를 기초로 이 가이드라인을 마련했다. 2015년, FTC는 얼마나 많은 정보가 공개되어야 하는지를 명확히 하는 업데이트를 진행했다.

기업의 대표를 모델로 활용 모델의 신뢰성을 강화하는 또 다른 방법은 회사 대표나 최고경영자(CEO)를 광고 모델로 기용하는 것이다. 많은 기업은 자사의 대표나 CEO를 활용하는 것이 품질과 고객 서비스에 대한 기업의 약속을 가장 확실하게 표현하는 방법으로 믿고 있다. 일부 기업의 경우, 대표나 CEO를 광고에 출연시킴으로써 회사 또는 브랜드의 정체성과 개성을 확립하는 데 도움이 될 수 있다고 생각한다. 예를 들어, 리처드 브랜슨의 삶에 대한 도전과 열정은 초대형 마트, 항공사, 통신사 등을 아우르는 버진(Virgin) 제국의 이미지를 정립하는 데 기여했다. 브랜슨은 여전히 버진의 여러 브랜드 광고에 출연하고 있다. 조사회사인 에이스메트릭스(Ace Metrix)의 연구에 따르면, 최근 가장 효과적인 CEO 모델은 인기 맥주 브랜드 사무엘 아담스를 보유하고 있는 보스턴 비어 컴퍼니(Boston Beer Company)의 창립자 짐 코치(Jim Koch)라고 한다. 코치는 회사 광고에 여러 번 출연하며, 진정성과 신뢰감을 주는 인물로 평가받았는데, 이는 CEO 광고의 효율성을 증대하는 중요한 특성이다. 또 다른 인기 있는 CEO 모델로는 다이슨(Dyson) 창립자인 제임스 다이슨(Sir James Dyson)을 들 수 있다. 그는 다이슨의 진공청소기, 헤어드라이어, 기타 혁신적인 제품 광고에 출연했다. 기업 창립자, 소유주, 대표를 광고 대변인으로 기용하는 방식은 특히 소규모 및 중간 규모의 회사, 지역 시장을 타겟으로 하는 소매업체 및 자동차 판매업체에서 흔히 볼 수 있는 현상이다(사진 6-3).

사진 6-3
제임스 다이슨은 가장 효과적인 CEO 대변인 중 한 명이다.
자료: Dyson, Inc.

일부 마케팅 및 광고 전문가들은 회사 대표나 소유주를 광고에 출연시키는 전략에 대해

의문을 제기하기도 하는데, 이러한 선택이 그들을 기용해야 하는 논리적 근거보다는 기업의 자부심에 기반하기 때문이다. 전문가들은 신뢰감 있고, 시청자에게 따뜻하고 긍정적인 느낌을 줄 수 있는 무형의 자질을 가진 기업가가 카메라 앞에 서는 것이 좋다고 조언한다. 예를 들어, 마이크로소프트(Microsoft)의 회장 빌 게이츠는 회사의 이미지를 강화하기 위해 여러 번 TV 광고에 출연한 적이 있다. 게이츠는 코미디언 제리 사인펠드와 함께 출연하며 유쾌한 유머를 통해 마이크로소프트에 대한 소비자 인식 변화를 시도했지만, 이 광고는 짧은 기간만 방영되었고, 게이츠가 광고에서 좋은 인상을 주지 못했다는 비평을 받았다.

또한 CEO 모델의 인기가 지나치게 높을 경우, 회사의 제품/서비스나 광고 메시지보다 모델이 더 많은 주목을 받을 위험이 있다. 회사의 이미지가 인기 있는 리더와 지나치게 밀접해지면, 그 리더가 회사를 떠나거나 그가 노동, 정치 혹은 개인적 이슈와 같은 논란에 연루될 경우 예기치 못한 문제가 발생할 수 있다. 예를 들어, 존 슈나터(John Schnatter)는 지난 20년 동안 60개 이상의 파파존스(Papa John's) 광고에 출연하며 신뢰성과 진정성을 갖춘 CEO 모델로 인식되었다. 그러나 2017년 11월 수익 보고 컨퍼런스 콜에서 슈나터는 미국 미식축구 선수들이 미국 국가 제창 중에 무릎 꿇기 시위(인종차별에 대한 항의 표시)를 하는 것에 대한 미식축구 협회의 대응을 비난하며, 이러한 대응이 피자 판매 감소의 원인이라고 비난했다. 파파존스는 2010년 이래로 미식축구 리그의 공식 피자 후원 브랜드였다. 이 발언은 극우 단체의 지지를 받았고, 그들은 파파존스를 극우의 공식 피자로 선언했다. 이 논란으로 슈나터가 등장하는 모든 광고는 중단되었고, 그는 두 달도 되지 않아 CEO 자리에서 사임해야만 했다. 10년이 넘도록 지속되고 있는 금융 위기와 일부 기업의 고위 경영진과 관련된 스캔들은 경영진에 대한 대중의 신뢰를 약화시켰고, 이로 인해 CEO의 영향력은 감소하고 있다고 보는 측면도 존재한다. 게다가, 소셜 미디어 시대의 소비자들은 신뢰감을 주지 못하는 기업 경영층을 더욱 쉽게 비판할 수 있다.

최고 경영자가 기업 이미지를 강화할 수 있는 유명세가 있다고 판단되면, 주요 기업들은 자사 광고에 최고 경영자들을 계속 기용할 가능성이 높다. 일부 연구에 따르면, 기업의 회장이나 CEO를 광고에 기용하는 것이 소비자들의 기업에 대한 태도를 개선하고, 제품이나 서비스에 대한 문의 가능성을 높이는 효과가 있다고 한다. 이 효과를 지지하는 사람들은 고위 경영진이나 사업주를 광고에 활용하는 것이 신뢰와 정직의 이미지를 전달하는 데 효율적이라 주장한다. 더 중요한 것은, 경영자 모델을 통해 투명 경영에 대한 확신을 전달할 수 있다. 한 전문가는 이렇게 말한다 "이러한 사람들이 몇 주 혹은 몇 년에 걸쳐 매일 밤 시청자들의 거실에 들어옴으로써, 그들은 가족의 일원으로 인식될 수 있다. 그리고 종국에 당신이 특정 제품 카테고리를 생각할 때, 당신은 TV에서 항상 보던 그 사람을 떠올리게 된다."

신뢰도 높은 모델의 한계점 여러 연구에 따르면, 신뢰도가 높은 모델이 항상 자산으로 연결되는 것은 아니며, 반대로 신뢰도가 낮은 모델이 항상 부채가 되는 것도 아니다. 신뢰도가 높거나 낮은 모델 모두 자신의 가장 확고한 입장에 반대되는 논쟁을 할 때 효과가 있다. 신뢰도가 높은 모델은 메시지 수신자가 메시지를 쉽게 받아들일 수 없는 경우에 효과적이다. 그러나 청중이 중립적인 입장일 경우, 신뢰도가 높은 모델의 역할은 제한되며, 청중의 초기 태도가 긍정적일 때는 신뢰도가 중간인 모델이 오히려 신뢰도가 높은 모델보다 더 효과적일 수도 있다.

신뢰도가 낮은 모델이 신뢰도가 높은 모델만큼 효과적일 수 있는 또 다른 이유는 **수면자 효과**(sleeper effect) 때문이다. 이는 메시지의 설득력이 시간이 지남에 따라 증가하는 현상을 지칭한다. 설득 메시지의 즉각적인 효과는 신뢰도가 낮은 모델과의 연관성 때문에 나타나지 않을 수 있다. 하지만 시간이 지나면서 메시지와 모델 간의 연관성이 희미해지고, 수신자가 메시지의 긍정적인 정보에 더 집중하면서 점점 지지하는 입장으로 선회할 수 있다. 하지만 이 효과를 입증하는 실체적 연구들이 많이 존재하지는 않는다. 실질적으로, 신뢰도가 높은 모델을 사용하는 것이 더 믿을 만한 전략이기 때문에, 많은 광고주들은 수면자 효과에 기대는 전략을 꺼려한다.

모델의 매력도

광고주들이 자주 기용하는 모델의 특성 중 하나는 **매력도**(attractiveness)로, 이는 유사성, 친숙도, 호감도 등을 포함하고 있다. 유사성은 모델과 수신자 간 닮음의 정도를 의미하고, 친숙도는 모델에 대한 노출을 통해 생성되는 지식을 의미한다. 호감도는 모델의 신체적 외모, 행동 또는 다른 개인적 특성에 대한 애정을 뜻한다. 모델이 운동선수나 영화 스타가 아닌 경우에도, 소비자들은 종종 그들의 외모, 재능 또는 성격에 감탄하고는 한다.

모델의 매력도는 **동일시**(identification) 과정을 통해 설득을 야기한다. 이 과정에서 수신자는 모델과 어떠한 식으로 관계를 형성하고자 하는 동기가 생기는데, 이는 모델과 비슷한 신념, 태도, 선호 또는 행동을 취하도록 한다. 이러한 태도를 유지하는 것은 모델이 해당 입장을 지속적으로 지지하고, 수신자가 모델과 지속적인 동일시를 유지하는지에 달려 있다. 만약 모델이 입장을 바꾼다면, 수신자 역시 태도를 변경할 가능성이 있다. 내면화(internalization)와 달리, 동일시는 매력적인 모델에게 얻은 정보를 수신자의 신념 체계에 통합하지 않는 경우가 많다. 수신자는 모델에 대한 지지가 유지되고, 모델에 대한 매력도가 남아 있는 동안에만 태도나 행동을 유지할 가능성이 크다.

마케터들은 커뮤니케이션의 수신자가 자신들과 비슷하거나 호감을 느끼는 대상에 대해 동일시를 이루고 주의를 기울일 가능성이 높다는 것을 인식하고 있다. 이 때문에, 유사성과 호감도는 마케터들이 전달자를 선택할 때 추구하는 두 가지 주요 모델 특성이다.

유사성의 적용 마케터들은 소비자들이 자신과 비슷하다고 느끼는 사람이 보내는 메시지에 더 많은 영향을 받을 수 있음을 알고 있다. 메시지 전달자와 수신자가 비슷한 니즈, 목표, 관심사 그리고 라이프스타일을 가지고 있을 때, 모델이 전달하는 바가 더 잘 이해되고 수용된다. 유사성은 마케팅 커뮤니케이션에서 다양한 방식으로 활용된다. 기업은 고객과 잘 매치될 수 있는 판매원을 선정한다. 특정 지역의 판매직은 해당 지역의 배경과 관심사를 공유하고 있는 현지인으로 채용될 수 있다. 글로벌 마케팅의 경우, 고객들과 더 쉽게 연결되기 위해 외국인을 채용하기도 한다. 또한 소비자가 보통 스포츠에 관심이 높기 때문에, 기업들은 스포츠용품이나 맥주를 판매하기 위해 전직 운동선수를 고용하기도 한다. 여러 연구는 고객들이 판매원과 자신을 비슷하다고 느낄 경우, 그들의 메시지에 더 큰 영향을 받는다고 밝히고 있다.

유사성은 소비자가 광고에 등장하는 인물에 공감하도록 만드는 데 사용되기도 한다. 삶의 단면을 보여주는 광고에서, 광고주는 소비자들이 자주 직면하는 사건이나 상황을 보여줌으로써, 소비자가 나도 저런 상황을 겪을 수 있겠다라고 생각하길 원한다. 이는 전달자와 수신자 간의 유대감을 형성하는 데 도움이 되며, 모델의 설득력을 높인다. 마케터들은 자사의 제품과 서비스를 차별화하는 데 도움이 되는 것을 넘어서, 소비자들이 알아보고, 공감하며, 기억할

사진 6-4
AT&T 광고에 나온 매장 직원은 소비자들에게 인기가 많았다.
자료: AT&T Inc.

수 있는 배우를 광고에 기용하기를 좋아한다. 어떤 경우에는 소비자들이 호감을 가질 만한 회사 혹은 브랜드의 퍼스널리티를 창조하려 노력하기도 한다. 예를 들어, 지난 10년간 가장 인기 있는 광고 캐릭터 중 하나는 프로그레시브 보험(Progressive Insurance)의 가상 판매원 캐릭터인 플로(Flo)였다. 그녀는 100개 이상의 광고에 등장했으며, 그녀의 인기는 다른 회사들이 매력적인 캐릭터를 개발하도록 자극할 정도였다. 토요타(Toyota)의 매력적이고 재치 있는 접수원 잰(Jan)과 AT&T 모바일 서비스 광고에 오랫동안 등장했던 매장 직원 릴리(Lily)가 그 예라 할 수 있다(사진 6-4). 릴리가 고객들에게 모바일 요금제를 설명하면서 보여준 열정과 독특하고 재치 있는 매력은 소비자에게 큰 인기를 끌었다. 광고 출연자를 선정할 때, 캐스팅 디렉터는 유사성이나 소비자 동질성 등을 중요하게 생각한다.

많은 기업들은 소비자들과 연결되는 가장 좋은 방법이 외모가 일반적이고, 평균 소비자들이 쉽게 동질감을 느끼는 사람을 이용하는 것이라는 것을 알고 있다. 예를 들어, 수년간 가장 인기 있었던 광고로 버드와이저 맥주의 "Whassup?(와썹?)" 캠페인이 있다. 이 광고에서 DDB(광고회사)는 배우가 아닌 필라델피아의 실제 친구들을 캐스팅했고, 그들이 전화 통화를 하거나 경기를 보며 맥주를 즐길 때 사용하는 Whassup?이 광고 속에서 자연스럽게 보이도록 연출했다. 광고전문 매체 〈Advertising Age〉는 Whassup? 캠페인을 21세기 최고의 광고 캠페인으로 선정하며, 이 광고가 대중문화를 효과적으로 활용했고, 젊은 세대가 실제로 어떻게 소통하는지를 잘 보여주었다고 평가했다.

호감도의 적용: 유명인 활용 마케터들은 TV나 영화 스타, 운동선수, 연예인, 음악가, 기타 유명 인사를 모델로 활용하는 가치를 잘 알고 있고, 이를 위해 많은 돈을 지불하고 있다. 최고 수준의 광고 모델 중 상당수는 운동선수들인데, 테니스 스타 로저 페더러는 연간 약 6,500만 달러를, NBA 농구 스타 르브론 제임스는 5,200만 달러를 벌어들이고 있다. 이 외에도 축구 스타 크리스티아누 호날두, NBA 스타 스테판 커리, 골프 선수 타이거 우즈 등은 연간 4,000만 달러 이상의 광고 수익을 올리고 있다.

여성 중에서는 테니스 스타 세레나 윌리엄스가 나이키, 게토레이, 인텔 및 여러 회사와 계약하여 연간 약 1,800만 달러를 벌며 가장 영향력 있는 모델로 손꼽힌다. 다른 여성 광고 모델로는 테니스 선수 가르비녜 무구루사, 마리아 샤라포바, 캐롤라인 보즈니아키가 있으며, 이들은 모두 마케팅 계약으로 연간 약 1,000만 달러의 수익을 내고 있다. 연예계의 유명 여성 광고 모델로는 배우 겸 가수 제니퍼 로페즈, 가수 비욘세, 테일러 스위프트, 케이티 페리가 있다.

마케터들이 막대한 예산을 들여 유명인들을 TV, 인쇄 또는 소셜 미디어 광고에 활용하는 데는 여러 이유가 있다. 많은 마케터들은 유명인들이 제동력(stopping power)을 가지고 있는 것을 알고 있는데, 이는 유명인이 경쟁이 치열한 미디어 환경 속에서 소비자들이 광고 메시지에 주목하게 하는 역할을 할 수 있음을 뜻한다. 인간의 뇌는 유명인을 실제로 아는 사람처럼

사진 6-5

언더아머는 여러 톱 운동선수들과 광고 계약을 맺고 있다.

자료: Under Armour, Inc.

인식하며, 이는 회사나 브랜드에 대한 회상(recall)과 재인(recognition)을 강화시킨다. 또한 유명인은 자신이 광고하는 제품과 서비스에 더 많은 관심과 높은 가치를 부여하기 때문에, 소비자의 감정, 태도, 구매행동에 긍정적인 영향을 미칠 수 있다.

그리고 유명인들은 제품의 이미지와 성능에 대한 소비자의 인식을 강화시키기도 한다. 스포츠 용품 제조업체들은 주로 운동선수를 통해 제품을 광고하는데, 이는 유명한 운동선수가 잠재 구매자들에게 해당 제품이 구매자들 본인의 경기력을 향상시키는 데 도움이 될 것이라는 믿음을 주기 때문이다. 예를 들어, 언더아머(Under Armour)의 광고 모델 명단에는 골든스테이트 워리어스의 NBA 농구 스타 스테판 커리, 메이저 리그 야구 스타 브라이스 하퍼, 골프 선수 조던 스피스, 뉴잉글랜드 패트리어츠의 스타 쿼터백 톰 브래디 등이 포함되어 있다(사진 6-5). 이 회사는 여러 여성 운동선수들과도 광고 계약을 맺고 있는데, 스키 종목 4회 올림픽 메달리스트인 린지 본과 미국 발레 극장 역사상 세 번째로 아프리카계 미국인 여성 솔로리스트로 기록된 발레리나 미스티 코플랜드가 그들이다.

회사가 유명인을 대변인으로 기용할 때는 여러 요인을 고려해야 한다. 유명인의 유명세가 제품을 압도하지는 않는지(overshadowing), 과잉 노출이 이루어지지는 않는지, 그리고 타겟 소비자의 수용도나 광고주 위험도는 없는지를 살펴보아야 한다.

제품 그늘지움 유명인이 타겟 소비자의 광고 메시지 처리에 어떤 영향을 미칠까? 소비자들은 유명인에게만 집중하고 브랜드나 광고 메시지를 인식하지 못할 수도 있다. 카르스텐 에르프겐과 그의 동료들은 이를 뱀파이어 효과(vampire effect)라고 지칭했는데, 이는 유명인 광고 모델의 개성이 광고하는 브랜드를 압도하면서, 제품 판매를 돕기보다는 오히려 부정적인 영향을 야기하는 것을 뜻한다. 광고주는 소비자의 주목을 이끌고, 판매 메시지를 강화하되, 브랜드를 잠식하지 않을 수 있는 유명인 모델을 선택해야 한다. 예를 들어, 고급 의류 브랜드 세인트 존(St. John)은 수년간 자사 광고에 출연한 배우 안젤리나 졸리를 제외하기로 결정했다. 비록 졸리의 공익 활동(예: 어린이 자선단체 활동)이 세인트 존과 잘 맞아떨어지기는 했지만, 세인트 존은 그녀가 지나치게 유명하여 브랜드를 가리는 부정적 효과를 야기한다고 판단했다. 졸리를 대신하여 세인트 존은 영국의 톱 패션 모델을 기용하기로 했다. 최근 연구에 따르면, 유명인의 그늘지움(Overshadowing) 효과는 소비자가 해당 유명인에 대해 애착이나 관심이 적을 때 특히 문제될 수 있다고 밝히고 있다.

과다노출 소비자들은 유명인들이 광고 모델로 수익을 창출한다는 사실을 알기 때문에 종종 그들에게 회의적인 시선을 보내기도 한다. 이 문제는 특히, 유명인이 지나치게 많은 제품이나 회사를 광고하여 과도한 노출(overexposure)이 이루어질 때 두드러진다. 예를 들어, 전직 잉글랜드 축구 스타 데이비드 베컴은 질레트, 펩시, 삼성, 아디다스, 아르마니, H&M, 튜더 시계 등 다수의 회사 및 브랜드와 광고 계약을 맺었다(사진 6-6). 광고주는 이러한 과다노출 문제를 방지하기 위해, 유명인이 광고할 수 있는 제품 수를 제한하는 독점 조항(exclusivity clause)을 활용할 수 있다. 그러나 이러한 조항은 비용이 많이 들 뿐만 아니라, 이미 대부분의 유명인들은 유사한 제품을 광고하지 않기로 동의한다. 많은 유명인들은 자신의 명성이 오래 지속되지 않을 수 있다는 점을 알기에 가능한 한 많은 광고 수익을 얻으려 노력한다. 그러나 너무 많은 제품을 광고함으로써 자신의 신뢰성에 해가 되지 않도록 주의해야 한다. 예를 들어, 가수 겸 배우 셰어(Cher)는 지나치게 많은 인포머셜에 출연하여 광고 대변인으로서의 신뢰성에 손상을 입었다. 과도한 노출이 자신의 연기 경력에도 부정적인 영향을 줄 수 있다는 것을 깨닫고, 그녀는 인포머셜 출연을 중단했다.

사진 6-6

축구 스타 데이비드 베컴은 여러 광고 계약을 체결하고 있다.

자료: Tudor

목표 소비자의 수용성 유명인을 광고 모델로 선택할 때 가장 중요한 요인 중 하나는 그 인물이 얼마나 광고에 잘 어울리는지와 그가 얼마나 쉽게 타겟 소비자에게 받아들여질 수 있을지에 대한 여부다. 마케터들은 유명인 모델을 선정할 때 그의 평판과 이미지는 물론, 회사 또는 브랜드의 이미지 및 광고 메시지와 그가 얼마나 일치하는지 검토해야 한다. 또한 해당 유명인이 목표 청중에게 공감을 불러일으킬 수 있는지도 고려해야 하는데, 이는 많은 소비자가 유명인 광고에 영향을 받지 않을 수도 있기 때문이다. 예를 들어, 특정 제품이나 서비스에 대해 잘 알고 있거나 이미 특정 태도를 구축하고 있는 소비자는 그렇지 않은 소비자보다 유명인 모델의 영향을 적게 받는다. 여러 연구는 Z세대와 밀레니얼 세대와 같은 젊은 소비자층이 유명인을 더 신뢰하며, 그들이 광고하는 회사나 브랜드에 대해 상대적으로 더 긍정적인 태도를 가질 수 있다고 밝히고 있다.

십대 및 젊은 성인을 대상으로 하는 시장은 일반적으로 유명인 광고 모델 수용이 용이하다. 의류, 화장품, 음료 같은 제품을 대상으로 한 광고에서 연예인과 운동선수가 자주 등장하는 것이 이를 입증할 수 있다. 많은 마케터들은 유명인의 소셜 미디어 커뮤니티를 활용하여 소비자와 소통하고 관계를 구축하고 있다. 5장에서 논의된 것처럼, 많은 유명인들이 개인 인스타그램이나 페이스북 페이지를 통해 브랜드를 광고하고 있다. 예를 들어, 팝스타 셀레나 고메즈는 코치(Coach), 코카콜라, 판테네 샴푸 등 여러 회사 및 브랜드와 광고 계약을 맺고 있다. 럭셔리 브랜드 루이비통(Louis Vuitton)은 몇 년 전 방대한 글로벌 팔로워를 가지고 있는 고메즈와 광고 계약을 체결하며 인스타그램 광고를 진행했는데, 광고가 진행된 지 두 시간 만에 100만 개 이상의 '좋아요'를 기록했다.

많은 팔로워를 보유한 젊은 유명인들이 소셜 미디어 마케팅 모델로 자주 활용되고 있지만, 최근 연구 결과에 따르면 연배가 있는 유명인들 역시 이와 동등하거나 더 큰 효과를 나타낼 수 있음이 밝혀지고 있다. 스팟티드(Spotted, 유명인 광고를 전문으로 하는 연구 회사)는 유명인 소셜 미디어 광고 효과를 분석하였는데, 400명의 유명인을 대상으로 호감도, 공감도, 매력도, 신뢰도, 진정성, 얼굴·이름·목소리 인지도 등의 요소를 활용하였다. 이 연구에 따르면, 나이가 많은 유명인을 활용한 소셜 미디어 캠페인이 효과적인 것으로 나타났는데, 드웨인 '더 록' 존슨의 언더아머 광고, 마크 월버그의 AT&T 광고, 크리스틴 벨의 올드 네이비 광고, 리즈 위더스푼의 크레이트 앤 배럴 광고가 대표적이다. 반대로, 젊은 유명인을 기용한 캠페인은 효과가 미비한 것으로 밝혀졌는데, 벨라 손(Bella Thorne)의 BUXOM 화장품 광고, 사야 미첼(Saya Mitchell)의 토요타 광고, 안셀 엘고트(Ansel Elgort)의 폴로 랄프 로렌 광고가 그 예라 할 수 있다. 스팟티드의 CEO는 이와 같은 결과의 이유로, 연배가 있는 유명인 모델의 풍부한 경력이 다양한 소비자 집단에 많은 노출을 용이하게 하였고, 그들이 친숙함과 신뢰도 측면에서 더 유리하다는 점을 들었다.

많은 마케터들은 유명인이 타겟 시장에 미치는 영향력이 크지 않고, 막대한 비용이 발생한다는 점에서 유명인을 활용하지 않으려 한다. 소비자 역시 유명인 광고에 대해 회의적이고 냉소적으로 변했으며, 유명인 광고보다는 유머, 아이러니, 솔직한 진실을 활용한 광고에 더 호의적이라는 견해도 있다. 마지막으로, 회사나 브랜드의 이미지를 유명인 광고 모델과 연결시키는 문제에 대한 우려도 있는데, 이는 다음 절에서 논의될 것이다.

광고주에게 미치는 위험 요소 유명인의 행동은 회사에 위험 요소가 될 수 있다. 여러 연예인과 운동선수들이 종종 자신이 광고하는 기업을 곤란하게 만드는 행동에 연루되고는 한다. 이 장의 서두에서 논의된 바와 같이, 골프 선수 타이거 우즈는 다양한 광고 계약을 통해 연간 1억 달러 이상의 수익을 올리고 있었지만 2009년 그의 불륜과 기타 성격 문제가 이슈가 되자 대부분의 회사가 그와의 광고 계약을 종료했다. 또 다른 사례로, 자전거 선수 랜스 암스트롱을 들 수 있다. 2012년 미국 반도핑 기구는 7회 투르 드 프랑스 우승자인 암스트롱이 금지된 경기력 강화 물질을 사용했다는 보고서를 발표했다. 암스트롱은 모든 타이틀을 박탈당했으며, 자전거 경기에서 영구 출전 금지를 받았다. 이를 계기로 나이키, 오클리, 안호이저-부시, 트렉, 24아워 피트니스 등 11개 회사가 그와의 광고 계약을 종료했고, 그는 약 1억 5,000만 달러의 광고 수익을 잃게 되었다.

광고 모델과 관련된 문제는 운동선수에 국한되지 않는다. 소셜 미디어 인플루언서를 포함한 다른 유형의 유명인도 문제를 일으킬 수 있다. 예를 들어, 2019년 여러 유명 인사가 자녀를 명문 대학에 입학시키기 위해 거액을 지불한 혐의로 기소되었다. 배우 로리 로플린과 패션 디자이너인 그녀의 남편 모시모 지아눌리는 두 딸을 남가주대학의 조정팀 리크루트로 지정해 입학시키기 위해 50만 달러를 지불한 혐의를 받았다. 그들의 딸 중 한 명인 올리비아 제이드 지아눌리는 유튜브 구독자 200만 명, 인스타그램 팔로워 130만 명을 보유한 인기 소셜 미디어 인플루언서였다. 그러나 사건 발생 몇 주 만에 그녀가 광고하던 대부분의 브랜드, 예를 들어 세포라(Sephora), 트레세메(Tresemme), 루루스(Lulus), HP 등이 그녀와 관계를 끊었다. 광고 대변인으로서 유명인이 된 사람도 문제를 일으킬 수 있다. 예를 들어, 2015년 서브웨이는 15년 넘게 회사의 인기 대변인이었던 자레드 포글(Jared Fogle)과의 관계를 종료했다. 이는 포글이 아동 포르노 및 성범죄 혐의로 체포된 후 유죄를 인정했기 때문이다.

마케터들은 유명인 광고 모델의 활용이 비용이 많이 들고 위험성이 높은 전략이 될 수 있음을 인식하고 있다. 유명인의 사생활이 그들의 이미지와 대중이 그들을 바라보는 방식에 영향을 미칠 수 있기 때문이다. 회사는 광고 모델로 유명인을 선택할 때 딜레마에 직면할 수 있다. 그들이 도덕적으로 흠잡을 데 없는 인물일 것을 선호하면서도, 소비자와의 연결을 위해 약간의 개성이나 반항적인 면모를 원하기도 한다. 특히 십대 및 젊은 성인 대상 제품을 마케팅하는 회사에서 이러한 경향이 두드러진다. 문제를 피하기 위해, 기업들은 종종 유명인의 사생활과 배경을 조사한다. 많은 광고 계약에는 도덕 조항(morals clause)이 포함되어 있으며, 이를 통해 논란이 발생할 경우 계약을 종료할 수 있다. 예를 들어, 수퍼모델 케이트 모스(Kate Moss)가 코카인을 사용하는 장면이 영국 타블로이드에 실리자, 버버리(Burberry), 샤넬(Chanel), H&M 등 여러 럭셔리 브랜드는 그녀와의 계약을 취소했다. 그러나 도덕 조항은 문제를 해결할 수 있을 뿐, 문제 발생을 방지하지는 못한다. 따라서 광고주들은 유명인의 인성과 광고 모델로 활용했을 때 발생할 수 있는 잠재적 위험을 신중히 고려해야 한다.

투자 수익률 아마도 기업이 유명인을 광고 모델로 활용할 때 가장 중요하게 고려해야 할 요소는 이를 통해 얻을 수 있는 투자 수익률(return on investment)일 것이다. 마케터들은 유명인을 활용하여 회사 및 브랜드와 광고에 대한 인지도와 주목도를 높이고, 유명인과 브랜드 간의 강력한 연관성을 형성함으로써 구매 의도를 증가시키고자 한다. 많은 기업들이 유명인을 활용한 결과로 판매량이나 시장 점유율이 얼마나 증가했는지 공개하지는 않지만, 아니타 엘베르세(Anita Elberse)와 예롱 베를룬(Jeroen Verleun)이 수행한 흥미로운 연구는 6개의 포장 소비재 제품 카테고리에서 180명의 운동선수를 대상으로 347건의 광고 계약이 미친 경제적 영향을 분석했다. 이 연구에 따르면, 운동선수를 광고 모델로 활용한 첫 6개월 동안 판매량이 약 4% 증가했으나, 이후 해당 운동선수들이 달성한 주요 성과는 경쟁 브랜드 대비 해당 브랜드의 판매량 증가에 별다른 영향을 미치지 못한 것으로 나타났다. 이 결과는 운동선수와의 장기 계약이 갖는 가치에 의문을 제기하고 있다.

그럼에도 불구하고 유명인을 활용하여 판매량이 증가한 사례는 많으며, 마케터들이 유명인 광고 모델을 활용하여 얻을 수 있는 가치를 평가할 때 고려할 수 있는 다른 요소들도 존재한다. 따라서 논의된 몇 가지 단점에도 불구하고, 많은 마케터들은 여전히 유명인 광고 모델을 활용하고자 한다. 일부 기업들은 유명인 광고 모델과의 관계를 단순히 광고에 출연하는 것 이상의 방식으로 확장하고 있다(사진 6-7). 유명인들이 제품 디자인 및 개발, 광고 제작 과정 등에 더 깊이 관여하는 사례가 늘어나고 있다. 예를 들어, 셀레나 고메즈는 코치와의 광고 계약에서 럭셔리 브랜드의 크리에이티브 디렉터와 협업하여 자신만의 액세서리, 가죽 제품, 의류

사진 6-7

마케터들은 유명인을 단순히 광고에 출연시키는 것 이상의 방식으로 활용하고 있다.

자료: Mark Dierker/McGraw-Hill Education

라인을 개발했다. 펩시코(PepsiCo)는 비욘세를 '브랜드 앰버서더'로 고용하며 5,000만 달러 규모의 장기 계약을 체결했는데, 이는 그녀가 콘텐츠 제작과 소비자 및 팬들과의 새로운 소통 방식을 개발하는 데 도움을 주는 것을 포함한다. 일부 마케팅 전문가들은 이러한 유명인 계약이 단순히 보여주기식에 불과하다고 주장하지만, 다른 전문가들은 이를 가치 있는 전략으로 평가하기도 한다.

마케터들은 유명인에게 보상을 제공하는 방식에서도 창의적인 접근을 시도하고 있으며, 일부는 회사 지분을 제공하기도 한다. 예를 들어, 래퍼 50센트(50 Cent, 본명 Curtis Jackson)는 글라소 비타민워터(Glacau Vitaminwater)에서 소수 지분을 받았으며, 이는 그의 회사 참여도를 높였다. 그는 새로운 맛을 개발하고 광고에 출연했으며, 자신의 노래에서도 브랜드를 언급했다. 이후 이 회사가 코카콜라(Coca-Cola)에 인수되면서 50센트는 약 4억 달러를 벌어들였다. 또한 언더아머가 뉴잉글랜드 패트리어츠의 쿼터백 톰 브래디와 광고 계약을 체결했을 때, 그는 회사의 지분을 받았다. 언더아머 CEO 케빈 플랭크(Kevin Plank)는 이를 두고 브래디가 회사의 성공에 완전히 투자하게 만드는 이상적인 계약이었다고 평가했다.

유명인 광고 모델의 의미 이해 광고주는 제품이나 회사의 이미지, 목표시장의 특성 그리고 유명인의 개성을 조화롭게 맞추려고 노력해야 한다. 유명인이 소비자에게 전달하는 이미지는 주목을 끌 수 있는 능력만큼이나 중요할 수 있다. 유명인 광고 모델에 대한 흥미로운 관점은 그랜트 맥크라켄(Grant McCracken)이 제시하였다. 그는 신뢰성과 매력도만으로는 유명인 광고 모델이 어떻게, 왜 효과적인지를 충분히 설명할 수 없다고 주장하며, 의미 전이 모델(meaning transfer model)을 제안했다(도표 6-3).

이 모델에 따르면, 유명인이 광고 모델로서 효과를 발휘하는 것은 그 또는 그녀가 광고 과정에서 가져오는 문화적으로 습득된 의미에 달려 있다. 각 유명인은 지위, 계층, 성별, 나이뿐만 아니라 개성과 라이프스타일 같은 다양한 의미를 내포하고 있다. 맥크라켄은 의미 전이 과정의 1단계를 설명하면서 다음과 같이 언급한다.

도표 6-3

의미 이동과 광고 모델 프로세스

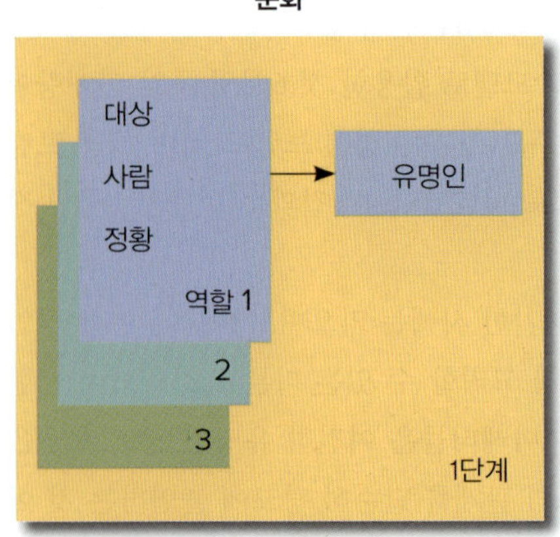

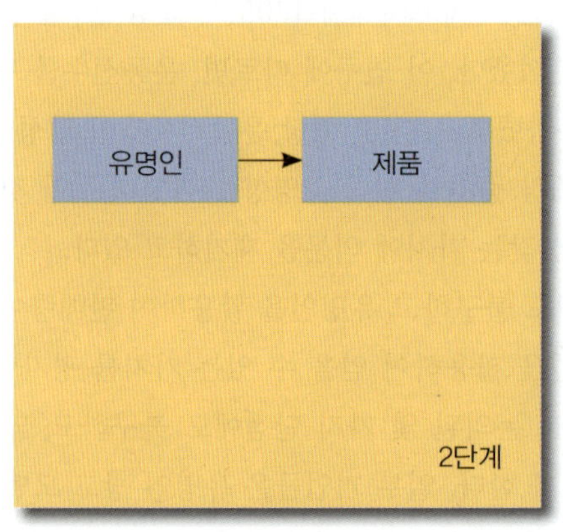

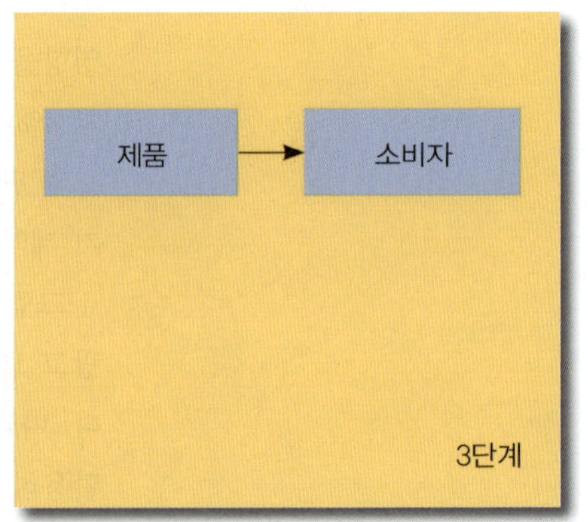

Key: → = 의미 이동 경로

= 의미 이동 단계

유명인은 텔레비전, 영화, 군사, 운동 등 자신의 경력에서 맡은 역할을 통해 이러한 강력한 의미를 끌어낸다. 새로운 드라마틱한 역할은 유명인을 다양한 물건, 사람 그리고 맥락과 접촉하게 만든다. 이러한 물건, 사람, 맥락에서 비롯된 의미는 유명인에게 전이되어 내재하게 된다.

광고업계에서는 유명인 광고 모델이 광고를 통해 전달할 수 있는 문화적 의미를, 빌린 자산(borrowed equity)이라고 부르기도 한다. 이를 잘 보여주는 예로, 다수의 광고에서 문화적 의미를 부여하는 배우 제니퍼 애니스톤(Jennifer Aniston)을 들 수 있다. 그녀는 매우 매력적인 외모뿐만 아니라, 유머러스하고, 카리스마 있으며, 진정성 있고 건강한 이미지를 가지고 있다. 이러한 이미지는 그녀가 인기 시트콤 〈프렌즈〉에서 오랜 시간 연기한 레이첼 캐릭터를 통해 형성되었다. 또한 그녀는 영화 〈말리와 나〉, 〈괴짜 직원들〉, 〈오피스 스페이스〉에서 보여준 역할을 통해 호감 가고, 공감할 수 있으며, 동경할 만한 인물로 인식되고 있다. 이러한 제니퍼 애니스톤의 문화적 의미는 그녀가 아비노(Aveeno), 스마트워터(Smartwater), 에미레이트 항공(Emirates Airlines) 등의 브랜드를 광고할 때 매우 효과적으로 작용한다.

또 다른 독특한 정체성을 가진 유명인은 배우 겸 코미디언 티나 페이(Tina Fey)다. 그녀는 〈새터데이 나이트 라이브〉, 시트콤 〈30 Rock〉, 영화 〈퀸카로 살아남는 법〉, 〈위스키 탱고 폭스트롯〉, 〈데이트 나이트〉 등에서 보여준 다양한 역할과 캐릭터를 통해 자신만의 문화적 의미를 구축했다. 특히, 아내이자 엄마로서의 삶과 일 사이에서 균형을 찾으려 노력하는 공감가는 여성의 이미지를 전달했다. 그녀는 뛰어난 작가이자 프로듀서로도 인정받으며, 성공적인 멀티태스킹 비즈니스 여성이라는 문화적 의미를 더한다.

맥크라켄은 유명인 광고 모델이 그들의 의미와 이미지를 광고에 담아 광고하는 제품에 이를 전이한다고 주장한다(도표 6-3 모델의 2단계). 예를 들어, 아메리칸 익스프레스(American Express)는 아멕스 에브리데이(Amex EveryDay) 신용카드 광고 캠페인에서 티나 페이를 활용했다. 이 카드는 일상적인 구매를 통해 보상을 받을 수 있는 혜택을 제공하며, 브랜드를 보다 접근 가능하고 포괄적인 이미지로 자리 잡게 하려는 목적으로 출시되었다. 아메리칸 익스프레스는 특히 바쁘고 다소 혼란스러운 삶을 사는 워킹맘을 타겟으로 삼았다. TV 광고에서 티나 페이는 바쁜 일상과 가사, 직장 등 여러 요구를 동시에 해결해야 하는 바쁜 여성과 엄마의 역할을 그녀 특유의 재치 넘치는 모습으로 보여준다. 그녀는 끝없는 할 일 목록을 가진, 그러나 아멕스 에브리데이 카드의 도움으로 모든 것을 해결하는 전형적인 '모든 것을 해내는 여성'을 대표하며, 브랜드에 효과적인 광고 모델로 작용한다(사진 6-8).

맥크라켄 모델의 최종 단계에서, 유명인이 제품에 부여한 의미는 소비자에게 전이된다. 아메리칸 익스프레스는 티나 페이를 광고에 활용함으로써, 에브리데이 신용카드가 바쁜 직업과 개인 생활을 조화롭게 균형 잡으려는 사람들의 라이프스타일에 잘 맞는다는 점을 보여주며 브랜드와 포지셔닝 전략을 강화하고 있다. 맥크라켄은 이 마지막 단계가 매우 복잡하고 이루기 어려운 과정이라고 언급하며, 소비자가 유명인이 제품에 부여한 의미를 받아들이는 방식은 아마도 이 과정에서 가장 이해하기 어려운 부분일 것이라고 설명한다.

의미 전이 모델은 유명인 광고 모델을 사용하는 기업에 중요한 시사점을 제공한다. 마케터들은 특정 제품, 서비스 또는 회사에 대해 목표 청중에게 중요한 이미지나 상징적 의미가 무엇인지를 먼저 결정해야 한다. 그 다음으로, 이를 가장 잘 대표할 수 있는 유명인을 선택해야 한다. 광고 캠페인은 이러한 의미를 제품에 담아 소비자에게 전달할 수 있도록 설계되어야 한다.

사진 6-8

티나 페이의 이미지는 아멕스 에브리데이 신용카드 광고에서 효과적으로 활용되고 있다.

자료: American Express Company

광고주와 마케터들은 종종 직관에 의존해 광고 모델을 선택하지만, 일부 기업들은 소비자가 유명인의 의미를 어떻게 인식하는지 연구하기 위해 조사를 수행하기도 한다. 또한 광고가 제품에 적절한 의미를 전이하는지 확인하기 위해 사전 테스트를 실시할 수 있다. 유명인을 광고 모델로 기용할 경우, 캠페인의 효과를 추적해야 한다. 해당 유명인이 여전히 목표 청중에게 적절한 의미를 전달하는 데 효과적인지 확인해야 한다. 만약 유명인이 더 이상 대중의 주목을 받지 못하면, 제품에 중요한 의미를 전이할 능력을 잃을 수 있다.

유명인 광고 모델 선택

앞서 살펴본 것처럼, 마케터들은 기업이나 특정 브랜드의 광고 대변인으로서 유명인을 선택할 때 많은 요소를 고려해야 한다. 연구에 따르면, 광고 및 마케팅 관리자들은 유명인 광고 모델을 선택할 때 이러한 다양한 요소들을 반영한다. 그중 가장 중요한 요소는 유명인의 목표 청중 및 제품/서비스 또는 브랜드와의 일치성, 전반적인 이미지, 유명인 확보 비용, 신뢰성, 논란의 위험, 그리고 목표 청중 사이에서 유명인의 친숙도와 호감도다. 디지털 및 소셜 미디어 관점 6-1에서는 유튜브 인플루언서들이 기존의 유명인들보다 더 큰 영향을 미치게 된 배경을 다루고 있다. 기존 유명인들의 인기는 감소하고 있음이 언급되고 있다.

일부 광고 및 마케팅 임원들은 자신의 직관과 느낌에 의존하기도 하지만, 많은 경우 연구를 통해 유명인의 목표 청중 내에서의 친숙도와 호감도를 측정하고 다른 요소들과 함께 이를 고려한다. 많은 기업들과 광고대행사들은 Q-스코어(Q-scores)를 사용하고 있는데, 이는 뉴욕 기반 마케팅 평가 회사인 마케팅 이벨류에이션(Marketing Evaluations, Inc.)에서 상용화하여 제공하는 방식이다. 이 회사는 스포츠 인물, 배우, 연예인의 Q-스코어를 산출하기 위해 매년 여러 번 대표적인 소비자 패널을 대상으로 설문을 진행한다. 설문에서는 응답자에게 해당 유명인이나 스포츠 인물을 들어본 적이 있는지 묻고, 있다면 '내가 가장 좋아하는 사람'이라는 항목을, '매우 좋음', '좋음', '보통', '나쁨' 등의 척도로 평가하게 한다. 친숙도 점수는 사람들이 그 인물을 얼마나 알고 있는지를 나타내며, '내가 가장 좋아하는 사람' 점수는 그 유명인이 얼마나 인기가 있는지를 나타내는 절대적인 측정치다. 유명한 Q-스코어는 내가 가장 좋아하는 사람의 비율을 해당 인물을 알고 있는 사람의 비율로 나누어 계산한다. Q-스코어는 중요한 의미를 가지는데, 이는 '이 유명인이 그를 아는 사람들 사이에서 얼마나 매력적인가?'라는 질문에 대한 답을 제공하기 때문이다. 공연자의 평균 Q-스코어는 일반적으로 약 18이며, 스포츠 인물의 평균은 약 17이다. 또한 마케팅 이벨류에이션의 Q-스코어는 연령, 소득, 직업, 교육, 인종 등의 다양한 인구통계학적 기준에 따라 나뉘어 있어, 마케터들이 특정 유명인의 인기나 친숙도가 소비자 그룹에 따라 어떻게 달라지는지 파악할 수 있다. 이 회사는 또한 부정적인 Q-스코어를 보고하는데, 이는 해당 유명인을 보통 또는 나쁨으로 평가한 응답자의 비율을 그 유명인을 알고 있는 사람들만을 대상으로 계산한 것이다. 사진 6-9는 연예인 Q-스코어 조사(Performer Q study)의 샘플 페이지를 보여준다.

Q-스코어 외에도 마케터들은 다른 여러 연구 회사가 제공하는 정보를 활용하여 다양한 유명인의 인기와 그들의 이미지가 자사 브랜드에 얼마나 잘 맞는지에 대한 통찰을 얻는다. 예를 들어, 2018년 소비자 연구 회사인 GfK MRI와 시장 조사 회사인 E-폴(E-Poll)은 새로운 서비스를 출시했다. MRI/E-폴 셀러브리티 퓨전(MRI/E-Poll Celebrity Fusion)은 소비자와 유명인 간의 호환성에 대한 상세한 통찰을 제공하고 있다. 이 서비스는 MRI의 소비자 연구 데이터를 바탕으로 6,500개 이상의 제품 및 서비스에 대한 구매 패턴을 분석하며, E-폴의 연구를 바탕으로 1만 명 이상의 유명인에 대한 인지도, 호감도, 속성 등을 측정한다. 이 새로운 서비스는 마케터들이 유명인에 대한 관심과 호감도가 다양한 브랜드에 대한 소비자의 구매 행동과 어떻게 일치하는지에 대한 통찰을 제공한다.

호감도 모델 적용

광고주는 종종 신체적으로 매력적인 사람을 광고에 등장시켜, 그들이 능동적인 전달자가 아니라 수동적인 장식 모델로 기능하게 하여 광고에 주목을 끌려고 한다. 연구에 따르면, 신체적으로 매력적인 모델은 일반적으로 광고와 제품에 대해 더 긍정적인 영향을 미치며, 덜 매력적인 모델보다 더 유리한 평가를 이끌어낸다고 한다. 또한 모델이 광고하는 제품과 성별이 적합한지, 모델의 특성이 제품과 얼마나 관련이 있는지도 중요한 고려사항이다. 화장품이나 패셔너블한 의류와 같은 제품들은 신체적 외모가 중요한 마케팅 요소이므로 매력적인 모델을 사용할 경우 혜택을 볼 가능성이 크다.

그러나 일부 모델들은 광고에 주목을 끌지만, 정작 중요한 제품이나 메시지에는 주의를 기울이지 않게 만들기도 한다. 연구 결과에 따르면, 매력적인 모델은 광고를 인식하는 데 도움이 되지만, 광고 문구나 메시지 읽기 및 메시지 기억에는 도움이 되지 않는다고 한다. 따라서 광고주는 소비자의 주목이 모델을 넘어서 제품과 광고 메시지로 향할 수 있도록 해야 한다. 또한 광고 효과를 높이기 위해 지나치게 매력적인 모델을 사용하는 것이 부정적인 영향을 미칠 수 있다는 점도 고려해야 한다. 여러 연구에서는 일부 여성들이 광고에서 사용된 아름다운 모델과 자신의 외모를 비교하면서 부정적인 감정을 느낄 수 있다고 했다. 최근 라셸 얀츠온(Rachelle Jantzon)과 마이클 바질(Michael Basil)의 연구에 따르면, 모델이나 광고 모델의 매력도가 지나치게 높아질 수 있는데, 타겟 소비자와 광고 모델의 성별이 같은 경우가 그러하다

MARKETING EVALUATIONS, INC.
PERFORMER Q STUDY

PERSONALITY NAME

	ONE OF MY FAVORITES	VERY GOOD	GOOD	FAIR/ POOR	TOTAL FAMILIAR	POSITIVE Q SCORE	NEGATIVE Q SCORE
TOTAL SAMPLE	9	18	30	25	83	11	31
6 - 11 YEARS	16	12	18	9	56	29	17
12 - 17 YEARS	11	21	30	23	86	13	27
18 - 34 YEARS	11	22	33	29	95	11	31
35 - 49 YEARS	11	20	34	26	90	12	29
50 AND OVER	4	13	28	27	72	6	37
18 - 49 YEARS	11	21	34	28	93	11	30
18 YEARS AND OVER	8	18	32	27	85	10	32
25 - 54 YEARS	11	20	32	28	91	12	31
TOTAL MALES							
6 AND OVER	9	16	31	25	81	11	31
18 - 34 YEARS	10	21	33	29	94	10	31
35 - 49 YEARS	13	18	33	25	89	15	28
50 AND OVER	4	11	28	25	67	5	36
18 - 49 YEARS	11	20	33	27	91	13	30
18 YEARS AND OVER	9	17	31	26	83	11	32
25 - 54 YEARS	12	21	30	27	90	13	30
TOTAL FEMALES							
6 AND OVER	10	19	30	26	84	12	31
18 - 34 YEARS	12	22	33	30	97	12	31
35 - 49 YEARS	8	21	35	27	91	9	30
50 AND OVER	5	15	28	29	76	7	38
18 - 49 YEARS	10	22	34	28	94	10	30
18 YEARS AND OVER	8	19	32	29	87	9	33
25 - 54 YEARS	10	20	34	29	92	11	31
HOUSEHOLD INCOME							
UNDER $20,000	8	13	30	20	71	11	28
$20,000 - $39,999	9	18	31	26	85	11	31
$40,000 - $59,999	11	14	34	27	86	13	31
$60,000 AND OVER	9	21	28	27	85	11	31
$75,000 AND OVER	9	19	29	28	85	11	32
EDUCATION (ADULT)							
HIGH SCHOOL GRADUATE/LESS	10	19	30	23	80	12	28
SOME COLLEGE/DEGREE	7	17	34	32	90	8	36
OCCUPATION (ADULT)							
WHITE COLLAR	7	21	35	29	91	7	32
BLUE COLLAR	10	16	32	28	85	12	32
RACE							
NON BLACK	7	17	31	27	81	9	33
BLACK	26	25	23	16	90	29	17
ETHNICITY							
HISPANIC	12	17	37	23	89	13	26
NIELSEN COUNTY SIZE							
A	11	18	32	26	87	12	30
B	9	19	30	25	83	11	30
C & D	8	16	28	24	75	10	32
REGION							
NORTHEAST	10	21	25	30	85	12	35
NORTH CENTRAL	9	19	32	24	83	11	28
SOUTH	11	18	32	21	82	13	26
WEST	7	13	30	30	80	9	38

사진 6-9

마케팅 이벨류에이션의 Q-스코어 조사 샘플 페이지

자료: Marketing Evaluations, Inc.

고 주장했다. 그들의 연구에 따르면, 광고 모델의 매력은 성별이 다른 관객에게는 광고 효과를 높이지만, 성별이 같은 관객에게는 모델의 매력도가 일정 수준을 넘어서게 되면 오히려 광고에 대한 관심을 반감시키는 결과를 낳게 된다고 한다. 이 결과는 마케터들이 광고에서 비현실적으로 매력적인 모델을 사용할 때 신중해야 함을 시사한다.

일부 기업들은 전통적인 뷰티 광고 접근법을 무너뜨리는 마케팅 캠페인을 개발했으며, 여성들과 어린 소녀들에게 그들이 있는 그대로 아름답다는 메시지를 전달하고 있다. 예를 들어, 유니레버의 도브(Dove) 브랜드는 오랫동안 수퍼모델을 광고에 사용하지 않고, 대신 일반적인 소비자와 닮은 모델을 기용해왔다. 2004년부터 도브는 “Campaign for Real Beauty(진정한 아름다움 캠페인)”을 진행해왔으며, 이는 일반 여성들을 대상으로 더 넓고 건강하며 민주적인

디지털 및 소셜 미디어 관점 6-1 > > >

유튜버—Z세대와 밀레니얼 세대의 새로운 유명인

만약 베이비붐 세대나 X세대에게 설문을 진행하여 가장 영향력 있는 유명인을 물어본다면, 그 목록에는 텔레비전 및 영화 배우, 연예인, 뮤지션, 운동선수들이 포함될 가능성이 높다. 연령대에 따라, 그들은 아마 제니퍼 애니스톤, 드웨인 존슨, 조지 클루니, 엘렌 드제너러스, 르브론 제임스, 그리고 아마도 킴 카다시안을 언급할 것이다. 그러나 밀레니얼 세대와 Z세대에게 같은 질문을 한다면, 그 목록은 상당히 달라질 것이며, 많은 사람들이 들어본 적이 없는 이름들이 포함될 것이다—예를 들어, 듀드 퍼펙트(Dude Perfect), 스모시(Smosh), 니가히가(NigaHiga), 셰인 도슨(Shane Dawson), 제나 마블스(Jenna Marbles), 마키플라이어(Markiplier)와 같은 이름들이다. 이는 유튜브와 같은 인기 소셜 미디어 사이트에서 많은 시간을 보내지 않는 사람들에게는 익숙하지 않은 이름들일 것이다.

1950년대부터 시작하여 지난 60년 동안 텔레비전은 사람들이 뉴스와 오락을 소비하는 주요 매체였다. 또한 마케터들이 광고 메시지를 전달하는 매체로도 사용되었으며, 많은 광고들이 유명인을 등장시켜 회사나 브랜드를 광고했다. 그러나 지난 20년 동안 페이스북, 유튜브, 인스타그램과 같은 소셜 미디어 플랫폼의 성장은 많은 사람들이 미디어와 오락을 소비하는 방식을 극적으로 변화시켰다. 최근에는 가족이 함께 텔레비전을 보는 대신, 십대와 젊은 성인들은 이제 유튜브 플랫폼에서 주로 온라인 영상을 시청하는 경향이 두 배 더 많다. 2005년에 시작된 유튜브는 그로부터 1년 후 구글에 인수되었고, 현재 월 20억 명의 사용자가 있으며, 그중 많은 사람들이 하루 평균 1시간 이상 유튜브 모바일 앱을 사용한다.

13세에서 24세 사이의 젊은 세대는 주당 거의 12시간의 영상을 시청하며, 이에 따라 유튜버라는 새로운 유형의 유명인이 등장했다. 이들은 유튜브 사이트를 위해 특별히 콘텐츠를 제작하는 사람들이며, 비록 부모들이 이들을 몰라도, 이들은 유튜브를 주요 오락원으로 삼은 Z세대와 밀레니얼 세대에게는 즉시 인지 가능한 존재다. 지난 5년 동안 〈Variety〉 매거진은 13세에서 17세 사이의 미국 청소년들을 대상으로 설문을 진행하며, 접근성, 진정성 그리고 영향력의 주요 기준을 통해 20명의 유명인들이 얼마나 인지되고 있는지 평가했다. 조사 결과, 미국 청소년들 사이에서 가장 영향력 있는 5명은 모두 유튜브에서 인기를 끄는 유명인들이었고, 기존의 대중적인 유명인들은 이를 넘지 못했다. 유일하게 상위 10명에 포함된 대중적인 유명인은 제니퍼 로렌스와 케이티 페리였다. 1년 후 반복된 조사에서도 비슷한 결과가 나왔으며, 상위 6명 모두 유튜브 스타들이었다.

〈Variety〉 조사에서 가장 인기 있는 유튜브 유명인은 스모시였으며, 스모시는 이안 앤드루 히콕스(Ian Andrew Hecox)와 앤서니 파디야(Anthony Padilla)으로 이루어진 온라인 코미디 팀이다. 두 번째로 인기 있는 유튜버는 또 다른 코미디 듀오인 파인 브라더스(Fine Brothers, 베니와 라피)였고, 그 뒤를 이어 펠릭스 울프 셸버그(Felix Ulf Kjelberg), 즉 퓨디파이(PewDiePie)가 있었다. 퓨디파이는 현재 전 세계에서 가장 인기 있는 유튜브 채널을 보유하고 있으며, 구독자는 거의 9,300만 명에 달한다. 상위 5명 중 하나인 올라지데 올라툰지(Olajide Olatunji, KSI)는 영국의 비디오 게이머로, 그의 유튜브 채널은 4,100만 명의 구독자를 보유하고 있다. 그 외에도 유튜브 코미디 영상으로 유명한 라이언 히가(Ryan Higa, 활동명: Nigahiga)는 2,000만 명 이상의 구독자를 보유하며, 그의 코미디 영상은 거의 30억 번 조회되었다. 듀드 퍼펙트(Dude Perfect)라는 새로운 유튜브 스타 그룹은 텍사스 A&M 대학교의 쌍둥이 코리(Cory)와 코비 코튼(Coby Cotton), 그리고 그들의 대학 친구들이 포함된 스포츠 오락 그룹이다. 이들은 스포츠 묘기와 코미디 영상을 통해 인기를 얻었으며, 유명 운동선수들이 그들의 영상에 출연하기도 했다. 2019년에는 듀드 퍼펙트가 세계에서 두 번째로 인기 있는 유튜브 채널을 운영하며 구독자는 4,100만 명에 달했다.

유명한 브랜드 전략가 지텐더 세흐데브(Jeetender Sehdev)는 설문 데이터를 통해 유튜브 스타들이 왜 청소년들에게 더 큰 영향력을 미치는지 분석했다. 그는 유튜버들이 전통적인 유명인들보다 청소년들의 구매 행동에 영향을 미치는 여러 특성에서 더 높은 점수를 받았다고 밝혔다. 유튜버들은 전통적인 유명인들보다 더 참여적, 비범, 공감할 수 있는 인물로 평가되었으며, 전통적인 유명인들은 더 똑똑하고 신뢰할 수 있는 인물로 평가되었다. 성적 매력도에서는 두 그룹이 비슷한 점수를 받았다. 세흐데브는 또한 청소년들이 유튜브 스타들과의 더 친밀하고 진정성 있는 경험을 즐긴다고 밝혔는데, 이는 그들의 이미지가 PR 전문가들에 의해 조작되었다고 느끼지 않기 때문이다. 청소년들은 유튜브 스타들이 더 솔직하고, 필터가 없으며, 위험을 감수하는 정신을 가지고 있다고 평가한다. 이는 전통적인 유명인들에게서는 찾아보기 어려운 항목들이다.

유튜버들이 전통적인 유명인들보다 청소년과 밀레니얼 세대에 더 큰 영향을 미치는 여러 가지 이유가 있다. 구글에서 실시한 연구에 따르면, 유튜브 구독자들은 자신이 좋아하는 유튜버들이 전통적인 유명인들보다 자신을 더 잘 이해하고 공감한다고 느끼며, 유튜버들은 팬들과의 관계를 개발하여 더 높은 참여도를 얻는다. 이는 조회수, 댓글, 좋아요, 공유와 같은 활동을 통해 확인할 수 있다. 또한 청소년과 젊은 성인들은 유튜브 스타들이 트렌드를 설정하고 대중 문화를 형성하는 데 전통적인 유명인들보다 더 큰 영향을 미친다고 느낀다.

인터넷과 소셜 미디어가 유명인의 본질을 변화시키고 있다는 점은 분명하다. 새로운 세대는 유튜브, 인스타그램, 페이스북 등에서 콘텐츠를 창작하고 이를 소셜 사이트에서 제공하는 유능한 사람들을 점점 더 유명인으로 인식하고 있다. 여러 연구들은 젊은 소비자들이 유튜브 스타들이 추천한 브랜드나 제품을 시도하고, 전통적인 유명인들보다 자신이 좋아하는 유튜버의 추천을 바탕으로 구매 결정을 내린다고 밝혔다. 크리스 포스터(Chris Foster)는 인터넷과 소셜 미디어가 전통적인 유명인의 이미지와 방식에 변화를 일으키고 있으며, 이는 광고와 마케팅에 큰 영향을 미친다고 언급했다. 그는 오늘날의 연결된 세대가 자신이 좋아하는 유명인과 친밀감을 느끼고, 그들이 어떻게 생활하는지를 알고 싶어 한다고 말했다.

포스터는 유명인의 민주화가 일어나고 있으며, 이에는 세 가지 핵심 요소인 전문성, 접근성, 식별성이 포함된다고 주장했다. 인기 있는 소셜 미디어 스타들은 전통적인 유명인들이 회사와 브랜드를 광고하는 데 비해 이 세 가지 모두에서 더 우수한 성과를 보일 수 있다. 포스터는 유명

(계속)

자료: Dude Perfect, LLC

인 광고의 사용이 사라지지는 않겠지만, 그 방식이 급격하게 변화하고 있다고 강조했다. 기술은 일반 소비자들이 브랜드의 마케팅을 더 진정성 있게 하고, 유명인 광고 모델의 필요성을 줄일 수 있게 만들고 있다. 그는 이렇게 말했다. "우리는 유명인 광고의 미래를 봤습니다. 그리고 그 미래는 바로 우리입니다."

자료: Paige Leskin, "These Are the 23 Most Popular YouTube Stars in the World", *Business Insider*, April 4, 2019, https://www.businessinsider.com/most-popular-youtubers-with-most-subscribers-2018-2; John Lynch, "The 11 Most Popular YouTube Stars in the USWho Have Snagged Millions of Fans and Millions of Dollars", *Business Insider*, February 18, 2018, https://www.busines-sinsider.com/most-popular-youtube-stars-in-america-usa-list-2018-2; Chris Fos-ter, "Why J-Law & George Clooney Don't Matter: Saatchi & Saatchi COO", *USA Today*, June 15, 2015, www.usatoday.com/story/opinion/2015/06/12/internet-celebrity-endorsement-advertising-column/71084290/; Susanne Alt, "Survey: YouTube Stars More Popular Than Mainstream Celebs among U.S. Teens", *Variety*, August 5, 2014, http://variety.com/2014/digital/news/survey-youtube-stars-more-popular-than-mainstream-celebs-among-us-teens-1201275245/.

사진 6-10

도브는 자사 뷰티 제품을 프로모션하는 데 사회적 옹호 접근법을 사용한다.

자료: Unilever

아름다움의 관점을 제공하는 것을 목표로 한다. 이 캠페인은 잡지 광고, 온라인 비디오, 광범위한 홍보 활동, 사회적 마케팅, 소셜 미디어 그리고 여성들이 아름다움 관련 문제에 대해 논의할 수 있는 웹사이트 등을 포함하고 있다. 최근 도브는 이 캠페인을 약간 다른 방향으로 전개하여 "Dove Real Beauty Pledge(도브, 진정한 아름다움 서약)"을 시작했다. 이는 아름다움은 모두의 것이며, 불안이 아닌 자신감을 주어야 한다는 원칙에 기반을 두고 있다(사진 6-10). 진정한 아름다움 서약의 일환으로 도브는 세 가지 다짐을 했다. 항상 실제 여성들을 모델로 사용하고, 모델이 아닌 여성들만 등장시키며, 여성들을 실제 생활에서와 같은 모습으로 묘사하고, 어린 소녀들이 자신감과 자존감을 쌓을 수 있도록 돕는 것이다.

모델의 영향력

켈먼(Kelman)의 분류 체계에서 마지막 특성은 **모델 영향력**(source power)이다. 모델은 수신자에게 실제로 보상과 처벌을 내릴 수 있을 때 영향력을 가진다고 할 수 있다. 이러한 영향력으로 모델은 다른 사람(들)이 자신의 요청이나 주장에 따르도록 할 수 있다. 모델 영향력은 여러 가지 요인에 따라 달라진다. 모델은 수신자에게 긍정적 또는 부정적 제재를 가할 수 있는 능력을 가지고 있다고 인식되어야 하며(지각된 통제), 수신자는 모델이 자신들의 순응 여부에 관심을 두고 있는지 확인하고 싶어한다(지각된 관심). 모델의 순응 관찰 능력에 대한 수신자의 평가(지각된 감시)도 중요하다.

수신자가 모델에 힘이 있다고 인식하면, **순응**(compliance)이라는 과정을 통해 영향력이 발생한다. 수신자는 모델의 설득적 영향을 받아들이고, 호의적인 반응을 얻기 위해 모델에 동조하거나, 처벌을 피하기 위해 침묵을 선택하기도 한다. 수신자는 모델의 입장을 공개적으로는 동의하지만, 내면적으로 그리고 개인적으로 확약하는 것은 아닐 수 있다. 순응을 통해 유도된 설득은 표면적일 수 있으며, 수신자가 모델이 어떤 보상이나 처벌을 시행할 수 있다고 인식하는 한에서만 그 효과가 지속된다.

모델의 영향력은 광고와 같이 비인적 환경에서는 발휘되기 힘들다. 광고 전달자는 일반적으로 수신자에게 어떤 제재를 가할 수 없거나, 순응이 실제로 일어났는지를 확인할 수 없다. 영향력을 발휘하는 간접적인 방법은 권위적인 성격을 가진 인물을 광고 모델로 기용하는 것이다. 예를 들어, "Take Pride in America(미국을 자랑스럽게)" 캠페인에서는 배우이자 감독인 클린트 이스트우드를 기용하였다. 그는 많은 영화를 통해 강인하고 거친 남성적 이미지를 확보했는데, 이 이미지는 대중에게 공공의 토지를 오염시키거나 훼손하지 말라고 명령하는 공공 서비스 캠페인에 적합할 수 있다(사진 6-11). 이스트우드는 TV 광고에서 공공의 토지를 남용하는 사람들에게 "행동을 바꾸거나 도시를 떠나라"고 말하며 자신의 권위적인 이미지를 활용했다.

사진 6-11

배우 클린트 이스트우드의 권위적인 이미지는 그를 효과적인 모델로 만들었다.

자료: Take Pride in America

모델의 영향력을 사용하는 것은 인적 커뮤니케이션 환경에서 더 많이 활용될 수 있다. 예를 들어, 개인 판매 상황에서 판매자는 구매자가 판매자의 요구에 순응함으로써 특별한 보상이나 혜택을 받을 것이라고 예상되는 경우에 어느 정도의 힘을 발휘할 수 있다. 일부 기업들은 판매자가 고객 순응을 유도할 수 있도록, 다양한 마케팅 비용을 지원하기도 한다. 제품 수요가 공급을 초과하는 기업의 판매자는 종종 권력을 가진 위치에 설 수 있다. 이 상황에서 구매자는 충분한 제품 공급을 보장받기 위해 판매자의 요청에 순응할 수밖에 없다. 판매자는 영향력을 발휘할 때 매우 신중해야 한다. 왜냐하면 자신이 가진 영향력을 남용하여 단기적인 이익을 극대화하면 고객과의 장기적인 관계에 해를 끼칠 수 있기 때문이다.

메시지 요소

마케팅 커뮤니케이션이 제시되는 방법은 그 효과를 결정하는 데 매우 중요한 역할을 한다. 마케터들은 설득 메시지의 내용뿐만 아니라 이 정보가 어떻게 구조화되어 제시될지, 그리고 어떤 종류의 메시지 소구가 사용되어야 하는지 심사숙고해야 한다. 광고는 라디오를 제외한 거의 모든 미디어에서 언어적 정보뿐만 아니라 시각적 정보에 크게 의존한다. 그렇기 때문에 메시지의 디자인과 제시 방식에 관한 다양한 옵션이 존재한다. 이 섹션에서는 메시지의 구조를 살펴보고, 광고에서 사용되는 여러 소구 형태가 미치는 영향을 알아본다.

메시지 구조

마케팅 커뮤니케이션은 일반적으로 전달하고자 하는 여러 메시지 주장들로 구성된다. 메시지

도표 6-4

광고 메시지 기억: 제시 순서에 따른 기억 효과

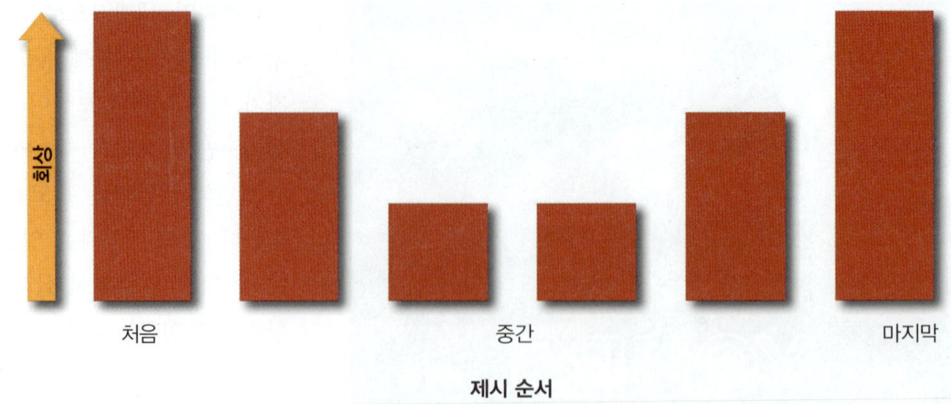

전략의 중요한 측면은 이러한 포인트들을 전달하는 최적의 방법을 찾고, 메시지 수신자들이 가지고 있을 수 있는 반대 의견을 상쇄하는 것이다. 설득 메시지의 구조가 그 효과에 어떤 영향을 미치는지에 대한 연구가 광범위하게 진행되었으며, 이에는 제시 순서, 결론 도출, 메시지의 양면성, 반박 그리고 언어 vs. 시각 메시지 특성 등이 포함된다.

제시 순서 설득 메시지 디자인에서 기본적으로 고려해야 할 사항은 핵심 메시지의 제시 순서다. 가장 중요한 메시지는 처음, 중간, 끝 중 어디에 제시되는 것이 가장 효과적일까? 학습과 기억에 관한 연구는 일반적으로 처음과 마지막에 제시된 메시지가 가장 잘 기억된다고 밝히고 있다(도표 6-4 참조). 이러한 연구는 가장 중요한 주장은 메시지의 시작이나 끝에 제시하는 것이 중간보다 효과적임을 제안하고 있다.

가장 강력한 주장을 메시지 초반에 제시하는 것은 **초기 효과**(primacy effect)가 작동됨을 가정하는 것인데, 이는 처음 제시된 정보가 가장 효과적이라는 믿음에서 기인한다. 반면, 메시지 끝에 강력한 주장을 해야 한다는 것은 **최근 효과**(recency effect)를 전제로 한다. 이 주장의 요지는 마지막으로 제시된 주장이 가장 설득력이 높다는 점이다.

가장 강력한 판매 포인트를 메시지의 시작이나 끝에 배치할지는 여러 요인에 따라 달라진다. 만약 타겟 청중이 메시지 전달자에 반대하는 입장이라면, 강력한 주장을 처음부터 제시하여 반박의 수준을 낮출 수 있다.

약한 주장을 먼저 하게 되면, 이를 강하게 반박하려는 시도가 이루어지게 되고, 이는 뒤따라오는 전달자가 주장하는 힘을 약화시킬 수 있다. 강한 주장은 청중이 해당 주제에 관심이 없을 때 가장 효과적인데, 강한 주장을 통해 청중의 관심을 야기할 수 있기 때문이다. 반면, 목표 청중이 전달자의 입장에 이미 동조하고 있거나, 주제나 제품에 관심이 높다면 강한 주장을 뒤에서 하는 것이 효과적이다. 이렇게 하면 정보에 대한 기억도 잘 이루어질 뿐만 아니라, 주장에 대한 호의적 평도 얻을 수 있다.

제시 순서는 메시지가 길고 자세한 내용을 다룰 때 중요한 역할을 한다. 가장 효과적인 세일즈 프리젠테이션은 강한 판매 포인트로 시작하고 끝내며, 약한 주장들은 중간에 배치한다. 15초 또는 30초짜리 TV나 라디오 광고와 같은 짧은 커뮤니케이션에서는 제시 순서가 덜 중요할 수 있다. 그러나 많은 제품과 서비스 메시지는 소비자들의 낮은 관여도와 관심 속에서 전달된다. 따라서 광고주는 브랜드 이름과 주요 판매 포인트를 메시지 초반에 제시하고, 이를 끝부분에서 반복하여 기억과 기억력을 강화시키는 전략을 사용한다. 제시 순서는 다른 형태의 마케팅 커뮤니케이션에서도 중요한 고려사항이다. 예를 들어, 많은 언론 기사들은 '피라미드 스타일'의 글쓰기를 활용하는데, 이는 중요한 정보를 앞부분에 제시함으로써 편집자가 기사 끝부분을 자르더라도, 중요한 정보가 독자들에게 전달되도록 한다.

결론 도출 마케팅 커뮤니케이션 담당자들은 그들의 메시지가 명확한 결론을 내려줄 것인지, 아니면 수신자가 스스로 결론을 도출하도록 해야 하는지를 결정해야 한다. 연구에 따르면, 일반적으로 명시적인 결론을 제시하는 메시지가 더 쉽게 이해되고 태도에도 효과적으로 영향을 줄 수 있다고 한다. 그러나 다른 연구에서는 결론 도출의 효과가 목표 청중, 문제나 주제의 유형, 상황의 특성에 따라 달라질 수 있다고 지적하기도 한다.

더 높은 교육 수준을 가진 사람들은 스스로 결론을 도출하는 것을 선호하며, 너무 뻔한 것을 설명하거나 그들을 대신해 결론을 도출하려는 시도에 불쾌감을 느낄 수 있다. 하지만 교육 수준이 낮은 청중들에게는 명시적인 결론을 제시하는 것이 필요할 수도 있는데, 이는 이들이 결론을 도출하는 데 어려움을 겪거나, 메시지에서 잘못된 영향을 받을 수 있기 때문이다. 마케터는 청중이 해당 주제에 얼마나 관여하고 있는지 살펴보아야 한다. 개인적이거나 청중의 자아와 관련된 문제의 경우, 메시지 수신자는 스스로 결정을 내리고 싶어하는 경향이 강하고, 특정 결론을 유도하는 외부의 시도에 반감을 가질 확률이 높다. 한 연구에서는 명확한 결론을 제시하지 않은 개방형 광고가 특정 결론을 포함한 폐쇄형 논거보다 더 효과적이었다고 밝히기도 하였다. 단, 이는 청중이 문제에 높은 관여도를 보였을 때 해당된다.

청중을 위해 결론을 도출할지 여부는 주제의 복잡성에도 달려 있다. 교육 수준이 높은 청중이라 할지라도 특정 분야에 대한 지식 수준이 낮다면 도움이 필요할 수 있다. 마케터가 청중으로부터 원하는 반응 역시 중요하다. 즉각적인 행동을 원하는지, 아니면 장기적인 영향력을 원하는지에 따라 결론 도출은 달라진다. 즉각적인 행동이 목표라면 메시지는 확실한 결론을 도출해야 한다. 이는 정치 광고에서 흔히 사용되는 전략으로, 특히 선거일 직전에 방영되는 광고에서 자주 볼 수 있다. 즉각적인 영향력보다 반복 노출을 통해 청중이 스스로 결론을 도출하게끔 만들려면 개방형 메시지가 더 효과적일 수 있다.

메시지에서 결론을 도출하는 것은 목표 청중이 마케터가 의도한 요점을 정확히 이해하도록 만드는 것을 뜻할 수 있다. 하지만 많은 광고주들은 고객이 스스로 결론을 도출하는 것이 메시지 핵심을 강조할 수 있다고 믿고 있다. 예를 들어, 켄터키의 한 건강 서비스 기관은 결론을 제시한 광고보다 개방형 광고가 소비자 기억도를 높이고, 건강 서비스 이용을 증진하는 데 효과적임을 발견했다. 또한 알코올과 약물 남용에 대한 질문을 제시하고 결론을 내리지 않은 광고가 문제 해결책을 제시하는 광고보다 십대들의 전화상담을 더 많이 유도하기도 하였다. 사진 6-12에 나오는 몬태나 메스 프로젝트(Montana Meth Project, MMP)의 약물 예방 캠페인 광고는 이 전략의 좋은 예시다. 이 광고는 청소년들에게 메스암페타민에 대해 무엇을 알고 있는지 물어봄으로써, 그들이 스스로 MMP 웹사이트를 방문하여 정보를 찾아보도록 유도하였다.

사진 6-12

이 광고는 개방형 메시지 사용의 좋은 예시다.

자료: Meth Project Foundation Inc., The Partnership for Drug-Free Kids

메시지 양면성 마케터가 직면하는 또 다른 메시지 구조 결정은 메시지 양면성(message sidedness)이다. **일면주장**(one-sided message)은 긍정적인 속성이나 장점만을 언급한다.

양면주장(two-sided message)은 좋은 점뿐만 아니라 나쁜 점도 제시한다. 양면주장의 논리는 한계나 결점을 인정하는 것이 신뢰성을 높이고 메시지를 더 효과적으로 만들 수 있다는 것이다. 일면주장은 목표 청중이 이미 해당 주제에 대해 긍정적인 의견을 가지고 있을 때 가장 효과적이다. 또한 교육 수준인 낮은 수신자에게 더 잘 작동한다.

양면주장은 목표 청중이 반대 의견을 가지고 있거나 고학력일 때 더 효과적이다. 양면주장은 출처의 신뢰성을 높일 수 있다는 장점이 있다. 교육 수준이 높은 청중은 반대 의견이 존재한다는 것을 대개 알고 있기 때문에, 문제의 양측을 제시하는 메시지를 덜 편향적이고 더 객관적으로 볼 가능성이 높다. 마틴 아이젠드(Martin Eisend)는 일면주장과 양면 주장 광고의 효과에 관한 연구를 메타 분석했다. 그의 분석 결과에 따르면, 메시지 양면성의 설득적 영향력은 여러 가지 요인에 따라 달라진다고 한다. 광고 속 부정적 정보의 양과 중요성, 속성 품질, 부정적 정보의 배치, 부정적 속성과 긍정적 속성 간 상관 관계 그리고 광고주가 부정적 정보를 자발적으로 공개하는지 아니면 의무적으로 공개하는지 등이 이 요소들에 포함된다.

대부분의 광고주는 일면주장 메시지를 사용한다. 그들이 자사 브랜드의 약점을 인정함으로써 오는 부정적 영향력을 걱정하거나, 경쟁사에 대해 긍정적 언급을 하고 싶어하지 않기 때문이다. 하지만 예외도 있다. 때때로 광고주는 여러 속성에 대해 브랜드를 비교하면서 자사의 제품이 모든 항목에서 최고는 아니라고 말하기도 한다. 또한 회사가 자사의 단점을 인정하고 이를 고객에게 알리며 이를 해결하기 위한 노력을 했음을 보여주는 것이 가장 좋다고 느끼는 상황도 있을 수 있다.

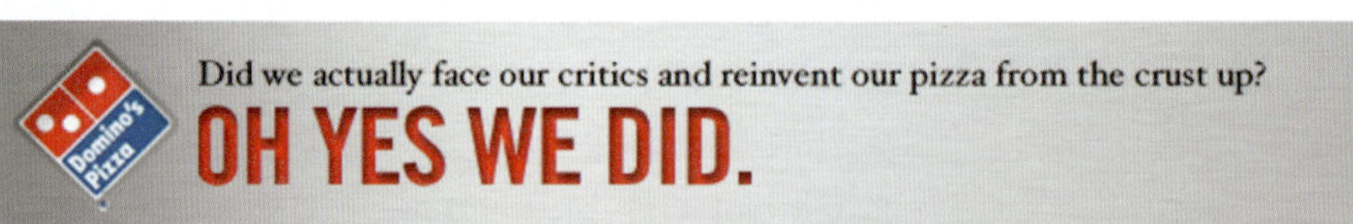

사진 6-13

도미노의 양면 메시지 전략은 개편된 피자를 소개하는 매우 효과적인 방법이었다.

자료: Domino's IP Holder LLC

양면주장 메시지를 매우 효과적으로 사용한 회사의 예로는 도미노 피자(Domino's Pizza)를 들 수 있다. 도미노는 새롭게 개편된 피자를 소개하는 통합 마케팅 캠페인에서 이 전략을 새로운 수준으로 끌어올렸다. 도미노는 많은 소비자들이 피자 맛에 불만을 가지고 있다는 연구 결과를 토대로 변화가 필요하다는 것을 인식했다. "Oh Yes We Did(우리가 해냈어)" 캠페인을 진행하면서, 도미노는 새로운 CEO가 카메라 앞에서 포커스 그룹의 의견을 듣고 이를 진지하게 받아들였다고 인정하는 광고를 선보였다. 광고는 시청자들을 웹사이트(www.pizza-turnaround.com)로 방문하도록 유도했으며, 이 사이트는 포커스 그룹에서 나온 부정적인 댓글에 대한 도미노 직원들의 반응을 담은 4분짜리 다큐멘터리를 제공했다(사진 6-13). 또한 이 웹사이트에는 트위터에서 링크된 긍정적 및 부정적 시청자 댓글도 함께 표시되었다. 도미노와 대행사는 이 캠페인이 위험할 수 있다는 것을 알았지만, 과감히 추진했고 매우 성공적인 결과를 얻어낼 수 있었다. 이 광고 캠페인은 많은 언론 매체의 관심을 받았고, 상당수가 회사가 자사 제품의 약점을 인정하고 이에 대한 해결책을 설명했다는 사실을 칭찬했다. 양면주장 메시지 전략은 매출에 매우 긍정적인 영향을 미쳤으며, 캠페인 기간 동안 도미노 매장 매출에서 기록적인 증가를 이룩했다.

"Oh Yes We Did" 캠페인은 도미노의 이미지 문제를 해결하고, 피자헛과 파파존스와 경쟁 체제를 구축하는 데 큰 역할을 했다. 도미노는 지난 10년 동안 엄청난 성공을 거두었으며, 2010년 미국 내 전 계열사 매출은 15억 달러에서 60억 달러로 증가했다. 2018년에는 도미노가 세계 최대 피자 회사가 되어 123억 달러의 글로벌 매출을 기록했다. 도미노 피자의 이러한 성장은 디지털 마케팅 채택과 모바일 앱을 통한 주문 및 맞춤화 등 여러 다양한 요인들에 의해 이루어졌지만, 회사는 피자 레시피 개편과 "Oh Yes We Did" 캠페인을 가장 중요한 원인으로 꼽고 있다.

사진 6-14

반박적 소구는 씨월드가 PETA 및 기타 동물 활동가 그룹의 비판에 대응하기 위해 사용한 방법이다.

자료: SeaWorld Parks & Entertainment, Inc.

PAID ADVERTISEMENT

FACT: WHALES LIVE
as long at SeaWorld.

My name is Chris, and I'm a veterinarian at SeaWorld. My entire professional life has been focused on the care and welfare of animals, including killer whales.

You might have heard attacks from PETA saying our killer whales live only a fraction as long as whales in the wild. They say, "In captivity, orcas' average life span plummets to just nine years."

But the author of an independent study, Dr. Douglas DeMaster, of the Alaska Fisheries Science Center, was quoted in *The Wall Street Journal* as saying, "Survival in the wild is comparable to survival in captivity."

There's no other way to say it ... PETA is not giving you the facts.

SeaWorld has several killer whales in their 30s and one that is close to 50 – right in line with what is seen in the wild. In fact, a July 2014 Associated Press (AP) report analyzing 50 years of data from the federal Marine Mammal Inventory Report found that killer whales born at our parks "had an average life expectancy of 46 years."

It's frustrating that PETA gets a lot of attention by twisting statistics and falsely attacking us. As someone who cares for these incredible animals, their health and well-being is my priority every day. Just like doctors, we veterinarians take an oath. If PETA's accusations were true, I wouldn't work here.

When SeaWorld opened its doors 50 years ago, global understanding of killer whales was just beginning. The world has changed a lot since then, and SeaWorld has continued to change with it. Today, our whales live as long as those in the wild, and our study of them is helping conservationists better understand and protect killer whales and other marine animals everywhere.

Dr. Chris Dold
Veterinarian

Learn more at SeaWorldCares.com

반박 **반박소구**(refutational appeal)라고 알려진 특별한 유형의 양면주장 메시지는 메시지 전달자가 문제의 양측을 제시한 후, 반대 의견에 대한 반박을 하는 구조로 이루어져 있다. 반박소구는 '백신 효과'를 일으켜 목표 청중을 경쟁자의 반론에 저항하도록 만들 수 있어, 단일 메시지보다 더 효과적일 수 있다.

반박 메시지는 마케터가 변화에 저항하는 태도를 형성하려 하거나 자사의 제품이나 회사에 대한 공격이나 비판을 방어해야 할 때 유용하다. 예를 들어, 사진 6-14는 씨월드 엔터테인먼트(SeaWorld Entertainment)가 자사의 제품이나 회사에 대한 비판에 대응하기 위한 통합 캠페인의 일환으로 사용한 반박 광고를 보여준다. 반박 광고 외에도, 씨월드는 seaworldcares.com이라는 웹사이트를 만들어 자사의 킬러 고래 처리에 대한 비판을 반박하는 많은 정보를 제공하고 있다. 이 웹사이트는 또한 해양 생물 보호 및 지원을 위한 프로그램과 계획을 대중들에게 알리는 역할을 한다. 비교 광고의 대상이 되는 시장 리더들은 경쟁자들의 주장을 파악하고 이에 반박하는 것이 때때로 소비자로 하여금 경쟁 브랜드에 대한 저항적 태도를 형성하고, 자사에 대한 충성도를 높이는 데 도움이 된다는 것을 깨닫기도 한다.

사진 6-15
시각적 이미지는 중요한 제품 속성을 전달하는 효과적인 방법이다.
자료: Arrowhead by Nestl Waters North America

언어적 메시지와 시각적 메시지 지금까지 우리의 논의는 메시지의 정보성, 즉 언어적 부분에 초점을 맞추었다. 그러나 광고의 비언어적, 시각적 요소도 매우 중요하다. 많은 광고는 최소한의 정보를 제공하고 전달하기 위해 시각적 요소에 의존하여 메시지를 전달한다. 광고에서 그림은 정보를 전달하거나 복사본 및 메시지 주장들을 강화하는 데 자주 사용된다.

광고의 언어적 부분과 시각적 부분 모두 광고 메시지가 처리되는 방식에 영향을 미친다. 소비자들은 광고의 일러스트레이션이나 TV 광고의 장면과 같은 시각적 요소를 기반으로 이미지나 인상을 형성할 수 있다. 경우에 따라, 광고의 시각적 부분은 그 설득력을 감소시킬 수 있다. 사진으로 촉발된 정보 처리 과정은 상대적으로 통제력이 약하기 때문에, 언어로부터 야기된 처리 과정보다 덜 호감적이게 받아들여질 수 있다.

사진은 같이 등장하는 카피를 소비자가 받아들이는 데 영향을 미치기도 한다. 한 연구에 따르면, 언어적 정보가 심상(imagery value)이 낮을 경우, 사진을 제공하면 제품 속성에 대한 즉각적 혹은 지연된 회상이 모두 증가하는 것으로 나타났다. 그러나 언어적 정보가 이미 높은 이미지적 가치를 가지고 있을 때는 이러한 효과가 나타나지 않았다. 광고주는 종종 시각적 이미지가 언어적 소구를 지원하도록 디자인하여 소비자의 마음에 강력한 인상을 남기도록 한다. 사진 6-15에서 볼 수 있듯이 "Arrowhead Mountain Spring Water(애로헤드 마운틴 스프링 워터)" 광고는 산의 아름다운 시각적 이미지를 사용하여 순수성이라는 주요 제품 속성을 잘 전달하고 있다.

메시지 소구

광고주의 가장 중요한 크리에이티브 전략 결정 사항 중 하나는 가장 적합한 소구 방식을 찾아내는 것이다. 어떤 광고는 소비자의 이성적이고 합리적인 측면을 자극하도록 디자인되고, 어떤 광고는 소비자의 특별한 감정적 반응을 야기하기 위해 감정에 호소하기도 한다. 많은 사람들은 효과적인 광고는 제품을 구매하는 실용적인 이유와 감정적 가치를 조화롭게 결합하는 것으로 믿고 있다. 이 절에서는 비교 광고, 공포, 유머를 포함한 여러 가지 메시지 소구 유형에 대해 알아보고자 한다.

비교 광고 **비교 광고**(comparative advertising)는 광고에서 경쟁자를 직간접적으로 언급하며 하나 이상의 특정 속성을 비교하는 광고를 뜻한다. 이 광고 형태는 1972년에 연방거래위원회(FTC)가 이러한 광고를 지지하면서 보편화되었다. FTC는 브랜드를 직접 비교하는 것이 더 나은 제품 정보를 제공하고, 소비자들이 구매 결정을 내리는 데 더 합리적인 근거를 제공한다고 생각했다. 이후 텔레비전 네트워크는 비교 광고에 대한 금지 조치를 해제했으며, 그 결과 비교 광고가 급증하게 되었다.

처음에는 비교 광고가 주는 새로움이 많은 관심을 끌었으나, 이제는 그 가치가 줄어들었다. 일부 연구에서는 비교 광고가 다른 형태의 광고보다 더 높은 회상률을 보였다고 했지만, 비교 광고가 브랜드 태도나 구매 의도와 같은 다른 반응 변수에 있어 더 효과적인 것은 아니었다. 광고주는 특히 비교 메시지가 신뢰성에 미치는 영향을 고려해야 한다. 비교 메시지에서 자사 브랜드가 공격을 받는 경우, 해당 브랜드의 사용자는 광고주의 주장을 회의적으로 받아들일 수 있다.

비교 광고는 새로운 브랜드에 효과적일 수 있는데, 비교 광고를 통해 새로운 시장 진입자가 기존의 잘 알려진 브랜드와 동격의 브랜드로 자리매김을 하거나, 자사의 독특한 장점을 홍보할 수 있기 때문이다. 직접적인 비교는 새로운 브랜드가 고객이 고려할 수 있는 브랜드 집합에 자사를 포함시키는 데 도움이 된다. 비교 광고는 시장 점유율이 작은 브랜드에서 자주 사용된다. 이들은 시장의 선두 브랜드와 비교하여, 선두 브랜드와의 연관을 만들어 시장을 공략하려 한다.

바디아머(BodyArmor)는 비교 광고를 효과적으로 사용한 브랜드의 좋은 예시다. 이 브랜드는 게토레이(Gatorade)라는 시장 선두주자에게 도전하여 스포츠 음료 카테고리에서 가장 빠르게 성장하는 브랜드가 되었다. 바디아머 광고에서는 NBA 스타 제임스 하든(James Harden)과 도너번 미첼(Donovan Mitchell), NFL 쿼터백 앤드루 럭(Andrew Luck), 야구 스타 마이크 트라웃(Mike Trout) 등 여러 유명한 운동선수들이 등장하는데, 경기에서 승리하기 위해 선수들은 스포츠 음료 선택을 포함한 모든 측면에서 스스로를 진화시켜야 한다는 메시지를 전달한다. 이 광고는 게토레이를 겨냥하여, 스타 운동선수들은 구식 스포츠 음료를 선택하지 않으며, 이들에게 바디아머는 자연스러운 선택이라고 강조한다. 비교 광고는 "Thanks Gatorade. We'll take it from here(고마워, 게토레이. 이제부터는 우리가 맡을게)"라는 슬로건으로 끝난다(사진 6-16). 캠페인에 사용된 TV 광고 중 많은 부분은 코비 브라이언트(Kobe Bryant)가 쓴 것으로, 그는 이 회사의 세 번째로 큰 투자자다.

비교 광고의 사용은 새 브랜드나 작은 시장 점유율을 가진 브랜드에만 국한되지 않는다. 많은 시장 주도 마케터들도 경쟁이 치열한 시장에서 브랜드 차별화를 위해 비교 광고를 사용하고 있다. 예를 들어, 모바일 폰 산업에서는 버라이존(Verizon), AT&T, 티모바일(T-Mobile), 스프린트(Sprint)와 같은 주요 통신사가 자주 광고에서 네트워크 범위, 신호 품질, 가격 등 주요 속성을 비교한다. 삼성은 갤럭시 스마트폰을 아이폰과 비교하여 시장 점유율을 확보하려 했다. 예를 들어, 애플이 아이폰 5를 출시한 직후, 삼성은 갤럭시 S III 광고를 통해 아이폰 충성 고객들이 새로운 스마트폰을 사기 위해 줄을 서는 모습을 조롱했다. 이 광고는 삼성의 "The Next Best Thing Is Already Here(새로운 최고, 이미 여기에 있습니다)" 캠페인에서 큰 인기를 끌었다(사진 6-17).

사진 6-16

바디아머는 스포츠 음료 시장에서 게토레이에 도전하기 위해 비교 광고를 사용한다.

자료: BA Sports Nutrition, LLC.

IMC 관점 6-1 > > >

맥주 전쟁: 버드 라이트와 밀러쿠어스의 옥수수 시럽 전투

2019년 수퍼볼 동안, 세계 최대의 맥주 회사인 안호이저-부시 인베브(Anheuser-Busch InBev)는 버드와이저(Budweiser), 버드 라이트(Bud Light), 미켈롭 울트라(Michelob Ultra), 스텔라 아르투아(Stella Artois), 본 앤 비브 스파이크드 셀처(Bon & Viv Spiked Seltzer)의 5개 브랜드를 위한 8개의 광고를 방송하는 데 3,000만 달러 이상을 지출했다. 하지만 게임 후 가장 많은 주목을 받은 광고는 버드 라이트 광고로, 밀러 라이트(Miller Lite)와 쿠어스 라이트(Coors Light)가 옥수수 시럽을 사용한다고 비난하는 광고였다. 이 광고는 2017년 시작된 "Dilly Dilly(딜리 딜리)" 캠페인의 일환으로, 중세 왕국을 배경으로 하였는데, 수퍼볼 광고에서 큰 화제를 일으켰다. 광고 내용은 다음과 같다. 버드 라이트 왕국이 실수로 자신들에게 의도되지 않은 거대한 옥수수 시럽 배럴을 받게 되었는데, 버드 라이트는 맥주 제조 과정에서 옥수수 시럽을 사용하지 않기 때문에 이를 밀러 라이트와 쿠어스 라이트 왕국에 전달하기 위해 여정을 떠난다는 내용이다. 게임 후에도 안호이저-부시 인베브는 이 광고를 계속 방송하고, 인쇄물, 디지털 광고, 빌보드, 웹사이트 등을 통해 버드 라이트가 "밀러 라이트와 쿠어스 라이트보다 옥수수 시럽이 100% 적다"는 점을 강조했다.

밀러쿠어스(MillerCoors)는 이에 대한 반박으로, 〈The New York Times〉에 전면 광고를 게재하며 옥수수 시럽 사용에 대한 변호를 시작했다. 이 광고는 '미국의 맥주 애호가들'에게 보내는 내용으로, 옥수수 시럽과 고과당 옥수수 시럽의 차이를 명확히 하고, 밀러 라이트는 고과당 옥수수 시럽을 사용하지 않으며, 버드 라이트의 광고가 불필요한 옥수수 시럽 논란을 일으켰다고 주장했다. 광고는 또한 "우리 경쟁자의 대형 광고 덕분에 소비자들은 밀러 라이트가 버드 라이트보다 더 맛있고, 더 적은 칼로리와 절반의 탄수화물을 가지고 있다는 사실을 알게 되었다"고 말했다. 안호이저-부시 인베브는 이에 대해 "버드 라이트의 캠페인은 항상 투명성을 제공하고 소비자가 원하는 정보를 제공하는 것에 중점을 두었다. 우리는 다른 양조업체들이 이 대화에 참여한 것에 기쁨을 느끼며, 투명성이 맥주 산업에 좋다는 것을 믿는다"고 답변했다.

수퍼볼 6주 후, 밀러쿠어스는 버드 라이트의 "Dilly Dilly" 왕국을 침공하며 비교 광고를 통해 전투를 더욱 격화시켰다. 이 광고는 NCAA 미국 대학 농구 토너먼트(NCAA March Madness) 동안 TV와 디지털, 소셜 미디어에서 방영되었고, 버드 라이트 수퍼볼 광고의 가상 비하인드 신 패러디로, 복장을 입은 기사들이 버드 라이트 냉장고 옆을 지나며 밀러 라이트를 마시는 모습을 보여주었다. 광고의 슬로건은 "실제 세상에서는 풍부한 맛이 중요하다"였다. 밀러쿠어스의 한 임원은 이 광고가 '버드 라이트는 환상적인 세계에 살고 있지만, 실제 세계에서는 사람들이 밀러 라이트를 마신다'고 보여주기 위해 만들어졌다고 설명했다.

안호이저-부시 인베브는 밀러 라이트 광고에 대해 빠르게 반응하며 투명한 재료 라벨링을 요구하는 광고를 방송했다. 이 광고는 버드 라이트가 패키지에 재료와 영양 정보를 제공하는 맥주임을 강조하는 내용이었다. "이미테이션(Imitation)"이라는 광고에서는 왕이 버드 라이트 패키지를 들고 왕좌에 앉아 재료를 명확히 보여주며, 경쟁자에게 이렇게 말한다: "밀러, 밀러, 밀러, 나는 네가 최근에 방송한 광고들을 봤다. 네가 보낸 옥수수 시럽 배럴을 가져왔고, 이렇게 보답하는 거냐? 만약 네가 우리 왕국을 모방하려 한다면, 우리처럼 패키지에 재료 라벨을 붙이는 것을 모방하는 것도 제안할 수 있겠니?" 광고는 왕이 "하지만 내가 뭘 알겠니? 나는 옥수수 시럽으로 맥주를 양조하지 않는 왕국의 왕일 뿐이니까"라고 말하며 끝난다. 그 후, 왕의 충실한 부하가 그에게 하이파이브를 한다.

맥주 소비자들이 기발한 비교 광고에 즐거워하는 동안, 논란은 더 심

사진 6-17

삼성의 비교 광고는 갤럭시 S III를 아이폰 5와 비교하여 포지셔닝했다.

자료: Samsung

시장 선두주자들은 일반적으로 비교 광고 사용에 주저한다. 왜냐하면 대부분의 사람들이 자사의 경쟁 제품을 광고에 등장시키는 것에서 얻을 것이 적다고 생각하기 때문이다. 물론 예외도 있다. 예를 들어, 코카콜라는 펩시의 도전으로 콜라의 시장 점유율이 감소하자 비교 광고를 사용했다. 안호이저-부시(Anheuser-Busch)도 밀러 브루인 컴퍼니(Miller Brewing Company)가 자사의 버드 라이트(Bud Light)와 다른 브랜드의 시장 점유율을 빼앗으면서 시작된 비교 광고에 대응했다. 프레드 비어드(Fred Beard)의 연구에 따르면, 마케터들은 비교 광고 사용 시 소비자들의 부정적인 반응을 초래할 수 있다는 점에서 신중해야 한다고 한다. 그는 또한 비교 광고가 젊은 청중에게 더 효과적이라는 것을 발견했다. IMC 관점 6-1에서는 버드 라이트와 밀러쿠어스 간 최신 비교 광고 전쟁을 다룬다.

비교 메시지가 자주 사용되는 또 다른 분야는 정치 광고다. 정치 광고는 정치적 발언의 중요한 구성 요소로 간주되며, 따라서 상업적 발언보다 더 많은 제1 수정 헌법 보호를 받으며

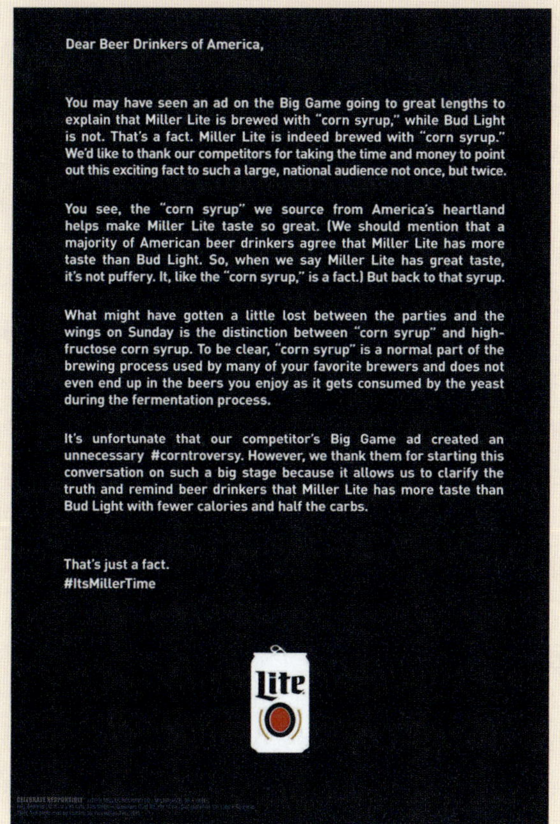

Dear Beer Drinkers of America,

You may have seen an ad on the Big Game going to great lengths to explain that Miller Lite is brewed with "corn syrup," while Bud Light is not. That's a fact. Miller Lite is indeed brewed with "corn syrup." We'd like to thank our competitors for taking the time and money to point out this exciting fact to such a large, national audience not once, but twice.

You see, the "corn syrup" we source from America's heartland helps make Miller Lite taste so great. (We should mention that a majority of American beer drinkers agree that Miller Lite has more taste than Bud Light. So, when we say Miller Lite has great taste, it's not puffery. It, like the "corn syrup," is a fact.) But back to that syrup.

What might have gotten a little lost between the parties and the wings on Sunday is the distinction between "corn syrup" and high-fructose corn syrup. To be clear, "corn syrup" is a normal part of the brewing process used by many of your favorite brewers and does not even end up in the beers you enjoy as it gets consumed by the yeast during the fermentation process.

It's unfortunate that our competitor's Big Game ad created an unnecessary #corntroversy. However, we thank them for starting this conversation on such a big stage because it allows us to clarify the truth and remind beer drinkers that Miller Lite has more taste than Bud Light with fewer calories and half the carbs.

That's just a fact.
#ItsMillerTime

자료: Miller Brewing Company

각해졌다. 밀러쿠어스가 수퍼볼 6주 후 연방 법원에 안호이저-부시 인베브를 허위광고 및 상표 희석으로 고소했기 때문이다. 밀러쿠어스는 버드 라이트 광고가 오도된 내용이라며, 양조업체가 발효 과정에서 옥수수 시럽을 사용하지만, 효모가 이를 분해하여 최종 제품에는 옥수수 시럽이 남지 않는다고 주장했다. 또한 밀러쿠어스는 안호이저-부시 인베브가 옥수수 시럽과 고과당 옥수수 시럽을 메시지에서 혼용하여 고과당 옥수수 시럽이 비만과 연관이 있다는 점을 소비자들에게 강조함으로써 버드 라이트로 전환하도록 유도했다고 주장했다. 물론 안호이저-부시 인베브는 이 소송이 근거 없다고 반박하며, 자사의 광고는 버드 라이트와 두 경쟁사 간의 주요 차이를 지적하기 위한 것이라고 밝혔다.

밀러쿠어스와 안호이저-부시 인베브가 법정에서 싸움을 벌이는 동안, 옥수수 시럽 논란이 전체 맥주 산업에 해를 끼칠 수 있다는 우려가 제기됐다. 대부분의 양조업체들이 레시피에 옥수수 시럽을 사용하고 있기 때문이다. 미국 내 맥주 판매는 알코올 소비를 줄이고, 많은 맥주 소비자들이 와인과 증류주로 전환하고 있어 몇 년간 감소해왔다. 산업 전문가들은 옥수수 시럽 문제로 건강 우려가 제기될 수 있다는 점을 언급하며 맥주 판매에 도움이 되지 않을 것이라고 경고했다. 논란이 일어나기 전, 맥주 산업의 주요 경쟁자들[컨스텔레이션 브랜즈(Constellation Brands), 하이네켄(Heineken), 안호이저-부시 인베브, 밀러쿠어스]은 소비자들의 관심을 와인과 증류주에서 맥주로 돌리기 위한 산업 전반의 비브랜드 캠페인(unbranded campaign)을 계획하고 있었다. 그러나 밀러쿠어스의 한 임원은 산업 리더가 널리 사용되는 재료인 옥수수 시럽을 비난하며 수백만 달러를 쏟아붓고 있는 상황에서 이 캠페인은 시간과 돈 낭비가 될 것이라고 지적했다.

이 맥주 전쟁에서 최신 전투가 어떻게 전개될지는 시간이 지나야 알 수 있다. 일부 사람들은 안호이저-부시 인베브가 "Dilly Dilly" 캠페인에서 만든 옥수수 시럽 논란을 "silly silly(실리 실리)"라고 주장하며, 궁극적으로 맥주 소비자들이 쌀, 보리, 홉, 옥수수 시럽이 중요하게 여겨지는지, 아니면 그냥 맛있는 맥주를 원하게 될지를 결정할 것이라고 말한다.

자료: Laura Reiley, Beer Giants Wage Corn Syrup War, *San Diego Union Tribune*, March 22, 2019, pp. C1,2; Robert Conception de Leon, MillerCoors Sues Anheuser-Busch over 'Misleading' Bud Light Ad, *The New York Times*, March 21, 2019, https://www.nytimes.com/2019/03/21/business/miller-lite-bud-light-lawsuit.html; E. J. Schultz, Miller Lite Responds to Bud Light's Corn Syrup Attack with Full-Page New York Times Ad, Advertising Age, February 5, 2019, https://adage.com/article/cmo-strategy/millerlite-responds-bud-light-s-corn-syrup-attack/316529.

정부나 자율 규제 기관의 규제가 적다. 이로 인해 정치 광고에서는 반대 후보의 약점(성격 결점, 투표 기록, 공적 발언 실수, 약속 불이행 등)에 대한 부정적이고 일방적인 공격을 포함하는 경우가 흔하다. 이러한 광고의 목표는 상대방의 성격, 기록 또는 입장을 불신하게 만들고, 유권자들에게 상대 후보의 능력에 대한 의심을 불러일으키는 것이다. 정치 광고에서 부정적인 광고가 효과적인 이유는 유권자들이 정치 후보자에 대한 인상을 형성할 때 부정적인 정보를 긍정적인 정보보다 더 중요하게 평가하는 경향이 있기 때문이다. 그러나 연구에 따르면 정치인들이 '공격 광고'를 사용하면 두 후보 모두에 대한 부정적인 인식을 초래할 수 있다고 한다.

공포 소구 공포는 위협에 대한 감정적 반응으로, 어떤 종류의 위험을 표현하거나 적어도 암시하는 방식이다. 광고는 때때로 **공포 소구**(fear appeals)를 사용하여 이러한 감정적 반응을 유발하고 사람들로 하여금 이러한 위협 요소를 제거하도록 유도하기도 한다. 미국의 약물 없는 사회를 위한 파트너십(Partnership for a Drug-Free America)에서 진행한 약물 금지 캠페인처럼 어떤 광고는 공포 소구를 통해 약물 남용이 야기할 수 있는 신체적 위험을 강조하기도 한다. 데오도란트, 구강 세정제, 비듬 샴푸와 같은 제품 광고는 사회적 거부나 반감 등을 이용하여 공포 소구를 활용하기도 한다. 공포 소구는 음주 운전과 같이 위험한 행동을 방지하기 위해 종종 사용되는데, 최근에는 운전 중 문자를 보내는 행위의 위험성을 경고하는 데 활용되기도 한다. 예를 들어, 미국에서 공공 서비스 광고를 주로 제작하는 광고협의회(Ad Council)는 공포 소구를 활용하여 위와 같은 행동의 위험성을 알리는 다양한 캠페인을 진행하기도 하였다. 사진 6-18은 광고 협의회가 만든 광고로 음주 후 운전(buzzed driving)을 막기 위한 목적으로 기획이 되었다. 해당 광고는 음주운전으로 체포되었을 경우 법률 비용으로 거의 1만 달러가 들 수 있다는 점을 강조하여 위험성을 알리고 있다. 이 광고는 많은 운전자가 음주 운전 메시지는 자신과 상관이 없다고 생각하고 있다는 조사 결과를 바탕으로 제작이 되었다. 다시 말해 이 광고는 몇 잔의 술을 마시고 운전하는 것은 음주운전이 아니라고 인식하는 사람들이 많다는 점에서 시사점을 얻었다고 할 수 있다.

사진 6-18

광고협의회는 음주운전을 방지하기 위해 공포 소구를 사용했다.

자료: National Highway Traffic Safety Administration and Ad Council

공포의 작동 방식 공포 소구를 메시지 전략으로 사용하기로 결정하기 전에 광고주는 공포가 어떻게 작용하는지, 어떤 수준으로 사용할지, 그리고 다양한 타겟 청중이 어떻게 반응할지를 고려해야 한다. 한 이론에 따르면, 메시지의 공포 수준과 이에 대한 수용 혹은 설득 효과 간의 관계는 곡선 형태라고 한다(도표 6-5 참조). 이는 공포 수준이 향상함에 따라 메시지의 수용도는 증가하지만, 일정 지점을 넘어서면 감소세로 돌아섬을 의미한다.

이러한 공포와 설득 효과 간의 관계는 공포 소구가 촉진과 억제 효과를 동시에 가지고 있음을 의미한다. 낮은 수준의 공포는 촉진 효과를 야기하는데, 이는 메시지에 대한 관심과 흥미를 끌어내어 수신자가 위협을 해결하려는 동기를 형성하게 한다. 이러한 측면에서 메시지의 공포의 수준을 낮은 수준에서 중간 수준으로 올리면 더 높은 설득 효과를 기대할 수 있다. 하지만 공포 수준이 너무 높아지게 되면 억제 효과가 발생할 수 있다. 공포 수준이 너무 높으면 수신자는 메시지 자체를 회피하거나 선택적으로 인식 혹은 주장을 전면 부인하는 방식으로 메시지에 반응할 수도 있다. 도표 6-5는 공포와 설득 간의 이러한 상반된 효과가 어떻게 작용하는지를 보여준다.

도표 6-5

두려움 수준과 메시지 수용 사이의 관계

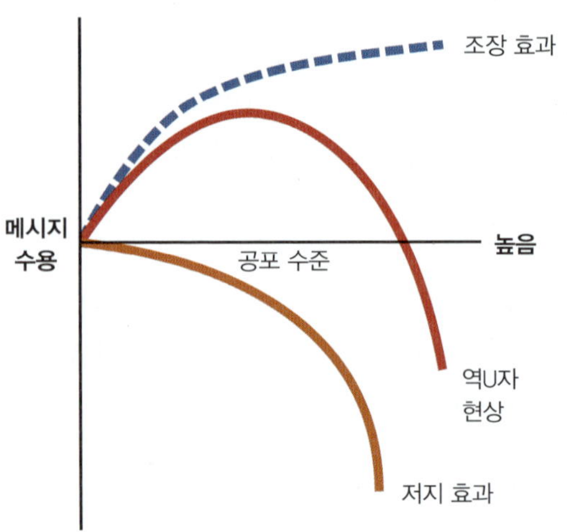

아난드 켈러(Anand-Keller)와 블록(Block)의 연구는 공포 작동 방식에 관한 이러한 관점을 뒷받침하는 근거를 제공했다. 그들은 금연을 촉진할 때 낮은 수준과 높은 수준의 공포 소구 중 어느 것이 더 효율적일지 조사하였다. 그들의 연구에 따르면 낮은 수준의 공포 소구 메시지는 흡연자들에게 흡연으로 인한 위험성을 제대로 인지시키는 동기를 형성하는 데 충분치 않아서 효율성이 떨어진다고 한다. 반면에 공포 수준이 너무 높아지게 되면 흡연으로 인한 부정적 결과에 대한 인식 수준이 지나치게 강화되어, 메시지를 회피하거나 문제 해결을 무시하는 방어적 기제가 형성되어 금연 유도 효과가 떨어질 수도 있다.

공포 소구에 대한 곡선형 설명에 대한 또 다른 접근 방식은 보호 동기 모델(Protection Motivation Model)을 들 수 있다. 이 이론에 따르면, 네 가

State 1

State 2

State 3

State 4

State 5

State 6

사진 6-19

씨게이트는 소비자에게 문제를 알리고 해결책을 제시하는 약한 공포 소구를 사용한다.

자료: Seagate Technology LLC

지 인지적 평가 과정이 위협에 대한 개인의 반응을 매개한다고 한다. 다음의 네 가지에 대한 평가 과정이 이에 해당한다.

- 지각된 위협의 심각성에 대한 정보 평가
- 위협이 발생할 가능성에 대한 평가
- 위협을 제거하기 위한 대처 행동 지각 능력
- 대처 행동을 수행할 수 있는 개인의 지각 능력

이 모델은 공포 소구 메시지의 정보에 대한 인지적 평가와 설득을 매개하는 감정적 반응 두 가지를 제안하고 있다. 청중은 위협과 관련된 정보를 계속 처리하려는 경향이 있고, 이를 통해 대처 행위를 하려는 가능성이 증가하게 된다.

보호 동기 모델은 공포 소구를 사용하는 광고가 타겟 청중에게 위협의 심각성, 발생 확률, 대응 방법의 효과성 및 대응 방법의 용이성에 대한 정보를 제공해야 한다고 제안한다. 예를 들어, 사진 6-19의 광고는 컴퓨터 하드 드라이버의 백업에 사용되는 씨게이트 테크놀로지(Seagate Technology)의 레플리카(Replica) 제품에 대한 온화한 수준의 공포 소구를 보여주고 있다. 이 광고는 컴퓨터가 고장 나서 모든 파일이 손상되면 어떠한 일이 벌어질 수 있는지를 재미있는 일러스트와 그래픽으로 보여주었다. 덧붙여 레플리카 제품의 사용 용이성을 보여줌으로써 문제 해결에 대한 확신과 그로 인한 마음의 안정감도 같이 제공하였다.

타겟 소비자가 어떻게 반응할지 고려하는 것도 중요하다. 공포 소구는 메시지 수신자가 자기 확신을 가지고 있고, 위험을 피하는 것보다 대처하는 것을 선호할 때 더 효과적이다. 또한 공포 소구는 제품을 사용하지 않는 사람들에게 더 효과적이다. 따라서 공포 소구는 흡연자들에게 담배를 끊게 만드는 것보다 비흡연자들에게 흡연을 시작하지 않도록 하는 데 더 효과적일 수 있다.

공포 소구에 대한 연구를 검토한 허버트 로트펠드(Herbert Rotfeld)는 일부 연구가 메시지에서 나타내는 위협과 잠재적 피해 수준을 공포라는 감정적 반응과 혼동하고 있다고 지적했다. 그는 공포나 각성의 감정적 반응과 설득 사이의 관계가 곡선형이 아닌, 공포의 수준이 상승할수록 설득력이 높아지는 정(positive)의 함수 관계라고 주장했다. 그러나 로트펠드는 사람마다 공포를 느끼는 대상이 다르기 때문에 공포 메시지가 동일한 효과를 나타내지는 않는다고 했다. 같은 위협에 대한 사람들의 반응이 제각기이기 때문에 가장 강력한 위협이 항상 가장 설득적이지는 않는다. 이는 공포 소구를 사용하는 마케팅 담당자들이 메시지에서 발생하는 감정적 반응과 그것이 어떻게 영향을 미칠지를 고려해야 함을 뜻한다.

선행연구들이 지나치게 높은 수준의 공포 메시지가 수신자로 하여금 메시지 수용도를 저해함을 밝히고 있지만, 높은 수준의 공포가 행동을 변화시키는 데 효과적이었던 광고 캠페인의 예도 있다. 예를 들어, 십대들 사이에서의 메스암페타민 사용을 줄이기 위한 대규모 예방

사진 6-20

몬태나 메스 프로젝트는 높은 수준의 공포를 이용한 광고를 사용한다.

자료: Meth Project Foundation Inc., The Partnership for Drug-Free Kids

프로그램인 몬태나 메스 프로젝트(Montana Meth Project, MMP)는 강한 공포 소구의 효과를 잘 보여주고 있다. MMP 캠페인의 통합 캠페인은 메스암페타민 사용과 중독의 위험을 전달하기 위해 공공 서비스 메시지, 정책 및 지역 사회 활동뿐만 아니라 강력한 TV, 라디오, 인쇄물, 디지털 및 소셜 미디어 메시지를 사용하고 있다. 많은 광고가 메스암페타민 사용과 중독의 위험을 전달하기 위해 높은 수준의 공포를 사용하고 있는데 사진 6-20의 광고에서 이를 확인할 수 있다. MMP는 매우 성공적이었으며, 몬태나에서의 메스암페타민 사용은 크게 감소했으며, 다른 여러 주에서 이 캠페인을 사용하기 시작했다. 안드레아 모랄레스(Andrea Morales), 유제니아 우(Eugenia Wu), 개번 피츠사이먼스(Gavan Fitzsimons)의 최근 연구는 MMP 캠페인에서 사용된 광고들이 효과적일 수 있는 이유는 광고에서 사용된 이미지들이 공포뿐만 아니라 혐오감을 유발했기 때문이라고 밝히고 있다.

유머 소구 유머 광고는 가장 유명할 뿐만 아니라 기억에 잘 남는 광고 소구 형태로 알려져 있다. GEICO, 올드 스파이스, 스니커즈, 버드와이저, 버드 라이트와 같은 많은 광고주들이 유머 광고를 효과적으로 사용하고 있다. 유머는 주로 TV 광고와 온라인 비디오에서 사용되는데, 라디오에서도 종종 활용된다. 이러한 미디어는 유머 메시지를 효과적으로 전달하는 데 적합하다. 인쇄 광고에서도 유머 광고의 활용은 이루어지는데, 이미지와 기발한 헤드라인 및 광고 카피의 결합이 유머러스한 메시지를 만들어낼 수 있다. 예를 들어, 리스터민트(Listermint) 구강 세정제의 광고(사진 6-21)는 유머를 효과적으로 활용한 인쇄 광고 사례를 보여주고 있다. 이 광고는 목회자의 나쁜 입냄새 때문에 사람들이 교회 뒤쪽으로 몰려가는 상황을 유머러스하게 보여주고 있다.

사진 6-21

이 창의적인 광고는 유머가 어떻게 인쇄 광고에서 효과적으로 실행될 수 있는지 보여주고 있다.

자료: J. Walter Thompson Sydney Advertising Agency

광고주들이 유머를 사용하는 이유는 다양하다. 유머가 담긴 메시지는 소비자의 관심을 끌고 유지하는 데 도움이 된다. 유머는 소비자들에게 긍정적인 분위기를 유도함으로써, 광고와 광고 속 제품에 대한 호감도를 높여 광고 효과를 증진시킬 수 있다. 또한 메시지에 대한 반발을 줄이는 역할도 할 수 있다. 광고 속 유머의 효과를 조사한 메타 분석은 유머의 주 효과가 주로 감정적인 반응에 기반하며, 브랜드에 대

한 믿음이나 혜택과 같은 인지적 정보의 처리는 다소 분산시킬 수도 있다고 밝히고 있다. 다시 말해, 유머 메시지는 주로 주변 경로를 통해 처리되며, 감정적 요소에 더 많은 주의를 기울이게 되어 브랜드에 관한 인지적 처리는 미흡하게 된다.

그러나 비평가들은 재밌는 광고가 소비자들을 유머러스한 상황으로 유도할 수는 있지만, 브랜드나 그 속성에 대한 주의를 분산시킬 수 있다고 주장한다. 사실 효과적인 유머 광고를 제작하는 것은 어려운 일이고, 어떤 유머들은 대중이 소화하기 난해할 수도 있다. 게다가 유머 광고는 진지한 메시지보다 더 빨리 마모될 수 있다는 우려도 있다. **마모**(wearout)는 동일 광고(TV 혹은 라디오 광고)가 소비자에게 반복적으로 노출되면서 그 효과가 떨어지는 경향을 뜻한다. 마모는 광고가 소비자들에게 여러 번 노출되어 소비자가 더 이상 관심을 가지지 않거나, 반복되는 광고에 싫증을 느낄 때 일어날 수 있다. 일부 전문가들은 유머 광고가 다른 형식의 광고보다 더 빨리 마모된다고 주장한다. 그 이유는 소비자가 한 번 유머를 이해하면 더 이상 흥미를 가지지 않기 때문이다. 그러나 유머 광고 옹호자들은 잘 실행된 유머 광고는 진지한 메시지 대비 더 호의적인 반응을 이끌어낼 수 있기 때문에, 유머 광고의 효과가 더 오래 지속될 수 있다고 주장한다. 마케터들이 유머 광고의 소진 문제를 해결하는 방법 중 하나는 '풀아웃(pool-out)' 방식을 채용하거나 캠페인의 중심 주제를 여러 버전을 제작하여 번갈아가며 운영하는 것이다. 이렇게 하면 같은 광고가 짧은 시간에 반복해서 노출되는 것을 방지할 수 있다. 예를 들어, GEICO, 페덱스, 안호이저-부시 인베브와 같은 대형 광고주들은 여러 광고를 제작하여 이를 순차적으로 운영하기도 한다. 하지만 이러한 방법은 예산이 부족한 소규모 기업들에게는 적합하지 않을 수 있다.

유머 광고에는 장단점이 분명히 존재한다. 모든 제품이나 서비스가 유머 광고에 적합한 것은 아니다. 많은 연구들이 유머의 효과가 제품이나 서비스 유형, 혹은 타겟 소비자의 특성에 따라 달라진다는 것을 말하고 있다. 예를 들어, 유머는 고관여, 인지적 제품보다는 저관여, 감성적 제품에 더 효과적이다. 최근 한 연구는 청중의 관여도가 유머 광고 효과를 어떻게 조절할 수 있는지를 조사하였다. 연구 결과, 유머적 요소가 없는 제품 광고의 경우, 유머 소구가 관여도가 낮은 소비자(고관여 소비자 대비)에게 더 효율적임을 보여주었다. 이 연구 결과는 고관여 제품보다는 저관여 제품이 유머 광고에 더 적합할 수 있다는 주장에 힘을 실어주고 있다.

채널 요소

커뮤니케이션 과정에서 통제 가능한 최종 변수는 메시지를 타겟 청중에게 전달하는 채널 또는 매체라 할 수 있다. 마케팅 커뮤니케이션을 전달할 수 있는 다양한 방법이 있지만, 5장에서도 언급한 바와 같이 크게 두 가지[개인적인 매체(personal channels)와 비개인적인 매체(nonpersonal channels)]로 분류될 수 있다.

인적 매체 vs. 비인적 매체

인적 커뮤니케이션 채널과 비인적 커뮤니케이션 채널 사이에는 여러 가지 기본적인 차이가 있다. 인적 영향 채널로부터 얻은 정보는 일반적으로 대중 매체를 통해 얻은 정보보다 높은 설득력을 보인다. 이러한 차이점이 생기는 이유는 다음의 광고와 인적 판매의 비교를 통해 알 수 있다.

> 설득의 관점에서, 판매 메시지는 광고보다 훨씬 더 유연하고 개인적이며 강력하다. 광고는 일반적으로 고객과의 개인적인 접촉이 거의 없는 사람들에 의해 기획된다. 이 광고 메시지는 다수 대중에게 소구하기 위해 제작된다. 반면에, 좋은 판매 제안 메시지는 미리 결정되지 않는다. 제품이나 서비스에 대한 많은 지식이 있는 판매자는 대화의 진행 상황에 적합한 아이템들을 선택하고 활용한다. 따라서 판매자는 판매촉진 단계에서 고객이나 잠재 고객의 생각과 필요에 맞게 메시지를 조정할 수 있다. 또한 구매자가 이의를 제기하면, 판매자는 이를 적절히 대응할 수도 있다. 이와 같은 일은 광고 상황에서는 불가능하다.

인적 채널은 IMC 프로그램에서 여러 방식으로 활용된다. 5장에서 논의했듯이, 소셜 미디어가 활성화되는 현 시점에서 많은 마케터들이 입소문 커뮤니케이션(word-of-mouth)의 중요성을 인식하고 있다. 구매 시점에서 이루어지는 판매 프로그램이나 회사의 판매 인력을 동원한 판매 프로그램을 통해 전통적인 인적 커뮤니케이션이 이루어지고 있다. 하지만 대부분의 광고 및 프로모션 프로그램은 전통적인 매체 광고나 디지털 및 소셜 미디어에 크게 의존하고 있다. 따라서 마케터들이 매스 미디어와 관련하여 고려해야 할 중요한 사항들에 대해 논해 보고자 한다.

대안적인 대중 매체의 효과

광고주가 메시지를 전달하기 위해 사용하는 다양한 대중 매체는 여러 상황적인 요소들에 의해 달라지게 된다. 예를 들어, 도달 목표 소비자의 수와 유형, 비용, 정보 처리 요구 사항, 그리고 질적인 요소 등에 따라 활용 대중 매체의 형태는 달라질 수 있다. 대중 매체의 비용과 목표 청중에게 커뮤니케이션을 노출시키는 효율성은 10장에서 12장까지 다룰 것이다. 그러나 정보가 처리되는 방식의 차이나 커뮤니케이션이 맥락 또는 환경에 어떤 영향을 받는지는 이 시점에서 꼭 다루어져야 한다.

정보 처리의 차이 여러 형태의 매체를 통해 전달되고 처리되는 정보의 평가 방식에는 기본적인 차이가 있다. 신문, 잡지, 다이렉트 메일과 같은 인쇄 매체와 웹사이트 및 기타 소유 매체(owned media)를 통해 전달되는 광고 정보는 **자가 속도 방식**(self-paced)으로 처리된다. 즉, 독자는 광고나 정보를 자신의 속도에 맞춰 처리할 수 있고, 원하는 만큼 시간을 들여서 학습한다. 반면, 라디오와 텔레비전 같은 방송 미디어에서 전달되는 정보는 **외부 속도 방식**(externally paced)에 의해 처리된다. 이는 정보처리가 매체에 의해 조절됨을 뜻한다.

인쇄 매체와 방송 매체의 처리 속도 차이는 광고주에게 몇 가지 분명한 시사점을 제공한다. 인쇄 매체 정보는 메시지 수신자의 자가 속도로 처리되기 때문에 길고 복잡한 메시지를 처리하기에 용이하다. 때때로 광고주는 많은 정보를 포함하는 자세한 메시지를 전달하고자 할 때 인쇄 광고를 사용한다. 방송 매체는 짧은 메시지를 전달하거나, TV의 경우 단어와 이미지를 함께 제시하는 것이 더 효과적이다.

방송 메시지는 길이와 복잡성 측면에서 한계가 있지만, 광고주는 이 문제를 해결할 방안이 있다. 한 가지 전략은 라디오나 TV 광고를 사용하여 소비자의 관심을 끈 이후에, 더 자세한 메시지 전달을 위해 그들을 웹사이트로 유도하는 것이다. 어떤 광고주는 방송과 디지털/인쇄 매체에서 동일한 메시지를 제작하기도 한다. 두 매체 모두 카피의 비율은 유사하지만, 수신자가 인쇄 광고 메시지를 좀 더 편안한 속도로 처리한다.

사진 6-22

〈Travel+Leisure〉 잡지는 여행 관련 광고에 대해 훌륭한 수용 환경을 만들어낸다.

자료: Travel+Leisure

맥락과 환경의 효과

광고 메시지 해석은 해당 광고가 노출되는 맥락이나 환경에 영향을 받는다. 커뮤니케이션 이론가인 마셜 맥루한(Marshall McLuhan)은 "미디어는 메시지다"라는 말을 통해, 매체가 그 안에 담긴 메시지와는 독립적인 이미지를 전달한다고 주장했다. **정성적 매체 효과**(qualitative media effect)란 매체가 메시지에 미치는 영향력을 뜻한다. 즉, 매체 이미지가 메시지에 대한 반응에 영향을 줄 수 있음을 뜻한다. 예를 들어, 고급 남성 의류 라인의 광고는 〈Sports Afield〉와 같은 스포츠 잡지보다는 〈GQ〉와 같은 패션 잡지에서 더 큰 영향력을 발휘할 수 있다. 항공사나 여행 관련 서비스들 광고가 〈Travel+Leisure〉와 같은 출판물 매체를 이용하는 이유는 그 해당 매체의 주요 기사나 사진 등이 여행에 관심을 가진 독자들의 관심을 자극할 수 있기 때문이다(사진 6-22 참조).

매체 환경은 광고가 제시되는 프로그램의 특성에 의해 창조될 수도 있다. 소비자들이 행복한 TV 프로그램(슬픈 프로그램 대비) 속 광고에 더 긍정적인 반응을 보인다는 연구 결과가 이를 뒷받침할 수 있다. 광고주는 인기 프로그램에서 광고를 하기 위해 더 높은 가격을 지불하는데, 이는 이러한 프로그램이 시청자들로 하여금 더 긍정적인 기분을 야기할 수 있기 때문이다. 시트콤, 스포츠 이벤트, 오스카나 그래미와 같은 시상식, 연휴 특집 프로그램 등이 이에 해당한다. 반대로, 광고주는 시청자들에게 부정적인 감정을 일으킬 수 있는 프로그램이나 회사 및 제품에 부정적 영향을 줄 수 있는 프로그램은 회피한다. 과도한 폭력이나 성적 내용이 포함된 프로그램은 일반적으로 기피된다. 예를 들어, 코카콜라는 TV 뉴스 프로그램에서 광고하지 않는데, 이는 뉴스에서 다루어지는 안 좋은 소식들이 코카콜라의 '긍정적이고 재미있는' 이미지와 배치된다고 판단하기 때문이다. 앤드루 아일스워스(Andrew Aylesworth)와 스콧 매켄지(Scott MacKenzie) 연구에서는 부정적인 감정을 유발하는 프로그램에서 노출된 광고가 기분 좋은 프로그램 속 광고보다 덜 체계적으로 처리된다고 밝혔다. 이들은 만약 중심경로(central route)를 통한 설득 효과가 요구되는 메시지를 사용할 경우, 소비자들을 기분 좋게 만드는 프로그램에 광고를 노출시키는 것이 효과적이라고 제안했다. 반면에, 주변 경로(peripheral route)로 설득하려는 메시지는 부정적인 프로그램에서 노출될 때 효과적일 수 있는데, 이는 부정적인 기분 상태의 소비자는 광고를 세밀하게 분석하지 않기 때문이다.

혼잡도

매체 환경에서 광고주가 고려해야 하는 중요한 문제 중 하나는 **혼잡도**(clutter)다. 혼잡도는 하나의 매체에 송출되는 광고의 양을 뜻한다. 그러나 TV 매체에서 혼잡도는 종종 방송 환경에서 노출되는 모든 비프로그램(예: 광고, 프로그램 프로모션 메시지, 공익 광고 등)을 포함하는 것으로 간주된다. 소비자들의 주의를 끌기 위해 많은 메시지가 다양한 매체를 통해 경쟁적으로 노출되기 때문에, 혼잡도는 광고주들에게 큰 걱정거리로 인식되고 있다. 전통적으로, 잡지 페이지의 절반 정도가 광고로 채워지고, 패션 잡지 같은 경우에는 광고가 편집 콘텐츠보다 더 많은 경우도 있다. 그러나 최근에 마케터들이 디지털 매체 광고에 집중하면서, 잡지 광고 비중은 크게 줄어들고 있다. 그럼에도 불구하고 텔레비전과 라디오 광고 그리고 온라인과 같이 광고 집행이 활발한 매체에서는 혼잡도 문제가 여전히 존재한다. 평균적으로 방송시간의 25%가 광고로 채워지고, 대부분의 라디오 방송은 시간당 10~12분 정도를 광고에 할애하고 있다. 주요 방송국의 프라임 타임 속 광고 집행 시간은 3분 정도인데, 이 시간 동안 많은 광고가 집중적으로 집행되어 시청자가 광고에 집중하기 어렵고, 광고 효과도 떨어진다.

텔레비전 광고에서 혼잡도에 대한 우려는 비프로그램 시간의 증가와 짧은 광고들의 등장으로 가중되고 있다. 1970년대에 60초 광고가 30초 광고로 대체되었고, 지금은 대다수의 광고주가 15초 광고를 사용하고 있다. 광고 전문가들은 지속적으로 TV 매체의 과도한 혼잡도에 관해 우려하고 있는데, 1990년대에는 혼잡도가 30%까지 증가했고, 지난 20년 동안 이 증가세는 계속되고 있다. 혼잡도의 증가를 야기하는 여러 요인들이 지적되고 있는데, TV 프로그램의 시청률 감소와 소비자들의 온라인 매체 선호 그리고 마케터들의 디지털 광고로의 전환 등이 대표적이다. TV 방송국들은 이로 인한 수익 감소를 해소하기 위해 프로그램에 더 많은 광고를 노출시키고 있는 실정이다.

4대 주요 방송국은 프라임 타임 동안 시간당 평균 13분의 광고 시간을 갖고 있으며, 케이블 네트워크는 평균적으로 거의 15분의 광고 시간을 가지는데, 일부는 이보다 더 많은 경우도 있다. 이런 상황에서 소비자가 방송과 케이블 TV의 프라임 타임 프로그램을 3시간을 시청한다면, 그는 100개 이상의 광고와 프로그램 안내, 공익 광고 등에 노출되게 된다. 혼잡도 비율은 방송국이 더 높은 광고 수익을 창출할 수 있는 인기 있는 프로그램에서 높게 나타나고는 한다. 당연하게도, 광고주와 광고대행사들은 종종 방송국에 압박을 가해 인기 있는 프로그램에 광고를 배치하게 함으로써 이 문제를 지속적으로 야기하고 있다.

광고주와 대행사들은 방송국에 프로그램에서 광고 시간의 양을 줄여줄 것을 압박하고 있다. 2018년, 폭스(Fox)와 NBC를 포함한 여러 주요 방송국들은 프라임 타임 프로그램에서 광고 수를 줄여 혼잡도 문제를 해결할 것이라 공표했다. 이는 많은 TV 시청자들이 HBO, 넷플릭스, 아마존과 같은 광고가 없는 플랫폼으로 이동하는 추세를 막는 데도 도움이 될 수 있다. 2019년, NBC 유니버설은 시청자에게는 더 나은 시청 경험을 제공하고, 마케터들에게는 소비자 관여도를 높일 수 있는 광고 기회를 제공하기 위해 광고 시간을 10% 더 줄이겠다고 발표했다. 그러나 이 문제는 쉽게 사라지지 않을 확률이 높으며, 광고주들은 유머, 유명인 모델 또는 새로운 창의적 접근법을 사용하여 혼잡도 문제를 해결하고자 할 것이다.

요 약

이 장에서는 커뮤니케이션 과정의 통제 가능 변수인 모델, 메시지, 채널 요소 등을 다루었다. 각 변수에 대한 결정은 메시지 수신자의 의사결정의 여러 위계적 단계에 미치는 영향이 고려되어야 한다. 설득 매트릭스는 소비자들의 반응 프로세스에 있어서 통제 가능한 커뮤니케이션 결정들의 영향력을 평가하는 데 도움을 줄 수 있다.

전략적인 커뮤니케이션에서 적절한 모델이나 커뮤니케이터를 선택하는 것은 중요한 요소라 할 수 있다. 신뢰성, 매력도 그리고 영향력은 모델의 중요 속성이다. 마케터들은 특정 분야의 전문가나 신뢰할 수 있는 이미지를 가진 커뮤니케이터를 고용하여 메시지 효과를 높인다. 유명인을 활용한 광고 메시지 전달은 매우 보편적인데, 이는 유명인이 수신자의 주의를 끌고, 동일화 과정을 통해 그들의 태도나 행동에 영향을 미칠 것이라는 믿음에 기인한다. 이 장에서는 유명인이 광고 대변인으로서 전달하는 의미와 그 이미지가 회사나 브랜드의 이미지와 일치하는 것의 중요성에 대해 논의하였다.

광고 메시지 디자인은 커뮤니케이션 프로세스에서 매우 중요한 부분이다. 메시지 구조와 관련된 다양한 옵션들이 존재하는데, 메시지 주장 제시 순서, 결론 도출, 메시지 양면성, 반박 그리고 언어적 요소와 시각적 특성 등이 포함된다. 비교 메시지와 감정 소구(두려움 vs. 유머)와 같은 다양한 메시지 소구 전략의 장단점도 다루어졌다.

마지막으로, 메시지를 전달하는 채널 또는 매체에 대해서도 논하였다. 인적 채널과 비인적 채널 간의 차이점이 논의되었으며, 정보처리 과정 및 정성적 요인들의 결과로 인한 대안적 대중 매체의 커뮤니케이션 영향력도 살펴보았다. 또한 광고가 노출되는 맥락과 수용 환경은 매체 선택 시 중요한 요소로 고려된다는 점도 알아보았다. 특히, 혼잡도는 TV에서 광고 시간이 짧아지는 반면, 집행 광고 수는 많아지면서 광고주에게 심각한 문제로 대두되고 있다.

PART

4

통합 마케팅 커뮤니케이션 프로그램의 목표 설정과 예산 수립

Objectives and Budgeting for Integrated Marketing Communications Programs

CHAPTER 7

프로모션 프로그램을 위한 목표 설정과 예산 수립

자료: Kraft-Heinz, Inc.

학습 목표

1 | 광고 및 프로모션 목표 설정의 가치에 대해 논의한다.

2 | 프로모션 목표와 마케팅 목표 간의 관계를 설명한다.

3 | 판매 목표와 커뮤니케이션 목표의 차이점에 대해 논의한다.

4 | 프로모션 프로그램 목표로서 판매와 커뮤니케이션 중심 목표의 가치를 비교한다.

5 | IMC 예산 책정 과정을 설명한다.

6 | 예산 책정에 대한 경제적 관점과 판매 반응 관점을 비교한다.

7 | 예산 설정 방법의 차이를 비교한다.

전통적인 빅 브랜드 기업들에게 무슨 일이 일어나고 있는가: 시대적 변화인가 아니면 마케팅 실수인가?

시어스(Sears), 제이시페니(JCPenney), 반스 앤 노블(Barnes & Noble), K마트(Kmart)—파산했거나 심각한 재정적 어려움을 겪고 있는 빅 브랜드 기업의 목록은 계속 증가하고 있다. 이제 그 목록에 또 하나의 이름이 추가될 수도 있다—크래프트 하인즈(Kraft Heinz). 이 이름을 들으면 보통 말도 안 돼!라고 여길지도 모른다. 유명 치즈 브랜드 크래프트(Kraft)와 세계에서 가장 잘 알려진 케첩 브랜드 하인즈(Heinz)를 가진 그 회사가? 그렇다면 그들의 피클은? 핫도그 시장의 강자 오스카 마이어(Oscar Mayer)는? 크래프트 하인즈의 현 상황을 받아들이기는 쉽지 않다. 왜 이런 일이 일어났을까?

이 브랜드들이 몰락하게 된 여러 요인이 지적됐다. 밀레니얼 세대의 라이프스타일 변화를 들 수 있다. 그들은 신선하고 건강한 음식을 선호하고, 통조림, 포장식품, 냉동식품은 기피한다. 또한 온라인 쇼핑을 즐겨하고, 외식 비중이 높은 1인 가구를 더 많이 구성하고 있다. 이러한 변화에 대처하지 못한 기업들의 구시대적인 전략이 그들의 몰락에 기여하고 있다.

크래프트 하인즈는 변화에 적응하지 못한 대기업의 사례를 보여준다. 세계에서 가장 잘 알려져 있고, 존경받는 브랜드들이 널려 있는 이 회사는 2019년 2월 초 150억 달러 규모의 자산 가치 손실을 발표했다. 주가는 27% 하락했고, 배당금은 약 1/3이 삭감됐다. 하지만 이러한 결과는 업계 관계자들에게는 그다지 놀라운 일이 아니었다. 잘못된 마케팅, 비용 절감 그리고 시장 변화에 적응하지 못한 여러 사안이 복합적으로 이러한 결과를 야기했다고 보고 있다.

일부 전문가들은 크래프트 하인즈가 사용하는 제로 기반 예산 책정(Zero Based Budgeting, ZBB) 방식에 문제를 제기하고 있다. 이 방식은 비용을 낮게 유지하고 이익률을 높이는 것에 초점을 두고 있다. 하지만 매출 증가나 브랜드 투자 없는 이익률 증가는 사실 아무 의미가 없다. ZBB 방식하에서는 매년 얼마의 예산 지출이 이루어졌는지에만 초점이 맞춰지기 때문에, 성장과 혁신을 위한 투자가 이루어지기 힘들다. 실제로 크래프트 하인즈의 광고 예산은 2014년 6억 200만 달러에서 2017년 4억 4,000만 달러로 감소하였다. 매출의 약 2%를 광고와 마케팅에 사용한 셈인데, 경쟁 업체들은 평균적으로 약 5%를 사용하고 있었다. 이런 상황에서 새로운 기업들이 시장에 진입하였고, 일부는 소비자의 변화된 라이프스타일과 취향에 맞는 제품을 소개하거나 더 저렴한 가격을 제시했다. 경쟁은 더욱 치열해지는데, 크래프트 하인즈 브랜드는 경쟁 브랜드 대비 더 낮은 수준의 예산을 배정받을 뿐이었다.

광고 예산을 줄이는 것 외에도 크래프트 하인즈는 다른 예산 삭감을 단행했고, 이것이 악영향을 미쳤다. 예를 들어, 회사는 매장 내 프로모션과 할인도 줄였고, 이에 소매업체들이 불만을 품었다. 소매업체들이 불만을 제기하자 크래프트 하인즈는 반발했지만, 10년 전만큼 강력한 협상력을 가지지 못한 것을 깨달았다. 카프리썬(Capri Sun) 음료의 가격을 인상하려 했을 때, 크로거(Kroger)의 임원들은 가격에 민감한 소비자들의 이탈을 우려하며 반대했다. 한 크로거 임원은 "우리는 8개월 동안 많은 비즈니스를 잃었다. 그 기간 동안 크로거의 판매는 우리의 목표치를 달성하지는 못했지만, 크래프트는 그 와중에 원하는 만큼의 이익을 달성했다"고 말했다. 마찬가지로, 박스형 저녁식사 프로모션이 줄어든 것도 판매에 악영향을 미쳤다.

소매업체들과의 관계가 악화되면서 크래프트 하인즈는 협상에서 더 이상 유리한 위치를 차지하지 못했고, 영업사원들은 소매점에서 브랜드를 프로모션하거나 할인 행사를 진행하는 데 어려움을 겪기 시작했다. 반면, 하우스 브랜드(house brand)와 프라이빗 브랜드(private brand)는 강세를 보이기 시작했는데, 실제로 프라이빗 브랜드 치즈가 9% 가까이 성장한 것과 반대로 크래프트 치즈의 판매는 2% 감소했다. 크래프트 하인즈의 매출이 3년 연속 하락함에 따라, 둘 사이의 협상력은 소매업체 쪽으로 기울었고, 소매업체는 더 많은 선택권을 가지게 되었다. 이 선택권으로 인해 밀레니얼 소비자들은 더 매력적인 제품들을 시장에서 볼 수 있게 되었다.

하인즈와 합병 이후 크래프트는 5% 이상의 인력을 감축했다. 해고된 인력 중 일부는 소매업체와 오랜 기간 관계를 맺고 있던 사람들이었다. 이들이 경험이 부족한 영업사원들로 대체되면서 크래프트는 소매업체와의 신뢰감 있는 관계를 구축하는 데 어려움을 겪게 되었다. 기존 소매업체들과의 관계는 그 어느 때보다 중요해졌다.

이것이 크래프트 하인즈의 종말을 뜻하는 것인가? 반드시 그렇진 않다. 스포츠 선수와 팀의 경우처럼, 게임을 하고 있는 한 훌륭한 베테랑들은 항상 승리할 기회를 만들어낸다. 그러나 이를 위해서는 마케팅에 대한 재투자가 이루어져야 한다. S4 캐피털(S4 Capital)의 CEO인 마틴 소렐(Martin Sorrel)은 "절약하는 것뿐만 아니라 제품이나 서비스에 대한 혁신 및 마케팅에 투자해야 한다"고 언급했다. 크래프트 하인즈가 이와 같은 지적에 반응하고 있을지도 모른다. 2019년 2월, 크래프트 하인즈는 앞으로 모든 고객과 소매업체와의 관계 개선에 헌신할 것이라고 발표했다. 제품 가격을 인하하고, 적극적인 프로모션을 진행한 이후, 치즈 제품 판매는 6% 증가했다. 커피와 냉동식품 판매 역시 증가했다. 매장 내 영업팀을 80% 늘려 더 나은 서비스와 주의를 제공하고자 했다. 새로운 경쟁자들이 시장에 진입하고 있지만, 베테랑들의 능력을 무시하지는 말자.

자료: Heather Haddon, "Supermarkets Soured on Kraft Heinz and Its Pricing Tactics," *The Wall Street Journal,* www.wsj.com, February 26, 2019; Alison Weissbrot, "Kraft-Heinz's $15B Write-Down Shows Why Marketing Still Matters," www.adexchanger.com, February 27, 2019; Martinne Geller and Richa Naidu, "Kraft-Heinz' Problems Shine Light on Controversial Budget Tool," www.reuters.com, February 19, 2019; "Kraft Heinz Counts the Cost of Cutting Costs," www.warc.com, February 26, 2019; Lauren Johnson, "5 Brands Shaking Up the Grocery Industry by Changing What We Choose to Eat and How We Buy food," www.adweek.com, November 20, 2017; "Kraft Heinz Company Advertising Spending in the United States from 2014 to 2017," www.thestatisticsportal.com; February 2019.

위의 예시는 마케팅 예산 책정의 중요성을 보여준다. 기업들은 너무 자주 자사의 브랜드가 궤도에 올라 있다는 자기 만족적인 착각 속에서, 브랜드 마케팅 예산을 축소해도 된다고 생각한다. 혹은, 경제 침체기나 매출이 감소하기 시작할 때, 기업들은 비용 절감과 이익 유지를 위해 마케팅 예산을 삭감하기도 한다. 역사적으로 이 방식은 항상 좋은 선택이 아니었다. 이 장에서 설명할 것처럼, 마케터들은 명확한 커뮤니케이션 목표를 설정하고 이를 달성하기 위한 예산을 배정해야 한다. 목표 설정과 예산 책정 모두 지속적인 진행 과정으로 보는 것이 중요하다. 커뮤니케이션 목표들은 구매 결정 모델을 기반으로 설정되어야 하고, 유행하는 특정 미디어가 아니라 다양한 미디어에 적절한 예산 배정이 이루어져야 한다. 많은 대기업들이 수년 동안 이러한 구매 결정 모델을 사용해왔으며, 여전히 이를 활용하고 있다. 하지만 동시에 모든 이가 이러한 모델의 사용이나 타당성에 동의하는 것은 아니며, 모델이 시대에 맞지 않거나, 시장 진입 초기에는 사용되지 않는 것이 좋다고 주장하는 사람들도 있다. 미디어 환경이 지속적으로 변화함에 따라, 마케터들은 이 모델들을 계속 연구하고, IMC 프로그램을 기획함에 있어 그 가치를 살펴보고 있다. 이 장에서는 IMC 목표 설정이 기업의 전반적인 마케팅 전략을 어떻게 이끌어낼 수 있는지, 그리고 이러한 목표의 예산 설정 과정이 어떻게 이루어지는지를 살펴볼 예정이다.

불행히도 많은 기업이 IMC 프로그램 개발을 조율하는 실체적 목표 설정이라는 가장 중요한 계획 과정에서 어려움을 겪고 있다. 복잡한 마케팅 환경이나, 광고와 다른 프로모션 믹스 요소들 간의 서로 상이한 지향점, 그리고 마케팅 커뮤니케이션 목표를 설정함에 있어서 자원 배분의 불확실성 등으로 인해 목표 설정은 혼돈 속에서 하나의 질서를 수립하는 것처럼 보이기도 한다. 목표를 설정하는 일이 복잡하고 어려운 일임에는 틀림없지만, 이는 반드시 적절하게 이행되어야 한다. 왜냐하면 구체적인 목적과 목표를 수립하는 것은 모든 프로모션 결정의 기반이 되기 때문이다. 크리에이티브 및 미디어 전략, 전술과 마찬가지로 광고와 다른 프로모션 수단의 예산 설정 역시 이러한 목표들로부터 발전한다. 이 목표들은 성과를 측정하는 지표가 되기도 한다.

사진 7-1
이 광고의 목표는 알리안츠가 미래를 지원하는 모습을 보여주는 것이다.
자료: Allianz Life Insurance Company of North America

구체적인 목표 설정은 계획 과정의 핵심적인 부분이어야 한다. 그러나 많은 기업은 구체적인 마케팅 커뮤니케이션 목표를 사용하지 않거나 프로모션 계획 개발이나 그 효과 측정을 위한 적절한 목표를 설정하지 않는다. 많은 마케터들이 IMC가 마케팅 프로그램에 어떠한 기여를 하는지 잘 모르고 있다. 그러한 기업들은

사진 7-2

이 캠페인에 대한 질레트의 목표는 단순히 매출을 창출하는 것이 아니다.

자료: Procter & Gamble

매출 생성이라는 간단한 광고 및 프로모션 프로그램의 목표를 설정할 뿐이다. 그들은 특정 제품이나 서비스를 구매하려는 소비자에게 광고와 프로모션이 반드시 수행해야 할 구체적인 업무에 대해 알지 못하고 있는 것이다.

이미 알고 있다시피, 광고와 프로모션은 매출 창출에 관여하는 유일한 마케팅 활동이 아니다. 게다가 광고의 효과를 매출로 측정하는 것은 항상 가능하지도, 필요하지도 않다. 예를 들어, 사진 7-1에 나온 알리안츠(Allianz) 광고는 단순히 회사를 지원하거나 새로운 소비자를 유치하는 것 이상의 목표가 있다.

사진 7-2에 나온 질레트(Gillette) 광고를 생각해보자. 이 광고를 위해 회사는 어떤 목표를 가질 수 있을까? 그 효과는 어떻게 측정될 수 있을까?

이 장에서는 목표의 성격과 목적 그리고 그것들이 IMC 프로그램의 개발, 실행, 평가에 어떠한 역할을 할 수 있는지 알아보고자 한다. 또한 다양한 상황에 적합한 여러 종류의 목표를 살펴보고, 예산 설정 과정과 목표 설정 및 예산 간의 상호 의존적인 관계 역시 알아볼 것이다.

목표의 중요성

많은 기업이 IMC 프로그램을 위한 구체적인 목표를 설정하지 못하는 이유는 목표 설정의 가치를 인식하지 못하기 때문일 것이다. 또 다른 이유로는 구체적인 목표가 무엇이어야 하는지에 대해 다른 의견이 존재하기 때문일 수도 있다. 광고와 프로모션 목표는 기업의 전반적 커뮤니케이션 활동이나 계획 및 의사결정 그리고 측정 및 평가에서 중요한 역할을 하기 때문에 분명히 설정해야 한다.

커뮤니케이션

IMC 프로그램의 구체적인 목표는 캠페인에 참여하는 여러 그룹 간의 협력을 촉진함에 있다. IMC 프로그램의 계획 및 개발에는 광고주뿐만 아니라 다양한 프로모션 대행사들이 관여한다. 광고와 프로모션 프로그램은 광고주 및 대행사 내부에서 그리고 두 조직 간에 조화를 이루며 협력하는 것이 필요하다. PR 대행사, 세일즈 프로모션 회사, 조사회사, 미디어 구매 서비스 등 프로모션 캠페인에 참여하는 다른 기관들 역시 그 기업이 마케팅 커뮤니케이션 프로그램을 통해 달성하려고 하는 바를 알고 있어야 한다. IMC 프로그램에 참여하는 다양한 기관이 구체적이고 명문화된 목표를 가지고 실행 계획을 수립하거나, 프로그램 관련 이슈들을 논의할 수 있다면, 발생할 수 있는 많은 문제를 피할 수 있다.

계획과 의사결정

구체적인 프로모션 목표는 IMC 개발에 도움을 줄 수 있다. 예산 수립, 크리에이티브 및 미디어 전략, 다이렉트마케팅, PR, 판매촉진 그리고 판매업체 지원 등 기업의 모든 프로모션 전략의 모든 단계가 구체적으로 설정된 목표에 기반해야 한다.

의미 있는 목표는 의사결정에 유용한 지침이 될 수 있다. 프로모션 계획자는 여러 프로모션 믹스를 활용하는 과정에서 크리에이티브 요소들이나 미디어를 선택하거나 예산을 할당할 때 수많은 전략 및 전술적 선택에 직면하는 경우가 많다. 선택은 특정 전략이 회사의 프로모션 목표와 얼마나 잘 맞는지에 따라 이루어져야 한다.

결과 측정 및 평가

구체적인 목표를 설정하는 중요한 이유는 구체적 목표가 프로모션 캠페인의 성공이나 실패 여부를 측정할 수 있는 기준을 제공하기 때문이다. 구체적인 목표가 없다면, 회사의 광고 및 프로모션 노력이 무엇을 성취했는지 파악하기 매우 어렵다. 좋은 목표의 특징은 그것의 측정 가능 여부다. 즉, 프로모션 프로그램이 얼마나 잘 작동하는지를 알려주는 방법과 기준을 제공하는 것이 중요하다. 구체적이고 의미 있는 목표를 설정함으로써, 프로모션 계획자는 마케팅 커뮤니케이션 프로그램의 효과를 평가할 수 있는 지표를 제공한다. 대부분의 조직은 프로모션 투자에 대한 수익에 관심이 높은데, 실제 성과를 측정 가능한 목표와 비교하여 수익이 지출 대비 적합하였는지 살피는 것이 가장 좋은 방법이다.

IMC 목표 설정

IMC 목표는 회사나 브랜드가 직면한 마케팅 및 프로모션 문제를 파악하는 철저한 상황 분석을 기초로 설정되어야 한다. 다시 말해, 마케팅 목표의 설정과 마케팅 계획의 개발은 상황 분석으로부터 출발하여야 한다. IMC 목표는 회사의 전체 마케팅 계획을 고려하며 발전됨과 동시에 회사의 마케팅 목표에 뿌리를 두고 있어야 한다. 많은 기업이 마케팅 목표와 광고 및 프로모션 목표를 같은 것으로 생각하는 경향이 있지만, 실제로 이 둘은 다르다.

마케팅 목표와 커뮤니케이션 목표

마케팅 목표(marketing objectives)는 기업의 마케팅 계획 내에 명시되며, 일반적으로 주어진 기간 내 전반적인 마케팅 프로그램을 통해 달성하고자 하는 것들을 밝히고 있다. 마케팅 목표는 보통 매출량, 시장 점유율, 수익 또는 투자 수익률과 같이 구체적이고 측정 가능한 성과물로 정의된다. 좋은 마케팅 목표는 계량화(quantifiable)되어 있어야 하는데, 이는 목표시장을 구체적으로 설정하고 목표 달성을 위한 기한(대개 1년) 등을 명시함을 뜻한다. 예를 들어, 복사기 회사는 마케팅 목표로 "향후 12개월 동안 소규모 사업 시장에서 매출을 10% 증가시키겠다"는 목표를 설정할 수 있다. 목표가 효과적이기 위해서는 현실적이고 달성 가능해야 한다.

시장 점유율이 매우 높은 회사는 제품 범주 자체의 성장을 자극하여 매출을 증가시키려고 할 수 있다. 이는 현재 사용자들의 소비를 증가시키거나 비사용자들에게 제품을 사용하도록 유도함으로써 달성할 수 있다. 일부 기업은 특정 시장 지역에서 자사 제품의 유통과 판매 확대를 마케팅 목표로 설정하기도 한다. 회사는 또한 그들이 꼭 해결해야 하는 특정 문제와 관련된 사안을 부가적인 목표(secondary marketing objective)로 설정하기도 하는데, 이를 통해 주목적을 달성할 수도 있다.

마케팅 커뮤니케이션 관리자가 마케팅 계획을 검토한 후, 관리자는 회사가 마케팅 프로그램을 통해 지향하는 바가 무엇인지, 어떻게 이를 달성할 것인지, 그리고 광고 및 프로모션이 어떤 역할을 할 것인지를 이해해야 한다. 매출, 수익 또는 시장 점유율 증가와 같은 마케팅 목표는 보통 프로모션 목표로는 적합하지 않다. 마케팅 목표는 전체 마케팅 프로그램을 위한 목표이며, 이를 달성하기 위해서는 프로모션뿐만 아니라 제품 기획 및 생산, 가격 정책, 유통 등의 모든 마케팅 믹스 요소들의 적절한 조화와 실행이 필요하기 때문이다. 예를 들어, 한 회사가 매우 성공적인 프로모션 프로그램을 통해 소비자의 제품에 대한 관심을 고조시키고, 제품 시용(trial)을 야기할 수 있다. 그러나 소비자가 제품을 구매하려고 할 때 그 제품이 품절 상황이라면 어떨까? 또는 구매 시점에서 제품 가격이 너무 비싸다고 느끼고 구매를 포기한다면 어떻게 될까? 제품 판매의 부진이 다른 마케팅 전략이나 전술에서 기인한 경우, 프로모션 프로그램이 그 책임을 져야 할까?

통합 마케팅 커뮤니케이션(IMC) 목표(integrated marketing communications objectives)는 IMC 프로그램의 다양한 요소들이 무엇을 달성하기 위해 사용되어야 하는지를 명확히 밝혀야 한다. IMC 목표들은 타겟 소비자에게 적절한 메시지를 전달하기 위한 구체적인 커뮤니케이션 과업에 기반해야 한다. 관리자는 전반적인 마케팅 목표를 커뮤니케이션 목표와 구체적인 프로모션 목표로 변환시킬 수 있어야 한다.

때로 회사는 공식적인 마케팅 계획이 없거나 필요한 정보가 아직 준비되지 않을 수도 있다. 이런 경우, 프로모션 기획자는 회사 내부와 외부의 다양한 출처에서 제품과 시장에 대한 가능한 한 많은 정보를 수집해야 한다.

모든 정보를 검토한 후, 프로모션 기획자는 IMC가 마케팅 프로그램에 접목될 수 있는지, 그리고 광고와 프로모션 요소를 통해 무엇을 달성하고자 하는지를 판단해야만 한다. 그 다음 단계에서 기획자는 구체적인 커뮤니케이션 목표나 과업을 기준으로 목표를 설정한다.

많은 기획자가 프로모션을 커뮤니케이션 관점에서 접근하며, 광고와 다른 프로모션 믹스 요소들의 목표는 보통 제품이나 서비스에 대한 정보를 전달하거나 판매 메시지를 전달하는 것에 국한된다고 생각한다. 일부 관리자들은 매출이나 시장 점유율과 같은 관련 지표만이 광고와 프로모션에 대해 의미 있는 목표이고, 이를 목표 설정의 기초로 삼아야 한다고 주장하기도 한다. 이 두 관점은 상당한 논의의 주제가 되어 왔고, 좀 더 검토해볼 필요가 있다.

판매 목표 대 커뮤니케이션 목표

판매 지향적 목표

많은 관리자에게 있어 프로모션 프로그램의 가장 중요한 목표는 매출 증대다. 경영자들은 회사가 광고와 프로모션에 돈을 쓰는 가장 근본적인 이유는 자사 제품이나 서비스를 판매하기 위함이라고 생각한다. 광고 프로모션에 대한 지출은 수익 창출이라는 경제 정의를 실현하기 위한 기업의 자원 투자로 대표된다. 경영자들은 보통 여러 투자 옵션을 ROI(투자 대비 수익)와 같은 일반적인 재정 기준으로 비교한다. 그러나 광고와 프로모션 비용에 대한 구체적인 ROI를 파악하는 것은 상당히 어려운 일이다. B2B(기업 간 거래)와 B2C(기업과 소비자 간 거

사진 7-3

코카콜라의 "Share a Coke" 캠페인은 프로모션 예산 증대로 성과를 보았다.

자료: The Coca-Cola Company

래) 마케팅 담당자들을 대상으로 한 웹마케팅 123(Web-marketing123)의 연구에 따르면, 대다수의 경영진이 어떤 채널이 수익에 가장 큰 영향을 미치는지 알지 못하고 있다고 밝혔다. 예를 들어, B2B 마케터의 87%가 소셜 미디어를 사용한다고 답했지만, 17%만이 소셜 미디어 ROI를 측정할 수 있다고 답했다. 마찬가지로 B2C 마케터의 87%는 소셜 미디어를 사용한다고 했지만, ROI를 측정할 수 있다고 답한 비율은 27%에 불과했다. 최근 콜게이트-팔모라이브(Colgate-Palmolive)는 자사의 소매시장 프로모션의 ROI를 파악하기 위해 인공지능을 활용하려 했으나, 불행히도 ROI를 파악하는 데 한계가 있었다. 여러 방해 요소, 예를 들어 가용 데이터 부족, 경쟁사 활동이나 다른 기타 요인에 따른 인공지능 시스템은 신뢰하거나 검증 가능한 결과를 제공하는 데 실패했다. 많은 경영자들은 광고와 다른 형태의 프로모션에 지출된 예산이 일정 비율의 매출 증대 혹은 브랜드의 시장 점유율과 같은 측정 가능한 결과를 만들어내야 한다고 믿고 있다. 그들은 기업의 목표(캠페인의 성공 또는 실패)는 판매 결과를 토대로 평가되어야 한다고 생각한다.

이로 인해, 많은 경영자들이 그들의 대행사가 투자 대비 효과를 만들어내도록 압박을 가하고 있다. 이에 대응하여 일부 대행사들은 그들의 IMC 프로그램 성과를 ROI 관점에서 입증하기 위한 그들 자체의 시스템을 개발하고 있다. 이러한 관점으로 그들은 타 대행사와 차별화를 꾀하고 있다.

어떤 경영자들은 광고와 프로모션에 참여한 사람들이 프로모션 프로그램이 어떻게 판매에 영향을 미칠지 고민하게 만들기 위해 판매 지향적인 목표를 선호하기도 한다. 예를 들어, 보험 회사인 GEICO는 한때 스테이트 팜(State Farm), 올스테이트(Allstate), 프로그레시브(Progressive)에 이어 4위에 랭크되었지만, 광고 예산을 경쟁사 예산의 약 2배에 가깝도록 75% 증가시켰고, 광고 미디어 점유를 확대하였다. 그 결과, GEICO는 신규 고객 유입 1위 보험 회사로 자리매김하였다. 마찬가지로, 코카콜라는 자사의 미니 캔과 병 그리고 글로벌 캠페인인 "Share a Coke(코카콜라를 나누세요)"를 광고하기 위해 광고 예산을 두 자릿수로 늘렸다. 코카콜라는 구체적인 수치를 공개하지 않았지만, 광고 예산의 증가로 큰 효과를 보았다고 밝혔다. 이러한 광고와 프로모션 캠페인의 성공은 판매 목표 달성 여부로 평가되었다(사진 7-3).

판매 지향적 목표의 문제 GEICO와 코카콜라의 경우처럼 광고 예산의 증대는 매출 증가와 연결되는 것처럼 보인다. 하지만 이것이 증가된 광고 예산의 직접적인 결과물이라고 단정할 수 있을까? 꼭 그렇지 않다. 이 상황을 풋볼 경기와 대입해서 광고를 쿼터백으로 상정해보도록 하자. 쿼터백은 팀에서 가장 중요한 선수지만, 다른 선수들의 지원이 있어야만 효과적으로 활동할 수 있다. 만약 팀이 패배했을 때, 그 책임을 전적으로 쿼터백에게 돌리는 것이 타당할까? 쿼터백이 풋볼 팀의 선수 중 한 명인 것처럼, 프로모션은 마케팅 프로그램의 일부일 뿐이며, 목표 매출 도달에 실패한 것에는 다른 많은 이유가 있을 수 있다. 쿼터백이 팀을 승리로 이끄는 것은, 라인맨이 상대팀을 잘 막고, 리시버가 패스를 성공시키고, 러닝백이 균형 잡힌 공격을 할 때 가능한 것이다. 쿼터백이 아무리 훌륭한 경기를 한다고 해도, 수비가 너무 많은 점수를 주게 되면 팀은 승리할 수 없다.

도표 7-1

매출에 영향을 미치는 요인

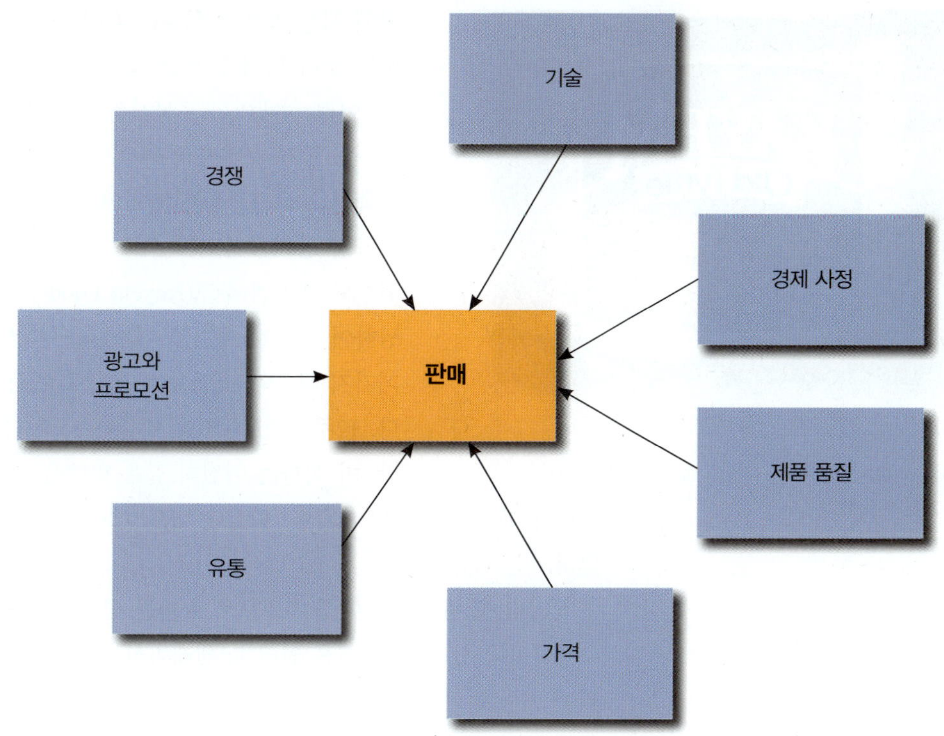

비즈니스 세계에서 매출 성과는 제품 디자인이나 품질, 포장, 유통, 가격 책정 등 다른 여러 마케팅 믹스 요소들에 의해 결정될 수 있다. 광고는 소비자들에게 브랜드를 알리고 관심을 가지게 만들 수 있지만, 경쟁 브랜드 대비 가격이 높거나, 유통이 원활하지 않을 경우 구매를 유도할 수 없다. 도표 7-1에서 보듯이, 판매는 광고와 프로모션만의 결과가 아니라 여러 요인의 함수다. 마케팅에는 "좋은 광고만큼 나쁜 제품을 빨리 죽이는 방법은 없다"라는 격언이 있다. 도표 7-1에서 보여주는 듯, 이 격언은 성공적으로 마케팅 기획을 이행하기 위해서는 모든 마케팅 요소들이 잘 조화를 이루어야 함을 뜻하고 있다.

판매 지향적 목표의 또 다른 문제는 광고의 효과가 종종 장기적으로 나타난다는 점이다. 많은 전문가는 광고가 **지연 효과**(lagged effect) 또는 **이월 효과**(carryover effect)를 야기한다는 것을 인정하고 있다. 다시 말해, 광고에 지출된 비용이 반드시 즉각적인 매출 증가를 일으키는 것은 아니라는 뜻이다. 광고는 브랜드에 대한 인지, 관심 또는 긍정적인 태도를 생성할 수 있다. 하지만 이러한 감정들은 소비자의 구매 시점에서 발현되기 때문에 시간이 걸리게 마련이다. 광고 효과가 누적되는 기간을 분석한 경제학적 연구를 살펴보면, 성숙 시장에서, 구매 빈도가 높은, 저관여 제품의 경우, 광고가 판매에 미치는 누적 효과가 최대 9개월까지 지속될 수 있다고 한다. 이를 설명하기 위해 광고의 이월 효과를 고려한 모델들이 개발되었으며, 이를 통해 광고가 판매에 미치는 장기적인 영향을 추정할 수 있다. 이월 효과는 사실 광고와 판매 간의 정확한 관계를 파악하는 데 어려움을 주고 있다.

판매 지향적 목표의 또 다른 문제는 그 목표들이 광고 및 프로모션 프로그램을 기획하고 개발하는 사람들에게 방향성을 거의 주지 못하고 있다는 점이다. 크리에이티브나 미디어 팀에서 일하는 인력의 경우 기업이 추구하는 메시지의 본질이나 타겟 청중 그리고 특정 효과나 반응 등을 파악하기 위해 일정 정도의 방향성이 필요하다. 곧 살펴볼 커뮤니케이션 목표는 광고 및 프로모션 프로그램을 계획, 개발, 실행하는 데 있어 실질적인 방향성을 줄 수 있기 때문에 도움이 될 것이다.

사진 7-4
케이엠 푸즈의 마케팅 전략은 매출 증가로 이어졌다.
자료: Kayem Foods Inc.

판매 지향 목표가 적절한 경우 광고 캠페인에 판매 지향적 목표를 사용하는 것이 여러 문제를 일으킬 수 있지만, 판매 목표가 적합한 경우도 있다. 어떤 형태의 프로모션은 본질적으로 직접적인 행동을 유도하고자 한다. 즉, 잠재 소비자의 즉각적인 행동 반응을 끌어내려 한다. 대다수의 판매촉진 프로그램은 단기적인 매출 증가를 목표로 한다. 동시에, 단기적인 전략이 장기적인 이익으로 이어지기를 희망하기도 한다. 매사추세츠 주 첼시의 케이엠 푸즈(Kayem Foods)가 좋은 예다. 케이엠은 100주년을 기념하여 소시지 패키지 디자인을 변경했다. 소비자 조사 결과를 바탕으로 패키지 문구와 라벨을 바꾸기로 결정하고, 이를 반영한 제품을 재출시했다. 12주 동안 케이엠 매출은 15.7% 증가했다(사진 7-4). 10년이 지났지만, 이 회사는 여전히 같은 라벨을 사용하고 있으며, 보스턴 레드삭스, 플로리다 마린스, 잭슨빌 재규어, 워싱턴 내셔널스 등 여러 스포츠 팀의 공식 핫도그로 자리 잡았다.

직접 반응 광고는 판매를 기준으로 효과를 평가하는 광고 유형에 속한다. 상품은 고객에게 우편물이나 신문, 잡지 혹은 인터넷, 텔레비전 등의 매체를 통해 광고된다. 소비자는 우편, 인터넷 또는 수신자 부담 전화를 통해 상품을 구매할 수 있다. 직접 반응 광고를 진행하는 광고주는 광고 목표를 설정하고, 광고 송출 이후 판매 반응 수치를 통해 해당 광고의 성공 여부를 판단한다. 예를 들어, TV에서 방영되는 직접 반응 광고의 목표와 평가는 방송국에서 광고를 방송하는 매시간 들어오는 주문 수에 기반하여 이루어진다. 이 상황에서는 광고가 유일한 커뮤니케이션 및 프로모션 수단이고 반응이 일반적으로 즉각적이기 때문에, 판매를 기준으로 목표를 설정하는 것이 적절하다. 사진 7-5에 나타난 신용카드 광고는 직접 반응 광고를 통해 판매되는 제품의 예를 보여주고 있다.

전체 광고 지출에서 상당한 비율을 차지하고 있는 소매광고(retail advertising)는 광고주가 소비자의 즉각적인 반응을 기대하는 광고 형태다. 이러한 기대는 특히 판매나 특별 이벤트를 광고할 때 자주 나타난다. 사진 7-6에 나타난 제이시페니의 60% 할인 세일 광고는 세일 기간 동안 소비자들을 매장으로 유도하고 결과적으로 판매를 높이는 데 목적이 있다. 제이시페니의 경영진은 세일 기간 동안의 매장 방문객 수와 판매량을 분석하고 이를 비세일 기간의 수치와 비교하여 판촉 활동의 효과를 측정하였다. 소매업체들은 광고와 프로모션 비용을 자신들의 매장에 대한 긍정적 인식 구축 및 강화를 위해 활용할 수도 있다. 예를 들어, 15년 동안 서브웨이의 광고 모델로 활동했던 자레드 파글(Jarod Fogle)이 미성년자 성관계 및 아동 포르노 소지 혐의로 유죄를 선고받자, 서브웨이는 즉시 파글과의 관계를 끊어냈다. 파글은 서브웨이를 먹으며 245 파운드를 감량에 성공하여 서브웨이의 건강한 식단과 다이어트 효과를 강조했

사진 7-5
많은 신용카드 회사들이 제품 판매를 위해 직접 반응 광고를 사용하고 있다.
자료: American Airlines

던 인물이었다. 서브웨이의 새로운 캠페인에서 서브웨이는 자신들이 경쟁 브랜드인 치플레(Chopotle)나 파네라(Panera) 보다 훨씬 오래전부터 신선함을 강조해왔음을 알리는 서브웨이 50년 브랜드 역사를 강조했다. 이 캠페인은 성공적이었으며, 서브웨이는 파글로부터 부정적 영향을 받지 않음과 동시에, 신선함이라는 브랜드 이미지를 강화할 수 있었다.

사진 7-6

제이시페니는 이 광고를 통해 매출을 추구한다.

자료: jcp Media Inc.

매출 지향적인 목표는 광고가 기업의 마케팅 프로그램에서 중요한 역할을 하고 다른 마케팅 요소들이 상대적으로 안정적일 때 활용된다. 예를 들어, 많은 포장상품(packaged-goods) 기업들은 잘 확립된 유통경로, 안정적인 경쟁 가격 및 판촉 예산 그리고 유사한 제품 품질이라는 성숙 시장의 조건하에서 경쟁하고 있다. 그렇기 때문에 이들은 광고와 판매촉진을 브랜드의 매출이나 시장 점유율의 핵심 결정 요소로 판단하고 있고, 이러한 판촉 믹스 변수가 독립적인 영향력을 가지고 있다고 여긴다. 많은 회사들이 프로모션 활동으로부터 야기되는 판매 수준에 대한 통찰력을 확보하기 위해 자사의 광고, 판매촉진, 다이렉트 마케팅 프로그램이 제공하는 시장 지식을 축적하고 있다. 켈로그 모닝 푸즈 디비전(Kellogg's Morning Foods Division)의 부사장인 마크 바인즈(Mark Bynes)는 켈로그의 매출 반등은 효과적인 광고, 브랜드 리포지셔닝 그리고 소비자 관심을 일으키는 감성적인 광고 소구의 영향이라고 설명했다. 그리하여 많은 회사들은 매출 결과를 기준으로 프로모션 활동의 성공을 평가하는 것이 합리적이라고 생각하기 시작했다.

광고와 판촉 프로그램은 결과가 기대에 미치지 못할 때, 매출을 기준으로 평가되는 경향이 있다. 매출 성과에 대한 압박을 받는 마케팅 및 브랜드 관리자는 광고 및 판매촉진 프로그램을 평가할 때 종종 단기적인 관점을 취하곤 한다. 그들은 대체로 매출 감소나 시장 점유율 하락에 대해 빠른 해결책을 원하고, 이는 광고와 매출 사이에 직접적인 연결을 만드는 위험한 선택으로 이어진다. 그 결과, 매출 기대치가 충족되지 않으면 광고 및 판매 캠페인뿐만 아니라, 광고대행사 역시 바뀌게 된다. 3장에서 언급한 바와 같이, 많은 회사들은 대행사들이 매출 성과에 연계된 인센티브 기반 보상 시스템을 받아들이기를 원한다. 매출이 많은 경우에 있어 광고와 프로모션 캠페인의 적절한 목표가 아닐 수 있지만, 많은 경영자는 매출과 시장 점유율 수치가 좋지 않을 경우, 판촉 프로그램에 변화를 시도해야 한다는 유혹에 빠지게 된다.

커뮤니케이션 목표

일부 마케터들은 매출 지향적 목표와 관련된 문제점들이 무엇인지 알고 있다. 그들은 IMC 프로그램의 핵심 역할이 커뮤니케이션임을 알고 있으며, IMC 계획이 커뮤니케이션 목표를 중심으로 수립되어야 한다고 생각한다. 광고주들 역시 소비자들이 즉각적인 반응을 보이지 않는다는 사실을 인지하고 있다. 소비자의 즉각적인 행동보다 그들의 소비행동이 이루어지기 이전에 소비자에게 관련된 정보를 제공하고 우호적인 태도를 확립하는 것이 더 중요하다.

예를 들어, 사진 7-7의 광고는 소비자들에게 해당 기업의 중요성을 알리기 위해 기획되었다. 즉각적인 행동을 촉구하는 것은 없지만, 이 광고는 전기의 중요성을 보여줌으로써 해당 기업에 대한 긍정적인 인상을 만들고 있다. 이 광고는 사람들이 콘솔리데이티드 에디슨

사진 7-7

이 광고는 콘솔리데이티드 에디슨의 긍정적인 이미지를 만들어 설정한 커뮤니케이션 목표를 달성하고자 한다.

자료: Consolidated Edison Company of New York, Inc.

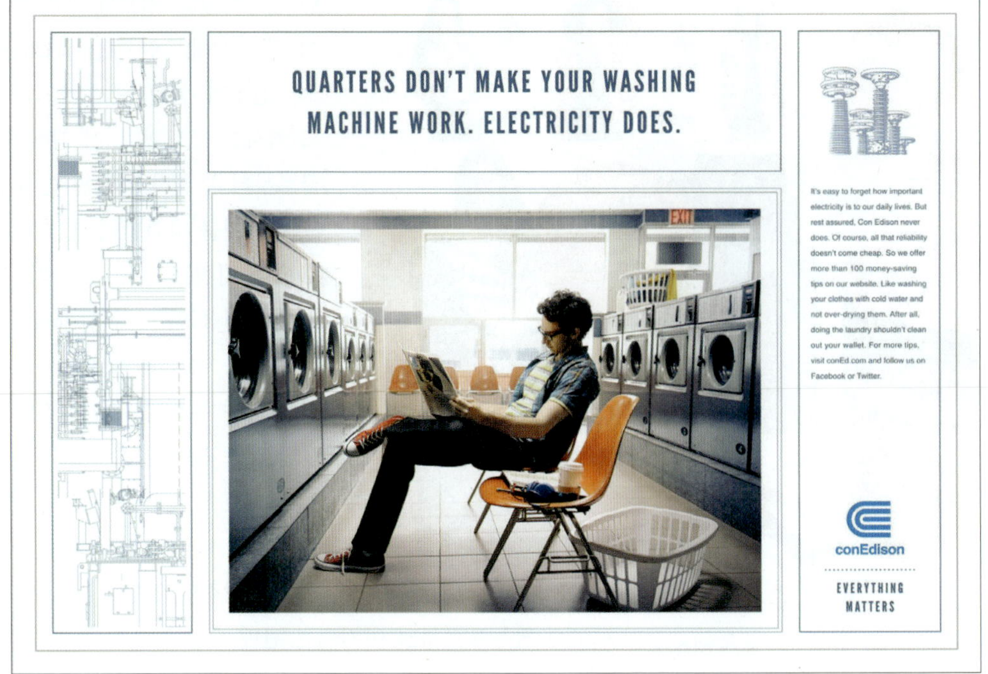

(Consolidated Edison)이란 기업을 떠올릴 때, 광고 속 긍정적인 이미지를 연상하게끔 유도하고자 제작되었다.

커뮤니케이션 기반 목표를 지지하는 사람들은 광고와 프로모션 목표를 설정할 때 5장에서 논의된 계층 모델을 사용한다. 이 모델에서는 소비자가 세 가지 단계, 즉 인지적(사고), 감정적(느낌), 행동적(행동)을 차례로 거친다고 설명하고 있다. 소비자는 이 세 단계를 순차적으로 경험하며 구매에 점점 가까워지게 된다.

커뮤니케이션 효과 피라미드 광고와 프로모션은 피라미드를 만드는 방식과 동일하게 커뮤니케이션 과업을 수행한다. 먼저 인지(awareness)와 지식(knowledge) 또는 이해(comprehension)와 같은 하위 목표를 달성한 후, 제품이나 서비스에 대한 지식 수준을 높여 소비자들을 피라미드의 상위 단계로 이동시키게 된다(도표 7-2). 피라미드의 하단에 있는 하위 단계는 제품 시도, 재구매 혹은 정기적 사용과 같은 상위 단계보다 달성하기가 쉽다. 따라서 잠재 소비자의 비율은 피라미드 상층으로 (혹은 깔때기의 밑으로) 이동할수록 감소하게 된다.

커뮤니케이션 피라미드는 이미 어느 정도 자리매김을 하고 있는 브랜드의 프로모션 목표를 설정하는 데에도 사용될 수 있다. 프로모션 기획자는 그들의 타겟 소비자가 피라미드의 다양한 구역 중 어디에 위치하고 있는지를 파악해야 한다. 만약 소비자가 브랜드에 대한 인지와 지식 수준이 낮다면, 커뮤니케이션 목표는 인지도 증진과 브랜드 특징 및 혜택을 알리는 것에 중심을 두어야 한다. 만약, 피라미드 내에서 인지도와 지식 수준은 어느 정도 구축된 상황이지만, 선호도나 호감도가 낮다면, 광고 목표는 타겟 소비자들이 가지고 있는 브랜드 이미지를 변화시키고 이를 통해 구매로 이어지도록 하는 데 초점을 맞추어야 한다. 예를 들어, 상징적 신발 브랜드인 반스(Vans)를 생각해보자(사진 7-8). 반스는 1966년 캘리포니아 애너하임의 작은 상점에서 시작되었고, 그곳에는 신발이 들어 있지 않은 신발 상자만 있었다. 주문이 들어오면 그 자리에서 신발이 제작되어 다음날 바로 픽업할 수 있게 준비되었다. 서핑과 스케이

도표 7-2

커뮤니케이션 효과 피라미드

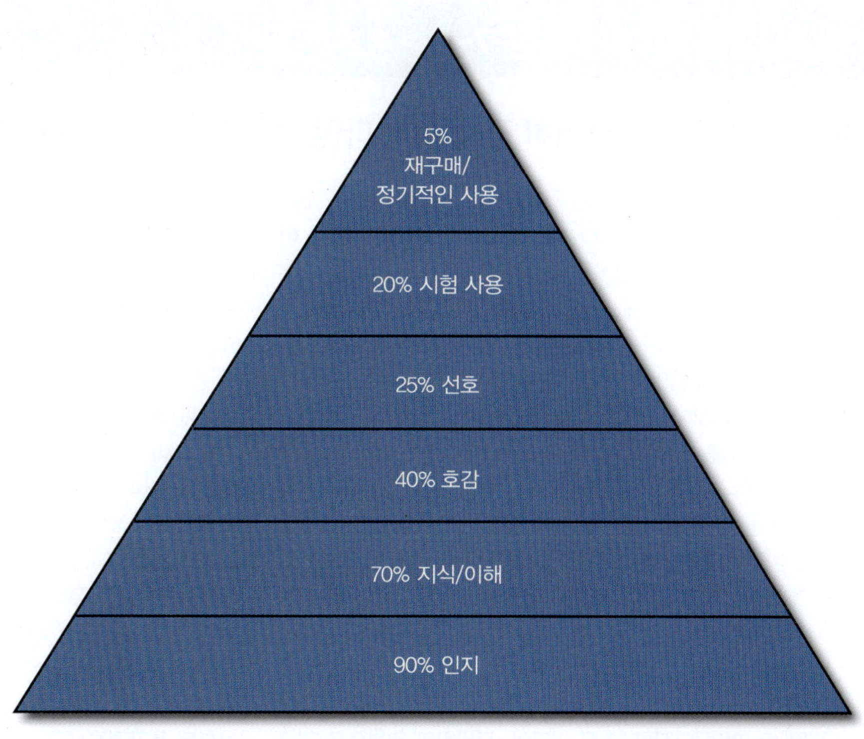

트보드를 즐기는 사람들을 타겟으로 삼았고, 신발 한 켤레는 8달러, 신발 한 쪽은 4달러에 판매되었다(스케이트보더들은 스케이트보드를 끌거나 제동하느라 보통 신발 한 쪽만 닳는 경우가 많았다). 성공적인 광고와 영화 〈리치몬드 연애 소동(Fast Times at Ridgemont High)〉에서의 등장 그리고 남부 캘리포니아의 매력적인 이미지 덕분에 반스의 매출은 급증했다. 반스는 이제 30억 달러의 글로벌 브랜드로 성장했고 여전히 성장 중이다. 반스가 커뮤니케이션 피라미드를 통해 어떻게 발전했는지, 그리고 성공을 이루기 위해 목표와 전략이 어떻게 바뀌었는지 생각해볼 필요가 있다.

사진 7-8

반스는 성장하면서 다양한 커뮤니케이션 목표를 설정했다.

자료: Vans, A VF Company

커뮤니케이션 목표의 문제점 모든 마케팅 및 광고 관리자들이 커뮤니케이션 목표를 수용하는 것은 아니다. 일부는 매출 목표를 구체적인 커뮤니케이션 목표로 변환하는 것이 너무 어렵다고 말한다. 그러나 어느 시점에서 매출 목표는 반드시 커뮤니케이션 목표로 변환되어야 한다. 예를 들어, 시장 정착 브랜드가 마케팅 계획에서 매출을 10% 증가시키는 목표를 세웠다면, 프로모션 기획자는 이 목표를 달성하기 위해 타겟 소비자에게 어떠한 메시지를 전달해야 하는지 생각할 수밖에 없다. 가능한 목표는 다음과 같다.

- 목표시장 내에서 브랜드와 관련된 구체적 특징, 혜택 또는 장점을 연상할 수 있는 소비자의 비중을 증가시키는 것
- 목표시장에서 경쟁 제품보다 자사 제품을 선호하는 소비자 수를 증가시키는 것
- 기존 소비자들이 제품을 더 자주, 그리고 더 많은 상황에서 사용하도록 하는 것

디지털 및 소셜 미디어 관점 7-1 >>>

소비자 깔때기 모델은 여전히 건재하다. 다만, 조금의 재고가 필요했을 뿐

몇 년 전, 많은 마케팅 전문가들이 소비자 깔때기 모델(consumer funnel model)의 종말을 예견했다. 그들은 디지털 및 소셜 미디어의 성장이 이 종말을 야기했다고 말했다. 그들은 이 개념이 오랜 시간 동안 마케팅 분야에서 잘 활용되어 왔지만, 다른 여러 마케팅 개념들과 마찬가지로 수명이 다했다고 했다. 하지만 마크 트웨인(혹은 엘비스)을 빗대어 말하자면, 소비자 깔때기 모델의 종말은 지나치게 과장된 면이 있다.

소비자 반응 위계 단계에 관한 논의는 지난 반 세기 넘게 마케팅 연구에서 이루어졌고, 마케팅 및 커뮤니케이션 전략 개발에 있어서 그 유용성에 대해 찬반 양론이 존재했다. 그럼에도 불구하고 BMW, 스프린트, 혼다, 제너럴모터스 등 많은 대기업들은 구매 깔때기(purchase funnel)라 불리는 자신들만의 위계 모델을 마케팅에 사용해왔다. 이 깔때기 모델은 소비자들을 인지에서 최종 구매로 이동시키기 위한 기획 지침으로 사용되었다. 깔때기의 하반부로 갈수록 소비자의 수는 줄어들게 되는데, 이는 제품이나 브랜드를 인지한 소비자 대비 구매 소비자가 적은 것을 나타내는 것이다. 소비자 깔때기 모델을 지지하는 사람들도 많지만, 이 모델이 너무 선형적(linear)이며 디지털, 소셜 미디어, 모바일의 영향으로 인해 달라진 소비자 의사결정 방식을 설명하기에는 한계가 있다고 보는 사람들도 존재한다.

예를 들어, 조 아이유브(Joe Ayyoub)는 이러한 깔때기 패러다임이 구시대적이라 말하며 이를 새롭게 재조정해야 한다고 주장한다. 그는 소비자 의사결정 과정을 인지에서 구매에 이르는 선형 과정으로 이해해서는 지금의 고객들을 제대로 파악할 수 없다고 했다. 아이유브는 새로운 의사결정 과정이 아이가 미끄럼을 타듯 일방향적으로 이루어지는 것이 아니라 박람회에서 여러 구경거리를 보는 것과 더 유사하다고 말한다. 그는 이러한 변화가 제품 리뷰, 소셜 미디어 추천 등의 디지털 정보의 증가와 모바일 기기 활용 증대에서 비롯되었다고 보았다. 아이유브는 모바일이 데스크톱을 대체하고 있기 때문에 더 많은 온라인 정보가 소비자에게 제공되고, 마케터들은 잠재 소비자에게 정보뿐만 아니라 할인 및 쿠폰을 제공할 수도 있게 되었다고 보았다. 아이유브는 이제는 이 깔때기를 쪼개야 할 시간이라고 주장한다. 깔때기의 상단은 소비자 인지(awareness)에 집중하되 일단 소비자가 어느 정도 인지 수준에 다다르면, 그들을 바로 깔때기 하단으로 이동시켜야 한다는 것이다. 이 하단부에서 소비자 확신을 이끌어내는 전략이 수행되어야 한다. 이 확신 전략을 위해서 마케터는 타겟 소비자에 딱 알맞은 시간에, 딱 알맞은 플랫폼으로, 딱 알맞은 제안을 제공하는 것이 필요하다. 본질적으로, 일대일 마케팅(one-to-one)이 매스 마케팅을 대체해야 한다는 것이다(BMW는 이에 동의하지 않는데, 이는 자사 제품 사용에 관한 콘텐츠의 사용이 깔때기 상단을 확대하는 데 매우 성공적이었다고 보기 때문이다).

신시아 클라크(Cynthia Clark)는 아이유브와 의견을 같이하며, 이 깔때기 모델이 "10년 전과 비교해 상당히 변했다"고 말했다. 클라크는 구매 여정이 변화했으며, 구매에 관한 통제력이 기업에서 소비자로 넘어갔다고 주장했다. 지금의 소비자들이 구매를 결정하기 전에 브랜드에 대해 가능한 한 많은 정보를 스스로 알아본다는 점에 주목한 것이다. 포레스터 리서치(Forrester Research)도 이에 동의하며, 과거에는 소비자들이 약 90%의 깔때기 구매 여정을 걸친 이후 판매점에서 가격 문의를 했다고 밝혔다. 하지만 지금의 새로운 의사결정 패러다임에서는 소비자가 처음부터 통제권을 쥐게 된다. 현 상황에서 마케팅의 성공을 이루는 가장 좋은 방법은 효과적인 데이터 수집을 통해 소비자를 이해하고, 이를 기반으로 판매자가 소비자 맞춤형 소통을 통해 소비자 개별 욕구를 충족시키는 것이다.

리바나(Revana, Inc.)의 마케팅 부사장인 조나단 그레이(Jonathan Gray)에 따르면, 소비자들이 웹, 스마트폰, 소셜 미디어를 활용해 정보 탐색을 하기 때문에, 기업들은 소비자들이 어떠한 정보를 추구하는지를 쉽게 파악하고 이에 대응할 수 있다고 한다. 소셜 미디어는 '채굴(mining)' 가치가 충분한데, 이 채널들이 소비자의 성격 요소와 같은 소비자 정보 및 관심사를 제공할 수 있기 때문이다. 또한 마케터들은 소비자에게 접근할 적기를 파악하기 위해 그들이 제품을 구매한 이후에도 계속 추적하여 데이터를 확보하기도 한다.

더 이상 선형적인 깔때기 모델이 유용하지 않다고 믿는 SAP의 글로벌 소비자 제품 담당 리더인 마크 오스본(Mark Osborn)은 스마트폰의 중요성에 집중하고 있다. 오스본은 스마트폰이 마케터들이 언제 어디서든 잠재 소비자에게 접근할 수 있게 했고, 이는 판매와 마케팅에서 가장

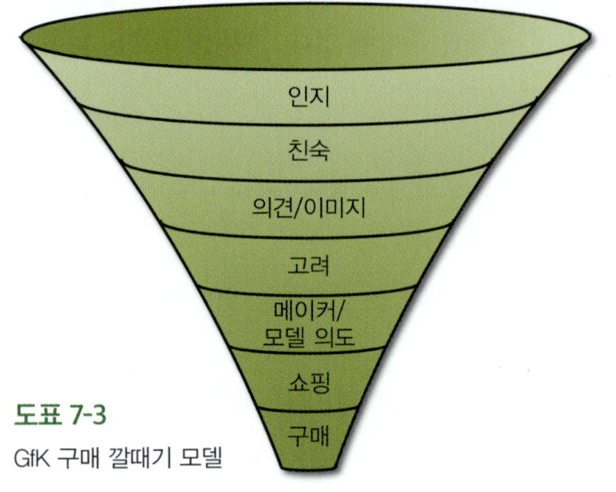

도표 7-3
GfK 구매 깔때기 모델

- 자사 브랜드를 한 번도 사용해본 적 없는 소비자들에게 제품 사용을 유도하는 것

일부 상황에서 프로모션 기획자들은 산업에 대한 연구를 통해 커뮤니케이션 목표와 매출 간 관계에 관한 시사점을 얻을 수 있다. 도표 7-3은 소비자들의 의사결정에 관한 진단 모델로서 자동차 산업에서 많이 사용되는 GfK 국제 구매 깔때기(purchase funnel) 모델이다. 지금의 소비자들에게 깔때기 모델이 더 이상 적용되지 않는다고 주장하는 마케팅 담당자들도 있는데, 이에 대한 여러 관점은 디지털 및 소셜 미디어 관점 7-1에서 다루기로 한다.

중요한 요소인 "고객이 특정 순간에 어디에 있는지를 파악할 수 있는 능력"과 직결된다고 이야기한다. 소비자가 동의만 한다면, 기업은 그들이 매장에서 어디에 있는지 파악해서 더 많은 정보를 제공할 수 있다.

그 외에도 많은 마케터들이 깔때기 모델의 종말을 고하며 이 모델이 더 이상 마케터들에게 가치가 없다고 주장한다. 대부분은 새로운 미디어의 등장으로 소비자들이 변했으며, 과거와 같은 방식으로 소비자에게 접근하는 것은 무의미하다고 한다. 또한 끝 없이 제공되는 빅데이터를 제공하는 새로운 기술들은 마케터들 역시 변화해야 하는 이유를 제공하고 있다. 매스 마케팅이 일대일 마케팅으로 대체되고 있다.

하지만 깔때기 모델에 대한 작별에 모두가 동의하는 것은 아니다.

소비자 의사결정 과정 작동에 관한 가장 심층적인 분석 중 하나는 광고 연구 재단(ARF)이 의뢰한 광범위한 3단계 연구를 통해 이루어졌다. 이 연구는 이전에 언급된 연구들이 다룬 많은 문제를 다루면서도 새로운 통찰을 추가하였다. 이 연구(제5장에서 소셜 소비자 결정 여정 프레임워크로 언급됨)는 많은 마케터들이 궁금해하는 중요한 질문들에 대한 귀중한 통찰을 제공하고 있는데, 예를 들어, 소셜 미디어와 디지털 미디어가 소비자의 구매 결정에 어떠한 영향을 미치고 있는가 등에 대한 것들이다. 이 연구는 선행 연구 논문들을 지지하기도 하고 반박하기도 한다.

ARF 연구는 전통적인 의사결정 모델이 쓸모가 없다거나 그 가치가 제한적이라고 보지 않는다. 오히려 이 연구는 이러한 모델들이 여전히 가치가 있지만, 소셜 미디어와 디지털 미디어의 영향을 고려하여 새로운 시각으로 검토할 필요성을 제기하고 있다. ARF 연구는 소비자들이 지속적으로 잠재적인 구매를 검토하고, 브랜드를 평가하고 있지만, 어떤 시점에는 좀 더 적극적으로 쇼핑 모드로 들어가 그들의 구매에 확신을 줄 수 있는 요소들을 의도적으로 찾는다고 밝히고 있다. 다양한 미디어는 수동적 소비자에게 영향을 미칠 수 있지만, 소비자의 상태가 적극적으로 바뀌게 되면 웹사이트, 친구, 제품 전문가 등으로부터 정보를 얻기 위해 소셜 미디어에 더 의존하게 된다. 흥미롭게도 이 시점에서 구매 목적은 구매 확정의 과정이 되어, 상당수의 브랜드나 제품이 결정되게 된다. 하나의 요소가 구매 결정을 끌어내는 것이 아니라, 모든 요소들이 각기 다른 방식으로 구매 결정에 기여할 수 있다. 또 다른 주요 발견은 신뢰의 중요성이다. 소셜 미디어는 소비자들이 신뢰할 수 있는 사람들의 범위를 가족, 친구, 동료 등으로 확장하고 있다. 소비자 자신이 올바른 결정을 내리고 있다고 느끼는 것이 중요하다. 의존할 수 있는 정보 소스를 찾는 능력들이 소비자로 하여금 올바른 결정을 내리고 있다는 자신감을 부여할 수 있다.

애런 브룩스(Aaron Brooks)는 소비자 깔때기 모델이 사용가치를 다 했다기보다 변화가 필요한 시점이라 제안하고 있다. 이를 위해 그는 깔때기 모델의 개선을 위해 몇 가지를 제안했는데 다음과 같다.

- 가장 구매 가능성이 높은 소비자를 목표로 삼기
- 고려 단계에 집중하기
- 소비자들이 각 단계를 거치도록 유도하기
- 충성 고객 및 브랜드 지지자를 만들기
- 판매 자동화 소프트웨어를 이용해 자신만의 깔때기 모델을 자동화시키기

이 모든 것이 사실이라면, 새로운 기술들이 실제로 소비자들의 신뢰와 자신감을 증가시킬 수 있는지에 대한 의문이 들 수도 있다. 소비자들이 단지 적절한 시간과 장소에서 마케팅 활동이나 메시지에 노출된다고 해서 구매 가능성이 높아질까? ARF 연구는 역시 소비자 구매 결정이 때로는 감정적일 수도 있고, 때로는 신중하게 이루어질 수도 있음을 보여주었다. 소비자들은 최종적이고, 최고의 제안에만 반응하는 것은 아닐지도 모른다는 의심이 든다.

자료: Ellen Hammett, "How BMW Is Using Content to 'Enlarge the Upper Sales Funnel,'" www.marketingweek.com, February 25, 2019; Aaron Brooks, "Marketing Funnel Strategies: 5 Steps to Increase Sales in 2019," www.ventureharbour.com, January 3, 2019; Mark Meyerson, "Rethinking the Marketing Funnel with Consumer Decision Journeys," February 25, 2019. Joe Ayyoub, "How to Break Out of the Funnel," www.clickzcom, July 2, 2015; Cynthia Clark, "Winning in the New and Improved Sales and Marketing Funnel," www.1to1media.com, May 12, 2014; Todd Powers, Dorothy Advincula, Manila Austin, Stacy Graiko, and Jasper Snyder, "Digital and Social Media in the Purchase Decision Process," *Journal of Advertising Research*, December 2012, pp. 479-89.

매출 목표를 특정 커뮤니케이션 목표로 변환하려는 시도에서, 프로모션 계획자는 종종 인지도, 지식, 호감도, 선호도 또는 확신의 적정 수준이 어느 정도인지 알지 못하는 경우가 많다. 이러한 정보를 제공하는 공식은 존재하지 않는다고 보는 것이 타당하다. 따라서 프로모션 매니저는 해당 브랜드 및 유사 브랜드 마케팅 이력뿐만 아니라 자신의 개인적인 경험과 브랜드 또는 제품 매니저로서의 경험 모두를 활용해야만 한다. 자사 제품과 유사 제품들이 사용한 여러 커뮤니케이션 효과 측정치의 평균과 경쟁 제품의 측정치를 비교하는 것 역시 고려되어야 한다. 이 정보는 매출과 시장 점유율 수치뿐만 아니라, 이러한 수준을 구축하는 데 소비되는 시간과 예산과도 연결될 수 있다. 그러나 어느 시점에서는 매출 지향적인 목표는 기업이 무엇을 누구와 소통하고자 하는지에 초점을 두는 커뮤니케이션 목표로 변환될 수밖에 없다.

많은 마케팅 및 프로모션 매니저들은 프로모션 프로그램의 계획, 실행 및 평가에 있어 구체적인 커뮤니케이션 목표를 설정하는 것이 얼마나 중요한지 인식하고 있다. 커뮤니케이션 목표는 광고 기획 절차에서 가장 영향력이 높은 접근법 중 하나인 DAGMAR 접근법에서 광고 목표를 설정하기 위한 기준이 된다.

DAGMAR: 목표 설정 접근법

1961년, 러셀 콜리(Russell Colley)는 미국광고주협회(Association of National Advertisers)에 〈측정 가능한 광고 성과를 위한 광고 목표 정의(Defining Advertising Goals for Measured Advertising Results, DAGMAR)〉라는 보고서를 제출했다. 이 보고서를 통해 콜리는 광고 목표를 설정하고 광고 캠페인의 결과를 측정하는 모델을 개발했다. DAGMAR 모델의 주요 논지는 커뮤니케이션 효과가 광고 목표와 목표를 설정하는 논리적 기초가 되어야 하며, 이 논리에 기반하여 광고의 성공 또는 실패가 측정되어야 한다는 것이다.

DAGMAR 접근법에 따르면, 광고 목표는 구체적이고 측정 가능한 **커뮤니케이션 과제**(communication task)를 포함해야 한다. 마케팅 과제와 달리, 커뮤니케이션 과제는 광고에 의해 수행되며 여러 마케팅 요인의 결합이 아닌 광고로부터 기인한다. 콜리는 커뮤니케이션 과제가 4단계의 커뮤니케이션 위계 모델(hierarchical model)에 기반한다고 제안했다.

- **인지**(awareness): 소비자에게 브랜드나 회사의 존재를 알리는 것
- **이해**(comprehension): 제품이 무엇이고 소비자에게 어떤 이점을 제공할 수 있는지에 대해 이해시키는 것
- **확신**(conviction): 소비자가 제품을 구매하게 하는 정신적 성향(mental disposition)을 확립시키는 것
- **행동**(action): 소비자가 제품을 구매하게 만드는 것

앞서 논의된 바와 같이, 광고 효과에 관한 위계적 단계 모델은 커뮤니케이션 반응 과정을 분석하는 기초로 사용될 수 있다. 일부 광고 이론가들은 레비지와 슈타이너(Lavidge & Steiner)의 위계적 효과 모델을 선호하기도 하는데, 이는 이 모델이 더 구체적일 뿐만 아니라 성과를 확립하고 측정하는 데 더 나은 방법을 제공하기 때문이다.

DAGMAR는 위계적 광고 효과 모델을 통해 커뮤니케이션 반응 과정을 설명하고 있지만, 콜리는 판매라는 광고의 궁극적 목표를 야기할 수 있는 여타 특정한 활동들에 대한 연구도 진행했다. 그는 광고의 기여도를 특정하는 52개의 광고 업무 체크리스트를 개발하였고, 이를 목표 설정의 출발점으로 활용하게끔 만들었다.

목표의 특성

광고 기획 과정에서 DAGMAR가 기여한 두 번째 중요한 점은 좋은 목표를 구성하는 것이 무엇인지를 정의했다는 점이다. 콜리는 광고 목표가 구체적이고 측정 가능한 커뮤니케이션 과업으로 기술되어야 함을 강조했다. 다시 말해, 광고 목표에는 타겟 소비자를 구체화하고, 기준 시작점과 변화의 정도를 명시하며, 목표 달성을 위한 명확한 기한을 정하는 것이 필요하다.

사진 7-9
현대차는 '켈리 블루 북'에서 상위 목록에 이름을 올렸다.
자료: Hyundai Motor America

구체적이고 측정 가능한 작업 목표에 명시된 커뮤니케이션 과제는 광고주가 타겟 소비자에게 어떠한 메시지나 소구를 활용할 것인지를 명확히 포함하고 있어야 한다. 광고주는 일반적으로 그들이 전하고자 하는 기본적인 메시지를 설명하기 위해 카피 플랫폼(copy platform)을 사용한다. 목표 혹은 카피 플랫폼을 통한 문장들은 크리에이티브 전문가들이 광고 메시지를 개발하는 데 있어 지침이 될 정도로 구체적이고 명확해야 한다. 예를 들어, 수년간 고객 만족도 순위에서 하위권을 차지하던 현대자동차는 자동차 품질 향상뿐만 아니라 소비자 인식 개선이 중요함을 깨닫고 이에 초점을 둔 캠페인을 진행했다. 그 결과, 현대 소나타는 켈리 블루 북(Kelley Blue Book)에서 중형차 부문 최고 품질 차로 평가받았다(사진 7-9 참조). DAGMAR에 따르면, 목표는 측정 가능해야 한다. 사진 7-9에서 볼 수 있듯, 이 과정에서 현대차가 수상한 여러 상은 현대자동차의 성공을 측정할 수 있는 지표를 제공하였다.

타겟 소비자 좋은 목표의 또 다른 중요한 특징은 타겟 소비자의 명확한 정의다. 제품이나 서비스의 주요 타겟 소비자는 상황 분석에서 잘 설명된다. 이를 위해 광고 미디어 결정의 근간이 되는 지리, 인구통계학, 사이코그래픽스(psychographics)와 같은 기술 변수뿐만 아니라 사용률이나 추구 편익과 같은 행동 변수 역시 활용되고 있다.

기준점과 필요한 변화 정도 목표를 설정하려면 현재 타겟 소비자가 인식, 지식, 이미지, 태도, 의도와 같은 위계적 반응 단계(response hierarchy variables) 중 어느 단계에 있는지를 파악하고, 이를 기반으로 어느 정도로 소비자를 변화시킬 것인지를 결정하는 것이 중요하다. 타겟 소비자가 위치하고 있는 위계적 반응 단계를 파악하기 위해서는 **기준점 측정**(benchmark measure)이 이루어져야 한다. 반응 위계 단계 안에서 소비자 반응 수준을 결정하기 위해서는 때때로 마케팅 조사가 필수적으로 이루어져 한다. 새로운 제품이나 서비스의 경우, 기준점은 모든 변수에 대해 0이나 이와 가깝기 때문에 초기 연구는 필요가 없다.

기준점 설정은 프로모션 기획자가 어떤 커뮤니케이션 작업을 수행해야 하는지 결정하고 달성해야 하는 목표를 구체화하는 데 기반이 된다. 예를 들어, 브랜드에 대한 예비 조사 결과가 브랜드 인지도는 높지만 소비자 인식과 태도가 부정적임을 나타냈다고 가정해보자. 이 경우 캠페인의 목표는 당연히 타겟 소비자의 브랜드 인식과 태도를 변화시키는 것에 주안점을 두어야 한다.

정량적 기준점은 커뮤니케이션 목표를 설정하는 데 유용할 뿐만 아니라 캠페인의 성공 여부를 결정하는 데도 매우 중요하다. 목표는 캠페인의 성공 또는 실패를 측정하는 기준을 제공한다. 예를 들어, 타겟 소비자들 사이의 브랜드 인지도를 90%로 끌어올린 광고 캠페인이 성공적이라고 판단하기 위해서는 캠페인의 시작 전 소비자 브랜드 인지도를 알아야만 한다. 캠페인 이전 소비자 인지도가 70%인 상황과 30%인 상황을 똑같은 조건으로 보고 캠페인 성공 여부를 해석해서는 안 되기 때문이다.

지정된 기간 광고 목표 설정의 마지막 고려사항은 목표 달성에 필요한 시간을 명시하는 것이다. 적정 기한은 수일에서 1년 이상까지 다양할 수 있다. 대부분의 광고 캠페인은 상황과 목표하는 반응의 종류에 따라 몇 개월에서 1년 정도로 기한을 설정한다. 예를 들어, 브랜드에 대한 인지도는 타겟 소비자들에게 광범위하고, 반복적인 미디어를 이용한 집중적인 광고 노출을 통해 상당히 빠른 속도로 향상시킬 수 있다. 하지만 제품의 리포지셔닝은 소비자의 인지를 변화시키는 과정이 필요하므로 더 많은 시간이 소요된다.

DAGMAR의 평가

목표 설정에 있어 DAGMAR 접근법은 광고 기획 과정에 상당한 영향을 미쳤다. 많은 프로모션 기획자들이 이 모델을 광고 캠페인 목표를 설정하고 효과를 측정하는 기초로 활용해왔다. DAGMAR는 광고주로 하여금 광고 효과를 측정할 때 판매 위주 목표보다는 커뮤니케이션 목표를 사용하는 것에 대한 가치를 일깨워 주었다. 또한 광고 캠페인의 영향력(impact)을 평가함에 있어 소비자 반응 위계 단계의 활용을 촉진하는 효과 역시 가져왔다. 콜리의 연구는 광고 기획자들이 자신의 노력을 집중해야 할 목표와 목적을 더 잘 이해할 수 있도록 함으로써 광고 및 프로모션 기획 프로세스의 개선을 이끌었다. 이로 인해, 광고 효과에 대한 일반적 주관성은 감소하고, 광고주와 대행사 간 더 나은 커뮤니케이션과 관계 개선이 이루어졌다.

DAGMAR에 대한 비판 DAGMAR는 광고 기획 프로세스에 기여했지만 광고 분야의 모든 사람이 이를 완전히 받아들인 것은 아니다. DAGMAR가 기획 도구로서 가치가 있는지에 대한 여러 의문이 제기되고 있다.

- 위계적 반응 단계의 문제점: DAGMAR 방식에 대한 주요 비판 중 하나는 이것이 위계적 효과 모델에 지나치게 의존한다는 점이다. 소비자 구매 결정이 항상 위계적인 순서대로 이루어지지 않는다 점이 밝혀지고 있고, 이에 대한 대안적인 반응 모델들이 개발되고 있다. 디지털 및 소셜 미디어 관점 7-1에서 언급된 것처럼, 많은 비판들은 디지털 및 소셜 미디어 환경하에서 소비자의 의사결정 과정은 선형적 일대일 구조에서 벗어나 원형적인 과정(circular process)으로 변화하고 있음을 지적하고 있다(사진 7-10). DAGMAR MOD II는 적절한 반응 모델이 상황에 따라 달라져야 함을 인식해야 하고, 구매 상황에서 적용될 수 있는 의사결

사진 7-10

퍼포믹스(Performics)는 소비자들이 나선형의 과정(marketing spiral)을 거친다고 주장한다.

자료: Performics, www.performics.com

정 단계의 순서를 찾는 것의 중요성을 강조하고 있다.

- **판매 목표**: DAGMAR에 대한 또 다른 반대 의견은 광고 효과 측정의 유일한 척도가 '판매'여야 한다는 주장에 기반한 것이다. 이들은 커뮤니케이션 목표를 달성했지만 판매 증가로 이어지지 않는 광고 캠페인을 받아들이지 않는다. 광고는 소비자 구매를 유도할 때만 효과적이라는 것이다. 이러한 논리의 문제점은 커뮤니케이션 목표에 대한 논의에서 다루어진 바 있다.
- **실용성과 비용**: DAGMAR에 대한 또 다른 비판은 이를 구현하는 데 드는 어려움에 관한 것이다. 위계적 반응 내의 변화를 측정하고 정량적인 기준을 설정하기 위해서는 연구에 많은 비용을 지불해야 한다. 이는 많은 비용과 시간을 필요로 하며, 방법, 기준, 측정지표 등에서 상당한 논란을 일으킬 수 있다. 많은 비판자들은 DAGMAR가 광고 및 연구 예산을 충분히 가진 대기업에만 실용적이라고 주장한다. 많은 회사들은 DAGMAR를 효과적으로 사용하기 위해 필요한 비용을 지출하는 것을 꺼려하고 있다.
- **창의성 억제**: DAGMAR에 대한 마지막 비판은 광고 개발 책임자들에게 지나치게 구조적인 접근 방식을 강요함으로써 창의성을 억제한다는 점이다. 많은 크리에이티브 인력들은 DAGMAR 접근 방식이 브랜드 인지도, 브랜드 회상 또는 특정 설득 영향력 측정 등 정량적 평가만을 강요하고 있다고 생각하고 있다. DAGMAR가 정말 창의적이고 브랜드 가치를 증대시키는 메시지를 개발하기보다는 숫자 기반의 평가를 통과하는 데만 초점을 두고 있다는 것이다.

목표 설정의 문제점

DAGMAR 모델은 광고와 프로모션 계획을 위한 논리적인 프로세스를 제시하지만, 대부분의 광고주와 그들의 대행사는 이러한 기본 원칙을 따르지 않는다. 그들은 캠페인에 대해 구체적인 목표를 설정하지 않거나, 프로모션 프로그램의 성공을 판단할 수 있는 적절한 증거를 확보하지 못한다. 많은 광고대행사들은 성공을 판단할 수 있는 적절한 목표를 설정하지 않기 때문에, 그들이 성공적이라고 생각하는 캠페인이 정말로 성공했는지 보여줄 수 없다. 이러한 캠페인이 소정의 성과를 내고 있는 것처럼 보여도, 그들은 일반적으로 그것이 무엇인지 모르는 경우가 많다.

한 연구에서는 기업 간 거래(B2B) 마케터들이 광고 목표를 설정할 때 콜리의 네 가지 DAGMAR 기준을 충족하는지 살펴보았다. B2B 분야 최고의 마케팅 커뮤니케이션을 하는 회사에게 상을 주는 골드 키 어워드(Gold Key Awards) 연례 대회에 참가한 회사들을 대상으로 분석해본 결과 대다수의 회사가 구체적인 광고 목표를 설정하거나, 목표 달성 업무를 명확히 하지 않았고, 단계별 효과 측정이나 목표에 맞는 평가 기준을 설정하지 않은 것으로 나타났다.

프로모션 기획자들의 목표 사용 개선

이미 살펴본 바와 같이, 광고주와 대행사들이 광고 캠페인의 목표 설정에 세심한 주의를 기울이는 것은 중요한 일이다. 구체적이고 측정 가능한 목표를 통해 광고주와 대행사는 프로모션 기획과 의사결정에 방향성을 잡을 수 있을 뿐만 아니라, 성과를 평가하는 기준점도 설정할 수 있다. 그럼에도 불구하고 많은 기업이 IMC 프로그램을 위해 적절한 목표를 설정하지 않고 있다.

많은 기업이 적절한 목표를 설정하지 못하는 이유는 최고 경영진이 회사의 IMC 프로그램에 대해 추상적으로 생각하고 있기 때문이다. 수천 개의 사례를 종합적으로 검토하여, 제리 토마스(Jerry Thomas)는 대부분의 광고주가 자사 광고의 효과가 무엇인지 잘 알지 못하며, 일부 광고는 매출에 부정적인 영향을 미치기도 한다는 것을 알아내었다. 토마스는 광고 산업이 매우 낮은 품질 보증 시스템을 가지고 있고, 매우 일관성 없는 광고를 생산하고 있다고 지적했다. 그는 이러한 일이 일어나는 여러 이유를 밝혔는데, 그중 하나로 광고주가 전체 마케팅 프로그램 내에서 광고의 역할을 알지 못하고, 이로 인해 커뮤니케이션 목표를 정교화시키는 데 실패했기 때문임을 지적했다.

DAGMAR에서 설정한 모든 기준을 충족하는 목표를 설정하는 회사는 드물다. 그러나 프로모션 기획자는 기초적인 판매 목적을 상회하는 구체적이고 측정 가능한 목표를 설정해야만 한다. 특정 커뮤니케이션 반응 요소가 항상 측정되지 않을지라도, 다른 기준을 충족시키는 것은 IMC 프로그램의 초점을 더 명확히 하고, IMC 프로그램 기획 과정의 질을 높일 수 있다.

IMC 프로그램을 위한 목표 설정

광고 목표에 이렇게 많은 관심이 쏟아진 이유는 전통적으로 광고가 타겟 소비자와 대다수의 기업이 소통하는 주요 수단이었기 때문이다. 판매촉진, 다이렉트 마케팅, PR과 같은 다른 프로모션 요소들은 광고 프로그램을 지원하고 보완하기 위해 간헐적으로 사용되어 왔다.

또 다른 이유는 DAGMAR와 같은 전통적 광고 기반 마케팅 커뮤니케이션 기획 방식이 오랫동안 이 분야에서 지배적이었다는 점도 있다. 이러한 접근 방식은 위계적 반응 모델을 기반으로 하며, 소비자들을 단계적으로 설득시킬 수 있는 메시지 개발과 전파에 초점을 두고 있다. 도표 7-4 접근 방식은 돈 슐츠(Don Shultz) 교수의 인사이드-아웃 계획으로 명명되는데, 그는 "이는 마케터가 활용하고자 하는 미디어를 통해 마케터가 무엇을 말하고 싶은지, 언제 말하고자 하는지, 또 그가 자신의 브랜드에 관해 중요하다고 믿는 것이 무엇이지를 밝히는 계획이다"라고 설명하고 있다.

도표 7-4
전통적 광고 기반의 마케팅 커뮤니케이션 관점

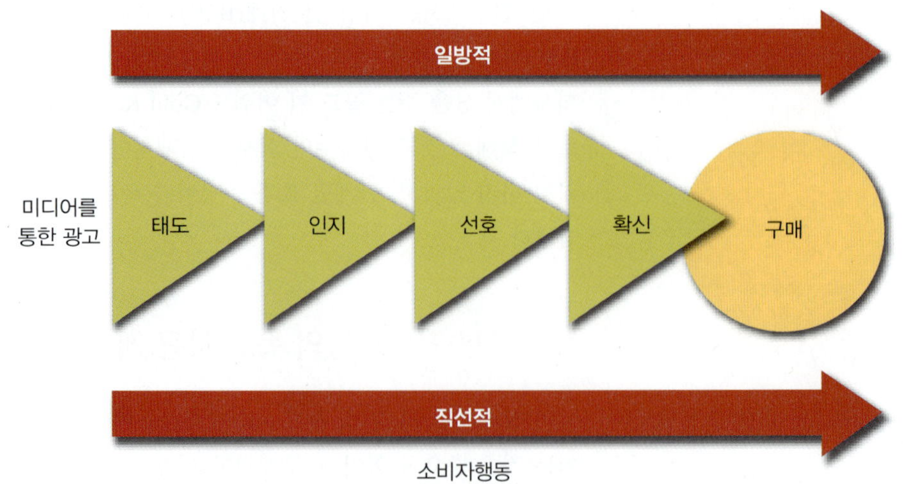

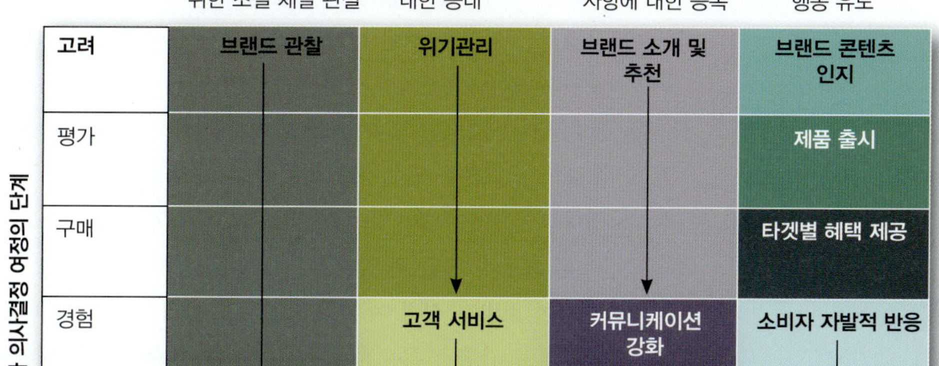

도표 7-5
소셜 소비자 의사결정 여정에서의 목표와 전략
자료: Expert interviews; McKinsey analysis.

슐츠는 IMC를 위한 아웃사이드-인 계획 과정을 강조하는데, 이 과정은 고객으로부터 시작되어 브랜드로 거꾸로 돌아가는 방식이다. 즉, 프로모션 기획자는 고객과 잠재 고객이 사용하는 다양한 매체를 연구하여 마케터의 메시지가 고객에게 가장 관련성이 있을 때, 그리고 고객이 메시지에 가장 높은 반응을 보일 때를 알아내야 하는 것이다.

비슷한 접근 방식을 톰 던컨(Tom Duncan) 교수가 제안하였다. 그는 IMC가 **제로 베이스 커뮤니케이션 계획**(zero based communication plan)을 사용해야 한다고 주장했다. 이 방법은 이행해야 할 작업을 결정하고, 어떤 마케팅 커뮤니케이션 기능을 어느 정도로 사용할지를 파악하는 데 중점을 두고 있다. 이 접근 방식은 해야 할 작업에 집중하고 이를 달성하기 위한 가장 좋은 아이디어와 매체를 찾는 데 중점을 둔다. 던컨은 효과적인 IMC 프로그램은 회사의 주요 문제나 기회를 가장 효과적으로 해결할 수 있는 마케팅 커뮤니케이션 기능을 중심으로 시작해야 하며, 특정 상황에 가장 적합한 커뮤니케이션 기능의 강점을 활용하는 프로모션 믹스 도구가 사용되어야 한다고 했다.

슐츠와 던컨이 전통적인 위계 반응 모델 기반으로 목표를 설정하는 전략에 대해 반박하는 동안, 경쟁적인 모델에도 주의가 쏠리고 있다. 5장에서도 보았듯이, 소비자 의사결정을 소셜 소비자 결정 여정(social consumer decision journey)으로 바라보는 것은 커뮤니케이션 목표를 다른 관점에서 설정할 필요성을 보여준다. 도표 7-5의 행들은 고려(consideration)에서 결속(bonding)까지 소비자 결정 여정의 단계를 보여준다. 열은 각 단계에서 마케터가 달성해야 할 목표를 나타내며, 이 목표를 달성하기 위해 필요한 10가지 마케팅 반응이 매트릭스에 나열되어 있다. 이 관점에서 마케터는 제품이나 브랜드에 대해 온라인에서 어떤 이야기가 오고 있는지를 살펴봐야(monitoring) 하며, 이를 통해 시장에서 제품이나 브랜드 인식이 어떻게 형성되고 있는지에 대한 통찰을 얻고 그에 따라 반응해야 한다. 이 과정은 지속적으로 이루어져야 한다. 두 번째로, 마케터는 개인적인 수준에서 구체적인 문제에 대응해야 한다. 반응은 긍정적일 수도 있고 (고객 서비스나 영업 리드) 혹은 (더 많은 경우에) 부정적인 문제에 대한 위기관리의 일환일 수도 있다. 증폭(amplification)은 커뮤니케이션 프로그램 설계를 다루는 것인데, 특히 소셜 미디어와 관련하여 참여와 공유 및 충성도를 촉진하는 데 중점을 둔다. 증폭의 목표는 소비자를 브랜드에 더 많이 관여시켜, 브랜드가 제공하는 경험을 확장시키고, 그들의 긍정적인 경험을 소셜 네트워크의 다른 사람들에게 전달하도록 유도하는 것이다. 마지막 목표인 유도(lead)는 소비자행동을 장기적 관점에서 변화시키는 것이다. 이 과정의 초기 단계에서는 단순히 브랜드 인지도를 높이는 것에 국한될 수 있다. 하지만 후반부 과정에서의 유도는 브랜드 입소문을 만들거나 세일 또는 프로모션과 같은 시기적 이슈를 촉진하는 데 사용될 수 있다. 이 모델은 소비자 구매 완료 후 그들의 피드백을 요청하여 지속적인 입력을 생성함으로써 더 효율적이 될 수 있다.

소셜 소비자 결정 여정은 전통적인 위계 반응 모델과 다를 수 있지만, 구매 결정 과정에서 단계별로 진행된다는 점에서 유사하다. 전통적인 모델처럼, 마케팅 담당자는 소비자들의 반응에 맞도록 특정 마케팅 행동을 취해야 한다.

광고 목표를 설정할 때 고려되어야 할 사항 중 상당수가 다른 IMC 프로그램 요소들의 목표를 설정하는 것과 관련이 있다. 프로모션 기획자는 전체 마케팅 프로그램에서 다양한 판매 촉진 기법, 퍼블리시티 및 홍보, 다이렉트 마케팅, 디지털 미디어, 인적 판매의 역할이 무엇인지, 그리고 광고뿐만 아니라 다른 요소들과 어떻게 상호 작용할 것인지를 결정해야 한다.

예를 들어, 오클랜드 동물원의 마케팅 커뮤니케이션 프로그램에는 여러 가지 목표가 있다. 첫 번째로, 동물원의 프로그램을 위한 자금을 마련하고, 재정 강화를 위한 강력한 후원자 기반을 유지해야 한다. 커뮤니케이션은 동물원의 다양한 프로그램에 대해 대중을 교육하고, 도시 단위, 주 단위, 심지어 국제적 단위로 선호적인 이미지를 유지해야 한다. IMC 프로그램의 주요 목표 중 하나는 많은 방문객을 동물원으로 끌어들여 다양한 프로그램을 체험하도록 하는 것이다(사진 7-11).

사진 7-11

오클랜드 동물원은 다양한 매체를 통해 방문객을 유치하려고 시도한다.

자료: Auckland Zoo

도표 7-6 다양한 프로모션 요소에 대한 동물원의 목표 예시

광고	
목표	동물원 방문객 유치. 목표 청중에게 동물원의 이미지 유지 및 교육. 새로운 명소와 특별 행사 및 프로모션에 대한 정보 제공
청중	동물원 회원 및 비회원. 3개의 주가 접경하는 엘러게니(Allegheny) 카운티와 5개의 다른 카운티 내의 핵심 및 부수적 지역. 관광객 및 단체 관련 시장
시기	예산이 결정되는 시기. 대부분 프로모션 활동과 일치하도록 타이밍 설정
도구/매체	텔레비전, 라디오, 신문, 잡지, 직접 우편, 옥외 광고, 관광 매체(텔레비전 및 잡지)

판매촉진	
목표	방문이 어려운 시점에서 동물원 방문을 촉진하기 위해 가격, 제품 혹은 기타 요소들을 활용
청중	협력사에 달려 있지만 주로 서부 펜실베이니아 시장을 대상으로 함
시기	협력사와 동물원의 필요에 따라 조정
도구/매체	쿠폰, 경품 추첨, 투어, 방송 교환, 직접 우편: 전단지, 엽서, 온라인 티켓 할인

홍보(PR)	
목표	동물원과 동물원 주요 명소에 대한 정보 제공 및 교육, 이미지 창출 및 유지 노력. 광고 메시지 강화
청중	주제, 범위 및 시기에 따라 지역민부터 관광객까지 다양하게 선정
시기	지속적으로 진행되나, 종종 프로모션과 새로운 동물의 영입 및 출산 등 특별 이벤트에 맞춰 조정
도구/매체	지역 및 전국 혹은 글로벌 단위의 메이저 뉴스 채널 활용. 신문, 잡지 및 방문객 안내서, 여행 책자와 가이드 등 다른 출판물에 실린 기사, 동물원 대변인이 토크쇼(예: 데이비드 레터맨 쇼)에 출연, 동물원 뉴스레터, 동물 입양 프로그램, 보존 프로그램 지원

사회적 마케팅/기업 후원/이벤트 후원	
목표	동물원 프로그램에 대한 자금을 확보하고, 기업 후원사와 협력하여 진행하는 특별 프로그램 및 이벤트를 광고. 동물원과 협력사 모두에게 윈-윈(Win-Win)할 수 있는 비즈니스 파트너십 구축
청중	동물원과 협력 기업을 후원하는 사람 혹은 업체들
시기	후원 기업과 동물원의 필요에 따라 진행
도구	광고, 퍼블리시티, 할인 공동 프로모션, 티켓 거래 등. 기업 후원의 범위와 기간에 비례하여 노출도가 증가하며, 교육 프로그램도 포함될 수 있음

다이렉트 마케팅	
목표	동물원에 대한 재정 및 정치적 강화를 위해 강력한 후원자 기반 유지
청중	지역, 국가 및 국제적 청중 포함. 어린이 프로그램, 60세 이상 노인, 부부, 개인 회원, 그리고 단계별 기부자 등급도 포함됨
시기	연중 지속적으로 진행
도구	다이렉트 메일 및 현장 가시성

단체 판매	
목표	단체 투어 판매를 통해 단체 방문자 규모와 수익의 최대화
청중	컨벤션, 인센티브 그룹, 버스 투어, 협회, 청소년, 스카우트, 학교, 캠프, 노인, 클럽, 군인, 단체, 국내외 여행 그룹
시기	성수기나 컨벤션 시즌과 같은 피크 시기에 방문객 유도
도구	여행 및 관광 박람회, 텔레마케팅, 다이렉트 메일, 업계 출판물 광고

인터넷	
목표	동물원, 프로그램, 회원 가입, PR 활동에 대한 정보 제공
청중	동물원에 대한 정보를 더 알고자 하는 모든 청중
시기	지속적이고 수시로 업데이트됨
도구	웹사이트, 블로그(비디오 포함), 페이스북, 트위터 및 기타 소셜 미디어

오클랜드 동물원처럼 다른 동물원들도 비슷한 목표를 설정할 수 있다. 도표 7-6에서 볼 수 있듯이, 이러한 프로그램은 다양한 IMC 방법을 사용할 수 있다. 이러한 프로모션 요소에 대한 목표를 설정하고자 할 때, 기획자는 이 요소들을 통해 기업이 무엇을 전달하려고 하는지, 누가 대상인지, 그리고 얼마 동안 진행되어야 하는지를 고려해야 한다. 광고와 마찬가지로, 결과는 원래의 목표와 비교하여 측정 및 평가가 이루어져야 하며, 각 프로모션 요소의 효과를 분리하여 분석하려는 시도가 필요하다. 광고 외의 마케팅 커뮤니케이션 요소에 대한 목표는 책의 5부에서 더 자세히 다룬다.

프로모션 예산 수립과 할당

1장에 있는 IMC 계획 모델을 잠시 돌아보면, 마케팅 계획과 프로모션 상황 분석에서 커뮤니케이션 프로세스 분석으로 향하는 화살표는 일방향이지만, 커뮤니케이션 분석과 예산 결정 간의 화살표는 양방향 상호 작용임을 알 수 있다. 이는 목표 설정이 기획 과정에서 중요한 부분이지만 예산의 한계가 존재한다는 것을 아는 것 역시 중요함을 의미한다. 모든 조직은 예산이 무한하지 않으므로 목표는 예산을 염두에 두고 설정해야 한다.

기업의 프로모션 예산을 생각할 때 종종 지출되는 막대한 금액에만 집중하는 경향이 있다. 하지만 이러한 금액이 어떻게 배분되는지, 그리고 이 자금을 받는 사람들이 누구인지에 대해서는 잘 생각하지 않는다. 예산 결정은 기업 자체뿐만 아니라 이를 통해 직간접적으로 관련된 여러 사람에게 큰 영향을 미친다. 이 장에서는 예산 설정과 관련된 기본 이론을 제공하고, 기업들이 프로모션 활동을 위해 어떻게 예산을 책정하는지 설명한다. 이러한 접근 방식의 장단점 역시 다루어 볼 예정이다. 이 장에서는 예산 설정과 예산 할당이라는 두 가지 핵심 예산 결정에 초점을 두고자 한다.

사진 7-12

미국광고대행사협회(4As)는 경기 침체 중에도 광고를 지속적으로 사용하라고 권장한다.

자료: American Association of Advertising Agencies

IN A RECESSION, THE BEST DEFENSE IS A GOOD OFFENSE.

It's a recession. Your instincts demand that you cut the ad budget. But, as the McGraw-Hill Research[1] analysis of business-to-business advertising expenditures during the 1981-82 recession shows, it's those with the courage to maintain or increase advertising in a recession who reap a major sales advantage over their competitors who panic and fall back into a defensive posture. And this advantage continues to expand long after the recession is over.

Recessions last an average of 11 months, but any advertising decision made during one can have permanent repercussions. The McGraw-Hill study demonstrates that nervous advertisers lose ground to the brave and can't gain it back. In 1980, according to the chart seen here, sales indices were identical, but by 1985 the brave had racked up a 3.2 to 1 sales advantage. A similar study done by McGraw-Hill during the 1974-75 recession corroborates the 1980's research.

A recession is the single greatest period in which to make short- and long-term gains. And, surprisingly, increasing advertising modestly during one has much the same effect on your profits as cutting advertising does. According to The Center for Research & Development's October 1990 study of consumer advertising during a recession, advertisers who yield "to the natural inclination to cut spending in an effort to increase profits in a recession find that it doesn't work."[2] This study, relying on the PIMS[3] database, also uncovered that aggressive recessionary advertisers picked up 4.5 *times* as much market share gain as their overcautious competitors, leaving them in a far better position to exploit the inevitable recovery and expansion.

Chevrolet countered its competitors during the 1974-75 recession by aggressively beefing up its ad spending and attained a two percent market share increase. Today, two share points in the automotive industry are worth over $4 billion. Delta Airlines and Revlon also boosted ad spending in the 1974-75 recession and achieved similar results.

Continuous advertising sustains market leadership. And it's far easier to sustain momentum than it is to start it up again. Consider this list of market category leaders: Campbell's, Coca-Cola, Ivory, Kellogg, Kodak, Lipton and Wrigley. This is the leadership list for 1925. And 1990. These marketers have maintained a relentless commitment to their brands in both good times and bad. Kellogg had the guts to pump up its ad spending during the Great Depression and cemented a market leadership it has yet to relinquish.

These are the success stories. Space and diplomacy don't allow the mention of the names of those who lacked gusto and chose to cut their ad spending in recessionary times.

But if you would like to learn more about how advertising can help make the worst of times the best of times, please write to Department C, American Association of Advertising Agencies, 666 Third Avenue, New York, New York 10017, enclosing a check for five dollars. You will receive a booklet covering the pertinent research done on all the U.S. recessions since 1923. Please allow 4 to 6 weeks for delivery.

[1] McGraw-Hill Research, 1986. [2] The Center for Research and Development ©1990. [3] Profit Impact of Market Strategies, The Strategic Planning Institute, Cambridge, MA.

AAAA

Effects of Advertising in a Recession on Sales (Indices)

Companies that Maintained or Increased Advertising in Both 1981 and 1982

Companies that Eliminated or Decreased Advertising in Both 1981 and 1982

	1980	1981	1982	1983	1984	1985
Eliminated or Decreased	100	96	88	89	106	119
Maintained or Increased	100	137	159	195	283	375

McGraw-Hill Research, 1986.

예산 설정

기업의 광고 및 프로모션 예산 규모는 수천 달러에서 수십억 달러에 이를 수 있다. AT&T나 버라이존(Verizon)과 같은 회사들이 연간 20억 달러 이상을 제품 프로모션에 지출하면서, 그들은 이러한 지출이 설정한 목표 달성에 도움이 되기를 희망한다. 예산 결정은 수천 달러 규모를 운영하는 회사에도 중요하다. 그 회사의 궁극적인 성공 또는 실패는 지출된 금액에 따라 달라질 수도 있다. 마케팅 관리자가 직면한 가장 중요한 결정은 프로모션 활동에 얼마를 지출할 것인지에 대한 문제다.

불행하게도 많은 관리자들이 광고와 프로모션의 가치를 깨닫지 못하고 있다. 그들은 커뮤니케이션 예산을 투자보다는 비용으로 간주한다. 다시 말해, 그들은 커뮤니케이션 예산을 매출과 시장 점유율 증가에 기여할 수 있는 투자 개념이 아니라 단순히 이익을 감소시키는 비용 개념으로 인식하고 있다. 그 결과, 경기가 어려

도표 7-7

경기 침체 중 광고에 대한 연구

자료: G. Tellis and K. Tellis, Research on Advertising in a Recession, *Journal of Advertising Research* 49, no. 3 (2009), pp. 304-27.

- 광고는 주요 세계 경제의 경제 주기와 밀접한 관계가 있다.
- 경기 침체기에 광고를 줄이는 가장 중요한 이유는 매출이 호황기보다 낮을 가능성이 크기 때문이다.
- 광고를 줄이는 것이 경기 침체기와 그 이후의 매출에 부정적인 영향을 미친다는 강력하고 일관된 증거들이 있다.
- 경기 침체기 동안 광고를 줄이지 않으면 침체기 이후 매출 증대에 도움이 될 수 있다.
- 경기 침체 기간 동안 광고를 늘린 기업들은 경기 침체기나 그 이후에 더 높은 매출, 시장 점유율 또는 이익을 경험했다.
- 대부분의 기업들은 경기 침체 동안 광고를 줄이려 하는데, 이는 여러 잡음을 줄이고, 광고 효율성을 높이기 위함이다.

워지면 광고와 프로모션 예산이 가장 먼저 삭감된다. 그러나 사진 7-12가 보여주는 증거처럼, 이는 정확히 반대로 이루어져야 한다. 도표 7-7은 불황 시기의 광고에 대한 광범위한 연구 결과를 보여준다. 구체적으로, 83년 동안 미국에서 이루어진 40개의 연구 결과를 검토한 결과, 경제 침체기에도 광고를 지속해야 한다는 주장이 광고 지출을 줄여야 한다는 주장보다 우세함을 알 수 있다. 게다가, 이 결정이 일회성이 아니라는 점이 중요하다. 새로운 예산은 매년, 신제품이 출시될 때마다, 혹은 경쟁력을 유지하기 위해 내적·외적 요인에 변화를 주어야 할 때마다 수립되어야 한다.

예산 설정은 가장 중요한 결정임에도 불구하고 변화에 가장 저항적이다. 지난 10년 동안 광고 및 프로모션 관련 텍스트를 비교해보면 예산을 책정하는 방법이 변하지 않았음을 알 수 있다. 이 과정의 이론적 기초는 경제 이론과 한계 분석에 뿌리를 두고 있다[광고주들은 브랜드에 의해 발생한 총수입과 총변동비용 간의 차이인 **공헌이익**(contribution margin)에 기반을 둔 접근법을 채택하고 있다. 그러나 로버트 스타이너(Robert Steiner)가 말하듯 한계 분석과 공헌이익은 본질적으로 동의어다]. 이론적 접근법을 살펴보며 예산 책정에 관한 논의를 시작해보고자 한다.

예산 설정의 이론적 이슈 광고 예산을 설정하는 데 사용되는 대부분의 모델은 경제적 관점 또는 판매 반응 관점으로 분류할 수 있다.

한계 분석 도표 7-8은 **한계 분석**(marginal analysis)의 개념을 그래픽으로 나타낸 것이다. 광고와 프로모션 지출이 증가하면 매출과 총이익도 같이 증가하지만, 어느 시점부터는 그 증가율이 둔화된다. 이 개념에서 이익은 총이익에서 광고 지출을 뺀 값으로 나타난다. 이 이론을 사용하여 예산을 설정한다면, 기업은 광고/프로모션 지출 증가에 의한 한계 수익이 광고/프로모션 비용을 초과하는 지점까지 계속해서 광고/프로모션 지출을 증가시킬 것이다. 그래프에서 보여지는 바와 같이, 최적의 지출 수준은 한계 비용이 한계 수익과 일치하는 지점(A)이다. 만약 광고/프로모션 지출의 총합이 수익을 넘어서게 되면, 기업은 지출 예산이 너무 높다고 판단하고 예산을 축소할 것이다. 반대로 수익이 더 많다면 더 높은 광고/프로모션 예산을 할당할 수 있다(이 접근법은 후에 예산 할당 결정에도 적용될 수 있음을 이 장 후반에서 살펴볼 것이다).

한계 분석은 직관적으로 논리적일 수 있지만, 특정 약점들로 인해 그 유용성이 제한되기도

도표 7-8
한계 분석

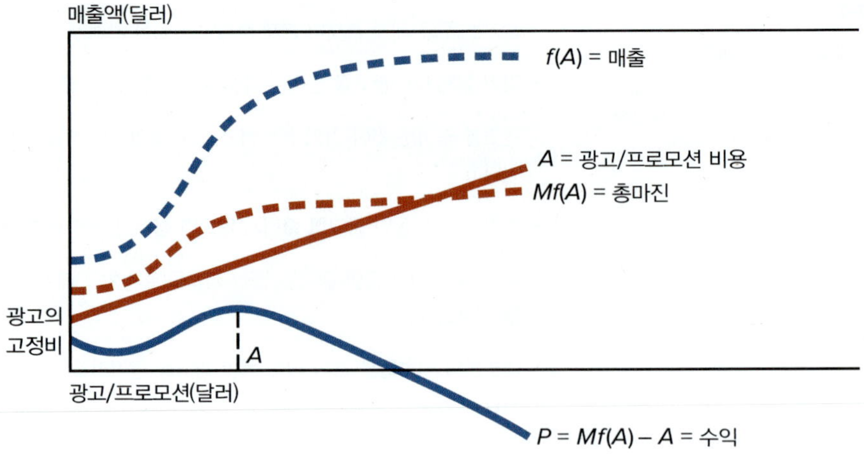

한다. 첫째, 매출이 광고와 프로모션 지출의 직접적인 결과이며, 그 효과를 측정할 수 있다는 가정에 문제가 있다. 둘째로는 광고와 프로모션이 매출의 유일한 원인이라는 가정 역시 한계점이 존재한다. 각 가정에 대해 좀 더 자세히 살펴보자.

1. **광고 및 프로모션 활동이 매출의 직접적인 척도라는 가정**: 이 장 초반부에 광고주는 전체 마케팅 목표를 달성하는 데 기여할 수 있는 커뮤니케이션 목표를 설정해야 한다는 점을 논의했다. 또한 전체 마케팅 목표와 커뮤니케이션 목표는 별도로 설정되어야 함을 밝혔다. 이렇게 하는 이유는 광고와 프로모션이 매출에 미치는 영향을 입증하기가 극도로 어렵기 때문이다. 매출을 직접적인 척도로 사용하는 연구에서는 광고와 프로모션의 공헌도를 설정하는 것은 사실 불가능에 가까웠다. 아커(David Aaker)와 칼멘(James Carman)의 말처럼, "광고와 매출 간 관계를 찾는 것은 건초더미 속에서 바늘을 찾는 것보다 더 어렵다." 따라서 예산 규모가 제품의 매출에 직접적인 영향을 미친다고 주장하는 것은 오판을 내리게 할 수 있다. 더 논리적인 접근 방식은 다양한 예산들의 영향력을 통해 커뮤니케이션 목표 달성에 미치는 영향을 살펴보는 것이다.

   커뮤니케이션 목표에 대한 논의에서 살펴보았듯, 매출은 프로모션 활동의 유일한 목표가 아니다. 인지도, 관심, 태도 변화 등 다른 커뮤니케이션 목표도 종종 추구된다. 궁극적으로 제품 판매가 최종 목표지만, 이러한 다양한 목표는 프로모션 프로그램을 개발하는 데 있어 초석의 역할을 할 수 있다.
2. **매출이 오직 광고와 프로모션에 의해서만 결정된다는 가정**: 이 가정은 기업의 성공에 기여하는 다른 마케팅 믹스(예: 가격, 제품, 유통 등)를 무시하는 것이다. 환경적 요인도 프로모션 프로그램에 영향을 미칠 수 있으며, 이러한 환경적 요인들의 목표 달성 영향력(긍정 혹은 부정적 영향력)이 광고 효과 측정에도 관여할 수 있다.

종합적으로, 예산 설정 과정에서 경제학적 접근법은 논리적일 수 있지만, 프로모션 활동이 매출과 수익에 미치는 영향을 결정하는 데 어려움이 존재한다. 이로 인해, 경제학적 방식을 적용하는 데는 제한이 있을 수 있다. 한계 분석은 직접 반응 광고를 제외하고는 예산 책정의 기준으로 거의 사용되지 않는다.

판매 반응 모델 도표 7-8 그래프에서 광고와 프로모션 활동이 계속 증가함에도 불구하고 판

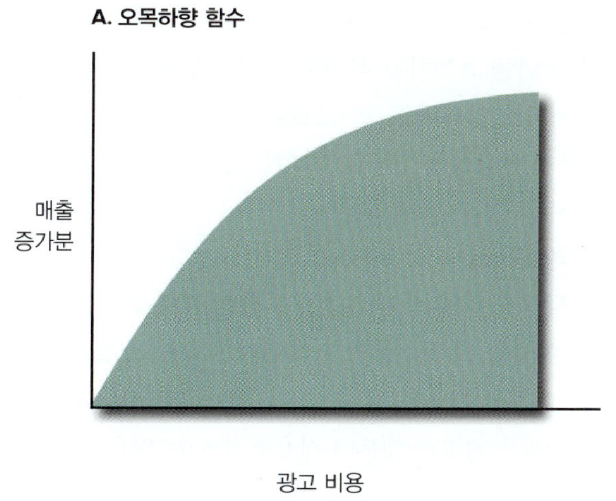

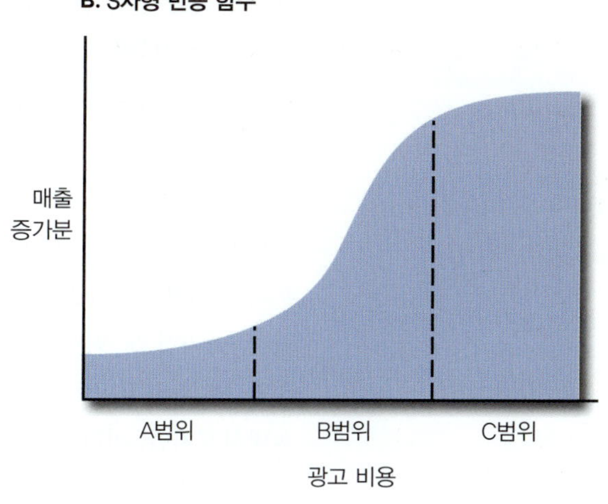

도표 7-9

광고 판매/반응 함수

매가 왜 계속 증가하지 않고 일정 수준을 유지하는지 의문을 품을 수도 있다. 광고와 판매 간 관계는 여러 연구의 주제로 활용되고 있고, 이 반응 곡선의 형태를 결정하기 위해 많은 논의가 이루어지고 있다.

거의 모든 광고주는 광고/판매 반응 함수의 두 가지 모델 중 하나에 동의한다. 오목하향함수(concave-downward function)와 S자형 반응 곡선(S-shaped response curve)이 그것이다.

- **오목하향 함수:** 사이먼(Julian Simon)과 아른트(Johan Arndt)은 판매에 미치는 광고 영향력을 분석한 100여 개의 연구를 검토한 결과, 광고 예산의 효과가 미시경제학의 수확체감법칙(diminishing returns)을 따른다고 결론지었다. 즉, 광고 노출량이 증가할수록, 그 증가로 효과는 감소한다는 것이다. 다시 말해, 구매 가능성이 높은 소비자는 광고의 첫 번째 노출에 반응할 확률이 높은 반면, 구매 가능성이 낮은 소비자는 광고의 영향을 거의 받지 않는다. 따라서 잠재적 구매자에게 추가적인 광고 노출은 새로울 것이 없고, 그들의 구매 결정에 더 이상 영향을 미치지 못한다. 따라서 **오목하향 함수 모델**(concave-downward function model)에 따르면, 광고의 효과는 도표 7-9A와 같이 빠르게 감소한다. 이 모델은 매출에 있어 최적의 영향력을 발휘하기 위해서는 광고 비용을 줄이는 것이 필요할 수 있음을 제안하고 있다.
- **S자형 반응 함수:** 많은 광고 관리자는 **S자형 반응 곡선**(S-shaped response curve, 도표 7-9B)이 광고 예산 지출과 판매 간 관계를 잘 나타낼 수 있다고 평가하고 있다. 광고 예산의 초기 지출은 거의 효과가 없지만(A범위에서 평평한 판매 곡선이 나타남), 일정 수준 예산이 달성된 시점(B범위의 시작점)부터, 광고 및 프로모션 활동이 효과를 보기 시작한다. 이 시점에서 광고/프로모션에 대한 추가 지출이 판매 증가로 이어진다. 그러나 판매 증가 곡선은 일정 지점까지만 지속되며, C범위의 시작점에서는 이 증가 폭이 줄어들게 된다. 이 모델은 적은 광고 예산으로는 매출에 있어 구전(word of mouth) 효과 이상의 영향력을 발휘할 수 없음을 시사하고 있다. 그렇다고 더 많은 광고비 투입이 항상 더 좋은 결과를 낳는 것도 아니다. B범위를 넘어선 추가 광고비 지출은 판매에 별다른 영향을 주지 못하고, 대부분 낭비된다. 한계 분석과 마찬가지로, 최대의 수익을 얻을 수 있는 영역 B의 지점에서 광고 집행이 시도될 확률이 높다.

판매 반응 모델에는 약점이 있어, 이 모델을 실제 상황에 직접 적용하는 데는 한계가 있다.

앞서 언급했듯이, 판매를 종속 변수로 사용하는 점이나 측정의 어려움 등은 이러한 모델들의 유용성을 제한하고 있다. 하지만 이러한 모델을 논의하는 목적을 기억할 필요가 있다. 한계 분석과 판매 반응 곡선이 직접적으로 적용되지 않더라도, 이 모델들은 예산 책정 과정에 이론적 근거가 될 수 있다. 그리고 이 모델들의 타당성을 입증할 수 있는 실체적 증거들도 존재한다.

이전 장에서 다룬 내용들과 위계적 효과(hierarchy of effects) 역시 인지도를 획득하고 이후의 소비자 수용(adoption)과 같은 목표 달성을 위해 광고의 반복 노출이 중요함을 설명하고 있다. 이러한 모델들이 광고 및 프로모션 예산을 설정함에 있어 직접적인 수단이 될 수는 없지만, 예산 책정 전략의 수립을 도와주는 이론적 기초는 될 수 있다. 이 장 후반부에서 다시 설명하겠지만, 이러한 이론적 기반은 현재 예산 책정과 배분에 사용되고 있는 많은 방법보다 더 나은 이점들이 있다.

추가적인 예산 책정 요인 지금까지 논의한 이론적 기초는 예산 적합성을 설정하는 것 이외에 여러 다른 이슈들에도 활용되어야 한다. 판매를 광고 효과의 직접적 측정 척도로 활용하려는 시도의 단점은 판매에 영향을 주는 다른 여러 상황적 요인들을 등한시한다는 점에 있다. 광고/판매 비율에 영향을 미치는 몇 가지 요인이 도표 7-10에 나타나 있다. 감성적인 구매 동기, 숨겨진 제품 특성, 혹은 강력한 차별화 요소를 가지고 있는 제품은 매출에 대한 광고 영향력이 높을 수 있다. 반면, 고가 제품이나, 성숙기 또는 쇠퇴기에 접어든 제품은 광고의 혜택을 덜 받을 수 있다.

도표 7-10
광고 예산에 영향을 미치는 요인들

요인	광고와 매출의 관계	요인	광고와 매출의 관계
제품 요인		경쟁:	
차별화 정도	+	경쟁 심함	+
보이지 않는 제품 품질	+	집중화됨	+
정서적 구매 동기	+	**소비자 요인**	
	−	집약적 수요	+
	−	**전략 요인**	
구매 빈도	곡선적 관계	브랜드 주기 초기 단계	+
시장 요인		긴 유통채널	+
제품 수명주기:		높은 가격	+
도입기	+	고품질	+
성장기	+	미디어 전략	+
성숙기	−	크리에이티브 전략	+
쇠퇴기	−	프로모션 전략	+
비탄력적 수요	+	**가격 요인**	
시장점유율	−	고수익 마진	+

참고: + 관계는 해당 요인이 매출에 긍정적인 광고 효과를 준다는 것을 의미하고, − 관계는 해당 요인이 매출에 미미한 광고 효과를 준다는 것을 의미한다.

도표 7-11

예산 설정에서 고려되는 요소들

고려 요소	중요도(%)
광고 전략 및 크리에이티브 전략에 있어서의 변화	51
경쟁사의 전략 변화 및 경쟁사의 광고예산 수준	47
공헌수익 목표와 그 밖의 재무적인 목적	43
조정을 통한 이전 해 광고예산 수준	17
최고경영층의 광고예산 및 한도 설정	11
매출비중 예측치	8
미디어 비용 인상에 대한 예측치나 가정치	25
미디어 전략의 수정과 혹은 미디어 구매 전략	17

이 장의 후반부에 다루겠지만, 전체 매출액의 일정 비율을 광고 예산으로 책정하는 방법(percentage-of-sale)은 광고와 매출 간의 관계를 역으로 보고 있다는 약점이 있다. 즉, 광고가 매출에 영향을 주었는지, 매출이 광고에 영향을 주었는지를 알 수 없게 되는 상황에 직면할 수 있다. 따라서 이러한 요인들은 예산 책정 시 고려해야 할 사항이지만, 지출을 늘리거나 줄여야 할 시점과 방법을 결정짓는 유일한 요소가 되어서는 안 된다.

〈Advertising Age〉의 편집 자문위원회는 미국 상위 200개 회사의 92명의 임원(광고주 대표)과 상위 200개 광고대행사의 130명의 임원, 11명의 광고 컨설턴트(대행사 대표)로 구성되어 있다. 이 위원회를 대상으로 한 설문 조사 결과, 예산 설정에서 중요한 요소들이 파악되었다(도표 7-11).

광고주와 대행사 그룹들의 응답은 예산 설정에서 중요하다고 생각하는 요소들에 대한 그들의 인식을 반영한다. 이 요소들의 상대적인 중요성 차이를 이해하려면 현재 예산 설정에서 사용되는 접근 방식을 이해하는 것이 중요하다. 다음 절에서는 이러한 접근 방식들을 살펴볼 것이다.

예산 설정 방식

광고 예산을 설정하는 이론적 접근법은 거의 사용되지 않는다. 소규모 기업에서는 아예 사용되지 않을 수 있다. 대신, 실제 경험을 통해 개발된 여러 가지 방법이 적용된다. 이 절에서는 예산을 설정하는 전통적인 방법과 각 방법의 상대적인 장단점에 대해 살펴본다. 먼저, 다음 두 가지를 이해해야 한다.

- 많은 기업이 한 가지 이상의 방법을 사용하고 있다.
- 예산 설정 방식은 기업의 크기와 복잡성에 따라 달라진다.

하향식 접근법 이 섹션에서 논의되는 접근법들은 주로 **하향식 접근법**(top-down approaches)으로 불리는데, 이는 예산 금액이 경영진에 의해 결정된 이후, 해당 부서로 설정된 예산이 내려보내지는 방식이기 때문이다(도표 7-12) 이러한 예산은 본질적으로 미리 정해져 있으며, 실제 이론적 근거는 없다. 하향식 방식에는 가용예산법, 임의적 할당법, 매출액 비례법, 경쟁기준법 그리고 투자수익률법 등이 있다.

도표 7-12

하향식 대 상향식 예산 설정 접근법

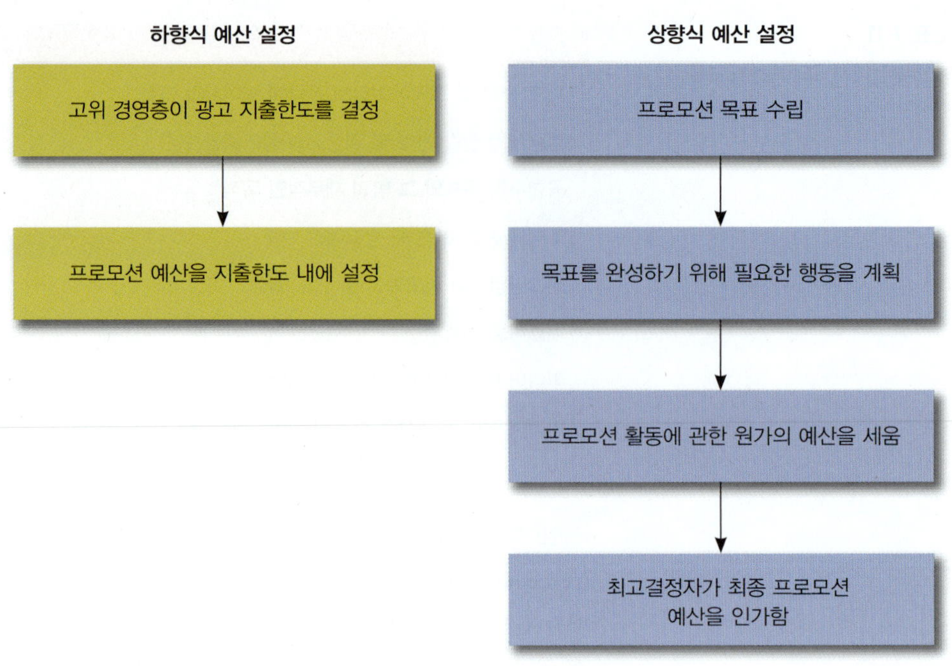

가용예산법 **가용예산법**(affordable method 종종 all-you-can-afford method로도 불림)은 기업이 생산, 운영 등 다양한 분야의 지출 금액을 먼저 결정한 후, 남은 예산을 광고와 프로모션에 배정하는 방식이다. 이 금액이 회사가 감당할 수 있는 금액으로 상정된다. 광고/프로모션 활동으로 인해 창출될 수 있는 다양한 효과는 고려되지 않으며, 다양한 예산의 효과를 측정할 수 있는 기준이 설정되지 않기 때문에 과소 지출 또는 과잉 지출될 가능성이 높다.

이 방법은 중소기업에서 자주 사용되고 있지만, 광고와 프로모션의 역할을 제대로 이해하지 못하거나, 마케팅의 중요성을 인지하지 못하는 큰 기업에서도 종종 사용되고 있다. 예를 들어, 많은 첨단 기술 기업들은 신제품 개발과 엔지니어링에 집중하고 제품이 충분히 좋으면 자연스럽게 팔릴 것이라고 가정한다. 이러한 회사에서는 광고와 프로모션 활동을 위한 자금이 거의 배정되지 않는다.

이 방법의 논리는 "이 방법으로는 손해를 볼 일이 없다"는 생각에서 비롯된다. 즉, 기업이 가용할 수 있는 금액을 알고 이를 초과하지 않으면 재정적인 문제에 빠지지 않을 것이라고 생각하는 것이다. 회계적으로는 맞을 수 있지만, 마케팅 관점에서 보면 올바른 의사결정이라고 보기는 어렵다. 이 방법은 종종 신제품을 론칭하기에 필요한 충분한 예산을 확보하기 어렵게 만들고는 한다. S자형 매출 반응모델에서 보면 회사는 *A* 범위에서 부족한 예산으로 마케팅 활동을 지속하거나, *C* 범위에서 필요 이상의 지출로 예산을 낭비하고 있을 수도 있다. 시장 상황이 어려워지고 매출이나 수익이 떨어지기 시작하면 이 방식은 예산을 늘려야 할 시기에 예산을 삭감하는 우를 범할 수도 있다.

임의할당법 **임의할당법**(arbitrary allocation)은 예산을 설정하는 방법 중에서 이론적 근거가 가장 빈약한 방식이다. 이 방법은 예산이 이론적 근거 없이 관리자의 판단에 의해 설정되는 것을 의미한다. 즉, 예산은 경영진이 필요하다고 느끼는 것에 기초하여 설정된다. 살베슨(Melvin Salveson)은 광고 예산을 설정하는 방법에 대해 논의하면서 이러한 결정이 "경영자들의 마음이 경제적 기준이 되는 방식"이라고 언급했다. 살베슨은 대기업을 지칭한 것이지만,

이 접근법은 소규모 기업과 비영리 단체에서도 널리 사용된다.

임의할당법에는 명확한 장점이 없다. 체계적인 사고가 이루어지지 않았고, 예산 수립을 위한 목표도 없으며, 광고와 프로모션의 개념과 목적은 대부분 무시된다. 광고와 프로모션에 어느 정도 금액이 사용되어야만 한다는 관리자의 직관적 느낌과 이 느낌을 근간으로 하는 예산 설정이 이루어진다는 사실 외에, 이 방식이 지속되는 이유를 설명하기는 힘들다. 그럼에도 불구하고 여전히 이러한 예산 설정 방식은 지속되고 있고, 이 장에서 이 방법을 논의하는 단 하나의 목적은 이 방법을 권장하지 않는다 점을 강조하기 위함이다.

매출액 비례법 예산 설정 방법 중 가장 일반적인 것은 **매출액 비례법**(percentage of sales-특히 대기업에서)이다. 광고 및 프로모션 예산을 제품의 매출에 기반하여 설정하는 방식을 뜻한다. 경영진은 (1) 판매 금액의 일정 비율을 설정하거나, (2) 단위 제품 비용에 프로모션 비용을 고정 금액으로 상정하고, 판매된 제품 수에 이를 곱하여 예산을 정한다. 이 두 가지 방법은 도표 7-13에 나타나 있다.

매출액 비례법에서의 변수는 예상되는 미래 매출의 비율을 결정하는 데 기초가 되기도 한다. 이 방식은 또한 예상되는 미래 판매액의 고정 비율 혹은 예상 단위 원가를 활용한다. 고정 비율 방식에서는 다음 해 매출은 마케팅 매니저의 추정에 기반하여 예측된다. 예산은 이러한 예산 매출의 일정 비율로 산정되는데, 종종 도표 7-14에 제시된 업계 표준 비율이 사용되기도 한다

미래 판매를 기준으로 사용하는 한 가지 장점은 예산이 지난 해의 매출 기반이 아니라는 점이다. 시장 변화가 있을 때, 경영진은 과거 데이터에 의존하기보다, 이러한 변화가 판매에 미칠 영향을 다음 연도 매출 예측에 반영하는 것이 필요하다. 그렇게 설정된 예산이 현재의 상황을 더 잘 반영하고, 더 적합할 가능성이 크다.

도표 7-14에서 알 수 있듯이, 매출 대비 광고비 비율은 산업군마다 차이를 보인다. 일부 산업군은 매우 적은 비율(예: 제과 제품의 경우 0.8%)을 광고 예산으로 할당하는 반면, 다른 산업군은 훨씬 더 높은 비율(예: 도서 및 출판업계는 20.3%, 담배는 11.9%)을 활용하고 있다. 실 집행 예산 금액은 기업의 총판매액에 따라 큰 차이를 보인다. 예를 들어, 컴퓨터 및 사무용 장비 산업군의 광고 예산 비율은 작아 보일 수 있지만, 실 집행 광고 금액은 상당히 큰 규모다.

도표 7-13

매출액 비례법을 대체할 수 있는 방법들

방법 1: 직접 매출 비례법		
2021	총매출	$1,000,000
	매출 비례 10%	$100,000
2022	광고 예산	$100,000
방법 2: 단위 제품 비용 비례법		
2021	제품 생산 비용	$4.00
	제품당 광고 비용	$1.00
2021	예상 매출, 제품 100,000개 생산	
2022	광고 예산(100,000 × $1)	$100,000

도표 7-14 산업 부문별 광고비-매출 비율

Schonfeld & Associates, Inc.		2018 광고비-매출 비율		
산업군	산업 분류 코드	매출 대비 광고비 비율	이익 대비 광고비 비율	연간 광고비 성장률
ABRASIVE, ASBESTOS, MISC MINRL	3290	16.6	52.3	12.6
ACCIDENT & HEALTH INSURANCE	6321	1.0	4.9	1.1
ACCOUNT, AUDIT, BOOKKEEP SVCS	8721	1.1	2.0	−2.2
ADVERTISING	7310	2.4	4.5	2.5
AGRICULTURAL CHEMICALS	2870	4.9	13.6	−9.9
AGRICULTURE PRODUCTION–CROPS	100	0.4	1.0	−7.3
AIR COURIER SERVICES	4513	0.7	2.2	5.0
AIR TRANSPORT, SCHEDULED	4512	0.7	2.7	4.5
AIR–COND, HEATING, REFRIG EQ	3585	0.8	2.1	−1.0
AMUSEMENT & RECREATION SVCS	7900	4.1	15.9	6.2
AMUSEMENT PARKS	7996	6.2	13.3	1.3
APPAREL & OTHER FINISHED PDS	2300	4.7	9.3	7.3
APPAREL AND ACCESSORY STORES	5600	3.0	7.7	2.3
AUTO AND HOME SUPPLY STORES	5531	1.0	2.0	1.0
AUTO DEALERS, GAS STATIONS	5500	0.7	4.5	6.0
AUTO RENT & LEASE, NO DRIVERS	7510	1.3	3.2	−5.7
BAKERY PRODUCTS	2050	0.8	2.4	0.0
BEVERAGES	2080	3.8	6.6	1.4
BIOLOGICAL PDS, EX DIAGNSTICS	2836	2.2	3.1	12.5
BLANKBOOKS, BINDERS, BOOKBIND	2780	4.5	8.6	−2.5
BLDG MATL, HARDWR, GARDEN–RETL	5200	1.1	3.3	6.7
BOOKS: PUBG, PUBG & PRINTING	2731	20.3	35.2	−5.7
BTLD & CAN SOFT DRINKS, WATER	2086	5.9	11.5	4.8
BUSINESS SERVICES, NEC	7389	0.5	1.4	6.3
CABLE AND OTHER PAY TV SVCS	4841	6.3	14.5	11.3
CAN FRUIT, VEG, PRESRV, JAM, JEL	2033	1.9	5.0	11.3
CAN, FROZN, PRESRV FRUIT & VEG	2030	3.0	7.2	13.1
CARPETS AND RUGS	2273	1.3	3.4	22.0
CATALOG, MAIL–ORDER HOUSES	5961	3.9	11.6	15.2
CEMENT, HYDRAULIC	3241	0.5	1.3	7.8

Schonfeld & Associates, Inc.		2018 광고비-매출 비율		
산업군	산업 분류 코드	매출 대비 광고비 비율	이익 대비 광고비 비율	연간 광고비 성장률
CIGARETTES	2111	11.9	22.8	10.8
CMP AND CMP SOFTWARE STORES	5734	1.1	3.0	7.0
CMP INTEGRATED SYS DESIGN	7373	0.2	0.7	5.8
CMP PROCESSING, DATA PREP SVC	7374	2.9	6.6	6.0
CMP PROGRAMMING, DATA PROCESS	7370	6.9	11.6	11.3
COML PHYSICAL, BIOLOGCL RESH	8731	0.6	1.6	14.6
COMMUNICATIONS SERVICES, NEC	4899	4.9	9.7	−1.4
COMPUTER & OFFICE EQUIPMENT	3570	0.5	1.6	5.3
COMPUTER COMMUNICATION EQUIP	3576	0.5	0.8	2.8
COMPUTER PERIPHERAL EQ, NEC	3577	1.9	3.5	−4.3
COMPUTER STORAGE DEVICES	3572	0.4	0.9	3.5
COMPUTERS & SOFTWARE-WHSL	5045	0.7	7.0	5.9
CONCRETE, GYPSUM, PLASTER PDS	3270	0.7	2.1	−5.9

자료: Schoenfeld and Associates, 2019.

매출액 비례법을 지지하는 사람들은 여러 가지 장점을 언급한다. 이 방법은 재정적으로 안전하고 광고비 지출을 합리적인 범위 내에서 제한할 수 있다. 광고비 지출이 지난 해의 매출액 또는 다음 연도의 예상 판매액에 기반하기 때문에 이런 이점이 있다. 매출 증가에 따라 예산이 증가하고, 매출 감소에 따라 광고비가 감소하게 하기 때문에 예산을 충당하는 데 안정적이다. 매출액 비례법은 단순하고 직관적이며 구현하기 쉽다. 그 기준이 과거 매출이든 미래 매출이든, 예산을 설정하기 위한 계산법은 그렇게 어렵지 않다. 마지막으로, 이 방법은 일반적으로 안정적이다. 예산이 매출 증가 및 감소에 따라 달라질 수 있지만, 급격한 변화가 일어나지 않는 한 경영진은 예산 설정의 범위를 합리적으로 예측할 수 있다.

하지만 매출액 비례법에는 몇 가지 심각한 단점이 있다. 그중 하나가 예산 설정의 기본 전제가 매출이라는 점이다. 매출 수준이 광고비와 프로모션 예산을 결정한다는 것은 광고와 매출 간 인과 관계를 거꾸로 상정하고 있다는 뜻이다. 이는 광고를 매출을 위한 하나의 비용으로 보는 것이지, 투자 개념으로 다루지 않는다는 것이다. 도표 7-15에서 보여지듯이, 프로모션 비용을 투자로 간주하는 기업들은 결국 보상을 받게 된다.

이 접근 방식의 두 번째 문제는 앞서 장점으로 언급되었던 안정성이다. 지지자들은 모든 회사가 비슷한 비율을 사용할 경우 시장에 안정성이 부여될 수 있다고 말한다. 하지만 누군가가 이 표준 비율에서 벗어나 광고 예산을 책정하면 무슨 일이 벌어질까? 문제는 이 방법이 내부 전략이나 경쟁자들의 변화를 반영하지 못한다는 점이다. 공격적인 회사는 광고와 프로모션 예산에 더 많은 자금을 할당하고 싶을 수 있지만, 경영진이 업계 표준 비율에서 벗어나려는 의지가 없는 한 매출액 비례법에서는 실행되기 힘들다.

도표 7-15

투자가 향후에 가져오는 결실

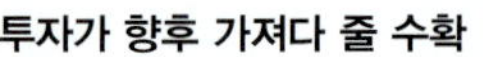

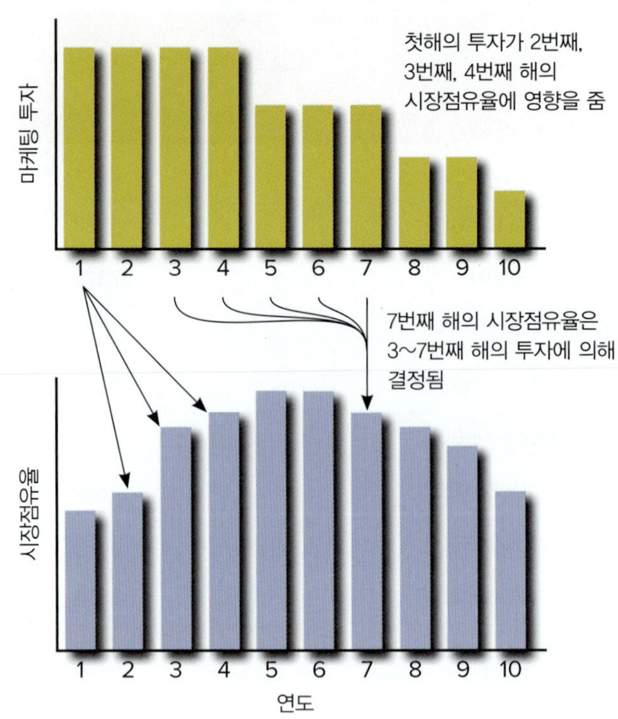

매출액 비례법은 자금 할당에 심각한 문제를 야기할 수도 있다. 만약 광고와 프로모션이 마케팅 역할을 수행할 수 있다면, 광고에 더 많은 자금을 할당하는 것이 S자형 곡선에서 보여지듯 추가적인 판매를 창출하는 데 도움을 줄 수 있다(일정 수준까지). 매출이 적은 제품이 더 적은 프로모션 예산을 가지게 되면, 이는 판매 증진의 저해 요소가 될 수 있다. 이러한 상황을 극단적으로 설명하면, 매우 성공적인 제품은 과잉 예산을 할당받게 되는데, 이는 예산 낭비로 이어질 수 있다. 여기에 투영된 과잉 예산을 다른 곳에 사용하는 것이 더 바람직할 수 있다.

매출액 비례법은 또한 신제품 출시에 적용하기 어렵다. 기존 매출 정보가 없을 경우 예산을 설정할 근거가 없기 때문이다. 특히, 제품이 매우 혁신적이거나 변동적인 매출 경향을 보일 경우, 미래 매출을 예측하는 것이 어려운 일이다.

마지막으로, 예산이 매출에 의존하게 되면, 매출 감소는 예산 감소로 이어지게 된다. 하지만 이 상황에서는 실제로 예산을 증가시켜야 할 상황이기에 문제가 커질 수 있다. 광고 및 프로모션 예산을 계속해서 삭감하는 것은 오히려 하향세를 가속화할 수 있다. 일부 성공적인 기업들은 불경기나 매출 하락 시기에 추가 자금을 할당하였다. 경기 침체기 동안 광고 지출을 유지하거나 증가시킨 기업들은 그렇지 않은 기업 대비, 매출과 시장 점유율 모두에서 가시적인 성과를 보여주고, 더 높은 성장을 이루어냈다. 미래 매출 비례법은 지금껏 논의된 문제들의 해결책으로 제안되었지만, 예측, 순환적 성장 및 통제할 수 없는 요인들로 인해 여전히 한계점을 보여주고 있다.

경쟁기준 만약 마케팅 담당자에게 자사의 광고 및 프로모션 예산을 경쟁사들이 할당하는 방식에 기초하는지 물어보면, 아마 대부분은 부인할 것이다. 그러나 이 회사들의 광고 지출 내역을 판매 비율과 미디어 광고비 측면에서 살펴보면, 같은 산업군 내 회사들 간 매출액 대비 광고비 비율이 크게 차이 나지 않는 것을 알게 될 것이다. 이는 우연한 결과가 아니다. 경쟁 광고 정보를 제공하는 회사, 무역 협회 및 기타 광고 산업 관련 기간지 등은 경쟁사의 지출 내역에 대한 통찰을 제공하고 있다. 실제로 대기업들은 10개 주요 매체에서의 상위 1,000개 광고 미디어 비용과 총광고비를 추정한 Competitive Media Reporting(경쟁 매체 보고)과 같은 서비스를 구독한다. 소규모 기업들은 지역 인쇄 매체에서 경쟁사 광고를 발췌하여 제공하는 **클리핑 서비스**(clipping service)를 활용하여 이미 집행된 광고 비용을 역으로 계산하여 자사의 누적 광고 비용을 결정하는 데 이용한다.

경쟁기준법(competitive parity method)에서는 경영자들이 경쟁사의 매출액 비율 지출에 맞추어 예산을 설정한다. 이 주장의 핵심은 이 방식이 산업 내 집단적인 지혜를 활용한다는 점이다. 또한 경쟁사를 고려함으로써 마케팅 전쟁을 최소화하고 시장에서의 안정성을 가져오는 이점도 있다. 만약 기업들이 경쟁사들이 자사의 증가하는 광고 비용을 따라잡지 못할 것이라는 것을 알게 되면, 시장 점유율 증대를 위한 공격적인 방식을 할 필요가 없음을 인식하게 된다. 이는 비정상적이거나 비현실적인 광고 지출을 최소화시켜 줄 수 있다.

하지만 경쟁기준법에는 몇 가지 단점이 있다. 첫째, 광고와 프로모션 활동이 어떠한 문제점이나 기회를 언급함으로써, 설정된 마케팅 목표를 달성하기 위해 이루어진다는 것을 망각하고 있다는 점이다. 둘째, 비슷한 지출을 하는 회사들은 동일한 효과를 창출할 수 있다고 가정하는데, 이는 창의적인 집행 방식 및 효율적 미디어 배분 등이 야기하는 긍정적 영향력을 무시하는 것이다. 또한 각 기업 자체의 장점들(예: 더 좋은 제품을 만드는 회사 이미지 등)이 만들 수 있는 효과도 간과한다. 유와 맨다치타라(Yoo & Mandhachitara)는 경쟁 기준법 전략 활용 시에, 경쟁사의 광고가 자사에 이익적 요소가 될 수 있고, 경쟁사의 이득이 반드시 다른 경쟁사의 손실로 이어지는 것은 아님을 고려해야 한다고 주장했다. 도표 7-16에 나타나 있는 것처럼, 경쟁사의 광고 예산이 판매에 어떠한 영향을 주는지는 네 가지의 상황을 통해 결정되는데, 그중 하나만이 제로섬(zero-sum) 상황에 해당한다.

또한 경쟁사들이 기존의 전략을 지속할 것이라는 보장이 없다. 경쟁사의 매출액 대비 광고비율 수치는 경쟁사의 지난해 광고 프로모션 비용에 의해 결정되므로(기업 스파이 활동을 제외하고는), 향후 예상되는 시장의 변화나 지출의 변동은 경쟁사의 활동이 이루어지기 이전에

도표 7-16

경쟁사의 광고 지출이 항상 해로운 것은 아니다.

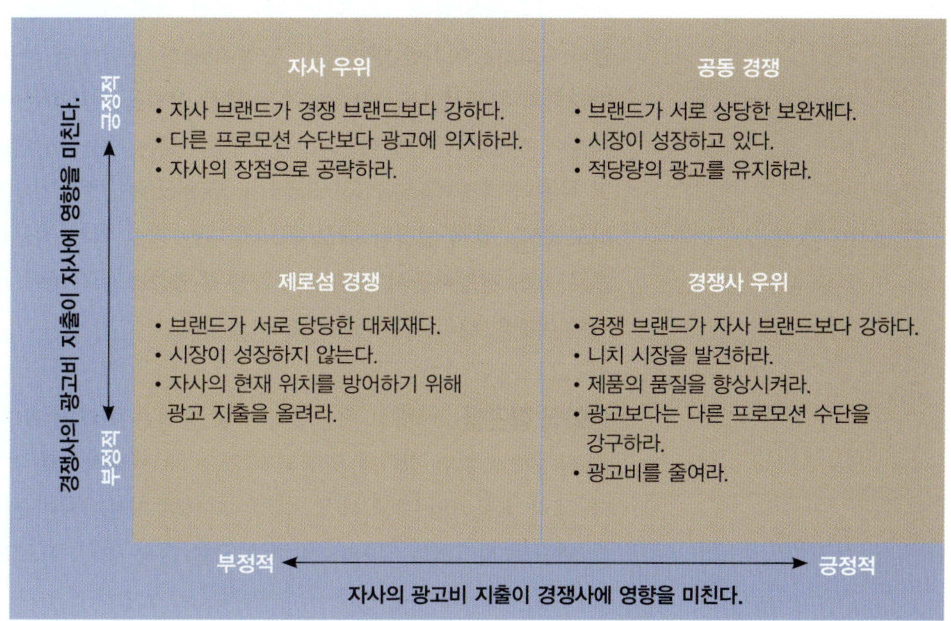

는 예측하기 힘들다. 나아가, 다른 경쟁사의 마케팅 활동과 상관없이 자사의 마케팅 비용을 증감하지 않을 것이라 보장하기도 힘들다. 마지막으로, 경쟁기준법 상황하에서는 경쟁사와의 마케팅 전쟁을 피하기 어렵다. 코카콜라와 펩시, AT&T와 버라이존 간의 경쟁은 그들의 지출 전쟁으로 악명이 높은데, 경쟁사끼리 서로의 마케팅 비용 증가에 대응하고 있다.

프로모션 비용을 설정하는 데 경쟁기준법만을 고집하는 기업은 거의 없다. 이 방법은 일반적으로 매출액 비례법 등의 다른 방법과 함께 사용된다. 경쟁을 무시하는 것은 결코 현명하지 않으며, 관리자는 항상 경쟁사가 무엇을 하고 있는지 파악해야 한다. 그러나 목표를 설정하고 전략을 개발할 때 경쟁사를 단순히 모방하는 것은 어리석은 일이다.

투자 수익률(ROI) 매출액 비례법에서 매출이 광고 예산 수준을 결정한다. 그러나 광고가 판매를 유발한다는 사실도 간과해서는 안 된다. 한계 분석 및 S자형 곡선 접근법에서는 광고와 프로모션에 대한 투자 증가는 판매 증가로 이어졌다. 여기서 핵심은 바로 투자다. **투자수익률 방식**(Return of Investment budgeting method)에서 광고와 프로모션은 공장 및 장비와 같은 투자로 간주된다. 따라서 예산을 책정(투자)하는 것은 특정한 수익을 창출하는 것을 의미한다. 기업의 다른 마케팅 활동과 마찬가지로 광고와 프로모션도 수익 창출 수단으로 간주된다. ROI를 측정하는 방식에 대해 많은 논의가 이루어지고 있는 가운데, 지난 몇 년간 실무자들 사이에서 ROI에 대한 관심은 높아지고 있다. 도표 7-17은 〈Advertising Age〉에서 발표한 이지스(Aegis) 그룹의 미디어별 ROI 성과 측정 척도(5점 척도)를 보여주고 있다.

ROI 방법은 이론상으로는 그럴듯해 보이지만, 매출이 평가 기준으로 설정되는 한, 실제로 프로모션 활동이 가져오는 수익을 평가하는 데는 한계가 있다. 경영자들은 지출이 어떠한 수익을 낳고 있는지에 대한 의문을 가지고 있지만, 그 대답에 답하기는 쉽지 않다. 이 장의 도입부에서 이미 언급했듯, 수익 창출 효과에 대한 답은 효과를 측정하는 기준이 무엇인지에 따라 달라질 수 있기 때문이다. ROI는 앞서 언급한 콜게이트-팜올리브 사례처럼 여전히 사용하기 어려운 방법이다.

하향식 예산 책정 방법 요약 앞서 하향식 예산 책정 방법의 여러 단점을 논의하였고, 여러 한계가 있음을 밝혔다. 그렇다면 이런 예산 책정 방법을 논하는 것에 대한 회의가 존재할 수도 있다. 그러나 이러한 방법들이 실제 마케팅 분야에서 사용되고 있기 때문에, 여러 한계점을 파악하기 위해서라도, 다양한 예산 책정 방법을 이해하는 것은 중요하다. 오랫동안 여러 연구자들이 진행한 연구에 따르면, 감당할 수 있는 가용예산법과 경쟁기준법, 매출액 비례법 그리고 목표와 과업법(objective and task method)이 가장 보편적으로 사용되는 예산 책정 방법이라고 한다. 앞서 언급한 대로 ROI에 대한 관심 역시 최근 몇 년 동안 크게 증가했다. 전통적으로 고위 경영자들이 하위 인원들을 통제하려는 욕망이 존재하는데, 이것이 아마 하향식 방식이 여전히 널리 사용되는 이유일 듯하다.

상향식 접근법 하향식 접근법의 주요 단점은 이러한 판단 기반 접근 방식이 종종 목표와 이를 달성하기 위한 전략과 연결되지 않은 채 선제적으로 결정된 예산 지출을 초래한다는 점이다. 보다 효율적인 예산 책정 전략은 회사의 커뮤니케이션 목표를 고려하여 목표 달성에 필요한 예산을 책정하는 것이다. 앞서 언급한 바와 같이, 프로모션 기획 모델(promotion planning model)은 예산 결정을 상호 작용 과정으로 설명하고 있다. 한쪽에는 커뮤니케이션 목표를, 다

도표 7-17 이지스(Aegis) 평가 기준에 따른 다양한 매체의 ROI

매체	측정의 어려움	ROI 측정 가능성
직접 반응	다이렉트 메일, 텔레마케팅, 그 외 종류의 직접 반응 광고물들은 여기에 언급된 수단 가운데 가장 측정 가능성이 높다. 특히 이 방법은 제약업, 텔레커뮤니케이션, 재무서비스에 효과적이다.	5
판매촉진	쿠폰이나 가격 할인을 제공하는 것으로 소비자에게 상당한 반응을 유도하며, 따라서 상당량의 데이터를 발생시킨다. 데이터는 그 자체로 측정과 밀접하고, 스캐너 데이터를 활용하는 소비재 포장제품들은 더욱 그러하다. 쿠폰을 신문 안에 넣어서 배포하는 방법은 한층 더 귀한 데이터를 만들어낸다.	5
인터넷	인터넷은 자동차와 같이 고가품의 구매에 큰 영향을 미친다. 인터넷 광고란 검색엔진을 비롯하여 사브(Saab) 자동차가 사용하여 큰 효과를 거두고 있는 웹사이트 콘텐츠 등 다양한 면모가 있다는 것만 유의하면 인터넷 광고의 효과는 측정이 수월하다. 목표는 소비자가 어떻게 인터넷과 상호 작용하는가를 알아내는 것이다.	5
TV	TV를 통한 판매촉진은 매우 단기간에 효과가 나타나고, 미묘하고 점진적인 효과들 때문에 다양한 점들을 고려해야 한다. 그러나 투자수익률은 비교적 정교한 수준에서 측정되며, TV라고 해서 그런 측정 가능한 수준의 효과가 어렵다는 변명의 여지는 없어 보인다. 미디어 분석가는 15초 광고와 30초 광고를 어떻게 효과적으로 사용하고 하루 시간을 어떻게 분배하는지 자세하게 분석한다.	4.5
인쇄 광고	전문가들은 인쇄 광고를 주간으로 할 것인지 월간으로 할 것인지, 표적고객에게 할 것인지 아니면 일반대중에게 할 것인지, 판매촉진의 광고를 할 것인지 아니면 충성도 제고의 광고를 할 것인지 고민한다. 인쇄물 안에 집어넣는 판촉물들은 또 다른 문제이며, 이들은 측정 가능하다. 다른 매체와 마찬가지로 인쇄물의 판매촉진 광고물들은 해당 매체가 어느 정도 측정 가능한가와 더불어 데이터의 정확도와 타이밍이 매우 중요하다. 인쇄매체는 매체기획에 있어서 도달률을 높이는 데 기여하는 바가 크다.	4.5
PR	PR 캠페인 효과를 측정하는 전문 기업들이 있으며, 이들은 브랜드 이름이나 카테고리에 대한 노출 수(긍정 혹은 부정 노출)를 측정할 수 있다. PR은 판매에 관해 측정 가능한 영향력을 발휘할 수 있다(예: 식품의 트랜스 지방). 문제는 많은 마케팅 담당자들이 이러한 PR 데이터를 사용하지 않는다는 점이다.	4
비디오 게임	게임을 온라인으로 하느냐 오프라인으로 하느냐가 매우 중요한 문제다. 게임 안에 내장되어 있는 광고는 측정하기가 힘든데, 그 이유는 어느 정도 자주 게임을 하는지 잘 모르기 때문이다. 미국 LA를 배경으로 제작된 비디오 게임, '실제범죄 LA의 거리(True Crime, Street of LA)'에서 형사로 나오는 닉강(Nick Kang)은 범죄자를 추적하는 데 GPS가 장착된 모토로라 휴대전화를 사용했는데 광고 효과를 상당히 창출하였다. 온라인 게임에서는 인터넷을 통하여 풍부한 데이터를 가지고 있다.	온라인 오프라인
	척도: 5 = 가장 우수함	
라디오	사용 가능한 데이터들이 다른 전통 4대 매체보다도 상당히 빈약하여 라디오광고의 효과 측정은 매우 어렵다고 할 수 있다.	3
영화	영화 광고는 옥외 광고나 키오스크 광고와 마찬가지로 몇 번 노출되었는가로 그 효과를 측정한다.	3
이벤트 스폰서	효과 측정 가능성은 이벤트가 단기간에 효과를 낼 수 있는지에 달려 있다. 올림픽과 같은 대형 이벤트는 측정 가능하다. 그 밖의 이벤트들은 측정하기 어려울 때가 많다. 효과 측정이 매우 어려울 수 있는데 이는 이벤트가 매우 여러 부분으로 나뉠 수 있고, 이벤트 자체를 어떻게 광고하느냐에 따라서 다르기 때문이다.	3
PPL	PPL이 어느 정도 효과적으로 진행되었으며 몇 번 노출되었는지를 측정하는 회사들이 있다. TV 광고와 유사하게 취급되지만, 모든 PPL이 같은 것은 아니라는 것을 명심할 필요가 있다. 폭스 채널의 아메리칸 아이돌이 좋은 사례다. 그리하여 문제는 명확해지는데 어떻게 PPL의 질적인 효과를 측정하는가가 관건이다.	3
옥외 광고	옥외 광고의 자체 특성으로 인하여 가능한 데이터가 매우 부족하며, 옥외 광고 효과만을 측정하는 전문적인 회사가 없다. 옥외 광고 효과는 천편일률적인데, 이는 어느 지역에서 한 달 동안 몇 명의 사람이 보았다와 같은 단순한 결과만을 주기 때문이다.	2
게릴라 마케팅	매출을 목표로 한다면 효과를 측정하는 것이 매우 어렵다. 40만 명이 살고 있는 지역에서 만 명에서 무료 티셔츠를 나누어 준다면 그 효과를 어떻게 측정할 것인가. 게릴라 마케팅은 다양한 수단을 포함하고 있으며, 유용한 데이터를 구축하기 힘든데 왜냐하면 소비자들의 반응이 어느 정도 측정 가능한 변수이냐가 문제기 때문이다. 게릴라 마케팅에 관한 마케터들의 투자수익률 기대치는 다른 수단에 비하여 낮기 때문에 데이터를 급하게 측정할 필요는 없다. 전통 매체에 비하여 게릴라 마케팅에 투자가 적은 이유도 여기에 있다.	1

른 한쪽에는 프로모션 믹스 대안을 설정하여 상호 보완하는 방법을 찾는 것이다. 이 방안은 정해진 목표 달성을 위해 마케팅 믹스 전략을 이행해야 함을 강조하고 있다.

목표과업법 목표 설정과 예산 책정은 순차적으로 진행되기보다는 함께 이루어져야 한다. 구체적인 목표를 염두에 두지 않고 예산을 설정하는 것은 어려운 일이며, 가용 예산을 가늠하지 않고 목표를 설정하는 것은 말이 되지 않는다. 예를 들어, 어떤 회사가 타겟 소비자들에게 일정 정도의 인지도 획득을 목표로 하고 있다고 가정해보자. 이 목표를 달성하기 위한 최소한의 예산이 먼저 산정되어야 하고, 회사는 이 금액을 지출할 준비가 되어 있어야 한다.

목표과업법(objective and task method)은 세 가지 단계의 **상향식 접근법**(buildup approach)으로 구성되는데, (1) 달성해야 할 커뮤니케이션 목표 정의, (2) 이를 달성하기 위해 필요한 구체적인 전략과 업무 결정, (3) 이러한 전략과 작업 수행에 드는 비용 추정으로, 전체 예산은 이러한 비용의 누적 금액에 기초한다.

목표과업법의 실행은 다소 복잡하다. 관리자는 이 과정을 지속적으로 관찰하여야 하며, 목표 달성 수준에 따라 전략을 변경해야 한다. 이 과정은 다음과 같은 여러 단계를 포함한다(도표 7-18 참조).

1. **목표 분리**: 프로모션 기획 모델이 제시되면, 회사는 달성해야 할 두 가지 목표를(마케팅 목표 & 커뮤니케이션 목표) 갖게 된다. 마케팅 목표가 설정되면, 이를 달성하기 위해 어떠한 커뮤니케이션 목표가 필요한지를 결정하게 된다. 커뮤니케이션 목표는 구체적이고, 달성 및 측정이 가능해야 하며, 제한 시간이 설정되어 있어야만 한다.
2. **필요한 업무 결정**: 목표를 달성하기 위한 전략 계획에는 여러 가지 요소가 포함된다(이 전략들은 이 책의 나머지 장에서 다룬다). 이러한 작업에는 다양한 매체를 통한 광고, 세일즈 프로모션 그리고 프로모션 믹스의 다른 요소들이 포함되며, 각 요소는 고유한 역할을 한다.
3. **필요한 지출 추정**: 상향식 분석을 위해서는 이전 단계에서 업무를 개발하기 위해 들어간 비용을 결정하는 것이 요구된다. 예를 들어, 광고를 통해 인지도를 높이기 위해서는 얼마가 드는지, 혹은 견본품 제공을 통해 소비자 시용(trial)을 유도하기 위한 비용이 얼마인지 결정해야 한다.

도표 7-18
목표과업법

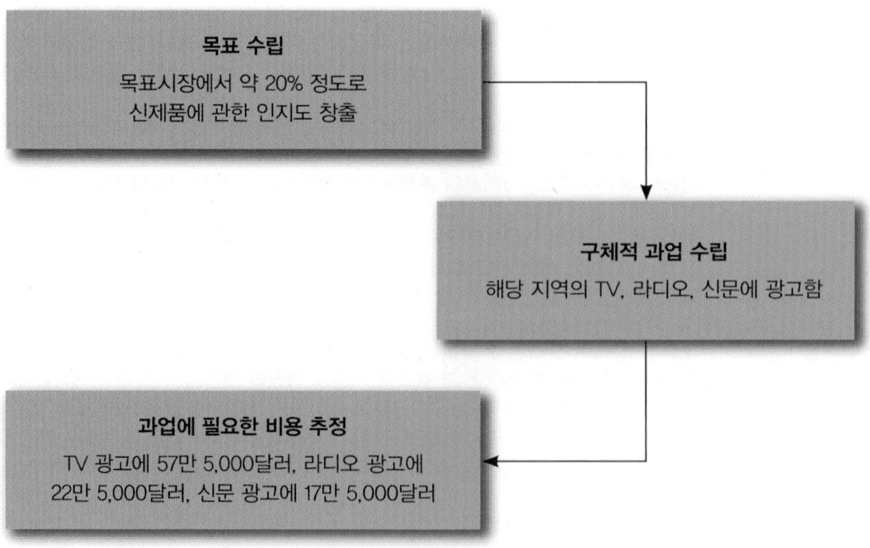

4. **모니터링**: 목표 달성 정도를 평가하는 것에는 여러 방법이 있다(18장 참조). 성과는 지출된 예산에 비추어 모니터링하고 평가해야 한다.
5. **목표 재평가**: 특정 목표가 달성되면, 예산을 새로운 목표에 맞게 재조정하는 것이 바람직하다. 예를 들어, 일정 정도의 소비자 인지도 목표를 달성했다면, 예산은 소비자 체험이나 브랜드 평가와 같이 더 상위 목표에 집중하도록 변경해야 한다.

목표과업법의 주요 장점은 예산이 달성해야 할 목표에 의해 결정된다는 점이다. 마케팅 활동에 가장 근접한 경영자가 예산 설정 과정에 구체적인 전략을 가지고 관여할 수 있다.

이 방법의 주요 단점은 필요한 작업과 각 작업에 관련된 비용을 결정하는 어려움이다. 예를 들어, 타겟 소비자 50%의 인지도를 확보하기 위해서는 어떤 작업들이 필요하고, 이를 수행하는 데 드는 비용은 얼마일까? 특정 목표에 대해 비용을 추정하는 것이 비교적 쉬운 경우도 존재한다. 예를 들어, 특정 시장에서 소비자 체험을 유도하기 위한 견본품 제공 비용을 추정하는 것이 그렇게 어렵지 않다. 하지만 정확히 어떤 과업이 이루어져야 하고, 이를 위한 비용을 산출하는 것은 일반적으로 쉽지 않다. 이 과정은 만약 기존 제품이나 비슷한 제품의 예를 활용한 경험이 있다면 그 안에서 힌트를 얻어 좀 수월하게 진행할 수 있다. 하지만 과거 경험이 없는 신제품 도입에 있어서는 큰 어려움이 있을 수밖에 없다. 결과적으로 이 방법을 사용한 예산 설정은 앞서 논의한 방법들과 마찬가지로 간단하거나 안정적이지 않다. 이러한 단점 때문에 많은 마케팅 관리자들은 총지출금액을 설정하는 데 있어서 여전히 하향식 방법을 고수하고 있다.

목표과업법은 이전에 논의된 방법들에 비해 장점이 있지만, 제품에 대한 실적이 없는 경우 구현하기 어렵다는 문제점이 있다. 다음 섹션에서는 신제품 도입을 위한 예산 책정 문제를 다룰 것이다.

현금흐름계획법 신제품이 출시된 첫 몇 개월 동안은 소비자 인지 수준을 높이고, 제품 사용 시도를 촉진하기 위해 보통보다 더 많은 광고 및 프로모션 비용이 필요하다. 닐슨(Nielsen) 데이터를 40년 이상 분석한 페크햄(James O. Peckham)은 성공적 신제품 출시를 위해서는 시장 점유율 대비 약 1.5:2.0 정도의 광고 점유율이 필요하다고 추정했다. 도표 7-19의 두 사례에서 볼 수 있듯, 신제품의 경우 시장 점유율보다 두 배 높은 광고 점유율을 획득하기 위한 비용을 지불해야 한다는 뜻이다. 예를 들어, 식품 산업에서 브랜드 101은 12.6%의 시장 점유율을 확보하고 있는데, 광고 점유율은 34%에 달한다(광고 점유율이란 해당 제품군 전체 광고비에서 브랜드 101이 차지하는 광고비 비중을 뜻함). 같은 방식으로 화장품 브랜드 401은 19.5%의 매출 점유율 대비 1.5배 정도인 30%의 광고비 점유율을 확보했다.

얼마를 지출해야 할지 결정하기 위해 마케팅 담당자들은 광고 및 프로모션 예산의 투자 가치를 결정하는 **현금흐름계획법**(payout plan)을 종종 활용한다. 이 계획법의 기본 아이디어는 2~3년 동안 해당 제품이 창출할 수익과 발생할 비용을 예측해보는 것이다. 기대 수익률을 바탕으로 현금흐름계획법은 광고와 프로모션 지출이 얼마나 필요한지, 수익은 언제쯤 낼 수 있는지를 결정하는 데 도움을 준다. 도표 7-20은 3년 현금흐름계획법을 보여준다. 첫 해에는 제품이 손실을 보고, 두 번째 해에는 손익분기점에 도달하고, 마침내 세 번째 말부터 실질적인 수익이 창출됨을 보여주고 있다.

광고 및 프로모션 비용은 첫 해에 가장 높고, 두 번째와 세 번째 해에는 감소한다. 이러한 예산은 페크햄 연구 결과와 일치하며, 가능한 한 빠른 영향을 미치기 위해 필요한 추가 지출

도표 7-19

광고 및 시장 점유율 비율
(2년 요약)

A. 음식제품의 새로운 브랜드

브랜드	평균 광고 지분	확보된 매출 지분	매출 대비 광고 지분율
101	34%	12.6%	2.7
102	16	10.0	1.6
103	8	7.6	1.1
104	4	2.6	1.5
105	3	2.1	1.4

B. 욕실용품의 새로운 브랜드

브랜드	평균 광고 지분	확보된 매출 지분	매출 대비 광고 지분율
401	30%	19.5%	1.5
402	25	16.5	1.5
403	20	16.2	1.2
404	12	9.4	1.3
405	16	8.7	1.8
406	19	7.3	2.6
407	14	7.2	1.9
408	10	6.0	1.7
409	7	6.0	1.2
410	6	5.9	1.0
411	10	5.9	1.7
412	6	5.2	1.2

도표 7-20

3년간의 현금흐름계획법 사례
(백만 달러)

구분	첫 번째 해	두 번째 해	세 번째 해
매출액	15.0	35.50	60.75
공헌 이익(상자당 $0.5)	7.5	17.75	30.38
광고/프로모션 비용	15.0	10.50	8.50
이익(손실)	(7.5)	7.25	21.88
누적이익(누적손실)	(7.5)	(0.25)	21.63

을 반영한다(유통 공간은 한정되어 있고, 매장 소유자들은 제품이 성공할 때까지 기다려 주지 않는다 점을 기억해야 한다). 일반적으로 회사들은 제품이 수익을 창출해야 하는 기한을 설정해 두고 있기 때문에, 예산은 신제품 출시를 위한 비용에 대한 지침을 반영하여야만 한다. 마지막으로, 시장 점유율을 구축하는 것이 유지하는 것보다 더 어렵기 때문에 마지막 해에 예산은 줄어들 수밖에 없다는 점을 고려해야 한다.

현금흐름계획법은 항상 완벽하지 않지만, 예산을 설정하는 데 있어 많은 시사점을 주고 있다. 목표과업법과 함께 사용될 때, 이는 이전에 논의된 하향식 접근 방식보다 훨씬 더 논리적인 예산 설정 방법을 제공할 수 있다. 그러나 앞서 언급된 연구들을 바탕으로 보면, 현금흐름계획법은 아직까지는 널리 사용되는 방법은 아닌 것으로 보인다.

정량적 모델 예산 책정에 정량적 모델을 적용하려는 시도는 제한적인 성공을 거두었다. 대부분의 경우, 이러한 방법은 **컴퓨터 시뮬레이션 모델**(computer simulation models)을 사용하여 다중 회귀 분석과 같은 통계 기법을 통해 광고 예산이 매출에 기여하는 정도를 결정한다. 이러한 방법론적 문제들로 인해 이 모델의 채택에는 제한이 있어 왔고, 정량적 모델은 아직 잠재력을 충분히 발휘하지 못하고 있다. 광고비 대비 매출이 일어나는 구체적인 매커니즘에 대한 의문점이 증가함에 따라, 더 정교한 모델이 등장할 가능성도 있다. 그러나 이러한 모델에 대한 구체적인 논의는 이 텍스트의 범위를 벗어난다. 이러한 방법은 장점이 있지만, 널리 성공을 거두기 위해서는 더 많은 개선이 필요하다.

예산 책정 방법 요약 누구나 받아들일 수 있는 예산 책정 방식이라는 것은 존재하지 않는다. 각 방법의 약점들로 인해 여러 예산 책정 방식들이 실행 불가능하거나 부적합하다고 인식되고 있다. 선행 연구들에 따르면, 목표과업법이 여전히 높은 비율로 사용되고 있으며, 덜 정교한 방법들은 채택 비율이 각기 다르게 나타나고 있다. 많은 광고주들이 현금흐름계획법을 사용하고 있다.

광고 및 판촉 예산 책정에 관한 결정 방식을 연구한 조지 로우와 재키 모어(George Low & Jakki Mohr)는 8개의 소비재 기업에서 21명의 관리자를 인터뷰했다. 이들의 연구는 광고 및 판촉비 할당에 영향을 미치는 요인들과 지출 수준을 설정하는 데 사용된 결정 과정과 절차에 초점을 맞추었다. 그들의 결과(도표 7-21 참조)에 따르면, 저자들은 예산 책정 과정이 여전히

도표 7-21
광고 및 판촉 예산 책정 방식

결정 과정의 본질	
• 관리자는 브랜드의 전반적인 마케팅 목표를 개발한다.	
• 목표와 예측을 바탕으로 재정 계획을 수립한다.	
• 광고 및 판촉 예산은 정량적 모델과 관리자의 판단에 따라 설정된다.	
• 예산은 고위 경영진에게 제출되어 승인을 받고 조정된다.	
• 계획이 실행되며, 실행 중에 변경이 자주 일어난다.	
• 계획은 달성된 결과를 목표와 비교하여 평가된다.	
예산 할당에 영향을 미치는 요인들	
• 위험 감수를 장려하거나 허용하는 정도	• 소매업체의 권력
• 마케팅 정보의 사용에 대한 전문성	• 단기적 집중과 장기적 집중
• 관리자의 판단	• 상위 관리자의 영향
• 정량적 도구의 사용	• 정치적인 판매 인력의 영향
• 브랜드 차별화 전략	• 역사적인 관성
• 브랜드 자산	• 즉흥적인 변화
• 창의적인 메시지 강도	

많은 관리자들에게 혼란스러운 문제라고 결론지었으며, 제도적 압력이 판매촉진에 더 많은 비율이 지출되도록 이끌었다고 밝혔다. 또한 저자들은 예산을 성공적으로 개발하고 실행하려면 관리자들이 (1) 종합적인 전략을 사용하여 절차를 안내하고 종종 사용되는 조각조각 접근법을 피할 것, (2) IMC 철학을 사용하는 전략적 계획 프레임워크를 개발할 것, (3) 비상 계획을 마련할 것, (4) 장기적인 목표에 집중할 것, (5) 프로그램의 효과를 일관되게 평가할 것이라고 결론지었다.

이러한 접근 방식을 매출 비율 방법과 결합하여 사용하면, 광고주들은 더 유용하고 정확한 예산을 도출할 가능성이 높다. 예를 들어, 많은 기업들이 이제 예산 책정 과정을 시작할 때 달성해야 할 목표를 설정하고, 그 후 매출 비율 방법이나 다른 방법을 적용하여 예산이 가능한지 아닌지를 결정한다. 경쟁사의 예산도 이 결정에 영향을 미칠 수 있다.

예산 배분

예산이 책정된 후, 다음 단계는 예산을 배분하는 것이다. 배분 결정은 어떤 시장, 제품 또는 판촉 요소가 얼마만큼의 예산을 받을지를 결정하는 과정이다.

IMC 요소에 대한 배분 디지털 및 소셜 미디어 관점 7-2에서 알 수 있듯이, 많은 광고주들이 전통적인 광고 매체에서 디지털 및 소셜 미디어로 일부 예산을 이동시키고 있다. 여러 산업 연구에 따르면, 대부분의 전통적인 매체 광고주는 앞으로 이들 매체에 대한 지출을 줄일 것으로 예상하고 있다.

일부 마케터들은 또한 예산 배분 결정을 통해 동일한 금액의 예산으로 더 큰 효과를 얻기 위해 광고비를 늘리거나 더 많은 영향을 끼치기 위한 방법을 사용했다. 기업들은 여러 가지 조치를 취했는데, 그중에는 부서 예산 통합 및 삭감, 대행사 수수료 절감, 캠페인 수 줄이기, 목표를 겨냥한 매체에 의존하는 것이 포함된다.

클라이언트-대행사 정책 예산 배분에 영향을 미칠 수 있는 또 다른 요소는 회사 또는 광고대행사의 개별 정책이다. 대행사는 판촉 활동에 예산을 배정하는 것을 지양하고, 광고 분야에 더 많은 예산을 배정하는 것을 선호할 수 있다. 대행사는 판촉 활동의 효과를 추적하기 어렵고, 자신이 관리하지 않으면 잘못 사용될 가능성이 있다고 주장할 수 있다(많은 경우, 대행사는 이 영역에 대한 커미션을 받지 않으며, 이 사실이 대행사의 이러한 거부감을 초래할 수 있다).

대행사나 회사의 방향성도 자금이 어디에 쓰일지에 직접적인 영향을 미칠 수 있다. 많은 광고대행사는 크리에이티브 분야 임원들이 운영하며, 이들은 크리에이티브 예산에 더 많은 비중을 두는 경향이 있다. 다른 대행사들은 특정 미디어에 대한 선호가 있을 수 있다. 예를 들어, 일부 대행사들은 비전통적인 미디어 전문가로 포지셔닝하고, 고객의 예산을 이 미디어에 더 많이 사용하려 한다. 대행사와 클라이언트는 과거의 성공을 바탕으로 프로모션 프로그램의 특정 부분을 선호할 수 있으며, 이는 예산 배분에 큰 영향을 미친다.

시장 규모 예산은 설정된 목표를 달성하기 위해 필요한 특정 프로모션 도구에 따라 배분되어야 하지만, 시장의 규모 자체가 그 결정에 영향을 미치기도 한다. 작은 시장에서는 목표 시장에 도달하는 것이 더 용이하고 비용이 덜 소모될 수 있다. 이러한 시장에서 너무 많은 예산

디지털 및 소셜 미디어 관점 7-2 >>>

디지털의 인기 상승에 따른 예산 배분 변화

마케팅 담당자들은 이미 미디어 환경이 변화하고 있으며, 젊은 세대가 텔레비전, 신문, 잡지와 같은 전통적인 미디어와는 훨씬 덜 연관되어 있다는 사실을 인식하고 있다. 특히 밀레니얼 세대는 디지털 세계에서 살아간다. 그러나 마케팅 담당자들이 몰랐던 점은 이 변화가 얼마나 빠르고 얼마나 중요한지였다. 이러한 변화는 새로운 전략 개발의 전환점을 가져왔다.

2019년까지 디지털 광고 지출이 텔레비전 광고 지출을 초과할 것이라는 예측이 처음으로 나왔다. 이는 미디어와 예산 환경 모두에서 '중요한 이정표'로 평가된다. eMarketer는 2019년에 디지털 광고가 전체 광고 지출의 54.2%를 차지할 것으로 예측하며, 이는 1,300억 달러에 달하며 텔레비전 광고는 46.8%인 1,100억 달러에 그칠 것이라고 예측했다. 2023년까지 텔레비전 광고가 전체 지출에서 3분의 1 미만을 차지할 것이라고 한다.

이것이 텔레비전의 끝을 의미하는 것인가? 그렇지는 않다. 텔레비전의 지출 비중은 디지털의 성장에 비해 감소할 것으로 보이지만, 여전히 장기적으로 연간 2% 성장할 것으로 예상된다. 이는 광고주들이 디지털에서 더 큰 수익을 얻을 것으로 기대하고 있으며, 그들의 예산을 디지털 미디어로 이동시키고 있다는 것을 의미한다.

이러한 변화는 모바일에 대한 관심의 결과이기도 하다. eMarketer는 2020년까지 모바일 광고 지출이 모든 전통 미디어를 초과할 것으로 예측하며, 2022년까지 1,413억 6,000만 달러에 달할 것으로 예측된다. 이는 텔레비전 광고의 두 배에 해당한다! 허쉬(Hershey)는 현재 매년 약 5억 달러를 광고에 지출하며, 그중 약 20%는 디지털, 40%는 모바일에 할당된다. 따라서 디지털은 미디어 지출의 왕이지만, 모바일은 분명히 디지털 세계의 왕이다. 또한 마케팅 담당자들은 데이터 기반 마케팅 지출, 이메일, 웹사이트 개선 및 소셜 미디어에 대한 투자를 계속 증가시킬 것이라고 밝혔다. 마케팅 임원들을 대상으로 한 설문 조사에 따르면, 대다수는 페이스북, 유튜브, 트위터에 대한 지출을 늘릴 계획이라고 한다.

디지털로 전환하는 회사 중 하나는 전통적인 초콜릿 회사인 허쉬다. 1894년에 설립된 허쉬는 광고를 하지 않았지만 계속해서 성공적으로 성장했다. 허쉬 바가 제2차 세계대전 동안 미국 군인들에게 제공된 식품 키트의 일부인 "Ration D"가 되면서 매출이 크게 증가했다. 전쟁에서 돌아온 군인들은 허쉬 브랜드에 대한 충성심을 가지고 돌아왔다. 회사가 광고를 시작한 것은 1970년이었으며, 첫 광고는 일요일 신문 부록에 실렸다. 허쉬(Hershey), 리스스(Reese's), 졸리 랜처(Jolly Rancher) 브랜드를 포함하는 이 회사는 현재 매년 약 5억 달러를 광고에 지출하고 있으며, 전체 광고 예산의 20%는 디지털에 할당된다. 그중 40%는 모바일에 배정된다. 나머지는 여전히 전통적인 미디어에 사용되며, 허쉬의 북미 담당 사장인 미셸 벅(Michelle Buck)에 따르면 회사는 여전히 "전통적인 TV의 뛰어난 도달 범위"를 믿고 있다. 벅 사장은 디지털 지출이 브랜드의 추가적인 도달 범위를 제공하고, 행동 타겟팅 기회를 증가시킬 것으로 예상한다고 밝혔다.

그렇다면 점점 더 많은 광고주들이 디지털로 예산을 이동시키고 있는데, 그들이 올바른 결정을 내리고 있는 걸까? 〈Wall Street Journal〉에 글을 쓴 나탈리 타데나(Nathalie Tadena)에 따르면, 그들이 그렇지 않을 수도 있다고 한다. 타데나는 포레스터 리서치(Forrester Research)의 연구를 인용하며, 마케팅 담당자들의 거의 절반이 디지털 채널에 대한 투자를 늘릴 계획이라고 밝혔지만, 전체의 43%는 여전히 디지털을 실험 중이며 그 효과가 확실하지 않다고 말했다. 마케팅 팀의 절반 미만이 "디지털 광고 프로그램을 개발하고 실행하는 데 매우 성공적이었다"고 답했으며, 그들은 전략적이라기보다는 전술적으로 접근했다고 한다.

그렇다면 왜 이렇게 디지털로의 급격한 전환이 일어나고 있을까? 정말 좋은 질문이다.

자료: The Hershey Company

자료: Hamza Shaban, "Digital Advertising to Surpass Print and TV for the First Time, Report Says," www.washingtonpost.com, February 20, 2019; Robert Williams, "eMarketer: Mobile Ad Spend Set to Trump All Traditional Media by 2020," www.mobilemarketer.com, October 19, 2018; "Hershey Ad Spend 2018," www.statistica.com, March 2018. Nathalie Tadena, "Marketers' Digital Rush Continues, Despite Questions about What Works," www.blogs.wsj.com, April 7, 2015.

을 쓰면 포화 상태가 되어 효과적인 지출이 이루어지지 않을 수 있다. 반면, 더 큰 시장에서는 목표 그룹이 더 분산되어 있어 더 많은 비용이 들 수 있다. 예를 들어, 시카고나 뉴욕시에서 미디어를 구매하는 비용은 콜럼버스(오하이오)나 버밍햄(알라바마)과 같은 작은 시장에서보다 훨씬 더 비쌀 것이다. 따라서 전자는 훨씬 더 비용이 많이 들며, 더 높은 예산 배정이 필요하다.

시장 잠재력 여러 가지 이유로 일부 시장은 다른 시장들보다 더 많은 잠재력을 지닌다. 예를 들어, 스노 스키의 마케터는 플로리다의 포트로더데일보다 콜로라도의 덴버에서 더 많은 수익을 얻을 것이다. 수입된 멕시코 맥주는 미드웨스트 지역보다 국경 근처의 텍사스, 애리조나, 캘리포니아에서 더 잘 팔린다. 수입차는 캘리포니아와 뉴잉글랜드에서 더 많이 팔린다. 특정 시장이 더 높은 잠재력을 가질 경우, 마케팅 담당자는 그 시장에 더 많은 예산을 배분할 수도 있다(단, 시장의 매출이 낮다고 해서 반드시 무시해야 하는 것은 아니다. 중요한 것은 잠재력이며, 매출은 낮지만 잠재력이 높은 시장은 추가 예산이 투영될 수 있다).

시장 점유율 목표 하버드 비즈니스 리뷰에 실린 두 연구는 시장 점유율을 유지하고 증가시키기 위한 광고 지출에 대해 설명했다. 존 존스는 브랜드의 시장 점유율과 해당 제품 카테고리에서의 광고지분(advertising voice) 비중을 비교하였다. 존스는 브랜드를 '이윤 추구하는 브랜드(profit taking brand), 즉 언더스펜더(매출 대비 광고비 적게 지출하는 브랜드)'와 "투자 브랜드(시장 점유율보다 광고 지분이 현저히 큰 브랜드)'로 분류했다. 그의 연구는 시장 점유율이 작은 브랜드들 중 이익을 추구하는 브랜드는 소수에 불과하다는 것을 보여주었다. 그러나 브랜드가 시장 점유율을 증가시킴에 따라 거의 5개 중 3개 브랜드는 상당히 작은 광고 지분을 가져갔다.

존스는 이 변화의 이유로 세 가지 요인을 들 수 있다고 언급했다. 첫째, 새로운 브랜드는 일반적으로 평균 이상으로 광고 지원을 받는다. 둘째, 오래된 성숙한 브랜드들은 종종 광고 지원을 못 받게 된다. 즉, 브랜드가 성숙기에 도달하면 광고 지원이 줄어든다. 셋째, 광고에도 규모의 경제가 존재하여, 잘 확립된 브랜드는 광고 효율성이 높아져 상대적으로 낮은 비용으로도 충분한 효과를 거둘 수 있다. 존스는 대형 브랜드의 경우 광고 지출을 줄여도 시장 점유율을 유지할 수 있을 가능성이 있다고 결론지었다. 반면, 작은 브랜드들은 여전히 큰 광고 지분(SOV)을 유지해야 한다고 밝혔다.

제임스 슈로어(James Schroer)는 마케팅 담당자가 시장 점유율을 증가시키고자 할 때의 광고 예산에 대해 다뤘다. 그의 분석에 따르면 마케팅 담당자는 다음과 같은 사항들을 고려해야 한다.

- 시장을 세분화하여 경쟁이 약하거나 광고 지출이 부족한 시장에 집중하고, 전국 단위보다 세분화 시장에 집중해야 한다.
- 경쟁자의 비용 위치를 파악하여 경쟁자가 현재의 광고 지출 수준을 계속 유지할 수 있는지, 혹은 증가된 지출을 지속할 수 있는지 판단해야 한다.
- 광고 예산 삭감으로 인한 단기적인 이익에 현혹되지 말고 장기적인 관점에서 전략을 세워야 한다.
- 장기전보다는 단기 틈새 전략을 고려해야 한다.

도표 7-22

광고지분(SOV) 효과와 광고 지출: 개별 시장에서의 우선순위

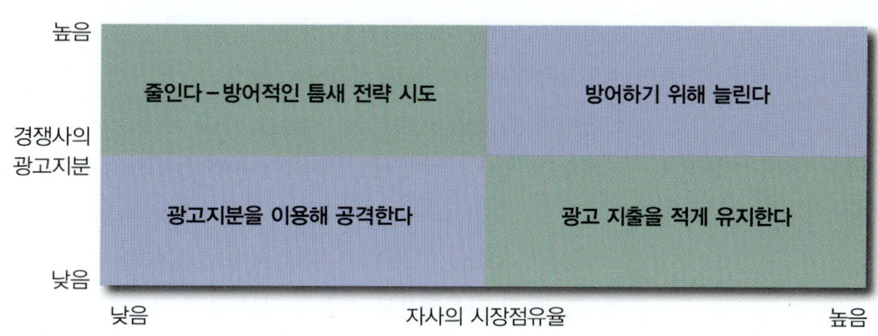

그의 시장별 지출 우선순위에 대한 제안은 도표 7-22에서 확인할 수 있다.

광고에서 규모의 경제 일부 연구에서는 시장 점유율이 큰 기업이나 브랜드가 작은 경쟁자들에 비해 광고 집행에 있어 유리한 점을 가지고 있기 때문에, 광고 지출을 적게 하면서 더 나은 수익을 올릴 수 있다는 증거를 제시했다. 대형 광고주는 광고 단가가 더 저렴하고 생산의 평균 비용이 감소하며 여러 제품을 함께 광고할 수 있는 이점을 가지기 때문에, 시장 점유율 대비 상대적으로 적은 광고 지분으로도 효과를 볼 수 있다. 또한 이들은 더 유리한 시간대와 공간에서 광고를 배치할 수 있으며, 중간 상인의 협력과 긍정적인 언론 보도를 받을 가능성이 크다. 이러한 이점들은 **규모의 경제**(economies of scale)로 알려져 있다.

켄트 랭커스터(Kent Lancaster)는 이를 뒷받침하는 여러 연구를 검토하고, 다양한 소형 포장 제품에 대한 연구를 진행한 이후, 실제로 규모의 경제는 작동하지 않을 수 있고, 오히려 시장 점유율이 높은 브랜드들이 불이익을 얻을 수 있음을 주장했다. 그의 연구 결과는 시장 주도 브랜드들이 광고에 평균 2.5%의 비용을 더 지불하고 있음을 보여주었다. 다음은 그의 연구 결과다.

1. 큰 기업들이 작은 기업 대비 더 적은 광고비 지출을 통해 그들의 브랜드를 지원하고 있다는 증거는 없다.
2. 시장 주도 브랜드들이 다른 브랜드보다 더 낮은 매출 대비 광고비를 지출한다는 증거는 없다.
3. 광고주 규모와 매출 대비 광고 비용 간에 어떠한 고정된 관계가 입증된 적이 없다.

이 연구를 비롯한 여러 연구들은 기업의 규모나 브랜드의 시장 점유율을 기반으로 한 규모의 경제가 실제로는 존재하지 않는다고 밝히고 있다.

조직 특성 광고와 프로모션 사이의 예산 할당에 관한 여러 문헌 연구들을 검토하여, 로우와 모는 커뮤니케이션 예산이 어떻게 사용되어야 하는지를 결정하는 것에는 조직의 요인들이 중요한 역할을 한다는 것을 밝혀냈다. 그들은 예산 결정에 영향을 미치는 요인들을 다음과 같이 제시했다. 이러한 요인들은 조직에 따라 다르게 작동할 수 있고 각 요인은 광고와 프로모션에 할당되는 예산의 상대적 규모에 영향을 줄 수 있다.

- 조직 구조: 집중화 vs. 분권화, 형식화의 정도, 복잡성
- 조직 위계상의 권력과 정치

• 전문가 의견의 활용도(예: 컨설턴트)
• 의사결정권자의 성격(선호도와 경험)
• 승인과 협상 채널
• 최적의 예산 결정에 이르기 위한 고위 간부들의 압력

이러한 요소들이 예산 배분에 어떻게 영향을 미칠 수 있는지를 보여주는 한 가지 예로는 마케팅과 회계나 생산부서 같은 다른 부서 간 상호 작용의 정도를 들 수 있다. 로우와 모는 광고와 프로모션의 상대적 중요성은 부서별로 다를 수 있다고 주장한다. 회계 부서는 금전적인 요소에 초점이 맞추어져 있기 때문에, 프로모션이 매출에 주는 영향에 긍정적인 입장을 취할 수 있다. 하지만 생산 부서는 급격한 수요의 증가가 생산 스케줄에 차질을 줄 수 있기 때문에 프로모션에 반대할 수 있다. 마케팅 부서는 의사결정을 내릴 때 이러한 두 그룹의 이견에 영향을 받을 수 있다.

전문적 의견을 수용하기 위해 외부 컨설턴트를 활용하는 것도 예산 배분 결정에 영향을 줄 수 있다. 무역 저널, 학술 저널, 심지어 일반 도서들도 의사결정자의 사고에 중요한 참고 자료가 될 수 있다. 요약하자면, 예산 배분 결정을 내릴 때는 여러 가지 요소를 종합적으로 고려해야만 한다. 시장의 규모, 시장의 잠재력, 이루고자 하는 구체적 목표 그리고 기업의 기존 정책이나 우선 순위 등이 모두 예산 결정에 영향을 준다.

요 약

이 장에서는 IMC 프로그램의 계획과 평가에서 목표의 역할과 기업이 이러한 목표를 달성하기 위해 예산을 책정하는 방법에 대해 다뤘다. 구체적인 목표는 프로모션 프로그램 개발을 안내하는 데 필요할 뿐만 아니라 성과를 측정하고 평가할 수 있는 기준을 제공한다. 목표는 커뮤니케이션 도구로서 중요한 기능을 하며, IMC 프로그램 계획을 위한 가이드 역할과 다양한 대안을 결정하는 데 도움을 주고, 측정과 평가의 기준이 된다.

IMC의 목표는 조직의 전체 마케팅 계획에서 발전하며, 마케팅 프로그램에서 다양한 프로모션 믹스 요소가 수행하는 역할을 기반으로 한다. 많은 관리자는 목표를 설정할 때 매출이나 시장 점유율과 같은 관련 지표를 기반으로 한다. 그러나 많은 프로모션 기획자들은 매출 기반 목표와 관련된 여러 문제점을 알고 있기 때문에, 광고와 여러 프로모션 믹스 요소의 역할은 커뮤니케이션에 있어야 한다고 믿고 있다. 그들은 목표 설정의 기준으로 위계적 반응 단계와 같은 커뮤니케이션 기반 목표를 사용한다.

목표 설정에서 강조하는 대부분의 것은 전통적인 광고 기반 마케팅 커뮤니케이션 관점에 기인한다. 하지만 많은 회사들이 목표 설정에 있어 어떤 업무가 수행되어야 하는지, 어떤 마케팅 커뮤니케이션 기능이 어떠한 수준으로 활용되어야 하는지에 초점을 두는 제로베이스 커뮤니케이션 기획을 점차 받아들이고 있다. 광고 목표를 설정하는 데 사용되는 여러 원칙은 프로모션 믹스상의 다른 요소에도 적용될 수 있다.

이미 결론 내린 바와 같이 예산 결정에 관한 확고한 경험치나 강력한 이론적 배경은 존재하지 않는다. 또한 예산 결정이 프로모션 프로그램 상의 확실한 과정도 아니다. 현재 예산 책정 방식은 여러 문제점을 가지고 있다. 경제학적 모델은 한계가 존재하고, 때로 매출에 대한 직접적인 효과를 보여주려 하기 때문에 마케팅 믹스의 여러 요인들을 무시하는 경향이 있다. 논의되었던 몇몇의 방법은 이론적인 근거가 없고, 광고와 프로모션 프로그램의 역할을 무시한다.

예산 책정을 개선할 수 있는 방법 중 하나는 효과 측정을 광범위한 마케팅 목표에 두는 것이 아니라 커뮤니케이션 목표의 효율성에 두는 것이다. 커뮤니케이션 목표와 목표 과업법을 같이 사용하는 것은 예산 수립 문제에 대한 궁극의 해결책은 아닐 수 있으나, 하향식 결정 방식의 문제점을 개선할 수는 있다. 마케터는 종종 여러 방식을 같이 활용하는 것이 유리하다는 것을 깨닫기도 한다.

광고와 프로모션 예산을 설정함에 있어, 관리자는 반드시 여러 요소를 고려해야만 한다. 시장 규모와 시장 잠재력, 대행사 정책 그리고 경영자들의 선호도 등은 예산 결정에 영향을 줄 수 있다.

PART

통합 마케팅 커뮤니케이션 프로그램 개발

Developing the Integrated Marketing Communications Program

CHAPTER 8

크리에이티브 전략: 기획과 개발

자료: Geico

학습 목표

1 | 광고에서 크리에이티브 전략의 역할을 설명한다.

2 | 광고를 위한 크리에이티브 과정과 이에 영향을 주는 요인들에 대해 논의한다.

3 | 크리에이티브 전략의 개발 과정을 설명한다.

4 | 광고 캠페인의 주요 판매 아이디어를 개발하는 다양한 접근법을 검토한다.

지난 25년간 최고의 GEICO 광고

최근에 텔레비전을 보거나 인터넷을 하거나 잡지를 읽었다면 자동차 보험 광고를 본 적이 있을 가능성이 높다. 자동차 보험 회사들은 독특한 마케팅 기회를 가지고 있다. 나이, 성별, 사회경제적 지위와 관계없이 모든 운전자에게 보험이 필요하기 때문이다. 하지만 이런 기회는 동시에 도전 과제를 안겨주기도 한다. 보험 회사들은 나이, 교육 수준, 소득, 구매 동기 등 다양한 특성을 지닌 폭넓은 소비자 집단을 대상으로 마케팅을 해야 하기 때문이다. 많은 보험 회사들은 소비자의 관심을 끌고 다른 보험 상품과 가격을 비교해보도록 유도하기 위해 한 가지 형식의 크리에이티브 캠페인을 약간 변형해서 사용한다. 예를 들어, 스테이트 팜 인슈어런스(State Farm Insurance)는 그린베이 패커스의 쿼터백 애런 로저스와 다른 운동선수들이 등장하는 "Discount Double Check(할인 더블 체크)" 캠페인을 활용하고 있다. 프로그래시브(Progressive)는 10년 넘게 인기 있는 캐릭터인 플로를 사용하고 있다. 올스테이트(Allstate)는 2010년부터 "Mayhem(혼란)" 캠페인을 진행 중이다. 이 캠페인에서는 배우 딘 윈터스가 사고를 일으키는 악당 캐릭터로 등장한다. 단순한 접촉사고를 넘어서는 다양한 사고들이 발생할 수 있다는 점을 보여주려는 것이다. 이 캠페인은 가격보다는 건조한 유머와 가벼운 공포 어필을 통해 자동차 사고로 인해 생길 수 있는 심각한 피해와 개인 책임 문제를 강조한다.

하지만 광고 방식에 있어서 다른 접근을 취하는 보험 회사가 하나 있다. 바로 워렌 버핏의 금융 제국인 버크셔 해서웨이(Berkshire Hathaway) 소속의 GEICO다. GEICO는 한 번에 다섯 개의 광고 캠페인을 동시에 진행하는 것으로 잘 알려져 있다. 이는 '소비자를 혼란스럽게 하지 말라'는 마케팅의 기본 원칙을 어기는 방식이다. 하지만 캠페인마다 외형, 스타일, 크리에이티브 접근법은 달라도 핵심 메시지는 동일하다. 소비자들이 보험료를 비교해볼 필요가 있다는 점, 즉 "15분이면 자동차 보험료를 15% 이상 절약할 수 있다"는 메시지다. GEICO가 동시에 여러 캠페인을 운영하는 이유는 광고 홍수 속에서 주목을 끌고, 같은 메시지를 반복해서 소비자가 피로감을 느끼는 '웨어아웃(wear-out)' 현상을 방지하기 위해서다. 특히 GEICO는 텔레비전, 인쇄 매체, 온라인, 옥외 광고 등을 포함해 연간 10억 달러 이상을 광고에 지출하기 때문에 웨어아웃 가능성이 매우 높다.

1994년, GEICO는 버지니아주 리치먼드에 위치한 마틴 에이전시(Martin Agency)를 공식 광고대행사로 선정했다. 당시 GEICO는 보험이 대개 에이전트를 통해 판매되던 업계에서 도전자의 위치에 있는 브랜드였다. 마틴 에이전시는 GEICO 계정을 맡아 조사하는 과정에서, 소비자들이 보험을 구매하는 것을 좋아하지 않으며 가능하다면 절대 사용하지 않기를 바라는 제품이라는 사실을 알아냈다. 또한 소비자들은 자동차 보험료를 내는 것 자체를 싫어했고, 보험을 비교하고 쇼핑하는 과정을 번거롭고 귀찮게 여겼다. 이 과정에서 에이전시는 보험 상품을 조금만 비교해도 소비자가 15% 이상의 비용을 절약할 수 있다는 점을 발견했고, 이는 오늘날 광고 역사상 가장 유명한 태그라인 중 하나가 되는 문구의 시작이 되었다. GEICO는 소비자에게 에이전트를 통하지 말고 직접 보험을 구매하라고 제안함으로써 업계를 흔들기로 결정했다. 그 중심에는 '가격'과 '편리함'이라는 두 가지 핵심 속성이 있었다. 이제 문제는 이 제안을 소비자에게 어떻게 효과적으로 전달할 것인가였다. 마틴 에이전시는 대부분의 보험 회사들이 최악의 상황을 강조하거나 보험의 중요성을 감성적으로 호소하는 진지한 접근 방식을 광고에 사용하고 있다는 점에 주목했다. GEICO와 마틴 에이전시는 이런 방식 대신, 소비자에게 보험료를 절약할 수 있다는 메시지를 유머를 통해 전달하기로 결정했다.

지난 25년 동안 마틴 에이전시는 GEICO를 위해 다양한 크리에이티브 전략을 활용하여 지속적으로 유쾌한 광고들을 제작해왔다. 예를 들어, GEICO는 1999년에 처음으로 인기 캐릭터인 게코를 등장시키기 시작했으며, 콕니 영어(Cockney English) 억양을 사용하는 이 도마뱀 캐릭터는 지금도 여전히 많은 인쇄 광고와 TV 광고에 등장하고 있다. GEICO는 이외에도 다양한 캐릭터들을 활용해왔다. 대표적으로는 "너무 쉬워서 원시인도 할 수 있어요"라는 문구에 모욕감을 느끼는 메트로섹슈얼 원시인 캐릭터가 있다. 그 외에도 GEICO는 대중적으로 익숙한 클리셰, 동화, 동물, 리얼리티 쇼 그리고 연속극 등에서 창의적인 영감을 받아 수많은 광고를 제작해왔다.

지난 20여 년간 GEICO의 광고를 시청하며 즐긴 사람이라면 누구나 하나쯤은 좋아하는 광고, 혹은 여러 개의 즐겨보는 광고가 있을 것이다. 어떤 광고가 최고인지에 대한 논쟁은 수많은 기사에서 다뤄졌고, 사람들은 GEICO의 유튜브 페이지를 찾아 자신만의 '베스트 광고 모음 영상'을 만들기도 했다. 이런 논쟁을 마무리하고자, GEICO와 마틴 에이전시는 두 회사의 25년간의 크리에이티브 파트너십을 기념하기 위해 "Best of GEICO(GEICO 최고의 광고)" 경합 캠페인을 진행하기로 결정했다. 이 캠페인에서는 소비자들이 자신이 가장 좋아하는 광고에 투표할 수 있도록 했다. 하지만 지난 25년 동안 방영된 GEICO 광고가 너무 많았기 때문에 소비자들이 선택하기 쉽게 하기 위해 먼저 후보를 추리는 작업이 필요했다. 최종 후보 리스트를 만들기 위해 GEICO 측이 'Top 20'을 선정했고, 마틴 에

(계속)

이전시 측에서도 각각 'Top 20'을 작성했다. 다행히 양측이 꼽은 준결승 후보들 간에 겹치는 부분이 많았고, 이를 바탕으로 최종 Top 10 광고 목록이 완성되었다. 이 광고들은 캠페인 기간 동안 다시 텔레비전과 온라인 플랫폼에 재방영되었다.

"Best of GEICO" 캠페인은 2018년 12월 중순부터 2019년 2월 초까지 진행되었다. 이 캠페인을 프로모션하고 사람들에게 해당 광고를 시청하고 투표하도록 유도하기 위해 복고풍의 유치하면서도 재미있는 프로모션용 광고가 제작되었다. 캠페인 웹사이트를 방문하면 광고 영상을 볼 수 있었고, 가장 좋아하는 광고에 투표할 수 있었다. 투표를 유도하기 위한 추가적인 장치로 "Best of GEICO Sweepstakes (GEICO 최고의 광고 경품 이벤트)"도 함께 진행되었는데, 이 이벤트의 1등 상품은 모든 경비가 포함된 로스앤젤레스 여행과 GEICO 광고에 출연할 수 있는 기회였다. 수백만 명의 소비자들이 TV와 온라인을 통해 최종 후보로 선정된 10개의 광고를 시청했고, 자신이 가장 좋아하는 GEICO 광고에 투표를 했다.

투표가 완료된 후, GEICO는 팬 투표도 결과를 볼 수 있도록 "Best of GEICO" 웹사이트(https://www.geico.com/bestof/)를 개설했다. 팬들이 최고의 GEICO 광고로 선정한 영상은 "Hump Day(험프데이)"라는 광고였다. 이 광고에서는 낙타 한 마리가 사무실 안을 돌아다니며 사람들에게 짜증스럽게 "오늘이 무슨 요일인지 아세요?"라고 묻는다. 2위를 차지한 광고는 "Maxwell the Pig(돼지 맥스웰)"였다. 이 광고에서는 한 화자가 GEICO로 보험을 바꾸면 돈을 절약할 수 있을지를 고민하며, 동화 속의 아기돼지가 정말로 "위~ 위~ 위~" 하면서 집까지 갔는지 묻는다. 그 순간, 실제로 한 아기돼지가 차 창문에 바람개비를 들고 "위~ 위~ 위~"라고 외치며 집으로 가는 장면이 나온다. 3위는 "Caveman Campaign(동굴인 캠페인)" 중 하나로, 현대의 원시인이 공항을 지나가다 "너무 쉬워서 원시인도 할 수 있어요"라는 문구가 적힌 광고를 보고, 역겨운 듯 멈춰 서서 그것을 바라보는 장면이 나온다. 4위는 두 마리의 장난꾸러기 다람쥐가 달려오는 차 앞에 갑자기 뛰어들어 사고를 유발한 뒤에 하이파이브를 포함한 화려한 세리머니로 기뻐하는 장면을 담은 광고였다. 5위를 차지한 광고는 "Spy(스파이)"라는 제목의 광고다. 이 광고에서는 한 요원이 적들에게 옥상에서 포위당해 도망치려는 순간 어머니에게서 전화가 걸려온다. 이 장면은 "엄마들은 항상 타이밍 안 맞게 전화를 건다"는 메시지를 보여준다. 그리고 이어지는 내레이션은 이렇게 말한다. "자동차 보험료를 15% 이상 절약하고 싶다면 GEICO로 바꿔야죠. 그게 바로 사람들이 하는 일이니까요."

GEICO 캠페인의 성공과 마틴 에이전시가 20년 넘게 그 캠페인을 신선하고 흥미롭게 유지해온 능력은 광고대행사와 광고주 모두에게 찬사를 보낼 만하다. 마틴 에이전시의 수석 부사장이자 그룹 크리에이티브 디렉터인 스티브 배셋(Steve Bassett)은 이를 이렇게 잘 정리했다. "이토록 오랫동안 제품이 일관되고, 전략이 일관되며, 광고주와 대행사의 관계까지 일관된 또 다른 광고주는 상상하기 어렵습니다. 이런 일을 해낼 수 있는 또 다른 광고주나 대행사도 상상하기 어렵습니다."

자료: David Griner, "How Geico Became the Advertiser Its Ok to Love," *Adweek*, February 5, 2019, https://www.adweek.com/agencies/how-geico-became-the-one-advertiser-its-okto-love/; Kyle O"Brien, "Behind Geico's Nostalgia Play: Fans Vote for Their Favorite Campaign," *The Drum*, January 16, 2019, https://www.thedrum.com/news/2019/01/16/behindgeico-s-nostalgia-play-fans-vote-their-favorite-campaign; Tim Nudd, "Geico Is Airing Old Ads Going Back to 1997, and They're Still So Good," *Muse by Clio*, January 15, 2019, https://musebycl.io/advertising/geico-airing-old-ads-goingback-1997-and-theyre-still-so-good.

통합 마케팅 커뮤니케이션(IMC) 프로그램의 핵심 요소 중 하나는 광고 메시지다. 광고 메시지의 기본적인 역할은 정보를 전달하는 것이지만, 그 이상의 일을 한다. 우리가 TV에서 보는 광고, 라디오에서 듣는 광고, 잡지나 신문에 실린 인쇄 광고, 인터넷과 소셜 미디어에서 접하는 동영상, 배너 광고 등은 단순한 정보 제공뿐만 아니라 오락, 동기 부여, 흥미, 환상, 때로는 짜증까지 불러일으키는 요소가 된다. 광고는 소비자의 문제, 욕구, 목표에 호소하거나, 때로는 그것을 새롭게 만들고 형성하기도 한다. 마케터 입장에서는 광고 메시지를 통해 제품이나 서비스가 소비자의 문제를 어떻게 해결해 줄 수 있는지, 또는 욕구를 충족시키고 목표를 이루는 데 어떤 도움이 되는지를 전달할 수 있다. 광고는 브랜드에 대한 이미지나 연상을 형성하고, 소비자의 마음속에 브랜드를 자리 잡게 하며, 제품이나 서비스의 구매 또는 사용 경험 자체를 변화시키기도 한다. BMW를 직접 운전해 본 적도 없고 타본 적도 없는 소비자들조차 BMW를 "궁극의 드라이빙 머신(the ultimate driving machine)"으로 인식하고 있다(사진 8-1). 또한 많은 사람들이 나이키(Nike)의 운동화나 의류를 구매하는 이유는, 그들이 "Just Do It(그냥 해)"이라는 광고 슬로건과 그 안에 담긴 철학을 이미 내면화하고 있기 때문이다.

저녁 시간에 TV 광고를 잠깐 시청하거나 잡지를 몇 권만 훑어봐도 광고 메시지를 전달하

사진 8-1

훌륭한 광고는 BMW 자동차를 "The Ultimate Driving Machine"으로 인식하게 하는 이미지를 형성하는 데 도움을 준다.

자료: BMW of North America

는 방식이 매우 다양하다는 사실을 깨달을 수 있다. 그러나 이 모든 광고 메시지의 이면에는 광고 메시지에서 무엇을 전달할지 결정하는 **창의 전략**(creative strategy)과 그 전략을 어떻게 실행할지를 정하는 **창의 전술**(creative tactics)이 존재한다. 이 장에서는 광고의 창의 전략에 중점을 둔다. 광고에서 창의성이 무엇을 의미하는지 살펴보고, 광고 분야에서 널리 사용되는 창의성 접근 방식을 함께 검토한다.

우리는 또한 광고 캠페인의 중심 주제가 될 빅 아이디어(big idea)를 어떻게 도출할 것인지, 그리고 그것을 어떻게 주목을 끌고 차별화되며 기억에 남는 메시지로 전환할 것인지에 대한 다양한 접근 방식과 창의 전략 개발 과정을 함께 살펴본다. 요즘 크리에이티브 전문가에게 광고 홍수 속에서 소비자의 시선을 사로잡으면서 광고주의 위험 회피 성향까지 고려하는 아이디어를 떠올리는 일은 점점 더 어려워지고 있다. 그럼에도 광고주들은 크리에이티브 팀에게 목표 청중의 공감을 불러일으킬 수 있는 메시지를 지속적으로 요구하고 있다.

광고의 디자인이나 제작에 직접 관여하지 않고 대행사의 다른 부서에서 일하거나 광고주 측에서 일하게 될 사람도 있다. 하지만 창의 전략은 기업의 IMC 활동의 성공에 매우 중요한 역할을 하기 때문에 촉진 과정에 참여하는 모든 사람은 광고 캠페인과 메시지를 개발할 때 기반이 되는 창의 전략과 전술, 그리고 광고주가 선택할 수 있는 창의적 접근 방식을 이해할 필요가 있다. 또한 광고주 측 인력이나 대행사 내 크리에이티브 부서 외의 인원들도, 광고 캠페인을 함께 기획하고 실행하며 그 성과를 평가하는 과정에서 크리에이티브 전문가들과 협력해야 한다. 따라서 마케팅 및 제품 관리자, 광고 담당 AE, 조사 전문가, 미디어 담당자는 모두 창의 과정을 잘 이해하고 크리에이티브 팀과 효과적인 협업 관계를 구축해야 한다.

광고에서 창의성의 중요성

많은 학생들뿐만 아니라 광고 및 마케팅 실무자들에게도 광고에서 가장 흥미로운 측면은 바로 크리에이티브다. 누구나 한 번쯤은 어떤 광고에 매료되어 그 안에 담긴 창의적인 통찰에 감탄한 경험이 있을 것이다. 훌륭한 광고는 보는 즐거움을 주고 제작 과정은 때로 대작을 만드는 것처럼 방대한 작업이 되어 TV 광고 한 편의 제작 비용이 100만 달러를 넘기도 한다. 많은 기업들은 이를 그만한 가치를 지닌 투자로 본다. 광고 메시지를 어떻게 개발하고 실행하느냐가 촉진 프로그램의 성공에 결정적인 역할을 하며, 이는 곧 전체 마케팅 프로그램의 효과에도 영향을 미칠 수 있음을 알고 있다. 프락터앤갬블(Procter & Gamble), 버라이즌(Verizon), AT&T, 유니레버(Unilever), GEICO, 페덱스(FedEx), 애플(Apple), 맥도날드(McDonald's), 코카콜라(Coca-Cola) 등 주요 광고주들은 해마다 수백만 달러를 들여 소비자의 마음과 생각을 사로잡을 수 있는 광고 메시지를 개발한다. 그리고 이러한 메시지를 송출하기 위해 매체 시간과 공간을 확보하는 데 수억 달러를 추가로 지출한다. 이들 기업은 뛰어난 제품과 서비스를 판매하고 있지만, 창의적인 광고 역시 마케팅 성공의 핵심 요소라는 점을 인식하고 있다. 광고의 창의성이 얼마나 중요한지를 오길비 앤 매더 독일(Ogilvy & Mather Germany)의 최고 크리에이티브 책임자인 슈테판 포겔(Stephan Vogel)은 다음과 같이 잘 정리했다. "창의적인 광고보다 더 효율적인 것은 없다. 창의적인 광고는 더 오래 기억에 남고, 더 적은 미디어 예산으로도 효과를 내며, 더 빠르게 팬 커뮤니티를 형성한다."

우수한 창의 전략과 실행은 종종 제품이나 서비스의 성공 여부를 좌우하거나 침체된 브랜드의 흐름을 바꾸는 핵심 요인이 될 수 있다. 예를 들어, 프락터앤갬블의 올드 스파이스(Old Spice) 브랜드는 창의적인 광고를 통해 다시 활력을 되찾았고, 바디워시 시장에서 선두자리를 차지했을 뿐만 아니라 남성용 개인 관리 제품 분야에서도 대표 브랜드로 자리매김했다. 반대로 기획이나 실행이 미흡한 광고 캠페인은 오히려 기업에 부담이 될 수 있다. 많은 기업들이 견고한 마케팅 및 촉진 계획을 수립하고 광고에 상당한 예산을 투입하지만 경쟁사와 차별화될 수 있는 창의적인 캠페인을 개발하는 데 어려움을 겪고 있다.

광고(ad or commercial)가 창의적이거나 인기를 끈다고 해서 반드시 매출이 증가하거나, 하락세에 있는 브랜드가 회복되는 것은 아니다. 실제로 많은 광고들이 창의성을 인정받아 상을 받았지만, 정작 매출 증대에는 실패했다. 예를 들어, 안호이저-부시 인베브(Anheuser-Busch InBev)는 30년 동안 함께해 온 DDB 에이전시와의 관계를 종료했다. 이 에이전시는 "Whassup?(와썹?)" 광고를 포함해 버드와이저(Budweiser)를 위한 수많은 수상 경력의 캠페인을 제작했고, 상징적인 클라이드데일(Clydesdales)이 등장하는 광고로 비평가들의 극찬도 받았다. 하지만 최근 몇 년간 버드와이저와 버드 라이트(Bud Light)의 매출이 지속적으로 감소했고, 안호이저-부시 인베브는 해당 브랜드에 새로운 창의 전략이 필요하다고 판단했다. 미국 맥주 시장의 양대 경쟁사인 안호이저-부시 인베브와 밀러쿠어스(MillerCoors)는 최근 수제 맥주의 인기가 높아지면서 라이트 맥주 카테고리에서 큰 폭의 매출 하락을 겪었다. 두 회사 모두 버드 라이트, 밀러 라이트, 쿠어스 라이트 등의 브랜드 매출을 회복시킬 수 있는 광고 캠페인을 찾기 위해 여러 차례 광고대행사를 교체했다. 안호이저-부시 인베브는 6장에서 언급된 인기 캠페인 "Dilly Dilly(딜리 딜리)"를 통해 최근 버드 라이트의 매출에서 일정 부분 성과를 거두었다. 하지만 쿠어스 라이트는 지난 2년간 소비자의 공감을 얻을 수 있는 캠페인을 찾지 못한 채 매출 감소세를 이어가고 있다. 몇 년간 브랜드는 "Climb On(멈추지 말고 올라서)"이라는 남녀 공용 캠페

사진 8-2

쿠어스 라이트의 "Climb On" 캠페인은 맥주 소비자들과 감성적으로 연결하기 위해 기획되었다.

자료: 72 and Sunny and MillerCoors

인을 통해 남성과 여성이 각자의 산을 오르는 여정을 상징적으로 축하하며 쿠어스 라이트의 청량감을 강조하려 했다(사진 8-2). 이 광고는 시원함이라는 브랜드 특성과 감성적인 연결을 시도했지만, 결과적으로 매출 개선에는 효과가 없었다. 이에 따라 밀러쿠어스는 2019년 초 쿠어스 라이트 광고를 새 방향으로 전환하기 위해 광고대행사를 교체한다고 발표했다.

많은 광고 및 마케팅 종사자들은 광고상에 대해 복합적인 감정을 가지고 있고 일부는 비판적인 시각을 갖고 있기도 하다. 이들은 광고대행사의 크리에이티브 담당자들이 광고주의 제품을 실제로 판매하는 광고보다는 상을 받을 만한 광고를 만드는 데 더 관심을 두는 경우가 많다고 지적한다. 또 다른 광고 관계자들은 광고상이 창의성을 인정하는 좋은 수단이며, 종종 효과적인 광고로 이어지기도 한다고 본다. 7장에서 살펴본 것처럼 광고 캠페인의 성공은 반드시 매출로만 판단할 수 있는 것은 아니다. 그럼에도 불구하고 많은 광고 및 마케팅 실무자들, 특히 광고주 측 사람들은 광고가 궁극적으로 소비자가 제품이나 서비스를 구매하도록 이끌어야 한다고 믿는다. 창의적인 광고와 효과적인 광고 사이의 균형을 찾는 일은 쉽지 않다. 이 딜레마를 더 잘 이해하기 위해 광고에서 창의성이 어떤 역할을 하는지 살펴보겠다.

광고 창의성

창의성이란 무엇인가?

창의성(creativity)은 광고에서 아마도 가장 자주 사용되는 용어 중 하나일 것이다. 광고는 종종 창의적인 것이라 불리며, 광고를 제작하는 사람들은 창의적인 유형으로 알려져 있다. 광고대행사들 역시 창의성을 바탕으로 명성을 쌓는다. 이처럼 창의성이라는 개념에 많은 관심이 집중되는 이유는 광고 메시지를 만드는 사람들에게 주어지는 과제가 본질적으로 창의적인 것으로 여겨지기 때문일 것이다. 이들의 역할은 제품의 특성과 이점, 마케팅 계획, 소비자 조사, 커뮤니케이션 목표 등 다양한 정보를 광고 메시지에 생명력을 불어넣는 창의적인 개념으로 발전시키는 것이다. 이 지점에서 하나의 질문이 제기된다. 광고에서 말하는 창의성이란 과연 무엇을 의미하는가?

광고 창의성에 대한 여러 관점

광고에서 창의성이 무엇을 의미하는지는 보는 관점에 따라 다르다. 한쪽 극단은 광고가 제품을 판매하는 데 기여해야만 창의적이라고 보는 사람들이다. 이들은 광고 메시지나 캠페인이 판매에 미친 영향이 그것이 얼마나 혁신적이거나 수상 경력이 있는지보다 훨씬 중요하다고 본다. 반대편은 광고의 창의성을 예술적 혹은 심미적 가치와 독창성을 기준으로 평가하는 사람들이다. 이들은 창의적인 광고가 경쟁이 치열한 시장 환경 속에서 소비자의 주목을 끌고 일정한 영향을 미칠 수 있다고 여긴다.

예상할 수 있듯이, 광고의 창의성에 대한 관점은 보통 개인의 역할에 따라 달라진다. 엘리자베스 허시먼(Elizabeth Hirschman)은 TV 광고의 기획과 제작에 참여하는 다양한 인물들의 인식을 조사했다. 여기에는 브랜드 관리자와 광고 담당 AE 같은 관리직 인원들과 아트 디렉터, 카피라이터, 광고 감독, 프로듀서 등 크리에이티브 인력이 포함되었다. 허시먼의 연구에 따르면, 제품 관리자와 AE는 광고를 시장에 긍정적인 인상을 전달하는 것을 주요 목적으로 하는 촉진 도구로 인식하고 있었다. 이들은 광고가 광고주의 마케팅 및 커뮤니케이션 목표를 얼마나 잘 충족하는지를 기준으로 평가되어야 한다고 여겼다. 반면 크리에이티브 인력의 관점은 훨씬 더 자기 중심적인 경향을 보였다고 허시먼은 지적했다.

> 이와 같이 광고주 중심적인 관점과는 정반대로, 아트 디렉터, 카피라이터, 광고 감독은 광고를 자신들의 미적 관점과 개인적인 경력 목표를 표현하기 위한 커뮤니케이션 수단으로 인식하고 있었다. 카피라이터와 아트 디렉터는 이 점을 명확히 밝혔으며, 그들의 입장에서 바람직한 광고란 자신만의 독창적인 창의성을 드러낼 수 있는 광고였고, 이를 통해 '더 나은' 직장과 더 높은 연봉을 얻을 수 있어야 한다고 언급했다.

허시먼은 인터뷰를 통해 브랜드 관리자들은 메시지 임팩트를 극대화하길 원하는 크리에이티브 인력에 비해 훨씬 더 위험 회피 성향이 강했으며, 보다 보수적인 광고를 선호하는 경향이 있음을 밝혔다.

광고에서 창의성이란 무엇인지에 대한 답은 아마 이 두 극단의 중간 어디쯤에 있을 것이다. 광고가 경쟁이 치열한 환경에서 눈에 띄고 목표 소비자에게 인상을 남기기 위해서는 종종 독창적이고 재미있어야 한다. 5장에서 언급했듯이, 브랜드 선호도에 변화를 줄 수 있는 광고가 될지를 결정하는 주요 요인 중 하나는 '호감도', 즉 광고를 본 시청자의 전반적인 반응이다. 잘 기획되고 실행된 TV 광고, 동영상, 인쇄 광고 등은 감정적인 반응을 이끌어낼 수 있고, 이러한 긍정적 감정은 광고 대상인 제품이나 서비스로 전이된다. 많은 크리에이티브 전문가들은 이러한 광고가 나오기 위해서는 광고 메시지를 개발하는 과정에서 충분한 자유가 보장되어야만 한다고 믿는다. 그러나 단지 창의성 자체를 위한 광고는 종종 소비자가 제품이나 서비스를 구매하도록 유도할 수 있는 관련성 있거나 의미 있는 메시지 전달에는 실패하는 경우가 종종 있다.

광고 캠페인을 기획하고 개발하는 모든 사람은 "판매로 이어지지 않으면 창의적인 것이 아니다"라는 관점과 참신함 혹은 독창성과 효과를 중시하는 관점 사이에서 균형을 맞추는 것이 얼마나 중요한지를 이해해야 한다. 마케팅 관리자, 브랜드 관리자, 광고 담당 AE는 크리에이티브 팀에게 지나치게 판매 중심 혹은 마케팅 중심의 커뮤니케이션 목표를 강요할 때 진부한 광고를 초래할 수 있고, 이는 오늘날처럼 경쟁이 치열하고 복잡한 미디어 환경에서는 효과를 내기 어렵다는 점을 인식해야 한다. 동시에 크리에이티브 전문가들도 광고의 궁극적인 목표가 제품이나 서비스의 판매를 돕는 데 있으며, 효과적인 광고는 광고주가 이러한 목표를 달성할 수 있는 방식으로 메시지를 전달해야 한다는 점을 이해해야 한다. 비록 창의성에 대한 관점은 서로 다를 수 있지만, 양측 모두 창의적인 광고는 더 많은 주목을 받고, 소비자의 깊은 정보 처리로 이어질 수 있기 때문에 중요하다는 데에는 대체로 동의한다. 마케팅 교수 스콧 코슬로(Scott Koslow)도 이에 대해 이렇게 말한다. "창의성은 소비자에게 브랜드에 대한 새로운 정보에 마음을 열 수 있도록 허용해주며, 신선한 관점을 제공한다. 그것은 궁극적인 '새로운 뉴스(new-news)'다."

창의성 결정 요인

광고 창의성(advertising creativity)이란, 커뮤니케이션 문제를 해결할 수 있는 참신하고 독창적이며, 동시에 적절하거나 관련성 있는 아이디어를 창출하는 능력을 의미한다. 광고를 연구하거나 실무에 종사하는 사람들은 일반적으로 이 창의성의 두 가지 핵심 기준에 동의하며, 이는 흔히 확산성과 관련성이라는 개념으로 설명된다. **확산성**(divergence)은 광고에 포함된 요소들이 얼마나 새롭고, 독특하며, 비일상적인지를 나타낸다. 로버트 스미스(Robert Smith)와 그의 동료들은 광고에서 확산성을 실현할 수 있는 다섯 가지 주요 요인을 제시했으며, 이를 다음과 같이 설명했다.

1. **독창성**(originality): 드물거나 놀라운 요소를 포함하거나, 뻔하고 흔한 방식에서 벗어난 광고
2. **유연성**(flexibility): 서로 다른 아이디어를 담고 있거나 하나의 관점에서 다른 관점으로 전환되는 광고
3. **정교함**(elaboration): 예상치 못한 세부 사항을 포함하거나, 기본적인 아이디어를 마무리하고 확장시켜 더 정교하고 복잡하며 세련되게 만드는 광고
4. **종합성**(synthesis): 일반적으로 관련이 없는 사물이나 아이디어를 결합·연결·혼합한 광고
5. **예술적 가치**(artistic value): 예술적인 언어적 표현이나 시각적으로 매력적인 형태와 색상을 포함한 광고

창의적인 광고를 개발할 때 확산성을 실현하는 방법은 이외에도 있다. 유머, 환상, 감정, 이미지 등의 요소를 활용하는 방식이며, 이러한 기법들은 9장에서 광고 실행 기법의 기반으로 다루어진다. 어떤 경우에는 창의성 전략의 초점이 유창성(fluency)에 맞춰지기도 하는데, 이는 하나의 창의적 아이디어를 중심으로 다양한 메시지를 생성하는 능력을 의미한다. 예를 들어, 이 장의 도입부에서는 GEICO가 "15초만 투자하면 자동차 보험료를 15% 이상 절약할 수 있습니다"라는 주제를 바탕으로 수많은 유머 중심의 TV 광고뿐만 아니라 인쇄 및 온라인 광고를 개발한 사례를 소개하고 있다.

창의성의 두 번째 주요 결정 요인은 **관련성**(relevance)으로, 광고의 다양한 요소들이 소비자에게 얼마나 의미 있고, 유용하며, 가치 있게 느껴지는지를 나타낸다. 스미스와 그의 동료들은 관련성을 달성하는 데에는 두 가지 방식이 있다고 제안한다. 첫 번째는 광고-소비자 관련성(ad-to-consumer relevance)으로, 광고가 소비자에게 의미 있는 실행 요소들을 포함하고 있는 경우를 말한다. 예를 들어, 광고주는 소비자들이 자신을 동일시할 수 있는 유명 인물을 등장시키거나, 소비자가 좋아하는 음악, 혹은 시각적 이미지와 그들의 흥미와 주의를 끌 수 있는 다양한 표현 기법을 활용할 수 있다. 브랜드-소비자 관련성(brand-to-consumer relevance)은 광고된 제품이나 서비스의 브랜드가 소비자에게 개인적인 관심이나 의미를 가질 때를 의미한다. 관련성이나 적절성은 광고가 브랜드와 관련된 정보나 이미지를 어느 정도 제공하는지에 따라 판단할 수도 있다. 패션 의류, 보석, 화장품, 주류와 같은 많은 제품 광고는 구체적인 제품 정보를 제공하기보다는 시각적 이미지를 통해 메시지를 전달하는 경우가 많다. 그러나 이러한 시각적 이미지는 소비자에게 브랜드에 대한 인상과 태도를 형성하게 하며, 어떤 브랜드를 선택할지 결정하는 데 중요한 역할을 한다.

확산성의 독창성과 예술적 가치 측면을 활용한 창의적 광고의 한 예는 KFC의 핫 앤 스파

사진 8-3

KFC 핫 앤 스파이시 치킨 광고는 독창성과 예술적 가치를 기반으로 한 확산성을 사용한다.

자료: KFC Corporation

이시(Hot and Spicy) 프라이드치킨을 위한 오길비 홍콩(Ogilvy Hong Kong)의 캠페인이다. 이 인쇄 및 옥외 광고는 불꽃을 매운 프라이드치킨 이미지로 대체하여 표현했는데, 예를 들어 발사대에서 이륙하는 우주왕복선이나 로켓 추진 경주차의 이미지 등이 사용되었다(사진 8-3). 이러한 이미지는 KFC 제품의 강렬한 맛을 전달하기 위한 간단하면서도 효과적인 은유적 방식이었다.

다양한 연구들은 광고의 창의성이 소비자의 광고 메시지에 대한 반응에 영향을 미친다는 사실을 보여주고 있다. 이러한 반응은 인지적, 감정적, 행동적 단계 등 반응 계층 구조의 여러 단계에서 나타난다. 예를 들어, 더 새롭고 독창적인 광고일수록 소비자가 그 광고를 처리하는 데 보다 많은 시간이 필요하며, 그 결과 노출 시간이 길어지고 주의 집중도도 높아진다는 연구 결과가 있다. 또한 창의적인 광고는 브랜드에 대한 주목도, 기억 수준, 정보 처리 동기 그리고 정보 처리의 깊이 정도를 높이는 데 기여한다는 사실도 여러 연구를 통해 확인되었다. 이러한 인지적 효과뿐만 아니라, 창의적인 광고는 광고에 대한 태도나 구매 의도와 같은 감정적 반응에도 긍정적인 영향을 미친다는 연구 결과도 있다.

광고 창의성에 관한 대부분의 연구는 주목도, 태도, 구매 의도와 같은 지표에 초점을 맞춰 왔지만, 독일의 학자 라인하르츠(Reinartz)와 사퍼트(Saffert)는 창의성의 다섯 가지 요소를 실제 구매행동과 연관지은 흥미로운 연구를 수행했다. 이들은 독일 내 소비재 시장의 아홉 가지 범주에 걸쳐 400건이 넘는 TV 광고 캠페인을 분석하며, 창의성이 실제 제품 매출에 어떤 영향을 미치는지를 살펴보았다. 연구 결과에 따르면, 창의성이 높은 캠페인은 창의성이 낮은 캠페인보다 매출에 더 큰 영향을 미쳤다. 다만, 그 효과는 제품군에 따라 차이를 보였다. 또한 각 창의성 요소들이 광고 효과에 미치는 영향도 크게 달랐는데, 모든 요소가 긍정적인 영향을 미치긴 했지만 그중에서도 가장 강력한 요소는 정교함이었고, 그 다음은 예술적 가치였다. 반

도표 8-1

창의적 요소 조합이 매출에 미치는 영향

어떤 창의성 조합이 가장 효과적인가?		상대적 효과(%) (조합에 따른 매출 상승 효과를 평균 효과 대비로 환산한 값)
독창성 + 정교함	가장 효과적임	+96
독창성 + 예술적 가치	↑	+89
정교함 + 예술적 가치		+28
독창성 + 종합성		+1
독창성 + 유연성		−1
종합성 + 정교함		−5
유연성 + 종합성		−20
종합성 + 예술적 가치		−29
유연성 + 정교함	↓	−59
유연성 + 예술적 가치	가장 효과적이지 않음	−99

면 종합성은 상대적으로 영향력이 낮았다. 그러나 이 연구에서 가장 중요한 발견은 매출의 변화에 가장 큰 영향을 준 것이 개별 요소가 아닌 여러 창의성 요소의 조합이었다는 점이다. 도표 8-1에서 볼 수 있듯이, 독창성과 정교함이 결합된 캠페인이 가장 큰 효과를 냈고, 그 다음은 독창성과 예술적 가치가 결합된 캠페인이었다.

여러 연구에 따르면, 참신함이나 독창성 또는 정교함을 통해 구현된 확산성은 광고 창의성의 중요한 요소 중 하나로 나타난다. 그러나 광고주들은 종종 확산성보다 관련성을 더 선호하는 경향이 있다. 그들은 대행사가 구체적인 제품 특성과 이점 같은 핵심 정보를 전달하는 광고를 만들어주기를 기대하기 때문이다. 스미스와 그의 동료들은 광고주들이 확산적 접근 방식에 덜 저항적일 필요가 있다고 제안하며, 광고 개발 과정에서는 확산적 사고를 할 수 있는 인재가 필수적이라고 강조한다. 대부분의 광고 메시지가 소비자의 주의를 끌기 위해 경쟁이 치열한 복잡한 미디어 환경 속에서 노출된다는 점을 고려하면, 광고가 관련성 있고 의미 있는 동시에 새롭고 확산적인 방식으로 설계되는 것이 중요하다. 라인하르츠와 사퍼트의 연구 결과는 광고의 창의성이 실제 매출에 상당한 영향을 미친다는 사실을 보여주며, 마케터들이 광고의 창의적 요소에 더욱 주의를 기울여야 함을 시사한다.

크리에이티브 전략 기획

크리에이티브 과제

크리에이티브 부서에서 일하는 사람들은 종종 하나의 과제에 직면한다. 이들은 연구 자료, 크리에이티브 브리프, 전략 기획서, 커뮤니케이션 목표 등 다양한 입력 정보를 받아 이를 광고 메시지로 전환해야 한다. 이들의 역할은 카피를 작성하고, 레이아웃과 일러스트를 디자인하거나, 캠페인의 중심 주제를 효과적으로 전달하는 광고를 제작하는 것이다. 제품이나 서비스의 특성이나 이점을 단순히 나열하는 것이 아니라, 광고 메시지를 청중의 관심을 끌고 기억에 남을 수 있는 형태로 구성해야 한다.

크리에이티브 팀의 일이 어려운 이유는 모든 마케팅 상황이 다르고, 캠페인이나 광고마다 각기 다른 창의적 접근이 요구되기 때문이다. 효과적인 광고를 만들기 위한 다양한 가이드라인이 존재하지만, 마법 같은 정답은 없다. 카피라이터 행크 스나이든(Hank Sneiden)은 자신의 저서『Advertising Pure and Simple』에서 다음과 같이 언급한다.

> 규칙은 광고를 지루하고 틀에 박힌 것으로 만들며, 창의성, 영감, 자발성, 발전을 억누른다. 광고에 있어서 내가 유일하게 아는 확고한 규칙이 있다면, 그것은 규칙이 없다는 것이다. 정해진 공식도, 정답도 없다. 같은 문제를 주면, 열두 명의 크리에이티브 인재는 열두 가지 다른 방식으로 해결할 것이다. 만약 성공적인 광고를 위한 확실한 공식이 존재했다면, 모두가 그것을 썼을 것이고, 그러면 더 이상 크리에이티브 인재는 필요 없었을 것이다. 그저 로봇에게 광고를 만들도록 프로그래밍하면 될 것이다. 그리고 그 광고들은 엄청난 양의 제품을 팔아치울 것이다—다른 로봇에게.

사진 8-4

위덴앤케네디는 위험 감수를 신념으로 삼아 나이키와 같은 광고주를 위한 창의적인 광고를 만들어냈다.

자료: NIKE Inc.

창의적 위험 감수하기

많은 크리에이티브 인력은 광고를 만들 때 검증된 공식을 따르는데 그런 공식들이 안전하기 때문이다. 광고주들은 너무 독특하거나 기존과 다른 광고에 대해 불편함을 느끼는 경우가 많다. 앱솔루트 보드카(Absolut vodka), 에비앙(Evian) 등 다양한 브랜드를 위해 뛰어난 크리에이티브 작업을 해온 광고대행사 TBWA의 전 회장 빌 트라고스(Bill Tragos)는 이렇게 말한다. "자신들의 광고가 형편없는 이유가 사실은 자기들이 직접 그렇게 만들도록 지시했기 때문이라는 걸 인식하는 광고주는 거의 없습니다. 저는 광고대행사의 성공적인 결과물 중 최소한 절반은 광고주에게 달려 있다고 생각합니다." 코슬로(Koslow)와 그의 동료들은 광고주의 태도가 대행사의 창의성에 어떤 영향을 미치는지를 조사했으며, 일부 마케터가 다른 마케터보다 더 나은 크리에이티브 결과물을 받는 주된 이유는 새로운 아이디어에 열려 있는 태도를 가지고 있기 때문이라는 사실을 밝혀냈다. 또한 이들은 소비자 조사를 활용할 수 있는 접근성이 중요하다는 점도 밝혀냈는데, 이는 대행사가 매우 창의적인 작업을 수행하기 위해 필요한 통찰을 제공하기 때문이다. 창의적인 캠페인은 저절로 나타나는 것이 아니고, 철저한 기획과 통찰력 있는 조사가 새로운 아이디어를 개발하는 데 핵심적인 역할을 한다는 것이다.

광고대행사의 크리에이티브 부서에서 일하는 많은 사람들은 주목받는 혁신적인 광고를 원한다면, 광고주가 어느 정도 위험을 감수할 필요가 있다고 주장한다. 이러한 위험 감수를 광고주로부터 끌어내는 데 성공한 대표적인 대행사가 바로 위덴앤케네디(Wieden+Kennedy)다. 이 대행사는 수년간 나이키와 ESPN을 비롯한 여러 기업의 뛰어난 크리에이티브 작업으로 잘 알려져 있으며, 최근에는 인튜이트/터보택스(Intuit/TurboTax) 같은 광고주를 위한 작업으로도 주목받고 있다(사진 8-4). 이 대행사의 창립자들은 대부분의 대행사와 광고주가 보수적인 방향으로 후퇴하고 있는 상황에서도 위험을 감수하는 데 주저하지 않았던 점이 성공의 핵심 요소였다고 믿는다. 이 대행사가 훌륭한 광고를 제작할 수 있는 이유 중 하나는 나이키와 같은 광고주들이 위험을 기꺼이 감수하고, 크리에이티브 작업을 최우선으로 두고 광고주-대행사 관계는 그 다음으로 두는 대행사의 우선순위 체계를 존중하기 때문이다. 위덴앤케네디는 크리에이티브 과정에 지나치게 간섭하는 경우, 갈로(Gallo)와 같은 대형 광고주와의 관계를 과감히 종료하기도 했다.

하지만 모든 기업이나 광고대행사가 광고가 효과적이기 위해 반드시 위험을 감수해야 한다는 데 동의하지는 않는다. 많은 마케팅 관리자들은 제품이나 서비스의 특징과 이점을 명확히 전달하고, 소비자에게 구매할 이유를 제공하는 광고에 더 편안함을 느낀다. 이들은 광고 캠페인을 수백만 달러 규모의 투자로 여기며, 그 목표는 제품을 판매하는 데 있지 대행사 크리에이티브 팀의 기호를 충족시키는 데 있지 않다고 본다. 또한 일부 크리에이티브 인력들이 광고의 핵심 목표인 그것이 실제 판매로 이어지는가를 간과하고 있다고 주장하기도 한다. 광고 업계에서는 크리에이티브 인력들이 선호하는 예술적이고 이미지 중심적인 접근 방식과 많은 광고주들이 선호하는 보다 직접적이고 설득력 있는 하드셀 방식 사이의 논쟁이 지속되어 왔다.

끝나지 않는 논쟁: 창의적 광고 vs. 하드셀 광고

수십 년 동안 광고가 마케팅 과정에서 어떤 역할을 해야 하는지를 두고 끊임없는 논쟁이 이어져 왔다. 광고의 본질을 둘러싼 이 전쟁은 사람의 마음을 움직여야 한다고 믿는 이들과 제품을 움직여야 한다고 믿는 이들 사이에서 계속되어 왔다. 한쪽에는 광고는 반드시 제품이나 서비스를 판매해야 한다고 주장하는 '정장파(suits)' 또는 '합리주의자(rationalists)'들이 있다. 이들은 광고에 판매 소구점이나 정보가 많을수록 소비자의 구매행동으로 이어질 가능성이 높아진다고 본다. 반면 다른 쪽에는 광고는 단순한 제품 광고를 넘어, 소비자와 브랜드 또는 기업 사이에 감정적 유대를 형성해야 한다고 믿는 '시인파(poets)' 또는 창의성 지지자들이 있다. 창의적이거나 예술적인 광고의 효과에 대한 논쟁은 새삼스러운 일이 아니다. 합리주의자들은 그동안 시장에서 실패한 수많은 창의적이고 수상 경력이 있는 광고 캠페인의 사례를 즐겨 인용해왔다. 일부는 광고 역사상 가장 위대한 카피라이터로 평가받는 전설적인 광고인 데이비드 오길비(David Ogilvy)조차도 다음과 같이 말했다는 점을 상기시킨다. "판매로 이어지지 않는다면, 그것은 창의적인 것이 아니다."

'시인파'는 좋은 광고가 해야 할 가장 중요한 일은 소비자와 감정적으로 연결되는 것이라고 주장한다. 이들은 소비자들이 광고에 압도당하길 원하지 않으며, 오히려 재미와 영감을 주는 콘텐츠를 기대한다고 말한다. 실제로 여러 연구에서는 소비자들이 TV 광고뿐만 아니라 온라인 영상 광고나 배너 광고까지도 회피하려 한다는 결과가 나타났다. 따라서 광고는 소비자가 피하지 않을 만큼 창의적이고 즐거워야 하며, 동시에 제품이나 서비스 판매에도 도움이 되어야 한다. 바로 이 두 번째 조건이 '정장파'에게 우려를 불러일으키는 부분이다. 이들은 감정적으로는 소비자의 반응을 이끌어냈지만, 실제 매출이나 시장 점유율을 높이지 못해 광고 계정과 대행사의 명성까지 위태롭게 만든 크리에이티브 캠페인의 사례가 많다고 지적한다. 앞서 언급했듯이, 일부 주요 광고주들은 창의적인 작업으로 비평가들의 찬사와 수상 경력을 얻었음에도 불구하고 매출에 실질적인 변화를 이끌어내지 못한 광고대행사와의 계약을 해지하기도 했다.

감정적 수준에서 소비자와 연결되는 광고를 지지하는 '시인파' 대부분은 제품을 판매하는 것이 자신들에게도 논리주의자들과 마찬가지로 중요한 우선순위라고 주장한다. 한 대형 광고대행사의 임원은 "이런 방식의 광고가 효과가 있다는 걸 우리는 입증해왔다. 그렇지 않았다면 우리도, 이 수준에서 작업하는 다른 대행사들도 지금까지 살아남지 못했을 것이다"라고 말한다. 하지만 보젤(Bozzell) 대행사의 전 크리에이티브 디렉터였던 브렌트 부체즈(Brent Bouchez)는 시인파가 광고의 본질, 즉 '물건을 파는 것'이라는 사실을 점점 간과하고 있다고 주장하며, 광고에서 진정한 창의성이란 문제를 해결하고, 사람들이 사고 싶어 하는 흥미로운 브랜드를 만드는 데 있다고 강조한다. 그는 이렇게 말한다. "광고에서 로고가 잘 보이지 않거나 제품이 전혀 등장하지 않으면, 그것이 승리라고 젊은 크리에이티브들에게 가르치는 일은 이제 그만해야 한다. 우리가 무엇을 팔고 있으며 왜 그것을 사야 하는지를 아무 말도 하지 않으면서, 그저 '광고 홍수 속에서 튀어야 한다'는 말만 반복하는 것도 이제 멈춰야 할 때다."

크리에이티브 인력에게 어느 정도의 자율성을 부여해야 하는지, 광고주가 얼마만큼의 위험을 감수해야 하는지는 여전히 논쟁의 여지가 많다. 그러나 광고주와 대행사 모두, 고객과의 커뮤니케이션을 위해 새롭고도 적절한 접근을 개발할 수 있는 능력이 크리에이티브 전문가를 가치 있게 만들며, 그런 인재는 찾기 어렵다는 데에는 대체로 동의한다.

사진 8-5

창의성에 대한 상은 미디어 플래닝을 비롯한 IMC 프로그램의 다양한 구성 요소에도 수여된다.

자료: Omnicom Group Inc.

크리에이티브 인력

소설, 영화, TV 프로그램 등에서 묘사되는 광고 크리에이티브 인력의 이미지는 종종 자유분방하고, 독창적이며, 다소 엉뚱한 성격의 인물로 그려진다. 실제로 크리에이티브 인력의 학문적 배경은 미술, 문학, 음악, 인문학, 저널리즘 등 비즈니스 분야가 아닌 경우가 많으며, 이로 인해 이들의 관심사나 관점은 경영학적 교육이나 경험을 지닌 관리자들과 다를 수 있다. 크리에이티브 인력은 문제를 접근할 때보다 추상적이고, 덜 구조적이며, 덜 조직화되고, 덜 전통적인 방식을 선호하는 경향이 있다. 이들은 논리보다는 직관에 의존하는 경우가 많다. 예를 들어, 아서 코버(Arthur Kover)는 광고 카피라이터들을 대상으로 연구를 수행하여 그들은 공식적인 커뮤니케이션 이론의 지침 없이 작업을 한다는 사실을 발견했다. 하지만 인터뷰에 참여한 이들은 광고 제작을 안내하는 유사한 비공식적이고 암묵적인 이론들을 공유하고 있었다. 이러한 이론은 광고 홍수 속에서 소비자의 주의를 끌고, 소비자의 의식을 열어 메시지를 전달하며, 그들과 연결되는 방법을 찾는 데 기반하고 있다.

창의성은 광고대행사의 크리에이티브 부서에만 국한된 영역이 아니라는 점을 주목해야 한다. 통합 마케팅 커뮤니케이션은 그 기획과 실행에 관여하는 모든 사람들의 창의적인 사고를 요구한다. 어카운트 서비스, 전략 기획, 미디어 플래닝, 디지털 미디어 전문가, 조사 담당자 등 대행사의 다른 부서 인력뿐만 아니라, 광고주 측의 마케팅 관리자나 브랜드 관리자 역시 IMC 캠페인을 기획, 개발, 실행하는 과정에서 직면하는 문제에 대해 창의적인 해결책을 모색해야 한다. 예를 들어, 매년 미디어 플래닝, 판매촉진, 디지털 및 인터랙티브 미디어 등 다양한 영역에서의 창의성을 인정하는 상이 수여된다. 2019년에는 옴니콤 그룹(Omnicom Group) 산하의 OMD가 〈Adweek〉 선정 글로벌 미디어 에이전시 오브 더 이어(Global Media Agency of the Year)로 선정되었다(사진 8-5). 이 대행사는 맥도날드(McDonald's), 펩시코(PepsiCo), 애플(Apple) 등 주요 광고주를 위한 미디어 기획과 전략에서 보여준 창의성뿐만 아니라, 새로운 기술 플랫폼과 미디어 플래닝 과정을 개발한 공로로 그 영예를 안았다.

광고주 측 인력이 광고대행사와의 관계에서 창의적인 광고 제작에 필요한 과정을 저해하지 않는 것도 매우 중요하다. 셸리아 새서(Shelia Sasser)와 스콧 코슬로(Scott Koslow)는 가장 숙련된 크리에이티브 인력일수록 새로운 아이디어에 열려 있는 광고주와 함께 일하길 원한다고 지적한다. 또한 대행사가 개발한 우수한 크리에이티브 작업물 중 일부는 광고주가 창의적인 위험을 감수하려 하지 않기 때문에 실제로 사용되지 않는 경우도 많다고 설명한다. 광고주가 성과에 대한 압박을 받지 않는 한, 이러한 위험을 감수하려 하지 않는 경우가 많다는 것이다. 광고대행사와 IMC 전문가 조직은 모두 창의성을 중심으로 운영되며, 이는 이들이 수행하는 업무의 핵심이다. 따라서 광고주뿐만 아니라 대행사도 창의적 사고와 창의적인 광고가 발전할 수 있는 환경을 조성해야 한다. 광고주는 크리에이티브 인력과 마케팅 및 제품 관리자 간의 관점 차이를 이해해야 한다. 크리에이티브 인력과 관리직 인력은 성향과 사고 방식이 다르기 때문에 이러한 차이를 인식하고 수용하는 것이 중요하다. 그래야 크리에이티브 인력은 최상의 결과물을 만들어낼 수 있고, 광고 제작 과정에 참여하는 모든 사람이 원활하게 협업할 수 있다. 광고의 최종 승인 권한은 광고주에게 있지만, 광고 아이디어와 콘텐츠를 평가할 때 크리에이티브 전문가들의 의견 역시 존중되어야 한다(크리에이티브 아이디어와 작업물의 평가에 대한 내용은 9장에서 더 자세히 다룬다).

크리에이티브 과정

일부 광고업계 인사들은 광고에서의 창의성은 하나의 과정으로 보는 것이 가장 바람직하며, 일정한 체계에 따라 접근할 때 창의적인 성공 가능성이 높아진다고 말한다. 이는 효과적인 광고를 만들기 위한 완벽한 청사진이 있다는 뜻은 아니다. 앞서 살펴본 것처럼, 많은 광고인들은 창의성을 표준화하거나 규칙화하려는 시도에 반대한다. 하지만 대부분의 경우 광고를 개발할 때는 일정한 과정을 따른다.

광고에서 창의성에 접근하는 방식 중 가장 널리 알려진 모델 중 하나는 J. 월터 톰슨(J. Walter Thompson) 광고대행사의 전 크리에이티브 부사장이었던 제임스 웹 영(James Webb Young)이 제안한 것이다. 그는 이렇게 말했다. "아이디어를 만들어내는 과정은 포드(Fords)를 생산하는 과정만큼이나 명확한 절차를 따른다. 아이디어 생산에도 일종의 조립 라인이 존재하며, 이 과정에서 사고는 학습과 통제가 가능한 작동 원칙을 따른다. 그리고 이 과정을 효과적으로 활용하는 것도 다른 도구를 잘 다루는 기술처럼 연습의 문제다." 영이 제안한 창의적 사고 과정은 다섯 단계로 구성되어 있다.

1. **몰입**(immersion): 배경 조사를 통해 기초 자료와 정보를 수집하고, 문제에 몰입하는 단계
2. **소화**(digestion): 수집한 정보를 숙고하고, 머릿속에서 계속 다듬으며 씨름하는 단계
3. **배양**(incubation): 문제를 의식에서 잠시 내려놓고, 정보를 잠재의식에 맡겨 스스로 작용하도록 하는 단계
4. **깨달음**(illumination): 아이디어가 떠오르는 순간, 즉 "유레카! 찾았다!"의 순간이 오는 단계
5. **현실성 검토 또는 검증**(reality or verification): 아이디어가 여전히 타당한지, 문제 해결에 도움이 되는지를 검토하고, 실제로 적용 가능한 형태로 다듬는 단계

영의 창의적 사고 과정은 훨씬 이전에 영국 사회학자 그레이엄 월라스(Graham Wallas)가 고전인 그의 저서 『The Art of Thought』에서 제시한 4단계 접근 방식과 유사하다.

1. **준비**(preparation): 문제 해결에 필요한 배경 정보를 조사와 학습을 통해 수집하는 단계
2. **배양**(incubation): 문제에서 잠시 벗어나 아이디어가 자연스럽게 발전하도록 두는 단계
3. **깨달음**(illumination): 해결책, 즉 빛이 보이는 단계
4. **검증**(verification): 아이디어를 다듬고 정제하여 그것이 적절한 해결책인지 확인하는 단계

창의적 프로세스에 대한 모델은 광고 분야에서 일하는 크리에이티브 인력에게 유용하다. 이러한 모델은 광고 문제에 체계적으로 접근할 수 있는 방법을 제공하기 때문이다. 창의적 과정의 첫 단계는 준비, 즉 배경 정보를 수집하는 것이다. 앞선 장들에서 살펴본 바와 같이, 광고주와 대행사는 제품이나 서비스, 목표시장, 경쟁 상황에 대한 철저한 이해를 바탕으로 출발한다. 또한 광고와 기타 IMC 도구들이 마케팅 및 촉진 프로그램에서 어떤 역할을 수행할 것인지에도 주목한다.

이러한 모델들은 수집한 정보가 실제로 크리에이티브 전문가들에 의해 어떻게 종합되고 활용되는지에 대해서는 자세히 설명하지 않는다. 이 과정은 개인마다 매우 고유하며, 바로 이 점이 뛰어난 크리에이티브 사고와 전략가들을 구별짓는 요소이기도 하다. 한편, 최근 많은 광

고대행사들은 광고 개발 과정에서 크리에이티브 인력을 지원하기 위해 어카운트 플래닝(account planning)이라는 과정을 활용하고 있다. 이 과정은 정보를 체계적으로 수집하고, 크리에이티브 전략 수립을 위한 통찰을 제공하는 데 도움을 준다.

어카운트 플래닝

크리에이티브 과정을 원활하게 진행하기 위해, 많은 광고대행사들은 현재 **어카운트 플래닝**(account planning)을 활용하고 있다. 어카운트 플래닝은 광고주의 제품이나 서비스, 브랜드, 그리고 목표 소비자에 대한 모든 관련 정보를 조사하고 수집하는 과정을 포함한다. 이 방식은 1960~70년대 영국에서 시작되었으며, 현재는 전 세계의 많은 광고대행사에서 널리 사용되고 있다.

존 스틸(Jon Steel)은 굿비 실버스타인 앤 파트너스(Goodby, Silverstein & Partners) 샌프란시스코 오피스의 전 부사장이자 어카운트 플래닝 디렉터였으며, 어카운트 플래닝 과정을 다룬 뛰어난 저서 『Truth, Lies & Advertising: The Art of Account Planning』을 집필했다. 그는 어카운트 플래너의 역할이 핵심 의사결정자들이 현명한 결정을 내릴 수 있도록 필요한 모든 정보를 제공하는 것이라고 설명한다. 스틸에 따르면, "플래너는 광고가 어떤 결과로 이어지는지를 효과적으로 이끌어내기 위해 매우 열심히 일해야 한다. 광고주와 함께 전략적 기반을 신중히 마련하고, 크리에이티브 팀에게는 가장 영향력이 클 것으로 판단되는 시점에 맞춰 핵심 정보를 건네주며, 아이디어에 대한 피드백을 제공하고, 가능하다면 직접 아이디어를 더하는 역할도 수행해야 한다."

최근 어카운트 플래너를 대상으로 한 연구에 따르면, 이들은 크리에이티브 개발 과정에서 매우 복합적인 역할을 수행하는 것으로 나타났다. 이들은 소비자 조사를 실시하거나, 경험과 관찰을 포함한 개인적인 지식 영역을 활용하거나, 소비자 의사결정 방식이나 브랜드와의 관계에 대한 기존 통념을 의도적으로 의문시하는 등의 다양한 방식으로 통찰을 찾아낸다. 또한 다른 브랜드들이 사용한 모범 사례나 광고 문제 해결 방식에서 아이디어를 차용하고, 브랜드의 본질이나 DNA를 명확히 이해함으로써 향후 광고 실행에서 브랜드 서사를 확장시키기도 한다.

어카운트 플래닝은 크리에이티브 전략 개발 과정에서 소비자의 관점을 기반으로 과정을 주도한다는 점에서 중요한 역할을 한다. 어카운트 플래너는 광고주뿐만 아니라, 크리에이티브 팀, 미디어 전문가 등 대행사의 다른 구성원들과 협업한다. 이들은 자신들이 수집한 지식과 정보를 크리에이티브 전략뿐만 아니라 광고 캠페인의 다양한 요소 개발에 어떻게 활용할 수 있을지 논의한다. 또한 어카운트 플래너는 크리에이티브 전략 개발 과정에서 수행되는 모든 조사(정성적 조사와 정량적 조사 모두)를 책임지는 경우가 많다. 이어지는 절에서는 이러한 조사와 정보들이 광고 크리에이티브 과정에 어떻게 기여할 수 있는지를 살펴본다. 이 정보는 어카운트 플래너나 크리에이티브 과정에 의견을 제공하는 역할을 맡은 다른 사람들에 의해 수집될 수 있다.

크리에이티브 과정에 기여하는 요소: 준비, 배양, 깨달음

배경조사 가장 어리석은 크리에이티브 인력이나 팀이 아니고서야, 광고 과제를 수행하기 전에 광고주의 제품이나 서비스, 목표시장, 경쟁사 그리고 그 외 관련된 배경 정보를 최대한 많이 파악하려고 할 것이다. 크리에이티브 전문가는 특정 광고 접근법이나 효과적인 기법에 대한 연구뿐만 아니라, 시장에서의 전반적인 동향, 환경 변화, 발전 양상 등에 대해서도 폭넓은 지식을 갖추고 있어야 한다. 이러한 배경 정보는 다양한 방법으로 획득할 수 있으며, 샌드라 모리아티(Sandra Moriarty)는 몇 가지 비공식적인 정보 탐색 기법을 다음과 같이 제시하고 있다.

- **제품이나 시장과 관련된 모든 자료 읽기**: 도서, 산업 전문지, 일반 관심 기사, 조사 보고서 등
- **제품 관련자에게 정보 요청하기**: 디자이너, 엔지니어, 영업사원, 소비자 등
- **사람들이 무슨 이야기를 하는지 경청하기**: 매장, 쇼핑몰, 식당, 심지어 대행사 식당 같은 공간에서도 유익한 정보를 얻을 수 있다. 특히 광고주는 제품과 시장에 대해 가장 잘 알고 있는 경우가 많기 때문에, 광고주의 이야기를 듣는 것은 특히 가치가 있다.
- **제품이나 서비스를 직접 사용해보고 익숙해지기**: 많이 사용할수록 더 많이 알게 되고, 더 풍부하게 설명할 수 있다.
- **광고주의 비즈니스 환경에서 직접 일해보며 배우면서 도달하려는 사람들에 대해 더 잘 이해하기**

크리에이티브 과정의 준비, 배양, 깨달음 단계를 지원하기 위해 많은 광고대행사들은 크리에이티브 인력에게 일반 정보와 제품 특화 정보를 모두 포함한 사전 기획 자료를 제공한다. **일반적인 사전 기획 자료**(general preplanning input)에는 책, 정기 간행물, 산업 전문지, 웹사이트, 학술지, 이미지 그리고 제품이나 서비스, 시장, 경쟁사 그리고 경쟁사 광고에 관한 잡지, 신문, 온라인 기사를 수집하고 정리하는 클리핑 서비스 등이 포함된다. 이러한 정보는 광고주, 대행사, 미디어 또는 기타 외부 출처가 수행한 조사 연구를 통해 제공되기도 한다.

또 하나의 유용한 사전 기획 자료는 시장의 트렌드, 발전 양상, 주요 이슈에 관한 정보다. 이러한 정보는 지방, 주, 연방 정부를 비롯해 2차 자료 제공 기관, 산업별 협회, 광고 및 미디어 관련 기관 등 다양한 출처에서 얻을 수 있다. 예를 들어, 미국광고연맹(American Advertising Federation, AAF), 미국광고대행사협회(4As), 영상광고국(Video Advertising Bureau), 라디오광고국(Radio Advertising Bureau), 미국잡지미디어협회(Association of Magazine Media) 등 광고 업계 단체들은 시장 트렌드와 소비자에게 미치는 영향을 다룬 조사 보고서와 뉴스레터를 발행한다. 디지털 광고가 성장하면서 점점 더 중요한 위치를 차지하게 된 산업 단체로는 인터랙티브 광고국(Interactive Advertising Bureau, IAB)이 있다. 이 단체는 디지털 광고나 마케팅 캠페인의 판매, 전달, 최적화를 담당하는 650개 이상의 미디어 및 기술 기업으로 구성되어 있으며, 온라인 광고에 대한 업계 기준을 수립하고, 조사 연구를 수행하며, 디지털 광고의 모범 사례를 확산시키는 역할을 한다(사진 8-6). 크리에이티브 전략을 개발하는 사람들은 〈Adweek〉, 〈Advertising Age〉, 〈Marketing News〉 등과 같은 간행물을 읽으며 시의적절한 정보를 얻을 수도 있다. 또한 많은 크리에이티브 부서 인력들은 〈Communication Arts〉라는 잡지를 통해 디자인, 광고, 일러스트레이션, 사진, 인터랙티브 미디어, 타이포그래피 등의 주제를 접하며 인사이트를 얻는다.

사진 8-6

인터랙티브 광고국은 온라인 광고를 활용하는 마케터들에게 매우 유용한 정보 출처다.

자료: IAB

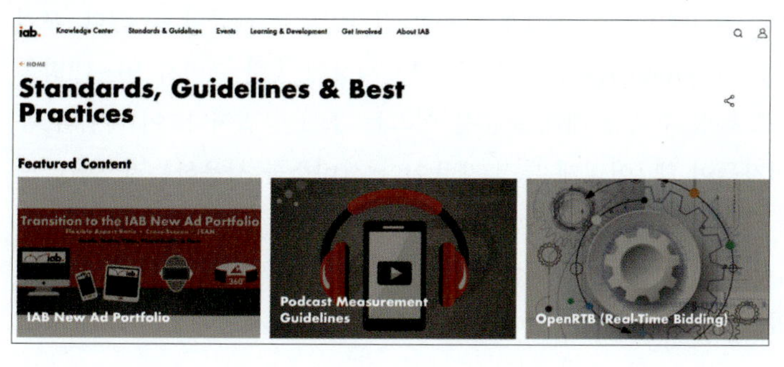

제품 또는 서비스 특화 조사 일반적인 배경 조사와 사전 기획 자료 외에도, 크리에이티브 인력은 **제품이나 서비스에 특화된 사전 기획 정보**(product- or service-specific preplanning input)를 제공받는다. 이 정보는 일반적으로 제품 또는 서비스, 그리고 그 대상 소비자층에 대해 수행된 구체적인 조사 형태로 제공된다. 제품 특화 사전 기획 자료의 유형에는 정량적 그리고 정성적 소비자 조사가 포함되며, 예를 들어 특정 제품, 서비스 또는 브랜드의 사용자에 대한 인구통계학적 또는 심리그래픽적 프로파일, 포커스 그룹 인터뷰, 심층 인터뷰, 지각도 및 포지셔닝 연구 등이 이에 해당한다.

크리에이티브 팀에게 도움이 되는 제품 또는 서비스 관련 조사는 광고주 또는 대행사에 의해 수행되는 경우가 많다. 이들 조사 중 상당수는 **문제 탐지**(problem detection)라는 접근 방식을 변형하여 활용한다. 문제 탐지 기법은 해당 제품이나 서비스에 익숙한 소비자에게 사용 시 불편한 점이나 문제 상황을 가능한 한 많이 떠올려보게 하고, 그 빈도와 중요도를 평가하게 하는 방식이다. 소비자들은 이러한 문제들을 중요도 순으로 평가하고, 각 문제와 특정 브랜드 간의 연관성도 함께 평가한다. 문제 탐지 조사는 제품 개선, 재구성, 신제품 개발에 유용한 통찰력을 제공할 수 있으며, 크리에이티브 인력에게는 강조할 속성이나 기능에 대한 아이디어, 그리고 신제품이나 기존 브랜드의 포지셔닝 방향에 대한 가이드를 제공하는 데 도움이 된다.

많은 광고대행사들은 광고주의 고객을 더 잘 파악하고, 그들이 브랜드와 어떻게 연결되어 있는지를 이해하기 위해 브랜딩 조사를 실시한다. 예를 들어, Y&R 그룹은 브랜드 구축과 관리를 위한 독자적인 도구인 BrandAsset Valuator(BAV™)를 개발했다. 이 모델은 에너지 넘치는 차별성, 관련성, 존중도, 지식이라는 네 가지 핵심 요소로 구성되어 있다. 이 요소들은 브랜드의 핵심 과제를 파악하고, 현재와 미래의 재무 성과 및 성장 가능성을 평가하는 데 활용된다(사진 8-7). 이 대행사는 BAV를 전담하기 위해 별도의 기업 연구 그룹을 설립했다. 현재 BAV는 전 세계에서 가장 큰 브랜드 인식 데이터베이스로, 52개국에 걸쳐 약 6만 개 브랜드에 대한 평가를 70개 이상의 차원에서 보유하고 있다.

대부분의 주요 광고대행사들은 브랜드 조사를 수행하거나, 소비자에 대한 더 깊은 통찰력을 얻고 광고주를 위한 보다 효과적인 캠페인을 개발하기 위해 자체적인 모델이나 시스템을 개발하고 있다. 앞으로는 강력한 브랜드를 구축하고 유지하는 일이 더욱 중요해질 것으로 보이며, 이는 광고대행사들에게 광고주의 캠페인을 효과적으로 이끌 수 있는 새로운 도구와 기법을 지속적으로 개발해야 한다는 부담으로 작용할 것이다.

사진 8-7

BrandAsset Valuator는 브랜드를 관리하는 데 사용된다.

자료: BAV Group, Inc.

정성적 조사 자료 많은 광고대행사들, 특히 조사 부서가 잘 갖춰진 대형 대행사들은 크리에이티브 전략 개발을 지원하고 크리에이티브 과정에 자료를 제공하기 위한 자체 조사 프로그램과 고유한 기법을 보유하고 있다. 다양한 정량적 조사 외에도, 심층 인터뷰나 포커스 그룹과 같은 정성적 조사 기법은 크리에이티브 과정 초기 단계에서 크리에이티브 팀에게 유용한 인사이트를 제공할 수 있다. **포커스 그룹**(focus groups)은 일반적으로 목표시장에 속한 소비자 10~12명을 대상으로 특정 주제에 대해 토론을 이끄는 조사 방법이다. 이 기법을 통해 소비자들이 왜, 어떻게 특정 제품이나 서비스를 사용하는지, 특정 브랜드를 선택할 때 중요하게 여기는 요소가 무엇인지, 다양한 제품이나 서비스에서 무엇을 좋아하고 싫어하는지, 그리고 충족되지 않은 특별한 니즈가 있는지를 파악할 수 있다. 또한 포커스 그룹 세션에서는 어떤 광고 호소 방식이 효과적인지에 대한 논의나 다양한 기업들의 광고를 평가하는 활동이 포함되기도 한다.

포커스 그룹 인터뷰는 크리에이티브 인력과 크리에이티브 전략 개발에 관여하는 사람들에게 실제 소비자와의 접점을 제공한다. 포커스 그룹의 이야기를 듣는 것은 카피라이터, 아트디렉터, 기타 크리에이티브 전문가들이 목표 청중이 누구인지, 어떤 사람들인지, 그리고 광고 메시지를 통해 누구에게 말하고, 디자인하고, 연출해야 하는지를 더 잘 이해하는 데 도움을 준다. 또한 포커스 그룹은 고려 중인 다양한 크리에이티브 접근 방식의 실행 가능성을 평가하고, 어떤 방향으로 나아가는 것이 가장 효과적인지 제안하는 데에도 활용될 수 있다. 최근에는 많은 마케터들이 온라인 커뮤니티에 속한 소비자 그룹이나, 그린필드 온라인(Greenfield Online), 인보크 솔루션(Invoke Solutions)과 같은 조사 회사가 구성한 80~100명 규모의 인터넷 조사 패널을 통해 포커스 그룹을 온라인으로 운영하고 있다. 이러한 패널에게는 실시간 메시지나 채팅룸 형식으로 광고 콘셉트를 제시하고, 몇 시간 안에 상세한 피드백을 수집하고 분석할 수 있다. 이는 전통적인 포커스 그룹보다 수주 이상 빠르게 결과를 얻을 수 있는 방식이다. 사진 8-8은 인보크가 온라인 포커스 그룹의 가치를 어떻게 프로모션하는지를 보여주는 사례로, 해당 기법이 오르비츠(Orbitz)와 그들의 광고대행사 BBDO가 "Take Vacation Back (휴가를 되찾자)" 광고 캠페인을 개발하는 과정에서 어떻게 활용되었는지를 보여준다. 이 캠페인은 미국광고조사재단(Advertising Research Foundation)으로부터 데이비드 오길비 상(David Ogilvy Award)을 수상했다.

광고대행사의 크리에이티브 인력들은 오랫동안 자신의 아이디어나 작업물이 소비자들에 의해 평가되는 것에 대해 우려를 표현해왔다. 많은 크리에이티브들은 좋은 아이디어는 굳이 테스트할 필요가 없으며, 테스트 과정이 오히려 크리에이티브 실행을 약화시킬 수 있다고 주장한다. 더 나아가, 테스트는 크리에이티브 과정에 개입하게 되고, 혁신적이고 차별화된 광고 메시지를 개발할 수 있는 능력을 제한한다고 본다. 포커스 그룹에 비판적인 이들은 만약 애플랙(Aflac)의 오리 캐릭터가 등장하는 캠페인이 포커스 그룹 참여자들의 반응에 따라 결정되었다면 방송조차 되지 못했을 것이라고 지적한다. 일부 참여자들은 오리를 재미있다고 느꼈지만, 다른 이들은 불쾌하다고 반응했다. 이 광고가 살아남을 수 있었던 것은, 캡런 세일러 그룹(Kaplan Thaler Group)의 경영진이 광고주를 설득해 이 광고를 포함한 네 편의 자사 광고와 경쟁 대행사들의 네 편의 광고를 함께 조사 전문 기관인 입소스-ASI(Ipsos-ASI)를 통해

사진 8-8

마케터들은 광고를 사전 테스트하기 위해 온라인 포커스 그룹 서비스를 자주 활용한다.

자료: Invoke

사진 8-9

애플랙 오리는 포커스 그룹 테스트에서는 좋은 반응을 얻지 못했지만, 매우 성공적인 캠페인의 기반이 되었다.

자료: Aflac Incorporated

테스트하도록 했기 때문이다. 테스트 결과, 오리 캐릭터가 등장하는 광고는 당시 보험 분야에서 입소스-ASI가 기록한 가장 높은 주목 점수를 기록했다. 결국 캡런 세일러는 이 계정을 수주하게 되었고, 해당 오리 캐릭터가 등장하는 이 수상 경력의 캠페인은 20년 넘게 지속적으로 방영되고 있다(사진 8-9). 이 캠페인은 애플랙의 브랜드 인지도를 크게 높였으며, 보조 보험 상품의 판매 증가에도 크게 기여했다.

일부 크리에이티브 인력은 자신의 아이디어가 포커스 그룹을 통해 평가받는 것에 반대할 수 있지만, 실제로는 포커스 그룹으로부터의 제안이 매우 유용하고 통찰력 있게 작용한 사례들도 많다. 크리에이티브 인력은 광고주가 자사 브랜드를 위한 광고가 소비자로부터 긍정적인 반응을 이끌어내고, 제품이나 서비스를 구매하도록 유도할 수 있는 최고의 가능성을 지니길 바란다는 점을 이해해야 한다. 광고조사재단(Advertising Research Foundation)의 전 수석 조사 책임자인 조 플러머(Joe Plummer)는 이들의 입장을 다음과 같이 잘 설명한다. "어떤 크리에이티브 디렉터든 광고주가 성공에 대한 높은 확신 없이 1억 달러를 쓸 거라고 생각한다면, 그건 순진한 생각이다." 한편, 디지털 혁신과 더 많은 메시지 콘텐츠를 빠르게 제작하려는 마케터들의 니즈로 인해 광고 메시지 사전 테스트 방식도 변화하고 있으며, 이에 대한 내용은 디지털 및 소셜 미디어 관점 8-1에서 다룬다.

광고대행사들 사이에서 점점 더 인기를 얻고 있는 또 다른 형태의 정성적 조사 자료는 **민족지학적 조사**(ethnographic research)다. 이는 소비자를 그들의 자연스러운 환경에서 관찰하는 방식으로 진행된다. 이러한 조사 방식은 인류학이라는 사회과학 분야에서 유래되었으며, 오랜 시간 동안 인간 사회와 문화를 조사하기 위한 방법으로 사용되어 왔다. 마케팅 분야에서는 이를 응용해 인류학자나 전문 교육을 받은 조사자가 소비자의 집, 직장, 여가 활동 현장 등으로 들어가 실제 생활 속에서 소비자를 관찰하는 방식으로 활용되고 있다. 예를 들어, 오길비 앤 매더(Ogilvy & Mather) 대행사는 조사 전문 부서를 두고 있으며, 이 부서는 소비자의 집에 머무르거나, 여가 활동을 따라다니거나, 소비자의 일상생활을 밀착 관찰한다. 오길비의 광고주인 밀러쿠어스를 위한 조사에서 디스커버리(Discovery) 부서의 조사원들은 전국을 돌며 밀러 맥주 소비자와 경쟁 브랜드를 마시는 소비자들을 촬영했다. 그들은 이 영상 자료를 통해 사람들 간의 그룹 역학을 분석했고, 술을 마시는 상황에서 그 역학이 어떻게 변화하는지를 살펴보았다. 대행사는 이 조사에서 얻은 통찰을 활용해 밀러 라이트 맥주를 위한 새로운 광고 캠페인을 개발했다.

많은 마케팅 및 광고대행사 연구자들은 포커스 그룹보다 민족지학적 조사를 선호한다. 포커스 그룹은 여러 가지 한계를 지니고 있기 때문이다. 포커스 그룹에서는 성격이 강한 참가자가 과도한 영향력을 행사하는 경우가 종종 있으며, 참가자들이 자신의 행동 패턴이나 동기를 인정하지 않거나 스스로 인식하지 못하는 경우도 많다. 반면, 민족지학적 조사는 조사 비용이 많이 들고 실행하기가 더 어렵다는 단점이 있다.

일반적으로 크리에이티브 인력은 광고주의 목표시장을 더 잘 이해하고, 창의적인 아이디어를 도출하는 데 도움이 되는 조사나 정보라면 기꺼이 수용하는 편이다. 광고 업계 또한 크리에이티브 과정을 이끌기 위한 수단으로서 조사의 중요성을 점점 더 인식하고 있다. 광고조사재단(Advertising Research Foundation)은 오길비 앤 매더의 창립자이자 광고계의 전설로 불리는 데이비드 오길비(David Ogilvy)의 이름을 딴 '데이비드 오길비 상(David Ogilvy Awards)'을 제정했다. 이 상은 광고 캠페인의 전략 수립과 효과 측정에 있어 조사를 성공적으로 활용한 광고대행사, 광고주 기업, 조사 기관 팀에게 수여된다.

2018년 데이비드 오길비 어워드 최고상(Grand Ogilvy Award)은 프락터앤갬블의 가정용 세제 브랜드 미스터 클린(Mr. Clean)을 위한 캠페인으로, 광고대행사 리오버넷(Leo Burnett)이 개발했다. 60년의 역사를 가진 이 브랜드는 청소용품 제품군에서 선두자리를 잃어가고 있었으며, 브랜드의 상징인 미스터 클린 캐릭터 또한 시대에 뒤처진 모습으로 인식되고 있었다. 이에 따라 대행사는 정량 조사와 정성 조사를 병행해 진행했다. 500명 이상의 소비자를 대상으로 한 설문조사와 함께, 청소용품 구매 및 집안 청소를 담당하는 60명 이상의 사람들과 온라인 및 가정 내에서의 심층 인터뷰를 실시했다. 조사 결과, 미스터 클린 브랜드는 독창성이 부족하고, 평범하며, 구식이고, 프리미엄 가격을 정당화하지 못한다는 인식을 받고 있는 것으로 나타났다. 하지만 브랜드 추적 조사와 판매 데이터를 함께 분석한 결과, 브랜드와 관련된 미디어 노출의 증가와 매출 상승 사이에 상관관계가 있음을 확인했다. 예를 들어, 미스터 클린이 브랜드 주제가에 맞춰 근육을 흔드는 모습이 담긴 페이스북 영상은 플랫폼 내에서 매우 높은 참여율을 기록했다. 특히 흥미로운 발견은 미스터 클린 캐릭터가 의외로 지속적인 성적 매력을 지니고 있으며, 여전히 다소 기이하면서도 강한 끌림을 느끼는 소비자가 존재한다는 점이었다. 보조 조사를 통해 얻은 또 하나의 중요한 통찰력은 전체 여성의 61%가 여전히 집안일의 전부를 책임지고 있다고 생각하는 반면, 남성의 37%는 이제 그 역할을 함께 분담하고 있다는 사실이었다. 게다가 부부가 집안일을 공유하는 것은 배우자에 대한 신뢰와 성생활의 만족에 이어, 성공적인 결혼생활을 위한 세 번째로 중요한 요소로 평가되기도 했다.

소비자 인사이트를 바탕으로 리오버넷은 미스터 클린 캐릭터를 활용해 청소에 대한 인식을 귀찮은 일에서 환상적인 일로 바꾸자는 창의적인 아이디어를 제안했다. 대행사는

디지털 및 소셜 미디어 관점 8-1 > > >

온라인 광고의 사전 테스트 필요성

대형 브랜드를 보유한 주요 광고주들은 기업이나 브랜드를 위한 광고로 전환될 크리에이티브 아이디어와 콘셉트를 개발하고 테스트하는 데 수십만 달러를 투자하는 경우가 많으며, 여기에는 그럴 만한 충분한 이유가 있다. TV나 온라인에서 볼 수 있는 대기업 브랜드의 광고나 영상은 제작비만 평균 50만 달러가 들고, 사전 제작, 제작, 후반 제작 비용을 모두 합치면 100만 달러가 넘는 경우도 있다. 그리고 광고 영상이나 인쇄 광고가 한 번 제작되면 광고주는 소비자에게 해당 광고를 전달하기 위해 전통 매체와 온라인 매체에 수백만 달러를 추가로 집행하게 된다. 이와 더불어 광고주는 기회비용 또한 고려해야 하는데, 광고의 관점에서 기회비용은 선택한 방식 대신 다른 크리에이티브 접근이 더 효과적이었을 가능성을 의미한다.

전통적으로 많은 마케터들은 어떤 크리에이티브 콘셉트나 광고 메시지를 사용할지 결정하기 전에, 다양한 형식의 카피 테스트나 A/B 테스트를 활용해 광고 효과를 비교해왔다. 여러 형태의 카피 테스트가 자주 사용되며, 이러한 테스트 결과를 통해 마케터들이 비용이 많이 드는 실수를 피하고 가장 적절한 대안을 선택한 사례도 많다. 오늘날 대부분의 카피 테스트는 소비자 패널에게 온라인으로 광고를 보여주고, 회상률, 호감도, 설득력, 구매 의도 등의 지표를 활용해 반응을 측정하는 방식으로 이루어진다. 광고는 제작의 여러 단계에서 테스트할 수 있으며, 인쇄 광고의 레이아웃이나 광고 문안 초안부터 시작해, 애니매틱과 같은 초기 형태의 TV 광고 영상, 그리고 최종 완성된 광고나 동영상에 이르기까지 모두 테스트 대상이 될 수 있다. 사전 테스트 결과는 종종 광고주가 이전에 사용한 광고의 기준치, 업계 또는 카테고리 평균, 또는 현재 경쟁 광고들과 비교하여 분석된다.

많은 기업들은 여전히 광고 메시지, 특히 TV 광고와 영상 광고를 캠페인에 투입하기 전에 정기적으로 테스트하고 있다. 이는 특히 대규모 미디어 예산이 투입되는 경우 더욱 그렇다. 그러나 카피 테스트 역시 디지털 혁신의 영향으로 통합 마케팅 커뮤니케이션의 여러 분야와 마찬가지로 변화하고 있다. 현재 마케터들은 전통적인 매체보다 온라인에 더 많은 예산을 투입하고 있으며, 대부분의 광고 메시지는 모바일 기기라는 작은 화면을 통해 소비자에게 전달된다. 하지만 이제 사람들은 자신이 어떤 온라인 디스플레이 광고나 영상을 볼 것인지 선택할 수 있는 권한을 이전보다 훨씬 많이 갖게 되었고, 대부분의 소비자들은 거의 모든 온라인 광고를 무시하는 경향이 있다. 실제로 웹 이용자들은 컴퓨터나 모바일 기기에서 나타나는 온라인 배너 광고를 클릭하는 비율이 2% 미만이며, 프리롤 영상 광고의 경우 약 95%가 건너뛰기 옵션을 선택한다. 이러한 점을 고려할 때, 마케터들이 디지털 광고가 소비자의 주목을 받고 메시지를 효과적으로 전달할 수 있도록 사전 테스트를 활용할 것이라고 예상할 수 있다. 그러나 현실적으로 마케터들이 디지털 광고 사전 테스트에 투자하는 예산은 온라인 및 모바일 광고에 할당된 미디어 예산의 비중과 전혀 비례하지 않는다.

마케터들이 TV 광고나 인쇄 광고 메시지에 비해 디지털 광고를 사전

사진 8-10

미스터 클린의 "Cleaner of Your Dreams" 캠페인은 소비자 조사에 기초한 IMC 캠페인으로 그랜드 오길비 상을 받았다.

자료: Procter & Gamble

"Cleaner of Your Dreams(당신이 꿈꾸던 청소기)"라는 제목의 광고를 제작했다. 이 광고는 한 여성이 부엌에서 청소를 해야 한다는 사실에 지쳐 있는 장면으로 시작된다. 그때 갑자기 미스터 클린이 느긋하게 등장해, 도발적인 춤을 추며 집안을 청소하기 시작한다(사진 8-10). 광고의 마지막에는 미스터 클린이 환상 속 인물이라는 것이 드러나고, 실제로는 그녀의 남편이 청소를 해주고 있었던 것으로 밝혀진다. 광고는 "You gotta love a man who cleans(청소하는 남자를 사랑하지 않을 수 없다)"라는 태그라인과 함께, 여성이 남편에게 열정적으로 안기는 장면으로 마무리된다. 이 광고는 수퍼볼 중계 도중 처음 방영되었으며, 해당 경기에서 방영된 광고 중 최고의 광고 다섯 편 중 하나로 선정되었다. 이 광고는 온라인에서도 방영되었고, 엄청난 양의 언드 미디어(earned media)를 생성했다. 뉴스 프로그램, 주간 및 심야 토크쇼를 비롯해 〈USA Today〉, 〈The Wall Street Journal〉, 〈Huffington Post〉, 〈The New York Times〉 등 다양한 언론 매체에서 이 광고를 다루었다. 또한 광고에 등장한 미스터 클린 제품인 리퀴드 클리너(Liquid Cleaners)와 매직 이레이저(Magic Eraser)의 판매도 광고 방영 이후 증가했다.

테스트하지 않는 경향을 보이는 데에는 여러 가지 이유가 있다. 우선, 주요 브랜드의 광고를 담당하는 대형 광고대행사들은 전통적으로 온라인 디스플레이 광고나 페이스북, 트위터 같은 소셜 미디어에 등장하는 소형 이미지보다는, 주목도가 높은 TV 광고나 영상에 더 많은 관심을 기울여왔다. 많은 광고대행사들의 크리에이티브 팀은 하나의 캠페인을 위해 TV 광고 몇 편, 인쇄 광고, 라디오 광고, 빌보드나 교통 광고 등의 옥외 광고와 같은 제한된 수의 광고 자산만을 개발하는 데 익숙하다. 하지만 디지털 환경에서는 하나의 광고를 다양한 사이즈와 포맷으로 반복적으로 제작해야 하며, 이는 프로그램매틱 방식으로 다양한 환경에 삽입되기 위해 요구되는 작업이다. 또한 크리에이티브 인력들은 디지털 광고가 전달되거나 소비되는 맥락 같은 요소들, 즉 디지털 환경의 제약 조건을 항상 충분히 인식하거나 수용하지는 않는다. 디지털 광고는 크기와 해상도가 다양한 기기 화면에 노출될 수 있으며, 데스크톱이나 노트북의 큰 화면부터 스마트폰 같은 모바일 기기의 작은 화면까지 매우 다양하다.

디지털 광고에서 사전 테스트가 활발히 이루어지지 않는 또 다른 이유는 빠른 캠페인 전개 속도가 요구된다는 디지털 광고가 지닌 고유한 특성 때문이다. 마케터들은 온라인에서 더욱 빠르게 움직이길 원하며, 이는 전통적인 사전 테스트 방식에 필요한 시간을 확보하기 어렵게 만든다. 많은 디지털 캠페인은 배너 광고, 팝업, 인터스티셜 광고, 텍스트 기반 영상, 프리롤 영상 등 다양한 포맷의 여러 메시지를 동시에 활용한다. 이로 인해 마케터들은 자신들이 제작한 모든 디지털 광고를 일일이 테스트할 시간이나 예산이 부족한 경우가 많으며, 결국 테스트 없이 광고를 바로 개시하고 그저 잘 되기를 기대하는 방식으로 진행하는 경우가 많다.

마케터들이 광고 예산의 더 많은 부분을 온라인에 투자하게 되면서, 디지털 광고의 사전 테스트 중요성을 점차 인식하고, 이에 따라 더 많은 자원을 사전 테스트에 투입하고 있다. 많은 마케터들은 디지털 광고 사전 테스트에 특화된 조사 회사들과 협력하고 있으며, 대표적인 시장 조사 기관들인 에이스 메트릭스(Ace Metrix), 입소스(Ipsos), 밀워드 브라운(Millward Brown) 등은 테스트 방식을 디지털 환경에 맞게 조정하고 있다. 이들은 광고 영상이나 다양한 온라인 광고 형태를 보다 빠르게 제작해 테스트할 수 있도록 방법을 개발하는 동시에, 생체 측정이나 온라인 행동 데이터 같은 새로운 측정지표도 통합하고 있다. 예를 들어, 메트릭스랩(MetrixLab)은 디지털 광고 사전 테스트 서비스를 제공하는 조사 업체로, 온라인 동영상, 소셜 미디어 광고, 모바일 광고 등 다양한 형식의 디지털 광고를 초기 콘셉트부터 거의 완성된 단계까지 전 범위에 걸쳐 테스트한다. 이 회사의 사전 테스트 방식은 비강제적 노출을 활용한 자연스러운 환경에서 광고를 테스트하여, 그 광고가 온라인 광고 포화 속에서 주목을 끌 수 있는지, 그리고 메시지가 효과적으로 전달되고 기억에 남는지를 평가한다.

데이터 기반 프로그래매틱 광고는 디지털 광고의 주된 형태로 자리 잡았으며, 앞으로도 지속될 것이다. 이 방식은 마케터들에게 온라인 광고 메시지를 보다 효과적으로 타겟팅할 수 있는 기회를 제공한다. 그러나 팝업이나 배너 광고를 무시하거나 닫아본 경험이 있거나, 온라인 프리롤 영상 광고에서 건너뛰기 버튼을 눌러본 사람이라면 누구나 알 수 있듯, 소비자들은 여전히 자신과 무관한 메시지들에 끊임없이 노출되고 있다. 어쩌면 사전 테스트가 이러한 문제를 완화하고, 보다 적절한 시점에 더 관련성 높은 광고를 정확한 타겟에게 전달하는 데 도움이 될 수 있을 것이다.

자료: Mike Kaput, "What You Need to Know about AI and the Future of Advertising," Marketing Artificial Intelligence Institute, September 25, 2018, https://www.marketingaiinstitute.com/blog/ai-in-advertising-what-you-need-to-know; E. J. Schultz, "Fired Up," *Advertising Age,"* September 14, 2015, pp. 21–23; Molly Soat, "The Case for Earlier Insights," *Marketing News,* July 2015, pp. 16–17.

크리에이티브 과정에 기여하는 요소: 검증 및 수정

크리에이티브 과정의 검증 및 수정 단계에서는 깨달음 단계에서 도출된 아이디어들을 평가하고, 부적절한 아이디어는 제거하며, 남은 아이디어를 다듬고 정제하여 최종적인 형태로 표현한다. 이 단계에서 활용되는 기법으로는 크리에이티브 콘셉트, 아이디어 또는 주제를 평가하기 위한 집중 포커스 그룹, 메시지 전달력 연구, 포트폴리오 테스트, 시청자 반응 프로파일 등의 평가 지표가 있다. 이 단계에서는 목표 소비자 집단이 광고의 초기 레이아웃을 평가하고, 광고에서 어떤 의미를 받아들이는지, 실행 방식에 대해 어떻게 생각하는지, 슬로건이나 테마에 어떤 반응을 보이는지를 확인할 수 있다. TV 광고가 메시지를 어떻게 전달할 수 있을지를 파악하기 위해 크리에이티브 팀은 목표시장의 소비자들에게 광고의 스토리보드 형식을 보여주고 평가를 받기도 한다. **스토리보드**(storyboard)는 제안된 광고의 시각적 기획이나 레이아웃을 보여주기 위해 사용하는 일련의 그림으로, 주요 장면이나 컷을 순서대로 스케치한 것과 각 장면에 해당하는 카피 또는 오디오 내용을 함께 포함한다(사진 8-11).

스토리보드 형식으로 광고를 테스트하는 것은 어려울 수 있는데, 그 이유는 많은 소비자들에게 스토리보드가 너무 추상적으로 느껴지기 때문이다. 크리에이티브 레이아웃을 보다 현실감 있게 만들고 평가하기 쉽게 하기 위해, 대행사는 스토리보드에 오디오 사운드트랙을 더해 비디오 형태로 구성한 **애니매틱**(animatic)을 제작할 수 있다. 스토리보드와 애니매틱은 조사

사진 8-11

마케터들은 소비자에게 스토리보드나 애니매틱을 보여줌으로써 광고 반응에 대한 인사이트를 얻을 수 있다.

자료: Courtesy of The Lambesis Agency

목적으로뿐만 아니라, 크리에이티브 아이디어를 대행사 내 다른 인력이나 광고주에게 제시하고 논의 및 승인을 받는 데에도 유용하게 활용된다.

이 단계에서 크리에이티브 팀은 캠페인 주제를 확정하고 광고의 실제 제작에 들어가기 전에 가장 적합한 크리에이티브 접근 방식이나 실행 스타일을 찾고자 한다. 검증 및 수정 과정에서는 최종 결정을 내리기 전에 광고에 대해 보다 공식적이고 심층적인 사전 테스트가 포함될 수 있다. 사전 테스트와 관련된 절차에 대한 보다 자세한 내용은 18장에서 다룬다.

크리에이티브 전략 개발

광고 캠페인

대부분의 광고는 IMC 또는 **광고 캠페인**(advertising campaign)의 일환으로 구성되며, 이는 특정 기간 동안 다양한 매체를 통해 등장하는 하나의 주제나 아이디어를 중심으로 상호 연관되고 조율된 마케팅 커뮤니케이션 활동들의 집합이다. 캠페인이 구축될 통합된 주제를 결정하는 것은 크리에이티브 과정에서 매우 중요한 단계로, 이는 각 광고와 기타 마케팅 커뮤니케이션 방식의 분위기와 방향을 설정하는 역할을 한다. **캠페인 주제**(campaign theme)는 모든 광고

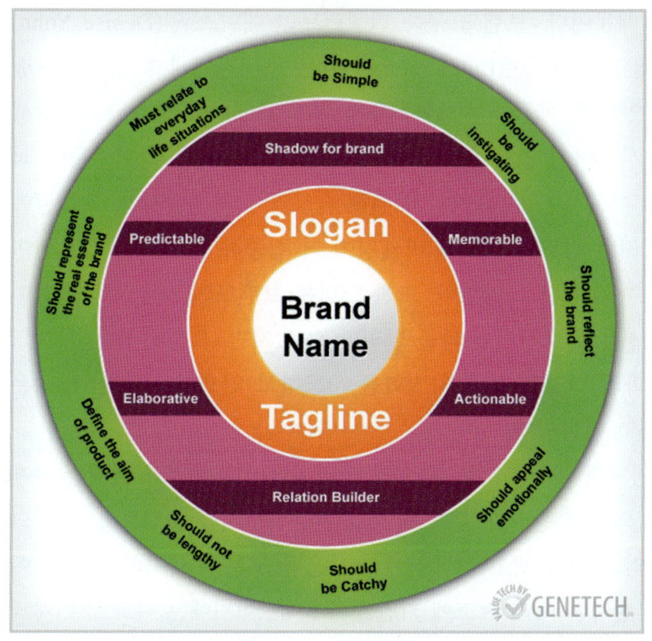

사진 8-12

광고 슬로건 가이드라인

자료: Kumail Hemani

와 촉진 활동에서 전달될 핵심 메시지이기 때문에 강력한 아이디어여야 한다. 이러한 광고 캠페인의 주제는 일반적으로 핵심 아이디어를 몇 개의 단어나 짧은 문장으로 간결하게 전달하는 **슬로건**(slogan) 혹은 **태그라인**(tagline)을 통해 표현된다. 광고 슬로건은 기업 또는 브랜드의 포지셔닝과 목표 소비자에게 전달하고자 하는 메시지를 요약하는 문장으로 기능해야 한다. 슬로건은 일반적으로 모든 광고에 반복적으로 등장하며, 마케팅 커뮤니케이션의 다른 형태에서도 사용되어 마케터의 브랜딩 메시지를 상기시키고 강화하는 역할을 한다. 코흘리(Kohli), 루세서(Leuthesser), 수리(Suri)는 슬로건이 브랜드의 정체성을 구성하는 핵심 요소로서 브랜드 이미지를 강화하고 인식 및 기억을 돕는 동시에 소비자의 인식 속에서 브랜드를 차별화하는 데 기여하여 브랜드 자산 형성에 중요한 역할을 한다고 설명한다. 이들은 브랜드 이름이나 로고만으로는 말로 많은 것을 전달할 수는 없지만, 슬로건은 이러한 한계를 보완해 제품이나 서비스의 이미지를 전달할 수 있으며, 브랜드의 의미를 포착하고 그 특별함을 전달하는 '후크(hook)' 또는 '핸들(handle)'의 역할을 할 수 있다.

디지털 마케팅 매니저 쿠마일 헤마니(Kumail Hemani)는 효과적인 슬로건을 만들기 위한 가이드라인을 제시했는데, 그는 슬로건이 브랜드와 항상 함께 사용되는 그림자와 같은 존재이며, 브랜드의 본질을 전달하는 데 핵심적인 역할을 한다고 설명한다. 또한 그는 슬로건은 단순하고, 기억에 남으며, 예측 가능해야 하고, 소비자와 감정적으로 연결되어야 한다고 강조한다. 그가 제안한 훌륭한 슬로건/태그라인의 기타 특징들은 사진 8-12에서 확인할 수 있다.

일부 마케터들은 캠페인 주제를 자주 변경하기도 하지만, 성공적인 캠페인 주제는 수십 년 동안 유지되기도 한다. 필립 모리스(Philip Morris)는 50년 넘게 "Marlboro Country(말보로 컨트리)" 캠페인을 사용해왔고, 제너럴 밀스(General Mills)는 1933년부터 위티즈(Wheaties) 시리얼을 "Breakfast of Champions(챔피언의 아침 식사)"로 포지셔닝해왔다. BMW는 1974년부터 "The Ultimate Driving Machine(궁극의 드라이빙 머신)"이라는 캠페인 주제를 사용하고 있다. BMW는 지난 40여 년 동안 광고대행사를 여러 번 바꾸었지만, 이 고전적인 태그라인은 계속 유지되어 왔다. 도표 8-2에는 현재 마케터들이 사용하고 있는 광고 슬로건 중 기억에 잘 남고 기업이나 브랜드만의 독특한 메시지를 전달함으로써 매우 효과적인 것으로 평가되는 슬로건들을 정리했다.

도표 8-2

효과적인 광고 슬로건 예시

회사 혹은 브랜드	슬로건
1. 나이키	Just do it.
2. 홈디포	More saving. More doing.
3. 질레트	The Best a Man Can Get
4. 맥도날드	I'm Lovin' It!
5. 치폴레	Food With Integrity
6. 월마트	Save Money. Live Better.
7. 바운티	The Quicker Picker-Upper
8. 게토레이	Win From Within
9. 언더아머	Protect This House. I Will.
10. 던킨	America Runs on Dunkin

마케터와 광고대행사들은 캠페인 주제를 수년간 사용할 목적으로 개발하는 경우가 많다. 하지만 안타깝게도 많은 캠페인 주제는 효과가 없거나 기업이나 브랜드의 뚜렷한 정체성을 전달하지 못해 단기간에 종료되는 경우가 많다. 많은 마케터들과 광고대행사들이 슬로건 개발에 많은 시간과 노력을 들이지만, 일부 전문가들은 슬로건의 중요성이 점점 줄어들고 있다고 주장한다. 이는 많은 기업과 브랜드들이

실제로 슬로건을 사용하지 않기 때문이다. 브랜드 구축 컨설턴트인 데니스 연(Denise Yohn)은 스타벅스, 홀푸드(Whole Foods), 룰루레몬(Lululemon)과 같은 소비자에게 호평받는 브랜드들이 슬로건을 사용하지 않고 있으며, 애플 역시 한때 유명했던 "Think different(다르게 생각하라)" 태그라인을 오랜 기간 사용하지 않고 있다고 지적한다. 연(Yohn)은 광고주들이 과거에는 긴 광고 문안을 기억하기 쉬운 문구로 요약하기 위해 슬로건에 의존했지만, 오늘날에는 많은 마케터들이 타겟팅된 디지털 광고와 입소문 마케팅에 더 집중하고 있으며, 슬로건이 필요한 대규모 캠페인을 덜 실행하고 있다고 말한다. 또한 그녀는 브랜드의 차별성이 제품이나 서비스의 속성에서 비롯되는 경우 슬로건이 효과를 발휘할 수 있지만, 오늘날 많은 브랜드들은 소비자의 가치관이나 성격과의 연결을 통해 차별화를 시도하고 있으며, 이러한 방식은 태그라인만으로 전달하기 어렵다고 덧붙인다.

마케팅 및 촉진 과정의 다른 영역과 마찬가지로, 광고의 크리에이티브 측면과 캠페인 주제 개발 역시 명확한 목표와 목적에 의해 결정된다. 무엇을 전달해야 하는지를 중심으로 하는 크리에이티브 전략은 캠페인 주제의 선정과 광고 캠페인에서 사용될 모든 메시지의 개발을 이끄는 역할을 한다. 크리에이티브 전략은 여러 요소에 기반을 두는데, 여기에는 목표 소비자의 정의, 광고가 해결해야 할 기본적인 문제나 이슈 혹은 기회, 메시지가 전달해야 할 주요 판매 아이디어 또는 핵심 이점, 그리고 광고에 포함되어야 할 뒷받침 정보 등이 포함된다. 이러한 요소들이 결정되면 크리에이티브 전략 진술서에는 사용될 메시지 호소 방식과 실행 스타일이 명확히 기술되어야 한다. 많은 광고대행사들은 이러한 요소들을 카피 또는 크리에이티브 플랫폼이라 불리는 문서에 정리해 사용한다.

크리에이티브 브리프

크리에이티브 브리프(creative brief)는 광고 캠페인을 위한 크리에이티브 전략의 핵심 요소들을 명시하는 문서로, 광고주와 광고대행사 간 커뮤니케이션의 기반이 되는 역할을 한다. 일부 대행사나 기업에서는 이 문서를 크리에이티브 플랫폼(creative platform), 작업 계획서(work plan), 크리에이티브 청사진(creative blueprint), 또는 크리에이티브 계약서(creative contract) 등 다른 이름으로 부르기도 한다. 크리에이티브 브리프라는 명칭이 다양한 것처럼, 그 문서의 구성 방식, 형식, 포함되는 세부 정보의 수준 또한 기관이나 기업에 따라 다를 수 있다. 최근 미국 내 600개 이상의 주요 광고주들을 대표하는 협회인 미국광고주협회(Association of National Advertisers, ANA)는 "Better Creative Briefs(더 나은 크리에이티브 브리프)"라는 보고서를 발표하며, 효과적인 브리프를 작성하기 위한 가이드라인을 제시했다. '크리에이티브 브리프에 반드시 포함되어야 할 핵심 요소들'은 도표 8-3에 정리되어 있다.

ANA 보고서는 전통적인 크리에이티브 브리프 개발 방식이 두 단계로 이루어진다고 설명한다. 첫 번째 단계는 광고주가 작성하는 과제 브리프(assignment brief)로, 이는 비즈니스 브리프(business brief) 또는 마케팅 브리프(marketing brief)라고도 불리며, 광고주가 대행사에 요청하는 사항과 대행사가 성공적인 수행을 위해 알아야 할 내용을 포함한다. 두 번째 단계는 대행사 측에서 크리에이티브 브리프를 작성하는 과정으로, 일반적으로 어카운트 플래너나 해당 계정 담당자가 작성한다. 이 과정에는 계정에 배정된 팀이나 그룹, 즉 크리에이티브 인력뿐만 아니라 디지털, 미디어, 리서치 부서의 담당자들도 함께 참여하여 인풋을 제공할 수 있다. 최종적으로 광고주 측의 광고, 마케팅 또는 브랜드 담당자가 크리에이티브 브리프를 승인

도표 8-3
크리에이티브 브리프 핵심 요소

1. 커뮤니케이션이 짚거나 해결해야 할 기본적인 문제나 이슈
2. 커뮤니케이션 목표
3. 타겟 청중
4. 크리에이티브 작업을 이끄는 인사이트
5. 전달해야 할 핵심 이점 또는 주요 판매 아이디어
6. 믿어야 할 이유/뒷받침 정보
7. 톤앤매너/브랜드 개성
8. 산출물(무엇이 필요한지와 언제까지 필요한지)
9. 성공의 척도(목표와 연계되어야 함)

하며, 이 문서는 크리에이티브 과정을 이끄는 로드맵 역할을 하게 된다.

ANA는 일부 광고주와 대행사들이 기존의 2단계 방식 대신 하나의 공동 브리프(collaborative brief)를 작성하는 방식으로 전환하고 있다고 설명한다. 이 방식에서는 광고주가 주도하되, 어카운트 플래너나 계정 담당자와 같은 대행사 측 인력과 협력하여 브리프를 공동으로 개발한다. 이후 대행사는 해당 브리프를 재작업 및 보완하고, 변경 사항에 대해 광고주와 협의하여 방향을 일치시키는 과정을 거친다.

크리에이티브 브리프의 여러 구성 요소는 이전 장에서도 다뤘다. 예를 들어, 7장에서는 DAGMAR 모델을 통해 광고 목표 설정 시 명확한 목표 청중을 정의하고, 이들에게 어떤 메시지를 전달해야 하는지를 구체적으로 진술한 커뮤니케이션 과제를 설정해야 함을 설명했다. 또한 제품이나 서비스가 어떤 문제를 해결하거나 광고가 어떤 이슈를 다루어야 하는지를 파악하는 것은 캠페인의 커뮤니케이션 목표를 설정하는 데 중요한 역할을 한다. 크리에이티브 브리프에서 핵심적인 두 요소는 주요 판매 아이디어의 개발과 크리에이티브 전략의 수립이다. 이 두 단계는 일반적으로 크리에이티브 팀 또는 전문가가 담당하며, 광고 캠페인의 주제를 형성하는 기반이 된다.

많은 크리에이티브 브리프에는 광고 메시지에 반드시 포함되어야 할 브랜드 식별 정보, 고지 사항 등과 같은 뒷받침 정보와 요구 사항도 포함된다. 이러한 정보는 캠페인에서 사용되는 다양한 광고 실행물 간의 일관성을 유지하거나, 법적 요구 사항을 충족하는 데 있어 중요할 수 있다. 사진 8-13A와 B는 람베시스(Lambesis) 대행사가 타코리(Tacori)를 위한 인쇄 광고 캠페인을 개발할 때 사용한 크리에이티브 브리프와 해당 브리프를 바탕으로 제작된 광고의 사례를 보여준다. 브리프에 명시된 바에 따르면, 타코리 광고의 주요 목표는 타코리 컬렉션을 보다 접근성 높은 패션 주얼리 라인으로 자리매김하는 것이다.

고객, 제품 또는 서비스, 그리고 시장에 대한 정보를 수집하여 크리에이티브 브리프 개발에 활용하는 것은 크리에이티브 기획 과정에서 매우 중요한 부분이다. 이러한 기초 정보가 대행사의 크리에이티브 인력에게 제공되는 것은 매우 중요하지만, 실제로는 광고주 측이나 대행사 측, 또는 양측 간의 커뮤니케이션이 원활하지 않아 정보가 제대로 전달되지 않는 경우도 있다.

존 서덜랜드(John Sutherland)와 그의 동료들은 광고대행사의 크리에이티브 디렉터, 카피라이터, 아트 디렉터들을 대상으로, 크리에이티브 전략을 개발하고 실행하는 데 제공되는 마

Lambesis

2800 Roosevelt Street, Carlsbad California, 92008 Main 760.547.2333 Fax 760.547.2331 lambesis.com

Creative Brief

Client: Tacori

Assignment
Develop new print concepts for the launch of the 18K925 line by Tacori

Objectives
- Support the long-term goal of growing 18K925 to become 50% of Tacori's business by clearly establishing the new Tacori collection as a more accessible, fashion jewelry line

Target
- Women, Age 25-49, HHI $75K+, Urban dwellers, Brand driven consumers, in market for fashion jewelry for self or as a gift for someone special.
- *What do they currently think?*
I know and love Tacori as a high-end jewelry brand that's gifted for special occasions (=expressions of love)
- *What do we want them to think?*
Tacori is also a brand with bold, statement-making, accessible designs that still have that distinctly artisanal Tacori touch (=expressions of style)

Product positioning
Tacori's 18K925 designer jewelry line is the ultimate expression of passion, with modern, accessible style and lasting quality.

Reasons to believe
- Accessible price points between $400 - $3000
- Bold, fun, wearable designs fuse colorful gemstones and gold+silver metals, with classic Tacori design cues
- Distinct Tacori brand name and image

Tonality
Modern meets heirloom, bold, aspirational, unique

Creative considerations
- Develop concepts within the Iconic Passion campaign
- Creative requirements:
    - Demonstrate aspirational, yet attainable luxury
    - Accommodate a variety of product imagery including necklaces, bracelets and/or rings to showcase the range of jewelry
    - Use the Tacori logo
- Other considerations that need be addressed:
    - Concepts must be able to work for print and horizontal OOH and B&W newspaper
    - Concepts need to ensure that retailer tags added to the bottom of the ad are legible

사진 8-13A

타코리 주얼리의 크리에이티브 브리프

자료: Lambesis Agency

사진 8-13B

타코리를 접근성 있는 패션 주얼리 라인으로 자리매김하기 위해 크리에이티브 브리프를 바탕으로 제작된 인쇄 광고

자료: Tacori

케팅 정보의 종류에 대해 대대적인 조사를 실시했다. 이들은 여섯 가지 유형의 마케팅 정보를 확인했는데, 목표 청중의 인구통계학적 프로파일, 고객의 제품 사용 정보, 광고주의 제품 성과 정보, 경쟁사의 제품 성과 정보, 마케팅 전략 정보 그리고 광고주가 제공한 주요 판매 포인트가 그것이다. 조사 결과는 광고대행사의 크리에이티브 인력들은 효과적인 크리에이티브 전략을 설계하고 실행하기 위해 필요한 정보를 충분히 제공받지 못하는 경우가 많았음을 밝혔다. 이 여섯 가지 정보 유형 중 대부분은 전체의 절반에서 3분의 2 정도의 경우에만 제공되었으며, 심지어 가장 기본적인 타겟 인구통계 프로파일조차도 약 30%의 경우 제공되지 않았다. 이 연구는 크리에이티브 인력이 효과적인 광고를 개발하기 위해 필요로 하는 정보와 실제 제공되는 정보 간에 격차가 있으며, 이는 광고주와 대행사 간의 더 나은 커뮤니케이션의 필요성을 시사한다.

ANA가 회원 광고주 및 대행사를 대상으로 실시한 또 다른 설문조사에서도 유사한 정보 격차가 나타났다. 대부분의 광고주는 자신들이 대행사에 명확한 과제 브리핑을 제공하고 있다고 인식했지만, 이에 동의한 대행사는 4분의 1에 불과했다. 세계광고연맹(World Advertising Federation)이 실시한 최근 설문조사에 따르면, 대부분의 대행사들은 광고주들이 특정 미디어 채널이나 산출물을 염두에 두고 크리에이티브 브리핑을 진행하고 있으며, 통합 커뮤니케이션 관점에서 접근하지 않고 있다고 느끼고 있다. 또한 광고주의 크리에이티브 브리프 핵심 요소에 대한 인식과 대행사의 인식 사이에 큰 불일치가 있는 것으로 나타났다. 예를 들어, 전체 광고주의 약 4분의 3은 자신들의 크리에이티브 브리프에 명확한 단일 핵심 제안 또는 고객에 대한 통일된 관점이 담겨 있다고 생각하지만, 대다수의 대행사 담당자들은 이러한 평가에 동의하지 않았다. 이러한 결과는 크리에이티브 브리프의 개발뿐만 아니라, 광고주와 대행사 간의 커뮤니케이션 측면에서도 개선의 여지가 분명히 존재함을 보여준다.

크리에이티브 브리프에 포함된 정보는 광고대행사에 중요한 배경 정보와 광고 전략의 기본 요소를 제공한다. 그 다음 크리에이티브 과정의 단계는 메시지 전략의 개발이며, 크리에이티브 브리프를 기반으로 이를 구체화하는 빅 아이디어(big idea)를 찾는 것으로 시작된다. 크리에이티브 팀이 마주하는 주요 과제 중 하나는 캠페인의 기반이 될 주요 판매 아이디어를 결정하는 것이다. 다음에서는 이러한 주요 판매 아이디어 및 캠페인 주제를 도출하는 데 자주 사용되는 접근 방식들을 살펴본다.

주요 판매 아이디어 탐색하기

크리에이티브 전략에서 중요한 부분 중 하나는 광고 캠페인의 **주요 판매 아이디어**(major selling idea)가 될 중심 주제를 결정하는 것이다. A. 제롬 쥬얼러(A. Jerome Jeweler)는 그의 저서 『Creative Strategy in Advertising』에서 다음과 같이 말한다.

> 주요 판매 아이디어는 제품이나 서비스에 대해 말할 수 있는 가장 강력한 단일 메시지로 도출되어야 한다. 이 메시지는 목표 소비자에게 가장 폭넓고 의미 있는 호소력을 지녀야 한다. 이 메시지를 결정했다면, 그 메시지와 함께 오래 갈 수 있을지 확실히 해야 한다. 캠페인의 모든 광고와 커머셜에서 중심 요소로 유지될 만큼 충분히 강력한 메시지인지 확인해야 한다.

일부 광고 전문가들은 광고 캠페인이 효과적이기 위해서는 소비자의 주의를 끌고 반응을 유도하며, 광고주의 제품이나 서비스를 경쟁사와 차별화할 수 있는 빅 아이디어를 반드시 포함해야 한다고 주장한다. 유명한 광고인 존 오툴(John O'Toole)은 빅 아이디어를 "전략의 목적을 통합하고, 제품의 이점을 소비자의 욕구와 신선하고 몰입감 있게 연결하며, 주제를 생동감 있게 전달하고, 독자나 시청자가 멈춰서 보고 듣게 만드는 통찰의 번뜩임"이라고 설명한다.

물론, 크리에이티브 팀이 실제로 직면하는 가장 큰 도전은 광고에 사용할 빅 아이디어를 떠올리는 일이다. 많은 제품이나 서비스는 실질적으로 독특한 점이 거의 없기 때문에, 그에 대해 흥미롭게 말할 만한 요소를 찾는 것이 쉽지 않다. 광고 역사상 가장 창의적인 카피라이터 중 한 명으로 평가받는 고(故) 데이비드 오길비(David Ogilvy)는 다음과 같이 말한 바 있다.

> 100개의 캠페인 중 빅 아이디어를 담고 있는 것은 한 개도 채 안 될 거라고 생각한다. 나는 핵심적인 아이디어를 많이 만들어낸 사람 중 한 명으로 알려져 있지만, 카피라이터로서 긴 경력을 통틀어 빅 아이디어를 만든 건 20개도 안 된다. 많아야 그 정도일 뿐이다.

광고에서 정말 뛰어난 아이디어를 떠올리는 일은 쉽지 않지만, 실제로 많은 빅 아이디어들이 매우 창의적이고 성공적인 광고 캠페인의 기반이 되어 왔다. 대표적인 고전 사례로는 나이키의 "Just Do It(그냥 해)" 캠페인, 회사의 마이크로프로세서를 개인용 컴퓨터의 핵심 부품으

IMC 관점 8-1 >>>

터보택스(TurboTax), 소비자에게 더 나은 세금 신고 방법을 제시하다

대부분의 사람들에게 삶에서 가장 큰 스트레스를 유발하는 일이 무엇인지 묻는다면, 많은 이들이 세금 신고를 최상위에 꼽을 것이다. 매년 전체 납세자의 75% 이상이 평균 약 3,000달러의 환급을 받음에도 불구하고, 대다수는 세금 신고를 직접 하는 일이 대중 앞에서 말하는 것보다도 더 두렵다고 느낀다. 디지털 환경에 익숙한 밀레니얼 세대조차도 세금 시즌이 되면 불안감이 앞선다. 재무 정보 사이트 너드월렛(NerdWallet)이 세금 신고를 계획 중인 사람들을 대상으로 실시한 설문조사에 따르면, 응답자의 80%는 실수를 하거나 환급금을 온전히 받지 못하거나 세금을 너무 많이 내는 것에 대한 걱정을 가지고 있다고 답했다. 게다가 세금 신고가 제대로 되지 않았거나 공정한 세금 납부를 하지 않았을 경우, 국세청(IRS)으로부터 세무 조사를 받을지도 모른다는 두려움은 늘 따라다닌다.

오늘날에는 세금 신고를 도와주고 사람들의 불안을 덜어주는 기업과 서비스들이 있다. 세금 준비 비즈니스는 전통적으로 두 가지 주요 부문으로 나뉘어 있다. 하나는 전문가가 대신 처리해주는 DIFM(do-it-for-me) 부문이고, 다른 하나는 스스로 신고하는 DIY(do-it-yourself) 부문이다. DIFM 부문의 소비자들은 세무 서비스나 전문가를 활용하는 반면, DIY 부문은 수기 양식, 소프트웨어, 온라인 서비스를 이용해 스스로 세금 신고를 한다.

지난 25년간 터보택스(TurboTax)는 DIY 부문에서 시장을 선도해왔으며, 그 제품들은 꾸준히 베스트셀러 세무 소프트웨어로 평가받아 왔다. 터보택스는 인튜이트(Intuit) 산하 브랜드로, 이 회사는 중소기업, 개인 소비자, 회계 전문가를 위한 비즈니스 및 재무 관리 솔루션을 개발하는 기업이다. 인튜이트의 대표 제품으로는 퀵북스(QuickBooks)와 민트닷컴(Mint.com)이 있다.

온라인 세금 신고 서비스가 세금 신고를 훨씬 쉽게 만들어주었지만, 여전히 많은 사람들에게는 불안, 불확실성, 의구심이 남아 있다. 인튜이트는 최근 몇 년 동안 터보택스 브랜드를 혁신하고, 다른 어떤 세금 신고 방법보다 우수한 제품 혁신을 통해 세금 신고 방식을 근본적으로 바꾸기 위한 여정을 이어오고 있다. 터보택스는 이 과정에서 "On My Way(나는 지금 가는 중입니다)"라는 핵심 타겟 세그먼트를 설정하고, 이를 통해 DIY 카테고리의 성장을 주도하고자 했다. 이 세그먼트는 약 1,700만 명 규모로, 인생 초기 단계의 납세자들로 구성되어 있으며, 온라인으로 세금 신고를 할 가능성이 가장 높은 집단이지만 여전히 DIFM 서비스를 이용하고 있다. 대부분은 밀레니얼 세대로, 젊고 낙관적이며 자신감이 높고, 기술에도 익숙하여 재무 생활에 있어 스스로 통제감을 느끼는 것을 선호한다.

터보택스는 이 "On My Way" 소비자들의 니즈에 직접 대응하기 위해 비즈니스 모델의 전환을 추진하고 있으며, 이들을 타겟으로 인지도를 높이고 세금 준비 시장을 재편하려는 전략을 펼치고 있다. 그 핵심 전략 중 하나가 바로 "TurboTax Absolute Zero(터보택스 앱솔루트 제로)"의 도입이다. 이 프로그램은 미국 내 세금 신고 비용을 감당하기 어려운 약 6,000만 명의 가성비 지향 1040EZ/A 간편 납세자를 대상으로 연방 및 주 세금 신고 서비스를 완전히 무료로 제공함으로써 시장의 판을 흔들었다. 터보택스는 이 고객들에게 부가가치가 있는 서비스 번들을 선택적으로 추가 구매할 수 있도록 제안함으로써 수익을 창출하고 있다. 이처럼 완전한 무료 솔루션을 제공함으로써 터보택스는 사용자와의 신뢰와 친숙도를 쌓고, 이들이 시간이 지나 세금 상황이 복잡해질 때 자사 고급 서비스를 유료로 다시 찾게 만들겠다는 전략을 펼치고 있다.

로 포지셔닝한 "Intel Inside(인텔 인사이드)" 캠페인, 우유 소비를 장려하기 위한 "Got Milk?(우유 드셨어요?)" 캠페인, 그리고 돈으로는 살 수 없는 특별한 순간과 경험을 강조한 마스터카드(MasterCard)의 "Priceless(값을 매길 수 없는 소중함)" 캠페인이 있다.

최근의 캠페인 중에서도 성공적인 빅 아이디어 사례들이 여럿 있다. 2015년 〈Advertising Age〉는 영향력 있는 광고 크리에이티브 및 경영진 패널을 구성해 새로운 밀레니엄 시대 최고의 광고 캠페인을 선정했다. 그 당시까지 21세기 최고의 캠페인으로 선정된 것은 6장에서 다룬 바 있는 도브(Dove)의 "Campaign for Real Beauty(진정한 아름다움을 위한 캠페인)"이었다. 이 외에도 21세기 대표 캠페인 목록에는 애플의 "Get a Mac(맥으로 바꾸세요)" 시리즈가 포함되었는데, 이 캠페인은 마이크로소프트의 윈도 운영체제를 유쾌하게 풍자한 약 70편의 TV 광고로 구성되었으며, 3년에 걸쳐 방영되었다. 이 광고에서는 배우 저스틴 롱(Justin Long)이 세련되고 여유 있는 맥(Mac)을, 뉴요커의 작가 존 호지먼(John Hodgman)이 긴장감 넘치고 다소 괴짜스러운 윈도 기반 PC를 연기했다.

앞서 언급된 주요 캠페인 중 일부는 소셜 미디어와 바이럴 마케팅의 인기를 적극 활용한 사례다. 예를 들어, 버거킹의 "Subservient Chicken(말 잘 듣는 치킨)" 캠페인은 사용자가 웹

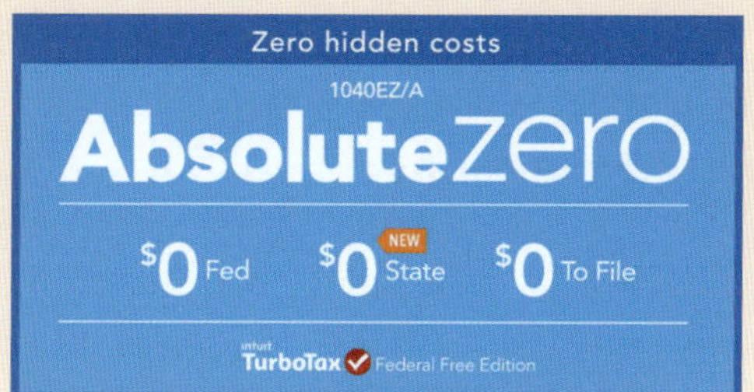

자료: Turbo Tax by Intuit, Inc.

몇 년 전 "Absolute Zero(앱솔루트 제로)"가 처음 도입되었을 때, 인튜이트 광고대행사 위덴앤케네디(Wieden+Kennedy)는 "It Doesn't Take a Genius to Do Your Taxes(세금 신고는 천재가 아니어도 할 수 있다)"라는 빅 아이디어 중심의 캠페인을 제작했다. 이 캠페인에는 30초 분량의 TV 광고 7편이 포함되었으며, 세계적인 지성들이 등장해 터보택스가 얼마나 간단하고 직관적인지 보여주었다. 광고에서는 물리학자, 수학자, 컴퓨터 과학자 등 실제 분야별 전문가들이 등장해, 그들조차 이보다 더 쉽게 만들 수는 없다고 말하는 유쾌한 장면들이 연출되었다. 터보택스는 이번 통합 마케팅 캠페인에서 TV 광고를 통해 제품 혁신을 알렸을 뿐만 아니라, 소셜 미디어와 터보택스 공식 웹사이트(turboTax.com)에서도 함께 프로모션을 진행했다.

세금 시즌이 절정에 달했을 때, 인튜이트는 수퍼볼 중계 도중 재치 있는 광고를 방영했다. 이 광고에는 수상 경력에 빛나는 배우 앤서니 홉킨스 경(Sir Anthony Hopkins)이 출연해, 자신의 화려한 커리어 속에서도 상업성에 휘둘리지 않고 자존심을 지켜왔다는 인터뷰를 진행한다. 하지만 그가 자신은 결코 진정성을 훼손하거나 자신의 이름에 먹칠을 하며 제품을 광고하지 않을 것이라고 말하는 순간, 그는 터보택스 로고가 새겨진 찻잔을 들어 입에 댄다. 이어지는 장면에서는 그가 세무 서비스를 프로모션하는 파란색 슬리퍼를 신고 있고, 그의 반려견은 터보택스 스웨터를 입고 있다. 홉킨스는 자신이 "절대 타협하지 않는 진정성을 가지고 있다"고 강조하면서도, 이는 진짜 광고가 아니라고 주장한다. 왜냐하면 터보택스 앱솔루트 제로(TurboTax Absolute Zero)를 통해 세금 신고를 무료로 할 수 있으므로 "팔 게 아무것도 없다"고 말하며 이를 합리화한다. 인튜이트는 수퍼볼 광고 메시지를 극대화하기 위해 디지털 및 소셜 미디어 채널을 적극 활용해 "Absolute Zero" 캠페인 메시지를 온라인 전반에 확산시키고, 프로모션 기간 동안 소비자의 관심을 유지했다. 그 결과 터보택스는 매년 수퍼볼 광고를 효과적으로 지원한 브랜드에게 수여되는 머클 디지털 볼(Merkle Digital Bowl) 우승을 차지했다. 이 상은 소셜 미디어, 검색 엔진 최적화(SEO), 유료 검색 광고, 이메일 마케팅 등 디지털 마케팅 도구를 가장 효과적으로 활용한 브랜드에게 주어진다.

지난 3년 동안 인튜이트는 터보택스 무료판을 프로모션하며, 스스로 세금 신고를 하는 납세자 세그먼트를 지속적으로 공략해왔다. 예를 들어, 2019년 세금 시즌 동안 위덴앤케네디는 "Power of Free(무료의 힘)" 캠페인을 제작했으며, 이를 통해 "터보택스 프리는 진짜 무료다"라는 메시지를 강력하게 전달하고자 했다. 이 캠페인을 위해 철자 대회, 70년대 스타일의 퀴즈쇼, 법정 드라마, 아버지와 아들의 대화 등 다양한 상황을 배경으로 한 광고 시리즈가 제작되었고, 이들 광고는 전체 대사 중 단 하나의 단어, 즉 "free(무료)"만을 사용하여 구성되었다. 사람들은 앞으로도 세금 신고와 납부를 꺼려할 것이다. 하지만 인튜이트는 이 과정을 덜 고통스럽게 만들고 있으며, 매년 세금 시즌마다 납세자들이 느끼는 두려움, 불확실성, 의구심을 완화하는 데 도움을 주고 있다. 그리고 많은 납세자들은 실제로 이 모든 과정을 무료로 진행하고 있다.

자료: Internal communications with Intuit Inc.; "Millennials Fear Filing Taxes More Than Most Americans"; Doug Zanger, "Wieden+Kennedy Keeps the 'Free' Going With New One-Word TurboTax Ads," *Agency Spy*, January 22, 2019, https://www.adweek.com/agencyspy/wieden-kennedy-keeps-the-free-going-with-new-one-word-turbotax-ads/152797/; Davide Gianatasio, "Physics Geniuses Illustrate the Mind-Bending Simplicity of TurboTax in W+K's New Ads Campaign", *Adweek*, January 4, 2016, www.adweek.com/adfreak/physics-geniuses-illustrate-mind-bending-simplicity-turbotax-wks-new-ads-168817.

사진 8-14

올드 스파이스의 "The Man Your Man Could Smell Like" 캠페인은 뉴 밀레니엄 시대에 들어 가장 뛰어난 광고 캠페인 중 하나로 평가된다.

자료: Old Spice by Procter & Gamble

사이트에 300개 이상의 다양한 명령어를 입력하면, 닭 복장을 한 캐릭터가 그 명령에 반응하는 방식으로 구성되었다. 또 다른 통합 캠페인으로는 페이드 미디어(paid media), 온드 미디어(owned media), 언드 미디어(earned media)를 결합한 올드 스파이스의 바디워시 광고 "The Man Your Man Could Smell Like(당신 남자가 닮고 싶어 할 남자의 향기)"가 있다. 이 유쾌한 광고는 잘생기고 근육질에 상의를 벗은 남성 캐릭터가 등장해, 여성들에게 "남성 파트너가 여성용 바디워시를 쓰지 말고 올드 스파이스로 바꾸면 자신처럼 향기롭게 될 수 있다"고 말하는 형식으로 구성되었다(사진 8-14). 이 광고의 인기를 바탕으로, 대행사 위덴앤케네디는 "Responses(응답)" 캠페인을 이어 진행했다. 이 캠페인에서는 트위터와 페이스북을 통해 소비자들로부터 올드 스파이스 남성 캐릭터에게 질문을 받고, 해당 질문에 짧은 영상으로 답변하는 방식이 사용되었다. 이러한 영상들은 올드 스파이스를 온라인에서 가장 인기 있는 브랜드로 만들었으며, 바디워시 시장에서 선두자리를 차지하게 했다.

지금까지 소개한 빅 아이디어 사례들은 대부분 소비자들의 관심이 높은 소비재 제품 및 서비스에 관한 것이다. 그러나 소득세와 같이 소비자들이 대체로 생각하기를 꺼리는 주제도 있다. IMC 관점 8-1에서는 위덴앤케네디가 인튜이트의 터보택스 소프트웨어를 위해 개발한 빅 아이디어 기반 캠페인을 다루고 있다. 이 캠페인은 소비자들에게 세금 신고를 무료로 할 수 있다는 점을 강조하여 관심을 끌고자 하는 전략의 일환이었다.

주요 판매 아이디어 개발하기

빅 아이디어의 영감을 정확히 짚어내거나, 광고 크리에이티브 인력에게 그것을 쉽게 찾아내는 방법을 가르치는 일은 쉽지 않다. 앞서 언급했듯이, 아서 코버(Arthur Kover)는 광고 카피라이터들이 크리에이티브 과정을 어떻게 접근하며, 빅 아이디어를 어떻게 탐색하는지를 이해하기 위한 연구를 수행했다. 그는 카피라이터들이 빅 아이디어의 목적을 광고의 과잉 속에서 주목을 끌고, 메시지를 전달하는 데 있다고 인식하고 있다는 점을 발견했다. 광고학 교수 존 로시터(John Rossiter)는 대부분의 카피라이터들이 핵심 이점 주장(key benefit claim)을 전달하는 데 초점을 둔다고 말한다. 이 핵심 이점 주장은 카피라이터가 해당 제품의 판매를 이끌어낼 수 있는 핵심 이점이라고 판단한 내용을 말한다. 그는 대부분의 크리에이티브 아이디어가 이 핵심 이점 주장을 극적으로, 그리고 효과적으로 전달할 수 있는 방법을 찾는 데 기반하고 있다고 설명한다. 앞서 언급했듯이, 핵심 이점 주장은 종종 광고 캠페인의 기반이 되는 태그라인에 명확하게 드러난다. 예를 들어, 바운티(Bounty) 페이퍼 타월의 "The Quicker Picker Upper(빠른 흡수 타월)"나 BMW의 "The Ultimate Driving Machine"과 같은 표현이 그것이다. 그러나 크리에이티브 팀은 이러한 메시지를 실제 광고 실행물과 IMC 프로그램의 다른 요소들 속에서 효과적으로 전달할 수 있는 방식을 여전히 고민하고 개발해야 한다.

크리에이티브 인력이 빅 아이디어를 탐색하고 이를 실행에 옮기는 방식은 매우 다양하다. 하지만 수년에 걸쳐 크리에이티브 팀이 주요 판매 아이디어를 찾고 효과적인 광고를 개발하는 데 참고할 수 있는 몇 가지 고전적인 접근 방식이 자리 잡았다. 그중 널리 알려진 네 가지 대표적인 접근 방식은 다음과 같다.

- 고유한 판매 제안 활용
- 브랜드 이미지 창출
- 내재된 드라마 발견
- 포지셔닝 전략 활용

고유한 판매 제안 **고유한 판매 제안**(Unique Selling Proposition, USP)이라는 개념은 테드 베이츠(Ted Bates) 광고대행사의 전 회장이었던 로서 리브스(Rosser Reeves)가 개발했으며, 그의 영향력 있는 저서 『Reality in Advertising』에서 소개되었다. 리브스는 고유한 판매 제안의 세 가지 핵심 특성을 다음과 같이 정리했다.

1. 각 광고는 소비자에게 하나의 제안을 해야 한다. 단순한 말이나 과장된 문구, 보여주기식 광고가 아니라, 각 광고는 독자에게 "이 제품을 사면 이런 이점을 얻을 수 있다"라고 분명히 전달해야 한다.
2. 그 제안은 경쟁사들이 제공할 수 없거나 제공하지 않는 것이어야 한다. 브랜드 자체나 제안 내용이 반드시 고유해야 한다.

사진 8-15

이 써마케어 광고는 고유한 판매 제안을 활용하고 있다.

자료: ThermaCare

3. 그 제안은 대중을 움직일 수 있을 만큼 강력해야 하는데, 이는 브랜드에 새로운 고객을 끌어올 수 있어야 하는 것이다.

리브스는 USP의 기반이 되는 속성 주장이나 이점은 광고 전체에서 중심적으로 다뤄져야 하며, 반복적인 광고를 통해 강조되어야 한다고 말했다. USP 접근 방식을 사용하는 브랜드의 예로는 써마케어(ThermaCare) 온열 패치를 들 수 있다(사진 8-15). 이 브랜드는 특허받은 열 세포를 활용해 혈류를 증가시키고 회복을 촉진하며, 많은 사람들이 겪는 허리 통증을 완화해 주는 효과를 제공한다.

리브스의 접근 방식이 효과를 발휘하려면, 광고에서 주장할 수 있는 진정한 제품 또는 서비스의 고유한 속성, 이점 또는 내재적 강점이 존재해야 한다. 이 접근 방식은 단순히 USP를 결정하는 데 그치지 않고, 그 주장을 뒷받침할 수 있는 자료를 확보하기 위해 제품과 소비자에 대한 상당한 수준의 조사를 요구할 수 있다. 미국 연방거래위원회는 정당한 근거 없이 자사 제품의 우수성이나 독창성을 주장하는 광고에 대해 이의를 제기한다. 실제로 몇몇 기업들은 근거 없는 독창성 주장을 한 경쟁사를 상대로 소송을 제기한 사례도 있다.

또한 광고주는 자신이 내세우는 USP가 경쟁사가 쉽게 모방할 수 없는 지속 가능한 경쟁 우위(a sustainable competitve advantave)를 제공하는지 여부도 고려해야 한다. 특히 소비재 분야에서는 경쟁 브랜드들이 제품 기능을 빠르게 따라잡는 경우가 많기 때문에, USP에 기반한 광고는 금세 효과를 잃을 수 있다. 예를 들어, 몇 년 전 밀러쿠어스는 자사 브랜드 밀러 제뉴인 드래프트(Miller Genuine Draft)의 64칼로리 버전인 MGD 64를 출시하면서, 당시 시장에서 가장 낮은 칼로리를 자랑하는 국산 맥주로 주목을 받았다. 그러나 1년이 채 지나지 않아, 주요 경쟁사인 안호이저-부시는 밀러의 초저칼로리 맥주가 인기를 끌고 있는 것을 확인하고, 칼로리를 55로 낮춘 버드 셀렉트 55(Bud Select 55)를 출시했다.

브랜드 이미지 창출하기 많은 제품 및 서비스 군에서는 경쟁 브랜드들 간의 유사성이 매우 높기 때문에 주요 판매 아이디어로 사용할 수 있는 독특한 속성이나 이점을 찾거나 만들어내는 것이 매우 어렵다. 미국 내 광고비 지출의 대부분을 차지하는 소비재 제품들의 경우, 기능이나 성능만으로는 차별화를 이루기 힘들다. 이러한 제품들을 판매하기 위해 사용되는 크리에이티브 전략은 **이미지 광고**(image advertising)를 통해 브랜드에 강력하고 기억에 남는 정체성을 부여하는 데 기반한다.

데이비드 오길비는 그의 저서 『Confessions of an Advertising Man』에서 브랜드 이미지 개념을 대중화시켰다. 오길비는 이미지 광고에 대해 "모든 광고는 브랜드 이미지라는 복합적 상징에 대한 기여로 여겨져야 한다"고 설명했다. 그는 브랜드 간 차별점이 거의 없을 때 특히 브랜드의 이미지나 개성이 매우 중요하다고 주장했다.

브랜드 간의 유사성이 클수록, 소비자가 브랜드를 선택할 때 이성이 작용하는 비중은 작아진다. 위스키, 담배, 맥주 같은 제품들은 서로 큰 차이가 없다. 케이크 믹스, 세제, 마가린도 마찬가지다. 따라서 자신의 브랜드를 가장 뚜렷하고 분명한 개성으로 구축하기 위해 광고에 집중하는 제조업체가 가장 많은 시장 점유율과 가장 높은 수익을 얻게 될 것이다. 같은 이유로, 단기적인 이익에만 눈이 멀어 광고 예산을 판촉 활동에 흘려보내는 근시안적인 제조업체들은 결국 곤경에 처하게 될 것이다.

이미지 광고는 점점 더 인기를 얻고 있으며, 청량음료, 주류, 담배, 자동차, 항공사, 금융 서비스, 향수 및 의류 등 다양한 제품과 서비스의 주요 판매 아이디어로 활용되고 있다. 많은 소비자들이 트루 릴리전(True Religion)이나 AG 같은 디자이너 청바지를 입고, 특정 브랜드의 맥주나 청량음료를 마시는 이유는 바로 그 브랜드가 전달하는 이미지 때문이다. 성공적인 이미지 광고의 핵심은 제품 사용자에게 매력적으로 다가갈 수 있는 이미지를 구축하는 것이다. 이는 종종 특정 브랜드를 문화적으로 의미 있는 상징이나 사물과 연관시킴으로써 이루어진다. 예를 들어, 말보로(Marlboro)는 광고를 통해 브랜드를 강인하고 개성 넘치며, 자유와 독립의 상징으로 인식되는 카우보이와 연관지었다. 이를 통해 말보로는 담배 시장에서 선도 브랜드로 자리매김할 수 있었다. 많은 패션 브랜드들은 매력적인 모델과 시각적 호소력을 활용하여 섹시함, 스타일리시함, 화려함, 세련됨 등과 같은 심리사회적 연상과 감정을 전달함으로써 브랜드 이미지를 구축한다. 베베(bebe) 광고는 이러한 이미지 특성들을 활용해 스타일과 패션에 관심이 많은 젊은 여성들과 감성적으로 연결되기 위한 전략을 보여주는 사례다(사진 8-16).

사진 8-16

베베는 섹시하고 스타일리시한 브랜드 이미지를 구축하기 위해 광고를 활용한다.

자료: Bebe Stores, Inc.

내재된 드라마 찾기 주요 판매 아이디어를 도출하는 또 다른 접근 방식은 소비자가 해당 제품을 구매하게 만드는 **내재된 드라마**(inherent drama)나 특성을 찾아내는 것이다. 이 접근 방식은 시카고에 본사를 둔 리오버넷 광고대행사의 창립자 리오 버넷의 광고 철학을 잘 보여준다. 버넷은 거의 모든 브랜드에는 다른 브랜드와 구별되고 시장에서 살아남게 해주는 무언가가 존재한다고 믿었다. 그는 이러한 내재된 드라마가 "찾기 어려울 수는 있지만 항상 존재하며, 한 번 찾아내면 모든 광고 호소 중에서 가장 흥미롭고 설득력 있는 것이 된다"고 말했다. 버넷은 뛰어난 크리에이티브 인력은 소비자 이점을 기반으로 하되, 그 이점을 드라마틱한 요소로 표현함으로써 내재된 드라마를 광고 속에서 생생하게 구현해낼 줄 안다고 믿었다.

버넷은 따뜻하고 현실적인 방식으로 메시지를 전달하는, 소박하고 인간적인 스타일의 광고를 지지했다. 그의 대행사가 내재된 드라마 접근을 활용해 제작한 대표적인 광고로는 맥도날드(McDonald's), 메이텍(Maytag) 가전제품, 켈로그(Kellogg's) 시리얼, 홀마크(Hallmark) 카드 등이 있다. 리오 버넷은 지난 25년간 홀마크 카드를 위한 감동적이고 드라마틱한 광고 캠페인을 다수 제작해왔다. 그중 최근 사례로는 어머니의 날을 맞아 제작된 온라인 캠페인 "Put Your Heart to Paper(마음을 글로 표현하세요)"가 있다. 이 캠페인은 사람들

사진 8-17

"Put Your Heart to Paper" 캠페인과 같은 홀마크의 광고는 종종 내재된 드라마를 활용한다.

자료: Hallmark Licensing, LLC

이 "사랑해요"나 "고마워요" 같은 상투적인 표현을 넘어서, 어머니에 대한 진심을 표현해보도록 장려했다. 캠페인에서는 참가자들이 카메라 앞에서 어머니에 대한 마음을 표현하도록 했고, 그들은 자신들의 말이 얼마나 깊은 의미를 담고 있는지 모르는 상태였다. 사실 그들의 어머니는 바로 옆방에서 그 진심 어린 말들을 몰래 듣고 있었고, 이후 깜짝 등장해 자녀들과 함께 감정적인 순간을 나누었다. 이 반응은 일련의 영상으로 담겨 광고 캠페인의 중심 콘텐츠가 되었다. 디지털 광고는 "'사랑해요…'라고 말하지 마세요. 그보다 더 깊은 말을 하세요"라는 메시지와 함께, 진심을 담아 홀마크 카드에 적어보라는 캠페인 메시지를 전달했다. 캠페인 참여는 홀마크 웹사이트, 유튜브 채널 그리고 소셜 미디어를 통해 이루어졌으며, #PutYourHeartToPaper라는 해시태그를 사용해 많은 사람들의 참여를 유도했다. 리오버넷은 이 캠페인의 다른 버전을 밸런타인데이 등 다양한 기념일을 위해서도 제작했으며, 그 예시는 사진 8-17에 소개했다.

포지셔닝 광고 전략의 기반으로서의 포지셔닝(positioning) 개념은 1970년대 초 잭 트라우트(Jack Trout)와 알 리스(Al Ries)가 처음 소개했으며, 이후 크리에이티브 개발의 대표적인 접근 방식으로 자리 잡았다. 이 개념의 핵심은 광고를 통해 소비자의 마음속에 제품이나 서비스를 특정한 위치에 '자리 잡게' 하는 것이다. 포지셔닝은 브랜드뿐만 아니라 기업 전체를 대상으로도 이루어질 수 있다. 다양한 제품 및 서비스 군에서 시장을 선도하는 브랜드 중 상당수는 소비자의 인식 속에 강력한 위치나 정체성을 구축하고 유지했기 때문에 그 위치를 지켜낼 수 있었다. 예를 들어, 크레스트(Crest)는 충치 예방이라는 포지션을 기반으로 자사의 치약 제품을 성공적으로 구축하고 유지해온 반면, BMW는 "The Ultimate Driving Machine"이라는 포지션을 통해 전체 제품 라인업을 아우르며, 차별화를 이뤄내고 있다.

트라우트와 리스는 처음에 포지셔닝을 제품 또는 서비스 범주의 경쟁 브랜드들과 비교하여 소비자가 가지고 있는 브랜드 이미지로 정의했다. 그러나 이 개념은 이후 단순한 경쟁 중심 포지셔닝을 넘어 보다 확장된 방향으로 발전해왔다. 2장에서 다룬 바와 같이, 기업과 브랜드는 제품 또는 서비스 속성, 가격/품질, 사용 상황이나 용도, 사용자 유형, 문화적 상징, 제품 범주 등을 기준으로 포지셔닝될 수 있다. 이 중 어떤 기준이든 강력한 판매 아이디어의 출발점이 될 수 있으며, 이는 크리에이티브 전략의 기반이 되어 브랜드가 목표 소비자의 마음속에 특정한 자리를 차지하도록 한다. 포지셔닝은 독특한 속성을 기반으로 이루어질 수 있기 때문에 포지셔닝 전략과 고유한 판매 제안 전략은 서로 겹치는 부분이 있다. 실제로 많은 성공적인 크리에이티브 전략들이 포지셔닝 접근 방식을 기반으로 하고 있다. 또한 마케터들은 상황에 따라 시장 세분화 전략에 맞춰 포지셔닝을 조정하거나, 목표시장과의 연결을 강화하기 위해 기존 포지셔닝을 수정하기도 한다.

예를 들어, 켈로그는 스페셜 K(Special K) 시리얼 브랜드의 마케팅 전략을 기존의 다이어트 중심 메시지에서 긍정적인 영양 가치 강조로 전환하고 있다. 과거 스페셜 K 광고는 체중계나 다이어트 도전을 상징하는 이미지에 집중했지만, 켈로그는 이제 여성들이 칼로리를 계산하기보다 음식의 영양적 이점에 더 관심을 갖고 있다는 점을 인식했다. 이에 따라 유럽 시장

사진 8-18
켈로그는 "Power of You" 캠페인을 통해 스페셜 K 시리얼을 재포지셔닝했다.
자료: Kellogg Co.

에서 스페셜 K의 광고를 담당한 리오버넷 런던은 "Powering You(당신에게 힘을 실어줍니다)"라는 캠페인을 개발했다. 이 캠페인은 스페셜 K를 여성들에게 일상 속에서 에너지를 제공하고, 자신감을 북돋아주는 영양 공급원으로 인식시키기 위해 기획되었다. 이 캠페인은 영국에서 시작되어 유럽 전역과 미국으로 확대되었으며, TV, 인쇄 광고, 온라인 광고뿐만 아니라 소셜 미디어와 브랜드 웹사이트를 위한 10초 영상도 포함되어 있다(사진 8-18).

빅 아이디어에 대한 현대적 접근법

USP, 브랜드 이미지, 내재된 드라마, 포지셔닝과 같은 접근 방식은 광고 캠페인의 크리에이티브 전략을 세우는 데 자주 활용된다. 이러한 크리에이티브 스타일은 광고 업계에서 성공적인 크리에이티브 전문가들과 그들이 속한 대행사들과 연관되어 있다. 하지만 광고대행사가 반드시 하나의 접근 방식에만 의존하는 것은 아니다. 예를 들어, 이미지 광고의 대표적 사례로 잘 알려진 "Marlboro Country(말보로 컨트리)" 캠페인은 리오버넷에서 개발한 것이며, 여러 대행사들은 로서 리브스가 주장한 고유한 판매 제안 방식을 따르기도 했다. 크리에이티브 전문가나 팀의 과제는 주요 판매 아이디어를 찾아내는 것이다. 그것이 고유한 판매 제안이든, 브랜드 이미지든, 내재된 드라마나 시장 포지셔닝, 또는 그 밖의 다른 접근 방식이든, 이 아이디어를 바탕으로 효과적인 크리에이티브 전략을 개발해야 한다.

이러한 고전적인 접근 방식들은 여전히 많은 크리에이티브 전문가들이 사용하고 있지만, 지난 20년간 미디어와 기술의 변화로 인해 다양한 새로운 스타일이 등장했고, 그 활용 또한 필수가 되었다. 현대 광고에 큰 영향을 끼친 주요 인물들로는 Hal Riney & Partners의 할 라이니(Hal Riney), TBWA\Chiat\Day의 리 클로우(Lee Clow)와 제이 치앗(Jay Chiat), 위덴앤케네디의 댄 위덴(Dan Wieden), 그리고 Goodby, Silverstein & Partners의 제프 굿비(Jeff Goodby)와 리치 실버스타인(Rich Silverstein) 등이 있다. 〈Advertising Age〉의 앤서니 배그노니(Anthony Vagnoni)는 이들 크리에이티브 리더들을 다음과 같이 설명한다.

> 현대의 크리에이티브 리더들은 책을 쓰지 않고, 인터뷰도 거의 하지 않으며, 광고에 대한 이론을 제시하지도 않는다. 그들은 특정한 규칙을 지지하지 않고, 오길비의 유명한 격언 "말할 게 없으면 노래하라" 같은 단순한 격언도 내세우지 않는다. 선언과 저서가 사라진 자리에 남은 것은 광고의 지적 수준을 끌어올리려는 의식적인 노력이다. 오늘날의 리더

들은 광고를 하나의 고양된 사회적 힘, 즉 사람들을 고무하고 즐겁게 만드는 수단으로 보고 있다.

굿비와 실버스타인은 다음과 같이 말한다. "광고는 사람들이 광고라고 느끼지 못할 때, 그들의 일상 속으로 자연스럽게 스며들 때 가장 효과적이다. 이는 사람들을 가장 수준 낮은 기준으로 대하는 것이 아니라, 최고의 상태로 존중하는 방식이다." 그들은 자신들의 크리에이티브 공식을 "사람들이 좋아할 만한, 지적이면서도 동시에 세일즈 메시지를 담고 있는 광고"라고 설명한다. 리 클로우는 이렇게 말한다. "더 이상 대중을 타겟으로 삼는 방법을 알려주는 규칙서는 존재하지 않는다. 우리 중 최고들은 사람들의 사회문화적 현실과 그들이 미디어와 어떻게 상호 작용하는지를 이해한다. 만약 그렇지 못한다면, 사람들과 연결될 수 있는 메시지를 만들어낼 수 없다."

오늘날 광고주들은 빅 아이디어를 찾는 데 있어 큰 도전에 직면해 있다. 브랜드를 차별화하고, 전통적인 대중 매체를 넘어설 수 있는 창의적인 아이디어를 개발해야 하기 때문이다. 대부분의 마케터와 광고대행사는 다양한 매체에서 활용 가능하며, 소비자와의 소통을 유도하고, 적극적인 참여를 이끌어낼 수 있는 빅 아이디어를 찾아야 한다는 점을 인식하고 있다. 그러나 인쇄 매체나 TV 중심의 전통적인 미디어 환경에서 효과를 보였던 접근 방식들이 오늘날처럼 복잡하고 다중 스크린이 일상화된 소비자 환경에서는 더 이상 효과적이지 않을 수 있다. 디지털 네트워크 아이소바(Isobar)의 CEO인 진 린(Jean Lin)은 기술과 정보 접근성이 소비자와 브랜드의 관계를 근본적으로 변화시켰으며, 소비자들이 브랜드에 대해 인식하고 의견을 형성하는 방식에도 영향을 주었다고 말한다. 그녀는 현대 크리에이티브 대행사의 역할도 변화해야 한다고 강조하면서 다음과 같이 말한다. "이 새로운 세계에서는 크리에이티브 솔루션을 만들어내는 방식 자체가 달라져야 한다. 우리는 상호 작용적이고 비선형적인 메시지를 수용해야 한다. 손에 들고 다니는 기기와 모바일 환경은 어디에서나 메시지를 전달할 수 있게 해주며, 이야기는 여러 스크린에 걸쳐 자연스럽게 이어져야 한다. 그리고 비즈니스 아이디어는 창의성과 혁신, 상상력을 통해 성장해 나가야 한다."

새로운 미디어가 급증함에 따라, 소비자의 주목을 끌고 영향을 미칠 수 있는 창의적인 광고를 개발하는 일은 더욱 어려워지고 있다. 애플의 주요 크리에이티브 대행사인 TBWA/Media Arts Lab의 회장이자, 광고계 창의성에 기여한 인물에게 수여되는 권위 있는 '라이언 오브 세인트 마크(Lion of St. Mark)' 상의 수상자인 리 클로우는 지난 수십 년간 광고가 어떻게 변화해왔는지, 그리고 현재 광고대행사들이 마주한 창의적 도전에 대해 다음과 같이 언급했다. "브랜드는 이제 사람들과 다양한 방식으로 연결되고, 과거의 일방적인 메시지 전달 방식이 아니라 지속적인 대화와 관계를 맺을 수 있는 능력을 갖게 되었다. 우리는 아직도 이런 새로운 미디어의 가능성을 충분히 활용하지 못하고 있고, 대부분의 광고주들은 어떤 미디어를 사용해야 할지, 왜 사용해야 할지를 두고 혼란스러워하고 있다. 그들은 여전히 새로운 미디어 세상에 무슨 기적의 무기가 있어서 돈을 절약하거나 소비자에게 강제할 수 있는 새로운 방법이 있다고 기대한다." 클로우는 오늘날 광고 환경 속에서 크리에이티브 인력들이 직면한 도전을 매우 명확하게 요약했다. 그러나 광고주들은 앞으로도 대행사뿐만 아니라 스스로에게도 끊임없이 도전 과제를 던지며, 혁신적인 아이디어와 창의적인 마케팅 커뮤니케이션 솔루션을 찾아낼 것을 요구할 것이다.

요 약

광고 메시지의 창의적 개발과 실행은 기업의 통합 마케팅 커뮤니케이션(IMC) 프로그램에서 핵심적인 요소이며, 마케팅 캠페인의 성공을 좌우하는 열쇠가 되기도 한다. 마케터들은 일반적으로 광고의 크리에이티브 기능에 전문성을 갖춘 광고대행사에 의존하여 크리에이티브 전략을 개발하고 준비하며 실행하도록 맡긴다. 크리에이티브 전문가 또는 팀은 마케터의 메시지를 소비자에게 효과적으로 전달할 수 있는 방법을 개발하는 책임을 진다. 광고주와 대행사 양측의 다양한 인력들이 크리에이티브 전문가와 협력하여 전략을 수립하고 실행하며, 그 효과를 평가한다.

작가, 아티스트 등 광고를 개발하는 사람들은 신선하고 독창적이며 적절한 아이디어를 통해 커뮤니케이션 문제를 해결할 수 있는 크리에이티브를 만들어내야 하는 과제에 직면해 있다. 광고에서의 창의성은 준비, 잠복, 깨달음, 검증, 수정 등 여러 단계를 거치는 과정이다. 크리에이티브 전문가들이 최적의 캠페인 주제, 표현 방식 또는 실행 스타일을 결정하는 데 도움이 되는 다양한 정보원이 존재한다. 많은 기업들은 포커스 그룹, 민족지학적 조사와 같은 정성적 기법을 포함한 조사를 크리에이티브 과정에 참고자료로 활용한다. 또한 조사는 광고 메시지를 사전 테스트하여 소비자들이 이를 어떻게 평가하고 반응할지를 파악하는 데도 사용된다. 다만, 오늘날 소비자들의 미디어 소비 환경이 변화하면서 더 많은 콘텐츠를 빠르게 제작해야 하는 요구가 커짐에 따라 일부 기업들은 카피 테스트를 생략하는 경향도 나타나고 있다.

대부분의 광고는 하나의 중심 주제 또는 아이디어를 기반으로 구성된 IMC 또는 광고 캠페인의 일환으로 이루어진다. 캠페인의 주제는 일반적으로 슬로건이나 태그라인을 통해 표현된다. 크리에이티브 전략 개발은 명확한 목표와 목적에 의해 주도되며, 여기에는 타겟 청중, 광고가 해결해야 할 기본적인 문제, 메시지가 달성하고자 하는 목표, 광고주가 전달하고자 하는 주요 판매 아이디어 또는 핵심 이점 등이 포함된다. 이러한 요소들은 일반적으로 광고 캠페인 개발을 위한 작업 계획서인 카피 플랫폼에 명시된다. 크리에이티브 전략에서 중요한 부분은 캠페인의 중심 주제가 될 주요 판매 아이디어를 결정하는 것이다. 이를 위한 접근 방식에는 고유한 판매 제안의 활용, 브랜드 이미지의 구축, 브랜드에 내재된 드라마의 발견, 포지셔닝 전략 등이 있다.

오늘날 광고주들은 전통적인 대중매체를 넘어서는 빅 아이디어를 찾아야 한다는 큰 도전에 직면해 있다. 그들은 다양한 매체에서 활용 가능하고, 소비자와의 소통을 유도하며, 참여를 이끌어낼 수 있는 아이디어를 개발해야 한다. 기존의 인쇄물이나 TV 중심의 미디어 환경에서는 효과적이었던 접근 방식들이 오늘날처럼 복잡하고 멀티 스크린이 일상화된 소비 환경에서는 더 이상 유효하지 않을 수 있다. 이 변화된 환경 속에서 광고주는 새로운 전략적 아이디어를 끊임없이 발굴하고 발전시켜야 한다.

CHAPTER 9

크리에이티브 전략: 실행과 평가

자료: Yum! Brands, Inc.

학습 목표

1 | 광고에서 사용되는 다양한 호소 유형을 비교한다.

2 | 크리에이티브 실행 스타일의 종류를 파악하고, 각 스타일이 가장 적절하게 활용될 수 있는 상황을 설명한다.

3 | 인쇄 광고, TV 광고, 온라인 광고 제작에 사용되는 전술을 비교한다.

4 | 광고주가 크리에이티브 작업을 평가할 때 참고할 수 있는 지침에 대해 논의한다.

인격 상징물 만들기: 플로, 커널 그리고 세계에서 가장 흥미로운 남자

수십 년 전부터 기업이나 브랜드는 자사를 광고할 때 인격 상징물을 활용해왔다. 어떤 경우에는 유명 인사나 CEO가 오랜 시간 등장하며 브랜드와 동일시되고, 소비자와 정서적으로 연결되는 인물로 자리 잡는다. 또 어떤 경우에는 마케터가 허구의 캐릭터를 만들거나 광고에 등장한 인물이 대중적으로 큰 인기를 얻어 인격 상징물이 되기도 한다. 이러한 상징은 광고나 인쇄물에서 관심과 주목을 끌기에 효과적일 뿐만 아니라, 소비자가 브랜드와 더 깊이 감정적으로 연결될 수 있게 해준다. 지난 10여 년간 여러 성공적인 광고 캠페인들이 인격 상징물을 크리에이티브 전략의 핵심 요소로 활용해왔다. 대표적인 사례로는 프로그레시브(Progressive) 보험의 플로(Flo), KFC의 커널 샌더스(Colonel Sanders), 맥주 브랜드 도스 에퀴스(Dos Equis)의 "The Most Interesting Man in the World(세계에서 가장 흥미로운 남자)" 캠페인이 있다.

2007년 당시 프로그레시브 보험은 브랜드 인지도가 거의 없었고, 올스테이트(Allstate), GEICO, 스테이트팜(State Farm), 네이션와이드(Nationwide) 등 대형 경쟁사들이 막대한 광고 예산과 높은 광고 점유율을 가진 시장에서 정체성을 찾지 못해 고전하고 있었다. 프로그레시브의 광고대행사 아널드 월드와이드(Arnold Worldwide)는 보험 쇼핑을 질서 있고 쾌적한 경험으로 표현한 '수퍼스토어(superstore)' 콘셉트를 제안했다. 이 수퍼스토어는 눈부신 흰색으로 꾸며진 공간 안에 자동차 보험, 주택 보험 등 다양한 보험이 정리된 상자 형태로 가지런히 진열된 모습으로 연출되었다.

캠페인의 첫 광고에서는 플로(Flo)라는 인물이 수퍼스토어의 계산원으로 등장한다. 한 고객이 계산을 하면서 "350달러를 절약했다"고 말하자, 플로는 곧바로 매장 내 방송 시스템을 통해 흥분한 목소리로 "350달러 절약하신 고객님 계십니다!"라고 외친다. 그녀는 프로그레시브가 제공하는 다른 서비스들이 담긴 상자들도 함께 건넨다. 고객이 "와우"라고 반응하자, 플로는 그 감탄을 그대로 받아 "와우, 전 더 크게 말할게요"라고 응수한다. 그리고 그 순간부터, 말 그대로 역사가 시작되었다. 이후 11년 동안 플로는 프로그레시브 광고에 거의 200편 가까이 출연하며 광고계의 아이콘으로 자리 잡았다. 그녀는 오랫동안 핼러윈 인기 코스튬 캐릭터로 사랑받았고, 플로 관련 핀터레스트와 페이스북 페이지도 운영되고 있다. 플로는 스테퍼니 코트니(Stephanie Courtney)가 연기하고 있으며, 그녀는 윌 페럴(Will Ferrell), 멜리사 맥카시(Melissa McCarthy), 리사 쿠드로(Lisa Kudrow) 등을 배출한 즉흥극 및 스케치 코미디 그룹 출신이다. 광고 제작팀은 플로의 애드리브 능력을 초기에 알아보고, 그녀가 광고 대본에 자신의 아이디어를 자유롭게 덧붙이도록 장려해왔다. 일부에서는 '플로 피로감(Flo-fatigue)'이 나타나고 있는 것 아니냐는 우려도 있지만, 대행사는 브랜드 아이콘의 과도한 노출을 피하기 위해 다양한 보조 캐릭터들을 함께 활용하고 있다.

인격 상징물을 활용한 매우 흥미로운 사례로 위덴앤케네디(Wieden+Kennedy) 대행사가 KFC를 위해 최근 진행한 캠페인이 있다. 이 캠페인은 1940년 당시 켄터키 프라이드 치킨(Kentucky Fried Chicken)으로 알려진 회사를 창립하고, 수십 년 동안 광고에 직접 출연하며 브랜드의 얼굴로 활동한 KFC 창립자인 할랜드 샌더스 대령(Colonel Harland Sanders)을 부활시켰다. 위덴앤케네디가 2015년 KFC 광고 계정을 맡았을 당시, KFC는 거의 20년 가까이 매출이 하락세였고, 사업의 약 40%를 잃은 상태였다. 그 사이 KFC는 '프라이드 치킨만 판매하는 곳'이라는 이미지를 벗기 위해 브랜드명을 '켄터키 프라이드 치킨'에서 'KFC'로 바꾸기도 했다. 샌더스는 이미 사망한 지 35년이 지났지만, 대행사는 KFC의 과거 브랜드 정체성을 되살리기 위해 샌더스라는 상징을 다시 불러오는 전략을 선택했다. 이들은 코미디언 대럴 해먼드(Darrell Hammond)와 노름 맥도널드(Norm Macdonald)를 기용해, 흰 머리에 흰 양복, 검은 끈 타이를 착용한 안경 낀 창립자 샌더스를 현대적으로 재현했다. 이 캠페인의 주요 목표는 KFC를 한 번도 접해본 적 없는 밀레니얼 세대를 겨냥해, 샌더스 캐릭터에 현대적인 유머를 덧입히고 친근감을 불어넣는 것이었다.

샌더스를 부활시킨 이후, KFC는 5년 연속 매출 상승을 기록했고, 현재까지 열 명이 넘는 유명 인사들이 광고에서 그를 연기했다. 제이슨 알렉산더(Jason Alexander), 롭 로우(Rob Lowe), 조지 해밀턴(George Hamilton)은 물론, 컨트리 가수 리바 맥엔타이어(Reba McEntire)는 샌더스를 연기한 최초의 여성이라는 점을 부각시켜 화제를 모았다. 이 캠페인의 성공은 KFC가 새로운 메뉴를 도입하는 데도 긍정적인 영향을 미쳤고, 이는 수익 성장으로 이어졌다. 2018년 말, KFC는 켄터키 프라이드 치킨 앤 와플(Kentucky Fried Chicken & Waffles)을 출시했는데, 이는 KFC의 엑스트라 크리스피 치킨(Extra Crispy fried chicken)과 벨기에식 와플(Belgian waffles)을 함께 즐기는 메뉴였다. 이 신제품 출시를 위한 광고에서는 배우 크레이그 플레밍(Craig Fleming)이 샌더스를 연기했으며, 광고에서는 그가 시럽 병 모양의 캐릭터인 미세스 버터워스(Mrs. Butterworth)와 함께 춤을 추며 유쾌한 케미를 보여준다. 한 편의 광고에서는 영화 더티 댄싱의 시그니처 춤을 함께 추고, 다른 광고에서는 셀린 디온의 "I'm Your Lady"에 맞춰 다소 장난스러운 분위기의 영상을 연출하며 둘 사이의 특별한 관계를 암시한다. 얼마 전

(계속)

까지만 해도 많은 사람들이 KFC가 과연 생존할 수 있을지 의문을 제기했지만, 브랜드의 기원으로 되돌아가는 전략을 통해 KFC는 기업 자체와 함께 샌더스 대령까지 성공적으로 되살려냈다.

인격 상징물을 중심으로 창의적이고 성공적인 광고를 만들어낸 또 다른 사례는 도스 에퀴스 맥주의 "The Most Interesting Man in the World." 캠페인이다. 이 캠페인은 하바스 월드와이드(Havas Worldwide) 대행사가 제작했다. 대행사가 수입 맥주 소비자들을 대상으로 실시한 조사에 따르면, 이들은 섹시한 여성 이미지, 유치한 유머, 진부한 클리셰로 가득한 맥주 광고에 지겨움을 느끼고 있었다. 또한 이 소비자들은 자신들이 광고에서 잘못 표현되고 오해받고 있다고 느꼈으며, 무엇보다도 흥미롭고 매력적인 사람으로 보이고 싶어 했다. 이러한 통찰력을 바탕으로, 대행사의 크리에이티브 팀은 브랜드를 위한 인격 상징물로 "세계에서 가장 흥미로운 남자"라는 콘셉트를 개발했다. 이 인물은 배우 조나단 골드스미스(Jonathan Goldsmith)가 연기했으며, 광고 속 그는 이국적인 억양과 은빛 수염을 지닌 세련되고 신사적인 인물로 등장한다. 광고는 그가 이국적이고 신비한 상황 속에 놓인 모습을 보여준다. 예를 들어, 정체불명의 탐험을 이끄는 장면, 팜플로나에서 황소와 달리는 장면, 피델 카스트로(Fidel Castro)와 팔씨름을 하는 장면 등이 있다. 광고의 마지막에는 그가 "나는 항상 맥주를 마시지는 않지만, 마실 땐 도스 에퀴스를 선택하지"라고 말한 뒤, 유명한 마무리 대사인 "친구들이여, 갈증을 유지하라(Stay thirsty, my friends)"를 남긴다. 이 광고가 전달하는 암묵적인 메시지는 모든 맥주 애호가들도 더 흥미로운 삶을 살아야 하며, 도스 에퀴스를 마심으로써 그러한 삶을 간접적으로나마 체험할 수 있다는 것이다.

이 캠페인은 2007년에 시작되었으며, 이후 10년 동안 도스 에퀴스를 한때 텍사스와 캘리포니아 지역에서만 주로 판매되던 낮은 인지도의 브랜드에서 미국 내 수입 맥주 시장 6위 브랜드로 끌어올리는 데 기여했다. 조나단 골드스미스가 출연한 마지막 광고는 2016년에 방영되었으며, 그는 화성으로 편도 여행을 떠나는 모습으로 등장해 이 인물이 다시 돌아오지 않을 것 같은 인상을 남겼다. 그는 로켓 안에서 마지막으로 익숙한 대사인 "친구들이여, 갈증을 유지하라"를 말하고, 익숙한 내레이터의 목소리는 "그의 유일한 후회는 후회가 어떤 느낌인지 모른다는 점이다(His only regret is not knowing what regret feels like)"라고 덧붙인다. 도스 에퀴스는 이후 새로운 배우를 기용해 세계에서 가장 흥미로운 남자라는 콘셉트를 이어가려 했지만 이전만큼의 성공을 거두지는 못했다. 결국 2018년, 브랜드의 광고 전략을 다른 방향으로 전환하기로 결정했다. 물론 아직 끝난 이야기는 아니다. 어쩌면 도스 에퀴스는 골드스미스를 지구로 다시 불러와 우주에서의 모험담을 들려줄지도 모른다. 그렇게 된다면 그는 진정으로 "세계에서 가장 흥미로운 남자"가 될 것이다.

자료: Simon Dumenco, "What Happens after Colonel Sander and Mrs. Butterworth Kiss?" *Advertising Age*, March 26, 2019; https://adage.com/creativity/work/kfc-most-delicious-union-back-chicken-and-waffles/2030331; Jeff Beer, "10 Years of Flo: The story behind Progressive's Accidental Ad Icon," *Fast Company*, November 1, 2018, https://www.fastcompany.com/90254247/10-years-of-flo-the-story-behind-progressives-accidental-ad-icon; Kristina Monllos, "W+K Brought Back Colonel Sanders after Discovering He Was a 'Master Jedi of Branding' for KFC," *Adweek*, October 6, 2017, https://www.adweek.com/brand-marketing/wk-brought-back-colonel-sanders-after-discovering-he-was-a-master-jedi-of-branding-for-kfc/; E.J. Schultz, "Dos Equis Will Swap Actor Who Plays Most Interesting Role," *Advertising Age*, March 9, 2016; https://adage.com/article/cmo-strategy/dos-equis-swap-actor-plays-interesting-man/303026.

프로그레시브, KFC, 도스 에퀴스의 광고 캠페인들은 유머를 바탕으로 감성적 호소를 활용한 빅 아이디어의 대표적인 사례다. 그러나 이 캠페인들의 성공은 단지 대행사들이 개발한 창의적인 아이디어나 호소 방식 때문만은 아니다. 각기 다른 성격을 지닌 인물들을 활용해 광고를 실행한 방식 또한 성공 요인의 핵심이었다. 광고에서 활용할 수 있는 호소 방식은 매우 다양하며 광고를 실행하는 방식도 여러 가지다. 성공적인 광고 캠페인을 위해서는 적절한 호소 방식을 선택하고, 이를 효과적으로 실행하는 크리에이티브 전략이 필요하다. 이번 장에서는 다양한 광고 호소 방식과 실행 스타일, 그리고 인쇄 광고, TV 광고, 온라인 광고를 실행하기 위한 전술에 대해 살펴본다.

광고 소구와 실행 방식

광고 소구(advertising appeal)란 소비자의 관심을 끌거나, 제품, 서비스 또는 공익 목적에 대한 감정에 영향을 주기 위해 사용되는 접근 방식을 의미한다. 광고 소구는 "사람들을 움직이게 만들고, 그들의 욕구나 필요에 소구하며, 관심을 자극하는 어떤 것"이라고도 볼 수 있다. **크리에이티브 실행 방식**(creative execution style)은 이러한 소구를 소비자에게 전달되는 광고 메시지로 구체화하는 방식이다. 윌리엄 와일바허(William Weilbacher)는 이에 대해 다음과 같이 설명한다.

> 소구는 광고의 기본적인 내용을 구성한다고 볼 수 있고, 실행은 그 내용을 어떤 방식으로 전달하느냐를 의미한다. 광고 호소와 실행은 일반적으로 서로 독립적인 요소다. 즉, 특정한 소구는 다양한 방식으로 실행될 수 있으며, 특정한 실행 방식 역시 여러 광고 소구에 적용될 수 있다. 광고 소구는 거의 모든 매체에 적용되기 쉬운 반면, 실행 방식은 어떤 매체에는 더 적합하고, 어떤 매체에는 덜 어울릴 수 있다.

광고 소구

광고 메시지의 기반이 될 수 있는 소구 방식은 매우 다양하다. 가장 넓은 범주에서 보면, 이러한 접근 방식은 일반적으로 정보적/이성적 소구와 감성적 소구의 두 가지 유형으로 나뉜다. 이번 장에서는 크리에이티브 전략의 일환으로 이성적 소구와 감성적 소구를 어떻게 활용할 수 있는지에 대해 살펴본다. 또한 광고 메시지를 개발할 때 이성적 소구소와 감성적 소구를 어떻게 결합할 수 있는지도 함께 다룬다.

정보적/이성적 소구 **정보적/이성적 소구**(informational/rational appeals)는 소비자의 실질적, 기능적 또는 실용적인 욕구에 초점을 맞추며, 제품이나 서비스의 특징, 혜택 또는 특정 브랜드를 소유하거나 사용하는 이유를 강조한다. 이러한 메시지의 내용은 사실, 학습 그리고 설득의 논리에 기반한다. 이성적 소구는 주로 정보를 전달하는 성격을 띠며, 이를 사용하는 광고주는 소비자에게 자사 제품이나 서비스가 특정한 속성을 지니고 있거나, 특정한 이점을 제공함으로써 소비자의 욕구를 충족시킨다는 점을 설득하려 한다. 이들의 목표는 자사 브랜드가 가장 우수하거나, 소비자의 필요를 더 잘 충족시킬 수 있다는 점을 근거로 브랜드 구매를 유도하는 것이다. 예를 들어, 사진 9-1은 2019년 미국 뉴스 앤 월드 리포트(U.S. News & World Report)로부터 '최고의 SUV 브랜드(Best SUV Brand)'로 선정된 혼다(Honda)를 프로모션하는 이성적 소구 광고를 소개하고 있다. 광고 카피는 혼다의 CR-V, HR-V, 파일럿(Pilot) 등의 SUV 모델의 주요 특징을 다루고 있다. 미국 뉴스 앤 월드 리포트의 수상 내역은 많은 소비자들이 SUV 및 기타 차량을 평가할 때 참고하는 요소이며, 구매 결정에 강한 영향을 미칠 수 있다.

사진 9-1

혼다는 자사의 인기 SUV 라인이 수상한 내용을 프로모션하기 위해 이성적 소구를 활용했다.

자료: American Honda Motor Co., Inc.

많은 이성적 동기가 광고 소구의 기반으로 활용될 수 있다. 여기에는 편안함, 편리함, 경제성, 건강 그리고 촉각, 미각, 후각과 같은 감각적 혜택이 포함된다. 광고에서 흔히 사용되는 그 밖의

사진 9-2

아메리칸 익스프레스는 블루 캐시 에브리데이 카드 광고에서 제품 특성 소구를 활용했다.

자료: American Express Company

이성적 동기 또는 구매 기준에는 품질, 신뢰성, 내구성, 효율성, 효과, 성능 등이 있다. 소비자에게 중요한 어떤 특징, 혜택 또는 평가 기준은 제품이나 서비스 군뿐만 아니라 다양한 시장 세분에 따라 달라지며, 이는 정보적/합리적 소구의 근거가 될 수 있다.

와일바허는 이성적 접근에 해당하는 광고 소구 유형으로 다섯 가지를 제시했으며, 이는 제품 특성 소구, 경쟁 우위 소구, 가격 소구, 뉴스 소구, 제품/서비스의 인기 소구를 포함한다.

제품 특성 소구(feature appeal)를 사용하는 광고는 제품이나 서비스의 주요 특성에 초점을 맞춘다. 이러한 광고는 정보 전달의 성격이 강하며, 소비자에게 여러 가지 중요한 제품 속성이나 특성을 제시함으로써 긍정적인 태도를 유도하고, 이성적인 구매 결정을 내리는 데 기반이 될 수 있도록 한다. 가전제품이나 자동차와 같은 기술적이거나 소비자의 관여도가 높은 제품에 이러한 유형의 광고 소구가 자주 사용된다. 그러나 제품 특성 소구는 다양한 제품과 서비스에 적용될 수 있다. 이러한 유형의 소구는 일반적으로 제품 속성이 소비자에게 어떤 구체적인 혜택으로 이어지는지를 보여준다. 예를 들어, 이 소구를 사용하는 광고는 광고 문안에서 제품이나 서비스의 구체적인 특성이나 혜택을 나열하거나 설명하는 방식을 취한다. 사진 9-2에 제시된 아메리칸 익스프레스(American Express)의 블루 캐시 에브리데이 카드(Blue Cash Everyday Card) 광고는 제품 특성 소구를 활용한 좋은 사례다. 광고 카피에는 카드 사용자가 구매 시 캐시백을 받을 수 있는 다양한 장소들이 나열되어 있으며, 구매 보호, 연장 보증, 모바일 부정 사용 알림과 같은 보안 관련 혜택들도 함께 소개되어 있다.

경쟁 우위 소구(competitive advantage appeal)가 사용될 때 광고주는 대개 다른 브랜드(또는 여러 브랜드)와 직접적 또는 간접적으로 비교를 하며, 하나 이상의 속성에서 우위를 주장한다. 이러한 유형의 소구는 6장의 비교 광고 항목에서 다루었다.

우호적 가격 소구(favorable price appeal)는 가격 제안을 광고 메시지의 중심 요소로 삼는

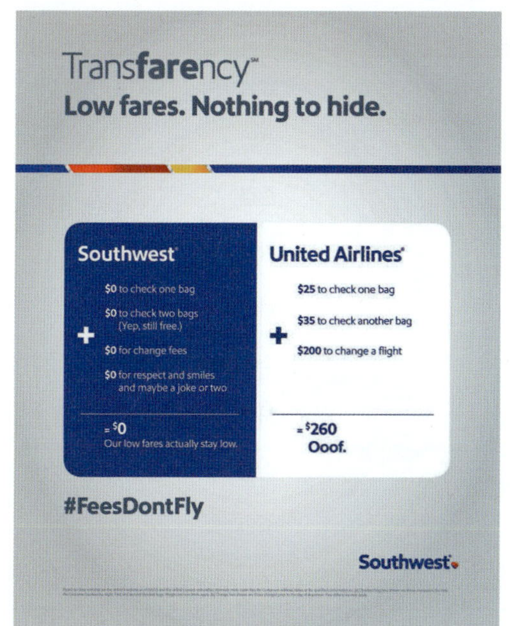

사진 9-3

사우스웨스트 항공은 "Transfarency" 캠페인에서 가격 소구의 변형 형태를 활용했다.

자료: Southwest Airlines Co.

방식이다. 이러한 소구는 주로 소매업체가 세일, 특별 할인, 일상적인 저가 정책 등을 알릴 때 사용된다. 가격 소구 광고는 전국 단위의 광고주들에 의해서도 자주 활용되며, 특히 경기 침체기나 가격에 민감한 시장 세분화를 대상으로 할 때 효과적이다. 대부분의 패스트푸드 체인점들은 촉진 혜택 행사, '가성비 메뉴' 또는 전반적인 가격 인하를 통해 가격을 마케팅 전략의 핵심 요소로 삼아 왔고, 이러한 전략은 광고에도 반영된다. 가격 중심 소구는 기업 간 거래 광고에서도 자주 사용되며, 제품이나 서비스의 가치 또는 경제성을 강조하는 데 활용된다. 이 외에도 항공사, 렌터카 회사 등 다양한 광고주들이 가격 소구를 사용하고 있다. 예를 들어, 사우스웨스트 항공(Southwest Airlines)은 사진 9-3에 나오는 광고와 같이 최근 "Transfarency(투명한 운임 정책)" 캠페인을 통해 가격 소구의 변형 형태를 선보였다. 이 캠페인은 항공 요금의 투명성을 강조하기 위해 만든 단어를 활용해 사우스웨스트가 다른 항공사들과 달리 추가 요금이나 숨겨진 비용 없이 정직한 요금을 제공한다는 메시지를 전달하고자 했다.

뉴스 소구(news appeals)는 제품, 서비스 또는 회사와 관련된 어떤 형태의 뉴스나 공지 사항이 광고의 중심을 이루는 경우를 말한다. 이 소구는 신제품이나 신규 서비스에 사용될 수 있으며, 소비자에게 중요한 변경 사항이나 개선 사항을 알릴 때도 활용된다. 뉴스 소구는 기업이 타겟 시장에 전달하고자 하는 중요한 소식이 있을 때 가장 효과적으로 작동한다. 예를 들어, 항공사는 새로운 도시로 운항을 시작하거나 새로운 노선을 개설할 때 뉴스 소구를 활용하여 소비자에게 이를 알리는 동시에, 언론의 관심을 유도해 자연스러운 퍼블리시티 효과를 얻고자 하기도 한다.

제품/서비스 인기 소구(product/service popularity appeals)는 해당 제품이나 서비스의 인기를 강조하는 방식으로, 이를 사용하는 소비자 수, 브랜드로 전환한 소비자 수, 추천하는 전문가 수, 또는 시장 내 선도적인 위치 등을 제시하는 방식이다. 이러한 유형의 광고 소구에서 핵심적으로 전달하고자 하는 메시지는 해당 브랜드가 널리 사용된다는 사실 자체가 그 품질이나 가치를 입증하며, 다른 소비자들도 이 브랜드를 고려해봐야 한다는 것이다. 사진 9-4에 소개된 타이틀리스트(Titleist) 골프공 광고는 인기 소구를 활용한 사례로, 타이틀리스트가 70년 연속으로 US 오픈 골프 대회에서 가장 많이 사용된 골프공이라는 점을 강조하고 있다. 타이틀리스트는 골프공 시장의 선도 브랜드이며, 투어 프로들 사이에서의 인기는 아마추어 골퍼들의 구매 결정에도 큰 영향을 미친다. 이 배너 광고는 PGA 투어 관련 웹사이트와 〈골프(Golf)〉, 〈골프 다이제스트(Golf Digest)〉 같은 골프 전문 디지털 매체들에 게재되었다.

감성 소구 감성 소구(emotional appeals)는 제품이나 서비스를 구매하려는 소비자의 사회적

사진 9-4

타이틀리스트는 자사 골프공에 대한 프로 골퍼들의 신뢰를 프로모션하기 위해 인기 소구를 활용하고 있다.

자료: Acushnet Company

도표 9-1

감성 소구의 기반

개인적 감정 상태		사회적 감정
안전	자극	인정
보안/안정감	슬픔/비탄	지위
두려움	자부심	존경
사랑	성취	참여
애정	자존감	당황
행복	자아실현	소속감
기쁨	즐거움	거절
향수	야망	수용
감상	편안함	승인
흥분/신남	–	–

또는 심리적 욕구와 관련된다. 많은 소비자들의 구매 결정을 위한 동기는 감정적이며, 브랜드에 대한 그들의 느낌이 해당 브랜드의 특징이나 속성에 대한 지식보다 더 중요할 수 있다. 여러 제품과 서비스를 광고하는 광고주들은 이성적이고 정보 중심의 소구를 지루하게 느끼는 경우가 많다. 특히 경쟁 브랜드 간 차별성이 크지 않은 경우에는 감성 소구가 더 효과적으로 작용할 수 있다고 여긴다. 브랜드 간의 차별점을 이성적으로 설명하기 어렵기 때문에, 감정을 자극하는 방식이 더 설득력 있게 다가올 수 있다.

도표 9-1에서 볼 수 있듯이, 감정적인 차원에서 소비자에게 영향을 주기 위한 광고 소구는 다양한 감정이나 욕구를 바탕으로 구성될 수 있다. 이러한 소구는 즐거움이나 설렘처럼 자아와 관련된 심리적 감정뿐만 아니라, 지위나 인정 욕구처럼 사회적으로 지향된 감정에 기반할 수 있다. 골드 피크 티(Gold Peak Tea)를 위한 램베시스 에이전시(The Lambesis Agency, TLA)의 캠페인은 감성 소구가 효과적으로 사용된 사례다. 이 브랜드는 수년간 '집에서 직접 끓인 듯한 맛(home-brewed taste)'이라는 제품 속성을 중심으로 마케팅을 해왔으나, TLA는 브랜드와의 감정적 연결을 강화할 기회를 발견했다. 대행사는 "The Taste That Brings You Home(당신을 집으로 데려다주는 맛)"이라는 캠페인을 개발했으며, 이는 집에서 느끼는 편안함과 따뜻함, 진정한 안식처에서 오는 특별한 감정을 담아낸 진솔한 차 경험을 표현하고 있다. 이 통합 캠페인에는 TV와 온라인 영상뿐만 아니라 다양한 인쇄 광고, 디지털 광고, 옥외 광고가 포함되며, 사진 9-5에 제시된 광고처럼 시각적인 이미지를 활용해 골드 피크 티 브랜드를 집의 편안함과 따뜻한 감정에 연결시키고 있다.

광고주는 감성 소구를 크리에이티브 전략에서 다양한 방식으로 활용할 수 있다. 캠프(Kamp)와 매키티스(Macinnis)는 광고가 종종 감정적 통합(emotional integration)이라는 개념에 기반한다고 설명한다. 이는 광고 속 인물이 제품이나 서비스를 사용한 후 감정적인 혜택이나 긍정적인 결과를 경험하는 모습을 보여주는 것이다. 유머, 성적 암시 그리고 재미있고 자극적이며 활기차거나 흥미로운 소구를 활용한 광고는 소비자의 감정을 자극하고 긍정적인 정서 상태를 유도할 수 있다. 많은 TV 광고는 시청자의 가슴을 뭉클하게 만드는 감동적인 광고를 제작한다. 홀마크(Hallmark), 캠벨 수프(Campbell's Soup), 프락터앤갬블(Proctor &

사진 9-5

골드 피크 티 광고는 집에서 느낄 수 있는 편안함과 따뜻한 감정을 바탕으로 한 감성적 소구를 활용하고 있다.

자료: The Coca-Cola Company

Gamble), 맥도날드(McDonald's) 등은 따뜻함, 향수, 감상과 같은 감정을 불러일으키는 광고를 자주 선보인다. 마케터들은 광고가 불러일으킨 긍정적인 감정이 브랜드나 기업에 전이되기를 기대한다. 연구에 따르면, 광고로 인해 형성된 긍정적인 기분 상태와 감정은 소비자의 브랜드 평가에 긍정적인 영향을 줄 수 있다. 또한 감성적 광고는 비감성적 메시지보다 더 잘 기억된다는 연구 결과도 있다.

감성 기반 소구의 효과는 해미시 프링글(Hamish Pringle)과 피터 필드(Peter Field)가 수행한 연구에서도 입증되었으며, 이 내용은 그들의 저서 『Brand Immortality』에서 다루어진다. 프링글과 필드는 지난 30년 동안 영국광고효과협회(Institute of Practitioners in Advertising)의 광고 효과성 시상식에 출품된 880건의 성공적인 광고 캠페인 사례를 분석했으며, 이 분석에는 영국 캠페인뿐만 아니라 국제 캠페인 사례도 포함되었다. 그들은 감성적 소구에 주로 의존한 광고 캠페인과 이성적 설득 및 정보 중심의 캠페인을 비교·분석했다. 이 연구에서 핵심적으로 발견된 내용은 감성 중심의 광고 캠페인이 순수하게 이성적 내용만을 담은 캠페인보다 두 배 가까이 높은 수익 증가를 이끌어낼 가능성이 높다는 점이다. 감성적 요소만을 사용한 캠페인은 감성과 이성을 결합한 혼합형 캠페인보다도 더 효과적인 것으로 나타났다. 또한 이들의 연구는 감성 캠페인이 효과적인 이유 중 하나로 가격 민감도를 낮추고, 브랜드가 프리미엄 가격을 부과할 수 있는 능력을 강화해 수익성을 높인다고 지적한다. 감성 캠페인은 최근의 세계 경제 불황과 같은 경기 침체기에도 여전히 높은 효과를 발휘하는 것으로 나타났다.

감성 소구는 종종 TV 광고를 통해 실행되지만, 최근에는 많은 마케터들이 이러한 소구를 온라인에서도 활용하고 있다. 특히 감성적인 메시지가 담긴 영상 콘텐츠는 바이럴 효과를 통해 대중에게 널리 퍼질 수 있는 기회를 제공한다. 그 한 예로, 광고위원회(Ad Council)가 후원한 공익 캠페인 "Love Has No Labels(사랑에는 꼬리표가 없다)"가 있다. 이 캠페인은 사람들이 스스로의 편견과 선입견을 되돌아보고 도전하도록 독려하는 목적을 담고 있다. 디지털 에이전시 R/GA는 이 캠페인을 위해 약 3분 길이의 영상을 제작했는데, 이는 한 공개 행사에서 촬영된 것으로, 큰 엑스레이 화면을 통해 다양한 사람들이 단지 두 개의 해골이 서로를 껴안는 모습으로만 나타나는 장면으로 시작된다. 해골 이미지가 서로 떨어져 화면 뒤에서 걸어

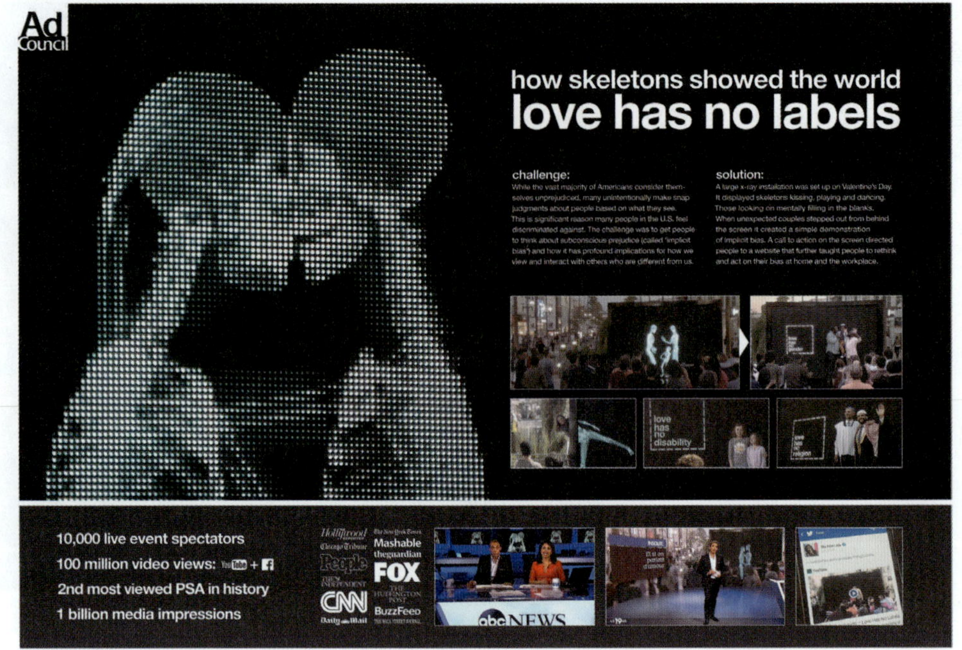

사진 9-6

"Love Has No Labels" 캠페인은 소비자와의 정서적 연결을 위해 감성 광고를 활용했다.

자료: The Advertising Council

나올 때, 관객은 그들이 실제 누구인지를 보게 된다(사진 9-6). 이 과정은 영상 내에서 여러 번 반복되며, 성별, 인종, 성적 지향, 종교, 장애, 나이 등 다양한 조합을 통해 시청자가 자신의 고정관념과 무의식적인 편견을 되돌아보게 만든다. 이 감동적인 영상에는 메리 램버트(Mary Lambert)의 노래 "She Keeps Me Warm"이 삽입되어, 메시지의 정서적 분위기를 더욱 강조하고 있다. 해당 영상은 온라인상에서 1억 1,000만 회 이상의 조회수를 기록했으며, 지금까지 제작된 커뮤니티 및 사회참여 캠페인 중 두 번째로 높은 조회수를 기록했다.

감성 소구를 사용하는 또 다른 이유는 소비자들이 제품을 사용하는 경험에 대한 해석에 영향을 미치기 위함이다. 이를 실현하는 방법 중 하나가 바로 변형 광고라 불리는 접근 방식이다. **변형 광고**(transformational advertising)는 "광고에 노출되지 않았을 경우에는 그다지 연관되지 않을 법한 심리적 특성들과 광고된 브랜드를 사용하는 경험을 연관시킴으로써 제품 사용 경험 자체를 특별하게 만드는 광고"로 정의된다.

변형 광고는 제품이나 서비스를 사용할 때 소비자들이 느끼게 되는 감정, 이미지, 의미, 신념 등을 형성하며, 이러한 정서적 요소는 실제 사용 시점에 활성화되어 소비자가 제품 사용 경험을 다르게 해석하도록 만든다. 크리스토퍼 푸토(Christopher Puto)와 윌리엄 웰스(William Wells)는 변형 광고가 지니는 두 가지 핵심 특징을 다음과 같이 설명한다.

1. 제품을 사용하는 경험을 단순히 브랜드에 대한 객관적인 설명만으로 얻을 수 있는 수준보다 더 풍부하고, 따뜻하며, 흥미롭고 즐겁게 만들어야 한다.
2. 광고를 통해 형성된 경험과 브랜드 사용 경험 사이에 밀접한 연관을 만들어내어, 소비자가 브랜드를 기억할 때 광고로부터 유도된 경험도 함께 떠올리게 해야 한다.

변형 광고는 제품이나 서비스를 소비하는 경험을 더욱 즐겁게 느끼도록 제안함으로써 브랜드를 차별화하는 데 도움을 줄 수 있다. 이는 소비자가 해당 제품이나 서비스를 사용할 때 어떤 경험을 하게 될지를 상상하게 만드는 방식으로 작동한다. 이러한 광고는 여행 산업에서

사진 9-7

코로나의 "Find Your Beach"와 "Corona Gets Its Lime" 캠페인은 변형 광고의 훌륭한 사례다.

자료: Crown Imports, LLC

자주 활용되며, 예를 들어 크루즈 여행이나 특정 목적지를 방문할 때의 체험이나 감정을 떠올릴 수 있도록 돕는다.

브랜드나 기업에 독특한 연상이나 성격을 부여하려는 이미지 광고는 본질적으로 변형 광고의 성격을 지니는 경우가 많다. 이는 소비자가 특정 제품이나 서비스를 사용할 때 특정한 감정이나 분위기를 느끼게끔 구성되어 있다. 이러한 광고의 훌륭한 사례는 맥주 브랜드 코로나 엑스트라(Corona Extra)의 "Find Your Beach(당신만의 해변을 찾아서)" 캠페인이다. 수년에 걸친 광고를 통해 코로나는 하얀 모래의 열대 해변에서 휴식을 즐길 때 마시는 맥주라는 이미지를 구축해왔다. "Find Your Beach" 캠페인은 이 테마를 다양한 소비 상황으로 확장한다. 예를 들어, 도시의 옥상, 스키장에서의 휴식 시간, 비행기 안 또는 도심의 바에서 친구들과 함께 있는 장면에서도 사람들이 코로나를 즐기는 모습을 보여준다. 하지만 모든 광고의 마지막 장면은 다시 익숙한 열대 해변으로 돌아가며, "Find Your Beach"라는 슬로건으로 마무리된다.

코로나는 변형 광고에 "Corona Gets Its Lime(코로나, 라임을 얻다)"이라는 콘셉트를 추가하며 흥미로운 변화를 주었다. 이 새로운 캠페인은 코로나 맥주와 라임을 곁들이는 상징적인 의식(Corona+Lime ritual)을 강조하며, 코로나 특유의 기분을 생동감 있게 전달했다. 광고는 친구들과의 만남, 업무 중 휴식, 휴가와 같은 순간들을 중심으로, 지금 이 순간에 코로나가 필요하고, 이러한 선택은 오직 코로나로만 축하할 수 있다는 점을 강조한다. Corona+Lime 광고는 코로나의 상징적인 해변 이미지를 유지하면서도, 그 분위기를 단순한 햇살, 모래, 파도를 넘어서 확장하려는 목적을 담고 있다(사진 9-7).

감성과 이성의 소구 결합 많은 광고 상황에서 크리에이티브 담당자가 직면하는 결정은 감성 소구와 이성 소구 중 하나를 선택할 것인가가 아니라, 이 두 접근 방식을 어떻게 결합할 것인가다. 카피라이터 데이비드 오길비(David Ogilvy)와 조엘 라파엘슨(Joel Raphaelson)은 다음과 같이 언급해왔다.

> 어떤 종류의 구매든 순전히 이성적인 이유만으로 이루어지는 경우는 드물다. 세탁 세제처럼 순수하게 기능적인 제품조차도 지금은 감성적 이점이라 불리는 것을 제공할 수 있다. 예를 들어, 아이들이 밝고 깨끗한 옷을 입고 있는 모습을 보며 느끼는 만족감 같은 것이다. 어떤 제품군에서는 이성적 요소가 매우 작다. 여기에는 청량음료, 맥주, 화장품, 특정 퍼스널 케어 제품 그리고 대부분의 구식 제품이 포함된다. 그리고 새로운 차를 구입할 때 느끼는 그 벅찬 기쁨을 그 누가 경험해보지 않았겠는가?

소비자의 구매 결정은 종종 감성과 이성, 두 가지 동기에 기반하여 이루어지며, 효과적인 광고를 개발하려면 이 두 요소 모두에 주의를 기울여야 한다. 서비스에 대한 구매 결정 역시 이성과 감성 모두에 근거할 수 있다. 예를 들어, 많은 소비자는 항공사를 선택할 때 가격, 이용 가능 여부, 도착 및 출발 시간 그리고 마일리지나 포인트 적립 가능성과 같은 요소를 고려

사진 9-8

델타항공의 광고는 이성적 동기뿐만 아니라 감성적 동기에도 소구하는 경우가 종종 있다.

자료: Delta Air Lines, Inc.

사진 9-9

이 기발한 광고는 활발한 사람들에게 캘리포니아 아몬드의 영양적 가치를 상기시킨다.

자료: Almond Board of California

한다. 하지만 항공사들은 승객을 유치하기 위해 감성적 요소에 소구하는 것 또한 중요하다는 점을 인식하고 있다. 특히 잦은 비행을 하는 고객들은 이성적 동기뿐만 아니라 감성적 동기에 따라 특정 항공사에 충성도를 보이게 되며, 일부 항공사는 이러한 고객들과 감성적 수준에서 연결되기 위한 광고를 사용하고 있다. 예를 들어, 델타(Delta)는 2010년부터 "Keep Climbing (계속 높이 날다)" 캠페인을 진행해오고 있으며, 이 캠페인은 비행 경험을 향상시키겠다는 회사의 약속과 미래 지향적 비전을 표현한다. 이 캠페인에서 활용된 TV 광고, 영상, 인쇄물, 온라인 광고 등은 델타가 어떻게 여행객의 니즈를 충족시키고, 그들의 전체 여행 경험을 원활하게 만들어주는지를 보여준다. 예를 들어, 사진 9-8에 소개된 광고는 델타가 장거리 국제선 전 노선에 Wi-Fi를 도입하고 있음을 알리고 있다.

마케터들은 소비자와 감성적으로 연결될 수 있는 방법을 지속적으로 모색하고 있다. IMC 관점 9-1에서는 스바루 미국 법인(Subaru of America)이 "Love(사랑)" 캠페인을 통해 크리에이티브 전략을 이성 중심 광고에서 감성 중심 광고로 전환한 결정을 다룬다.

추가적인 소구 유형 모든 광고가 이성 소구나 감성 소구라는 범주에 깔끔히 들어맞는 것은 아니다. 예를 들어, 일부 브랜드의 광고는 **리마인더 광고**(reminder advertising)로 분류될 수 있는데, 이는 브랜드 인지도를 구축하거나 소비자의 기억 속에 브랜드 이름을 지속적으로 노출시키는 것을 목적으로 한다. 잘 알려진 브랜드나 시장 선도 브랜드는 타겟 시장의 소비자들 사이에서 최상위 인지를 유지하기 위해 리마인더 광고를 자주 활용한다. 예를 들어, 캘리포니아 아몬드 협회(Almond Board of California)는 사진 9-9에 제시된 것과 같은 광고를 남성 및 여성용 건강과 피트니스 중심 잡지에 게재하여, 활발하게 활동하는 사람들에게 아몬드의 영양적 가치와 단백질의 훌륭한 공급원이라는 점을 상기시킨다. 소비가 계절적 패턴을 따르는 제품과 서비스 또한 해당 시기에 맞춰 리마인더 광고를 자주 활용한다. 예를 들어, 사탕류 제품을 판매하는 마케터들은 핼러윈, 밸런타인데이, 크리스마스, 부활절 시기를 전후하여 미디어 예산을 늘리고 리마인더 광고를 진행한다.

온라인 광고는 종종 리마인더 광고의 한 형태로 작용한다. 인터넷 웹사이트에 널리 퍼져 있는 배너 광고들 중 상당수는 클릭률이 매우 낮지만, 대부분 소비자가 광고를 클릭하지 않더라도 친숙함을 형성함으로써 효과적이고 유용한 기능을 수행할 수 있다. 온라인 광고의 심리에 관련한 연구에 따르면, 배너 광고에 반복적으로 노출되면 해당 브랜드에 대한 친숙도가 높아지고 긍정적인 감정이 형성될 수 있는 것으로 나타났다. 이러한 긍정적인 감정은 종종 심리학자들이 단순 노출 효과(mere exposure effect)라고 부르는 과정을 통해 발생한다. 이는 브랜드 이름과 같은 특정 자극에 반복적으로 노출되면 그 대상에 대해 호의적인 감정이 생길 수 있다는 개념이다. 디지털 광고는 소비자가 웹사이트를 방문할 때 발생하는 우연한 노출을 통해 긍정적인 효과를 얻을 수 있지만, 많은 광고 전문가들은 소비자들이 대부분의 배너 광고는 물론, 다른 형태의 인터넷 광고까지도 무시하고 있다고 주장한다. 그들은 웹사이트를 방문한 사람들이 디지털 광고에 주의를 기울이거나 반응하도록 만드는 것이 점점 더 어려워지고 있다는 점을 지적한다.

광고주들은 신제품을 소개할 때 종종 **티저 광고**(teaser advertising)를 사용한다. 이는 제품이나 브랜드에 대해 이야기하지만 실제로는 보여주지 않음으로써 호기심, 관심, 기대감을 유도하는 방식이다. 티저 광고는 미스터리 광고(mystery ad)라고도 불리며, 다가오는 신제품 출시나 광고 캠페인에 대한 관심을 끌고 화제를 만들어내기 위해 마케터들이 활용하기도 한다. 예를 들어, 언더아머(Under Armour)는 러닝화와 농구화 등 신제품 출시와 관련하여 관심과 기대를 유도하기 위해 티저 광고를 활용한 바 있다. 또한 최근에는 사진 9-10에 제시된 것처럼, 퍼포먼스 모니터링 시스템인 Armour39™의 출시 전 캠페인의 일환으로 티저 광고를 진행했다.

티저 광고는 신작 영화나 TV 프로그램, 주요 신제품 출시를 알리는 데에도 자주 사용된다. 특히 자동차 광고주들 사이에서는 신모델 출시나 차량에 대한 주요 변경 사항을 알릴 때 티저 광고가 인기가 많다. 토르뵈르센(Thorbjorsen)과 그의 동료들이 수행한 연구에 따르면, 신제품을 미리 예고하는 온라인 티저 광고는 단순히 출시 시점에 맞춰 광고하는 것보다 제품에 대한 관심과 긍정적인 구전 효과를 더 잘 유도하는 것으로 나타났다. 티저 캠페인은 신제품에 대한 관심을 유도하는 데 효과적일 수 있지만, 너무 오래 끌면 오히려 효과가 떨어질 수 있기

사진 9-10

언더아머는 신제품 출시 전에 티저 광고를 종종 활용한다.

자료: Under Armour, Inc.

IMC 관점 9-1 > > >

"Love" 캠페인이 어떻게 스바루를 변화시켰는가

스바루(Subaru)는 1958년부터 미국에서 자동차를 판매해왔지만, 처음 40년 동안 거의 수익을 내지 못했다. 이러한 고전은 2000년대에 들어서도 계속되었다. 2000년대 초반, 스바루는 미국 시장에서 약 1%의 점유율을 가진 틈새 브랜드에 머물렀고, 경쟁이 치열한 미국 시장에서 연간 20만 대의 차량을 판매하기 위해 고군분투하고 있었다. 그러나 2018년, 스바루 미국 법인(Subaru of America Inc.)은 68만 135대라는 사상 최고 판매 실적을 보고했고, 이는 10년 연속 기록 경신이라는 성과였다. 흥미롭게도, 스바루의 이러한 반전의 시작은 2007년에 시작된 감성 중심의 "Love" 광고 캠페인으로 거슬러 올라간다. 이 캠페인은 자동차 업계에서 가장 인지도가 높고 장기적으로 지속된 캠페인 중 하나가 되었다.

1990년대부터 2000년대까지 스바루는 여러 광고대행사와 캠페인을 거치며 이성 중심의 소구를 사용한 광고를 진행했다. 이 시기의 대표적인 광고 문구로는 "What to Drive", "The Beauty of All-Wheel Drive", "Driven by What's Inside", "Think, Feel, Drive" 등이 있다. 다양한 유명인들이 스바루 차량을 광고하는 데 등장했는데, 대표적으로는 크로커다일 던디(Crocodile Dundee) 영화로 유명한 호주 배우 폴 호건(Paul Hogan)이 아웃백(Outback) 모델 광고에 출연했다. 이 외에도 테니스 스타 마르티나 나브라틸로바(Martina Navratilova)와 사이클 챔피언 랜스 암스트롱(Lance Armstrong)이 "Driven", "Tough", "Muscular"과 같은 문구가 들어간 광고에 등장했다. 이 캠페인은 라이프스타일 기반 소비자 세그먼트를 겨냥했으며, 자전거나 카누를 지붕에 실은 차량을 통해 스바루의 소비자들이 활동적인 사람들임을 강조했다. 광고 덕분에 브랜드 인지도는 소폭 증가했지만, 차량보다 유명인에게 더 많은 관심이 집중되었고, 조사 결과 미국 내 잠재 자동차 구매자의 3분의 2는 여전히 스바루라는 브랜드를 인지하지 못하고 있었다. 게다가 이성 중심 광고 소구는 실질적인 판매 증가로 이어지지 않았으며, 이에 따라 스바루 미국법인 경영진은 변화를 꾀해야 할 때임을 절감했다.

카마이클 린치(Carmichael Lynch) 광고대행사가 스바루 광고 계정을 맡으면서, 이들은 왜 자동차 소비자들이 스바루를 고려하지 않거나 구매하지 않는지를 이해하기 위한 조사를 시작했다. 인지도가 낮다는 점도 문제였지만, 브랜드를 알고 있는 소비자조차 스바루에 대해 충분히 알지 못해 긍정적인 태도를 형성하지 못했고, 그로 인해 고려나 구매로 이어지지 않는다는 사실이 밝혀졌다. 그러나 결정적인 인사이트는 기존 스바루 소유주를 대상으로 한 조사에서 나왔다. 그들에게 왜 스바루를 구입했는지를 물었을 때, 일반적으로는 안전성, 품질, 전륜구동 등 광고에서 강조된 요소들과 같은 이성적 동기를 언급했다. 하지만 대부분 소유주들은 공통적으로 스바루에 대한 깊은 애정과 충성심 그리고 이 브랜드를 얼마나 좋아하는지(loved)를 표현했다. 이 연구에서 얻은 인사이트는 새로운 광고 캠페인의 출발점이 되었으며, 이에 따라 대행사는 "Love. It's what makes a Subaru a Subaru."라는 문구를 내세운 캠페인을 개발했다.

이 캠페인은 차량을 구매할 논리적인 이유나 제품 속성, 효익에 집중하기보다는 소비자의 감성을 자극하는 데 초점을 맞췄다. 캠페인에 사용된 광고는 스바루를 타고 친구들과 캠핑 가는 장면이나, 스바루와 함께한 가족의 추억과 경험을 담고 있다. 예를 들어, 차를 자녀에게 물려주는 순간, 대학에 떠나는 자녀를 배웅하는 장면, 스바루의 안전 기능 덕분에 사고에서 살아남은 이야기 등이 담겨 있다. "Love" 캠페인은 스바루가 수십 년간 광고에서 강조해온 속성들을 감성적 내러티브 안에 통합함으로써 이전까지는 소비자에게 큰 반향을 얻지 못했던 브랜드 이미지를 효과적으로 전달했다. 이 캠페인은 스바루가 소비자와 감성적 유대를 형성하는 데 확실히 기여했다. 실제로 "Love" 광고를 본 사람들 사이에서는 스바루에 대한 인지도가 27포인트 상승했고, 친숙도는 세 배 증가했으

때문에 주의가 필요하다. 한 광고 임원은 이렇게 말한다. "우리가 생각하는 것과 달리, 소비자들은 광고에 대해 세미나를 열지는 않아요. 티저 광고에서는 제품에 대한 충분한 정보를 제공해 소비자가 '이 농담의 일원이 되었다'고 느끼게 만들어야 합니다."

또 하나 점점 인기를 얻고 있는 광고 형태는 **사용자 제작 콘텐츠**(user-generated contents, UGC)다. 이는 기업이나 광고대행사가 아닌 소비자가 광고를 직접 제작하는 방식이다. 여러 마케터들은 소비자들이 광고를 제작하고 응모하는 형태의 공모전을 기획해왔다. 프리토레이(Frito-Lay)는 이를 대규모로 활용한 최초의 기업 중 하나로, "Crash the Super Bowl(수퍼볼에 난입하라)"이라는 크리에이티브 경연 대회를 후원하고, 해당 대회에서 선정된 소비자 제작 광고를 수퍼볼 경기 중에 방영했다. 이 광고는 전문 광고인이 아닌 일반인이 기획·제작했다. 이 외에도 여러 마케터들이 TV 광고나 인쇄 광고에 크라우드소싱 방식으로 제작된 콘텐츠를 활용함으로써 자사 캠페인에 사용자 제작 콘텐츠를 적극적으로 도입하고 있다.

페이스북, 유튜브, 스냅챗, 인스타그램 등 소셜 미디어 플랫폼의 성장으로 인해 많은 마케터들이 통합 마케팅 캠페인의 일환으로 사진, 영상, 스토리와 같은 UGC를 활용하고 있다. 예

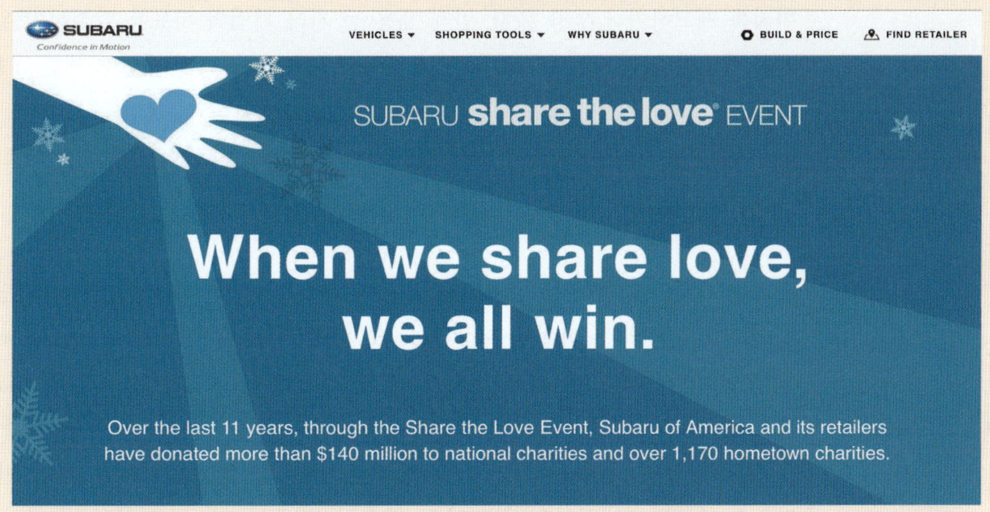

자료: Subaru of America, Inc.

며, 차량에 대한 평가도 400% 향상되었다.

"Love" 캠페인은 광고뿐만 아니라 촉진, 스폰서십, 기업 및 딜러 보유 매체, 공익 마케팅 등 스바루의 다양한 통합 마케팅 활동을 아우르기도 했다. 스바루는 애니멀 플래닛(Animal Planet)의 퍼피볼(Puppy Bowl)의 주요 후원사가 되었는데, 이는 수퍼볼 일요일에 강아지들이 미식축구장처럼 꾸며진 공간에서 뛰노는 모습을 방송하는 프로그램이다. 이는 스바루 차량 소유자의 60%가 반려견을 기르고 있다는 조사 결과에 기반한 전략이었다. 이 주제는 또한 스바루가 2008년부터 매년 연말에 진행해온 "Share the Love"라는 이름의 자선 캠페인에도 활용되고 있다. 연말 할인이나 리베이트를 제공하는 대신, 스바루는 12월 한 달간 판매된 차량 한 대당 250달러를 자선단체에 기부해왔고, 지난 10년 동안 누적 기부액은 1억 2,000만 달러를 넘는다.

그렇다면 지난 10년간의 스바루의 성공이 모두 훌륭한 광고 캠페인 덕분일까? 스바루 미국법인의 기업 커뮤니케이션 책임자는 그 기간 동안 전반적인 모든 요소가 개선되었다고 말한다. 딜러십, 전시장, 서비스, 차량 자체까지 모두 미국 시장에 더 적합하게 발전해왔다는 것이다. 하지만 여러 스바루 마케팅 임원들은 그 질문에 대해 "그렇다"고 강하게 주장한다. 한 임원은 이렇게 말한다. "사랑은 가장 강력한 감정이고, '나는 내 스바루를 사랑한다'는 우리가 가장 자주 듣는 말이다. 결국, 스바루를 스바루답게 만드는 것은 사랑이며, 사람들이 스바루를 구매하게 만드는 이유이기도 하다."

자료: Diana T. Kurylko, "How Subaru Marketing Found the 'Love'," *Automotive News*, February 12, 2018, https://www.autonews.com/article/20180212/RETAIL03/180219982/how-subaru-marketing-found-the-love; Jake Holmes, "How 'Love' Helped Kick-Start Subaru Sales in the U.S.," *motor1.com*, April 17, 2017, https://www.motor1.com/news/142732/subaru-love-ad-campaign/; Steve Olenski, "Subaru: The 50-Year-Old Brand Built on Love," *Forbes.com*, June 29, 2017, https://www.forbes.com/sites/steveolenski/2017/06/29/subaru-the-50-year-old-brand-built-on-love/#3836f2f38724.

를 들어, 벤앤제리스는 소셜 미디어에서 소비자들이 자사 제품을 태그한 이미지를 웹사이트, 블로그, 뉴스레터, 페이스북과 인스타그램 같은 다양한 플랫폼에 반영함으로써 저비용이면서도 진정성 있는 마케팅 콘텐츠로 활용하고 있다. 디즈니 역시 몇 년 전부터 #ShareYourEars(당신의 귀를 공유하세요) 캠페인을 통해 UGC를 활용하기 시작했다. 이 캠페인은 사람들에게 미키마우스 귀를 착용한 본인, 친구, 가족의 사진을 공유하도록 유도하는 방식이었으며, 사진 9-11에 해당 광고가 소개되어 있다. 디즈니는 이 캠페인을 공익 마케팅 활동의 일환으로 확장해, 참여자 한 명당 메이크어위시 재단에 5달러를 기부하겠다고 약속했다. 처음에는 기부 한도를 100만 달러로 설정했지만, 폭발적인 반응에 힘입어 이를 두 배인 200만 달러로 늘렸다. 5장에서 언급한 바와 같이, UGC는 종종 바이럴 마케팅 캠페인에도 활용된다. 브랜드에 대한 소비자의 참여를 높이고, 소비자들이 해당 브랜드와 관련된 정보나 경험을 친구들과 공유하도록 유도하기 위한 방식이다.

사진 9-11

디즈니의 #ShareYourEars 캠페인은 사용자 제작 콘텐츠를 효과적으로 활용한 사례다.

자료: Disney/Instagram, Inc.

많은 광고는 특정 제품이나 서비스를 직접 판매하기 위한 목적보다는, 기업의 이

미지를 제고하거나 투자 유치, 인재 채용 등 기타 기업적 목표를 달성하기 위해 제작된다. 이러한 광고는 일반적으로 기업 이미지 광고로 분류되며, 이에 대한 자세한 내용은 17장에서 다룬다.

광고 실행

광고 메시지의 기반이 될 구체적인 소구 방식이 결정되면, 크리에이티브 담당자 또는 팀은 이를 실제로 구현하는 작업을 시작한다. 크리에이티브 실행(creative execution)이란 광고 소구를 표현하는 방식이다. 광고가 소비자에게 전달할 의미 있는 메시지를 담고 있는 것은 물론 중요하지만, 그 메시지를 어떤 방식으로 실행하고 표현하는지도 매우 중요하다.

광고 실행의 중요성을 가장 잘 강조한 인물 중 한 명은 도일 데인 번백(Doyle Dane Bernbach) 광고대행사의 창립자인 윌리엄 번백(William Bernbach)이었다. 마틴 마이어(Martin Mayer)는 광고업계에 관한 저서 『Madison Avenue』에서 번백이 데이비드 오길비의 카피라이터 작성 규칙에 대해 남긴 유명한 응답을 소개한다. 오길비는 "광고에서 무엇을 말하느냐가 어떻게 말하느냐보다 더 중요하다"고 주장했으나, 이에 대해 번백은 이렇게 답했다. "실행이 곧 콘텐츠가 될 수 있다. 무엇을 말하느냐만큼이나 중요할 수 있다. 아픈 사람이 어떤 말을 하면 아무 일도 일어나지 않지만, 건강하고 활력 넘치는 사람이 같은 말을 하면 세상을 뒤흔든다." 번백은 당시 광고계의 혁신가 중 한 명으로서, 헤드라인과 비주얼의 활용 방식, 아트디렉터와 카피라이터 간의 협업 방식, 그리고 광고를 통해 감정과 정서를 자극하는 방식에 대한 기존의 관념을 근본적으로 바꿔놓았다.

광고 메시지는 매우 다양한 방식으로 표현되거나 실행될 수 있다. 이제부터는 가장 자주 사용되는 실행 접근 방식들을 살펴보자.

- 직접적인 판매 또는 사실 중심 메시지
- 과학적/기술적 근거 제시
- 시연
- 비교
- 증언
- 생활단편 묘사
- 애니메이션
- 인격 상징물 사용
- 이미지 묘사
- 드라마화
- 유머
- 복합 방식

직접적 판매 또는 사실 중심 메시지 가장 기본적인 형태의 광고 실행 방식 중 하나는 직접적 판매(straight sell) 또는 사실 중심 메시지(factual message)다. 이 방식은 제품이나 서비스에 관한 정보를 직접적이고 간결하게 전달하는 데 초점을 둔다. 주로 정보적/이성적 소구와 함께 사용되며, 메시지의 중심은 제품이나 서비스 자체와 그 구체적인 속성 또는 이점이다.

사진 9-12

엘비브 토탈 리페어 5 광고는 직접적 판매 방식을 활용한다.

자료: L'Oreal International

직접적 판매 방식은 인쇄 광고에서 흔히 사용된다. 광고의 일부에는 제품이나 서비스 이미지가 들어가고, 나머지 공간에는 사실 기반의 카피가 들어가는 구조다. 텔레비전 광고에서도 이 방식은 자주 활용되며, 보통 내레이터가 판매 메시지를 전달하는 동안 제품이나 서비스가 화면에 등장한다. 이 실행 방식은 고관여 소비재, 산업용 제품, 기업 간 거래 제품 등에서도 일반적으로 사용된다. 다양한 소비재나 서비스 광고에서도 활용되며, 창의적으로 잘 구현될 경우 매우 효과적일 수 있다. 예를 들어, 샴푸, 데오드란트, 화장품과 같은 퍼스널 케어 제품은 소비자가 겪는 문제를 해당 제품이 어떻게 해결해줄 수 있는지를 강조하는 직접적 판매 방식 광고를 자주 사용한다. 사진 9-12에 소개된 로레알(L'Oréal)의 엘비브 토탈 리페어 5 밤(ELVIVE Total Repair 5 balm)의 광고는 대표적인 예로, 제품 사용이 손상된 모발을 회복시키는 데 어떻게 도움이 되는지를 설명하고 있다.

과학적/기술적 근거 제시 직접적 판매 방식의 한 변형으로, 광고에서 제품의 성능이나 효능에 대한 주장을 뒷받침하기 위해 과학적 또는 기술적 근거를 제시하는 방식이 있다. 광고주는 종종 기술 정보, 과학적 또는 실험실 연구 결과, 혹은 과학 기관이나 의사, 전문 기구의 추천을 인용하여 광고 주장의 신뢰성을 높인다. 예를 들어, 불소가 충치를 예방하는 데 효과적이라는 미국치과치료협회(American Council on Dental Therapeutics)의 추천은 크레스트(Crest)를 대표 치약 브랜드로 성장시킨 광고 캠페인의 기반이 되었다. 사진 9-13에 제시된 알콘(Alcon)의 옵티프리(Opti-Free) 다기능 소독용액 광고는 이 실행 방식을 보여주는 사례로, 해당 제품이 의사들이 가장 많이 추천한 브랜드라는 점과 과학에 기반한 성능을 강조하고 있다.

사진 9-13

옵티프리는 제품의 성능을 강조하기 위해 제품이 의사들이 가장 많이 추천한 브랜드라는 점을 내세운다.

자료: Alcon, A Novartis Company

시연 시연(demonstration) 광고는 제품/서비스의 핵심적인 장점을 실제 사용 장면이나 연출된 상황을 통해 보여주는 방식이다. 이러한 실행 방식은 소비자에게 제품의 유용성이나 품질, 브랜드를 소유하거나 사용하는 데 따르는 이점을 설득력 있게 전달하는 데 매우 효과적일 수 있다. 텔레비전과 온라인 영상은 시청각 요소와 움직임을 활용해 제품의 이점이나 기능을 화면에 직접 보여줄 수 있기 때문에 시연 방식에 특히 적합하다. 비록 TV 광고만큼 극적인 효과는 없을 수 있지만, 시연 광고는 인쇄물에서도 효과적으로 작동할 수 있다. 사진 9-14에 제시된 바릴럭스 프로그레시브 렌즈 광고는 이 기법을 잘 보여주는 사례다. 광고는 W.A.V.E. 기술이 적용된 바릴럭스 프로그레시브 렌즈(Varilux Progressive Lenses)와 일반적인 누진다초점 렌즈의 시야를 비교해보여 줌으로써, 해당 렌즈의 선명한 시야를 강조하고 있다. 해당 기업은 TV와 온라인 광고에서도 이와 같은 시연 기법을 활용하고 있다.

비교 광고 실행의 한 방식으로 브랜드 간 비교를 활용하는 경우도 있

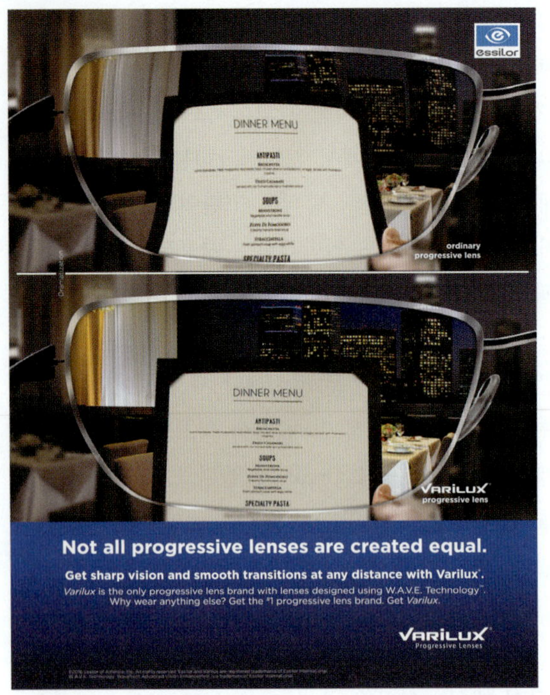

사진 9-14

이 바릴럭스 광고는 자사의 누진다초점 렌즈의 우수성을 효과적으로 시연하는 방식이다.

자료: Varilux by Essilor of America

다. 비교 방식은 최근 광고주들 사이에서 점점 더 인기를 끌고 있는데, 이는 경쟁 브랜드 대비 자사의 뚜렷한 장점을 직접적으로 전달할 수 있는 효과적인 수단이기 때문이다. 이 방식은 특히 새로운 브랜드나 인지도가 낮은 브랜드를 업계 선도 브랜드와 나란히 소개하고 포지셔닝하는 데 유리하다. 앞서 설명한 경쟁 우위 소구를 실행하는 데 자주 활용된다.

증언 많은 광고주들은 자신의 메시지를 전달하는 방식으로 증언을 선호한다. 증언은 특정 인물이 자신이 실제로 제품이나 서비스를 사용한 경험을 바탕으로 이를 칭찬하는 형식으로 구성된다. 이 방식은 일반 소비자가 브랜드를 사용하면서 겪은 경험과 그로 인한 혜택을 이야기하는 형태로도 실행될 수 있다. 이러한 접근 방식은 특히 증언을 전달하는 사람이 타겟 소비자와 쉽게 동일시될 수 있는 인물이거나, 흥미로운 이야기를 가진 사람일 경우 효과적이다. 다만 법적 문제를 피하기 위해서는 증언이 실제 제품이나 서비스 사용 경험에 기반해야 하며, 증언자가 신뢰할 수 있는 인물이어야 한다.

다이어트 제품을 비롯한 여러 광고주들은 자사 제품, 서비스, 프로그램을 광고하기 위해 이 같은 증언 형식을 자주 활용한다. 예를 들어, 제니 크레이그(Jenny Craig)는 TV 광고, 온라인 영상, 인쇄 광고에서 일반 소비자들이 자사의 프로그램을 통해 체중을 감량한 이야기를 직접 전달하는 방식을 사용한다. 사진 9-15에는 제니 크레이그 프로그램을 통해 체중 감량에 성공한 한 사람의 증언 사례가 소개되어 있다. 그녀의 증언은 제니 크레이그의 공식 웹사이트와 소셜 미디어에도 다수 게시되어 있다. 증언과 관련된 실행 방식으로는 유명인 또는 해당 제품이나 서비스 분야의 전문가가 특정 브랜드나 기업을 대신해 말해주는 형태의 보증(endorsement)이 있다. 보증은 개인적인 사용 경험에 기반하지 않아도 되며, 단순히 기업이나 브랜드에 대한 지지나 신뢰를 표현하는 방식으로 메시지를 전달한다.

생활단편 묘사 생활단편 묘사(Slice of Life)는 특히 소비재 제품이나 서비스 광고에서 널리 사용되는 광고 형식으로, 일반적으로 문제-해결 접근에 기반한다. 이 실행 방식은 소비자가 일상에서 겪을 수 있는 문제나 갈등 상황을 보여주고, 광고주의 제품이나 서비스가 그 문제를 어떻게 해결해주는지를 제시한다.

사진 9-15

제니 크레이그는 자사의 체중 감량 프로그램을 광고하기 위해 증언 기법을 활용한다.

자료: Jenny Craig, Inc.

이러한 생활단편 묘사 또는 문제-해결 실행 방식은 소비자 대상 광고에만 국한되지 않는다. 많은 기업 간 거래 광고주들도 자사 제품이나 서비스가 기업의 문제를 어떻게 해결할 수 있는지를 보여주기 위해 이 방식을 사용한다. 일부 기업 광고는 문제-해결 실행 방식의 변형으로 일명 '죽음의 장면 광고(slice-of-death advertising)'라고 불리는 기법을 활용하기도 한다. 이 방식은 공포 소구와 결합되어, 잘못된 공급업체나 서비스 제공자를 선택했을 때 초래될 수 있는 부정적인 결과에 초점을 맞춘다. 예를 들어, 페덱스(FedEx)는 중요한 소포나 문서가 제시간에 도착하지 않을 경우 벌어질 수 있는 상황을 유머러스하면서도 명확하게 보여주는 광고를 통해 거의 30년에 걸쳐 이 방식의 광고를 성공적으로 집행해왔다.

이 기법을 효과적으로 활용하기 위해서는 실행이 매우 중요하다. 이러한 광고는 소비자가 실제로 겪을 수 있는 일상적인 상황을 극적으로 재현하는 데 목적이 있기 때문이다. 광고에 등장하는 상황이나 인물에 시청자가 공감하고 몰입하게 만드는 것은 쉬운 일이 아니다. 일상 생활단편 묘사 광고의 성공은 배우들이 얼마나 자연스럽고 설득력 있게 연기하느냐에 크게 달려 있기 때문에 신뢰감을 주고 광고의 완성도를 높이기 위해 전문 배우가 기용되는 경우가 많다. 반면, 소규모 기업이나 지역 광고주는 전문 인력을 고용하거나 높은 제작 품질을 확보할 예산이 부족한 경우가 많아 이러한 형식을 활용하기 어렵다. 따라서 이 기법은 상대적으로 여유 있는 광고 예산을 보유한 기업들이 주로 활용하는 경향이 있다.

많은 마케터들은 생활단편 묘사 형식을 선호하는데, 이 방식이 문제 상황을 제시하고 그에 대한 해결책을 제안하는 데 효과적인 방법이라고 보기 때문이다. 이 형식은 유머 소구를 실행하는 데에도 효과적으로 활용될 수 있다. 예를 들어, 최근 수퍼볼에서 가장 인기 있었던 광고는 현대 제네시스(Genesis) 자동차를 위한 유머 광고였다. 이 광고에는 배우이자 코미디언인 케빈 하트(Kevin Hart)가 출연한다. "First Date(첫 데이트)"라는 제목의 광고에서 하트는 과잉보호적인 아버지 역할을 맡아, 딸의 데이트 상대에게 자신의 신형 제네시스를 빌려준다. 이 차량에는 현대의 블루링크 파인더(Blue Link Finder) 기능이 탑재되어 있어, 커플의 위치를 실시간으로 추적할 수 있다. 광고에는 커플이 영화관에서 팔짱을 끼거나, 놀이공원에서 인형을 타는 등 다양한 장면에서 하트가 그들을 몰래 지켜보는 모습이 등장한다. 가장 웃긴 장면은 도시가 내려다보이는 언덕에서 키스하려는 찰나, 헬리콥터에 매달린 하트가 등장해 "너 이 아빠가 누구인지 모르고 그러는구나!(You're messing with the wrong daddy!)"라고 소리치는 장면이다. 놀란 소년은 데이트를 일찍 끝내고 딸을 집에 데려다준다. 광고는 그가 긴장한 채 아버지에게 자동차 키를 건네고, 딸은 화난 듯 집 안으로 들어가며, 하트가 웃으며 "오늘 밤 뭐 했니?(Honey, what did you guys do tonight?)"라고 묻는 장면으로 마무리된다(사진 9-16 참조).

애니메이션 최근 몇 년 사이 인기를 끌고 있는 광고 실행 방식 중 하나는 애니메이션이다. 이 기법은 아티스트가 직접 그리거나 컴퓨터로 제작한 장면을 활용하며, 만화, 인형 또는 기타 허구의 캐릭터들이 등장할 수 있다. 특히 만화 애니메이션은 아동을 대상으로 한 광고에서

사진 9-16

현대자동차는 인기 광고인 "First Date"에서 유머를 가미한 생활단편 묘사 형식을 활용했다.

자료: Hyundai Motor America

사진 9-17

치폴레 컬티베이트 재단을 위한 "Back to the Start" 광고는 칸 라이언즈 필름 부문 그랑프리 수상작으로, 컴퓨터 그래픽 애니메이션을 활용한 작품이다.

자료: Chipotle and Cannes Lions International Advertising Festival Winner

자주 사용된다. 애니메이션 캐릭터는 그린 자이언트 베지터블(Green Giant vegetables)의 졸리 그린 자이언트(the Jolly Green Giant), 키블러 쿠키(Keebler cookies)의 키블러 요정들(the Keevler elves) 등 다양한 캠페인에서도 활용되어 왔다. 크래프트 푸즈(Kraft Foods)는 몇 년 전 미스터 피넛(Mr. Peanut) 캐릭터를 젊은 소비자에게 더욱 매력적으로 보이게 하기 위해 재탄생시켰다. 이들은 애니메이션 광고에서 로버트 다우니 주니어(Robert Downey Jr.)와 이후에는 〈Saturday Night Live〉의 빌 헤이더(Bill Hader)가 미스터 피넛의 목소리를 맡아 등장시켰다.

다수의 주요 광고주들은 TV 광고, 온라인 영상, 혹은 짧은 애니메이션 필름에 이 기법을 활용하고 있다. 예를 들어, 1장에서 언급된 바와 같이, 프락터앤갬블은 거의 20년에 걸쳐 샤밍(Charmin) 화장지 광고에서 애니메이션 곰 캐릭터를 사용해왔다. 치폴레(Chipotle) 역시 "Food With Integrity(진정성을 담은 음식)" 캠페인의 일환으로 컴퓨터 그래픽 애니메이션을 활용해 단편 영화를 제작했다. 그중 대표적인 사례는 수상작인 "Back to the Start(처음으로 돌아가다)"로, 약 2분 분량의 단편 애니메이션이다. 이 영상은 한 농부가 가족이 운영하던 농장을 점차 대규모 공장형 축산 시스템으로 바꾸어가는 과정을 그린다. 그러나 그는 곧 자신의 선택이 잘못되었음을 깨닫고, 지속 가능한 농업의 가치를 인식하면서 다시 원래의 농장 방식으로 되돌아간다(사진 9-17). 이 광고는 온라인과 영화관, 그리고 치폴레의 첫 전국 TV 광고로 방영되었으며, 칸 국제광고제(Cannes International Advertising Festival)에서 그랑프리(Grand Prix)와 골드 라이언(Gold Lion) 상을 수상했다. 또한 〈Advertising Age〉가 선정한 21세기 최고의 광고 15편 중 하나로도 이름을 올렸다. 치폴레는 "Back to the Start"의 성공을 기반으로 여러 편의 애니메이션 단편 영화를 추가로 제작했고, 이들은 많은 자연 발생적 언론 노출과 SNS 공유를 이끌어냈다. 앞으로 크리에이티브 전문가들이 컴퓨터 그래픽이나 기타 기술적 혁신을 보다 다양하게 활용하게 되면서, 애니메이션은 광고 실행 방식으로 더욱 널리 활용될 수 있다.

인격 상징물 광고 실행 방식 중 또 다른 유형은 광고 메시지를 전달하고, 기업 또는 브랜드를 대표할 수 있는 중심 인물이나 인격 상징물(personality symbol)을 개발하는 것이다. 이러한 캐릭터는 사람일 수도 있으며, 예를 들어 샤밍 화장지 광고에서 "샤밍을 누르지 마세요"라고 말하던 상징적인 인물 미스터 휘플(Mr. Whipple)이나, 제품이 너무 신뢰할 수 있어 전화가

사진 9-18

KFC는 브랜드의 인격 상징물로 커널 샌더스를 다시 등장시켰다.

자료: KFC Corporation

올 일이 없어 늘 대기만 하는 메이텍(Maytag) 수리공 같은 인물이 있다. 이 장의 도입부에서 다뤘듯이, 지난 10여 년간 여러 기업들이 자사 또는 브랜드를 위한 인격 상징물을 활용한 성공적인 광고 캠페인을 개발해왔다. 이러한 사례로는 프로그레시브 보험, 도스 에퀴스 맥주 그리고 KFC 등이 있다(사진 9-18).

인격 중심 캐릭터는 애니메이션 캐릭터나 동물을 중심으로도 형성될 수 있다. 5장에서 다룬 것처럼, 필즈베리 도우보이(Pillsbury doughboy), 토니 더 타이거(Tony the Tiger), 찰리 더 투나(Charlie the Tuna)는 각각 필즈베리 냉장 도우 제품, 켈로그 프로스트 플레이크, 스타키스트(Starkiost) 참치를 오랜 시간 동안 대표해 온 인격 상징물들이다. 최근에는 에너자이저 토끼(Energizer Bunny), 미스터 클린, GEICO 보험의 도마뱀 캐릭터, 버거킹 캐릭터 등이 잘 알려진 예에 속한다. 그중에서도 가장 인기 있고 효과적인 인격 상징물 중 하나는 애플랙(Aflac) 오리 캐릭터로, 지난 20여 년 동안 이 보조 보험 회사를 소비자에게 알리고 판매를 늘리는 데 큰 역할을 해왔다. 애플랙은 이 광고 상징이 지닌 강력한 자산 가치를 활용하기 위해 해당 캐릭터를 자사의 새롭게 디자인한 기업 로고에 통합하기도 했다.

이미지 묘사 어떤 광고들은 브랜드나 회사에 대한 정보가 거의 없거나 아예 없는 경우도 있고, 시각적 요소로만 구성된 것을 본 적이 있을 것이다. 이러한 광고는 정보를 중심으로 하기보다는 이미지 묘사를 실행하는데, 주로 사진, 일러스트, 상징 등 시각적 요소들로 이루어진다. 이미지 묘사 실행은 소비자들이 광고 속에 등장하는 상징, 인물, 상황 등을 브랜드와 연관짓도록 유도하는 데 목적이 있다. 이미지 묘사 광고는 제품의 물리적 특성만으로는 차별화하기 어려운 제품이나 서비스에 감성 소구를 적용하고자 할 때 자주 사용된다. 예를 들어, 탄산음료, 주류, 디자이너 의류, 화장품 광고에서 흔히 볼 수 있다. 하지만 이미지의 중요성은 특정 제품군에만 국한되지 않는다. 마케터들은 자사 브랜드에 대해 소비자들이 긍정적인 심리·사회적 연상을 갖길 원하기 때문에, 모든 제품이나 서비스에 있어서도 이미지는 중요한 역할을 한다.

사진 9-19

미쉐린의 이 옥외 광고는 눈길에서 타이어의 우수한 접지력을 강조하기 위해 이미지 묘사를 활용하고 있다.

자료: Michelin North America Inc.

이미지 묘사 실행은 브랜드가 어떻게 사용되는지, 또는 어떤 상황에서 사용되는지를 보여주는 제품사용 이미지 묘사(usage imagery)를 기반으로 할 수 있다. 예를 들어, 트럭이나 SUV 광고는 차량이 험난한 지형을 주행하거나 무거운 짐을 견인하는 등의 도전적인 상황을 묘사하는 경우가 많다. 이러한 제품사용 이미지 묘사의 뛰어난 사례로는 사진 9-19에 제시된 미쉐린(Michelin) 타이어의 수상작 옥외 광고가 있다. 이 기발한 광고에서는 미쉐린의 상징인 "미쉐린 맨(Michelin Man)"의 팔이 SUV가 눈길 언덕을 오르도록

사진 9-20

"Yes To"의 광고는 재미있고 자유분방한 브랜드 이미지를 만들어낸다.

자료: YESTO, Inc.

도와주는 장면을 보여준다. 제품사용 이미지 묘사는 서비스나 호텔, 리조트 같은 체험 마케팅에서도 자주 활용된다. 기업의 서비스 제공과 관련된 긍정적인 이미지를 전달하는 데 효과적이기 때문이다. 이와 유사하게, 사용자 이미지 묘사(user imagery)를 중심으로 구성된 광고도 있다. 이 경우에는 브랜드를 사용하는 사람의 유형에 초점을 맞춘다. 예를 들어, 화장품, 보석, 디자이너 의류 같은 제품 광고는 광고에 등장하는 인물의 특성과 브랜드를 연결시켜 사용자 이미지 묘사를 형성한다. 이런 이미지는 소비자의 라이프스타일, 가치관, 성격 또는 기타 특성을 기반으로 할 수 있다. 이미지 묘사 실행은 사진, 색감, 톤, 디자인 등 시각적 요소에 크게 의존하여 소비자에게 원하는 이미지를 전달한다. 사진 9-20에 제시된 Yes To 천연 스킨케어 제품 광고는 사용자 이미지 묘사를 기반으로 한 좋은 예다. 램베시스 에이전시는 "Yes To You(당신을 위한 긍정)" 캠페인을 통해 자연주의 스킨케어의 전형적인 틀을 깨고, 브랜드에 재미있고 발랄하며 자유로운 이미지를 부여하고자 했다. 이 캠페인은 온라인과 소셜 미디어에서 활용되는 배너 광고와 영상 시리즈로 구성되어 있으며, "당신은 무엇에 Yes 하나요?"라는 질문을 통해 소비자의 참여를 유도하고, 브랜드 사용자들이 장난스럽고 자유로운 행동을 하는 모습을 보여준다. 이미지 묘사 실행을 활용하는 마케터는 브랜드와 연결되는 사용 또는 사용자 이미지 묘사가 타겟 소비자에게 올바른 감정과 반응을 유도할 수 있도록 주의해야 한다.

드라마화 텔레비전 광고에 특히 잘 어울리는 또 다른 실행 기법은 드라마화다. 이 방식은 제품이나 서비스를 주인공으로 삼아 짧은 이야기를 전달하는 데 중점을 둔다. 드라마화는 문제-해결 접근에 자주 기반한다는 점에서 생활단편 묘사 형식과 유사하지만, 이야기 구성에 더 많은 긴장감과 흥미 요소를 포함하는 것이 특징이다. 드라마화를 사용하는 목적은 시청자가 광고 속 이야기 속으로 몰입하게 만드는 것이다. 드라마화를 지지하는 이들은 이 방식이 성공할 경우, 시청자가 이야기 속에 빠져들어 등장인물의 고민과 감정을 함께 느끼게 된다고 설명한다. 산드라 모리아티(Sandra Moriarty)에 따르면, 드라마화 광고는 다음의 다섯 가지 기본 단계를 따른다.

> 첫 번째 단계는 도입부로, 이후 전개될 행동이나 상황을 위한 무대가 마련되는 부분이다. 다음은 갈등단계로, 문제가 무엇인지 제시하는 기법이다. 드라마화 구조의 중간 부분은 고조되는 전개에 해당하며, 이야기의 흐름이 점차 긴장감을 더해가고 갈등이 심화된다. 네 번째 단계는 절정으로, 이 시점에서 문제가 해결된다. 마지막 단계는 해결로, 이야기를 정리하는 부분이다. 광고에서는 이 단계에서 제품의 명확한 제시와 함께 소비자의 행동을 유도하는 메시지가 포함된다.

마리오 프리켄(Mario Pricken)은 그의 저서 『Creative Advertising』에서 드라마화 실행 방식으로 스토리를 전달할 때 고려해야 할 여러 가지 중요한 질문들을 제시한다. 예를 들어, "제품의 장점을 가장 잘 보여줄 수 있는 일상적인 상황은 어떤 것인가?", "제품이 가장 친한 친구나 파트너처럼 등장할 수 있는 스토리는 어떤 것인가?", "일상적인 상황 속에서 제품이 도발적인 방식으로 주목받을 수 있는 상황은 무엇인가?", "어떤 상황에서 제품이 주인공, 생명의 은인,

사진 9-21

"Truth About Opioids" 캠페인은 광고와 영상을 통해 드라마화 기법을 활용하여 청소년들에게 오피오이드 위기에 대해 알리고 있다.

자료: Rhode Island Department of Health

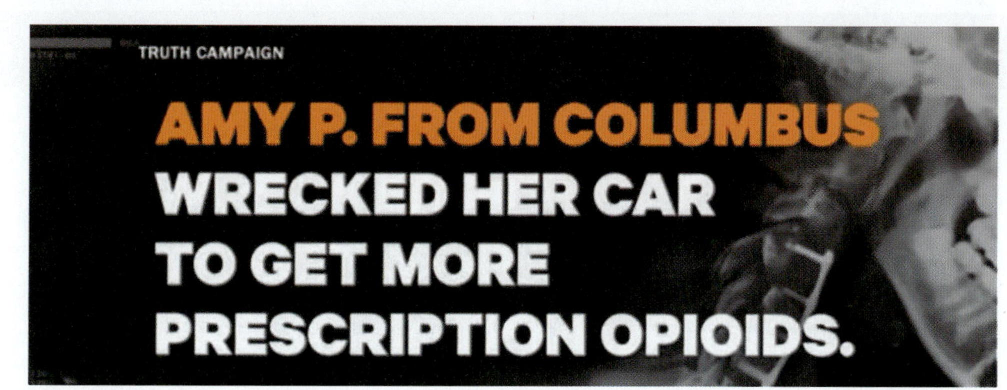

혹은 조력자가 될 수 있는가?", "제품이 등장해 사람들을 웃게 만들 수 있는 일상적인 이야기는 어떤 것이 있을까?"와 같은 질문들이다. 그는 또한 이야기 전달에 가장 적합한 드라마 스타일 역시 다양하다고 언급한다. 여기에 해당하는 장르로는 스릴러, 모험, 코미디, 슬랩스틱, 러브 스토리, 다큐멘터리 등이 있으며, 이에 국한되지는 않는다.

크리에이티브 팀이 드라마화 실행 방식을 사용할 때 직면하는 과제 중 하나는 이러한 다양한 요소를 30초라는 일반적인 광고 시간 안에 효과적으로 담아내야 한다는 점이다.

많은 마케터들이 자사 웹사이트뿐만 아니라 유튜브, 페이스북, 인스타그램 등 다양한 소셜 미디어 플랫폼에서도 시청할 수 있는 단편 영상 형식으로 드라마화 기법을 활용하고 있다. 드라마화의 효과적인 활용 사례로는 트루스 이니셔티브(Truth Initiative)가 진행한 "Truth About Opioids(오피오이드에 대한 진실)" 캠페인이 있다. 트루스 이니셔티브는 청소년의 담배 및 약물 사용을 예방하는 데 전념하는 비영리 공중보건 기관이다. 이 캠페인은 강렬한 메시지를 전달하는 드라마화(dramatization) TV 광고를 중심으로 구성되어 있다. 예를 들어, 한 소녀가 더 많은 처방 진통제를 얻기 위해 고의로 자신의 차를 벽에 들이받거나, 한 건설 노동자가 팔을 일부러 문에 끼워 부상을 입히는 장면이 등장한다. 각각의 광고는 "진실을 알자, 진실을 전하자"라는 명확한 행동 유도 메시지로 마무리된다(사진 9-21). 캠페인의 두 번째 단계에서는 '레베카의 이야기(Rebekkah's Story)'라는 제목의 단편 영상을 통해 한 젊은 여성이 오피오이드 중독에서 금단, 치료, 회복에 이르는 과정을 집중적으로 다룬다. 이 캠페인은 트루스 이니셔티브와 미국 백악관 마약정책국(Office of National Drug Control Policy), 광고위원회(Ad Council)가 협력하여 청소년 및 청년층의 오피오이드 오남용을 예방하고 줄이며, 중독에 대한 낙인을 완화하고 치료의 중요성을 부각시키기 위해 함께 진행한 것이다.

유머 비교 광고처럼 유머도 6장에서 광고 소구의 한 유형으로 다뤄졌지만, 이 기법은 다른 광고 소구를 전달하는 하나의 방식으로도 사용될 수 있다. 유머를 활용한 실행 방식은 특히 텔레비전이나 라디오 광고에 잘 어울리며, 일부 인쇄 광고에서도 이 유형이 시도되기도 한다. 유머를 광고 실행 방식으로 사용할 때의 장단점은 소구로 활용할 때와 유사하지만, 중요한 점은 유머의 효과가 얼마나 잘 실행되었는지에 크게 좌우된다는 것이다. 광고학 교수 찰스 테일러(Charles Taylor)는 유머 소구의 효과를 결정짓는 핵심 요소로 콘셉트와 실행이라는 두 가지를 제시하며, 이 중에서 실행이 더 중요한 경우가 많다고 강조한다. 예를 들어, 테일러는 프로그레시브 보험 광고에서 성격 중심의 캐릭터인 플로를 활용한 캠페인이 성공할 수 있었던 주요 이유로 광고를 제작한 아놀드 월드와이드 대행사의 뛰어난 실행력을 꼽는다.

IMC 관점 9-2 > > >

다사니(DASANI): 변화를 만들기 위해 설계된 브랜드

수십 년간 음료 산업의 마케팅 전쟁은 탄산음료 시장 점유율을 둘러싸고 벌어졌다. 20세기 후반 동안, 코카콜라(Coke)와 펩시(Pepsi)는 오랜 시간 미국에서 가장 인기 있는 음료였던 탄산음료 시장을 양분하며 이른바 '콜라 전쟁'을 치렀다. 1990년대까지 병에 담긴 생수는 미국 음료 시장에서 극히 작은 비중만을 차지했고, 그나마도 페리에(Perrier), 에비앙(Evian) 같은 고급 브랜드들이 시장을 주도하고 있었다. 하지만 20세기의 마지막 10년 동안 음료 소비 패턴에 변화가 나타났다. 탄산음료 판매가 정체되기 시작한 반면, 병에 담긴 생수는 대중 시장 음료 부문에서 가장 빠르게 성장하는 분야가 되었다. 음료 기업들은 소비자들이 점점 더 건강하고 간편하며 무칼로리인 병에 담긴 생수를 다른 음료보다 선호한다는 점을 인식하고, 시장 점유율을 확보하기 위해 새로운 제품을 잇달아 출시하기 시작했다.

병에 담긴 생수 시장이 빠르게 성장하는 동안에도 코카콜라사(Coca-Cola Company)는 소비자들이 과연 생수를 돈 주고 사서 마실지에 대해 회의적이었고, 여전히 탄산음료 및 기타 음료 제품에 집중하고 있었다. 그러나 펩시의 아쿠아피나(Aquafina), 네슬레(Nestlé)의 폴란드 스프링(Poland Spring) 등 여러 브랜드가 빠르게 성장하는 시장에서 성공을 거두자, 결국 코카콜라사도 방향을 전환해 병에 담긴 생수 시장에 진출하게 되었다. 코카콜라사는 1999년 다사니(DASANI) 생수를 출시했다. 병에 담긴 생수 부문의 강력한 성장세와 함께 코카콜라사의 광범위한 유통망이 시너지를 일으키며, 다사니는 2006년까지 연평균 20%의 성장률을 기록했고 소매 매출 10억 달러 규모의 브랜드로 자리 잡았다. 그러나 2007년 무렵부터 병에 담긴 생수 시장의 마케팅 환경은 변화하기 시작했다. 다사니, 아쿠아피나, 애로헤드(Arrowhead) 등 주류 브랜드들은 점점 일상화되고 차별성이 약해지며 프라이빗 라벨 제품과 비타민워터(vitaminwater®) 같은 기능성 수분 음료 브랜드에 시장 점유율을 빼앗기기 시작했다. 코카콜라사는 다사니가 프리미엄 브랜드인 스마트워터(smartwater®), 보스(Voss), 에토스(Ethos), 피지(Fiji), 에비앙과 같은 고급 생수 브랜드와 저가 프라이빗 라벨 브랜드 사이에 끼인 채 애매한 포지션에 놓이게 되었음을 인식했다. 여기에 더해 소비자와 유통업체 사이에서 플라스틱 병의 폐기 문제와 브랜드 수 과잉에 대한 환경적 우려도 커지고 있었다. 결국 2000년대 후반에 접어들며, 월마트(Walmart)를 포함한 주요 유통업체들은 다사니와 같은 주류 병에 담긴 생수 브랜드의 취급을 중단하기 시작했다.

2009년, 코카콜라사는 다사니 브랜드의 새로운 광고대행사로 램베시스(Lambesis)를 선정했다. 램베시스는 가장 먼저, 다사니가 고가 프리미엄 브랜드와 저가 프라이빗 브랜드 사이에 끼여 시장에서 압박을 받고 있다는 점을 인식했고, 이를 방어하기 위해 다사니를 가장 열망의 대상이 되면서도 쉽게 접근할 수 있는 주류 브랜드로 포지셔닝해야 한다고 판단했다. 당시 병에 담긴 생수 시장은 맛이나 기능성, 웰빙과 같은 속성을 강조하는 경쟁 브랜드들이 주도하고 있었지만, 이러한 주장들은 신뢰를 유지하거나 지속적인 성공을 거두기에는 어려움이 있었다. 전략적 어카운트 플래닝 과정에서 진행된 조사 결과, 생수를 자주 마시는 소비자들은 '물'을 병에 담긴 음료로 보기보다는 마음과 몸, 영혼을 상쾌하게 해주는 존재로 인식하고 있다는 사실이 드러났다. 이러한 통찰을 바탕으로 램베시스는 통합 마케팅 커뮤니케이션 전략을 수립했다. 이 전략은 다사니 생수를 언제 어디서나 상쾌한 기분을 주며 몸과 마음에 활력을 불어넣는, 기분 좋은 맛의 동반자로 포지셔닝하는 것을 목표로 했다. 이를 통해 하루의 모든 순간에서 소비자가 리프레시되고 기분 좋게 느낄 수 있도록 브랜드를 자리매김하고자 했다.

램베시스는 병에 담긴 생수에 대한 환경적 우려 역시 반드시 다루어야 할 과제이며, 동시에 차별화의 기회가 될 수 있다는 점을 인식했다. 당시 코카콜라사는 일부 음료에 사용 중이던 플랜트보틀(PlantBottle®) 패키지를 개발했는데, 이는 최대 30%의 식물성 원료를 사용한 100% 재활용 가능한 병이었다. 회사는 다사니 브랜드를 이보다 친환경적인 병으로 다시 출시할 준비를 마쳤고, 이 재출시가 소비자뿐만 아니라 유통업체에게도 브랜드를 친근하고 의미 있게 느끼도록 만들어야 한다는 점을 잘 알고 있었다. 램베시스는 이번 리브랜딩 캠페인이 다사니 브랜드에 두 가지 측면에서 도움이 될 수 있다고 판단했다. 첫째, 보다 간단한 방식으로 환경을 의식하려는 '라이트 그린(light green)' 소비자들에게 소구

복합 방식 많은 광고 실행 기법들은 광고 메시지를 전달하기 위해 서로 결합되어 사용될 수 있다. 예를 들어, 애니메이션은 인격 상징물을 만들거나 환상적인 장면을 연출하는 데 자주 활용된다. 생활단편 묘사 광고는 제품이나 서비스를 시연하거나 다양한 감성 소구의 기반으로 사용되는 경우가 많다. 비교 기법은 종종 유머와 결합해 표현되기도 한다. 페덱스는 죽음의 장면 광고 형식을 유머로 풀어낸 광고를 통해, 다른 배송 서비스를 이용했다가 중요한 문서가 제시간에 도착하지 않아 심각한 결과를 겪는 비즈니스 인물들을 보여주었다. 광고 제작에 있어 한 가지 이상의 실행 기법을 사용할지 여부는 크리에이티브 전문가의 판단에 달려 있다. IMC 관점 9-2에서는 다양한 광고 실행 기법을 조합하여 다사니(DASANI)를 병에 담긴 생수 시장의 선두 브랜드로 자리 잡게 만든 광고 사례를 소개하고 있다.

하고, 둘째, 경쟁이 치열한 병에 담긴 생수 시장에서 다사니를 보다 프리미엄한 브랜드로 포지셔닝하는 것이다. 에이전시는 친환경 메시지와 프리미엄 디자인 감성을 결합한 완전한 통합 리브랜딩 캠페인을 개발했다. 이 캠페인은 다사니 브랜드와 플랜트보틀 패키지 그리고 브랜드의 지속 가능성 플랫폼을 함께 강조했다. 모든 크리에이티브 작업에는 물이 가진 순수하고 깨끗하며 상쾌한 느낌을 시각적으로 표현하기 위해 매끈하고 미니멀한 디자인 미학이 일관되게 적용되었다.

이번 캠페인에 사용된 인쇄 및 옥외 광고는, 식물로부터 '성장'한 듯한 플랜트보틀 패키지를 중심으로 한 인상적인 자연 이미지에 초점을 맞췄다. 램베시스는 친환경 패키지 디자인을 강조하기 위해 100% 재활용지에 식물이 자라도록 제작된 씨앗 종이 잎사귀를 포함한 혁신적인 인쇄물을 제작했다. 이러한 씨앗 종이는 친환경 메시지와 함께 실제 매장 내 제품에 부착되어, 다사니의 지속 가능성에 대한 브랜드의 의지를 소비자에게 더욱 직접적으로 전달했다. 통합 캠페인은 TV 광고도 포함했다. 첫 번째 광고는 밝고 청량한 자연 이미지를 활용해 브랜드의 지속 가능성에 대한 의지를 시각화하고, 다사니 생수를 깨끗하고 상쾌하며 신선한 브랜드로 묘사했다. 두 번째 광고는 클래식 곡인 처비 체커(Chubby Checker)의 "The Twist"를 배경 음악으로 사용했으며, 친근하고 유쾌한 분위기를 통해 플랜트보틀을 '비틀어' 간편하게 재활용할 수 있다는 메시지를 효과적으로 전달했다. 이 "Twist" 광고는 에이스 메트릭스(Ace Metrix)가 올림픽 중계 기간 동안 방영된 광고를 대상으로 실시한 조사에서, 시청자에게 두 번째로 가장 인상 깊은 광고로 선정되었다. 이 광고는 나이키, 삼성, 올드 스파이스 등 훨씬 자주 노출된 브랜드들의 광고보다 높은 평가를 받았다.

이 창의적인 인쇄 광고는 다사니의 새로운 플랜트보틀 패키징을 소개하는 데 쓰였다.

자료: Dasani by The Coca-Cola Company

이번 통합 캠페인은 매우 성공적이었다. 다사니는 이 캠페인을 통해 주요 유통 채널에서의 입점을 다시 확보할 수 있었고, 고가의 프리미엄 브랜드와 저가의 프라이빗 라벨 제품 사이에서 대중적인 프레스티지 브랜드로 확실히 자리매김하게 되었다. 이처럼 다사니 생수의 성공적인 재포지셔닝에 힘입어, 코카콜라사는 IMC 캠페인을 통해 구축된 브랜드 자산을 더욱 확장하기로 결정했다. 그 첫 번째 제품 확장은 제로 칼로리 맛 첨가제인 다사니 드롭스(DASANI DROPS)였으며, 이어서 탄산수 음료인 다사니 스파클링(DASANI Sparkling)이 출시되었다.

램베시스 에이전시가 진행한 크리에이티브 작업은 다사니 생수를 흔한 생수 브랜드로 전락할 위기에서 벗어나 판매 금액 기준으로 가장 높은 순위를 기록한 브랜드 생수로 끌어올리는 데 큰 역할을 했다. 또한 오늘날 병에 담긴 생수는 연간 약 190억 달러의 매출을 기록하며 미국 최대의 음료 카테고리로 자리 잡았다. 다사니 브랜드는 건강하고 간편하며 상쾌한 음료를 선호하는 소비자 트렌드와 함께 코카콜라사의 제품 포트폴리오 내에서 중요한 위치를 차지하고 있다. 이러한 변화 속에서 다사니 생수는 앞으로도 맑고 깔끔한 스타일의 순수하고 청량한 맛을 전달하는 브랜드로 자리매김해 나갈 것이다.

자료: Rachel Arthur, "Bottled Water Is America's Favorite Drink!," *Beverage daily.com,* June 1, 2018, https://www.beveragedaily.com/Article/2018/06/01/Bottled-water-takes-top-spot-in-US-in-2017; personal communication with The Lambesis Agency; Elizabeth Whitman, "The Ad Campaign That Convinced Consumers to Pay for Water," *Priceonomics,* June 2016, http://priceonomics.com/the-ad-campaign-that-convinced-americans-to-pay.

크리에이티브 전술

지금까지의 논의는 크리에이티브 전략의 개발과 광고 메시지에 사용될 수 있는 다양한 소구와 실행 방식에 초점을 맞춰왔다. 크리에이티브 접근 방식, 소구 유형, 실행 스타일이 결정되면, 이제는 실제 광고를 제작하는 단계로 관심이 이동한다. 광고 메시지를 설계하고 제작하는 과정에는 여러 가지 활동이 포함된다. 여기에는 광고 문안을 작성하고, 일러스트와 기타 시각적 요소를 개발하며, 이 모든 구성 요소를 하나로 통합해 효과적인 메시지를 만드는 작업이 포함된다. 이 절에서는 광고의 언어적 요소와 시각적 요소를 살펴보고, 인쇄 광고와 TV 광고를 제작할 때 고려해야 할 전술적인 측면들에 대해 다룰 것이다.

인쇄 광고를 위한 크리에이티브 전술

인쇄 광고의 기본 구성 요소는 헤드라인, 본문 카피, 시각 요소 또는 일러스트레이션 그리고 이 모든 요소가 어떻게 조화를 이루는지를 보여주는 레이아웃이다. 광고의 헤드라인과 본문 카피는 카피라이터가 담당하며, 시각적 표현은 보통 아트 디렉터의 지시 아래 작업하는 아티스트가 맡는다. 아트 디렉터는 카피라이터와 협력하여 헤드라인, 서브헤드 본문 카피, 일러스트레이션, 캡션, 로고 등 광고의 다양한 요소를 어떻게 배치할지를 계획한다. 이 장에서는 인쇄 광고의 세 가지 구성 요소와 그것들이 어떻게 조화롭게 구성되는지를 간략히 살펴본다.

헤드라인 **헤드라인**(headline)은 광고에서 가장 눈에 띄는 위치에 있는 문구로, 독자가 가장 먼저 읽게 되거나 가장 많은 주목을 받도록 배치된 단어들이다. 일반적으로 큰 글씨로 설정되며, 본문 카피나 텍스트 부분과 구분되어 강조된다. 많은 광고 전문가들은 헤드라인을 인쇄 광고에서 가장 중요한 요소로 여긴다.

헤드라인의 가장 중요한 기능은 독자의 주의를 끌고 광고의 나머지 메시지에 관심을 갖게 만드는 것이다. 물론 광고의 시각적 요소도 매우 중요하지만, 헤드라인이 독자의 시선을 끄는 데 가장 큰 역할을 한다. 연구에 따르면, 인쇄 광고에서 사람들이 가장 먼저 보는 것은 헤드라인이고, 그 다음이 일러스트레이션이다. 전체 독자의 약 20%만이 헤드라인을 넘어 본문 카피까지 읽는다고 한다. 따라서 헤드라인은 주의를 끄는 것을 넘어서 독자가 본문을 읽도록 설득하는 기능도 수행해야 한다. 이를 위해 헤드라인은 광고의 핵심 주제, 소구 또는 제안을 몇 마디 말로 간결하게 전달해야 한다. 일부 인쇄 광고는 본문 카피가 거의 없거나 전혀 없는 경우도 있기 때문에 이럴 때는 헤드라인이 일러스트와 함께 광고 메시지 전체를 전달하는 역할을 한다.

헤드라인은 특정 제품이나 서비스를 구매할 가능성이 높은 소비자의 관심과 주의를 끌어내는 세분화 기능도 수행한다. 광고주는 비즈니스, 여행, 패션 잡지 등 특정 유형의 매체를 선택함으로써 먼저 매체 수준에서 타겟 세분화를 시작한다. 하지만 효과적인 헤드라인은 그보다 한 발 더 나아가, 소비자의 구체적인 필요, 욕구, 관심사를 직접적으로 건드림으로써 보다 정밀하게 유망한 고객을 선별한다. 예를 들어, 사진 9-22에 제시된 UPS 광고의 헤드라인은 일상적인 배송 서비스에 의존하는 소규모 사업자를 겨냥해 작성된 것이다. 이 헤드라인은 의외의 전제를 사용해 시선을 끌고, 이어지는 광고 카피는 UPS의 액센트 포인트(Accent Point) 위치들이 전국 8,000개 이상의 지역 비즈니스를 어떻게 지원하고 있는지를 설명한다. 이 광고는 "United Problem Solvers (함께 문제를 해결하는 사람들)" 캠페인의 일환으로, UPS가 소기업부터 대기업까지 다양한 고객들의 문제를 어떻게 해결할 수 있는지를 강조한다.

사진 9-22

이 UPS 광고의 헤드라인은 소규모 사업자의 주의를 끌기 위해 설계되었다.

자료: United Parcel Service

헤드라인의 종류 헤드라인은 매우 다양한 방식으로 작성될 수 있다. 어떤 유형의 헤드라인이 사용되는지는 여러 요소에 따라 달라지는데, 여기에 포함되는 것은 크리에이티브 전략, 광고가 놓인 특정 상황(예: 제품 유형, 사용되는 매체, 시의성), 그리고 광고 내 일러스트레이션이나 본문 카피와의 관계 등이 있다. 헤드라인은 크게 직접적 헤드라인과 간접적 헤드라인

사진 9-23

이 키위 구두약 광고는 간접적 헤드라인을 사용하여 사람들이 본문 카피를 읽도록 유도한다.

자료: S. C. Johnson & Son, Inc.

으로 구분할 수 있다. **직접적 헤드라인**(direct headlines)은 메시지의 전달이나 대상 독자에 대한 접근 방식이 간단하고 명확하며, 보통 특정한 이점을 제시하거나, 약속을 하거나, 독자가 제품이나 서비스에 관심을 가질 만한 이유를 직접적으로 전달하는 데 사용된다.

간접적 헤드라인(indirect headlines)은 제품이나 서비스를 직접적으로 밝히거나 요점을 곧바로 전달하지 않는다. 그러나 이 방식은 독자의 호기심을 자극하고, 본문 카피를 통해 답이나 설명을 얻고자 하는 욕구를 불러일으키기 때문에 오히려 더 효과적으로 주의를 끌 수 있다. 간접적 헤드라인을 작성하는 기법으로는 질문, 도발적인 표현, 방법 제시 문장, 도전적 문구 등을 활용하는 방식이 있다. 이러한 헤드라인은 호기심이나 흥미를 유발해 독자가 광고 메시지에 더 몰입하고 본문까지 읽도록 유도하는 데 목적이 있다. 다만, 헤드라인이 충분히 흥미롭지 않다면 독자의 관심을 끌지 못할 위험도 존재한다. 광고주들은 이러한 문제를 해결하기 위해 관심이나 궁금증을 유발할 만한 간접적 헤드라인을 사용하고, 여기에 더해 시각적으로 강한 이미지 요소를 결합해 시선을 끌고 메시지를 더 읽고 싶게 만든다. 그 좋은 사례가 사진 9-23에 소개된 키위(Kiwi) 구두약 광고다. 이 광고는 "First Steps(첫걸음)" 캠페인의 일부로, 작가 어니스트 헤밍웨이(Ernest Hemmingway), 간호 선구자 플로렌스 나이팅게일(Florence Nigtingage), 전설적인 미식축구 감독 빈스 롬바르디(Vince Lombardi), 대통령 에이브러햄 링컨(Abraham Lincoln) 등 미국의 상징적인 인물들의 삶을 조명한다. 인쇄 광고는 이들의 놀라운 인생 여정의 시작을 조명하는 장문의 본문 카피를 중심으로 구성되어 있으며, 독자의 관심을 끌고 메시지를 읽게 만들기 위해 인상적인 헤드라인이 반드시 필요하다. 예를 들어, 이 광고에서는 전 헤비급 복싱 챔피언 무하마드 알리(Muhammad Ali)의 이야기를 다루며, 그의 활달한 성격을 반영한 재치 있는 헤드라인을 사용했다. 알리는 자신을 종종 "최고"라고 표현하며, 말하는 것을 좋아하고 상대를 도발하는 것으로도 유명했다.

사진 9-24

이 GEICO 광고는 서브헤드를 활용해 본문 카피를 더 쉽게 읽을 수 있도록 하면서 제품의 특징과 이점을 강조하고 있다.

자료: GEICO

"You could save hundreds by switching to GEICO."

WITH GEICO, IT'S EASY TO SAVE.
I'm here to save you money. Well…not really here in your kitchen, but you know what I mean.

People say to me, I don't have time to shop for car insurance. And I say to them, have you ever made $500 in 15 minutes? Go to **geico.com**. Answer some quick questions and you get an accurate rate quote. You buy right then, or if you want, call **1-800-947-AUTO** to buy over the phone. Either way, you could save $500.

VALUE. IT'S SAVINGS AND SERVICE.
People know they could save hundreds. But what about GEICO's service? I tell people, GEICO isn't just about saving hundreds. There's also the 24/7 service with real live people. They're on the phones at all hours answering your questions. And you can also get the help you need at **geico.com**.

CLAIMS MADE EASY.
A friend gets into a small accident. Everyone is OK. When he gets home he goes to **geico.com**, reports the claim and schedules an appointment. Later he goes back to the website, prints out his estimate and views photos of the damage. He then goes to a GEICO-approved shop and his claim repairs are guaranteed for as long as he owns his car. Now that's what I call service.

DEPENDABILITY. IT'S THE GEICO WAY.
I get asked, how dependable is GEICO? They've been consistently protecting drivers and delivering great value for more than 70 years. That sounds dependable to me.

PROTECT LOTS OF THINGS WITH GEICO.
Sure, GEICO does cars. Everyone knows that. But, you could also save big when GEICO insures your motorcycle or ATV. Homeowner's and renter's insurance? GEICO can help you with those, and boats and PWCs, too.

LOOK, IT ALL MAKES A LOT OF SENSE.
It's easy to switch, so contact GEICO. You'll get the value and claim service all my mates love.

15 minutes could save you 15%.

GEICO
geico.com
1-800-947-AUTO
or call your local office.

서브헤드 많은 광고들이 하나의 헤드라인만을 사용하지만, 인쇄 광고에서는 메인 헤드라인 외에 하나 이상의 보조 헤드, 즉 **서브헤드**(subheads)가 함께 사용되는 경우도 흔하다. 서브헤드는 일반적으로 메인 헤드라인보다는 작지만 본문 카피보다는 큰 글씨 크기로 설정된다. 서브헤드는 본문이 많은 광고에서 내용을 나누고 주요 판매 포인트를 강조함으로써 메시지의 가독성을 높이는 데 활용된다. 이때 서브헤드는 헤드라인이나 광고 슬로건, 전체 테마와 연결되는 내용을 담아 메시지를 보강한다. 사진 9-24에 제시된 GEICO 자동차 보험 광고는 광고 본문의 양이 많은 경우 서브헤드를 효과적으로 활용해 주요 메시지를 부각시킨 좋은 사례다.

본문 카피 인쇄 광고에서 본문의 주요 텍스트 부분은 **본문 카피**(body copy) 또는 단순히 카피(copy)라고 불린다. 본문 카피는 일반적으로 광고 메시지의 핵심을 담고 있지만, 타겟 독자가 실제로 이를 읽게 만드는 일은 쉽지 않다. 카피라이터는 본문 카피가 광고주의 메시지를 충분히 전달할 수

사진 9-25

이 광고는 새로운 혼다 시빅의 디자인 과정을 보여주기 위해 재치 있는 시각 이미지를 활용하고 있다.

자료: American Honda Motor Co., Inc. and Rubin Postaer and Associates

있을 만큼 길어야 하면서도, 독자의 흥미를 유지할 수 있을 만큼은 짧아야 한다는 딜레마에 직면한다.

본문 카피의 내용은 종종 헤드라인이나 여러 서브헤드에서 제시된 핵심 내용을 이어받아 구성되지만, 구체적인 내용은 사용되는 광고 소구 방식이나 실행 스타일에 따라 달라진다. 예를 들어, 제품 관련 정보, 특징과 이점, 경쟁 우위 등을 명확하게 전달하는 직설형 카피는 앞서 설명한 여러 이성적 소구 방식과 함께 자주 사용된다. 반면, 감성적 소구에서는 이야기 형식의 내러티브 카피를 활용하여 제품과 관련된 문제나 상황을 흥미롭게 전달하는 경우가 많다.

광고 본문 카피는 비교, 가격 소구, 시연, 유머, 드라마화 등 다양한 크리에이티브 소구 방식과 실행 기법에 맞춰 작성될 수 있다. 카피라이터는 사용되는 소구 방식에 적합하면서도, 크리에이티브 전략을 효과적으로 실행하고 광고주의 메시지를 타겟 독자에게 전달할 수 있는 카피 형식을 선택한다.

시각적 요소 인쇄 광고의 세 번째 주요 구성 요소는 시각적 요소다. 일러스트레이션은 종종 광고의 지면에서 지배적인 위치를 차지하며, 광고의 효과를 결정짓는 데 중요한 역할을 한다. 광고의 시각적 요소는 주목을 끌어야 하고, 하나의 아이디어나 이미지를 전달해야 하며, 헤드라인 및 본문 카피와 시너지를 이루어 효과적인 메시지를 완성해야 한다. 일부 인쇄 광고에서는 시각 요소 자체가 메시지의 핵심이 되기 때문에, 그 이미지가 강렬하고 의미 있어야 한다. 예를 들어, 사진 9-25에 제시된 광고는 새롭게 디자인된 혼다(Honda) 시빅(Civic)을 프로모션하기 위해 기발한 시각 이미지를 사용하고 있다. 이 인쇄 광고는 혼다 엔지니어의 머릿속으로 들어가 자동차를 설계할 때의 사고 과정을 보여주기 위해 기획된 캠페인의 일부였다. 하단의 간결한 카피 한 줄이 시각 이미지가 전달하고자 하는 메시지를 보완해준다.

광고의 시각적 요소를 결정할 때는 여러 가지 선택이 필요하다. 브랜드명, 회사명 또는 상호, 상표, 로고 등 어떤 식별 표시를 포함할지, 사진을 사용할지 아니면 손으로 그린 일러스트나 회화적 표현을 쓸지, 어떤 색상을 사용할지(흑백, 또는 포인트 색상만 사용할지), 그리고 시각적 초점을 어디에 둘 것인지 등을 모두 고려해야 한다.

레이아웃 인쇄 광고의 각 구성 요소가 모두 중요하지만, 핵심은 이 요소들이 어떻게 조화를 이루어 최종 광고로 완성되느냐에 있다. **레이아웃**(layout)은 헤드라인, 서브헤드, 본문 카피, 일러스트레이션 그리고 브랜드 식별 요소 등의 다양한 부분이 실제 지면상에서 어떻게 배치될지를 보여주는 시각적 구성이다. 레이아웃은 광고 제작에 참여하는 이들에게 각 요소가 어디에 위치하게 될지를 제시하고, 실질적인 가이드라인을 제공한다. 레이아웃은 카피라이터에게 사용할 수 있는 공간이 얼마나 되는지, 본문 카피를 어느 정도 분량으로 쓸 수 있는지를 판단하는 데 도움이 된다. 또한 아트 디렉터가 사용할 이미지의 크기나 유형을 결정할 때도 기준이 된다.

인쇄 광고의 레이아웃은 종종 단순하지만, 어떤 크리에이티브 실행 방식은 보다 도전적일 수 있으며, 동시에 브랜드 메시지를 효과적으로 전달하는 수단이 되기도 한다. 예를 들어, 램베시스 에이전시는 다사니 생수 브랜드의 새로운 지구 친화적 병 디자인을 전달하기 위한 통합 캠페인의 일환으로 독특한 인쇄 광고를 제작했다. 이 광고는 IMC 관점 9-2에 소개되어 있으며, 새로운 플랜트보틀 패키지의 출시를 알리는 데 사용되었다. 광고에는 떼어내어 실제로 심을 수 있는 씨앗 종이 잎사귀 삽지가 포함되어 있어, 다사니를 혁신적이고 친환경적인 브랜드로 인식하게 하는 데 기여했다. 레이아웃은 일반적으로 거칠게 스케치한 형태로 제작되어 광고주에게 먼저 제시되며, 광고주는 이를 통해 광고의 최종 형태를 시각적으로 확인하고 초기 승인을 내릴 수 있다. 광고대행사는 본격적인 인쇄 제작에 들어가기 전, 광고주로부터 반드시 레이아웃에 대한 승인을 받아야 한다.

텔레비전을 위한 크리에이티브 전술

소비자로서 우리는 너무나 많은 TV 광고를 접하기 때문에 그것들을 제작하는 데 들어가는 시간, 노력, 비용을 당연하게 여기는 경우가 많다. 하지만 TV 속의 광고는 수많은 콘텐츠 속에서 주목을 끌고 효과적으로 메시지를 전달하기 위해 매우 정교하고 비용이 많이 드는 과정을 거쳐 제작된다. 실제로 시간당 제작비로 따지면, TV 광고는 텔레비전에서 방영되는 콘텐츠 중 가장 비싼 제작물에 해당한다.

TV는 시각, 청각, 움직임이라는 요소를 동시에 활용할 수 있는 독특하고 강력한 광고 매체로, 이 세 가지 요소의 조합을 통해 다양한 광고 소구 방식과 실행 스타일을 표현할 수 있다. 인쇄 광고와 달리, TV에서는 시청자가 메시지를 받아들이는 속도를 조절할 수 없기 때문에 관심이 가는 내용을 다시 살펴보거나 잘 전달되지 않은 부분을 되읽을 수 있는 기회가 없다. 따라서 다른 매체와 마찬가지로, TV 광고에서 가장 먼저 고려해야 할 목표는 시청자의 주의를 끌고, 그 주의를 지속적으로 유지하는 것이다. 이는 TV 광고가 지나치게 많고, 많은 사람들이 TV를 시청하면서 책이나 잡지를 읽거나 대화를 나누는 등 다른 일을 병행하기 때문에 더욱 어려운 과제가 된다.

인쇄 광고처럼, TV 광고 역시 여러 구성 요소로 이루어진다. 영상과 음향이 함께 작동하여 광고주의 메시지를 전달하고, 적절한 임팩트를 만들어내는 것이 핵심이다.

영상 영상은 TV 광고에서 화면에 보이는 요소를 의미한다. 시각적 요소는 일반적으로 광고에서 가장 중심적인 역할을 하므로, 시청자의 주의를 끌고 하나의 아이디어, 메시지 혹은 이미지를 효과적으로 전달할 수 있어야 한다. 성공적인 광고를 만들기 위해서는 여러 시각적 요소들이 잘 어우러져야 하며, 이에 따라 다양한 측면에서 의사결정이 필요하다. 여기에는 제품 자체, 등장인물이나 진행자, 행동 장면, 시연 여부뿐만 아니라 광고 세트, 등장할 인물이나 캐릭터 그리고 조명, 그래픽, 색상, 브랜드 식별 요소 같은 시각적 디테일까지 모두 포함된다.

음향 TV 광고의 음향 구성은 목소리, 음악, 음향 효과 등을 포함한다. 광고에서 음성은 다양한 방식으로 활용된다. 진행자의 직접적인 설명으로 전달되기도 하고, 광고에 등장하는 여러 인물 간의 대화 형식으로 구성되기도 한다. 오디오를 전달하는 일반적인 방식 중 하나는 **보이스오버**(voiceover)다. 이는 화면에 등장하지 않는 내레이터나 아나운서가 광고 메시지를 전달하거나, 화면에서 벌어지는 행동을 설명해주는 형식이다. 많은 주요 광고주들은 독특한

사진 9-26

Voices.com과 같은 기업은 보이스 오버 성우와 광고주를 연결해주는 역할을 한다.

자료: Interactive Voices Inc

음성을 가진 유명 인사들을 보이스오버에 기용한다. 예를 들어, 배우 모건 프리먼(Morgan Freeman)은 비자(Visa) 광고의 보이스오버를 맡았고, 패트릭 뎀프시(Patrick Dempsey)는 스테이트팜 보험(State Farm Insurance), 현대자동차는 폴 러드(Paul Rudd)와 주드 아페토우(Judd Apatow)를 자사 광고에 기용한 바 있다. 그 외에도 보이스오버를 위해 고액의 출연료를 받은 유명 인사로는 메르세데스-벤츠(Mercedes-Benz)의 존 햄(Jon Hamm), 버드와이저(Budweiser)의 조지 클루니(George Clooney), 네이션와이드 보험(Nation-wide Insurance)의 줄리아 로버츠(Julia Roberts), 델타항공의 비올라 데이비스(Viola Davis), 플랜터스 땅콩(Planters peanuts)의 SNL 출신 배우 빌 헤이더(Bill Hader) 등이 있다.

일부 기업들은 광고의 보이스오버를 유명 인사나 전문 성우에게 맡기지만, 최근에는 디지털 기술의 발전으로 보이스오버 산업에도 큰 변화가 일어나고 있다. 기업과 성우를 연결해주는 온라인 플랫폼이 등장하면서, 기존의 보이스오버 시장 구조가 빠르게 재편되고 있다. 수십 년 동안 보이스오버 작업은 주로 스크린 배우 조합(Screen Actors Guild, SAG)에 소속된 전문 성우들이 담당했고, 이들은 에이전트를 통해 일을 수주하곤 했다. 그러나 오늘날에는 성우들이 집에 마이크와 믹서를 설치한 간이 스튜디오를 마련하고, Voices.com, Voice123.com과 같은 온라인 서비스를 통해 자신을 직접 마케팅하는 방식이 점점 확산되고 있다(사진 9-26). 여전히 대형 광고 캠페인과 같이 고수익이 보장되는 작업의 경우, 대부분 SAG 소속과 에이전트가 필요하지만, 많은 중소기업들은 자신들의 광고나 영상 제작을 위해 온라인 보이스 서비스 플랫폼을 활용하고 있다.

음악 역시 TV 광고에서 중요한 구성 요소로, 다양한 역할을 수행할 수 있다. 많은 광고에서 음악은 쾌적한 배경음을 제공하거나 광고의 분위기를 조성하는 데 사용된다. 광고주들은 종종 **니들드롭**(needledrop)이라는 방식을 사용하는데, 이에 대해 린다 스콧(Linda Scott)은 다음과 같이 설명한다.

니들드롭은 광고대행사나 음악 업계에서 흔히 사용하는 전문 용어로, 기성 음악이나 범용 음악을 의미한다. 이 음악은 미리 제작되어 있으며, 특정한 목적에 맞게 손쉽게 사용할 수 있는 전형적인 스타일의 음악이다. 이런 점에서 니들드롭은 음악 분야의 스톡 사진, 클립 아트, 또는 기성 카피와 비슷한 개념이라고 할 수 있다. 니들드롭은 오리지널 음악을 제작하는 대신 사용하는 저비용 대안으로, 보통 한 번의 비용 지불로 사용할 수 있다. 광고나 영상에서 특정한 분위기나 감정 효과를 유도하고자 할 때, 이러한 기성 음악이 삽입되는 것이다.

일부 광고에서는 음악이 광고 메시지에서 훨씬 더 중심적인 역할을 한다. 음악은 시청자의 주의를 끌고, 수많은 광고 속에서 눈에 띄게 하며, 핵심 판매 포인트를 전달하거나, 브랜드 이미지 및 포지셔닝을 확립하고, 감정적 요소를 더하는 데 활용될 수 있다. 예를 들어, 혼다의 광고대행사 RPA는 새롭게 디자인된 혼다 시빅을 위한 "The Dreamer(꿈꾸는 사람)" 캠페인 TV 광고에서 음악을 매우 효과적으로 통합했다. 이 캠페인은 앞서 사진 9-25에 소개된 인쇄 광고를 포함하고 있다. TV 광고에서는 한 엔지니어가 새로운 시빅을 설계하는 장면이 등장하는데, 이때 차가 그의 상상 속에서 탈출해 작업 공간을 가로지르며 마법 같은 여정을 시작한다. 이 장면에는 엠파이어 오브 더 선(Empire of the Sun)의 일렉트로닉 곡 "Walking on a Dream"이 배경음악으로 흐르며, 차는 구불구불한 도로를 달리고 햇살이 비치는 폭포 옆을 지나 무지개 미끄럼틀 아래로 착지한다.

스티브 오크스(Steve Oakes)는 광고 속 음악에 대한 소비자의 인지적 그리고 정서적 반응에 관한 연구들을 검토하고 분석했다. 그는 음악과 광고 간의 분위기, 장르, 선율, 이미지, 템포 등 다양한 변수들 간의 일치도가 높아질수록 광고의 전달 효과가 향상된다는 사실을 밝혀냈다. 이러한 일치도는 광고에 대한 기억, 브랜드 태도, 감정적 반응, 구매 의도 등을 강화하는 데 기여한다. 또한 음악은 고전적 조건 형성을 통해 긍정적인 분위기를 유도할 수 있으며, 이는 소비자가 광고 메시지를 더 수용적으로 받아들이게 만드는 효과로 이어질 수 있다는 연구 결과도 있다. 이러한 연구들은 음악이 유도하는 정서적 분위기를 광고 반응에 있어 중요한 요소로 고려해야 한다는 점을 보여준다.

음악이 크리에이티브 전략에서 중요한 역할을 할 수 있기 때문에, 많은 기업들은 유명한 곡을 광고에 사용하기 위해 막대한 금액을 지불하고 사용권을 구매한다. 광고에서 음악을 사용할 때 기업이 라이선스를 협상해야 하는 저작권은 두 가지로 나뉜다. 하나는 악보와 가사로 구성된 음악 저작물(musical composition)이고, 다른 하나는 원래의 가수 목소리가 담긴 마스터 음원(master recording)이다. 마스터 음원은 일반적으로 더 높은 비용이 들기 때문에, 광고주는 종종 음악 저작물에 대한 권리만 확보하고, 유사한 목소리를 가진 다른 가수로 곡을 새롭게 녹음하기도 한다. 음악의 권리는 원작자, 작고한 아티스트의 유족, 혹은 음악 출판사 등 다양한 주체가 보유할 수 있다. 예를 들어, 고(故) 레게 스타 밥 말리(Bob Marley)의 음악 권리는 그의 유족이 소유하고 있으며, 마이클 잭슨(Michael Jackson)의 곡들은 소니/ATV 뮤직 퍼블리싱이 관리한다. 마스터 음원을 사용한 광고의 한 예로는, 구글이 2019년 시작한 "Here to Help(도움을 드리기 위해 왔습니다)" 캠페인에서 비틀즈(The Beatles)의 고전 명곡 "Help!"를 배경 음악으로 사용한 광고가 있다. 이 캠페인의 60초짜리 광고는 사용자가 직접 촬영한 일상 속 순간들을 보여주며, 구글 제품과 기술이 목적지까지 가는 길을 안내하거나, 무언가를 배우는 방법을 알려주거나, 교통 체증을 피해 갈 수 있도록 도와주는 등 현실적인 상황에서 어떤 식으로 도움을 주는지를 보여준다(사진 9-27). 구글은 이 광고와 캠페인의 주제와 곡이 매우 잘 어울리기 때문에, 마스터 음원 사용을 위한 높은 비용을 지불한 것이 충분히 가치 있었다고 판단했다.

사진 9-27

구글은 "Here to Help" 캠페인에서 사용하기 위해 비틀즈의 노래 "Help!"의 마스터 음원 사용권을 구매했다.

자료: Denys Prykhodov/Shutterstock

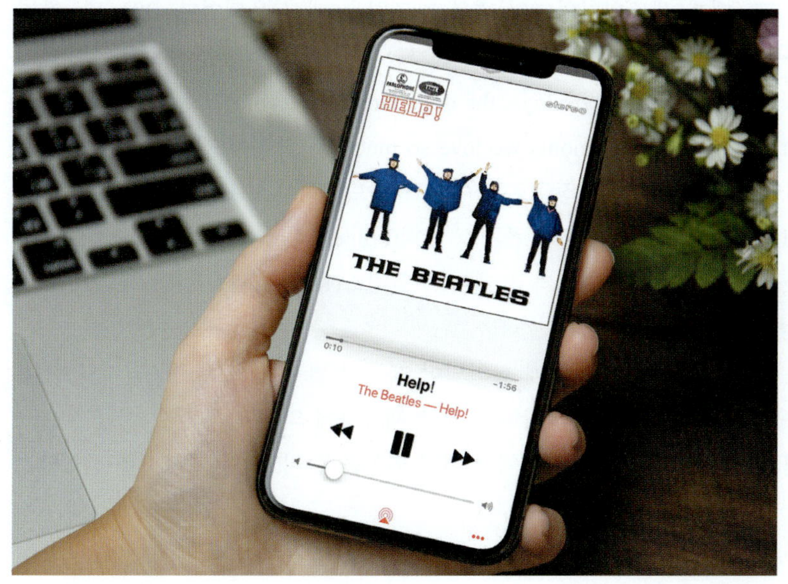

일부 광고 전문가들은 음악이 TV 광고 효과의 최대 50%를 차지할 수 있다고 주장하며, 광고주들에게 고객과 정서적으로 연결될 수 있도록 인기 있는 노래나 사운드트랙에 더 많은 투자를 할 것을 권장하고 있다. 이들은 특히 광고주가 인기 아티스트나 곡과 협업할 경우, 소비자들에게 더욱 트렌디하고 앞서가는 브랜드로 인식된다고 말

한다. 특히 새로운 아티스트나 곡을 대중에게 소개하는 것으로 비쳐질 경우 그 효과는 더욱 크다. 과거에는 아티스트들이 자신의 음악이 광고에 사용되거나 광고용 음악을 제작하는 것을 '예술을 저버리는 일(selling out)'이라고 여기는 경우도 있었지만, 현재는 많은 아티스트들이 이를 오히려 '광고 안으로 들어가기(sell in)' 위한 기회로 인식하며, 광고와의 협업에 긍정적인 태도를 보이고 있다. 실제로 광고를 통해 음악이 널리 알려지면서 아티스트가 얻는 이익은 매우 크다. 예를 들어, 애플은 광고 캠페인에서 음악을 자주 활용하며, 상대적으로 잘 알려지지 않은 아티스트들의 곡을 소개해 주목받게 만드는 것으로 유명하다. 이러한 현상은 종종 '애플 효과(Apple Bump)'라고 불리며, 광고에 삽입된 곡이 이후 큰 인기를 얻는 경우가 많다. 댄스 듀오 소피 터커(Sofi Tukker)의 상대적으로 알려지지 않았던 곡 "Best Friend"는 아이폰 X 광고에 사용된 후 큰 인기를 얻은 대표적인 사례다. 이처럼 수많은 곡들이 애플 광고에 사용되었기 때문에, 애플 뮤직의 편집자들은 최근 '애플 광고에 나온 곡(Heard in Apple Ads)'이라는 플레이리스트를 만들어 애플 뮤직을 통해 공개하기도 했다.

일부 광고주는 원곡 가수의 목소리를 광고에 사용하기 위해 상당한 금액을 지불할 의향이 있다. 닐슨(Nielsen)의 최근 연구 보고서 "I Second That Emotion: The Emotive Power of Music in Advertising"에 따르면, 음악이 삽입된 광고는 그렇지 않은 광고보다 창의성, 공감도, 감정 전달력, 정보 전달력 등 네 가지 주요 지표에서 더 우수한 성과를 보였다. 이 연구는 음악이 긍정적인 감정 반응을 이끌어낼 수 있을 뿐만 아니라, 소비자의 구매 동기를 자극하는 데에도 효과적이라고 설명한다. 예를 들어, 메건 트레이너(Meghan Trainor)의 히트곡 "Lips Are Movin"을 사용한 HP×360 태블릿 광고는 그녀의 십대 및 젊은 성인 팬층에서 판매가 26% 증가하는 효과를 얻었다. 포드자동차(Ford Motor Company) 역시 음악을 활용해 큰 성공을 거두었는데, 히트곡 "Fight Song"의 사용권을 획득해 자사 Edge SUV 광고에 사용한 이후, 해당 차량의 판매가 눈에 띄게 증가했다.

TV와 라디오 광고에서 또 하나 중요한 음악적 요소는 **징글**(jingles)이다. 징글은 제품이나 서비스에 대한 광고 테마와 간단한 메시지를 담고 있는 귀에 잘 들어오는 노래로, 소비자의 기억에 남기기 위한 용도로 활용된다. 예를 들어, 서브웨이(Subway)의 "Five-dollar foot-long" 징글은 패스트푸드 업계에서 가장 효과적인 판촉 캠페인 중 하나로 평가받는다. 이 징글은 "Five. Five. Five dollar. Five dollar foot-long"처럼 다섯(five)이라는 단어를 반복해 제품 가격을 인식시키고, 대형 샌드위치의 가성비를 강조하는 데 사용되었다. 2016년, 아머(Armour)는 1967년부터 사용해 온 자사 핫도그 및 육가공 제품 광고 징글을 새로운 캠페인에 맞춰 업데이트했다. 원래는 "Armour hot dogs, the dogs kids love to bite"라는 문구로 끝났으나, 현재는 "Armour great moms, the moms we love so much"로 바꾸어 제품 이미지에 변화를 주었다. 이 외에도 잘 알려진 인기 징글로는 에이스 하드웨어(Ace Hardware)의 "Ace is the place with the helpful hardware folks", 폴저스 커피(Folgers Coffee)의 "The best part of waking up is Folgers in your cup", 그리고 케이 주얼러스(Kay Jewelers)의 "Every kiss begins with Kay" 등이 있다.

일부 광고에서는 징글이 메시지의 말미에 삽입되어 제품 식별 수단으로 사용되기도 한다. 징글은 보통 광고용 음악을 전문적으로 제작하는 징글 제작사에 의해 작곡되며, 이들은 광고의 크리에이티브 팀과 협업하여 음악이 광고에서 어떤 역할을 할지, 어떤 메시지를 전달할지를 함께 결정한다.

징글의 사용은 1950년대까지 거슬러 올라가지만, 최근에는 과거에 비해 사용 빈도가 줄어들고 있다. 이는 많은 광고주들이 기존의 징글 대신 라이선스 음악을 사용하는 경향이 강해졌기 때문이다. 그럼에도 불구하고 징글은 여전히 지역 광고주들이 제작하는 TV 및 라디오 광고에서 흔히 사용된다. 이들은 징글을 통해 브랜드명이나 슬로건을 소비자와 잠재 고객의 기억 속에 각인시키는 효과적인 수단으로 인식하고 있다. 징글의 활용에 대한 광고주의 입장은 프락터앤갬블의 한 브랜드 매니저의 말로 요약될 수 있다. 그는 "사람들이 흥얼거린다면, 그건 곧 구매로 이어진다는 뜻"이라며, 징글은 여전히 효과가 있다고 믿는다고 말했다.

TV 광고 기획 및 제작 TV 광고를 기획할 때 가장 먼저 내려야 할 결정 중 하나는 어떤 소구 방식과 실행 스타일을 사용할 것인지에 대한 것이다. 텔레비전은 이성적 소구와 감성적 소구 또는 이 둘의 조합을 활용한 광고에 모두 적합한 매체다. 직설형 전달, 설명형, 시연, 증언, 비교 등 이성적 소구와 함께 사용되는 다양한 실행 스타일은 TV에서 효과적으로 구현될 수 있다. 한편, 텔레비전은 유머, 공포, 로맨스, 환상 등 감정적 요소를 활용한 소구에도 특히 적합하며, 이러한 감성적 소구는 흔히 드라마화나 생활단편 묘사 형식을 통해 표현된다.

광고주들은 단순히 자사 제품이나 서비스를 설명 또는 시연하거나 비교하는 것만으로는 충분하지 않다는 사실을 잘 알고 있다. 광고가 효과를 발휘하려면 광고가 넘쳐나는 환경 속에서 시청자의 주의를 끌고 유지할 수 있어야 하며, 이는 요즘처럼 시청자들이 여러 작업을 동시에 수행하는 미디어 환경에서는 점점 더 어려운 과제가 되고 있다. 텔레비전은 근본적으로 엔터테인먼트 매체이기 때문에, 많은 광고주들은 광고가 정보를 전달함과 동시에 즐거움을 줄 수 있을 때 가장 성공적이라는 점을 인식하고 있다. 실제로 가장 인기를 끌었던 광고 캠페인들 중 상당수는 높은 엔터테인먼트 가치를 지닌 광고들로 구성되어 있다. 예를 들어, 나이키, 맥도날드, 애플, AT&T 등의 광고는 흥미로운 스토리텔링으로, GEICO, 현대자동차, 버드와이저 및 버드 라이트의 광고는 유쾌한 유머로 시청자들의 관심을 끌고 있다.

텔레비전 광고는 대부분의 IMC 프로그램에서 핵심적인 역할을 하며, 특히 대중 시장을 대상으로 하는 대기업들에게는 더욱 중요하다. 하지만 TV 광고를 기획하고 제작하는 데는 상당한 비용이 소요되기 때문에, 광고 캠페인 예산을 수립할 때 반드시 이를 고려해야 한다. 물론 몇 천 달러 수준으로 제작된 저비용 광고도 존재하며, 이는 주로 지역 소매업체나 중소기업이 방송하는 로컬 광고에서 흔히 볼 수 있다. 그러나 마케터들은 완성도가 낮은 TV 광고는 효과가 없을 뿐만 아니라, 자칫하면 브랜드 이미지에 부정적인 영향을 미칠 수 있다는 점을 잘 알고 있다. 그래서 고품질의 광고를 제작하기 위해서는 일반적으로 많은 비용이 들어간다. 미국광고대행사협회(American Association of Advertising Agencies, 4As)는 25년 동안 전국 브랜드용 30초 광고의 평균 제작비용을 추정한 TV 광고 제작비용 조사(Television Production Cost Survey)를 실시해왔다. 마지막 조사는 약 10년 전이었으며, 10개 광고대행사로부터 다양한 길이의 전국 광고 506편에 대한 데이터를 수집한 결과, 30초 광고의 평균 제작비는 약 35만 4,000달러로 집계되었다. 이후 인플레이션과 제작 수준의 향상 등을 감안하면, 오늘날 대형 브랜드들이 제작하는 고품질 TV 광고의 비용은 이보다 훨씬 높을 가능성이 크다. 도표 9-2는 한 유명 패스트푸드 브랜드를 위해 제작된 광고의 제작비 세부 내역을 예시로 보여준다.

TV 광고 제작비에는 다양한 요소들이 반영된다. 여기에는 제작 인력, 장비, 촬영 장소 사용료, 영상 편집, 음향 녹음 및 믹싱, 음악 사용료, 출연자 비용 등이 포함된다. 최근 TV 광고 제작비의 상승은 광고주들 사이에서 중요한 이슈가 되고 있으며, 많은 기업들이 이를 절감할 수 있는 방법을 모색하고 있다. 가장 큰 비용 항목 중 하나는 출연자 비용이다. 광고에 출연하

도표 9-2

30초 텔레비전 광고 제작 비용

Big Time Productions
1234 Production Place
Santa Monica, CA 90404

	Bid Date 3/25/10		Firm Bid (x) Cost Plus Fixed Fee ( )
Production Co:	Big Time Productions	Agency:	Awesome Ads
Address:	1234 Production Place	Address:	1234 Advertising Way
	Santa Monica, CA 90404		Santa Monica, CA 90404
Telephone:	(310)555-5555	Telephone:	(310)555-5555
Fax:	(310)444-4444	Fax:	(310)444-4444
Job #:	M10-340	Agency Prod:	Ashley Producer
Director:		Agency Art Dir:	Brian Artist
Executive Producer:		Agency Writer:	Deborah Writer
Production Contact:		Agency Bus Mgr:	Alan Business
DP:		Client:	FAST FOOD CHAIN
Art Director:		Product:	Sandwich, Burger,
Editor:	Fine Edits	Bid Name:	
Pre-Production Days:			
Build & Strike Days:		Commercial Title:	Length:
Pre-Light Days:	One	1) "Delicious Sandwich"	:30
Studio Shoot Days:		2) "Yummy Burger"	:30
Location Days:	Two Hours: 10 & 14		
Locations(s)	Los Angeles		

SUMMARY OF PRODUCTION COSTS	TOTAL
PRE-PRODUCTION & WRAP	$76,676
SHOOTING LABOR	$93,901
LOCATIONS & TRAVEL	$65,690
PROPS, WARDROBE & ANIMALS	$18,670
STUDIO & SET CONSTRUCTION	$88,056
EQUIPMENT	$42,750
FILMSTOCK DEVELOP & PRINT	$22,920
DIRECTOR/CREATIVE FEES	$32,400
INSURANCE	$12,288
PRODUCTION MARK UP	$92,153
NEEDLEDROP MUSIC	$2,000
EDITING	$66,504
TALENT	$33,905
GRAND TOTAL	$647,913

는 배우들은 광고가 방송될 때마다 잔여 수익(residual)을 받게 되는데, 이는 주로 광고가 몇 번 방송되었는지를 기준으로 산정된다. 이에 따라 광고 업계는 출연자 단체와 협상하여 새로운 보상 체계를 도입하려는 노력을 기울여 왔다. 방송 광고 관계 공동정책위원회(Joint Policy Committee on Broadcast Relations)는 광고주와 광고대행사를 대표해 배우 노조와 협상하며, 광고가 도달한 시청자 규모와 방송 횟수를 기준으로 출연료를 책정하는 새로운 방식의 보상 체계를 도입했다. 2019년에는 미국 영화배우조합·텔레비전 및 라디오 연맹(Screen Actors Guild-American Federation of Television and Radio Artists, SAG-AFTRA)과 방송 광고 공동정책위원회 간에 새로운 TV 및 오디오 광고 계약이 체결되었으며, 이 계약은 디지털 및 소셜 미디어의 확산 등 광고 산업의 변화도 반영하고 있다.

많은 마케터들이 사용하는 고품질 TV 광고와 영상 콘텐츠의 제작비는 여전히 높은 수준을 유지하고 있다. 하지만 오늘날 마케터들은 TV 광고뿐만 아니라 다양한 플랫폼에서 활용할 수 있는 영상 콘텐츠를 함께 제작하고 있으며, 제작비를 관리하기 위해 보다 효율적인 방식을 점차 익혀가고 있다. 또한 마케터들과 그들의 광고대행사 파트너들은 지난 수년간 경험을 통해 영상 콘텐츠를 보다 똑똑하고 전략적으로, 효율적으로 제작하는 방법을 습득해왔다. 이를 통해 높은 품질을 유지하면서도 비용을 절감하는 방향으로 광고 제작 방식을 발전시키고 있다.

광고 기획하기 TV 광고의 다양한 구성 요소들은 **스크립트**(script)라는 형태로 정리된다. 스크립트는 광고의 영상과 음향 내용을 상세히 설명한 문서로, 광고 제작의 기초 자료가 된다. 스크립트에는 광고의 오디오 요소—즉, 내레이션이나 대사, 음악, 음향 효과 등—가 어떻게 구성되어 있는지가 명확히 나타나며, 비디오 부분에는 카메라의 동선과 앵글, 장면 전환, 화면 구성 등 시각적 계획이 구체적으로 기재된다. 또한 스크립트는 영상과 음향이 어떻게 조화를 이루는지, 즉 시청자가 화면을 보며 어떤 소리를 듣게 되는지를 함께 보여줘 광고의 전체 흐름을 시각적으로 그려볼 수 있도록 돕는다.

기본적인 스크립트가 구상되면, 카피라이터와 아트 디렉터는 함께 스토리보드를 제작한다. 스토리보드는 광고의 시각적 구성이나 흐름을 표현한 일련의 그림으로, 광고가 어떻게 전개될지를 시각적으로 보여주는 역할을 한다. 스토리보드에는 영상 장면을 정지 이미지로 표현하고, 각 장면에 맞는 오디오 설명(예: 대사, 음악, 음향 효과 등)을 함께 기재한다. 이는 광고 제작과 승인 과정에 참여하는 사람들이 최종 광고의 모습을 미리 파악할 수 있도록 돕는다. 때로는 클라이언트 프리젠테이션이나 사전 테스트를 위해 스토리보드를 영상 형태로 구성하고, 사운드를 입힌 애니매틱이 제작되기도 한다. 이를 통해 실제 광고에 가까운 형태로 시연할 수 있다.

제작 스토리보드 또는 애니매틱이 승인을 받으면, 광고는 제작 단계로 넘어가게 된다. 이 제작 단계는 보통 다음의 세 가지 단계로 구성된다.

1. 사전 제작(preproduction): 실제 촬영이나 녹음이 시작되기 전까지 이루어지는 모든 준비 작업과 활동
2. 제작(production): 광고를 촬영하거나 비디오로 녹화하고 오디오를 녹음하는 기간
3. 후반 제작(postproduction): 광고의 촬영 및 녹음이 완료된 후에 이루어지는 작업과 편집 과정

각 단계별로 수행되는 세부 작업은 도표 9-3에 나타나 있다. 실제 제작이 시작되기 전에, 광고주는 보통 크리에이티브 전략과 광고 메시지 제작에 사용될 구체적인 전술들을 사전에 검토하고 승인해야 한다.

도표 9-3
광고 제작의 세 단계

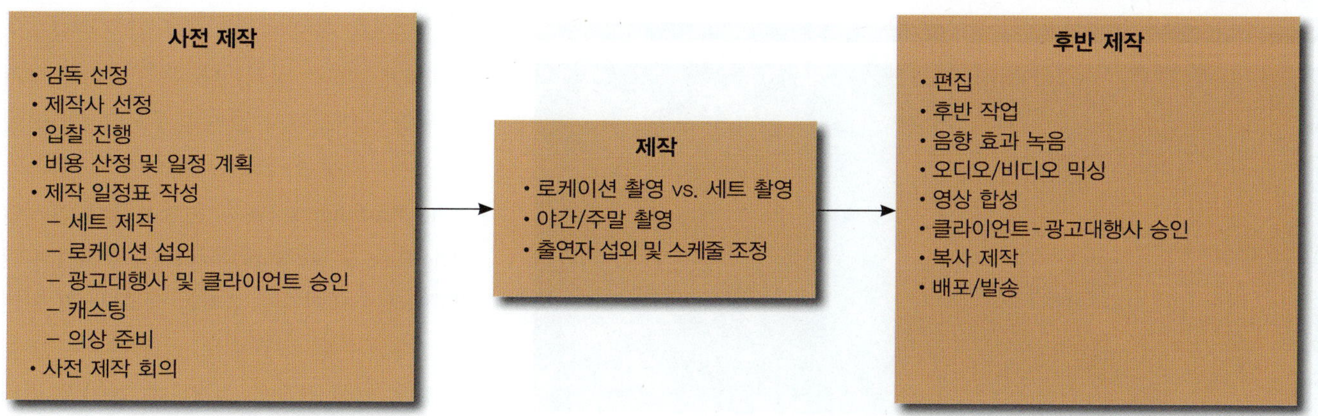

온라인 광고를 위한 크리에이티브 전술

그동안 광고 크리에이티브에 관한 관심은 꾸준히 이어져 왔지만, 그 초점은 주로 인쇄 광고, TV, 라디오, 옥외 광고 등 전통적인 매체에 맞춰져 있었다. 그러나 최근 들어 마케터들은 미디어 예산의 점점 더 많은 비중을 웹사이트, 소셜 미디어, 모바일 기기 등에 노출되는 디지털 광고에 할당하고 있으며, 이는 크리에이티브 측면에서도 새로운 도전과 과제를 만들고 있다. TV나 잡지와 같은 전통 매체에 비해, 인터넷은 목표 지향적인 매체다. 사용자의 관심을 끌거나, 더 나아가 디지털 광고에 참여하게 하는 것은 매우 어렵다. 왜냐하면 그것은 사용자가 현재 보고 있는 웹페이지나 소셜 미디어 콘텐츠에서 주의를 돌려야 하기 때문이다. 온라인 광고는 종종 우리가 콘텐츠를 보는 흐름을 방해하며, 광고가 관련성 있는 정보이거나 매우 창의적이거나 재미있지 않다면 무시당할 가능성이 높다. 구글의 디스플레이 광고 부문인 더블클릭(Doubleclick)에 따르면, 모든 온라인 디스플레이 광고 형식과 위치를 통틀어 평균 클릭률(click-through rates, CTR)은 단 0.05%에 불과하다. 비디오 광고와 같은 리치미디어 형식의 광고는 CTR이 0.1%로 가장 높지만, 그 수치 역시 매우 낮은 수준이다. 특히 영상 콘텐츠가 시작되기 전 자동 재생되는 프리롤 광고는 시청자가 건너뛸 수 없는 경우가 많아, 종종 불쾌하고 성가신 광고로 인식되기도 한다.

디지털 광고의 역할 디지털 광고에는 배너 광고, 검색 광고, 인터스티셜 광고, 네이티브 광고, 동영상 광고 등 다양한 형식이 있으며, 마케터들은 달성하려는 목표에 따라 이들 중 적합한 유형을 선택하게 된다. 인터랙티브 광고국(Interactive Advertising Bureau)의 피터 미니엄(Peter Minnium)은 디지털 광고가 현재 콘셉트 광고, 콘텐츠 광고, 커머스 광고의 세 가지로 분화되고 있다고 설명한다. 그리고 이러한 광고 유형의 선택은 마케터가 구매 여정 전반에서 어떤 목표나 목적을 달성하고자 하느냐에 따라 달라진다.

디지털 콘셉트 광고의 목적은 인지도와 관심 유발과 같은 구매 여정 상단의 목표를 달성하는 데 있다. 이런 목적은 배너 광고나 온라인 동영상 광고 등을 통해 이룰 수 있다. 콘텐츠 광고는 퍼널 중간 단계에서 소비자가 제품이나 서비스에 대해 더 깊이 이해하고 인식을 높일 수 있도록 돕는 데 초점을 맞춘다. 이를 위해 시청자나 사용자가 흥미를 갖고 참여할 수 있는 양질의 콘텐츠를 제공하는 방식이 사용된다. 콘텐츠 광고에는 동영상, 웹에피소드, 페이스북이나 트위터와 같은 플랫폼의 피드 내 광고, 스폰서 콘텐츠, 네이티브 광고 등이 있다. **네이티브 광고**(native advertising)는 주변 콘텐츠와 자연스럽게 어울리도록 디자인된 유료 광고 형태다. 콘텐츠의 형식, 문체, 구성 등이 주변의 비광고 콘텐츠와 유사해 사용자가 일반 콘텐츠로 인식하게 만드는 방식이다. 특히 온라인 잡지나 뉴스 사이트에서 널리 활용되고 있다. 예를 들어, 사진 9-28은 메르세데스-벤츠가 〈The Washington Post〉 온라인 판에 게재한 "The Rise of the Superhuman(수퍼휴먼의 탄생)"이라는 네이티브 캠페인 광고다. 이 콘텐츠는 가상 현실, 로봇 슈트, 얼굴 인식 기술 등과 같은 혁신 기술을 소개하며, 독자가 퀴즈

사진 9-28

메르세데스-벤츠는 E-클래스 자동차의 인텔리전트 드라이브 시스템을 프로모션하기 위해 워싱턴포스트와 협력하여 네이티브 광고 캠페인을 전개했다.

자료: Mercedes-Benz USA, LLC

나 정보 포인트를 클릭해 더 많은 내용을 탐색할 수 있도록 구성되었다. 이 콘텐츠는 메르세데스 E-클래스(E-Class)의 인텔리전트 드라이브 시스템(Intelligent Drive system)과 연결되도록 설계되었다.

세 번째 디지털 광고 형태는 커머스 광고로, 주로 퍼널 하단의 목표인 소비자의 행동 유도와 구매 전환에 초점을 맞춘다. 커머스 광고는 특히 디스플레이 광고에서 가장 널리 사용되며, 웹 전반에 걸쳐 소비자를 추적하는 리타겟팅 광고 형식이 대표적이다. 이러한 광고는 시각적으로 화려하지 않은 경우가 많다. 그 이유는 이 광고들이 시각적 매력보다는 소비자에게 적절한 제안을 노출시키는 것에 초점을 맞추고 있으며, 클릭 수나 전환율과 같은 방식으로 효과를 쉽게 측정할 수 있기 때문이다. 디지털 광고에 대한 보다 구체적인 내용은 15장에서 다루게 되지만, 여기에서는 마케터들이 가장 많이 사용하는 광고 형식인 디스플레이 광고와 온라인 동영상 광고에서의 크리에이티브 이슈를 중심으로 살펴볼 예정이다.

디스플레이 광고 디스플레이 광고는 온라인상에서 사용할 수 있는 다양한 형식이 존재한다. 많은 온라인 디스플레이 광고는 직사각형 광고, 가로형 리더보드, 세로형 스카이스크래퍼와 같은 대형 광고 형식을 활용하며, 웹사이트의 콘텐츠 옆에 광고를 배치할 수 있도록 설계되어 있다. 다이내믹 로직(Dynamic Logic)에서 수행한 한 연구는 4,800개의 온라인 광고 캠페인을 분석한 결과, 브랜드 인지도, 회상률, 구매 의도 등의 지표에서 가장 높은 성과를 보인 광고 단위는 전통적인 픽셀 직사각형 배너 광고였다고 보고했다. 반면, 콘텐츠를 둘러싸는 스카이스크래퍼나 리더보드 광고는 사람들이 '배너 블라인드니스(banner blindness)'에 익숙해지면서 가장 효과가 낮은 광고 형식으로 나타났다. 직사각형 배너 광고는 종종 콘텐츠에 더 가깝게 배치되거나, 콘텐츠를 가로지르며 시청자의 시선을 자연스럽게 유도하기 때문에 광고 효과가 상대적으로 높다. 하지만 이러한 광고가 콘텐츠를 가리는 방식으로 제공될 경우, 사용자에게 가장 성가신 온라인 광고 형식으로 인식되기도 한다.

이 회사는 또 다른 연구에서 자사 데이터베이스에 저장된 17만 개 이상의 디지털 광고 중 성과가 가장 높았던 광고와 가장 낮았던 광고를 비교·분석했다. 그 결과, 브랜딩을 일관되게 노출하는 것, 강력한 행동 유도, 사람의 얼굴을 사용하는 것과 같은 크리에이티브 요소가 광고 회상률, 브랜드 인지도, 구매 의도에 있어서 높은 성과를 이끈다는 사실이 밝혀졌다. 이는 고정밀 타겟팅이나 유명 사이트에 광고를 게재하는 것보다 더 효과적인 것으로 나타났다. 이러한 결과는 해당 회사가 과거에 수행한 연구들과도 일치하며, 광고 크리에이티브의 품질이 온라인 광고 성패의 50% 이상을 좌우한다는 사실을 뒷받침한다. 광고 크기, 기술, 노출 맥락, 타겟팅 등은 나머지 영향 요인이었다.

비평가들은 온라인 광고의 주요 문제 중 하나로, 광고가 배너 광고에 지나치게 의존해왔다는 점을 지적한다. 많은 마케터들이 브랜드 인지도나 아이덴티티를 구축하기 위해 단순히 다양한 온라인 플랫폼에 대량의 배너 광고를 구매해 게재하는 방식에 의존해왔다. 디지털 광고 캠페인에서는 미디어 배치 최적화, 리타겟팅, 성과 측정 등에 많은 시간과 노력을 투자하지만, 크리에이티브 요소나 훌륭한 광고의 기본 원칙에는 상대적으로 관심이 덜한 경우가 많다. 하지만 최근에는 웹페이지의 상단이나 측면에 고정적으로 배치되던 기존 배너 광고의 영향력이 점차 약화되고 있다. 그 대신, 페이지 내에서 더 큰 공간을 차지하거나 확장되는 형식의 보다 풍부한 디스플레이 광고 포맷들이 개발되고 있다. 인터랙티브 광고국은 이러한 새로운 형식들을 "라이징 스타(Rising Stars)"라고 부르며, 여기에는 빌보드, 사이드킥, 슬라이더, 다양한 비디오 포맷 등이 포함된다. 그중에서도 특히 인기를 끌고 있는 형식은 푸시다운 광고로, 이 광고는 콘텐츠 위에 겹치지 않고 페이지 내용을 아래로 밀어내는 방식이기 때문에 사용자의 거부감을 줄이는 데 효과적이다. 사진 9-29에 이러한 광고 포맷의 다양한 사례가 소개되어 있다.

사진 9-29

온라인 디스플레이 광고 형식

자료: Cox Media, LL

대부분의 디스플레이 광고는 비교적 단순한 형태로 설계되지만, 광고가 거부되지 않기 위해 지켜야 할 규칙과 제한 사항들이 존재한다. 예를 들어, 디스플레이 광고는 일반 웹페이지 콘텐츠와 명확하게 구분되어야 하며, 배경이 흰색일 경우에는 반드시 테두리를 포함해야 한다는 규정이 있다. 페이스북과 같은 다양한 소셜 미디어 플랫폼에서는 배너 광고에 대한 자체 규정을 가지고 있다. 예를 들어, 광고 이미지에 포함된 텍스트(로고 포함)는 전체 이미지의 20%를 초과할 수 없다는 규칙이 있다. 인터랙티브 광고국, 마케터들 그리고 온라인 광고 네트워크들은 디스플레이 광고에 대한 모범 사례를 공동으로 마련해왔다. 2017년에는 IAB가 웹사이트, 모바일 앱, 소셜 미디어뿐만 아니라 가상 현실, 증강 현실과 같은 신규 디지털 환경에서의 디스플레이 광고를 위한 권장 지침서인 '신유형 광고 포트폴리오(New Ad Portfolio)'를 발표했다(사진 9-30). 마케터나 광고대행사는 온라인 디스플레이 광고를 개발하기 전에, 광고가 게재될 플랫폼이나 광고 네트워크가 요구하는 사양을 반드시 확인해야 한다. 이러한 사양은 동영상과 같은 리치미디어 광고에도 적용되며, 다음은 이에 대한 내용이다.

사진 9-30

인터랙티브 광고국은 다양한 형태의 온라인 광고를 위한 '신유형 광고 포트폴리오' 가이드라인을 개발했다.

자료: IAB

IAB New Ad Portfolio

Transition Now to the IAB New Standard Ad Unit Portfolio: Lightweight, Cross-Screen, and Flexible size ads that implement LEAN principles

The New Ad Portfolio guidelines developed by the IAB Tech Lab Ad Portfolio Working Group are comprehensive recommendations of advertising experiences across diverse digital landscape including websites, mobile apps, social media, communication, and messaging experiences as well as new digital experiences like virtual reality and augmented reality.

The IAB New Standard Ad Unit Portfolio ("IAB New Ad Portfolio") is comprised of:

1. Display ads
2. Native ads
3. New media experiences like Emoji ads, 360-degree image and video ads, Virtual reality ads and Augmented reality ads

It emphasizes on better user experience, faster load performance and non disruptive ad content based on the following principles:

1. Respect: A consumer's primary objective is consuming publisher content
2. Control: A consumer has control over his/her advertising experience
3. Choice: A consumer decides what content he/she wants to experience and for how long

온라인 동영상 온라인 동영상 광고의 활용은 빠르게 증가하고 있으며, 이는 웹사이트, 유튜브, 페이스북, 인스타그램, 트위터, 스냅챗 등 다양한 온라인 플랫폼 전반에서의 동영상 시청 증가와 맞물려 있다. 온라인 동영상 광고는 프로그램 스트리밍 중에 송출되는 일반적인 디지털 영상이나 광고뿐만 아니라, 모바일 기기 시청에 특화된 맞춤형 형식까지 다양한 형태로 사용된다. 광고주는 영상 광고를 게재할 위치로 여러 가지 옵션을 선택할 수 있다. 예를 들어, 콘텐츠가 시작되기 전에 나오는 프리롤, 콘텐츠 중간에 삽입되는 미드롤, 콘텐츠 종료 후에 재생되는 포스트롤 형식이 있다. 이 외에도 화면 전체를 차지하며 콘텐츠를 일시 중지하거나 대체하는 인터랙티브 광고도 사용할 수 있다. 이러한 광고는 브랜드와의 상호 작용을 유도하며, 클릭을 통해 자세한 정보를 확인하거나 뉴스레터를 구독하거나 매장을 찾는 등의 행동을 가능하게 한다. 이러한 방식은 브랜드에 대한 시청자의 참여도를 높이고, 광고 플레이어 내에서 확장되거나 별도 웹사이트로 연결되는 등 다양한 인터랙션을 제공한다. 또한 IAB의 "라이징 스타" 프로그램의 일환으로, 광고를 공유하거나 확장된 버전을 시청하거나, 영상 위에 광고 콘텐츠를 덧입히는 등의 기능을 제공하는 다양한 온라인 광고 형식도 개발되고 있다.

온라인 동영상 및 광고에 대한 크리에이티브 결정은 소구 유형, 실행 방식, 영상과 오디오 요소의 활용 측면에서 TV 광고와 유사한 점이 많다. 그러나 온라인 영상 광고는 침입성, 길이, 콘텐츠 적합성과 같은 추가적인 요소들도 함께 고려해야 한다. 예를 들어, 대부분의 온라인 동영상 광고는 프리롤 형식으로 영상이 시작되기 전에 삽입되며, 광고를 건너뛰거나 조절할 수 있는 선택지가 거의 없거나 아예 없는 경우가 많다. 이는 사용자가 본래 보려고 했던 콘텐츠 흐름을 방해하게 된다. 굿리치(Goodrich), 쉴러(Schiller), 갈레타(Galletta)의 연구에 따르면, 침입적으로 인식되는 온라인 광고는 광고 브랜드뿐만 아니라 광고가 게재된 웹사이트에 대한 태도와 구매 의도 모두에 부정적인 영향을 미친다는 결과가 나타났다. 또한 이러한 광고는 광고 시청 중단율도 더 높게 나타났다. 광고의 길이도 매우 중요한 요인이다. 광고가 너무 길 경우 사용자가 이를 성가시게 여기거나, 스킵이 가능할 경우 중도 이탈할 가능성이 높다. 반면에 5초짜리 숏폼 광고처럼 지나치게 짧은 광고는 전달하고자 하는 메시지를 충분히 전하지 못할 수도 있다. 따라서 온라인 영상 광고는 단순한 노출이 아니라, 적절한 길이, 방해되지 않는 형식 그리고 흥미롭거나 유익한 콘텐츠로 소비자의 참여를 유도해야 한다.

콘텐츠 역시 온라인 동영상이나 광고를 제작할 때 중요한 고려 요소다. 하지만 많은 크리에이티브 디렉터들은 온라인에서 효과적인 영상 광고의 콘텐츠가 TV 광고와 크게 다르지 않다고 말한다. 관련성 있거나 유용한 정보를 제공하는 영상 광고는 사용자에게 침입적으로 인식될 가능성이 낮고, 따라서 회피될 가능성도 낮다. 감성적 소구는 긴 형식의 영상에서 더 효과적으로 작용하는 경우가 많으며, 유머는 온라인 광고에서 특히 강력한 효과를 보이며 공유될 가능성도 더 높다. 마케터들은 이제 단순히 TV 광고를 그대로 온라인에 업로드하는 방식에서 벗어나, 온라인 전용으로 기획된 광고와 영상 콘텐츠 개발에 더욱 신경 써야 한다는 점을 인식하고 있다.

온라인 전용으로 제작된 동영상 광고의 훌륭한 사례 중 하나는 GEICO를 위해 마틴 에이전시(Martin Agency)가 제작한 "Unskippable(건너뛸 수 없는)" 캠페인이다. 이 에이전시는 대다수의 사람들이 프리롤 영상 광고를 5초 이내에 스킵한다는 연구 결과를 인지하고 있었고, 그 이유를 광고가 시청자를 충분히 끌어들이지 못하기 때문이라고 판단했다. 이 문제를 해결하기 위해 마틴 에이전시는 프리롤 전용 광고를 제작하며, 광고 시작 5초에 유머를 집중적으로 배치하는 전략을 선택했다. 캠페인의 첫 광고인 "Family" 편은 저녁 식사를 하는 가족의 장면으로 시작되며, 엄마가 웃으며 "나 말고, 절약에 감사해요"라고 말한다. 몇 초 후 영상은 멈추고, 화면 밖 내레이션이 들린다. "이 GEICO 광고는 이미 끝났기 때문에 스킵할 수 없습니다." 그리고 GEICO 로고가 등장한다(사진 9-31). 하지만 광고는 거기서 끝나지 않는다. 로고가 등장하는 순간이 오히려 유머가 시작되는 시점이 된다. 가족

사진 9-31

GEICO의 "Unskippable" 캠페인은 온라인 전용으로 제작된 프리롤 영상 광고를 활용한 사례다.

자료: GEICO

모두가 정지 화면처럼 움직이지 않는 가운데, 집안의 대형 세인트 버나드가 식탁 위로 뛰어올라 남아 있던 스파게티를 전부 먹어치운다. 이후 45초 동안 이 상황이 이어지며 웃음을 유도한다. 마틴 에이전시는 이 "Unskippable" 캠페인을 위해 같은 형식의 프리롤 광고 시리즈를 추가로 제작했고, 많은 광고 전문가들은 이 캠페인을 온라인 영상 광고의 전환점으로 평가했다. 이 캠페인의 가족 식사 프리롤은 다양한 상을 수상했으며, 〈Adweek〉로부터 2015년 올해의 광고 캠페인, 〈Advertising Age〉로부터는 첫 올해의 캠페인 상을 2016년에 수상했다.

마케터들은 앞으로도 그들의 광고 예산 중 상당 부분을 온라인에 지출할 것이다. 왜냐하면 그들의 목표 소비자들이 대부분의 시간을 온라인에서 보내고 있기 때문이다. 또한 많은 이들이 디지털 매체가 제공하는 타겟팅 및 측정 역량은 기존 온라인 광고가 갖는 창의적 한계를 충분히 보완한다고 많은 느낀다. 그러나 광고주가 그들의 대행사에 도전하도록 만들고, 정보적이고, 오락적이며, 혹은 몰입을 유도하는 새로운 형식의 디지털 광고를 개발하도록 하는 것도 매우 중요하다. 단순히 소비자가 마우스 클릭 한 번으로 쉽게 피할 수 있는 배너나 동영상 광고로 소비자를 폭격하는 대신에 말이다. 디지털 및 소셜 미디어 관점 9-1에서는 온라인 광고에서 창의성에 대한 더 큰 필요성에 대해 논의한다.

크리에이티브 작업에 대한 클라이언트의 평가와 승인

광고 캠페인에서 사용할 소구 전략과 실행 방식을 결정하는 데 있어 크리에이티브 전문가들의 역할이 크지만, 광고가 실제로 제작되기 전에 반드시 클라이언트의 평가와 승인을 거쳐야 한다. 클라이언트 측에서는 다음과 같은 다양한 사람들이 크리에이티브 결과물을 평가하는 데 관여할 수 있다. 여기에는 광고 혹은 커뮤니케이션 담당자, 제품 또는 브랜드 매니저, 마케팅 이사 또는 부사장, 법무팀 담당자, 경우에 따라 회사의 최고경영자(CEO)나 이사회 구성원까지 포함되기도 한다. 이들이 크리에이티브 평가 및 승인 과정에 참여하는 정도는 회사의 정책, 해당 제품이 회사에 가지는 중요성, 마케팅 프로그램에서 광고의 역할 그리고 제안된 광고 접근 방식 등에 따라 달라진다.

많은 경우, 최고경영진은 광고대행사를 선정하는 과정에 관여하며, 캠페인의 주제와 크리에이티브 전략을 반드시 승인해야 한다. 반면, 개별 광고물에 대한 평가와 승인은 주로 해당 브랜드를 담당하는 광고 매니저와 제품 매니저가 맡는다. 보통 광고대행사의 AE와 크리에이티브 팀의 일원이 클라이언트 측의 광고 및 마케팅 담당자에게 광고 아이디어를 프리젠테이션하며 승인을 요청하고, 그 후에야 제작 단계에 들어간다. 광고가 실제로 제작에 들어가기 전에 충분한 검토와 승인이 필수적이다. 제작 단계는 많은 시간과 비용이 소요되며, 이를 위해 다양한 외부 협력 업체들이 고용되기 때문이다. 이 시점에서 실수가 발생하면 되돌리기 어렵고 손실이 크기 때문에 초기 단계에서의 신중한 평가가 매우 중요하다.

클라이언트가 인쇄 광고 레이아웃이나 TV 광고용 스토리보드를 평가하는 일은 쉽지 않다. 일반적으로 광고나 브랜드 매니저는 크리에이티브 전문가가 아니기 때문에 실행 가능한 아이디어를 성급히 거절하거나 반대로 품질이 떨어지는 아이디어를 무심코 수용하는 실수를 범할 수 있다. 하지만 다음에 소개할 평가 기준을 참고하면, 클라이언트 측에서도 광고대행사가 제안한 크리에이티브 방향이 효과적인지 판단하는 데 도움이 될 수 있다.

디지털 및 소셜 미디어 관점 9-1 > > >

디지털 광고에서 더 큰 창의성의 필요

이 페이지를 읽기 전에, 컴퓨터나 스마트폰으로 자주 사용하는 웹사이트의 홈페이지에 접속해 평소처럼 약 1분 정도 둘러보고 창을 닫아보자. 이제 이 간단한 질문에 답해보자. 그 사이트에 어떤 회사나 브랜드의 광고가 있었는지 기억나는가? 아마 대부분의 경우 배너 광고 중 어느 것도 눈에 띄지 않았을 것이고, 클릭한 광고도 거의 없을 것이다. 또한 배너 광고나 팝업 등 마케터들이 사용하는 광고 형식이 성가셔서 광고 차단 프로그램을 사용하고 있다면, 아예 광고 자체가 보이지 않았을 수도 있다. 또 하나 생각해보자. 유튜브에서 영상을 보기 위해 들어갔을 때, 영상이 시작되기 전에 광고가 나왔다면 그 광고를 끝까지 봤는가, 아니면 바로 건너뛰기 버튼을 눌렀는가? 광고주는 시청자가 스킵 버튼을 누르기 전인 5초 이내에 광고의 가치를 전달해야 한다. 하지만 실제로는 유튜브 사용자 중 90% 이상이 5초 이후 광고를 건너뛴다는 연구 결과가 있다.

오랜 시간 동안 광고 크리에이티브에 많은 관심이 쏟아졌지만, 그 초점은 주로 인쇄 매체, TV, 옥외 광고와 같은 전통적인 광고 형태에 맞춰져 있었다. 그러나 최근 마케터들이 광고 예산을 온라인과 소셜 미디어로 점차 옮겨가고 있기 때문에, 디지털 광고에 대한 창의성에도 보다 많은 관심이 필요하다. 소비자가 온라인 광고에 주의를 기울이거나 심지어 직접 참여하도록 만드는 일은 매우 어렵다. 이는 광고가 사용자가 보고 있는 웹사이트 콘텐츠나 소셜 미디어 화면에서 그들의 주의를 분산시키기 때문이다. TV와 라디오 광고는 프로그램 사이의 광고 시간에 송출되므로 시청자나 청취자의 주의를 직접적으로 방해하지 않는다. 인쇄 광고 역시 잡지나 신문 속 다른 페이지에 실려 있기 때문에 독자가 단순히 페이지를 넘기면 무시할 수 있다. 하지만 온라인 광고는 다르다. 종종 영상 시청이나 콘텐츠 이용 도중에 개입하기 때문에, 만약 사용자에게 유의미하거나 흥미로운 정보를 제공하지 않는다면 대부분 무시될 가능성이 높다.

온라인 광고는 너무 배너 광고에 집중되어 있다는 비판을 자주 받는다. 특히 광고주들이 CTR 등과 같은 지표에 집착하고, 타겟팅과 측정에만 초점을 맞춘다는 점에서 그렇다. 많은 마케터들은 광고 매체 집행을 최적화하고 온라인 광고 캠페인의 성과를 측정하는 데 상당한 시간과 자원을 들이지만, 정작 광고 크리에이티브 자체에 대한 고민은 부족한 경우가 많다. 실제로 많은 디지털 마케팅 전략은 수많은 웹사이트와 소셜 미디어에 대량의 배너 광고를 게재하고, 회사나 브랜드, 제품 혹은 서비스에 관심을 보인 이들에게 리타겟팅 광고를 노출하는 방식에 의존한다. 비평가들은 마케터들이 값싼 배너 노출 수에 현혹되어, 정량적 분석이나 예측 기반 측정, 청중 타겟팅에 대부분의 자원을 투자하면서, 훌륭한 광고의 본질인 메시지 전달력이나 창의성은 등한시하고 있다고 지적한다. 이 문제를 더욱 복잡하게 만드는 것은 디지털 광고 인벤토리와 노출 공간이 과잉 공급되어 있다는 점이다. 대부분의 온라인 디스플레이 광고는 광고 교환 플랫폼을 통한 프로그래매틱 방식으로 구매되고 있기 때문에, 광고의 질보다 운영 효율성과 물량 중심의 구매가 우선시되는 구조가 고착되고 있다.

약 10년 전, 당시 인터랙티브 광고국의 CEO였던 랜달 로텐버그(Randall Rothenberg)는 인터넷 광고가 "오랫동안 창의성을 저평가하고 브랜드에 대한 장기적 영향을 간과하는 직접적인 마케팅 문화의 인질"로 전락했다며, 온라인 광고의 "창의적 르네상스"가 필요하다고 주장했다. 그러나 그로부터 시간이 지난 지금까지도 온라인 광고의 창의성이 얼마나 발전했는지에 대해서는 회의적인 시각이 많다. 많은 이들이 디지털 및 소셜 미디어의 확산이 광고 진입 장벽을 낮추긴 했지만, 동시에 온라인 광고의 전반적인 품질을 떨어뜨리는 결과를 가져왔다고 지적한다. 상황을 더 악화시키는 요인 중 하나는 많은 기업들이 전통적인 광고대행사의 크리에이티브 팀을 거치지 않고, 캔바(Canva)와 같은 무료 온라인 툴을 이용해 디지털, PR, 소셜 미디어 대행사에 빠르게 여러 광고를 제작하게 한다는 점이다. 또한 마케팅 예산이 적은 중소 브랜드나 스타트업의 경우에는 화려한 크리에이티브보다는 실행이 쉬운 단순한 아이디어에 집중하고, 비디오 제작에 과도한 예산을 쓰지 않도록 권장받는 경우도 많다. 이러한 흐름은 광고 크리에이티브의 본질적 가치에 대한 재논의를 불러일으키고 있다.

많은 마케터들과 광고대행사들이 디지털 광고에서의 창의성 강화 요구에 적극적으로 대응하고 있다. 앞서 살펴본 것처럼, GEICO 같은 일부 브랜드는 TV 광고 그대로를 온라인에 업로드해 시청자가 건너뛰지 않기를 바라는 수준에 머물지 않고, 유튜브, 페이스북, 인스타그램 그리고 소비자들이 실제로 접할 수 있는 다양한 웹사이트에서의 노출을 고려해 디지털 전용 메시지를 개발하고 있다. 일부 브랜드는 반응형 디자인을 활용하고 있다. 이 방식은 광고가 노출되는 기기가 컴퓨터, 태블릿, 혹은 스마트폰인지에 따라 광고 크기나 형태가 자동으로 변형되도록 설계되어 사용자 경험을 높인다. 또 하나의 새로운 흐름은 프로그래매틱 크리에이티브다. 이는 광고의 콘텐츠가 사용자의 디지털 환경에 따라 실시간으로 변화하는 것으로, 위치, 시간, 기기 등의 디지털 신호에 기반해 동적으로 콘텐츠를 맞춤화한다. 이처럼 디지털 광고 환경에서는 기술과 창의성의 융합이 점점 더 중요해지고 있다.

마케터들은 자신들이 겨냥하는 소비자들이 대부분의 시간을 디지털 미디어에서 보내고 있다는 사실을 알고 있기 때문에, 앞으로도 광고를 디지털 매체로 계속 이전시킬 것이다. 더욱이, 많은 마케터들은 디지털 미디어가 지닌 타겟 설정 및 측정 역량이 온라인 광고의 창의적 한계를 충분히 보완한다고 느낀다. 그러나 마케터들은 광고대행사에 소비자에게 클릭만을 요구하는 리더보드, 스카이스크래퍼, 배너 광고, 비디오 버튼 등의 포맷을 반복하기보다는, 더 재미있고 몰입감 있는 온라인 광고를 개발하도록 요구할 필요도 있다.

자료: Karen X. Cheng, "Common Video Marketing Mistakes," *Adweek*, April 8, 2019, p. 11; Peter Minnium, "The Future of Digital Advertising Creativity and How to Get Ready," *Marketing Land*, December 2, 2016, https://marketingland .com/future-digital-advertising-creativity-199082; Hernan Lopez "Why Interactive Advertising Needs a Creative Revolution," *Advertising Age*, June 15, 2009, p. 3.

크리에이티브 결과물을 평가하기 위한 가이드라인

광고주는 광고대행사가 제안한 크리에이티브 전략을 평가할 때 다양한 기준을 활용한다. 경우에 따라 광고주는 대략적인 레이아웃, 스토리보드 또는 애니매틱을 사전 테스트하여 평가에 도움이 되는 정량적 정보를 얻고자 할 수도 있다(인쇄 광고와 TV 광고를 사전 테스트하는 다양한 방법은 18장에서 다룬다). 하지만 대부분의 경우 평가는 보다 주관적으로 이루어지며, 광고 또는 브랜드 담당자는 정성적 판단에 의존한다. 다음은 크리에이티브 전략을 평가하는 데 사용되는 기본적인 기준들이다.

- **창의적 접근이 브랜드 마케팅 및 광고 목표와 일치하는가?** 광고주가 고려해야 할 가장 중요한 요소 중 하나는 광고대행사가 제안한 창의적 소구와 실행 방식이 브랜드의 마케팅 전략 및 전체 마케팅 프로그램 내에서 광고와 판촉이 맡은 역할과 일치하는지를 확인하는 것이다. 즉, 창의적 접근 방식은 브랜드의 이미지 및 시장 내에서의 포지셔닝과 조화를 이루어야 하며, 마케팅 및 광고 목표와도 일관되어야 한다. 또한 브랜드 자산을 구축하거나 유지하는 데 기여할 수 있어야 한다.
- **창의적 접근이 크리에이티브 전략 및 목표와 일치하는가?** 의도한 메시지를 제대로 전달하고 있는가? 광고의 소구 방식과 실행 방식은 카피 플랫폼에 명시된 커뮤니케이션 목표를 충족해야 하며, 광고는 광고 전략이 전달하려는 핵심 메시지를 담고 있어야 한다. 때로는 크리에이티브 전문가들이 광고 메시지가 전달해야 할 본질을 잊고, 광고 전략을 효과적으로 실행하지 못하는 접근 방식을 제안하기도 한다. 광고를 승인하는 입장에 있는 사람은 해당 소구 방식 또는 실행 방식이 어떻게 크리에이티브 전략과 부합하며, 커뮤니케이션 목표를 달성하는 데 기여하는지를 크리에이티브 전문가에게 설명해달라고 요청해야 한다.
- **창의적 접근이 타겟 소비자에게 적절한가?** 일반적으로 광고주는 자사의 제품 또는 서비스에 적합한 타겟 소비자를 정의하고, 위치를 파악하며, 그들을 이해하기 위한 데 많은 시간을 들인다. 그렇기 때문에 광고 소구 방식이나 실행 방식이 타겟 소비자에게 매력적으로 느껴지고, 잘 이해되며, 효과적으로 전달될 수 있는지에 대해 신중히 검토해야 한다. 이를 위해서는 광고의 모든 요소와 그 요소들이 타겟 소비자에게 어떤 반응을 이끌어낼지를 면밀히 살펴봐야 한다. 광고주는 소비자에게 부정적인 반응을 불러올 가능성이 있는 광고는 승인하지 않으려 할 것이다. 예를 들어, 중장년층을 대상으로 한 광고의 경우에는 모델의 나이를 타겟 평균 연령보다 10살 정도 젊게 설정하는 것이 효과적이라는 제안이 있다. 이는 대부분의 사람들이 실제 연령보다 자신을 더 젊게 느끼기 때문이다. 또한 십대 소비자층을 대상으로 광고를 기획하는 일은 상당히 도전적인 과제다. 십대들의 스타일, 유행, 언어, 가치관은 빠르게 변화하기 때문에, 광고주는 자신도 모르게 더 이상 유행하지 않는 접근 방식이나 모델, 표현을 사용할 수 있는 위험에 직면하게 된다.
- **창의적 접근이 소비자에게 명확하고 설득력 있는 메시지를 전달하는가?** 대부분의 광고는 브랜드 판매에 도움이 되는 메시지를 전달하는 것을 목적으로 한다. 하지만 많은 광고가 소비자에게 명확하고 설득력 있는 메시지를 전달하지 못해 브랜드 구매를 이끌어내지 못하는 경우가 있다. 광고에서 창의성은 분명 중요한 요소지만, 브랜드를 구매할 이유가 될 수 있는 정보, 속성, 특징과 혜택, 이미지 등을 효과적으로 전달하는 것도 그에 못지않게 중요하다.
- **창의적 실행 방식이 메시지를 압도하지는 않는가?** 광고, 특히 TV 광고에 대한 일반적인 비판

중 하나는, 창의적 실행에 너무 많은 비중을 두다 보니 정작 전달하려는 메시지가 가려진다는 점이다. 창의적이고 재미있는 광고임에도 불구하고, 브랜드명이나 주요 판매 포인트가 효과적으로 전달되지 않는 경우가 종종 있다. 예를 들어, 애플랙은 자사의 상징적인 오리 캐릭터를 활용한 광고를 여러 차례 수정한 바 있다. 여러 소비자 조사 결과, 많은 사람들이 애플랙 보험이 정확히 무엇인지 알지 못했고, 보완 보험의 개념과 애플랙이 제공하는 서비스에 대해 광고가 명확히 설명해주지 않았다는 의견이 나왔기 때문이다. 이후 애플랙은 자사 광고에서 상품과 회사에 대한 설명을 강화했다. 오늘날 대부분의 광고 매체에는 콘텐츠가 넘쳐나기 때문에, 시청자나 독자의 주의를 끌기 위해 신선한 창의적 접근 방식이 필요할 수 있다. 하지만 그렇다고 해서 광고 메시지가 희석되어서는 안 된다. 광고주는 이 균형을 잘 유지해야 하며, 판매 메시지가 흐려지지 않도록 주의하면서도 크리에이티브 전문가들의 표현을 억누르거나 무난하고 지루한 광고만을 요구해서는 안 된다.

사진 9-32

스니커즈의 이 기발한 광고는 〈Sports Illustrated〉의 수영복 특집호를 위해 제작되었다.

자료: Mars, Incorporated

- **창의적 접근 방식이 광고가 노출될 매체 환경에 적절한가?** 각 매체는 고유한 편집 콘텐츠의 성격, 주요 독자나 시청자층 그리고 포함된 광고의 유형에 따라 특유의 분위기나 맥락을 갖는다. 따라서 광고가 실제로 노출될 매체 환경과 얼마나 잘 어울리는지를 고려해야 한다. 예를 들어, 수퍼볼은 광고의 전시장처럼 여겨진다. 평소 광고에 관심이 없는 사람조차 30초 광고 한 편의 가격을 알고 있으며, 게임만큼이나 광고에 집중하는 경우가 많다. 이 때문에 많은 광고주는 수퍼볼에 맞춰 새로운 광고를 제작하거나 공개 시점을 조절하려 한다. 또한 일부 광고는 특정 매체에 맞춰 맞춤형으로 제작되기도 한다. 예를 들어, 매년 5월에 발행되는 〈Sports Illustrated〉의 수영복 특집호에 게재되는 광고는 잡지의 테마나 분위기에 맞춰 구성되곤 한다. 사진 9-32는 이 수영복 특집호의 뒤표지에 실린 스니커즈(Snickers) 광고의 기발한 예시를 보여준다.
- **광고는 진실되고 적절했는가?** 광고주는 광고의 진실성뿐만 아니라 소비자를 불쾌하게 할 수 있는 표현이 있는지도 고려해야 한다. 예를 들어, 블루밍데일즈(Bloomingdale's)는 몇 해 전 연말 시즌에 홀리데이 카탈로그(Holiday Catalog)에 실린 광고로 논란을 일으킨 바 있다. 해당 광고에는 한 여성이 웃으며 다른 곳을 바라보고 있고, 그 옆에서 한 남성이 의미심장한 눈빛으로 그녀를 바라보는 사진이 실렸다. 사진 옆에는 "당신의 가장 친한 친구가 보고 있지 않을 때, 그들의 에그노그에 술을 타라."라는 문구가 있었다. 이 광고는 남성이 여성 친구의 음료에 술을 타는 행위를 권장하는 듯한 표현으로 인해 많은 비판을 받았다. 일부 평론가들은 이 광고가 데이트 강간을 연상시킨다고 지적했다. 이에 대해 블루밍데일즈는 해당 광고가 부적절하고 경솔했다는 점을 인정하며 공식적으로 사과했다. 그러나 광고가 우편으로 발송된 인쇄 카탈로그에 실린 것이었기 때문에 회수할 수 없었고, 그 결과 소매업체 이미지에 큰 타격을 준 부정적인 여론이 일었다.

사진 9-33

KFC는 영국에서 이 기발한 사과 광고를 집행했지만, 일부 국가에서는 부적절하게 보일 수도 있다.

자료: Yum! Brands

기발하지만 다소 논란이 될 수 있는 광고의 흥미로운 예는 2018년 KFC가 영국에서 위기 대응으로 집행한 인쇄 광고다. 당시 KFC는 물류 대행 업체의 운영 문제로 치킨 공급에 차질이 생겼고, 수백 개의 매장이 일시적으로 문을 닫는 사태를 겪었다. 실망한 고객들은 소셜 미디어에서 강하게 항의했으며, 일부 도시에서는 치킨 품절 문제로 경찰에까지 신고하는 일이 벌어졌다. 이에 대응하기 위해 KFC 마케팅 팀과 광고대행사 마더 런던(Mother London)은 창의적인 방식의 사과 광고를 내놓기로 결정했다. 광고에서는 KFC의 알파벳을 재배열해 만든 단어를 통해 위트 있게 사과의 뜻을 전했다. 해당 광고는 사진 9-33에 나와 있다. 이 광고는 KFC가 마케팅에서 지나치게 진지하지 않다는 브랜드 특성과 어울린다는 평가를 받으며 다수의 크리에이티브 어워드를 수상하기도 했다. 실제로 영국에서는 긍정적인 반응을 얻었지만, 일부 국가에서는 부적절하거나 품위 없다고 여겨질 수 있는 표현이 포함되어 있어 문화적 차이에 따라 평가가 엇갈릴 수 있다.

광고가 소비자를 기만하거나 불쾌하게 만들 가능성이 있는지를 최종적으로 판단할 책임은 광고주에게 있다. 광고 또는 브랜드 담당자는 크리에이티브 전문가들이 제안한 접근 방식이 자사 기준에 부합하는지를 평가해야 한다. 또한 회사의 법무 부서가 광고의 소구 방식, 메시지 내용, 실행 방식에 법적인 문제가 있을 가능성이 있는지를 검토할 수도 있다. 광고가 대중에게 공개되기 전에 이러한 잠재적인 법적 문제를 사전에 발견하는 것이 훨씬 바람직하다.

최고마케팅책임자, 브랜드 매니저, 광고 담당자 또는 광고주 측의 다른 실무자는 크리에이티브 전문가들이 제안한 아이디어를 검토하고 평가하며 승인할 때 이러한 기본적인 지침을 활용할 수 있다. 물론 각 기업의 광고 및 마케팅 상황에 따라 고려해야 할 고유한 요소들이 존재할 수 있다. 또한 경우에 따라, 기업이 평소 크리에이티브 산출물을 평가할 때 사용하는 기준에서 일부 벗어나는 것이 허용되거나 바람직할 수도 있다. 18장에서 살펴보겠지만, 광고주는 때때로 이러한 주관적인 기준을 넘어서서 크리에이티브 전문가 또는 팀이 제안한 특정 접근 방식의 효과를 판단하기 위해 보다 정교한 사전 테스트 방법을 활용하고자 할 수 있다.

요 약

이번 장에서는 광고 메시지가 어떻게 구현되고 실행되는지를 살펴보았다. 광고 캠페인을 이끌어갈 크리에이티브 전략이 결정되면, 그 다음 단계는 해당 전략을 구체화할 광고 소구 방식과 실행 형식을 선택하는 것이다. 소구는 소비자로부터 어떤 반응을 이끌어내거나 감정에 영향을 주기 위해 광고에서 중심적으로 전달되는 메시지를 뜻한다. 소구는 크게 두 가지 범주로 나눌 수 있다. 이성적 소구와 감성적 소구가 그것이다. 이성적 소구는 제품이나 서비스에 대한 소비자의 실용적, 기능적 또는 효용적 욕구에 초점을 맞추는 반면, 감성적 소구는 제품이나 서비스를 구매하게 되는 사회적 또는 심리적 이유에 기반한다. 광고주는 각 범주 내에서 선택할 수 있는 다양한 소구 방식을 활용할 수 있다.

크리에이티브 실행 방식은 광고 소구를 메시지 안에서 어떻게 표현할지를 의미한다. 이번 장에서는 다양한 실행 기법과 그 사용에 관한 고려사항을 살펴보았다. 또한 인쇄 광고, TV 광고, 디지털 광고를 제작할 때의 전술적 측면도 함께 다루었다. 인쇄 광고의 구성 요소에는 헤드라인, 본문, 삽화, 레이아웃이 포함되며, TV 광고의 경우에는 영상과 음향 요소 그리고 광고 기획과 제작 과정에서의 주요 고려사항을 살펴보았다. 디지털 광고에서 창의성의 역할과 배너 및 온라인 영상 광고의 전술적 요소에 대해서도 논의하였다.

광고의 소구와 실행 방식 그리고 광고 제작과 관련된 전술적인 측면을 결정하는 것은 크리에이티브 전문가들의 몫이다. 그러나 실제 광고를 제작하거나 게재하기 전에는 클라이언트가 크리에이티브 접근 방식을 검토하고 평가하며 최종 승인을 내려야 한다. 광고, 제품, 브랜드 매니저를 포함한 여러 실무자들은 광고 메시지를 평가하고 최종 제작을 승인하기 전에 사용할 수 있는 다양한 기준을 활용할 수 있다.

CHAPTER

10 매체 기획 및 전략

자료: atakan/iStock/Getty Images

학습 목표

1 | 매체기획에 포함된 주요 용어를 이해한다.

2 | 매체기획 과정에 대해 이해한다.

3 | 매체목표 정의와 필요 이유를 알아본다.

4 | 매체전략 수립과 적용을 이해한다.

5 | 다양한 매체별 특성에 대해 이해한다.

과도한 광고비 지출은 얼마일까? 어느 정도의 노출이 특정 광고에 대해 충분할까?

우리는 TV나 다른 영상 시청 장치 등을 통해 광고를 보게 된다. 때로는 "광고가 너무 많은데?"하며 짜증 섞인 푸념을 하기도 하고 "도대체 왜 저렇게까지 하는 거지?"와 같은 의문을 제기하기도 한다. 가끔은 "난 그 광고를 보는 게 너무 지겨워!"라고 말하고 싶어지는데, 이는 우리 모두에게 일어나는 일이며, 일부 기업들은 이러한 상황을 잘 이해하지 못하고 있다. 이러한 상황이 된다면 그들은 광고에 돈을 낭비하고 있을 뿐만 아니라 해당 제품이나 서비스로부터 소비자를 멀어지게 하는 것이다.

하루에 몇 개의 광고에 노출되는지 우리는 정확히 알 수 없지만, 아무도 확실하게 알지 못한다는 것은 분명하다. 또한 엄청난 수의 광고가 매일 우리를 스쳐 가고 있다는 것도 명확하다. 그렇게 많은 광고가 우릴 지나치지만 사실 광고가 너무 많다고 느낄 뿐, 누군가가 몇 번이나 광고를 봤는지 확실히 알 수 있는 경우는 많지 않다. 그러나 분명한 것은 광고주가 충분한 광고를 구매하지 않으면 시간이나 공간 상황에 따라 특정 광고가 전혀 보이지 않을 수도 있다. 또한 반대로 너무 많이 집행하게 되면 점점 효율성과 목표하는 효과가 떨어질 수도 있다.

마케터들은 학계와 실무 영역 모두에서 오랫동안 이 질문과 씨름해 왔지만 정확한 대답을 얻는 것은 아직도 어려운 상황이다. 가장 신뢰할 수 있는 것은 학술적 연구인데, 오래전 1970년대 허버트 크루그먼(Herbert Krugman)이 주도한 최적의 수는 가장 유명하다. 단순하게 얘기하면 TV 광고에 노출된 횟수가 일정 기간(일반적으로 월) 3회 이하라면 효과가 없으며, 노출 횟수가 10회 이상이라면 과도하며 부정적인 노출로 평가되었다. 이를 'Three Hit Theory'라고 하는데 거의 반세기가 지났지만, 마법의 숫자 3은 여전히 일반적인 통념으로 인정되기도 한다. 사실 지난 수십 년 동안 크루그먼의 연구를 비판했지만, 아무도 더 나은 숫자를 생각해내지는 못한 것 또한 사실이다.

그러나 지금의 매체 상황이 1970년대와 비교하여 얼마나 다른지는 모두 알고 있다. TV와 라디오, 신문, 잡지 광고가 주류였던 상황에서는 인터넷도 존재하지 않았으며, 1970년대 이후 25년 이상 휴대전화 역시 없었다. 이러한 변화를 고려하여, 버튼(Jennifer Lee Burton), 골린스(Jan Gollins), 맥닐리(Linda E. McNeely)와 왈스(Danielle M. Walls)는 이제 새로운 시각이 필요하다고 판단했으며, 연구를 통해 이들은 소비자의 시청 경험을 고려한 'Three Hit Theory'가 오늘날에도 여전히 의미가 있는지 확인하기 위해 노력했다. 그들은 광고 노출이 10회 이상인 경우에도, 오늘날 미디어의 확산과 환경 변화로 인해, 광고 반복에 대한 기준이 더 높아질 수 있다고 제시하였다. 광고를 10회 이상 본 사람들이 여전히 광고를 덜 본 사람들보다 더 높은 구매 의도를 보였다. 네프(Jack Neff)의 〈Ad Age〉 기사에서도 "많은 연구에 따르면 모바일, TV, SNS 등 다양한 매체를 통해 집행되는 광고는 소비자 시청 습관과 시간에 따라 최적의 노출 수준이 다양하다는 사실이 밝혀졌다"고 제시하였다. 결국 이제 더 이상 보편적인 경험 법칙은 설득력이 떨어지며, 최적의 빈도가 무엇인지 알기 위한 대답은, 역자의 판단을 가미한다면, 각 브랜드의 상황에 따른 반복적인 조사와 꾸준한 노력으로만 규명될 수 있을 것이다. 광고를 보는 사람들에게는 안타까운 일일 수도 있지만 광고주들은 이런 상황에서 더욱 많은 노출이 필요하다고 생각할 수 있으며, 우리는 앞으로도 더 많은 광고를 보게 될 수 있다. 그렇다면 급격한 매체 환경 변화를 고려할 때, 도대체 얼마나 광고해야 할까? 답은 각 브랜드별 추적조사와 모델링을 통한 지속적인 반복 노력이 해답을 줄 것으로 믿는다.

자료: Jennifer Lee Burton, Jan Gollins, Linda E. McNeely, and Danielle M. Walls, "Revisiting the Relationship between Ad Frequency and Purchase Intentions," *Journal of Advertising Research*, March 2019, pp. 27-39; Jack Neff, "What's the Frequency, Pritchard?" *Ad Age*, November 7, 2018, www.adage.com; "A New 'Wearout' Standard for a New Era of Advertising," March 15, 2019. www.warc.com.

TV를 시청하는 경우(특히 일반적으로 스포츠 이벤트를 시청하는 경우) 시청 시간이 길어지며, 분명 언젠가는 같은 광고를 반복적으로 보게 되며 불편함을 느끼게 된다. 시청자들은 심지어 의문이 생길 수도 있다. "광고주들이 왜 이렇게 계속 광고하는 것일까?"하고 말이다. 본 장 이전 서두에도 언급했지만, 지난 50년 동안 이 문제에 대한 해답은 명쾌한 해결에서 멀리 있었으며, 이후에도 설명하지만, 미디어의 구매가 과학만큼 예술인 부분도 존재하고, 비록 많은 면에서 진보가 이루어졌지만, 해당 과정이 너무 많은 요인들에 의해 영향을 받기 때문이기도 하다. 더욱이 매체 환경의 빠른 변화는 더 복잡한 업무 영역을 만든다. 예를 들어, 목표 수용자에 대한 더 많은 데이터를 얻기 위해, 뉴미디어의 확산과 광고를 거의 실시간으로 배치하라는 압력에 의해, 그리고 다양한 매체 조합 매트릭스의 사용 등 새로운 미디어 구매 환경으로 인해 피할 수 없는 변화를 맞게 되었다. 일부 기술적인 발전이 매체기획을 단순화한다는 주장도 있지만, 오히려 이러한 환경 변화로 인해 이전보다 복잡해지고 어려운 과정이 되고 있다. 기술적인 발전이 마케팅 담당자에게 이전에는 사용할 수 없었던 정보 기회를 제공하지만, 더욱 심층적인 분석은 물론 모든 미디어 대안에 대한 지식과 이해 또한 필요하게 되었다. 더 이상 통합 마케팅 커뮤니케이션(IMC) 프로그램은 사치가 아니라 필수이며, 이제 모든 매체 기획자들이 고려해야 할 과정이 되고 있다. 기존의 변경 사항을 인식할 뿐만 아니라 다양하고 새로운 옵션들에 대한 이해와 빠르게 진화하는 미디어는 가뜩이나 어려운 매체기획을 더욱 도전적인 과정으로 변모시키고 있다. 광고 메시지가 언제, 어디서, 어떻게 전달될 것인지 기획하는 것은 복잡하고 끊임없이 진화하는 과정이기 때문이다. 미디어 계획의 주요 목표는 제품, 브랜드나 서비스에 대한 메시지가 가능한 비용 측면 등에서 가장 효율적인 방식으로 목표 수용자에게 전달될 수 있는 프레임워크(framework)를 개발하는 것이다.

이 장에서는 마케터가 미디어 전략과 기획을 위해 고려해야 할 몇 가지 주요 사항을 살펴본 후, 다양한 미디어의 장점과 단점을 각각 알아보고자 한다. 뉴미디어에 사용되는 용어와 콘셉트들은 종종 기존 용어와 개념을 사용하기도 하지만, 새로운 요인들도 적지 않게 존재한다. 이 장에서 초점을 두는 것은 대부분 전통적인 개념에 관한 것이며, 이후 장들에서는 각각의 미디어별로 다루고자 한다. 용어의 예를 들자면, 소셜 미디어에서 매체는 사용자가 제작한 비디오이며, 유튜브는 플랫폼이고, 채널은 60secondmarketer.com 등이다. 새로운 미디어들의 출현과 발전이 이 분야의 업무를 혁신적으로 변화시키고 있지만, 분명한 것은 아무리 매체 환경이 변화하고 혁신되어도, 매체기획을 위한 프레임워크의 가치와 필요성은 여전히 미디어 전반에 걸쳐 존재한다는 것이다.

매체기획의 개관

매체기획 과정은 쉬운 작업이 아니다. 마케터가 선택할 수 있는 미디어로는 텔레비전, 신문, 라디오, 잡지와 같은 매스미디어나 옥외 광고, 교통 광고, 전광판 등의 옥외(out-of-the-home, OOH) 미디어가 있다. 다이렉트 마케팅, 인터넷, 판촉 상품, 판매촉진, 매장 내 구매 시점 광고 등 여러 가지 다양한 미디어도 고려되어야 한다. 브랜디드 엔터테인먼트(branded entertainment), 소셜 미디어(social media), 쌍방향 미디어(interactive media)와 같은 뉴미디어의 확산 역시 마케터가 생각해볼 수 있는 많은 선택권을 제공한다.

언뜻 보기에는 이러한 대안들 중에서 선택하는 것이 비교적 간단해보이지만, 대부분 이는 힘든 과정이다. 매체 선택의 대표적 이유 중 하나는 미디어가 갖는 특성 그 자체로 인한 것이다. 텔레비전은 시각과 청각을 결합시키며, 이는 대부분의 다른 미디어가 갖지 못하는 이점이다. 잡지는 더 많은 정보를 전달할 수 있고, 잠재 고객으로 하여금 훨씬 오랫동안 메시지를 유지시킬 수 있다. 신문도 그만의 장점이 있으며, 옥외 광고, 직접 광고 매체 및 기타 매체도 그만의 장점이 있다. 인터넷은 다른 미디어에 비해 많은 이점이 있지만 그 능력에 있어서는 한계도 존재한다. 각 대안의 특징들은 여러 가지 요인들에 따라 고려되어야 한다. 미디어를 선택하는 절차는 매니저가 같은 종류의 미디어 내에서 다른 대안을 선택할 때, 예를 들어, 〈주간조선〉이나 〈행복이 가득한 집〉 등의 잡지 중에서 선택할 때, 드라마 〈신데렐라 게임〉과 〈나의 완벽한 비서〉 등에서 선택할 때, 소셜 미디어인 틱톡이나 인스타그램 등에서 선택할 때보다 상대적으로 더 복잡하다.

크고 작은 많은 기업들은 이제 미디어 전략의 중요성을 인식하게 되었고, 최상의 효과를 내는 다중 미디어 비히클(multiple media vehicle)의 이용뿐만 아니라, 크리에이티브 광고물과 미디어를 통합하는 데 주목하고 있다. 예를 들어, 텔레비전 광고도 이제 회사의 인터넷 사이트로의 접속을 유도하고 있다. 어떤 광고는 프로그램 도중에 방영되는 광고에서 해당 프로그램의 배우를 사용하여 더 강한 효과를 유발하기도 한다.

광고하는 제품이나 서비스는 매체기획 과정에 영향을 미친다. 도표 10-1에서 증명된 바와 같이, 기업들은 그들의 메시지를 특정한 목표 수용자에게 전달하기 위해 경쟁사보다 더 유용한 미디어를 찾고자 한다. 예를 들어, 미국의 P&G는 전통 매체로 분류되는 TV, 잡지 등 광고 노출량 측정이 가능한 매체와 디지털, 모바일 등 상대적으로 광고 노출량 측정이 어려운 매체의 광고비를 비교적 균등하게 집행하는 것과 달리, 아메리칸 익스프레스(American Express)는 광고 노출량 측정이 어려운 디지털, 모바일 매체에 더 많은 광고비를 지출하고 있다. 그 외 기업 중 상당수도 전통 매체 광고비를 줄이는 동시에, 광고 노출량 측정이 어려운 디지털 매체 광고비를 늘리고 있으며, 결과적으로, 기업들은 각자의 매체전략에 따라 서로 다르게 선호하는 매체에 광고비를 집중하고 있다.

기본 용어와 개념

매체기획에 대한 논의를 시작하기 전에, 매체기획 및 전략 과정에서 사용되는 몇 가지 기본적인 용어와 개념에 대해 살펴보고자 한다.

매체기획(media planning)은 제품이나 서비스를 이용할 예상 구매자나 현재 구매자에게 메시지를 전달하는 일련의 의사결정 과정이다. 매체기획은 많은 결정이 필요한 일련의 과정이고, 매체기획이 전개되면서 각 단계의 의사결정은 바뀌거나 버려지기도 한다.

매체기획은 매체 선택의 가이드가 되면서, 특정 **매체목표**(media objectives)와 그 목표를 달성하기 위해 계획된 **매체전략**(media strategies)이라는 실행 계획을 필요로 한다. 목표와 전략이 수립되면 이 정보는 매체기획으로 체계화된다.

매체(medium)란 이용 가능한 전달 시스템의 일반적 범주로서 방송 매체(TV 및 라디오), 인쇄 매체(신문 및 잡지), 다이렉트 마케팅, 옥외 광고 및 기타 보조 매체 등을 포함한다. **미디어 비히클**(media vehicle)은 매체 범주 내의 특정한 메시지의 운반체를 말한다. 예를 들어, 〈주간조선〉이나 〈행복이 가득한 집〉은 인쇄 매체의 비히클, 〈신데렐라 게임〉과 〈나의 완벽한 비서〉 등은 방송 매체의 비히클이다. 다음 장에서 볼 수 있듯이, 각 매체는 그만의 특징뿐만 아

도표 10-1 미국 내 상위 광고주, 2017(단위: 백만 달러)

순위	광고주	소재지	2017 총광고비(U.S. $)	2017 매체광고비(U.S. $)
1	Comcast Corp.	Philadelphia	$5,745	$1,316
2	Procter & Gamble Co.	Cincinnati	4,387	2,660
3	AT&T	Dallas	3,520	1,215
4	Amazon	Seattle	3,379	564
5	General Motors Co.	Detroit	3,244	1,480
6	Verizon Communications	New York	2,643	958
7	Ford Motor Co.	Dearborn, Mich.	2,454	1,173
8	Charter Communications	Stamford, Conn.	2,420	281
9	Alphabet (Google)	Mountain View, Calif.	2,413	477
10	Samsung Electronics Co.	Suwon, South Korea	2,405	707
11	American Express Co.	New York	2,378	204
12	Walmart	Bentonville, Ark.	2,283	558
13	JPMorgan Chase & Co.	New York	2,253	147
14	L'Oréal	Clichy, France	2,195	1,164
15	Nestlé	Vevey, Switzerland	2,128	573
16	Pfizer	New York	2,047	1,552
17	Berkshire Hathaway	Omaha, Neb.	2,012	1,764
18	Fiat Chrysler Automobiles	London	1,975	869
19	Johnson & Johnson	New Brunswick, N.J.	1,926	1,020
20	Expedia Group	Bellevue, Wash.	1,816	363
21	Deutsche Telekom (T-Mobile US)	Bonn, Germany/Bellevue, Wash.	1,800	1,101
22	Toyota Motor Corp.	Toyota City, Japan	1,780	922
23	Walt Disney Co.	Burbank, Calif.	1,775	520
24	Time Warner	New York	1,645	725
25	Capital One Financial Corp.	McLean, Va.	1,587	274

자료: Ad Age Datacenter. Total U.S. advertising spending is Ad Age estimate, including digital spending. U.S measured–media spending, excluding digital media, from WPP'S KANTAR Media. Numbers rounded. More info: kantarmedia.com. Full rport: AdAge.com/lna2018. Marketer database: AdAge.com/marketertrees2018. About 200 LNA: P. 20 AND aDaGE.COM/aboutlna2018.

니라 상대적인 장점과 단점이 있으며, 구체적인 결정을 위해 메시지를 효과적으로 전달하는 데 필요한 가치를 고려해야 한다.

도달률(reach)은 주어진 기간에 광고 메시지에 최소한 한 번 이상 노출된 목표 타겟의 수를 %로 설명하며, **매체 도달 범위**(coverage)는 특정 매체를 통해 메시지를 수신할 수 있는 잠재 고객의 범위를 역시 %로 나타낸다. 매체 도달 범위는 실제 메시지의 수신 여부와 관계 없는 수신 가능성과 관련 있고, 도달률은 실제로 메시지가 전달된 수용자를 알려준다(이를 구분하는 것이 왜 중요한지는 다음 장에서 분명하게 설명하기로 한다). 마지막으로 **빈도**(frequency)는 특정 기간 동안 수신자가 평균적으로 광고 메시지에 노출된 수를 나타낸다. 이 외에도 매체기획과 관련하여 중요하고도 자주 쓰이는 용어는 많지만(Advertising Media A to Z, Jim

Surmanek 저서를 참조 바람), 기획 과정을 이해하는 데 필수적인 수준의 용어들을 중심으로 논의하기로 한다.

매체기획

매체기획(media plan)은 광고주의 메시지를 시장으로 전달하는 가장 효과적이고 효율적인 방법을 추구한다. 기본적인 의미에서 매체기획의 목표는 마케터가 최소한의 비용으로 최대한의 잠재 고객에게 메시지를 전달하는 매체와 비히클의 조합을 찾는 것이다.

매체기획을 전개하는 데 필요한 활동과 각 활동의 목적은 도표 10-2에 나타나 있다. 도표

도표 10-2 매체기획 전개와 관련된 활동

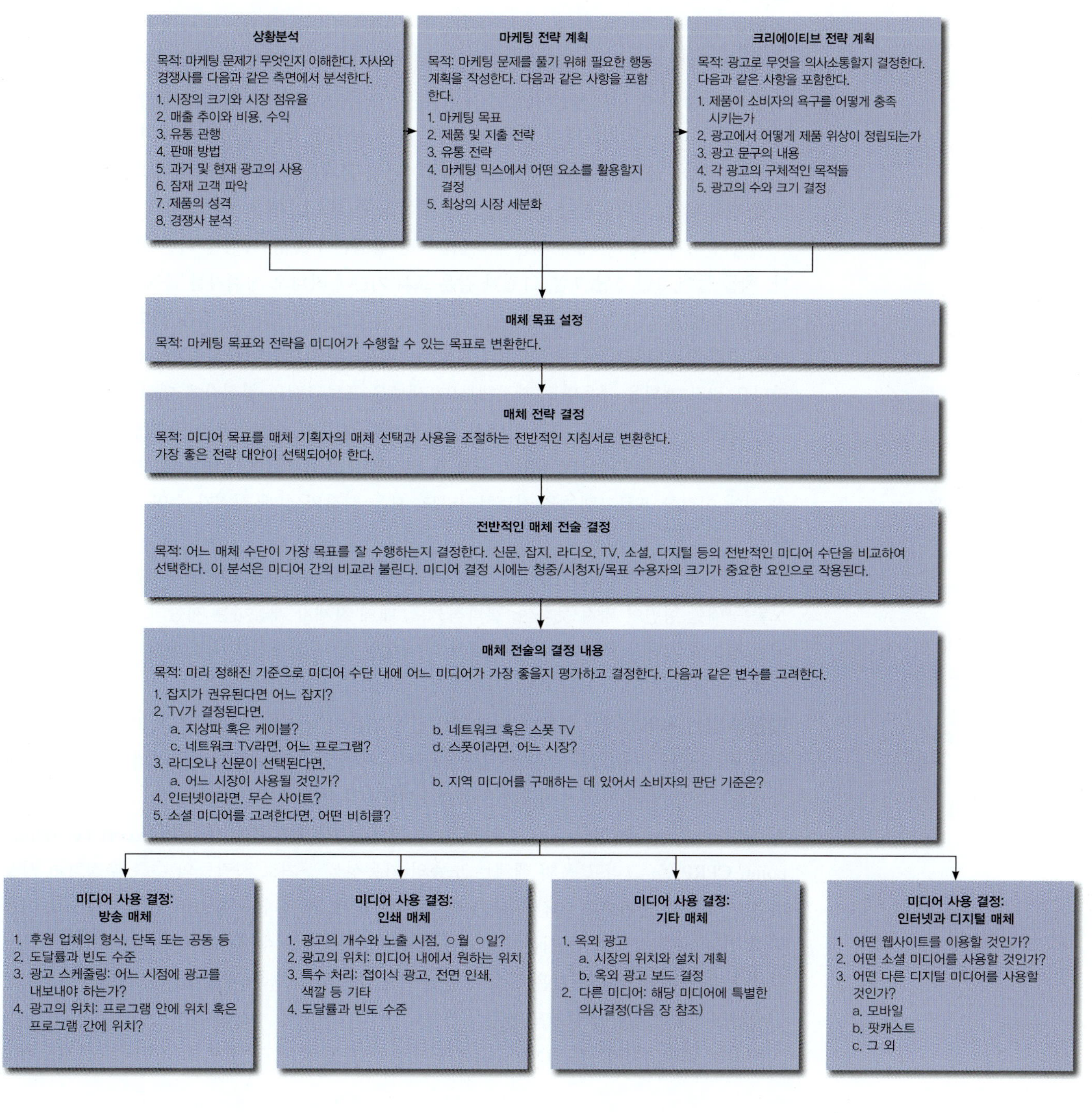

10-2에서 볼 수 있듯이, 많은 결정들은 이러한 일련의 과정들을 거쳐 수립되는데, 계획이 진전될수록, 상황에 따라 변화를 필요로 한다. 광고주들은 필요할 때마다 목표와 전략을 빈번하게 수정하고 갱신하게 된다.

매체기획에서 발생하는 문제들

유감스럽게도, 매체전략 결정은 표준화된 작업이 아니다. 많은 문제들이 계획을 세우기 어렵게 만들고, 계획의 효율성 또한 떨어뜨린다. 대표적인 문제로는 불충분한 정보, 일관성 없는 용어, 기획을 위해 필요한 시간적 제약, 효과 및 효율성 측정의 어려움 등이 있다.

불충분한 정보 시장과 매체에 대한 많은 정보가 존재하지만, 매체 기획자들은 이용 가능한 더 많은 정보를 필요로 한다. 국내 상황은 특정 매체의 수용자 자료가 측정조차 되어 있지 않으며, 대표적인 이유는 자료를 측정하는 것이 불가능하거나 측정하는 데 비용이 많이 들기 때문이다. 예를 들어, 라디오 청취율 조사의 경우, 여러 방법이 시도되지만, 표본 크기와 비용의 제약으로 인해 오직 청취자의 기억에 의존한 사후 문의를 통한 조사만이 보고되고 있다. 시청자나 청취자의 규모를 측정할 때 발생하는 이러한 문제는 라디오뿐만 아니라 다른 매체에서도 문제가 되며, 국내의 경우 옥외 광고에 대한 노출 정보는 매우 제한적이다.

측정의 시기 또한 문제가 되는데, 어떤 측정 방법은 1년 중 특정한 기간에만 시행될 수 있다. 예를 들어, 2월, 5월, 7월, 11월과 같은 **조사 기간**에 라디오 청취자를 측정하거나 광고료를 산정하게 된다. 그리고 이 정보는 여러 달 동안 일반화되기 때문에, 장래 계획에 대한 결정은 현재 상황을 반영하지 못하는 과거의 자료에 기반을 두고 만들어질 수밖에 없다. 가을 시즌에 라디오 광고 계획을 세운다고 가정해보면, 새로운 프로그램의 청취자에 대한 자료는 전혀 없고, 여름에 조사한 청취자 수가 일반적으로 현저히 적기 때문에 여름 동안 방송된 프로그램에 대한 청취자 정보는 가을의 상황이 어떻게 전개될지 적절하게 반영하지 못한다. 광고주가 방송 전에 이러한 프로그램들을 검토하더라도, 모든 시장의 실제 청취자 수와 일치하기는 어렵다.

정보의 부족은 소규모 시장이나 소규모 광고주에게 더 큰 문제가 된다. 그들은 필요한 정보를 구매할 형편이 되지 못하며, 결과적으로, 매체 자체가 제공하는 제한되고 실제와 거리가 있는 정보에 기반을 두거나, 혹은 정보가 전혀 없는 상태로 결정을 내리게 된다.

일관성 없는 용어 이는 매체마다 광고비 선정 기준이 달라지기도 하고, 이러한 비용을 수립하는 데 사용된 측정 기준이 항상 일관성을 지니지는 않는다는 점에서 문제가 발생하기도 한다. 예를 들어, 인쇄 매체는 광고비 자료를 1,000명의 사람에게 도달하는 데 드는 비용에 관해서 나타내고(cost per thousand, CPM), 방송 매체는 1% 시청률에 대한 비용(cost per ratings point, CPRP)을, 그리고 옥외 매체는 노출의 가능성을 근거로 사람들의 수를 추정하여 사용한다. 인터넷의 출현으로 이전과 다른 새로운 용어들도 생겨나고, 광고비 산정 기준으로 사용되고 있는 노출 정보 또한 기존과 달리 다양한 방법을 통해 수집되고 있다. 아울러 실제로는 다른 뜻을 가진 용어들이 같은 뜻으로 잘못 사용되고 있는 경우(예를 들어, 도달률과 매체 도달 범위)도 있어 혼란을 주기도 한다.

시청률 조사 회사인 닐슨(Nielsen)은 단순한 시청률 외에도, 광고가 집행되는 프로그램에

도표 10-3

관여도와 광고 회상의 관계

자료: The Nielsen Company.

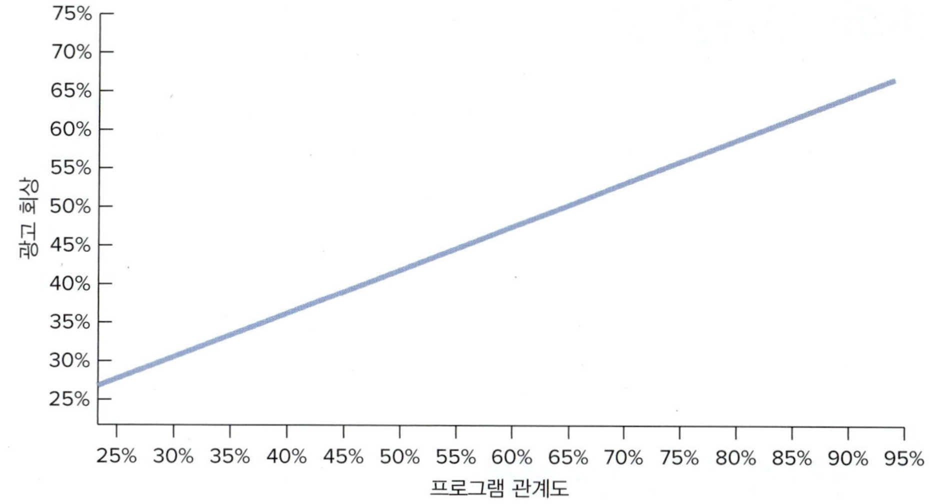

대한 관여도가 광고 회당과 밀접한 관련성이 있다는 것을 밝혔으며, 도표 10-3에서 그 결과를 보여준다. 결국 시청률만이 아니라 관여도 등 시청의 가치를 평가하는 것은 쉽지 않다.

시간적 제약 광고주들이나 대행사 인력들은 항상 바쁜 것처럼 보이지만, 때로는 실질적으로 빠르게 처리해야 하는 일들에 적절한 대응이 수반되지 못하는 경우가 있다. 예를 들어, 경쟁사의 변화에는 즉각적인 대응이 필요하지만 때로는 의사결정의 긴 결재 과정이나 논의 등으로 효과적인 매체기획에 시간적 제약을 주기도 한다. 사실 매체기획을 위한 충분한 시간 확보를 위해서는 광고 집행보다 상당 기간 앞서 준비를 시작해야 하는데, 특히 국내 상황은 크리에이티브나 제작을 위한 시간보다 많이 부족한 것이 현실이다. 이러한 상황에서의 매체 선택은 적절한 계획이나 목표시장 혹은 사용 가능한 매체와 비히클에 대한 충분한 분석 없이 결정되곤 한다.

효율성 측정의 어려움 일반적으로 광고와 판촉 활동을 위해 다양한 매체와 비히클들의 상대적인 효과 및 효율성을 측정하는 것은 매우 어렵다(7장에서 논의한 ROI에 대한 내용을 다시 복습해보자). 매체 기획자는 여러 대안들에 대해 좀 더 많은 추정을 하거나 그 영향에 대해 예측해보지만, 앞서 설명한 부족한 시간과 정보는 수리적인 분석을 통한 명쾌한 해답 제시를 어렵게 한다. 아울러 효과와 효율성의 기준으로 무엇을 사용해야 하는지도 명확하지 않다. 도달률이나 도달 빈도, 도달 가능 범위 등 기준에 따라 평가의 결과는 매우 달라지기 때문이다. 효율성 측정은 매니저가 어떤 매체의 이미지가 시장에서 더 친숙함을 줄 수 있는지 추정하거나, 최근 사건의 영향력을 예측하여, 이용 가능한 모든 대안에 대해 합리적으로 분석해야 하지만, 적지 않은 경우, 이러한 정보가 부족한 상황에서 판단을 내려야 한다.

제시한 문제들이 매체 결정 과정을 복잡하게 하지만, 그렇다고 모든 과정이 전적으로 주관적인 판단에 의존하는 것은 아니다. 이번 장의 나머지 부분들에서 매체전략이 어떻게 개발되는지 그리고 그 효율성 증대 방법을 대해서 자세히 살펴보기로 한다.

매체기획의 개발 과정

1장의 프로모션 계획 모델에서 표적시장을 선정하여 목표를 세우고, 그 목표를 달성하기 위해 전략을 수립하는 것에 대해 논의했다. 매체기획과 전략의 개발 역시 이와 비슷하고, 다만 메시지를 전달하는 최적의 방법을 결정하는 데 좀 더 구체적인 초점이 맞춰진다. 그 과정은 도표 10-4에서 볼 수 있듯이, 연속적인 단계를 포함한다. (1) 시장 분석, (2) 매체목표 수립, (3) 매체전략 개발 및 실행, (4) 평가 및 후속 조치 순이다. 각 단계를 구체적인 사례와 함께 차례로 알아보자.

시장 분석 및 표적시장 선정

전반적인 프로모션 준비 과정에서 상황 분석 단계는 내부 및 외부 요인에 대한 완벽한 검토와 함께 상대적 경쟁 우위의 내용 등을 포함한다. 매체전략의 개발 과정에서도 시장 분석은 다시 행해지며, 해당 분석에서는 매체와 메시지 전달에 초점이 맞춰진다. 이 단계에서 핵심이 되는 질문은 다음과 같다. "누구에게 광고를 할 것인가?(표적시장이 어디인가)", "매체기획에 어떤 내부 및 외부 요인이 영향을 미칠 것인가?(지리적 요인 등에 대한 고려)", "어디에 그리고 언제(시간적 고려 요인) 우리의 노력을 집중시켜야 할까?"

누구에게 광고를 할 것인가

상황 분석을 통해 얻은 수많은 표적시장 중에서, 구체적으로 어떤 그룹을 대상으로 할지를 결정하기 위해, 매체 기획자는 광고주, AE(account executive), 마케팅 부서, 광고 제작 감독(creative director) 등과 함께 작업한다. 다양한 요인들이 이 결정에서 고려되어 매체기획을 수립하는 데 기여한다. 어떤 부분은 직접적인 조사를 필요로 하는 반면, 다른 기관이나 기업에서 조사한 2차 자료가 도움이 되기도 한다.

미국의 경우, Experian Simmons(Simmons Market Research Bureau, 이전의 SMRB)가 연례 보고서 'Experian National Consumer Study'를 통해서 정보를 제공한다. 해당 보고서는 전통적인 매체 사용량(영어 및 스페인어), 제품·브랜드·서비스가 사용된 정도, 인구통계학 및 심리학적 특징에 대한 정보를 포함한다. 또한 미국인의 휴대전화 사용, 소셜 네트워킹, 새로이 부상하는 여러 기술에 대해 통찰하는 '뉴미디어에 대한 연구 결과(New Media Study)'도 제공한다. 이 회사의 경쟁사인 GfK MRI(Gfk-Mediamark Research Inc.) 역시 소비자 정보와 인구통계학적 차이에 따른 매체 사용 특징 정보를 제공한다.

매체 기획자는 많은 경우 이렇게 제공되는 2차 자료에 의존하게 되며, 종종 제시되는 비율이나 각종 지수 사용에 대해 우려하기도 한다. 이는 제공되는 자료들이 매체 기획자의 필요를 충족시킬 만큼 구체적이지 않거나, 자료 수집 과정에 사용된 조사 방법 때문에 수치 자체에

도표 10-4
매체기획의 개발 과정

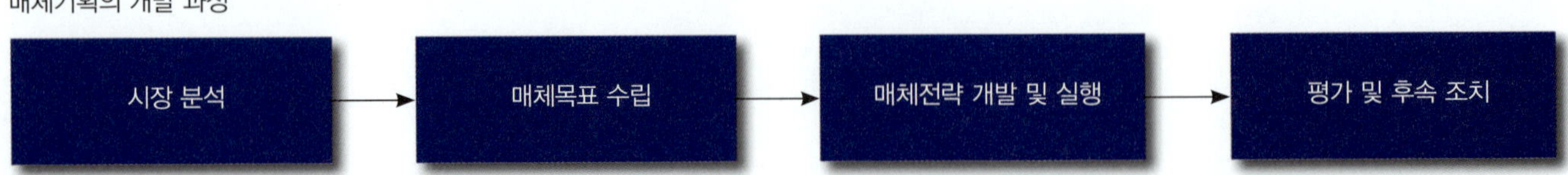

의문이 제기되기도 한다. 그러나 직접 조사를 할 수 없다면, 이러한 자료에 의존해야 하며, Experian과 GfK MRI 등이 제공하는 숫자들은 매체 기획자가 자신의 기획서 수립에 필요한 내용에 직접 혹은 적절한 조작을 통해 적용시킨다. 이러한 수치들 가운데 **인덱스 넘버**(index number)는 시장의 잠재력을 알리는 좋은 지표로 여겨진다. 이 수치는 다음의 공식으로부터 도출된다.

$$\text{인덱스} = \frac{\text{특정 지역(시장)의 구매/이용 인구(\%)}}{\text{특정 지역(시장)의 전체 인구(\%)}} \times 100$$

인덱스 넘버가 100이 넘는 경우는 100 이하인 경우보다 제품이 해당 시장에서 비례적으로 보다 많이 구매 또는 사용되고 있음을 의미한다. 예를 들어, 도표 10-5의 GfK MRI 자료에 따르면 18~44세 연령대에 있는 사람들이 러닝에 참여할 가능성이 더 높으며, 고등학교를 졸업하지 않은 집단, 저소득층 집단 그리고 고연령 집단은 러닝에 참여할 가능성이 가장 낮다. 남성은 여성보다 약간 더 높은 참여율을 보인다. 종합적인 전략에 의거하여, 마케터는 어떤 집단이 현재 제품을 얼마나 구매/사용하며, 어떤 집단을 표적으로 삼을지 결정할 수 있다. 또는 제품을 덜 사용하는 집단을 선정해서 사용량을 늘리는 시도를 할 것인지 등에 대한 결정에 이 정보를 활용할 수 있다. 도표 10-6은 어떻게 GfK MRI Report를 해석할지에 대한 더욱 자세한 지침을 제공한다(유튜브의 GfK MRI-PLUS에도 교육용 동영상이 있으니 참조할 수 있다). 인덱스가 도움이 되는 것은 맞지만, 그것만 홀로 사용될 수는 없다. 비율과 제품 사용 수치 또한 시장의 정확한 상황을 알기 위해 필요하다. 특정한 인구 계층의 인덱스가 높다고 해서 그 집단을 표적으로 삼는 것이 항상 매력적인 것을 의미하지는 않기 때문이다. 높은 인덱스는 작은 분모(인구의 아주 낮은 비율)로 인한 결과로 나타나기도 한다. 도표 10-7에서, 18~24세의 연령층이 가장 높은 인덱스를 갖지만, 제품 사용이 가장 적을 뿐만 아니라 인구 비율이 가장 낮다. 오로지 인덱스에만 의존하는 마케터는 무려 82%의 제품 사용자를 무시하게 된다.

Experian과 GfK MRI가 인구통계학적, 지리학적, 심리학적 정보를 제공하는 반면, 다른 요인들도 특정 시장과 매체 사용을 규정짓는 데 유용하다는 것을 기억해야 한다.

어떤 내부 및 외부 요인이 작용하고 있는가

매체전략은 언제든지 내부 및 외부 요인에 영향을 받는다. 내부 요인(internal factor)은 매체 예산의 규모, 경영 및 관리 능력, 광고대행사의 조직 구성을 포함한다. 외부 요인(external factor)은 경제 상황(매체 비용의 상승), 기술의 변화(새로운 매체의 이용 가능), 경쟁 요인 등이 영향을 준다. 이러한 정보 중 일부는 직접적인 1차 조사를 필요로 하며, 다른 많은 정보는 앞서 언급한 신디케이트 서비스(syndicated service) 등의 2차 자료를 통해 판단의 기준이 될 수 있다. 미국의 사례로 기업들의 경쟁적 광고비 규모를 도표 10-1에서 살펴보았는데, 이러한 Media Reporting Service 자료는 동일한 시장에서 경쟁하는 다양한 브랜드의 광고비 지출에 대한 정보를 제공한다. 다른 많은 자료를 통해서도 매체비 규모에 대한 경쟁력 있는 정보를 얻을 수 있는데, 예를 들어, 국내의 경우도 닐슨의 Adex(구 KADD) 데이터는 모든 매체의 기업별, 브랜드별 지출 규모가 제시되고 있다. 다만 아직 그 정확도는 담보할 수 없는 실정이다.

도표 10-5 러닝 용품 소비자에 대한 GfK MRI 리포트

타겟	기준 전체 인구	조깅과 러닝을 하는 인구	전체 조깅/러닝 인구에서 각 항목의 비율(%)	조깅/러닝 인구 비율 (%)	인덱스
Total	247,024	32,035	100.00	12.97	100
Men	119,259	16,057	50.12	13.46	104
Women	127,765	15,978	49.88	12.51	96
Educ: graduated from college plus	76,755	15,656	48.87	20.40	157
Educ: attended college	70,724	8,957	27.96	12.66	98
Educ: graduated from high school	71,398	5,917	18.47	8.29	64
Educ: did not graduate from high school	28,148	1,504	4.70	5.34	41
Educ: post graduate	26,902	5,337	16.66	19.84	153
Educ: no college	99,546	7,422	23.17	7.46	57
Age 18~24	29,782	6,252	19.52	20.99	162
Age 25~34	44,223	9,434	29.45	21.33	164
Age 35~44	40,272	7,677	23.96	19.06	147
Age 45~54	42,569	4,556	14.22	10.70	83
Age 55~64	41,475	2,602	8.12	6.27	48
Age 65+	48,703	1,514	4.73	3.11	24
Occupation: Management, Business and Financial Operations	25,294	5,370	16.76	21.23	164
Occupation: Natural Resources, Construction and Maintenance Occupations	14,135	1,369	4.27	9.68	75
Occupation: Other Employed	43,596	5,629	17.57	12.91	100
Occupation: Professional and Related Occupations	35,565	7,526	23.49	21.16	163
Occupation: Sales and Office Occupations	32,743	5,047	15.75	15.41	119
HHI $150,000 +	38,013	8,618	26.90	22.67	175
HHI $75,000 – $149,999	77,732	13,339	41.64	17.16	132
HHI $60,000 – $74,999	24,597	2,868	8.95	11.66	90
HHI $50,000 – $59,999	18,162	1,987	6.20	10.94	84
HHI $40,000 – $49,999	19,272	1,469	4.59	7.62	59
HHI $30,000 – $39,999	20,697	1,307	4.08	6.31	49
HHI $20,000 – $29,999	19,977	970	3.03	4.86	37
HHI < $20,000	28,574	1,476	4.61	5.16	40
Race: American Indian or Alaska Native	3,248	453	1.42	13.96	108
Race: Asian	7,717	1,206	3.76	15.62	120
Race: Black/African American	31,988	3,077	9.61	9.62	74
Race: Black/African American only	30,018	2,727	8.51	9.09	70
Race: Other	25,074	2,994	9.35	11.94	92
Race: Other Race/Multiple Classifications	36,209	4,746	14.81	13.11	101
Race: White	185,311	25,288	78.94	13.65	105
Race: White only	180,797	24,562	76.67	13.59	105
Spanish Or Hispanic Origin Or Descent	39,195	4,186	13.07	10.68	82
Spanish spoken in home (most often or other)	41,875	4,960	15.48	11.85	91

자료: Mediamark Research, GfK MRI

GfK MRI 리포트에 대한 이해

아래 숫자들은 병에 든 물과 탄산수 이용자의 6개월간 자료다.

기준 전체 인구: 2014년 GfK MRI는 미국 18세 이상 성인의 수가 237,011,000명이라고 추정하였다. 단위를 1,000으로 237,011로 표기

조깅과 러닝을 하는 인구: 84,983이 의미하는 것은 18세 이상 여성 중 병에 든 물과 탄산수 이용자이며, 역시 1,000을 단위로 84,983,000명을 의미

전체 조깅/러닝 인구에서 각 항목의 비율(%): 54.69%는 병에 든 물과 탄산수를 이용하는 18세 이상 성인 중 여성의 비율이다. 성인이 (84,983/155,382 = 0.5469 = 54.69%)

조깅/러닝 인구 비율(%): 69.17%는 전체 18세 이상 여성 중 병에 든 물과 탄산수를 이용하는 여성의 비율을 의미 (84,983/122,870 = 0.6917 = 69.17%)

Target	Base Total '000	'000	% Detail	% Target	Index
Total	237,011	155,382	100	65.56	100
Men	114,141	70,399	45.31	61.[illegible]8	94
Women	122,870	84,983	54.69	69.17	106
Educ: graduated college plus	67,714	45,929	29.56	67.83	103
Educ: attended college	68,224	46,503	29.93	68.16	104
Educ: graduated high school	70,520	44,265	28.49	62.77	96
Educ: did not graduate HS	30,552	18,685	12.03	61.16	93
Educ: post graduate	24,233	15,881	10.22	65.53	100
Educ: no college	101,072	62,950	40.51	62.28	95
Age 18-24	30,221	21,586	13.89	71.43	109
Age 25-34	41,706	29,020	18.68	69.58	106
Age 35-44	40,126	28,060	18.06	69.93	107
Age 45-54	43,941	30,044	19.34	68.37	104
Age 55-64	38,390	24,759	15.93	64.49	98
Age 65+	42,626	21,914	14.1	51.41	78
Occupation: Professional and Related Occupations	32,190	22,567	14.52	70.11	107
Occupation: Management, Business and Financial Operations	22,675	16,227	10.44	71.56	109
Occupation: Sales and Office Occupations	32,545	23,686	15.24	72.78	111

인덱스: 106이 의미하는 것은 18세 이상 전체 성인 중 병에 든 물과 탄산수를 이용하는 성인 중 65.56%보다 여성 이용률(69.17%)이 상대적으로 높다는 것이며, 전체 성인의 이용 비율 65.56%를 기준으로 계산된다. [(69.17/65.56) * 100 =106]

도표 10-6

인터넷 리포터 보고서를 읽는 방법

자료: Mediamark Research & Intelligence, LLC(GfK MRI). Reprinted with permission.

어디에서 프로모션 활동을 할 것인가

어디에서 프로모션 활동을 할 것인지에 대한 질문은 먼저 지리학적인 고려가 필요하다. 7장에서 언급되었듯이, 기업들은 종종 국가나 전 세계 중 일부 지역의 판매량이 더 많다고 판단하고, 그 지역의 시장 잠재력에 따라 광고비를 할당한다. 예를 들어, 멕시코 맥주 파시피코(Pacifico)는 미국 중서부 지역보다 태평양 연안의 맥주 시장에서 훨씬 더 높은 브랜드 점유율을 보인다는 통계 조사 결과를 적용한다. 한 가지 의문은 과연 어디에서 광고비가 더 현명하게 쓰일 수 있냐는 점이다. 파시피코 브랜드가 이미 주도기업들 사이에서 시장 점유율을 유지하고 있지만 매출이 좋은 시장에 추가적인 광고비를 할당해야 할까? 아니면 회사가 현재 큰 이익을 얻고 있지는 못하지만 성장할 여지가 많은 잠재적 시장에 광고비를 할당하는 것이 더 큰 궁극적 이익을 창출할 수 있을까? 아마도 최선의 해결책은 광고를 포함한 프로모션 비용을 가장 효율적인 시장에 지출해야만 한다는 것이고, 그렇게 해야 시장에서 바라던 목표를 성취할 수 있을 것이다. 유감스럽게도, 프로모션 활동의 영향을 직접적으로 측정하는 것이 항상

도표 10-7

높은 인덱스에 대한 오해의 소지

나이 군집	군집 인구(%)	군집 내 제품 사용자(%)	인덱스
18~24	15.1	18.0	119
25~34	25.1	25.0	100
35~44	20.6	21.0	102
45 +	39.3	36.0	91

가능하지는 않지만, 어떤 전략들은 기획자가 결정을 내리는 데 도움을 줄 수 있다는 것은 분명하다.

인덱스를 사용하여 어디에 프로모션할 것인지 결정하는 방법 Simmons 및 GfK MRI의 인덱스뿐만 아니라 아래와 같은 세 가지의 다른 지표들 역시 유용하다.

1. **구매력 지수 조사**(survey of buying power index)는 미국의 모든 주요 대도시의 시장에서 행해진다. 또한 이 조사는 인구 수, 유효 구매력 소득층, 지역의 총소매판매량을 포함하여 수많은 요인에 기반을 두고 행해진다. 각각의 요인들은 개별적으로 특정 대도시 지역이나 자치주의 잠재력에 대한 구매력 지수를 만드는 데 가중된다. 인덱스 결과는 매체 기획자에게 시장의 상대적 가치에 대한 통찰을 제공한다. 다른 시장 정보와 결합되어 사용될 때, 구매력 지수 조사는 마케터가 어떤 지리적 지역을 표적으로 삼을지 결정하는 데 도움이 된다.
2. **브랜드 개발 지수**(brand development index, BDI)는 마케터가 결정 과정에서 각 지역에 따른 제품 판매량 또는 사용량 비율을 고려하는 데 도움이 된다. 이를 줄여서 BDI라고 하며, 아래와 같은 식으로 산출된다.

$$\text{BDI} = \frac{\text{브랜드의 특정 지역(시장)에서 매출 비율(\%)}}{\text{특정 지역(시장)의 목표 소비자 인구 비율}} \times 100$$

   BDI는 해당 브랜드가 그 지역에서 얼마나 잘하고 있는가를 설명하는 지수다. BDI는 특정 시장 또는 지역의 인구 비율 대비 그 시장이나 지역에서의 매출이 전국적인 브랜드 매출에서 차지하는 비율을 의미한다. 예를 들어, 서울의 인구가 전체 인구의 25%이고 특정 브랜드의 전국 매출에서 서울 지역 매출이 차지하는 비율이 20%라면 BDI는 80(20÷25×100)이 된다. 앞서 목표 수용자 결정을 위한 지수의 활용에서와 같이, 지수가 100보다 작은 경우는 그 지역이나 시장에서 해당 브랜드의 매출이 평균보다 적다는 것을 의미하며, 반대로 지수가 100보다 큰 경우는 특정 시장이나 지역에서 해당 브랜드의 매출이 전국 평균보다 많다는 것을 의미한다.

   CDI는 특정 브랜드를 포함하는 제품군 전체가 특정 시장이나 지역에서 얼마나 잘하고 있는가를 설명하는 지수다. CDI는 특정 시장이나 지역의 인구 비율 대비 그 시장 또는 지역에서의 매출이 전체 제품군 매출에서 차지하는 비율을 의미한다. 마찬가지로, 서울의 인구가 전체 인구의 25%이고 특정 제품군의 전체 매출에서 서울 매출이 차지하는 비율이 35%라면 CDI는 140(35÷25×100)이 된다. 다시 말해, 지수 140이 의미하는 것은 해당 제품 카테고리의 경우 서울에서 전국 평균보다 잘 팔리고 있다는 것을 의미한다. 도표 10-8에서 이 계산의 사례를 볼 수 있는데, 인덱스 수치가 높을수록 시장 잠재력도 크다. 이 사례의 경우, 인덱스 수치는 312로 시장이 브랜드 개발에 있어서 높은 잠재력을 갖고 있음을 의미한다.
3. **제품군 개발 지수**(category development index, CDI)는 BDI가 브랜드를 분자로 사용하는 것과 달리 전체 해당 제품군에 관한 정보를 분자로 사용하는 것만 제외하면 BDI와 같은 방법으로 계산되며, 이를 CDI라고 한다.

$$\text{CDI} = \frac{\text{특정 지역(시장)의 제품군 전체 판매량 비율(\%)}}{\text{특정 지역(시장)의 목표 소비자 인구 비율(\%)}} \times 100$$

도표 10-8

BDI 계산

$$\text{BDI} = \frac{\text{서울의 특정 브랜드 매출 비율}}{\text{전국의 특정 브랜드 매출 비율}} \times 100$$
$$= \frac{20\%}{25\%} \times 100$$
$$= 80$$

도표 10-9

CDI 계산

$$\text{CDI} = \frac{\text{서울의 특정 제품군 매출 비율}}{\text{전국의 특정 제품군 매출 비율}} \times 100$$
$$= \frac{35\%}{25\%} \times 100$$
$$= 140$$

CDI는 특정 브랜드에 대한 정보보다는 전체적인 제품군 개발의 잠재력에 대한 정보를 제공한다. 이 정보가 BDI와 결합될 때, 훨씬 더 통찰력 있는 프로모션 전략이 개발될 수 있다. 예를 들어, 미국의 커피 시장 잠재력을 고려해보자. 첫째로 그 제품군 전체가 특정 지역 시장에서 얼마나 잘되고 있는지 살펴봐야 한다. 다음으로 마케터는 이 지역에서 자신의 브랜드가 어떻게 타 브랜드에 비교되는지 알아보기 위한 BDI를 분석한다(도표 10-9). 그리고 이러한 두 가지 정보들은 하나의 지수로 결합되어, 특정 제품군 및 특정 브랜드가 해당 지역에서 어떻게 잘 수행될 수 있을지 결정하고, 추가적인 시장 점유율을 얻기 위해서 어떤 미디어 가중치(media weight) 혹은 광고량이 필요한지 판단하는 데 사용된다(도표 10-10).

이러한 인덱스들이 회사의 제품 및 브랜드의 시장 잠재력에 대한 중요한 통찰을 제공하는 한편, 이 정보는 프로모션 전체의 의사결정 과정에서도 전략 수립에 대한 보충적인 자료로 가치가 있다. 이러한 정보가 미디어 가중치(weight)를 각 지역에 부과하는 것을 결정

도표 10-10

BDI 및 CDI의 활용

	높은 BDI	낮은 BDI
높은 CDI	높은 시장 점유율 좋은 시장 잠재력	낮은 시장 점유율 좋은 시장 잠재력
낮은 CDI	높은 시장 점유율 매출 대비 감소	낮은 시장 점유율 빈약한 시장 잠재력

높은 BDI와 높은 CDI	이 시장은 제품군과 브랜드 모두 다 풍부한 매출 잠재력을 보여준다.
높은 BDI와 낮은 CDI	제품군은 잘 팔리지 않는데 자사 브랜드는 잘 팔린다. 광고하기에 좋은 시장이지만 나중에 줄어들 것에 초점을 두어야 한다.
낮은 BDI와 높은 CDI	제품군은 높은 시장 잠재력을 보이나 브랜드는 잘 팔리지 않는다. 무슨 이유인지 살펴보는 것이 필요하다.
낮은 BDI와 낮은 CDI	제품군도 잘 팔리지 않고 브랜드도 잘 되지 않는다. 광고하기에 적합한 지역이라 할 수 없다.

하는 데 더 구체적으로 사용되기 때문에, 이 결정은 궁극적으로 각 지역에 할당된 광고 예산뿐만 아니라 광고 활동을 위한 도달률, 빈도, 스케줄링(scheduling) 같은 다른 요인에도 영향을 미친다.

매체목표 수립

상황 분석이 마케팅 및 커뮤니케이션 목표 수립으로 이어지듯이, 매체 상황 분석은 구체적인 매체목표 수립으로 이어져야 한다. 매체목표는 그 자체로 끝이 아니다. 매체목표는 커뮤니케이션 및 마케팅 목표 달성으로 이어진다. 매체목표는 미디어 프로그램(media program)의 목표이자 매체전략을 통해 성취될 수 있도록 규정되어야 한다. 매체목표의 사례는 다음과 같다. 다음을 통해 표적시장에서 기대하는 효과를 달성할 수 있다.

- 6개월 이상 표적시장에 80%의 매체 도달 범위를 달성하기 위해 방송 매체를 사용한다.
- 같은 6개월 이상의 기간 동안 최소한 3회 이상 목표 수용자의 60%가 노출되도록 한다.
- 분위기와 창의성을 통해 긍정적인 브랜드 이미지를 창출한다.

매체전략의 개발 및 실행

무엇을 성취할 것인지 목표가 결정되었다면, 매체 기획자는 이러한 목표를 어떻게 성취할 것인지 고려해야 한다. 즉, 매체 기획자는 목표 달성을 위해 요구되는 도표 10-11의 내용을 포함하는 매체전략을 개발하고 실행한다.

도표 10-11

매체기획 개발에서 고려되는 기준

- 미디어 믹스
- 목표시장 매체 도달 범위
- 지리적 매체 도달 범위
- 스케줄링
- 도달률과 빈도
- 최신성
- 크리에이티브 측면과 분위기
- 유연성
- 예산 고려사항

미디어 믹스

광고주들은 다양한 매체 및 미디어 비히클을 이용할 수 있다. 단 하나의 매체 및 미디어 비히클을 이용할 수도 있지만, 일반적으로 다수의 매체와 프로그램들의 조합이 사용된다. 달성하고자 하는 목표, 제품이나 서비스의 특성, 예산의 크기, 목표 수용자의 매체나 비히클에 대한 선호 등은 어떤 조합의 매체를 사용할지 결정하는 고려 요인들에 포함된다.

예를 들어, 제품에 대해 효과적으로 전달하도록 시각적인 설명이 필요한 상황을 가정해보자. 이 경우, 텔레비전이 가장 효율적인 매체가 될 것이다. 만약 프로모션 전략이 시험적 구매(trial)를 유도하기 위해 쿠폰 사용을 필요로 한다면, 인쇄 매체가 더 필요할 것이다(물론 웹사이트를 통해 쿠폰을 프린트할 수 있는 기능도 제공 가능하다). 최근의 경향은 깊이 있는 정보 전달과 피드백을 위해서는 인터넷이 가장 유용할 수도 있다.

미디어 믹스를 이용하면, 광고주들은 자신들의 매체전략에 더 많은 다양성을 더해줄 수 있는데, 이러한 내용은 다음 장에서 살펴보겠다. 미디어 믹스는 각각의 매체가 갖는 이점을 통해 전체적인 성공에 기여할 수 있기에 더 큰 의미를 갖는다. 매체를 조합함으로써, 마케터는 전체적인 커뮤니케이션 및 마케팅 목표를 달성할 가능성을 높일 뿐만 아니라 매체별 도달범위(coverage), 도달률(reach), 빈도 순위를 증가 또는 조정할 수 있다.

표적시장 도달 범위

매체 기획자는 어떤 표적시장에 가장 큰 매체적 역점을 두어야 할지 결정한다. 매체전략을 개발하는 것은 이 표적시장에서 가장 적절한 매체와 연결시키는 것을 포함한다. 연결 과정에서 다음과 같은 질문이 필요하다. '목표 수용자에게 메시지를 전하는 데 어떤 매체 및 미디어 비히클을 통하는 것이 최선일까?' 여기서 문제는 도표 10-12에서 볼 수 있듯이 시장에서 적정한 매체 도달 범위를 획득하는 것이다. 최상의 목표는 두 번째 파이 표에서 볼 수 있듯이 완전한 시장 침투(full market coverage)를 하는 것이다. 하지만 이는 아주 최적의 시나리오며, 현실적으로는 세 번째와 네 번째에 나타난 상황이 일어날 법하다. 세 번째 표에서, 매체의 도달 범위는 전체 시장의 도달 범위에 미치지 못하고, 메시지에 노출되지 못한 일부 잠재 고객이 남아 있다. 네 번째 표에서는 매체 도달 범위가 목표 수용자를 초과하게 되어 마케터는 노출 과다[**낭비된 커버리지**(waste coverage)로도 불린다] 문제에 직면한다. 만약 매체 도달 범위가 구매를 원치 않는 사람이나 목표하지 않는 수용자에게까지 도달하게 된다면 이는 낭비다.

매체 기획자의 목표는 매체 도달 범위를 가능한 한 많은 목표 수용자에게로 확대하는 반면 낭비된 매체 도달 범위를 최소화하는 것이다. 매체별 비히클별 정확한 수용자 정보가 없다면 일반적으로 요구되는 것보다 적은 매체 도달 범위를 달성하기도 하고, 반대로 가장 효율적인 매체가 원치 않는 수용자들에게 과다 노출되기도 한다. 물론 정확한 타겟팅에 의한 광고 메시지 전달이 이상적이지만, 현재 수준에서는 큰 틀의 노출 목표가 달성된다면 이를 위해 낭비된 매체 도달 범위도 정당화된다.

TV에서 축구 경기를 시청할 때, 삼성증권이나 키움증권 등 증권회사의 광고를 볼 수 있다. 모든 시청자가 증권거래 서비스를 이용할 가능성이 있는 것은 아니지만, 매우 높은 비율의 잠재 고객들이 이 전략을 통해 광고를 접할 수 있다. 축구 경기 편성 프로그램은 다수 낭비되는 매체 커버리지의 단점을 상쇄시킬 정도로 목표 수용자에 대한 도달 범위 또한 만들어내기에 좋은 매체 선택으로 고려될 수 있다.

도표 10-13은 GfK MRI에서 제공된 정보가 어떻게 매체와 목표 수용자를 연결하는 데 사용될 수 있는지 보여준다. 이 정보는 러닝 용품 소비자들이 읽은 잡지나 그들이 시청한 텔레비전 프로그램에 대해 알려준다(여기서 인덱스 수치를 사용하여 실습해볼 수 있다). 도표 10-13로부터 알 수 있듯이, NFL network와 MTV는 현명한 선택이 되겠지만, FYI와 Galavision은 원하는 노출을 확보하기 어려울 것이다.

도표 10-12
시장 내 매체 도달 범위 가능성

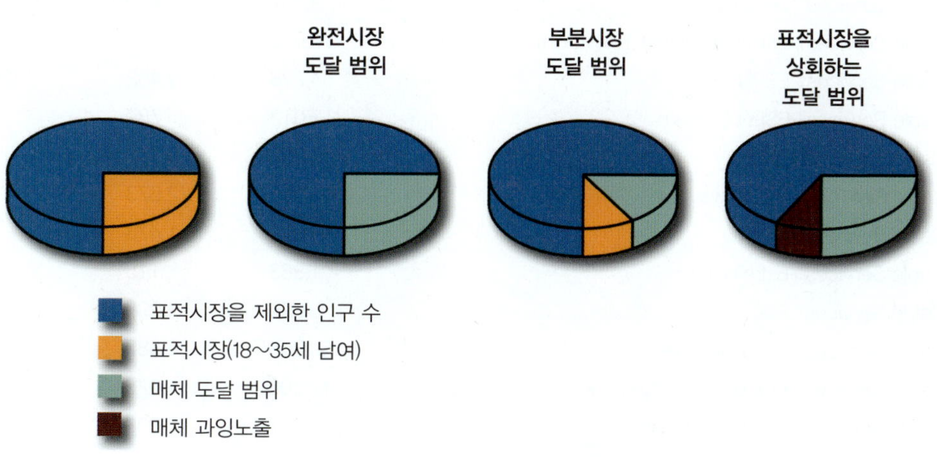

도표 10-13 GfK MRI가 제공하는 러닝 용품 소비자들의 매체 이용 행태

항목	항목별 인구 수	항목별 러닝 용품 소비자 수	전체 인구 중 해당 항목 인구 비율	항목별 러닝 용품 소비자 비율	인덱스
HH subscribe to Cable	104,344	13,035	40.69	12.49	96
HH have a satellite dish	58,083	6,254	19.52	10.77	83
Cable Services: NHL Network	3,324	578	1.81	17.40	134
Cable Services: A&E	48,742	5,125	16.00	10.51	81
Cable Services: Adult Swim	15,889	2,565	8.01	16.15	124
Cable Services: AMC	44,141	4,491	14.02	10.17	78
Cable Services: American Heroes Channel	4,864	266	0.83	5.47	42
Cable Services: Animal Planet	40,041	3,890	12.14	9.71	75
Cable Services: Azteca	5,175	349	1.09	6.75	52
Cable Services: BabyFirst	2,985	325	1.02	10.90	84
Cable Services: BBC America	17,209	1,764	5.51	10.25	79
Cable Services: BBC World News	13,842	1,449	4.52	10.47	81
Cable Services: BET(Black Entertainment TV)	20,241	2,189	6.83	10.81	83
Cable Services: BET Her	2,402	168	0.53	7.01	54
Cable Services: Bloomberg Television	3,776	398	1.24	10.54	81
Cable Services: Bounce	5,842	647	2.02	11.08	85
Cable Services: Bravo	22,020	3,178	9.92	14.43	111
Cable Services: Cartoon Network	23,636	3,282	10.25	13.89	107
Cable Services: CBS Sports Network	17,829	1,963	6.13	11.01	85
Cable Services: CMT(Country Music Television)	15,698	1,480	4.62	9.43	73
Cable Services: CNBC	23,900	2,633	8.22	11.02	85
Cable Services: CNN	57,408	7,044	21.99	12.27	95
Cable Services: Comedy Central	22,527	3,548	11.07	15.75	121
Cable Services: Cooking Channel	25,138	2,266	7.07	9.01	70
Cable Services: COZI TV	3,469	214	0.67	6.16	48
Cable Services: Destination America	6,725	599	1.87	8.90	69
Cable Services: Discovery Channel	50,418	5,720	17.86	11.35	87
Cable Services: Discovery Family	6,422	823	2.57	12.81	99
Cable Services: Discovery Life Channel	7,195	628	1.96	8.73	67
Cable Services: Disney Channel	26,464	3,408	10.64	12.88	99
Cable Services: Disney Junior	17,814	2,515	7.85	14.12	109
Cable Services: Disney XD	9,307	1,440	4.50	15.48	119
Cable Services: E!(Entertainment Television)	16,912	2,717	8.48	16.07	124
Cable Services: ESPN	64,228	9,482	29.60	14.76	114
Cable Services: ESPN Classic	7,012	787	2.46	11.23	87
Cable Services: ESPN2	30,399	4,384	13.69	14.42	111
Cable Services: ESPNews	18,221	2,673	8.34	14.67	113
Cable Services: ESPNU	10,975	1,473	4.60	13.42	103
Cable Services: Estrella TV	1,863	115	0.36	6.20	48
Cable Services: Flix	3,029	298	0.93	9.82	76
Cable Services: Food Network	52,300	6,582	20.55	12.58	97
Cable Services: Fox Business Network	12,708	1,025	3.20	8.07	62
Cable Services: Fox News Channel	61,017	6,060	18.92	9.93	77

항목	항목별 인구 수	항목별 러닝 용품 소비자 수	전체 인구 중 해당 항목 인구 비율	항목별 러닝 용품 소비자 비율	인덱스
Cable Services: Fox Sports 1	19,436	2,842	8.87	14.62	113
Cable Services: Fox Sports 2	7,049	1,006	3.14	14.28	110
Cable Services: Freeform	13,724	1,960	6.12	14.28	110
Cable Services: Fuse	3,550	351	1.10	9.89	76
Cable Services: FX	14,736	1,955	6.10	13.27	102
Cable Services: FXM(FX Movie Channel)	18,711	2,025	6.32	10.82	83
Cable Services: FXX	17,742	2,681	8.37	15.11	117
Cable Services: FYI	3,322	215	0.67	6.48	50
Cable Services: GAC(Great American Country)	2,860	233	0.73	8.14	63
Cable Services: Galavision	5,968	374	1.17	6.27	48
Cable Services: Golf Channel	8,620	1,235	3.85	14.32	110
Cable Services: GSN(Game Show Network)	7,562	728	2.27	9.63	74
Cable Services: Hallmark Channel	35,601	2,763	8.62	7.76	60
Cable Services: Hallmark Movies & Mysteries	19,806	1,366	4.26	6.90	53
Cable Services: HGTV(Home & Garden Television)	50,256	6,787	21.19	13.51	104
Cable Services: History Channel	61,901	6,515	20.34	10.52	81
Cable Services: HLN	6,386	581	1.81	9.10	70
Cable Services: HSN(Home Shopping Network)	5,935	351	1.10	5.92	46
Cable Services: IFC TV	8,213	873	2.72	10.63	82
Cable Services: INSP	6,170	243	0.76	3.95	30
Cable Services: Investigation Discovery	22,253	1,915	5.98	8.61	66
Cable Services: ION	21,190	1,749	5.46	8.25	64
Cable Services: Lifetime	30,893	2,739	8.55	8.87	68
Cable Services: Lifetime Movies	14,682	1,311	4.09	8.93	69
Cable Services: Logo	2,276	260	0.81	11.44	88
Cable Services: MAVTV	970	105	0.33	10.84	84
Cable Services: MeTV	14,106	869	2.71	6.16	47
Cable Services: MLB Network	12,016	1,592	4.97	13.25	102
Cable Services: MSNBC	29,512	3,004	9.38	10.18	78
Cable Services: MTV(Music Television)	19,233	3,125	9.76	16.25	125
Cable Services: MTV Classic	5,560	610	1.90	10.97	85
Cable Services: MTV Live	4,910	565	1.76	11.51	89
Cable Services: MTV2	7,060	1,054	3.29	14.92	115
Cable Services: Music Choice	7,258	963	3.01	13.26	102
Cable Services: Nat Geo Wild	21,484	2,195	6.85	10.22	79
Cable Services: National Geographic Channel	39,693	4,254	13.28	10.72	83
Cable Services: NBA TV	13,248	1,962	6.12	14.81	114
Cable Services: NBC Sports Network	20,687	2,749	8.58	13.29	102
Cable Services: NFL Network	16,162	2,735	8.54	16.92	130
Cable Services: Nick at Nite	7,350	1,147	3.58	15.61	120
Cable Services: Nick Jr.	14,752	2,111	6.59	14.31	110
Cable Services: Nickelodeon	16,792	2,374	7.41	14.14	109

자료: Mediamark Research, GfK MRI.

지리적 매체 도달 범위

눈 위에서 타는 스키는 특정 지역에서 인기가 아주 많다. 스키에 대한 관심이 높지 않은 지역에서 스키 프로모션 활동을 하는 것은 관심을 유발시키지 못하는 한 현명한 전략이 아닐 것이다. 따뜻한 남쪽 지역에서 스키에 대한 관심을 촉진시킬 수는 있지만, 시장이 눈이 내리는 곳에서부터 멀리 떨어져 있기 때문에, 스키 장비에 대한 판매량을 눈에 띄게 증가시키기는 어려울 것이다. 다른 요인에 비해 특정한 지리적 조건에 더 많은 가중치를 부여하는 목표는 타당하며, 그러한 지역에 자연스럽게 더 많은 프로모션 노력과 비용을 투입하는 전략이 따르게 된다.

스케줄링

기업은 소비자에게 제품이나 브랜드명을 끊임없이 상기시키기 위해 항상 광고를 유지하고자 한다. 현실에서 이는 여러 가지 이유(주된 이유는 예산 때문)로 불가능하다. 어쩌면 광고가 항상 필요한 것도 아니다. 스케줄링의 주된 목표는 프로모션 활동의 시기를 합리적으로 결정하여 가장 잠재력이 높은 구매 시기와 일치시키는 것이다. 어떤 제품들은 이러한 시기를 확인하기 쉽지 않은 반면, 다른 제품들은 아주 명확하기도 하다. 매체 기획자가 이용할 수 있는 세 가지 스케줄링 방법인 지속 광고 방법, 간헐 광고 방법, 맥박형 광고 방법이 도표 10-14에 나타나 있다.

지속 광고 방법(continuity)은 매주 혹은 매달에 걸쳐 지속적으로 광고하는 것을 의미한다. 핵심은 공백이나 광고를 하지 않는 기간 없이 고정적인 패턴으로 전개하는 것이다. 이러한 전략은 식료품, 세탁용 세제, 또는 계절 변화에 관계 없이 지속적으로 사용되는 제품을 광고하는 데 이용된다.

두 번째 방법인 **간헐 광고 방법**(flighting)은 보다 덜 지속적인 것으로, 간헐적으로 광고를 하며 광고를 하지 않는 기간이 존재한다. 어떤 기간에는 많은 프로모션 비용이 들고, 다른 기간에는 광고를 하지 않는다. 예를 들어, 많은 은행들이 여름에는 광고비를 지출하지 않지만 연중 나머지 기간에는 광고를 유지한다. 스키 용품은 10~2월에 많은 광고를 하지만, 9월에는 광고를 덜 하는 편이며, 6~8월에는 전혀 광고를 하지 않는다.

맥박형 광고 방법(pulsing)은 사실 앞의 두 가지 방법을 결합한 것이다. 이 방법은 지속 광고 방법이 유지되지만, 특정 기간에는 프로모션 활동이 강화된다. 맥주 산업에서는, 광고가 일 년 내내 지속되지만 (미국의) 현충일이나 노동절, 6월 4일과 같은 공휴일 기간에는 광고가 증가한다. 스케줄링 전략은 목표, 구매주기, 예산 및 다른 요인들에 의존하는데, 도표 10-15에

도표 10-14
스케줄링의 세 가지 방법

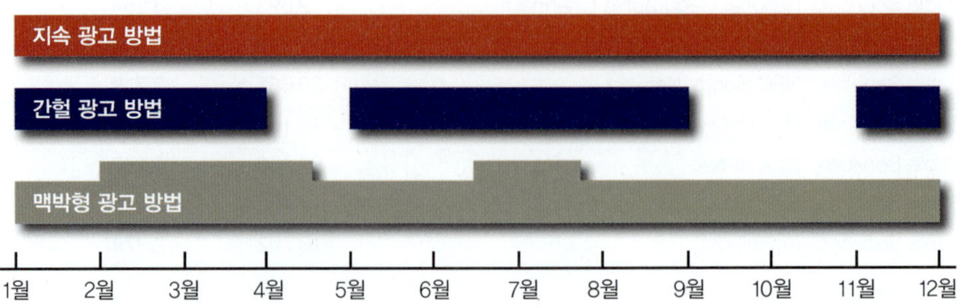

도표 10-15

각 스케줄링 방법의 특징

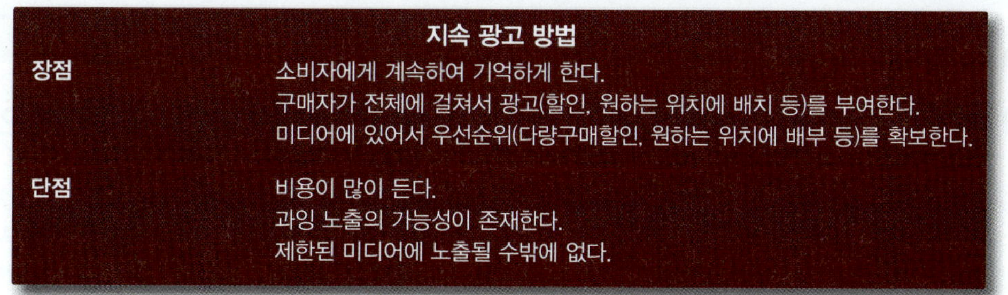

지속 광고 방법

장점	소비자에게 계속하여 기억하게 한다. 구매자가 전체에 걸쳐서 광고(할인, 원하는 위치에 배치 등)를 부여한다. 미디어에 있어서 우선순위(다량구매할인, 원하는 위치에 배부 등)를 확보한다.
단점	비용이 많이 든다. 과잉 노출의 가능성이 존재한다. 제한된 미디어에 노출될 수밖에 없다.

간헐 광고 방법

장점	소비자의 구매주기 이내에 비용효율이 높다. 제한된 비용으로 다른 매체나 비히클을 사용할 수 있다.
단점	경쟁사에게 더 높은 노출을 유도하거나 경쟁사를 유리하게 한다. 식상함의 가능성을 높인다. 광고를 하지 않는 기간 동안 인지도, 관심 등이 낮을 수 있다. 광고를 하지 않는 기간 동안 경쟁사에게 위험이 노출된다.

맥박형 광고 방법

장점	위에서 언급한 두 가지 방법의 장점을 모두 가지고 있다.
단점	계절 주기적 상품에는 적합하지 않다.

각 스케줄링 방법에 대한 장점 및 단점이 나타나 있다. 최근의 한 종합적인 연구(텔레비전 스케줄링에 대한 가장 종합적인 연구)에서는 지속 광고 방법이 간헐 광고 방법보다 더 효율적이라고 보고하였다. 이 견해를 기반으로 봤을 때 소비자들이 구매하고자 하는 시점에서 가능한 가까운 시기에 메시지가 노출되도록 하는 것이 중요하다. 결과적으로 이 연구는 광고주들이 주간 스케줄을 가능한 한 길게 지속해야 한다고 결론짓는다. 여기서 핵심은 '가능한 한 길게'라는 능력이다. 예산이 상당한 경우라면 지속 광고 방법 선택이 가능하지만, 예산이 제한적일 때는 충분히 길게 사용할 수 없기 때문이다.

도달률 대 빈도

광고주는 다양한 목표와 예산에 대한 제약을 가지며, 피할 수 없이 도달률과 빈도 사이의 균형을 유지해야 한다. 광고주들은 더 많은 사람들에게(도달률) 메시지를 전달할지, 혹은 보다 적은 사람들에게 더 자주(빈도) 광고해야 하는지 결정해야 한다.

도달률은 어느 정도로 필요한가 5장에서 논의된 계층 구조에 대해 돌이켜보면, 각 모델의 첫 단계는 제품이나 브랜드에 대한 관심(attention)을 필요로 한다는 것을 알 수 있다. 사람들이 관심을 가질수록, 각각 그 다음 단계로 이동하게 된다. 관심을 얻기 위해서는 도달률(reach)이 필요하다. 즉, 목표 수용자에게 메시지를 노출시켜야 한다. 새로운 브랜드나 제품은 모든 목표 수용자에게 새로운 등장을 알려야 하는 목표를 갖기 때문에 높은 수준의 도달률이 필요하다. 높은 도달률은 계층 구조의 차후 단계에서도 요구된다. 예를 들어, 소비자 수용 계층 구조(adoption hierarchy)의 시행 단계에서, 판매촉진 전략으로 쿠폰이나 무료 샘플을 이용

디지털 및 소셜 미디어 관점 10-1 > > >

관련된 문제들에도 불구하고, 프로그래밍 방식의 구매 방법은 지속적으로 성장할 것

얼마 전까지만 해도 마케팅 담당자가 온라인 디스플레이 광고를 구매하고 싶다면 웹사이트에 연락해야 했고, 각 광고 게재 위치에 대한 조건을 확인하고, 게재 신청서에 서명해야 했다. 그들은 TV나 신문 같은 전통적인 미디어에서도 광고 구매를 위해 동일한 작업을 수행해왔다. 그런데 최근 화제가 되고 있는 빅데이터와 AI 알고리즘 등 덕분에 실시간 입찰이라고 불리는 이 모든 작업은 기술적으로 거의 즉각적인 구매가 이루어지도록 하며, 미디어 구매의 최신 트렌드로 자리하고 있다. 프로그래밍 방식 구매로 알려진 이 기능의 활용 수준은 구매자의 새로운 기술에 대한 습득 능력에 달려 있으며, 온라인 및 소셜 미디어 광고 구매자는 이를 기술의 발전만큼 충분히 빠르게 습득하지는 못하는 것 같다.

2012년 미국 광고주는 실시간 입찰을 통한 광고 구매가 20억 달러가 채 되지 않았으나, 2020년 이 금액은 980억 달러에 달했다. 이는 미국에서만 전체 디지털 광고 지출의 68%를 차지하는 것이며, 관련 예측에 따르면, 이러한 실시간 입찰 구매 가운데 58%가 프로그래밍 구매 방식을 사용하였다.

그런데 프로그래밍 방식 구매란 무엇일까? 사실 정확한 파악은 어려운데, 용어의 의미는 실시간 입찰과 동의어로 취급된다. 〈Adweek〉에 따르면 실시간 입찰은 본질적으로 빅데이터를 사용하여 적절한 광고를 적절한 사람에게 적시에 타겟팅하는 것이다. 좀 더 공식적으로는 marketingland.com에서 다음과 같이 정의한다. "프로그래밍 방식 광고는 특정 잠재 고객과 인구통계학적 정보를 타겟팅하여 미디어 구매의사결정 과정을 자동화하는 것으로, 이는 인공지능과 실시간 입찰(real-time bidding, RTB)을 활용한 온라인 디스플레이, 소셜 미디어 광고, 모바일 및 비디오 캠페인 광고를 의미하며, 전통적인 TV 광고 마켓 플레이스로도 확장하고 있다." 따라서 기본적으로 프로그래밍 방식은 실시간 입찰 프로세스를 사용하여 구매하는 컴퓨터 기반 광고다. 미판매된 광고 공간/시간이 있으면 소프트웨어는 광고주에게 판매 가능한 내역이 무엇인지 알려주고, 목표 수용자에 대한 인구통계 및 사용자에 대한 데이터와 행동 정보를 제공한다. 이러한 정보를 근거로 각 광고주의 소프트웨어는 입찰하게 되고, 실시간으로 거래가 완료된다.

시간과 절차 및 효율성을 증가시킨 이러한 판매 방법은 이제 전통적인 TV 매체 구매에도 머지 않아 사용될 것이며, 이러한 자동화와 타겟팅

하게 된다. 마케터의 목표는 이러한 샘플을 통해, 사람들이 제품에 대해 알게 되고, 시도해보며, 제품에 우호적인 태도를 형성하게 함으로써 더 많은 사람들에게 도달하게 만드는 것이다(결과적으로 이러한 태도가 구매로 이어진다).

문제는 관심과 태도 변화, 혹은 구매 의지를 끌어내기 위해 요구되는 도달률이 어느 정도인지 알 수 없다는 점에서 발생하며, 미디어 비히클(media vehicle)에 배치된 광고가 실제로 목표로 삼은 고객에게 잘 도달하는지도 문제가 된다(첫 번째 문제에 관한 연구가 존재하며, 효율적인 도달률에 관련하여 아랫부분에서 논의한다).

만약 〈60 Minutes〉이라는 프로그램의 광고 시간을 구입한다면, 그 프로그램을 시청하는 모든 사람이 광고를 보게 되지는 않는다. 많은 시청자들은 도표 10-16(도달률과 도달 범위 간 차이점을 드러내는 좋은 사례를 제공)에 나타난 것처럼 광고 중에 그 자리를 떠나거나, 주의를 다른 데로 돌린다. 도표 10-16은 프로그램에 따라서 이 수치가 12~40%에 이른다는 것을 보여준다. 만약 표적 그룹에 해당하는 모든 사람에게 한 번에 메시지를 노출시킨다면, 100% 수준으로 관심을 끌기에 충분할 것인가? 그렇지 않다. 이는 다음 문제로 이어진다. 광고가 눈에 띄고, 영향을 미치기 위해서는 어느 정도의 노출 빈도가 필요할까?

어느 정도의 빈도가 요구되는가 매체기획에 있어서, 빈도(frequency)는 조금 다른 의미를 갖는다(매체기획의 문제는 용어가 종종 다른 의미를 갖기도 한다는 것이다). 여기서 빈도란, 반드시 광고 그 자체는 아니더라도 특정한 기간(대개 13주) 동안 미디어 비히클에 노출된 횟수를 의미한다. 마케터는 프로그램을 시청하는 모든 사람이 광고를 보기 위해 방에 그대로 남아 있지 않는다는 것을 항상 알고 있다. 광고를 건너뛸 수 있는 사람이 늘어나는 것으로 보아, 광고에 노출되지 않는 사람이 증가한다는 것을 분명히 알 수 있다. 앞에서 언급한 바와 같이,

을 통해, 광고의 효과와 효율성은 향상될 것으로 기대한다. 국내의 경우 미국보다는 더 시간이 필요하겠지만, TV뿐만 아니라 이제 모든 매체의 광고 구매가 이러한 방법을 채택하게 될 것으로 기대한다.

많은 기업들이 프로그래밍 구매 방식에 큰 관심을 가지며, 예를 들어, 켈로그(Kellogg)는 많은 광고 예산을 디지털 광고로 옮겼지만 회사는 계속해서 TV 매체를 사용하고, 인쇄 매체 또한 활용하고 있다. 디지털 광고의 경우 프로그래밍 방식이 가장 일반적으로 사용되는 방법이며, 이를 활용한 켈로그는 향상된 빈도 및 타겟팅을 통해 광고에 대한 투자 수익률이 크게 증가하였다. 또 다른 예로 미국의 온라인 상점인 무비즈 언리미티드(Movies Unlimited)는 약 75%인 장바구니에서 구매로 이루어지지 않는 높은 비율의 구매 포기 문제를 프로그래밍 구매 방식을 사용하여 지속적인 리타겟팅 노력으로 좋은 결실을 보았으며, 약 500%의 ROI 증가를 이루었다. 이 외에도 맥도날드(McDonald's) 등도 프로그래밍 구매 방식을 사용하여 성공했다고 주장하고 있으며, P&G 또한 지속적으로 그 사용 비율을 늘려가고 있다.

그러나 예상대로 모든 사람이 그렇게 열광하는 것 또한 아니다. 마치 미디어 구매의 성배를 찾았다고 생각하는 사람들도 있지만, 이러한 구매를 확신하지 못하는 이들 역시 분명 존재한다. 그들은 미디어 프라우드(fraud), 브랜드 안전성에 대한 위험, 허위 조회수의 가능성 등을 주장하며, 이는 현재에도 많은 디지털 광고 구매자의 주요 부정적 관심사다. 이러한 이슈와 관련된 보고서는 또한 애드 프라우드(Ad fraud)가 꾸준히 지속되고 있음도 지적하였으며, 많은 광고가 품질이 낮은 사이트나 불법적이고 부적절한 곳에 게재될 수 있다고 지적한다.

물론 프로그래밍 구매 방식은 구매자에게 위에서 설명한 많은 혜택과 불안정성을 동시에 주지만 구매의 더 큰 편안함과 효과 및 효율성 증가로, 우려에도 불구하고 (적어도 가까운 미래에는) 계속해서 사용될 것으로 보인다. 심지어 이러한 방법은 TV나 라디오 등의 전통 매체로도 진출 가능성을 높이고 있다. 비록 국내에서는 상대적으로 더 많은 시간이 필요할 수 있으나, 큰 흐름은 멈추지 않고 세상을 바꿀 것이다.

자료: "What Is Programmatic Advertising," www.marketingland.com, April 26, 2019; Joe Mandese, "Report Reveals 86% of European Brands Have Shifted Programmatic In-House"; Ross Benes, "How Digitization Affects TV Ad Sellers," www.eMarketer.com, November 20, 2018; "65% of Digital Media Will Be Programmatic in 2019," www.warc.com, November 19, 2018; Robin Kurzer, "IAS Media Quality Report Paints a Slightly More Optimistic Picture for Programmatic Ad Buyers," www.martechtoday.com, September 26, 2018; "Programmatic TV Ushers in 'Golden Era,'" www.warc.com, March 14, 2016; "US Advertisers Are Investing Heavily in Programmatic, but Obstacles Remain," www.eMarketer.com, March 29, 2016; Tim Nichols, "Why Programmatic Ad Buying Is More Important Than You Think," www.clickz.com, November 13, 2015; "Programmatic Buyers Demand Placement Transparency," www.eMarketer.com, April 8, 2015; "Fraud, Brand Safety Take Center Stage among Ad Buyers," www.eMarketer, January 12, 2015.

도표 10-16

누가 여전히 광고를 시청하는가?

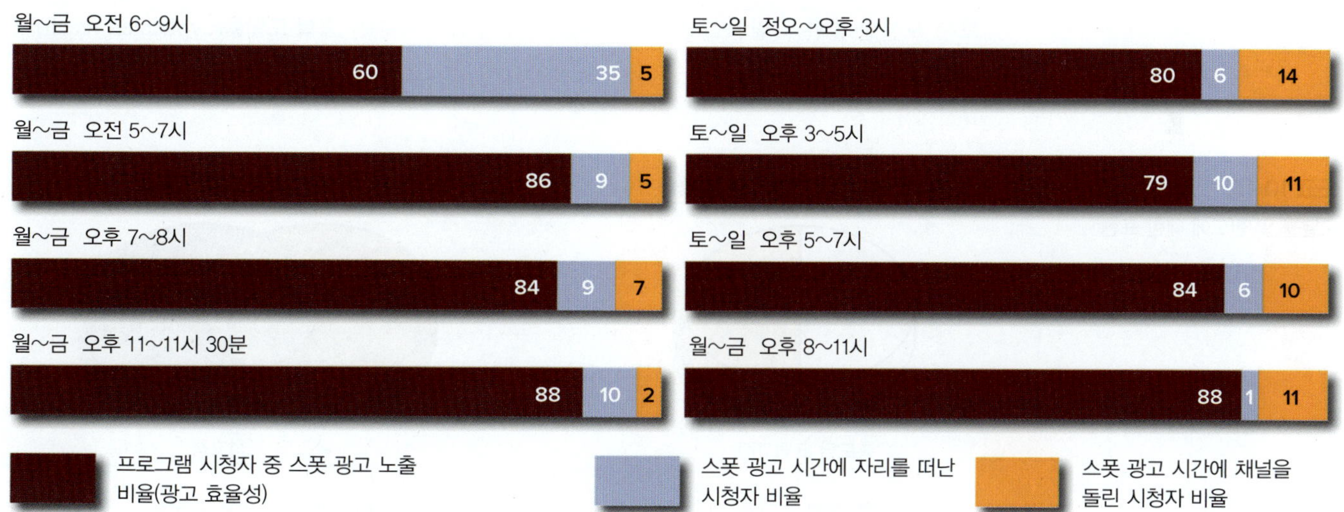

마케터는 광고 시간 동안 방을 떠나는 사람들을 줄이고자, 광고에 더 많은 사람의 관심을 끌 수 있는 방법을 계속해서 찾는다.

많은 광고주들이 1:1 비율로 광고에 노출될 수 없다는 점에 동의한다. 따라서 특정 미디어 비히클에 광고를 게재하더라도, 소비자가 그 미디어 비히클에 노출되었다고 해서 반드시 해당 광고를 봤을 것이라고 보장하지 못한다. 결과적으로, 빈도 수준은 매체기획에서 실제로 광고에 노출된 정도보다 과장되게 나타난다. 이러한 과장은 일부 매체 구매자들로 하여금 미디어 비히클에 대한 접근을 광고에 대한 노출이라기보다는 광고를 '보게 되는 기회'로 여기도록 이끈다.

미디어 비히클의 노출이 광고 노출로 이어지는지 알 수 있는 확실한 방법이 없기 때문에 매체와 광고주는 다음의 절충안을 채택했다. 미디어 비히클에 한 번의 노출이 시청자가 반드시 광고를 보게 되는 기회라고 고려하게 되면, 그 노출은 도달률(reach)로 여겨진다. 따라서 노출 수치는 도달률 및 빈도의 수준을 계산하는 데 사용된다. 그러나 이 절충안은 영향을 미칠 수 있는 정도의 빈도를 결정하는 데는 도움이 되지 않는다. 광고의 창조성, 수용자의 관여도, 클러터(clutter) 및 기타 개입되어 있는 많은 요인들이 정확한 결정을 내리는 것을 어렵게 만든다.

이 시점에서 다음과 같은 생각을 할 수 있다. '만약 아무도 이러한 것들에 대해서 모른다면, 어떻게 결정들을 내릴 수 있을 것인가?' 사실 결정이라는 것은 항상 명백한 자료를 바탕으로 만들어지는 것이 아니다. 광고대행사인 영앤루비캠(Young and Rubicam)의 부사장이자 통신서비스 책임자인 오스트로(Joseph Ostrow)는 "광고 목표를 위한 빈도 목표를 설정하는 것은 예술과 과학의 혼합이지만 예술에 대한 확고한 성향이 필요하다"라고 말했다. 먼저 도달률과 빈도 목표를 설정하는 데 관련된 절차를 검토하고 나서 각각의 논리에 대해 논의해보자.

도달률 및 빈도 목표 수립 광고는 하나 이상의 미디어 비히클에 노출되어 반복(빈도)되는 결과를 낳을 수 있다. 하나의 광고가 특정 텔레비전 프로그램에 배치되었을 때, 노출된 사람의 수에 대한 비율이 바로 도달률이다. 광고가 두 개의 프로그램에 배치된다면, 한 번에 노출되는 총수는 **비중복 도달률**(unduplicated reach)이라고 한다. 어떤 사람들은 같은 광고를 두 번 보게 될 것이다. 두 프로그램의 도달률은 도표 10-17C에 묘사된 것처럼 두 개의 프로그램에 모두 도달한 많은 사람들을 포함하고 있다. 이 중첩된 부분을 **중복 도달률**(duplicated reach)이라고 부른다.

도표 10-17
도달률 및 빈도에 대한 표현

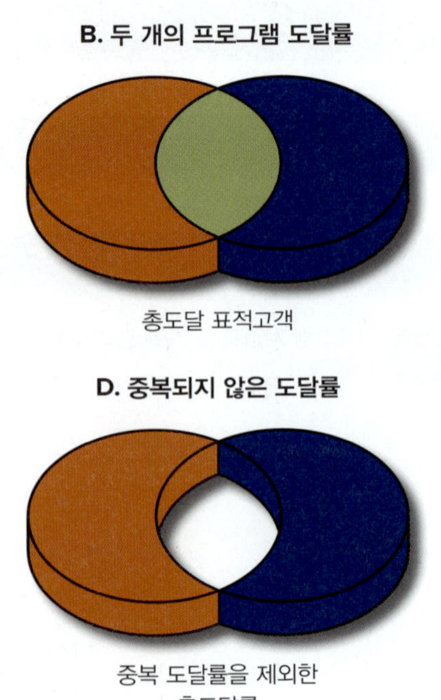

비중복 도달률과 중복 도달률의 수치 모두가 중요한데, 중복 도달률이 빈도에 대한 추정치를 제공하는 한편, 비중복 도달률은 잠재적인 새 노출을 가리킨다. 대부분의 매체 구입은 두 종류의 도달률 모두 포함한다. 사례를 생각해보자.

방송 산업에서 잠재적인 도달률의 기준은 TV나 라디오 **프로그램 시/청취율**(program rating)이다. 이 수치는 비율로 표현된다. 가정에 도달한 총수치를 추정하기 위해, 이 비율을 TV를 보유한 가구 수에 곱한다. 예를 들어, 만약 미국에 TV를 가진 가정이 1억 1,490만 가구이고, 프로그램의 시청률이 30%라면, 계산은 0.30에 1억 1,490만을 곱한 3,447만 가구가 된다(시청률과 기타 방송 용어는 11장에서 더 자세히 다룰 예정이다).

GRPs의 사용 얼마나 많이 광고할 것인지 그 양이나 가중치를 결정하는 것은 광고주의 목표를 성취하기 위해 필요하고, 마케터는 시청률(도달된 사람 수) 및 빈도(노출된 횟수의 평균) 수치에 의존한다. 프로그램 시청률과 이 기간 동안 가정에 도달하는 평균 횟수(노출 빈도)를 결합하는 개념으로 GRPs가 있는데, 이는 매우 흔하게 언급되는 중요한 단어다. 우리말로 종합 시청률이라고도 하지만 사실 이는 국제 표준에도 어긋나며, 축구에서 코너킥을 구석차기라고 쓰는 북한의 예와 다르지 않다. 따라서 종합 시청률보다는 세계적으로 통용되는 **GRPs**(gross ratings points)를 그대로 사용하기로 한다.

$$\text{GRPs} = \text{도달률(Reach)} \times \text{빈도(Frequency)}$$

GRPs는 미디어 스케줄이 중복 도달률 추정치를 사용하여 도달할 수 있는 총시청자에 기반을 둔다. 이를 TRPs라는 용어와 다른 것으로 취급하는 경우도 드물게 있지만, 목표하는 타겟의 GRPs가 바로 **TRPs**(target ratings point)이므로 둘은 같은 용어로 취급하는 것이 옳다. 더 이상 어떤 광고주도 목표 수용자가 아닌 그룹의 GRPs에는 관심이 없기 때문이다.

특정 도달률을 얻기 위해서 어느 정도의 GRPs가 필요한가? 이러한 GRPs가 어떻게 효과 도달률(effective reach)로 바뀌게 되는 것인가? 예를 들어, 50%의 비중복 도달률을 달성하기 위해 구매해야 하는 GRPs 규모는 어떻게 되며, 어느 정도의 노출 빈도가 이 스케줄을 가능할 수 있게 할 것인가? 다음의 예시는 이 과정이 어떻게 작동하는지 이해하는 데 도움이 될 것이다.

먼저 Rating의 의미를 먼저 알 필요가 있다. Rating은 TV 매체라면 시청률, 라디오 매체라면 청취율을 의미한다. 100 GRPs를 구매하는 것은 100%의 Rating을 갖는 비히클에 1회 집행하거나, 50%의 Rating을 갖는 비히클에 2회 노출, 그리고 25%의 Rating 비히클에 4회 노출되는 것 등을 의미한다. 보다시피 이러한 정보는 마케터가 효과적으로 사용할 수 있도록 더욱 구체적이어야 한다. 얼마나 많은 GRPs가 필요한지 알기 위해서, 관리자는 목표 수용자 중 얼마나 많은 구성원에게 실제로 도달하게 되는지 알 필요가 있다. 도표 10-18의 그래프가 이러한 계산에 도움이 된다.

도표 10-18을 보면, 하나의 네트워크에서 100 TRPs를 구입하면 표적시장의 전체 가정 중에서 32%로 추정되는 도달률을 달성할 수 있다. 이 수치는 2개의 네트워크를 사용하는 경우 37.2%로, 3개의 네트워크를 사용하는 경우 44.5%로 상승한다. GRPs에 대한 공식으로 돌아가면, 노출 빈도의 추정치는 각각 3.125, 2.688, 2.247로 도달률과 빈도 사이의 상충 관계(trade-off)를 보여준다.

흥미로운 사례로 2010년 캘리포니아 주지사를 위한 공화당 후보 경선에서 GRPs가 사용되

도표 10-18

네트워크 목표시청률을 위한 도달률 추정

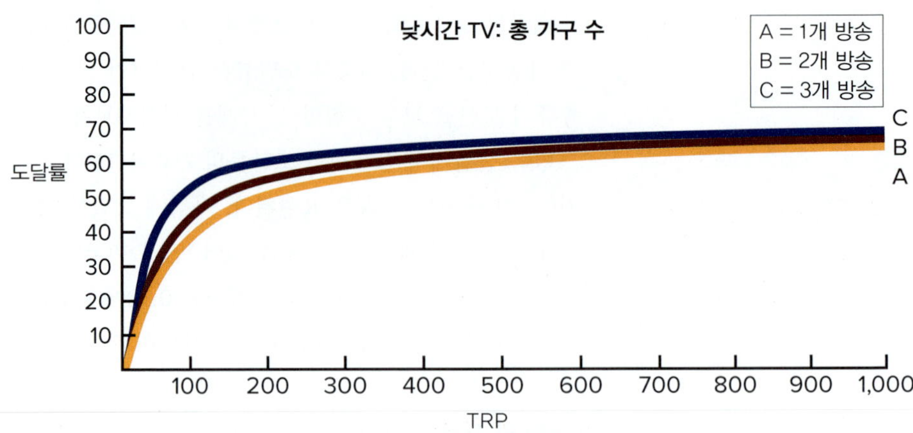

었다. 6월 선거를 앞두고, 유력한 후보자 휘트먼(Meg Whitman)의 3월 광고 스케줄은 11개의 캘리포니아 미디어 시장에서 1주일에 1,000 GRPs로 구성되었다. 이 구입을 통해 가장 큰 시장에서는 평균적인 텔레비전 시청자에게 일주일에 대략 10회의 노출을, 보다 작은 시장에서는 일주일에 대략 6회의 노출 빈도를 산출할 것으로 기대되었다. 상대 후보는 특정 시장에 의존하여 이 금액 대비 15~50%로 추정되는 노출량을 광고했고, 이 경선에서 휘트먼이 승리를 거두었다.

가장 중요한 문제는 목표를 달성하기 위해서 얼마만큼의 GRPs가 필요할 것인가다. 워커(Scott Walker)에 따르면, 대부분의 광고주들은 그들의 메시지를 분명히 볼 수 있도록 하기 위해서 500~700 GRPs 집행을 선호한다. 수많은 연구자들이 이 문제에 대해 분석했는데, 예로, 푸트콘앤벨딩(Foote, Cone & Belding)의 부사장이자 연구소장인 버거(David Berger)는 2,500 GRPs는 대략 70% 가능성으로 높은 관심을 이끌어낼 수 있고, 1,000~2,500 GRPs는 33%의 가능성을, 1,000 이하의 GRPs는 거의 관심을 이끌어내지 못한다고 밝혔다. 올슨(David Olson)의 연구도 유사한 결과를 얻었고, 더 나아가 관심이 증가하면, 비록 상당히 느린 속도이긴 하지만 제품에 대한 시도 역시 증가한다는 것을 보여주었다. 두 경우 모두에서, 영향력을 내기 위해서는 높은 수치의 GRPs가 요구된다는 것이 분명하게 드러났다.

도표 10-19는 이러한 분야의 연구를 기반으로, 다른 수준의 노출에서 기대되는 효과에 대해 요약하였다. 기타 많은 고려 요인들이 필요하고, 직접적인 관계가 성립되기는 부족하지만,

도표 10-19

도달률과 빈도의 효과

1. 표적고객의 구매주기 이내에 광고가 한 번 노출되는 것은 대부분 아무런 효과도 없다.
2. 한 번의 노출이 보통 효과가 없기 때문에 생산적인 매체기획이라는 것은 도달률을 높이기보다는 빈도를 강화하는 것이다.
3. 구매주기 이내에서 두 번 노출하는 것은 효과적이라는 증거들이 있다.
4. 구매주기 이내에 혹은 4주 내지 8주 동안에 세 번 노출하는 것에 넘어서서 계속하여 빈도를 높이는 것은 효과가 줄어드는 것으로 나타났으나 여기에 관한 뚜렷한 증거는 없다.
5. 광고 빈도와 효율에 관하여 일반적인 원칙이 존재하는 것은 사실이지만 브랜드마다 차별화되는 특성 또한 마찬가지로 중요하다.
6. 빈도에 관한 어떠한 반응 원칙이나 일반화는 아무런 증거가 없다.
7. 상당한 연구 자료에 의하면 식상함은 반응이 낮아서가 아니라 광고 문구나 크리에이티브 측면이 더 큰 문제다.

도표 10-19에서 볼 수 있는 결과에 추가적으로, 오스트로(Joseph Ostrow)는 반복의 수가 관심(awareness)을 급속하게 높이는 반면, 태도나 행동적 반응에는 훨씬 적은 영향을 미친다는 것을 밝혔다.

앞서 말했던 선거 후보자가 선거 전 11개의 시장에서 일주일에 1,000 GRPs를 집행하는 것은 비용이 많이 드는 일이다. 더 늘어난 기간 동안 계속해서 그와 같은 수준으로 광고하는 경우 (재정 형편상 심각한 타격은 말할 것도 없고) 노출 과다를 일으킬 수 있으며, 시청자는 광고에 싫증을 내게 된다.

효과 도달률의 결정 마케터에게는 예산 제약이 있기 때문에, 빈도(frequency)의 희생으로 도달률을 증가시킬지, 보다 적은 도달률과 함께 노출 빈도를 증가시킬지 결정해야만 한다. 많은 요인들이 이 결정에 영향을 주는데, 예를 들어, 새로운 제품이나 브랜드 도입은 최대한 많은 사람들에게 가능한 한 빨리 인지도를 끌어내기 위해 도달률, 특히 비중복 도달률(unduplicated reach)를 최대화하려고 시도할 것이다. 동시에, 경쟁이 치열한 상황이나, 고관여 제품 등의 경우, 효과 도달률을 달성하기 위해 특정한 수준 이상의 빈도가 요구된다.

효과 도달률(effective reach)은 광고 캠페인이 목표를 달성하기 위해 필요한 효과적인 빈도 이상 도달한 목표 수용자의 비율을 나타낸다. 이 개념은 광고에 한 번 노출되는 것은 원하는 메시지를 충분하게 전달하지 못할 것이라는 가정에 기반을 둔다. 앞서 살펴보았듯이, 비록 광고주들은 최소 3번의 노출을 의미 있는 것으로 받아들이는 경우가 많지만, 사실 특정 광고 캠페인이 목표 달성을 위해 필요한 정확한 노출 횟수가 몇 회인지는 아직까지 쉽게 찾아낼 수 없다. 너무 범위가 넓지만, 효과 도달률(노출)은 도표 10-20의 음영 부분에서 볼 수 있듯이 3~10회의 노출 범위 안에 있다. 3회 미만의 노출은 불충분한 노출로 여겨지고, 10회가 넘으면 과다 노출로 평가되기 때문에 효과적이지 않은 것으로 평가되곤 한다. 부족하거나 과잉된 노출 수준은 효과적인 커뮤니케이션을 방해하는 것으로 알려져 왔다. 예를 들어, 마이어스 리포트(Myers Reports)의 사장인 마이어스(Jack Myers)는 3회 노출 이론(three-exposure theory)은 소비자들이 매일 대략 1,000여 개의 광고에 노출되던 1970년대에는 유효했다고 주장한다. 그러나 현재 소비자들은 매일 3,000~5,000개 이상의 광고에 노출되기 때문에, 3번의 노출은 충분하지 않다. 텔레비전 채널의 다양화, 잡지의 확산 및 대체 가능한 다양한 디지털 미디어의 출현은 마이어스로 하여금 12회의 노출이 최소한의 빈도로 요구된다는 의견을 갖게

도표 10-20
효과 도달률 그래프

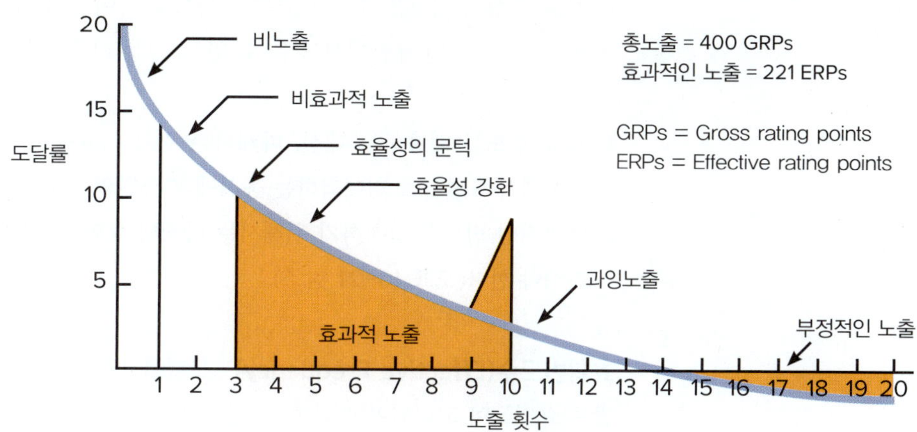

했다. 또한 미디어 어낼리시스 플러스(Media Analysis Plus)의 사장이자 CEO인 수마넥(Jim Surmanek)은 전달하는 광고 메시지의 복잡성, 메시지 길이, 노출의 최신성(recency)이나 경쟁사 광고량 역시 이 수치에 영향을 미친다고 주장했다.

광고주들은 그들의 메시지가 목표 수용자에게 실제로 몇 번이나 노출될지 알 수 없기 때문에 효과 도달률과 빈도의 가능성을 높이기 위해 일반적으로 3회 이상 노출되도록 GRPs를 구입한다. 수마넥은 또한 노출이 아주 최근에 이루어졌거나 구매 시점과 가까운 경우, 효과 도달률은 3회 노출보다 작을 수 있다고 주장했다(따라서 노출이 된 시점이 빈도보다 더 중요하다). 수마넥은 광고 메시지가 복잡하고 메시지를 이해하는 데 여러 번의 노출이 요구되는 경우 더 많은 노출이 필요하다고 주장했다.

매체기획 전문가 에프론(Erwin Ephron)은 이에 반대 의견을 개진했는데, 에프론은 최소한의 빈도로 도달률을 증가시키는 것이 1990년대에는 일반적이었지만, 시장의 변화(광고 회피, 멀티태스킹, 스마트기기와 같은 기술 혁신)로 인하여 광고 노출을 어렵게 만드는 상황에서는 더 이상 성공할 수 있는 전략이 아니라고 주장한다. 결과적으로, 광고가 눈에 띄고 영향력을 가질 수 있도록 도달률과 빈도 모두 가치를 갖게 계획을 세우는 것이 중요하다고 보았다. 다시 말해, 더 높은 빈도는 더 높은 도달률을 가져온다. 효과 도달률을 결정하는 것은 훨씬 복잡한 문제이며, GRPs를 계산할 때, 광고주가 **평균 빈도**(average frequency)라고 부르는 수치를 사용하는 문제점을 지적하였다. 그는 특정 기간 동안 미디어 스케줄에 노출된 목표 수용자가 도달한 평균 빈도를 사용할 때의 문제점을 다음과 같이 얘기하고 있다. 다음의 매체 구입 시나리오에서 함께 생각해보자.

50%의 시청자에게 1회 도달
30%의 시청자에게 5회 도달
20%의 시청자에게 10회 도달
평균 빈도 = 4회

이러한 매체 구입 상황에서, 평균 빈도는 4회로, 일반적인 3회의 효과적인 빈도보다 약간 많은 수치다. 그러나 50%에 해당하는 목표 수용자에게는 단지 1회의 노출만 달성되므로, 평균 빈도는 잘못 이해될 수 있으며, 구매해야 할 GRPs를 계산하는 데 평균 빈도를 사용하는 것은 노출 부족의 결과를 초래한다는 것이다.

이런 문제점이 있음에도 불구하고, GRPs는 마케터나 매체 기획자에게 유익한 정보를 제공한다. 관심을 얻기 위해서는 특정한 수준 이상의 GRPs가 필요하고, GRPs의 증가는 더 정교한 목표 달성에 영향을 주는 도달과 반복으로 이어질 것이다. GRPs을 구입할 때 가장 유용한 조언은 오스트로의 제안에서 찾을 수 있다. 그는 다음과 같은 전략을 추천한다.

1. 평균 빈도를 사용하는 대신, 마케터는 광고 목표를 달성하기 위해 필요한 효과적인 빈도 수준에서 도달률을 최대화하는 동시에 최소한의 빈도 목표를 결정해야 한다.
2. 효과적인 빈도를 결정하기 위해서는 마케팅 요인 및 메시지 요인 그리고 미디어 요인을 고려해야 한다(도표 10-21 참조).

효과빈도수(Effective Frequency) 도달률 대 빈도의 결정은 중요하지만 어려운 일이다. 많은 요인들이 고려되어야 하며, 구체적인 규칙들이 항상 적용되는 것도 아니기에, 이 결정은

도표 10-21

빈도 수준 결정 시 중요한 요인들

마케팅 요인들
• **브랜드 역사:** 브랜드가 새로운 것인가 아니면 기존의 것인가? 새로운 브랜드는 일반적으로 높은 수준의 빈도가 필요하다.
• **브랜드 점유율:** 브랜드 점유율과 빈도 사이에는 역비례의 관계가 존재한다. 브랜드 점유율이 높을수록 낮은 수준의 빈도가 필요하다.
• **브랜드 충성도:** 브랜드 충성도와 빈도 사이에도 역비례의 관계가 존재한다. 브랜드 충성도가 높을수록 낮은 수준의 빈도가 필요하다.
• **구매주기:** 짧은 구매주기를 가진 제품은 소비자들의 제품에 대한 지각을 최신으로 유지하기 위하여 일반적으로 높은 빈도가 필요하다.
• **사용주기:** 매일 사용하는 제품이나 혹은 자주 사용하는 제품은 빠른 재사용이 필요하므로 높은 수준의 빈도를 요구한다.
• **경쟁사의 점유율:** 경쟁사의 광고 수준이 매우 높고 또한 경쟁사를 물리치거나 적어도 그 수준의 광고를 하고자 할 때는 높은 빈도가 필요하다.
• **표적고객:** 표적고객의 광고 문구를 이해할 수 있고 기억할 수 있는 정도에 따라 광고 빈도가 다르다
광고 문구나 크리에이티브 요인들
• **광고 문구의 복잡성:** 광고 문구가 복잡할수록 높은 수준의 빈도가 필요하다.
• **광고 문구의 독특함:** 광고 문구의 독특함과 빈도 사이에는 역비례의 관계가 존재한다. 광고 문구의 독특함이 높을수록 낮은 수준의 빈도가 필요하다.
• **새로운 캠페인 대 지속형 광고캠페인:** 새로운 광고캠페인은 일반적으로 높은 수준의 빈도가 필요하다.
• **이미지 광고 대 제품판매 광고:** 이미지 광고는 일반적으로 높은 빈도가 필요하다.
• **광고 문구의 다양화:** 단일 광고 문구는 낮은 수준의 빈도를 요구하지만 다양한 광고 문구를 쓰면 일반적으로 높은 수준의 빈도가 필요하다.
• **광고 문구의 식상함:** 높은 빈도의 광고는 일반적으로 소비자에게 식상함을 줄 수 있다. 식상함 효과는 면밀히 살펴보고 빈도 결정에 고려되어야 한다.
• **광고 단위:** 큰 지면을 사용하는 큰 단위의 광고는 일반적으로 낮은 수준의 빈도가 필요하다.
미디어 요인들
• **광고 방해 요소:** 해당 매체에서 많은 다른 광고들이 사용되면 일반적으로 높은 수준의 빈도를 요구한다.
• **편집환경:** 해당 매체의 편집환경이 자사제품에 우호적일수록 낮은 수준의 빈도가 필요하다.
• **매체의 주목도:** 해당 비히클이 소비자의 주목을 많이 끄는 매체이면 낮은 수준의 빈도가 필요하고 잘 드러나 보이지 않는 비히클은 일반적으로 높은 수준의 빈도가 필요하다.
• **스케줄링:** 일반적으로 지속광고법이 간헐광고법이나 맥박광고법보다 낮은 빈도가 필요하다.
• **사용하는 미디어 개수:** 미디어를 사용하는 개수가 적으면 낮은 수준의 빈도를 요구하지만 다양한 미디어를 쓰면 일반적으로 높은 수준의 빈도가 필요하다.
• **반복 노출:** 월간지와 같이 반복노출이 많은 매체는 낮은 수준의 빈도가 필요하다.

종종 과학보다 예술에 가깝다고도 볼 수 있다. 물론 역자는 이 의견에 동의하지 않지만, 번역서를 쓰면서 역자의 의견을 깊이 있게 전달할 수 없기에, 2025년 현재 시점에서는 관련 데이터의 축적 및 다양한 분석 기법의 활용을 통해 효과적인 빈도와 도달의 추정이 가능할 수 있다는 점만 밝혀둔다.

최신성 에프론이 언급했듯이, 광고에 1회 노출이 구입 일주일 이전의 추가적인 노출들보다 더 큰 영향력을 갖는다는 생각은 많은 광고주들로 하여금 도달률에 더 많은 관심이 집중되게 했으며, 빈도가 상대적으로 더 적게 주목됨과 동시에, **최신성**(recency)이 더 부각되도록 이끌었다. 캠페인들은 **최신성 계획**(recency planning)을 이용하는데, 최신성은 구매결정 시점과 최대한 근접해서 최소한의 빈도 수준으로 짧은 간격의 도달률에 중점을 두는 것이다. 4주 집행 계획 기간의 도달률에 집중하는 대신에, 최신성 계획은 1주일 이상의 지속적인 스케줄을 필요로 하며, 표적화를 줄여 목표 수용자가 보다 많이 노출될 수 있도록 한다. 노출의 대부분이 낭비라고 주장하는 사람이 있는 반면, 에프론은 이에 반대하여, 시장 내 다른 시간대에 있는 사람들뿐만 아니라 관심과 이미지 형성 역시 노출의 혜택으로 볼 수 있다고 말한다. 에프론과 크루그먼(Krugman)은 모두 광고는 브랜드 자산을 만드는 기능을 한다고 주장하며 다음과 같이 말한다. "광고는 선반에 놓인 제품과 같다. 소비자가 언제 찾아올지 알 수 없기 때문이다. 따라서 광고는 항상 선반의 공간을 차지하고 있어야 한다."

크리에이티브와 매체기획

집행되는 광고의 크리에이티브적 문맥이나 분위기는 목표 수용자들의 인식에 영향을 미친다. 특정한 크리에이티브 전략은 특정한 매체를 필요로 하는데, 예를 들어, TV는 시각과 청각적인 요소를 함께 제공하기 때문에 다른 매체보다 감성적인 반응을 일으키는 데 효과적이다. 잡지는 보다 많은 정보를 인쇄된 문자로 제공하기에 방송되는 뉴스와는 또 다른 인식을 만들어낸다. 매체전략을 수립하면서, 마케터는 반드시 창의성과 분위기 요인을 모두 고려해야 한다. 각각을 더 자세히 살펴보면 다음과 같다.

크리에이티브 측면 강력한 크리에이티브 캠페인은 분명 제품의 성과를 상당히 증가시킬 수 있다. 그러나 이 창조성을 시행하기 위해, 전략을 지원해주는 적절한 매체를 이용해야 한다. 예를 들어, 4장에서 살펴본 랑콤(Lancome)의 수분 크림을 위한 캠페인은 메시지를 효과적으로 전달하기 위해 인쇄 매체를 이용했으며, 홀마크(Hallmark)는 다른 많은 대안 매체들 중에서 감성적 소구를 만들어내기 위해 TV 매체를 효과적으로 이용했다. 어떤 상황에서는 매체 및 크리에이티브 부서가 각각 따로 일하는 것이 아니라, 특정 매체의 수용자들에게 최대의 영향을 미칠 수 있도록 함께 가까이 일하면서, 매체전략이 크리에이티브 전략을 지지하는 원동력이 되기도 한다.

분위기 영어로는 'Mood'라고 쓰지만 달리 우리말에 적당한 단어가 없어, 분위기라고 일반적으로 사용하는데, 이것의 중요성은 매체가 단순히 커뮤니케이션을 넘어 분위기(mood)를 만들어내기 때문에 메시지의 창조성을 향상시키는 점에서 중요하다. 예를 들어, 〈Gourmet〉, 〈Skiing〉, 〈Travel and Leisure〉, 〈House beautiful〉과 같은 잡지들이 만들어내는 분위기에 대해 생각해보자. 이러한 각각의 특별한 혜택을 위한 잡지들은 독자를 특별한 분위기로 이끈다. 고급 와인, 스키 부츠, 여행용 트렁크, 가정용 제품들에 대한 광고 활동은 이러한 분위기에 의해 향상된다. 광고 메시지는 목표 달성을 위해 특정한 매체와 비히클의 적절한 분위기, 즉 Mood 역시 필요하다. 특정 매체와 비히클은 단순히 집행되는 광고 메시지의 인식을 넘어 보다 효과적인 이미지 창출에 기여할 수 있기 때문이다.

유연성

효과적인 매체전략은 유연성(flexibility) 역시 필요로 한다. 빠르게 변화하는 마케팅 환경으로 인해, 전략은 빈번하게 수정될 필요가 있다. 만약 계획에 유연성이 적다면, 기회는 박탈당하고 회사는 새로운 위협에 대처할 수 없게 된다. 유연성은 다음 문제에 대해 다룰 필요가 있다.

1. **시장 기회**: 때때로 광고주가 활용하길 원했던 시장 기회가 발생한다. 예를 들어, 와인 회사는 미국 시장의 와인 선호 유행으로 인한 와인에 대한 관심 증가를 활용하려는 시도를 해왔고, 이러한 상황은 이전에는 가능하지 않았던 새로운 광고 매체의 발전 기회를 제공할 것이다.
2. **시장 위협**: 내부 혹은 외부의 특정 요인들은 기업에 위협을 가하기도 하며, 이러한 위협에 대한 매체전략의 변화도 요구된다. 만약 도전에 대응하는 데 실패한다면, 기업에도 문제가 발생한다.
3. **매체의 활용 가능성**: 때때로 마케터는 원하는 매체나 미디어 비히클을 이용할 수 없다. 예를 들어, 해당 매체가 특정 표적 계층에 도달할 수 없는 일부 지리적 문제가 있거나, 법적으로 활용이 불가능할 수도 있다(국내의 경우 밤 10시 이전의 주류 광고는 방송 매체에서 사용할 수 없다). 매체 이용이 가능하더라도, 광고가 제한된 시간이거나 광고 지면이 이미 판매되었을 수 있고, 진입 시 마감일이 지났을 수도 있다. 따라서 매체 기획자는 항상 대안이 되는 매체와 비히클을 반드시 고려해야 한다.
4. **매체 혹은 미디어 비히클의 변화**: 매체나 특정 미디어 비히클의 변화는 전략의 변화를 필요로 한다. 예를 들어, 케이블 텔레비전의 등장은 수많은 채널의 제공과 함께 세분화된 목표 수용자를 대상으로 메시지 전달의 새로운 기회를 열었고, 인터넷은 수많은 새로운 기술들이 추가적인 선택권을 제공하는 동안 많은 소비자 기업들이 인터넷을 광고 매체로 사용하도록 이끌었다. 새로운 특정 관심을 반영하는 잡지, 스마트폰, 소셜 네트워크(social network), 비디오 게임 광고 등도 이러한 변화에 포함되는 내용들이다. 또한 시청률 감소나 편집 방식의 변화도 광고주들이 다른 대안을 사용하게 만든다.

이러한 요인들의 변화는 매체 기획자가 특정 시장 환경에 적응할 수 있도록 매체전략이 반드시 충분한 유연성을 가지게 개발되어야 함을 의미한다.

예산 고려사항

매체전략 개발에서 매우 중요한 결정 중 하나는 광고 예산의 추정이다. 전략의 가치는 그 전략이 최소의 비용과 낭비로 목표 수용자에게 메시지를 얼마나 잘 전달하는가에 달려 있다. 도달률, 빈도 그리고 이 결정에 영향을 미치는 가능성 등 이미 많은 요인들에 대해 탐구해보았고, 매체 기획자는 필요한 비용과 각 요인들의 균형을 맞추어 최적의 전달을 하도록 노력한다.

광고 및 판매촉진 비용은 두 가지로 분류될 수 있다. 매체 혹은 미디어 비히클의 구매에 필요한 **절대적 비용**(absolute cost)은 메시지를 집행하기 위해 필요한 실제 비용이다. 예를 들어, 〈Newsweek〉의 전면 컬러 광고는 16만 5,000달러의 비용이 든다. **상대적 비용**(relative cost)은 광고 시간 및 공간 구입을 위해 필요한 비용과 전달된 시청자 규모 사이의 관계를 나타내며, 미디어 비히클을 평가하여 비교하는 데 이용된다. 매체 기획자가 한정된 예산 내에서 목표 수용자에게 전달을 최대화하려 노력한다는 관점에서 상대적 비용은 매우 중요하다. 메시지를 전달하는 데 수많은 대안들이 이용 가능하기에, 광고주는 이러한 선택과 관련한 상대적 비용을 평가해야 한다.

매체의 상대적 비용 결정 대안들을 평가하기 위해, 광고주는 매체의 상대적 비용뿐만 아니라 개별 미디어 비히클의 상대적 비용도 비교해야 한다. 유감스럽게도, 방송, 인쇄, OOH(out-of-home) 미디어가 항상 동일한 광고비로 판매되는 것은 아니며, 신문 등의 인쇄 매체 비히클도 그러하다. 다음은 주로 사용되는 평가 요인들이다.

1. **CPM**(cost per thousand): 매우 오래전부터 잡지 산업은 1,000명의 사람에게 도달하는 비용에 기초하여 비용의 상대적 가치 평가를 제공했다. 이 계산 공식은 다음과 같다.

$$\text{CPM} = \frac{\text{광고 공간의 비용(절대적 비용)}}{\text{판매부수}} \times 1{,}000$$

도표 10-22는 국내 인쇄 매체 중 〈조선일보〉와 〈내일신문〉 두 개의 미디어 비히클을 계산하는 사례를 나타낸다. 이 경우 (다른 모든 것이 같을 때) 〈조선일보〉가 절대적 비용이 더 높음에도 불구하고, 상대적 비용 효율이 우수하다(뒤에서 '다른 모든 것이 같을 때'에 대해서 다시 살펴볼 것이다).

도표 10-22
CPM 계산: 조선일보와 내일신문 비교

	조선일보	내일신문
지면당 비용(1면 기준)	61,050,000원	29,600,000원
발행부수	1,065,090	51,218
CPM 계산	$\frac{61{,}050{,}000\text{원} \times 1{,}000}{1{,}065{,}090}$	$\frac{29{,}600{,}000\text{원} \times 1{,}000}{51{,}218}$
CPM	57,319원	577,922원

자료: 한국ABC 2021년도 일간신문 발행 유료부수, 2021 제일기획 광고연감

2. **CPRP**(cost per ratings point): 방송 매체는 CPRP 혹은 CPP(cost per point)라고 불리는 다른 비용 평가 기준으로 비교한다. 공식은 다음과 같다.

$$\text{CPRP} = \frac{\text{광고 시간의 비용}}{\text{광고 시청률}}$$

국내 TV 매체의 중간 광고 계산 사례를 도표 10-23에서 볼 수 있다. 이 사례는 SBS 〈굿파트너〉가 JTBC 〈옥씨부인전〉보다 비용 효율이 더 우수함을 보여준다.

도표 10-23
CPRP 비교

	SBS 굿파트너	JTBC 옥씨부인전
중간 광고(CM)의 단가(1회 기준)	30,000,000원	22,500,000원
평균 광고 시청률(수도권, 개인 전체)	24%	15%
CPRP 계산	$\frac{30{,}000{,}000\text{원}}{24\%}$	$\frac{22{,}500{,}000\text{원}}{15\%}$
CPRP	1,250,000원	1,500,000원

자료: 닐슨 arianna, SBS 세일즈가이드, JTBC 판매가이드

3. 지면 인치 단가(daily inch rate): 신문에서 비용효율성은 신문의 1인치 컬럼당 비용인 지면 인치 단가에 기초한다. 잡지처럼, 신문도 이제 상대적 비용 평가를 위해 앞서 다루었던 CPM 공식을 사용한다. 도표 10-24에서 볼 수 있듯이, (다른 모든 것이 같을 때) 피츠버그 포스트 가제트(Pittsburgh Post Gazette)에 광고하는 것은 클리블랜드 플레인 딜러(Cleveland Plain Dealer)에 광고하는 것보다 절대 비용은 낮지만, 효율성은 크게 떨어진다.

도표 10-24
신문 광고 효율성 비교

	피츠버그 포스트 가제트	클리블랜드 플레인 딜러
페이지당 단가	$20,969	$59,598
인치당 단가	303.90	473
발행부수	184,234	271,180
CPM 계산	$\text{CPM} = \dfrac{\text{페이지 단가} \times 1{,}000}{\text{발행부수}}$	
	$\dfrac{\$20{,}969 \times 1{,}000}{184{,}234}$	$\dfrac{\$59{,}598 \times 1{,}000}{271{,}180}$
CPM	$113.81	$219.77

보다시피, 다양한 매체들을 서로 비교하는 것은 어려운 일이다. 사실 방송 매체의 평가 기준이 인쇄 매체와 다르다면 CPM으로 통일하여 평가하는 것이 좋다. CPRP는 시청률 1%라는 개념의 기준이 되는 모수(시청률 산출의 모수)가 달라질 수 있기에, CPM 평가를 사용하면 모든 매체에서 노출에 대한 상대적 평가는 일단 가능하다. 물론 각 매체별 1회 노출이 다 같은 효과를 발휘하는 것은 아니기에, 각 매체별 노출의 임팩트 차이를 별도로 고려해야 하는 숙제는 남는다.

CPM을 기반으로 매체를 비교하는 것은 중요하지만, 매체 간 비교는 오해의 소지가 있다. TV의 시각과 청각 모두를 제공하는 능력, 잡지의 수명 그리고 각 매체의 각기 다른 특징들은 직접적인 비교를 어렵게 만든다. 매체 기획자는 CPM 수치를 사용해야 하지만, 결정을 내릴 때 각 매체 및 미디어 비히클 고유의 특징 역시 고려해야 한다.

CPM은 실제 비용효율성을 과대 평가하거나 과소 평가할 수 있다. 낭비된 매체 도달 범위(waste coverage)의 발생이 불가피한 상황이라고 가정해보자. 이러한 관점을 설명하기 위해, 국내 〈주간조선〉 잡지의 수치를 이용해본다. 만약 이 메시지에 도달된 사람이 제품의 목표 수용자가 아니라면, 그들에게 도달하는 데 쓴 비용은 도표 10-25의 A 시나리오처럼 매우 낮은 CPM 결과를 초래한다. 전체적인 판매부수보다는 목적지로 추구되는 목표 수용자의 잠재적인 도달률을 사용해야 한다. 훨씬 더 높은 CPM을 지닌 매체가 만약 더 많은 목표 수용자에게 도달할 수 있다면 그것이 더 현명한 구입이 될 것이다(대부분의 매체 구입자는 전체 시청자가 아닌 목표 수용자에 기초하여 CPM을 계산하는 **목표** CPM(target CPM), 즉 TCPM에 의존한다).

CPM 역시 비용효율성을 과소 평가할 수 있다. 잡지 광고 지면 판매자는 1명 이상의 사람이 하나의 잡지를 읽기 때문에, 실제 도달률이 과소 평가된다고 오래도록 주장해왔다. 판매자들은 정확한 판매부수로서 발행부수당 **열독률**(readers per copy)을 사용하기를 원한다. 이는 잡지를 구매하지 않고 읽는 사람들의 수를 추정한 **회독률**(pass-along rate)을 포함한다. 도

IMC 관점 10-1 > > >

애드위크(Adweek)가 선택한 최고의 매체기획 사례

과거에는 크리에이티브 부서에서 광고 집행에 대한 거의 대부분을 결정하였고, 이러한 결정을 미디어 부서에 전달하여 광고가 배치되도록 하였다. 그러나 아무리 뛰어난 크리에이티브가 광고에 존재해도 좋은 매체기획 없이는 성공을 보장할 수 없다는 것을 깨닫기 시작했다. 최고의 크리에이티브도 매체기획의 좋은 뒷받침 없이는 그 가치가 감소할 수밖에 없기 때문이다. 논쟁이 존재하지만, 적지 않은 기업들에서 이제 매체기획이 모든 마케팅 과정에서 매우 중요한 부분으로 평가되고 있다.

미국에서 가장 의미 있는 미디어 가운데 하나로 평가되고 있는 〈Adweek〉는 지난 20여 년 동안 '올해의 매체기획'이라는 경쟁 부분의 시상을 운영하고 있다. 이 상은 다양한 예산 수준에서 수상자를 선정하는데, 지난 20년 동안의 수상 내용을 보면, 전통적인 미디어 중심에서 훨씬 더 새로운 방향으로 발전하였다. 다음의 2018년 수상작들에서 알 수 있듯이 보다 IMC에 큰 중점을 두는 방향의 변화가 분명하게 존재한다.

구글 가정 도우미, 1,000만 달러 이상 부문 구글과 대행사 PHD는 미국 가구의 60%에서 스마트 홈 기기의 필요성을 제대로 인식하지 못하고 있다는 사실을 깨달았고, 핼러윈부터 두 달간 크리스마스까지 제품의 기능을 강조하고 전반적인 음성 지원을 홍보하기 위해 다양한 미디어적 활동이 개발되고 전개되었다. 해당 캠페인은 유명인의 활용, 독특한 미디어 및 기존 네트워크 TV를 통합적으로 활용하였고, 주목할 만한 제품 배치 PPL이 NBC와 ABC 모던 패밀리의 〈Will & Grace〉와 〈Ellen Show〉 같은 인기 쇼에 집행되었다. 또한 메이시(Macy)의 추수감사절 퍼레이드 행사와 록펠러 센터의 크리스마스 조명, 그리고 유명인사들인 에릭 맥코맥(Eric McCormack), 소피아 베르가라(Sofia Vergara), 닉 오퍼맨(Nick Offerman), 에이미 폴러(Amy Poehler)와 같은 유명인들이 "안녕 구글!"이라고 말하는 모습을 자주 보여주었다. 이러한 활동들은 다양한 상황에서 제품의 특성에 대한 노출과 폭넓은 활용 능력에 대한 메시지 전달 결과, 700만 개의 신규 판매와 함께 브랜드 점유율이 8% 증가하는 효과를 가져왔다.

IHOP "버거로 뒤집기(Flipping to Burgers)" 500만~1,000만 달러 이하 부문 국내에도 존재하는 식당인 IHOP(International House of Pancake)는 매우 확고하고 존경받는 브랜드 이름을 갖고 있지만, 안타깝게도 그 이미지는 주말에 아침 식사하러 가는 곳의 이미지였다. 더 많은 고객이 점심과 저녁 식사, 그리고 주말보다 더 많은 다른 시간에 방문하도록 하기 위해 IHOP은 대행사 이니셔티브(Initiative)를 선택하여 통합

도표 10-25
CPM 추정

A시나리오: 효율성의 과대 평가	
표적시장	18~49
잡지 발행부수	3,250,000
발행부수 대비 표적시장	65% (2,112,500)
페이지당 단가	\$287,440

$$\text{CPM} = \frac{\$287{,}480}{3{,}250{,}000} \times 1{,}000 = \$88.46$$

$$\text{CPM(실제 표적고객)} = \frac{\$287{,}440}{2{,}112{,}500} \times 1{,}000 = \$136.08$$

B시나리오: 효율성의 과소 평가	
표적시장	18~49
잡지 발행부수	3,250,000
페이지당 단가	\$287,440
회독률	3

$$\text{CPM} = \frac{\$287{,}440}{2{,}112{,}500 \times 3} \times 1{,}000 = \$45.36$$

*회독률이 타당하다고 가정

자료: Animal Care Centers of New York City

적인 캠페인을 전개하였다. 캠페인 시작에서 IHOP과 이니셔티브는 팬케이크 하우스가 버거 가게가 될 것처럼 보이게 만든 수많은 신비한 메시지를 전달하였다. 캠페인 첫 10주 동안 120만 개 이상의 트윗과 1만 5,000개의 미디어 스토리가 누적되었고, 그 결과 286억 회의 노출(impression)이 발생하였다. 이후 캠페인은 옥외 광고, 검색 및 링크드인(LinkedIn) 등의 페이지로 확장되었고, IHOP의 얼티밋 스테이크버거(Ultimate Steakburgers)를 공개하는 이벤트로 이어졌다. 이벤트에는 음식 블로거, 사회적 영향력 있는 사람, 잡지 〈Food & Wine〉 등의 언론 매체가 참석하도록 초대되었다. IHOP의 대행사는 더 많은 청중에게 다음과 같은 광고를 지속했는데, "IHOb는 햄버거를 의미합니다"였고, IHOP은 3주 만에 버거 판매량을 4배로 늘렸다.

뉴욕시의 동물보호센터 뉴욕시의 동물보호센터에는 마케팅 예산이 없었기에, 대행사인 원더먼(Wunderman)과 웨이브메이커(Wavemaker)는 여러 기관과 언론사로부터 기부금을 받아 30만 마리의 보호소 동물 중 일부를 새롭게 입양시키는 무료 마케팅 캠페인을 실시하였다. 이는 입양 가능성이 더 높은 특정 자치구에 초점을 맞춘 '자치구 기반' 캠페인으로, 지리적으로 제한된 디지털 광고를 사용하여 캠페인을 전개하였다. 보호소 개가 얼마나 귀여울 수 있는지, 노출 수 1,500만 회 이상의 개들을 볼 수 있도록 매우 낮게 배치된 옥외 광고도 사용하였다. 뉴요커들의 반응은 폭발적이었으며, 기획자들의 창의성, 혁신성 및 협력은 이러한 IMC 캠페인의 성공에 중요하게 작용하였다.

자료: Adweek Staff, "The Year's 23 Best Media Plans Sparked Conversation with Nest-Level Innovation and Creativity," www.adweek.com, September 16, 2018.

표 10-25의 시나리오 A와 B는 잡지의 회독 적용 여부와 독자 규모 추정 기준에 따라 어떻게 비용효율성이 과대 혹은 과소 평가될 수 있는지 보여준다. 18~49세의 표적시장 중 특정 잡지를 보는 규모가 2,112,500명이라고 가정할 때, 시나리오 A는 회독을 무시한 상태에서 잡지 발행부수와 표적시장 규모 중 어느 것을 기준으로 하는가에 따라 다른 CPM이 계산될 수 있다. 전체 발행부수를 기준으로 CPM을 계산하면 88.46달러이며, 표적시장 독자 규모 기준으로는 136.08달러가 된다. 물론 항상 표적시장 독자를 기준으로 계산하는 것이 당연하지만, 경우에 따라 발행부수를 기준으로 하는 오류로 CPM이 과대 평가될 수 있다. 반면, 일반적으로 잡지는 1부당 독자가 1명 이상이며, 잡지의 회독을 3명이라고 가정하면, 시나리오 B와 같은 계산이 가능하다. 표적시장 규모는 2,112,500명이지만 1부당 표적시장 회독이 3명이라면 총 표적시장의 규모는 6,337,500(2,112,500×3)명이 된다. 이를 적용한 CPM 또한 45.36달러로 낮아져 3배 효율성이 높아진다. 정확한 회독 상황을 알아내는 것은 현실적으로 어렵지만, 그렇다고 발행부수만을 기준으로 하거나, 회독을 무시하는 경우 모두 정확한 인쇄 매체의 CPM 계산이 될 수는 없다.

열독률은 직관적 감각을 사용하므로 부정확할 가능성이 있다. 잡지의 주인이 바뀐 실제 횟수를 결정하는 것은 어려운 일이다. 남학생 클럽의 얼마나 많은 학생들이 〈Sports Illustrated〉나 〈GQ〉를 읽었을까? 여학생 클럽이나 기숙사에서 얼마나 많은 학생들이 〈Cosmopolitan〉이나 〈Vanity Fair〉를 읽었을까? 각각의 그룹에서 얼마나 많은 사람들이 〈Businessweek〉를 읽었을까? 연구를 통해 이러한 결정을 내리지만, 회람을 추정하는 것은 아주 주관적이며, 그것을 도달률 추정에 적용하는 것은 추측에 근거한 것이다. 이러한 수치는 매체를 통해 정규적으로 제공되지만, 매니저는 그 수치를 사용하는 데 신중을 기해야 한다. 동시에, 매체 구입의 기술이 발전하면서, 많은 잡지 매니저들은 판매부수보다 도달률의 크기에 대해 생각한다.

비용효율성의 과대 혹은 과소 평가에 대한 가능성뿐만 아니라, CPM은 매체가 지닌 가치에 대해 오직 양적인 추정만 할 수 있다는 점에서 제한되어 있다. CPM은 (〈조선일보〉와 〈내일신문〉 같은) 아주 유사한 미디어 비히클을 비교하는 데는 좋지만, 예를 들어, 잡지와 인터넷 배너 광고 CPM을 측정할 때처럼 매체 간 비교 시에는 그 가치가 떨어진다. 앞서 직접적인 비교를 불가능하게 하는 매체 간 차이점을 살펴본 바 있다.

매체전략의 개발은 다양한 요인을 포함한다. 이 과정이 단순히 숫자를 넘어서 더 많은 것들을 필요로 한다는 점에서, 매체전략 개발을 과학이라기보다 예술이라고 한 오스트로의 말은 일리가 있다.

도표 10-26
매체별 특징

매체	장점	단점
TV	넓은 도달 범위 높은 도달률 시각, 청각, 모션 효과 우수한 명성(high prestige) 노출당 저렴한 비용 시각을 사로잡음 호의적 이미지	목표 수용자 선택의 한계 일회적 소멸성 절대적으로 높은 광고 단가 높은 제작 비용 경쟁사의 방해 광고
라디오	지역적 도달 범위 저비용 높은 빈도 제작과 집행의 유연함 제작비용의 저렴함 세분화된 청중	오로지 청각에만 의존 클러터(clutter)가 높음 주목도가 떨어짐 일회적 소멸성
잡지	목표 수용자 선별의 우수함 뛰어난 색감 재현 많은 양의 정보 제공 메시지의 장수성	광고 게재를 위한 오랜 리드타임(lead time) 절대적인 도달률이 낮음 유연성 부족
신문	높은 도달 범위 저비용 광고 게재를 위한 짧은 리드타임 광고가 원하는 위치에 게재됨 시의성이 보장됨 독자가 노출을 스스로 결정함 쿠폰 등 프로모션 활용 가능	메시지 수명이 짧음 클러터가 높음 상대적으로 낮은 주목률 재생 사용이 힘듦 독자의 광고 회피 가능성 높음
옥외	구체적인 장소에 겨냥할 수 있음 높은 반복 노출 쉽게 눈에 보임	짧은 노출 시간 일부 광고물에서 색감 재현이 어려움 일부 지역에서 클러터가 높음
직접 우편	목표 수용자 선별의 우수함 독자가 노출을 스스로 결정함 높은 수준의 정보 제공 반복 노출의 가능성 존재	수신자 정보 확보를 위해 많은 비용이 요구됨 개인정보 침해 문제 부정적인 이미지(정크 메일: junk mail)
디지털/ 인터랙티브 미디어	소비자가 메시지를 선택함 소비자의 주목도와 관여도가 높음 쌍방향 관계 가능 직접 판매 가능 유연한 메시지 플랫폼	개인정보 침해 문제 애드 프라우드 우려 클러터가 높음 신뢰할 수 있는 측정 기법 부재

*클러터(clutter): 광고 전달을 방해하는 요인

평가 및 후속 조치

모든 계획은 성과에 대한 평가를 필요로 한다. 매체기획도 예외가 아니다. 계획 절차의 개요를 짜면서, 계획을 위한 목표를 수립하고 전략을 개발했다. 이러한 전략을 수행하면서, 마케터는 그것이 성공적이었는지 아닌지를 알 필요가 있다. 효율성을 측정할 때는 반드시 이러한 전략을 통해 매체목표를 달성하는 데 얼마나 기여를 했는가를 고려해야 한다. 만약 전략이 성공적이었다면, 미래의 계획에서도 사용되어야 하며, 그렇지 않다면, 그 결점을 분석해야 한다.

매체전략의 효과성을 측정하는 문제는 이 시점에서 분명해진다. 이번 장의 초반부에서, 측정 방법의 문제점과 기타 여러 가지로 일관된 용어가 부족하다는 점으로 인해 계획 과정이 제한되어 있음을 보았다. 이러한 문제들이 다양한 전략의 상대적 효과성을 평가하는 데 제한을 가하는 동안, 결정 내리는 것을 불가능하게 한다. 하지만 때로는 계획이 진행되는 것을 확인할 수 있다. 비록 평가 절차가 실패할 염려가 없는 것은 아니지만, 시도하지 않는 것보단 낫다.

매체의 특징

지금까지 매체전략 개발에 포함된 요소에 대해 살펴보았다. 이 과정에서 가장 기본적인 요소는 시장에 맞는 매체를 찾는 것이다. 다음 장에서, 각 매체가 특정 목표를 달성하는 데 득 또는 실이 되는 고유한 특징들에 대해서 살펴볼 것이다. 먼저, 도표 10-26은 매체에 대한 전반적인 비교 및 몇 가지 특징들을 제공한다. 이는 아주 일반적인 비교이고, 다양한 매체 선택은 각 상황에 맞게 분석되어야 한다. 하지만 이는 다음 장 내용에 대한 좋은 시작점이다.

요 약

이 장은 매체목표의 결정, 매체전략의 개발 그리고 매체기획의 형식에 따른 목표 및 전략의 공식에 대하여 넓게 개관적으로 제시하였으며, 매체 정보의 원천, 매체의 특징 그리고 핵심적인 매체 결정에 대해서도 다루었다.

매체전략은 전체적인 마케팅 및 커뮤니케이션 목표 달성을 지원하도록 만들어져야 한다. 이 계획의 목적은 선택된 프로그램들에 메시지를 효과적으로 전달하기 위해 고안된다. 매체전략 개발에 포함된 기본 과제는 주어진 예산 아래에서 목표 수용자에게 가장 적합한 매체를 결정하는 것이다. 매체 기획자는 도달률과 빈도의 균형을 맞추고, 낭비된 매체 도달 범위를 최소화하면서 목표 수용자에게 메시지를 전달하려 노력한다. 동시에, 많은 추가 요인들이 매체 결정에 영향을 미친다. 매체전략 개발은 많은 양적 자료를 활용하는 과학적 활동이 분명하지만, 매체 기획자는 창조성과 수량화할 수 없는 요인에도 의존할 수밖에 없다.

이번 장에서는 적절한 미디어 믹스, 표적시장의 결정과 지리학적 도달 범위, 스케줄링, 도달률과 빈도의 균형 등을 포함하여 많은 고려 요인들에 대해 다루었다. 크리에이티브 측면, 예산에 대한 고려사항, 스케줄링에서 유연성의 필요성 그리고 매체기획 절차에서 계산의 필요성 또한 다루었으며, 매체 기획자가 이용할 수 있는 다양한 자료도 소개했다. 비록 제시된 내용들이 대부분 미국의 사례와 데이터에 의존하지만, 광고 산업이 최고로 발전한 국가의 예에서 국내 광고 산업이 나아가야 할 길을 보여주리라 믿는다.

CHAPTER 11

매체 평가: TV와 라디오

자료: Gts/Shutterstock

학습 목표

1 | 광고 매체로서 TV의 역할에 대해 살펴보고, 장점과 한계에 대해 알아본다.

2 | TV 광고의 구매 과정을 지상파와 지역 광고 그리고 유료 방송 광고로 구분하여 알아본다.

3 | TV 광고에 대한 시청자 규모 측정 방법에 대해 논의한다.

4 | 광고 매체로서 라디오의 역할에 대해 살펴보고, 장점과 한계에 대해 알아본다.

5 | 라디오 광고 시간이 어떻게 구매되는지 알아본다.

6 | 라디오 광고에 대한 청취자 규모 측정 방법에 대해 논의한다.

위기의 TV

TV는 많은 시청자에게 시각과 청각의 조합을 사용하여 영향력 있는 메시지를 전달하려는 많은 마케팅 담당자가 오랫동안 선택해 온 중요 매체였다. 그러나 디지털 기술의 발전으로 TV를 포함한 매스미디어에 대한 소비 패턴이 바뀌었다. 세상은 그 어느 때보다 인터넷으로 연결되어 있고 콘텐츠에 접근할 수 있는 방법도 매우 많아졌다. 미국 닐슨 사의 오디언스 리포트(Total Audience Report)에 의하면 일반적으로 미국 성인의 경우 하루 10시간 이상 미디어와 접촉한다. 이들은 보고, 읽고, 상호 작용하는 데 10시간 이상을 보내며, 그 가운데 TV는 여전히 가장 많은 부분을 차지한다. 특히 미디어와 함께 시간을 보내는 50세 이상의 사람들은 TV를 보는 데 하루 평균 거의 6시간을 사용한다. 그러나 이는 2시간 미만의 시간을 보내는 18~34세나 35~49세와는 극명한 대조를 이루며, 두 연령대 모두 1인당 3시간 이상을 주로 스마트폰을 통해 온라인으로 하루를 보낸다. 전체 인구의 평균 TV 이용 시간은 약 3시간 30분으로 집계되었다.

TV를 광고 매체로 사용하는 데 있어 고려되는 중요한 결정 요인에는 시청률 감소와 시청층 세분화가 있다. 전통적인 TV의 총시청률은 지난 20년 동안 감소했으며, 특히 과거 황금 시간대 시청자의 25% 이상이 시청하던 주요 지상파 TV 인기 프로그램들의 경우 이제 두 자릿수 시청률을 받는 경우는 드물다. 현재는 넷플릭스(Netflix), 아마존 프라임(Amazon Prime), 유튜브(YouTube)와 같은 스트리밍 서비스(streaming service)에 많은 시간을 할애하기 때문이다. 아울러 뉴스, 스포츠, 패션, 음악, 요리, 여행, 엔터테인먼트 등 보다 구체적인 청중의 관심을 끄는 프로그램을 제공하는 케이블 채널들의 등장 역시 이러한 현상을 심화시키고 있다.

TV 잠재 고객 세분화가 분명 시청 패턴 변화에 영향을 주지만, TV 업계에서 더욱 우려되는 점은 기술의 발전이 미치는 영향이다. 특히 국내 시청자에서 광고주가 선호하는 18~49세 인구통계학적 타겟의 사람들은 전통적인 방식으로 TV를 시청하지 않으며, 이들은 IPTV 등으로 연결된 방식의 예약된 TV를 시청한다. 약 절반 이상의 시청자가 각 채널에서 특정 시간에 방송되는 실시간 방송이 아닌, VOD 등의 다시 보기 형태의 시청 패턴을 보이는 것이다. 이러한 방법은 실시간 방송에서 전달하는 광고가 대부분 제외되며, 더 위협적인 현상은 그나마 TV 콘텐츠를 제공하는 케이블 및 위성 TV 제공 업체 역시 현재 매년 적지 않은 가입자를 잃고 있다는 것이다. 미국의 경우 전통적인 유료 TV 서비스를 이용하지 않는 가구 수는 2023년까지 4,000가구에 이를 것으로 추정되는데, 이는 미국 전체 가구의 약 3분의 1에 해당한다. 미국에서 가장 많은 케이블 네트워크를 보유한 ESPN 채널의 경우 이미 약 1,300만 가구의 가입자를 잃었으며, 지난 6년 동안 최저치를 기록했다. 유료 케이블 가입 중단과 케이블 TV 시청 감소의 대표적인 원인은 넷플릭스 등의 OTT가 부상하고 있기 때문이다. 미국 TV의 80% 이상이 스마트 TV나 Apple TV, Roku, Amazon Fire TV 또는 Google Chrome cast 등 커넥티드 TV(connected TV)로서 시청자와 연결되고 있다. 비디오 콘텐츠 스트리밍이 가능한 TV 보유가 이미 2019년 미국에서 거의 70%에 도달했고, 넷플릭스, 훌루 또는 아마존 프라임에 가입한 가구도 50% 이상으로 집계되었다. 넷플릭스 등의 영향으로, 2018년에 거대 스포츠 케이블 채널인 ESPN은 새로운 ESPN+ 스트리밍 서비스를 출시하였고, 2019년에는 Disney+와 Apple TV+를 포함하여 여러 가지 새로운 서비스가 출시되었다. 이러한 OTT 스트리밍 서비스는 낮은 구독료와 높은 품질로 기존 TV에 지대한 영향을 주고 있다. 더욱이 이러한 OTT의 스트리밍 서비스는 기본적으로 광고가 없다는 점이 방송과 케이블 채널의 광고 공세에 지친 시청자들에게 큰 매력으로 존재한다.

지금은 TV 매체에 있어 분명히 어려운 시기이며, 산업을 유지하려면 변화가 필요하다. 광고주들은 그들의 광고 예산을 더 젊은 수용자에게 더 정교한 타겟팅으로 접근할 수 있는 디지털 광고로 옮기고 있으며, 구글(Google), 페이스북(Facebook), 유튜브(Youtube), 인스타그램(Instagram) 등과 경쟁하려면, 수준 높은 프로그램 콘텐츠뿐만 아니라, 수익을 유지하면서 광고 수를 줄이는 방법을 찾는 것이 필요하다. 한 가지 예로 전통적인 TV 방송사들은 어드레서블 TV(addressable TV) 광고를 위해 더욱 빠르게 이동해야 한다. 어드레서블 TV 광고는 각 가구마다 실시간 방송에서 가구별 적합하게 고도로 타겟팅된 광고를 전달하는 것으로, 각 가구의 시청 패턴 등에 의해 세분화된 타겟에게 메시지를 전달할 수 있는 방법이다. 미국의 경우 약 6,000만 가구가 전통적인 케이블 및 위성 TV의 어드레서블 광고를 통해 서비스를 받을 수 있으며, 그 수는 증가하고 있다. 국내의 경우도 이러한 서비스가 출범되었지만, 아직은 가입 채널 수의 한계 등으로 활발한 이용은 어려운 실정이며, 지상파 및 케이블 방송에 적극적으로 활용되기에는 적지 않은 시간이 필요하다. 그러나 반복적인 얘기지만 TV 매체에게 남은 시간은 그리 넉넉지 않아 보인다.

광고 매체는 빠르게 진행되는 매체 환경 변화에 의해 등장하고 사라져 왔다. TV의 종말이 임박했다는 일부 전문가들은 TV의 종말이 임박했다고 예측하는데, 이는 기술 발전이 결국 전통적인 TV 매체의 몰락을 가져올 수 있다는 것을 의미하며, 시청자들은 더욱 그

(계속)

들이 필요로 하는 시간에 보고 싶은 것만을 원하는 상황이 전개되어, 더 이상 전통적인 일방적 광고는 어렵다는 것이다. 이러한 전문가들의 예측은 가능성이 높다. 느리지만 확실하게 예측은 실현되고 있다.

자료: "The Nielsen Total Audience Report: Q3 2018," TheNielsen Company, March 19, 2019, https://www.nielsen.com/us/en/insights/reports/2019/q3-2018-total-audience-report.html; Wayne Friedman, "Forecast: Cord-Cutting TV Homes Climb to 40M by 2023," *Media Post*, January 20, 2019, https://www.mediapost.com/publications/article/331215/forecast-cord-cutting-tv-homes-climb-to-40m-by-20.html; Drew FitzGerald and Benjamin Mullin, "Outlook for Tradi-tional TV Goes from Bad to Worse," *The Wall Street Journal*, November 19, 2018, https://www.wsj.com/articles/outlook-for-traditional-tv-goes-from-bad-to-worse-1542632401; Sapna Maheshwari and John Koblin, "Why Traditional TVIs in Trouble," *The New York Times*, May 13, 2018, https://www.nytimes.com/2018/05/13/business/media/television-advertising.html.

TV는 대부분의 가정에서 오랜 시간 사랑받아 온 절대적인 오락의 원천이었으며, 4분의 3세기 이상 광고 산업의 생명선이기도 했다. 미국에서 부로바(Bulova)가 1941년 10달러의 비용으로 최초의 TV 광고를 게재한 이후로 TV 광고는 많은 마케팅 담당자에게 전형적인 광고 형태로 간주되어 왔으며, 지난 60여 년 동안 많은 변화를 겪어왔다. 국내의 경우도 수십 년 동안 지상파 방송은 3개의 주요 방송 네트워크(KBS, MBC, SBS)가 지배했으며, 이 네트워크는 매일 저녁 황금 시간대 시청자의 90% 이상에게 방송할 수 있었다. 그러나 케이블 및 직접 방송 위성 서비스가 성장하면서, 대부분의 TV 보유 가구는 다양한 유형의 쇼, 뉴스, 스포츠, 음악, 정보 및 기타 엔터테인먼트 장르를 제공하는 100개 이상의 채널 수신이 가능하게 되었다. 대부분의 집에 대형 평면 패널(large flat-panel)이 있기 때문에 이 모든 것을 제공하는 장치 또한 발전하였고, 고해상도 디지털 영상을 제공하는 고화질 TV(HDTV)는 고품질 사운드와 함께 디지털 장치들과 연결되기도 한다. 이제는 스포츠, 영화, 게임 등 매우 다양한 콘텐츠가 온라인으로 TV에 전달되고 있다.

TV 산업에서 일어나고 있는 변화는 중요하다. 이 변화가 대부분의 가구에 있는 엔터테인먼트의 기본적인 형태뿐만 아니라 가장 큰 광고 매체로서도 엄청난 영향을 주기 때문이다. 아마 가장 큰 영향은 온라인으로 연결된 콘텐츠 소비 형태의 출현일 것이다. TV 시청자가 10% 정도 감소하고 있는 반면, 온라인 장치를 이용한 시청자는 61%로 증가하고 있다. 그럼에도 불구하고, TV는 아직까지도 가장 큰 광고 매체 중 하나로 여겨지고 있다. 아마도 이 매체를 뉴스와 오락에 유용하게 하는 것과 같은 특성들이, 시청자에게 강한 영향을 줄 수 있는 크리에이티브한 광고들(creative ads)을 불러들이기 때문일 것이다.

라디오도 우리 삶의 필수적인 부분이다. 적지 않은 사람들은 알람 기능이 있는 라디오에 의해 아침에 일어나며, 직장이나 학교에 차를 타고 가는 동안 정보를 알아내고, 라디오에서 즐거움을 찾는다. 많은 사람들에게 라디오는 그들의 차, 집, 심지어 직장에서의 오랜 동반자다. TV 시청자들과 마찬가지로, 라디오 청취자들은 마케터들에게 중요한 표적 고객이기도 하다.

이 장에서는, 방송 매체인 TV와 라디오를 검토하여, 각각의 일반적인 특징과 그들의 구체적 장단점을 함께 살펴본다. 광고주들이 TV와 라디오를 그들의 광고와 매체전략 중 일부분으로 어떻게 사용하는지, 어떻게 그들이 TV와 라디오의 시간을 구매하는지, 그리고 어떻게 목표 소비자들이 측정되며 각 매체에 있어 평가되는지를 검토한다. 또한 TV와 라디오의 광고 매체로서의 역할을 바꾸는 요인들을 살펴본다.

TV

오래전부터 TV는 매우 이상적인 광고 매체라는 말을 자주 했었다. TV의 시각적 이미지, 소리, 움직임, 색을 결합시킬 수 있는 능력은 광고주들에게 다른 미디어에서는 할 수 없는 창의적이고 상상력이 풍부한 소구(appeal)를 개발할 수 있는 기회를 제공한다. 그러나 이러한 기회에도 불구하고, TV 매체 역시 많은 광고인들이 그것의 사용을 제한하거나 꺼리는 확실한 문제점들 또한 존재한다.

TV의 장점

TV는 다른 매체들보다 창의성과 영향력, 보급률과 비용효율성, 포섭력과 주목도, 선택성과 유연성 등 많은 장점이 있다.

창의성과 영향력 아마 TV의 가장 큰 장점은 광고 메시지를 표현하는 데 있어 다양한 기회를 제공한다는 것이다. 시각과 소리의 상호 작용은 엄청난 창의적 유연성을 제공하고, 제품과 서비스를 표현하는 데 있어 드라마틱(dramatic)하고 실생활에서와 같은 묘사를 가능하게 한다. TV 광고는 어떤 브랜드에 대한 기분이나 이미지를 전달하는 것뿐만 아니라 흥미 없는 제품이 흥미로워 보이도록 감정적이거나 즐거움을 주는 소구를 형성하는 데 쓰일 수 있다. 또한 TV는 어떤 제품이나 서비스를 보여주는 데 있어 훌륭한 매체이기도 하다. 예를 들어, 인쇄된 광고는 고화질 TV와 같은 제품을 보여주는 것과 이와 관련된 특징의 설명을 구체적으로 전달하는 데 효과적이다.

TV는 또한 제품이나 서비스를 시연할 뿐만 아니라 브랜드에 대한 스토리를 전달하여 브랜드의 특징과 이점을 강조하거나 정서적 애착을 형성하는 데에도 훌륭한 매체다. 예를 들어, 스바루(Subaru)를 위한 '사랑' 캠페인(9장에서 논의됨)의 일환으로 카마이클 린치 에이전시(Carmichael Lynch agency)는 'Cut the Cord'라는 가슴 아픈 광고를 제작했다. 광고에서는 처음으로 스쿨 버스(school bus)에 딸을 태워준 아빠가 딸이 괜찮은지 확인하기 위해 버스 옆으로 운전해가는 장면을 보여준다(사진 11-1). 운전을 하면서 아빠는 이렇게 말한다. '딸에 대한 과잉보호를 하게 되네요. 그래서 스바루를 샀어요.' 마무리에서는 '사랑해요. 그것이 스바루를 스바루답게 만드는 것이다.'로 종결된다. 스바루가 '사랑' 캠페인에 사용하는 다양한 감정적 호소는 TV 매체를 통해 활용되었으며, 미국의 스바루가 11년 연속 기록적인 판매 증가를 달성하는 데 중요한 역할을 했다.

도달 범위와 비용효율성 TV 광고는 다수의 표적 고객에 도달하는 것을 가능하게 한다. 거의 모든 사람들이 나이, 성별, 소득 또는 교육 수준과 관계없이 적어도 조금은 TV를 보며, 대

사진 11-1
스바루는 TV 광고를 통해 자동차에 대한 감정적인 애착을 형성한다.
자료: Subaru of America, Inc.

부분은 정기적으로 TV를 시청한다. 광범위한 목표 소비자층에게 어필하는 제품과 서비스를 판매하는 마케터들은 TV가 그들을 목표시장에 도달하게 해주며, 일반적으로 매우 비용효율적인 매체라고 생각한다. 미국에서 황금 시간대의 TV 프로그램은 평균적으로 수천만 가구에 방영된다. NCIS와 같은 인기 있는 프로그램은 거의 800만에 육박하는 가구와 그의 두 배에 달하는 시청자들이 방송을 접한다. 1,000명에 도달하는 데 필요한 평균 광고 비용인 CPM은 2009년에 네트워크 저녁 시간대 방송이 대략 24달러, 낮 시간대 주말 방송이 5달러였다.

TV는 광범위한 대중에게 도달할 수 있는 능력과 비용효율적인 방식 때문에 대중적 소비 제품이나 서비스를 판매하는 기업들에게 인기 있는 매체다. 제품과 서비스에 대한 광범위한 유통과 조달력(availability)을 지닌 회사들은 아주 낮은 비용으로 대중시장(mass market)에 도달하고 그들의 광고 메시지를 전달하기 위하여 TV를 사용한다. TV는 오랜 기간 대형 소비자 포장 상품을 파는 마케터, 통신회사, 자동차 제조업자 그리고 주요 소매업자 등에게 없어서는 안 될 존재가 되었다. AT&T와 P&G 같은 회사들은 그들의 광고 매체 예산의 절반 이상을 다양한 유형의 TV 광고 및 관련 프로그램 PPL에 사용한다. 월마트(Walmart), 제이시페니(JCPenney), 메이시스(Macy's), 콜스(Kohl's)와 같은 주요 소매업체도 TV 광고에 많은 예산을 투입하며, 도표 11-1은 미국의 상위 10개 네트워크 및 케이블 TV 광고주와 이들의 순위를 보여준다.

도표 11-1

미국 상위 10대 방송 네트워크 및 케이블 네트워크 광고주, 2018

자료: "Leading National Advertisers 2019 Fact Pack," *Advertising Age*, June 24, 2019, p. 24

순위	기업	광고비(백만 달러)
	네트워크 TV 광고비	
1	Procter & Gamble Co.	$1,119
2	AT&T	842
3	Pfizer	734
4	General Motors Co.	611
5	Berkshire Hathaway	609
6	Deutsche Telekom (T–Mobile)	540
7	Apple	519
8	Verizon Communications	494
9	Ford Motor Co.	493
10	Amazon	448
	케이블 TV 광고비	
1	Procter & Gamble Co.	$710
2	AT&T	561
3	Berkshire Hathaway	541
4	PepsiCo	437
5	Nestle	420
6	Yum Brands	404
7	Walt Disney Co.	353
8	Comcast Corp.	314
9	General Motors Co.	302
10	Progressive Corp.	274

사진 11-2

테니스 채널은 대규모, 상류층 청중에게 도달한다.

자료: Tennis Channel

포섭력과 주목도 TV 광고는 시청자들 자신이 가장 좋아하는 프로그램을 볼 때, 제품이나 서비스에 대한 메시지를 전달하기에 근본적으로는 시청자에게 거슬리는 성격을 지닌다. 광고를 피하기 위해 특별한 노력을 기울이지 않는 한 대부분은 매년 수천 개의 광고에 노출된다. 시청 옵션의 증가와 VOD, 그리고 다양한 OTT 서비스의 도입으로 TV 시청자들은 더 쉽게 광고 메시지를 피할 수 있게 되었다. 분명 TV 매체의 광고는 과거 대비 더 많이 회피되고, 광고 시청 또한 감소 추세다. 아울러 5장에서 논의된 바와 같이 소비자의 학습과 반응 과정에 있어서의 TV가 저관여(low-involvement) 매체라는 본성으로 인하여 TV 광고가 단순히 기억하기 쉬운 슬로건(slogan)과 징글(jingle)의 수많은 반복과 노출에 의해서만 소비자들에게 효과가 있다고 생각할 수도 있다.

선택성과 유연성 TV 광고는 일반적으로 명확하게 세분화되고 정의된 시장에 도달하기 어렵기 때문에 광고 매체로서 비판의 대상이 되기도 한다. 그러나 프로그램 콘텐츠, 방영 시간 그리고 지역적 범위에 따라 목표 수용자의 구성에 변화가 있기 때문에 약간의 선택은 가능하다. 예를 들어, 토요일 아침 TV는 어린 아이들에게 오락을 제공하고, 토요일과 일요일 오후 프로그램은 스포츠를 좋아하는 남성들을 위해 구성되어 있다. 그리고 평일 주간 방송은 주부들에게 강하게 어필한다.

케이블 TV의 성장과 함께 광고주들은 인구통계학적 그룹과 더불어, 스포츠, 뉴스, 역사, 예술, 음악과 같이 구체적인 관심 분야가 있는 그룹에게 전달하며 방송 범위를 개선한다. 사진 11-2에서는 빠르게 성장하고 있으며, 활동적이고 수준 있는 잠재 고객에게 다가가고 있는 테니스 채널을 홍보하는 광고를 보여주고 있다.

광고주들은 각기 다른 지리적 시장을 이용하기 위해 특정 시장 구역에서 지역 광고나 스폿 광고(spot ad)를 통해 그들의 매체전략을 조정할 수 있다. 광고는 반복적으로 방영되거나 특별한 행사들을 이용할 수 있도록 계획될 수 있는데, 예를 들어, 남성을 대상으로 하는 마케팅 담당자는 MLB, NBA 또는 NFL 게임뿐만 아니라 골프, 테니스 토너먼트와 같은 스포츠 행사 중에 광고를 하는 경우가 많다. 스포츠 경기는 일반적으로 실시간으로 시청되기 때문에 스포츠 프로그램은 광고주들 사이에서 특히 인기가 높다. 이는 시청자가 VOD 등에서 광고가 삭제된 프로그램이 아닌 생방송으로 광고를 보게 될 가능성이 높기 때문이다. 미국의 많은 마케터들은 대학 풋볼이나 농구 경기와 같은 스포츠 경기가 젊은 사람들에게 다가갈 수 있는 좋은 방법이기 때문에 광고에 활용한다. 특히 파악하기 어렵고, 힘든 타겟 청중인 남성을 대상으로 할 수 있기에 더 의미를 갖는다. 다수의 기업과 브랜드도 방송사 또는 스포츠 단체와 스폰서십(sponsorship) 계약을 사용한다. 대학생들에게 다가가기 위해 스포츠 게임을 방송하는 것뿐만 아니라, 축구와 농구 팬에게도 메시지를 전달할 수 있기 때문이다. 예를 들어, 홈디포(Home Depot)가 후원하는 ESPN의 〈컬리지 게임 데이(College Game Day)〉라는 프로그램은 실제 대학의 캠퍼스에서 생방송 되는데, 매우 인기 있는 프로그램으로 자리 잡았다(사진 11-3). 닥터페퍼(Dr. Pepper) 음료 브랜드 또한

사진 11-3

홈 디포트는 축구 시즌 동안 ESPN의 인기 쇼인 〈컬리지 게임 데이〉를 후원한다.

자료: Chris Szagola/AP Images

최근 계약을 갱신했는데, ESPN의 대학 미식축구 후원자로 계속 활동할 예정이다. 이 음료 회사는 2026년까지 미국 챔피언 트로피를 위해 연간 3,500만 달러를 지불하고 있다.

TV의 한계점

비록 TV가 크리에이티브한 메시지 전달 측면에서 그 어떤 매체에도 뒤지지 않지만, 이 매체는 많은 광고인들이 사용하기에 부족하거나 모자라는 몇 가지 단점이 있다. 그것은 높은 비용, 표적 고객 선택성의 부족, 순식간에 지나가는 TV 메시지의 특성, 높은 클러터(clutter), 제한된 시청자의 주의, TV 광고에 대한 불신 등이다.

비용 TV는 많은 시청자에게 도달하는 측면의 효과에도 불구하고, 일반적으로 광고를 하기엔 비싼 매체다. TV의 높은 비용은 방송 시간을 구입하는 것에서만 나오는 게 아니라 질 좋은 광고를 만드는 제작비에서도 비롯된다. 미국에서 전국적 브랜드를 위한 30초짜리 광고의 제작 비용은 평균적으로 약 40만 달러이며, 더 공들인 광고에는 100만 달러 이상이 든다. 또한 많은 광고인들은 특별히 아프리카계 미국인이나 히스패닉과 같은 특정 인종 시장을 위한 광고를 개발하기도 한다. 더 많은 광고주들은 다양한 광고를 만들어야 하는 매체에 기반을 둔 크리에이티브 전략을 구사하기 때문에 이로 인해 비용이 상승된다. 심지어 높은 품질의 광고가 아닌, 특정 지역만을 대상으로 하는 지역 광고도 제작을 위한 비용은 작지 않다. 이렇게 광고를 제작하고 방영하는 데 필요한 높은 비용으로 인하여 중소 광고주들은 TV 매체 사용을 꺼리기도 한다.

표적 고객 선택성의 부족 몇몇 프로그램과 케이블 TV 채널을 잘 선택한다면, TV에서도 어느 정도의 선택성이 가능하다. 그러나 아주 구체적이고 주로 작게 세분화된 표적 고객을 찾는 광고주들은 TV의 방송 범위가 대개 그들의 시장 범위보다 넓게 미치기 때문에 효율적인 지출에 장애가 될 수도 있다(10장에서 논의되었음). 방송국은 매체가 도달하는 전체 시장 범위를 기준으로 광고 요금을 부과하기 때문에, 지리학적인 선택성은 소매업자들과 같은 지역 광고주들에게 문제가 될 수 있다. 예를 들어, 미국 펜실베이니아(Pennsylvania)나 피츠버그(Pittsburgh)에 있는 방송국은 펜실베이니아 서부와 중앙, 동부 오하이오(Ohio), 북서쪽의 버지니아(Virginia) 그리고 심지어 메릴랜드(Maryland) 일부분에 있는 시청자들에게까지 도달한다. 목표시장이 피츠버그 지역 근처에만 제한되어 있는 작은 광고주들은 방송국이 광고주가 거래하는 지역보다 더 넓게 지리적으로 방송하기 때문에, TV를 비효율적인 매체라고 생각할 수 있다. 그러나 이는 미국과 같은 영토가 넓은 국가의 빈번한 사례이고, 국내의 경우는 이러한 문제는 상대적으로 크지 않다.

목표 소비자에 대한 선택성은 광고주들이 광고하는 프로그램이나 요일, 시간대를 통해 특정 집단의 고객을 목표로 하면서 나아지고 있다. 그러나 TV는 아직 라디오, 잡지, 신문, 광고용 직접 우편 등과 비교해 명확히 세분화된 시장에 도달하기 위한 표적 고객 선택성을 많이 제공하지는 않는다.

순식간의 메시지 TV 광고는 보통 30초나 더 짧은 시간밖에 지속되지 않으며, 시청자가 관찰하거나 고려할 수 있게 하는 그 어떤 유형의 것도 남기지 않는다. 제한된 방영 시간에 대한 요구가 강화되고 광고주들이 그들의 제한된 매체 예산으로 더 많은 노출(impression)을 남기려고 하기에, TV 광고는 계속 짧아져 왔다. 어린이들이 시청하는 시간대를 제외하고 30초짜리 광고는 1970년대 중반에 하나의 표준이 되었으며, 1986년 9월에는 세 개의 주요 네트워크 방송국들이 그들의 전체 스케줄에서 15초짜리 스폿을 받아들이기 시작하였다. 1987년부터 짧아진 스폿 광고들은 네트워크 광고 가운데서 약 3분의 1보다 좀 더 많은 양을 차지했고, 비네트워크 광고 가운데는 약 14%를 차지했다. 그러나 15초 스폿은 점점 더 널리 보급되었고, 지난 5년 동안 네트워크 TV 상업 활동의 절반 이상을 차지하고 있으며, 반면 30초 광고는 전체의 40%를 차지하고 있다. 15초 광고는 케이블 방송사에서는 더욱 인기가 높은데, 전체 광고의 약 60%를 차지하고 있다. 방송 광고 길이 감소의 주요 원인은 지난 10년간 상승한 매체 비용의 인플레이션(inflation)이다. 황금 시간대 스폿 광고의 평균 비용이 거의 10만 달러까지 이르는 상황에서, 많은 광고주들은 그들의 매체 비용을 유지하기 위한 유일한 수단으로 짧은 광고를 생각한다. 일반적으로 15초짜리 스폿은 30초짜리 스폿의 반 가격으로 판매된다. 15초나 심지어 10초짜리 광고를 이용함으로써 광고주들은 추가적 스폿 광고들을 방영하여 메시지를 강화하거나 더 많은 시청자에게 도달할 수 있을 것이라 생각한다. 광고주들은 짧은 광고들이 더 적은 돈을 사용하면서도 긴 스폿 광고들만큼 효과적으로 메시지를 전달해 줄 수 있다고 믿는다.

클러터 순식간에 지나가는 메시지와 짧은 광고의 문제점들은 광고주의 메시지가 수많은 광고들과 함께 경쟁적으로 방영되기 때문이다. 이러한 상황은 특정 광고가 소비자들에게 주목받기 어렵게 만든다. 광고주들의 TV 광고와 관련한 큰 염려 중 하나는 이러한 높은 클러터 때문에 발생하는 효과가 잠재적으로 하락한다는 것이다. TV를 볼 때, 인기 프로그램의 시작 전과 후에 방송되는 광고 수를 세어 보면 왜 클러터가 주요 문제점인지 이해하게 될 것이다. 많은 메시지들이 서로 주의를 끌기 위해 경쟁하는 상황에서, 시청자들은 혼란스러운 인상을 받으며 심지어 짜증을 내기도 하며, 광고된 제품이나 서비스를 정확히 기억하거나 제대로 인지하는 것이 불가능하게 만들기도 한다.

광고주들이 짧은 광고들을 사용하여 이러한 문제점은 더 심화되었지만, 방송사들이 그들의 프로그램을 위해 홍보 소식을 방영하고, 광고를 위한 시간을 더 만들며 인기 프로그램에 시간을 재분배할 때도 클러터는 증가한다. 오랜 세월 동안, 미국에서 가능한 광고 시간의 양은 미국방송협회 자율심의제도(Code Authority of the National Association of Broadcasters)에 의해 황금 시간대에는 시간당 9.5분으로, 이외에는 12분으로 제한되었다. 1982년에 법무부는 이것이 독점금지법을 침범했다는 근거로 법규를 중단하였는데, 처음에는 TV 네트워크들이 그들의 시간 기준을 변경하지 않았지만, 지난 20년간 그들은 스케줄에서 광고 시간을 증가시켜왔다. 네트워크들은 자신들이 광고 시간을 증가시킬 수밖에 없고, 그게 아니라면 너무 터무니없이 가격을 올려야 한다고 주장한다. 광고주들과 광고대행사들은 네트워크사에게 광고 클러터의 원천을 줄이라고 압력을 가하고 있다.

제한된 시청자의 주목 광고주들은 TV 프로그램에서 시간을 살 때, 보장된 노출이 아니라 오히려 많은 수의 소비자들과 메시지를 소통하는 기회를 구입하는 것이다. 그러나 TV 시청자들의 규모가 광고 시간 동안에 감소한다는 증거는 계속해서 나타나고 있다. 사람들은 광고가 방송되는 동안 화장실에 가거나, 먹을 것 또는 마실 것을 가지러 가기 위해 움직이며, 전화를

IMC 관점 11-1 > > >

TV 방송사들은 광고 수를 줄이겠다고 맹세한다

많은 사람들이 오락이나 여가 시간을 위해 인터넷에 의존하기 때문에 지금은 TV 업계의 어려운 시기다. 케이블이나 위성 TV도 구독 취소가 발생하고 있으며, 미국의 경우 지난 3년 동안 10% 이상 가구가 "코드를 끊고" 광고 없는 TV 시청을 제공하는 넷플릭스 또는 아마존 프라임과 같은 스트리밍 서비스로 이동하고 있다. 더욱이 이런 상황과 함께 TV 프로그램 시청률도 하락세를 보이고 있다. 미국의 경우에도, 4개 주요 네트워크 방송사의 시청자가 감소하고 있다. 이는 지난 몇 년 동안 거의 20%에 달했으며, 주요 케이블 네트워크 중 상당수도 두 자릿수 감소세를 보였다. 시청률 하락은 2016년 430억 달러로 최고치를 기록한 전국 TV 광고 수익을 매년 2%씩 감소시키고 있으며, 2022년까지 계속 감소한 것으로 나타났다. 결과적으로 네트워크 방송사의 수익이 감소한 것은 자명한 일이다. 특히 젊은 층에서 TV 시청률 감소 폭이 컸는데, 이들은 태블릿이나 스마트폰 등 다양한 디바이스를 이용하여 유튜브, 페이스북, 인스타그램 등의 영상 콘텐츠를 소비하는 경향을 보인다.

직면한 어려움에도 불구하고 TV는 여전히 광고주에게 중요한 매체다. 그러나 TV 산업은 방송 및 케이블 네트워크가 더 이상 시청자가 오리지널 프로그램을 볼 수 있는 유일한 장소가 아니라는 점을 인식한다. 또한 방송사들은 시청자가 TV 프로그램을 시청할 때 더 적은 수의 광고를 기대하게 되었다는 사실도 알고 있다. 광고 없는 스트리밍 서비스에 가입하는 것 외에도 많은 사람들은 자신의 스마트폰 등에서 네트워크와 케이블 프로그램들을 재생하고 있다. 이를 통해, 광고를 지워버릴 수 있으며, VOD를 사용하여 생방송이 아닌 언제 어디서든 편리하게 시청할 수도 있다. 반면, 방송 네트워크는 일반적으로 24시간 동안 시간당 평균 약 11분의 광고를 게재하며, 황금 시간대 프로그램에서는 많게는 15분의 광고가 집행되기도 한다.

방송사들은 긴 광고 시간이 문제라는 것을 오랫동안 알고 있었으며, TV 시청자의 관심을 끌기 위해 경쟁하는 광고의 수를 줄이고 싶어 하는 것은 광고주도 마찬가지였다. 그러나 TV 시청률이 하락하고 광고 없는 스트리밍 옵션이 증가함에 따라 TV 네트워크는 더 이상 평소처럼 사업을 할 수 없다는 것을 깨닫고 있다. 2018년 미국 주요 방송사는 광고 수를 줄이겠다는 계획을 발표하여 문제를 해결하기 위한 조치를 취했는데, 이러한 결정은 향후 몇 년 동안 황금 시간대에 적용되고 있다. 예를 들어,

하거나 다른 일을 하며 광고를 회피한다.

소비자들의 주의를 광고에 집중시키는 일은, 기술의 발전과 매체 환경의 변화로 최근 대부분의 가구에서 더 힘든 과제가 되었다. 더욱이 많은 가구는 케이블이나 IPTV 방송 서비스 중 하나를 사용하면서 평균적으로 100개 이상의 채널을 제공받는다. 이는 더 많은 시청 옵션이 가능해졌다는 것을 의미하며, 이러한 상황은 본방송이 아닌 재핑(zapping)의 문제점을 낳았다. OTT 시청은 시청자들이 프로그램을 보는 동안 광고가 방송되지 않기에 발생한다. 방송사들은 가장 인기 있는 프로그램을 같은 날 (보통 금요일이나 토요일) 같은 시간대에 서로 대립하여 방송하며, 가장 인기 있는 프로그램은 결국 가장 많이 OTT로 시청된다.

재핑(zapping)은 광고를 피하기 위하여 채널을 바꾸는 것을 의미한다. 거의 모든 TV 세트에 리모컨(remote control)이 딸려 있으며 이것은 시청자들이 쉽게 채널을 바꾸도록 해준다. 존 크로민(John Cromin)에 의해 진행된 관찰연구를 살펴보면, TV 프로그램을 보는 표적 고객들 가운데 약 3분의 1이 광고가 나타났을 때 재핑한다고 한다. 닐슨(Nielsen)의 연구에 의하면, 대부분의 광고 재핑은 프로그램의 시작 부분에 발생하며, 끝에서도 간간이 일어난다고 한다. 이 시점에서의 재핑은 프로그램 사이 광고 시간(commercial break)이 너무 길고, 예측 가능하기 때문에 발생할 가능성이 높다. 재핑은 또한 CNN, MTV2, ESPN과 같은 케이블 채널들의 24시간 연속 방송 포맷의 프로그래밍에 의해 더 심화되었다. 시청자들은 몇 개의 뉴스 헤드라인, 스포츠 성적, 또는 뮤직비디오를 위해 채널을 바꿀 수 있고, 그 다음 다시 이전 채널로 돌아올 수 있다. 연구에 따르면 청장년층이 노년층보다 재핑을 더 많이 하며, 남성이 여성보다 재핑을 할 가능성이 더 높은 것으로 나타났다.

시청자의 재핑 행동에 관한 연구들은 사람들이 TV를 완전히 그만 볼 이유가 있거나 다른

NBC 유니버설(NBC Universal)이 방송 광고 수를 줄이겠다고 발표했는데, 여기에는 50개가 넘는 황금 시간대 프로그램의 광고 수가 포함되었다. 폭스(Fox) 방송 네트워크와 FX, Fox Sports1 등 케이블 네트워크를 포함하는 Fox Networks Group도 광고를 줄이는 내용을 발표했는데, 광고를 최대 40% 줄이고 단 2분의 광고 지속 시간만을 포함하는 공격적인 장기 계획을 발표하였다.

방송사는 또한 인공지능을 사용하여 프로그램 내용을 샅샅이 뒤져 콘텐츠에 광고를 연결하기도 하는데, 예를 들어, 프로그램의 슬픈 장면이 크리넥스(Kleenex) 티슈와 같은 브랜드에 대한 광고 문맥과 관련되어 제시되는 것이다. 예로 제시한 미국 방송사들은 디지털 미디어와 경쟁하기 위해 두 네트워크 모두 광고주가 시청자에게 광고를 타겟팅하는 데 도움이 되는 더 많은 분석과 서비스를 제공할 계획이다. NBC 유니버설과 폭스만이 이러한 혼란 문제를 다루는 유일한 TV 미디어 회사는 아니다. 미국의 TruTV 및 TNT와 같은 케이블 네트워크사들도 광고를 줄이고 있으며, 그들은 이를 통해 다음과 같은 변화를 희망하고 있다.

광고 수를 줄이고 새로운 팟(Pod) 형식을 제공하면 TV 시청자에게 더욱 긍정적인 시청 경험을 제공할 수 있다. 또한 광고주들이 더 짧은 휴식 시간과 덜 혼잡한 상태에서 광고를 게재할 수 있는 기회에 대해 기꺼이 더 많은 비용을 지불하기를 바라며, 이를 통해 시청자는 더 주의 깊고 수용적인 결과를 얻을 수 있을 것이라는 희망이다. 그러나 많은 사람들은 광고 시간 감소의 경제성이 효과가 있을지 의문을 제기한다. 핵심은 방송사가 잃을 수익을 보상하기 위해 광고주는 더 많은 비용을 지불해야 하기 때문이다. 결국 광고 시간을 줄인다면, 황금 시간대 인기 프로그램의 광고 요금이 40~70% 더 비싸질 수 있기 때문이다. 광고주들 가운데는 더 적은 수의 광고 환경에서 광고를 게재하기 위해 기꺼이 비용을 지불할 프리미엄 광고주들도 있지만, 반대의 경우도 분명 존재하며, 더 많은 비용을 감당하는 프리미엄 광고주가 얼마나 많을지 분명하지는 않다.

업계에 영향을 미치는 극적인 환경 변화를 고려할 때 TV 산업은 다른 선택을 할 수밖에 없을 수도 있다. 수십 년 동안 의존해왔던 오래된 광고 수익 모델에서 벗어날 수밖에 없을 것이며, 이는 대부분의 TV 시청자가 광고를 좋아하지 않는다는 당연한 사실에 근거한다. 시청자들은 TV 프로그램 중에 광고가 너무 많다고 생각하며, 기술의 발전은 그들을 이러한 광고들로부터 점차 해방시켜 주고 있다. 어쩌면 광고 수는 감소할 수 있다. 그러나 광고를 줄이고 다른 경제적 부담이 시청자에게 부과된다면, 결국 광고를 보는 것이 더 나을 수도 있다. 결국 광고 수와 수익 모델 그리고 시청자에 대한 고려가 매우 세심하게 분석되어야 할 것이다.

자료: Sara Fischer, "NBC Universal Is Slashing Even More TV Ads," *Axios com*, January 8, 2019, www.axios.com/exclusive-nbc-slashing-prime-time-ads-even-further-3c4c884f-b386-401f-b045-68f425ceaf66.html; Jeanine Poggi, "TV Needs Fewer Commercials, But the Math Is Going to Be Hard," *Advertising Age*, April 17, 2018, https://adage.com/article/special-report-tv-upfront/fewer-tv-commercials/313183; Stephen Battaglio, "TV Networks Shed Ad Time as Consumers Skip Commercials," *Los Angeles Times*, March 27, 2018, https://adage.com/article/special-report-tv-upfront/fewer-tv-commercials/313183.

채널에서는 어떤 프로그램이 하고 있는지 궁금하기 때문에, 프로그램 사이 광고 시간에 TV 보는 걸 멈춘다는 사실을 알아냈다. 재핑으로 채널을 왔다갔다하는 많은 사람들은 광고되는 제품의 타입이나 구체적인 광고의 특징과는 연관이 없었다. 또한 연구는 당연히 재핑을 하는 사람들은 재핑을 하지 않는 사람들보다 더 적은 개수의 광고 브랜드를 기억한다고 보고하였지만, 재핑을 하지 않는 사람들이 얼마나 될까?

광고에 흥미를 잃은 소비자가 늘어나고 이용 가능한 채널 수가 늘어나면서 재핑 수준도 높아져왔다. 따라서 네트워크와 광고주가 직면한 과제는 광고 시간 동안 시청자가 채널을 바꾸지 않도록 막고, 광고에 더 수용적으로 대처하도록 유도하는 것이다. 일부 광고주는 캠페인 테마를 다양하게 실행하는 것이 시청자의 주의를 유지하는 한 가지 방법이라고 믿는다. 또한 재핑 방지 광고를 만드는 궁극적인 방법은 시청자의 주의를 끌고 유지할 수 있는 창의적인 광고 메시지를 만드는 것이라고도 생각한다. 그러나 이것은 말하기는 쉽지만 실천하기는 어렵다. 대부분의 TV 시청자들은 광고를 보고 싶어하지 않기 때문이다.

기술의 발전은 TV 시청 습관의 변화를 계속 이끌어낼 것이고, TV 광고를 보는 소비자 수에 영향을 줄 것이다. 이 장의 도입 사례에서 보듯이, 다양한 OTT 서비스는 TV 산업에 주요한 위협이 되고 있다. 주문형 비디오(VOD) 같은 시간을 뛰어넘는(timeshifting) 기술 또한 TV 시청 패턴에 영향을 주고 있다. 국내의 경우 이미 1,300만 가구 이상이 VOD를 사용하며, 그 이용은 급진적으로 증가하고 있다. VOD 시스템은 사용자가 프로그램을 쌍방향적으로 선택하고 볼 수 있도록 하며, 그들이 VCR이나 DVR에서 하는 것과 같이 프로그램을 일시정지, 빨리 감기, 되감기를 가능하게 하는 동시에, 광고를 완전히 피할 수 있다.

미국 대부분의 VOD 서비스는 시청자들에게 프로그램을 보기 위해 한 에피소드당 1~2달러

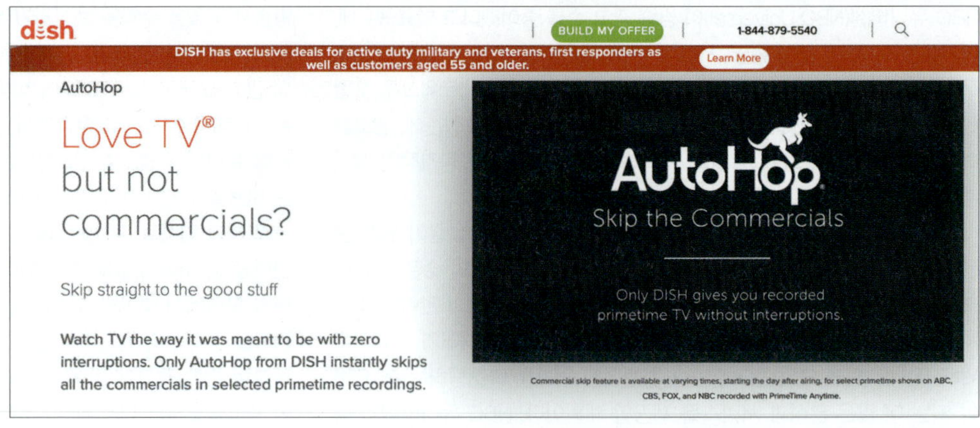

사진 11-4

Dish Network의 Hopper 3에 탑재된 AutoHop 기능을 통해 녹화된 프로그램의 광고를 즉시 건너뛸 수 있다.

자료: DISH Network LLC

정도의 요금을 요구한다. 이 프로그램들은 어떠한 광고도 포함하지 않기 때문에, 네트워크 TV 방송국들은 시청자들이 프로그램을 광고 없이 시청하는 것을 꺼려하여, 광고 없이 시청할 수 있는 이러한 서비스가 가능한 프로그램 수를 제한하였다. 그들은 시청자들이 이러한 타입의 시청 경험에 익숙해질까 봐 염려하였다. 그러나 두 개의 주요 네트워크 TV 방송국인 ABC와 ESPN을 소유한 월트디즈니사(Walt Disney Co.)는 2007년 주요 케이블 운영회사 콕스(Cox Communications)와 한 거래를 성사시켰다. 이 거래는 콕스가 시청자가 광고를 건너뛰는 것을 방지하기 위해 빨리 감기 기능을 없애는 조건에서 디즈니(Disney)가 인기 프로그램들과 축구 경기들을 요구하면, 언제든지 무상으로 제공한다는 내용이었다. 만약 기존의 프로그램이나 경기 방송을 봤다면 접했을 광고 개수와 같은 수의 광고를 시청자들이 필수적으로 보지 않더라도, ABC와 ESPN은 그들의 프로그램에 광고 시간을 팔 수 있다.

많은 가구들이 DVR과 VOD와 같은 서비스를 구입하면서, TV 프로그램을 보는 데 있어 대안적인 수단과 그들이 원하는 일정과 장소에서 보는 것에 대한 소비자의 관심은 이제 당연한 수준이다. 더 많은 사람들은 또한 넷플릭스(Netflix), 아마존 프라임(Amazon Prime), 애플 TV 플러스(Apple TV Plus), 그리고 훌루(Hulu)와 같은 사이트를 통해 인터넷으로 TV 프로그램을 보고 있으며, 네트워크와 지역 TV 방송국들은 웹사이트에서 시청 가능한 더 많은 프로그램들을 만들고 있다. TV 산업이 직면한 도전 과제는 어떻게 대안적인 시청 방법에 대한 요구에 부응할 것인가와, 어떻게 그들의 전통적인 광고 사업 모델을 보호하면서 이것들로부터 수입을 이끌어낼 것인가다. 또한 시청자들이 TV를 시청할 때 노트북, 태블릿, 스마트폰을 사용하여 멀티태스킹(multi-tasking)을 하면서, TV를 시청하는 방식이 변화하고 있다는 사실도 고려해야 한다.

불신과 비판적 평가 많은 광고 비평가들에게 TV 광고는 광고 산업에 대한 모든 잘못된 점들을 전형적으로 보여준다. 비평가들은 흔히 TV 광고가 생활 속에 너무나 광범위하게 퍼져 있고 사람들을 거슬리게 하는 본질 때문에 이 매체를 비판한다. 소비자들은 TV 광고의 홍수 속에서 무방비로 노출되어 있다고 할 수 있는데, 소비자들이 어떤 메시지가 전달되는지와 화면에 무엇이 나올 것인지에 관하여 전혀 통제할 수 없기 때문이다. 시청자들은 TV 광고가 불쾌하게 느껴지거나 충분한 정보를 제공하지 않는다고 느끼거나, 혹은 너무 자주 보거나 그들이 싫어하는 내용이 나올 때 괴로워한다. 미국의 연구에 따르면 다양한 형식의 광고들 중에서 일반적으로 TV 광고에서 불신이 가장 높았음을 보여줬다. 또한 어린이들이나 노인들과 같은 특정 그룹에 미치는 TV 광고의 영향에 대한 염려도 고조되어 왔다.

그러나 반대의 경향을 보인다는 조사결과도 있었는데, 마케팅 셰르파(Marketing Sherpa)가 1,200명의 미국 소비자를 대상으로 실시한 설문 조사에 따르면 최근 미국에서 TV 광고에 대한 신뢰도가 증가했다고 보고하였다. 이 조사에서는 인쇄 광고가 구매 결정을 내리는 데 가장 신뢰받는 광고 형태였으며, 그 다음은 TV로 80%였다. 인쇄 및 TV 광고에 대한 신뢰 수준은 검색(61%), 소셜 미디어(43%), 온라인 배너 광고(39%)와 같은 다양한 형태의 온라인 광고보다 상당히 높았다.

TV 시간 구매

TV를 매체 믹스(media mix) 중 한 부분으로 이용하기로 선택한 광고주들에게는 몇 가지의 선택이 가능하다. 그들은 다양한 유형과 크기를 가진 목표 소비자 집단에게 매력적인 다양한 방송 프로그램 형식의 시간을 구매할 수 있다. 광고주들은 시간을 전국적, 지역적 기준으로 구입할 수 있고, 또는 하나의 프로그램을 단독으로 후원하거나, 후원사의 일부로 참여한다. 물론 프로그램 중간에 짧은 토막 광고를 이용할 수도 있다.

특히 막대한 돈을 쏟아붓는 대기업에게 TV 광고 시간의 구입은 광고 활동에서 매우 중요한 전문성을 요구하는 단계다. TV 광고를 많이 하는 대형 광고주들은 매체 스케줄을 짜고 TV 방송 시간을 구매하기 위하여 일반적으로 광고대행사 매체 전문가나 특화된 매체 구매 서비스를 이용한다. 전국적인 방송 시간을 구매할 것인가, 지역 또는 스폿 광고를 할 것인가, 어떤 특정 방송국을 선택할 것인가, 혹은 프로그램 전체를 단독 후원할 것인가, 아니면 후원에 참여할 것인가, 다른 등급의 시간대는 어떤 것을 선택할 것인가, 그리고 어떠한 적합한 프로그램에 광고할 것인가 등에 관련하여 결정이 이루어져야 한다. 지역 광고주들은 전국적인 광고는 고려하지 않아도 되지만, 언급한 나머지 결정들에는 모두 직면하게 된다.

네트워크 광고 대 스폿 광고

국내 상황과는 좀 다르지만, 미국의 경우, 모든 광고인들이 해야 하는 기본적인 결정은 그들의 TV 매체 예산을 전국 네트워크에 할당할지 지역이나 스폿 광고에 할당할지 선택하는 것이다. 대부분의 전국 광고주들은 전국적 광고를 하기 위해 네트워크 스케줄을 이용하며, 추가적인 집행이 필요한 시장에 도달하기 위해 지역적 방송 광고 스폿 구입으로 보충한다.

네트워크 광고 광고주들이 그들의 메시지를 전달하는 일반적인 방법은 **TV 네트워크**(television network)에서 방송 시간을 구매하는 것이다. 네트워크는 자신의 프로그래밍과 서비스를 공급하는 일련의 제휴된 지역 TV 방송국, 또는 **계열사**(affiliate)들을 가지고 있다. 대부분 독립적으로 소유된 이 계열사들은 특정 시간 동안에 네트워크에 의해 제공되는 프로그래밍을 위해서 시간을 선점하며 프로그램에서 전국적인 광고를 다룰 것을 계약상으로 동의한다. 네트워크들은 이 시간대 동안 얻는 광고 수입을 계열사들과 함께 나눈다. 계열사들은 또한 네트워크 시간대가 아닐 때(non-network)와 점유된 기간의 스테이션 브레이크(프로그램 사이의, 방송국 이름을 알리기 위한 짧은 시간) 동안에 전국적, 지역적 광고주들 모두에게 광고 시간

사진 11-5

CW 네트워크에는 〈수퍼걸〉과 같은 인기 프로그램이 많이 있다.

자료: The CW Television Network

을 자유롭게 판매할 수 있다. 이는 국내 상황도 유사하다.

미국의 주요 3개 전통적 네트워크는 NBC, ABC 그리고 CBS다. 폭스(Fox Broadcasting Co.)는 자신들의 프로그램을 제휴된 독립 방송국들에 방영하였고, 네 번째 주요 네트워크가 되었다. 〈Empire〉, 〈Family Guy〉 그리고 〈The Simpsons〉와 같은 폭스의 황금 시간대 프로그램들은 높은 인기를 얻었으며, 특히 광고주들이 자주 겨냥하는 18~49세의 연령 집단에서 인기를 끌었다. 폭스는 또한 NFL 미식축구, 메이저리그 야구와 같은 스포츠 경기를 방영할 수 있는 계약으로 인해 스포츠 관련 프로그램에서 주요 방송사가 되었다. 실제로, 2018년에 폭스는 2023년까지 목요일 NFL 축구 경기를 텔레비전으로 중계할 권리를 위해 30억 달러를 지불했으며, 2022년 FIFA 월드컵과 2026년까지 US 오픈 골프 토너먼트를 포함한 여러 주요 스포츠 이벤트를 중계하는 계약을 체결했다.

또 다른 TV 네트워크인 CW는, 11년 된 2개의 회사 WB와 UPN이 합병을 결정한 2006년에 설립되었다. CW 방송국은 CBS/Viacom와 타임워너(Time Warner)의 일부인 워너 브라더스(Warner Bros.)가 공동 소유하고 있다. WB와 UPN 둘 다 젊은 시청자들을 겨냥했으며, CBS와 워너 브라더스는 두 네트워크의 프로그램들과 계열사를 결합함으로써 결국엔 CW를 다섯 번째로 주요한 방송 네트워크로 만들기를 희망하고 있다. CW 방송사는 아직도 18~49세의 연령층을 겨냥하지만, 전체적으로 황금 시간대 스케줄을 제공하지는 않는다. 이 회사는 6일 동안 15시간의 황금 시간대 프로그램을 방영하며, 토요일에는 단순히 아침 만화영화 〈블록(cartoon block)〉만 방영한다. 이 새로운 네트워크는 〈Crazy Ex-Girlfriend〉, 〈The Flash, Arrow〉 그리고 〈Supergirl〉 같은 유명한 프로그램을 가지고 있다(사진 11-5). CW와 네 개의 주요 네트워크 외에, 미국에는 스페인어로 방영되는 몇 개의 네트워크들이 존재한다.

사진 11-6

유니버전은 선도적인 스페인어 네트워크다.

자료: Univision Communications Inc.

유니비전(Univision)과 텔레문도(Telemundo)와 같은 스페인어 TV 네트워크는 점점 더 인기를 얻고 있으며, 광고주에게 빠르게 성장하는 히스패닉 시장에 도달할 수 있는 방법을 제공한다(사진 11-6). 유니비전은 미국 최고의 히스패닉(hispanic) 미디어 회사가 되었으며, 현재 시청률 측면에서 4대 방송 TV 네트워크에 도전하고 있다. 히스패닉은 현재 미국 인구의 5,600만 명 이상, 즉 17%를 차지하고 있으며, 히스패

닉 텔레비전에 대한 광고 지출은 계속 증가하고 있다. 히스패닉 인구는 또한 더 젊고 대중 문화의 방향에 더 큰 영향을 미치고 있어 광고주에게 중요한 시장이 되고 있다.

네트워크들은 거의 완전한 전국 보급률을 위해 미국 전역에 계열사들이 존재한다. 한 광고주가 방송 시간을 네 개의 전국적 네트워크들에서 구입하면, 광고는 전국에 제휴된 방송국 네트워크를 통하여 미국 전역에 걸쳐 전송된다. 네트워크 광고는 광고주가 그들의 메시지를 동시에 전국적으로 방영할 수 있다는 면에서 대중 매체로 확고히 자리매김하고 있다.

네트워크 광고의 주요 장점은 구매 과정의 단순화다. 광고주들은 광고를 전국적으로 방영하기 위하여 단지 하나의 기관 또는 매체 대표만 상대하면 된다. 미국에 있는 네트워크들은 또한 인기 있고 폭넓게 시청되는 많은 프로그램들을 특히 황금 시간대에 제공한다. 많은 전국의 표적 고객에 도달하는 데 관심이 있는 광고주들은 일반적으로 황금 시간대에 방영되는 프로그램을 대상으로 광고를 구매한다.

네트워크 광고가 많은 수의 표적 고객에 도달하는 데 있어 효과적인 방법이긴 하지만, 황금 시간대 프로그램에 광고를 하는 비용은 도달하는 목표 수용자의 수 때문에 매우 높다. 〈This is Us〉, 〈The Voice〉 그리고 〈The Masked Singer〉와 같은 인기 있는 미국의 황금 시간대 프로그램들은 30초짜리 광고를 하는 데 20만 달러를 훨씬 넘어서는 비용을 청구하고 있다. 18~49세 집단에게 좋은 호응이 있는 TV 프로그램은 해당 연령대가 많은 광고주들에게 매우 중요한 인구통계학적인 세분 시장이기에, 프리미엄 비용을 청구할 수 있다. 지난 몇 시즌 동안 가장 비싼 TV 프로그램은 NBC의 〈Sunday Night Football〉로, 2019~2020 TV 시즌 동안 30초짜리 광고에 거의 70만 달러를 청구했다. 10대 프라임타임 네트워크 쇼 중 하나의 광고 비용은 시청자 규모에 따라 15만 달러에서 20만 달러까지 다양하다.

더 많은 광고주들이 대중에게 도달하기 위해 네트워크 광고에 의지하면서 광고 시간의 구매 가능성 또한 문제로 대두되었다. 전통적으로 인기 방송사에서 황금 시간대 광고 스폿은, TV 시즌이 시작되기 전에 열리는 구매 기간인 광고주와 방송국 간 광고 시간대를 거래하는 이른바 **업프런트 시장**(up-front market)이 진행되는 동안에 판매된다. 황금 시간대 네트워크 광고를 이용하고 싶은 광고주들은 그들의 매체 스케줄을 계획해야 하며, 대개 TV 시간을 1년 정도 앞서서 미리 사두어야 한다. 주요 고객인 TV 광고를 많이 이용하는 광고주들의 요구는, 큰 광고대행사들이 업프런트 시장에 참여하도록 만든다. 그러나 TV 시간은 TV 시즌 동안 행해지는 **스캐터 시장**(scatter market)에서도 구매된다. 업프런트 시장에서 구매할 때의 주요 인센티브(incentive)인 취소 옵션들과 낮은 가격은 분기의 스캐터 시장에서도 일반적으로 적용되고 있다. 네트워크 TV는 한 번의 매체 구매로 특정 지역에서 광고주의 메시지가 방영될 수 있도록 지역적 기준으로도 구입될 수 있다.

최근에는 주요 네트워크들과 케이블 회사들은 그들의 광고 시간 재고를 업프런트 시장에서 모두 다 판매로 제공하는 것보다는, 적어도 10% 혹은 그 이상을 따로 남겨둔다. 이것은 주로 업프런트 시장 구매시기 동안 판매가 약할 때, 스캐터 시장에서 더 높은 가격으로 광고 시간을 팔 수 있을 거라는 희망으로 행해진다. 네트워크는 TV 시즌 동안 결국 많은 표적 고객을 끌어모으는 새로운 프로그램에 대해서도 스캐터 시장에서 높은 광고 가격을 받을 수 있다. 또한 네트워크 시간에 대한 공급과 수요의 변동은 광고주들이 보통 특정 프로그램 광고 시간의 약한 수요를 이용할 수 있고, 스캐터 시장에서 더 낮은 비용으로 구입할 수 있기에 광고주들의 이익에도 맞출 수 있다.

스폿 광고와 지역 광고 유통업자, 레스토랑, 은행, 자동차 딜러와 같은 특정 지역을 대상으로 하는 광고주들에게 판매되는 방송 시간은 **지역 광고**(local advertising)로 알려져 있다. 이는 지역 TV 방송국에서 방영되는 광고를 의미한다. 물론 **스폿 광고**(spot advertising) 또한 전국적 또는 특정 지역을 대상으로 판매된다. 전국적 광고주들에 의해 이루어진 모든 네트워크 광고는 **전국 스폿 광고**(national spot advertising)로, 특정 지역을 대상으로 하는 지역 광고주들은 그들이 사업하는 지역적 시장에 범위가 제한되는 매체를 원한다. 이것은 TV로 성취되기는 어렵지만, 많은 지역의 사업들은 TV 광고를 효과적으로 이용할 수 있을 만큼 충분히 크다.

스폿 광고는 전국적 광고주들에게 지역적 시장 조건에 적응할 수 있는 유연성을 제공한다. 광고주들은 시장 잠재력이 크거나 추가적인 지원이 필요한 지역에 광고를 집중시킬 수 있다. 이것은 일정 지역에 치우친 유통 구조를 가지거나 제한된 광고 예산을 가지고 있는 광고주들에게 매력적이고 이와 더불어 테스트 마케팅이나 제한된 시장 지역에 새 제품을 출시하는 광고주에게 매력적이다. 전국적 광고주들은 보통 스폿 TV 광고를 지역 유통업자들이나 딜러들을 통해 이용하며, 협력 광고(cooperative ad) 프로그램 중의 일부로서 그리고 지역 딜러에게 지원을 제공하기 위해서 이용하기도 한다. 전국적 광고주들에게 있어 주요 문제점은 전국 스폿 광고를 확보하기 어려울 수도 있다는 점이다. 왜냐하면 이는 광고 시간을 여러 개의 지역 방송국에서 구입해야 하기 때문이다. 더욱이 지역 개별 방송국들에는 가격 정책과 할인 구조에 있어 전국적 네트워크 방송들보다 더 많은 변동이 있다. 그러나 이 문제는 방송사의 판매를 대리하는 판매 대행 렙사들의 역할을 통해 어느 정도 조정 가능하다. 대부분의 전국적 광고주들이 직면하고 있는 결정은 TV 예산의 사용을 효과적으로 하기 위해서 네트워크와 스폿 광고를 어떻게 결합시켜야 하느냐다.

TV 광고 시간 구매 방법

네트워크의 프로그램 광고와 스폿 광고 중 어떤 것을 이용할지 결정하는 것과 더불어서, 광고주들은 프로그램 전체를 후원할 것인지, 프로그램에 참여할 것인지, 또는 스폿 광고를 프로그램 사이사이 할 것인지를 결정하여야 한다. 어떤 프로그램의 후원과 참여는 네트워크나 지역 시장 둘 모두에서 가능하다.

후원 **후원**(sponsorship) 방식에서 광고주는 제작에 있어서 그리고 일반적으로 프로그램의 콘텐츠와 안에 등장하는 광고들에 대해서 책임을 떠맡는다. TV의 초창기에는, 대부분의 프로그램은 기업에 의해 제작 및 후원되었고 후원사의 이름이 명시되었는데, 이의 예로는 Texas Star Theater와 The Colgate Comedy Hour가 있다. 오늘날 대부분의 프로그램들은 네트워크 자체 혹은 네트워크에 이를 판매하는 독립제작사에 의해 만들어진다.

광고주는 여러 가지 이유로 프로그램 후원을 선택할 수 있다. 후원은 회사가 고품질 프로그램의 명성을 활용하여 회사와 제품의 이미지를 향상시킬 수 있도록 한다. 광고주는 또한 광고를 게재하는 프로그램에 대한 통제력을 높이기 위해서도 프로그램을 후원하는데, 여기에는 광고 수, 배치 및 내용이 포함된다. 광고는 총 광고 시간이 네트워크나 방송국 규정을 초과하지 않는 한 어떤 길이든 가능하다. 새로운 제품이나 브랜드를 소개하는 광고주는 때때로 프로그램을 후원하고 이를 출시하기 위해 몇 분 길이의 광고를 게재하기도 한다.

최근에는 TV 프로그램 제작에 직접 참여하는 기업은 매우 드물지만, 일부는 프로그램에서

"다른 광고가 제한된다"는 점을 강조하여 소비자와의 관계를 개선하는 방법으로 프로그램에 단일 광고주가 되는 것을 선택한다. IMC 관점 11-1에서 논의했듯이, 넷플릭스, 아마존 프라임, 애플 티비 플러스 등의 스트리밍 서비스가 인기를 얻으면서, TV 네트워크는 시청자에게 광고가 최소화된 방법의 제공을 모색하고 있다. TV 시청자는 광고가 몇 번만 존재하는 단일 스폰서 프로그램을 더 관대하게 받아들일 수 있다. 예를 들어, 폭스는 프라임타임 프로그램의 광고 수를 줄이기 위한 새로운 방법으로 〈Family Guy〉의 한 편을 광고 중단 없이 방영했고, 단지 시작과 끝에 'Sony PlayStation'의 1분짜리 광고 두 개만 방영했다. 이러한 요인으로 인해 일부 광고주에게는 스폰서십이 매력적으로 보이지만, 단독 스폰서십의 높은 비용으로 인해 이 옵션은 대기업으로 제한된다. 대부분의 후원은 단독이 아닌 '참여'와 같이 복수의 후원사가 나누어 구매하는 방법으로 유지된다.

참여 대부분의 광고주는 스폰서십 비용을 감당할 수 없거나, 단독 스폰서십이 허용하는 것보다 더 큰 유연성을 원한다. 따라서 거의 90%에 이르는 네트워크의 광고 시간이 **참여**(participation)를 통해 판매되며, 몇몇 광고주들은 광고 시간이나 스폿을 특정 프로그램에서 구매한다. 광고주는 특정 프로그램에 한 번이나 여러 번 정기적이거나 비정기적으로 참여할 수 있다. 참여하는 광고주는 프로그램의 제작에 재정적 책임이 없으며, 이러한 재정적 책임은 광고 시간을 판매하고 통제하는 네트워크나 개별 방송국에 맡겨진다.

참여의 장점은 광고주들이 프로그램에 대한 장기적 책임이 없고, 지출은 예산에 맞는 참여 스폿을 구매하기 위해서 어떠한 횟수로든지 조정이 가능하다. 이것은 특히나 제한된 예산을 가지고 있는 작은 광고주들에게 중요하다. 두 번째 장점은 TV 광고 예산이 매체 스케줄에서 다양한 프로그램들에 걸쳐 이루어질 수 있어서 결국 더 많은 표적 고객에게 도달할 수 있다.

참여의 단점은 광고주들이 광고의 배치에 통제권을 많이 가질 수 없으며, 때로는 시간 확보가 아예 가능하지 않을 수도 있다는 점이다. 많은 스폿에 시간과 돈을 쓰는 광고주들에게는 시간 확보의 우선권이 주어지는데, 하나의 프로그램 이상에서 단 하나의 스폿을 사려고 하는 기업들은 특정 프로그램, 특히나 황금 시간대의 시간을 손에 넣을 수 없다는 것을 알게 된다.

스폿 광고 이전에 토의되었던 바와 같이, 스폿 광고(spot announcement)들은 각 방송사 또는 판매 대행 렙으로부터 구입되며 일반적으로 네트워크 프로그램과 프로그램 사이에 집행된다. 스폿 광고는 순수 지역 광고주들에 의해 자주 이용되기도 하고, 네트워크 스케줄이 없는 기업들(불균등하거나 제한된 유통으로 인하여)과 네트워크 광고와 스폿 광고를 둘 다 쓰는 대기업에 의해서도 구매된다.

광고 시간 선정과 프로그램의 선정

TV 시간을 구매하는 데 있어 또 다른 고려사항은 각 광고주들의 광고 메시지 전달을 위해 올바른 시기와 프로그램을 선택하는 것이다. TV 광고의 비용은 하루의 시간과 특정 프로그램에 따라 달라지며, 그 이유는 목표 수용자의 규모가 이 두 요소와 어떻게 조화를 이루느냐에 따라 달라지기 때문이다. TV 시간은 방송일의 구체적 분류인 **시급 구분**(dayparts)으로 나누어져 있다.

하루를 구성하는 시급 구분은 방송국에 따라 다르다. 그러나 평일 시급 구분의 전형적 분

도표 11-2
일반적인 TV 시급 구분

구분	시간대	요일
이른 아침 시간대	오전 5시 ~ 오전 9시	월~금
낮 시간대	오전 9시 ~ 오후 3시	월~금
오후 변두리 시간대	오후 3시 ~ 오후 5시	월~금
이른 뉴스 시간대	오후 5시 ~ 오후 7시	월~토
준 황금시간대	오후 7시 ~ 오후 8시	월~토
황금시간대	오후 8시 ~ 오후 11시 오후 7시 ~ 오후 11시	월~토 일
늦은 뉴스 시간대	오후 11시 ~ 오후 11시 30분	일~토
늦은 변두리 시간대	오후 11시 30분 ~ 오전 2시	월~금
한밤 시간대	오전 2시 ~ 오전 5시	월~금

* 표시된 시간은 동부 및 태평양 표준시 기준이며, 시간은 시장과 방송사에 따라 다를 수 있다.

류는 도표 11-2와 같다. 다양한 TV 시급 구분에 따라서 목표 수용자의 성격과 규모 두 요소가 다르기 때문에 시급당 비용이 달라진다. 황금 시간대는 가장 많은 수의 목표 수용자를 끌어들이고, 오후 8시 30분~9시가 가장 많이 시청되는 30분의 시간이며, 일요일 밤은 TV 매체가 가장 인기 있는 시간이다. 광고주들이 황금 시간대에 프리미엄 요금을 내야만 하기에, 이러한 시간들은 대부분 큰 규모의 전국 광고주에 의해 장악된다.

다양한 시급들은 다른 인구통계학적 집단을 끌어당기기 때문에 광고주들에게 중요하다. 예를 들어, 낮 시간 TV는 일반적으로 여성들을 대상으로 하며, 이른 아침은 여성과 아이를 끌어모은다. 늦은 밤 시간에는 CBS의 〈The Late Show with Stephen Colbert〉, ABC에서 방영하는 〈Jimmy Kimmel Live!〉 그리고 NBC의 〈The Tonight Shows with Jimmy Fallon〉이 채널을 맞추는 젊은이들에 접근하려는 광고주들 사이에서 인기를 얻고 있다. 목표 수용자 규모와 인구통계학적 구성은 또한 각각의 프로그램 타입에 따라 달라진다.

케이블 TV

케이블의 성장 아마도 TV 산업의 발전 중 가장 중요한 이슈들 가운데 하나는 **케이블 TV**(cable television)의 성장일 것이다. 케이블이나 CATV(공동 시청 안테나 TV)는 TV 신호를 방송전파 대신 섬유나 동축 케이블로 전달하며, 전파로 방송 신호를 받을 수 없던 먼 지역에 수신을 제공하기 위해 개발되었다. 케이블은 그 후 대도시로 확장되었고, 개선된 수신율과 가입자들에게 제공하는 방송국 선택의 폭이 넓어짐에 따라 급진적으로 성장하였다. 케이블은 지난 20년간 상당한 성장을 경험하였다. 미국에서 1975년에는 TV 소유 가구 중 오직 13%만이 케이블을 가지고 있었으나, 2010년에는 유선 케이블이나 직접 방송 위성(direct broadcast satellite)과 같은 대안적인 전달 시스템을 통해 케이블의 시장 침투가 1억 1,460만 세대주로 전국 기준 91%에 도달하였다.

케이블 가입자는 평균적으로 100개 이상의 채널들을 제공받는 대가로 매달 요금을 지불하며, 이곳에는 지역 네트워크 계열사와 독립 방송국, 다양한 케이블 네트워크들, 수퍼스테이션,

지역 케이블 시스템 채널들이 포함된다. 케이블 네트워크들과 채널들은 이원적 매출원을 갖고 있는데, 이는 가입자가 내는 요금과 광고 수입이라는 두 가지 수입원이 있기 때문이다. 또한 케이블 운영자들은 광고 후원에 의해 지원되지 않는, 매달 서비스 사용 요금 이상의 돈을 지불할 용의가 있는 가구들만 이용 가능한 프로그램들을 제공한다. 이 프리미엄 채널에는 HBO, Showtime, The Movie Channel 등이 있다.

케이블 TV는 뉴스, 팝 음악, 컨트리 음악, 일기예보, 교육적, 문화적 채널, 어린이를 위한 방송 등을 포함한 전문화된 채널들을 제공함으로써 시청자들과 광고주들까지도 이용할 수 있는 프로그램 옵션을 확장한다. 인공위성을 통하여 케이블 업자들에게 신호를 전국적으로 보내는 독립적인 지역 방송국인 **수퍼스테이션**(superstation)은 그들의 프로그램이 가입자들에게 도달 가능하게 만들기 위해 많은 케이블 시스템들과 함께한다. TBS와 WGN과 같은 수퍼스테이션들에서의 프로그램은 일반적으로 스포츠, 영화 그리고 네트워크 프로그램의 재방송으로 구성된다. 수퍼스테이션들은 전국 광고를 방영하기도 하며, 전국에 걸쳐 있는 케이블을 소유한 가구들에게 상대적으로 비싸지 않은 선택이다.

케이블의 등장은 TV 광고 매체 전반에 상당한 영향을 주었다. 첫 번째로, 확장된 시청 옵션은 상당한 양의 목표 수용자 구분을 야기했다. 케이블 시청자들의 성장에 있어 많은 부분은 주요 네트워크들이 상대적으로 후퇴함으로써 얻어졌다. 케이블 채널들은 이제 황금 시간대에 주요 네트워크들보다 더 많은 시청자를 가지고 있다. 일부 케이블 방송사들은 소비자들 사이에서 매우 인기를 얻었으며, 이는 광고주들을 그들의 매체기획과 네트워크 계열사 방송국에서 네트워크와 스폿 광고를 하기 위해 그들이 지불할 용의가 있는 가격을 재평가하도록 이끌었다.

케이블에서의 광고 네트워크 TV와 마찬가지로 케이블 시간도 전국, 지역 또는 지역(스폿) 수준에서 구매할 수 있다. 많은 대형 마케터는 단일 미디어 구매로 전국의 많은 시청자에게 도달하기 위해 케이블 네트워크에 광고하며, 케이블의 지역 광고는 주로 특정 지리적 특성을 포괄하는 스포츠 및 뉴스 채널을 통해 제공된다.

많은 광고주가 특정 지리적 시장에 도달하기 위해 지역 케이블 시스템의 스폿 광고로 전환하고 있다. 스폿 케이블은 특정 시장에 도달하는 데 더 정밀한 기능을 제공하며, 하나의 네트워크로 구매하는 대신 여러 개의 작고 타겟팅된 미디어 구매를 사용하여 비용을 절감할 수 있다. 스폿 케이블 광고의 성장은 채널 간 **인터커넥트**(interconnect)를 통해 촉진되고 있으며, 지역의 여러 케이블 시스템과 네트워크가 광고 목적으로 결합된다. 이러한 상호 연결은 광고주가 스폿 케이블 구매로 도달할 수 있는 청중의 규모를 늘리는데, 예를 들어, New York Interconnect는 뉴욕시 대도시권의 75개 구역에 있는 640만 가구에 서비스를 제공하며, 이는 미국에서 가장 큰 광고 시장이다. 시카고의 Comcast Spotlight Interconnect는 시카고 광역권의 35개 구역에 있는 250만 케이블 TV 세대주에 도달한다(사진 11-7).

사진 11-7

컴캐스트 스포트라이트 시카고 인터커넥트는 35개 구역에 250만 가구에 도달한다.

자료: Comcast Spotlight

케이블의 장점 케이블 TV는 몇 가지 중요한 장점들이 있기 때문에 광고 매체로서 큰 성장을 경험하였다. 첫 번째는 선택성이다. 케이블 가입자들은 비가입자들보다 더 젊고, 경제력이 있으며, 잘 교육받은 동시에

사진 11-8

트래블 채널은 매우 영향력 있는 시청자를 확보할 수 있는 프로그램을 홍보한다. 여행 채널에서 어떤 유형의 광고를 볼 수 있을까?

자료: The Travel Channel

높은 구매력을 갖는다. 더욱이 다양한 케이블 방송에서 전문화된 프로그램들은 매우 특정한 목표 수용자 시장에 도달한다.

케이블 TV가 **내로캐스팅**(narrowcasting)을 통해 아주 특정한 시장에 도달하는 기회를 제공하기 때문에 많은 광고주들은 케이블로 돌아섰다. 예를 들어, 음악과 대중 문화(MTV와 VH1), 음식과 요리(Food Network), 주택 개량 및 장식(HGTV)에 초점을 맞춘 케이블 채널이 존재하며, CNBC, 폭스 비즈니스(Fox Business) 및 블룸버그 TV(Bloomberg TV)는 비즈니스와 금융 뉴스에 초점을 맞추고, 고학력의 부유한 청중에게 다가간다. 트래블 채널(Travel Channel)은 새로운 것을 탐험하고 시도하고 다른 사람에게 추천하는 것을 좋아하는 고급스럽고 영향력 있는 청중에게 다가갈 수 있다(사진 11-8 참조).

또한 광고주들은 케이블의 낮은 비용과 유연성 때문에 관심이 있다. 케이블 프로그램에 대한 광고 비용은 주요 네트워크들에 있는 프로그램 광고 비용보다 훨씬 낮다. 네트워크 프로그램에서의 광고 시간은 일부 시간대에서는 1,000명당 비용을 기준으로 보았을 때 2배에서 3배까지 가격이 더 높을 수 있다. 스폿 광고는 또한 대부분의 케이블 방송국에서 상당히 더 싸며, 지역 케이블들이 가장 감당 가능한 비용의 TV 광고 수단이다. 이것은 제한된 예산을 가지고 있는 광고주와 명확히 정의된 표적 고객에게 그들의 광고를 전달하는 데 관심 있는 이들에게 TV를 더욱더 실행 가능한 매체 선택으로 만든다. 또한 케이블 광고주들은 일반적으로 네트워크들이 요구하는, 1년 정도 미리 해야 하는 규모 있는 업프런트 계약을 하지 않아도 된다.

케이블의 낮은 가격은 지역 광고주들 사이에서도 매우 인기 있는 광고 매체로 만든다. 자동차 딜러들, 가구 매장, 레스토랑 그리고 많은 나머지 상인들은 지역 케이블 채널들의 낮은 비용을 이용하기 위해 라디오, 신문, 심지어 잡지와 같은 전통적 매체들에서 그들의 광고 지출을 옮기고 있다. 지역 케이블 광고는 광고 시장의 부분들에서 가장 빠르게 성장하고 있으며, 케이블 시스템들은 그들이 지역 광고에서 벌어들이는 수입의 비중을 증가시키고 있다.

케이블의 한계점 케이블은 분명 점점 더 인기를 얻고 있지만, 여전히 몇 가지 단점이 있다. 가장 큰 문제점은 기본 케이블 서비스를 가진 가구들은 여전히 케이블 방송보다 네트워크 프로그램을 더 많이 보기 때문에 케이블은 여전히 주요 방송망에 다소 가려져 있다. 이것은 케이블이 네트워크 TV보다 일반적으로 덜 유명한 프로그램을 방영하는 사실에서 유래한다.

케이블의 다른 단점은 목표 수용자의 분산이다. TV 시청자의 케이블 점유율은 증가하고 있지만, 시청자들은 다양한 채널로 분산된다. 일반적으로 특정 케이블 채널의 시청자 수는 상대적으로 매우 적다. 심지어 잘 나가는 MTV, ESPN 그리고 CNN 방송조차도 겨우 1%나 2% 정도의 시청률을 보인다. 많은 수의 케이블 방송 채널이 시청자를 분산시켰고 케이블 구매 절차 또한 매우 어렵게 하였는데, 이는 케이블의 많은 채널들이 시장에 있는 수많은 시청자들에게 도달해야 하기 때문이다. 시청자 특징에 대한 분석이나 특정 지역의 시청률이 존재하지 않을 수도 있고, 또한 그 시청률이 신빙성이 없다는 점도 문제다. 그리고 무엇보다도 국내의 경우, 국가 경제나 가구 규모에 비해 채널 수가 너무 많아 더욱 경쟁이 치열하다는 것이다.

케이블의 미래 광고 수단으로서 케이블의 미래는 궁극적으로 케이블 TV 방송국이 자신들의 프로그램을 가지고 도달할 수 있는 목표 수용자의 크기와 수준에 달려 있다. 이것은 결국 시청자들을 끌 수 있는 프로그램을 제공하는 케이블 방송국의 능력에 결정된다. 프로그램 개발과 전달에서 케이블의 이미지는 바뀌고 있다. VH1, E!, TBS, FX, CNN, ESPN, 그 밖의 여러 케이블 네트워크는 상당히 시청률을 올릴 수 있는 기존의 영화, 다큐멘터리 그리고 다른 프로그램들을 만들고 있다. A&E, 디스커버리 채널(Discovery Channel), 내셔널 지오그래픽 채널(National Geographic Channel) 그리고 히스토리 채널(History Channel)과 같은 채널들은 뛰어난 문화적 그리고 교육적인 프로그램을 제공하고 있다.

많은 광고와 대중 매체 전문가들은 이제 시청자들은 케이블과 전통 방송 TV를 딱히 구분하지 않는다고 언급한다. 케이블 프로그램들은 유명한 지상파 네트워크 프로그램들처럼 수많은 시청자들을 끌기는 쉽지 않다. 그러나 케이블 TV는 높은 품질로 성장하고 있고, 비평가들의 극찬을 받는 프로그램들이 개발되고 있다.

케이블 TV는 또한 계속해서 스포츠 프로그램을 볼 수 있는 중요한 선택이 될 것이고, 남성 시장에 다가가는 것에 관심이 많은 광고주들에게는 높은 평가를 받을 것이다. 예를 들어 ESPN은 스포츠의 대명사가 되었으며, 모든 연령대의 남성을 타겟으로 하는 광고주들에게 매우 인기가 있다. ESPN은 단순한 24시간 스포츠 네트워크 이상이 되었고, 스포츠를 보도하는 방식을 바꾸었으며, 스포츠 프로그램을 매우 인기 있고 수익성 있게 만드는 데 중요한 역할을 했다. ESPN은 미국에서 8,000만 가구 이상에 도달하는 것 외에도 ESPN2, ESPN News, ESPNU, ESPN Deportes 및 47개 국제 채널을 포함하도록 성장했다. ESPN은 가구당 7달러 이상의 가입자 수수료를 받는데, 이는 모든 텔레비전 네트워크 중 가장 높은 수준이다. 2018년에 ESPN은 새로운 스트리밍 서비스인 ESPN+(사진 11-9)를 추가했는데, 프로그램에는 메이저 리그 야구, 내셔널 리그 하키, 메이저 리그 축구, 대학 및 국제 스포츠, 인기 있는 30 for 30 시리즈를 포함한 ESPN 영화의 전체 라이브러리(library)가 포함된다. ESPN+는 페이튼

사진 11-9
ESPN+는 스포츠 팬을 대상으로 하는 새로운 스트리밍 서비스다.
자료: ESPN, Inc.

매닝(Peyton Manning)과 르브론 제임스(LeBron James)와 같은 전직 및 현직 운동선수를 특징으로 하는 오리지널 콘텐츠도 개발했으며, 이 스트리밍 서비스는 첫해에 200만 명 이상의 구독자를 추가했다. 이는 스포츠 미디어 거대 기업이 스포츠 팬에게 추가 서비스를 제공하는 동시에, 급속히 성장하는 구독 기반 스트리밍 시장에서 발판을 마련할 수 있는 방법을 보여주는 것이다.

아울러 여러 대학 스포츠 네트워크와 지역 스포츠 네트워크(RSN)는 지역 시장에 스포츠 프로그램을 제공한다. 이러한 RSN에서 가장 중요한 프로그램은 축구, 농구, 야구와 같은 프로 및 대학 스포츠의 생중계이며, 이러한 지역 네트워크 중 다수는 스펙트럼 스포츠(Spectrum Sports) 및 컴캐스트 스포츠넷(Comcast SportsNet)과 같은 주요 미디어 회사와 제휴한다. 2019년에 미국에서 가장 큰 TV 방송국 소유주 중 하나인 신클레어 브로드캐스팅 그룹(Sinclair Broadcasting Group)은 월트디즈니로부터 21개의 폭스 지역 스포츠 네트워크를 인수했다. RSN은 42개의 메이저 리그 야구, 미국농구협회, 내셔널 하키 리그 팀의 생중계를 TV로 중계한다.

케이블과 ADS는 TV를 사용하는 거의 모든 광고주에게 미디어 전략의 중요한 부분이다. 그러나 케이블은 주요 방송 네트워크와 동일한 많은 과제에 직면해 있는데, 예를 들어 더 이상 선 연결이 필요없는 코드 커팅(code cutting)과 넷플릭스, 아마존 프라임, 훌루, 유튜브의 스트리밍 콘텐츠와 같은 다른 시청 옵션과의 경쟁이 존재한다.

TV 시청자 수 측정하기

TV 광고에서 가장 중요한 고려사항은 시청자의 크기와 구성이다. 시청률 조사는 광고주들뿐만 아니라 네트워크와 방송국에도 중요하다. 광고주들은 그들이 특정한 프로그램 시간을 구매할 때 그들이 다가갈 수 있는 시청자의 크기나 특징들을 알고 싶어 한다. 그리고 그들이 지급하는 요금은 시청자 크기에 달려 있기 때문에 광고주들은 시청률이 정확한지 확실히 알고자 한다.

방송사들은 광고 방송 시간에 따라 요금을 결정하기 때문에 시청자의 크기와 구성은 방송사에도 중요하다. 프로그램 가운데 상당수는 시청자를 충분히 끌어들이지 못해 종종 폐기된다. 시청자 크기를 결정하는 것은 정확한 과학이 아니며 이에 대해서는 수년 동안 상당한 논쟁이 벌어지고 있다. 여기에서 우리는 어떻게 시청자들을 측정하고, 어떻게 광고주들이 이 정보를 그들의 매체기획에 사용하는지를 알아볼 것이다.

시청률 조사 TV 시청자의 크기와 구성은 시청률 조사에 의해 측정된다. 네트워크 TV와 지역 시청자 정보의 유일한 소스는 닐슨 미디어 리서치(Nielsen Media Research)다. 닐슨은 TV가 있는 가구를 표본 추출하여 시청 정보를 얻고 이 정보를 전체 시청자 정보에 투영시킨다. 시청자 측정 정보를 모으기 위해 사용하는 기술은 일지나, 전자 측정기나 기록 장치, 개인 면접 등이다. 닐슨은 방송국의 시청자를 측정하고 평가하는 데 사용할 수 있는 다양한 종류의 정보를 제공한다. 이러한 측정 수치들은 매체 기획자들에게 매우 중요한데, 이 수치가 어떤 프로그램에는 광고 시간을 사는 가치를 말해주기 때문이다.

미국 가구의 98%가 넘게 TV를 가지고 있기 때문에, **TV 시청 가구**(television household)는 어떤 시장에서의 일반적인 가구 수와 대등하다. 닐슨에 따르면 2019년 미국에는 약 1억 2,000

만 가구의 TV 시청 가구가 있었다.

프로그램 시청률 아마도 모든 시청자 조사 방법 중 가장 잘 알려진 것은 특정한 시간에 특정한 프로그램을 시청하는 TV 가구의 비율인 **프로그램 시청률**(program rating)일 것이다. 프로그램 시청률은 특정한 프로그램을 시청하고 있는 가구의 숫자를 총가구의 수로 나누면 계산된다. 예를 들어, 미국에서 500만 가구가 특정 프로그램을 시청한다면 해당 프로그램의 미국 전역 시청률은 4.2%가 된다.

$$\text{시청률} = \frac{\text{프로그램 시청 가구 수}}{\text{미국의 총가구 수}} = \frac{5{,}000{,}000}{120{,}000{,}000} = 4.2\%$$

시청률(rating point) 1%라는 것은 특정한 프로그램을 시청하고 있는 가구가 모든 TV 가구 대비 1%라는 것을 의미한다. 미국 전국 차원에서 보면 시청률 1%는 120만 가구를 의미한다(1억 2,000만 가구의 1%). 따라서 만약 어떤 프로그램의 시청률이 4%라면, 해당 프로그램은 480만 가구에 도달한다(1억 2,000만 가구 × 0.04 = 480만).

광고 시간에 부과할 요금이 프로그램 시청률에 기반을 두기에 프로그램 시청률은 방송국들에게 중요한 숫자가 된다. 시청률은 네트워크뿐만 아니라 독립 방송사에도 매우 중요하다. 시즌 동안의 어떤 프로그램 시청률이 1% 변화한다면 광고 수입에서 수백만 달러를 얻거나 잃을 수 있다. 광고주들은 시청률이 시청자의 크기와 광고비를 측정하는 가장 중요한 요소가 되기 때문에 시청률에 관심이 크다.

TV를 시청 중인 가구 특정 시간 동안 TV를 시청하는 가구의 비율을 **TV를 시청 중인 가구**(households using television, HUT)라고 부른다. 'sets in use'라고도 불리는 이 수치는 항상 퍼센트로 표현된다. 예를 들어, 만약 미국의 TV를 소유하고 있는 7,200만 가구가 목요일 밤 9시에 TV를 켠다면 HUT 수치는 60%다. TV 사용은 시간이나 계절에 따라 다양하게 달라진다.

시청자 점유율 또 다른 중요한 시청자 측정 방법은 특정한 프로그램을 보는 특정한 기간에 TV를 사용하는 가구의 비율인 **시청자 점유율**(share of audience)이다. 시청자 점유율은 TV가 켜져 있는 가구들에만 기반을 두고 있기 때문에, 이 수치는 사용하고 있는 TV의 숫자와 잠재 시청자의 전체 크기 변화를 고려한다. 시청자 점유율은 특정 프로그램을 시청하고 있는 가구의 숫자를 TV를 사용하고 있는 가구 수로 나누면 계산된다. 따라서 만약 밤 9시에 500만 미국 가구들이 〈The Voice〉를 시청하고 있다면, 시청자 점유율은 6.9%다. 앞서 7,200만 가구가 TV를 보고 있으며, 해당 프로그램을 시청하는 가구가 500만이므로 시청자 점유율은 아래와 같이 계산된다.

$$\text{시청자 점유율} = \frac{\text{프로그램 시청 가구 수}}{\text{TV를 켜놓은 총가구 수}} = \frac{5{,}000{,}000}{72{,}000{,}000} = 6.9\%$$

모든 가구가 TV를 켜고 있지 않다면, 시청자 점유율은 항상 프로그램 시청률보다 높다. 점유율은 TV를 켜놓은 총가구 수를 기준으로 하는데, 모든 가구가 켜고 있지 않다면, 분모의 기준 수가 감소하기 때문에 점유율이 프로그램 시청률보다 높은 것은 당연하다. 예를 들어, 늦은 밤에는 시청자 수가 상당히 적어진다. 그래서 늦은 밤에 하는 프로그램의 인기를 평가하기

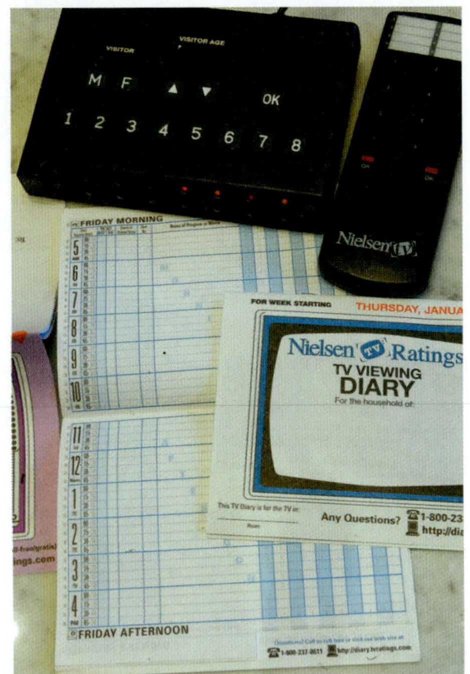

사진 11-10

닐슨은 전국 TV 시청자 수와 지역 시장 일기를 측정하기 위해 피플미터를 사용한다.

자료: Ruby Washington/The New York Times/Redux Pictures

위한 좋은 방법은 경쟁 프로그램과 시청률을 비교하는 것이다. 시청률 서비스는 또한 TV 방송을 시청하는 가구의 총숫자인 **총시청자 수**(total audience)라는 시청자 통계를 제공하는데, 이 숫자는 다양한 인구통계학적 분류에 근거하여 세분화된 수치를 제공한다.

전국 시청자 정보 닐슨 미디어 리서치는 방송국이나 주요 유선 TV 방송망에서 제공하는 프로그램을 보는 전국적인 시청자의 크기와 구성을 날마다 그리고 주별로 측정하는 **닐슨 TV 지수**(Nielsen Television Index)라고 알려진 국가적인 시청률 서비스로 제공한다. 시청자를 측정하기 위해서 닐슨은 모든 미국 가구들을 대표할 수 있는 4만 개의 가구를 주의 깊게 선정해 전국적인 표본으로 사용한다. 다양하게 인용되는 닐슨 측정은 전자 미터 기술을 사용해서 측정하는 가구들의 여러 가지 인구통계학적 정보에 기반을 두고 측정 자료를 제공한다. TV 시청률 조사 장치인 **피플미터**(peoplemeter)는 표본 가구들이 어떤 프로그램을 보는지뿐만 아니라 누가 보는지도 측정되는 시스템으로 과거의 오디미터(audimeter) 기술을 포함한 전자 측정기다. 기계는 가족을 위한 6개의 버튼과 방문객들을 위한 2개 버튼으로 이루어진 TV 위에 올려놓을 수 있는 작은 상자다(사진 11-10). 원격조절 장치로 방 어디서든 기계를 사용할 수 있으며, 표본 가구의 각 구성원에게는 시청자로서의 자신을 드러낼 수 있는 버튼이 각각 주어진다. 또한 이 장치는 시청자들이 켜고 끄기 위해 방에 들어오고 나가는 것을 기억하도록 음향 감지기가 갖춰져 있다.

가구에서 TV 시청률 조사 장치로 모은 시청자 정보는 닐슨의 컴퓨터에 회수될 때까지 홈시스템(home system)에 저장된다. 모인 정보는 누가 보고 있는지와 더불어 언제 TV가 켜져 있는지, 어떤 채널을 보고 있는지, 언제 채널이 바뀌는지, 그리고 언제 TV가 꺼지는지까지 포함된다. 시청자의 인구통계학적 특징들 또한 이 시스템에 있고 시청자도 그러한 특징과 매칭된다. 닐슨 운영본부는 TV와 광고 산업에 전달하기 위해 매주 이러한 정보를 수집하며, 닐슨은 전국의 하룻밤 동안 시청 결과를 제공하기 위해 55개 시장에 미터 장치를 단 가구를 표본으로 사용한다.

지역 시청자 정보 지역 시청자들에 대한 정보는 지역 광고주들과 전국적 스폿 광고를 구입하는 상황에서 모두에게 중요하다. 닐슨 미디어의 지역 시장 측정 서비스는 **방송권역**(designated market area, DMA)이라 잘 알려진 210개의 지역 방송권역에 있는 시청자들을 측정하는 방식인 NSI(Nielsen Station Index)다. 방송권역은 방송을 계획하고 구매하고 TV 시청자들을 측정하는 데 사용하는 중복되지 않는 권역이고, 일반적으로 높은 시청률을 가지고 있는 주요 지역이나 대도시에 위치한 방송국이 있는 카운티(county, 우리나라의 구에 해당)를 모아 놓은 것이다. NSI는 시간대와 프로그램을 보는 정보를 알려주고, 시청자 크기와 각 방송권역의 인구통계학적 정보를 알려준다.

닐슨은 전국 시청률 측정 외에도 전자 또는 계량 기술을 사용하여 케이블 및 위성 TV, 지상파, 위성 및 온라인 라디오, 영화 광고 및 다양한 유형의 장소 기반 디지털 미디어에 대한 노출을 전자적으로 추적하는 착용형의 휴대전화 크기 장치인 **휴대용 피플미터**(Portable People Meter, PPM)가 포함된다. 이 장치는 방송되거나 라이브로 스트리밍되는 내장된 프로그램 내에서 실제로는 들리지 않는 식별 코드를 감지한다. 2017년에 닐슨은 PPM 기술을 44개 지역

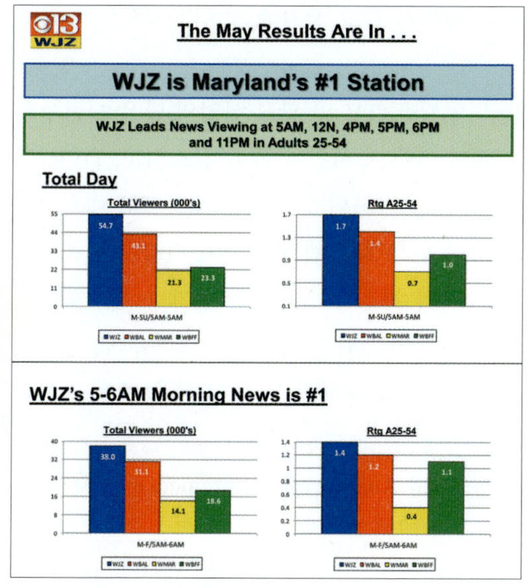

사진 11-11

WJZ는 지역 뉴스의 시청률을 위한 스윕스 시청률 기간 동안 자사의 지배력을 홍보한다.

자료: WJZ-TV

시장으로 확대했으며, 현재 7만 5,000명 이상의 PPM 패널리스트로부터 TV 시청 데이터를 수집한다. 이러한 정보는 7일 종이 시청 일지(또는 DVR이 있는 가정의 경우 8일 일지)를 작성하는 가구의 별도 샘플에서 수집한 인구통계 데이터로 연 4회 이상 보강된다. 소규모 시장(DMA 순위 60위 이상)은 현재 종이 일기만 사용하여 측정하고 있지만, 닐슨은 이러한 시장 중 일부에 전자 측정을 확대하고 있다.

닐슨은 모든 지역 시장에서 **스윕**(sweep periods)이라는 일종의 시청 일지를 통해 시청률 측정 기간 동안 1년에 적어도 4번 시청자를 측정한다. 이 개념은 대서양 연안에서 시작되어 닐슨이 가구에 일지를 발송하고 결과를 발표하기 시작했을 때인 1950년대부터 시작되었다. 스윕 측정 기간은 11월, 2월, 5월, 7월이었다. 몇 개의 큰 시장에서는 일지들이 추가로 세 달 정도까지 스윕 시청자 정보를 제공할 수 있다. 스윕 기간 동안 모인 시청자 정보는 지역 TV 방송국들과 케이블 시스템이 프로그램 스케줄을 결정하는 데 사용되고 광고 시간의 가격을 결정하고 구매하는 데 기본이 된다. 사진 11-11은 볼티모어의 CBS 계열사인 WJZ가 다양한 카테고리에서 스윕 시청률 기준 우위에 있다는 것을 보여주는 사례다.

닐슨이 사용하고 있는 측정 방식에 대한 대부분의 우려는 지역 시장의 시청을 측정하는 종이 일지의 사용과 관련되어 있다. 스마트 기기 및 OTT의 발전과 함께 현재 너무 많은 채널을 볼 수 있기 때문에, 일지에 그들의 모든 시청을 정확하게 기록하는 것이 닐슨 패널리스트(Nielsen panelist)에게 점점 더 힘들어지고 있다. 많은 가구들이 일지를 돌려보내지 않고, 돌아온 것 중에도 다 채워지지 않은 경우가 많다. 닐슨은 지역 시장을 위한 이런 측정 방법에 문제점이 있다는 것을 인정했고 그것을 수정하고자 노력하고 있다. 지역 피플미터의 사용을 증가시키고, 가까운 미래에 모든 지역 시장들이 완전한 전자 측정 장치로 확대될 수 있길 바라고 있다.

시청자 조사의 발전 몇 년 동안 광고 산업은 지역적으로든 전국적으로든 TV 시청자들을 측정하는 방법에 있어서 변화가 요구되어 왔다. 광고계 사람들은 새로운 디지털 방식을 쓰는 기술이 언제, 어디서, 그리고 어떻게 사람들이 TV를 봤는지를 측정하는 데에 있어서 주요한 변화를 일으키고 있다고 주장한다. 또한 그들은 닐슨의 측정 방식은 폭발적으로 증가하는 TV 대수와, 방송 송출 시스템에서의 혁혁한 변화와 그리고 급격하게 증가하는 방송 프로그램들에 의해서 유용성이 떨어졌다고 한다. 광고주와 매체 기획자들은 시청자 크기와 구성 그리고 광고 매체로서 TV를 어떻게 사용하고 얼마나 지급해야 할지에 주요한 영향을 주고 있기 때문에 이러한 변화 양상을 주의 깊게 관찰해야 한다고 주장한다.

광고주들의 주요한 우려 중 하나는 프로그램을 위한 것이 아니라 TV 광고를 위해서 시청률이 측정된다는 것이다. 2007년에 닐슨은 생방송된 광고와 광고가 나가고 3일이 지나기 전까지 DVR에서 다시 재생된 것을 포함한 것의 평균 시청자를 측정하는 C3라고 불리는 **광고 시청률**(commercial rating)을 제공하기 시작했다. 새로운 측정은 각각의 광고나 특정한 시간대를 추적하는 것이 아니라 프로그램에서 모든 전국적인 광고 순간의 평균 시청자 정보를 제공한다. 현재 많은 광고주들은 전통적인 프로그램 시청률에 단순히 기반을 두기보다는 얼마나 많은 시청자들이 광고를 실시간으로 그리고 프로그램이 방송된 후 3일 안에 DVR을 다시

보았는지 측정하는 것에 기반을 두고 다원 방송에 있어서 광고 시간에 얼마나 지불해야 할지를 결정한다.

닐슨의 C3 등급은 이전 측정 시스템보다 개선되었지만, TV 및 광고 산업의 많은 사람들은 여전히 이에 만족하지 못했다. 특히 TV 프로그램의 라이브 시청이 계속 감소하고, DVR 및 주문형 비디오(VOD)를 통한 시간 이동식 시청이 더 보편화되었기 때문이다. TV 네트워크 임원들은 TV 프로그램의 라이브 방영 후 최대 7일 동안 프로그램과 광고의 시청률을 포함하는 'C7' 등급을 추진하기 시작했으며, 많은 프로그램의 시청률이 7일 동안 계속 증가했다고 주장했다. 2014년까지 닐슨은 C3와 C7 시청률 수치를 제공했지만, 업계는 프로그램의 전체 시청률과 시청 패턴을 파악하고, 모든 플랫폼의 시청률을 고려하기 위해 더 나은 측정이 여전히 필요하다고 주장했다.

2016년 닐슨은 TAM이라는 시청자 측정 시스템(Total Audience Measurement)을 출시하기 시작했는데, 이는 전통적인 TV, DVR, VOD, 스트리밍 비디오 장치 및 게임 콘솔을 포함한 연결된 TV 장치, 스마트 TV, 태블릿, 스마트폰, 개인용 컴퓨터 등 모든 시청 방식을 고려하는 단일 소스(source) 플랫폼이었다. 새로운 측정 시스템은 현재 C3 및 C7 지표에서 간과하는 시청자를 고려하고, 또한 TV 프로그램의 시청 패턴에 대한 더 많은 통찰력을 제공한다. 새로운 시스템은 사람들이 전반적으로 시청 장치와 함께 보내는 시간을 파악하고, 프로그램 시청을 해당 특정 장치에 연결할 수 있다. 예를 들어, 측정 시스템의 초기 테스트에서 닐슨은 TV 프로그램의 시청률을 도표 11-3에 표시된 여섯 가지 범주로 구분했다. 이 차트에서 볼 수 있듯이 시청자의 45%는 라이브 방영 중 프로그램을 시청했고, 32%는 방영 후 7일 이내에 DVR에서 재생하여 쇼를 시청했다. 나머지 23%의 시청자는 PC나 모바일 기기에서 스트리밍하여 디지털로 시청하거나, 35일 이내에 VOD로 시청하거나, 8~35일 사이에 DVR로 시청하거나, 연결된 TV 기기로 시청하는 사람들로부터 도출되었다. 닐슨은 또한 전체 TV 사용(TUT)이라는 새로운 지표를 개발하고 있는데, 이는 연결된 TV 사용을 전통적인 시청에 추가하여 TV 사용에 대한 완전한 정보를 제공한다.

닐슨은 새로운 총시청자 측정 시스템(TAU)의 일환으로 전국 TV 패널의 표본 크기를 40,000가구로 늘렸는데, 이는 총 100,000명의 시청자를 나타내며 100,000대 이상의 TV 세트와 50,000대 이상의 연결된 기기를 포함한다. 광고주는 닐슨의 새로운 시스템을 상당한 개선으로 평가하지만, 시청자를 측정하는 방법에 대한 우려는 여전히 존재한다. 피플미터의 확대 사용은 종이 일기 사용에 비해 개선된 것이지만, 비평가들은 이러한 기기가 여전히 측정된 가정 내 개인들의 지속적인 협조를 필요로 한다고 지적한다. 어린이를 포함한 닐슨 가정의 패널

도표 11-3
TV 프로그램의 시청률 카테고리

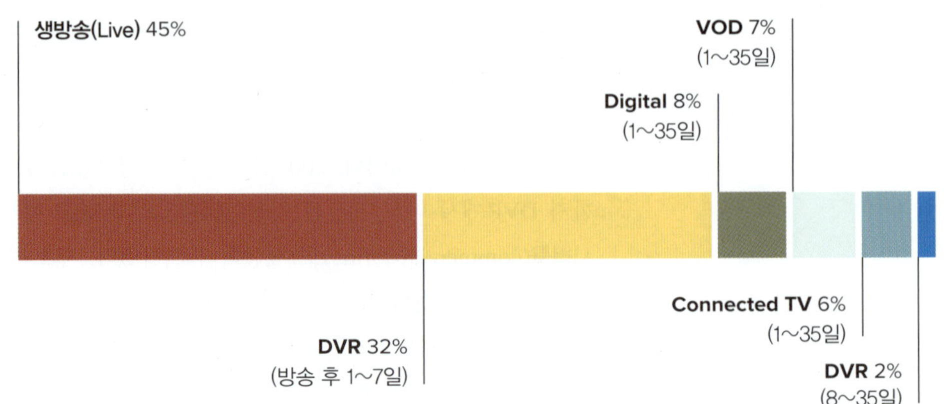

리스트는 시청을 시작하거나 멈출 때마다 리모컨 기기에 미리 할당된 번호를 입력해야 한다. 미디어 연구자들은 특히 어린이는 종종 잊어버리고, 성인은 닐슨 샘플로 있는 2년 동안 그 작업에 지친다고 주장한다. 패널로 선정된 개인들이 피플미터가 장착된 집에서 덜 관여하면서, 더 정확한 프로그램 측정과 상업적 시청자를 생성할 수 있는, 더 수동적인 측정 시스템을 사용해야 한다는 요구가 아직 남아 있다.

닐슨은 특히 시청자들이 다양한 기기에서 TV 프로그램을 시청함에 따라, 시청자 측정의 지속적인 과제를 해결하기 위해 계속 노력하고 있다. 2019년 초에 이 회사는 향상된 크로스 플랫폼 시스템(cross platform system)을 출시하여 TV, 스마트폰, 태블릿 또는 컴퓨터에서 프로그램을 시청하는 시청자와 이러한 플랫폼의 모든 조합에서 시청하는 시청자를 측정하기 시작했다. 닐슨의 총광고 평가보고서에는 이제 로쿠(Roku), 구글 크롬캐스트(Google Chromecast) 또는 아마존 파이어 큐브(Amazon Fire Cube)와 같은 스트리밍 기기를 사용하여 TV를 시청하는 모바일 시청자와 OTT 시청자도 포함된다. 닐슨은 또한 헬스클럽, 호텔 객실, 바(bar) 및 환승 장소와 같은 장소를 포함하여 집 밖에서 시청하는 시청자도 측정한다. 닐슨은 미국 44개 지역에도 이러한 측정을 제공하여 로컬 광고주에게 해당 시장의 증가 시청자에 대한 더 많은 통찰력을 제공한다. 닐슨은 또한 유튜브 TV 시청률을 전국 디지털 TV 평가의 일부로 측정할 뿐만 아니라, 지역 TV 시청자 측정을 통해 각 지역 수준에서도 측정하고 있다.

라디오

TV는 종종 이상적인 광고 매체로 언급되며, 많은 사람들에게 광고 산업의 매력과 관심을 가져다준다. 반면 라디오는 구식으로 여겨지며, 매체전략을 개발할 때 가장 먼저 떠오르는 매체는 아니다. TV가 성장하기 이전에는 네트워크 프로그램과 전국적인 광고주들을 독점해온 라디오는 주요한 지역 광고 방법으로 진화했다. 네트워크 광고는 적어도 5%의 라디오 수입을 차지하고 있었다. 또한 라디오는 아주 작게 세분화된 타겟에게 호소하는 아주 특화된 매체였다. 광고주들에게 라디오의 중요성은 광고계에 일반적인 방법인 숫자로 가장 잘 설명할 수 있다. 미국에는 4,700개의 AM 방송국과 6,600개의 FM 방송국을 포함하는 1만 1,300개가 넘는 민간 방송국이 있다. 평균적으로 각 가구당 5.6개의 라디오를 사용하고 총라디오는 5억 7,600만 개에 달한다. 12살이 넘는 전체 미국인 중 77%가 매일 라디오를 듣고 있으며, 라디오는 독서, 운전, 달리기, 일 그리고 사교와 같은 많은 활동 분야에서 아주 흔한 배경 매체가 되었다. 평균적으로 미국인들은 주중에는 약 2시간 정도, 주말에는 3시간 정도 라디오를 듣는다(국내 상황과는 상당한 괴리가 있을 것으로 추정됨).

라디오는 자동차에서 뉴스나 오락 프로그램을 듣는 데 많이 사용되며, 자동차에서 무언가를 듣는 시간의 약 3분의 2가 AM/FM 라디오다. 사람들은 컴퓨터 또는 모바일 기기에서 라디오를 듣는 데도 더 많은 시간을 보내고 있으며, 온라인 라디오 청취자는 지난 6년 동안 두 배로 늘어났다. 미국에서 현재 월간 청취자 수는 1억 300만 명을 넘어섰고, 2019년에 12~24세 미국인의 91%, 25~54세의 74%가 온라인으로 라디오를 듣는다고 보고하였다. 스마트폰이 라디오 청취를 위한 기기로 선호되고 있으며, 라디오를 온라인으로 듣는 것은 계속 증가할 것으로 예상된다. 이러한 새로운 기술들은 방송 라디오를 대체하기보다는 보완하고 있는 것이다. 미국에서 라디오의 보편성은 광고주들에게 간과되지 않았는데, 라디오는 경쟁이 치열한 미디

사진 11-12

라디오광고협회는 광고주들에게 라디오의 가치를 홍보한다.

자료: Radio Advertising Bureau

어 환경에서 광고 수익을 유지하고 있으며, 총광고 수익은 지난 3년 동안 약 5%만 감소하여, 160억 달러 수준을 유지하고 있다. 아마도 디지털 라디오 광고가 더욱 인기를 얻으면 수익도 늘어날 것으로 예상된다.

광고주들이 이 매체가 얼마나 설득력 있는 매체인지를 알게 된 후, 라디오는 소비자들 삶에서 중요한 역할을 하고, 그들의 구매행동에 많은 영향을 주고 있다. 라디오는 마케터들이 소비자들과 효과적으로 의사소통을 할 수 있도록 도와준다는 장점이 있기에, 광고의 주요한 수단으로 살아남았고 번창했다. 광고주들에게 라디오 사용을 장려하기 위해 라디오광고협회는 이러한 장점들을 홍보한다(사진 11-12).

라디오의 장점

라디오는 다른 매체들에 비해 가격효율성, 타겟 선별성, 유연성, 상상력의 이용과 통합 마케팅 기회들을 포함해서 많은 장점이 있다.

비용효율성 광고 매체로서 라디오의 가장 큰 장점은 비용이 적게 든다는 점이다. 라디오 광고는 제작비가 아주 저렴하다. 라디오 아나운서가 읽을 광고 스크립트와 방송국에서 보도될 미리 녹음된 메시지의 복사본만 있으면 된다. 라디오 송출 비용 또한 저렴하다. 네트워크 라디오의 1분은 5,000달러밖에 하지 않는다. 비용효율 지표로 환산하면 3달러 혹은 4달러 정도인 것이다. 라디오 지역 광고는 TV 지역 광고와 비교했을 때 비용효율 지표상 훨씬 저렴하다. 라디오는 상대적으로 적은 비용이 들기 때문에 모든 광고 매체 중에서 가장 효율적이다. 또한 낮은 절대적 비용은 효과적인 라디오 캠페인에 드는 비용이 종종 다른 매체들에 드는 비용보다 낮다는 것을 의미한다.

라디오의 적은 비용은 광고주들이 예산을 가지고 더 많이 그리고 더 자주 매체 스케줄에 등장할 수 있다는 것을 뜻한다. 광고주들은 메시지를 더 넓게 전달하기 위해 다양한 라디오

도표 11-4

라디오 청취 이유

자료: Radio Advertising Bureau and Jacobs Tech Survey.

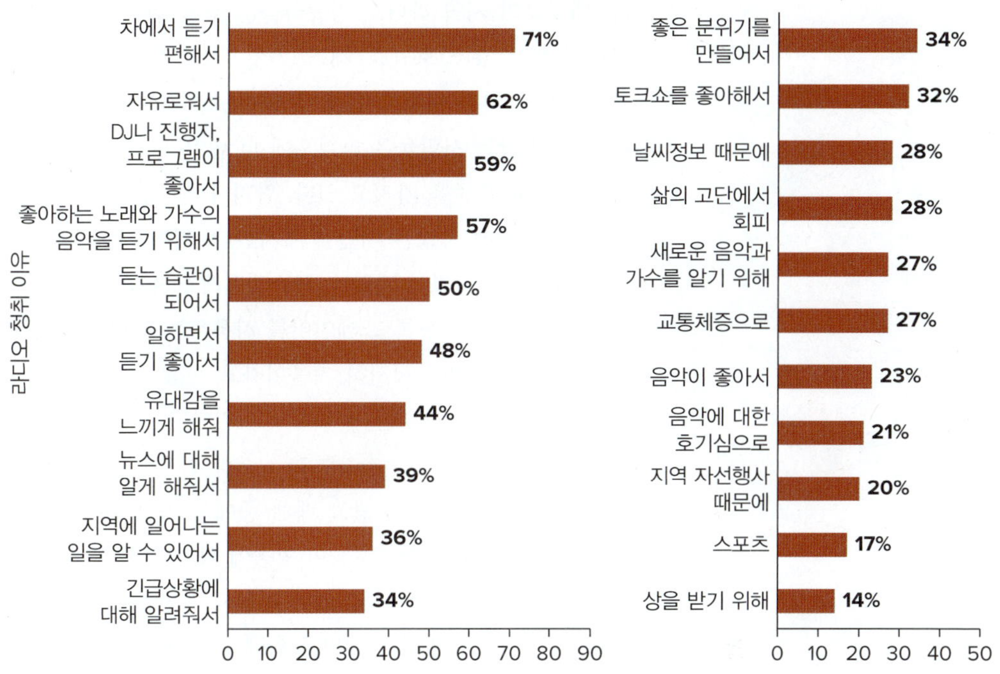

방송국들을 사용하고 또한 적정 수준의 노출 빈도를 유지하기 위하여 다양한 라디오 방송을 사용한다. 광고주들은 라디오를 브랜드 이름을 알릴 수 있는 빠르고 상대적으로 저렴한 방법이라고 생각한다. 라디오 광고는 TV 광고보다 더 빨리 제작될 수 있기에 빠른 집행을 원하는 광고주들은 더 자주 사용한다. 많은 전국 광고주들 또한 라디오의 가격효율성을 인정하고 이것을 그들의 매체전략의 일부로 사용한다.

수용성 라디오는 종종 광고주들에게 그들의 메시지를 선뜻 받아들일 수 있는 환경을 조성한다. 미국라디오광고협회(Radio Advertising Bureau)가 광고 조사회사 해리스(Harris Interactive)와 함께 연구를 진행한 결과를 보면, 소비자들이 TV나 인터넷에서 하는 광고보다 라디오 광고가 더 개인적으로 의미 있고 연관성이 있다고 생각한다는 것을 밝혔다. 또한 이 연구는 라디오 청취자들은 때로는 라디오 방송국과 정서적으로 연관되어 있기 때문에 라디오 청취자가 라디오와 더 긴밀한 관계에 있다고 하였다. 이러한 정서적 연관성은 메시지가 더 설득력을 가지고, 또한 라디오 방송이 적정 위치에서 전달될 때, 소비자들은 라디오 광고를 더 수용적으로 받아들이게 된다. 도표 11-4는 최근 북미 220개 라디오 방송국의 4만 1,000명 이상의 청취자를 대상으로 조사한 연구에서 소비자들이 라디오를 듣는 주요 이유를 보여준다. 조사 결과, 주된 이유는 "차에서 듣기 편해서"였지만, 라디오를 듣는 이유 중 많은 부분이 감정과 정보에 기반한 것으로 나타났다. 연구에 따르면 소비자는 라디오 광고가 자신에게 더 개인적으로 관련이 있다고 인식하는 것으로 나타났는데, 이는 라디오 광고가 일반적으로 특정 방송국 청취자의 인구통계적 및 심리적 특성을 타겟팅하는 특성 때문일 수 있다.

선별도 라디오의 다른 주요한 장점은 다양한 방송국의 다양한 프로그램 구성 방식과 지리적인 선택을 할 수 있는 청취자의 범위가 존재한다는 것이다. 라디오는 광고주에게 특정한 인구통계학적 집단이나 특정 생활양식을 가지고 있는 청취자에게 광고를 집중시킬 수 있게 한다. 대부분의 지역 라디오 방송국들은 성인 취향의 음악방송, 듣기 편한 음악, 클래식 음악, 컨트리 음악, 뉴스/토크쇼, 재즈 그리고 뉴스와 같은 구성 방식을 가지고 있다.

라디오는 다른 매체가 접할 수 없는 소비자들에게 다가갈 수 있다. TV 시청을 상대적으로 많이 하지 않는 사람들은 라디오에 더 많은 시간을 투자하며, 보통 그들은 평균 이상의 소득 수준과 교육 수준을 가지고 있다. 잡지나 신문을 많이 보지 않는 독자들 역시 상대적으로 라디오를 듣는 데는 많은 시간을 투자한다. 라디오는 특정한 비영어권 민족 시장에 다가갈 수 있는 대중적인 방법이 되었다. 로스앤젤레스, 뉴욕시, 댈러스, 마이애미에는 넓은 히스패닉 시장에 다가갈 수 있도록 스페인어를 사용하는 라디오 방송국이 몇 개 있다. 대중을 대상으로 하는 매스 마케팅이 서서히 기울어가고 시장 세분화와 지역적 마케팅이 중요시되고 있기에 라디오는 점점 더 중요한 매체가 되고 있다.

유연성 라디오는 모든 광고 매체 중에서 가장 유연한 매체일 것이다. 라디오 광고는 제작 마무리 시간이 짧아 광고주들이 방송에 나가기 직전까지 메시지를 바꿀 수 있기 때문이다. 보통 라디오 광고는 짧은 시간 안에 계획되고 만들어진다. 라디오 광고주들은 쉽게 그들의 메시지를 지역 시장 상황과 마케팅 상황에 잘 맞출 수 있다.

상상력 자주 간과되는 라디오의 잠재적인 장점 가운데에는 라디오가 상업적인 메시지를 전달할 때 청취자들의 상상력을 이용할 수 있다는 장점이다. 소리만 이용하는 라디오에서 크리에이티브적인 선택권은 제한되지만, 광고주들은 시각적인 효과를 없애면서 라디오 메시지가 무엇을 전달하고자 하는지 소비자들 스스로가 상상해볼 수 있게 만든다.

라디오는 또한 **이미지 전이**(image transfer)를 통해 TV 광고 메시지를 강화할 수 있다. 이는 TV 광고 이미지가 라디오에도 계속되는 것을 의미한다. 우선 마케터는 TV 광고의 비디오 이미지를 만들고, 동시에 TV 광고의 비디오 이미지와 유사한 음성 부분을 라디오 광고의 기본으로 사용한다. 이 개념은 소비자들이 라디오 메시지를 들을 때, 그들이 TV 광고와 연결시켜 그 비디오 이미지를 강하게 만드는 것이다. 이것은 광고주들이 라디오 광고를 TV 광고와 함께 사용하여 상승 효과를 만들 수 있는 방법이다. 사진 11-13은 미국라디오광고협회에서 제공하는 이미지의 전이 과정이 어떻게 작용하는지를 보여준다.

사진 11-13

미국의 라디오광고협회는 라디오의 이미지 전달에 대해 홍보한다.

자료: Radio Advertising Bureau

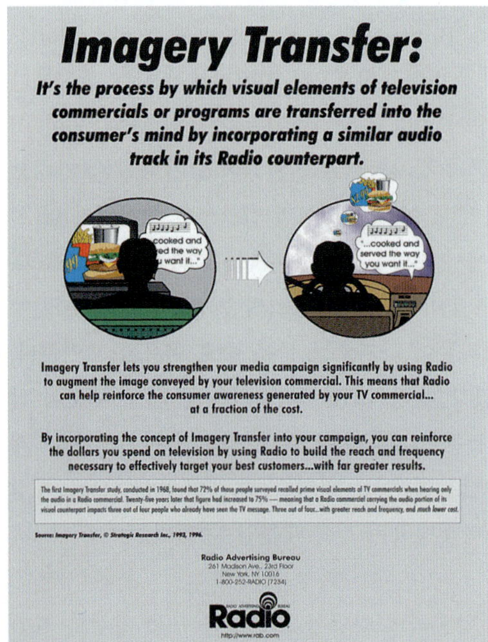

통합 마케팅 기회 라디오는 마케터들에게 다양한 통합 마케팅 기회를 제공한다. 라디오는 광고주들에게 TV, 잡지, 신문 등과 같은 다른 매체와 함께 사용되어 의식을 제고시키고, 그들의 메시지를 전달할 수 있는 시너지 효과를 만들어준다. 최근에 라디오 산업은 라디오가 다른 매체와 함께, 어떻게 소비자들을 움직일 수 있는가를 살펴보는 연구를 후원하였다. 이 연구에 따르면 라디오와 TV를 동시에 사용하거나, 라디오와 신문을 동시에 사용하는 것은 브랜드 인지도와 브랜드 선택에서 긍정적인 영향을 준다. 사진 11-14는 라디오가 어떻게 지역 커뮤니티와 연결을 강화할 수 있는지 보여주는 라디오광고협회의 홍보 사례다.

사진 11-14

라디오 방송국은 종종 지역사회 행사에 참여한다.

자료: Radio Advertising Bureau

라디오는 또한 판촉, 이벤트 마케팅 그리고 대의명분 마케팅과 같은 다른 IMC 도구들과 함께 사용될 수 있다. 라디오 방송국은 많은 지역들에서 중요하며, DJ나 프로그램 진행자가 유명하거나 영향력 있는 인물이다. 광고주들은 지역 시장에 자회사의 영향력을 높이고 지역 소매인들에게 영향력을 행사하기 위하여 라디오 방송국과 유명인들을 이용한다. 라디오는 장소에 기반을 둔 구매 시점 판촉(point-of purchase promotion)과 어우러져 매우 효과적으로 쓰이기도 한다. 소매상들은 파격 세일이나 특별한 행사와 함께 현장에서 가게로 손님을 끌어들이고 구매하도록 하는 라디오 방송을 이용한다. 생방송 라디오는 또한 이벤트 마케팅과 함께 사용될 수 있는데, 마케터들은 샘플이나 증정품을 주기 위한 부스를 바닷가, 스포츠 이벤트 혹은 축제 가운데에 세운 뒤 그곳에서 라디오 생방송 판촉을 후원한다.

라디오의 한계점

광고 매체로서 라디오의 효율성을 떨어뜨리는 몇 가지 요인이 있는데, 여기에는 크리에이티브의 한계, 청취자 분산, 제한된 조사 자료, 제한된 청취자 집중도 그리고 클러터가 있다. 매체 기획자는 반드시 기획 단계에서 이들을 고려해야 한다.

크리에이티브의 한계 광고 매체로서 가장 중요한 결점은 시각적 이미지가 없다는 것이다. 라디오 광고주는 상품을 보여줄 수 없고 묘사할 수도 없으며, 어떤 종류의 시각적 매력이나 정보를 제공할 수 없다. TV 광고처럼 라디오 광고도 자율성이 없고 청취자가 선택할 여지가 없는, 오래 가지 못하고 순식간에 사라지는 일회성 메시지를 제공한다. 이러한 크리에이티브의 한계 때문에 광고주들은 라디오를 무시하는 경향이 있고 광고대행사에서는 라디오 광고 개발을 하급 직원에게 맡긴다. 그러나 디지털 및 소셜 미디어 관점 11-1에서는 HD 라디오가 어떻게 자동차의 대시보드 디스플레이 화면에 나타나는 시각적 이미지와 라디오 광고를 페어링(pairing)할 수 있게 해주는지 논의한다.

청취자 분산 라디오의 또 다른 문제점은 방송국이 너무 많아서 청취자들이 분산된다는 점이다. 특정한 라디오 채널을 청취하는 시장의 비율은 아주 낮다. 많은 대도시에 있는 상위 라디오 방송국은 전체 청취자 중 적어도 10%의 청취자만 끌어모을 수 있다. 라디오 광고로 다양한 곳에 전달하고 싶은 광고주들은 지역 시장을 커버하기 위해서 많은 방송국의 시간을 사야 한다.

제한된 조사 자료 라디오 청취자 조사 자료는 TV, 잡지, 신문과 비교했을 때 다소 제한되어 있다. 대부분 라디오 방송국은 소규모로 운영하고 있고 청취자에 대한 상세한 조사를 하기에 재원이 부족하다. 아울러 대부분의 라디오 광고주들은 그들의 시장에 있는 라디오 청취자에 대한 조사를 충분히 진행할 수 없는 소규모 지역 회사들이다. 따라서 매체 기획자들은 라디오 시간을 구매할 때, 필요한 정보가 충분하지 않다.

디지털 및 소셜 미디어 관점 11-1 >>>

자동차 스크린을 두고 경쟁하는 마케터들

라디오 광고는 1922년, 뉴욕시 방송국 WEAF가 잭슨 하이츠(Jackson Heights) 교외에 있는 호손 코트 아파트(Hawthorne Court Apartments)에 대한 최초의 유료 라디오 광고를 방송하면서 시작되었다. 8년 후, 최초의 라디오가 자동차에 설치되었고 많은 운전자들이 차 안에서 음악과 뉴스를 들을 수 있다는 아이디어를 환영했다. 하지만 일부는 음악이나 라디오 프로그램이 운전자의 주의를 산만하게 하고 사고를 유발할 수 있다는 의견을 개진했다. 그러나 운전자들은 시내를 가로질러 운전을 하든 장거리 여행을 하든 상관없이, 음악과 뉴스 또는 스포츠 경기 방송을 들을 수 있다는 것을 좋아했다. 그리고 광고주들은 이를 더욱 좋아했는데, 그들이 운전하는 사람들에게 라디오 광고를 전달할 수 있기 때문이었다. 특히 오전과 오후 시간에는 청중이 꽉 찼고, 교통 체증으로 인해 차 안에 오래 머무르는 저녁 운전 시간은 광고주에게 매력적이었다.

라디오 광고는 오랜 기간 카세트, CD 플레이어 등 다양한 엔터테인먼트 장치와 경쟁해야 했고, 이제 위성 라디오, 아이팟, 스마트폰 및 스트리밍 서비스들과 다시 경쟁하고 있다. 이러한 경쟁을 고려하고, 라디오 광고에 대한 대안으로 다음과 같은 제안이 있었다. 사실 매시간 12분에서 15분 동안 전개되는 광고는 청취자들을 불편하게 만들고, 오디오에 국한된 라디오 광고는 제품이나 서비스에 대한 시각적인 이미지를 전달할 수 없다는 점에서 항상 창의적인 한계에 직면해왔다

이러한 상황을 고려하여, 라디오 광고가 성공을 거두기 위해 변화가 필요한데, 바로 자동차, SUV, 트럭의 대시보드에 있는 디스플레이 화면을 이용하자는 것이다. 오늘날 이 화면은 대부분의 사람들의 삶에서 네 번째 화면이자(TV, 컴퓨터, 스마트폰), 내비게이션을 포함한 기술이 탑재되어 있다. 물론 이 화면은 자동차 시스템 유지 관리 및 안전 메시지 등 많은 기능을 갖지만, 새로운 차량의 절반 이상이 HD(고화질) 라디오 수신기를 탑재하고 있으며, 현재 도로를 운행하는 자동차의 약 20%가 HD 기술을 갖추고 있다. HD 라디오는 방송국 이름, 아티스트 및 노래 제목 정보를 제공하며, 동시에 시각적 이미지를 포함하는 라디오 광고를 송출할 수 있게 한다. 마케팅 담당자는 HD 라디오 이미지 통합 소프트웨어를 사용하여 디스플레이 화면에서 소비자에게 시각적인 메시지를 제공할 수 있다. 오디오와 시각적 이미지를 결합하는 기능을 통해 광고주는 소비자와 더 깊은 관계를 맺을 수 있으며 자동차를 대상으로 하는 라디오 광고의 사용에 혁명을 일으킬 수 있다. 이 신기술이 얼마나 가치 있는지 보여주는 증거로, 닐슨에서 실시한 최근 연구에 따르면 자동차 대시보드 디스플레이 화면의 시각적 요소와 라디오 광고를 결합하면 광고주 회상에 극적인 영향을 미치는 것으로 나타났다. 이 연구에서 1,204명의 차량 소유자 중 절반에게는 일반적인 라디오 광고를, 나머지 절반에게는 비주얼이 추가된 광고를 노출하였고, 그 결과 참가자들에게 광고에서 자동차 딜러의 이름을 물었을 때, 짝을 이룬 영상과 함께 라디오 광고를 들은 사람들은 인지도가 훨씬 높았다(26%). 오디오 광고만 들은 경우인 4%와 비교하면, 약 6배 정도 높은 결과를 보였다. 추가 연구에 따르면 라디오 광고의 주요 메시지를 회상할 뿐만 아니라 비보조 인식에 대한 시각적 광고와 오디오 광고의 결합이 더 강력한 것으로 나타났다. MARU/Vision이 실시한 또 다른 연구에서 시각적 이미지는 브랜드 회상과 소매점 방문 의향을 높였다.

AM/FM 라디오를 많이 청취하는 사람 중 64%가 정기적으로 자동차

제한된 청취자 집중도 라디오를 괴롭히는 또 다른 문제점은 광고에 청취자들을 집중하게 만드는 것이 어렵다는 점이다. 특히 음악과 같은 라디오 프로그램은 다른 행동을 하면서 듣기도 해서 청취자들이 완전하게 집중하고 있지는 않다. 따라서 청취자들은 광고의 일부 또는 전부를 놓칠 수 있다. 라디오가 청취자를 더 사로잡을 수 있는 곳은 바로 차 안이다. 그러나 광고 청취자들을 집중하게 만드는 것은 여전히 어렵다. 대부분의 사람들은 그들의 차에서 라디오 채널을 미리 맞춰 놓고, 광고가 나가는 동안 다른 라디오 프로그램으로 전환한다. 에이버리 애버네시(Avery Abernethy)는 차에 있는 청취자들에게 광고하는 것과 라디오 프로그램에 노출되는 것 사이에는 큰 차이가 있다는 것을 발견했다. 청취자들은 광고 방송의 절반에 노출되어 있고 광고를 피하기 위해 자주 프로그램을 바꾼다. 자동차에서 라디오 듣는 것을 방해하는 다른 요인은 바로 휴대전화의 급성장이다. 최근 연구에 따르면 휴대전화를 가지고 있는 통근자 중 절반이 1년 전보다 라디오를 덜 듣는다고 대답했다. 많은 소비자들이 운전하는 동안 휴대전화와 함께 시간을 보내고, 또한 휴대전화에 저장된 음악이나 스트리밍 서비스를 통해 음악을 듣는다.

디지털 매체와의 경쟁 라디오는 또한 상업용 라디오 청취자에게 영향을 미치는 여러 디지

의 디스플레이 화면에 주의를 기울이는 것으로 나타났다. 전통적인 AM/FM 라디오는 여전히 지배적인 엔터테인먼트 형태지만, 운전자를 위한 멀티미디어 광고 제공 기능은 광고주와 라디오 방송국 모두에게 매우 귀중한 변화가 될 수 있다. 광고 수익 증대에 어려움을 겪고 있는 라디오 광고 산업에게 대시보드 디스플레이 활용은 라디오 산업을 넘어 확장될 수 있는 기회를 제공한다. 실리콘 밸리(Silicon Valley)의 기술 기업뿐만 아니라 자동차 산업도 자동차 화면을 활용하기를 원하기 때문이다. 자동차 제조사들은 수년 전부터 차량에 스크린과 무선 연결을 설치해왔고, 이제는 소비자가 공유하고자 하는 위치, 운전 행동, 데이터 선호도 등 다양한 내용들을 광범위하게 사용할 수 있다. 예를 들어, 제너럴모터스(General Motors, GM)는 차 내 스크린에 '마켓 플레이스(Market place)' 앱을 설치해왔는데, 이 앱을 통해 운전자는 운전석에서 편안하게 음식을 주문하고, 레스토랑을 예약하고, 주유비를 지불할 수 있다. GM의 이 앱은 맥도날드, 스타벅스, 던킨 등으로 운전자를 안내할 수 있고, 가장 가까운 주유소를 안내하기도 한다. 이제 마케팅 담당자가 곧 광고 및 프로모션을 보낼 대상의 위치에 따른 현지 레스토랑 및 기타 서비스 제안을 할 수 있다. 보험회사는 운전 패턴을 모니터링하고 운전 습관이 우수한 운전자에게 더 낮은 요금을 제공할 수도 있으며, 자동차 딜러와 부품업체가 타이어나 배터리 등 노후 부품을 모니터링하고 서비스를 제공할 수 있게 된다.

그리 멀지 않은 미래에 우리는 자동으로 운전되는 차 내에서 집에 가면서 무엇을 해야 할지 결정해야 할 가능성이 매우 높다. 저녁 식사를 하면 페퍼로니 피자와 5달러 할인 쿠폰을 보여주는 광고가 대시보드 디스플레이에 나타나기도 하고, 무궁무진한 마케팅 기회가 거기에 존재할 수 있다.

물론 마케터가 데이터를 활용하고 있는 차량 소유자의 개인정보 보호나 안전과 관련된 법규 등 아직 해결해야 할 문제가 많다. 그러나 1930년대에 자동차에 라디오를 장착하는 것의 위험성에 대해 논란이 되었던 것을 기억한다면, 기술의 발전이 우리를 또 다른 세계로 인도할 것으로 믿는다. 이제 사람들이 차에서 무엇을 더 할 수 있을까? 아마도 다른 광고를 보고 메시지를 보내고 통화를 하는 등의 현재 기준으로 위험한 일들이 당연한 일이 될 수도 있을 것이다. 그런 때가 되면, 그 옛날에는 "도로를 항상 주시하고 운전 중에는 문자 메시지를 보내지 마세요!"라는 표어가 있었다고 회상하게 될 수 있지 않을까?

자료: Westwood One, LLC.

자료: Tim Higgins, "The Battle for the Last Unconquered Screen-The One in Your Car," The Wall Street Journal, April 6, 2019, pp. B1, B3; Pierre Bouvard, "Radio Ads Paired with In-Car Visual Generate Significant Brand Effect and Store Visits for Major Retailer," WestwoodOne.com, January 7, 2019, www.westwoodone.com/2019/01/07/radio-ads-paired-with-in-car-visual-generate-significant-brand-effect-and-store-visits-for-major-retailer/; "Radio Ad Paired with Visual in the Car Amplify Impact," Insider Audio, www.insideradio.com/free/radio-ads-paired-with-visuals-in-the-car-amplify-impact/article_d9dd7768-420f-11e8-a41a-37aa1caeea43.html, April 17, 2018; Gabrielle Coppola and David Welch, "Pop-Up Ads in Your Car? It Could Be the Next Big Thing," Chicago Tribune, March 6, 2018, www.chicagotribune.com/classified/automotive/sc-auto-cover-in-car-advertising-20180305-story.html.

털 기반 기술의 위협에 직면해 있다. 기존 라디오 방송의 주요 경쟁은 위성에서 신호를 반사하는 위성 라디오의 성장이었고, 신호를 디지털 방식으로 인코딩하여 현재 SiriusXM은 2008년에 벌써 3,000만 명의 가입자를 보유하였다. 위성 라디오의 주요 시장은 위성 라디오를 옵션으로 선택하는 차량 소유자들이며, 새 차를 구입하거나 수신기를 구입하고 월간 구독료를 지불하는 경우, 140개 이상의 음악 채널을 포함하는 디지털 품질의 라디오 서비스를 약 13달러만으로 받을 수 있다. 이들은 뉴스, 토크, 스포츠, 어린이 프로그램 등을 통해 다양한 목표 시장을 대상으로 방송 가능하며, 자동차뿐만 아니라, 보트나 비행기, 가정과 기업 그리고 인터넷/모바일을 통해 접근할 수 있는 어디에서든 라디오에 접근 가능하게 만들고 있다.

위성 라디오 외에도, 판도라(Pandora), 스포티파이(Spotify), 애플뮤직(Apple Music) 등 인터넷을 통해 스트리밍되는 음악 서비스들이 전통적인 라디오 방송에 영향을 주고 있다. 그럼에도 불구하고, 라디오광고협회는 조사를 통해, 아직도 운전자의 80%가 AM/FM 라디오를 차 안에서 가장 중요한 엔터테인먼트 장치로 평가하고 있다고 발표하였다(사진 11-15).

사진 11-15

라디오는 차량용 엔터테인먼트 장치 중 가장 인기 있는 장치다.

자료: Radio Advertising Bureau

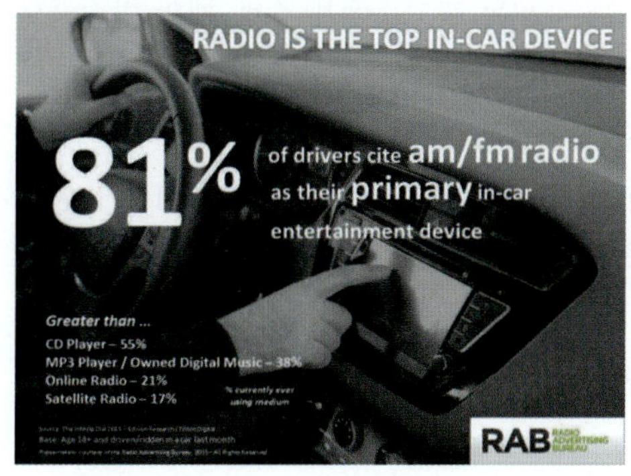

클러터 다른 광고 매체만큼 라디오도 클러터가 심하다. 대부분의 라디오는 1시간에 거의 10분 정도 광고할 수 있는데, 인기 있는 아침 시간이나 저녁 혼잡 시간대에는 광고 시간이 12분까지 늘어날 수 있다. 청취자를 끌어오기 위해 광고 없이 계속 음악을 트는 라디오 방송국들이 라디오의 클러터를 더욱 심하게 만든다. 그러면 더 많은 광고가 짧은 시간 안에 방송되어야 하고 결국 청취자들은 계속 광고를 듣기보다 다른 방송국으로 채널을 바꾼다. 광고주들은 그들의 메시지가 소비자들에게 잘 전달되도록 그들의 클러터를 뚫고 갈 수 있는 강하고도 반복적인 광고를 만들어야 한다. 라디오 청취에 관한 에디슨 리서치(Edison Research)에 의하면, 사람들은 광고가 너무 많으면 라디오를 덜 듣는다고 조사되었다.

라디오 산업은 마케터들에게 라디오가 광고의 수단으로 더 가치 있게 만들고자 다른 방법을 모색하는 중이다. 2010년 클리어 채널(Clear Channel)은 광고주들에게 컨텍스추얼 라디오(contextual radio)라고 알려진 새로운 서비스를 제공하였는데, 이는 어떤 프로그램이나 특정한 종류의 내용 바로 뒤에 자동적으로 라디오 광고를 넣는 것을 의미한다. 일부 광고주는 라디오 광고 메시지를 더 잘 전달하기 위해 이 서비스를 사용하고 있다. 예를 들어, 보험회사인 GEICO는 모든 자동차, 오토바이, 레저용 자동차 광고가 끝나자마자 "보험 가격 15%를 줄이세요"라는 광고를 방송했다.

라디오 시간 구매

라디오 시간을 구매하는 것은 광고주들이 네트워크, 스폿 아니면 로컬 구매를 할 수 있다는 점에서 TV 시간을 사는 것과 비슷하다. 이러한 선택권은 TV 시간 구매 부분에서 다루었기에 여기서는 간단히 언급하겠다.

네트워크 라디오 라디오 광고 시간은 전국 방송망 중 하나의 네트워크로 구매한다. 현재 CBS 라디오(CBS Radio), 큐뮬러스(Cumulus), 웨스트우드 원(Westwood One) 그리고 프리미어(Premiere)와 같은 7개 주요 전국 라디오 방송망이 있다. 그리고 전국적으로 100개가 넘는 지역 라디오 네트워크가 있다. 방송망 네트워크를 사용하는 이유는 전국적이나 지역적으로 라디오 광고를 위한 협상과 여러 행정 절차를 최소화해주기 때문이다. 네크워크의 사용은 개별 라디오 방송국마다 이러한 협상과 절차를 밟으며 드는 시간과 비용을 상당히 줄여줄 수 있다. 그러나 네트워크 안에 있는 계열 방송국의 숫자와 그들이 다가갈 수 있는 청취자의 유형은 상당히 다양하기 때문에, 네트워크 라디오를 사용하는 것은 방송국을 고르는 데 있어 광고주의 유연성을 해치기도 한다.

라디오의 중요한 추세는 광고주에게 수백 개의 방송국으로 구성된 패키지를 제공하는 라디오 네트워크 및 신디케이트 프로그램의 수가 증가하고 있다는 것이다. 예를 들어, '댄 패트릭 쇼(The Dan Patrick Show)'는 라디오와 TV가 공동 주최하는 스포츠 토크쇼이며, 프리미어 라디오(Premiere Radio)를 통해 전국적으로 배급된다. 이 프로그램은 356개 이상의 제휴 방송국을 통해 매주 120만 명에게 도달한다(사진 11-16). 이 쇼는 특히 18~49세 남성들에게 인기가 높으며,

사진 11-16
댄 패트릭 쇼는 전국적으로 방송된다.
자료: The Dan Patrick Show

신디케이션은 청중 단편화 및 구매 문제를 줄이고 전국 광고주에게 라디오의 매력을 높인다.

스폿 라디오 전국 광고주들은 스폿 라디오를 다양한 시장에 있는 개인 방송국의 광고 시간을 사는 데 사용할 수 있다. 스폿 라디오의 구입은 목표 수용자, 각각의 방송국 그리고 광고 시간을 고르는 것과 지역 시장 상황에 맞춰 메시지를 전달하는 것을 더 유연하게 해준다. 스폿 라디오는 라디오 시간 판매의 약 20%를 차지한다.

지역 방송 라디오를 많이 이용하는 광고주는 단연 지역 광고주들이다. 라디오 광고 시간 판매의 약 80%는 지역 광고주들이 개인 방송국에서 구매하는 것이다. 자동차 딜러, 소매업자 금융기관은 지역 라디오 광고를 많이 이용하는 광고주들이다. 일부 라디오 광고주들은 라디오 광고를 지역 케이블 TV 광고로 바꾸고 있는데, 시청률이 비슷하고 시각적 효과까지 더해지기 때문이다.

시급 구분

라디오의 방송 시간은 도표 11-5에서 볼 수 있듯이 다양한 시간대로 나누어져 있다. 라디오 청취자의 크기는 방송 시간에 따라 아주 다양하고 광고료도 그에 따라 바뀐다. 청취자들이 가장 많이 듣는 시간은 이른 아침이나 출퇴근 시간이다. 라디오 광고 요금은 스폿의 숫자나 구매한 청취 계획의 종류, 지역 시장에서 가능한 광고 시간의 수요와 공급, 개별 방송국의 청취율에 따라 다양하게 바뀐다. 광고 요금 정보는 방송국에서 바로 얻을 수 있고, SRDS의 라디오 광고 소스(Radio Advertising Source)가 그것을 요약한다. 이 자료는 지역 방송국과 라디오 네트워크의 광고 요금 정보를 제공한다. 어떤 방송국은 광고 시간 동안 광고 요금을 보여주는 광고 요율표를 제공한다. 그러나 많은 방송국은 그 광고 요율표나 SRDS에 적힌 요금을 엄격하게 따르지 않는데, 그들의 요금은 협상이 가능하고 유용성, 시간 그리고 구매된 광고량에 따라 바뀐다.

청취자 정보

라디오의 문제점은 청취자 정보가 부족하다는 것이다. 라디오 방송국이 너무 많고 청취자들이 상대적으로 작고 분산되어 있기 때문에 방송국은 자세한 청취자 조사에 비용을 투자하기 힘들다. 또한 라디오는 부수적이고 배경적인 역할을 하기에, 누가 어떤 시간에 얼마나 듣는지 별도로 조사하는 것도 힘들다. 주요 라디오 평가 서비스는 닐슨 오디오(Nielsen Audio)로, 지

도표 11-5
라디오 시급 구분

구분	시간대
아침 운전 시간대	오전 6시~오전 10시
낮 시간대	오전 10시~오후 3시
오후/저녁 운전 시간대	오후 3시~오후 7시
밤 시간대	오후 7시~자정
한밤 시간대	자정~오전 6시

역 방송국과 네트워크에게 청취자 정보를 제공한다. 수년 동안 라디오 청취자 정보는 아비트론에서 제공해왔다. 그러나 닐슨은 2012년에 아비트론을 인수했고 이 거래는 2013년에 연방거래위원회에서 승인되었다. 아비트론 인수로 닐슨은 텔레비전 및 라디오 측정 산업을 거의 완전히 통제할 수 있게 되었다.

닐슨 오디오 닐슨 오디오는 약 265개의 지역 라디오 시장을 포괄하며 연 2~4개의 평가 보고서를 제공한다. 닐슨은 각 시장의 대표적인 청취자 표본을 보유하고 있으며, 이들은 7일 동안 라디오 청취 일지를 사용하는데, 시장의 청취자 추정치는 이러한 일지 기록을 기반으로 하며 '닐슨 탑라인 라디오 청취율 보고서(Nielsen Topline Radio Rating)'에서 기간 및 선택된 인구통계별로 보고된다. 닐슨은 효과적인 측정을 위해 특정 기본 기준을 충족해야 하는데, 이 기준에는 특정 지역의 청취 가능한 인구 수, 청취 수준 및 통근 패턴이 포함된다. 청취 조사 대상 시장이 이러한 기준을 충족하면, 지역 라디오 방송국은 닐슨 서비스 구독을 통해 조사 지역을 지원한다. 라디오 청취율 조사를 위한 기본적인 세 가지 기준은 다음과 같다.

- 청취자 추정: 라디오를 듣고 있는 사람의 예상 수
- 청취율: 조사 지역 인구에서 청취자가 차지하는 비율
- 점유율(share): 전체 추정 청취자 수에서 차지하는 백분율

이 세 가지 추정치는 15분 단위로 누적 수치를 사용하여 더욱 구체적으로 정의된다. **AQH 수치**(Average Quarter-Hour figure)는 특정 15분 구간 동안 최소 5분 이상 라디오 방송을 청취한 사람의 평균 수를 뜻한다. 예를 들어, KCBQ 방송국은 오전 6시부터 오전 10시까지 평균 2,500명의 15분당(quarter-hour) 청취자를 갖고 있다. 그것은 주중 그 시간대 어떤 15분이든지 18~49세 중 평균적으로 2,500명은 그 방송국에 채널을 맞추고 있다는 것이다. 이러한 정보는 청취자와 특정한 시간대에 광고를 계획하기 위한 비용을 결정하는 데 도움을 준다. **큐움**(Cume)은 '누적 청취자'를 뜻하는데, 이는 라디오 방송 시간 동안 15분 중 적어도 5분 이상은 라디오를 듣는 다른 사람의 추정치다. 도표 11-8에서 보면 주중 아침 방송 시간 동안 KCBQ 방송국에서 18~29세 누적 청취자는 2만 6,300명이다. Cume은 특정 라디오 방송으로 가능한 도달률을 추정한다.

AQH RTG(Average Quarter-Hour Rating)은 조사된 지역 인구의 비율로 추정된 청취자 수를 표현한다. AQH SHR(Average Quarter-Hour Share)는 각 방송국을 듣고 있는 전체 청취자의 비율이며, 이 지표는 조사 지역에서 전체 라디오를 청취하는 사람들에서 특정 라디오 방송이 차지하는 비율을 의미한다. KCBC 방송국의 평일 오전 6시부터 오전 10시까지 방송 시간 동안 AQH는 0.2이며 AQH SHR은 0.8이다.

2008년 아비트론(Arbitron)은 라디오 청취자를 측정하기 위해 **휴대용 피플미터**(portable people meter, PPM)를 시장에 소개하였다. 휴대용 피플미터는 들고 다니는 호출기와 비슷한 크기이고, 라디오 프로그램에 내장되어 청취자들이 들을 수는 없으나, 식별이 가능한 부호를 해석하도록 하여, 청취자들이 어떤 라디오 프로그램을 듣고 있는지 전자적으로 추적한다. 라디오 산업과 광고주들은 더 자세하고 정확한 라디오 청취자 측정을 요구해왔고, 그들은 새로운 PPM 기술로 더 유효한 청취자 측정 시스템을 제안했다. 이제 아비트론을 인수한 닐슨에 의해 PPM은 주요 시장에서 그 활용을 더욱 넓히고 있다. 라디오 산업은 PPM 시스템이 더 많은 사람들이 라디오를 듣고 있다는 것을 증명하는 동시에, 광고주들이 더 많은 라디오 광고

사진 11-17

아비트론은 휴대용 피플미터를 홍보한다.

자료: Arbitron

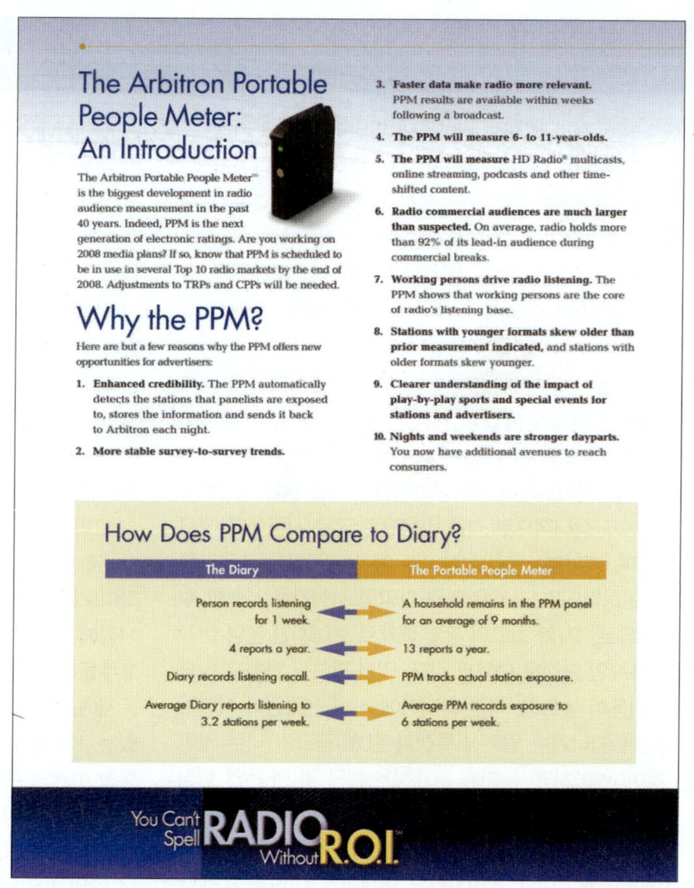

시간을 사도록 돕는다고 평가한다. 사진 11-17은 아비트론의 휴대용 피플미터의 가치를 알려주는 광고다.

RADAR 닐슨의 또 다른 청취율 제공 서비스로는 RADAR(Radio's All Dimension Audience Research)가 있다. RADAR는 모든 방면에서 청취자를 조사하는 것으로, 라디오 네트워크, 매체 서비스 회사 그리고 광고주들에게 지원받고 있다. RADAR 측정은 유선 전화를 보유한 가구에 있는 12세 이상의 약 40만 명을 표본으로, 1년 동안 모은 일지를 분석한 정보에 기반을 두고 있다. 응답자들은 1주일 동안 요일, 시간 그리고 위치와 같은 모든 라디오 청취를 기록하도록 교육받고 인구통계학적 정보 또한 일지에 기록된다. RADAR 기록은 1년에 4번 청취자와 다양한 시장 세분의 추정치와 함께 네트워크 청취자 조사를 발표한다. 청취자 추정치는 다양한 방송 시간에 시간대별로 측정하며, RADAR는 다양한 프로그램에 있는 광고를 위해 개별 네트워크 청취자의 추정치도 제공한다.

TV 매체와 마찬가지로, 라디오 매체 기획자들 역시 라디오가 목표 청취자에게 다가가는 가치와 상대적인 가격을 측정하기 위해 라디오 청취자에 대한 정보를 반드시 사용해야 한다. 라디오 시간 구매에 책임이 있는 매체 구매자는 목표 청취자 범위, 가격, 시간 계획 그리고 라디오 매체의 예산을 최적화할 수 있는 수준의 정보를 필요로 한다.

요 약

TV와 라디오로 대표되는 전파 매체는 대부분의 소비자 일상에 가장 가까이 존재하기에, 광고주들이 다양한 목표의 시/청취자에게 다가갈 수 있는 기회를 제공한다. 두 방송 매체 모두 공간 지향적이기보다는 시간 지향적이며, 그들의 프로그램과 광고 메시지를 방송하기 위해 네트워크를 포함하여 연계된 방송국의 시스템을 사용한다는 점에서 유사하다. 라디오 광고나 TV 광고는 전국적 또는 지역적인 프로그램으로 진행될 수 있으며, 또는 지역 방송국의 광고만을 구매할 수도 있다.

TV는 역사적으로 다른 광고 매체들에 비해 빠르게 성장했고 전국적 광고주들에게도 선구적인 매체가 되었다. 시각, 청각 그리고 움직임의 조합은 광고 메시지를 효과적으로 전달할 수 있는 많은 선택권을 제공하기에, 다른 어떤 매체보다도 광고 메시지에 창의적인 능력을 뽐낼 수 있다. TV는 또한 광고주들에게 상대적으로 적은 비용으로 많은 사람에게 메시지를 전달할 수 있으며, 케이블 TV의 성장으로 야기된 폭넓은 프로그램과 시청자 구성으로 인하여, 광고주들은 더욱 다양한 시청자를 선택할 수 있게 되었다. 이런 이유로, TV가 최고의 광고 매체로 보이지만 분명 한계점도 존재하는데 대표적인 단점은 다음과 같다. 먼저 광고를 만들고 방송하는 데 드는 절대 비용이 높으며, 다른 미디어에 비해 선택권이 적다는 점, 메시지가 순식간에 지나가는 일회성 특성과 함께, 광고가 너무 많아 클러터가 높다는 것이다. 마지막 두 가지 문제점은 최근 몇 년 동안 점점 더 짧은 광고를 선호하기 시작하면서 가중되고 있다.

오늘날 TV 시청은 인터넷의 영향을 크게 받고 있다. 더 많은 TV 프로그램이 이제 온라인에서 제공되고, 소비자들은 넷플릭스, 아마존 프라임, 훌루, 애플 티비 플러스와 같은 스트리밍 서비스에 가입하여 스마트 TV 뿐만 아니라 개인용 컴퓨터, 태블릿, 스마트폰에서도 시청하고 있다. 소셜 미디어는 사람들이 TV를 시청하고 TV 프로그램과 상호 작용하는 방식도 바꾸고 있다.

전국적이거나 지역적인 TV 시청자의 크기와 구성에 대한 정보는 닐슨 미디어 리서치가 제공한다. 이는 미국이나 국내 상황 모두 동일하며, 네트워크나 방송국에서 그들의 프로그램 광고 시간 가격 결정도 시청자 측정 수치에 기반한다. 이 정보는 광고주가 목표 수용자에 도달하는 적정 도달률과 빈도를 달성하기 위해 필요한 방송 프로그램 조합을 구성하는 데 쓰이기 때문에, 매체 기획자들에게도 매우 중요하다. 향후 TV는 유료 방송의 지속적인 성장, IPTV 등 인터넷 기술을 이용한 방송 시스템과의 경쟁, 그리고 이에 따른 TV 시청 가구에서 이용할 수 있는 채널의 증가가 예상된다. TV 산업은 점점 더 많은 소비자가 온라인으로 TV를 이용함에 따라 이제 코드가 없는(cordless) 형태로 바뀌고 있으며, 시청자 측정에도 변화가 적지 않다. 예를 들어, 프로그램이 TV에서 생중계된 후 3일과 7일 동안의 시청자를 측정하는 C3 및 C7 등급의 시청률이 제공되며, 향후 프로그램별 통합 시청률이나, 싱글소스 데이터(single source data)를 이용한 통합 시청률 등의 활용이 활발해질 것으로 예상된다.

오락과 광고 매체로의 라디오 역할은 TV의 급성장과 함께 변화하였다. 국내 상황과는 거리가 있지만, 미국에서 가장 오래된 매체의 하나인 라디오는 지역에서 주요 광고 매체로 변모하고 있다. 라디오는 세분화된 시장에 어필할 수 있는 아주 특화된 프로그램들을 제공한다. 라디오는 광고주들이 청취자들에게 효과적으로 다가갈 수 있고, 자주 다가갈 수 있는 동시에, 아주 효율적인 가격에 제한된 청취자들에게 메시지를 전달할 수 있는 기회를 제공한다. 또한 위치 기반 홍보전략과 이벤트 스폰서와 같은 통합 마케팅 프로그램을 만들 기회도 준다.

라디오의 가장 큰 단점은 시각적 이미지를 제공할 수 없기에 생기는 크리에이티브의 제약이다. 라디오 광고는 짧고 순간적이라는 점과 수많은 채널로 인해 라디오 청취자들이 매우 분산되어 있다는 점 그리고 TV와 같이 높은 광고의 클러터 및 청취 상황의 집중도가 떨어진다는 점 또한 단점으로 제기되고 있다.

TV와 유사하게, 라디오 광고 시간 요금 구조도 청취자의 크기에 따라 달라진다. 미국에서 닐슨 오디오는 지역 라디오 청취자 정보를, 그리고 역시 닐슨에서 제공하는 RADAR 조사 정보는 네트워크 청취자 정보를 제공해주는 가장 주요한 정보원이다.

CHAPTER 12

인쇄 매체 평가

자료: Meredith Corporation

자료: Authentic Brands Group LLC

자료: Fortune Media IP Limited

학습 목표

1 | 광고 매체로서 잡지와 신문의 가치를 살펴본다.

2 | 잡지의 발행부수와 열독률 및 독자에 대한 정보 그리고 관련 연구들을 살펴본다.

3 | 잡지의 지면은 어떻게 구매되고 있는지 알아본다.

4 | 잡지의 미래 방향에 대해 논의하고, 그것이 향후 잡지 광고에 어떤 영향을 미칠지 토의한다.

5 | 신문의 독자와 독자 정보 그리고 관련 연구들을 살펴본다.

6 | 신문의 광고 구매 방법과 요금 결정 등에 대해 알아본다.

7 | 신문의 미래에 대해 논의하고, 그것이 향후 신문 광고에 어떤 영향을 미칠지 토의한다.

인쇄 매체의 시대는 끝났다? 과연 그럴까?

많은 미디어 전문가들은 지난 수년 동안 인쇄 매체의 종말을 예견했다. 거기에는 타당한 이유가 있는데, 대부분의 잡지가 발행부수, 광고 페이지 그리고 광고 수익 감소를 경험하고 있기 때문이다. 인쇄 잡지의 광고 수익은 2008년 약 250억 달러에서 2018년 약 160억 달러로 감소했고, 광고 페이지 수는 2005년 이후로 증가하지 않았다. 잡지가 직면한 대표적인 문제는 점점 더 많은 사람이 뉴스, 정보, 엔터테인먼트를 얻기 위해 인쇄 매체가 아닌 온라인에 접속하고 있다는 것이다. 한때 잡지와 신문이 독자에게 누려왔던 독점적 위치는 메타(Meta), 구글(Google) 그리고 현재 스마트폰과 태블릿에서 사용할 수 있는 수많은 앱의 등장으로 사라졌다.

매체 산업에서 발생하는 변화는 다수의 대표적인 잡지들에 큰 영향을 미치고 있다. 타임사(Time Inc.)의 매출은 2011년부터 2018년까지 8년 연속 감소한 후, 2018년 초 출판사 메리디스 코퍼레이션(Meredith Corporation)으로 18억 달러에 인수되었다. 그러나 메리디스는 타임사를 인수한 지 불과 8개월 후, 〈Time〉 잡지를 세일즈포스닷컴(Salesforce.com)의 공동 창립자인 마크 베니오프(Marc Benioff)와 그의 아내 린(Lynne)에게 1억 9,000만 달러에 매각했다. 1923년에 처음 발행된 대표적인 인쇄 매체인 〈Time〉의 인수와 관련하여 베니오프는 다음과 같이 언급했다. "세계에서 가장 중요한 미디어 회사이자 상징적인 브랜드 중 하나를 관리하게 되어 영광입니다. 〈Time〉은 항상 세계의 상황을 반영하는 신뢰할 수 있는 매체였으며, 변화를 살펴보는 가장 큰 플랫폼 중 하나입니다." 메리디스는 〈Time〉을 매각한 지 몇 달 후, 유서 깊은 비즈니스 잡지 〈Fortune〉을 1억 5,000만 달러에 태국의 사업가에게 매각했다. 〈Fortune〉의 인쇄판은 수십 년 동안 타임사의 현금 제공 원천이었으며, 매년 발행되는 〈Fortune 500〉과 '세계에서 가장 존경받는 기업' 특별판으로 널리 알려져 있다. 2019년에 메리디스는 타임사에서 인수한 다른 주요 잡지도 매각했는데, 〈Sports Illustrated〉를 라이선스 회사인 어센틱 브랜즈 그룹(Authentic Brands Group)에 매각했다. 타임사는 1954년에 〈Sports Illustrated〉의 첫 번째 호를 발행했고, 이 잡지는 여러 세대의 스포츠 팬에게 지배적인 스포츠 간행물이 되었으며, 매년 발행되는 수영복 호는 문화적 현상으로 자리했었다. 메리디스는 잡지 포트폴리오를 축소한 유일한 주요 출판사가 아니며, 콘데 나스트(Condé Nast)는 2019년에 〈Golf Digest〉를 디스커버리(Discovery Inc.)에 매각했고, 〈Brides〉와 패션 잡지 〈W〉를 포함한 다른 여러 출판물의 매수자를 찾고 있다. 지난 수년 동안 이 회사는 〈Teen Vogue〉 등 잡지들의 인쇄판을 폐간하여 온라인 출판물만 발행해 왔다.

출판사가 직면한 문제 중 하나는 대형 광고주의 잡지 광고 지출이 최근 몇 년 동안 감소하고 있다는 것이다. 2017년 상위 50대 잡지 광고주는 전년 대비 6% 감소한 금액을 인쇄 광고에 지출했고, 2018년에도 지출을 줄였다. 화이자(Pfizer), 존슨앤존슨(Johnson & Johnson), 아마존(Amazon), 에스티 로더(Estee Lauder), 샤넬(Chanel)과 같은 주요 인쇄 매체 광고주는 모두 미디어 예산의 인쇄 광고 부분을 줄이고, 온라인 디지털 광고로 많은 예산을 옮겼다. 출판사들이 독자를 유치하기 위해 고군분투하고 있지만, 모든 잡지의 디지털 독자 수는 제자리걸음을 하는 반면, 남성 및 여성 라이프스타일 잡지와 대중문화 및 엔터테인먼트 출판물의 독자 수는 감소하고 있다.

유명인 편집자, 광고주를 위한 세심한 파티, 무한한 사진 촬영 예산(영화 〈악마는 프라다를 입는다〉에서 가장 잘 표현됨)이 있었던 잡지 출판 사업의 전성기는 오래전 지나갔다는 데 의심의 여지가 없다. 결국 많은 출판사가 광고로 인한 수익 손실을 메우기 위해 발행 빈도를 낮추고, 인쇄 잡지의 품질을 높이고, 더 우수한 품질의 제품에 더 큰 비용을 지불할 의향이 있는 틈새 독자층을 대상으로 하는 변화를 주고 있다. 많은 잡지가 매년 발행하는 잡지 수를 줄였는데, 예를 들어, 주간지였던 〈Sports Illustrated〉는 2018년에 2주마다 발행되기 시작했으며, 연간 27개 호에는 잡지가 강점으로 여기는 장문의 스토리를 더 많이 포함하였고 고품질 종이에 더 많은 사진을 게재하였다. 다른 여러 잡지들도 발행 빈도를 줄였는데, 여기에는 현재 월간지인 〈Fortune〉과 연 6회 발행되는 남성 패션 잡지 〈Esquire〉 등이 포함된다.

대부분 잡지가 발행 빈도를 줄이는 이유 중 하나는 이제 독자들이 뉴스, 스포츠, 패션, 엔터테인먼트의 최신 동향을 파악할 수 있는 자체 웹사이트나 앱을 보유하고 있기 때문이다. 더욱이 인쇄 간행물의 품질에 더 많이 투자하면 웹사이트 및 기타 온라인 플랫폼과 같은 디지털 확장에 기여할 수 있기 때문이다. 대부분의 잡지는 디지털 버전과 웹사이트를 보유하고 있지만, 인쇄 광고는 여전히 전체 광고 수익의 60% 이상을 차지하며, 발행부수의 구독을 통한 수입은 총수익의 약 30%에 머물고 있다. 많은 사람이 디지털 잡지 구독에 돈을 쓰는 것을 꺼리지만, 대부분의 마케터는 인쇄 광고보다 디지털 광고에 더 높은 요금을 지불할 의향이 있다.

인쇄 광고는 분명 감소하고 있지만, 잡지가 사라지지는 않을 것이며, 마케터가 미디어 비용을 지출하는 효과적인 수단으로 남을 수도 있다. 소비자 신뢰, 더 높은 수준의 회상, 더 큰 지속성, 높은 수준의 참여를 포함하여 인쇄 광고의 많은 이점이 그대로 유지되고

(계속)

있기 때문이다. 커피 테이블에 놓이거나 비행기에서 읽기 위해 서류 가방에 넣어둔 인쇄 잡지가 더 이상 보이지 않는 것은 시간 문제일 수 있다. 그러나 현재로서는 대부분의 출판사가 생존하고 성장하기 위해서는 '인쇄 또는 디지털'이 아닌 '인쇄 & 디지털'에 대한 전략이 필요하다는 것을 인식하고 있다.

자료: Marc Tracy, "Condé Nast Sell Golf Digest to Discovery Inc.," *The New York Times*, www.nytimes.com/2019/05/13/business/media/conde-nast-golf-digestdiscovery-communications.html; Sara Jerde, "Print Is Dead.Long Live Print." *Adweek*, May 6, 2019, p. 7; Beth Braverman,"How to Future-Proof Your Print Magazines," *Folio*, January 8, 2019, www.foliomag.com/future-proof-print-magazines/; Jeffrey A. Trachtenberg, "Time Magazine Sold to Salesforce Founder Marc Benioff for $190 Million." *The Wall Street Journal*, September 17, 2018, www.wsj.com/articles/time-magazine-sold-to-salesforce-founder-marc-benioff-for190-million-1537137165. Jerde, Sara. "Meredith Sells Time Magazine to Salesforce Founder Marc Benioff," *ADWEEK*, September 16, 2018.

잡지와 신문은 2세기 이상 사용된 광고 매체다. 오랜 기간 잡지와 신문은 광고주가 이용할 수 있는 유일한 주요 매체였다. 방송 매체, 특히 TV의 성장과 함께 읽는 습관은 감소하였고, 더 많은 소비자들은 그들의 흥미 거리의 주요 원천으로뿐만 아니라 뉴스와 정보를 위해 TV 시청으로 옮겨갔다. 그러나 방송 매체와의 경쟁에도 불구하고 잡지와 신문은 여전히 소비자와 광고주 모두에게 중요한 매체 비히클(media vehicle)로 남아 있다.

전 세계적으로 수많은 잡지가 출판된다. 그들은 수천 개의 사업과 직업뿐만 아니라 특정 소비자들의 관심과 라이프스타일(lifestyle)에도 흥미를 일으킨다. 특정 목표 수용자(target audience)에 도달하는 고도로 특성화된 매체가 됨으로써 잡지 산업은 번영해왔다. 또한 신문은 광고 수입과 광고주 수 측면에서 여전히 주요 광고 매체다. 신문은 많은 소매업자를 위한 지역 광고 매체로 특별히 중요하며, 대규모 전국구 광고주들에 의해서도 사용된다.

잡지와 신문은 우리 삶의 중요한 부분이다. 많은 소비자에게 신문은 제품 정보에 대한 주요 출처이며, 누가 할인행사를 하는지, 혹은 매주 푸드 섹션(food section)이나 삽입 광고에서 제공하는 쿠폰(coupon)이 있는지 확인하기 전에는, 소비자들은 쇼핑을 가지 않는다. 많은 사람이 특정 정보를 얻기 위해서 혹은 단순히 흥미거리로, 매주 혹은 매월 다양한 잡지를 읽는다. 다양한 직업에서 일하는 개인들은 보통 자신들의 산업 내, 혹은 사업 내 추세와 동향을 파악하기 위해서도 관련 잡지에 의존한다.

일반적으로 우리는 인쇄 매체에 크게 연관되어 있지만, 광고 수입의 도움 없이 살아남을 수 있는 신문과 잡지는 거의 없다. 소비자 잡지(consumer magazine)는 수입의 평균 54%가 광고에서 발생하며, 비즈니스 잡지의 경우에는 거의 73%에 이른다. 신문은 총수입의 70%가 광고에서 발생하는데, 많은 도시에서 일간지의 운영을 지원할 충분한 광고 수입을 확보하지 못하여 일간지 수는 감소하고 있다. 인쇄 매체는 광고주의 흥미를 끌 수 있는 대규모의 혹은 매우 특성화된 독자층을 확보할 수 있어야 한다.

잡지와 신문 모두 디지털 미디어의 중대한 도전에 직면하고 있는데, 디지털 매체는 전통적인 방식으로 읽었던 독자들에게 영향을 미치고, 또한 매년 마케터들의 광고 예산 중 상당 부분을 끌어모으고 있다. 많은 잡지와 신문은 소비자에게 온라인 판(edition) 비용을 지불하도록 하는 데 어려움을 겪고 있으며, 이를 통해 수익을 창출할 방법을 계속 찾고 있다. 그들은 마케터에게 배너와 다른 형태의 온라인 광고를 판매할 수 있지만, 웹에서 청구할 수 있는 광고 요금은 인쇄 광고 요금과 비교할 수 없이 작으며, 인쇄 광고 판매 감소로 인해 발생한 손실을 메우기에 충분한 수익을 창출할 수 없다. 따라서 단기적으로 잡지와 신문은 독자를 유치하고 유지하는 방법과 함께 광고 페이지와 수익을 계속 모색해야 한다. 분명 잡지와 신문은 직면한 어려움에도 불구하고 여전히 적지 않은 광고주에게 중요한 매체 수단이다.

잡지와 신문의 역할

광고주의 매체기획에서 잡지와 신문의 역할은 방송 매체의 역할과 다른데, 이는 잡지와 신문이 독자들의 재량에 의하여 살펴볼 수 있는 자세한 정보를 제공하기 때문이다. 인쇄 매체는 라디오와 TV같이 방해적(intrusive)이지 않는데, 그 이유는 인쇄 매체가 효과를 발휘하기 위해서는 독자들의 자발적인 수고가 필요하기 때문이다. 이러한 이유로 잡지와 신문은 종종 고관여 매체(high-involvement media)로 불린다. 새로운 매체 선택권의 증가에도 불구하고 잡지 독자층은 여전히 견고한 편이며, 미국 18세 이상 성인 90%가 인쇄 또는 디지털 형태로 잡지를 구독하고, 평균적으로 매달 7개의 잡지를 보는 것으로 보고되었다.

미국 성인 전체의 약 70%가 인쇄 또는 디지털 유형의 신문을 보며, 18세에서 24세의 젊은 독자들은 평균 약 59%가 신문의 콘텐츠를 온라인이나 인쇄 형태로 접한다. 주요 신문은 여전히 매우 광범위한 독자층에 도달하지만, 전문적인 신문은 더 좁거나 더 전문화된 시장에 도달한다. 잡지는 신문과 다른데, 잡지의 대부분은 선택적인 독자층에 도달하고 특정 유형의 소비자와 세분화된(segmented) 시장에 도달하는 데 더 가치가 있을 수 있기 때문이다. 현재 대부분 출판물의 디지털 판(digital edition)이 제공되지만, 잡지와 신문은 여전히 인쇄 매체의 형태가 주된 전달 방식이다. 신문과 잡지 두 매체는 상당히 다르며, 각각이 유치하는 광고 유형도 차이가 있다. 이 장에서는 이 두 가지 주요 인쇄 매체 형태(온라인 버전 포함)에 초점을 맞추고 각각의 장점과 한계를 살펴보고, 매체기획과 전반적인 IMC 프로그램에서의 역할을 결정하는 데 중요한 요소도 살펴본다.

잡지

지난 수십 년간 잡지는 광범위한 독자들의 교육, 정보, 엔터테인먼트(entertainment) 욕구에 부응하기 위해 급속도로 성장했다. 잡지는 모든 광고 매체 중에서 가장 특화되어 있는데, 〈Reader's Digest〉, 〈Newsweek〉와 같은 잡지는 일반적인 대중의 관심을 끄는 정기간행물인 반면, 대부분의 잡지는 매우 구체적인 독자를 대상으로 한다. 인구통계학적(demographic), 라이프스타일(lifestyle), 활동(activity), 흥미(interest), 혹은 매력(fascination)이라는 점에서 특정 유형의 소비자들과 소통하도록 준비된 잡지가 존재한다. 이는 잡지들이 다양한 직업에 속한 개인들뿐만 아니라 구체적인 사업과 산업을 목표로 하고 있기 때문이다(사진 12-1).

사진 12-1

잡지는 특정 산업이나 직업을 대상으로 할 수 있다.

자료: (left to right) ALM Media, LLC; Coyne & Blanchard, Inc.; Dentistry Today; EnsembleIQ

잡지가 아주 다양하다는 사실은 방대한 수의 광고주들에게 잡지를 매력적인 매체로 여기게 만든다. TV와 디지털 매체가 미국 내 광고주 사이에서 가장 큰 광고 지출을 차지하지만, 많은 기업은 여전히 잡지에 광고한다. 잡지 광고를 이용하는 주요 광고주는 연간 5억 달러 이상을 잡지 광고에 사용하는 프락터앤갬블(Procter & Gamble)이나 로레알(L'Oréal) 같은 대형 소비재 기업부터, 온라인 잡지인 〈Skin Diver〉에서 스쿠버 장비를 광고하는 소규모 회사에 이르기까지 다양하다.

잡지의 분류

이용 가능한 다양한 종류의 잡지와 이들을 활용하는 광고주에 대하여 알아보기 위해 잡지가 일반적으로 분류되는 방식을 살펴보자. 매체 기획자들에게 정기간행물에 대한 주요 정보를 제공하는 미디어 리서치 회사 Kantar Media SRDS(Standard Rate and Data Service)는 잡지를 독자층에 기반하여 소비자(농업 포함), 의료 서비스 그리고 비즈니스 간행물이라는 세 가지 큰 카테고리로 구분하고 각각의 카테고리는 잡지의 편집과 관련된 내용 및 독자 소구 방향에 따라 추가로 세분한다.

소비자 잡지 일반 대중들은 소비자 잡지를 정보 또는 엔터테인먼트를 위해 구매한다. Kantar Media SRDS는 2,800개의 미국 소비자 잡지를 80개 항목으로 구분하였고, 이 중에는 뉴스, 스포츠, 여행, 여성과 남성 등으로 구분한다. 소비자 잡지를 분류하는 또 다른 방식에는 배포 방식(by distribution)이 있다. 소비자 잡지는 구독(subscription)이나 서점 등의 매장 판매(store distribution), 혹은 두 가지 방법 모두를 통해 유통된다. 예를 들어, 〈Time〉과 〈People〉, 〈Sports Illustrated〉와 같은 잡지들은 구독과 서점 등의 매장 판매 모두 사용되며, 〈Woman's World〉는 주로 서점 매장을 통해 판매된다. 또한 잡지는 발행 빈도에 따라 분류되기도 하는데, 주간지, 월간지, 격월간지가 가장 흔한 형태다.

소비자 잡지는 잡지 전체 광고비의 약 3분의 2를 차지하여 잡지 산업의 가장 큰 부분을 차지한다. 소비자 잡지는 제품과 서비스를 사용하는 일반 소비자들에게 접근하고자 하는 마케터들과 특정 목표 수용자에 접근하려는 기업들에게 가장 적합하다. 소비자 잡지에서 가장 자주 광고되는 카테고리는 세면용품이나 화장품, 약과 치료제, 식품류 제품, 의류 및 액세서리 그리고 자동차다. 담배 제품의 마케터들은 그들의 매체 예산의 대부분을 잡지에 소비하는데, 이는 방송 매체에서 담배 광고가 금지되어 있기 때문이다.

대형 전국 규모의 광고주들이 지출 측면에서 소비자 잡지 광고를 주도하는 경향이 있지만, 2,800개의 소비자 잡지는 각각 특정 시장에 소구하는 소규모 기업에도 중요하다. 전문 잡지는 유사한 라이프스타일이나 관심으로 소비자들을 모으고 마케터들에게 도달 범위(coverage) 혹은 발행부수(circulation)의 낭비 없이 이러한 사람들에게 접근하는 효율적인 방식을 제공한다. 예를 들어, 제이크루(J.Crew), 앤스로폴로지(Anthropologie), H&M 그리고 포에버 21(Forever 21)과 같이 젊은 성인 여성을 대상으로 하는 여성 의류 마케팅 기업들은 〈Seventeen〉, 〈Elle〉, 〈Allure〉 또는 〈Cosmopolitan〉과 같은 잡지를 광고에 효과적인 매체 비히클로 선택한다.

이러한 전문 잡지들은 특정 세분시장에 접근하려는 기업들에게 소중할 뿐만 아니라, 또한 그들의 잡지 콘텐츠(editorial content)가 종종 관련 상품과 서비스에 대해 매우 우호적인 광고 환경을 조성한다. 예를 들어, 스키와 스노보드에 매료된 사람들은 〈Snowboarder〉나 〈Ski〉 잡지의 시즌 첫 번째 호를 읽은 후, 첫눈이 오기만을 학수고대할 것이다. 그리고 잡지에서 전달하는 스키와 스노보드 상품이나 스키 리조트 광고에 상당히 수용적으로 된다(사진 12-2).

사진 12-2

잡지 〈Ski〉는 스키어들에게 다가가기 훌륭한 비히클이다.

자료: Active Interest Media

사진 12-3

잡지 〈Beef〉는 소 목장 주인들에게 많이 읽힌다.

자료: BEEF Magazine

농업/축산업 간행물 소비자 SRDS 카테고리는 농업 종사자와 그의 가족들에게 흥미 있는 잡지 구성을 포함한다. 약 300개의 간행물이 가능한 한 거의 모든 타입의 농가 흥미나 관심에 맞게 제작되었다. SRDS는 농업 분야 정기 간행물을 9개로 구분하고 있는데, 모든 타입의 농업/축산업 종사자를 대상으로 하는 종합지(예를 들어, 〈Farm Journal〉, 〈Successful Farming〉, 〈Progressive Farmer〉)부터 가금(Gobbles), 돼지 농장(National Hog Farmer) 또는 소 농장(〈Beef〉-사진 12-3 참조)과 같이 특성화된 농업/축산업 분야에 관한 전문 잡지에 이르는 9개의 분류로 나누었다.

〈Nebraska Farmer〉나 〈Montana Farmer Stockman〉 등과 같은 농업/축산업 관련 간행물의 많은 수가 특정 주나 지역의 농업/축산업 종사자를 대상으로 한다. 역사적으로 농업/축산업이 비즈니스(business)로 여겨지지 않아 왔기 때문에, 농업/축산업 간행물은 비즈니스 간행물로 분류되지는 않는다.

비즈니스와 헬스케어 간행물 비즈니스 간행물은 특정 사업이나 산업 혹은 직업을 위한 잡지다. 미국 Kantar Media SRDS는 약 5,000개의 인쇄 잡지와 4,800개의 디지털 잡지를 200개의 시장 분류로 구분한다. 약 2,700개의 간행물이 건강 관리 범주에 있으며, 그중 1,225개가 디지털 잡지다. 주요 분류는 다음과 같다.

1. 특정 직업군을 위한 잡지 예 변호사를 위한 〈National Law Review〉, 건축가를 위한 〈Architectural Forum〉 등
2. 다양한 제조/생산 업체의 사업가에 맞춰진 산업 잡지(industrial magazines) 예 〈Automotive News〉, 〈Chemical Week〉, 〈Industrial Engineer〉
3. 도매상, 딜러(dealer), 유통업자 그리고 소매업자를 대상으로 하는 간행물 예 〈Progressive Grocer〉, 〈Drug Store News〉, 〈Women's Wear Daily〉, 〈Restaurant Business〉
4. 〈Forbes〉, 〈Fortune〉 그리고 〈Bloomberg BusinessWeek〉와 같이 사업 전 분야의 고위 관리자를 대상으로 하는 일반 비즈니스 잡지. 일반 비즈니스 잡지는 SRDS의 소비자 간행물판(consumer publications edition)에도 포함된다.
5. 헬스케어 잡지는 치과, 내과, 외과, 간호, 생명공학, 병원 행정, 수의학 등을 포함한 다양한 의료분야를 대상으로 하는 의료 관련 간행물이다. 예 〈Modern Healthcare〉, 〈Veterinary Practice News〉, 〈Dentistry Today〉 등

다양한 비즈니스 및 헬스케어 간행물들은 특정한 흥미를 가진, 세분화된 타입의 전문가들에 접근하여 그들의 산업, 직업 그리고 경력과 관련된 중요한 정보를 제공한다. 비즈니스 및 헬스케어 간행물은 목표시장을 구성하는 특정한 타입의 개인들에게 접근할 효율적인 방법을 제공하기 때문에 광고주들에게 중요하다. 또한 특정 기업이 다른 기업에 직접적으로 그들의 상품 혹은 서비스를 판매하는 소위 B to B(business to business) 수준에서도 많은 마케팅이 발생하며, 비즈니스 관련 잡지들은 이를 도울 수도 있다.

잡지의 장점

잡지는 광고 매체로서 매력적인 많은 특징이 있다. 잡지의 강점에는 선택성(selectivity), 뛰어난 재현(reproduction) 품질, 크리에이티브(creative) 유연성, 지속성, 명성, 독자의 높은 수용성과 관여 그리고 잡지가 광고주에게 제공 가능한 서비스 등이 있다.

선택성 광고 매체로 잡지를 이용하는 주요 이점 중 하나는 그들의 **선택성**(selectivity), 즉 특정 목표 수용자에 대한 접근 능력이다. 잡지는 다이렉트 메일(direct mail)을 제외한 모든 매체 중에서 가장 선택적(selective)이다. 미국 내에서 발간되는 수천 권의 잡지는 모든 타입의 소비자와 비즈니스에 접근하고, 광고주들이 그들의 제품을 구매하는 계층들에게 광고할 수 있게 한다. 예를 들어, 〈Shape〉는 활동적이고 전문적인 여성들을 대상으로 한 피트니스 잡지고, 〈Rolling Stone〉은 음악에 열정적인 독자들을 겨냥하며, 〈Ebony〉는 상류층 아프리카계 미국인 시장에 초점을 맞춘다. 매년 새로운 흥밋거리와 트렌드를 대상으로 하여 많은 새로운 잡지가 소개된다. 1985년 이래로 잡지 출간을 추적해 온 후스니(Samir Husni) 박사에 따르면, 2018년에는 191개의 새로운 잡지가 출간되었다(사진 12-4 참조). 출판사들은 또한 같은 기간 600개의 특별판과 북매거진(bookazines)을 출시했는데, 북매거진은 book과 magazine이 결합된 신조어로, 광택이 나는 페이지, 사진, 읽기 쉬운 레이아웃(layout) 등을 장착하고, 미국에서 더 높은 가격으로 판매된다. 〈U.S. News & World Report〉는 "최고의 대학", "최고의 대학원", "최고의 병원"과 같은 인기 있는 순위를 기반으로 한 연간 가이드북(guide book)을 포함한 여러 북매거진을 보유하고 있다. 이러한 출판물 중 다수는 신문 가판대나 매장 또는 온라인에서 판매된다. 많은 잡지 출판사들은 구독자 수가 감소함에 따라 수익을 창출하기 위해 북매거진과 특별판을 출시하고 있다. 새로운 소비자 잡지는 스포츠/레크리에이션, 게임, 엔터테인먼트/유명인, 여행, 패션/의류, 뷰티/그루밍(grooming)과 같은 분야에서 대중의 변화하는 요구, 관심사 및 열정을 충족하기 위해 지속해서 출시되고 있다. 아울러 새로운 비즈니스 간행물도 비즈니스 및 산업의 발전에 대응하기 위해 자주 출시되고 있다.

흥미에 근거하여 선택성을 제공하는 것 외에, 잡지는 광고주에게 높은 인구통계학적, 지리적 선택성을 제공한다. 인구통계학적 선택성(demographic selectivity), 즉 특정 인구 계층에 접근하는 능력은 두 가지 방식으로 가능하다. 먼저, 편집물(editorial content)의 결과로 대부분의 잡지는 상당히 잘 정의된 인구 세그먼트(segment)를 목표로 한다. 〈Ladies' Home Journal〉, 〈Elle〉, 〈Cosmopolitan〉은 대개 여성들이 구독하는 반면, 〈Esquire〉, 〈Maxim〉, 〈ESPN The Magazine〉, 〈Sports Illustrated〉는 주로 남성들이 구독한다. 노년층 소비자의 경우 〈AARP The Magazine〉과 같은 간행물을 통해 접근할 수 있다. 주로 여

사진 12-4

잡지 전문가 후스니는 매달 새로 출시되는 잡지들을 추적한다.

자료: Dr. Samir "Mr. Magazine" Husni

01 Friday Feb 2019

Goodbye January 2019 — And Hello 15 New Magazine Titles!

Posted by Samir "Mr. Magazine™" Husni, Ph.D. in New Magazines ≈ Leave a comment

Welcome 2019 & welcome to a new crop of fantastic new magazines! Mr. Magazine™ had a hard time deciding which ones to highlight with this very first Launch Monitor of the New Year! But as usual, when it comes to magazines, he rolled his sleeves up and got to the task of choosing. But just remember all 15 of these new titles are worth picking up, so go get them one and all!

First up, we have another offering from the field of green, **Cannabis & Tech Today**. The magazine is a quarterly publication specializing in technological advancements, business innovations, and popular culture pertaining to the marijuana industry. And since its headquarters are in Denver, the magazine will surely have its finger on the pulse of the cannabis world. So, Mr. Magazine™ says welcome to the fold, Cannabis & Tech Today!

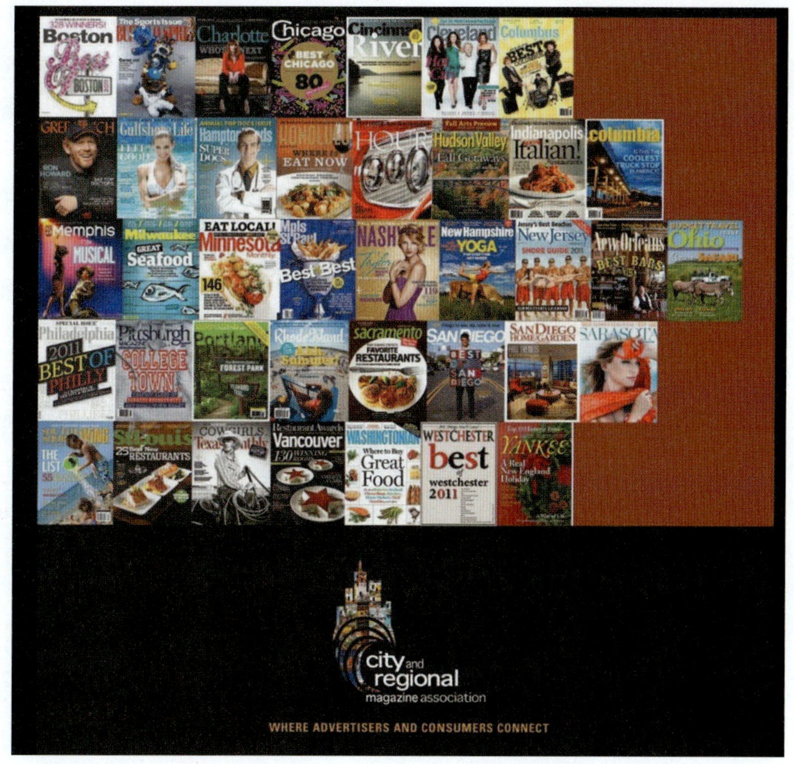

사진 12-5

도시와 지역 잡지들은 광고주들에게 높은 지리적 선택성을 제공한다.

자료: City and Regional Magazine Association

성 독자를 갖는 셀럽 잡지(Celebrity-focused)는 최근 몇 년 동안 매우 큰 인기를 얻고 있다.

잡지가 인구통계학적 선택성을 제공하는 두 번째 방식은 특별판(special edition)을 통해서다. 〈Reader's Digest〉, 〈Time〉, 〈Good Housekeeping〉과 같이 폭넓은 관중의 흥미를 끄는 잡지들도 그들의 인구통계적 특별판(special demographic edition)을 통해 높은 수준의 인구통계학적 선택성을 제공할 수 있다. 대부분의 대표 소비자 잡지는 각기 다른 인구층 시장(different demographic market)을 겨냥한 특별판(special edition)을 출간한다.

지리적 선택성(geographic selectivity)도 광고주들이 특정 도시나 지역에 집중할 수 있게 한다. 지리적 선택성을 달성하는 한 가지 방식은 특정 지역을 대상으로 하는 잡지를 이용하는 것이다. 지역적 관심을 다룬 잡지에는 〈Yankee(뉴잉글랜드)〉, 〈Southern Living(남부)〉, 〈Sunset(서부)〉, 〈Texas Monthly(텍사스)〉 등이 있다. 최근 미국에서 더 성공적이었던 잡지 매체 변화 중 하나가 대부분의 미국 주요 도시에서 도시 매거진(city magazine)이 성장하는 것이다. 예를 들면, 〈Los Angeles Magazines〉, 〈Philadelphia〉, 〈Boston〉 등에서 해당 도시 및 주변 대도시 거주자에게 라이프스타일이나 이벤트에 관한 기사를 제공한다. 도시 매거진이나 지역 매거진은 광고주들이 흥미로워하는 특정 지역 시장에 집중할 수 있도록 한다. 이러한 잡지는 또한 고급 브랜드의 마케터를 유인하는 고수입 독자층이나, 대학 교육을 받은 독자층, 그리고 브랜드 충성도가 높은 독자층이나 영향력이 있는 독자층을 가지고 있다. 이러한 출판물 대부분은 도시 및 지역 잡지 협회(City and Regional Magazine Association)에 소속되어 있으며, 이 협회는 64개의 서로 다른 시장을 대표하는 잡지들로 구성되어 있다(사진 12-5). 광고주는 단 한 번의 구매 노력으로 이 협회에 속한 모든 잡지에 광고를 낼 수 있다.

잡지에서 지리적 선택성을 달성하는 다른 방법은 전국 혹은 지역 잡지의 특정 지역 판(geographic edition)에 광고하는 것이다. 수많은 간행물은 그들의 판매부수를 지역이나 주요 대도시로 그룹화하여 집계하고, 광고주에게 그들의 광고를 이러한 지역 판에 집중할 수 있는 선택권을 제공한다. 잡지는 지리적으로 나누어 각각의 지역에 지역 판(regional edition)을 제공하면서 광고주들에게 특정 주나 대도시를 겨냥한 선택을 할 수 있게 만든다.

Kantar Media SRDS는 지리학적 그리고 인구통계학적 판(edition)을 제공하는 350개의 소비자 잡지를 목록화하였다. 지역 단위의 광고주는 잡지가 판매되는 지역에만 접근할 수 있는 판에 광고 지면을 구매하지만, 전국 단위의 광고주들 역시 잠재적 가능성이 있거나 프로모션 지원이 더 필요한 지역들에 광고를 집중하기 위해 지역 판(geographic edition)을 이용할 수 있다. 또한 제품을 시험 판매하거나 다양한 지역에서 대체 프로모션 캠페인을 시험 집행하기 위해 지역 판(regional edition)을 이용한다.

지역 판 광고는 다양한 시장의 소매업자 혹은 유통업자의 이름이 공개되기에, 더 큰 지역 후원을 불러올 수 있다. 지역 마케팅에 대한 추세는 마케터들이 이용할 수 있는 지역 매체 사용의 중요성을 증가시키고 있다. 또한 지역 및 인구통계학적 이용 가능성은 목표 수용자에 도달하기 위한 경비효율지표(cost per thousand, CPM; 광고 도달 시청자 또는 독자 1,000명당 소요되는 경비)를 줄일 수도 있다.

재현 품질 잡지 광고의 가치 있는 특성 중 한 가지는 광고의 재현 품질(reproduction quality)이다. 잡지는 일반적으로 고품질의 제지에 인쇄되며, 흑백이나 컬러(color)로 훌륭하게 재현되는 인쇄 과정을 거친다. 잡지는 일반적으로 일러스트레이션(illustration)을 사용하는 시각적 매체이므로, 이는 매우 중요한 특성이다. 거의 모든 잡지의 재현 품질은 특히 색채(color)가 필요할 때, 신문 등 다른 주요 인쇄 매체보다 훨씬 우수하다. 색의 사용은 사실상 대부분의 제품군에서 필수가 되었고, 현재 전체 잡지의 3분의 2가 색채를 사용하고 있다. 잡지의 훌륭한 재현 품질은 대행사가 혁신적이고 창의적인 작업의 기회를 제공한다.

크리에이티브 유연성 잡지는 우수한 재현 능력과 더불어 광고주에게 광고 자료의 종류, 크기, 배치에 있어 상당한 유연성을 제공한다. 특정 잡지는(종종 추가 비용을 지불하면) 광고의 창의적인 매력을 높이고, 관심, 독자 수를 늘릴 수 있는 다양하고 특별한 옵션을 제공한다. 여기에는 게이트폴드(gatefold), 블리드 페이지(bleed page), 삽입 광고(insert) 그리고 크리에이티브 공간(creative space) 확보 등이 있다.

게이트폴드(gatefold)는 광고주가 펼칠 수 있는 특대 크기의 스프레드(spread)를 제공하는 제3의 별도 페이지를 사용하여 두드러진 광고 효과를 줄 수 있도록 한다. 게이트폴드는 일반적으로 큰 크기의 소비자 잡지 안쪽 커버나 안쪽 페이지에서 종종 찾을 수 있다. 광고주들은 특히 신제품 또는 새로운 브랜드 도입과 같은 특별한 경우에 매우 강렬한 인상을 주기 위해 게이트폴드를 사용한다. 예를 들어, 자동차 광고주들은 신차 출시를 소개하기 위해 게이트폴드를 사용하곤 한다. 그러나 모든 잡지가 게이트폴드를 제공하지는 않으며, 반드시 사전에 예약되어야 하고 프리미엄(premium) 요금도 지불해야 한다.

블리드 페이지(bleed page)는 흰 여백을 남겨 두지 않고 광고 내용을 페이지의 가장자리까지 확대한 것을 말한다. 블리드는 광고가 커지는 인상과 함께, 더 극적인 효과를 준다. 대다수의 잡지가 블리드에 최대 10~20%의 추가 비용을 청구한다.

게이트폴드와 블리드 페이지에 이어 잡지를 통해 이용 가능한 크리에이티브 옵션에는 특별한 페이지 크기와 모양이 포함된다. 특정 광고주들은 페이지에서 튀어나오는 3차원 팝업(pop-up) 광고를 개발하여 독자의 관심을 끌기도 하고, 다양한 삽입 광고(insert)는 많은 잡지

사진 12-6

미국의 아우디는 Audi A8의 조명 기능을 프로모션하기 위해 매우 창의적인 잡지 삽입 광고를 사용하였다.

자료: Audi of America

에서 사용된다. 이들은 회신 카드, 요리 소책자, 쿠폰 그리고 제품 샘플(sample)을 포함한다. 화장품 회사들은 새로운 향수를 소개하기 위해 뜯어서 직접 향을 맡을 수 있는 삽입 광고를 사용하고, 어떤 기업들은 이 방식을 방향제나 세탁 세제 혹은 향이 중요한 다른 상품들을 프로모션하기 위해 사용한다. 삽입 광고는 또한 직접 반응 광고(direct-response ad)와 결합하거나 판매촉진 전략 중 하나로도 사용된다.

향기 나는 광고, 팝업 광고, 노래가 나오는 광고, 두꺼운 카드 형태의 광고, 스티커(sticker) 그리고 디지털 기술을 이용하는 광고 등은 잡지에서 광고주들에 의해 사용되는 삽입 광고의 종류다. 광고주들은 때때로 잡지 내 높은 클러터(clutter)를 돌파하고 독자들의 관심을 포착하기 위해 특별한 삽입 광고를 사용한다. 예를 들어, 아우디 아메리카(Audi of America)의 광고대행사는 여행, 패션, 예술, 문화에 초점을 맞춘 잡지인 〈Departures〉에 게재된 매우 창의적인 삽입 광고를 개발했으며, 최상류층 독자들에게 제공되었다. 이 삽입 광고는 Audi A8의 조명 시스템과 같은 순서로 켜지는 49개의 LED가 점등되는 기능을 특징으로 했다. 잡지 독자는 잠금 및 잠금 해제 버튼이 작동하는 가짜 고급 키(key)를 받고, 키 잠금을 클릭하면 Audi A8 소유자가 차량에 접근할 때 인사를 전하는 조명 시스템을 경험할 수 있었다(사진 12-6). 해당 삽입 광고는 Audi가 목표 수용자로 삼고 있는 청중인 〈Departures〉 독자의 주의를 끄는 동시에, A8의 혁신적이고 우아한 조명 기능을 강조하는 독특한 방법이었다.

많은 잡지 출판업자들은 독창적인 삽입 광고를 사용하길 원하는 광고주들과 협력하고자 하는데, 그 이유는 출판업자들이 잡지가 제품을 소개하는 방법으로 뉴미디어와 경쟁할 수 있음을 보여주고 싶기 때문이다. 삽입 광고가 제작팀과 제작사에는 도전을 주지만, 추가 배송에 따른 비용은 일반적으로 광고주에게 전가된다. 삽입 광고를 제작하는 총비용은 복잡성, 무게, 조립 과정 그리고 다른 요소에 따라 다양하다. 일부 매우 정교한 삽입 광고는 수백만 달러 정도의 비용을 광고주에게 요구할 수도 있다.

크리에이티브 공간 확보(creative space buy)는 잡지의 또 다른 옵션이다. 일부 잡지는 광고주들에게 매체 예산의 효과를 증가시키기 위해, 특정 조합으로 공간 단위 묶음(space unit)을 광고 상품으로 제공한다. 예를 들어, 사진 12-7과 같이 다목적 윤활유 제품인 WD-40는 여러 잡지에 반 페이지나 4분의 1페이지 크기의 광고를 연속 페이지에 게시하여 페이지마다 제품의 다른 용도를 알려주고 있다. 이 전략은 제품의 다양한 용도를 프로모션하는 데 도움을 주었다.

영속성 잡지의 또 다른 특징적인 장점은 이들의 긴 수명이다. TV와 라디오는 매우 수명이 짧은 일회성 메시지라는 성격이 있고, 신문 또한 일반적으로 금방 버려진다. 그러나 잡지의 경우 상당 기간 읽히며 보관된다. 잡지는 다른 어떤 매체보다 오랜 기간 집에 보관되며 일반적으로 수시로 보게 되는데, 잡지 독자에 관한 연구에 따르면 독자는 평균 잡지를 읽기 위해 약 2~3일에 걸쳐 한 시간에 가까운 시간을 소비한다. 또한 이 연구에 따르면 소비자의 약 75%가 향후 다시 보기 위해 잡지를 보관하는 것으로 나타났다. 잡지의 수명이 길어진다는 것은 독자들이 서둘러서 읽지 않고 광고를 자세하게 살펴볼 기회가 더 많다는 의미다. 이는 고

사진 12-7

WD-40은 그들의 미디어 예산으로부터 더 큰 효과를 얻기 위해서 페이지 4분의 1 크기의 광고를 사용하였다.

자료: WD-40 Company

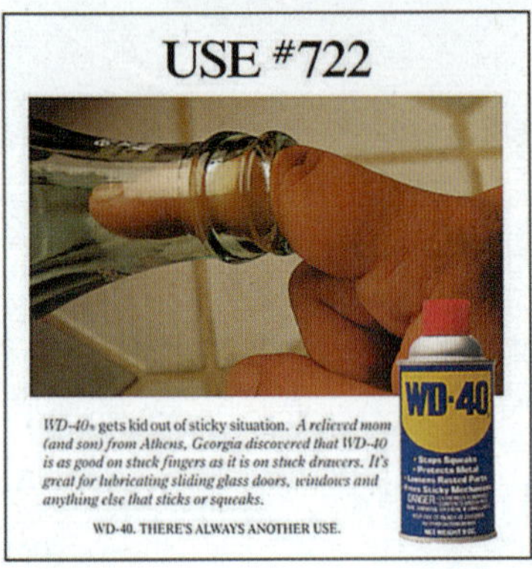

관여제품이나 자세한 설명이 필요한 제품과 서비스에 있어 매우 중요한 사항인, 더 길고 상세한 카피를 광고에 사용할 수 있다는 것을 뜻한다. 잡지의 영속성은 또한 독자가 여러 번 광고에 노출될 수 있다는 것을 의미하며, 잡지가 다른 독자에게 전달될 수도 있다.

명성 잡지 광고의 또 다른 긍정적인 특징은 우호적인 이미지를 가진 출판물에 광고함으로써 제품이나 서비스가 얻는 명성이다. 제품이 인지된 품질, 평판 그리고 이미지에 크게 의존하는 기업은 품질이 우수하고 소비자가 광고 페이지에 높은 수준의 흥미가 있는 명망 있는 출판물의 광고 공간을 구입한다. 예를 들어, 〈Esquire〉와 〈GQ〉는 매우 우호적인 환경에서 남성 패션을 다룬다. 그리고 의류 제조업자는 그들의 제품 라인의 명성을 높이기 위해 이러한 잡지에 제품을 광고한다. 〈Architectural Digest〉는 고품질의 사진과 예술 작품을 포함하는 인상적인 편집 환경을 제공하는데, 잡지의 상위 독자는 그 간행물에 우호적인 이미지를 가질 것이고, 이는 그 페이지에 광고되는 제품으로 연결된다.

〈Good Housekeeping〉은 그들의 직인이 찍힌 제품에 대해 구매 후 2년 이내에 결함이 입증되면, 잡지가 제품을 교환해주거나 구매 가격으로 환불해주는 독특한 소비자 정책을 가지고 있다. 현재는 〈Good Housekeeping Research Institute〉로 유명한 이 기업의 리서치(research) 부서는 한 세기가 넘는 기간 동안 제품을 평가해왔다. 이 직인은 광고된 제품에서만 사용될 수 있으며, 특정한 브랜드에 대한 소비자들의 확신을 증가시킬 수 있다. 실제로 환불이 보장되기 때문에 구매에 따른 인지된 위험(perceived risk)의 정도를 줄여준다(사진 12-8). 브랜드는 긍정적인 이미지와 높은 품질의 내용을 가진 잡지에 광고를 게재함으로써 명성을 높일 수 있다.

사진 12-8

〈Good Housekeeping〉의 직인은 잡지에 광고된 제품에 대해 소비자들에게 신뢰감을 제공한다. 광고에 있는 Good Housekeeping 직인에 포함된 이점은 무엇이 있을까?

자료: Hearst Communications, Inc.

소비자 수용성과 참여 신문을 제외하면 소비자는 다른 어떤 매체 광고보다 잡지 광고에 더 수용적이다. 잡지는 일반적으로 그들이 담고 있는 정보가 독자의 관심을 끌고, 잡지 광고가 구매 결정을 하는 데 필요한 추가 정보를 제공하기 때문이다. 여러 연구에 의하면 잡지가 소비자의 자동차, 뷰티(beauty) 제품, 의류, 패션(fashion), 재무 설계 그리고 개인이나 비즈니스(business) 여행 등과 같은 다양한 제품과 서비스에 대한 정보의 주요 출처임을 보여주고 있다.

매체 기획자는 잡지 광고의 주요 장점 중 하나가 독자를 사로잡고 그들의 관심을 붙잡는 능력이라고 판단했다. 수많은 연구는 소비자가 잡지를 읽을 때 잡지와 관계를 형성하며, 광고를 받아들일 수 있게 되고, 광고를 즐겁게 여기며, 심지어 광고를 잡지의 중요한 부분이라고 생각할 수도 있다는 결과를 보여준다. 반면, TV, 라디오 그리고 인터넷과 같은 거슬리는(intrusive) 매체는 소비자가 광고에 주목하지 않는다는 문제와 함께, 광고 메시지를 피하려 하는 한계와 싸워야 하기 때문이다. 그리고 광고주들이 이러한 매체에 광고를 집행하고자 노력할수록, 소비자들은 더욱 광고를 회피할 방법을 모색한다. 그러나 잡지의 독자들은 스스로 잡지 내용과 광고에 노출되는 비율과 시간을 조절할 수 있고, 광고가 상대적으로 덜 방해되는 것으로 인식한다.

해당 연구에 따르면 광고에서 소비자 관여는 매우 중요한데, 그 이유는 다음과 같다. 광고에 관한 소비자 관여가 높으면 광고에 관한 기억을 높이고, 광고 브랜드에 대한 추가적인 정보를 찾아보며, 그들의 웹사이트를 방문하고, 차후 참고용으로 광고를 저장하고, 다른 사람들에게 그것을 추천할 뿐만 아니라, 제품이나 서비스를 구매하게 되기 때문이다. 연구 결과는 소비자 관여의 정도가 구체적인 행동과 직접적으로 관련이 있다는 것을 입증한다. 사진 12-9는 미국의 주요 미디어 및 소비자 연구 기관인 GfK MRI Starch의 연구를 기반으로, 특정 잡지 광고에 노출된 결과로 잡지의 독자들이 취하거나 계획한 다양한 행동을 보여준다.

서비스 잡지의 장점으로 알아볼 마지막 사항은 일부 잡지가 광고주에게 제공하는 특별한 서비스다. 일부 잡지는 소매업자와 같은 중개인에게 그들의 발행물에 제품이 광고되고 있다는 것을 알려주고, 제품을 전시하거나 프로모션하도록 권장하는 상품화 직원(merchandising staff)이 있다. 잡지(주로 대형 잡지)가 제공하는 또 다른 서비스는 그들이 소비자를 대상으로 시행하는 조사 연구다. 이러한 연구는 일반적인 소비자 동향, 변화하는 구매 패턴 그리고 매체 사용(media usage)을 다루거나, 특정 제품 혹은 관련 산업을 다룬다. 잡지가 제공할 수 있

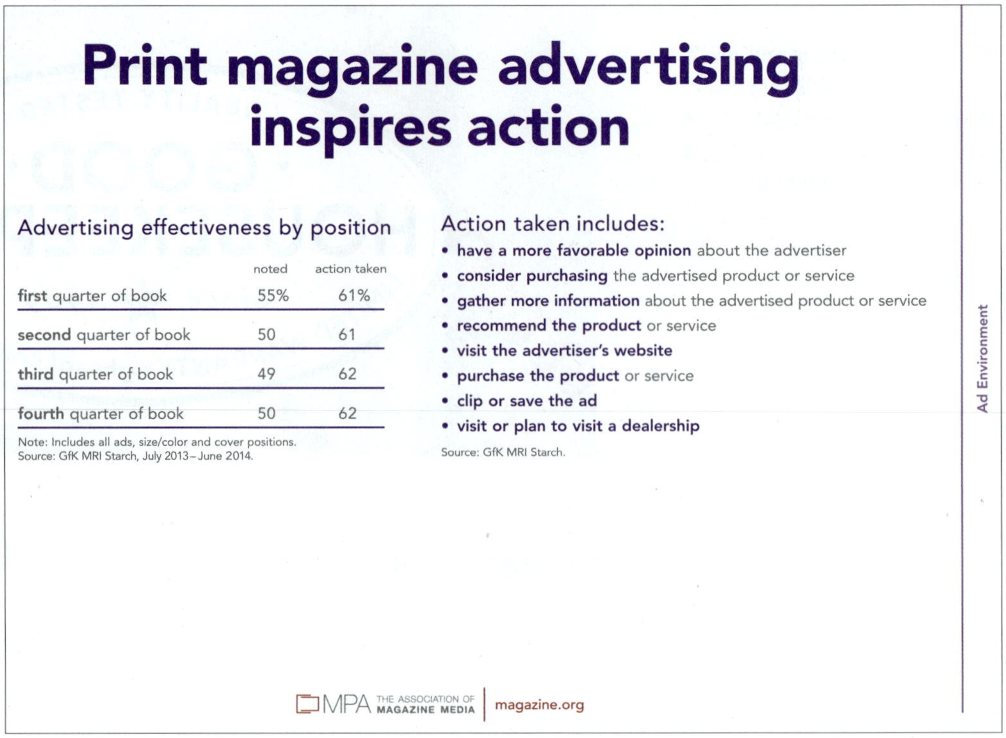

사진 12-9

소비자가 잡지 광고에 노출된 후 취한 행동들

자료: The Association of Magazine Media

Print magazine advertising inspires action

Advertising effectiveness by position

	noted	action taken
first quarter of book	55%	61%
second quarter of book	50	61
third quarter of book	49	62
fourth quarter of book	50	62

Note: Includes all ads, size/color and cover positions.
Source: GfK MRI Starch, July 2013–June 2014.

Action taken includes:

- **have a more favorable opinion** about the advertiser
- **consider purchasing** the advertised product or service
- **gather more information** about the advertised product or service
- **recommend the product** or service
- **visit the advertiser's website**
- **purchase the product** or service
- **clip or save the ad**
- **visit or plan to visit a dealership**

Source: GfK MRI Starch.

Ad Environment

MPA THE ASSOCIATION OF MAGAZINE MEDIA | magazine.org

는 조사 연구 서비스의 예로 **스플릿 런**(split run)이 있다. 이는 두 가지 혹은 그 이상 버전의 광고를 특정 잡지에 번갈아 게재하는 것이다. 이를 통해 광고주는 어떤 광고가 더 많은 반응이나 문의를 생성하는지 확인할 수 있고, 효과에 대한 증거를 확보할 수 있다. 기술 발전으로, 잡지도 광고주에게 정밀하게 타겟팅된(targeted) 독자들을 대상으로 개인화된(personalized) 메시지를 전달 가능하게 만들고 있다.

잡지의 단점

잡지의 장점은 상당하지만, 단점 또한 많다. 단점에는 광고 비용, 제한된 도달과 빈도, 광고 게재에 요구되는 긴 리드타임(lead time), 클러터(clutter) 문제 그리고 과열된 광고 경쟁 등이 있다.

비용 잡지 속 광고 비용은 그들이 도달하고자 하는 고객의 크기와 잡지의 선택력(selectivity)에 따라 다양하다. 〈Sports Illustrated〉, 〈Reader's Digest〉, 〈Better Homes and Gardens〉과 같은 대량 부수를 발행하는 일반대중용 잡지(large mass-circulation magazine) 속 광고는 매우 비싸다. 예를 들어, 〈Sports Illustrated〉의 전국판(national edition)(280만 부)의 전면 4색 컬러 광고는 45만 3,000달러의 비용이 들었다. 인기 있는 자리, 예를 들어 뒤표지(back cover)는 거의 60만 달러에 달한다.

다른 매체와 마찬가지로, 잡지는 절대 원가의 관점뿐만 아니라 상대 원가의 개념으로 보아야 한다. 대부분의 잡지는 낮은 CPM(cost per thousand)으로 특정 목표 수용자에 도달한다는 점에서 그들의 효율성을 강조한다. 또한 점점 더 많은 잡지가 인구통계학적 판이나 지역 판(geographic edition)을 제공하여 그들의 비용을 낮추는 데 도움을 주고 있다. 매체 기획자는 일반적으로 그들의 목표 수용자에 도달하는 데 있어 발행물의 상대 원가에 집중한다. 그러나 그들은 작고 특별화된 세분시장에 접근하는 능력 때문에 높은 CPM의 잡지를 추천할 것이다. 물론, 제한된 예산을 가진 광고주들은 잡지 공간의 절대 원가와 이러한 발행물에 질 좋은 광고를 제작하는 비용에 관심이 있을 것이다.

제한된 도달과 빈도 잡지는 일반적으로 도달 범위와 빈도 면에서 다른 매체만큼 효율적이지 않다. 미국 내 약 90%의 성인이 매달 하나 혹은 그 이상의 소비자 잡지를 구독하는 반면, 개인적으로 발행물을 읽는 성인의 비율은 크게 감소하고 있다. 따라서 잡지는 가구 침투(penetration of household)가 낮은 편이다. 예를 들어, 〈Better Homes and Gardens〉는 760만 부로 미국 모든 잡지 중 세 번째로 많은 발행부수를 기록하지만, 이는 미국 1억 2,460만 가구의 6%에 불과하다. 이 잡지는 1권당 4.4명의 독자를 보유하고 있어 도달 범위가 넓다. 가장 인기 있는 소비자 잡지조차도 500만 부 미만으로, 미국 가구의 약 2~4%에만 도달한다. 이러한 잡지의 총독자 수 한계로 인해, 광범위한 도달 범위를 추구하는 마케터라면 여러 잡지에 광고를 게재해야 하며, 이는 미디어 구매 과정에 복잡성을 가중한다. 매체기획에서 광범위한 도달 범위를 요구하는 마케터는 종종 잡지를 TV, 인터넷 및 소셜 미디어와 같은 다른 미디어와 함께 사용한다. 대부분의 잡지는 월간 또는 기껏해야 주간 간행물이기 때문에, 동일한 간행물을 사용하여 빈도를 구축할 기회가 제한된다. 간행물의 동일한 호에 여러 광고를 사용하는 것은 빈도를 구축하는 비효율적인 방법이며, 광고주 대부분은 유사한 청중을 가진 다른 잡지를 미디어 일정에 추가하여 빈도를 높인다.

긴 리드타임 잡지의 또 다른 단점은 광고를 게재하기까지 긴 리드타임(lead time)이 필요하다는 것이다. 대부분 주요 간행물은 30~60일의 리드타임을 가지는데, 이는 출판일 전에 광고 공간을 구입하고, 광고가 잘 준비되어야 함을 의미한다. 광고의 아트(art)와 카피(copy)는 마감날 이후에는 조정될 수 없다. 이렇듯 긴 리드타임은 잡지 광고가 현재 이벤트나 변화하는 시장 상황에 대응하는 데에 라디오나 신문과 같은 다른 매체만큼 시기적절할 수 없다.

그러나 최근 잡지 광고 페이지와 광고 수익이 감소함에 따라, 많은 잡지가 광고 게재에 필요한 리드타임을 단축하고 있다. 디지털 출판의 발전과 컴퓨터 기반 제작 방법의 사용도 출판물 속 광고 게재에 요구되는 리드타임을 줄이는 데 기여하고 있다.

클러터와 경쟁 클러터 문제는 일반적으로 방송 매체 중심으로 논의되지만, 잡지 역시 이러한 단점이 있다. 잡지의 광고 혼잡도는 일종의 역설(paradox)이다. 잡지가 성공할수록 더욱 많은 광고 지면을 갖게 되지만, 이는 동시에 더 큰 광고 혼잡도를 야기한다. 사실, 잡지사들은 대개 판매하는 광고 페이지 수로 그들의 성과를 측정한다. 잡지 출판사들은 잡지 본문 내용과 광고의 적절한 균형을 유지함으로써 광고 혼잡도의 문제를 통제하고자 한다. 소비자 잡지는 평균적으로 38%의 광고와 62%의 내용으로 구성된다. 그러나 패션 잡지와 같은 많은 잡지는 페이지 수 절반 이상을 광고가 차지하고 있다. 이러한 광고 혼잡도는 광고주들이 독자의 주목을 얻고 독자를 광고로 끌어오는 것을 어렵게 한다. 그러므로 대부분의 지면 광고는 강한 시각적 이미지와 기억하기 쉬운 헤드라인(headlines), 또는 이전에 언급한 바 있는 잡지 독자의 흥미를 끄는 독창적인 기술들을 사용한다. 일부 광고주들은 광고 혼잡도 문제를 해결하고 잡지 내용을 확보하기 위해 맞춤형 잡지(custom magazine)를 자체 제작한다. 많은 기업은 또한

사진 12-10

〈P&G everyday〉는 프락터앤갬블이 발행하는 온라인 맞춤형 잡지다.

자료: Procter & Gamble

고객과의 관계 구축을 위해 그들만의 잡지를 출판하기도 하는데, 일례로, P&G는 몇 해 전부터 〈Home Made Simple〉을 출판하기 시작하였는데, 이 맞춤형 출판물은 OWN 네트워크의 TV 프로그램과 쇼핑객 마케팅 프로그램으로 발전했다. 온라인 출판물은 현재 〈P&G everyday〉라는 이름으로 전개되고 있다(사진 12-10). 또한 크래프트 푸즈(Kraft Foods)는 〈My Food & Family〉라는 온라인 잡지를 발행하고 있으며, 온라인 버전의 성공으로 회사는 300만 명 이상의 소비자에게 인쇄 버전을 발송 및 제공하기 시작했다. 또 다른 예로, 에어비앤비(Airbnb)는 2019년에 〈airbnb〉 잡지를 출간했는데, 이는 서비스를 이용하는 여행객과 지역 호스트를 대상으로 하는 여행 및 라이프스타일 출판물이다(사진 12-11).

아울러 소비자는 인쇄 광고에 더 수용적이고 관대한 경향이 있기에, 인쇄 매체에서의 광고 혼잡도는 상대적으로 라디오나 TV만큼 심각한 문제는 아니다. 소비자들은 또한 간편하게 페이지를 넘기는 것으로 잡지 광고에 대한 노출 정도를 조절할 수 있다.

잡지 발행부수와 구독률

광고 매체에 대한 결정 과정에서, 잡지 사용 여부를 선택하는 데 중요한 고려사항 중 두 가지는 규모(size)와 독자의 특성이다. 매체 구매자들은 목표 수용자 내 가능한 한 많은 사람에게 광고주의 메시지를 전달하기 위해 잡지를 평가한다. 이 과정에서 그들은 반드시 출판물의 발행부수뿐만 아니라 그들의 총구독률을 고려해야 하며, 이러한 수치를 그들이 접근하고자 하는 목표 수용자와 대조해보아야 한다.

사진 12-11

에어비앤비는 그들의 서비스를 이용하는 사람들과 소통하기 위해 자체 여행 및 라이프스타일 잡지를 발행한다.

자료: Airbnb, Inc.

발행부수 발행부수(circulation)는 정기 구독이나 서점 등의 매장 구입을 통해 출판물을 받아보는 개인의 수를 보여준다. 이러한 구독자 혹은 구매자에게 유통되는 잡지 부수는 기본 발행부수(primary circulation)로 알려져 있으며, 이것이 잡지 요금 구조의 기초가 된다. 발행부수는 발행할 때마다 변동하는데, 특히 소매나 가판대에서의 판매에 크게 의존하는 잡지의 경우 더 그러하다. 많은 발행물이 그들의 요금을 보증 발행부수(guaranteed circulation)에 기초하고 있으며, 만약 발행된 잡지의 수가 보증 수치 이하로 떨어지는 경우 광고주에게 가격을 할인해준다. 가격 할인을 최소화하기 위해 대부분의 보증 발행부수 수치는 보수적으로 집계된다. 즉, 보증 발행부수는 평균 실제 발행부수(average actual delivered circulation) 이하로 설정되는데, 광고주들은 보증 발행부수를 초과하는 부수(excess circulation)에 대해 돈을 더 지불하지는 않는다.

많은 출판업자는 보증이 충족되지 못할 경우, 환불을 제공해야 하고, 발행부수가 보증된 수치를 초과하면 광고주에게 주는 보너스(bonus)와 같은 결과를 내기 때문에, 보증 발행부수라는 개념에 대해 불만족스러워하고 있다. 따라서 많은 잡지가 더는 발행부수에 기반을 둔 제도를 사용하지 않는다. 요금은 거의 항상 보증을 수반하지 않지만, 주어진 각 호(issue)에 의해 배송된 실제 발행부수 이하인 평균 발행부수에 기초한다.

발행부수 감사 발행부수가 잡지의 광고 요금의 기준이며, 잡지를 선택하는 데 주요 고려사항이라는 점에서, 발행부수 수치의 신뢰성은 중요하다. 대부분 주요 간행물은 발행부수 감사 서비스 중 하나에 의해 회계감사를 받는다. 대부분 주요 출판물은 유통 검증 서비스 중 하나에 의해 감사를 받는다. 소비자 잡지와 농장 출판물은 Alliance for Audited Media(AAM, 이전에는 Audit Bureau of Circulations 또는 ABC로 알려짐)에 의해 감사를 받는다. 이는 북미의 주요 광고주, 광고대행사 및 콘텐츠 제공자로 구성된 회원 조직이며, AAM은 소비자 잡지를 포함한 미디어를 평가하고 구매하는 데 중요한 독립적으로 검증된 데이터와 정보를 제공한다. 최근 iPad와 같은 태블릿에서 사용할 수 있는 잡지의 디지털 복제본에 대한 감사도 시작했다. 디지털 복제본에는 사진을 포함한 인쇄본의 전체 편집 콘텐츠가 포함되어야 하며, 또한 인쇄본에 등장하는 모든 광고주는 디지털 복제본에 등장할 기회가 있어야 한다.

AAM은 잡지와 신문의 발행부수 수치를 확인하기 위해 그들의 구독, 판매량에 관한 정보를 모으고 평가한다. 오직 70% 혹은 그 이상의 유료 발행부수 간행물만이 AAM에 의한 확인감사(verification audit)를 받을 수 있다. 2002년 AAM의 전신인 ABC는 잡지 발행부수와 판매량을 측정하는 새로운 가이드라인(guideline)을 승인하였다. 오랜 세월 '50% 규칙'에 따라, 기본 가격의 절반이 안 되는 가격으로 판매되는 잡지는 유료 발행부수에 포함하지 않았다. 그러나 가이드라인의 변화에 따라 해당 규칙은 폐지되었다. 새로운 방식 아래, 어떠한 가격으로 판매된 잡지도 유료 발행부수에 포함되지만, 잡지는 판매량과 가격을 그들의 발행부수 문건에 고지해야 한다. 미국에서 2,000부 이상의 비즈니스 잡지가 Business Publication Audit (BPA) of Circulation의 감사를 받는데, 이들 중 많은 잡지가 무료로 배송되는 발행물을 의미하는 **무료 배포 부수에 기초**(controlled-circulation basis)하여 출판된다.

발행부수 측정 서비스는 매체 기획자에게 매체 비히클의 가치를 정확히 평가하도록 잡지의 발행 규모와 유통에 관한 믿을 만한 정보를 제공한다. AAM 문건은 또한 다른 중요한 정보도 제공하는데, AAM 정가 이하로 판매되는 발행부수의 비율과 얼마나 많은 부수가 무료로 배포되는지에 관한 정보도 준다. 많은 광고주는 잡지를 구입하는 구독자가 할인을 받거나 혹은 무료로 잡지를 받은 사람들보다 상대적으로 잡지를 읽을 가능성이 크다고 믿는다.

매체 구매자들은 일반적으로 발행부수 확인에 감사되지 않은 발행부수 수치를 가진 간행물들에 회의적이며, 기업들은 감사를 받지 않는 간행물에는 광고하기를 꺼린다. 감사 자료와 함께 발행부수 데이터는 SRDS나 간행물 자체에서 이용 가능하며, 사진 12-12는 Alliance for Audited Media의 인쇄판과 디지털판에 대한 표본 출판사의 감사 결과 2페이지를 보여준다. 출판사 감사 결과에는 인쇄판과 디지털판의 구독 수, 단일 사본 판매, 호별, 지역별, 인구통계별 발행부수, 추세 분석, 미국의 각 주 및 카운티별 구독 및 판매 등의 정보가 포함된다.

열독률과 총독자 수 광고주들은 종종 발행물에 접근하는 이차적인 회독자에도 관심이 있다. **회독자**(pass-along readership)는 주 구독자 혹은 구입자가 다른 사람에게 잡지를 주는 경우, 혹은 발행물의 병원 대기실이나 미용실 또는 은행 등의 장소에서 읽히는 경우 발생한다.

광고주들은 가정 내 독자가 일반적으로 잡지에 더 많은 시간을 소비하고, 더 자주 보며, 더 큰 만족을 얻기에 회독자나 가정 밖 독자들보다는 1차 가정 내 독자들(primary in-home reader)에 더 큰 가치를 부여한다. 이러한 독자들은 광고에 더 주의를 기울이며, 관심을 가질 가능성이 크기 때문이다. 그러나 회독자의 중요성도 무시되어선 안 된다. 그들은 잡지의 열독률을 크게 확장시킨다. 〈People〉지는 그들의 가정 밖 독자들이 1차 가정 내 독자들만큼이나

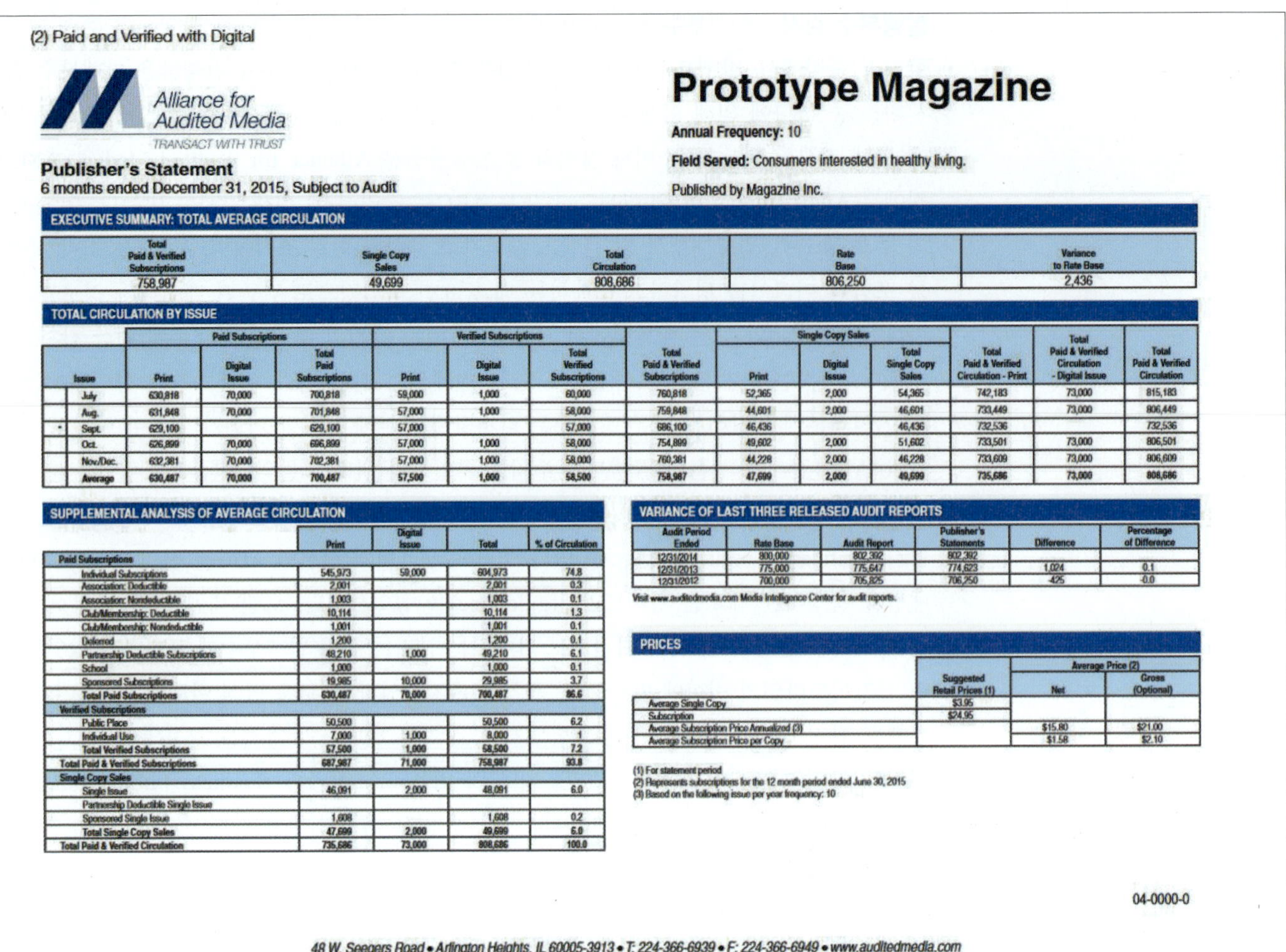

(2) Paid and Verified with Digital

Alliance for Audited Media
TRANSACT WITH TRUST

Publisher's Statement
6 months ended December 31, 2015, Subject to Audit

Prototype Magazine

Annual Frequency: 10
Field Served: Consumers interested in healthy living.
Published by Magazine Inc.

EXECUTIVE SUMMARY: TOTAL AVERAGE CIRCULATION

Total Paid & Verified Subscriptions	Single Copy Sales	Total Circulation	Rate Base	Variance to Rate Base
758,987	49,699	808,686	806,250	2,436

TOTAL CIRCULATION BY ISSUE

		Paid Subscriptions			Verified Subscriptions				Single Copy Sales					
	Issue	Print	Digital Issue	Total Paid Subscriptions	Print	Digital Issue	Total Verified Subscriptions	Total Paid & Verified Subscriptions	Print	Digital Issue	Total Single Copy Sales	Total Paid & Verified Circulation - Print	Total Paid & Verified Circulation - Digital Issue	Total Paid & Verified Circulation
	July	630,818	70,000	700,818	59,000	1,000	60,000	760,818	52,365	2,000	54,365	742,183	73,000	815,183
	Aug.	631,848	70,000	701,848	57,000	1,000	58,000	759,848	44,601	2,000	46,601	733,449	73,000	806,449
*	Sept.	629,100		629,100	57,000		57,000	686,100	46,436		46,436	732,536		732,536
	Oct.	626,899	70,000	696,899	57,000	1,000	58,000	754,899	49,602	2,000	51,602	733,501	73,000	806,501
	Nov./Dec.	632,381	70,000	702,381	57,000	1,000	58,000	760,381	44,228	2,000	46,228	733,609	73,000	806,609
	Average	**630,487**	**70,000**	**700,487**	**57,500**	**1,000**	**58,500**	**758,987**	**47,699**	**2,000**	**49,699**	**735,686**	**73,000**	**808,686**

SUPPLEMENTAL ANALYSIS OF AVERAGE CIRCULATION

	Print	Digital Issue	Total	% of Circulation
Paid Subscriptions				
Individual Subscriptions	545,973	59,000	604,973	74.8
Association: Deductible	2,001		2,001	0.3
Association: Nondeductible	1,003		1,003	0.1
Club/Membership: Deductible	10,114		10,114	1.3
Club/Membership: Nondeductible	1,001		1,001	0.1
Deferred	1,200		1,200	0.1
Partnership Deductible Subscriptions	48,210	1,000	49,210	6.1
School	1,000		1,000	0.1
Sponsored Subscriptions	19,985	10,000	29,985	3.7
Total Paid Subscriptions	**630,487**	**70,000**	**700,487**	**86.6**
Verified Subscriptions				
Public Place	50,500		50,500	6.2
Individual Use	7,000	1,000	8,000	1
Total Verified Subscriptions	**57,500**	**1,000**	**58,500**	**7.2**
Total Paid & Verified Subscriptions	**687,987**	**71,000**	**758,987**	**93.8**
Single Copy Sales				
Single Issue	46,091	2,000	48,091	6.0
Partnership Deductible Single Issue				
Sponsored Single Issue	1,608		1,608	0.2
Total Single Copy Sales	**47,699**	**2,000**	**49,699**	**6.0**
Total Paid & Verified Circulation	**735,686**	**73,000**	**808,686**	**100.0**

VARIANCE OF LAST THREE RELEASED AUDIT REPORTS

Audit Period Ended	Rate Base	Audit Report	Publisher's Statements	Difference	Percentage of Difference
12/31/2014	800,000	802,392	802,392		
12/31/2013	775,000	775,647	774,623	1,024	0.1
12/31/2012	700,000	705,825	706,250	-425	-0.0

Visit www.auditedmedia.com Media Intelligence Center for audit reports.

PRICES

	Suggested Retail Prices (1)	Average Price (2) Net	Average Price (2) Gross (Optional)
Average Single Copy	$3.95		
Subscription	$24.95		
Average Subscription Price Annualized (3)		$15.80	$21.00
Average Subscription Price per Copy		$1.58	$2.10

(1) For statement period
(2) Represents subscriptions for the 12 month period ended June 30, 2015
(3) Based on the following issue per year frequency: 10

04-0000-0

48 W. Seegers Road • Arlington Heights, IL 60005-3913 • T: 224-366-6939 • F: 224-366-6949 • www.auditedmedia.com

사진 12-12

Alliance for Audited Media 발행인의 성명서 예시

자료: Alliance for Audited Media

잡지를 읽는 데 많은 시간을 소비한다는 점을 밝혀내기 위해 미디어 리서치 연구를 진행하기도 했다.

부수당 독자 수(총 1차 구독자와 회독자)와 평균 발행부수를 곱하는 방식으로 잡지의 **총독자 수**(total audience), 즉 **열독률**(readership)을 계산할 수 있다. 예를 들어, 미국의 〈People〉과 같은 잡지의 경우 부수당 최대 10명의 독자를 갖는 높은 회독률 때문에, 340만의 발행부수 기준(circulation base)에도 불구하고, 전체 독자는 1,900만 명이 넘는다. 그러나 요금 구조는 일반적으로 입증이 가능한 1차 수치에 근거하고, 많은 매체 기획자가 회독자의 경우 50%로 평가절하한다. 총구독률 수치는 (추후 논의할) 주요 신디케이트 잡지 리서치 서비스(major syndicated magazine research services)에 의해 발표되나, 매체 구매자들은 여기서 제공되는 수치에 의구심을 표명한다.

독자 정보와 잡지에 관한 연구

잡지에 관한 정보의 가장 중요한 출처는 Kantar Media SRDS이다. SRDS의 지면 및 온라인 서비스는 미국 국내와 국제적인 소비자 잡지뿐만 아니라, 비즈니스, 의료 업계 간행물에 관련된 완벽한 정보를 제공한다. SRDS Consumer Media Advertising Source는 표준 광고 요금, 발행부수, 날짜, 일반 필요 요건, 연락처 그리고 온라인 미디어 키트(online media kits), 웹사

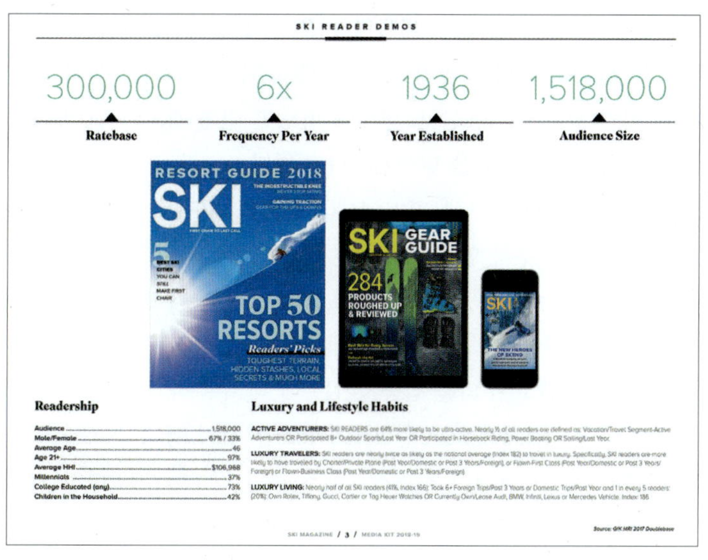

사진 12-13

〈Ski〉 잡지의 온라인 매체 키트는 광고주에게 유용한 정보를 포함한다.

자료: Active Interest Media

이트로의 링크와 열독률 및 포지셔닝(positioning)에 대한 추가 정보를 담은 감사 조서(audit statement)를 제시한다.

발행부수와 총독자 규모는 매체 비히클(media vehicle)을 선택하는 데 중요하지만, 매체 기획자는 또한 잡지의 독자와 광고주의 목표 수용자와의 조화에도 관심을 둔다. 독자에 대한 정보는 발행물의 자체적인 연구와 연합조사 등의 여러 출처로부터 얻을 수 있다. 대부분의 잡지는 매체 기획자에게 독자의 인구통계, 재무정보, 라이프스타일 그리고 제품 사용 형태를 자세히 다룬 보고서를 제공하는데, 잡지의 규모가 클수록, 그들의 독자에 관한 더욱 자세하고 종합적인 정보를 제공한다. 사진 12-13은 SRDS에서 찾을 수 있는 〈Ski〉에 관한 정보의 예시를 보여준다.

연합연구 조사 또한 이용할 수 있는데, 소비자 잡지의 경우 정보의 일차적인 출처는 Experian Simmon과 GfK MRI이다. 이들은 주요 전국 혹은 지방 잡지의 독자에 관한 폭넓은 정보, 예를 들어 인구통계, 라이프스타일 특징, 그리고 제품 구매와 사용 데이터 등을 제공한다. 대부분의 대형 광고대행사와 미디어 구매 서비스들은 소비자의 미디어 습관에 관한 지속적인 연구를 수행하고 있다. 이렇게 조사된 모든 정보는 특정 제품이나 서비스 사용자들에게 광고 메시지를 전달하기 위해, 잡지 각각의 가치를 평가하는 데 도움을 준다.

비즈니스 발행물의 경우 소비자 잡지보다 독자 정보가 상대적으로 더 제한적이다. 비즈니스 발행물의 경우 넓게 분산된 열독률과 비즈니스 발행물 독자의 특성으로 인해, 독자 연구(audience research)가 더욱 어렵다. 매체 기획자는 일반적으로 잡지가 제공하는 정보와 Business Publication Audits과 같은 정보에 의하여 잡지 구독자 개인들의 직함과 그들이 종사하는 산업의 특성들을 제공받는다. 이러한 정보는 다양한 비즈니스 발행물을 읽는 독자들이 누구인지 이해하는 데 가치가 있다.

잡지 광고 구매

비용 요소 잡지 요금(magazine rate)은 기본적으로 발행부수에 달려 있다. 발행부수 이외의 다른 변수에는 광고의 크기, 잡지 속 위치, 지리적/인구통계학적으로 선택된 특별판, 특별한 제작 요구 조건, 집행 횟수와 빈도 등이 있다.

잡지 광고를 구매할 때 광고주가 고려해야 할 중요한 사항은 어떤 특정한 유형의 배치를 원하는지 아니면 출판사의 재량에 따라 잡지의 어디에나 게재될 수 있는 런오브북(Run of Book) 광고에 비용을 지불할지다. 잡지가 광고주에게 제공하는 다양한 선호 위치는 대부분 **첫 번째 표지**(outside front), **두 번째 표지**(inside front), **세 번째 표지**(inside back), **네 번째 표지**(outside back)다. 이것들은 잡지에서 매우 바람직한 위치로 간주되는데, 특히 네 번째 또는 뒤표지는 대기 목록이 있는 경우가 많다. 표지 광고는 선호 위치이므로 거의 항상 잡지 내부의 어떤 위치보다 더 높은 가격으로 판매된다.

비록 몇몇 잡지가 광고의 인치 크기를 기준으로 요금을 책정하지만, 일반적으로 광고 공간은 전 페이지, 반 페이지, 4분의 1 페이지와 같은 크기 단위를 기준으로 판매된다. 광고가 클수록 요금도 높지만, 많은 광고주는 더 많은 주목과 열독률을 갖고자 전면 광고를 사용한다. 연구에 따르면 전면 광고가 반 페이지 광고보다 30% 더 많은 열독률을 발생시킨다고 한다.

사진 12-14

광고주는 아이비리그 잡지 네트워크를 통해 아이비리그 학교 졸업생에게 접근할 수 있다.

자료: Ivy League

광고는 흑백, 흑백 더하기 1색, 혹은 4색(= 컬러)으로 제작 및 게재될 수 있다. 광고에 색이 많을수록 인쇄 비용이 증가하므로 비용이 더 많이 든다. 평균적으로, 4색 광고는 흑백 광고보다 30% 이상 비용이 더 필요하다. 광고주들은 일반적으로 컬러 광고를 선호하는데 그 이유는 컬러 광고가 시각적 효과가 크며, 시선을 끌고 주의를 집중시키는 데 더 우수하기 때문이다. 로퍼 스타치 월드와이드(Roper Starch Worldwide)는 잡지 광고 구독률의 다양한 요인들의 효과를 분석하였다. “주목(noted)” 점수(잡지에서 해당 광고를 보았다고 기억하는 독자)는 제품 카테고리에 따라서 6~59%에 달했으며, 흑백 광고의 경우보다 4색 전면 광고에서 더 수치가 높았다. “가장 많이 읽은(read-most)” 점수(광고의 절반 이상을 읽었다고 응답하는 독자)도 흑백 광고보다 4색 광고에서 평균 25% 정도 더 높았다. 다른 연구들은 크기와 색상의 효과를 조사했으며, 컬러 펼친 면(spread)이 광고 회상 측면에서 한 면 컬러 광고보다 30% 정도, 흑백 펼친 면보다는 35% 더 좋은 결과를 가져왔다. 아울러 블리드 페이지나 삽입 광고와 같은 특수한 기계적인(mechanical) 제작이 필요한 광고는 추가 비용이 더 필요하게 된다.

잡지 광고의 가격(rate)은 광고가 집행되는 횟수와 구체적인 기간 동안 지출되는 금액에 따라서도 다양하다. 광고주가 광고를 더욱 자주 게재할 것을 계약한다면, 광고 요금은 더 낮아지며, 수량 할인은 계약 기간 동안 구입된 총광고량에 기초한다. 광고주들은 잡지 결합, 즉 다른 잡지와 연계된 네트워크 광고를 구매하여 광고비를 절약할 수도 있다.

잡지 네트워크(magazine network)는 광고주들에게 일괄 구매로 잡지 그룹(a group of publication) 내 광고를 구매할 기회를 제공한다. 출판업자들은 대개 유사한 성격의 독자에 접근하는 다양한 잡지를 보유하고 있다. 네트워크는 다각적인 독자를 보유한 잡지 그룹의 출판사일 수 있으며, 다른 여러 회사에서 출판하는 잡지 그룹의 광고를 판매하는 독립적인 네트워크일 수도 있다. 예를 들어, 아이비리그 잡지 네트워크(Ivy League Magazine Network)는 아이비리그 대학과 2개의 비 아이비리그 대학인 스탠포드 대학교(Stanford University), 시카고 대학교(University of Chicago)의 컨소시움(consortium)으로 구성된다. 광고주들은 네트워크를 통해 한 번의 구매로 총 9개 대학의 고등교육을 받은 부유한 졸업생들에게 접근할 수 있다(사진 12-14).

잡지의 미래

지난 몇 년은 잡지 산업에 매우 어려운 시기였다. 많은 광고주가 출판물이 아닌 디지털 미디어와 기타 IMC 도구로 지출을 대폭 옮기면서 수익이 감소하였고, 광고주들은 경기 침체 이후, 광고 지출을 늘리는 데 소극적이었다. 많은 출판사에서 광고 페이지 수가 감소했고 광고 페이지 감소를 상쇄하기 위해 요금을 인상해야만 했는데, 이 또한 쉽지 않았다. 광고 수익이 줄어드는 동안 출판사의 주요 수입원인 발행부수(circulation) 또한 감소하였다.

최근 몇 년 동안 미국 내 많은 잡지사가 문을 닫았는데, 그중에는 〈Transworld Snowboarding〉, 〈The Weekly Standard〉, 〈Gourmet〉 등 수십 년 동안 발행되었던 잡지도 있었다. 〈Cooking Light〉, 〈Seventeen〉, 〈Glamour〉 등 다른 유명 잡지도 온라인판으로 옮겨갔고, 1년에 몇 번만 특별 인쇄판을 발행한다. 디지털 및 소셜 미디어 관점 12-1에서는 많은 잡지가 인쇄판 발행을 중단하고 이제는 온라인에서만 이용하는 방법을 설명하고 있다.

사진 12-15

〈Men's Journal〉과 〈Men's Health〉 잡지는 남성 독자를 끌어들이는 데 매우 성공적이었다.

자료: (left to right) American Media, Inc.; Hearst Magazine Media, Inc.

경제적 상황이 잡지 산업에 큰 영향을 미치지만, 이 산업이 직면한 또 다른 중요 문제들도 많다. 종이와 잉크의 비용이 계속해서 오르고 있으며, 잡지 산업은 최근 몇 차례 그들의 비용 구조에 큰 영향을 주는 우편 배송 비용(postal rate) 인상을 견뎌내고 있다. 잡지는 또한 TV, 인터넷, 광고용 다이렉트 메일(direct mail)과 같은 다른 매체와의 강력한 경쟁에 직면하고 있다. 출판업자들은 잡지 광고를 마케터들에게 어필하기 위해 고강도의 편집 환경이 필요하며, 더 나은 발행부수 관리, 잡지 간의 거래(cross-magazine and media deal)와 데이터베이스 마케팅(database marketing), 기술적 진보 그리고 전자 배송 방법 등 그들의 입장을 개선할 다양한 방법이 검토되어야 한다고 이야기한다.

강력한 편집 환경 소비자들의 흥미, 라이프스타일, 변화하는 인구통계 그리고 기업과 시장 흐름에 소구하는 강력한 기사 내용을 보유한 잡지들은 독자와 광고주의 마음을 끄는 최상의 조건이다. 예를 들어, 여성을 대상으로 한 〈Martha Stewart Living〉, 〈The Oprah Magazine〉, 〈Parents〉와 같은 라이프스타일 잡지와 반려동물 관리에 중점을 둔 〈Paws〉, 〈Country Living〉과 같이 특정 관심사를 대상으로 하는 잡지는 어려운 시기를 잘 견뎌내고 있다. 젊은 남성 독자들에게 어필(appeal)할 수 있는 강력한 사설 플랫폼을 가진 〈Men's Journal〉, 〈Men's Health〉와 같은 출판물도 매우 좋은 성과를 거두고 있다(사진 12-15).

발행부수 관리 잡지 출판업자가 직면한 주요 어려움 중 하나는 그들의 발행부수 수준(circulation base)을 늘리거나 유지하고자 노력하는 것이다. 발행부수는 대부분 출판업자에게 광고 다음의 두 번째 주 수입원이다. 그리고 출판업자들은 추가 독자나 구독자를 유인하거나 유지하는 비용을 반드시 주의 깊게 관리해야 한다. 구독자를 확보하는 데 필요한 비용은 지난 몇 해 동안 크게 증가하였다. 동시에 잡지 구독에 소비자들이 지불하는 비용은 감소해왔다. 결과적으로 출판업자들은 그들이 광고주들에게 보장한 발행부수 수준을 유지하기 위해 더 많은 비용을 지출해야 하는 동시에, 잡지 판매를 통해 각각의 구독자에게 받는 수입은 감소하고 있다.

일부 출판사는 페이스북(Facebook)에서 잡지 구독을 판매하기 시작했는데, 페이스북은 사이트 사용자가 뉴스 피드(news feed)에서 흔히 볼 수 있는 잡지 콘텐츠의 요약을 광고와 구독 옵션이 포함된 전체 기사로 확장할 수 있도록 허용했다. 출판사들은 또한 Groupon과 Living Social과 같은 일일 거래 사이트로 전환하기도 했는데, 〈Esquire〉, 〈Us Weekly〉, 〈Reader's Digest〉, 〈Allure〉, 〈Men's Health〉 등의 잡지가 새로운 구독자를 유치하는 데 유용하다고 판단했기 때문이다. 그러나 출판사가 직면하게 될 주요 과제는 할인된 거래가 만료되면, 구독자가 더 높은 요금으로 구독을 갱신하도록 하는 것이다.

디지털 잡지 많은 잡지가 온라인에서 출판물을 제공하며 디지털 혁명에 발맞추고 있다. 미국에서 소비자 및 비즈니스 잡지 웹사이트의 수는 지난 5년 동안 거의 두 배로 증가했으며, 온라인 버전의 잡지는 출판사와 광고주에게 인터넷이라 가능한 많은 이점을 제공한다. 디지

디지털 및 소셜 미디어 관점 12-1 >>>

잡지들은 인쇄판을 접고, 디지털로 간다

2011년, 미국의 〈Rolling Stones〉와 〈US Weekly〉 등 인기 잡지를 소유한 출판사 창립자인 얀 웬너(Jan Wenner)는 주간지와 남성 잡지 등은 전통적인 잡지 매체로 아직 괜찮을 것이라 주장했다. 그는 TV가 잡지를 죽이지 못한 것처럼, 인터넷도 잡지를 독특하게 만드는 것에 초점을 맞추지 못한 출판물에만 위협이 된다고 지적하면서, 잡지가 갖는 지속적인 가치에 대해 강조했다. 그는 또한 온라인에서 일어나는 즉각적인 화제와 소통의 시대에 독자들이 어떻게 소외당하고 있는지 얘기하며, 인쇄 잡지가 모바일 장치 등 새로운 읽는 방식으로 전환하는 것은 10년 이상이 걸릴 것이며, 잡지의 디지털 버전으로 전환도 "광기, 불안, 두려움의 결과"라고 말했다. 그의 도전적 평가 후 10년이 지났고, 잡지 발행인들은 디지털화로 돌진하고 있다. 인쇄 발행 간행물이 많을수록, 출판사에는 불안과 두려움이 만연하는 것으로 보인다. 이제 출판사들은 디지털 버전만을 선호하여 인쇄 버전을 중단하고 있다. 지난 몇 년간 미국 3대 잡지 출판사(Hearst, Condé Nast, Meredith Corp.)는 일부 잡지의 인쇄판 출판을 중단했으며, 온라인에서만 사용할 수 있도록 변화하고 있다. 허스트(Hearst)가 디지털 전용 출판물로 전환하고 있는 잡지는 〈Redbook〉과 〈Seventeen〉 등이며, 2018년에 콘데 나스트(Condé Nast)는 "디지털 우선" 전략의 하나로 〈Glamour〉의 월간 정기 인쇄본 발행을 중단했다. 이제 1년에 몇 차례 발행되는 특별 인쇄판과 함께 온라인 버전이 대신한다. 콘데 나스트 역시 1년에 5번 출판되던 80년 된 타이틀의 인쇄판을 마감했으며, 메리디스(Meredith Corp.) 또한 2017년 타임사(Time Inc.)에서 인수한 〈Money〉와 〈Cooking Light〉 및 〈Coastal Living〉을 포함하여 여러 유명 잡지를 디지털 전용으로 조정하였다.

잡지 출판사가 디지털 우선 또는 전용 전략으로 전환하는 데에는 여러 가지 이유가 있다. 먼저, 인쇄판을 폐쇄하면 비용 절감에 도움이 되고, 늘어가는 광고 수익 손실에 대처할 수 있다. 이는 마케팅 담당자가 미디어 예산의 대부분을 기존 미디어에서 디지털 미디어로 전환함에 따라 대부분의 잡지가 직면하고 있는 문제다. 변화의 또 다른 이유는 다수의 잡지가 어려운 경쟁에 직면하고 있다는 점인데, 경쟁 상대는 지속해서 업데이트되고 다양한 주제, 이슈, 이벤트는 물론 '최신 뉴스'에 대한 적시 보도를 제공하는 디지털 플랫폼이다. 예를 들어, 2019년에 월트디즈니사(Walt Disney Co.)는 EPSN 스포츠 자산의 일부인 〈ESPN The Magazine〉의 월간 정기 발행을 중단했는데, 이 회사는 ESPN 케이블 스포츠 네트워크를 소유하고 있기에, 언급한 경쟁 구도에서 인쇄 매체가 밀려난 것이다. 1998년 첫 호를 발행했던 ESPN은 잡지의 디지털화라는 변화를 알리면서, 다음과 같이 말했다. "연구에 따르면 잡지 독자의 대다수는 이미 디지털 플랫폼에서 인쇄 저널리즘을 소비하고 있으며, 이러한 전환을 통해 도달 범위와 영향력을 극대화할 수 있을 것이다." 회사는 또한 스포츠 잡지가 아닌 스포츠 중심 디지털 플랫폼과의 경쟁이 치열해지고 있다고도 지적했다.

스포츠뿐만 아니라, 〈Teen Vogue〉 및 〈Glamour〉와 같이 십대와 젊은 여성을 대상으로 하는 많은 출판물도 비슷한 문제에 직면해 있다. 이는 소셜 미디어(social media)가 대중문화와 엔터테인먼트에 대한 정보와 이야기를 정기적으로 제공하기 때문이며, 이러한 제공은 정기 구독이 필요하지 않거나 다른 소스(source)로 이동할 필요가 없다. 출판사가 온라인에 접속하는 또 다른 이유는 디지털 잡지는 독자의 요구와 관심에

털 잡지(digital magazine)는 광고주에게 스폰서십(sponsorship) 기회와 온라인 버전에서 비디오 및 배너 광고와 프로모션을 실행할 기회도 제공한다. 점점 더 많은 사람이 전통적인 인쇄 형식이 아닌 온라인에서 잡지를 읽는 것에 익숙해지고 있으며, 이로 인해 많은 출판사가 기본 인쇄 출판물을 넘어 확장하고 있다. 많은 출판사가 잡지 브랜드를 온라인, 소셜 네트워킹(social networking), 모바일 및 사용자 생성 콘텐츠로 확장하여 독자 수와 광고 도달 기회를 늘리고 있다.

마케터는 또한 **네이티브 광고**(native advertising)를 사용하여 온라인 출판물에서 광고를 편집 환경 및 콘텐츠와 통합할 수 있다는 것을 알고 있다. 9장에서 논의한 것처럼 네이티브 온라인 광고는 주변 콘텐츠의 모양과 느낌을 이용하고 시각적 디자인과 사용자 경험은 온라인 사이트에 특화될 수 있다. 〈Forbes〉, 〈Washington Post〉, 〈The Atlantic〉을 포함하여 여러 잡지와 신문이 마케터와 협력하여 온라인 출판물을 위한 네이티브 광고를 만들고 있다. 〈Forbes〉는 네이티브 광고 사용의 선두에 있으며, BrandVoice라는 접근 방식을 통해 마케터는 독자와 직접 연결하여 Forbes 디지털 플랫폼에서 콘텐츠를 만들 수 있다.

플랫폼의 모든 콘텐츠는 명확하게 라벨(label)이 지정되고 투명하므로, 독자는 누가 말하고 있는지, 어떤 관점에서 말하고 있는지 알 수 있다. 사진 12-16은 Forbes가 BrandVoice 콘텐

자료: ESPN, Inc.

맞는 콘텐츠를 제공하기 쉬우며, 클릭(click) 수와 기사를 읽는 데 소요된 시간을 감지할 수 있기 때문이다. 많은 잡지가 독자의 관심을 끄는 주제나 이야기를 정교한 인공적인 내용으로 전환하고 있으며, 심층 분석을 수행하는 지적(intelligence) 기반 솔루션(solution)까지 이용되고 있다. 이러한 정보는 마케팅 담당자의 디지털 출판물에 대한 광고 게재 선택에서 매우 유용하게 작용한다. 이러한 방법이 독자에 대한 자세한 정보와 독자의 참여를 유도하는 최선의 마케팅을 가능하게 하기 때문이다. 잡지의 디지털 버전은 마케팅 담당자에게 광고 메시지의 타겟팅(targeting) 및 리타겟팅(re-targeting)을 포함하여, 다른 형태의 디지털 미디어와 동일한 이점을 제공한다. 아울러 관련 정보는 광고가 얼마나 효과적인지 평가하는 데 사용되는 구체적인 분석이 포함된다.

잡지 출판 업계의 많은 사람은 얀 웬너가 여전히 인쇄 잡지를 위한 자리가 있다고 주장했을 때, 그것이 옳은 판단이기를 바랐다. 그러나 이제 대부분의 출판사는 위험을 감수하고 디지털 미래를 수용하고 있는 것으로 보인다. 웬너 또한 미래를 예측했지만, 그가 본 미래는 현실과 조금 달랐고, 이제는 그 자신도 당시의 견해를 좋아하지 않을 수 있다. 2017년 웬너 미디어(Wenner Media)는 주력 잡지의 절반 이상을 판매했기 때문이다. 유명 잡지 〈Rolling Stone〉이 펜스케 미디어 코퍼레이션(Penske Media Corporation)에 매각되었고, 몇 달 후 유명인 중심의 〈Us Weekly〉와 〈Men's Journal〉도 아메리칸 미디어 사(American Media Inc.)로 주인이 바뀌었다. 이후 웬너는 〈Rolling Stone〉의 남은 지분 49%도 펜스케 미디어(Penske Media)에 매각하였다. 그들은 잡지 〈Rolling Stone〉을 인수한 후 인쇄판과 웹사이트를 재설계하고, 격주가 아닌 월간 발행물로 운영하기 시작했다. 이제 궁금할 수밖에 없다. 잡지가 완전히 디지털 형태로만 전달되기까지 얼마나 걸릴지?

자료: "ESPN The Magazine to Abandon Print, Go Web-Only," *Advertising Age*, April, 20, 2019, https://adage.com/article/media/espn-magazine-abandon-print-go-web-only/2167836; Joe Pompeo, "Jay Penske Gobbles Up the Remaining 49 Percent of Rolling Stone," *Vanity Fair*, January 31, 2019, www.vanityfair.com/news/2019/01/media-mogul-jay-penske-purchased-the-rest-of-rolling-stone; Sara Jerde, "All the Magazine Brands That Moved Away from Print This Year," *Adweek*, December 27, 2018, www.adweek.com/digital/all-the-magazine-brands-that-moved-away-from-print-this-year/. Nat Ives, "Jann Wenner: Magazines' Rush to iPad Is 'Sheer Insanity and Insecurity and Fear,'" *Advertising Age*, May 29, 2011, adage.com/article/media/jann-wenner-magazines-tablet-migration-decades/227827.

사진 12-16

Forbes BrandVoice는 네이티브 광고의 한 형태다.

자료: Forbes Media LLC

츠 마케팅 플랫폼을 프로모션하는 방법을 보여준다.

온라인 잡지 배달의 또 다른 형태는 아이패드와 같은 태블릿과 안드로이드(Android) 운영 체제를 사용하는 기기에 맞게 특별히 개발된 잡지의 디지털 버전이다. 미국에는 잡지용 앱이 수천 개 있는데, 점점 더 많은 소비자가 태블릿에서 잡지를 읽는 데 익숙해지고 기술의 발전으로 인해 인쇄 출판물과 유사한 독서 경험이 가능해짐에 따라 잡지의 디지털 앱 버전의 수는 계속 증가할 것으로 전망된다. 많은 잡지의 디지털 버전은 이제 전체 페이지 잡지 광고의 효과를 전달할 수 있는 광고를 제공하고, 비디오 및 TV 광고를 포함하고, 광고주의 웹사이트에 직접 링크할 수 있다. 비록 모바일 기기에서 잡지를 읽는 것을 선택하는 소비자 수가 늘어가지만, 잡지 앱은 여전히 전체 잡지 독자의 작은 부분을 차지한다. 그러나 잡지 출판사가 기술 회사와 협력하여 디지털 버전의 출판물을 더 쉽게 이용할 수 있게 되면서, 디지털 잡지의 독자가 증가할 가능성은 매우 크다. 예를 들어, 2019년 초 애플(Apple)은 300개 이상의 인기 잡지와 주요

신경과학이 인쇄 잡지 광고가 효과적인 이유에 대해 말하는 것

종이로 읽는 사람이 더 많이 기억한다.

종이로 읽기는			
	더 집중되며, 덜 방해받는다	높은 이해와 회상을 돕는다	감성과 욕구를 자극한다
	대다수에게 선호된다 (심지어 MZ세대에게도)	독자의 감각적 참여를 유도하여 영향력 줌	읽기 속도를 느리게 해줌

사진 12-17

인쇄 광고의 가치에 관한 주요 연구 결과

신문에 대한 디지털 연결을 포함하는 애플 뉴스플러스(Apple News+) 구독 서비스를 출시했다. 연결되는 잡지의 디지털 버전에는 인쇄판과 동일한 스토리와 사진 및 광고가 포함되어 있다.

잡지 산업은 미디어 소비 패턴의 변화와 더 많은 마케터가 광고비를 디지털로 전환함에 따라 직면한 과제에 계속 대응해야 한다는 것을 인식하고 있다. 그러나 최근 미국의 출판사들은 광고주에게 여전히 전통적인 인쇄 잡지가 본질적으로 유리하다고 생각하고, 이를 프로모션하기 위해 공세에 나섰다. 예를 들어, MPA (Association for Magazine Media)는 "신경 과학이 인쇄 광고의 효과에 대해 무엇을 알려줄 수 있을까?"라는 제목의 백서를 발행했는데, 여기에는 소비자의 뇌가 종이 기반 정보를 처리하는 방식에 대한 수많은 연구 논문, 서적 및 보고서의 결과가 요약되어 있다. 이 보고서는 인쇄 광고가 광고주의 메시지를 이해하고, 소비자와 연결하는 독서 경험 제공 측면에서 온라인 광고보다 우수하다고 결론지었다. 사진 12-17은 인쇄 광고의 가치에 대한 관련 연구들의 주요 결과를 요약한 것이다. 잡지 출판사들은 광고주가 잡지의 디지털판(edition)이 여전히 가치 있는 광고 플랫폼인 인쇄 간행물에 뿌리를 두고 있다는 것을 인식하기를 바란다.

신문

인쇄 매체의 또 다른 주요 유형인 신문은 지출되는 광고비 규모에서도 모든 광고 매체 중 3위권에 있으며, 인쇄 신문뿐만 아니라, 디지털판으로도 독자들에게 다가가고 있다. 미국에서 2018년 160억 달러에 달하는 광고비가 인쇄 및 디지털을 포함한 신문 광고에 지출되었고, 이는 미국 내 총광고 지출의 약 8%였다. 신문은 지역 광고주, 특히 소매업자들에게 특별히 중요한 광고 수단이며, 동시에 전국 광고주에게도 중요한 매체로 활용된다. 지역 소매업자에 의해 지출된 많은 광고 비용이 사실 협업 광고(cooperative advertising programs)(16장에서 논의)를 통해 전국 규모 광고주로부터 받기도 한다. 광고 수단으로서의 신문 각각의 특징과 역할에 따라 포지셔닝된다.

신문의 종류

신문의 전통적인 역할은 즉각적이고 자세한 뉴스의 보도뿐만 아니라, 독자의 관심을 끄는 다양한 정보와 현상들을 제공하는 것이었다. 신문 대다수는 지역 커뮤니티(local community)에 제공되는 일간지다. 그러나 전국지, 주간 신문, 전문 독자 신문 등은 광고주에게 특별한 비히클로서 중요하게 평가된다.

일간지 매일 발행되는 일간지(daily newspaper)는 전국적으로 중/소도시나 대도시에서 찾아볼 수 있다. 많은 지역이 한 개 이상의 일간지를 보유하고 있다. 일간지의 독자층은 연령에 따라 다르다. 노인(65+)의 40% 이상은 매일 신문을 읽지만, 젊은 성인(18~34)은 약 20%만이 신문을 읽는다. 이들은 지역 내 뉴스, 이벤트, 이슈뿐만 아니라 비즈니스, 스포츠 그리고 다른 관련 정보와 엔터테인먼트에 관한 자세한 보도를 제공한다. 일간지는 조간 신문, 석간 신문 또는 일요일판 신문 등으로 더욱 세분될 수 있다. 2019년에 미국에는 약 1,300개의 일간지가 있었고, 이 중에서 석간 신문이 30%, 조간 신문이 70%였다. 또한 대부분이 일간지에 의해 출판되는 약 900개의 일요일판 신문이 있었다.

사진 12-18

이 광고에서 볼 수 있듯 〈The Wall Street Journal〉은 선도적인 국립 신문이며, 부유층과 교육 수준이 높은 독자에게 다가간다.

자료: Dow Jones & Company, Inc.

주간 신문 대부분 주간지(weekly newspaper)는 뉴스와 광고의 양이 일간지를 뒷받침할 수 없었던 작은 마을이나 교외 지역에서 시작되었다. 이 신문들은 주로 지역과 관련된 뉴스와 스포츠 그리고 이벤트에 초점을 맞추며, 전국이나 세계 뉴스, 스포츠 그리고 경제와 비즈니스 뉴스 등은 중요하게 다루지 않았다. 미국 내 6,700개의 주간지가 출판되고 있으며, 평균 발행부수는 7,500부에 가깝다. 주간지는 그들의 지역적 집중과 낮은 절대 원가(absolute cost) 때문에 주로 지역 광고주의 흥미를 끈다. 대부분의 전국 광고주는 주간 신문에 광고 게재를 꺼리는데, 대도시 지역에서 일간지나 일요일 신문과 중복으로 발행되기 때문이다. 아울러 각각의 주간 신문사들과 별도의 계약을 체결하는 번거로움도 꺼리는 이유다. 그러나 이러한 각각의 신문과 관련된 계약 및 일정의 번거로운 문제는 여러 지역에 신문을 발행하고, 통합 사무실을 통해 모든 지역 신문에 광고 공간을 판매하는 신디케이트(syndicates)가 등장하면서 주간 신문과 관련한 계약과 절차 문제는 감소하고 있다.

전국 신문 미국 내 전국적인 발행부수를 보유한 신문으로는 〈USA Today〉, 〈The Wall Street Journal〉, 〈The New York Times〉 등이 있다. 이들은 일간지이며, 전국적인 흥미를 끄는 내용을 다루고 있다. 〈The Wall Street Journal〉은 전국의 모든 신문 중 가장 많은 발행부수를 기록하며, 인쇄판 구독자는 약 100만 명, 디지털판 구독자는 150만 명이 넘는다. 〈The Wall Street Journal〉은 비즈니스 분야 종사자들에게 다가가기에 훌륭한 비히클이며, 사진 12-18 광고에서 볼 수 있듯이, 매우 부유한 독자층을 보유하고 있다. 또 다른 인기 있는 전국 신문은 〈USA Today〉로, '전국의 신문'으로 자리매김하고 있다. 〈USA Today〉는 전국 뉴스와 금융, 스포츠, 라이프스타일, 엔터테인먼트 섹션(section)을 다루기 때문에 특히 비즈니스 및 레저 여행객에게 인기가 많다. 전국 신문은 주로 대형 전국 광고주와 이러한 간행물의 특정 지역별 버전을 사용하는 지역 광고주에게 관심을 받는다. 예를 들어, 〈The Wall Street Journal〉은 광고를 게재할 수 있는 21개 지역을 다루는 3개의 지역별 버전이 있으며, 〈USA Today〉는 광고주에게 전국판이나 25개 지역에서 광고를 게재할 기회를 제공한다.

전문 독자 신문 다양한 신문들이 특별한 콘텐츠를 제공하며 노동조합, 전문기관, 산업체, 취미를 즐기는 사람 등 특정한 그룹을 위한 신문이 발행되고 있다. 광고업에 종사하는 많은 사람이 〈Advertising Age〉를 읽으며, 마케팅 분야 종사자들은 〈Marketing News〉를 읽는다. 전문 독자 신문(special-audience newspaper)은 또한 폴란드, 중국, 히스패닉, 베트남 그리고 필리핀처럼 외국어를 사용하는 민족 그룹을 대상으로도 출간된다. 미국에는 40개 이상의 언어로 제작되는 신문이 있다.

다양한 종교 집단을 대상으로 하는 신문은 또 다른 커다란 전문 독자 신문 그룹을 구성한

사진 12-19
"Save Student Newspapers" 캠페인은 많은 대학 신문이 직면한 과제를 다루고 있다.
자료: Save Student Newsrooms

다. 예를 들어, 140개 이상의 카톨릭(catholic) 신문이 미국 전역에 걸쳐 발행된다. 또 다른 전문 독자 신문의 종류는 학창 시절 정기적으로 읽었을 수 있는 대학 신문이다. 미국에서 약 1,300개의 대학이 신문을 발행하며, 이는 광고주가 대학생들에게 접근할 훌륭한 수단을 제공한다. 그러나 현재 많은 대학 신문이 온라인에 게시되고 있으며, 매주 발행하는 인쇄판의 수를 없애거나 줄이고 있다. 일부는 심각한 재정 문제에 직면해 많은 신문이 발행을 중단하거나 대학과 제휴해야 했다. 이는 대학 신문의 독립적인 보도를 위협하기에, 많은 신문이 동문 기부금이나 소셜 미디어에서 모금 캠페인을 통해 운영을 유지하고 있다. 최근 많은 대학 신문이 플로리다 대학의 〈The Independent Florida Alligator〉 편집자들이 시작한 "Save Student Newspapers(학생 신문을 구하라)" 캠페인에 힘을 더하고 있다(사진 12-19). 이 캠페인의 목표는 사람들에게 학생 저널리즘의 중요성을 알리고 독립과 재정적 안정을 위해 싸우는 대학 뉴스 조직을 지원하는 것이다.

신문 광고의 종류

신문 광고의 대표적인 분류는 디스플레이(display) 광고와 안내 광고다. 다른 특수한 종류의 광고와 사전 인쇄된 삽입물 또한 신문에서 찾아볼 수 있다.

디스플레이 광고 **디스플레이 광고**(display advertising)는 신문 안에서 찾아볼 수 있으며, 일반적으로 카피 문구나 일러스트레이션(illustration), 헤드라인(headline), 여백 등 여러 시각적 요인들을 사용한다. 디스플레이 광고의 두 가지 종류는 지역 광고와 전국(일반) 광고가 있다. 지역 광고(local advertising)는 신문을 제공하는 시장 내 소비자들과 커뮤니케이션을 희망하는 지역단체, 기업, 개인에 의해 게재되는 광고를 말한다. 수많은 소매업자와 은행, 여행사와 같은 서비스업자들과 함께 수퍼마켓(supermarket)과 백화점은 대표적인 지역 디스플레이 광고주다. 지역 광고는 때때로 소매 광고(retail advertising)로 일컬어지는데, 이는 소매업자가 지역 디스플레이 광고의 85%를 차지하기 때문이다.

전국 광고(national advertising) 혹은 일반 광고(general advertising)는 전국적으로나 지역적으로 판매되는 브랜드 제품이나 서비스 마케터들에 의해 실시되는 신문 디스플레이 광고를 말한다. 이러한 광고는 회사의 제품이나 서비스의 수요를 불러일으키고 유지하기 위해, 그리고 광고주의 제품을 갖추고, 프로모션하는 지역 소매업자들의 노력을 보완하기 위해 사용된다. 주요 소매 체인(chain), 자동차 회사, 항공사 등이 전국 광고를 많이 사용하는 광고주들이다.

안내 광고 **안내 광고**(classified advertising) 또한 신문에 상당한 수익을 가져다준다. 이 광고는 제품이나 서비스 혹은 제공하는 내용에 따라 소제목 아래에 배치된다. 구인, 부동산(아파트 임대 등)과 자동차(개인들 간의 거래)는 안내 광고의 세 가지 주요 카테고리(category)다. 대부분의 안내 광고가 작은 크기의 글이지만, 어떤 신문은 안내 디스플레이 광고(classified display advertising)를 허용하기도 한다. 이러한 광고는 신문의 안내 섹션에 게재되지만, 눈에 띄도록 일러스트레이션과 더 큰 크기의 글자, 여백, 가장자리 장식 등을 사용 가능하고, 심지어 컬러를 사용하기도 한다. 그러나 현재 많은 신문사는 안내 광고를 온라인판으로 옮겼고,

인쇄판에 게재하지 않거나 제한된 일수에만 게재하고 있다.

특수 광고와 전단지 광고 신문 속 특수 광고(special advertisement)는 다양한 정부, 재무 보고, 안내, 비즈니스와 개인의 관계 내 변화에 대한 공고 등을 다룬다. **사전 인쇄된 전단지 광고**(preprinted inserts)는 신문을 통해 배부되는 또 다른 형태의 광고 종류다. 이 광고는 신문 자체에는 나타나지 않는다. 이들은 광고주에 의해 사전에 인쇄되어 신문이 배달되기 전 신문 사이에 끼워 넣어진다. 많은 소매업자가 그들의 특정 상권 내의 고객들에 접근하기 위해 배달 지역 내에 광고 전단(circulars), 카탈로그(catalogs), 브로슈어(brochures)와 같은 전단지 광고를 사용한다. 전단지 광고는 주로 일요일판에서 많이 등장하는데, 그 이유는 소비자들이 일요일에 신문을 더 많이 보고, 주말에는 종종 쇼핑을 위해 소매업체의 전단지를 찾기 때문이다.

사진 12-20

캘러웨이 골프는 신문 광고를 통해 골퍼 필 미켈슨을 축하하는 시의적절한 광고를 내보냈다.

자료: Callaway Golf

CONGRATULATIONS

San Diego's Own Callaway Golf Company
Congratulates San Diego's Own Phil Mickelson.

Champion Golfer of the Year.

#BRINGIT

신문의 장점

신문은 지역과 전국 광고주들 사이에서 인기를 얻게 하는 많은 특징을 가지고 있다. 그 특징에는 폭넓은 지역 확보, 유연성, 지리적 선택성, 우수한 독자 관여도, 특수한 서비스 등이 있다.

폭넓은 지역 확보 신문의 주요 장점 중 하나가 광고주에게 제공하는 높은 시장 범위, 즉 넓은 커버리지(coverage)이며, 이는 고령층에서 더욱 높아진다. 미국 대부분 지역에서 40% 이상의 가정이 일간지를 읽으며, 도달률은 아마 수입과 교육 수준이 높은 가정에서 50%를 초과할 것이다. 신문의 넓은 커버리지는 광고주에게 다양한 계층의 사람들에게 메시지를 전달할 기회를 제공하며, 또한 많은 신문이 매일 발행되고 읽히기 때문에 광고주는 매체 일정에 높은 수준의 빈도를 구축할 수 있다.

유연성 신문의 또 다른 장점은 광고주에게 제공하는 유연성(flexibility)이다. 신문은 광고를 제작하고 게재하는 데 필요한 준비 과정이 수시간 내에 준비되고 배치될 수 있어 방송 광고 대비 상대적으로 쉽다. 대부분의 일간지의 경우 광고 마감 시간은 발행되기 24시간 전이다(컬러를 사용하거나 일요 증보판과 같은 특수 광고의 마감 시간은 더 길다). 짧은 제작 시간과 마감 시간은 신문을 현재 사건에 대응하거나 소비자에게 시기적절한 정보를 제공하는 데 훌륭한 매체로 만든다. 예를 들어, 캘러웨이(Callaway Golf Company)는 권위 있는 행사의 마지막 라운드(round) 다음 날, 프로 골퍼 필 미켈슨(Phil Mickelson)이 브리티시 오픈(British Open) 골프 토너먼트에서 우승한 것을 축하하는 신문 광고를 게재했다. 미켈슨은 캘러웨이 골프팀의 일원이며, 이 광고는 그의 업적을 인정하고 캘러웨이 골프 장비 사용을 프로모션하는 데 매우 적절한 방법이었다(사진 12-20).

신문의 유연성 두 번째 관점은 광고주가 이용할 수 있는 독특한 옵션(option)에 있다. 신문 광고는 다양한 크기, 모양, 형식으로 제작되고 게재될 수 있는데, 독자의 흥미를 얻기 위해 컬러(color) 또는 특수한 별도 전단지 광고를 사용할 수 있다. 광고는 일요일 잡지나 증보판에 게재될 수 있으며, 광고주의 목적에 따라 다양한 스케줄(schedule) 선택이 가능하다.

사진 12-21

휴스턴 크로니클은 지역 신문에 광고를 게재할 기회를 제공한다.

자료: Hearst Newspapers, LLC

지리적 선택성 신문은 일반적으로 직접 우편(direct mail) 광고를 제외한 다른 어떤 매체보다 광고주에게 더 많은 지리적 또는 지역적 선택성을 제공한다. 광고주는 큰 매출 잠재력을 가진 지역에 접근할 하나의 신문(혹은 여러 신문의 결합)을 선택함으로써, 그들의 도달 범위(coverage)를 다양하게 할 수 있다. 전국 광고주는 그들이 다른 매체로는 접근할 수 없는 특수한 지역에 그들의 광고를 집중하기 위해 또는 특정 지역 내 강력한 매출 잠재력의 장점을 이용하기 위해 신문의 지리적 선택성(geographic selectivity) 장점을 이용한다. 예를 들어, BMW, 메르세데스(Mercedes), 랜드로버(Land Rover) 등은 캘리포니아주와 뉴욕주, 뉴저지주 내에 많은 신문 매체 스케줄을 이용하고 있는데, 이는 이들 시장 내 고급 수입차에 대한 높은 매출 잠재력을 이용하기 위해서다. 많은 기업이 그들의 지역 마케팅 전략에 신문을 활용하고 있다. 신문 광고는 광고주에게 각각의 제품이나 서비스가 시장의 특성에 부합하고, 시장 상황에 맞는 광고 캠페인 대응을 가능하게 한다. 이를 통해 신문 광고는 지역 상권에서 더 많은 지지를 받을 수 있어, 소매 광고/프로모션에 적극적으로 된다.

소매업자와 같은 지역 광고주는 지리적 선택성 혹은 특수 시장이나 상권 내 유연성에 관심이 많다. 그들의 매체 목표(media goal)는 그들 고객 대부분이 있는 특정 지역에 광고를 집중하는 것이다. 많은 신문이 현재 광고주에게 이러한 목적에 맞는 다양한 지역 또는 구역(zone)을 제공하고 있다. 사진 12-21은 휴스턴 크로니클 미디어 그룹(Houston Chronicle Media Group)이 회사 소유의 지역 신문을 프로모션하는 내용을 보여준다.

독자 관여도와 수용 신문의 또 다른 중요한 특징은 소비자의 수용 정도와 신문 자체 및 광고에 대한 관여도다. 미국의 전형적인 일간지 독자들은 매일 신문 읽기에 시간을 보내며, 일요일 신문에는 더 많은 시간을 쓴다. 대부분 소비자들은 뉴스, 정보, 엔터테인먼트뿐만 아니라 소비의 결정에 도움을 받기 위해 신문에 의존한다. 최근 연구에 따르면, 신문 독자의 약 56%가 신문을 인쇄된 형태로만 읽는다는 사실이 밝혀졌다. 그러나 이러한 인쇄본만 읽는 독자는 온라인으로 신문을 읽는 독자보다 상대적으로 나이가 많고 대학 교육을 받았을 가능성이 작았다. 아울러 이러한 소비자는 뉴스, 정보, 오락뿐만 아니라 소비 결정에 도움이 되는 신문에 크게 의존한다.

일부 소비자들은 사실상 신문이 보유하고 있는 광고 때문에 신문을 구입하기도 한다. 소비자들은 제품의 가격과 구매 가능성을 결정하기 위해, 그리고 누가 할인 판매(sale)를 하는지 보기 위해 소매 광고를 본다. 신문 광고가 독자들에게 도움을 줄 수 있는 한 가지는 신문이 특정 분야에 대한 독자들의 지식을 넓혀주는 것이다. 우리 대부분이 자동차 제품, 스포츠 제품의 광고가 일반적으로 스포츠 섹션에서 발견되고, 반면에 금융 서비스는 비즈니스 섹션에서 발견된다는 것을 알고 있다. 많은 신문의 푸드 섹션(food section)은 요리 방법과 메뉴 아이디어(menu idea)로 인기 있을 뿐만 아니라, 식료품 가게 광고와 많은 상점과 기업들이 제공하는 쿠폰으로 인기가 있다.

정보 출처로서 신문의 가치는 여러 연구에서 나타났다. 어떤 연구는 소비자가 다른 어떤 매체보다 신문 속 광고를 기다린다고 밝혔다. 또 다른 연구에서 소비자의 80%는 신문 광고가 그들이 매주 쇼핑(shopping)하는데 가장 큰 도움을 준다고 말했다. 신문 광고는 또한 수많은 연구에서 가장 신뢰할 수 있는 광고 매체 중 하나로 평가되었다.

제공되는 서비스 신문이 제공하는 특별한 서비스도 광고주에게 중요할 수 있다. 예를 들어, 많은 신문은 제조업체에게 상품화(merchandising) 서비스와 프로그램을 제공한다. 특정 제품이나 서비스의 상품화 프로그램이 시행되면, 지역 소매업자들을 자극하여 해당 제품이나 서비스를 가판대에 갖추고, 전시 및 프로모션하라고 설득하는 데 도움을 준다. 이러한 프로그램을 통해 제조업 광고주의 소매업 대상 프로모션(trade promotion)을 더 쉽게 할 수도 있다.

신문은 무료 광고 문안(copywriting) 작성과 아트(art) 서비스를 통해 소규모 기업을 도와줄 수도 있다. 광고대행사나 광고부서가 없는 소규모 광고주들은 종종 그들의 광고 문안 작성과 제작을 신문에 의지한다.

신문들은 또한 시장 상황에 대한 지식과 독자 연구나 소비자 설문 조사와 같은 서비스를 통하여 지역 시장 정보를 제공하는 훌륭한 출처다. 예를 들어, 샌디에이고(San Diego) 내 대표 일간지인 〈The San Diego Union Tribune〉의 출판업자는 다양한 보고서와 시장 연구를 통해서 지역 시장에 대한 정보를 제공한다(사진 12-22).

신문의 한계점

신문은 많은 장점이 있지만, 모든 매체가 그러하듯 매체 기획자가 반드시 고려해야 할 단점도 있다. 신문의 한계점에는 품질 문제점, 짧은 수명, 선택성의 부족, 클러터 등이 있다.

낮은 제작 품질 광고 매체로서 신문의 큰 한계점은 신문의 낮은 제작 품질이다. 신문에 사용되는 거친 제지 원료, 컬러의 부재나 미흡함 그리고 고품질의 복사를 위해 필요한 시간의 부족은 대부분의 신문 광고 품질을 제한한다. 신문은 최근 몇 년간 그들의 제작 품질을 개선해왔고, 컬러 복사도 더욱 많이 이용할 수 있게 되었다. 또한 신문 광고에 고품질의 컬러를 추구하는 광고주는 별쇄 광고판(freestanding insert)이나 일요 증보판(Sunday supplement)과 같은 대안에 의지하고 있다. 그러나 이러한 것들은 비

사진 12-22

〈The San Diego Union Tribune〉은 광고주에게 광고 크리에이티브 부서 서비스를 프로모션한다.

자료: The San Diego Union-Tribune

용이 더욱 필요하며, 이는 많은 광고주가 바라는 것이 아니다. 대체로, 제품의 시각적인 모습이 중요한 경우 광고주는 신문 광고에 의존하지 않는다. 음식과 패션 제품의 광고는 일반적으로 잡지를 활용하는데, 이는 잡지의 우수한 복사 품질과 컬러를 이용하기 위해서다.

짧은 수명 몇 주 또는 수개월 동안 집에 보관되는 잡지와 달리, 일간 신문은 일반적으로 하루보다 짧은 시간 보관된다. 그러므로 광고는 발행 당일을 지나면 거의 어떠한 효과도 없으며 반복 노출도 일어나지 않는다. 이 문제점을 더 심각하게 만드는 점은 많은 소비자가 신문과 보내는 시간이 짧다는 점과 신문 내 특정 섹션은 펼쳐 보지 않을 가능성이 있다는 점이다. 매체 기획자는 신문에 광고하는 횟수를 높이고, 특정 제품이나 서비스 시장 내 소비자들이 읽을 것 같은 섹션(section)에 광고함으로써 이러한 문제점을 다소 상쇄할 수 있다.

선택성의 부족 신문이 광고주에게 지리적 선택성을 제공하는 반면, 인구통계학적 혹은 라이프스타일 특징이라는 측면에서는 제한적이다. 대부분 신문은 폭넓고 매우 다양한 그룹의 소비자에게 접근하는데, 이는 마케터들이 좁게 정의된 세분시장에 집중하는 것을 어렵게 만든다. 예를 들어, 낚시용품의 제조업자들에게 신문은 매우 비효율적인데, 그 이유는 낚시하지 않는 모든 신문 독자에게 접근함에 따라 낭비되는 부수가 많기 때문이다. 그러므로 마케터들은 〈Field & Stream〉이나 〈Fishing World〉와 같은 전문 잡지를 사용할 가능성이 크다. 신문에 자사 제품을 광고하는 것은 소매업체가 비용을 공유하거나, 광고에 등장하는 여러 제품의 비용을 분산하여 공동 부담하는 협동 계획(cooperative plans)을 통해 실시될 수도 있다.

클러터 대부분의 다른 광고 매체와 마찬가지로 신문도 높은 클러터(clutter)로 골치가 아프다. 광고주의 메시지는 수많은 다른 광고와 소비자의 관심과 흥미를 끌기 위해 경쟁해야 하며, 대부분의 광고가 흑백이라는 점에서 신문의 크리에이티브 선택권(creative option)은 제한적이다. 그러므로 신문 광고주는 큰 광고 구좌 구매나 컬러와 같은 값비싼 방법 없이는 클러터를 극복하는 데 어려움이 있다.

반면, 많은 신문은 현재 광고주에게 계단형(stairstep), 북엔드(bookend), U자형(u-shape), 아일랜드 광고(island ad), 스패디아 광고(spadea ad), 펼침 광고(half-page spread)와 같은 비전통적인 크기와 포맷을 사용하는 혁신적인 모양의 광고 기회를 제공한다. 또한 많은 신문은 현재 그들 발행물의 첫 페이지뿐만 아니라 신문 내 다양한 섹션의 첫 페이지에 광고를 허용하고 있다. 이러한 혁신적인 포맷(format)의 사용은 광고주들이 더욱 쉽게 독자의 관심을 끌고 광고 메시지에 대한 회상을 증가시키는 것을 가능하게 한다. 사진 12-23은 현재 광고주에게 제공하는 몇 가지 혁신적인 광고 형태를 프로모션하는 〈Los Angeles Times〉 미디어 키트(media kit)의 한 페이지를 보여준다.

사진 12-23

〈Los Angeles Times〉는 새롭게 제공하는 혁신적인 광고 형태를 프로모션한다.

자료: Los Angeles Times

신문의 독자

다른 매체와 마찬가지로, 매체 기획자는 미디어 플랜

(plan)에 있어 신문의 가치를 고려하기 위해 반드시 신문이 다가가는 독자의 특성과 규모를 이해해야 한다. 광고 매체로서 신문은 그들의 시장에 침투하는 데 훌륭한 역할을 하기에, 일반적인 일간지는 시장 내 많은 가정에 접근할 기회를 제공한다. 지역 광고주가 특정 시장 혹은 상권을 다루는 것을 목표로 하지만, 전국 광고주들은 폭넓은 지역 혹은 나라 전체에 접근하기를 희망한다. 그들이 바라는 수준의 높은 도달 범위(coverage)를 달성하기 위해서는 수많은 신문의 지면을 구매하여야 한다.

신문 독자 규모에 관한 정보의 기초 출처는 광고요율표(rate card), 출판업자들의 의견(publisher's statements), 또는 Kantar Media SRDS의 신문 광고 소스(Newspaper Advertising Source)를 통해 이용 가능한 발행부수(circulation figure)가 제공된다. 신문의 발행부수는 일반적으로 이미 언급한 AAM(Alliance for Audited Media)에서 확인되지만, 매체기획을 위해 수많은 신문을 활용하는 광고주들은 대부분의 편리한 자료를 SRDS에서 찾는다.

신문 발행부수 수치는 일반적으로 도시권역, 소매상 권역, 기타 지역 세 가지로 나뉜다. **도시권역**(city zone)은 신문이 발행되는 도시와 그 도시와 성격이 유사한 인접 지역으로 구성된 시장권(market area)이다. **소매상 권역**(retail trading zone)은 거주민들이 정기적으로 도시권역 내 상인과 거래하는 도시권역 밖에 있는 시장이다. 기타 지역은 도시 또는 소매상 권역에 포함되지 않는 모든 발행부수를 의미한다.

때때로 발행부수 수치(circulation figure)는 도시권역과 소매상 권역, 기타 지역이 결합된 주요 시장만을 대상으로 제공되는데, 지역과 전국 광고주 모두 신문을 평가하고 선별하는 데 다양한 항목에서 나타나는 발행부수 패턴(pattern)을 고려한다. 전국 광고주들은 종종 그들이 다루는 상권의 규모에 기초하여 신문 지면을 구입한다. 예를 들어, 광고주는 최상위 10개, 50개, 100개 시장 등에서 광고를 구입한다. 예를 들어, 광고주는 상위 10개 시장, 상위 50개 시장, 상위 100개 시장 등의 광고를 구매하기로 결정할 수 있다. 전국 광고주는 구매한 시장 영역의 수에 따라 다양한 수준의 시장 커버리지를 얻는다.

독자 정보 발행부수는 매체 기획자에게 신문의 가치와 다양한 상권을 다룰 수 있는 각각의 신문을 평가하는 데 필요한 기초 자료를 제공한다. 그러나 매체 기획자는 또한 신문 독자의 특징과 광고주의 목표 수용자의 특징이 일치하기를 원한다. 신문 독자 규모와 특징에 관한 자료는 신문사가 실시한 연구자료뿐만 아니라 상업 연구 서비스로부터 이용 가능하다. 신문에 대한 가치 있는 정보를 얻기 위한 예로는 Kantar Media SRDS가 있다. Kantar Media SRDS의 인쇄 및 온라인 서비스는 일간 신문, 신문사 그룹, 민족 신문, 대학 신문, 신문 만화 등에 대한 정보를 제공한다. Kantar Media SRDS의 Newspaper Advertising Source 데이터는 표준 광고료, 발행부수, 날짜, 일반적인 요건, 연락처 그리고 다른 중요한 정보를 담고 있다(사진 12-24).

Experian Simmons나 GfK MRI와 같은 기업들은 라이프스타일과 미디어 이용 행태들(media behavior)이나 제품/브랜드 선호도에 관한, 그리고 신문에 관한 정보를 포함하고 있는 연합 연구자료를 제공한다. 이러한 연구들은 다른 매체 비히클(media vehicle)보다 신문에게 비교적 더 중요하다.

많은 신문사는 현재 또는 잠재적인 광고주들에게 구독률과 인구통계, 쇼핑 습관 그리고 라이프스타일과 같은 독자들의 특징에 관한 정보를 제공하기 위해, 자체 독자 연구를 의뢰한다. 이러한 연구들은 종종 다양한 종류의 고객들에 접근하기 위해, 신문의 효율성을 프로모션하

사진 12-24

SRDS 신문 광고 요소는 광고주들에게 신문에 대한 유용한 정보를 제공한다.

자료: Kantar Media

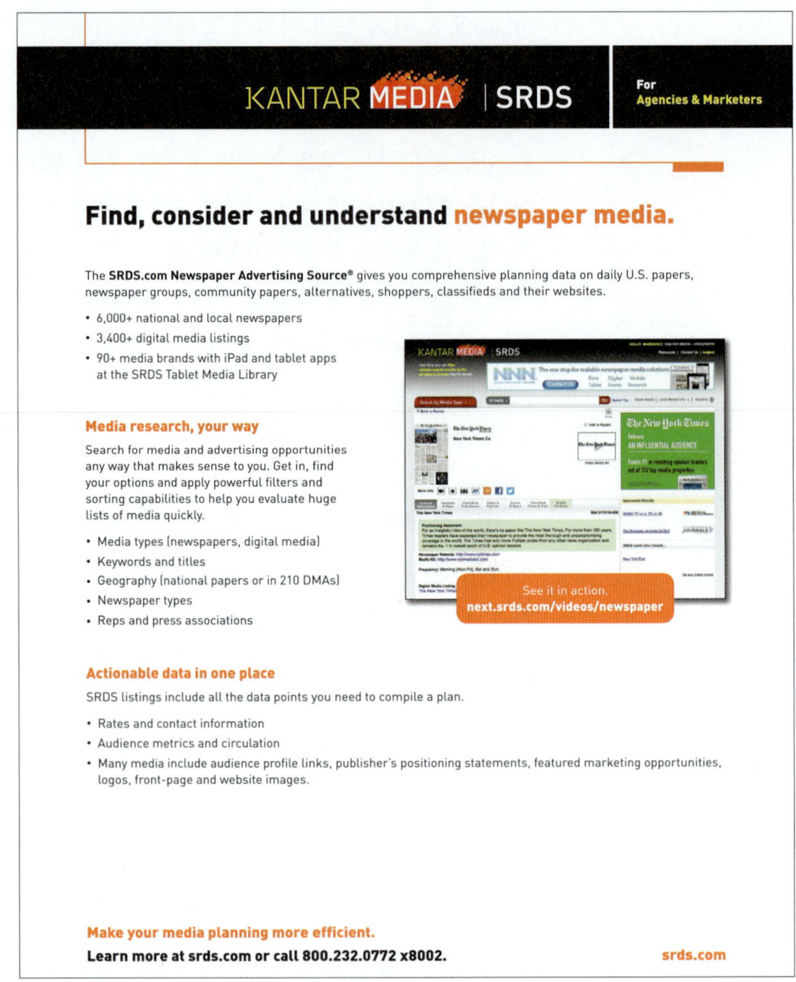

려는 목적으로 고안된다. 이 연구들은 신문사 자체적으로 후원하기 때문에 많은 광고주는 이들의 결과물에 대해 회의적이며, 사용된 연구 방법과 연구 결과에는 세심한 주의가 필요하다.

신문 지면의 구매

광고주들은 신문 지면을 사들일 때 수많은 옵션과 가격 구조에 직면한다. 광고 지면의 비용은 신문의 발행부수뿐만 아니라 컬러나 특별 섹션(special section)에 대한 프리미엄 청구, 할인 가능 여부와 같은 요인에 따라 결정된다. 신문 공간의 구매 과정과 가격은 전국 광고주와 지역 광고주에 따라 다르다.

전국 대 지역 요금 신문은 전국 광고주와 지역 또는 소매 광고주에 따라 다른 요금 구조로 되어 있다. **전국 광고 요금**(general advertising rate)은 신문의 일정 광고권역(designated market area, DMA) 밖으로 광고하는 전국 광고주에 적용되고, 또한 출판업자에 의해 사실상 '일반(general)'으로 여겨지는 분류에 적용된다. 이는 자동차, 담배, 포장재, 제약회사와 같은 전국 광고주에 의해 실시되는 광고들이 포함된다. **소매 광고 요금**(retail advertising rate) 또는 **지역 광고 요금**(local advertising rate)은 DMA 안에서 사업을 하거나 제품 혹은 서비스를 판매하는 광고주들에게 적용된다. 전국 광고주들에게 부과하는 요금은 지역 광고주들에게 부과하는 것보다 평균 75% 더 높다. 신문사들은 요금의 차등은 몇 가지 이유로 정당화된다고 주장한다. 첫째, 전국 광고(general advertising)를 다루는 것은 광고대행사가 15% 수수료를 가져가고, 수수료는 또한 비지역 광고(nonlocal advertising)를 요청하는 독립적인 영업사원에게 지급되기 때문에, 비용이 더 많이 든다고 주장한다. 둘째, 그들은 전국 광고가 지역 광고보다 신뢰도가 낮다는 점을 언급한다. 일반 광고주들을 주로 지역 광고주들만큼 계속해서 신문 광고를 구매하지 않는다. 마지막으로, 신문사들은 전국 광고의 수요가 비탄력적이라고 주장한다. 요금을 낮추거나 올려도 전국 광고의 수요는 증가하지 않으며, 이는 전국적인 광고의 요금을 낮출 근거가 없다는 것을 의미한다.

전국 광고주들은 이러한 논쟁을 차등적인 요금에 대한 정당한 이유라고 보지 않는다. 이들은 전국적인 광고를 다루는 데 드는 신문사의 비용이 더 크지 않다는 점과 많은 전국 광고주들은 정기적으로 신문을 이용한다고 주장한다. 전국 광고주들은 광고를 준비하기 위해 광고대행사를 고용하기 때문에, 그들은 특별한 서비스를 요청할 가능성이 작다. 광고의 디자인(design)과 준비를 돕기 위해 많은 신문사가 채용하는 고비용 인력은 대부분 지역 광고주들이 이용하고 있다는 것이다.

많은 마케터들이 그들의 신문광고를 특별 부문 계획을 통해 집행하거나, 지역 요금을 지불하는 소매업자, 지역업자, 유통업자와 협력 광고 계약(cooperative advertising deal)을 통해 전국 광고주라는 이름표를 회피하고 요금을 낮추려고 한다. 결국 이러한 광고 요금의 차별은 많은 전국 광고주들이 신문을 그들의 매체 믹스(media mix) 내에 큰 부분으로 차지하지 못하게 하고 있다.

요금 구조 칼럼 인치(column inch)와 SAU(Standard Advertising Unit)가 기본 신문광고 요금을 결정하는 데 사용되지만, 매체 기획자는 다른 옵션과 요인을 반드시 고려해야 한다. 많은 신문이 수량에 따른 할인이나 반복된 지면 구매에 대한 할인을 제공하지 않는 **정액요금**(flat rate) 구조로 되어 있다. 또 다른 신문사들은 다양한 할인이 가능한 **열린 요금 구조**(open-rate structure)로 되어 있다. 이러한 할인은 일반적으로 빈도나 지면의 대량 구매에 기반을 두며, 1년에 구입된 칼럼 인치의 양에 달려 있다.

신문 지면의 요금은 선호하는 위치나 컬러와 같이 광고주의 특별한 요청에 따라 다양하다. 신문이 명시한 기본요금은 신문이 광고를 어느 페이지 혹은 어느 위치에 둘 수 있다는 것을 의미하는 **ROP**(run-of-paper)다. 신문 대부분이 요청한 지면에 국한하여 광고를 실으려 하지만, 광고주들은 더 높은 **위치 우선요금**(preferred position rate)을 지불하면서도 지면 내 특정 섹션이나 위치를 확실히 잡으려 한다. 컬러 광고는 많은 신문에서 단 기준의 크기로, 또는 사전인쇄 전단지(preprinted inserts) 혹은 일요일 증보판을 통해 이용할 수 있다.

광고주들은 여러 개 신문을 하나의 그룹으로 사용하여, 할인을 받을 수 있는 **병합게재 할인요금**(combination rate)을 기준으로 신문 공간을 사들일 수 있다. 일반적으로, 병합게재 할인요금은 출판업자가 한 시장 내 조간과 석간 신문 모두를 소유하는 경우 발생하고, 대개 24시간 동안 두 신문 내 동일 광고를 게재하는 조건으로 할인된 단일 가격을 제공한다. 병합게재 할인은 또한 광고주들이 수많은 시장 내 한 출판업자가 소유한 여러 개의 신문에서, 혹은 조합(syndicate)이나 신문사 그룹으로 제휴한 다수의 신문에서 광고 지면을 사들일 때 이용 가능하다.

신문의 미래

신문은 총광고량(total advertising volume)에서 보면 가장 큰 광고 매체이나, 이 장 초반에서 언급한 바와 같이 전통적인 인쇄 신문의 광고 수입은 지난 10여 년 동안 급격히 감소해왔다. 신문은 그들 대부분의 광고 수입을 지역 광고주로부터 얻는다. 지역 광고주들은 해당 지역에서 제품과 서비스를 광고하거나, 소비자들에게 특별 할인과 다양한 프로모션을 집행하고자 디스플레이 광고를 이용하는 소매업자들이 대부분이다. 미국의 경우, 전국 광고주들의 광고 지출은 일반적으로 적은 부분을 차지하기 때문인데, 신문은 광고 수입을 위해 지역 광고주들에게 더 많이 의존하고 있다.

신문의 주요 강점은 지역 광고주들에 의해 효과적으로 이용될 수 있는 매체라는 데 있다. 지역 광고주들에게 신문의 중요성은 가까운 미래에 바뀔 것 같지는 않다. 그러나 신문이 지배적인 지역 광고 매체로의 강한 입지를 유지하고, 더 많은 전국 광고를 얻기 위해 반드시 고심해야 할 수많은 문제점과 이슈(issue)가 있다. 다른 광고 매체와의 경쟁, 발행부수 유지 및 관리, 독자 감소에 대한 적절한 대처가 이에 포함된다.

다른 매체와의 경쟁 전국 광고량에서 점유율을 높이기 위한 신문 산업의 전쟁은 힘겨워졌다. 제작 품질이나 요금 차등 문제와 더불어, 신문은 전국과 지역 광고주 모두에서 다른 매체와의 경쟁에 직면하고 있으며 특히 디지털 매체의 성장은 경쟁을 더욱 심화시키고 있다.

신문의 매체 간 전쟁에는 더 이상 전국 광고만 대상이 되지 않는다. 많은 기업이 마케팅 도구로 신문에 투자했던 광고 비용을 광고 투자 공간으로서 인터넷(internet)을 고려하고 있다. 지역 라디오와 TV 방송국(특히 케이블 방송사)뿐만 아니라 증가하는 옐로 페이지(yellow page) 출판사들은 공격적으로 지역 광고주들을 붙잡으려 하고 있다. 신문사들은 이 광고주들을 유지하기 위해 더 힘들게 분투해야 할 것이다.

신문은 또한 오랜 기간 중요한 수익 중심점(profit center)이었던 안내 광고(classified advertising)와 구인 광고(employment advertising)에서도 다양한 온라인 사이트와 새로운 경쟁에 직면하고 있다. 미국 신문의 안내 광고 수익은 지난 10년 동안 꾸준히 감소하여 2008년 100억 달러에서 2018년 30억 달러로 감소했다. 안내 광고는 자동차, 부동산, 채용 광고를 포함한 3대 주요 카테고리에서 모두 감소했고, 신문은 이제 Indeed.com, Careerbuilder.com, Glassdoor.com, Monster.com과 같은 온라인 구인 사이트와 LinkedIn과 같은 소셜 미디어 사이트와 경쟁해야 한다. eBay와 Craigslist와 같은 웹사이트는 전통적으로 지역 신문의 안내 광고를 통해 판매되던 다양한 상품을 판매하는 인기 있는 방법이 되었다. 샌프란시스코(San Francisco) 지역의 젊은이들을 위한 일종의 반문화 게시판으로 시작된 Craigslist는 현재 대부분 주요 도시로 확장되었으며, 모든 연령대의 사람들에게 인기를 얻고 있다. 이 온라인 사이트에는 상품, 아파트 임대, 서비스, 개인정보, 구인 광고를 판매하는 섹션이 포함되어 있다. 일부 신문사는 안내 광고에서 온라인 사이트와 경쟁하기가 매우 어렵다는 것을 인식하고, 특정 가격대 이하의 상품에 대한 무료 안내 광고를 제공하여 독자층을 확대하는 방법으로 대응하고 있다.

신문은 다른 매체로부터의 도전에 대응하기 위해 다양한 노력을 기울이고 있다. 신문사 마케팅 기능을 확장하고, 그들의 광고주와 관계를 구축하고 유지하기 위한 노력을 하고 있다. 어떤 신문사들은 부가 서비스를 제공할 정교한 데이터베이스(database)와 다이렉트 메일

(direct mail)을 직접 개발하고 있다. 다른 신문사들은 그들의 마케팅 리서치 부서를 확대하고, 주요 고객에 대한 포괄적인 시장 연구를 준비하며, 그리고 어떤 경우에는 미디어 연구자와 마케팅 파트너의 역할을 하기도 한다. 디지털 및 소셜 미디어 관점 12-2에서는 신문 산업이 직면한 과제를 논의하고, 뉴스 미디어 연합이 신문의 가치와 신문이 도달하는 청중을 프로모션하며 대응하는 사례를 제시하고 있다.

발행부수 신문 산업은 오랜 기간 감소하는 부수를 만회하기 위해 고군분투해 왔다. 미국 내 많은 주요 신문들이 발행부수의 감소를 경험하고 있으며, 이러한 문제에 대응하기 위해 열독률 측정을 강조하고, 신문의 온라인 버전(version)을 개발하는 등의 방법을 추구하고 있다. 많은 신문이 그들의 부수를 주의 깊게 보고 있으며, 추가적인 부수를 발행하는 비용이 그것을 통해 가져올 수 있는 광고 수입과 비교해 정당화되는지 분석하고 있다. 많은 신문이 가판대와 가정배달 가격을 인상하고 있으며, 구독과 신문 판매를 통한 수입이 그들의 총수입에서 점점 더 많은 부분을 차지하고 있다. 미국에서 신문 판매를 통한 수익은 지난 몇 년 동안 안정적으로 유지되었는데, 많은 신문사가 광고 수익에 집중하기보다는 구독자 수를 늘리는 '구독 우선 모델'을 추구하고 있기 때문이다. 신문사들은 새로운 독자를 개발하기 위해 많은 비용을 지출하는 것보다는 기존 독자들을 유지하는 것이 더 효과적인 방법이라는 것을 알아냈다. 신문 구독자의 해지율은 많은 신문사가 자동 갱신 결제 플랜(plan)에 대한 할인 프로그램을 제공함에 따라 완화되었으나, 이러한 구독과 신문 판매를 통한 이익의 증가는 광고 수익의 손실을 메우기에 충분하지 않다. 이는 대형 신문사들도 같은 상황이다.

독자 유인과 유지 광고 매체로서 신문의 성장은 매체 환경 변화와 자체 인기 감소로 한계를 갖는다. 신문 구독률은 지난 10년간 꾸준히 감소했다. 신문 구독률의 감소는 바쁜 현대 맞벌이 가정의 라이프스타일, TV 채널 선택권의 증가 그리고 가장 큰 문제인 인터넷과의 경쟁 등 여러 요인의 영향을 받았다. 신문 구독의 감소에서 신문사들이 가장 우려하고 있는 것은 여성과 젊은 독자들의 이탈이다. 미국의 조사에 따르면 일반적으로 하루에 신문을 읽는 여성의 비율이 1981년의 67%에서 최근 30%대로 감소했다. 신문과 광고주들은 여성이 남성보다 구매 결정을 내릴 가능성이 훨씬 더 높아서 우려하고 있다. 많은 신문에서 새로운 여성 섹션을 도입하고, 오래된 섹션을 수정하여 현대 여성에게 더 매력적으로 만들고 있으나, 큰 효과를 거두지는 못하고 있다. 신문들은 또한 많은 젊은 사람들이 상당한 TV 시청자이고, 점점 더 많은 시간을 인터넷 검색이나 소셜 미디어 사용에 보내기 때문에, 미래의 독자를 어디서 구할 수 있을지 걱정하고 있다.

여러 신문이 더 흥미롭고 읽기 쉽게 빠르게 재설계되고는 있다. 이러한 변경에는 색상과 그래픽(graphic) 사용 증가와 스포츠 및 엔터테인먼트에 대한 보도 확대가 포함된다. 일부 신문은 독자가 훑어보고 읽고 싶은 것을 결정할 수 있도록 신문의 각 섹션에 기사의 짧은 요약을 제공하기 시작했다.

온라인 전달과 다양한 플랫폼

디지털 및 소셜 미디어 관점 12-2에서 논의했듯이, 미디어의 디지털 변환은 신문 산업에 특히 큰 타격을 입혔고, 신문 발행사들은 전통적인 인쇄판을 훨씬 넘어 포트폴리오(portfolios)

디지털 및 소셜 미디어 관점 12-2 > > >

뉴스 미디어 연합(News Media Association)은 신문의 가치를 홍보한다

지금은 신문 산업에 어려운 시기다. 2018년 미국에서 신문(인쇄물 및 디지털 신문 포함)의 총광고 수익은 160억 달러 미만이었다. 이는 2015년의 200억 달러에서 40억 달러 감소한 것이며, 향후 5년 동안 매년 거의 10%씩 감소할 것으로 예상된다.

독자들의 구독료 수입은 2018년에 110억 달러에 불과했으며, 신문 발행부수는 수년간 감소해왔다. 특히 디지털 신문 구독의 증가에도 불구하고, 인쇄판의 경우 감소가 확연하다. 〈New York Times〉와 〈Wall Street Journal〉과 같은 주요 신문의 경우에만 겨우 구독이 증가했지만, 이 증가는 인쇄 광고로 인한 수익 손실을 상쇄하기에 충분하지 않았다. 많은 사람이 잡지와 함께 신문 산업이 계속 생존할 수 있을지 의문을 제기하고 있으며, 한때 상상조차 할 수 없었던 신문이 더 이상 없을 수 있다는 시나리오가 매년 현실이 되는 점에 우려를 표하고 있다. 신문의 수는 계속 감소하고 있으며, 대규모 시장을 대상으로 하는 주요 출판사조차도 생존하기 위해 고군분투하고 있다. 〈Washington Post〉는 세계에서 가장 부유한 사람인 아마존(Amazon) 창립자 제프 베조스(Jeff Bezos)가 2013년에 인수하기 전까지 재정적으로 어려움을 겪었다.

〈Los Angeles Times〉, 〈San Diego Union Tribune〉 그리고 캘리포니아(California)의 여러 다른 소규모 신문은 2018년에 억만장자 과학자이자 기업가인 패트릭 순샤이옹 박사(Dr. Patrick Soon-Shiong)에게 인수되었다. 이 신문들은 모두 감축, 해고, 발행부수 감소 및 광고 수익 저하로 어려움을 겪고 있었다.

신문과 관련된 여러 가지 요인이 직면한 문제에 영향을 미친다. 태블릿, 스마트폰과 같은 모바일 기기의 사용 증가는 뉴스와 정보의 원천인 신문뿐만 아니라, 광고 매체로서의 가치에도 큰 영향을 주고 있다. 미국 통합 사이트인 Huffington Post, Google News, Digg, Reddit 및 Apple News 등은 수많은 웹사이트의 뉴스와 정보를 통합하고 지속해서 업데이트되는데, 인쇄 신문에서 전달하는 하루 뒤에 보는 '오래된 뉴스'와 차별화된다. 스포츠, 비즈니스, 엔터테인먼트 및 독자가 관심을 두는 대부분의 기타 영역에서 신문을 읽지 않는 MZ세대 등 젊은 세대는 과거 세대와 비교된다. X세대와 베이비붐(baby boom) 세대는 십대 때는 신문을 읽지 않다가도, 20~30대가 되면 읽기 시작했으나, 오늘날 대부분의 젊은이는 신문을 읽지 않으며, 다른 출처에서 뉴스와 정보를 얻는 데 익숙해져 있기에 향후 변화할 가능성도 거의 없다.

신문 산업은 디지털 혼란에 대응하기 위해 많은 조치를 했는데, 신문사들은 이제 온라인 버전을 제공하고 디지털 유치를 위해 노력하고 있다. 미국에서 디지털 신문의 광고비는 2011년 17%에서 2018년에는 신문 광고 수익의 3분의 1을 차지했으며, 2022년에는 45%로 성장하였다. 다수의 신문 독자가 디지털 구독료를 지불하지 않으면 액세스가 거부되도록 요구하는 페이월(paywall)을 구현했는데, 이들 디지털 유료 플랜에서는 각 일정 수의 무료 기사를 허용할 수 있다. 독자들은 기사 수에 제한 없이 전체 내용을 보려면 비용을 지불해야 한다. 신문의 디지털판은 또한 인쇄물 유통을 안정시키는 데 도움이 된다. 인쇄판 신문 구독자에게는 무료 또는 대폭 할인된 가격으로 디지털 액세스(access)가 제공되기 때문이다.

를 확대하고 있다. 거의 모든 주요 신문사는 이제 웹사이트를 가지고 있으며, 대부분은 온라인과 모바일 기기용 앱을 통해 신문을 제공한다. 온라인에서 제공되는 일간 및 주간 미국 신문의 수는 1995년 100개 미만에서 2019년 3,200개 이상으로 증가했다. 지난 10년 동안 디지털 신문 독자는 월간 고유 사용자 2억 명으로 증가했으며, 신문 디지털 독자의 절반은 모바일 기기(스마트폰 및 태블릿)를 사용하여 신문 콘텐츠에 접근하는 사람으로 구성된다. 발행사는 신문의 온라인 버전을 제공해야 한다는 것을 인식하고 있으며, 이는 많은 사람, 특히 젊은 소비자에게 선호하는 구독 방식이 되었다. 연구에 따르면 온라인 신문을 사용하는 사람들은 참여도가 높고 상대적으로 고급 독자로 평가된다. 이들은 온라인에서 더 많은 시간을 보내고, 교육 수준이 높으며, 일반적인 온라인 독자보다 소득이 더 높다. 또한 온라인에서 제품의 구매 가능성이 더 크고, 인터넷을 사용하여 무엇을 살지 결정할 가능성 또한 더 높았다.

많은 신문사가 지역 및 전국 광고주로부터 광고비를 유치하기 위해 노력하고 있으며, 네트워크를 형성하여 지역 신문사가 전국 광고주에게 자사 웹사이트에서 온라인 광고를 판매할 수 있도록 돕고 있다. 이러한 네트워크는 전국 광고주에게 모든 신문 웹사이트에 대한 접근을 제공하고, 전통적인 인쇄 광고와 같은 방식으로 온라인 광고 또한 구매할 수 있도록 돕는다. 신문 발행사가 온라인 광고 판매에 더 많은 관심을 기울이고 있지만, Google, Yahoo!, Bing,

자료: News Media Alliance

신문은 지난 15년 동안 직면했고, 앞으로도 계속 직면할 디지털 혁신에 대해 다른 방식으로 대응하고 있다. 많은 신문사는 디지털 마케팅 제공을 포함한 다양한 분야에서 수익을 창출하기 위해 비즈니스 모델을 교체하고 있다. 신문사는 디지털 마케팅 서비스 제공, 기업이 전자 상거래를 통해 소비자와 직접 연결되도록 지원, 이벤트 마케팅 및 프로모션 서비스를 포함하도록 통합 마케팅 역량 확장 등 다양한 분야에서 수익 창출을 위해 변화하고 있다.

신문업계는 또한 신문이 가치 있는 매체라는 점을 알리기 위한 노력을 하는데, 미국의 NMA(News Media Alliance)는 신문이 오랫동안 품격 높은 신뢰할 수 있는 정보의 원천이었으며, 소비자는 신문에서 발견한 광고를 매우 신뢰한다고 언급하였다.

NMA가 신문의 가치를 홍보하는 노력 중 하나는 『News Advertising Panorama』라는 제목의 책으로, 여기에는 Nielsen Carbough, Comcore, Kantar Media, GfK MRI 등의 연구와 조사를 포함한 다양한 출처의 통계 및 정보가 포함되어 있다. 『Panorama』의 목적은 광고주에게 뉴스 미디어 청중에 대한 유용한 정보를 제공하여 전반적인 마케팅 전략의 하나로 인쇄 및 디지털 신문에 광고를 우선하도록 장려하는 것이다. 이 책은 인쇄 및 디지털 뉴스 미디어가 청중과 소통하고, 쇼핑객에게 다가가, 결과를 제공하는 능력을 통해 마케터에게 효과적인 광고 솔루션을 제공할 수 있는 독특한 방법을 보여준다. NMA는 지역 신문이 광고주에게 다양한 혁신적이고 효과적인 고객 중심 솔루션을 제공하는 다차원적 사업이라는 사실을 홍보한다. 신문 광고의 가치 제안에는 광고주가 자신의 광고가 부적절한 콘텐츠와 함께 게재되지 않을 것이라는 확신을 가질 수 있는 브랜드 안전 환경부터, 부유하고 교육 수준이 높은 독자와 구독자에게 디지털 광고를 실행할 기회 등이 포함된다. 여기에는 1억 3,600만 명 이상의 성인 소비자와 18~49세 연령 그룹의 49%를 포함한 세분화된 타겟도 포함된다.

디지털 혁신으로 인해 신문이 직면한 어려움은 지속될 것이다. 그러나 변하지 않을 한 가지는 민주주의와 자본주의하에서 정보를 수집하고 전달하는 데 있어 신문이 하는 중요한 역할이다. 바라건대 광고주나 매체 기획자들도 신문이 제공할 수 있는 가치를 정확히 알게 되기를 기대한다.

자료: "News Advertising Panorama Showcases Value of News Media Audience for Advertisers," News Media Alliance, November 7, 2018, www.newsmediaalliance.org/release-news-advertising-panorama/; Newspaper Fact Sheet, Pew Research Center, June 13, 2018; www.journalism.org/factsheet/newspapers/; Jeffrey Cole, "Five Years Later: On the Prediction of the End of Printed Newspapers," Center for the Digital Future, March 7, 2018, www.ldigitalcenter.org/columns/prediction-printed-newspapers/; Edmonds, Rick, "News Media Alliance Tries to Pump Some Life Into the Case For Advertising With Its Members," Poynter, November 7, 2018.

Local.com과 같은 주요 인터넷 검색 업체와의 치열한 경쟁에도 직면해 있다. 이러한 온라인 기업들은 지역 사업자가 그들에게 광고를 게재하는 것을 저렴하고 쉽게 만들었기 때문이다. 많은 신문사가 이러한 인터넷 검색 경쟁업체와 제휴를 맺고, 기술을 사용하여 행동 타겟팅(targeting) 광고와 같은 보다 정교한 광고 상품을 판매하고 있다.

대부분의 신문 발행사는 인쇄 및 온라인 신문, 모바일 기기에서 신문을 읽는 사람들을 위한 앱(apps)을 제공하고, 여러 제품과 서비스를 포함하는 웹사이트를 갖춘 미디어 회사로 전환하고 있다. 다양한 제품을 만들고 여러 플랫폼(platform)에서 소비자를 참여시킴으로써 이러한 미디어 회사는 미래에 나타날 새로운 수익 창출 기회를 활용할 수 있을 것이다. 그러나 모든 신문사가 이렇게 되기에는 시장 대비 신문사 수가 너무 많은 것도 사실이다.

요 약

잡지와 신문이라는 두 가지 주요 인쇄 매체는 많은 광고주의 매체기획과 전략에 있어 중요한 역할을 한다. 잡지는 매우 선택적인 수단이며, 특정 고객과 세부시장에 접근하는 데 있어 매우 중요하다. 잡지의 세 가지 광범위한 범주는 소비자(농/축산업 포함), 비즈니스, 건강 관리 출판물이다. 이러한 각 범주는 출판물의 편집 내용과 독자층에 따라 추가로 분류될 수 있다.

잡지는 선택성이 높다는 장점에 더해서 훌륭한 광고 품질과 창의적인 유연성, 장기 수명, 명성(prestige) 그리고 잡지 광고에 대한 독자들의 높은 수용성뿐만 아니라 잡지가 광고주들에게 제공하는 서비스 등의 장점이 있다. 잡지의 단점에는 고비용, 제한된 도달 범위 및 빈도, 긴 리드타임 그리고 대부분 간행물에서 높은 광고 클러터가 포함된다.

잡지 광고 요금은 집행 옵션이나 요인에 따라 다양한데, 광고의 크기, 발행물 내 위치, 구매되는 특별판, 컬러의 사용, 삽입물의 개수와 빈도 등이 있다. 잡지 요금은 천 부당 비용을 기준으로 비교되지만, 출판물의 편집 내용과 특정 수용자에게 도달할 수 있는 능력과 같은 다른 요인도 고려되어야 한다.

신문은 특히 소매업체와 같은 지역 광고주에게 매우 중요한 매체다. 전국 광고주도 신문을 사용하지만, 전국 광고주와 지역 광고주의 차등 요금 구조는 논란의 여지가 있다. 신문은 특정 지역의 많은 가구에 도달하는 광범위한 매체며, 신문의 다른 장점으로는 유연성, 지리적 선택성, 독자 참여, 특별 서비스 제공이 있다. 신문의 단점으로는 고품질 광고 제공이 어렵고, 짧은 수명, 독자의 선택성 부족, 높은 클러터 등이 있다.

시장 세분화와 지역 마케팅에 대한 추세는 많은 광고주가 신문과 잡지를 더 많이 활용하도록 유도할 수 있지만, 잡지와 신문은 모두 디지털 미디어와의 경쟁으로 점점 경쟁력을 잃고 있다. 신문과 잡지 모두 활로 개척을 위해 유통 기반의 품질을 개선하고, 데이터베이스 마케팅 서비스를 제공하며, 크로스미디어 거래를 시작하는 등 노력을 기울이고 있다. 독자 수와 광고 수익 감소는 많은 잡지와 신문의 대표적 문제다. 디지털 및 소셜 미디어의 성장과 태블릿 및 스마트폰과 같은 모바일 기기 사용 증가는 전통적인 잡지와 신문에 극적인 영향을 미쳤다. 이러한 디지털화는 정보를 전달하는 수단으로 중요했던 두 가지 인쇄 매체의 본질과 광고 매체로서의 가치를 변화시키고 있다.

CHAPTER 13 서포트 미디어

자료: Cooler Screens Inc.

학습 목표

1. IMC 프로그램에서 서포트 미디어의 역할을 설명한다.
2. IMC 프로그램 개발을 위한 다양한 전통적 그리고 비전통적 서포트 미디어의 종류를 살펴본다.
3. 서포트 미디어의 장점과 단점을 논의한다.
4. 서포트 미디어 청중은 어떻게 측정하는지 설명한다.
5. 서포트 미디어의 효과 분석 방법을 알아본다.

프라이버시를 중요하게 생각한다면 냉장고 진열대 앞에 서지 말라!

우리는 개인정보 보호 권리에 대한 뉴스를 자주 듣는다. 은행이나 신용카드 회사는 개인정보 보호 정책을 발송하고, 페이스북과 같은 온라인 플랫폼은 개인정보 보호 문제로 뉴스에 오르내린다. 온라인 매장을 방문하거나 구매를 한 후 관련 팝업 광고가 나타나는 것은 이미 흔한 일이 되었다. 우리가 방문하는 어느 곳이나(마트, 은행, 주유소) CCTV가 촬영하고 있다. 어떤 사람들은 이를 불편하게 여기지만, 대부분은 감시받고 있다는 사실에 무감각해 보인다. 이 모든 것이 과연 어디까지 갈까에 대한 의문이 들 수밖에 없다. 2019년 기준으로 미국에는 3,000만 대 이상의 감시 카메라가 설치된 것으로 추정된다. 런던에서는 하루에 최대 300번, 뉴욕에서는 75번까지 CCTV에 포착된다고 한다. 이보다 더 심해질 가능성도 있을까?

그럴 수도 있다. 이제, 마트의 냉장고 진열대 앞도 안심할 수 없을지 모른다. 여러분이 냉장고 앞에서 식품을 고를 때, 카메라가 당신을 지켜보고 있을 수 있다. 이는 절도 방지를 위한 것이 아니다. 무드 미디어와 쿨러 스크린스(Mood Media & Cooler Screens) 같은 기업들은 소매업체들에게 냉장고 문에 카메라 설치를 제안하고 있다. 이 카메라는 단순히 당신을 보는 것이 아니라, 나이와 성별, 심지어 감정 상태까지 분석하여 실시간 맞춤형 광고를 매장 내 디지털 스크린에 송출한다. 하지만 이러한 카메라는 렌즈 크기가 동전 크기 정도에 불과해 소비자가 이를 인식하지 못할 가능성이 높다.

크로거(Kroger Company, 미국의 대형 식품 마트 체인)와 월그린스(Walgreens, 8,000개 이상의 약국 운영)은 현재 이 기술을 시험하고 있다. 카메라는 고객의 나이, 성별, 시선의 움직임, 제품을 볼 때의 감정 반응 등을 분석하여 맞춤형 광고를 생성한다. 예를 들어, 냉장고 앞에 선 남성이 있다면, 코카콜라 제로 광고가 나타날 가능성이 높다. 이 제품이 남성 소비자에게 더 인기가 있기 때문이다. 여성에게는 다이어트 코크 광고가 표시될 수 있다. 20대 소비자에게는 레드불 광고가, 조금 더 나이 든 남성에게는 게토레이 광고가 제공될 수 있다. 저녁 시간에는, 맥주를 고르는 고객에게 쿠어스 라이트(Coors Lite) 6팩을 구매하면 디조르노(DiGiorno) 피자를 할인받을 수 있다는 문구가 표시될 수도 있다. 또는 고객이 방금 고려했던 제품이 할인 중이라는 정보가 제공될 수도 있다. 쿨러 스크린스(Cooler Screens)는 이미 코카콜라, 펩시, 네슬레, 밀러쿠어스, 안호이저-부시 등 주요 소비재 브랜드들과 광고 계약을 체결한 상태다.

기술 기업과 소비재 브랜드들은 이러한 카메라 및 스크린이 쇼핑 경험을 향상시킨다고 주장하지만, 모든 사람이 이에 동의하는 것은 아니다. 앞서 언급했듯이, 카메라 렌즈는 매우 작아 소비자가 이를 인식하기 어렵다. 또한 수집된 데이터는 익명 처리된다고 주장되지만, 일부 전문가들은 이를 문제 삼고 있다. 월드 프라이버시 포럼(World Privacy Forum)의 전무 이사 팸 딕슨(Pam Dixon)과 워싱턴 대학교 로스쿨 교수 라이언 케일로(Ryan Calo)는 이러한 기술이 차별적 마케팅을 초래할 가능성이 있다고 경고한다. 딕슨은 "소비자의 감정 상태를 수집해서는 안 된다"고 주장한다.

소비자들의 반응은 엇갈린다. 대부분은 카메라의 존재를 인식하지 못하며, 일부 소비자는 "어차피 어디에나 카메라가 있다"며 상관없다라는 태도를 보이기도 한다. 하지만 카메라가 설치되어 있다는 사실을 알게 된 일부 고객들은 이에 대해 불편함을 나타낸다. 특히 일부 매장은 소비자에게 촬영하고 있다는 사실을 고지하지 않는 점은 문제로 지적된다. 패스트 컴퍼니(Fast Company)의 기자 캐서린 슈왑(Katharine Schwab)은 이를 "심각한 프라이버시 문제를 초래하는 불투명한 관행"이라고 지적했다. 월마트 CEO 존 퍼너(John Furner)와 컨설팅 업체 퍼블리시스 사피언트(Publicis Sapient)의 상거래 부문 부사장 존 릴리(Jon Reilly) 또한 프라이버시 문제에 대해 우려를 나타냈다.

릴리는 이러한 카메라가 머지않아 광범위하게 사용될 것을 전망하고 있다. 실제로 시네플렉스 디지털 미디어(Cineplex Digital Media)는 쇼핑몰이나 버스 정류장, 궁극적으로는 드라이브스루 레스토랑에 설치할 수 있는 스크린을 보유하고 있다. 결국 소비자는 우리의 감정 상태까지 분석할 수 있는 미래에 익숙해져야 할지도 모른다.

자료: Joseph Pirani, "Smile, Say 'Cheese!' and Then Purchase It," *Los Angeles Times*, April 25, 2019, pp. C1, 3; Katharine Schwab, "It's Not Just Google or Facebook: The Freezer Aisle Is Ad Targeting You Now," www.fastcompany. com, February 6, 2019; Yolanda, "How Many Times Are You Caught on Security Camera per Day," www.replink.com, October 19, 2018.

이번 장에서는 서포트 미디어를 공부한다. 서포트 미디어는 지난 십여 년간 지출이 크게 증가한 분야로 마케터들이 점점 더 중요하게 생각하는 매체다. 마케터들이 점점 더 광고 노출을 증가시키려 할수록 소비자는 점점 더 광고를 회피하게 되는 상황에서 서포트 미디어는 그 효과를 증명하고 있다. 그 결과 지난 몇 년간 서포트 미디어의 사용은 급격히 늘어나고 있다. 즉, 고객들이 광고를 회피하려고 하면 할수록 사실 더 광고에 노출되는 결과를 가져왔다. 예전에는 집에서 텔레비전이나 신문을 통해서만 광고를 볼 수 있었지만, 요즘에는 집 밖 어디에서나 광고에 쉽게 노출된다.

이런 광고들은 맨홀 뚜껑, 화장실 변기, 버스 정류장, 수퍼마켓, 휴대전화, 심지어는 사람의 몸에서도 발견할 수 있다. 이번 장에서는 이러한 다양한 서포트 미디어에 대하여 다룰 것이다. 또 서포트 미디어의 장단점, 활용 방법 그리고 평가 방법을 살펴볼 것이다. **서포트 미디어**(support media)라고 부르는 이유는 앞장에서 배운 텔레비전, 신문 등의 4대 매체가 거대 광고주의 주요 광고전략을 수행하는 데 비하여 서포트 미디어는 4대 매체의 메시지가 도달하지 못하는 곳을 보완하거나 4대 매체의 메시지를 강화하거나 지원하는 역할을 하기 때문이다. 이런 서포트 미디어는 어떤 경우에는 다른 매체의 보완용으로 사용하지만 또 다른 경우에는 서포트 미디어 단독으로 사용되기도 한다.

여러분은 서포트 미디어가 얼마나 다양하게 활용되는지, 또 여러분이 얼마나 자주 이를 접하고 있는지 안다면 놀랄 것이다. 또한 얼마나 새로운 종류의 서포트 미디어가 소개되고, 높은 효과를 창출하는지 안다면 놀랄 것이다. 그럼 서포트 미디어 산업의 범위와 종류에 대하여 알아보도록 하자.

서포트 미디어의 범위

서포트 미디어는 다른 말로 **대안 매체**(alternative media), **BTL 매체**(below-the-line media), **무측정 매체**(nonmeasured media), 혹은 **비전통 매체**(nontraditional media)로 불리기도 한다. 이러한 호칭은 서포트 미디어가 아주 다양한 경로를 통하여 광고메시지를 전달하고 제품과 서비스를 선전한다는 뜻이기도 하다.

많은 광고주와 광고대행사들은 서포트 미디어의 사용을 확대하고 있으며, 새로운 매체를 계속적으로 개발하고 있다. 급격히 많아진 서포트 미디어의 종류들로 인하여 이를 크게 전통적(traditional) 그리고 비전통적(nontraditional) 서포트 미디어로 나누어 볼 필요가 있다. 또한 전통적 미디어를 새로운 매체 환경에 맞춘 하이브리드(hybrid) 매체도 등장하였다. 그럼 각각의 종류에 대하여 보다 자세하게 알아보도록 하자.

전통적 서포트 미디어

옥외 광고(out-of-home advertising, OOH)는 아주 다양한 형태의 매체를 아우른다. 도표 13-1은 미국옥외광고협회(Outdoor Advertising Association of America, OAAA)가 정의한 옥외 광고의 다양한 종류를 보여주고 있다. 또 도표 13-2를 보면 옥외 광고판(billboard)과 거리 시설물 광고(street furniture)가 전체 옥외 광고 시장의 대부분을 차지하는 것을 알 수 있다. 유

도표 13-1

옥외 매체: 옥외 광고를 구성하는 다양한 형태

자료: Reprinted with permission of Outdoor Advertising Association of America

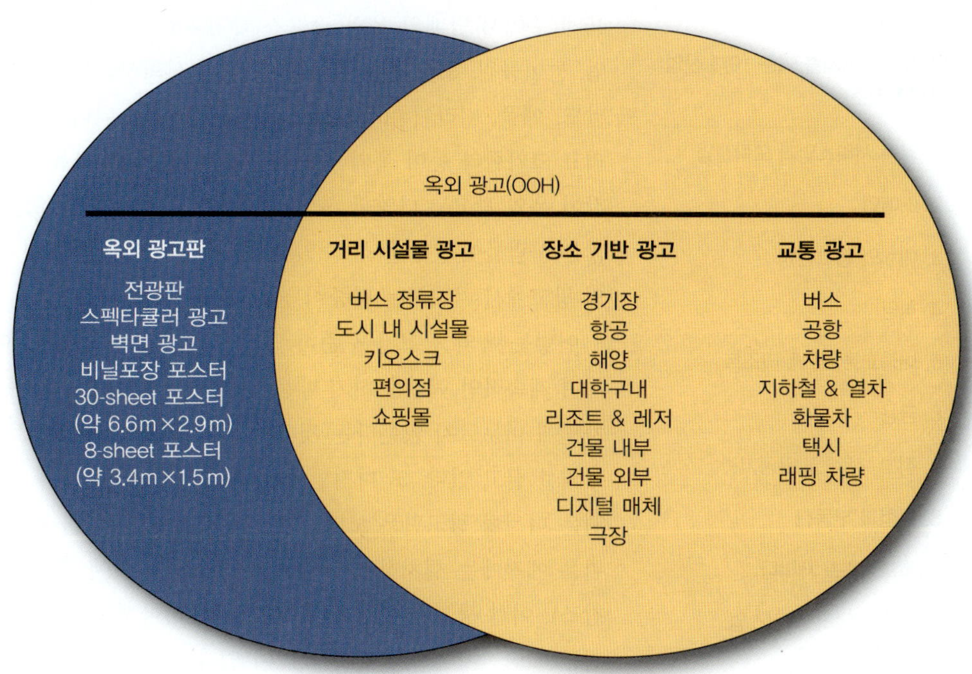

도표 13-2

옥외 광고의 주요 4대 매체별 매출액(2018년 기준), 총매출액: $80억

자료: Reprinted with permission of Outdoor Advertising Association of America

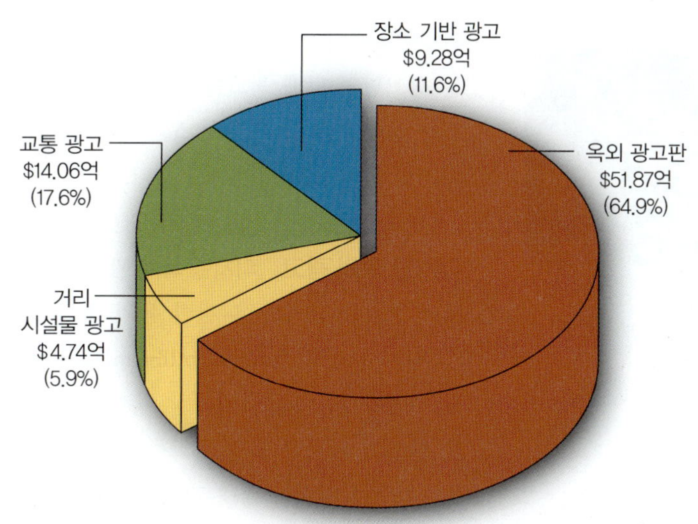

사한 특징을 가지고 있는 옥외 광고판과 거리 시설물 광고를 먼저 다루고, 교통 광고와 장소 기반 광고를 살펴본다.

옥외 광고

옥외 광고는 약 5000년 전 이집트나 그리스에서도 사용된 오래된 매체다. 특히 도시나 교외에 거주하는 사람에게는 보다 설득적인 커뮤니케이션 형태이기도 하다.

2000년도까지 지속적인 성장을 보여온 옥외 광고는 2018년에 80억 달러에 이르는 성장을 했다. 옥외 광고는 한때 담배회사가 가장 즐겨 사용하는 광고 매체(1991년 옥외 광고 매출 15억 달러 중 25%가 담배 광고에서 발생)였으나 지난 1998년 이후에는 건강에 대한 우려로 미국 내

도표 13-3

옥외 광고 비용지출 기준 10대 산업 (2018년 기준)

1. 각종 서비스업과 오락산업
2. 소매업
3. 매체와 광고산업
4. 식당
5. 대중교통, 호텔, 리조트
6. 금융
7. 정부, 정치 및 공공기관
8. 보험과 부동산
9. 학교, 캠프, 세미나
10. 자동차 딜러, 서비스업

자료: Reprinted with permission of Outdoor Advertising Association of America, 2019

46개 주에서 담배의 옥외 광고가 금지되었다. 최근 옥외 광고의 주요 광고주는 지역 서비스업, 놀이공원, 보험회사, 부동산 회사, 통신회사들이 차지하고 있다. 개별 회사로 보자면 맥도날드, 애플, 버라이존(Verizon, 이동통신회사), 워너브라더스, 삼성, AT&T(이동통신회사) 그리고 코카콜라 등이 옥외 광고에 가장 돈을 많이 쓰는 회사들이다. 도표 13-3에서 보는 바와 같이 옥외 광고는 다양한 산업에서 사용되는 매체다. 요즘에는 많은 여성들이 직장을 다니고, 많은 사람들이 운전을 하고 있다. 이 때문에 이들을 겨냥한 주유소, 외식업, 숙박업체 등이 옥외 광고에서 차지하는 비중이 늘고 있다.

이렇듯 옥외 광고가 꾸준히 인기를 끌고 있는 중요한 이유는 옥외 광고가 기술 발전을 통하여 계속적인 혁신을 하기 때문이다. 사진 13-1을 보면 광고판이 더 이상 일반적인 크기와 2차원에 머무르지 않는다는 것을 알 수 있다. 3차원적으로 확장된 기발한 광고판은 사람들의 주의를 끌고 있다. 또 디지털 옥외 광고도 옥외 광고의 성장에 기여했다. 광고문이 수시로 바뀌는 디지털 광고판은 보다 많은 광고주들이 광고를 게시할 수 있게 하였다. 또한 옥외 광고판은 예전에는 설치하기 어려웠던 장소에 적시에 광고가 노출될 수 있게 하였다(사진 13-2 참조). 이런 광고판은 스포츠 경기장, 수퍼마켓, 서점, 식당, 쇼핑몰, 고속도로변 그리고 각종 건물의 벽면이나 옥상에 설치되어 있다. 옥외 광고는 말 그대로 어디에서나 볼 수 있는 매체인 것이다.

하지만 옥외 광고(주로 광고판)는 논쟁의 대상이기도 하다. 미국에서는 1965년 고속도로 환경미화법이 추진되어 고속도로변 광고판을 모두 없애버리려고도 했으며, 미국 내 46개 주는 광고판의 담배 광고를 금지했다. 전 세계적으로 도시나 지역에 따라 옥외 광고를 규제하려는 움직임도 있다. 일부 도시에서는 기존 광고판은 유지할 수 있지만, 철거된 후에는 다시 설치할 수 없도록 규제하고 있다.

사진 13-1

사람들의 주의를 끌기에 적합한 광고판의 예

자료: Robert Alexander/Getty Images

디지털 옥외 광고 **디지털 옥외 광고**(digital out of home, DOOH)는 옥외 광고 중 가장 빠르게 성장하는 분야다. 디지털 옥외 광고는 크게 (1) 비디오 광고(video advertising network), (2) 디지털 광고판(digital billboard)으로 나눌 수 있다. 먼저, 비디오 광고는 사무실, 상점, 극장, 대중교통, 스포츠 경기장, 혹은 공공장소에서 디지털 비디오 화면을 통해 보여지는 광고를 말하며 디지털 옥외 광고는 거리, 스포츠 경기장, 엔터테인먼트 시설, 쇼핑몰, 터미널 등 유동인구나 차량이 많은 지역에서 LED나 LCD를 이용해서 광고 메시지를 전달하는 것이다.

사진 13-2

소비자의 시선을 끌기 위한 Oops 캠페인 사례

자료: Sam Mellish/Getty Images

사진 13-3

많은 회사들이 비행선을 광고 매체로 활용하고 있다.

자료: David R. Frazier Photolibrary, Inc./Alamy Stock Photo

장소 기반 광고는 일상생활에서 볼 수 있는 각종 사물(전봇대, 의자, 자동차 등)에 설치된 광고로 디지털 기술이 적용되는 경우가 많다. 전 세계 디지털 옥외 광고 시장은 2024년까지 296억 달러로 성장할 것이 예상되는데, 이 매체가 가지는 창의성, 주목성, 소비자와의 상호 작용성이 주요 성장 이유다(디지털 및 소셜 미디어 관점 13-1 참조).

장소 기반 옥외 광고

다양한 형태의 옥외 광고들을 활용할 수 있는데, 이런 매체에는 항공 광고, 실내 및 실외 장소 기반 광고, 차량 광고 등이 있다. 미국옥외광고협회(OAAA)에서는 이런 광고들을 장소 기반 매체로 분류하고 있다. 그럼 이런 광고들을 살펴보자.

항공 광고 비행기가 광고현수막을 끌고 비행하거나 비행기의 연막으로 하늘에 글자를 새기거나 하는 것을 항공 광고라고 한다. **항공 광고**(aerial advertising)는 일반적으로 절대적 비용이 높지 않은 편이다. 그리고 특정한 표적집단에게 광고메시지를 노출할 수 있는 장점이 있다. 예를 들어, 바닷가에서는 선탠과 관련된 업체의 광고를 하고, 맥주 업체는 맥주 소비가 많은 스포츠 경기장 주변에서 항공 광고를 하는 것이다. 사진 13-3은 비행선 광고로 유명한 굿이어(Goodyear) 타이어의 사례를 잘 보여주고 있다.

차량 광고판 **차량 광고판**(mobile billboards)은 차량에 광고 문구와 이미지를 도색하거나 특수필름으로 부착(차량 래핑)하는 것을 말한다. 어떤 경우에는 트럭의 화물칸에 작은 광고판을 싣고 다니는 것도 포함된다(사진 13-4 참조). 이런 차량을 사람이 많이 모이는 곳이나 잠재고객이 많이 있는 지역을 돌아다니게 하여 광고메시지를 전달하는 것이다. 이와 관련된 연구를 살펴보면 차량 광고판 광고는 높은 회상(recall)과 주목도를 달성하며 제품 판매에도 긍정적인 영향을 주는 것으로 알려져 있다.

차량 광고는 월마트(Walmart), 홈디포(Home Depot), 스테이트팜(State Farm) 등 대기업들도 자주 사용하고 있다.

사진 13-4

흥미로우면서도 독특한 차량 광고판 사례

자료: (left) (c) Michael Belch; (right) Kelly Rann/Alamy Stock Photo

디지털 및 소셜 미디어 관점 13-1 >>>

이제 더 이상 구식 광고판이 아니다: 증강 현실(AR)과 기타 혁신 기술이 옥외 광고를 변화시키다

고속도로를 따라 운전하다 보면, 당신이 타고 있는 토요타 차량을 인식한 옥외 광고판이 메시지를 띄운다. "당신은 잘못된 차를 타고 있군요. 새로운 쉐보레 말리부는 더 높은 연비를 제공합니다." 또는 이른 아침, 해가 떠오르는 방향으로 운전하는 동안, 햇살과 함께 떠오르는 에그 맥머핀이 광고판에 등장할 수 있다. 반대로 저녁이라면, 해가 지는 것과 동시에 맥머핀이 광고판에서 사라질 수도 있다. 이제 광고판은 단순히 메시지를 전달하는 것이 아니라, 당신이 어디에 있는지 감지하고 어디로 가는지를 파악할 수 있다.

옥외 광고가 광고주들에게 지속적으로 매력적인 이유는, 원하든 원하지 않든 쉽게 회피할 수 없는 특징을 가지고 있기 때문이다. 디지털 기술의 발전은 광고판을 회피하기가 더 어려워지게 만든다. 디지털 광고판 및 기타 옥외 광고(OOH)의 성장은 소비자들이 광고에 단순히 수동적으로 노출되는 것을 넘어, 보고 싶어 하고 심지어 상호 작용까지 가능하게 하기 때문이다(일출에 맞추어 맥머핀이 떠오르는 흥미로운 장면을 상상해보라!). 일부 전문가들은 디지털 기술이 기존의 전통적인 광고판을 대체하면서, 전통적인 옥외 광고판은 생존을 위협받을 수 있다고 한다. 반면, 디지털 옥외 광고는 증강 현실(Augmented Reality, AR)과 결합하여 더욱 매력적인 형태로 발전하고 있다.

예를 들어, 구글은 최근 새로운 AR 기능을 추가하여, 안드로이드 스마트폰 사용자들이 포스터를 스캔하면 가상 레이어를 통해 추가 정보를 얻을 수 있도록 했다. 예를 들어, 인기 가수의 콘서트 포스터를 스캔하면, 해당 가수의 인기 뮤직비디오를 가상 화면에서 감상할 수 있다. 구글은 또한 구글 지도의 AR 기능을 통해 소비자들이 목적지를 쉽게 찾을 수 있도록 할 뿐만 아니라, 해당 지역 내 상점을 가상 팝업 정보로 탐색할 수 있도록 했다. 또 이베이는 실시간 날씨 정보를 기반으로 AR 옥외 광고 캠페인을 진행했다. 맑은 날에는 정원용품 광고를, 비가 오는 날에는 실내 인테리어나 가정 수리 제품을 광고하는 방식이었다. 또한 펠로톤(Peloton)은 광고 기술 기업과 협력하여 30개 이상의 광고 판매업체를 통해 디지털 옥외 광고(DOOH) 미디어를 구매하고, 100개 이상의 광고 메시지를 사전 테스트하였다. 현재 많은 기업이 AR을 활용하여 옥외 광고를 더욱 흥미롭고 정보 제공이 가능한 형태로 발전시키고 있다.

디지털 광고판의 주요 장점 중 하나는 창의성이다. 앞서 언급한 에그 맥머핀 광고판이 대표적인 예다. 흥미롭게도, 맥도날드는 10년 전에도 태양의 위치를 활용하여 특정 시간대에 먹기 적합한 메뉴를 그림자로 표시하는 광고판을 제작한 바 있다. 두 광고판은 서로 다른 광고대행사가 기획했지만, 창의적인 옥외 광고의 좋은 예시로 남아 있다.

쉐보레는 신형 말리부를 출시하면서, 포스터스코프 USA(POSTERSCOPE USA) 및 라마르 애드버타이징 컴퍼니(Lamar Advertising Co.)와 협력하여 차량 인식 기술을 활용한 광고 캠페인을 진행했다. 이 기술은 특정 차량을 감지하고, 해당 차량 운전자가 광고판을 지나갈 때 맞춤형 메시지를 즉시 생성하는 방식이었다. 이는 말리부의 안전성과 연비 등의 주요 기능을 강조하는 데 활용되었다. 포스터스코프의 전 CEO는 "차량 인식 기술을 광고 캠페인에 통합함으로써, 경쟁 모델 차량 운전자들에게 개인화된 콘텐츠를 제공할 수 있으며, 이를 통해 광고 메시지가 더 잘 인식되고 기억될 가능성이 높아진다"고 말했다. 광고판에 설치된 카메라는 경쟁 차량인 포드 퓨전, 토요타 캠리, 닛산 알티마, 현대 쏘나타

매장 내 광고

매장 내 광고(in-store media)에는 상점의 내부 복도, 엘리베이터, 쇼핑카트, 매장 내 TV 등 쇼핑객들의 눈이 미치는 곳에 설치한 광고들을 말한다. 매장 내 광고의 효과는 아주 크다. 한 연구에 따르면 소비자의 3분의 1이 매장 내 광고가 그들의 구매결정에 영향을 미친다고 했고, 내방객의 44%가 매장 내 광고를 보았으며 그중 75%가 그 상품의 구매를 고려한다고 한다.

매장 내 광고 중 가장 일반적인 것이 POP 광고(혹은 구매시점 광고, Point-of-purchase media)다. 또 POPAI(Point of Purchase Advertising Institute)의 연구에 따르면 내방객의 3분의 2가, 그리고 충동구매성향이 강한 제품류는 80% 이상이 매장 내에서 구매제품을 결정한다고 한다. POP 광고는 점점 더 중요해지고 있으며, 기업들은 다른 마케팅 비용을 줄이고 POP 광고 지출은 늘리는 경향을 보이고 있다.

그 밖의 옥외 매체

도표 13-4에서 보듯이 다양한 옥외 매체들이 존재하며, 이러한 매체는 더욱 확산되고 있다.

자료: Tribune Content Agency LLC/Alamy Stock Photo

등을 인식하면, 일반적인 말리부 광고에서 해당 차량 모델과 비교하는 맞춤형 메시지로 즉시 전환된다. 운전자는 약 7초 동안 이 메시지를 확인할 수 있으며, 아마 깜짝 놀랄 것이다.

코카콜라는 NCAA 대학 농구 결승전에서 잠재 고객들에게 코카콜라 제로 샘플을 제공하기 위해 '마실 수 있는(drinkable)' 광고판을 설치했다. 이 광고판은 "Taste It(맛보세요)"이라는 문구가 들어간 약 1.37km의 빨대관을 통해 실제로 코카콜라 제로 샘플을 배포했다. 또한 "#OpenToTry" 캠페인을 통해 소비자들이 쉽게 무료 샘플을 받을 수 있도록 유도했다. 코카콜라는 이외에도 마실 수 있는 경기장 HD 비디오 광고판, 대화형 우편 키오스크, 빨대로 변하는 전단지 등을 활용하여 브랜드 경험을 극대화하고 있다.

가장 혁신적인 기술 중 하나는 운전자가 광고판을 지나쳤는지를 감지하고, 어디로 갔는지를 추적할 수 있는 광고판이다. 이 기술은 클리어 채널 아웃도어 아메리카스(Clear Channel Outdoor Americas)와 AT&T가 협력하여 개발한 것으로, 미국 전역의 수만 개의 광고판에 적용될 예정이다. 이 기술은 운전자의 휴대전화를 통해 그들의 이동 경로를 추적하고, 연령과 성별 등의 정보를 파악하여 특정 매장을 방문했는지를 확인할 수 있다. 클리어 채널과 AT&T는 수집된 데이터가 익명화되며 개별 소비자를 식별할 수 없도록 집계된 형태로 제공된다고 주장하고 있다.

디지털 사이니지 기업들은 플리커(Flickr), 페이스북, 트위터 등의 SNS와도 통합되고 있다. 예를 들어, 일부 바(bar)에서는 SNS 연동 스크린을 활용하여 고객들이 문자 메시지로 퀴즈 정답을 입력하거나 트윗을 보낼 수 있도록 하며, 특정 음료나 메뉴를 실시간으로 추천한다.

인텔과 NEC는 내부에 카메라가 내장된 디지털 광고판을 개발하여, 쇼핑객이 광고판 앞을 지나갈 때 연령과 성별을 인식할 수 있도록 했다. 크래프트 푸드와 아디다스 역시 얼굴 인식 기술을 실험했으며, 페이스북과 구글도 얼굴 인식 기능을 보유하고 있지만, 이를 활용하지 않는다고 주장하고 있다. 심지어, FBI는 뉴욕 타임스퀘어의 디지털 광고판을 이용해 도주 중인 범죄 용의자의 얼굴을 노출하여 시민들의 제보를 유도한 사례도 있다.

그러나 모든 사람이 이러한 기술 발전을 환영하는 것은 아니다. 개인 정보 보호 단체들은 기업들이 소비자의 동의 없이 데이터를 수집할 가능성이 있다며 우려를 제기하고 있다. 전자 프라이버시정보센터(Electronic Privacy Information Center, EPIC)는 이러한 기술이 시민 자유를 침해할 가능성이 있으며, 미국 헌법 제1조(표현의 자유)를 위반할 수 있다고 주장하고 있다. 그러나 기술의 발전을 막기는 어려워 보인다.

자료: Richard Yao, "How AR & Other AI-Driven Innovations Will Revolutionize OOH Ads," www.medium.com, May 17, 2018; Christopher Hall, "Digital Signage Tells You You're Driving the Wrong Car," April 19, 2016, www.digitalsignagetoday.com; Dale Buss, "Coke Zero Scores with "Drinkable Billboard at March Madness Finals," April 3, 2015, www.brandchannel.com; Tim Nudd, "An Egg McMuffin Rises with the Sun on This Tasty McDonald's Billboard," February 9, 2015, www.adweek.com.

교통 광고

다른 형태의 옥외 광고는 교통 광고다. **교통 광고**(transit advertising)는 버스, 택시, 통근 열차, 트롤리, 비행기, 지하철 등 상업용 교통 시설을 이용하는 수백만 명의 사람들을 대상으로 한다.

교통 광고는 오랫동안 사용되어 왔지만, 최근 몇 년 동안 이 매체에 대한 관심이 다시 높아지고 있다. 여성의 직장 인구 증가(집보다 출퇴근 시 더 쉽게 접근 가능), 고객 세분화 그리고 많은 사람들이 집 안에서보다 밖에서 더 많은 시간을 보낸다는 사실 때문에 교통 광고는 여전히 인기 있는 매체다. 맥도날드, 스프린트, 프리토레이(Frito-Lay, 제과회사), 유나이티드 웨이, 여러 주 복권 등 많은 기업들이 교통 광고의 낮은 비용, 노출 빈도, 유연성 그리고 판매 시점(POS) 노출을 선호한다. 켈로그는 대중교통 광고가 뉴트리그레인(Nutri-Grain) 마케팅에 효과적인 매체임을 확인했다. 캘리포니아 소고기 협회(California Beef Council)는 북부 캘리포니아 철도 통근자의 42%가 단 한 달 만에 터미널 내부에 설치된 소고기 광고를 보고 소고기에 대한 긍정적인 태도를 갖게 되었다고 밝혔다.

옥외 광고의 개수(2016)			
옥외 광고판	거리 시설물 광고	교통 광고	장소 기반 광고
전광판	**버스 정류장**	**공항**	**경기장**
158,868	49,082	68,560	1,352
디지털 전광판	**도시 내 시설물**	**버스**	**영화관**
6,700	정류장 벤치	205,426	34,350
대형 포스터	신문 배포함	**지하철 & 열차**	**디지털 장소 기반 광고/비디오**
165,606면	신문 가판대	184,078면	125만 스크린
소형 포스터	공중전화 부스	**차량 광고판**	**실내 장소 기반 광고**
33,336면	**디지털 도시 내 시설물**	1,200	편의점
벽면 광고/스펙타큘러 광고	699	**트럭 광고판**	헬스클럽
4,029		2,732대	식당/술집
		택시/차량 래핑	**실외 장소 기반 광고**
		46,194	항공
		디지털 교통 광고	해양
		3,760	리조트 & 레저
			쇼핑몰
			30,532
			디지털 쇼핑몰
			120

도표 13-4

옥외 광고판의 종류

자료: Reprinted with permission of Outdoor Advertising Association of America, 2019

교통 광고의 종류 교통 광고에는 (1) 차량 내 카드 광고, (2) 외부 포스터, (3) 기차역, 승강장, 터미널 포스터 광고가 있다.

차량 내 카드 광고 통근 버스를 타 본 적이 있다면 좌석과 짐칸 위에 설치된 **내부 카드**(inside cards)에 레스토랑, TV 또는 라디오 방송국 또는 기타 다양한 제품과 서비스가 광고되는 것을 본 적 있을 것이다. 앞서 언급했듯이, 기업들은 이제 대중교통 차량의 디지털 화면에 광고를 게재하여 뉴스, 비디오 광고, 레스토랑 정보 등을 제공한다. 메시지와 가시성을 변경할 수 있는 기능으로 인하여 광고주에게 더 많은 관심을 끌 수 있는 매체가 된다.

대중교통 카드(transit cards)는 논란의 여지가 있을 수 있다. 예를 들어, 뉴욕 지하철에서는 껌, 수프, 스모키 더 베어 광고가 에이즈, 원치 않는 임신, 강간, 유아 사망률에 대한 공익 광고로 대체되었다. 지하철 이용객들은 이러한 문제들이 중요하다는 데 동의할 수 있지만, 많은 사람들이 광고가 우울하고 거슬리다고 불평한다.

외부 포스터 광고주들은 다양한 형태의 외부 교통 포스터를 사용하여 제품과 서비스를 홍보한다. 이러한 **외부 포스터**(outside poster)는 버스, 택시, 기차, 지하철 및 트롤리 차량의 측면, 후면 또는 지붕에 부착될 수 있다. 실제로 일부 광고는 매우 인기가 높아져 우버(Uber)와 리프트(Lyft) 운전자들이 훌륭한 추가 수입원으로 활용하고 있다. 로스앤젤레스와 같은 일부 도시에서는 이러한 광고가 너무 흔하고 방해가 되어 금지 법안을 검토하고 있다.

이러한 매체의 발전은 클리어 채널(Clear Channel)의 자회사인 버트(Vert, Inc.)에서 개발한 기술에서 잘 드러난다. 이 기술은 택시 상단의 광고를 실시간 애니메이션 전자 빌보드로 변환한다. GPS(위성 위치 확인장치)와 통신하는 웹 서버가 택시 상단 화면에 내장되어 있다. GPS

사진 13-5

전자식 전광판이 부착된 택시 광고판의 예

자료: Andrew Burton/Getty Images

는 택시의 위치를 파악하여 로컬 서버로 전송하고, 로컬 서버는 특정 지역의 관련 광고를 제공한다. 히스패닉 커뮤니티를 지나는 택시에는 스페인어 메시지가 표시될 수 있고, 금융가에는 주가 정보가 표시되는 등 다양한 방식이 있다. 메시지는 시간대별로도 변경될 수 있다. 예를 들어, 아침에는 커피를, 오후에는 저녁 특선 메뉴를 광고할 수 있다. 광고는 배너 광고와 유사한 형식으로 컬러로 표시되며, TV 화면보다 10배 밝은 밝기를 유지한다(사진 13-5 참조).

기차역, 승강장, 터미널 포스터 기차역이나 지하철역, 공항 혹은 다른 교통수단 정류장 등의 복도, 전광판, 바닥광고, 진열장 등에 설치된 광고를 말한다. 기차/지하철역 포스터(terminal poster)는 매우 매력적이고 효과적으로 주의를 끌 수 있는 광고 수단이다(사진 13-6 참조). 버스정류장 광고는 다른 광고에 비하여 노출을 확대하기에 유리하며 지하철 승강장의 디지털 사인 광고는 아주 쉽게 찾아볼 수 있을 정도로 보편화되고 있다.

사진 13-6

기차역 혹은 지하철역에 부착되어 있는 광고는 시민들의 주목을 끌기 위해 설치된다.

자료: rblfmr/Shutterstock

옥외 광고(OOH)의 장단점 옥외 광고는 아래와 같은 장점이 있다.

1. **지역 상권 내 높은 노출 효과**: 특정 지역, 거리, 도로에서 24시간 광고가 노출된다.
2. **높은 빈도**: 보통 30일 단위로 교체되기 때문에, 그 기간 동안 광고가 계속 반복적으로 노출된다.
3. **지리적 유연성**: 법이 허용하는 범위 내에서 도로변이나 빌딩 옥상 등 어디든지 설치할 수 있다. 지역 광고주들은 특정 지역이나 특정 소비자 집단을 대상으로 옥외 광고를 활용할 수 있으며, 지역, 광역, 전국 단위의 시장을 모두 공략할 수 있다.
4. **창의성**: 창의적이고 독특한 형태나 내용의 광고(예: 디지털 광고판)를 선보일 수 있다.
5. **인지도를 높이는 능력**: 임팩트가 크고 단순한 메시지를 전달하기 때문에 인지도를 높일 수 있다.
6. **효율성**: 다른 매체에 비하여 CPM(cost per thousand)이 낮다. 예를 들어, 옥외 광고의 CPM은 라디오 광고의 절반이고 TV, 신문, 잡지보다는 그 이하다. 특히 교통 광고 비용은 더 저렴하다.
7. **효과성**: 실제 구매결정으로 이어지는 경우가 많다. 다국적 광고대행사 BBDO의 조사에 따르면 옥외 광고를 본 사람의 35%가 광고판에서 본 전화번호로 전화를 했다고 한다. 또 바르가바(Bhargava)와 돈투(Donthu)의 연구에서는 다른 프로모션과 함께 실행될 경우 옥외 광고는 제품판매에 영향을 미친다고 했다.
8. **광고 제작 효율성**: 최신 기술은 옥외 광고 제작에 소요되는 시간을 단축시켰으며, 최신 디지털 광고판은 몇 분 안에 메시지를 바꿀 수 있다.
9. **적시성**: 쇼핑몰 근처에 설치된 광고판은, 광고판을 보고 바로 쇼핑몰 방문으로 이어지는 비율이 높다.

반면 옥외 광고는 아래와 같은 단점이 있다.

1. **낭비되는 광고 노출**: 동일한 사람에게 계속 반복 노출되거나, 광고와 관련 없는 사람이 그저 길을 가다가 광고를 보게 되는 경우도 많다.
2. **내용 전달의 한계**: 대부분의 옥외 광고는 노출시간이 짧기 때문에 광고판에 많은 글자나 내용을 넣기에 부적합하다.
3. **식상함**: 광고판의 반복 노출이 많기 때문에 사람들이 광고 내용에 금방 싫증을 느끼게 된다.
4. **비용**: 광고판을 설치할 장소가 한정되어 있기 때문에 광고 비용이 지속적으로 상승하고 있다. 또 일부 광고물은 제작 비용이 비싸다.
5. **효과 측정의 어려움**: 광고에 대한 도달률, 노출빈도 등의 광고 효과를 측정하기가 힘들다.
6. **이미지 문제**: 옥외 광고를 통한 광고는 이미지 문제(고급스럽지 않은 느낌)를 야기하거나 무시당하는 경우도 있다.

정리하면 옥외 광고는 앞서 살펴본 장단점이 있다. 다만 몇 가지 단점들은 다른 형태의 옥외 광고를 사용함으로써 극복될 수 있다.

교통 광고의 장단점 일반 옥외 광고와 구분하여 교통 광고의 경우 다음의 장단점이 있다. 먼저 장점은 아래와 같다.

1. **노출**: 장시간에 걸친 노출은 교통 광고의 중요한 장점이다. 출퇴근 시간에 지하철이나 버스에 타면 별로 할 일이 없고 탑승시간 동안 광고를 보게 되는 경우가 많다. 또 다른 장점은 노출되는 사람의 절대적인 숫자가 많다는 것이다. 미국의 경우 매주 약 900만 명의 사람이, 그리고 연간 100억 명의 사람이 대중교통을 이용한다.
2. **빈도**: 교통 광고는 또한 반복적으로 노출될 확률이 높다. 대중교통으로 출퇴근하는 사람의 경우 특정 광고에 대하여 한 달에 20~40회 정도 노출된다. 특히 지하철역이나 버스정류장에 설치된 광고의 노출 횟수가 높다.
3. **비용**: 교통 광고의 CPM은 상대적으로 낮은 편이다.

교통 광고의 단점은 아래와 같다.

1. **도달**: 대중교통 이용자들의 거주지역, 생활패턴에 따라 광고 노출이 제약된다. 예를 들어, 농촌지역은 대중교통이 발달되어 있지 않아 교통 광고를 통한 광고 노출이 제한적이다.
2. **이용객의 감정**: 사람으로 붐비는 지하철이나 버스를 상상해보자. 복잡하고 짜증나는 상황에서 광고를 받아들이기 적절한 상황이 아닐 수 있다. 또 논란이 될 만한 광고 문구는 부정적인 감정을 만들 수도 있고 바쁜 공항이용객은 광고를 볼 마음의 여유가 없을 수도 있다. 특히 뉴욕을 제외한 대부분의 미국 주요 도시에서는 대중교통 이용률이 감소하고 있다. 안전 문제 및 기타 요인으로 인해 승객 수가 줄어들면서 광고 노출 기회도 감소하고 있다.

옥외 매체에 대한 효과 측정

미국옥외광고협회(OAAA)는 '옥외 광고 지표(OOH Ratings)'라는 새로운 옥외 광고 효과 측정(Measurement in Out-of-Home Media) 방법을 개발하였다. 이는 기존의 '노출 기회' 개념을 '실제 볼 가능성이 높은' 지표로 바꾸어 인구통계학적 및 민족학적 데이터를 제공할 수 있다. 이 방식은 아이트래킹(eye tracking), 도달 범위, 광고 내용에 대한 설문지 등의 결과를 합하여 하나의 평가 점수로 보여주는 방식이다.

또한 여러 가지 다른 방식으로도 옥외 광고 효과를 측정하고 있다. 미국에서는 컴페티티브 미디어 리포트(Competitive Media Reports), 엑스피리언 시먼스 마켓 리서치 뷰로(Experian Simmons Market Research Bureau), GfK-미디어마크 리서치 앤 인텔리전스(GfK-Mediamark Research & Intelligence, MRI), 포인트 오브 퍼체이스 애드버타이징 인터내셔널(Point of Purchase Advertising International), 미국옥외광고협회(Outdoor Advertising Association of America, OAAA), 지오패스(Geopath), 디지털 사이니지 협회(The Digital Signage Association), 미국대중교통협회(American Public Transportation Association, APTA) 등의 기관에서 옥외 매체 광고 효과 측정 관련 정보를 제공한다.

판촉물 마케팅

미국판촉물협회(Promotional Products Association International, PPA)의 정의에 따르면 **판촉물 마케팅**(promotional product marketing)이란 "판촉물을 광고나 촉진활동의 수단으로 사용

하는 것으로 판촉물은 주로 광고 기념품(specialty), 사은품(premium), 선물, 상, 상품, 기념품(commemorative)을 말한다." 판촉물 마케팅은 과거 '**특수 광고**(specialty advertising, 스페셜티 광고)'라 불리기도 했는데 다음과 같이 정의된다.

> 광고, 판촉, 동기부여를 시키는 매체로 상호나 광고가 표시되어 있고, 쓸모 있거나 전시할 만한 가치가 있는 것을 광고 기념품(advertising specialty)이라고 하며, 이는 판촉물의 한 종류다.
>
> 광고 기념품은 일반 사은품과 비교했을 때 무료로 배포되는 것이며, 이것을 받기 위해서 어떤 것을 구매한다거나 할 필요가 없는 것이다.

이런 정의에 따르면 특수 광고는 광고나 판매촉진 매체로 인식되고 있으며, 또한 IMC마케팅을 위한 지원 성격의 광고 매체라고 볼 수 있다.

광고 기념품에 사용되는 것은 수천 가지가 넘는데, 예를 들어 볼펜, 커피잔, 열쇠고리, 달력, T셔츠, 성냥 등이 있으며, 이 밖에도 여러 독특한 제품들도 많다. 미국에서는 연간 233억 달러가 판촉물에 사용되고 있다(도표 13-5 참조).

여러분도 주변을 찾아보면 여러분이 가지고 있는 판촉물 상품(볼펜이나 티슈 등)을 쉽게 찾을 수 있을 것이다. 판촉물의 목적은 자사 제품 애용에 대한 감사, 회사이름에 대한 지속적인 노출, 신제품 소개, 회사나 브랜드명에 대한 기억 강화 등이다. 앞서 언급했듯, 특수 광고는 주로 다른 광고 수단을 보조하는 역할로 사용된다.

도표 13-5
2017년 특수 광고(판촉물)의 제품군별 매출액

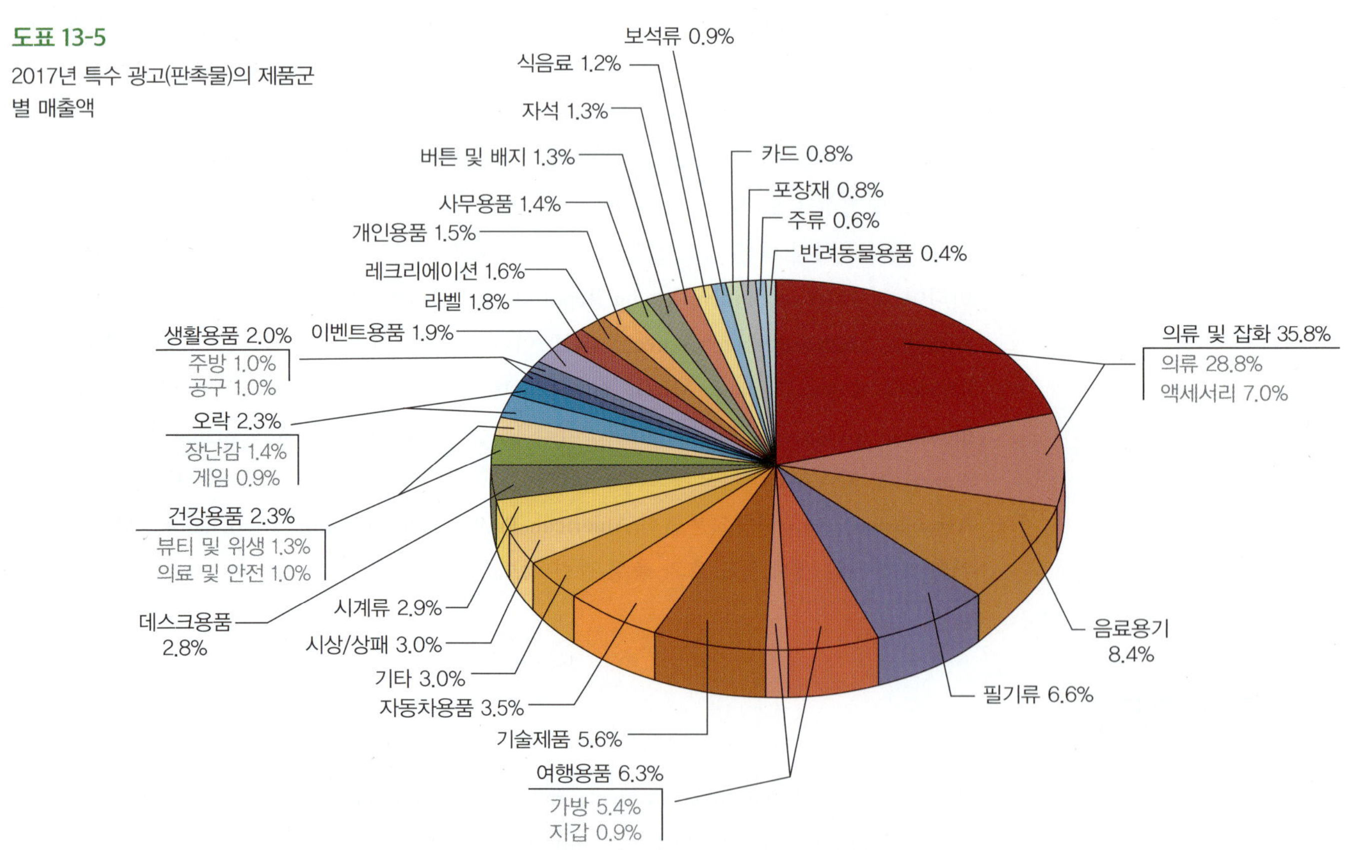

판촉물 마케팅의 장단점

판촉물 마케팅의 장점은 아래와 같다.

1. **선택성**: 판촉물은 표적집단에 직접 배포하므로 적절한 잠재 고객층에 도달할 확률이 높다.
2. **유연성**: 도표 13-5처럼 다양한 종류의 상품들이 있기 때문에 판촉물 선택의 폭이 넓고 판촉물에 넣고자 하는 문안, 로고 등을 자유롭게 선택할 수 있다.
3. **빈도**: 대부분의 특수 광고는 기억을 유지하기 위해 사용된다. 예를 들어, 열쇠고리나 달력은 추가 비용 없이 소지자에게 장기간 반복적으로 노출되기 때문에 기억을 유지시키기 용이하다.
4. **비용**: 일부 제품을 제외하면 일반적인 특수 광고 제품은 저렴하게 구입할 수 있다. 물론 CPM 기준으로는 비싼 편이지만 계속적인 반복 노출을 생각한다면, 1회 노출당 비용은 저렴한 편이다.
5. **호의**: 판촉물은 그것을 받는 사람에게 호의를 일으키는 거의 유일한 광고 판촉 수단이다. 대부분의 판촉물은 유용하기 때문에 사람들은 판촉물 받는 것을 좋아하고 그 광고주에게 좋은 인상을 가지게 된다.
6. **높은 회상**: 광고 기념품은 광고주의 이름과 광고 문안에 대한 회상률이 높다.
7. **다른 매체의 보조**: 낮은 비용과 반복 노출이라는 특성 때문에, 판촉물은 다른 매체를 통한 광고나 판촉 활동을 보조하는 수단으로 유용하다.

판촉물은 또 상품전시회, 딜러 지원, 사원 포상, 고객이나 영업사원 시상 등을 지원하는 물품으로 사용될 수 있다.

반면 판촉물 마케팅의 단점은 아래와 같다.

1. **이미지**: 판촉물은 일반적으로 고객층의 호의를 유발하지만, 저급하거나 볼품없는 판촉물은 광고주의 이미지를 손상시킬 수 있다.
2. **포화**: 판촉물을 이용한 광고가 성행하면서 많은 회사들이 판촉물을 나누어 주고 있다. 판촉물로 받은 볼펜이 여러 개라면 광고주나 광고 문구를 보고 기억하기 힘들 것이다. 이 때문에 독특한 판촉물을 선택해야 한다.
3. **준비시간**: 판촉물은 광고 문구를 넣고 제작하는 데 있어 다른 광고 매체보다 준비 및 제작 시간이 길다.
4. **도달**: 판촉물 마케팅은 텔레비전과 같은 대중매체에 비해 도달률이 낮다.

그럼에도 불구하고, 판촉물 마케팅은 효과적인 광고 매체로 활용될 수 있다.

판촉물 마케팅의 효과 분석

몇몇 연구기관에서 측정한 판촉물 마케팅의 효과를 아래에서 살펴보자.

- 70%의 사람들이 지난 1년간 판촉물을 받은 경험이 있다고 응답했다.

- 88%는 판촉물의 광고주를 기억했다.
- 83%는 판촉물을 받는 것이 좋다고 했다.
- 38%는 판촉물이 광고주를 지속적으로 상기시킨다고 했다.
- 53%는 받은 판촉물을 일주일에 한 번 꼴로 사용한다고 했다.
- 71%의 사람들은 일반적으로 판촉물은 보관한다고 했다.

조지아 서던 대학교(Georgia Southern University)의 연구에 따르면, 판촉물은 브랜드 이미지에 긍정적인 영향을 미쳐 기업에 대한 호감도를 높이고, 추천 의도를 증가시키는 것으로 나타났다. 또한 IMC 전략에 판촉물을 포함하면 브랜드 인지도와 구매 의도가 상승하는 효과가 있다는 연구 결과도 있다.

판촉물에 대한 보다 자세한 정보와 교육 자료는 국제판촉물협회(PPAI, www.ppai.org)에서 볼 수 있다.

다른 전통적인 서포트 매체

제품을 프로모션하는 서포트 매체는 이 밖에도 다양하다. 그중 일부를 살펴본다.

영화관 광고

최근 급격히 성장하는 것이 영화관 광고(advertising in movie theaters)다. 영화관 광고는 주로 본 영화나 영화 예고편에 앞서 상영된다. 더불어 영화관 내부에서 보여지는 각종 광고도 포함하는데 예를 들면, 극장 로비, 키오스크, 팝콘이나 음료수 잔에도 광고가 삽입된다. 영화관 광고는 1980년대 이후 빠르게 발전했는데, 미국의 영화관 광고 매출액은 7.8억 달러가 넘는다.

영화관 광고에 대하여 소비자들은 엇갈린 반응을 보인다. 일반적으로 관객들은 영화관 광고에 대하여 '짜증난다'고 느낀다. 반면 미국극장광고협회(Cinema Advertising Council, CAC)의 조사에서는 관객들의 63%가 영화관 광고에 대하여 "별로 상관하지 않는다"라고 답했다. 다른 CAC 조사에 따르면 영화관 광고를 본 사람의 72%는 같은 광고를 TV에서는 보지 못했다고 응답했다. 또 같은 광고를 TV와 극장 모두에서 본 사람의 32%는 영화관 광고를 더 선호한다고 말했다. 한편, 관객이 영화표 값을 지불하고 영화를 보는 이상 광고를 보는 것은 잘못된 일이라고 생각하는 소비자들도 있다.

하지만 올스테이트(Allstate), BMW, 캐딜락(Cadillac), K마트(Kmart), 올드 네이비(Old Navy), 타코벨(Taco Bell) 등 여러 기업들은 여전히 영화관 광고를 활용하고 있다(사진 13-7 참조). 또한 많은 기업들이 영화관 전용 광고를 제작하기도 한다. 한 연구 결과를 보면 영화관 광고는 일반 텔레비전 광고에 비하여 광고를 기억하는 비율이 3배나 높다고 한다.

영화관 광고의 장점 영화관 광고의 장점은 아래와 같다.

1. **노출**: 많은 사람들이 영화관을 가기 때문에 영화관 광고도 많은 사람들에게 노출된다. 2018년 미국의 영화관 티켓 매출은 연간 118억 달러를 넘어섰다.

사진 13-7

M&M's의 버스운전사는 영화관에서 휴대전화 벨소리가 울리지 않게 하라고 말한다. 그러면서 '영화는 M&M's 초콜릿과 함께할 때 더 좋다'는 메시지를 전달한다.

자료: M&M's by Mars, Inc. and BBDO, New York.

2. **감정적 몰입**: 한 연구에서는 41.5%의 관객들이 텔레비전 광고에 비하여 영화관 광고에 더욱 감정적으로 몰입한다고 응답했다. 이는 올림픽 중계나 아카데미상 시상식과 같은 대형 이벤트의 TV 광고보다 더 높은 수치다. 또 뉴로마케팅(neuromarketing) 연구에서는 영화관 광고를 본 관객이 TV 광고를 본 관객보다 몰입도가 더 높다고 나타났다.
3. **비용**: 영화관 광고 비용은 다양하지만 일반적인 광고 노출당 비용으로 계산하면 저렴한 편이다.
4. **주의**: 사람들은 영화관 광고에 주의를 더 집중한다고 한다. 어떤 연구에서는 일반적으로 광고를 잘 보지 않는 사람도 극장에서는 광고를 본다고 한다. 그래서 영화관 광고가 다른 매체의 광고와 비교해서 소비자가 광고를 볼 확률이 1.5배 정도 된다고 보고했다.
5. **클러터(광고 혼잡도)**: 대부분의 극장이 상영하는 광고 편수를 제한하기 때문에 다른 광고로 인한 클러터가 적은 편이다.
6. **근접성**: 영화관 주변 상점이나 식당에 대한 광고는 영화 관람 전후에 바로 방문과 매출로 이어질 수 있다. 실제로 극장에서 영화를 보는 사람의 74%가 영화 관람과 외식을 병행한다고 한다.
7. **세분화**: 각 영화가 세분화된 관객층을 대상으로 하기 때문에 목표 고객에게 맞는 광고를 보여주기가 용이하다.
8. **품질**: 고품질의 영상 및 음향을 활용할 수 있어 창의적이고 주목도 높은 광고 제작이 가능하다.
9. **통합**: 온라인에서 영화를 다운로드하는 소비자일수록 극장에서 영화를 볼 가능성이 더 높다는 연구 결과도 있다.

영화관 광고의 단점 영화관 광고의 단점은 아래와 같다.

1. **소비자 짜증**: 극장 관객들은 기본적으로 광고를 보기 싫어하는 성향이 있기 때문에 영화관 광고에 대하여 짜증을 느끼게 된다. 이 부정적 감정이 광고하는 제품, 관람하는 영화, 그리고 방문한 극장에 전이될 수 있다.

2. **비용**: 특정 지역에 한정한 영화관 광고의 경우 비용이 싼 편이지만 전국적인 노출을 위한 영화관 광고는 텔레비전 광고에 비하여 약 20% 정도 비싸다. CPM도 다른 매체에 비하여 높은 편이다.

영화관 광고에 대하여는 호불호가 갈리지만, 2018년 기준 영화관 관객이 증가함에 따라 영화관 광고도 지속될 것이다.

비전통적인 서포트 매체

브랜디드 엔터테인먼트

IMC에서 최근 가장 큰 변화를 보이고 있는 것이 소셜 및 모바일 미디어의 성장과 함께 **브랜디드 엔터테인먼트**(branded entertainment)의 성장이라고 할 수 있다. 브랜디드 엔터테인먼트는 마케팅 활동과 엔터테인먼트를 결합하여 텔레비전, 영화, 음악, 기술 등을 통하여 행하는 광고활동이다. 이를 통해 고객의 관심을 유발하며 상품이나 브랜드의 노출을 목표로 한다. 브랜디드 엔터테인먼트의 규모가 얼마나 되는지 파악하기란 매우 어렵다. 하지만 확실한 것은 이 분야가 매년 급속히 성장하고 있다는 것이다.

기업들이 브랜디드 엔터테인먼트를 활용하는 방법을 살펴보면, 미국 사우스캐롤라이나 대학교 관광·호스피탈리티 분야 석좌교수인 사이먼 허드슨(Simon Hudson)은 PPL(product placement)과 브랜디드 엔터테인먼트 사이에는 차이가 있으며, 이 두 가지를 같은 연속선상에서 서로 반대편에 놓고 봐야 한다고 설명한다. 연속선의 한쪽 끝에는 PPL이 위치하는데, 허드슨에 따르면 PPL은 브랜드가 단순히 시각적 또는 언어적으로 등장하지만, 프로그램이나 영화의 줄거리와는 통합되지 않은 형태를 의미한다. 반면 연속선의 반대편에는 브랜디드 엔터테인먼트가 있으며, 이는 브랜드가 줄거리에 녹아든 형태로 등장하는 것을 의미한다. 또한 선택된 전략(PPL vs. 브랜디드 엔터테인먼트)의 효과는 사용된 매체, 브랜드 특성, 소비자의 PPL에 대한 태도, 그리고 광고 관련 규제 등의 요인에 의해 영향을 받는다.

PPL PPL(product placement, 간접 광고)은 전체 광고예산에서 차지하는 비중이 아직까지 크지는 않다. 하지만 최근 들어 급성장하는 분야다. 약 10여 년 전만 해도, 대다수의 PPL은 무료로 제공되거나, 제품 협찬의 방식으로 이루어졌다. 하지만 2012년 미국 내 유료 PPL 시장 규모는 47.5억 달러에 달했으며, 2019년에는 114.4억 달러로 급증했다. 반면 이 분야의 규모를 예측하기는 쉽지 않은데, 그 이유는 많은 PPL이 무료로 진행되거나 다른 광고비 지출의 반대급부로 제공되기 때문이다. PPL 관련 업계에 따르면 이런 반대급부로 제공되는 PPL의 규모가 전체 PPL의 75~95%에 이른다고 한다. 또 러셀과 벨치(Russell & Belch)가 진행한 유사한 연구에서도 같은 결과가 나왔다. 이런 PPL의 성장은 지속될 것으로 보인다. 또한 소비자들이 광고를 회피하려는 경향이 강해짐에 따라, 마케터들은 제품을 광고 없이 소비자들에게 노출할 수 있는 새로운 방법을 지속적으로 모색하고 있다. 유럽에서도 PPL이 확산되고 있으며, 특히 영국은 최근 TV 프로그램에서 PPL을 허용했다. 그러나 미국보다 더 엄격한 규제를 적용하고 있다.

사실 PPL 기법은 아주 새로운 것이 아니다. 1930년대 이미 출현하였고 1950년대에는 많은 드라마(소프 오페라, soap opera)에 PPL이 보여졌다. 하지만 PPL은 21세기에 접어들면서 급속한 성장을 보이고 있다. 최근에는 애플, 나이키, BMW, GM, KFC 등의 대형기업들과 크고 작은 회사들도 PPL을 IMC의 중요한 부분으로 인식하고 활발한 투자를 하고 있다. PPL이 효과적인 이유는 선전하고자 하는 상품이 프로그램에 녹아 있기 때문에 그 내용을 회피할 수 없어 제품 노출이 증가된다. 그리고 광고처럼 거슬리지 않기 때문에 부정적 감정이 발생할 가능성이 낮다. 더구나 한 연구에 따르면 프로그램이나 유명 출연진에 대한 좋은 감정이 상품이나 브랜드에 전이되어 제품이나 브랜드에 대한 이미지가 개선되며 판매도 증진된다.

반면 PPL이 급속히 성장하면서 마케터들은 PPL이 너무 흔해지는 것이 아닌가 하고 걱정하고 있다. 요즘 텔레비전이나 영화를 보면 PPL이 없는 프로그램을 찾기 힘들다. 그래서 소비자들은 PPL이 너무 많이 나오며 광고 같다는 생각을 하게 된다. 그 결과로 PPL에 대한 효과는 점점 떨어질 우려가 있다. 또 이런 PPL에 대하여 법적 규제를 강화해야 한다는 목소리도 있으며, 미국연방통신위원회(FCC)에서도 이를 검토하고 있다.

정리하면 PPL은 그 횟수나 매출액 측면에서 빠르게 성장하고 있다. 어떤 영화에서는 2시간의 러닝타임 동안 PPL이 60개 넘게 나오기도 했다. 또한 PPL은 과거에는 상상할 수 없었던 다양한 미디어 및 환경에서도 등장하고 있다. 예를 들어, 뮤직비디오, 비디오 게임, 서적에서도 PPL이 이루어지고 있다. 예를 들어, 서브웨이, 코카콜라, 심지어 버락 오바마 전 대통령의 대선 캠페인이 비디오 게임 내 PPL을 활용한 사례도 있다. 또한 오레오, 허쉬 키세스, 넷플릭스 등의 브랜드는 책에서 자연스럽게 언급되는 방식으로 PPL을 활용했다.

제품통합 PPL과 비교하여 제품이 프로그램에 더욱 깊게 관여하는 것을 **제품통합**(product integration)이라고 한다. PPL에서 제품이 연속극 같은 TV프로그램의 소품으로 등장(예: 주인공이 사용하는 휴대전화나 운전하는 자동차)한다면 제품통합은 제품 그 자체가 프로그램 줄거리의 중요한 소재가 된다는 차이가 있다. 미국의 텔레비전 프로그램인 모던패밀리(Modern Family)의 예를 보자. 한 에피소드에서는 주인공의 생일날 아이패드(iPad)를 받기 위해 좌충우돌하는 주인공과 가족들의 이야기가 코믹하게 그려진다.

결국 이 드라마는 주인공은 아이패드를 손에 넣고 그날 밤 소파에 앉아 아이패드를 즐겁게 사용하는 것을 보여주며 끝난다. 즉, 아이패드가 단지 소품으로 사용된 것이 아니라 프로그램의 이야기 자체가 아이패드를 중심으로 이루어졌다. 이것이 PPL과 비교되는 제품통합이다. 또 다른 사례로, 영화 〈어벤져스: 에이지 오브 울트론〉(2015)에서는 약 20분간의 액션 장면이 한국 서울 도심에서 촬영되었으며, 서울시는 360만 달러를 제작비로 지원하였다. 또 언더아머 20세기 폭스와 협력하여 영화 〈마션〉(2015)의 제작에 참여했으며, 주연 배우 맷 데이먼의 훈련 과정과 관련된 마이크로사이트를 운영했다. 삼성전자는 〈지미 팰런 투나잇 쇼〉의 전체 방송을 갤럭시 S10 스마트폰을 활용해 촬영했다. 프로그램 진행자인 지미 팰런과 그의 게스트들은 뉴욕 곳곳에서 삼성 스마트폰으로 촬영되었으며, 이에 대해 삼성전자 마케팅 부사장 파트리시오 파우카르(Patricio Paucar)는 "광고가 넘쳐나는 환경 속에서 소비자들이 제품의 장점을 효과적으로 경험하고 소통할 수 있는 새로운 방식"이라고 설명했다. 이는 삼성과 NBC유니버설 간의 대규모 광고 계약의 일부였던 것으로 보인다. 사진 13-8은 렉서스가 영화 〈블랙 팬서〉(2018)에 제품통합된 사례를 보여주고 있다.

사진 13-8

영화 〈블랙 팬서〉에 렉서스 차량이 제품통합된 사례

자료: Walt Disney Studios Motion Pictures/Photofest

애드버테인먼트 광고주가 자사 제품의 광고를 위하여 소비자층이 즐길 수 있는 영상이나 음악을 만드는 것을 **애드버테인먼트**(advertainment)라고 한다. 예를 들어, 비욘세의 바이럴 뮤직비디오 'I Was Here'는 세계인도주의의 날(World Humanitarian Day)을 프로모션하기 위해 제작된 콘텐츠로, 애드버테인먼트 전문 광고대행사 드로가5(Droga5)가 기획했다. 애드버테인먼트의 가장 대표적인 사례는 레드불이 후원한 '스트라토스(Stratos) 우주 점프' 프로젝트였다(사진 13-9 참조). 2012년, 스카이다이버 펠릭스 바움가트너(Felix Baumgartner)는 약 39km의 성층권에서 낙하산 없이 자유 낙하를 시도했고, 안전하게 착지하면서 세계 최고 고도에서의 자유 낙하 기록을 세웠다. 이 장면은 710만 명의 시청자들이 실시간으로 지켜보았다. 우리나라의 예를 들면, 지난 2023년에 코카콜라는 '코카콜라 제로'를 마케팅하기 위하여 걸그룹 뉴진스가 출연하는 뮤직비디오 '제로'를 만들어 인기를 끌기도 했다.

사진 13-9

레드불은 스트라토스 우주 점프를 후원하였다.

자료: Jay Nemeth/ZUMA Press/Newscom

애드버테인먼트의 또 다른 형태로 **애드버게임**(advergames)이 있다. 이는 기업들이 온라인 및 모바일 게임을 제작하여 소비자들이 브랜드와 자연스럽게 상호 작용할 수 있도록 유도하는 광고 방식이다. 치폴레(Chipotle)와 버거킹 같은 여러 기업들은 자사 제품을 프로모션하기 위해 게임을 개발했으며, 이러한 게임은 소셜 미디어, 기업 웹사이트, 모바일 애플리케이션 등을 통해 배포되었다. 예를 들어, 치폴레의 'Food with Integrity' 게임은 총 4개의 세계와 20개의 레벨로 구성되었으며, 이를 모두 완료한 플레이어에게는 치폴레 매장에서 '1+1 무료' 쿠폰이 제공되었다. 이 게임은 출시 후 2주 만에 유튜브에서 650만 명의 사용자를 유치했으며, 치폴레의 매출 상승으로 이어졌다. 그러나 버클리 미디어 연구 그룹(Berkeley Studies Media Group)과 영국 바스 대학교(University of

Bath)의 정책연구소(Institute for Policy Research) 등 일부 감시 단체들은 애드버게임이 소비자, 특히 어린이들에게 광고임을 명확히 알리지 않기 때문에 기만적이라는 비판을 제기했다. 그럼에도 불구하고, 다양한 기업들이 애드버게임을 활용하여 잠재 고객을 브랜드와 자연스럽게 연결시키려는 시도를 계속하고 있다.

콘텐츠 스폰서십 광고주가 직접 광고 등의 콘텐츠를 만드는 대신 텔레비전 프로그램을 스폰서십(혹은 후원)하는 것을 말한다. 일반적으로 콘텐츠 스폰서십(content sponsorship)을 하는 광고주는 프로그램의 PPL, 제품통합, 프로모션 등의 혜택을 받게 된다. 예를 들어, HGTV는 리모델링, 정원 가꾸기, 홈 데코레이션 등의 분야와 관련 기업에 스폰서십을 제공한다. 하이네켄은 FIFA와 협력했으며, 롤렉스는 ATP 월드 테니스 투어(ATP World Tennis Tour)와 협업하였다. 노스페이스는 'Masters of Snowboarding' 웹캐스트에서 중요한 콘텐츠 스폰서십을 진행한 바 있다. 또한 더 푸드 네트워크와 더 트래블 채널(The Food Network & The Travel Channel) 역시 다양한 스폰서십 기회를 제공하고 있다. 터너 브로드캐스팅(Turner Broadcasting)은 카툰 네트워크(Cartoon Network), 부메랑(Boomerang) 및 기타 일부 채널에서 콘텐츠 스폰서십 기회를 제공하고 있다. 콘텐츠 스폰서십은 인터넷에서도 흔히 볼 수 있다. 예를 들어, 캘빈클라인은 영화 〈배니티 페어〉(2005)와 협업한 사례가 있다.

광고지원 VOD 광고지원 VOD(Ad-supported video on demand, 주문형 비디오)는 광고주가 영상을 제작하고, 그 영상이 케이블 TV의 VOD 서비스를 통하여 시청자들에게 무료로 제공되는 것을 말한다. 미국의 자동차회사 GM은 자사의 스포츠카인 콜벳(Corvette)의 역사에 대한 프로그램을 만들고, 이를 케이블 TV의 VOD 서비스를 통해서 시청자들에게 방송하였다. 또한 샌디에이고 동물원은 샌디에이고 지역의 케이블 가입자들에게 동물원 투어 영상을 제공하는 형태로 VOD를 활용했다. 로쿠(Roku)와 디시(Dish)의 슬링 TV(Sling TV)는 가장 강력한 VOD 서비스를 제공하는 플랫폼 중 하나며, 월마트 역시 자체 오리지널 프로그램을 제공하고 있으며, 아마존(Amazon)도 같은 방식으로 콘텐츠를 제작하고 있다. 광고지원 VOD의 지출 규모는 2018년 말까지 20억 달러에 이를 것으로 예상된다. 시장 조사 기관 입소스(IPSOS)가 진행한 연구에 따르면, VOD 광고를 일반 TV 광고와 함께 집행하는 것이 TV 광고 단독으로 집행하는 것보다 광고 회상, 구매 의도, 브랜드에 대한 대화 가능성, 브랜드 검색, 브랜드 웹사이트 방문 등의 측면에서 더 높은 효과를 보이는 것으로 나타났다.

기타 무선, 모바일, 브랜드 공간(branded location) 등의 다양한 형태의 브랜디드 엔터테인먼트가 계속해서 발전하고 있다. 기술 혁신이 계속됨에 따라 브랜디드 엔터테인먼트의 활용이 지속적으로 증가할 것이라는 점은 분명하다.

브랜디드 엔터테인먼트의 장점 브랜디드 엔터테인먼트의 장점은 다음과 같다.

1. **노출**: PPL의 예를 든다면 많은 사람들이 영화를 보고(미국에서만 연간 20억 명이 영화를 봄) 한 영화가 보통 3년 반의 수명을 가진다고 하면, 총 75만 번의 노출 기회가 제공된다. 대부분의 영화 관람객은 경청을 하는 사람들이다. 상영관에서의 영화관람에 더하여 홈비디오 시장, 지상파 TV, 케이블 TV에서의 영화 상영 등을 생각하면 제품을 노출할 수 있는

기회가 매우 많다. 또한 극장에서는 채널을 바꿀 수 없기 때문에(zapping) 노출은 더욱 강력한 영향을 미칠 수 있다. TV를 이용한 노출도 시청률과 표적고객 집단을 고려하여 진행한다면 높은 노출을 달성할 수 있다.

2. **빈도**: 제품이 텔레비전 프로그램에서 어떻게 사용되느냐에 따라 다르지만 보통 지속적인 반복 노출을 할 수 있다. 최근 텔레비전 드라마에서 배우들이 스마트폰을 사용하는 장면이 얼마나 자주 등장하는지 생각해보라. 케이블 TV를 통한 드라마의 재방송을 생각하면 노출 빈도는 더 올라간다.
3. **다른 매체 지원**: 브랜디드 엔터테인먼트는 다른 매체의 프로모션을 지원해주는 역할을 한다. 즉, 한쪽에서는 텔레비전 광고를 하고, 다른 편에서는 PPL이나 영화 제휴(tie-in) 프로모션을 하는 것이다.
4. **광고 모델 연상**(source association): PPL 등에 등장하는 제품은 그 제품이 등장한 프로그램이나 사용하는 배우와의 연상으로 이어지고, 시청자는 제품에 대한 좋은 감정을 가지게 된다. 8살에서 14살 사이의 청소년 524명을 대상으로 한 연구에 따르면 75%의 시청자가 자기가 좋아하는 프로그램에 어떤 제품이 등장했는지를 기억했다고 하며, 72% 사람들은 자기가 좋아하는 스타가 사용하는 제품을 구매하려 한다고 대답했다. 성인을 대상으로 한 또 다른 연구에서는 응답자의 3분의 1이 TV나 영화에서 본 제품을 구매한 경험이 있다고 했다.
5. **비용**: 브랜디드 엔터테인먼트의 비용은 공짜에서 수백만 달러까지 들기는 하지만 높은 노출량 덕분에 CPM 측면에서 보면 대체로 저렴한 프로모션 매체다. 예를 들어, TV 시리즈 '모던 패밀리' 에피소드에서 애플 아이패드가 등장한 사례처럼, 제품 배치는 제작자에게 소품 비용 절감의 효과를 제공하는 경우도 있어 무료로 진행되기도 한다.
6. **회상**: 연구마다 정도의 차이는 있지만 프로그램이 방송된 다음 날의 제품 회상률(recall)을 보면 PPL의 회상률이 일반 광고보다 높다고 한다.
7. **규제 회피**: 우리나라, 미국 그리고 전 세계 다른 나라들에서는 특정 제품을 특정 시청자 층에게 광고할 수 없는 규제가 있다(예: 담배, 술 등). PPL을 이용하면 담배나 술 제조사가 이런 규제를 회피하여 소비자에게 제품을 노출시킬 수 있는 기회를 가질 수 있다. 예를 들어, 케이블 TV 인기 프로그램 〈저지 쇼어(Jersey Shore)〉에서는 해변에 말보로 담배가 떠밀려오는 장면이 등장했으며, 이는 PPL일 가능성이 제기되었다. 이에 대해 필립 모리스는 어떤 개입도 하지 않았다고 해명했다. 하지만 광고 규제를 회피하는 수단으로 PPL 등을 이용하는 행위를 멈추게 하려는 노력도 이루어지고 있다. 예를 들어, 미국 주류업계 감시기관인 마틴 인스티튜트(Martin Institute)는 〈The Wedding Crashers〉라는 드라마에서 미성년자 음주를 옹호하는 PPL을 한 혐의로 유명 맥주회사 버드와이저를 고소하기도 하였으며, 위스키 제조사인 디아지오와 브라운-포먼(Diageo & Brown-Forman)도 비슷한 이유로 재판을 받고 있다.
8. 일부 기업들은 PPL을 이용하여 아동 대상 정크푸드 광고를 진행했다는 비판을 받기도 했다. 특히, 비디오 게임을 활용한 광고 전략이 이러한 논란의 대상이 되고 있다.
9. **수용**: 일반적으로 시청자들은 PPL에 등장한 제품을 수용하며 긍정적인 태도를 형성한다. 한 연구결과를 보면 80%의 응답자가 PPL에 대하여 긍정적인 태도를 나타냈으며, 십대를 대상으로 한 다른 연구에서는 43%가 PPL이 '재미있다', 또 39%가 '유익한 정보다', 그리고 35%가 '재미있고 흥미롭다'고 답했다. 이마케터(eMarketer)가 실시한 유사한 연구도 같은 결과를 내놓았다.

10. 타겟팅: 콘텐츠 스폰서십이나 광고지원 VOD 등은 특정 고객층(예: 패션, 축구, 자전거)을 타겟팅하기에 용이하다.

브랜디드 엔터테인먼트의 단점 브랜디드 엔터테인먼트에는 다음과 같은 단점도 있다.

1. **높은 절대 비용**: 브랜디드 엔터테인먼트의 CPM은 비교적 낮을 수 있지만, 이를 제작하기 위한 절대비용은 상당히 높을 수 있다. 최근 브랜디드 엔터테인먼트에 대한 수요가 증가하면서 비용이 상승하는 것도 한 이유다. 미국광고주협회(National Association of Advertisers, NAA)의 조사에 따르면, 광고주의 79%가 브랜디드 엔터테인먼트의 비용이 너무 높다고 생각하고 있다. 이런 높은 비용 때문에 브랜디드 엔터테인먼트 활동을 중지하는 업체들도 늘고 있다.
2. **노출 시간**: 제품이 노출되었을 때의 효과는 크겠지만 시청자들이 그 제품이 나왔다는 사실을 모를 수도 있다. 특히 PPL의 경우에는 PPL된 제품이 무엇이었는지 알아채기 더 힘들 수도 있다.
3. **제품에 대한 호소 제약**: 제품 자체를 보여주고 제품을 프로그램이나 출연진과 연계시킬 수는 있지만 제품에 대한 자세한 설명을 할 수는 없다. 따라서 제품에 대한 추천도 간접적이고 제품에 대한 시연도 제한적이다.
4. **통제의 어려움**: 영화나 텔레비전 프로그램에 자사 제품의 노출 횟수를 통제하기 힘들다. 그래서 대부분의 담당자들은 자신의 제품이 생각했던 것보다 적게 노출되었다고 느낀다. 또 영화나 TV프로그램의 제작이 지연되는 경우에는 당초 계획했던 기간에 제품을 노출시킬 수 없는 경우도 발생한다.
5. **부정적 여론**: 대부분의 TV 시청자나 영화 관람객들은 PPL이라는 것에 부정적 인식을 가지고 있다. 따라서 이들은 TV나 영화의 내용 그 자체와 PPL 제품을 분리해서 인식하려 한다. 그런데 제품 노출이 너무 많다면 시청자들은 제품에 대한 부정적 이미지를 형성할 수 있으며 심지어는 광고를 볼 때처럼 귀찮고 짜증나게 느낄 수도 있다.
6. **경쟁**: 브랜디드 엔터테인먼트의 인기는 회사 간 경쟁을 유발하고 제작비용도 상승시킨다. PPL 수가 증가하면서, 원하는 위치에 제품을 배치하기가 점점 더 어려워지고 있다.
7. **부정적인 PPL**: 자사 제품이 부정적인 PPL 대상이 될 수도 있다. 예를 들어, 살인장면의 배경이나 소품으로 자사 제품이 사용된다고 상상해보라.
8. **클러터(광고 혼잡)**: 브랜디드 엔터테인먼트의 급격한 성장은 PPL 등의 등장 횟수를 크게 늘렸으며, 너무 많은 PPL은 클러터로 작용한다. 너무 많은 제품 배치와 통합은 결국 소비자의 피로감을 유발하고 광고 효과를 저하시킬 수 있다.

브랜디드 엔터테인먼트의 효과 측정 브랜디드 엔터테인먼트 분야가 빠르게 성장하면서 그 효과를 분석하기 위한 많은 학술적 연구와 실무 현장에서의 조사가 이루어지고 있다. 하지만 아직 효과를 측정하는 업계 기준은 만들어지지 않았다. 미국에서는 닐슨 미디어 리서치, 브랜드 채널 프로덕트 플레이스먼트 워치, 렌트락과 같은 마케팅조사 회사들이 이 분야의 효과 분석자료를 제공해주고 있다.

게릴라 마케팅

브랜디드 엔터테인먼트와 더불어 최근 각광받는 비전통적인 프로모션 방식이 **게릴라 마케팅**(guerrilla marketing)이다. 게릴라 마케팅은 스텔스 마케팅, 거리 마케팅, 버즈 마케팅, 매복 마케팅, 바이럴 마케팅 등으로 불리기도 한다. 게릴라 마케팅은 처음에는 주로 젊은이들을 대상으로 했으나, 점점 여러 나이대의 소비자들을 대상으로 실시되고 있다. 게릴라 마케팅은 여러 기술 발달의 혜택을 보고 있는데, 그중 하나가 스마트폰의 보급이다. 최근에는 대부분의 사람들의 휴대전화에 부착된 사진기와 소셜 미디어의 확산으로 게릴라 마케팅의 현장을 사진이나 동영상으로 찍어 다른 사람과 공유할 수 있기 때문이다.

여러 유명 기업들이 게릴라 마케팅 기법을 활용하고 있다. 예를 들어, 타겟(Target)은 뉴욕 패션위크 기간에 호텔 전체를 임대하여, 외부 객실 창문에 66명의 댄서들이 네온 스켈레톤 슈트(Day-Glo skeleton suits)를 입고 퍼포먼스를 펼치게 함으로써 관객들의 시선을 사로잡았다. 파나소닉은 신형 카메라 출시를 기념하여 높이 약 2.7m의 거대한 비둘기 조형물을 제작했으며, 국제앰네스티는 맨홀 뚜껑에 손 그림을 그려 마치 사람이 감옥에 갇혀 있는 듯한 착시 효과를 연출했다.

그러나 일부 마케터들은 게릴라 마케팅이 지나치게 과격해지고 있는 것은 아닌지 우려하고 있다. 예를 들어, 영화 〈퍼펙트(Dead Man Down)〉(2013)를 프로모션하기 위해 엘리베이터 안에서 두 남성이 격렬하게 싸우는 장면을 연출하여, 이를 목격한 사람들을 충격에 빠뜨렸다. 또 엘리베이터 바닥이 갑자기 사라지는 것처럼 보이게 했는데, 실제로는 유리 바닥이 설치되어 있었다. 칼스버그 맥주 이벤트에서는 한 남성이 친구의 급박한 요청을 받고 한밤중에 400달러를 들고 허름한 술집으로 가는 상황이 연출되었다. 그러나 친구에게 돈을 건네는 순간, 술집에 있던 모든 사람들이 건배하며 우정을 축하하는 장면이 촬영되었다.

이러한 마케팅 기법은 종종 바이럴 효과를 일으키지만, 제작 비용이 매우 높으며, 위험 부담이 크고 때로는 안전 문제까지 초래할 수 있다. 시러큐스 대학교 대중문화 전공 로버트 톰슨(Robert Thompson) 교수는 이러한 마케팅 기법들이 "지나치다"고 평가했으며, 많은 사람들이 이에 동의하고 있다.

기타 매체

이 밖에도 아주 다양한 매체들이 존재한다. 그중 최근에 성장세를 보이는 매체를 살펴보자.

- **주차장 광고**: 주차장 광고는 옥외 광고 매체 중에서 성장세를 보이는 분야다. 카트 보관소에 부착된 간판부터 실내 주차장의 벽면을 페인팅하는 방식까지, 점점 더 많은 기업들이 이 매체를 활용하고 있다. 특히 POP(구매시점 광고) 상황에서 효과적인 매체로 주목받고 있으며, 광고가 배치되는 위치에 따라 다양한 소비자 계층에 도달할 수 있다. 펩시코(PepsiCo) 또한 이 매체를 활용하는 많은 기업 중 하나다.
- **주유소 주유기 광고**: 주유소 주유기 광고는 이제 소비자가 주유하는 동안 노출되는 광고 형식으로 자리 잡았다. 주유 중에는 특별히 할 일이 없기 때문에, 자연스럽게 광고에 주목하게 된다.
- **장소 기반 광고**: 이는 소비자가 있는 곳으로 광고 매체를 가져간다는 개념이다. 교실, 병원 대기실, 헬스클럽 등 다양한 장소에서 TV 모니터와 잡지대가 등장하고 있으며, 특히 제약

사진 13-10

사람의 몸에도 광고가 표시되어 있다.

자료: Marmaduke St. John/Alamy Stock Photo

회사들은 이러한 매체를 활용하여 효과적으로 시장을 공략하고 있다. 맥도날드는 자사 매장 내에서 '맥도날드 TV 채널을 운영하고 있으며, 닐슨, Experian/Simmons, GfK MRI 등 여러 조사회사가 관련 시청률 및 효과 분석 보고서를 제공하고 있다. 밀워드 브라운(Millward Brown)에서 진행한 연구에 따르면, 식료품점 계산대에서 노출되는 비디오 광고에 대해 소비자의 70% 이상이 "스크린을 시청할 의향이 있다"고 응답했으며, 78%는 "광고가 시선을 사로잡는다"고 답했고, 85%는 "광고가 재미있고 보기 좋다"고 대답했다.

- 기타: 다양한 지원 매체 활용 사례도 존재한다. 코카콜라는 애틀랜타 지하철에 약 300m 길이의 라이트박스를 설치하여 다사니(Dasani) 생수의 영상 광고를 송출했다. 배경 음악을 제공하는 뮤잭과 타임 ATM(Muzak & Tyme ATMs)과 협력하여 은행 ATM에 광고를 송출했다. 그 외에도 광고는 공항 수하물 컨베이어 벨트, 지하철 교통카드, 자동차 휠캡, 엘리베이터 내부, 볼링공, 자전거 바퀴, 가정 내부, 심지어 과일에도 등장하고 있다. 일부 사람들은 자신의 몸, 심지어 머리, 목, 허벅지 등에 광고를 부착하는 것을 허용하기도 한다. 켄터키주의 한 상점은 자사의 로고를 신체의 눈에 띄는 부위에 문신한 고객에게 20% 할인 혜택을 제공하고 있으며, 뉴질랜드 관광청은 사진 13-10과 같은 독특한 방법을 시도하고 있다. 사진 13-11을 보면 심지어 권투화 밑창에도 광고 문구를 넣는다.

기타 매체의 장점과 단점 기타 매체의 장점은 다음과 같다.

- 인지도와 주목: 기타 매체의 가장 큰 장점은 사람들의 주목을 끌 수 있다는 것이다. 일반적이지 않은 기발한 곳에서 광고를 보게 되므로 사람들의 주목을 끌고 인지도를 높일 수 있다.
- 효율성: 광고주들이 일반적으로 사용하지 않는 매체이기 때문에 아직까지는 비용이 저렴하다.

사진 13-11

예상치 못한 곳에 광고가 있다.

자료: ADAM BUTLER/Associated Press

- **타겟팅**: 어떤 전술을 사용하느냐에 따라 이벤트, 장소, 연령, 관심 등 아주 특화된 집단에게만 광고를 노출시킬 수 있다.

기타 매체의 단점은 다음과 같다.

- **짜증**: 언제, 어디서 광고를 노출시키느냐에 따라서는 사람들이 부정적인 감정을 가지고 귀찮게 여길 수 있다. 예를 들어, 마이크로소프트는 도로변 인도에 회사 로고를 인쇄하기도 했는데 사람들의 관심을 못 끌었을 뿐만 아니라 시에 벌금까지 내야 했다. 한편, 경쟁사는 이 사건을 활용하여 "페인팅을 제거하겠다"고 발표함으로써 상당한 홍보 효과를 얻었다. 또한 스내플(Snapple)은 자사 프로모션을 위해 초대형 아이스바를 설치했지만, 그것이 녹아 유니언 스퀘어에 홍수와 같은 상황을 초래하면서 뉴욕시 당국의 불만을 사게 되었다.
- **식상함**: 아직까지는 기타 매체의 많은 시도들이 새롭고 기발하게 보일지 몰라도, 이런 것이 계속되면 신선함과 차별성이 없어질 수 있다.

요 약

이번 장에서는 다양한 서포트 미디어에 대하여 공부하였다. 서포트 미디어는 다른 말로 비전통 매체 혹은 대안 매체라고도 하며 광고주가 그들의 표적고객에게 도달하기 위한 여러 방법 중 일부분이다. 이번 장에서는 서포트 미디어의 대략적인 기법들을 보았다. 서포트 미디어에는 옥외 광고(광고판, 매장 내 광고, 교통 광고 등), 판촉물, 영화관 광고 등 다양하다. 특히 PPL이나 제품통합 같은 브랜디드 엔터테인먼트 분야는 가장 빠르게 성장하는 분야다.

서포트 미디어는 다양한 장점이 있다. 비용, 표적시장으로의 접근성, 유연성 등은 대표적인 서포트 미디어의 장점이다. 특히 앞서 다루었던 각종 서포트 미디어들은 각 매체별로 마케팅 목적을 달성하는 데 아주 효과적임이 증명되었다.

하지만 서포트 미디어에도 단점이 있는데 그중 가장 문제가 되는 것은 서포트 미디어 청중에 대한 도달률이나 효과를 확인하기 쉽지 않다는 것이다. 일반적인 다른 매체(주로 대중매체)와 달리 서포트 미디어는 효과 자료를 제공받기 어렵다. 따라서 광고주는 서포트 미디어의 예상 도달률 같은 자료 없이 의사결정을 해야 하는 문제점이 발생한다.

다양한 서포트 미디어가 계속적으로 성장하는 추세로 볼 때 미래에는 이런 서포트 미디어를 위한 효과 측정 방법이 개발될 것으로 보인다. 이런 문제가 해결된다면 서포트 미디어는 더 이상 비전통 매체 혹은 대안 매체라 불리지 않고 더욱 일반화될 것이다.

CHAPTER 14

다이렉트 마케팅

자료: Allbirds, Inc.

학습 목표

1. 다이렉트 마케팅을 정의한다.
2. IMC 프로그램에서 다이렉트 마케팅의 역할을 살펴본다.
3. 다이렉트 마케팅을 활용하기 위한 전략과 전술을 학습한다.
4. 다이렉트 마케팅의 장점과 단점을 비교한다.

다이렉트 마케팅의 변신

다이렉트 마케팅(direct marketing)이라고 하면, 많은 사람이 시어스(Sears)와 몽고메리 워드(Montgomery Ward) 같은 카탈로그 판매, 다이렉트 메일, 인포머셜(infomercial) 그리고 기타 다양한 방식의 직접 판매 방식을 생각할 것이다. 또 다이렉트 마케팅은 소매업의 경쟁자로 볼 수도 있다. 반면 다이렉트 마케팅이 강력한 마케팅 도구라는 점은 간과되기도 한다('정크 메일'이라는 별명이 붙은 이유?). 다이렉트 마케팅 소비자에게 성공적으로 접근할 수 있었던 이유 중 하나는 시장 환경 변화에 유연하게 대응할 수 있다는 점이다. 그리고 지금, 다이렉트 마케팅은 또 한 번 변화하고 있다. 요즘은 오히려 기존의 경쟁자로 여겨졌던 대형 기업들과 소매업체들이 다이렉트 마케팅의 전략을 채택하고 있다. 소매업체들이 다이렉트 마케팅 제품을 취급하지 않던 시대도 있었지만, 이제 그런 시대는 지났다.

P&G, 나이키, 언더아머, 펫스마트와 같은 전통적 대기업들이 다이렉트-소비자(direct-to-consumer, DTC 또는 D2C) 시장에 진입하고 있다. 테슬라 자동차는 처음부터 전통적인 대리점 모델 대신 D2C로 자동차를 판매했다. 이들 브랜드는 D2C 사업을 성장 동력으로 삼고 있으며, 이 전략을 미래 성공 요인으로 보고 있다. 그렇다면 지금, 이런 변화가 일어나는 이유는 무엇일까?

여러 이유가 있겠지만, 결국 시장 환경의 변화와 기업이 소비자를 더 깊이 이해해야 할 필요성이 커졌기 때문이다. 기업들은 소비자와 직접 거래하고 디지털 관계를 구축함으로써, 기존 소매업체보다 훨씬 더 개인적인 관계를 발전시킬 수 있을 것이다. 다음의 예를 살펴보자.

- **소비자 경험의 요구 증대:** 소비자들은 점점 더 편한 구매 과정을 요구하며, 기업들은 이들을 만족시키고 충성도를 높이기 위해 노력하고 있다. 제조업체가 소매업체를 통해 제품을 판매할 경우에는 제품 판매 과정에서의 경험이나 방식, 소비자 만족스러운 구매 과정 등에 대한 통제권이 없다. 대형 브랜드 기업들은 소비자에게 직접 판매할 경우, 구매 과정에 영향을 주는 요인과 그 작동 방식을 더 잘 이해하고, 상호 작용을 직접 관리할 수 있다는 점을 강점이라고 생각한다.
- **관계 구축:** 제조업체들은 소비자와의 관계 구축과 함께 소매업체와의 긍정적 관계도 유지해야 한다. 예전에는 소비자와 직접 거래하는 제조사 브랜드 제품을 소매업체가 취급하지 않는 경우도 있었다. 하지만 최근에는 일부 소매업체들이 아마존 등과의 경쟁 심화로 인해 제조업체의 마케팅 지원을 더 환영하기도 한다. 나이키, 언더아머와 같은 브랜드가 소비자와 직접 소통함으로써 소매업체에도 더 많은 인사이트를 제공하고, 이는 소매업체의 판매 증가에 기여하기도 한다.
- **데이터:** 현재 우리는 빅데이터(big data)가 중요한 시대에 살고 있다. 이 때문에 많은 대기업들은 고객 및 잠재 고객에 대한 정보를 최대한 많이 수집하는 노력을 한다. D2C는 제조업체가 소매업체를 거치지 않아 직접 구매자 데이터를 더 효율적이고 효과적으로 확보할 수 있게 한다. 효과적으로 설계된 데이터 수집은 소비자 구매결정의 '이유'를 더 잘 이해할 수 있게 하여, 소비자 참여와 충성도 향상의 전략 개발에 활용된다.

대형 전통 브랜드들은 인수합병[예: 펫스마트의 이커머스 기업 츄이(Chewy) 인수, P&G의 네이티브(Native) 데오도란트 인수], 경쟁사 전략 모방[예: 안호이저-부시 인베브(AB InBev) 이커머스 배송 및 홈브루잉 용품 투자 등], 전략적 투자[예: 펩시코가 더 해처리(The Hatchery)와 협업하고, 로레알이 디지털 인큐베이터 랩스(Digital Incubator Labs)에 투자] 등 다양한 방식으로 D2C 시장에 진입하고 있다. D2C 시장 진출이 필요해지자, 가장 효과적인 진입 전략을 찾고 있다.

CB인사이츠의 D2C 시장 심층 분석에 따르면, 해리스(Harry's), 달러 셰이브 클럽(Dollar Shave Club), 캐스퍼(Casper, 매트리스), 어니스트 컴퍼니(The Honest Company, 유아용품), 올버즈(Allbirds, 운동화) 등 스타트업들이 대기업에 도전하며 직접 판매를 통해 성공한 사례가 많이 있다.

이들 기업은 소비자가 원하는 것을 제공했고, 이는 기존 대기업들은 제공하지 못하거나 제공하지 않았던 것이었다.

결국, 이것이야말로 다이렉트 마케터들이 늘 해오던 일이다.

자료: "Big Brands Step into Direct-to-Consumer Space," www.warc.com, February 18, 2019; Claire Hopwood, "Why Direct-to-Consumer Is Becoming an Important Retail Chan nel," www.visioncritical.com, April 10, 2019; "We Analyzed 12 of the Biggest Direct-to-Consumer Success Stories to Find Out the Secrets to Their Growth—Here's What We Learned," www.cbinsights.com, February 6, 2019.

다이렉트 마케팅은 스팸 메일, TV의 직접 반응 광고(direct response advertising), 텔레마케팅, 인포머셜 및 기타 마케팅 커뮤니케이션 수단으로 여기며 중요하게 생각되지 않는 경향이 있었다. 하지만 다이렉트 마케팅을 단순하고 세련되지 못한 방식으로만 인식했다면, 이는 완전히 잘못된 생각이다. 다이렉트 마케팅 업계는 그동안 가장 효과적이고 혁신적인 마케팅 전략을 도입했으며, 시장 변화에도 빠르게 적응하는 능력을 보여 왔다. 카탈로그에서 직접 반응 광고, 인포머셜, 온라인 마케팅에 이르기까지, 다이렉트 마케터들은 많은 성공적인 결과를 이루었다. 이 장의 도입부에서 논의한 것처럼, 업계는 다시 한 번 변화하는 시장 환경에 대응하고 있다. 다이렉트 마케팅은 이제 IMC 프로그램에서 매우 중요한 요소이며, 단독으로 사용되기보다는 다른 매체들과 함께 활용되는 경우가 많다. 따라서 특정 타겟 시장에 효과적으로 도달하기 위해 사용할 수 있는 다양한 다이렉트 마케팅 방법이 존재한다는 점을 이해하는 것이 중요하다. 이 장에서는 이러한 다이렉트 미디어에 대해 논의하고, 각각의 장점과 단점, 그리고 IMC 과정에서의 역할을 살펴볼 것이다.

다이렉트 마케팅

많은 회사들은 다양한 프로모션 믹스를 활용하여 자사의 제품을 유통망을 통해 판매한다. 반면 유통망을 통하지 않고 직접 고객에게 판매하는 경우도 늘고 있다. 일반적인 광고, 판매촉진, 서포트 미디어, 인적 판매 등의 프로모션 믹스는 인지도를 향상시키고 정보를 전달하고 브랜드 이미지를 향상시키는 효과는 인정하지만, 다이렉트 마케팅(direct marketing, 직접 마케팅)은 즉각적인 소비자의 행동 반응(구매)을 이끌어낼 수 있다고 보기 때문이다. 다이렉트 마케팅은 다른 프로모션 믹스와는 목적이 다른 IMC 프로그램의 수단이자 매우 중요한 도구다.

이번 장에서는 다이렉트 마케팅의 개념과 커뮤니케이션 수단으로서의 역할에 대해 논할 것이다. 어떤 제조업체들은 직접 판매를 위한 자체 매장을 설립하기도 하지만, 여기서는 IMC 프로그램 내에서 다이렉트 마케팅이 하나의 매체로서 어떻게 활용되는지를 살펴볼 것이다. 많은 회사와 조직에서 다이렉트 마케팅은 IMC 프로그램의 중요한 요소이며, 많은 마케터들 사이에서는 고객에게 접근할 수 있는 매체로 인식되어 왔다. 먼저 다이렉트 마케팅을 정의하고, 다이렉트 마케팅 매체들에 대하여 알아보고, 이것을 전체적인 커뮤니케이션 전략에서 어떻게 사용해야 하는지 설명할 것이다. 또 다이렉트 마케팅의 성과를 측정하는 방법과 장단점도 알아보도록 하자.

다이렉트 마케팅의 정의

다이렉트 마케팅(direct marketing)은 회사나 조직이 표적 고객집단에 직접 커뮤니케이션함으로써 반응과 거래를 창출하는 마케팅 시스템이다. 이런 반응은 문의, 구매, 투표 등의 형태로 나타난다. 데이터 & 마케팅협회(Data and Marketing Association)의 다이렉트 마케팅 정의는 다음과 같다.

> 하나 이상의 광고 매체를 활용하여 특정 장소에서 측정 가능한 반응이나 거래를 유도하는 상호 작용적 마케팅 시스템

먼저 다이렉트 마케팅과 다이렉트 마케팅 매체(direct marketing media)를 구분하자. 다이렉트 마케팅은 토털 마케팅(total marketing)의 형태를 띠며 마케팅 조사, 세분화, 평가가 포함된 마케팅 계획 절차를 따른다. 다이렉트 마케팅은 다양한 **직접 반응 매체**(direct-response media)를 활용한다. 직접 반응 매체에는 다이렉트 메일, 텔레마케팅, 인터랙티브 TV, 인쇄 매체, 인터넷 등이 있다.

직접 반응 광고를 통한 매출은 미국에서 2조 달러를 넘었으며, 이 마케팅 기법을 활용하는 기업들은 갭, 레스토레이션 하드웨어(Restoration Hardware), IKEA와 같은 주요 유통업체에서부터 항공사, 금융 서비스 기업 그리고 지역의 소규모 기업들까지 다양하다. 또한 B2B 및 산업용 마케팅에서도 다이렉트 마케팅 활동이 크게 증가하여, 2016년 기준으로 1조 달러의 매출이 다이렉트 마케팅을 통해 발생한 것으로 추정된다.

다이렉트 마케팅의 성장

다이렉트 마케팅은 인쇄기술이 발명된 15세기부터 존재해왔다. 미국 건국의 아버지라 불리는 벤저민 프랭클린은 1700년대 초기 성공적인 다이렉트 마케터였으며, 미국의 유명한 유통업체의 창업자인 워렌 시어스와 몽고메리 워드는 이미 1880년대에 다이렉트 마케팅을 이용하였다. 다이렉트 마케팅이 발전하게 된 계기는 미국의 우편제도(U.S. Postal Service)가 발전되어 도시나 농촌으로 카탈로그를 발송할 수 있게 된 것이다. 카탈로그는 미국의 구매 방식에 큰 변화를 가져왔는데, 즉 집을 떠나지 않고 물건을 살 수 있게 된 것이다. 하지만 카탈로그만으로 다이렉트 마케팅의 성장을 설명하기에는 부족하다. 그 외 요인을 살펴보도록 하자.

- **신용카드** 미국에는 현재 15억 개가 넘는 신용카드가 있다. 신용카드는 상품가격에 상관없이 직접 반응 채널(direct response channel)을 통해 구매자의 대금 결제가 판매자에게 확실히 전달될 수 있도록 만들었다. 미국인은 평균 약 3.1장의 신용카드를 보유하고 있으며, X세대와 MZ세대가 신용카드를 가장 많이 사용하고 있다. 물론 모든 다이렉트 마케팅 구매가 신용카드로 결제되는 것은 아니지만 대부분의 결제가 신용카드를 통해 결제된다. 또 비자, 마스터스, 아메리칸 익스프레스 같은 유명 신용카드 회사들은 가장 큰 다이렉트 마케팅 광고주이기도 하다.
- **미국사회와 시장구조의 변화** 다이렉트 마케팅의 또 다른 성장 요인으로 많은 미국인들이 '돈은 많고 시간은 없는 사람'이 된 것이다. 여성의 사회 참여가 늘면서 맞벌이가 늘었고 이는 가정의 소득 증대를 가져왔다(2018년, 여성은 전체 노동력의 약 58.6%를 차지했다). 반면 운동시간, DIY(do-it-yourself), 다른 오락거리에 사용되는 시간이 늘고 쇼핑을 하는 시간은 줄어 다이렉트 마케팅의 성장을 촉진했다. 온라인 쇼핑의 편리함과 시간 절약 효과도 이러한 변화에 기여했다.
- **기술적 발전** 전자 매체나 인터넷 등의 급속한 발전은 마케터들이 표적집단에 보다 쉽게 접근할 수 있고 소비자들이 보다 쉽게 물건을 살 수 있게 하였다. 예를 들어, 아마존(Amazon.com)과 같은 온라인 플랫폼을 통해 간편하게 쇼핑하고, 구매한 상품을 집에서 편리하게 받아볼 수 있는 경험은 소비자들에게 매우 매력적이다.
- **기타 요인** 위의 요인 외에 다이렉트 마케팅 성장의 요인들로는 소비자 가치관의 변화, 보다 정교화된 마케팅 기법, 다이렉트 마케팅 업계의 이미지 개선 등이 있다.

사진 14-1

보스는 온오프라인 매장에서 팔리는 제품을 판촉하기 위한 광고를 실시하고 있다.

자료: Bose Corporation

다이렉트 마케팅만 단독으로 사용하는 회사도 있지만 대부분의 회사는 다이렉트 마케팅을 IMC 프로그램의 한 부분으로 사용하는 경우가 많다. 이들은 다이렉트 마케팅을 단순한 판매촉진 도구가 아니라 브랜드 구축과 고객 관계 형성을 위한 중요한 전략으로 인식하고 있으며, 다른 마케팅 프로그램 요소들과 통합하여 활용하고 있다. 따라서 먼저 IMC 프로그램에서 다이렉트 마케팅의 역할을 살펴본 후, 보다 전통적인 역할에 대해 논의하고자 한다.

IMC 프로그램에서 다이렉트 마케팅의 역할

그동안 중요하게 생각되지 않았던 다이렉트 마케팅이 최근에는 IMC 프로그램의 중요한 요소로 인식되고 있다. 사실 다이렉트 마케팅은 다른 IMC의 요소들과 상호 보완적이며, 서로 시너지를 증가시키는 역할을 한다.

다이렉트 마케팅과 광고의 결합 다이렉트 마케팅 자체는 광고의 일종이다. 즉, 우편, 인쇄물, TV를 통하여 직접 반응을 유도하는 광고인 것이다. 이런 광고는 대게 무료 전화번호나 웹사이트 링크를 제공하며, 경우에 따라 주소를 요청하는 양식을 포함하기도 한다. 때때로 이러한 광고는 직접 판매(direct selling) 활동을 지원하기도 한다. 예를 들어, IKEA, 노드스트롬(Nordstrom), 블루밍데일스(Bloomingdale's) 등의 브랜드는 자사 매장과 카탈로그 판매를 지원하기 위해 이미지 광고와 TV 광고를 병행한다. 보스 오디오(Bose Audio) 역시 매장과 온라인을 통해 제품을 판매하며, 이를 위해 광고를 집행한다(사진 14-1 참조). 과거 일부 광고주들은 소비자에게 직접 판매를 하는 것이 오프라인 소매점의 매출 감소로 이어질 것을 우려했다. 그러나 포레스터 리서치(Forrester Research)가 수행한 연구에 따르면, 전자상거래 사이트를 통해 직접 판매하는 제조업체들의 50% 이상이 이러한 판매 방식이 오프라인 매장에도 긍정적인 영향을 미쳤다고 응답했으며, 오직 9%만이 부정적인 영향을 미쳤다고 답했다. 또한 응답 기업의 72%는 온라인 판매가 고객 만족도를 향상시킨다고 했다. 결과적으로, 광고는 다이렉트 마케팅과 오프라인 매장을 모두 지원하는 역할을 하고 있다.

다이렉트 마케팅과 PR의 결합 기업의 PR(Public Relation) 활동은 종종 다이렉트 마케팅 기법을 활용하기도 한다. 예를 들어, 회사가 주관하는 자선기금 모금을 텔레마케팅을 통해 진행한다. 공익 캠페인을 위해 직접 반응형 기법을 사용하기도 한다. 또 회사나 비영리 단체의 기금모금을 위하여 무료 전화번호나 웹사이트 주소 등을 넣기도 한다. 예를 들어, 마케팅 엣지(Marketing EDGE)는 다양한 조직, 중소기업 및 대기업 그리고 학생 및 교수진과 협력하여 환경 문제를 지원하고, 이들이 PR 활동에서 다이렉트 미디어를 효과적으로 활용할 수 있도록 돕고 있다.

다이렉트 마케팅과 인적 판매의 결합 텔레마케팅이나 직접 판매(direct selling)는 판매를 유발하기 위한 인적 판매 기법이다. 비영리 단체의 경우 기금모금을 위하여 텔레마케팅과 다이렉트 메일을 자주 활용한다. 일반 기업들, 특히 B2B 기업들은 텔레마케팅을 통해 가망 고객

사진 14-2

코스트코는 우편을 통하여 가격 할인 정보나 쿠폰 등을 고객에게 발송한다.

자료: Costco Wholesale Corporation

을 선별하고 접촉한다. 이를 통해 판매 비용을 절감할 수 있다. 또 자동차 영업소의 경우, 다이렉트 메일을 가망 고객에게 보내서 영업소로 초대하고 새로 출시된 자동차의 시승을 권유한다. 고객이 영업소에 방문하면 그 다음에는 영업사원이 인적 판매를 하는 것이다. 자동차 제조업체와 영업소는 이러한 방식을 효과적으로 활용하고 있다.

다이렉트 마케팅과 판매촉진의 결합 여러분은 판매촉진 정보가 있는 다이렉트 메일을 자주 받았을 것이다. 많은 소매점이 계절별 세일을 안내하는 우편물을 보내거나 항공사가 할인항공권 가격을 광고하는 이메일을 보낸다. 백화점이나 다른 대형 유통업체들도 각 업체별 다이렉트 마케팅 도구를 이용하여 고객에게 특별 세일 등을 알린다(사진 14-2 참조). 반면 판매촉진이 다이렉트 마케팅 활동을 지원하기도 한다. 버티스(Vertis, 2007)의 연구에 따르면 특별할인이나 쿠폰 등이 다이렉트 메일의 매출액을 증가시킨다고 한다. 또 72%의 사람들은 '1+1(buy one get one free)'을 제안하는 다이렉트 메일에 반응했으며, 63% 사람들은 할인판매에 반응한다고 했다. 또 이메일을 통해 제공되는 특별 할인, 바우처, 쿠폰 등도 매우 효과적인 마케팅 수단으로 밝혀졌다. 프로모션을 통해 수집된 고객 이름이나 주소 등의 데이터베이스는 다이렉트 마케팅에 활용될 수 있다.

다이렉트 마케팅과 서포트 미디어의 결합 다이렉트 메일에 프로모션 상품을 넣어 보내면 반응률을 높일 수 있다. 한 회사의 실험을 보자. 5,000명에게는 프로모션 상품을 넣은 다이렉트 메일을 보냈고, 다른 5,000명에게는 프로모션 상품 없이 다이렉트 메일을 발송했다. 그 결과 프로모션 상품이 있는 다이렉트 메일의 반응률이 그렇지 않은 것에 비하여 65%나 높았다. 또 3M은 다이렉트 메일의 응답률을 높이기 위해 판촉 제품을 인센티브로 제공했는데, 그 결과 인센티브를 제공한 경우 응답률이 23%로 증가한 반면, 일반적인 메일은 응답률이 9%에 그쳤다. 다이렉트 메일에 포함되는 판촉 제품으로는 냉장고 자석, 책갈피, 기타 소형 기념품 등이 있고, 이러한 제품들은 우편 발송이 용이한 형태로 제작된다.

다이렉트 마케팅을 성공적으로 수행하기 위하여 회사들은 (1) 프로그램의 목표, (2) 표적 고객, (3) 다이렉트 마케팅 전략, 마지막으로 (4) 다이렉트 마케팅 효과 측정 방법을 명확히 설정해야 한다.

다이렉트 마케팅의 목표

다이렉트 마케터는 일반적으로 즉각적인 반응을 기대한다. 따라서 다이렉트 마케팅의 목표는 주로 소비자의 행동(예를 들어, 신차 시승, 선거 참여, 기부 그리고 구매)을 유도하는 것이다. 전형적인 다이렉트 마케팅의 목표는 일정한 반응률(response rate)을 달성하는 것이고, 일반적으로 '2~3%의 반응률 향상'을 기대하는 경우가 많다.

그렇다고 모든 다이렉트 마케팅이 행동 반응만을 목표로 하지는 않는다. 소비자의 미래 행동(즉, 구매)을 유발하기 위한 인지도 향상, 이미지 개선, 고객만족 유지 등을 위한 목표도 다

사진 14-3

어큐라와 파인허스트 골프 리조트는 합동으로 다이렉트 메일 프로그램을 진행하였다.

자료: Acura and Pinehurst

이렉트 마케팅의 목표가 될 수 있다. 예를 들어, 오바마 대통령의 재선 캠페인의 경우 직접 반응 TV 광고를 활용하였다. 해당 광고는 시청자들에게 888 번호로 전화하거나 JoinObama.com을 방문하여 이메일과 우편번호를 입력하도록 유도하는 방식이었다. 그의 재선 성공은 이러한 풀뿌리 캠페인 전략에 크게 힘입은 것으로 평가된다. 사진 14-3은 자동차 메이커인 어큐라(Acura)와 골프 리조트인 파인허스트 골프 리조트(Pinehurst Golf Resort)가 다이렉트 마케팅을 이용하여 차량 시승과 리조트 숙박 할인을 동시에 진행하는 제휴(tie-in) 프로모션을 하는 것을 볼 수 있다. 이는 어큐라와 골프 리조트 모두 최고 품질을 지향한다는 공통점이 있기 때문에 가능한 것이다.

다이렉트 마케팅 전략과 매체

다이렉트 마케팅을 효과적으로 실행하기 위해 마케터들은 전달할 메시지, 예산 등을 결정해야 한다. 다이렉트 마케팅과 다른 프로모션 믹스의 가장 큰 차이점은 매체의 활용 방식에 있다. 다이렉트 마케팅은 다이렉트 메일, 텔레마케팅, 직접 반응 방송, 인터넷, 인쇄 매체 등의 다양한 매체를 이용한다. 각 매체는 매체별로 특정한 기능을 수행하는데, 일반적으로는 1단계 접근법이나 2단계 접근법으로 구분할 수 있다.

1단계 접근법(one-step approach)은 매체를 통해 직접 주문을 유도하는 것이다. 여러분들은 텔레비전에서 주방용품, 헬스용품 등을 파는 광고를 본 적이 있을 것이다. 이 광고는 무료 주문전화를 보여주고 즉각적인 구매를 유도한다. 이들의 목적은 광고가 방영되는 동안 즉각적으로 매출을 증대시키는 것이다.

반면 **2단계 접근법**(two-step approach)은 두 개 이상의 매체를 이용하는 것이다. 이 경우 첫 번째 매체를 이용하여 잠재 고객을 파악하며 두 번째 매체를 이용하여 주문과 같은 반응을 이끌어내는 것이다. 예를 들어, 첫 번째 단계로 텔레마케팅을 이용하여 자사 제품에 관심이 있는지를 확인하고 관심을 표시한 고객에게 두 번째 단계로 자세한 정보가 있는 카탈로그를 보낸다거나 영업사원이 방문하게 하여 거래를 성사시키는 방식이다. 일부 기업들은 기존의 1단계 접근법에서 2단계 접근법으로 전환하기도 했다. 예를 들어, 미국의 잡지 구독 대행사인 퍼블리셔스 클리어링 하우스(Publishers Clearing House, PCH)는 다이렉트 메일을 통해 구독 신청을 직접 받는 1단계 접근법을 사용했었다. 그러나 현재는 TV 광고를 통해 소비자들에게 우편물을 확인하거나 온라인에서 경품에 응모하도록 유도하는 방식인 2단계 접근법을 사용하고 있다.

다이렉트 메일 다이렉트 메일(direct mail, DM)은 흔히 사람들이 원하지 않는 정크 메일(junk mail)이라고 불린다. 하지만 다이렉트 메일은 여전히 중요한 광고 매체다. 2017년을 기준으로 다이렉트 메일은 미국에서는 760억 달러의 시장 규모를 가지고 있다. 여러 연구에 따르면 가구당 주당 10~20건 이상의 다이렉트 메일을 수신한다고 한다. 이러한 방식은 소규모 기업만이 활용하는 것이 아니라 대형 소매업체, 금융 서비스업, 기금 모금 단체 등을 포함한 다양한 기업과 조직들이 다이렉트 메일을 적극적으로 사용하고 있다.

예전에는 많은 광고주들이 다이렉트 메일을 광고 매체로 사용했을 경우 이미지가 나빠질

사진 14-4

제규어는 신형 F Pace 모델을 소개하기 위해 다이렉트 메일을 이용한 캠페인을 진행하였다.

자료: Jaguar Land Rover North America, LLC

수 있다고 생각하여 주로 저가품에만 다이렉트 메일을 이용했었다. 하지만 지금은 상황이 바뀌었다. 예를 들어, 고가 자동차 회사인 포르쉐는 고소득 전문직을 대상으로 다이렉트 메일 캠페인을 성공적으로 실시하였다. 이 캠페인에서 포르쉐는 고소득 의사집단을 타겟으로 하였다. 그리고 다이렉트 메일에 의사들에게 친근한 포르쉐 911의 엑스레이 사진을 넣고 그 내용을 의학용어로 설명하였다. 이 캠페인은 포르쉐의 최근 광고캠페인 중 가장 높은 응답률을 기록하였다. 다른 고가 자동차 브랜드인 재규어와 마세라티도 유사한 전략을 채택하고 있다. 사진 14-4에는 재규어가 신형 F Pace 모델을 마케팅하기 위해 제작한 다이렉트 메일이 나타나 있다.

다이렉트 메일 성공의 가장 중요한 요소는 가망 고객의 이름과 세분시장 등의 정보가 수록된 **메일링 리스트**(mailing list)다. 현재 기업들은 메일링 리스트, 이메일 리스트, 세일즈 리드(sales leads, 가망 고객 연락처) 등을 구매할 수 있으며, 이러한 리스트의 고객정보는 계속 최신 자료로 갱신되고, 정교해져 낭비되는 다이렉트 메일을 최소화하고 있다. 고객 자료는 다양한 출처에서 수집되는데, 고객 구매 이력이나 제3자 리스트(third-party lists) 등이 대표적이다.

이러한 목록의 중요성이 커지면서 리스트 자체가 중요한 사업으로 발전하고 있다. 현재 미국에는 약 390억 개의 이름이 이런 리스트에 저장되어 있는데, 이 목록을 다른 회사에 판매하는 것도 중요한 사업이 된다. 예를 들어, 한 기업은 자사의 이메일 리스트에만 2억 4,500만 개 이상의 이름이 등록되어 있다고 한다. 인포USA(InfoUSA), 익스피리언(Experian), 닐슨 비즈니스 미디어(Nielsen Business Media) 같은 기업들은 국가 단위의 리스트를 제공하며, 대부분의 대도시에서도 동일한 서비스를 제공하는 기업들이 존재한다(사진 14-5 참조).

다이렉트 메일은 많은 광고주에게 선호되며, 향후 지속적으로 성장할 매체지만 인터넷에 의한 위협도 존재하고 있다. 즉, 저렴하게 이메일 발송이 가능하고 많은 정보를 줄 수 있는 인터넷은 전통적인 다이렉트 메일 시장을 위축시킬 가능성을 가지고 있다. 하지만 인터넷은 다이렉트 메일에게 위협이자 기회다. 인터넷 회사들은 더 많은 잠재 고객을 그들의 웹사이트로 끌어들이기 위해 다이렉트 메일의 사용을 늘리고 있다. 그럼에도 불구하고 전통적인 다이렉트 메일은 소비자의 반응률 하락을 경험하고 있다. 과거에는 다이렉트 메일을 통해 광고를 본 후 바로 구매를 하는 경우가 많았지만, 지금은 메일로 접한 후 온라인에서 주문하는 경향이

사진 14-5

Experian(www.experian.com)은 기업들이 새로운 고객을 접촉할 수 있는 메일링 리스트를 제공하고 있다.

자료: Experian Information Solutions, Inc.

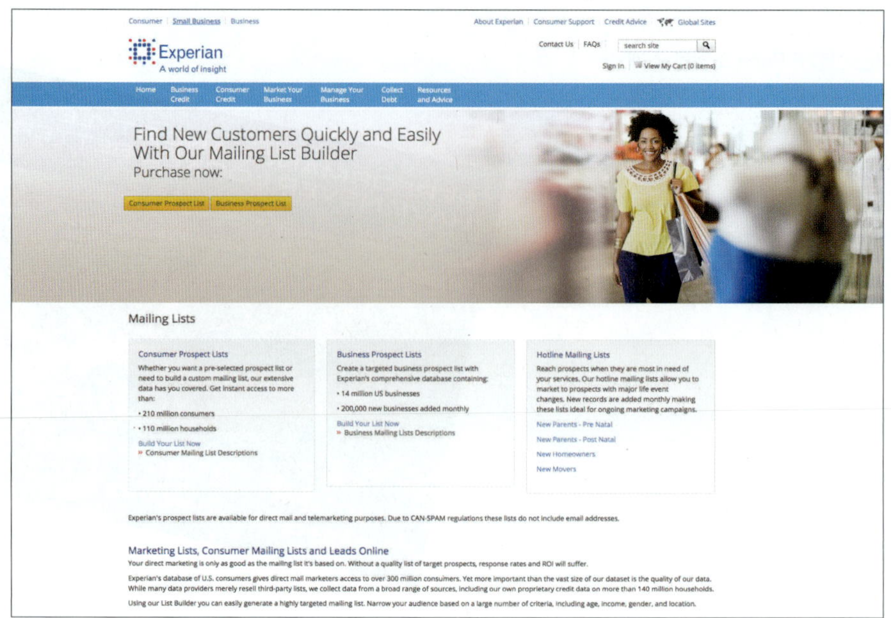

증가하고 있다. 이에 따라 많은 기업들이 인쇄된 카탈로그에서 온라인 카탈로그로 전환함으로써 비용을 절감하고 최신 정보를 제공하는 방식으로 변화하고 있다.

그러나 전통적인 다이렉트 메일이 완전히 사라진 것은 아니다. 세라 나사우어(Sarah Nassauer) 기자의 보고에 따르면, 많은 소매업체들은 여전히 종이로 된 전단지가 효과적이라고 믿고 있다. 배너 광고나 이메일을 읽지 않는 소비자들도 가정으로 배달된 인쇄물은 읽기 때문이다. 따라서 인쇄물 발송 중단은 매출 감소로 이어질 수 있다. 실제로 Boxed.com과 같은 기업들은 인쇄물 예산을 증가시키고 있으며, Jet.com의 경우 다이렉트 메일이 가장 큰 오프라인 마케팅 비용을 차지하고 있다. 또한 이메일 마케팅 역시 다양한 기업과 조직에서 효과적인 전략으로 사용되고 있다.

카탈로그 다이렉트 마케팅을 많이 사용하는 기업들에는 소매업체와 카탈로그 회사들이 있다. 다만, 전통적인 방식의 카탈로그 발송 건수와 이를 이용하는 소비자 수는 2007년 이후 지속적으로 감소하고 있다. 예를 들어, 2006년에는 약 185억 부의 카탈로그가 발송되었으나, 2016년에는 100억 부에서 120억 부 수준으로 줄어들었다. 현재 카탈로그는 이전보다 더욱 세분화되고 전문화되어 소비자의 요구를 충족시키고 있다. 한편, 연구에 따르면 마케터의 약 1/3은 향후 몇 년간 카탈로그 발송을 1~10% 증가시킬 계획이라고 응답했다. 인터넷이 인쇄된 카탈로그를 대체할 것이라는 우려는 사실 반대가 되었다. 전통적인 방식의 카탈로그가 주는 감성적인 매력은 온라인 카탈로그보다 뛰어나며 궁극적으로 사람들을 온라인으로 끌어들이는 가장 좋은 방법이기도 하다.

많은 회사들은 카탈로그를 그들의 전통적인 판매와 프로모션 전략에 결합시켜 이용한다. 예를 들어, 많은 제조사나 유통기업은 그들의 제품을 카탈로그로 판매하는 동시에 같은 제품을 매장에서도 구매할 수 있음을 선전한다. 물론 어떤 회사는 카탈로그만을 이용에 제품을 팔기도 하지만 다른 회사들은 초기에는 카탈로그로만 제품을 팔다가 회사가 확장하며 오프라인 점포를 열고 물건을 판매하기도 한다(사진 14-6 참조). 카탈로그를 통해 판매되는 제품의 범위도 점점 확대되고 있다. 예를 들어, 2018년 니만 마커스(Neiman Marcus) 크리스마스 카탈

사진 14-6

로드러너 스포츠사는 매우 성공적인 카탈로그 기반 판매업체로 현재는 오프라인 매장도 열었다.

자료: Road Runner Sports, Inc.

로그에는 다음과 같은 초고가 상품이 포함되었다.

- 약 22m 길이의 태양광 요트: 약 100억 원
- 인도, 네팔, 부탄, 몰디브 웰니스 요가 여행: 약 8억 8,000만 원
- 유명 테니스 선수인 슬론 스티븐스(Sloane Stephens)와 함께하는 테니스 메이저 대회 관람 상품: 약 7억 8,000만 원
- 라스베이거스에서 비밀작전의 비밀요원이 되는 상품: 약 4억 4,000만 원

물론 이런 초고가 상품은 실제 판매보다 홍보 효과를 노리고 진행된 것이다.

기존의 인쇄 카탈로그뿐만 아니라, 이제는 소비자와 기업 간 거래(B2B) 고객을 위한 온라인 카탈로그도 제공되고 있다. 일부 소비재 시장에서는 카탈로그에 포함된 제품이 오프라인 매장에서 판매되기도 한다. 반면, 일부 기업은 카탈로그 사업부와 오프라인 매장을 별개 사업으로 운영한다. 또 의류업체인 갭(Gap)은 카탈로그를 오프라인 매장의 보조역할로 사용한다. 즉, 오프라인 매장에서 찾는 상품이나 사이즈의 재고가 없을 때 이를 카탈로그로 주문하고 무료로 배송해준다.

이메일 다이렉트 메일을 이메일로 보내는 것은 일반 우편을 전자적으로 구현한 방식이라 할 수 있다. **이메일**(e-mail)은 일반 우편과 마찬가지로, 타겟팅이 가능하다. 특히 메일링 리스트가 중요하며, 특정한 소비자층을 겨냥한 메시지를 전달한다. 이메일 활용이 지속적으로 증가하는 이유는 다이렉트 메일과 비교하여 비용이 절감되고, 효율성이 높아지기 때문이다. 하버드 경영대학의 연구에 따르면, 이메일 캠페인은 전통적인 다이렉트 마케팅 캠페인보다 최대 95배 더 높은 투자 수익률(ROI)을 기록했다.

하지만 많은 사용자가 구분 없이 원하지 않는 이메일을 받을 수도 있다. 이는 정크 메일의 전자적 버전으로 **스팸**(spam)으로 불린다. 과도한 스팸 메일은 소비자들에게 불쾌감을 유발할 수 있다. 이 때문에 미국 정부는 스팸을 규제하는 법을 제정했다. 스팸 방지 소프트웨어가 발전하면서 대다수의 원치 않는 이메일은 자동으로 차단된다. 하지만 이메일을 활용한 광고가 곧 사라질 것 같지는 않다.

방송 매체 방송 매체(broadcast media)를 활용한 다이렉트 마케팅의 성공은 주목할 만하다. 1996년 미국인의 77%가 TV를 통한 다이렉트 마케팅 관련 방송을 본 적이 있다고 대답했으며, 2019년을 기준으로는 직접 반응 TV(Direct-Response TV, DRTV)의 매출액은 800억 달러에 이른다.

방송 매체를 이용한 다이렉트 마케팅은 주로 TV와 라디오를 통해 이루어지는데, 1950년대 라디오가 다이렉트 마케팅의 주요 매체였다고 하면 최근에는 텔레비전이 그 자리를 차지하고

IMC 관점 14-1 >>>

새벽 3시의 쇼핑, 인포머셜 전성시대

'옛날'에는 많은 TV 방송국들이 자정 이후부터 오전 6시까지 방송을 중단하곤 했다. 그래서 새벽에 TV를 켜면 방송이 없다는 신호만 나오는 경우가 많았다. 새벽에는 시청자가 많지 않아 방송을 편성하는 것이 비경제적이었기 때문이다. 이 시간대는 '그레이브야드 슬롯(graveyard slot, 심야시간대)'이라고 불렸다. 광고 단가는 매우 저렴했지만, 시청자는 별로 없었다. 그러나 지금은 상황이 완전히 달라졌다. 일부 기업에게는 오히려 이 심야시간대가 황금시간대(prime time)가 되었다. 직접 반응(direct response) 기업들은 이 심야시간대에 광고를 하거나, 30분에서 60분짜리 직접 반응 프로그램(인포머셜)을 통해 상상할 수 있는 거의 모든 상품을 판매하고 있다. 예를 들어, 오래된 자동차 경보음처럼 울리는 플라스틱 앵무새 퍼펙트 폴리(Perfect Polly)부터, 휴대용 소변기로도 사용할 수 있는 골프채 유로클럽(UroClub)까지 다양하다. 많은 사람들이 인포머셜과 같은 광고를 싫어한다고 하지만, 연구에 따르면 인포머셜을 통해 제품을 구매한 경험이 있다고 응답한 사람은 1/3이 넘는다. TV에서 인포머셜이 계속 나오는 것 자체가 그 노출 효과를 발생시키는 것이다. 롱폼 광고(long-form ad)라고도 불리는 이런 광고들은 다이어트 제품, 퍼스널 케어 용품, 운동기구, 심지어 교회, 의사, 애완조류 상점 등 다양한 분야에서 성공적인 마케팅 방법으로 사용되고 있다. 인포머셜 시장은 2015년에 2,500억 달러를 돌파했다. 인포머셜 분야에서 유명한 프로액티브(Proactiv)는 연간 10억 달러 이상을 판매하였고, 페드에그(PedEgg)는 2007년부터 판매되고 있다. 그 외에도 포켓 호스(Pocket Hose), 허리케인 스핀 대걸레(Hurricane Spin Mop), 조지 포먼 그릴(George Foreman Grill), 샴와우(ShamWow) 등이 유명하다. 물론 이외에도 많은 제품들이 있지만, 여기서는 역대 인포머셜 매출 상위 3개 제품을 소개한다.

- **토털 짐**(Total Gym): 3위는 운동기구다. 가격은 1,000달러가 넘으며 척 노리스(Chuck Norris)와 크리스티 브링클리(Christie Brinkley)가 모델로 등장한다. 이 기구는 80가지 운동을 통해 신체 여러 부위를 단련할 수 있으며, 10~20분 만에 전신 운동이 가능하다고 말한다. 집에서 30일간 1달러만 내고 체험할 수 있고, 마음에 들지 않으면 반품할 수 있다고 광고한다. 현재까지 총매출은 10억 달러를 돌파했다.
- **P90X**: 2위는 토니 호튼(Tony Horton)의 비치바디(Beachbody) 회사가 제작한 P90X다. 2005년부터 인포머셜을 시작해 현재 연간 4억 달러 이상의 매출을 올리고 있다. 39.95달러씩 3회 할부로 90일 피트니스 프로그램을 받을 수 있다. 하루 30분씩 운동하면 90일 만에 몸매가 달라진다고 강조한다. 영양 식단과 성공 사례 영상도 함께 제공하며, 30일 무료 체험도 가능하다.
- **프로액티브**(Proactiv): 1위는 연간 10억 달러 매출(1995년 출시)을 올리는 프로액티브 여드름 치료제다. 이 제품은 여러 유명인을 모델로 기용하며, 연간 1,500만 달러 이상을 광고비로 집행한다. 케이티 페리

있다. 다만 현재도 라디오는 앞서 배운 2단계 접근법을 위한 매체로 계속 활용되고 있으며, 특히 특정 지역을 기반으로 한 회사들에게는 여전히 유용한 매체다.

방송업계에서 사용되는 다이렉트 마케팅은 **직접 반응 광고**(direct response advertising)와 **서포트 광고**(support advertising)로 나눌 수 있다. 직접 반응 광고는 제품이나 서비스를 광고하여 1단계 접근법이나 2단계 접근법을 이용해 판매를 유발하는 것을 말한다. 의류, 운동용품, 기념품 등을 주로 판매하는데, 전화 주문을 할 수 있도록 광고 중에 무료 주문 전화번호를 보여주는 특징이 있다. 서포트 광고는 다른 형태의 광고를 지원하기 위해 제작된다. 예를 들어, 어떤 제품의 경품행사나 시승행사를 지원하기 위해 "자세한 안내가 우편을 통해 발송되었으니 여러분의 우편함을 확인해보세요"같은 광고를 하는 것이다.

직접 반응 TV는 여러 가지가 있는데 대표적인 것으로는 직접 반응 TV 스폿 광고(direct response TV spot), 인포머셜(infomercial), 홈쇼핑(혹은 텔레쇼핑) 등이 있다.

TV 스폿 광고 다이렉트 마케팅 업계에서 흔히 숏폼 프로그램(short-form program)이라고 불리는 스폿 광고는 텔레비전에서 방송되는 직접 반응 광고를 말한다. 우리 주변에서도 보험, 계절 용품, 가정 용품 등의 TV 스폿 광고를 볼 수 있다.

인포머셜 주로 광고비가 적게 드는 유선방송이나 위성방송에서 새롭게 시도되는 광고형태다.

자료: Beachbody LLC

(Katy Perry), 린제이 로한(Lindsay Lohan), 브리트니 스피어스(Britney Spears), 바네사 윌리엄스(Vanessa Williams) 등이 대표적인 모델이다. 광고의 인기 덕분에 유튜브 페이지 조회수도 150만 회를 넘었다.

인포머셜의 성공에 "그런데 왜?"라는 의문이 생길 수 있다. 이렇게 자극적이고 때로는 짜증나는 메시지가 어떻게 성공할 수 있을까? 여러 설명이 있지만, 한 가지는 큰 소리와 빠른 진행 속도의 대본이 시청자의 도파민 분비를 촉진해, 우리가 몰랐던 문제를 인식하게 만들고 그 해결책을 제시한다는 점이다. 캘리포니아 주립대 샌마르코스(California State University San Marcos)의 바실리스 달라카스(Vassilis Dalakas) 마케팅 교수는 "피로는 규제 고갈(regulatory depletion)을 유발한다"며, 피로한 상태의 소비자일수록 자신의 태도에 대한 확신이 높아져 제품을 좋은 구매로 착각하게 된다고 설명한다. 또 다른 핵심 요인은 메시지 자체다. 뛰어난 콘텐츠는 짧은 광고보다 훨씬 더 효과적일 수 있다. 여기에 유명인 모델의 영향력도 크다. 앞서 언급한 프로액티브 모델 외에도 척 노리스, 조지 포먼 등도 성공적인 인포머셜 제품 모델로 활동했다. 이런 요인들과 효과적인 인포머셜 제작과 측정 능력이 결합되면 성공 공식이 완성된다. 실제로 일부 소매점(과거에는 경쟁자였던)에서도 이제는 이런 인포머셜 제품을 취급하고 있다. "이길 수 없다면, 함께하라"는 말이 떠오른다.

자료: Ben Alberstadt, "the ten Best Selling Infomercials of all time," June 28, 2014, www.therichest.com; "Pitching to America at 3 a.m.," The Week, December 20, 2013, p. 36; Bob Fernandez, "Atlantic City TV Station Looking Beyond Infomercials," McClatchy-Tribune Business News, May 29, 2011, p. 1; R.J. Wilson, "results not typical: Secrets from Inside the Infomercial Industry," www.urbo.com, April 18, 2018.

인포머셜(infomercial)은 30분에서 1시간의 방송 슬롯에 맞춰 제작되며, 길이는 15초에서 2분까지 다양하다. 많은 인포머셜은 광고주가 직접 제작하며, 일반적인 TV 프로그램처럼 보이도록 설계된다. 인포머셜은 1단계 접근법과 2단계 접근법에 모두 활용될 수 있다. 1980년대 미국에서는 리퀴드 러스트(Liquid Luster), 어메이징 디스커버리스(Amazing Discoveries), 스테이너레이터(Stainerator)와 같은 이른바 '기적의 상품'을 소개하는 쇼가 대표적인 인포머셜이다. 최근에는 코카콜라, 브라운, 디즈니, 닛산, 벤틀리, 애플, 마이크로소프트와 같은 대형 브랜드들도 인포머셜을 이용한다(사진 14-7 참조).

사진 14-7

벤틀리는 인포머셜을 이용하여 소비자의 관심을 증대시키는 데 성공하였다.

자료: Bentley Motors

IMC 관점 14-1의 연구 결과에 따르면, 인포머셜은 시청자의 관심을 가지며 판매도 발생하는 효과적인 광고 수단이다. 인포머셜 쇼핑객의 인구통계를 보면, 평균 연령 45세의 기혼 여성이 주요 소비층으로, 이들은 풀타임 직장인이며 가구 소득이 5만 5,000 달러 이상인 경우가 많다. 하지만 인포머셜의 고객층은 사실 아주 넓다. 소매점들도 인포머셜을 적극 활용하고 있다. 인포머셜을 통해 브랜드 인지도를 높인 후 매장에서 판매량을 증가시키기도 한다. 실제로 인포머셜에서 유명해진 제품을 매장에서 "As Seen on TV(TV에서 본 제품)"라는 마케팅 문구를 붙여 판매하는 경우도 많다. 예를 들어, 70년대 유명했던 권투 헤비급 챔피언이 광고 모델로 등장한 조지 포먼 그릴(George Foreman Grill)의 경우, 50만 달러 규모의 인쇄 광고 캠페인과 함께 진행된 인포머셜이 소매점에서의 매출 증가를 이끌어냈다. 그 결과 인포머셜을 통한 판매보다 소매점에서의 판매량이 더 많았다.

인포머셜의 인기가 높아지면서, 기업들은 낮 시간대 방송을 활용하고 있으며, 전문 인포머셜 네트워크도 등장하고 있다. 현재는 'As Seen on TV'라는 웹사이트와 카탈로그까지 운영되고 있다.

그러나 일부 소비자들은 프로그램처럼 위장된 광고 형식에 대해 부정적인 반응을 보이고 있다. 특히, 십대 청소년을 겨냥한 '아주 힙한' 인포머셜이 등장하면서, 13세 이하 어린이들이 이러한 광고의 유혹에 쉽게 넘어갈 수 있다는 우려가 제기되었다. 또 인포머셜은 유튜브에서도 점점 더 인기를 끌고 있지만, 동시에 소비자 불만도 증가하고 있다. 이에 따라 미연방거래위원회(FTC)는 허위·과장 광고를 내보낸 인포머셜 광고주들에게 벌금을 부과하고 있으며, 기만적인 광고 관행을 시행한 기업들에 대한 법적 조치도 진행 중이다. 소비자 단체들도 인포머셜에 대한 규제를 강화해야 한다는 목소리를 내고 있다. 미국소비자연맹, 상업주의연구센터, 미디어교육센터, 전기통신연구행동센터 등 미국의 4대 소비자 단체에서는 미국연방통신위원회(FCC)에 모든 인포머셜에 '유료 광고(paid advertisement)' 또는 '협찬(sponsored by)' 표시를 의무적으로 삽입할 것을 요청했다. 이를 통해 시청자들이 일반 프로그램과 광고를 명확하게 구분할 수 있도록 하려는 것이다.

홈쇼핑 무료 전화번호(toll-free number)의 활용과 신용카드의 광범위한 사용은 집에서 텔레비전을 통해 물건을 구매하는 **홈쇼핑**(home shopping)의 급속한 성장을 촉진시켰다. 보석, 주방용품, 운동용품, 보험, 가정용품 등 수많은 상품이 홈쇼핑을 통해 팔려나간다. 2018년, QVC는 자사의 주요 경쟁사였던 HSN을 21억 달러에 인수하면서 홈쇼핑 시장에서의 지배력을 더욱 강화했다. 물론, 인터넷쇼핑의 성장은 TV 홈쇼핑 채널들에게 위협이 되고 있다. 그러나 홈쇼핑은 변화하는 소비자 트렌드에 맞춰 브랜드 전략을 조정하고, 상품 라인업을 고급화하는 방식으로 대응하고 있다. 예를 들어, QVC는 디자이너 브랜드 및 명품을 보다 저렴한 가격에 제공하며 고급 소비층을 겨냥한 제품군을 강화했다. 또한 QVC는 밀레니얼 세대의 '엄마 소비자층'을 타겟으로 하는 온라인 쇼핑몰 줄릴리(Zulily)를 인수했다. 월스트리트 저널은 줄릴리를 '웹 버전의 QVC'라고 평가하기도 했다. 홈쇼핑 네트워크의 성공으로 인해, 젬 쇼핑 네트워크(Gem Shopping Network), 아메리카스 옥션 네트워크(America's Auction Network), 리퀴데이션 채널(Liquidation Channel) 등 다양한 쇼핑 채널들이 등장하고 있다. TV 홈쇼핑 소비자의 인구통계는 점점 젊고 소득 수준이 높은 계층으로 변화하고 있으며, 홈쇼핑에서 판매되는 제품군도 달라지고 있다. 현재는 애플 워치 같은 상품도 QVC에서 구매할 수 있다.

인쇄 매체 잡지나 신문은 다이렉트 마케팅의 매체로 사용하기에는 어려운 점이 있다. 그 이유는 먼저 인쇄 매체의 다른 광고들로 인한 광고혼잡도(clutter)가 높고, 지면 광고비가 상대적으로 비싸기 때문이다. 이로 인해 반응률이나 이익이 다른 매체에 비하여 낮은 편이다. 반면 경제신문, 스포츠 잡지나 취미 잡지와 같은 특정 관심 분야에서 직접 반응 광고가 활용되기도 한다.

텔레마케팅 전화나 휴대전화 사용자들에게 **텔레마케팅**(telemarketing)은 설명이 필요 없을 만큼 익숙하다. 또 영리기업이나 비영리조직 모두 텔레마케팅을 1단계 접근법과 2단계 접근법을 효과적으로 사용 중이다. 다만 2004년 이후, B2C와 B2B 모두 포함한 텔레마케팅 판매는 지속적으로 감소해왔다. 최근 텔레마케팅 감소세에는 몇 가지 요인이 있다. 먼저, 사기 및 기만 행위에 대한 우려, 그리고 소비자에게 불쾌감을 줄 수 있다는 점이 있다. 이러한 문제들로 인해 유선전화와 휴대전화 모두를 대상으로 한 '수신 거부' 기능을 사용하는 사람이 많고, 이에 따라 소비자 시장에서의 판매 실적이 감소하였다.

직접 판매 다이렉트 마케팅의 종류 중 **직접 판매**(direct selling)도 있다. 이는 판매자가 고객의 집을 방문하여 직접적이고 개인적으로 상품이나 서비스에 대하여 소개하고 시연하고 판매하는 것을 말한다. 암웨이(Amway), 에이본(Avon), 컷코(Cutco), 메리 케이(Mary Kay), 타퍼웨어(Tupperware) 등은 미국이나 세계적으로 잘 알려진 직접 판매 회사다(사진 14-8 참조). 암웨이, 에이본, 허벌라이프(Herbalife) 등은 연간 50억 달러 이상의 매출을 기록하고 있으며, 업계에서 비교적 신생 기업인 직접 판매 보석 브랜드 스텔라 앤 닷(Stella & Dot)의 연간 매출은 2016년 10억 달러로 예측된다. 현재 미국 전역에서 약 1,820만 명이 직접 판매에 종사 중이며, 그중 99%는 해당 회사에 고용된 직원이 아닌 독립 계약자다. 직접 판매는 340억 달러 이상의 매출이 발생하며, 이 중 94%는 대면 판매(person-to-person)나 홈 파티 방식(party plan selling)으로 판매된다.

직접 판매에는 세 가지 유형이 있다.

1. 반복적 대면 판매(repetitive person-to-person selling): 판매원이 구매자의 집, 직장 등을 방문하여 자주 구매하는 상품을 판매하는 것이다. 암웨이가 유명하다. 메리 케이의 경우 실적 우수 판매원에게 캐딜락을 수여하는 것으로 유명하며 그 수가 10만 대에 달한다.
2. 비반복적 대면 판매(nonrepetitive person-to-person selling): 판매원이 구매자의 집, 직장 등을 방문하여 자주 구매하지 않는 상품을 판매하는 것이다(예를 들어, 컷코).

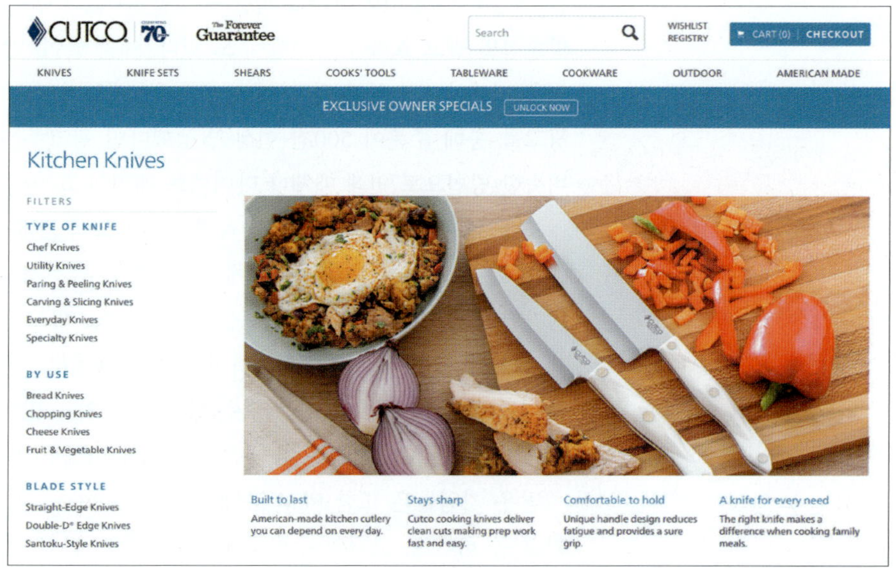

사진 14-8

컷코는 유명 직접 판매 기업 중 하나다.

자료: Cutco Corporation

도표 14-1

직접 판매의 판매 방식(매출액 기준 백분율)

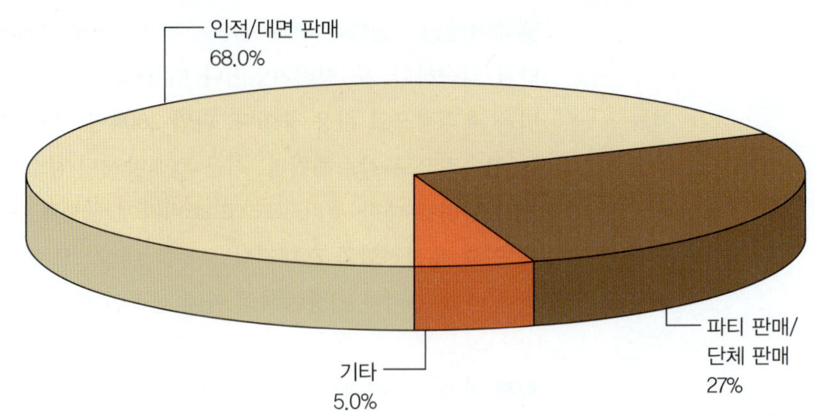

3. 파티 판매(party plan): 판매원이 집이나 사무실에서 파티를 주최하고 사람들을 초대하여 제품이나 서비스에 대한 소개와 판매를 진행하는 것이다. 예를 들어, 터퍼웨어(Tupperware), 파티라이프 기프트(PartyLite Gifts)가 유명하다.

수많은 제품들이 직접 판매를 통해 판매되는데 그중에서도 가정용 내구제품, 체중감소 혹은 건강 용품, 개인 서비스 등이 주로 판매되는 제품들이다. 직접 판매 판매원은 일반적으로 여성(74% 이상)이며, 기혼자(77%)이며, 파트타임 근무자(89%)라는 특징이 있다. 이 업계 종사자의 절반 이상은 주당 10시간 미만으로 활동하며, 대다수는 주당 30시간 미만으로 판매 활동을 한다. 도표 14-1은 직접 판매에 종사하는 사람들의 판매 방식의 분포를 보여주고 있다.

다이렉트 마케팅의 효과 평가

다이렉트 마케팅은 직접적 반응이 유발되기 때문에 그 효과를 측정하는 것은 그리 어렵지 않다. **주문당 비용**(cost per order, CPO) 기법을 이용하여 광고주는 몇 통의 전화가 걸려 왔는지를 측정하여 광고에 대한 효과를 측정할 수 있다. 또 같은 광고를 여러 방송사에서 방영하고 방송사별 광고 효과를 측정할 수도 있다. 예를 들어, 만약 광고주가 주문당 5,000원 정도의 이익을 기대한다고 하고 광고 비용(제작비+매체비)으로 250만 원을 지출했다고 하자. 만약 그 광고를 통해 주문이 500건 이상 발생했다면 광고주는 효과적인 광고였다고 평가할 것이다. 비슷한 방법으로 인쇄 매체나 다이렉트 메일의 효과도 측정할 수 있다.

또 하나 자주 사용되는 효과 측정지표는 **고객 생애가치**(customer lifetime value, CLTV)다. CLTV는 고객과의 장기적 관계에서 발생하는 금전적 가치를 산출하는 공식으로, 고객 가치를 평가할 수 있게 해준다. 이 지표는 특정 고객을 확보해야 할지 여부를 판단하고, 기존 고객에게 제공할 서비스 수준을 최적화하는 데 활용된다. 기업은 CLTV를 통해 고객으로부터의 미래 수익과 이익 흐름을 예측할 수 있으며, 이익을 많이 창출할 고객의 만족과 유지에 집중할 수 있다. 반면, CLTV 점수가 낮은 고객에게 마케팅 자원을 줄이는 것이 가능하다.

많은 기업들은 또한 **RFM 분석**(recency, frequency, monetary)을 활용하는데, 이는 마케팅 기술 중 하나로, 고객의 수익성을 수치적으로 분석하기 위해 사용된다. 이 분석은 고객이 얼마나 최근에 구매했는지(최신), 얼마나 자주 구매하는지(빈도), 그리고 얼마나 많이 지출하는지(지출액)를 기반으로 고객을 분류한다.

만약 다이렉트 마케팅으로 유발될 행동 반응에 대한 목표가 없는 경우에는 보다 전통적인 광고 효과 측정기법을 이용할 수 있는데, 이는 뒤에 18장에서 논의할 것이다.

다이렉트 마케팅의 장점과 단점

다이렉트 마케팅의 장점은 아래와 같다.

1. **선택적 도달**: 다이렉트 마케팅은 불필요한 낭비를 줄이면서 많은 사람에게 도달할 수 있다. 집중적인 제품 노출은 방송 광고나 우편을 통해서 할 수 있다. 일반적인 TV 광고나 거리 광고판은 사람들의 관심을 끌지 못할 수 있지만 우편물은 누구든지 받아본다. 잘 정리된 고객 정보는 낭비를 줄이고 실제 제품을 살만한 잠재 고객에게 집중할 수 있다. 예를 들어, 책을 판매할 때에는 최근에 책을 구매한 사람들이나 애독자 층에게 집중하는 것이다.
2. **세분화 능력**: 마케터들은 최근 상품 구매자, 자동차 구매자, 신용카드 사용자 등의 고객 목록을 구매할 수 있다. 이런 목록은 거주지역, 직업, 인구통계, 직위 등으로 고객을 세분화할 수 있다. 이런 목록을 2장에서 배운 PRIZM이나 VALS 등의 기법으로 분류하면 마케터들은 보다 효과적인 시장세분화 전략을 수립할 수 있다.
3. **빈도**: 매체 이용 방법에 따라 노출 빈도를 조절할 수 있다. 예를 들어, 직접 반응 TV는 광고비가 저렴한 매체인데, 광고시간을 반복 구매함으로써 빈도를 올릴 수 있다. 반면 우편의 경우는 반복이 어렵다. 같은 우편물이 반복해서 배달되면 소비자는 귀찮아하기 때문이다.
4. **시험**: 다이렉트 마케팅은 전반적인 마케팅 프로그램이나 그중에 한 요소에 대한 효과를 시험해보기에 아주 유용한 방법이다.
5. **시의성**: 일반적인 광고 매체들이 광고를 준비하고 제작하는 데 오랜 시간이 걸리는 반면, 직접 반응 광고는 보다 빨리 집행할 수 있다. 예를 들어, 다이렉트 메일을 제작하여 빠르게 표적집단에게 우편을 보낼 수 있다. TV를 통한 직접 반응 광고는 상대적으로 인기가 없는 시간대를 구매하거나 광고가 판매되지 않아 할인이 된 시간대에 광고를 편성해 비용을 절감할 수 있다.
6. **개인화**: 어떤 광고 매체도 다이렉트 매체만큼 개인화를 하기 어렵다. 아이들의 나이에 맞춰 그 부모들에게 광고하거나 심지어 그 아이의 이름이 들어간 광고를 만들 수도 있다. 새 차를 구매한 고객에게 신차 구매를 축하하고 그 차에 맞는 액세서리를 광고할 수도 있다. 컴퓨터 구매자에게 적절한 소프트웨어를 제안하기도 하고 대학생에게 학자금대출이나 대학생활에 필요한 제품 및 서비스를 판매하기도 한다.
7. **비용**: 다이렉트 메일의 CPM(cost per thousand)은 상당히 높은 편이지만 다이렉트 메일은 낭비 없이 표적 고객에게만 도달되기 때문에 실질적인 CPM은 낮은 편이다. 즉, 다이렉트 마케팅의 매체비는 좀 높지만 이익은 더 크다. TV를 통한 다이렉트 마케팅은 주로 TV 광고비가 가장 싼 시간대에 편성되고 인터넷 메일 발송은 비용이 아주 저렴하다. 다이렉트 마케팅의 비용 효과를 고려할 때 고객 구매당 비용을 생각해야 하는데, 매체 비용이 저렴하기 때문에 고객 구매당 비용은 아주 싸다.

8. **효과 측정**: 직접 반응 마케팅만큼 효과 측정이 수월한 매체도 없다. 마케팅에 대한 반응(구매 등)은 언제나 즉각적이고 정확하게 측정할 수 있다.

반면, 다이렉트 마케팅은 다음과 같은 단점이 있다.

1. **이미지 문제**: 앞서 논의했듯이 우편을 이용한 다이렉트 마케팅은 흔히 정크 메일을 연상시킨다. 사람들은 원치 않는 우편물이 질 낮은 제품을 구매하라고 부추긴다고 생각한다. 다이렉트 메일을 보내는 잘 알려진 회사조차, 자신들이 받는 다이렉트 메일을 대부분 읽지도 않고 버린다고 한다. 이러한 문제는 이메일을 통한 발송량이 증가함에 따라 더욱 두드러지고 있다.

   또 TV로 방송되는 직접 반응 광고는 저예산 광고로 저가 제품을 판매하는 경우가 많아 저품질 제품 이미지를 만들기도 한다(최근 고가 제품을 판매하는 홈쇼핑이 등장하며 이런 인식이 개선되고 있기는 하다). 또 인터넷 정크 메일이 스팸 메일로 취급받는 것처럼 텔레마케팅은 소비자를 귀찮게 하는 것으로 여겨진다.
2. **부정확성**: 다이렉트 마케팅의 장점은 정확한 잠재 고객 집단에 도달하기 용이하다는 점이다. 하지만 정확성은 어떤 고객 목록을 사용했는지에 달려 있다. 사람들은 이사하고 직업이 바뀌는 등의 변화가 있다. 따라서 목록을 항상 최신으로 유지하지 않으면 고객 집단에 대한 정확한 접근은 어렵다. 컴퓨터를 이용하여 자료의 오류를 수정하고 최신으로 유지해야 하는데 이 또한 많은 비용을 유발한다. 또한 미국의 일부 주에서는 고객 데이터를 어떻게, 어디에서 수집할 수 있는지를 제한하는 법적 규제를 두고 있다.
3. **내용의 제약**: 앞서 10장에서 논의한 바와 같이 잡지는 소비자의 무드를 만들어 광고 효과에 긍정적으로 영향(예를 들어, 여행잡지는 독자에게 여행에 대한 기대감을 주므로, 여행잡지에 게재된 여행 광고의 효과가 높아진다)을 줄 수가 있다. 하지만 직접 반응 광고는 광고가 삽입되는 프로그램이나 편집의 제약 때문에 이런 무드를 만드는 것이 어렵다.
4. **비용 증가**: 우편요금의 증가는 다이렉트 메일의 이익을 급속히 감소시켰다. 또 인쇄 비용 증가로 우편물이나 카탈로그 인쇄 비용도 급격히 상승했다. 이 때문에 많은 회사들이 비용이 적게 소요되는 이메일 사용을 늘리고 있다.
5. **수신 거부 목록**: 소비자들이 필요 없는 다이렉트 마케팅의 노출을 피하기 위하여 수신 거부 목록이나 스팸 메일 설정을 하고 있다.

요 약

이번 장에서는 빠르게 성장하고 있는 다이렉트 마케팅에 대하여 공부해 보았다. 다이렉트 마케팅은 이제 다이렉트 메일이나 텔레마케팅의 범위를 넘어서 다양한 방법이 소개되고 있다. 다재다능한 다이렉트 마케팅은 여러 회사와 다양한 조직에 강력한 프로모션 도구를 제공해주고 있다.

다이렉트 마케팅은 다른 광고나 프로모션 부분을 제치고 성장하고 있으며 많은 포춘 500 회사들도 현재 정교한 다이렉트 마케팅 전략을 이용하고 있다. 또 데이터베이스 마케팅은 많은 마케팅 프로그램에 핵심적인 부분을 담당하고 있다.

다이렉트 마케팅의 장점에는 선택적 도달, 세분화, 빈도, 유연성 그리고 시의성 등이 있다. 개인화와 맞춤 메시지, 낮은 비용, 효과 측정 용이성 등은 다이렉트 마케팅의 또 다른 장점이다.

하지만 다이렉트 마케팅에도 몇 가지 단점이 있다. 이미지 문제, 기만성, 사람들을 귀찮게 만드는 단점들은 마케터들이 다이렉트 마케팅의 사용을 꺼리는 이유기도 하다. 하지만 다이렉트 마케팅 업계의 개선과 자정 노력에 힘입어 이러한 단점들은 점차 개선되고 있다. 결론적으로 다이렉트 마케팅은 계속적인 성장이 예측된다.

CHAPTER 15

인터넷: 디지털 및 소셜 미디어

chiefmartec.com Marketing Technology Landscape ("Martech 5000") April 2019

Advertising & Promotion | Content & Experience | Social & Relationships | Commerce & Sales | Data | Management

자료: Marketing Technology Media, LLC

학습 목표

1 | IMC 프로그램에서 인터넷과 디지털 및 소셜 미디어의 역할을 설명한다.

2 | IMC 프로세스에서 웹 1.0 및 웹 2.0 미디어 플랫폼의 사용에 대해 논의한다.

3 | 인터넷과 디지털 및 소셜 미디어를 통한 커뮤니케이션의 효과를 평가하는 방법을 설명한다.

4 | 인터넷과 디지털 및 소셜 미디어의 장단점을 비교한다.

5 | 인터넷과 디지털 및 소셜 미디어와 관련된 사회적·윤리적 문제에 대해 논의한다.

지속적으로 변화하는 소셜 미디어의 세계

소셜 미디어가 없는 세상을 상상해보는 것은 아마 쉽지 않을 것이다. 이 글을 읽는 대부분의 사람들은 인터넷이 없는 세상을 경험해 본 적이 없기 때문이다. 전 세계적으로 43억 8,800만 명의 인터넷 사용자 중 약 80%에 해당하는 34억 8,400만 명이 소셜 미디어를 사용하는 것으로 나타난다. 페이스북은 2004년에 설립되었고, 유튜브는 2005년에 시작되었으며, 인스타그램, 핀터레스트, 스냅챗은 2010년에서 2011년에 등장했다. 이러한 플랫폼들이 처음 등장했을 때를 기억할 수 있는 사람이라면, 현재의 모습이 얼마나 많이 달라졌는지 알 수 있을 것이다. 이러한 변화는 성숙, 통합, 부정적 이슈, 혁신, 기술 발전, 포지셔닝 변화와 같은 다양한 요인들이 인터넷 관련 프로그램들의 진화를 이끌었기 때문이다.

그렇다면 이제 소셜 미디어는 어디로 나아갈 것이며, 10년 후에는 어떤 모습일까? 이러한 급변하는 환경에서도 페이스북은 여전히 가장 인기 있는 소셜 미디어 플랫폼이며, 성장도 지속되고 있다. 하지만 18~24세와 25~34세 연령대에서는 페이스북 사용이 감소하는 반면, 인스타그램과 스냅챗은 이들 연령대에서 큰 성장을 이루고 있다. 소셜 네트워크 전체의 성장은 안정세에 접어들었으며, 65세 이상 연령대에서 새로운 성장세가 나타나고 있다. 특히 인스타그램은 팔로워 1,000명당 상호 작용 수에서 압도적인 우위를 보이고 있다.

10년 후를 정확히 예측할 수는 없지만, 소셜 미디어 환경에서는 분명히 변화가 일어나고 있는 것으로 보이며, 이러한 변화의 추세는 일관성 있게 나타난다.

많은 성공적인 제품들과 마찬가지로, 초기에는 빠르게 확산되지만 결국 성장세는 둔화되기 마련이다. 소셜 네트워크의 엄청난 성장과 높은 인터넷 사용자 침투율이 영원히 지속될 수는 없었다. 따라서 제품 수명주기의 성숙 단계가 오는 것은 불가피했다. 현재 네트워크와 마케터들이 가장 우려하는 것은 쇠퇴를 어떻게 막을 것인가 하는 것이다.

브랜드 키즈의 창립자이자 회장인 로버트 패시코프는 소셜 미디어 사이트를 추적하며 쇠퇴의 징후가 멀지 않았다고 언급했는데, 인터넷상에서의 참여도와 애호도 순위가 하락하고 있으며, 페이스북, 핀터레스트, 트위터, 스냅챗 모두 사용자 수가 감소하고 있다고 지적했다. 따라서 인터넷에서의 포화 상태 징후가 분명히 나타나고 있는 것으로 보인다.

그 원인으로는 인터넷 보안 문제, 해킹, 개인정보 보호 문제, 소비자 데이터 오용, 잘못된 정보 등을 들 수 있다. 예를 들어, 페이스북은 보안 침해, 케임브리지 애널리틱스와 협력 건 등으로 인해 정부 조사, 벌금, 소비자 신뢰 하락을 경험하였다. 스냅챗 또한 플랫폼 재설계가 부정적인 반응을 얻으면서 하루 200만 명의 사용자를 잃었다. 이렇게 사용자가 줄어든다는 것은 곧 광고 수익이 줄어든다는 뜻이다. 그렇다면 이 문제를 어떻게 해결할 수 있을까?

미국 비즈니스 보험 운영 부사장인 샘 미나시안은 성공적인 마케팅을 위해 다음과 같은 주요 트렌드를 활용해야 한다고 말한다.

(1) **더 효과적인 광고 지출:** ROI를 확보할 수 있는 전략을 수립하는 것
(2) **더 나은 콘텐츠:** 자연적 도달이 감소함에 따라, 고품질의 참여도 높은 콘텐츠를 게시해 순위를 향상시키는 것
(3) **챗봇 활용:** 인간과의 대화를 시뮬레이션하는 챗봇을 사용해 사용자와 직접 소통하는 것
(4) **짧은 콘텐츠:** 짧은 시간 안에 사라지는 이미지와 동영상을 제공해 젊은 층의 관심을 끌고 도달 범위를 확대하는 것
(5) **구독 서비스:** 넷플릭스와 훌루처럼 콘텐츠 접근을 위해 요금을 부과하는 모델의 도입 가능성을 높일 것

니콜 드미어(Nichole DeMere)는 소셜 미디어의 미래에 대해 수백 명의 마케터들에게 받은 답변을 바탕으로 몇 가지 제안을 덧붙였다.

(1) **마이크로 인플루언서에 집중하기:** 플랫폼이 점차 더 작은 틈새시장의 청중을 타겟으로 이동함에 따라, 마이크로 인플루언서가 매크로 인플루언서보다 더 효과적일 것이다.
(2) **소셜 미디어에서 소비자의 신뢰 회복:** 드미어는 고객과 신뢰를 쌓기 위해 더 관련성 있고, 진정성 있는 방식으로 소통해야 한다고 말했다. 예를 들어, 신뢰, 투명성, 진정성을 강조하는 방식이 필요하다.
(3) **커뮤니티 활용:** 브랜드 중심의 개인화를 지양하고, 커뮤니티를 구축하는 방향으로 나아가는 것이 소셜 미디어의 주요 흐름으로 자리 잡고 있다.
(4) **동영상:** 연구에 따르면 동영상의 효과가 점점 더 커지고 있으며, 이에 따라 드미어는 소셜 미디어 플랫폼에서 동영상 콘텐츠가 점차 늘어날 것이라고 주장했다. 단, 신뢰할 수 있고 관련성 있는 콘텐츠여야 한다고 덧붙였다. 이러한 전략들을 적절히 활용하면 소셜 미디어는 새로운 성장을 도모할 수 있을 것이라고 주장하였다.

이러한 추천 사항들이 소셜 미디어 사이트에 실질적인 이익을 가져올지는 시간만이 알 수 있을 것이다. 그러나 소셜 미디어의 변화를 살펴보면 흥미로운 점이 많다.

(계속)

소셜 미디어 네트워크의 시장 성장과 침투를 고려할 때, 마케터들은 이러한 추천 사항들뿐만 아니라 다른 전략들도 검토해야 한다. 특히 소셜 미디어 사이트 자체가 시장을 어떻게 이끌었는지, 그리고 추천 사항들에 일관성이 있다는 점을 살펴보는 것도 흥미롭다. 10년 후에 어떤 변화가 있을지 다시 확인해보면 좋을 것이다.

자료: Dave Chaffey, "Global Social Media Research Summary 2019," February 12, 2019, www.smartinsightgs.com; Robert Passikoff, "Can Social Networks Regain Momentum in 2019?" January 29, 2019, www.smartbrief.com; Nichole Elizabeth DeMere, "2019 Marketing Trends Guaranteed to Shake Up Social Media," February 25, 2019; Sam Meenasian, "6 Social Media Trends Revamping Digital Advertising," December 6, 2018, www.smartbrief.com; "Social Media Marketing for Everybody," October 2018, www.sysomos.com.

이 장의 서두에서 볼 수 있듯이, 인터넷은 이전의 어떤 매체보다도 미디어 사용 방식을 급격히 변화시켰다. 이러한 폭발적인 성장은 젊은 세대의 미디어 소비 습관 변화와 디지털 미디어 자체의 역량 등 여러 요인에 의해 촉진되었다. 특히 소셜 미디어는 인터넷 사용자 대부분이 소셜 미디어를 사용하는 만큼, 이 성장에 큰 기여를 했다. 하지만 앞서 본 바와 같이 소셜 미디어의 엄청난 성장세는 이제 안정화되고 있다. 그렇다면 광고주들이 다시 전통 매체로 광고비를 옮기게 될까? 아마도 그렇지 않을 것이다.

이 장에서는 인터넷과 디지털 미디어가 통합 마케팅 커뮤니케이션(IMC) 프로그램에서 어떤 역할을 하는지 살펴본다. 인터넷의 성장과 기업들이 이를 어떻게 활용하는지, IMC 프로그램 내에서의 역할 그리고 이 매체가 가진 장단점을 검토한다. 또한 인터넷의 발전으로 등장한 새로운 미디어 옵션들과 그 역할에 대해 논의하며, 마지막으로 이러한 매체의 측정 방법에 대해 다룬다.

인터넷의 성장

왜 인터넷은 급속히 수용되었는가?

인터넷의 전례 없는 성장, 즉 디지털 혁명은 마케팅 환경에 변화를 가져왔고, 이는 마케터들이 그들이 하는 모든 일을 다시 생각하게 만들었다. 월드 와이드 웹(World Wide Web)이 진화함에 따라 마케팅 커뮤니케이션 프로그램도 함께 변화하고 있다. 전 세계적으로 약 40억 명의 인터넷 사용자가 존재하며, 2000년 이후 그 성장은 놀라울 정도다. 북유럽, 서유럽, 북미와 같은 일부 지역에서는 사용률이 인구의 95%에 이르고 있다. 이러한 빠른 성장이 가능했던 이유는 여러 가지로 설명될 수 있다.

첫 번째로, 소비자들이 정보를 얻고자 하는 욕구가 증가했으며, 이제 이 정보를 쉽게 얻을 수 있게 되었다는 점이다. 정보를 신속하고 편리하게 얻을 수 있는 점, 그리고 원하는 정보의 내용과 양을 통제할 수 있는 점은 소비자들에게 큰 매력으로 다가왔다. 또한 개인용 컴퓨터, 태블릿, 스마트폰을 통해 전자상거래를 수행할 수 있는 점도 매력적이다. 이제는 웹에서 찾거나 구매할 수 없는 것이 거의 없다고 할 정도다. 인터넷은 마치 경계가 없는 것처럼 보이며, 매일 새로운 것을 발견할 수 있다.

소비자들과 마찬가지로, 마케터들 역시 이 매체를 급속히 수용했다. 인터넷을 통해 고객을 효과적으로 타겟팅할 수 있는 능력은 마케터들에게 매력적이다. 기업들이 광고 지출에 대한

도표 15-1

마케터의 인터넷 사용

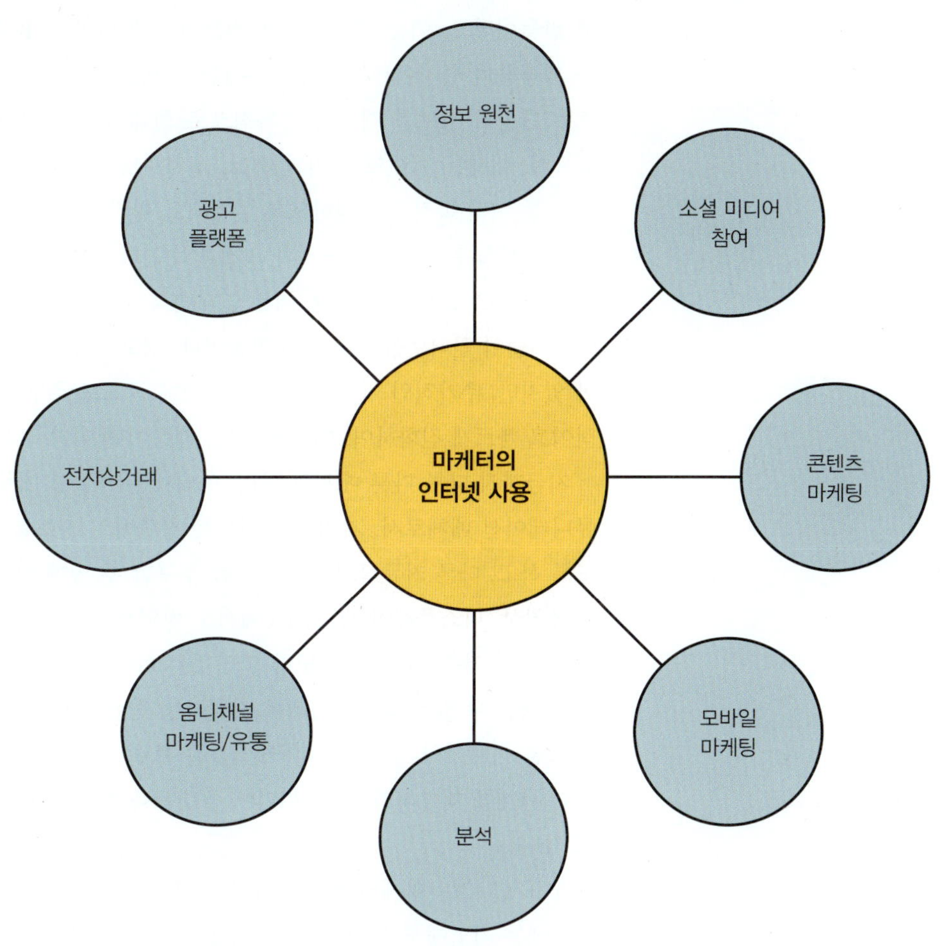

책임성과 성과에 더 많은 관심을 가지면서, 인터넷은 마케팅 지출, 고객 만족도, 트렌드, 경쟁 상황에 대해서 다른 매체보다 직접적인 피드백을 제공하는 매체로 간주되었다. 즉, 기존의 직접 마케팅 도구들과 마찬가지로, 전통적인 미디어와는 달리 인터넷을 통해 ROI(투자 대비 수익률)를 계산하기가 더 쉬운 점도 기업들이 선호한 이유라고 할 수 있다. 실제로 인터넷이 초기 단계에 있었을 때, 많은 마케팅 회사들은 이를 직접 반응형 매체로 인식하는 경향이 있었다. 웹의 큰 역할은 여전히 전자상거래에 초점이 맞춰져 있지만, 오늘날의 마케터들은 이 매체를 다양한 커뮤니케이션 및 마케팅 목표를 위해 활용하고 있다(도표 15-1 참조).

오늘날의 월드 와이드 웹은 그 탄생 당시 누구도 예상하지 못했던 다른 매체로 진화했다. 다른 매체와 달리 본질적으로 단방향으로 콘텐츠를 제공하고 제품 및 서비스를 판매하는 역할을 하는 매체와는 달리, 인터넷은 상호 작용적이며, 양방향 흐름을 가능하게 한다. 즉, 소비자는 자신이 어떤 메시지와 콘텐츠를 언제 접할지 통제할 뿐만 아니라, 직접 콘텐츠를 제공하고 자신의 제품과 서비스를 판매하며, 다른 사람들이 제공한 것에 대한 피드백을 제공한다. 따라서 마케터들은 몇십 년 전에는 존재하지 않았던 다양한 플랫폼을 통해 소비자들을 전례 없이 새로운 방식으로 참여시키고 있다.

웹의 목적

대기업들이 처음 인터넷에서 비즈니스를 시작했을 때, 웹사이트는 주로 정보 제공 목적을 위해 만들어졌고, 이는 단방향으로 정보가 이동되었다. K마트(Kmart)와 메이텍(Maytag)과 같은 회사들의 웹사이트는 사실상 온라인 카탈로그 이상이 아니었으며, 다른 회사들의 웹사이트는 단순히 정보를 제공하는 목적으로 설계되었다. 그러나 웹사이트의 역할은 빠르게 변화했으며, 이제는 브랜드 이미지 제고, 포지셔닝, 프로모션, 제품 정보 제공 및 상품 및 서비스 판매 등 여러 목적을 달성하도록 설계되고 훨씬 더 창의적으로 발전하였다. 이와 더불어, 이러한 사이트들은 소비자 피드백과 의견을 수집하여 마케터가 고객을 계속 참여시키는 데 직접적으로 사용할 수 있도록 한다. 이는 인터넷의 순수 정보 전달 역할을 넘어서는 새로운 방식으로 마케터들이 인터넷을 활용하게 만들었다. 정보를 전파하고 제품을 판매하는 목적은 여전히 남아 있지만, 추가적인 커뮤니케이션 및 판매 목표도 추구되고 있다. 인터넷의 변화는 매우 역동적이고 빠르게 진화하여, 이 글을 읽을 때쯤이면 이미 구식 정보가 되었을 가능성이 높다.

지금까지 다룬 다른 매체와 달리, 인터넷은 사실상 매체의 혼합체다. 이는 부분적으로는 커뮤니케이션 매체로서, 기업이 인지도를 창출하고 정보를 제공하며 태도에 영향을 미칠 수 있도록 하고, 다른 커뮤니케이션 목표를 추구할 수 있게 한다.

동영상, 디스플레이 광고, TV에서도 방영될 수 있는 광고들은 웹에서 기업의 메시지를 전달하는 데 자주 사용된다. 또한 인터넷은 아마존이나 이베이처럼 사용자가 제품을 구매하거나 판매할 수 있는 전자상거래를 지원하는 직접 반응형 매체로도 활용되고 있다.

소셜 미디어의 등장으로, 마케터들은 브랜드 이미지를 구축하고, 고객과의 직접적이고 긴밀한 관계를 개발하며, 소셜 미디어 플랫폼을 통한 판매 등 새로운 목표를 적극적으로 추구하고 있다.

도표 15-2는 마케터들이 인터넷을 활용해 소비자에게 접근하는 다양한 방식을 보여준다. 여기에는 기업에서 특정 목표시장으로 메시지를 전달하는 아웃바운드 활동과 고객의 피드백을 듣고 상호 작용하는 인바운드 활동이 포함된다. 이 프레임워크는 순환적 구조로 설계되어 기업과 소비자 간의 상호 작용을 반영하고 있다.

기업들은 소비자가 제품이나 서비스를 검색할 때 자신들을 쉽게 찾을 수 있도록 하는 마케팅 활동을 전개할 뿐만 아니라, 고객과의 적극적인 상호 작용을 통해 그들의 요구를 더 잘 충

도표 15-2
디지털 마케팅의 새로운 프레임

디지털 마케팅 프레임

① 아웃바운드
목표소비자들에게
도달하기 위한 방법

③ 소셜 미디어
소비자들이 타인에게 영향을
미치기 위한 콘텐츠를 생성하는
플랫폼

회사

소비자

② 인바운드
소비자들로 하여금
제품이나 서비스를
찾도록 보장하는 방법

④ 모바일 기술
스마트폰이나 태블릿 내지는
다른 모바일 기기에서의 활동들

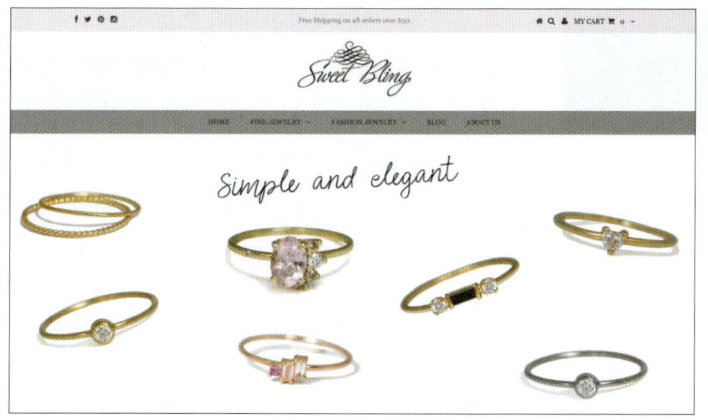

사진 15-1

스타트업 기업 SweetBling.com은 인터넷 활용을 통해 많은 혜택을 보았다.

자료: Sweet Bling

족시키기 위해 노력하고 있다. 특히 소셜 미디어는 소비자들이 자신의 네트워크 내에서 다른 사람들과 상호 작용하며, 긍정적 또는 부정적인 영향을 미치는 중요한 요소로 자리 잡고 있다. 이러한 소셜 미디어 네트워크는 마케터들에게 매우 귀중한 도구가 되고 있다. 도표는 이러한 커뮤니케이션 과정들을 활성화시키는 데 사용되는 도구들을 보여준다.

다음에서 마케터들이 이 과정을 통해 달성하려는 주요 목표 중 일부를 살펴보자.

인지도 창출 인터넷 광고는 기업과 그 제품 및 서비스에 대한 인지도(awareness)를 높이는 데 유용한 수단이다. 특히 예산이 제한적인 소규모 기업에게 인터넷은 기존 전통 매체를 넘어서는 잠재적 도달 범위를 제공한다. 예를 들어, 사진 15-1에 나온 스타트업 회사와 같이, 소규모 기업도 인터넷을 통해 합리적인 비용으로 즉각적인 전 세계 노출 효과를 얻을 수 있다. 이는 인터넷 이전에는 불가능했던 일이다.

비록 인터넷이 특히 광고 예산이 제한적인 소규모 기업에게 매우 효과적인 인지도 창출 도구가 될 수 있지만, 대규모 기업에게는 이 목표를 달성하기 위한 IMC 요소 중 가장 효과적인 수단은 아닐 가능성이 높으며, 매스미디어를 통한 광고가 더 넓은 도달 범위와 노출당 낮은 비용 덕분에 인지도를 창출하는 데 유용한 수단이 될 수 있다.

TV 광고는 특히 웹사이트로 방문자를 유도하는 데 효과적이라는 연구 결과가 이를 뒷받침한다. 이와 동시에, 대규모의 잘 확립된 기업조차도 인지도 창출과 증가를 주요 목표로 삼는 경우가 많다.

관심 유도 예를 들어, RedBull.com을 방문하면 사이트가 어떻게 관심을 유도할 수 있는지 쉽게 알 수 있다. 이 사이트는 뉴스, 라이브 스트림, 동영상 등 다양한 콘텐츠를 제공하며, 방문자가 '레드불의 세계'(사진 15-2)에 흥미를 느끼고 다시 방문해 제품에 대해 더 배우도록 유도한다. 이 사이트와 유사한 많은 웹사이트들의 목표는 단순하다. 방문자의 관심을 끌어 반복 방문을 유도하고 궁극적으로 상품 판매로 연결하는 것이다.

사진 15-2

이 이미지에서 볼 수 있듯이, 레드불은 'Red Bull Cliff Diving World Series'를 통해 자사의 웹사이트를 효과적으로 활용하여 관심을 끌고 강력한 브랜드 이미지를 구축했다.

자료: Red Bull GmbH

정보 확산 웹을 사용하는 주요 목적은 회사의 제품과 서비스에 대한 심층적인 정보를 제공하는 것이다. 웹사이트를 보유하는 것은 필수가 되었는데, 점점 더 많은 구매자들이 회사가 자사 제품, 보증, 매장 위치 등에 대한 상세한 정보를 제공하는 웹사이트를 갖고 있을 것으로 기대하기 때문이다. 인터넷에서 어떤 회사에 대한 정보를 찾으려고 했는데 웹사이트가 없었던 마지막 상황이 발생한다면 고객들은 매우 당황하고 그 회사와 관계를 맺는 데 주저하게 될 가능성이 크게 된다.

정부 부문에서는 계약 입찰도 종종 인터넷을 통해 이루어진다. 요구사항, 명세서, 제출 기한 등에 관한 정보가 다른 매체를 통해 전달되는 것보다 더 빠르고, 더 많은 잠재 후보들에게 더 저렴한 비용으로 전달되기 때문이다. 연방 소득세 신고 방법에 대한 정보를 원한다면, 아마도 가장 먼저 찾을 곳은 www.irs.gov일 것이다. 웹사이트는 회사의 제품 및 서비스, 자선 활동, 연락처 정보 그리고 회사 자체에 대한 정보를 전달하는 수단으로 기능한다.

사진 15-3

Nikawater.org는 긍정적인 브랜드 이미지를 구축하고 있다.

자료: Nika Water Company, LLC

이미지 창출 많은 웹사이트는 회사가 보여주고자 하는 이미지를 반영하도록 설계된다. 예를 들어, www.nikawater.org 사이트를 살펴보면 참고할 수 있다(사진 15-3 참조). 이 사이트는 이미지를 구축하는 데 사용된 훌륭한 사례로서, 이 사이트 방문자는 이 생수 회사가 인류에게 관심이 있다는 긍정적인 인상을 받는다. 하지만 전통적인 마케터들은 인터넷을 통해서 브랜드 이미지를 구축하는 데 어려움을 겪어온 경우가 많은 것으로 나타난다. 일부 회사는 성공을 거두었지만, 실패한 회사도 있다. 이 과정을 지켜보면서 마케터들은 브랜딩 및 이미지 창출 전략이 이 매체에 맞게 조정되어야 함을 알 수 있었을 것이다.

강력한 브랜드 구축 인터넷은 IMC 프로그램의 일부로서 브랜딩에 유용한 도구가 될 수 있다. 초기에는 많은 기업들이 인터넷을 통해 브랜드를 구축하는 데 어려움을 겪었지만, 이제는 인터넷을 통해서 브랜드를 성공적으로 구축한 사례들이 등장하고 있다. 예를 들어, 레드불은 "Red Bull Gives You Wings(레드불이 당신에게 날개를 달아줍니다)"라는 이미지를 중심으로 한 IMC 캠페인의 중요한 요소로 자사 웹사이트를 활용해왔다. 이 결과 레드불은 모터스포츠, 자전거, 서핑, 스노보드 관련 뉴스와 영상, 음악 및 이벤트 후원을 통해 흥미롭고 대담한 브랜드로 소비자 인식 속에 자리 잡고 있다. 레드불은 성공적인 브랜딩에 대해 '답을 찾아낸' 기업 중 하나다.

제품 체험 유도 많은 마케터들이 인터넷이 제품이나 서비스 체험을 유도하는 효과적인 매체라는 것을 발견했다. 웹사이트에서 전자 쿠폰을 제공하여 제품 체험을 유도하는 경우가 많으며, 샘플 제공, 프로모션, 경품 행사 등을 통해 체험을 장려하기도 한다.

음악 사이트인 iTunes.com과 같은 곳에서는 구매 전에 곡을 '샘플링'할 수 있는 기능을 제공하고 있으며, 일부 기업 간 거래(B2B) 사이트에서는 구매 전에 소프트웨어를 온라인으로 테스트할 수 있는 기회를 제공하고 있다.

버즈 생성 웹의 주요 장점 중 하나는 버즈(buzz)를 생성할 수 있다는 점이다. 소셜 네트워크와 기타 사이트가 가진 바이럴 특성은 입소문을 활용하고자 하는 마케터들에게 매력적으로 다가오고 있다. 성공적인 바이럴 캠페인의 사례로는 버거킹(Burger King)의 망 중립성(Net Neutrality) 영상이 있다. 이 영상은 망 중립성 문제를 설명하기 위해 제작되었으며, 트위터에서 150만 조회수, 유튜브에서 460만 조회수, 페이스북에서 1,500만 조회수를 기록하며 20만 6,000건 이상의 대화를 이끌어냈다. 또 다른 사례로는 〈기묘한 이야기(Stranger Things)〉의 배우 데이비드 하버(David Harbour)가 있다. 그는 팬들에게 20만 개의 리트윗을 요청하며, 그

사진 15-4

eBay는 가장 인기 있는 전자상거래 사이트 중 하나다.

자료: eBay Inc.

린피스(Greenpeace)와 함께 탐험에 나서겠다고 약속했다. 그의 트윗은 37만 6,000건의 리트윗과 58만 건 이상의 대화를 생성했으며, 실제로 탐험에 참여하게 되었다.

브랜드 고려 확보 많은 마케터는 인터넷이 고려와 평가와 같은 커뮤니케이션 목표를 달성하는 데 효과적인 매체라고 믿고 있다. 블로그와 토론 게시판은 제품과 브랜드를 평가하는 데 유용한 정보를 제공하기 때문에 특히 효과적이라고 평가받고 있다. 앞서 언급했듯, 인플루언서를 활용하는 전략은 이러한 목적을 위해 매우 일반적으로 사용되고 있으며, 앞으로도 지속적으로 활용될 것으로 예상되고 있다.

전자상거래

인터넷은 소비자 시장과 B2B 시장 모두에서 고객에게 직접 상품과 서비스를 판매할 수 있는 기회를 제공하고 있다. 이러한 직접 판매 방식은 **전자상거래**(e-commerce)인데, 전자상거래를 통한 판매는 2018년에 5,170억 달러를 초과하며 미국 전체 소매 판매의 14.3%를 차지했다. 이 장에서 언급된 많은 사이트는 주요 또는 부차적인 목표로 판매 요소를 포함하고 있다.

많은 기업이 기존의 오프라인 매장(Brick-and-Mortar)을 유지하면서 인터넷을 통해 판매를 병행하고 있다. 앤 테일러(Ann Taylor), 메이시스(Macy's), 노드스트롬(Nordstrom)과 같은 기업은 온라인 판매에 더 많은 비중을 두고 있으며, 삼성(Samsung)과 애플(Apple) 같은 기업은 매장 내 키오스크를 추가하여 소비자가 온라인으로 주문할 수 있도록 하고 있다.

전자상거래와 이 분야에서 사용되는 전략에 대해서는 14장에서 논의한 바가 있다. 이제 IMC 프로그램의 일부로 어떻게 활용될 수 있는지 살펴보자.

인터넷과 통합 마케팅 커뮤니케이션(IMC)

지금까지 인터넷을 IMC 프로그램의 일부로 활용해야 할 필요성과 그 목표에 대해 알아보았다. 이제는 웹이 다른 프로그램 요소들과 어떻게 결합될 수 있는지 살펴보기로 하자.

인터넷에서 가장 혁신적인 변화는 웹 1.0(Web 1.0)에서 웹 2.0(Web 2.0)으로의 전환에서 발생했다. 대체로, 웹 1.0은 정적인 사이트들로 구성되어 있으며, 커뮤니케이션이 단방향으로 이루어지는 특징이 있었다. 반면, 웹 2.0은 커뮤니케이션의 분산화와 상호 작용성을 기반으로 월드 와이드 웹에 극적인 변화를 가져왔다. 사용자들은 콘텐츠 제공자로서 정보에 기여하며, 사용자 생성 광고 콘텐츠(user-generated ads)와 같은 형태로 참여하게 되었다.

지금까지 논의한 모든 내용은 여전히 마케터들이 웹을 사용하는 방식의 일부를 이루고 있다. 하지만 웹 2.0은 IMC 프로그램에서 인터넷 활용 방식에 큰 영향을 미쳤다.

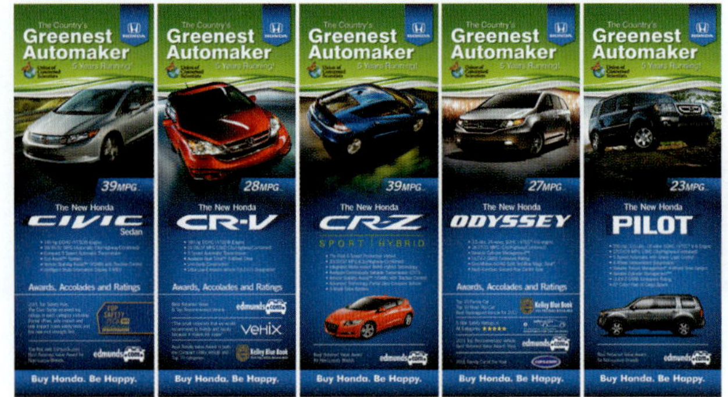

사진 15-5

수직 배너 형식의 예시

자료: American Honda Motor Co., Inc.

인터넷 광고

인터넷은 방송이나 인쇄 매체와 마찬가지로 하나의 광고 매체로 자리 잡고 있다. 제품과 서비스를 프로모션하려는 기업과 조직은 인터넷을 텔레비전, 잡지, 옥외 광고와 같은 방식으로 고려해야 한다. 인터넷 광고는 디스플레이 광고(배너 포함), 스폰서십, 팝업 및 팝언더, 인터스티셜, 유료 검색, 행동 기반 타겟팅, 맥락 광고 등과 같이 다양한 형태로 이루어진다.

배너 광고 웹에서 가장 일반적인 광고 형태는 **배너 광고**(banner ads)다. 평균적으로 인터넷 사용자는 한 달에 1,700개 이상의 배너 광고를 보며, 25~34세 연령대는 2,000개 이상을 본다고 추정된다. 배너 광고는 인지도 및 인식 제고, 경품 이벤트 참여 유도, 직접 마케팅 목표를 달성하는 데 사용될 수 있다. 배너 광고는 리더보드(leaderboards), 사각형(rectangles), 사이드 패널(side panels), 스카이스크레이퍼(skyscrapers), 수직 광고(verticals) 등 다양한 이름과 형태를 가진다(사진 15-5). 또한 정적(static), 애니메이션, 플래시 형식으로 제작될 수 있다.

초기에는 배너 광고가 인터넷 광고의 대부분을 차지했으나, 효과가 제한적이라는 연구 결과로 인해 일부 기업은 사용을 줄였다. 클릭률에 대한 보고서는 다양하지만, 대부분 1% 미만의 반응률을 보인다. 하지만 여러 연구에서 방문자들이 클릭하지 않더라도 배너 광고는 소비자가 검색하거나 광고 사이트를 방문하도록 유도하는 데 여전히 효과적일 수 있음을 보여준다. 'Journal of Consumer Research'에 발표된 연구는 클릭률이 낮아도 노출이 반복되면 광고에 긍정적인 태도를 형성할 수 있음을 시사했다. 그러나 많은 소비자는 배너 광고를 성가시게 여겨 이 형식을 피하는 기업도 많다.

스폰서십 스폰서십 광고는 또 다른 일반적인 형태로, 크게 일반 **스폰서십**(sponsorships)과 **콘텐츠 스폰서십**(content sponsorship) 두 가지 유형이 있다.

- **일반 스폰서십:** 기업이 특정 사이트의 섹션을 후원하는 방식이다. 예를 들어, Design.com에서 〈House Beautiful〉 잡지나 〈Cosmopolitan〉 잡지가 스폰서하는 경우나 Forbes.com의 특정 페이지를 기업이 후원하는 경우가 이에 해당한다.
- **콘텐츠 스폰서십:** 후원사가 단순히 이름을 노출하는 데 그치지 않고 콘텐츠 제공에 직접 참여하는 방식이다. 경우에 따라 사이트가 콘텐츠를 제공하고 후원사의 승인을 받거나, 후원사가 콘텐츠의 일부 또는 전체를 제공하기도 한다. 예를 들어, 시카고에서 열린 '다이내믹 여성 컨퍼런스(Dynamic Women's Conference)'는 웹사이트상에서 스폰서십 기업을 성공적으로 유치하여 후원 기업이 성공한 여성들에게 기업의 메시지를 전달하고 지지를 표명할 수 있는 기회를 제공할 수 있었다.

팝업/팝언더 광고 인터넷을 사용할 때 화면에 갑작스럽게 나타나는 창이나 그래픽을 본 적이 있을 것이다. 이러한 광고는 **팝업 광고**(pop-ups)라 불리며, 특정 사이트를 방문할 때 자주 나타난다. 팝업 광고는 일반적으로 배너 광고보다 크지만 화면 전체를 차지하지는 않는다. 최근 인스타그램도 팝업 광고를 허용하고 있지만, 많은 사용자들이 이를 불쾌하게 여긴다.

팝언더 광고(pop-unders)는 웹 페이지 하단에 나타나 사용자가 사이트를 떠날 때 비로소 보이는 광고다. 예를 들어, Booking.com은 팝언더 광고를 효과적으로 활용한 사례로 꼽힌다. 사용자가 호텔 예약을 선택한 후 결정을 미루면, 메인 브라우저 화면 아래에 새로운 창이 나타나 원래 검색했던 날짜와 비슷한 가격대의 숙소 옵션을 제공한다.

일부 기업은 팝업 및 팝언더 광고가 효과적인 광고 방식이라고 믿고 있지만, 이에 반대하는 의견도 많다. 소비자들의 불만으로 일부 웹사이트는 이러한 광고 형태를 더 이상 허용하지 않게 되었다. TNS에서 실시한 연구에 따르면, 응답자의 93%가 팝업 광고를 '성가시다' 또는 '매우 성가시다'고 여겼다.

광고가 화면에 나타나기 전에 이를 차단하는 팝업 차단 프로그램이 등장하면서 팝업 및 팝언더 광고의 빈도와 효과는 크게 감소했다.

인터스티셜 광고 **인터스티셜 광고**(interstitials)는 웹사이트 콘텐츠가 로드되는 동안 화면 전체에 표시되는 광고를 의미한다. 배너 광고와 달리, 사용자는 광고를 클릭해 닫아야 원하는 사이트로 이동할 수 있다. 잘 알려진 핀터레스트와 에어비앤비는 인터스티셜 광고를 비즈니스에 효과적으로 사용하는 대표적인 기업이다.

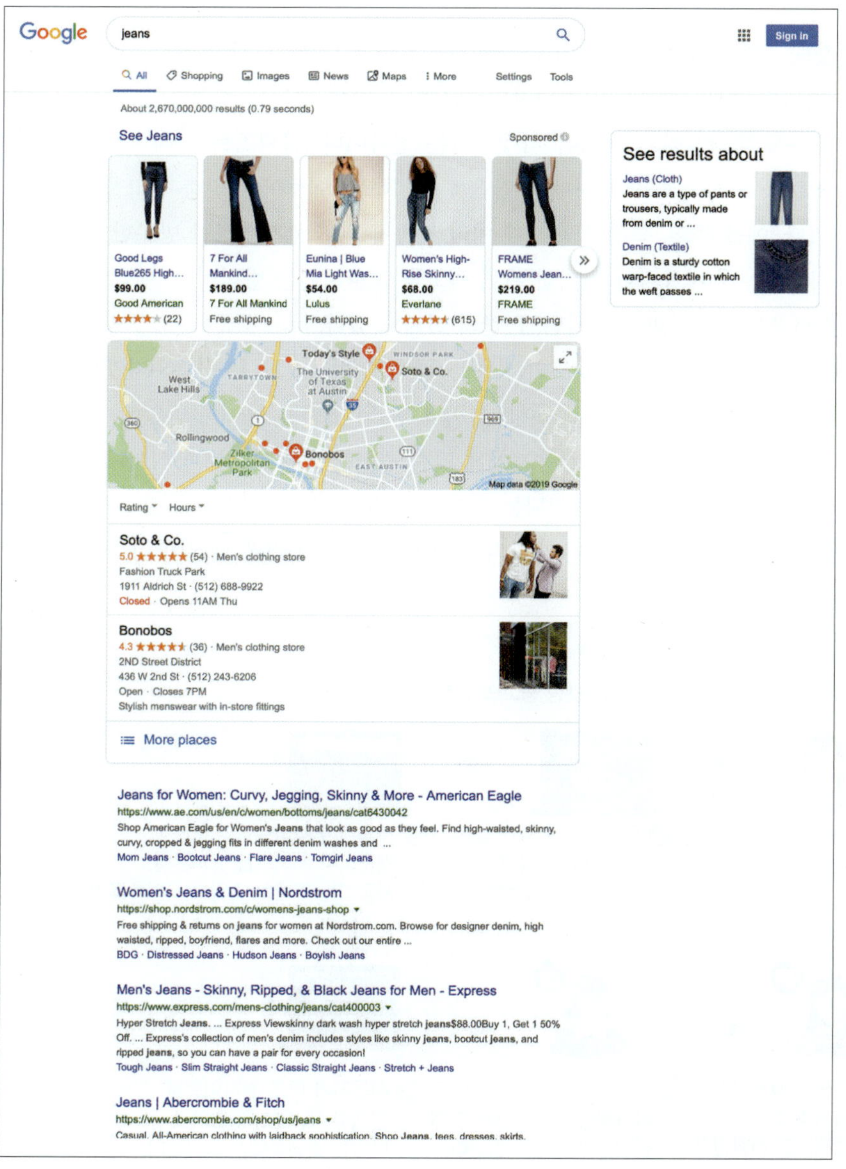

사진 15-6

청바지를 검색한 구글 검색 결과

자료: Alphabet Inc.

그러나 모바일 환경에서 인터스티셜 광고는 소비자들에게 짜증을 유발한다는 이유로 비판받아 왔다. 2015년, 구글(Google)은 모바일 인터스티셜 앱을 사용하는 사이트를 '모바일 비우호적'으로 간주하는 새로운 정책을 도입하여 사용을 억제하려 했다. 이러한 비판적인 분위기에서 등장한 팝업 차단기는 인터스티셜 광고도 차단할 수 있어 광고주에게는 어려움으로 다가 오고 있다.

검색 광고 사진 15-6은 구글에서의 검색 결과를 보여준다. 일반적으로 **검색**(search) 페이지에서 상위에 표시되는 사이트일수록 더 많은 방문자를 유치한다. 연구에 따르면, 검색자 중 90%는 첫 페이지를 넘어가지 않는다.

- **자연적 검색 결과**(Organic Search Results): 검색어와의 관련성 때문에 나타나는 결과로, 광고가 아닌 사이트다. 소비자는 검색 요청과 일치하여 사이트를 클릭하게 된다. 자연적 검색 성공은 품질 높은 콘텐츠와 키워드 최적화의 조합으로 이루어진다.

- **비자연적(유료) 검색 결과**[Nonorganic (paid) Search Results]: 유료 광고를 통해 검색 결과 페이지에 표시되는 것으로, 예를 들어 **클릭당 비용 지불**(pay-per-click) 방식이 있다.

구글은 검색 광고 매출의 80%를 차지하며, 검색 엔진 광고 시장에서 독보적인 지위를 차지하고 있다. 광고주는 관심을 가질 만한 고객을 보다 구체적으로 타겟팅하기 위해 **검색 엔진 최적화**(Search Engine Optimization, SEO)를 활용한다. SEO는 유료 광고가 아닌 유기적 검색 결과를 통해 웹사이트로 유입되는 트래픽을 증가시키는 과정이다. SEO는 검색 엔진의 작동 방식을 분석하여 HTML과 코딩을 수정함으로써 키워드와의 관련성을 높이고 검색 엔진의 색인 활동에 방해가 되는 요소를 제거한다.

SEO 콘텐츠는 (1) 자사 미디어(Owned Media, 회사가 웹사이트에 직접 게시하는 콘텐츠), (2) 획득 미디어(Earned Media, 회사가 제작하지는 않았지만 블로거, 언론, 소셜 미디어를 통해 콘텐츠로 독자를 유도하는 미디어), (3) 유료 미디어(Paid Media, 광고 형태로 회사가 비용을 지불하는 미디어) 유형을 포함한다. SEO는 현재 모든 규모의 기업과 조직에 있어 인터넷 마케팅 전략의 필수로 자리 잡았다.

행동 기반 타겟팅 **행동 기반 타겟팅**(behavioral targeting)은 인터넷 광고 전략 중 빠르게 성장한 방식 중 하나다. 이는 광고주가 소비자의 웹사이트 탐색 행동을 추적하여, 방문한 사이트나 검색한 내용을 바탕으로 소비자를 타겟팅하는 전략이다. 클릭스트림 데이터와 인터넷 프로토콜(IP) 정보를 수집하여 잠재 구매자 집단을 식별하고, 이들에게 맞춤 광고를 실시간으로 제공할 수 있다. 예를 들어, 특정 사용자가 여러 자동차 관련 웹사이트를 방문한 기록을 추적하여, 해당 사용자에게 자동차나 딜러십 관련 광고를 노출시키는 방식이다. 행동 기반 타겟팅은 효과적인 전략으로 평가받고 있지만, 논란의 여지도 있다.

최근 광고주들은 **리타겟팅**(retargeting)의 사용을 늘리고 있다(도표 15-3). 리타겟팅은 사용자가 데스크톱이나 모바일에서 특정 웹사이트를 방문한 뒤 제품을 구매하지 않고 떠날 경우, 이후 방문하는 참여 사이트에서 해당 사용자에게 맞춤 광고를 노출시키는 방식이다.

이 광고 공간은 고정된 가격으로 판매되는 것이 아니라 입찰 과정을 통해 결정된다. 각 사이트는 디스플레이 광고를 위한 공간이 제한되어 있어 브랜드 간 경쟁 입찰이 이루어진다. 가

도표 15-3

광고주는 리타겟팅 과정을 통해 이전에 광고를 본 인터넷 사용자를 다시 타겟팅하려고 시도한다.

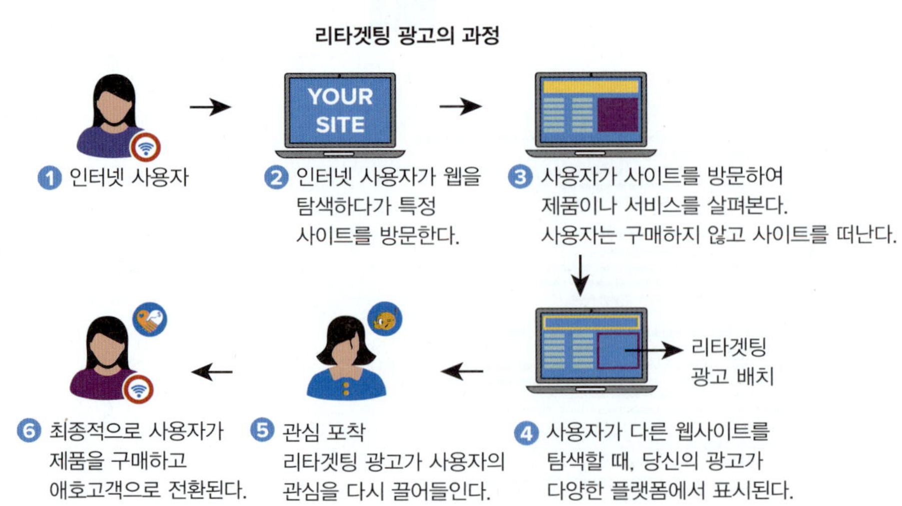

장 높은 입찰을 제시한 브랜드의 광고가 노출된다. 예를 들어, 노드스트롬 온라인 스토어에서 신발을 검색했지만 구매하지 않은 경우, 이후 야후(Yahoo!)나 마이크로소프트(Microsoft) 같은 웹사이트를 방문했을 때 노드스트롬 신발 광고가 표시될 수 있다. 리타겟팅은 일반 배너나 디스플레이 광고보다 효과적이라고 평가받고 있다. 한 블로그에서는 이러한 광고가 일반 디스플레이 광고보다 클릭될 확률이 76% 더 높다고 추정했다. 1,000명 이상의 마케터를 대상으로 한 조사에 따르면, 대부분이 이미 모바일에서 리타겟팅을 사용 중이며, 87%는 향후 투자를 확대할 계획이라고 응답했다. 그러나 이 광고 방식이 급격히 도입되면서 팝업 광고처럼 소비자들에게 성가신 방식으로 인식될 수 있다는 우려도 제기되고 있다.

맥락 광고 맥락 광고는 웹 페이지의 콘텐츠를 기반으로 광고를 타겟팅하는 방식이다. 행동기반 광고가 탐색 행동을 추적하는 반면, **맥락 광고**(contextual advertising)는 웹 페이지의 콘텐츠에 따라 광고 배치가 결정된다. 예를 들어, 여행 사이트에 항공사 광고를, 골프 사이트에 골프 클럽 광고를, 또는 다른 사이트의 골프 관련 기사 옆에 광고를 배치하는 식이다. 구글의 애드센스(Google AdSense)는 퍼블리셔 사이트의 콘텐츠와 일치하는 광고를 노출시키는 대표적인 사례다. 이러한 광고는 이미지, 동영상 등 다양한 형식으로 제공되며, 지역 또는 로컬 시장을 타겟팅할 수도 있다.

최근 네이티브 광고의 인기가 증가하면서 일부 마케터와 정책 입안자들 사이에서 우려가 제기되고 있다. **네이티브 광고**(native advertising)는 사용자가 경험하는 콘텐츠의 형식과 기능을 따라가는 방식으로 설계된 유료 미디어 광고다.

네이티브 광고의 목표는 소비자가 관심 있는 콘텐츠와 관련된 광고를 덜 방해하는 방식으로 노출시키는 것이다. 이러한 광고는 기존 배너 광고보다 더 높은 성과를 보여주고 있지만, 때때로 광고가 콘텐츠로 인식되어 소비자를 혼란스럽게 만들 수 있다는 점에서 윤리적 문제가 제기되고 있다. IMC 윤리적 관점 15-1에서는 이러한 우려를 다루고 있다.

리치 미디어 가정 내 초고속 인터넷 보급률이 증가하면서 스트리밍 비디오에 대한 관심도 높아지고 있다. **리치 미디어**(rich media)는 '비디오, 오디오, 애니메이션과 같은 향상된 감각적 기능을 활용하여 동적 움직임을 보여주는 다양한 상호 작용 디지털 미디어'로 정의할 수 있다. 또 다른 정의에서는 리치 미디어를 플래시(flash)로 제작된 모든 콘텐츠를 포함하기도 한다. 이 형태의 콘텐츠는 음악 비디오, 스포츠 클립, 뉴스 등 다양한 영역에 성공적으로 적용되어 광고주들은 다양한 형태의 스트리밍 비디오 광고 콘텐츠를 제작·집행하게 되었다.

리치 미디어의 유형은 다음과 같다.

온라인 광고 전통적인 TV 광고와 동일한 역할을 하는 **온라인 광고**(online commercials)가 인터넷에서 점점 더 많이 등장하고 있다. 일부 광고는 사용자가 원하는 콘텐츠를 보기 전에 재생되며, 이러한 광고를 **프리롤**(pre-roll)이라고 한다. 프리롤 광고는 온라인 광고주들 사이에서 점점 더 많이 사용되고 있으며, 일부는 사용자가 콘텐츠를 시청하기 전에 반드시 광고를 봐야 하는 경우도 있다.

일부 회사들은 인터넷 전용 웹 광고를 제작하기도 하고, TV에서 방영되는 광고를 동일하게 온라인에 올리기도 한다. 수퍼볼 광고가 TV에 처음 공개되던 전통과 달리, 일부 광고는 온라인에 먼저 공개된 후 TV에 방영되기도 한다. 또 다른 트렌드는 소비자가 직접 온라인이나

윤리적 관점 15-1 >>>

네이티브 광고: 성장 중이지만 여전히 논란의 여지가 있는가?

디지털 광고에서 가장 빠르게 성장하는 트렌드 중 하나는 네이티브 광고의 사용이다. 네이티브 광고는 "퍼블리셔의 편집 콘텐츠 형태와 외형을 띤 모든 유료 광고"로 정의된다.

광고주들은 네이티브 광고를 선호하는데, 이는 디스플레이 광고의 혼잡함을 뚫고 독자들에게 더 효과적으로 다가갈 수 있기 때문이다. 네이티브 광고는 수용성(receptivity)과 참여도(engagement) 면에서 더 효과적이라는 평가를 받고 있다. 사용자들은 네이티브 광고가 덜 방해하고, 콘텐츠와 잘 어우러져 흥미롭다고 느끼기 때문에 효과적이라고 말한다. 일부 광고주는 네이티브 광고가 시청자의 경험을 향상시킨다고 믿는다.

예를 들어, The Atlantic 웹사이트는 네이티브 광고를 통해 업계 평균보다 2배 더 긴 시간(4~5분 동안) 시청자들이 광고를 소비하게 되었고, 클릭률이 3배 증가했으며, 광고 수익의 60%를 차지했다고 밝혔다. 이러한 성장세는 앞으로도 지속될 것으로 예상된다.

허핑턴 포스트(Huffington Post)의 CEO 지미 메이먼(Jimmy Maymann)은 네이티브 광고가 "퍼블리셔들이 직면한 많은 문제를 해결할 수 있는 잠재적인 해결책"이라고 주장했다.

랜드로버(Land Rover) 드래곤 챌린지(Dragon Challenge) 비디오를 통해 중국 천문산의 999개의 계단을 45도 각도로 차량으로 오르는 세계 최초의 시도를 선보였다. 이 비디오는 랜드로버의 차량을 대담하고, 모험적이며, 성공적인 브랜드로 자리매김하는 데 적합한 방식으로 제작되었다.

메르세데스(Mercedes) 벤츠에는 "The Rise of the Superhuman(수퍼휴먼의 등장)"이라는 흥미로운 네이티브 비디오도 있다. 이 캠페인은 사람들을 '초인적 인간'으로 만드는 데 도움이 되는 새로운 기술에 초점을 맞추는데, 예를 들어 로봇 외골격 슈트, 의료 환경에서의 가상 현실 광고 사용, 메르세데스의 새로운 지능형 구동 시스템 등이 있다. 여행 잡지 〈Afar〉는 네이티브 광고가 리츠칼튼(Ritz-Carlton), 페어몬트 올림픽 호텔(Fairmont Olympic Hotel), 로우스 리젠시 뉴욕(Loews Regency New York), 그리고 홍콩의 페닌슐라(Peninsula) 호텔과 리조트를 포함하는 아파 컬렉션(Afar Collection)을 운영하면서 독자의 몰입을 이끄는 데 효과적이라는 것을 발견하였다. 이러한 호텔은 19개 롯지 컬렉션의 일부가 되기 위해 아파에 2만 5,000달러를 지불한 것으로 나타난다.

네이티브 광고가 일반 광고 대비 효과적이라는 사실은 시청자가 네이티브 광고를 광고로 인식할 가능성이 낮기 때문이며 이것은 문제의 소지가 있는 방식이라고 할 수 있다. 저널리즘 연구를 위한 로이터 연구소의 연구에 따르면 독자의 43%가 후원된 내용이라는 것을 깨닫지 못한 채 콘텐츠를 읽고 실망하거나 속았다고 느꼈다고 말했다. 시빅 사이언스(Civic Science)가 실시한 2,000명의 소비자를 대상으로 한 또 다른 연구에 따르면 61%의 응답자들이 이러한 광고가 출판사의 신뢰성을 손상

TV 또는 두 매체에서 모두 공개될 광고를 제작하도록 하는 것으로, 대표적인 사례로는 수퍼볼에서 사용되는 광고들이 이러한 방식들을 채택한다.

또한 여러 회사들은 TV 광고를 방영한 후 관심 있는 시청자가 웹사이트에서 광고를 다시 보거나 더 긴 버전을 볼 수 있도록 유도함으로써 두 매체를 효과적으로 융합하고 있다. 이러한 결과 기업의 온라인 광고 지출은 계속 증가하고 있으며, 소비자들의 이러한 광고에 대한 수용도 또한 점차 높아지고 있다.

비디오 온디맨드 **비디오 온디맨드**(video on demand, VOD)는 다양한 엔터테인먼트 활동(광고를 포함하거나 스폰서된 콘텐츠)을 제공하는 비디오 클립으로, 인터넷을 통해도 이용할 수 있다. 예를 들어, 대학 농구 경기, FIFA 월드컵 하이라이트, 애플 아이폰 사용 방법 시연 등이 포함된다.

웹에피소드 **웹에피소드**(webisodes)는 광고주가 제작한 짧은 형식의 특집 영화로, 자사 제품을 광고하기 위해 제작된다. 재규어(Jaguar)와 BMW가 제작한 사례가 대표적이며, 인기 드라마 〈The Walking Dead〉도 웹에피소드 형태로 전환된 예다. 다양한 기업들이 웹에피소드를 활용하고 있으며, IKEA, 타겟(Target), 사라 리(Sara Lee), 혼다(Honda)와 같은 대형 브랜드뿐만 아니라 소규모 보석상, 베이킹 회사, 시리얼 제조업체 등도 포함된다. 또한 유튜브는 다양한 웹에피소드 콘텐츠를 제공하고 있다.

자료: Jaguar Land Rover North America, LLC

한다고 판단하였다. 네이티브 광고를 잡지에 실리고 신문에 적합한 전통적인 애드버토리얼(편집기사 형식의 광고)의 디지털 버전으로 간주하면서 연방거래위원회(FTC)는 이에 대한 조사를 진행했다.

2015년, FTC는 강력한 '정책 성명'을 통해 네이티브 광고가 소비자들에게 광고로 인식되지 않을 가능성이 있어 기만적일 수 있다는 결론을 내렸다. FTC는 다음과 같은 결론을 덧붙였다.

- "광고의 진정한 본질이나 출처에 대해 오해를 일으키는 표현이나 누락, 즉 광고를 후원한 광고주가 아닌 다른 당사자가 광고의 출처라고 주장하는 것은 소비자가 광고된 제품이나 광고에 대한 행동에 영향을 미칠 가능성이 높다."
- "위원회는 광고 내용이 뉴스나 특집 기사, 독립적인 제품 리뷰, 조사 보고서, 과학적 연구 또는 과학이나 기타 기관의 정보라는 잘못된 표현을 중요한 문제로 간주한다."

정책 성명서는 광고주들에게 네이티브 광고의 예시와 소비자를 속이지 않기 위해 광고주가 해야 할 일들을 제공하면서, 광고에는 명확한 고지가 필요하다고 언급했다. FTC(미국 연방거래위원회)는 이를 위한 지침도 제시했다. 2019년 5월에는 인터랙티브 광고 협회(IAB)가 "IAB 네이티브 광고 플레이북 2.0"이라는 업데이트된 성명서와 지침을 발표했다.

그러나 FTC의 지침과 경고에도 불구하고, 미디어레이더(Media Radar)가 수천 개의 네이티브 광고를 검토하며 진행한 연구에 따르면, 정책 성명이 발표된 지 4개월 후에도 광고의 70%가 여전히 FTC 규정을 준수하지 않은 것으로 나타났다. 5%만이 콘텐츠를 "광고"로 명시했으며, 12%는 "홍보됨(promoted)"이라는 표현을 사용했다. 여전히 아무런 표시도 하지 않은 광고도 다수 존재했으며, FTC가 이미 일부 광고주를 대상으로 조치를 취했음에도 불구하고 이러한 상황이 지속되고 있다. 많은 사람들은 FTC가 더 강력하게 단속하지 않는 한, 이러한 형태의 광고 사용이 단기적으로는 계속될 것이라고 보고 있다. 한편, 자신들이 광고가 아닌 콘텐츠처럼 보이게 하려는 유혹은 많은 광고주들에게 여전히 너무 매력적인 요소로 남아 있는 듯하다.

자료: Bartosz W. Wojdynski and Nathaniel J. Evans, "Going Native: Effects of Disclosure Position and Language on the Recognition and Evaluation of Online Native Advertising," *Journal of Advertising*, May 3, 2016, pp. 157–168; David Rodnitzky, "Now That the FTC Has Spoken on Native Advertising, What's Next?" January 12, 2016, www.marketingland.com; Marty Swant, "Publishers Are Largely Not Following the FTC's Native Ad Guidelines," April 8, 2016, www.adweek.com; "Less Is More, *The Atlantic* Finds," October 16, 2015, www.warc.com; Laura Kloot, "9 Native Advertising Examples People Actually Enjoyed Reading," June 11, 2018, www.bloghubspot.com; Susan Borst, "Let's Not Lose Sight of the Aspiration of Native Ads," May 9, 2019, www.marketingdive.com.

리치 미디어 광고의 기타 형태 리치 미디어는 다양한 방식으로 활용된다. 인터랙티브 배너 광고, 확장형 광고(expandable ads), 비디오 게임 내 광고, 인스턴트 메신저 내 광고, 팟캐스트, 블로그 내 비디오 광고들의 방식이 현재 리치 미디어로 활용되는 방식들이다.

IMC 프로그램 내 웹 2.0

앞서 언급했듯이, 세기의 전환기에 월드 와이드 웹은 상당한 변화를 겪었다. 이러한 변화로 인해 새로운 웹을 채택하고 "웹 2.0"이라고 부르게 되었다. 웹 2.0의 탄생은 많은 **뉴미디어**(new media)의 개발로 이어지게 되었다. 도표 15-4에서 보이듯이, 이러한 뉴미디어들은 다양한 목적을 위해 설계되었으며, 소비자들이 사용할 수 있는 여러 자료를 포함하고 있다. 이 책에서는 이러한 뉴미디어 전체를 다루기에는 범위를 초과하므로, 그중 많은 매체와 IMC 프로그램과의 관련성을 논의할 것이다. 먼저 소셜 네트워킹 사이트부터 살펴보자.

이 분야의 성장은 그야말로 놀라울 정도였으며, 마케터들은 이러한 사이트를 IMC 프로그램의 필수적이고 중요한 부분으로 채택하였다.

소셜 미디어(social media)는 여러 방식으로 정의되어 왔다. 메리엄-웹스터 사전에 따르면, 소셜 미디어는 "사람들이 정보를 공유하고, 아이디어를 교환하며, 개인적인 메시지를 주고받는 온라인 커뮤니티를 생성하기 위해 사용하는 전자 통신 형태(웹사이트 등)"로 정의된다. 도표 15-5에서 볼 수 있듯이, 소비자들이 이 사이트에 접속하는 방법은 데스크톱, 노트북, 태블

도표 15-4 뉴미디어의 형태

미디어 유형	주요 목적	예시
포럼 및 채팅방	토론 및 관심사 공유	자동차 포럼
이메일	파일 첨부와 전자 메일 송신	Gmail, Yahoo! Mail
소셜 네트워크 사이트	네트워크 형성 및 개인 뉴스 업데이트	Facebook, LinkedIn
콘텐츠 집계 사이트	정보 및 엔터테인먼트 콘텐츠 호스팅	YouTube, Hulu
가상 현실(VR)	3D 경험 및 대체 공간	Lowe's Holoroom
온라인 게임	대체 판타지 및 게임 제공	World of Warcraft, StarCraft II
블로그	의견 및 정보 공유	Hubspot.com
포털	뉴스와 커뮤니케이션 도구 제공	Asiaone.com, Yahoo!
소셜 뉴스 사이트	사용자 순위 뉴스 스토리 공유	Digg.com, Reddit
증강 현실(AR)	실제 환경에 컴퓨터 생성 정보 추가	Pokemon Go, Harry Potter

릿, 스마트폰, 연결된 디바이스 등 다양하며, 사용하는 이유도 정보 공유, 네트워킹 등 여러 가지다. 이 중 가장 인기 있는 것은 **소셜 네트워킹 사이트**(social networking sites)로, 이는 공통의 관심사, 활동, 배경 또는 실제 생활의 연결을 공유하는 사람들 간의 네트워크나 사회적 관계를 위한 플랫폼이다. 현재 소셜 네트워크는 수백 개에 이르지만, 회원 수 측면에서 소수의 네트워크가 시장을 지배하고 있는 것이 현실이다. 각 소셜 네트워크와 마케터들이 이를 어떻게 활용해왔는지 논의하기 전에, 먼저 이러한 플랫폼의 특성을 살펴보도록 하자.

도표 15-5
소셜 미디어 지형도

누가 소셜 미디어를 사용하며, 왜 사용하는가? 이 장의 도입부에서 언급했듯이, 전 세계 인터넷 사용자의 약 80%가 소셜 미디어를 이용하고 있다. 2023년 기준으로 중국에서는 소셜 네트워크 사용자 수가 7억 9,960만 명에 이를 것으로 추정된다. 많은 주요 소셜 미디어 사이트들이 중국에 있으며(페이스북은 허용되지 않음), 중국은 세계에서 가장 사회적 참여가 활발한 소셜 미디어 시장이라고 할 수 있다. 소셜 네트워크를 논의할 때 알게 되겠지만, 이들 사이트 사용자들의 인구통계는 다양하며, 이용 목적 또한 다양하다. 그러면 먼저 사용자들이 왜 소셜 미디어를 사용하는지, 그리고 그들은 누구인지 알아보자.

소셜 미디어를 사용하는 여러 가지 동기가 확인되었는데(아이디어, 활동, 이벤트를 다른 사람들과 공유, 커뮤니티 참여 등), 특히 마케터들은 소비자행동의 관점에서 개인이 왜 이러한 플랫폼을 사용하는지에 관심을 가진다. 문팅가(Muntinga)는 브랜드와 관련된 맥락에서 소셜 미디어를 사용하는 동기를 조사하였다(소비자의 온라인 브랜드 관련 활동, Consumers Online Brand-Related Activities, COBRAs). 구체적으로, 소비자가 (1) 브랜드 관련 콘텐츠를 소비하거나, (2) 기여하거나, (3) 창작하는 이유를 조사하였으며, 연구 결과에 따르면, 이러한 COBRAs는 (1) 정보 획득, (2) 엔터테인먼트, (3) 보상 등 세 가지 주요 동기에 의해 비롯되는 것으로 나타난다. 여기서 정보 획득이란 소비자들의 구매 전 정보 수집, 브랜드에 대한 지식, 새로운 아이디어가 포함된다. 엔터테인먼트는 즐거움, 휴식, 시간 보내기를 포함하며, 보상은 돈, 직업 관련 혜택, 혹은 기타 보상(사회적 매력 등)을 얻을 가능성을 의미한다. 논의가 진행됨에 따라 알 수 있듯이, 마케터들이 이러한 동기를 충족시키는 능력은 브랜드의 성공 가능성을 높인다.

소셜 네트워크는 다양한 인구통계에 매력적이지만, 특히 18세에서 29세 사이의 연령층에게 매력적이며, 일부 서비스는 여성들에게 더 매력적으로 나타난다. 예상대로, 나이가 많은 그룹은 소셜 미디어, 특히 네트워크를 사용하는 경향이 낮지만, 이들 세그먼트에서도 사용이 증가하고 있다. 하지만 소셜 미디어의 전반적인 성장과 사용 시간은 최근 몇 년 동안 둔화되고 있으며, 이는 성숙기에 접어 들었음을 시사한다.

이제 이러한 소셜 미디어를 살펴보기 전에, 마케터들이 IMC 프로그램에서 소셜 미디어를 어떻게 그리고 왜 사용하는지 알아보자. 여기서 제시되는 사례들은 마케터들이 이 미디어를 사용하는 많은 방법 중 일부이며, 이외에도 마케터들은 다양한 미디어를 사용한다.

마케터가 소셜 미디어를 사용하는 방법 소셜 미디어 전문가 매체인 'Social Media Examiner'가 3,000명의 마케터를 대상으로 실시한 연구에서 놀랍게도 97%가 마케팅 계획에 소셜 미디어를 포함시키고 있으며, 92%는 소셜 미디어가 마케팅 성공에 중요하다고 말했다. 소셜 미디어를 사용하는 주된 이유는 (1) 사이트로 트래픽을 유도하고, (2) 고객과 소통하고, (3) 브랜드 노출을 얻는 것으로 나타난다.

이러한 마케터가 소셜 미디어 사용에서 얻는 가장 중요한 이점은 노출을 증가(89%)시키는 것이다. 도표 15-6은 소비자가 다양한 이유로 소셜 미디어 네트워크를 사용한다는 것을 보여주며, 결과적으로 마케터는 특정 목표를 달성하는 데 다양한 미디어가 더 효과적이라고 판단하는 것으로 나타난다. 예를 들어, 트위터는 소비자와 직접 소통하기에 가장 좋은 채널로 간주되는 반면, 링크드인은 특정 그룹(전문가 등)과 연결하는 데 더 좋을 수 있다. 동시에 링크드인은 트래픽 유도에 가장 효과적이지 않을 수 있다. 각 사이트는 여러 가지 방법으로 기여하게 된다.

도표 15-6

소비자들은 어떻게 소셜 네트워크를 사용하는가?

유형	플랫폼 예시	주요 용도
소셜	Facebook, Twitter, LinkedIn	사람들과 연결하고 네트워크를 형성
미디어 공유	Instagram, Snapchat, YouTube	사진, 비디오, 라이브 비디오 등의 공유
토론 포럼	Reddit, Quora, Digg	뉴스, 의견 등을 공유하고 토론
콘텐츠 큐레이션	Pinterest, Flipboard	뉴스, 트렌드, 콘텐츠 공유 및 논의
소비자 리뷰	Yelp, TripAdvisor, CNet	브랜드, 제품, 서비스에 대한 정보 리뷰 및 공유
블로깅 및 퍼블리싱	Tumblr, Medium	콘텐츠 발견, 댓글 작성, 게시물 발행
소셜 쇼핑	Etsy, Fancy	트렌드 발견 및 공유, 브랜드 팔로우, 구매 활동
관심사 기반 플랫폼	Goodreads, Last.fm	관심사, 취미 공유
공유 경제	Uber, Lyft, Airbnb	서비스 광고, 찾기, 공유, 판매, 교환

자료: Curtis Foreman, "10 types of Social Media and How Each Can Benefit Your Business," www.hootsuite.com. June 20 2017.

흥미롭게도 소셜 미디어는 수년에 걸쳐 사용이 증가했고, 대부분의 인터넷 사용자에게 필수가 되었지만, 부정적인 견해도 증가하는 것으로 보인다. 월스트리트 저널과 NBC 뉴스가 실시한 1,000명 이상의 여론 조사에 따르면, 소셜 미디어 네트워크는 지속적으로 분화되어 왔으며, 개인정보 보호에 위협이 되는 것으로 여겨지지만 사람들은 여전히 이를 사용하고 있으며, 대다수는 매일 이용하는 것으로 나타났다. 또한 정부의 개입이 필요하다는 사용자도 늘고 있으며, 점점 더 많은 사람들이 정부 법률 강화에 긍정적인 입장을 보이기 시작했다.

자주 사용되는 소셜 미디어 중 일부를 살펴보고 마케터가 IMC 프로그램에서 이를 어떻게 사용하는지, 또한 마케터가 가장 많이 사용하는 사이트가 무엇인지 살펴보기로 한다. 도표 15-7에 따르면, 소셜 미디어 플랫폼 간 교차 사용이 매우 흔하다. 마케터들은 이를 활용해 IMC 프로그램에서 다양한 방식으로 소비자와 상호 작용을 강화하고 있다.

가장 인기 있는 소셜 미디어

페이스북 모든 소셜 네트워크 중 가장 큰 페이스북(Facebook)은 전 세계적으로 23억 명 이상의 구독자를 보유하고 있으며, 6개 대륙과 100개국을 아우르는 이들은 매달 사이트를 이용한다고 한다.

페이스북은 유튜브에 이어 두 번째로 가장 많이 사용되는 소셜 미디어 웹사이트로, 다양한 연령대에서 비슷한 수준의 사용률을 보이고 있다. 약 75%의 사용자가 매일 페이스북을 방문하며, 그중 절반 이상은 하루에 여러 번 접속한다고 응답했다. 그러나 퓨 리서치 센터(Pew Research Center) 조사에 따르면 일부 사용자들은 페이스북에서 보내는 시간을 줄이려고 하고 있으며, 특히 젊은 층에서 사용 비율이 상대적으로 낮은 경향을 보이고 있다. 흥미롭게도, 청소년들은 페이스북 사용을 줄이려고 하지만, 여전히 부모 세대 등 다른 연령층과 소통하기 위해 플랫폼을 사용할 수밖에 없는 경우가 많다.

페이스북은 개인정보 보호 정책 변경과 관련된 논란과 데이터 활용 문제로 비판받아 왔지만, 이러한 논란이 비즈니스에 심각한 영향을 미치지는 않았다. 실제로, 페이스북의 광고 수익은 증가세를 보이며 약 550억 달러를 기록했고, 이는 디지털 광고 매출의 약 21%를 차지하

도표 15-7 2019년 미국의 소셜 미디어 사용 현황

구분	인구 집단별 온라인 플랫폼 사용 현황								
	YouTube	Facebook	Instagram	Pinterest	LinkedIn	Snapchat	Twitter	WhatsApp	Reddit
미국 성인	73%	69%	37%	28%	27%	24%	22%	20%	11%
남성	78	63	31	15	29	24	24	21	15
여성	68	75	43	42	24	24	21	19	8
백인	71	70	33	33	28	22	21	13	12
흑인	77	70	40	27	24	28	24	24	4
히스패닉	78	69	51	22	16	29	25	42	14
18~29세	91	79	67	34	28	62	38	23	22
30~49세	87	79	47	35	37	25	26	31	14
50~64세	70	68	23	27	24	9	17	16	6
65세 이상	38	46	8	15	11	3	7	3	1
$30,000 미만	68	69	35	18	10	27	20	19	9
$30,000~$74,999	75	72	39	27	26	26	20	16	10
$75,000 이상	83	74	42	41	49	22	31	25	15
고졸 이하	64	61	33	19	9	22	13	18	6
대학교 일부	79	75	37	32	26	29	24	14	14
대학교 졸업 이상	80	74	43	38	51	20	32	28	15
도시	77	73	46	30	33	29	26	24	11
교외	74	69	35	30	30	20	22	19	13
농촌	64	66	21	26	10	20	13	10	8

참고: 위 표는 각 플랫폼이 미국 내 다양한 인구 집단에서 어떻게 사용되는지 보여주는 자료다.
응답하지 않은 사람들은 통계에 포함되지 않았으며, 백인과 흑인은 비히스패닉(non-Hispanic) 인구만 포함되었다.

자료: Survey conducted Jan. 8-Feb. 7, 2019, Pew Research Center.

는 수준이다. 특히, 디스플레이 광고 매출 면에서 다른 소셜 미디어를 압도하고 있다.

페이스북은 사용자들이 게시물을 통해 정보를 교환할 수 있는 것처럼, 기업들도 회사 정보, 제품, 사진, 프로모션, 이벤트, 뉴스 등을 게시할 수 있다. 또한 페이스북은 사용자의 인구통계, 지리적 데이터, 관심사, 활동 정보를 활용해 특정 사용자 그룹을 대상으로 정교하게 타겟팅된 광고를 제공할 수 있다. 이러한 타겟팅은 마케팅 효율성을 높이는 동시에 개인정보 보호에 대한 우려를 일으키고 있다.

시장 변화에 대응하기 위해, 페이스북은 스폰서 스토리, 맞춤형 광고, 페이스북 라이브(Facebook Live) 등 새로운 마케팅 도구를 도입하며 플랫폼을 발전시켜 왔다. 특히 모바일 사용 시간 증가와 비디오 콘텐츠 참여 증가는 페이스북이 새로운 프로그램을 개발하고 광고주를 유치하는 데 중요한 요인이 되고 있다.

결과적으로, 페이스북은 많은 마케터들에게 필수적인 마케팅 도구로 자리 잡았으며, 다양한 방식으로 활용되고 있다. 사진 15-7은 기업들이 페이스북 광고를 활용하는 여러 방법 중

도표 15-8

온라인 성인 중 페이스북 사용자 비율

구분	사용 비율
전체 온라인 성인	69%
성별	
– 남성	63%
– 여성	75%
연령대	
– 18~29세	79%
– 30~49세	79%
– 50~64세	68%
– 65세 이상	46%
인종 및 민족	
– 백인	70%
– 흑인	70%
– 히스패닉	69%
거주 지역	
– 도시	73%
– 교외	69%
– 농촌	66%

참고: 이 데이터는 페이스북이 다양한 인구 집단에서 얼마나 널리 사용되고 있는지를 보여준다. 특히 연령, 성별, 거주 지역 등에 따라 사용률이 다소 차이가 나는 것을 확인할 수 있다. 페이스북 사용자들이 하루 평균 사용하는 시간은 38분이다.

사진 15-7

페이스북 광고 예시

자료: Fresh Clean Tees/Facebook

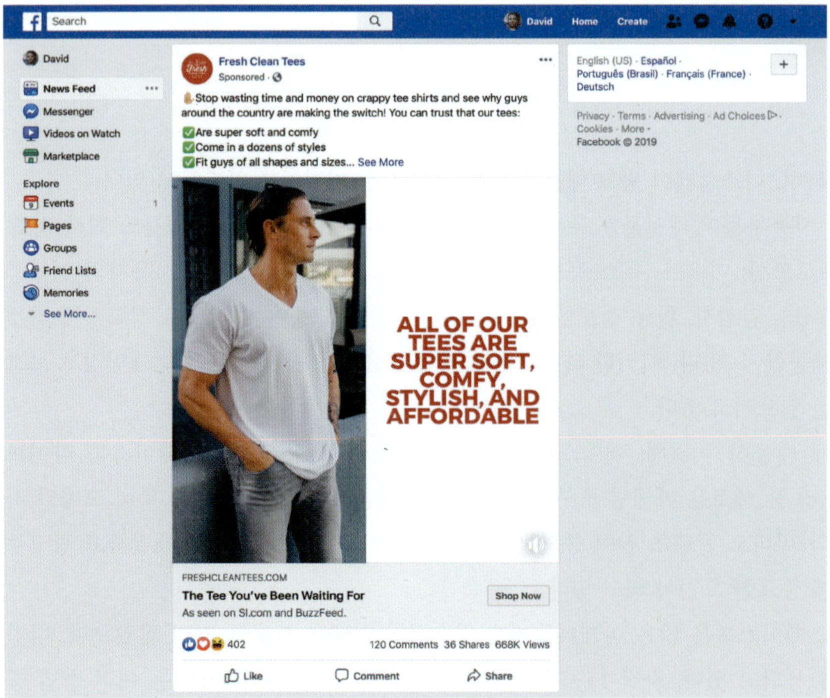

하나를 보여주는 사례다.

페이스북은 뉴스 피드에 가상 현실 스타일의 스폰서 광고를 제공하며, 마운틴 듀(Mountain Dew), 바이스(Vice), 몬델레즈(Mondelēz), 삼성, AT&T 등 여러 기업이 이를 활용하고 있다(사진 15-8). 비디오 중심 콘텐츠로 확장하면서 페이스북의 광고 매출은 지속적으로 성장할 것으로 예상되며, 2019년 사이트 개편도 긍정적인 반응을 얻었다.

트위터 트위터(Twitter)는 최대 280자의 텍스트 메시지를 주고받을 수 있는 마이크로블로깅 소셜 네트워크로, 전 세계적으로 약 2억 7,400만 명의 활성 사용자를 보유하고 있다. 트럼프 전 대통령이 주요 소통 수단으로 활용하면서 트위터의 인지도가 높아졌고, 문자 수 제한이 기존 140자에서 280자로 늘어난 점도 사용자 경험을 개선했다. 하지만 플랫폼은 여전히 성장과 관련된 과제에 직면하고 있다.

페이스북과 마찬가지로, 많은 마케터들은 트위터를 고객 및 잠재 고객과 소통하는 데 유용한 도구로 보고 있으며, 고객과의 관계를 구축하는 데 있어 가장 효과적인 플랫폼 중 하나로 평가하고 있다. 넷플릭스, 그린하우스(Greenhouse), 클로즈(Close)와 같은 회사들은 트위터를 활용해 브랜드 프로모션에 성공했다. ASPCA는 학대받은 동물들의 사진을 공유하며 텍스트보다 더 많은 반응을 이끌어냈고, 컨버스(Converse)는 중국의 소셜 인플루언서이자 연예인인 장이싱(Zhang Yi Xing)을 활용해 그의 이름을 언급하고 컨버스 신발을 신은 이미지를 트윗함으로써 참여율을 크게 높였다.

메르세데스-벤츠는 새로운 A-Class 자동차를 프로모션하기 위해 인기 TV 프로그램 〈X Factor〉와 협업하여 출연진이 등장하는 추격 장면을 광고에 통합했다. 시청자들은 #evade 또는 #hide를 트윗하여 30초 광고의 장면을 결정할 수 있었으며, 이 '시청자가 참여하는 광고'는 수십만 명의 시청자들에게 노출되었다. 이는 A-Class 출시 성공에 기여한 것으로 평가받았다.

세인트루이스시는 트위터를 시장에 접근하는 효과적인 매체로 활용했다. 이 사례는 도시 개선 방안을 찾기 위한 비영리 캠페인인 "Tweet Me in St. Louis(세인트루이스에서 나에게 트윗해요)"에서 이루어졌다. 먼저 커뮤니티 기반 웹사이트인 www.rallystl.org를 개설한 후, 페이스북과 트위터를 활용해 도시를 개선할 아이디어를 크라우드소싱하고, 모금 활동을 통해 제안된 아이디어를 지원할 자금을 마련했다.

공중들은 문화예술, 교육, 주택 등 개선이 필요하다고 생각하는 다양한 주제에 대해 아이디어를 트윗으로 제출하도록 요청받았다. 아이디어 제출 기간이 종료된 후

사진 15-8

이 AT&T의 페이스북 가상 현실 광고에서, 시청자들은 운전석에 앉아 360° 뷰를 즐기며 레이싱 드라이버 벤 알바노가 AT&T 네트워크를 어떻게 활용하는지 들을 수 있다.

자료: AT&T Inc.

에는 참가자들에게 가장 우수한 아이디어에 대해 다시 트윗으로 투표하도록 했다. 참여자들은 간단하게 트윗으로 응답할 수 있는 점이 캠페인의 성공에 크게 기여했다고 믿었다.

버진 아메리카(Virgin America), 세포라(Sephora), 스타벅스(Starbucks)를 포함한 여러 회사들은 트위터의 향상된 프로모션 트윗 프로그램을 활용해 브랜드 트윗이 팔로워들의 타임라인 상단에 표시되도록 했다. 또한 트위터는 고객 불만 처리 및 문의 응답, 중요한 정보의 리트윗, 시장 모니터링을 통해 기회와 위협을 식별하는 데 유용하게 활용되었다. 사진 15-9는 호스테스(Hostess)가 야구 시즌 시작을 기념하기 위해 진행한 트위터 광고 사례를 보여준다.

페이스북과 마찬가지로, 트위터도 광고 매출을 늘리기 위해 플랫폼에 상당한 변화를 주었다. 맞춤형 관객 프로그램(Tailored Audiences Program)을 통해 웹사이트를 방문한 사용자를 트위터에서도 리타겟팅할 수 있도록 했으며, 브랜드는 이메일 리스트를 트위터와 공유해 특정 고객에게 광고를 전달할 수 있게 되었다. 이를 통해 기업들은 트위터 ID 리스트를 활용해 더 높은 관심 가능성을 가진 데이터베이스를 구축할 수 있게 되었다. 액시엄(Acxiom), 머클(Merkle), 메일침프(Mailchimp)와 같은 데이터베이스 마케팅 회사들이 이 과정에서 브랜드를 지원하고 있다.

인스타그램 인스타그램(Instagram)은 현재 가장 빠르게 성장하는 소셜 네트워크로, 젊은 세대(특히 여성 밀레니얼) 사이에서 큰 인기를 얻고 있다. 2012년 페이스북에 인수된 이후, 인스타그램은 젊은 사용자층과 이들을 목표로 하는 광고주들에게 꾸준히 성공을 거두고 있으며, 현재 페이스북 전체 광고 매출의 약 27%를 차지하고 있다.

인스타그램의 광고주로 새로운 기업들의 유입도 계속되고 있지만, 대부분의 성장은 애호도 높은 기존 광고주들이 사이트에 대한 광고 지출을 유지하거나 증가시키면서 이루어졌다. 특히 인스타그램 스토리는 사용자와 마케터들에게 매력적인 요소로 자리 잡으며, 인스타그램 성공의 중요한 요인이 되고 있다. 또한 마이크로 인플루언서들은 개인적인 네트워크와 높은 신뢰성으로 인해 인스타그램에서 효과적인 PR 채널로 인정받고 있다.

사진 15-9

호스테스는 야구 시즌의 시작을 축하하기 위해 이 트위터 광고를 게시했으며, 스포츠를 혼합한 메시지를 통해 추가적인 관심을 끌었다.

자료: Hostess Brands LLC

인스타그램은 전 세계 다양한 산업의 마케터들에게 커뮤니케이션 활동에서 유용한 플랫폼으로 평가받고 있다. 인스타그램의 시각적 콘텐츠는 기업이 사진과 동영상으로 뉴스, 이벤트, 신제품 소개, 기타 브랜드 관련 활동을 게시할 수 있도록 하며, 이를 통해 노출을 확대하고, 제품을 창의적으로 선보이며, 시각적 브랜드 정체성을 구축할 수 있게 한다.

많은 마케터들은 인스타그램을 가장 상호 작용적인 소셜 네트워크로 간주하며, 소비자와의 참여를 이끌어내는 성공적인 캠페인을 다수 진행했다. 예를 들어, #SonyLove 콘테

사진 15-10

나이키는 인스타그램을 가장 성공적으로 활용하는 브랜드 중 하나로 평가받고 있다.

자료: Nike, Inc./Instagram

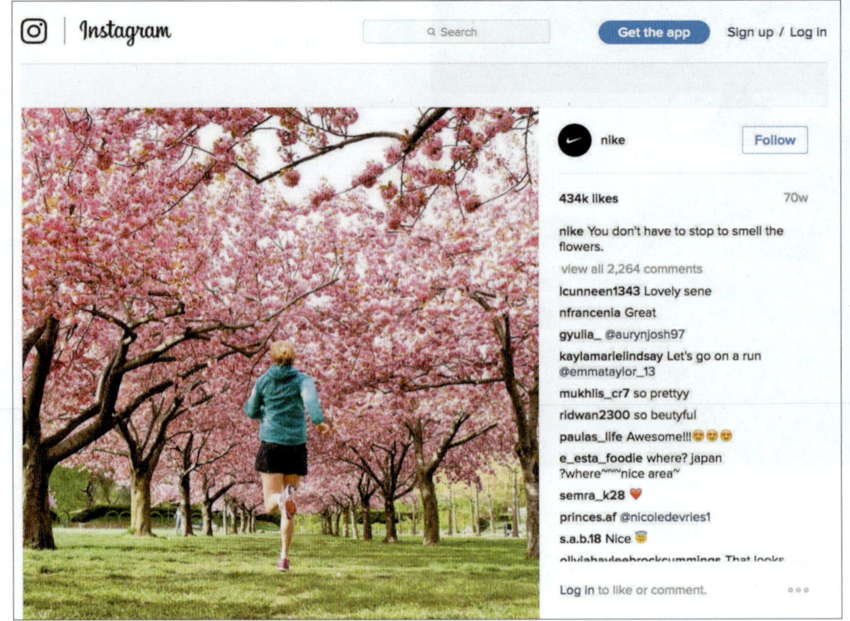

스트에서 소니는 사용자가 인스타그램에서 소니 계정을 팔로우하고 '사랑'을 표현하는 사진을 게시하도록 요청했으며, 매일 하나의 게시물을 선정해 50달러 상당의 소니 스토어 기프트카드나 상품을 제공했다. 버진 아메리카의 경우에는 고객에게 선물을 증정한 뒤 사진으로 게시하거나 팔로워들에게 동일한 활동을 독려하며 참여를 유도했다.

결과적으로, 사진을 활용해 참여를 유도하는 기능은 마케터들에게 무궁무진한 활용 가능성을 제공하며, 인스타그램은 필수적인 마케팅 도구로 자리 잡고 있다. 사진 15-10은 기업들이 인스타그램을 창의적으로 활용한 예를 보여준다.

스냅챗 스냅챗(Snapchat)은 초기에는 사라지는 사진을 공유하는 앱으로 개발되었지만, 현재는 브랜드 네트워크, 출판 콘텐츠, 스포츠 및 음악과 같은 라이브 이벤트와 개인 메시징 기능을 결합한 플랫폼으로 진화했다. 이 앱은 사진과 비디오(스냅)를 교환할 수 있는 메시징 앱으로, 콘텐츠가 열람 후 자동으로 사라지는 독특한 기능 덕분에 특히 13~24세의 젊은 사용자들(전체 사용자의 90%)에게 큰 매력을 끌고 있다.

사진 15-11

게스 또한 스냅챗에서 광고를 운영하고 있다.

자료: GUESS?, Inc./Snapchat

스냅챗 사용자 중에서 71%는 채팅, 메시징, 이미지 서비스 기능을 선호한다고 대답한 반면에 브랜드 콘텐츠나 이벤트를 주로 이용한다고 대답한 비율은 5%에 불과했다. 이러한 상황에서 스냅챗은 앱 디자인을 대대적으로 개편했으나, 이는 사용자들 사이에서 강한 불만을 초래하며 부정적인 반응을 얻었다. 개편 이후 사용자 만족도는 73% 감소했고, 100만 명 이상의 사용자가 원래 디자인으로 복구를 요청하는 청원에 서명했다. 이에 따라 사용자 수 감소와 함께 광고 매출도 급감했으며, 회사 가치는 하락하고 주가는 폭락했다.

과거 스냅챗은 광고주들에게 매력적인 플랫폼으로 평가받았으며, 아마존, 홀리스터, 메이시스, 삼성, 유니버설 픽처스와 같은 브랜드들이 캠페인을 진행했다. 맥도날드는 스냅챗을 활용한 마케팅에 큰 비중을 두었고, 마이클 코어스(Michael Kors)는 뉴욕 패션 위크에서 스냅챗의 스토리 기능을 활용해 런웨이 사진, 백스테이지 장면, 프런트로 이미지를 공유했다. 사진 15-11에서는 게스 광고를 보여주고 있다. 2019년 중반에는 추가적 디자인 변경 이후 스냅챗이 다시 회복 조짐을 보이며 성장세를 기록했다.

도표 15-9

브랜드가 인스타그램을 활용하는 방법

브랜드	활용 방법
Nike	인스타그램에서 가장 많은 팔로워를 보유한 브랜드로, 간결하면서도 시각적으로 매력적인 콘텐츠를 공유한다. 예를 들어, 벚꽃나무 길을 따라 달리는 여성을 보여주는 사진과 함께 "꽃 냄새를 맡으려고 멈출 필요는 없다"는 캡션을 사용해 단순하지만 흥미로운 게시물을 제공한다. 또한 축구 스타 크리스티아누 호날두와 같은 인플루언서를 활용해 브랜드를 프로모션한다.
Reebok	나이키와는 다른 방식으로 접근하며, 리복우먼 계정을 통해 여성들에게 더 강하고 결단력 있는 삶을 독려한다. 시각적 콘텐츠에서는 노력, 행동, 땀을 강조하며, 스포츠 이미지와 일상적인 여성 이미지를 균형 있게 배치하고 있다.
Chanel	나이키와 마찬가지로 간결하고 단순한 스타일을 유지하며, 제품을 항상 콘텐츠의 중심에 배치한다. 예를 들어, 모델 지젤 번천이 자신의 메이크업 비결을 이야기하는 시리즈를 제작해 제품을 부각시킨다.
Staples	시선을 사로잡는 강렬한 색상과 흰색 배경을 활용해 최대한의 시각적 효과를 창출한다. 이 접근 방식은 고객들에게 강렬한 인상을 주며, 스테이플스 고객의 8% 이상이 해당 게시물을 시청한다고 응답했다.
Saks Fifth Avenue	라이크투바이(Like2tobuy) 플랫폼을 활용해 인스타그램 게시물을 쇼핑 가능한 형태로 제작한다. 매력적이고 다양한 사진, 예를 들어 매장 디스플레이, 구찌 신발 전시, 루이비통 이미지 등을 통해 소비자들이 사진에 몰입하도록 유도한다. 이 브랜드들은 각자의 개성과 목표에 맞는 콘텐츠 전략을 통해 인스타그램에서 고객과 효과적으로 소통하고 있다.

핀터레스트 핀터레스트(Pinterest)는 사용자가 이벤트, 관심사, 취미 등 주제 기반의 이미지 컬렉션을 생성하고 관리할 수 있는 핀보드 스타일의 사진 공유 플랫폼이다. 사용자는 다른 핀보드를 검색하거나 이미지를 리핀(re-pin)하거나 '좋아요'를 누를 수 있다. 핀터레스트 사용자의 약 81%는 젊은 여성으로 구성되어 있어, 여성 중심의 마케팅에 특히 효과적이다.

소니(Sony), 홀푸즈(Whole Foods), 사우스웨스트 항공(Southwest Airlines), 바나나 리퍼블릭(Banana Republic), 노드스트롬과 같은 브랜드들은 핀터레스트를 활용한 다양한 마케팅 활동을 진행하고 있다(사진 15-12). 예를 들어, 노드스트롬은 신제품 사진을 게시하고, 블로그를 더 매력적으로 만들며, 결혼 예정 신부를 대상으로 한 경품 이벤트를 통해 소비자 참여를 유도하는 캠페인을 진행하였다. 핀터레스트는 사용자가 제품 선호도, 계획, 열망을 직접적으로 표현할 수 있다는 점에서 페이스북, 인스타그램, 트위터와 차별화된 가치를 제공한다.

사진 15-12

많은 기업들이 핀터레스트를 IMC 프로그램에서 유용하게 활용하고 있다.

자료: (phone) SPF/Shutterstock; (background) The Gap, Inc/Pinterest, Inc.

핀터레스트는 신규 주식 상장(Initial Public Offering, IPO)을 준비하면서 자신을 다른 소셜 미디어와 차별화하기 위해 노력하였다. CEO인 벤 실버만(Ben Silbermann)은 핀터레스트를 구매 의도가 있는 소비자와 직접적으로 연결되는 플랫폼으로 정의하면서, 경쟁보다는 선한 목적의 비전을 강조했다. 분석가들은 페이스북, 유튜브, 트위터가 혐오 발언, 폭력 콘텐츠, 잘못된 정보 문제로 인해 대중의 반감을 사고 있는 상황에서, 핀터레스트가 더 매력적인 플랫폼으로 자리 잡을 가능성이 있다고 평가했다. 핀터레스트는 2019년 기준 1억 2,500만 명 이상의 활성 사용자를 보유하며, 여성 소비자와 브랜드 사이에서 독특한 입지를 확립하고 있다.

링크드인 링크드인(LinkedIn)은 또 다른 소셜 네트워킹 사이트로서 다른 소셜 네트워크 서비스와는 청중이 차별적이다. 현재 링크드인은 월 1회 이상 로그인하는 회원 수가 2억 6,000만 명을 넘어섰다.

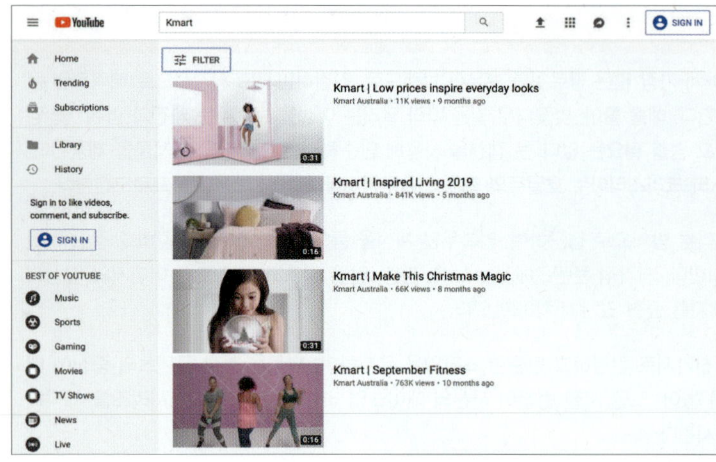

사진 15-13

유튜브는 K마트와 같은 광고주들에게 매력적인 플랫폼으로 자리 잡았다.

자료: YouTube

원래 이 사이트는 주로 전문가들이 네트워킹에 사용하는 플랫폼이지만, 기업들은 배너 광고를 활용해 이 전문적인 청중에게 접근하여 자사 제품과 서비스를 프로모션하고 있다. 링크드인은 마케터들에게 브랜드와 관련된 특정 관심사를 가진 고객과의 연결 기회를 제공한다.

유튜브 유튜브(YouTube)는 정보와 엔터테인먼트를 위한 콘텐츠를 제공하는 강력한 소셜 미디어 플랫폼으로, 콘텐츠 집계 기능을 통해 사용자와 기업이 동영상을 업로드하고 공유할 수 있다. 페이스북과 함께 소셜 미디어 시장을 지배하고 있는데, 퓨 리서치 센터 조사에 따르면 미국 사용자의 73%가 유튜브를 이용하고 있는 것으로 나타나며, 페이스북은 68%, 인스타그램의 사용 비율은 35%로 그 뒤를 따르는 것으로 보인다. 특히 밀레니얼 세대는 전통적인 TV보다 유튜브를 선호하며, 전체 사용자의 80% 이상이 미국 외 지역에 분포하고 있다.

유튜브는 광고 매체와 검색 플랫폼으로서 마케터들에게 매우 효과적인 도구로 평가받는다(사진 15-13). 기업들은 정보성 콘텐츠(예: IKEA 책장 조립 방법)나 엔터테인먼트 콘텐츠(예: 수퍼볼 광고를 사전 공개) 등을 게시할 수 있다. 특히 유튜브는 밀레니얼 세대에게 큰 호응을 얻고 있으며, 이들 집단은 많은 마케터들이 가장 선호하는 소비자층이다. 유튜브는 자체적으로 스타와 블로거를 배출하며, 과거 방송 텔레비전에 투입되던 광고 예산을 이 플랫폼으로 유치하는 데 성공한 사례다. 하지만 일부에서는 플랫폼이 성공을 이끈 기존 전략을 버리고 전통적인 콘텐츠에 더 집중하고 있다는 우려를 제기하고 있다.

많은 기업들이 자체 유튜브 채널을 개설해 브랜딩된 URL과 맞춤형 콘텐츠를 제공하고 있다. 주요한 광고주로는 월마트, 타겟, 로우스, 아마존, 월그린스 등이 있다.

사진 15-14

유튜브는 레이첼 레빈과 같은 자체 유명 인사를 보유하고 있으며, 여기에는 그녀의 금연 광고 "It's A Trap"이 포함되어 있다.

자료: Rachel Levin, YouTube

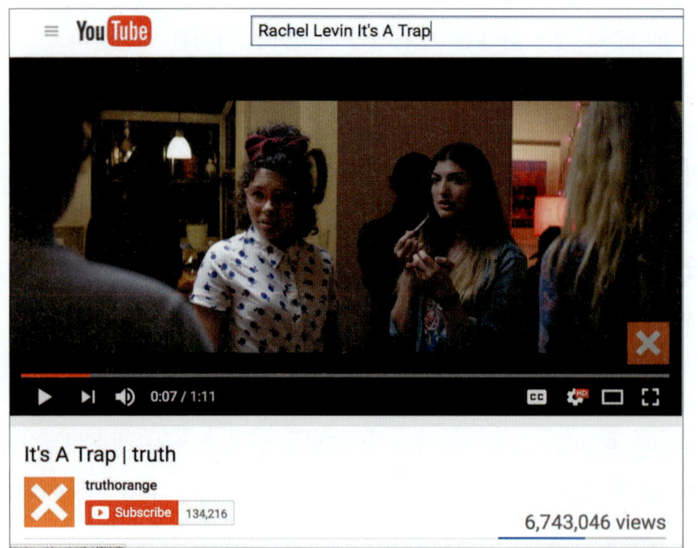

유튜브는 대기업뿐만 아니라 중소기업에게도 광고 노출의 기회를 제공한다. 예를 들어, 뷰티 블로거 레이첼 레빈(Rachel Levin)의 금연 광고인 "It's A Trap(그건 함정이야)"은 650만 조회수를 기록했으며, 그녀의 전체 동영상 조회수는 10억 회를 넘었다. 미셸 판(Michelle Phan, 790만 구독자), 베서니 모타(Bethany Mota, 930만 구독자), 스모시(Smosh, 2,100만 구독자)와 같은 인플루언서들도 큰 영향을 미쳤다.

온오프라인에서 매출이 많지 않았던 소규모 브랜드인 오라브러시(Orabrush)는 유튜브 동영상을 통해 제품을 성공적으로 광고하여 2년 만에 4,500만 조회수를 달성하였다. 이 성과를 통해 월마트 등 주요 소매점에 제품을 유통할 수 있었으며, 이는 높은 매출로 연결되었다.

디파이 미디어(Defy Media)의 연구에 따르면, 십대 청소년들은 TV나 영화 스타보다 유튜브 스타들에게 더 큰 영향을 받았으며, 이들이 제품을 소개하는 것을 긍정적으로 받아들였다.

2019년 유튜브는 모바일 사용자에게 더 적합한 광고

를 제공하기 위해 긴 광고를 6초로 편집하거나 새로운 6초 광고를 제작할 수 있는 편집 도구 "Bumper Machine"을 발표하였다. 이를 통해서 디지털 광고 시장에서 유튜브의 지배력이 강화되었으며, 모바일 비디오 광고 사용자들에게 더 매력적인 경험을 제공할 수 있었다.

유튜브는 대규모와 소규모 마케터 모두에게 노출과 광고의 기회를 제공하며, 디지털 광고 시장에서 핵심적인 플랫폼으로 자리 잡고 있다.

기타 소셜 사이트 많은 소셜 미디어 사이트가 마케터들의 IMC 프로그램에서 유용하게 사용되고 있다. 이들 사이트는 마케팅 조사, 홍보, 프로모션 등 다양한 전략에 활용되며, 논의할 수 있는 플랫폼이 매우 많다.

팟캐스트 팟캐스트(Podcast)는 인터넷을 통해 오디오 또는 비디오 파일을 데스크톱, 아이팟, 아이패드, 태블릿, 스마트폰 등 다양한 기기로 다운로드할 수 있는 매체다. 특히 스마트폰이 가장 흔히 사용되는 기기다. 이러한 기기의 시장이 성장함에 따라 팟캐스트의 매력도 증가하고 있다.

스포티파이(Spotify)와 같은 음악 스트리밍 서비스, 클리어 채널 커뮤니케이션(Clear Channel Communications), 내셔널 퍼블릭 라디오(National Public Radio)와 같은 라디오 방송국, 그리고 〈60 Minutes〉 같은 TV 프로그램들도 이제 전체 프로그램이나 비디오 클립을 팟캐스트로 제공하고 있다.

포드(Ford), 던킨도너츠(Dunkin' Donuts), 웬디스(Wendy's), 올스테이트(Allstate), P&G와 같은 전통적인 광고주들은 팟캐스트에서 광고나 스폰서십을 운영하며, 듀렉스(Durex)와 같은 회사는 제품 배치를 통해 젊은 청취자들에게 과감한 마케팅 메시지를 전달하며 FCC(연방 통신위원회)의 규정을 피하는 전략을 사용했다. 팟캐스트 청취자들은 대체로 소득과 교육 수준이 높은 편이며, 이는 광고주들에게 매력적인 타겟 시장을 형성하고 있다.

블로그 블로그(Blog)는 주기적으로 작성된 게시물로 구성된 웹 기반 간행물로, 보통 최신 게시물이 상단에 표시된다. 블로그는 개인, 커뮤니티, 정치 조직 또는 기업의 글을 반영하며, 광고주들에게 새로운 방식으로 타겟 고객에 접근할 수 있는 기회를 제공한다.

사진 15-15

팟캐스트는 많은 광고주들 사이에서 인기를 얻고 있다.

자료: Ian Dagnall/Alamy Stock Photo

알라모(Alamo), 바카디(Bacardi), 홈디포(Home Depot), 코치(Coach)와 같은 기업들은 블로그를 통해 제품을 촉진하고 있으며, 맥주, 시사, 스포츠, 육아 등 다양한 주제에 관한 블로그가 존재한다. 2018년 기준, 약 5억 500만 개의 활성 블로그가 있었으며, 패션, 음식, 재봉, 여행이 가장 인기 있는 주제다.

마케터들은 블로그가 낮은 비용으로 대규모 또는 특정 타겟 청중에 도달할 수 있는 잠재력이 있다고 평가하는 편이다. 블로그에서는 배너 광고 외에도 클릭당 과금(pay-per-click) 광고나 제휴 프로그램을 활용할 수 있다. 이를 위해 마케터들은 블로거들에게 독점적인 정보를 제공하거나, 주요 제품 뉴스를 일반 대중보다 먼저 공개하는 등의 방식으로 블로거와의 관계를 유지하려고 노력한다.

그러나 블로그를 활용하는 데 회의적인 시각도 있다. 블로그 사용에는 기만 가능성과 제한적인 도달 범위 같은 문제가 존재한다는 점에서 비판받기도 한다. 예를 들어, 특정 브랜드를 지원하고 촉진하는 과정에서 맘 블로거(mommy bloggers)나 십대 블로거들이 광고주가 제공하는 보상에 의해 소비자를 오도할 수 있다는 우려가 있다는 점이다.

전업 블로거든 취미로 운영하는 블로거든, 많은 블로거들은 자신이 좋아하거나 싫어하는 브랜드에 대해 글을 쓰며, 소비자들에게 점점 더 큰 영향을 미치고 있다. 소비자들은 블로그에서 얻은 정보를 구매 결정에 자주 활용하는 경향이 큰 것으로 나타나기 때문이다.

사진 15-16

가상 및 증강 현실 앱은 마케터와 소비자 모두에게 활용되고 있다.

자료: Wikitude GmbH

다양한 2.0 미디어 형식 다양한 2.0 미디어 형식(Other 2.0 Media Forms)이 마케터들에게 활용되고 있으며, 가상 현실(VR), 증강 현실(AR), QR 코드 등이 그 예시다.

가상 현실/증강 현실 **가상 현실과 증강 현실**(virtual and augmented reality)은 이미 많은 마케터와 소비자들이 활용하고 있는 기술이다(사진 15-16). 증강 현실(AR) 기술로는 위키튜드 월드 브라우저(Wikitude World Browser)가 대표적이며, 특정 지역의 지리적 정보를 제공해 랜드마크, ATM 위치, 유튜브 동영상, 트윗 등을 확인할 수 있다. 메이시스는 AR을 활용해 소비자들이 립스틱 색상을 적용한 모습을 실제로 확인할 수 있게 했고, 포드는 스냅챗을 통해 에코 스포츠(Eco Sport) 미니 SUV의 내부와 외부를 AR로 체험할 수 있도록 했다.

로우스와 IKEA는 AR을 활용해 소비자들이 집을 꾸밀 때 제품의 조합을 시각적으로 확인할 수 있게 도왔다. 구글은 최근 검색 결과에 증강 현실을 추가한다고 발표하며 AR 기술의 활용 가능성을 확대했다.

가상 현실(VR)은 AR만큼 널리 사용되지는 않았지만, 내셔널 지오그래픽(National Geographic)과 코카콜라(Coca-Cola) 같은 기업이 마케팅 목적으로 활용하고 있으며, 월마트는 직원 훈련에 VR을 도입했다. 스포츠와 의료 분야에서도 VR의 장점을 인식하고 있지만, 아직 광범위하게 상용화되지는 않았다. 페이스북이 VR 회사 오큘로스(Oculus)를 인수한 것은 VR 기술이 더 널리 활용될 가능성을 보여준다.

QR 코드 QR 코드(QR codes)는 예상만큼 대중화되지는 않았지만, 많은 마케터들이 이를 효과적으로 활용하고 있다. 많은 인쇄 광고가 QR 코드를 포함하고 있지만, 소비자의 사용 빈도는 기대에 미치지 못한 것으로 나타난다.

디즈니(Disney)와 카길(Cargill)이 협력하여 진행한 〈주먹왕 랄프〉 블루레이 프로모션은 성공적인 QR 코드 활용 사례로, 소비자가 코드를 스캔하면 모바일 기기를 통해 5달러 우편 리베이트를 받을 수 있었다. 샤잠(Shazam)은 QR 코드의 또 다른 형태로, 사용자가 노래 제목, 아티스트, 앨범 정보를 즉시 확인할 수 있도록 했다.

한편, QR 코드는 근거리 무선 통신(Near Filed Communication, NFC) 기술의 등장으로 위협받고 있는 상황이다. NFC는 내장된 칩을 통해 콘텐츠를 전달하며, QR 코드와 유사한 기능을 제공하지만 소비자의 노력이 거의 필요하지 않다는 점이 장점인데, 예를 들어, NFC 태그를 터치하거나 근접하기만 해도 정보를 받을 수 있다. 120년 된 크래커 잭(Cracker Jack)은 모

사진 15-17

웹사이트에서는 판매촉진이 흔히 이루어진다.

자료: The Ghirardelli Chocolate Company

든 상자에 들어 있던 장난감 서프라이즈(장난감 형태의 사은품)를 QR 코드로 대체했는데, 이는 디지털화가 지나치게 진행된 사례로 논란이 되고 있다.

인터넷을 통한 판매촉진

기업들은 인터넷을 통한 판매촉진을 매우 효과적인 매체로 활용하고 있다. 많은 기업들이 자사의 웹사이트와 디지털 및 소셜 미디어를 통해 판매촉진 활동을 연계하고 있으며, 기라델리(Ghirardelli)와 같은 기업도 다른 기업과 마찬가지로 다양한 촉진 활동을 전개하고 있다(사진 15-17). 기업들은 웹사이트를 통해 온라인 쿠폰 발행, 퀴즈 게임, 콘테스트, 경품 행사, 즉석 당첨 프로모션 등 다양한 활동을 진행하고 있다.

인터넷에서의 인적 판매

인터넷은 인적 판매(personal selling)에 있어 기업들에게 이점과 단점을 동시에 제공하고 있다. 특히 B2B 시장에서 그 영향이 두드러진다. 인터넷은 일부 개인 판매업에 종사하는 사람들에게 폐업의 위기로 내모는 위협으로 간주되기도 한다. 많은 기업들이 강력하게 온라인에서 브랜드를 구축함으로써 판매원을 통한 인적 판매에서 비롯되는 고비용과 낮은 고객 도달 범위를 극복하고, 신규 채용을 줄이거나 기존 영업 인력을 축소하고 있다.

앞서 언급했듯이, 디지털 및 소셜 미디어는 소비자 및 B2B 시장에서 수백만 고객에게 정보를 제공하는 주요 수단이 되었다. 웹사이트 방문자는 회사의 제품 및 서비스에 대한 방대한 정보를 얻고 있으며, 방문자는 회사 내부 및 외부 영업 담당자가 후속 조치를 취할 수 있는 귀중한 잠재 고객으로서 고객 데이터베이스의 일부가 된다. 잠재 고객은 회사의 제공 내용을 학습할 수 있을 뿐만 아니라, 판매 조직은 잠재 고객을 보다 비용효율적으로 관리하고 평가할 수 있다는 장점이 있다.

웹은 제품에 대한 체험을 촉진하는 데도 사용될 수 있다. 많은 회사에서 개인 영업 담당자는 잠재 고객의 일부에게만 접촉할 수 있는데, 온라인을 통해서 제공되는 체험 데모나 샘플을 통해 고객은 해당 제공물이 자신의 요구를 충족하는지 판단할 수 있으며, 필요한 경우 개인 영업 상담을 요청할 수도 있다는 장점이 있다. 이러한 경우, 담당자와 소비자 양측 모두 시간과 비용을 절약할 수 있다.

기업들은 고객과의 일대일 관계를 개선하기 위해 인터넷을 활용했다. 더 많은 정보를 더 신속하고 효율적으로 제공하면서, 기업은 고객이 제공하는 상품이나 서비스에 대해 더 많이 알 수 있도록 했다. 이를 통해 교차 판매(cross-selling)와 고객 유지(customer retention)의 기회를 늘렸다. 트위터는 소비자들이 기업에 대한 의견이나 불만을 표현할 수 있는 강력한 도구가 되었고, 관련 기업이 신속히 대응할 수 있게 했다.

잘 설계된 IMC 프로그램에서는 인터넷과 인적 판매가 상호 보완적인 도구로 설계되어 함께 판매를 증가시켰으며, 점차 더 많은 기업들이 이러한 사실에 주목해왔다.

인터넷에서의 PR

인터넷은 PR 활동을 수행하는 데 유용한 매체로 사용되었다. 기업들은 대부분의 인터넷 사이트를 회사 정보, 자선 활동, 연례 보고서 등을 포함한 PR 활동을 하는 데 활용해왔다.

또한 기업, 비영리 단체, 정치 단체들은 인터넷을 PR 목적으로 활용하는 데 상당히 능숙해졌다. 인터넷 PR의 대표적 성공 사례로 크라이슬러(Chrysler)를 들 수 있다(사진 15-18).

크라이슬러 사이트는 다른 사이트나 미디어뿐만 아니라 보도자료 키트와 다가오는 이벤트 캘린더와도 교차 참조되도록 하였다. 또한 크라이슬러 자동차와 기업 자체에 대한 정보를 제공하고, 고객 피드백을 수집하며, 업데이트 등록을 가능하게 하였다. 더불어 크라이슬러 홈페이지에는 기업에 대해 작성된 수많은 기사, 수상 경력, 환경 문제에 대한 관심, 다양한 사회적 활동에 대한 지원 등 자선 활동에서 달성한 업적을 포함하고 있다.

인터넷에서 홍보 활동을 효과적으로 활용한 다른 사례들도 존재하며, 이는 PR 관련 장에서 확인할 수 있다. 인터넷은 홍보 활동을 수행하기에 유용한 매체로 자리 잡았으며, 이 기능을 위한 활용이 점차 증가하고 있다.

한편, 많은 자선 및 비영리 단체들도 인터넷을 기금 마련의 유용한 수단으로 활용하였다. 앞서 언급했듯이, 자선 단체들은 홍보 활동을 처리하고, 단체가 지원하는 원인에 대한 정보를 제공하며, 기부금을 수집하기 위해 사이트를 개설하였다. 인터넷과 홍보 활동, TV를 통합한 한 사례로, 기업들은 위기 상황에서 정보를 제공하거나 제품 및 서비스, 나아가 기업 자체에 대한 피드백을 수집하는 데 인터넷이 매우 유용하다는 것을 발견하였다.

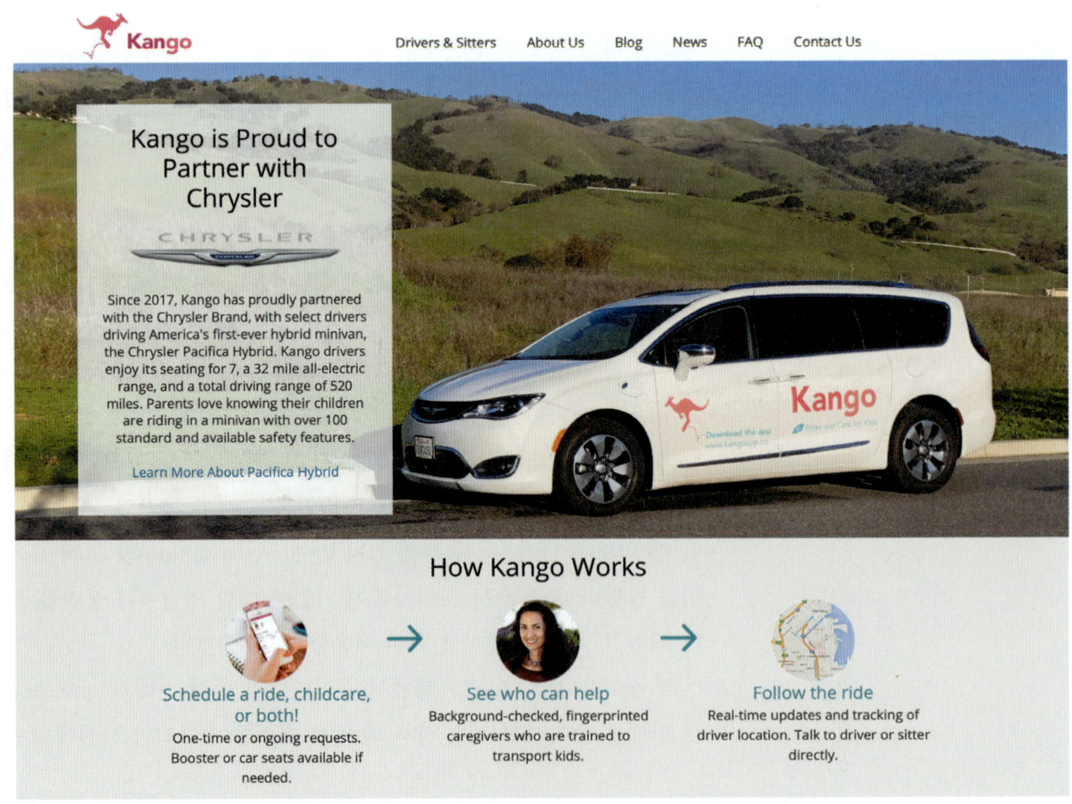

사진 15-18
크라이슬러는 자사의 웹사이트를 공공관계(PR) 목적으로 활용하며, 이는 "Drive For the Kids School Fundraiser" 프로모션에서도 확인할 수 있다.
자료: DoLightful, Inc.

인터넷에서의 직접 마케팅

여기서 인터넷과 직접 마케팅에 대한 논의는 커뮤니케이션 목표를 위한 직접 마케팅 도구의 활용과 전자상거래(e-commerce)의 두 가지 관점에서 접근하였다. 앞서 언급했듯이, 직접 우편, 정보 광고 등과 같은 많은 직접 마케팅 도구들이 인터넷 환경에 맞게 조정되었다. 동시에 인터넷을 통해 소비자에게 직접 판매하는 전자상거래는 하나의 독립적인 산업으로 자리 잡았다.

모바일

인터넷이 기업의 IMC 프로그램에 미친 영향이 극적이었지만, **모바일**(mobile)이 가져온 변화와 비교하면 거의 미미한 수준이라고 할 수 있다. 스마트폰과 태블릿의 급속한 보급으로 인해 모바일은 현재 마케터들로부터 큰 관심을 받고 있으며, 주로 애플리케이션(앱)을 통해 광고 수익이 계속 증가하고 있다. 스타티스타(Statista)의 한 연구에 따르면, 2020년 기준 미국의 스마트폰 보급률은 72%에 달했으며, 이는 약 2억 5,800만 명에 해당한다. 모든 디지털 광고 수익이 소폭 증가할 것으로 예상되는 가운데, 모바일은 매우 가파른 속도로 증가하고 있으며, 2020년까지 디지털 광고 지출의 72%를 차지할 것으로 예상되었다.

스마트폰과 태블릿의 보급이 증가함에 따라 콘텐츠 소비가 함께 늘어날 것이며, 이를 대상으로 하는 광고 지출도 증가할 것이다. 마케터들은 모바일이 매우 높은 잠재력을 제공한다고 보고 있으며, 전통적인 매체에서 모바일로 광고비가 계속 이동될 것으로 예상했다.

많은 기업의 광고예산들이 전통 매체에서 모바일로 이동되고 있는 가운데, 여러 연구에 따르면 태블릿은 검색 행동과 온라인 구매를 증가시키고, 텔레비전 시청 방식을 극적으로 변화시켰다. 태블릿이 TV 시청 시간을 줄일 것이라고 생각할 수도 있지만, 이는 사실이 아니다. 태블릿 소유자 중 절반 이상이 시청 시간에 변화가 없다고 답했으며, 50세 미만의 응답자들 중 많은 이들이 오히려 TV 시청이 증가했다고 답하였다. TV 시청 시간 자체는 크게 변하지 않았지만, 시청 방식은 변하고 있다. 젊은 소비자들은 태블릿을 함께 사용하면서 TV를 시청할 가능성이 훨씬 높으며, 시청 중에 친구들과 게시물 공유, 이메일 작성, 문자 메시지 전송, 프로그램 콘텐츠와 광고에 대한 정보를 검색하는 등의 활동을 한다고 보고하였다.

모바일의 매력은 부분적으로 젊은 세대의 미디어 사용 습관 변화에서 비롯되었다. 이 글 전반에서 살펴본 바와 같이, 젊은 세대의 인쇄 매체 사용은 감소하였고, 이전에 TV를 보던 시간 중 많은 부분이 이제는 태블릿으로 옮겨갔다. 데스크톱과 노트북 판매는 스마트폰과 태블릿 판매로 대체되었다. 실제로 일부 연구에서는 많은 스마트폰 소유자들이 통화보다는 다른 활동을 위해 기기를 사용하는 경우가 더 많다고 나타났다. 밀레니얼 세대에게는 항상 연결되어 있는 것이 매우 중요하며, 이는 마케터들에게 거의 모든 시간과 장소, 심지어 구매 지점에서도 잠재 소비자에게 다가갈 기회를 열어주었다. (다음에 공공장소에 있을 때 휴대전화를 사용하는 사람들을 한번 살펴보라. 그러나 휴대전화를 사용하지 않는 사람들을 세는 것이 더 쉬울 수도 있다!)

사진 15-19

샤펀버거는 모바일을 효과적으로 활용하여 자사 브랜드를 광고하고 있다.

자료: Scharffen Berger Chocolate Maker

IMC 프로세스에서 모바일의 역할

앞에서 읽은 것처럼, 모바일은 이미 다른 미디어와 통합되었다. 이 책에서는 모바일 광고를 논의하며 판매촉진, 직접 마케팅, 심지어 제품 배치가 휴대전화를 통해 이루어진 사례를 제공하였다. 또한 마케팅 인플루언서들이 이제 스마트폰을 통해 소비자에게 도달할 수 있으며, 사용자가 스마트폰으로 페이스북이나 기타 소셜 네트워크에 접속할 때, 마케터들은 더 많은 기회를 얻게 된다고 언급하였다. 스마트폰과 태블릿에서 네이티브 광고를 사용하는 것이 매우 효과적이고 증가 추세에 있다는 평가도 받았다.

다음은 성공적인 모바일 마케팅 전술의 구체적인 사례들이다.

- 자동차 산업: 모바일은 구매 퍼널 전반에서 효과적인 마케팅 도구로 사용되었다. 구매 퍼널 상단에서는 모바일, 태블릿, 동영상 광고가 잠재 구매자가 새 차를 찾기 시작하도록 유도하는 데 기여하였다(직접 메일 다음으로 높은 기여도). 한 연구에 따르면, 자동차 산업은 모바일 배너 광고의 동영상 완료 횟수에서 전 세계 모든 산업을 앞섰다.
- 모바일 검색 광고: 스마트폰과 태블릿에서 검색 활동이 증가함에 따라, 모바일 검색에 배정되는 광고비도 계속 증가하고 있다. 포드다이렉트(FordDirect)의 연구에 따르면, 자동차 구매자의 81%가 스마트폰을 사용해 다양한 차량을 조사하였다. 이들 중 25%는 스마트폰만을 사용했으며, 딜러 매장에 도착한 후에도 25%는 추가 정보를 검색하기 위해 스마트폰을 사용하였다. 소비자들은 금융 옵션을 마련하기 위해서도 휴대전화를 활용하였다.
- 기타 사례: 버거킹은 지오펜스(가상 경계선) 내의 소비자들에게 모바일 쿠폰을 제공하였고, 허쉬는 샤펀버거(Scharffen Berger) 초콜릿 브랜드를 위한 동영상을 시청하는 소비자들에게 데이터 비용을 지원하였다(사진 15-19). 제트블루는 태블릿 사용자와 스마트폰 사용자에게 각각 다른 메시지를 보냈으며, 태블릿 사용자들에게는 비디오 게임을 제공하였다. 맥도날드는 자사 커피의 특징을 강조하는 네이티브 광고를 활용하였다.

이처럼 모바일은 다른 판촉 요소를 캠페인에 통합하면서 동시에 IMC 프로그램에 더 깊이 자리 잡고 있다.

모바일의 단점

모바일이 미디어의 전부라고 오해할까 봐 말하지만, 이 매체에도 단점이 존재한다.

- 창의적 도전: 모바일의 창의적인 사용에 대한 몇 가지 훌륭한 사례를 제공하였지만, 여전히 창작자들에게 도전 과제가 되는 매체다. 작은 화면은 텔레비전이나 데스크톱과 비교해 광고주들이 광고를 통해서 전달하려고하는 메시지의 내용과 형식에 제약이 있을 수밖에 없다. 앞서 언급한 제트블루 사례는 이러한 도전에 대한 흥미로운 접근 방식이라고 할 수 있을 것이다.
- 시간 제약: 모바일의 본질은 이동 중에 사용된다는 것이며, 이는 주의를 끌 시간이 적고 메시지 전달 능력을 제한한다. 데스크톱이나 일부 전통 매체와 달리, 사용자는 매체를 이용하기 위해 고정된 상태에 있지 않다. 따라서 관심을 끌고 유지하기가 더 어려우며, 메시지는

짧고 간결해야 한다.

- **공유**: 공유(sharing)라고 많이들 표현하지만 어쩌면 공유하지 않기라고 말해야 할지도 모른다. 연구에 따르면, 모바일 사용자 중 99%가 자신이 본 것을 공유하는 것을 좋아하지 않는다고 나타났다. 따라서 디지털 광고주의 주요 목표 중 하나는 참여를 유도하여 브랜드에 반응하고, 피드백을 제공하며, 메시지를 바이럴로 확산시키는 것이다. 데스크톱 사용자는 모바일 사용자보다 공유 버튼을 클릭할 가능성이 35% 더 높았다.
- **불쾌감**: 모바일 광고에 점점 더 많은 자금이 투입됨에 따라 스마트폰과 기타 모바일 기기로 전송되는 광고가 증가할 것이다. 그 결과, 컴퓨터 데스크톱의 스팸처럼 소비자들이 이러한 광고에 짜증(irritation)을 느낄 가능성이 높다. 이는 발신자에 대한 부정적인 태도 형성, 광고 차단 소프트웨어 사용 증가 등으로 이어질 수 있다. 현재 모바일 기기용 광고 차단 소프트웨어를 사용할 수 있으며, 마케터들은 이를 위협으로 인식하고 있다.

모바일의 잠재적인 약점에도 불구하고, 모바일은 계속해서 채택될 것이며, 디지털 광고 예산에서 큰 비중을 차지할 것으로 예상된다.

소셜 미디어 관리 프로그램

디지털 광고, 소셜 미디어 네트워크 등의 다양한 옵션을 살펴보면 전체 과정을 관리하는 방법에 대해 막막함을 느낄 수 있다. 다행히도, **소셜 미디어 관리**(social media management) 도구를 제공하는 여러 회사들이 있다. 후트스위트(Hootsuite), 허브스팟(Hubspot), 소셜파일럿(SocialPilot) 등은 소규모, 중규모, 대규모 기업을 대상으로 미디어 관리, 콘텐츠 개발, 게시, 환경 모니터링 등을 포함한 관리 서비스를 제공하였다. 일반적으로 이들 회사는 주요 소셜 네트워크와 통합 관리 서비스를 지원하기 위한 대시보드를 제공한다.

인터넷 매트릭스(metrics, 측정기준들)

디지털 및 소셜 미디어 효과를 측정하는 기업들은 다양한 방법을 사용하며, 대부분은 전자적으로 이루어진다. 여러 회사들이 인터넷 측정을 패키지로 제공하며, 이는 청중 측정 정보(인구통계, 심리통계 등)를 '기본 정보'로 제공하는 동시에 아래에 설명된 일부 효과 측정치를 포함한다. 먼저, 웹사이트의 효과를 측정하는 데 사용되는 몇 가지 측정치를 살펴본 다음, 이러한 측정치를 제공하는 일부 회사를 논의하겠다.

청중 측정 및 효과성 측정

인터넷 산업이 처음 자체적인 효과 측정 방법을 개발했을 때, 이 측정 방식의 문제로 인해 전통적인 미디어 구매자들 사이에서 채택률이 낮았다. 사용된 청중 측정지표에 대한 비판에 대응하고, 인터넷의 효과를 측정하는 데 사용되는 지표를 표준화하기 위해, 인터랙티브 광고국(Internet Advertisng Bureau, IAB)—가장 크고 영향력 있는 인터넷 정보거래그룹—은 2004

년 11월, 광고 및 연구에 참여하는 주요 글로벌 기업들로 구성된 태스크포스를 구성하였다.

이 태스크포스는 광고의 효과를 평가하고 혼란을 없애기 위해 사용될 수 있는 표준화된 측정 지표를 연구하고 개발하기 위해 설립되었다. 새로운 권고 사항의 세 가지 주요 요점은 IAB.net에서 제공되는 20페이지 분량의 보고서에 자세히 설명되어 있다. 업계 전문가들은 이러한 지침의 채택과 객관적인 감사가 전통적인 미디어에서 광고를 집행하는 이들에게 인터넷을 더 매력적인 매체로 만들 것이라고 믿고 있다.

이 지침은 주요 온라인 퍼블리셔뿐만 아니라 약 40개의 주요 온라인 광고 서버 기술 및 전 세계 주요 협회들의 지지를 받고 있다.

인터넷에 특화된 측정지표 인터넷의 주요 장점 중 하나로 인식되는 것은 활동을 실시간으로 측정할 수 있는 능력 덕분에 광고 효과를 측정할 수 있다는 점이다. 구글과 페이스북은 모두 성과를 모니터링할 수 있는 분석 도구를 제공하였다.

페이스북 애널리틱스(Facebook Analytics)는 사용자가 모바일, 웹, 봇, 오프라인 등 다양한 채널 전반에 걸친 고객 여정을 이해하고 최적화할 수 있도록 한다. 한편 **구글 애널리틱스**(Google Analytics)는 구글이 제공하는 웹 분석 서비스로, 현재는 구글 마케팅 플랫폼 브랜드의 플랫폼 내에서 웹사이트 트래픽을 추적하고 보고서를 제공해준다(사진 15-20).

이 두 프로그램은 제품 또는 브랜드의 성과에 대한 다양한 유용한 통찰력을 제공하고 있는데, 이 분석 도구들 외에도 광고주는 다양한 측정을 통해 광고 효과를 평가할 수 있다. 도표 15-10은 프레시스파크스(Freshsparks)의 설립자인 소니아 그레고리(Sonia Gregory)가 제안한 포괄적인 지표 목록을 보여준다. 이러한 측정지표는 인터넷 및 인터랙티브 산업에 특화된 청중 측정지표를 포함한다(각 용어에 대한 자세한 설명은 www.IAB.net을 방문하여 참조).

전통적인 측정지표 인터넷에 특화된 측정지표 외에도, 기업들은 다음과 같은 전통적인 마케팅 및 커뮤니케이션 측정지표를 사용하였다.

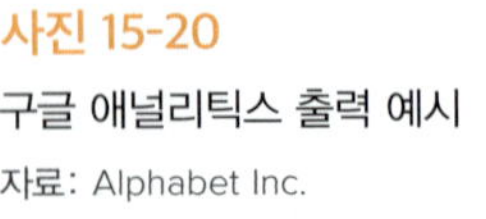
사진 15-20
구글 애널리틱스 출력 예시
자료: Alphabet Inc.

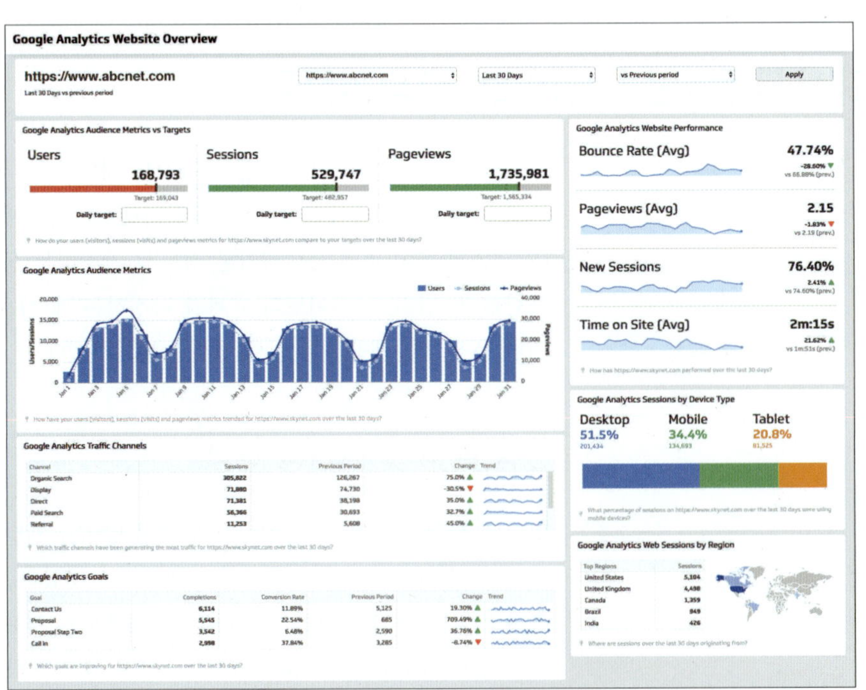

도표 15-10

디지털 마케팅 성과 측정지표

No	구분	내용
1.	전체 웹사이트 트래픽(Overall website traffic)	웹사이트를 방문한 총 방문자 수
2.	트래픽 소스별 분석(Traffic by source)	트래픽을 소스별로 구분(예: 직접, 추천, 유기적, 유료)
3.	신규 방문자 대 재방문자 (New visitors vs. returning visitors)	처음 방문한 사용자와 재방문한 사용자의 비율
4.	세션(Sessions)	사이트에서 발생한 사용자 세션의 총 수
5.	평균 세션 지속 시간 (Average session duration)	사용자가 한 세션 동안 머문 평균 시간
6.	페이지 뷰(Page views)	조회된 페이지의 총 수
7.	가장 많이 방문한 페이지(Most visited pages)	가장 높은 조회수를 기록한 페이지
8.	이탈률(Exit rate)	특정 페이지에서 사이트를 떠난 방문자의 비율
9.	바운스율(Bounce rate)	한 페이지만 보고 사이트를 떠난 방문자의 비율
10.	전환율(Conversion rate)	구매, 가입 등 원하는 행동을 완료한 방문자의 비율
11.	노출 수(Impressions)	광고나 콘텐츠가 표시된 횟수
12.	소셜 도달 범위(Social reach)	소셜 미디어 게시물 또는 광고의 잠재적인 전체 도달 범위
13.	소셜 참여도(Social engagement)	좋아요, 댓글, 공유 등 소셜 미디어에서의 상호 작용
14.	이메일 열람률(E-mail open rate)	이메일 수신자 중 이메일을 열어본 비율
15.	이메일 클릭률(E-mail click-through rate)	이메일 내 링크를 클릭한 사용자의 비율
16.	클릭당 비용(Cost per click)	광고 클릭 한 번당 발생한 비용
17.	전환당 비용(Cost per conversion)	전환(구매, 가입 등) 한 번당 발생한 비용
18.	획득당 비용(Cost per acquisition)	신규 고객을 획득하는 데 발생한 비용
19.	전반적인 ROI(Overall ROI)	디지털 마케팅 활동에서 얻은 전반적인 투자 수익률

자료: https://freshsparks.com/digital-marketing-success/.

- **회상 및 유지**: 여러 기업들이 인터넷 광고를 테스트하기 위해 전통적인 회상(recall) 및 유지(retention) 측정지표를 사용하였다. 이러한 측정지표는 온라인 광고를 사전에 테스트하는 데에도 사용된다.
- **설문 조사**: 온라인 및 전통적인 방법으로 수행된 설문 조사는 사이트 이용 행태부터 사이트에 대한 태도까지 포함하게 된다.
- **매출**: 전자상거래 마케터들에게 효과의 주요 지표는 판매량이다. 여기에 인구통계 정보, 사용자 행동 등의 정보를 추가하면 이 측정지표는 더욱 효과 있는 지표가 된다.
- **추적**: 일부 기업들은 브랜드 인지도, 광고 회상, 메시지 연관성, 구매 의도와 같은 보다 전통적인 추적 측정지표까지 제공하기 시작하였다.
- **ROI**: 컴스코어(comScore), 마이스페이스(MySpace), 던험비(dunnhumby)가 공동으로 수행한 연구에서는 마이스페이스에서 진행된 100만 달러 캠페인을 통한 온라인 매출의 ROI를 측정하였다.

앞서 언급된 측정지표들은 디지털 미디어가 효과를 측정하기 위한 독자적인 기준을 가지고 있으면서도, 전통적인 측정지표를 차용하고 있다는 것을 보여준다. 예를 들어, 브랜드 회상은 주요 초점 분야 중 하나가 되었다.

미국광고대행사협회(American Association of Advertising Agencies)와 미국광고주협회(Association of National Advertisers)는 광고 디지털 식별(Ad-Id) 시스템을 사용하였다. Ad-Id는 모든 미디어에 걸친 광고에 특정 미디어 코드를 할당하여 미디어 플래너가 매체를 구매할 때 다양한 미디어 구매를 용이하게 하였다. 2008년, Ad-Id는 공식적인 미디어 코딩 표준이 되었다.

이 Ad-Id를 통한 미디어 연합의 목표는 인터넷을 포함한 노출 비교를 활용하여 미디어 간 표준을 개발하는 것이었다. 전통적인 미디어에서 연구 정보를 제공하던 많은 기업들(예: 닐슨, Ipsos-ASI)은 이제 인터넷 세계로 활동을 확장하였으며, 다른 기업들(예: Insights.com, Forrester)은 온라인 사용자들을 위한 특별한 측정지표를 개발하였다.

인터넷 광고 효과 측정 회사로 널리 사용되는 지표를 제공하는 회사는 컴스코어와 미디어 매트릭스(Media Metrix)가 있다. 이 회사들은 마케터들이 사용할 수 있는 다양한 효과 측정지표를 제공하였다.

학계에서도 디지털 및 소셜 미디어의 효과를 측정하는 것과 관련된 논문들이 점점 더 많이 발표되고 있다. 사이트에 대한 소비자 태도, 이메일 설문 조사에서의 응답 차이, 오프라인 소매업과 전자상거래 간의 유사성 등에 관한 연구 등은 인터넷 사용 측정을 발전시키기 위해 학술지에 발표된 많은 논문 중에 대표적인 주제에 대한 연구들이다.

여기에서 제공된 측정지표 외에도, 소셜 미디어 효과를 측정하기 위한 여러 방법이 제안되었다. 도표 15-11에 표시된 지표들은 사용된 효과 측정지표의 완전한 목록은 아니지만, 마케터들이 이들 미디어를 사용할 때 목표 달성 여부를 평가하기 위해 사용하는 몇 가지 방법을 보여준다. 하지만 많은 마케터들은 이러한 지표에 만족하지 않으며, 이는 마케팅 예산을 새로운 미디어에 더 많이 투자하거나 효과 측정을 시도하는 데 있어 망설이게 되는 요인이 된다. 여태까지 인터넷 활동 및 효과를 측정하는 데 사용되는 모든 방법이 정확한 것은 아니며 이러한 문제들에 대해서는 다음에 논의하겠다.

인터넷, 디지털 및 소셜 미디어의 장단점

인터넷과 소셜 미디어의 몇 가지 주요 장점은 다음과 같다.

1. **타겟 마케팅**: 인터넷과 디지털 및 소셜 미디어의 주요 장점 중 하나는 낭비되는 노출을 최소화하면서 매우 특정한 그룹을 타겟으로 할 수 있다는 점이다. B2B 시장에서는 인터넷이 무역 잡지와 무역 박람회를 결합한 것과 비슷한 역할을 하며, 사이트에서 제공하는 제품 및 서비스에 관심이 많은 사람들만 사이트를 방문하게 된다(관심이 없는 사람들은 방문할 이유가 거의 없다). 소비자 시장에서는 개인화, 리타겟팅, 기타 기술을 통해 사이트가 점점 더 개인의 필요와 욕구를 충족하도록 조정되고 있다.
2. **메시지 맞춤화**: 정밀한 타겟팅 덕분에 메시지는 대상 청중의 특정 필요와 욕구에 대해서 소구하도록 디자인될 수 있다. 이러한 많은 정보는 디지털 행동 추적을 통해 얻어진다. 특히, 소셜 미디어의 상호 작용 기능은 비즈니스 시장과 소비자 시장 모두에서 1:1 마케팅의 성

도표 15-11 주요 소셜 미디어 목표에 따라 정리된 소셜 미디어 애플리케이션의 관련 지표

소셜 미디어 애플리케이션	브랜드 인지도	브랜드 참여도	입소문
블로그	• 고유 방문 횟수 • 재방문 횟수 • 북마크 횟수 • 검색 순위	• 회원 수 • RSS 피드 구독자 수 • 댓글 수 • 사용자 생성 콘텐츠 양 • 사이트에 머문 평균시간 • 투표 응답 수, 콘테스트, 설문 조사	• 다른 미디어(온라인/오프라인)에서 블로그에 대한 참조 수 • 재게시(reblogs) 수 • 타임 배지 수 • '좋아요' 수
마이크로블로깅 트위터 (예: Twitter)	• 브랜드에 대한 트윗 수 • 트윗의 방향 +/– • 팔로워 수	• 팔로워 수 • @ 답글 수	• 리트윗 수
공동창작(Cocreation) (예: NIKEIDS)	• 방문 수	• 생성 시도 횟수	• 다른 미디어(온라인/오프라인)에서 프로젝트에 대한 참조 횟수
소셜 북마킹 (예: StumbleUpon)	• 태그 수	• 팔로어 수	• 추가 태그 수
포럼 및 토론 게시판 (예: Google 그룹)	• 페이지 조회수 • 방문 수 • 게시물의 방향(+/–)	• 관련된 주제의 수/스레드 수 • 개별 답변 수 • 가입 수	• 유입되는 링크 • 다른 사이트에서 인용 • 소셜 북마킹에 태그하기 • 포럼 또는 회원에 대한 오프라인 참조 • 사적 커뮤니티: 콘텐츠 수(사진, 토론, 비디오), 외부 커뮤니티를 지향하는 채팅 • '좋아요' 수
제품 리뷰 (예: Amazon)	• 게시된 리뷰 수 • 리뷰의 방향 • 리뷰에 대한 다른 사용자들의 반응 횟수와 방향성 (+/–) • 위시리스트 추가 횟수 • 제품이 사용자 목록에 포함된 횟수(예: Amazon의 listmanial)	• 리뷰 길이 • 리뷰의 관련성 • 다른 사용자의 리뷰평가의 방향성 (예: 구매결정에 리뷰가 도움이 된 횟수) • 위시리스트 추가 개수 • 전체 리뷰어 평균점수 • 리뷰어 평가 평균점수	• 게시된 리뷰 수 • 리뷰의 방향성 • 다른 사용자의 리뷰평가의 방향성 (예: 구매결정에 리뷰가 도움이 된 횟수) • 다른 사이트 리뷰를 참조한 횟수 • 리뷰 사이트 페이지 방문 횟수 • 제품이 사용자 목록에 포함된 횟수 (예: Amazon의 listmanial)
소셜 네트워크 (예: Facebook, Linkedin)	• 회원/팬 수 • 애플리케이션 설치 수 • 노출 수 • 북마크 수 • 리뷰 및 평가 횟수와 방향성	• 댓글 수 • 활성 사용자 수 • 친구 피드의 '좋아요' 수 사용자가 생성한 항목 수 (사진, 스레드, 답변) • 애플리케이션/위젯 사용 지표 노출 대 상호 작용 비율 • 활동 비율(멤버들이 프로필, 자기소개, 링크 등을 개인화하는 빈도)	• 친구 타임라인 등장 빈도 • 포스팅 수 • 리포스트/공유 횟수 • 친구의 추천 초대에 대한 응답 수
비디오 및 사진 공유 (예: Flickr, YouTube)	• 영상/사진 조회수 • 영상/사진의 방향성(+/–)	• 답글 수 • 페이지 조회수 • 댓글 수 • 가입자 수	• 임베딩 수 • 수신 링크 수 • 모의실험에서의 참조 수업 또는 파생 작업 • 다른 소셜 미디어에 퍼가기 횟수 • 기타 소셜 미디어 및 오프라인 • '좋아요' 수

자료: MIT Sloan Management Revieve Fall 2010

IMC 관점 15-1 >>>

디지털로의 광란: 현명한 경영인가, 아니면 집단행동인가?

이 책 전반에 걸쳐서 마케터들이 전통 매체에서 디지털 매체로 미디어 예산할당을 변경하는 사례를 여러 번 제시한 바 있다. 그 이유는 밀레니얼 세대가 더 이상 TV를 시청하거나 신문을 읽거나 라디오를 청취하지 않기 때문이다. 디지털 광고 지출은 이미 TV를 초과하였으며, 2020년까지 디지털 미디어 지출이 TV 대비 70% 더 많아질 것이라고 예측하였다. 닐슨(Nielsen) 연구에 따르면, 2018년에서 2019년 사이에 마케터의 82%가 디지털 미디어 예산을 크게 늘릴 것으로 기대하면서 전통적 미디어 예산은 축소할 것이라고 응답하였다. 잡지 및 신문 광고는 감소할 것으로 전망하였고, 라디오 광고는 정체될 것으로 나타났다. 전통적 광고에 대해 낙관적인 전망을 내놓는 사람은 거의 찾아보기 힘들었다. 이처럼 많은 광고주들이 디지털에 막대한 예산을 할당하는 것은 업계의 집단적 지혜를 반영하는 것이라고 추정할 수 있으나, 반드시 그러한 것은 아니라고 경고하였다.

광고주들이 디지털로 이동하는 이유

광고주들은 디지털로의 이동을 다양한 이유로 설명하였다. 이미 언급한 바와 같이, 많은 이들이 밀레니얼 세대의 시청률 및 인쇄 미디어에 대한 열독률 감소가 디지털 기술에 대한 집착 때문이라고 믿었으며, 디지털이 도달 범위를 달성하는 데 더 효과적이고 비용효율적이라고 주장하였다.

예를 들어, 일라이즈 리프링(Ilyse Liffreing)은 2019년 수퍼볼 광고 한 편(30초) 비용인 500만 달러를 온라인에 사용했을 때 기대할 수 있는 결과를 다음과 같이 제시하였다.

(1) 아마존 스폰서 광고에서 630만 번의 유료 클릭을 얻을 수 있었다.
(2) 아마존 검색 광고에서 250만 번의 유료 클릭을 얻을 수 있었다.
(3) 인스타그램 또는 페이스북에서 17억 번의 노출을 기록할 수 있었다.
(4) 스냅챗에서 25억 번의 노출을 확보할 수 있었다.
(5) 소피파이(Shopify) 상점 17만 2,414개를 생성할 수 있었다.

또한 수퍼볼 광고의 CPM(천 회 노출당 비용)은 페이스북, 인스타그램, 트위터, 링크드인, 핀터레스트보다도 높은 것으로 나타났다고 보고하였다. 디지털 광고는 성과 측정 가능성, 효율성 그리고 프로그램매틱 타겟팅을 통한 구매 편의성 때문에 각광받고 있다고 설명하였다.

디지털 광고에 대한 비판

하지만 모두가 디지털에 열광하는 것은 아니라고 경고하였다. 디지털 광고 집착에는 다음과 같은 문제가 존재한다고 지적하였다.

- 사기 광고 문제가 있었다.
- 광고 시청 가능성(viewability) 문제가 발생하였다.
- 소비자를 기만하는 사례가 있었다.
- 봇 트래픽(불법 봇넷에 의해 생성된 가짜 웹 트래픽)이 증가하였다.
- 일부 경영진은 프로그램매틱 광고를 "게으른 사람들의 미디어 구매 핑계"라고 표현하기도 하였다.

이갈 자이프만(Igal Zeifman)의 보고서에 따르면, 웹사이트 트래픽의 최대 61.5%가 악성 봇에 의해 발생하는 것으로 나타났다고 보고하였다. 또한 타겟팅된 매력적인 오디언스일수록 광고가 실제 사람 대신 봇에 의해 소비될 확률이 높아진다고 주장하였다. 이로 인해 광고주들은 실제 도달하지 않은 노출에 비용을 지불하게 되는 문제에 직면하였다고 하였다.

추가 연구들은 온라인 디스플레이 광고의 절반 이상이 기술적 문제로 인해 실제로 화면에 나타나지 않는다는 결과를 발표하였다. 프로그램매틱 광고는 디스플레이 광고보다 14% 더 많은 봇을 유입시키며, 프로그램매틱 비디오는 디스플레이 광고보다 73%나 더 많은 봇 트래픽을 발생시켜 광고주들에게 매년 약 76억 달러의 손실을 입힌다고 지적하였다.

게다가 프로그램매틱 광고를 통해 어디에 광고가 게재되는지 알기 어려우며, 광고 차단(ad-blocking) 역시 증가하고 있다고 하였다.

유튜브 실험: The Blank Video Project

미니애폴리스의 광고대행사 솔브(Solve)는 유튜브 광고 조회수의 유효성을 검증하기 위해 'The Blank Video Project'라는 실험을 진행하였다. 유튜브는 매분 300시간 분량의 콘텐츠가 업로드되는 플랫폼으로, 많은 관리자들에게 매력적인 매체로 인식되고 있다고 설명하였다.

솔브는 아무런 움직임, 소리, 제목, 설명 없이 하얀 화면만을 담은 4분짜리 영상을 제작하여 실험하였다. 이 영상은 솔브 웹사이트로 연결되는 클릭 유도 링크만을 포함하고 있었다. 솔브는 유튜브 트루뷰(YouTube

공 가능성을 더욱 높여주는 배경 요인으로 작용한다.

3. **상호 작용 기능**: 이러한 미디어는 상호 작용이 가능하기 때문에 고객의 참여, 관여, 만족도를 높이고 구매자와 판매자 간에 거의 즉각적인 피드백을 제공할 잠재력이 크다.
4. **정보 접근성**: 인터넷의 가장 큰 장점은 정보 원천으로서 쉽게 사용할 수 있다는 점이다. 인터넷 사용자는 검색만으로 자신이 선택한 거의 모든 주제에 대해 방대한 정보를 찾을 수 있다. 특정 사이트를 방문하면 제품 사양, 비용, 구매 정보 등에 대한 풍부한 정보를 얻을 수 있으며, 추가적인 정보를 원한다면 링크를 통해 더 많은 정보를 확인할 수 있다. 구글과 유튜브도 검색 기능을 제공하고 있다.

자료: Solve Advertising & Branding

TrueView) 광고를 통해 이 영상을 프로모션하였고, 시청자가 30초 이상 시청할 경우에만 비용을 지불하도록 설정하였다.

실험 결과는 다음과 같았다.

- 광고는 총 227,819회 노출되었다.
- 100,000건 이상의 조회를 기록하였다.
- 평균 시청 시간은 2분 26초를 기록하였다.
- 22%의 시청자가 영상 끝까지 시청하였다.

솔브는 유튜브 플랫폼을 공격하거나 비하하려는 의도가 아니라, 광고주들에게 콘텐츠 품질과 성과를 평가하는 더 나은 방법이 필요함을 보여주고자 하였다고 밝혔다. 또한 '좋아요'나 '엄지척' 지표만으로는 광고 효과를 제대로 평가할 수 없다고 주장하였다.

소비자와 마케터들의 평가

600명의 브랜드 마케터, 소매업체, 소비자를 대상으로 한 온라인 연구도 흥미로운 결과를 보여주었다. 소비자들은 인지도를 높이고 구매 결정을 유도하는 데 가장 효과적인 광고 형태를 묻는 질문에 디지털 광고를 가장 하위에 평가하였다.

전통 광고, 소비자 프로모션, 쇼퍼 마케팅, 판매촉진 등이 디지털 광고보다 훨씬 높은 효과를 보였다고 응답하였다. 브랜드 마케터들과 소매업체들 역시 디지털 광고에 대해 가장 낮은 신뢰를 보였다고 밝혔다.

결론: 유행을 따를 것인가, 신중히 따질 것인가

결국 광고주들은 디지털 미디어의 단점을 인식하고 있음에도 불구하고, 유행을 따를 것인지, 아니면 더 많은 시간과 노력을 들여 올바른 평가 기준을 마련할 것인지 선택해야 한다고 강조하였다.

자료: Ilyse Liffreing, "What a $5m Super Bowl Ad Can Buy in Digital Media in 2019," January 30, 2019, www.digiday.com; Steven Cook, "Nielsen: 82% of Marketers Expect Big Boosts in 2019 Digital Media Budgets," July 26, 2018, www.CMO.com; "CPG Now Spends More on Digital than Traditional Ads, But Shoppers Doubt They Work," February 23, 2017, www.adage.com.

5. **판매 잠재력**: 아마존과 이베이에서만 생성된 판매 수치(다른 많은 사례를 언급하지 않더라도)는 B2B와 소비자 부문 모두에서 엄청난 판매량을 보여준다. 미래에도 지속적인 성장이 예상된다. 또한 온라인으로 쇼핑하고 오프라인으로 구매하는 사람들의 수도 계속 증가하고 있다.
6. **창의성**: 창의적으로 설계된 사이트는 기업의 이미지를 향상시키고, 재방문을 유도하며, 소비자의 마음속에 긍정적으로 기업이나 조직을 자리 잡게 할 수 있다. 앞서 언급된 몇몇 사이트를 방문해보면 그 의미를 알 수 있을 것이다. 소비자가 생성한 소셜 미디어는 더욱 창의적인 결과를 낳는다.

7. **노출**: 예산이 제한된 많은 소규모 기업들에게 월드 와이드 웹은 과거에는 불가능했을 잠재 고객들에게 노출될 기회를 제공하였다(혀 클리너 사례를 떠올려보라). 전통적인 미디어를 활용하는 데 드는 비용의 일부분만으로도 기업은 신속하게 전국적, 심지어 국제적 노출을 얻을 수 있다.
8. **속도**: 기업, 제품, 서비스 정보 등을 요청하는 사람들에게 인터넷은 이 정보를 얻고 제공하는 가장 빠른 수단이다. 잘 설계된 사이트는 이러한 정보를 최신 상태로 유지하며, 검색 기능을 통해 추가적인 정보도 제공한다.
9. **IMC 보완**: 인터넷과 디지털 및 소셜 미디어는 다른 IMC 미디어를 보완하며, 동시에 다른 미디어로부터 보완받는다. 따라서 이러한 미디어는 통합 프로세스에서 중요한 연결 고리 역할을 한다. 마케터들은 이러한 미디어가 전통적인 미디어를 지원하고, 전통적인 미디어로부터 지원받는다는 것을 이해하고 있다.
10. **시의성**: 신속하고 최신의 정보를 전달할 수 있는 능력은 다른 어떤 미디어도 따라올 수 없는 장점이다. 소셜 미디어와 모바일을 활용하여, 기업은 제품 리콜과 같은 거의 모든 정보를 소비자들에게 최신 상태로 유지할 수 있다.

인터넷과 디지털 및 소셜 미디어는 효과적일 가능성이 있지만, 다음과 같은 단점도 있다.

1. **측정 문제**: 인터넷과 새로운 미디어의 가장 큰 단점 중 하나는 생성된 연구 수치의 신뢰성 부족이다. 연구 제공자가 제시한 예측 및 기타 통계를 간단히 검토해보면 큰 차이가 있음을 알 수 있으며, 이는 심각한 타당성과 신뢰성 부족으로 이어진다. 앞서 언급한 이마케터(eMarketer)는 이러한 차이를 조정하고 차이의 원인(적용된 방법론의 차이)을 설명하려 시도했으나, 문제는 여전히 존재한다. IAB가 지표를 표준화하려는 노력은 이러한 문제를 줄이는 데 도움이 될 것이다. 하지만 이 매체에서 측정과 예측의 어려움 때문에, 이러한 수치를 사용할 때 신중을 기할 필요가 있다. 맥킨지(McKinsey)가 발표한 410명의 마케팅 임원을 대상으로 한 연구에서, 온라인에 더 많은 투자를 하지 않는 주요 이유로 충분한 측정 기준의 부족이 꼽혔다. 최근 연구에서도 이러한 우려가 여전히 존재하며, AT&T와 같은 기업들은 측정을 여전히 주요 문제로 간주하고 있다.
2. **광고 혼잡**(clutter): 광고 수가 급증함에 따라, 특정 광고가 주목받을 가능성은 그만큼 낮아진다. 그 결과 일부 광고는 주목받지 못하며, 소비자들이 이러한 혼잡에 짜증을 느끼는 경우도 있다. 연구에 따르면 배너 광고는 이러한 이유로 효과가 감소하였으며, 인터스티셜(interstitials) 광고 역시 짜증을 유발한다고 한다. 많은 광고에서 클릭률이 지속적으로 감소하는 것이 관찰되었다.
3. **기만 가능성**: 미디어 교육 센터는 광고주들이 미묘한 광고 메시지로 어린이를 대상으로 삼으려는 시도를 두고 인터넷을 "기만의 웹"이라고 언급하였다. 이 센터를 포함한 여러 단체는 정부에 인터넷 규제를 요청하였다. 또한 소비자 몰래 데이터를 수집하거나, 해킹, 신용카드 도난 등의 문제도 인터넷 사용자들이 직면한 문제 중 일부다. 블로거, 브랜드를 추천하지만 보상을 받았다는 사실을 밝히지 않는 마케팅 인플루언서, 그리고 네이티브 광고 역시 오해를 불러일으킬 가능성이 있다. 특히 스마트폰에서 네이티브 광고는 광고가 후원받았다는 사실을 제대로 표시하기 어려운 경우가 많다.
4. **개인정보 보호**: 인터넷 사용자들이 우려하는 주요 문제 중 하나는 개인정보 보호다. 특히

우려되는 점은 개인 데이터의 수집이며, 이는 종종 사용자의 동의 없이 마케터들에게 제공된다. 젊은 사용자들은 덜 걱정하는 경향이 있지만, 페이스북과 같은 웹사이트들은 개인정보와 관련된 여러 문제를 다루어야 했고, 이는 법적 문제와 부정적인 홍보로 이어졌다. IAB는 기업들이 준수할 것을 요청하는 개인정보 보호 정책을 발표하였다(IAB 웹사이트 참조).

5. **짜증 유발**: 여러 연구는 웹의 일부 전술이 유발하는 짜증스러운 측면을 보고하였다. 이러한 연구는 광고 혼잡, 이메일 스팸, 팝업 및 팝언더 광고에 대한 소비자의 불만을 보여주었다. 리타겟팅 광고와 프리롤 광고(pre-roll)에 대한 짜증도 점점 증가하고 있다. 이러한 짜증스러운 요소들은 방문자가 사이트에 오거나 다시 방문하는 것을 방해하거나, 광고주에 대한 부정적인 태도를 유발할 수 있다.

전반적으로, 인터넷과 디지털 및 소셜 미디어는 전통적인 미디어에 비해 마케터들에게 확실한 장점을 제공한다. 그러나 이러한 매체의 단점과 한계로 인해 이를 단일 솔루션으로 간주하기는 어렵다. 하지만 IMC 프로그램의 일부로서, 이러한 미디어는 매우 유용한 도구다.

요 약

이 장에서는 인터넷, 디지털 미디어, 소셜 미디어에 대해 소개하고, 통합 마케팅 커뮤니케이션(IMC) 프로그램에서 이들이 어떻게 활용될 수 있는지를 설명하였다.

인터넷의 성장은 인터넷 사용 시 추구되는 목표와 커뮤니케이션 전략을 이해하는 데 중점을 두었으며, IMC 프로그램 내에서 인터넷의 역할과 인터넷과 통합 가능한 IMC 프로그램 요소들을 설명하였다.

다양한 온라인 도구들, 예를 들어 유료 검색, 행동 타겟팅, 맥락 광고, 리치 미디어, 소셜 미디어, 사용자 생성 콘텐츠, 블로그, 팟캐스트와 같은 웹 2.0 플랫폼들이 논의되었다. 웹 2.0의 장점으로는 타겟팅 시장, 상호작용 기능, 관계 구축 등이 강조되었다. 또한 고비용, 신뢰할 수 없는 측정과 통계, 비교적 낮은 도달 범위(일부 전통 미디어와 비교했을 때), 기만 가능성과 같은 단점들도 검토되었다.

이 장에서는 스마트폰과 휴대용 기기의 보급, 그리고 수백만 개의 애플리케이션 덕분에 광고 지출이 급격히 증가한 모바일의 성장을 다루었다. 디지털 미디어, 소셜 미디어, 모바일은 단독으로 사용되는 매체가 아니라, IMC 프로그램 내에서 기존 미디어를 보완하고, 자체적으로도 효과를 극대화하는 중요한 도구로 역할을 한다는 점이 강조되었다.

CHAPTER 16

판매촉진

자료: Burger King Corporation

학습 목표

1 | IMC 프로그램에서 판매촉진의 역할을 설명한다.

2 | 판매촉진 프로그램의 목표를 식별한다.

3 | 마케터가 다양한 유형의 소비자 및 중간상 지향 판매촉진 도구의 사용 방법을 설명한다.

4 | 판매촉진과 광고를 조율하는 방법을 설명한다.

5 | 판매촉진 도구 사용 시 발생할 수 있는 잠재적인 문제점을 논의한다.

버거킹이 사람들에게 와퍼를 위해 우회전하게 한다

코카콜라와 펩시가 수십 년 동안 '콜라 전쟁'을 벌였던 것처럼 패스트푸드 업계에서 맥도날드와 버거킹 간의 싸움은 미국 역사상 가장 큰 사업상의 경쟁 중 하나였다. 두 회사 모두 1950년대 중반에 햄버거를 판매하기 시작했지만, 맥도날드는 그 이후로 미국과 전 세계에서 시장 리더가 되었다. 각 체인점에는 시그니처 제품이 있다. 맥도날드는 빅맥과 쿼터파운더를 판매하는 반면, 버거킹은 직화구이 와퍼를 판매한다. 빅맥과 와퍼는 역대 가장 많이 팔린 버거로, 매년 수억 개가 판매된다. 맥도날드는 항상 패스트푸드 시장의 버거 부문을 지배해왔으며, 미국에서는 맥도날드의 골든 아치가 버거킹의 두 배에 달하는 시장 점유율을 가지고 있다.

맥도날드가 버거킹과 웬디스, 하디스, 소닉과 같은 다른 경쟁사에 비해 가진 가장 큰 이점 중 하나는 레스토랑 수가 엄청나다는 것이다. 맥도날드는 미국에 1만 4,000개가 넘는 매장을 두고 있는 반면, 버거킹은 약 7,200개의 매장을 두고 있다. 버거킹은 규모 면에서 경쟁할 수 없기 때문에, 버거킹의 전략에서 중요한 부분은 빅 킹 샌드위치와 같은 새로운 메뉴를 출시하고, 상징적인 "Have it your way(마음대로 하세요)" 테마를 사용하여 인기 있는 와퍼를 촉진함으로써 맥도날드 제품에 도전하는 것이었다. 그러나 버거킹은 주기적으로 맥도날드에 도전하고 소비자들이 빅맥이나 쿼터파운더 대신 와퍼로 전환하도록 하는 영리한 프로모션을 내놓는다. 패스트푸드 충성 고객들이 행동을 바꾸도록 하는 것은 쉽지 않다. 가치 메뉴, 가격 프로모션, 특별 할인은 쉽게 대적할 수 있고 일반적으로 지속 가능한 경쟁 우위를 제공하지 않기 때문이다. 그러나 2018년 후반에 버거킹은 '와퍼 우회전(Whopper Detour)'을 실행하여 소비자들이 맥도날드로 운전하여 와퍼를 주문하도록 유도하면서 역대 가장 창의적이고 기술적으로 어려운 프로모션 중 하나를 사용했다. 그리고 네, 바로 그거다.

'와퍼 우회전 프로모션'의 전략은 버거킹 스마트폰 앱을 사용하고 맥도날드에서 600피트 이내 또는 그 안에 있는 소비자가 일반 가격인 4달러 이상이 아닌 1센트에 와퍼를 주문할 수 있다는 것이다. 이 프로모션의 문제점은 고객이 앱에서 주문해야 하며, 그러면 가장 가까운 버거킹으로 이동하여 혜택을 받을 수 있다는 것이다. 이 프로모션을 구현하려면 많은 기술 지식이 필요했다. 버거킹의 광고대행사인 FCB 뉴욕(FCB New York)은 디지털 회사와 협력하여 지오펜싱을 사용하여 전국의 거의 모든 맥도날드 매장 주변에 가상의 지리적 경계를 만들어야 했다. 이 혜택은 맥도날드에서 600피트 이내에서만 제공되기 때문이다. 또한 이 대행사는 앱이 스마트폰의 GPS 칩을 사용하여 정확한 위치를 파악하고 미국 내 모든 맥도날드 매장에 태그를 지정하는 지오로케이션과 호환되는지 확인해야 했다.

와퍼 우회전 프로모션의 전략에서 중요한 부분은 버거킹과 맥도날드 매장 수의 엄청난 차이였는데, 이는 버거킹 팬들이 와퍼를 사려면 더 멀리 운전해야 한다는 것을 의미했다. 가장 큰 아이디어는 맥도날드 매장의 엄청난 수(미국 인구의 75%가 맥도날드에서 3마일 이내에 거주)를 활용하여 경쟁사의 매장을 버거킹으로 바꾸는 것이었다. 이 프로모션은 사람들이 맥도날드에 가까이 있을 때 버거킹 앱에서 활성화되고 맥도날드를 지나 버거킹으로 향하면 할인 혜택을 제공한다.

우회 캠페인을 성공시키기 위해 버거킹과 FCB는 패스트푸드 고객에게 프로모션을 알리고 스마트폰에 버거킹 모바일 앱이 없는 고객에게 다운로드하도록 해야 했다. 프로모션을 시작하기 전에 에이전시 팀은 배우들이 뉴욕 지역의 실제 맥도날드 매장에 가서 드라이브스루에서 맥도날드 직원에게 1페니에 와퍼를 사러 왔다고 말하는 단편 영화를 제작했다. 숨겨진 카메라를 사용하여 맥도날드 드라이브스루 직원과의 상호 작용을 촬영했는데, 법적인 이유로 얼굴이 흐릿해지고 목소리가 바뀌었다. 이 영화는 기간 한정 오퍼를 홍보하기 위해 온라인에서 상영되었고 홍보팀은 이를 사용하여 미디어의 주목을 끌었다. 온라인 비디오 외에도 버거킹의 킹 캐릭터의 팔이 맥도날드 간판을 "조 단위의 사람들을 모시는(Billions Served)" 대신 "수조의 사람들이 우회하는(Billions swerved)"으로 바꾸는 인쇄 광고를 제작했다.

와퍼 우회전은 2018년 12월 초에 단 9일 동안 진행되었지만, 숫자는 그것이 얼마나 성공적이었는지를 말해준다. 프로모션 기간 동안 150만 명이 버거킹 앱을 스마트폰에 다운로드했고, 50만 명 이상이 1센트짜리 와퍼 오퍼를 사용했는데, 이는 디지털 쿠폰 프로모션의 이전 기록보다 40배 더 많은 수치다. 게다가, 프로모션의 영향은 몇 달 후 버거킹 앱 다운로드가 450만 건 증가하면서 계속되었다. 이 프로모션은 또한 버거킹의 매출을 끌어올렸다. 와퍼를 단 1페니에 제공했음에도 불구하고, 프로모션 기간 동안 모바일 앱을 통한 총매출량이 300% 증가했다. 게다가 프로모션 이후, 버거킹 모바일 앱을 통한 매출은 프로모션 전보다 두 배나 증가했다. 버거킹은 와퍼 우회 프로모션을 사용한 소비자가 버거킹 앱에서 연간 약 1,500만 달러를 더 지출할 것으로 추정한다. 이 회사의 프로모션 분석에 따르면 버거킹 레스토랑에서는 와퍼의 공식화가 거의 일어나지 않았다. 이 프로모션을 위해 온 사람들은 실제로 신규 고객 또는 이탈한 고객이었고, 1페니에 와퍼만 구매한 것이 아니기 때문이다.

버거킹의 글로벌 최고 마케팅 책임자인 페르난도 마차도는 와퍼

(계속)

우회 프로모션을 브랜드의 결정적 순간이라고 부르며, 회사 마케팅의 전환점을 알리고 큰 아이디어의 힘과 창의성의 미래가 어떨지 보여준다고 언급했다. 마차도는 "큰 창의적 아이디어는 프로그래밍, AI, 트렌드, 심지어 아름답게 구성된 맥킨지 프리젠테이션을 점심으로 먹어치웁니다"라고 말한다. 우회 프로모션은 큰 아이디어가 사람들로 하여금 점심으로 많은 와퍼를 먹게 할 수도 있음을 보여준다.

자료: Fernando Machado, "The Inside Story of the Burger King Campaign That Changed the Brand's Entire Out look on Marketing," *Adweek*, May, 17, 2019, www.adweek .com/brand-marketing/the-inside-story-of-the-burger-king campaign-that-changed-the-brands-entire-outlook-on marketing/; Jessica Wohl, "Burger King Offers a Whopper of a Deal with a McDonald's Catch," *Advertising Age*, December 4, 2018, adage.com/article/cmo-strategy/burger-king-s-whopper-offer-a-mcdonald-s-related-catch/315822; Gabriel Beltrone, "Burger King's New Trolling Ploy Sends Fans to McDonald's to Unlock a 1-Cent Whopper Deal," *Adweek*, December 4, 2018, www.adweek.com/creativity/burger-king-new-trolling-ploy-sends-fans-to-mcdonalds-to unlock-a-1-cent-whopper-deal/.

장의 서두에서 논의했듯이, 마케터는 광고만으로는 항상 제품을 매장 선반에서 꺼내 소비자의 손에 넣기에 충분하지 않다는 것을 알고 있다. 그들은 소비자와 제품을 유통하는 도매상과 소매상 모두를 대상으로 다양한 판매촉진 방법을 사용하여 수요를 자극한다. 대부분 회사의 IMC 프로그램에는 광고, 직접 마케팅, 홍보/퍼블리시티, 디지털 마케팅과 개인 판매 노력과 함께 조율되는 소비자 및 중간상 프로모션이 포함된다.

이 장에서는 회사의 IMC 프로그램에서 판매촉진의 역할에 초점을 맞춘다. 우리는 마케터가 소비자 및 중간상 지향 프로모션을 모두 사용하여 소비자와 도매상 및 소매상의 구매행동에 영향을 미치는 방법을 살펴본다. 우리는 판매촉진 프로그램의 목표와 소비자 및 중간상 수준에서 사용할 수 있는 다양한 유형의 판매촉진 도구를 살펴본다. 또한 판매촉진을 프로모션 믹스의 다른 요소와 통합할 수 있는 방법을 고려하고 마케터가 소비자 및 중간상 프로모션에 지나치게 의존하게 될 때 발생할 수 있는 문제를 살펴본다.

판매촉진의 범위와 역할

판매촉진(sales promotion)은 "즉각적인 판매를 창출하는 주요 목적으로 판매원, 유통업체 또는 최종 소비자에게 제품에 대한 추가 가치 또는 인센티브를 제공하는 직접적인 유인"으로 정의되었다. 이 장을 읽을 때 판매촉진의 몇 가지 중요한 측면을 염두에 두길 바란다.

첫째, 판매촉진에는 구매에 대한 추가 인센티브(extra incentive)를 제공하는 어떤 유형의 인센티브가 포함된다. 이 인센티브는 일반적으로 프로모션 프로그램의 핵심 요소다. 쿠폰이나 가격 할인, 경연 대회나 경품 추첨에 참여할 수 있는 기회, 환불이나 할인, 또는 추가 금액의 제품일 수 있다. 인센티브는 또한 미래의 구매를 창출하기 위해 제공되는 제품의 무료 견본품(sample)이거나 제너럴 밀스(General Mills)에서 럭키참스(Lucky Charms) 시리얼에 사용하는 미니 미니온(Mini Minion) 캐릭터 장난감과 같은 사은품(premium)일 수 있다(사진 16-1). 미니온 사은품 제공은 영화를 테마로 한 포장, 8개의 수집 가능한 미니온 사은품 및 제품 통합을 포함하는 영화 〈대스피카블 미 2(Despicable Me 2)〉에 대한 프로모션의 일부였다. 대부분의 판매촉진 제공은 제품이나 서비스에 약간의 가치를 더하려고 시도한다. 광고는 소비자에게 구매 이유를 제공하기 위해 마음과 감정에 어필하는 반면, 판촉은 지갑에 더 어필하고 브랜드를 구매하도록 하는 인센티브를 제공한다.

판매촉진은 도매상과 소매상과 같은 마케팅 중간상에게 유인을 제공할 수도 있다. 거래 수

사진 16-1

사은품 오퍼는 럭키참스 구매에 대한 추가 인센티브를 제공하는 데 사용된다.

자료: Mark Dierker/McGraw-Hill Education

당이나 할인은 소매상에게 제조업체의 제품을 비축하고 촉진할 재정적 인센티브를 제공한다. 도매상이나 소매 직원을 대상으로 하는 중간상 경연 대회는 특정 작업을 수행하거나 판매 목표를 달성하도록 하는 추가 인센티브를 제공한다.

두 번째로 판매촉진은 본질적으로 판매 프로세스를 가속화하고 판매량을 극대화하도록 설계된 가속 도구(acceleration tool)라는 것이다. 추가 인센티브를 제공함으로써 판촉 기술은 소비자에게 더 많은 양의 브랜드를 구매하도록 동기를 부여하거나 더 즉각적인 조치를 취하도록 장려하여 중간상이나 소비자의 구매주기를 단축할 수 있다.

회사는 또한 소매상에 대한 가격 할인 거래나 만료일이 있는 쿠폰과 같은 기간 한정 상품을 사용하여 구매 프로세스를 가속화한다. 판매촉진은 광고에 응답하지 않은 고객에게 동기를 부여하여 판매량을 극대화하려고 시도한다. 이상적인 판매촉진 프로그램은 다른 수단으로는 달성할 수 없는 판매를 창출한다. 그러나 나중에 살펴보겠지만, 많은 판매촉진 제안은 새로운 사용자를 유치하기보다는 브랜드의 현재 사용자가 사용한다.

마지막으로 판매촉진은 마케팅 채널에서 다양한 당사자를 대상으로(targeted to different parties) 할 수 있다는 것이다. 도표 16-1에서 볼 수 있듯이, 판매촉진은 소비자 지향 및 중간상 지향 프로모션의 두 가지 주요 범주로 나눌 수 있다. **소비자 지향 판매촉진**(consumer-ori-

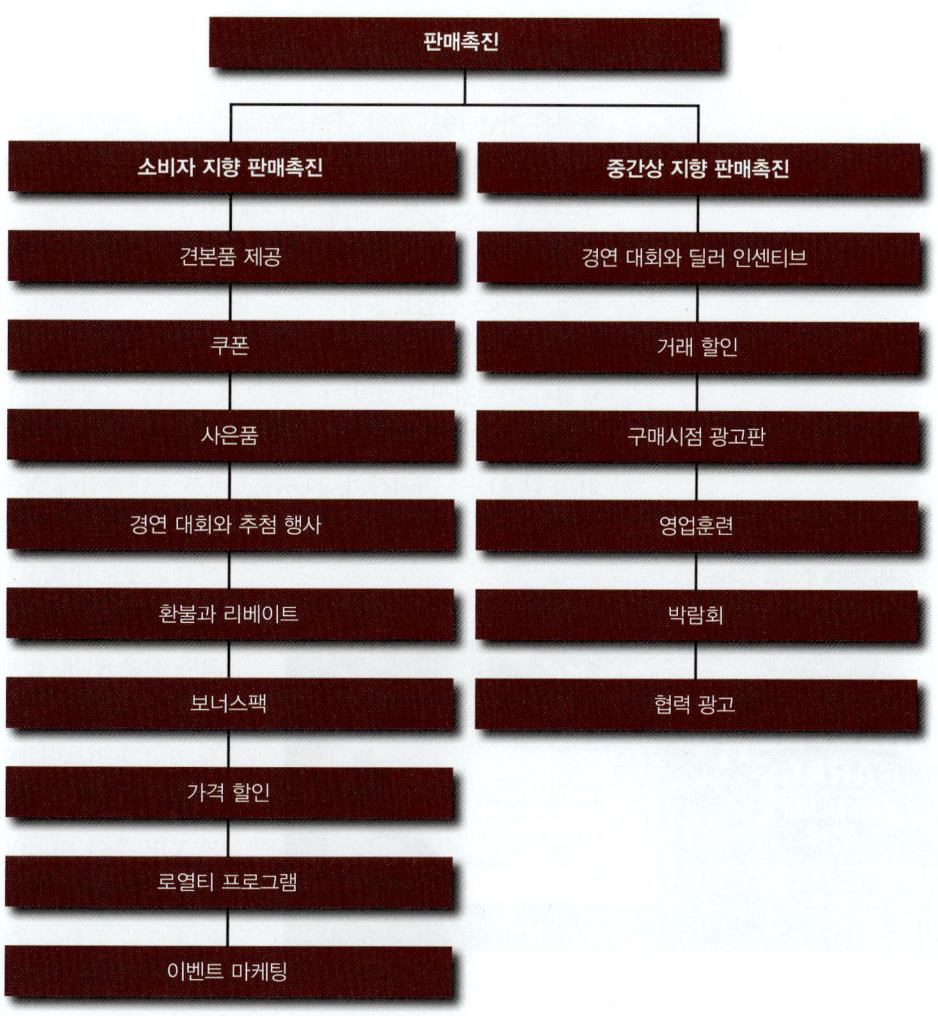

도표 16-1

판매촉진 활동의 유형

ented sales promotion)에 관련된 활동에는 견본품 제공, 쿠폰, 사은품, 경연 대회 및 경품 추첨, 환불 및 할인, 보너스팩, 가격 할인, 로열티 프로그램 및 이벤트 마케팅이 포함된다. 이러한 프로모션은 상품 및 서비스의 최종 구매자인 소비자를 대상으로 하며, 마케터의 브랜드를 구매하도록 유도하도록 설계되었다.

2장에서 논의했듯이, 소비자 지향 프로모션은 프로모션 풀 전략의 일부다. 광고와 함께 작동하여 소비자가 특정 브랜드를 구매하도록 장려하고 이에 따라 수요를 창출한다. 소비자 지향 프로모션은 또한 소매업체가 소비자가 특정 매장에서 쇼핑하도록 장려하는 데 사용된다. 많은 식료품점은 자체 쿠폰을 사용하거나 경연 대회 및 기타 프로모션을 후원하여 매장 이용률을 높인다.

중간상 지향 판매촉진(trade-oriented sales promotion)에는 딜러 경연 대회 및 인센티브, 중간상 수당, 구매 시점 디스플레이, 판매 교육 프로그램, 박람회, 협력 광고 및 유통업체와 소매업체가 제품을 보유하고 고객에게 제품을 홍보하기 위해 추가적인 노력을 기울이도록 동기를 부여하기 위해 고안된 기타 프로그램이 포함된다. 많은 마케팅 프로그램에는 중간상 및 소비자 지향적 프로모션이 모두 포함되는데, 두 그룹 모두에 동기를 부여하면 프로모션 프로그램의 효과가 극대화되기 때문이다.

판매촉진의 성장

판매촉진은 오랫동안 마케팅 프로세스의 일부였지만, 회사의 IMC 프로그램에서의 역할과 중요성은 지난 10년 동안 극적으로 증가했다. 소비자 판매촉진 관련 지출은 1991년 560억 달러에서 2019년 3,000억 달러 이상으로 증가했다. 마케터는 또한 매년 소매업체와 도매업체를 대상으로 하는 프로모션에 약 1,500억 달러를 지출한다. 소비자 포장 상품(CPG) 회사는 여전히 판매촉진 프로그램 및 도구의 핵심 사용자다. 그러나 건강관리, 가전제품, 패스트푸드, 소매업, 서비스 산업을 포함한 다른 범주에서도 판매촉진 활동이 증가하고 있다.

마케터는 프로모션 예산의 절반 이상을 판매촉진에 지출하고 나머지는 미디어 광고에 할당된다고 추정된다. 소비자 프로모션, 중간상 프로모션, 미디어 광고에 마케팅 예산을 할당하는 것은 산업과 회사에 따라 다르다. 예를 들어, 중간상 판매촉진은 소비자 포장 상품 회사 예산의 약 43%를 차지하며, 24%는 소비자 판매촉진에, 33%는 미디어 광고에 사용된다. 더욱이 마케터가 미디어 광고에 할당하는 금액의 일부는 경연 대회, 게임, 경품 추첨, 할인 혜택과 관련된 프로모션 메시지를 전달하는 광고에 사용된다. 예를 들어, 채널락(Channellock)은 사진 16-2에 나와 있는 광고와 같은 인쇄 및 배너 광고를 사용하여 당첨자가 좋아하는 NFL 팀의 시즌 티켓 한 쌍을 포함하는 "미식 축구장 가라지 기브어웨이(Gridiron Garage Giveaway)" 경품 추첨을 판촉했다. 경품 패키지에는 또한 채널락 공장으로의 VIP 투어 여행이 포함되어 당첨자는 새로운 도구가 어떻게 만들어지는지 볼 수 있었다. 이 회사는 지난 5년 동안 경품 추첨을 운영해왔다.

사진 16-2

광고는 종종 경품 추첨과 같은 프로모션을 사용하여 주의를 끌기도 한다.

자료: Channellock, Inc.

판매촉진이 증대되는 이유들

수년에 걸쳐 판매촉진에 할당된 IMC 예산의 비율이 증가하면서 많은 마케터는 여전히 미디어 광고를 브랜드 구축의 주요 도구로 보고 판매촉진 프로그램을 브랜드 자산에 거의 기여하지 않는 속임수에 불과하다고 생각했다. 그러나 대부분은 소비자가 브랜드를 좋아하지만 종종 구매에 대한 추가 인센티브를 원한다는 것을 인식했다. 마케터는 또한 중간상과 효과적으로 협력해야 한다는 것을 알고 있으며, 이는 종종 브랜드를 비축하고 홍보하고 다양한 홍보 프로그램에 참여하도록 추가 인센티브를 제공하는 것을 의미한다.

판매촉진 지출이 증가한 주요 이유는 지난 수십 년 동안 프로모션 업계가 성숙해졌기 때문이다. 정교함이 높아지고 더 전략적인 역할과 초점이 강화되면서 많은 회사의 IMC 프로그램에서 규율과 역할이 높아졌다. 과거에는 주요 전략적 브랜딩 결정이 내려진 후에 판매촉진 전문가가 투입되었다. 프로모션 기관은 주로 경연 대회나 복권 또는 쿠폰이나 견본품 제공 프로그램과 같은 판촉 프로그램을 개발하여 단기적으로 매출을 늘릴 수 있는 역할을 하는 전술가로 여겨졌다. 그러나 많은 회사가 이제 프로모션 전문가를 전략적 브랜드 구축 팀의 일원으로 만들고 있다. 많은 프로모션 기관이 역량과 전문성을 확장하여 이제는 단순한 판매 프로모션을 넘어 다양한 통합 마케팅 서비스를 고객에게 제공한다. 예를 들어, 사진 16-3은 통합 마케팅 및 프로모션 서비스 제공업체 중 가장 큰 아스펜 마케팅 서비스(Aspen Marketing Services)가 경험적, 직접적 및 디지털 마케팅, 분석, 홍보, 소셜 미디어와 같은 다양한 IMC 도구를 포함하는 역량을 홍보하는 방법을 보여준다.

또한 판매촉진의 중요성이 증가하고 마케팅 비용이 미디어 광고에서 소비자 및 중간상 판매촉진으로 이동하게 된 데에는 여러 가지 다른 요인이 있다. 여기에는 소매업체의 힘 증가, 브랜드 충성도 감소, 프로모션 민감도 증가, 브랜드 확산, 많은 마케터의 단기적 집중, 책임성 증가, 경쟁, 디지털 및 소셜 미디어의 성장이 포함된다.

유통업자 힘의 증가 판매촉진이 증가한 한 가지 이유는 시장에서 제조업체에서 소매업체로 힘이 이동했기 때문이다. 수년 동안 제조업자 브랜드를 사용하는 제조업체는 권력과 영향력을 행사했으며, 소매업체는 단순히 수동적인 제품의 판매업자였다. 소비자 제품 제조업체는 견본품, 쿠폰, 경품과 같은 소비자 중심 프로모션과 대대적인 광고를 통해 브랜드에 대한 소비자 수요를 창출했으며, 소매업체에 제품을 판매하도록 압력을 가했다. 소매업체는 조사와 판매 분석을 거의 하지 않았으며 개별 브랜드의 판매 실적에 대한 정보를 제조업체에 의존했다.

사진 16-3

아스펜 마케팅 서비스는 IMC 역량을 자랑한다.

자료: Aspen Marketing Services

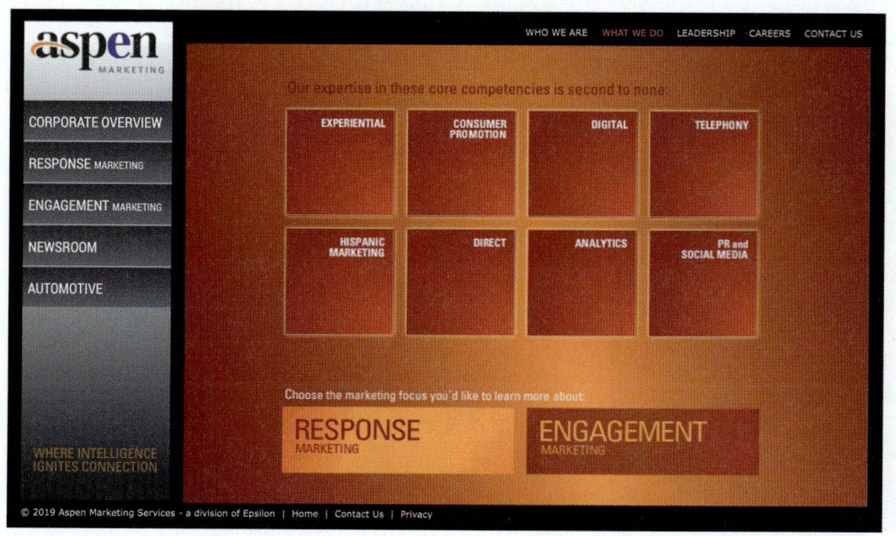

그러나 최근 들어 몇 가지 요인으로 제조업체에서 소매업체로 힘이 이전되었다. 광학식 체크아웃 스캐너와 정교한 매장 내 컴퓨터 시스템이 등장하면서 소매업체는 제품이 얼마나 빨리 회

전하는지, 어떤 판매촉진이 효과적인지, 어떤 제품이 수익을 창출하는지에 대한 데이터에 액세스할 수 있게 되었다. IRI와 NPD 그룹(NPD Group)과 같은 회사는 소매점에서 제품 판매를 추적하고 소매업체와 마케터에게 정보를 제공한다. 예를 들어, IRI는 소비자용 포장 상품의 판매를 추적하고 이를 인구통계, 미디어 습관 및 기타 정보를 포함한 소비자 정보와 결합한다. NPD 그룹의 소매 추적 서비스는 1,300개가 넘는 전자 상거래 및 오프라인 소매업체에서 직접 판매 시점(POS) 데이터를 수집한다. 이 서비스는 소비자가 무엇을, 어디에서, 어떤 가격으로 구매하는지 측정한다. 소매업체는 이 정보를 사용하여 제조업체의 제품 판매를 분석한 다음 뒤떨어진 브랜드의 제조업체에 할인 및 기타 프로모션 지원을 요구한다. 소매업체의 더 많은 중간상 지원 요구에 부응하지 못하는 회사는 종종 진열 공간이 줄어들거나 제품이 폐기된다.

소매업체의 힘을 증가시킨 또 다른 요인은 소매 산업의 통합으로, 구매력과 영향력이 더 큰 대형 체인이 생겨났다. 이러한 대형 체인은 중간상 프로모션에 익숙해졌으며 제조업체에 거래, 할인 및 할인을 제공하도록 압력을 가할 수 있다. 통합은 또한 대형 소매업체가 이미 강력한 자체 유통업체 상표를 발전시킬 수 있는 더 많은 자금을 제공했으며, 판매촉진은 자체 상표 브랜드의 마케팅 진화에서 필연적으로 다가오는 다음 단계다. 식품, 의약품, 건강 및 뷰티 케어 제품과 같은 다양한 포장 상품 범주의 유통업체 상표 브랜드는 제조업자 브랜드에 소매 진열 공간에 대한 경쟁을 더 많이 촉진하고 전통적인 판촉 도구 사용을 포함하여 자체 마케팅을 증가시키고 있다. 유통업체 상표의 판매는 많은 제품 범주에서 국내 브랜드 판매보다 더 빠르게 증가하고 있다. 예를 들어, 유통업체 상표 브랜드는 2018년 소비자 포장 상품 판매의 약 20%를 차지하여 1,286억 달러에 도달했다. 잘 마케팅된 자체 유통업체 상표 제품은 제조업자 브랜드들에게 더 혁신적인 판촉 프로그램을 개발하고 가격 경쟁력을 갖추도록 강요하고 있다. 많은 주요 소비자 브랜드는 알디(Aldi), 타겟(Target), 트레이더 조(Trader Joe's), 코스트코(Costco)와 같은 주요 소매업체가 제공하는 인기 있는 유통업자 상표 선택의 증가와 경쟁하기 위해 고군분투하고 있으며, 코스트코는 커클랜드(Kirkland) 브랜드 이름으로 많은 품목을 판매한다. 아마존(Amazon)은 또한 아마존 베이직스(AmazonBasics) 브랜드 이름으로 판매하는 자체 브랜드의 수를 확대하고 있다.

소매업체들 사이에서 가장 중요한 발전 중 하나는 월마트(Walmart)의 엄청난 성장으로, 월마트는 세계에서 가장 크고 강력한 소매업체가 되었다(사진 16-4). 월마트는 미국에 약 5,400개를 포함하여 28개국에서 약 11,800개의 매장을 운영하고 있으며 2019 회계연도에 5,140억 달러의 매출을 올렸다. 월마트는 미국에서 건조 식료품의 20%, 비식품 식료품의 29%, 건강 및 미용 제품의 30%, 일반 상품 판매의 45%를 통제한다. 월마트는 모든 주요 미국 소비재 회사가 수행하는 사업의 큰 몫을 차지하고 있으며, 마케터가 판촉을 사용하는 방식에 영향을 미치는 데 그 힘을 사용할 수 있다. 많은 대형 소매업체와 마찬가지로 월마트는 종종 매장을 통해서만 설계되고 제공되는 계정별 판촉을 요청한다. 이 회사는 또한 마케터가 프로모션 제안을 포기하고 그 돈을 사용하여 가격을 낮추도록 명령한 것으로 알려져 있다.

사진 16-4

월마트는 세계에서 가장 크고 강력한 유통업체다.

자료: John Flournoy/McGraw-Hill Education

브랜드 충성도의 감소 판매촉진이 증가하는 또 다른 주요 이유는 소비자가 브랜드 충성도가 떨어지고 가격, 가치, 편의성을 기준으로 더 많이 구매하고 있기 때문이다. 일부 소비자는 항상 어떤 종류의 프로모션 혜택 없이도 정가로 선호하는 브랜드를 구매할 의향이 있다. 그러나 많은 소비자는 충성도 높은 쿠폰 사용자이거나 쇼핑할 때 할인 혜택을 찾고 있다. 그들은 본질적으로 동등하다고 생각하는 브랜드를 번갈아가며 살 수 있다. 이러한 브랜드는 모두 만족스럽고 상호 교환이 가능하다고 인식되어 소비자는 특별 세일 중이거나 쿠폰이 있는 브랜드를 구매한다.

촉진에 대한 민감도 증가 마케터는 소비자가 제공하는 인센티브에 호의적으로 반응하기 때문에 마케팅 프로그램에서 판매촉진을 더 많이 활용하고 있다. IRI 시장 동향조사(Market Pulse Survey)에 따르면 소비자의 25%가 선호하는 브랜드보다 할인된 포장 상품 브랜드를 구매하고 23%는 로열티 카드 할인을 기준으로 제품을 선택하고 있다. 소비자가 판매촉진 혜택에 더 민감해진 이유는 비용을 절감할 수 있기 때문이다. 또 다른 이유는 많은 구매 결정이 점점 더 시간에 민감해지고 너무 많은 선택에 직면한 소비자가 구매 시점에 결정을 내리기 때문이다. 일부 연구에 따르면 구매 결정의 최대 70%가 매장에서 이루어지는데, 사람들은 판촉 거래에 반응할 가능성이 매우 높다.

많은 마케터와 유통업자들은 종종 세일, 특별 행사, 쿠폰을 통해 할인을 기다리도록 소비자를 조건화하는데, 이로 인해 정가로 상품을 판매하기가 매우 어렵다. 설문 조사에 따르면 소비자는 25년 전보다 50% 더 가격에 민감해졌으며 그럴 만한 이유가 있다. 마케터는 매년 2,500억 개 이상의 쿠폰을 발행하는데, 이는 1인당 약 1,000개에 해당한다. 또한 할인, 1개 구매 시 1개 무료 제공, 특별 세일 이벤트, 가격 할인 거래 및 기타 할인을 사용하여 가격에 민감한 소비자를 유치한다. 소비자는 순진하지 않다. 제조업체나 유통업자가 정가로 제품을 구매하는 대신 다음 거래를 기다리도록 장려하는 어떤 유형의 프로모션을 제공할 것이라는 것을 알고 있다.

브랜드 확산 지난 10년 동안 많은 기업의 마케팅 전략의 주요 측면은 신제품 개발이었다. 시장은 새로운 브랜드로 포화 상태가 되었고, 그중 대부분은 상당한 이점이 없다. 연구에 따르면 소비자용 포장 상품과 소매 제품의 약 75%가 첫해에 실패하는데, 그 이유는 주로 소비자의 뿌리 깊은 쇼핑 습관 때문이다. 따라서 기업은 소비자가 이러한 브랜드를 시도하도록 장려하기 위해 점점 더 판촉에 의존하고 있다. 4장에서는 판촉 기법이 소비자를 초기 체험에서 정가로 재구매로 이끄는 형성 과정의 일부로 어떻게 사용될 수 있는지 살펴보았다. 마케터는 새로운 브랜드의 체험 사용을 달성하고 재구매를 장려하기 위해 견본품, 쿠폰, 할인, 사은품 및 기타 혁신적인 판촉 도구에 더 많이 의존하고 있다(사진 16-5).

사진 16-5
퓨리나도그차우(Purina Dog Chow) 쿠폰과 같은 판촉 도구는 종종 새로운 브랜드의 체험이나 반복 구매를 장려하는 데 사용된다.
자료: Nestlé Purina Petcare

판촉은 또한 소매업체가 귀중한 진열 공간 중 일부를 새로운 브랜드에 할당하도록 하는 데 중요하다. 매장에서 신제품을 위한 진열 공간을 놓고 벌어지는 경쟁은 엄청나다. 수퍼마켓은 평균 30,000개의 제품을 판매한다(1982년에는 13,067개였다). 소매업체는 더 많은 고객을 유치하고 매출과 수익을 늘릴 강력한 판촉 지원이 있는 신규 브랜드를 선호한다. 많은 소매업체는 신제품을 취급하기 위해 제조업체에 특별 할인이나 할인을 요구한다. 이 장에서 나중에 논의할 이러한 진열(slotting) 수수료나 할인은 제조업체가 신제품을 출시하는 데 비용이 많이 들 수 있다.

마케터는 또한 판촉 노력을 직접 및 디지털 마케팅으로 전환하고 있으며, 여기에는 종종 어떤 형태의 판촉 인센티브가 포함된다. 많은 마케터는 사은품 오퍼, 추적 가능한 쿠폰, 할인, 경품 추첨에서 얻은 정보를 사용하여 향후 직접 마케팅 노력을 위한 데이터베이스를 구축한다. 마케터가 기존 미디어에서 디지털 마케팅으로 계속 전환함에 따라 판촉 오퍼는 아마도 데이터베이스를 구축하는 데 더 많이 사용될 것이다. 이 기술은 마케터가 목표 소비자와 개별적으로 소통하고 대량 판촉 도구를 일대일 마케팅 방식으로 전환할 수 있도록 이미 구현되어 있다.

단기적 초점 많은 경영자들은 판매촉진의 증가가 단기적 성과와 즉각적인 매출 생성에 맞춰진 마케팅 계획과 보상 시스템에 때문이라고 믿는다. 어떤 사람들은 포장 상품 브랜드 관리 시스템이 마케터의 판매촉진에 대한 의존도를 높이는 데 기여했다고 생각한다. 브랜드 관리자는 신제품을 소개하거나 경쟁사에 맞서기 위해서뿐만 아니라 분기별 또는 연간 매출 및 시장 점유율 목표를 달성하기 위해서도 판매촉진을 일상적으로 사용한다. 영업 인력도 달성해야 할 단기 할당량이나 목표가 있을 수 있으며, 소매업체와 도매업체로부터 프로모션 요청을 받을 수도 있다. 따라서 영업 담당자는 마케팅 또는 브랜드 관리자에게 판촉을 사용하여 제품을 납품하는 데에 압력을 가할 수 있다.

많은 관리자는 소비자 및 중간상 프로모션을 단기 매출을 창출하는 가장 신뢰할 수 있는 방법으로 본다. 특히 가격과 관련된 경우 더욱 그렇다. 판매촉진에 대한 의존도는 광고를 통해 소비자 수요를 자극하기 어려운 성숙하고 성장이 느린 시장에서 특히 높다. 이로 인해 관리자들이 프로모션에서 나올 수 있는 빠른 판매에 너무 의존하게 되었고, 너무 잦은 프로모션으로 인해 브랜드 프랜차이즈가 황폐화될 수 있다는 우려가 제기되었다.

로디시(Leonard Lodish) 교수와 멜라(Carl Mela) 교수는 많은 회사가 단기 결과에 너무 집중하고 있다는 연구를 수행했다. 스캐너 데이터가 풍부하여 브랜드 및 마케팅 관리자와 리테일러가 프로모션 할인에 대한 반응으로 매출이 급증하는 방식을 볼 수 있기 때문이다. 그들은 경영자들이 이러한 단기 매출 증가에 매료되어 마케팅 예산의 대부분을 소비자 및 중간상 판매촉진에 할당하게 되었다고 지적한다. 그들이 지적하는 또 다른 문제는 많은 브랜드 관리자가 단기간 동안 자신의 직위에 머물러 더 즉각적인 영향을 미칠 수 있는 판매촉진 전술을 사용하는 데 집중하도록 동기를 부여한다는 것이다. 그들은 종종 광고나 제품 개발에 투자하는 것이 자신의 성과보다는 후속 관리자의 성과에 도움이 된다고 생각한다. 단기적 관점을 취하는 이유를 묻는 질문에 마케팅 및 브랜드 관리자는 투자자들이 이러한 수치에 초점을 맞추고 프로모션과 판매 간의 연관성이 명확하기 때문에 분기별 매출로 평가받는다고 지적한다.

책임성 증가 마케팅 또는 브랜드 경영자와 영업팀에 단기적 결과를 내도록 압력을 가하는 것 외에도 많은 회사가 판매촉진 지출에 대한 대가를 요구하고 있다. 판매촉진 프로그램의 결과는 일반적으로 광고보다 측정하기 쉽다. 많은 회사가 판매촉진 지출을 판매 및 수익성과 연관시킬 수 있는 측정 가능하고 책임 있는 방법을 요구하고 있다.

결과를 내도록 책임을 져야 하는 경영자는 종종 가격 할인이나 쿠폰을 사용한다. 이는 판매에서 빠르고 쉽게 측정할 수 있는 급증을 가져오기 때문이다. 광고 캠페인이 어느 정도 영향을 미치는 데는 시간이 더 오래 걸리고 효과를 측정하기가 더 어렵다. 마케터들은 강력한 유통업체가 브랜드 판매 실적을 요구함에 따라 압박을 받고 있다. 컴퓨터화된 체크아웃 스캐너에서 제공되는 실시간 데이터를 통해 유통업자들은 프로모션을 관찰하고 매일 생성하는 결과를 추적할 수 있다.

경쟁 판매촉진이 증가한 또 다른 요인은 제조업체가 경쟁 우위를 얻거나 유지하기 위해 중간상 및 소비자 촉진에 의존한다는 것이다. 많은 제품의 시장은 성숙하고 정체되어 있으며 광고를 통해 판매를 늘리기가 점점 더 어려워지고 있다. 흥미롭고 획기적인 창의적인 아이디어는 찾기 어렵고 대중 매체 광고에 대한 소비자의 관심은 계속 감소하고 있다. 많은 마케터는 지루한 광고를 게재하는 데 많은 돈을 할당하는 대신 판매촉진에 눈을 돌렸다.

많은 회사가 자사에 맞게 중간상 촉진을 조율하고 중간상 및 소비자 촉진 프로그램을 모두 포함하는 소매업체와 전략적 제휴를 하고 있다. 최근 몇 년 동안의 주요한 현상은 **거래업체특화 마케팅**(account-specific marketing, 공동 마케팅이라고도 함)으로, 제조업체가 개별 소매업체와 협력하여 상호 목표를 달성하는 맞춤형 판매촉진을 하는 것이다. 예를 들어, 사진 16-6은 WD-40 회사가 오라일리 자동차 부품(O'Reilly Auto Parts) 소매 체인과 함께 운영한 맞춤형 촉진을 보여준다. 이 프로모션에는 WD-40의 다목적 제품 출시 60주년을 기념하기 위해 제작된 한정판 맞춤형 캔이 포함되었다. 이 제품은 1953년부터 미국에서 생산되었다. 이 특별한 캔은 열심히 일하고 일을 완수하는 전통을 따르는 사람들에게 경의를 표하기 위해 만들어졌다.

소매업체는 한 회사와의 프로모션 거래를 지렛대 삼아 경쟁업체와 동등하거나 더 나은 거래를 추구할 수 있다. 소비자 및 중간상 프로모션은 경쟁업체가 쉽게 대응하며, 많은 마케터는 프로모션을 계속 사용하거나 경쟁에서 불리한 입장에 처해야 하는 프로모션 함정에 빠져 있다(이 문제는 이 장에서 더 자세히 설명한다).

디지털 마케팅의 성장 판매촉진 사용 증가에 기여한 또 다른 요인은 디지털 마케팅 혁명이다. 많은 마케터가 현재 다양한 형태의 온라인 마케팅을 사용하여 판매촉진 프로그램을 구현하고 효과를 측정한다. 판매촉진 제공은 모바일 마케팅을 포함한 다양한 형태의 온라인 광고에서 소비자의 관심을 끌거나 소비자가 구매하도록 장려하는 식으로 일반화되었다. 쿠폰 및 할인과 같은 다양한 유형의 판매촉진과 경품 및 경품 추첨 참가 양식이 마케터의 웹사이트와 페이스북, 트위터, 인스타그램의 소셜 미디어 페이지에 나타난다.

사진 16-6

WD-40은 오라일리 자동차 부품을 위한 맞춤형 프로모션을 개발했다.

자료: WD-40 Company

판매촉진 제공은 또한 마케터가 소비자가 페이스북에서 브랜드에 '좋아요'를 누르거나 트위터에서 팔로우하도록 장려하는 데 사용하는 방법이기도 하다. 도표 16-2는 소비자가 다양한 소셜 미디어 플랫폼에서 브랜드를 팔로우하는 이유를 조사한 연구 회사 마케팅쉐르파(MarketingSherpa)에서 실시한 설문 조사 결과를 보여준다. 소셜 미디어에서 브랜드와 연결되는 미국 소비자가 가장 많이 언급한 이유는 정기적인 쿠폰/프로모션을 받기 위해서였다(56%). 소비자의 48%는 브랜드 제품 구매에 관심이 있어서 브랜드의 소셜 계정에 연결했다고 말했

도표 16-2
소셜 미디어에서 연결해야 하는 이유

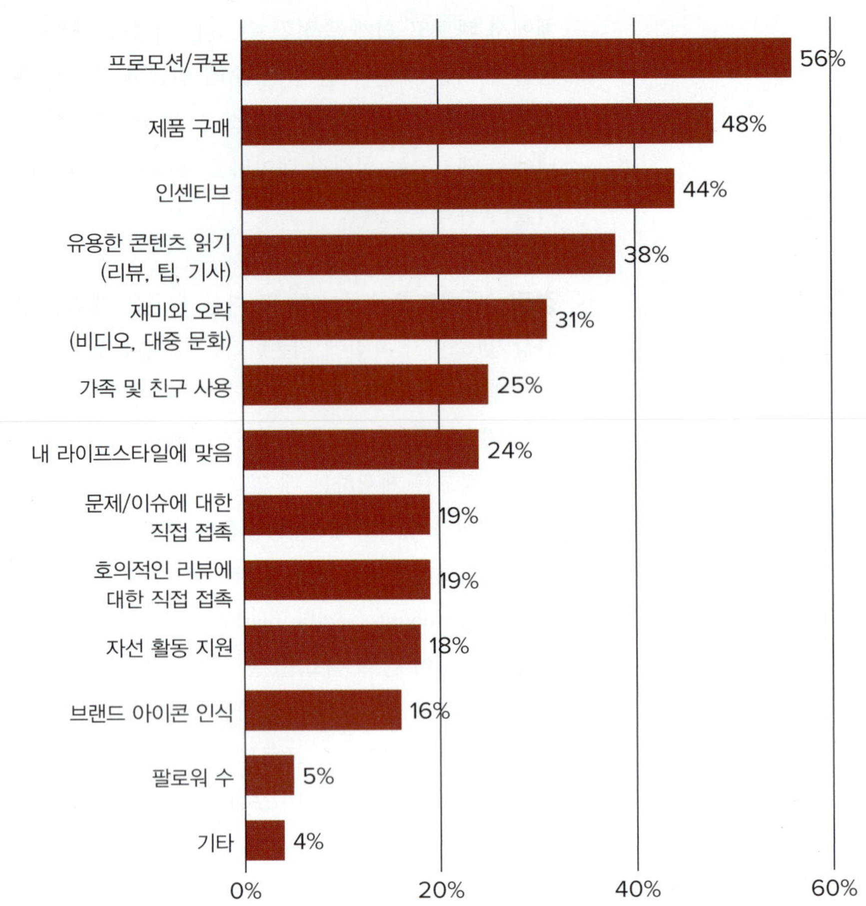

자료: From MarketingSherpa; www.marketingsherpa.com/article/chart/why-customers-follow-brands-social-accounts.

고, 44%는 인센티브(예: 경품, 할인 또는 상품권)가 있어서 연결했다고 말했다. 또 다른 연구에 따르면 소비자가 소셜 미디어에서 소매업체를 팔로우하는 주된 이유는 세일 정보를 알아보기 위해서다.

판매촉진 역할 증가에 대한 우려

앞에서 논의했듯이, 많은 요인이 소비자 제품 제조업체의 판촉 사용 증가에 기여했다. 마케팅 및 광고 임원들은 브랜드 자산의 판촉비용과 광고가 아닌 판촉에 들어가는 모든 달러의 할당이 어떻게 브랜드 가치를 떨어뜨리는지 우려하고 있다. 그들은 특히 중간상 판촉이 주로 가격을 기준으로 소비자를 구매하도록 장려하기 때문에 브랜드 자산의 침식에 기여한다고 말한다.

마케터는 종종 브랜드의 매출을 창출하거나 소매점의 트래픽을 유도하는 데 판촉을 어느 정도 사용해야 하는지, 아니면 브랜드 이미지를 구축하고 할인 및 가격 경쟁을 피하는 방법으로 광고에 의존해야 하는지를 결정하는 문제에 어려움을 겪는다. 선택권이 주어지면 많은 회사는 판촉 및 할인에 대한 의존도를 최소화하고 제품 품질 및 브랜드 이미지를 기준으로 경쟁하는 것을 선호한다. 그러나 많은 회사는 특히 소비자가 판촉에 익숙해졌을 때 판촉 사용을 피하는 것이 매우 어렵다고 생각한다. 예를 들어, 소매업체 제이시페니(JCPenney)는 프로모션에 대한 의존도를 줄이고 일상적인 '공정한' 가격을 기반으로 하는 가격 책정 및 프로모션

사진 16-7
제이시페니가 보다 일상적인 공정한 가격과 더 적은 프로모션으로 전환하려고 했을 때 소비자들은 부정적으로 반응했다.
자료: Jill Braaten/McGraw-Hill Education

모델로 전환하려고 했다(사진 16-7). 그러나 소비자들은 이러한 변화에 매우 부정적으로 반응하여 매출이 크게 감소하고 프로모션 수를 줄이기로 결정한 CEO가 해고되었다. IMC 관점 16-1은 소비자들이 할인 및 프로모션에 더 의존하게 되면서 마케터가 직면한 과제에 대해 설명한다.

광고 지지자들은 마케터가 브랜드를 차별화하고 사은품 가격을 청구하려면 강력한 브랜드 자산을 유지해야 한다고 주장한다. 그들은 광고가 여전히 브랜드의 장기적 프랜차이즈를 구축하는 가장 효과적인 방법이라고 말한다. 광고는 소비자에게 브랜드의 특징과 이점을 알리고 이미지를 만들며 브랜드 충성도를 구축하고 유지하는 데 도움이 된다. 그러나 많은 마케터는 미디어 광고에서 자금을 빼내 단기 프로모션에 투자하기 때문에 브랜드에 투자하지 않는다. 로디시와 멜라 교수는 경영자들이 브랜드 성과에 대한 장기적 척도를 개발하고 무장해야 하며, 이를 사용하여 브랜드 자산을 훼손하지 않는 더 현명한 마케팅 결정을 내려야 한다고 제안한다. 그러나 판매촉진에서 빠른 해결책과 매출 급증을 찾으려는 유혹은 항상 존재할 것이다. 그리고 많은 마케터가 특히 경쟁자가 고객을 유치하기 위해 판매촉진 전략을 사용하고 있을 때 브랜드를 정가로 판매하려고 하기보다는 유혹에 계속 굴복할 가능성이 높다. 이러한 우려 중 많은 부분은 정당하지만 모든 판매 프로모션 활동이 브랜드의 가치를 떨어뜨리는 것은 아니다. 소비자 프랜차이즈 구축 프로모션과 비프랜차이즈 구축 프로모션을 구별하는 것이 중요하다.

소비자 프랜차이즈 구축 대 논프랜차이즈 구축 프로모션

독특한 브랜드 속성을 전달하고 브랜드 정체성의 개발 및 강화에 기여하는 판매촉진 활동은 **소비자 프랜차이즈 구축 프로모션**(Consumer Franchise Building Promotion, CFB Promotion)이다. 소비자 판매촉진 활동은 가치가 거의 없거나 특정 혜택을 제공하지 않는 브랜드에 소비자를 충성하게 만들 수 없다. 그러나 소비자에게 브랜드를 알리고 특정 기능과 혜택을 전달함으로써 호의적인 브랜드 이미지 개발에 기여할 수 있다. 소비자 프랜차이즈 구축 프로모션은 장기적인 브랜드 선호도를 구축하고 회사가 프로모션 제안에 의존하지 않는 정가 구매라는 궁극적인 목표를 달성하도록 돕기 위해 고안되었다.

수년 동안 프랜차이즈 또는 이미지 구축은 광고의 독점적인 영역으로 여겨졌으며 판매촉진은 단기적인 매출 증가를 창출하는 데만 사용되었다. 그러나 이제 마케터는 판매촉진의 이미지 구축 잠재력을 인식하고 CFB 가치에 주의를 기울이고 있다. 조사에 따르면 고위 마케팅 임원의 약 90%가 소비자 프로모션이 브랜드 인지도를 높이는 데 도움이 될 수 있다고 믿는 반면, 약 60%는 중간상 프로모션이 기여할 수 있다고 생각한다. 대부분의 판매촉진 대행사는 브랜드 자산을 구축하는 데 도움이 되는 소비자 및 중간상 프로모션을 개발하는 것의 중요성을 인식한다. 예를 들어, 사진 16-8은 라이언 파트너십(Ryan Partnership)의 고전적인 광고를 보여주며, 이 광고는 대행사가 브랜드 자산을 구축하는 데 도움이 되는 중간상 판매촉진을 개발

IMC 관점 16-1 >>>

마케터가 할인 함정에 빠지다: 그리고 벗어날 방법이 없을 수도 있다

새천년의 두 번째 10년이 시작되었을 때, 미국 경제는 2007년 말에 시작되어 거의 2년간 지속된 대공황에서 회복하기 위해 고군분투하고 있었다. 그러나 2010년에 시작된 회복은 거의 10년간 지속되어 미국 역사상 가장 긴 경제 확장 중 하나가 되었다. 일자리 시장은 처음에는 느리게 성장했지만 2014년 이후로 매년 200만 개 이상의 새로운 일자리가 추가되었고 실업률은 2019년에 50년 만에 가장 낮은 수준인 3.7%로 떨어졌다. 경제는 분명히 회복되었지만 소비자 지출은 회복이 더디었다. 소비자 지출은 국내총생산(GDP)의 거의 70%를 차지하므로 소비자가 지출하지 않으면 경제가 성장하기 어렵다는 것을 의미한다.

소비자 지출이 회복하는 데 시간이 더 걸리는 데에는 소득 불평등, 학자금 대출과 자동차 대출로 인한 높은 수준의 부채, 주택 가격의 급격한 상승 등 여러 가지 이유가 있다. 또 다른 이유는 많은 전문가가 "절약형 소비로의 전환"이라고 부르는 것이다. 경기 침체와 회복 기간 동안 소비자는 가격에 더 민감하고 가치를 의식하게 되었고, 사실상 모든 제품과 서비스 범주의 회사는 소비자가 브랜드에 대한 사은품을 지불하도록 하는 데 매우 어려움을 겪었다. 많은 마케팅 및 소비자행동 전문가와 경제학자는 경기 침체가 소비자행동에 영구적인 변화를 가져왔고 소비자는 그 이후로 검소하고 가치를 의식하고 있다고 주장했다. 소비자는 더 이상 쇼핑에 중독되어 과도하게 지출하기 위해 쇼핑몰과 대형 쇼핑몰에 가지 않는다. 그러나 쇼핑을 할 때는 종종 할인 혜택을 찾는다. 많은 사람이 프로모션과 할인에 중독되었고 그럴 만한 이유가 있다. 거의 모든 소매업체와 호텔, 렌터카, 레스토랑 등의 사업체는 이제 소비자에게 어떤 유형의 프로모션을 통해 돈을 절약할 수 있는 기회를 제공하는데, 이는 할인을 하려는 우리의 원초적인 욕망에 어필한다. 문제는 마케터가 할인의 함정에 너무 깊이 빠져 할인이 보너스나 추가 인센티브가 아닌 소비자의 기대가 되었다는 것이다.

소비자가 종종 할인을 찾는다는 것은 놀라운 일이 아니다. 조사에 따르면 오늘날 미국 소비자가 구매하는 품목의 40% 이상이 세일이나 프로모션과 관련이 있는 반면 1990년대에는 10%에 불과했다. NPD 그룹의 최근 조사에 따르면 소비자의 3분의 2가 할인을 찾고 있으며, 온라인 쇼핑을 할 때 많은 소비자가 이메일을 통해 할인 혜택을 받기를 바라며 정기적으로 쇼핑 카트를 버린다. 소비자는 지출에 더 엄격해졌고 구매를 신중하게 검토하고 있으며, 브랜드 충성도를 재고하고 있다. 또한 비교 쇼핑, 쿠폰 클리핑 또는 구루폰(Groupon)이나 다른 사이트에서 혜택을 다운로드하여 돈을 절약할 방법을 찾고 있다. 많은 사람들이 항상 할인과 특가 상품을 찾고 있다. 그리고 많은 마케터가 기꺼이 할인과 특가 상품을 제공하면서도 쉽게 빠져나올 수 없는 할인 함정을 만들고 있다.

프로모션과 할인에 지나치게 의존하게 된 일부 소매업체는 이에 대한 의존도를 줄이고 '매일 낮은 가격 책정 방식'으로 이동하려고 시도했다. 메이시(Macy's)는 '1일 세일' 수와 이에 따른 15~25% 할인 및 쿠폰을 줄이려고 했지만, 전국의 소비자가 매장을 피하고 매출이 4개월 연속 감소하면서 이러한 노력은 오래가지 못했다. 제이시페니(JCPenney)는 몇 년 전 새로운 CEO인 론 존슨을 고용했는데, 그는 자신이 인수했을 때 소매업체 상품의 70% 이상이 50% 이상 할인된 가격으로 판매된다는 사실을 알고 충격을 받았다. 존슨이 제이시페니의 고객에게 쿠폰과 할인을 끊게 하려는 노력의 결과로 실험 첫 해에 매출이 43억 달러 감소했다. 손실된 매출의 상당수는 메이시와 콜스(Kohl's)와 같은 업체가 메웠고, 이들은 존슨의 움직임에 더 많은 할인으로 대응했다. 존슨의 CEO 임기는 해고되기 전까지 불과 16개월이었고, 제이시페니는 할인 사업으로 돌아왔다. 그러나 이 소매업체는 생존을 위해 노력하고 있으며, 주가는 2019년에 처음으로 1달러 이하로 떨어졌다.

제이시페니와 메이시는 다른 많은 회사와 마찬가지로 마케팅과 관련

사진 16-8

이 판매촉진 대행사의 광고는 브랜드 자산을 구축하기 위하여 중간상 판매촉진을 사용하는 것이 중요하다고 강조한다.

자료: Ryan Partnership/Epsilon Data Management, LLC

하여 인간 본성의 기본 법칙을 어겼다는 것을 힘들게 깨달았다. 즉, 소비자는 할인을 좋아한다는 것이다. 게다가 다른 많은 마케터와 마찬가지로 소매업체는 종종 세일, 특별 행사, 쿠폰 및 할인을 통해 할인을 기다리도록 소비자를 교육하여 상품을 정가로 판매하는 것을 매우 어렵게 만든다. 오늘날 문제를 더욱 복잡하게 만드는 것은 아마존과 같은 온라인 소매업체의 등장이다. 아마존은 2019년에 온라인 매출이 거의 3,000억 달러에 달했으며, 이는 미국 전체 온라인 지출의 거의 절반이다. 쇼핑객들은 온라인에서 구매할 뿐만 아니라, 이제는 '쇼룸'을 이용하거나 인터넷에서 가격을 비교하고 이 정보를 사용하여 오프라인 매장 소매업체와 협상하거나 간단히 온라인에서 구매할 수 있다.

많은 소매업체가 치열한 할인과 경쟁에서 살아남기 어려워하고 있으며, 실적이 좋지 않은 매장을 폐쇄하거나 심지어 사업을 중단하기도 한다. 아베크롬비 앤 피치(Abercrombie & Fitch)는 2019년에 40개 매장을 폐쇄했고, 갭(Gap)은 향후 2년 동안 200개 매장을 폐쇄하고 더 성공적인 올드 네이비(Old Navy) 브랜드를 별도의 회사로 분사할 것이라고 발표했다. 이러한 회사들에게 좋은 소식은 다른 소매업체들이 그렇게 운이 좋지 않은 반면, 여전히 사업을 하고 있다는 것이다. 한때 미국에서 가장 큰 스포츠 용품 매장 체인이었던 스포츠 오소리티(Sports Authority)는 2016년에 온라인 경쟁사와 경쟁하는 데 어려움을 겪고 큰 할인 없이는 쇼핑객이 상품을 구매하도록 할 수 없어서 450개 매장을 모두 폐쇄했다. 캘리포니아와 아리조나 지역 체인점인 스포츠 샬레도 모든 매장을 폐쇄하고 57년간 영업을 이어간 끝에 문을 닫았다.

자료: Sports Authority

소매업체만이 할인 추세의 영향을 받는 것은 아니다. 소매업체에 상품을 공급하는 공급업체도 영향을 받는다. 많은 마케터가 프로모션에 민감한 소비자에게 어필하기 위해 쿠폰, 할인 및 기타 형태의 할인을 활용하고 있다. 많은 마케터와 소매업체는 쉽게 벗어날 수 없는 딜레마를 만들어냈다. 그들은 할인이 단기적으로 매출을 늘릴 것이라는 것을 알고 있지만, 마케터가 이러한 프로모션을 많이 활용할수록 소비자는 할인 중이거나 쿠폰이 있을 때만 품목을 구매하도록 조건화된다. 게다가 많은 소비자는 할인 상품을 쇼핑하는 것을 좋아하고 게임을 하는 것처럼 여긴다. 절약한 돈으로 점수를 매긴다. 마케터가 게임을 하고 판매촉진에서 빠른 해결책과 매출 급증을 찾으려는 유혹은 항상 있을 것이다. 많은 사람들이 유혹에 굴복하여 정가로 브랜드를 판매하려고 하지 않고 할인을 제공할 가능성이 크다.

자료: Thomas Barrabi, "Retail Apocalypse: These Big Retailers Closing Store, Filing for Bankruptcy," *Fox Business*, May 16, 2019, www.foxbusiness.com/retail/features-retail-apocalypse-bankruptcy-stores-closing.html; Ana Andjelic, "Retailers: Stop Playing the Promotion Game," *Advertising Age*, November 16, 2016, adage.com/article/agency-viewpoint/retailers-stop-playing-promotion-game/306795; Mark Harden, "Sports Authority: What Went Wrong? A DJB Special Report," *Denver Business Journal*, June 13, 2016, www.bizjournals.com/denver/news/2016/06/13/sports-authority-what-went-wrong.html.

하는 방법을 강조한다.

기업은 프랜차이즈 구축에 기여하기 위해 여러 가지 방법으로 판매촉진 기술을 사용할 수 있다. 많은 기업이 일회성 제안을 사용하는 대신 반복 구매와 장기적 후원을 장려하는 단골고객 우대 프로그램을 개발하고 있다. 많은 신용카드에는 소비자가 카드를 사용하여 구매를 청구할 때마다 보너스 포인트를 적립하는 로열티 프로그램이 있다. 이 포인트는 다양한 품목으로 교환할 수 있다. 대부분의 항공사와 많은 호텔 체인은 반복 후원을 장려하기 위해 상용 고객 또는 게스트 우대 프로그램을 제공한다. 많은 소매점도 충성도를 구축하고 반복 구매를 장려하기 위해 단골고객 우대프로그램을 사용하기 시작했다.

프랜차이즈 구축이 아닌 **논프랜차이즈 구축 프로모션**[nonfranchise-building (non-FB) promotions]은 구매 결정 프로세스를 가속화하고 매출을 즉각적으로 늘리도록 설계되었다. 이러한 활동은 브랜드의 고유한 특징이나 사용의 이점에 대한 정보를 전달하지 않으므로 브랜드 정체성과 이미지 구축에 기여하지 않는다. 가격 할인 거래, 보너스팩, 할인 또는 환불은 논프랜차이즈 구축 판매촉진 기술의 예다. 중간상 프로모션은 정당한 이유로 프랜차이즈 구축이 아니라는 이유로 가장 많은 비판을 받았다. 첫째, 중간상에 제공되는 많은 프로모션 할인 및 수당은 소비자에게 전달되지 않는다. 그리고 유통을 통해 전달되는 대부분의 중간상 프로모션은 더 낮은 가격이나 특별 거래의 형태로 소비자에게 도달하여 브랜드 자산보다는 가격을 기준으로 구매하도록 이끈다.

프로모션 분야의 많은 전문가는 마케터가 프랜차이즈를 구축하고 프로모션 프로그램에서 장기적인 연속성을 만들기 위해 판매촉진 도구를 사용해야 한다고 강조한다. 논프랜차이즈 구축 프로모션은 단순히 다른 브랜드에서 고객을 빌리는 반면, 잘 계획된 소비자 프랜차이즈 구축 활동은 소비자를 충성도 높은 고객으로 전환할 수 있다. 단기 논프랜차이즈 구축 프로모션은 회사의 프로모션 믹스에서 자리를 차지하는데, 특히 경쟁이 심할 때 이를 쓴다. 하지만 브랜드를 위한 장기 마케팅 전략이 개발될 때 이러한 프로모션의 한계를 인식해야 한다.

소비자 지향 판매촉진

마케터는 100년 이상 다양한 유형의 판매촉진을 사용해왔으며, 소비자에게 제품과 서비스를 구매하도록 하는 추가 인센티브를 제공하는 다양한 방법을 찾았다. 이 장에서는 마케터가 소비자에게 영향을 미치는 데 사용할 수 있는 다양한 판매촉진 도구와 기술을 살펴본다. 도표 16-1에 표시된 소비자 중심 프로모션을 연구하고 그 장단점을 논의한다. 먼저 소비자 시장을 타겟으로 하는 판매촉진 프로그램에 대한 마케터의 몇 가지 목표를 고려한다.

소비자 지향 판매촉진의 목표

판매촉진 기술의 사용이 계속 증가함에 따라 회사는 소비자 판매촉진을 통해 무엇을 성취하고자 하는지, 광고, 직접 마케팅, 개인 판매와 같은 다른 프로모션 활동과 어떻게 상호 작용하는지 고려해야 한다. 모든 판매촉진 활동이 동일한 목표를 달성하도록 설계된 것은 아니다. 모든 프로모션 믹스 요소와 마찬가지로 마케터는 상황 분석을 수행하고 IMC 프로그램에서 판매촉진의 특정 역할을 결정하여 소비자 판매촉진을 계획해야 한다. 그들은 프로모션이 무엇을 달성하도록 설계되었는지, 그리고 누구를 대상으로 해야 하는지 결정해야 한다. 프로모션 프로그램에 대해 명확하게 정의된 목표와 측정 가능한 목표를 설정하면 경영자는 단기적인 판매 해결책을 넘어서 생각해야 한다(이것이 하나의 목표일 수 있지만).

대부분의 소비자 지향 판매촉진 프로그램의 기본 목표는 브랜드 구매를 유도하는 것이지만, 마케터는 신규 브랜드와 기존 브랜드에 대해 여러 가지 다른 목표를 가질 수 있다. 예를 들어, 시용이나 재구매를 촉진하고, 기존 브랜드의 소비를 늘리고, 현재 고객을 방어하고, 특정 시장 세그먼트를 타겟팅하거나, 광고 및 마케팅 노력을 강화하는 것이다.

시용 및 재구매 촉진 판매촉진 기술의 가장 중요한 용도 중 하나는 소비자가 새로운 제품이나 서비스를 시용(trial)하도록 장려하는 것이다. 매년 수천 개의 신제품이 시장에 출시되지만, 그중 대부분은 1년 이내에 실패한다. 이러한 실패의 대부분은 신제품이나 브랜드가 충분한 소비자의 초기 체험을 장려하거나 브랜드를 시용하는 사람들 중 충분한 수의 사람들이 재구

사진 16-9
질레트는 제품 견본품과 쿠폰을 사용하여 시용과 제품의 지속적인 사용을 촉진했다.
자료: Mark Dierker/McGraw-Hill Education

매하도록 유도하는 데 필요한 판촉 지원이 부족하기 때문이다. 판매촉진 도구는 새로운 브랜드 도입 전략의 중요한 부분이 되었다. 견본품 제공, 쿠폰, 환불 혜택과 같은 기술을 통해 초기 시도 수준을 높일 수 있다. 새로운 브랜드의 성공은 초기 시용을 얻는 것뿐만 아니라 브랜드를 시도한 사람들의 합리적인 비율을 유도하여 재구매하고 지속적인 구매 패턴을 확립하는 데 달려 있다. 쿠폰이나 환불 혜택과 같은 판촉 인센티브는 종종 시도 후 반복 구매를 장려하기 위해 견본품과 함께 포함된다. 예를 들어, 사진 16-9는 질레트(Gillette)가 퓨전 프로글라이드(Fusion ProGlide) 면도기에 사용한 계정별 프로모션을 보여준다. 면도기는 라이트 애이드(Rite Aid) 약국 체인 웰빙+보상 프로그램 회원에게 우편으로 발송되어 시용을 장려했으며, 카트리지에 대한 5달러 할인 쿠폰이 포함되어 소비자가 제품을 계속 사용하도록 장려했다.

기존 브랜드의 판매 증대 많은 마케팅 관리자는 소비자 구매 패턴이 잘 정립된 성숙한 시장에서 기존 경쟁사와 경쟁하는 기존 브랜드를 담당한다. 누적된 광고 효과로 기존 브랜드에 대한 인지도가 일반적으로 높고 많은 소비자가 해당 브랜드를 시도했을 가능성이 높다. 이러한 요인은 브랜드 관리자에게 어려운 상황을 만들 수 있다. 판매촉진은 기존 브랜드에 대한 새로운 관심을 유발하여 판매를 늘리거나 경쟁사에 대한 시장 점유율을 방어하는 데 도움이 될 수 있다.

마케터는 여러 가지 방법으로 기존 브랜드의 판매를 늘리려고 시도하며, 판매촉진은 각 방법에서 중요한 역할을 할 수 있다. 제품 소비를 늘리는 한 가지 방법은 브랜드의 새로운 용도를 파악하는 것이다. 제품을 사용하는 다양한 방법을 보여주는 요리책이나 달력과 같은 판매촉진 도구가 종종 이를 달성할 수 있다. 제품의 다양한 용도를 홍보하기 위해 판매촉진을 사용하는 브랜드의 예로는 에너자이저(Energizer) 배터리가 있다. 사진 16-10은 에너자이저가 경품 추첨을 사용하여 소비자가 연기 경보기와 일산화탄소 감지기의 배터리를 교체하도록 장려한 방법을 보여준다. 소비자는 페이스북에서 에너자이저 버니(Energizer Bunny)를 좋아하면 경품 추첨에 참여할 수 있다.

사진 16-10
에너자이저는 경품 추첨을 통해 자사의 배터리를 연기 및 일산화탄소 감지기에 사용하도록 홍보했다.
자료: Energizer Brands, LLC

기존 브랜드의 판매를 늘리기 위한 또 다른 전략은 제품 범주의 비사용자나 경쟁 브랜드의 사용자를 유치하는 프로모션을 사용하는 것이다. 제품 범주의 비사용자를 유치하는 것은 소비자가 제품에 대한 필요성을 느끼지 못할 수 있으므로 매우 어려울 수 있다. 판매촉진은 비사용자에게 제품을 시도해볼 수 있는 추가 인센티브를 제공하여 비사용자에게 어필할 수 있지만, 기존 브랜드의 판매를 늘리기 위한 보다 일반적인 전략은 경쟁 브랜드를 사용하는 소비자를 유치하는 것이다. 이는 쿠폰, 사은품 오퍼, 보너스팩 또는 가격 할인과 같이 전환할 수 있는 인센티브를 제공하여 수행할 수 있다. 마케터는 견본품 제공이나 기타 유형의 판촉 프로그램을 통해 경쟁사 사용자가 자사 브랜드를 시도하도록 할 수도 있다. 예를 들어, 밀러쿠어즈(MillerCoors)는 "Taste Challenge(맛의 도전)" 판촉을 사용하여 밀러 라이트(Miller Lite)가 버드 라이트(Bud Light) 및 기타 라이트 맥주 브랜드에 비해 시장 점유율을 회복하는 데 도움을 주었다. 이 통합 캠페인의 핵심 구성 요소는 소비자에게 밀러 라이트와 버드 라이트의 맛을 비교할 수 있는 기회를 제공한 바, 레스토랑 및 나이트클럽에서 진행하는 대화형 내부에서 진행한 프로모션(on-premise promotion)이었다(사진 16-11).

사진 16-11

밀러 라이트의 "Taste Challenge"는 경쟁 브랜드 사용자를 유치하는 데 매우 성공적인 판촉이었다.

자료: MillerCoors

기존 고객층 방어 매일 더 많은 신규 브랜드가 시장에 진출하고 경쟁사가 공격적인 광고와 판촉 활동을 통해 고객을 빼앗으려 하면서 많은 회사가 현재 고객을 유지하고 시장 점유율을 방어하기 위해 판촉 프로그램을 활용하고 있다. 회사는 여러 가지 방법으로 판촉 기법을 사용하여 현재 고객 기반을 유지할 수 있다. 한 가지 방법은 한꺼번에 많은 양의 제품을 구매하게 하여서 일정 기간 동안 시장에 나타나지 말라고 하는 것이다. 특별 가격 프로모션, 쿠폰 또는 보너스팩은 소비자가 브랜드를 비축하도록 장려할 수 있다. 이렇게 하면 고객이 회사 브랜드를 계속 사용할 뿐만 아니라 경쟁사의 프로모션에 대응하여 브랜드를 바꿀 가능성도 줄어든다.

특정 세분시장에 대한 타겟팅 대부분의 회사는 특정 세분시장에 마케팅 노력을 집중하고 항상 목표 고객에게 다가갈 방법을 찾고 있다. 많은 마케터는 경연 대회와 복권, 이벤트, 쿠폰, 견본품 제공과 같은 판촉 도구가 특정 지리적, 인구통계적, 심리적, 인종적 시장에 도달하는 매우 효과적인 방법이라는 것을 알게 되었다. 판매촉진 프로그램은 비사용자 또는 소량이용자 대 대량이용자와 같은 특정 사용자 상태 그룹을 대상으로 할 수도 있다. 예를 들어, 안호이저-부시(Anheuser Busch)는 미켈롭 울트라(Michelob ULTRA)를 위한 영리한 프로모션을 만들어 '소설 운동선수'라는 새로운 목표 고객에게 브랜드를 판촉했다. 이 판매촉진은 #WillRunforBeer라고 불리며 추수감사절에 5km와 10km 경주에 참여하는 맥주 애호가를 대상으로 했다. 최근 몇 년 동안 이 칠면조 트롯(Turkey Trots)은 전국 도시에서 1,300개가 넘는 경주가 열리면서 휴일과 동의어가 되었고, 100만 명이 넘는 주자가 경쟁에 참여하는 일 년 중 가장 큰 경주일이 되었다. 참여하기 위해 전국의 일부 시장에서 21세 이상의 소비자는 트위터 또는 인스타그램에서 브랜드를 팔로우하고 #WillRunforBeer를 사용하여 칠면조 트롯에서 찍은 사진을 공유하고 @MichelobULTRA를 태그하도록 초대되었다(사진 16-12). 참가자들은 주류배달 플랫폼인 드리즐리(Drizly) 프로모션 코드를 받았고, 이 코드를 사용하면 미켈롭 울트라 병이나 캔을 무료로 받을 수 있다.

사진 16-12

이 미켈롭 울트라 프로모션은 일반인 운동선수를 대상으로 했다.

자료: Anheuser-Busch, Inc.

판매촉진 프로그램은 특정 제품과 서비스의 최대 세일 기간과 맞물리도록 개발될 수도 있다. 예를 들어, 마즈(Mars)와 허쉬(Hershey)와 같은 초콜릿 회사는 종종 할로윈 직전에 세일 프로모션을 진행하는 반면, 어린이와 청소년을 대상으로 하는 의류 및 학용품 회사는 대부분 학교용품 쇼핑이 이루어지는 늦여름에 프로모션을 진행한다.

통합 마케팅 커뮤니케이션 강화 및 브랜드 자산 구축 소비자 중심 프로모션의 마지막 목표는 브랜드나 회사의 통합 마케팅 커뮤니케이션 노력을 강화하거나 지원하는 것이다. 브랜드 자산 구축 및 유지는 전통적으로 미디어 광고를 통해 이루어지는 것으로 여겨졌지만, 마케터가 판매촉진 프로그램을 개발할 때 중요한 목표가 되었다. 기업은 광고 및 프로모션 기관에 전략적으로 생각하고 단기 판매를 창출하는 것 이상을 할 수 있는 프로모션 프로그램을 개발해 달라고 요청하고 있다. 그들은 소비자가 브랜드에 더 많이 관여하고 매력적인 방식으로 브랜드 본질을 표현할 수 있는 방법을 제공하는 프로모션을 원한다. 많은 마케터는 잘 설계되고 실행된 프로모션이 소비자를 참여시키고 브랜드를 차별화하는 매우 효과적인 방법이 될 수 있다는 것을 인식하고 있다. 경연 대회나 복권, 사은품 혜택과 같은 판매촉진 기법은 종종 광고 캠페인에 주의를 끌고, 메시지와 제품 또는 서비스에 대한 참여를 늘리고, 소비자와의 관계를 구축하는 데 사용된다.

소비자 지향 판매촉진 기법

견본품 제공

마케터는 방금 논의한 목표를 달성하기 위해 다양한 소비자 중심의 판매촉진 도구를 사용한다. 이러한 다양한 판매촉진 도구가 어떻게 사용되는지, 그리고 마케터가 도구를 사용할 때 고려해야 할 요소에 대해 논의해보자. 견본품 제공부터 시작하겠다.

견본품 제공(sampling)은 소비자에게 무료로 일정량의 제품을 제공하여 시용을 유도하는 다양한 절차를 포함한다. 견본품 제공은 일반적으로 시용을 유도하는 가장 효과적인 방법으로 간주되지만 가장 비싸다. 판매촉진 기법으로서 견본품 제공은 종종 새로운 제품이나 브랜드를 시장에 출시하는 데 사용된다. 그러나 견본품 제공은 기존 제품에도 사용된다. 일부 회사는 기존 제품에 견본품 제공을 사용하지 않는다. 그 이유는 견본품이 경쟁 브랜드의 만족스러운 사용자에게 전환을 유도하지 못하고, 어차피 제품을 구매할 회사의 현재 고객에게만 제공될 수 있기 때문이다. 브랜드에 상당한 변경(새롭고 개선된)이 있을 때는 그렇지 않을 수 있다.

식품, 건강관리 품목, 화장품, 세면용품과 같은 포장 상품 제조업체는 제품이 효과적인 견본품 제공 프로그램을 위한 세 가지 기준을 충족하기 때문에 견본품 제공을 많이 사용한다.

1. 제품의 단위 가치가 비교적 낮아 견본품 비용이 너무 많이 들지 않는다.
2. 제품이 분할 가능하므로 브랜드의 특징과 이점을 사용자에게 보여주기에 적합한 작은 견본품 크기로 나눌 수 있다.
3. 구매주기가 비교적 짧아 소비자는 즉시 구매를 고려하거나 다음 구매 시점까지 브랜드를 잊지 않을 것이다.

견본품 제공의 이점과 한계 견본품은 소비자에게 새로운 제품을 시용할 수 있는 위험 없는 방법을 제공하므로 시용을 유도하는 훌륭한 방법이다. 프로모션 마케팅 협회(Promotion Marketing Association, 현재 Brand Activation Association으로 알려짐)의 주요 연구에 따르면 견본품을 받은 소비자의 대부분은 바로 사용하거나 나중에 사용하기 위해 보관한다. 견본

사진 16-13

잭인더박스의 "Free Fryday" 프로모션은 소비자들에게 자사의 새로운 감자튀김을 권유하는 효과적인 방법이었다.

자료: Jack In The Box Inc.

품 제공은 광고나 기타 판촉 기법보다 시용률이 훨씬 높다.

사람들이 제품을 시용하게 하면 견본품 제공의 두 번째 이점이 생긴다. 소비자는 브랜드를 직접 경험하여 그 이점에 더 크게 공감한다. 이는 제품의 특징과 이점을 광고로 설명하기 어려울 때 특히 중요할 수 있다. 많은 식품, 음료 및 화장품에는 직접 경험했을 때 가장 높이 평가되는 미묘한 특징이 있다. 따라서 이러한 산업의 마케터는 종종 견본품을 사용하여 소비자에게 신제품을 소개하는 방법으로 사용한다. 예를 들어, 미국 서부 지역의 주요 패스트푸드 레스토랑 체인인 잭인더박스(Jack in the Box)는 "Free Fryday(무료 금요일)" 프로모션을 사용하여 소비자에게 새로운 감자튀김 견본을 제공할 기회를 제공했다(사진 16-13). PMA 설문 조사에 참여한 응답자의 약 70%가 무료 견본품을 사용해본 후 일반적으로 사용하지 않는 제품을 구매했다고 답했다. 이 연구에서는 쿠폰이 함께 제공될 때 견본품이 구매로 이어질 가능성이 더 높다는 사실도 발견했다.

견본품은 시용을 유도하는 효과적인 방법이지만 견본품 제공 프로그램이 가치 있으려면 브랜드에 고유하거나 뛰어난 이점이 있어야 한다. 그렇지 않으면 견본품을 제공받은 소비자는 다른 브랜드로 돌아가 반복 구매자가 되지 않는다. 견본품 제공 프로그램의 비용은 많은 소비자가 정가로 브랜드를 정기적으로 사용하는 경우에만 회수할 수 있다.

견본품 제공의 한계점은 일부 제품의 이점을 즉시 측정하기 어렵고 브랜드를 이해하는 데 필요한 학습 기간이 소비자에게 저렴한 것보다 더 많은 양의 브랜드를 공급해야 할 수 있다는 것이다. 예를 들어, 주름을 예방하거나 줄이는 것으로 홍보되지만 효과가 나타나기 전에 장기간 사용해야 하는 값비싼 스킨 크림이 있다.

견본품 제공 방법 판매촉진 또는 브랜드 관리자가 내려야 할 기본적인 결정 중 하나는 견본품을 어떻게 배포할 것인가다. 선택한 견본품 제공 방법은 비용 측면에서뿐만 아니라 견본품을 받는 소비자 유형에 영향을 미치기 때문에 중요하다. 최상의 견본품 제공 방법은 제품을 가장 유망한 고객에게 시험 판매하고 이후 재구매하게 한다. 기본적인 유통 방법에는 개별방문 견본품 제공, 우편을 이용한 견본품 제공, 매장 내 견본품 제공, 패키지 부착 견본품 제공 방식이 있다. 제품을 거주지로 직접 배달하는 개별방문 견본품 제공은 견본품이 배달되는 위치를 통제하는 것이 중요할 때 사용된다. 수년 동안 신문은 견본품과 함께 홍보 메시지를 인쇄한 폴리백을 사용하는 등 견본품을 대량으로 배포하는 데 사용되었다. 그러나 현재 미국 가구의 절반도 채 되지 않는 가구가 인쇄 신문을 구독하고 있어 견본품을 대량으로 배포하려는 마케터에게 견본품 제공 방법으로서의 가치가 떨어진다.

우편을 이용한 견본품 제공은 작고 가볍고 부패하지 않는 제품의 경우 일반적이다. 이 방법의 가장 큰 장점은 마케터가 제품이 배포될 장소와 시기를 통제할 수 있고, 견본품을 특정 시장 지역에 표적으로 할 수 있다는 것이다. 많은 마케터가 클라리타스(Claritas)의 프리즘 프리미어(PRIZM Premier)와 같은 지리인구통계학적 표적 마케팅 프로그램의 정보를 사용하여 견본품 메일링을 보다 효과적으로 표적하고 있다. 매장 내 견본품 제공은 점점 더 인기를 얻고 있으며, 특히 식품의 경우 소비자가 제품을 맛볼 수 있고 시연자가 견본품을 제공하는 동안 제품에 대한 자세한 정보를 전달할 수 있기 때문이다. 이 견본품 제공 방법은 매우 효과적일 수 있지만 비용이 많이 들 수 있으며 치밀한 계획과 소매업체의 협력이 필요하다.

제품 견본품을 다른 품목에 첨부하는 패키지 부착 견본품 제공은 또 다른 일반적인 견본품 제공 방법이다(사진 16-14 참조). 이 절차는 특히 기존 브랜드의 패키지에 신제품 견본품을 첨부하는 다품목을 생산하는 회사의 경우 비용 면에서 매우 효율적일 수 있다. 단점은 견본품이 첨부된 품목을 구매한 소비자에게만 배포되기 때문에 견본품이 해당 브랜드를 사용하지 않는 사람에게는 전달되지 않는다는 것이다. 마케터는 견본품을 다품목 브랜드에 첨부하고 회사에서 만들지 않은 제품이 포함된 견본품을 포함하여 이 견본품 제공 방법을 확장할 수 있다.

이벤트 견본품 제공은 견본품을 배포하는 가장 빠르게 성장하고 가장 인기 있는 방법 중 하나가 되었다. 많은 마케터는 통합 마케팅 프로그램의 일부인 견본품 제공 프로그램을 사용하고 있다. 이 프로그램은 이벤트, 미디어 연계 및 소비자에게 음식이나 음료의 몇 가지 맛이나 포장 상품 제품의 시험용 크기가 아닌 브랜드에 대한 전체적인 감각을 제공하는 기타 활동을 특징으로 한다. 이벤트 견본품 제공은 매장뿐만 아니라 콘서트, 스포츠 이벤트 및 기타 장소와 같은 다양한 다른 장소에서도 이루어질 수 있다.

사진 16-14

아머올(Armor All)은 관련 제품에 대한 패키지 부착 견본품을 사용한다.

자료: The Armor All/STP Products Company

그 밖의 견본품 제공 방법 방금 논의한 네 가지 견본품 제공 방법이 가장 일반적이지만 다른 여러 방법도 사용된다. 여러 회사에서 전문 견본품 배포 서비스 회사를 사용하기도 한다. 이러한 회사는 회사가 제품을 사용하지 않는 소비자나 경쟁 브랜드를 사용하는 소비자를 식별하고 견본품을 배포하기 위한 적절한 절차를 개발하도록 돕는다. 많은 대학생들은 학기 초에 구강 청정제, 치약, 두통 치료제, 탈취제와 같은 제품의 시험용 크기가 들어 있는 견본품 팩을 받는다.

인터넷은 소비자가 제품을 체험할 수 있도록 기업들이 하는 또 다른 방법이며, 소비자에게 원하는 견본품을 선택할 수 있는 기회를 제공함으로써 완전히 새로운 수준의 타겟팅을 추가하고 있다. 여러 기업이 소비자가 관심 있는 제품의 무료 견본품을 받기 위해 등록할 수 있는 웹사이트를 제공한다. 사진 16-15는 샘플어데이(Sample A Day) 웹사이트의 홈페이지로, 소비자에게 제공하는 견본품과 기타 프로모션 혜택을 홍보하고 있다. 이 서비스는 마케터가 견본품과 기타 프로모션 혜택을 보다 효과적으로 타겟팅하는 데 사용할 수 있는 제품 사용에 대한 자격을 소비자에게 묻는다.

마케터는 또한 다양한 형태의 소셜 미디어를 사용하여 견본품을 배포한다. 예를 들어, 스플렌다(Splenda)는 페이스북을 사용하여 자사 감미료의 주머니 크기 스프레이 형태 제품의 견본품을 배포했다. 이 회사는 참여 광고를 사용하여 소비자를 스플렌다 미스트(Splenda Mist) 페이지로 안내하여 소비자가 새로운 제품을 '처음으로' 보고 회사에 자신의 정보를 제공할 수 있도록 했다. 스플렌다는 또한 견본품을 받은 소비자에게 귀중한 피드백을 요청하기 위해 페이스북 페이지를 사용했다.

사진 16-15

소비자는 샘플어데이(sampleaday.com)와 같은 웹사이트에서 견본품을 요청할 수 있다.

자료: Sampleaday.com

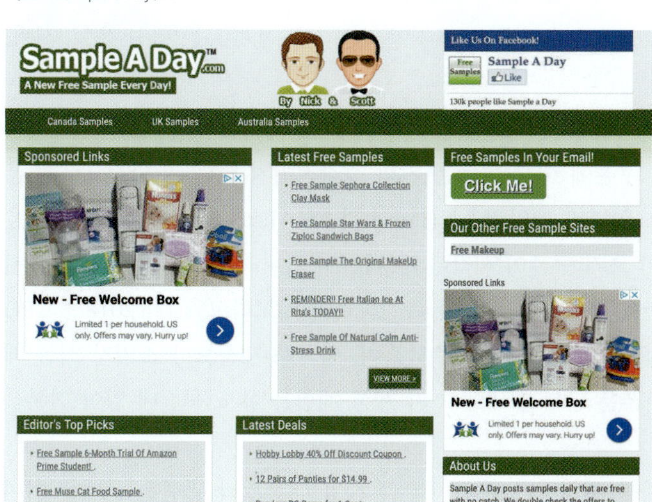

쿠폰 사용

가장 오래되고, 가장 널리 사용되고, 가장 효과적인 판매촉진 도구는 센트 할인 쿠폰이다. 쿠폰은 1895년 곡물가공 회사인 씨더블유포스트(C. W. Post Co.)가 새로운 그레이프-

너츠(Grape-Nuts) 시리얼을 판매하기 위해 페니 할인 쿠폰을 사용하기 시작한 이래로 존재해왔다. 최근 몇 년 동안 쿠폰은 소비자들에게 점점 더 인기를 얻었으며, 이는 쿠폰을 판매촉진 인센티브로 사용하는 제조업체와 소매업체 사이에서 폭발적으로 성장한 이유를 설명할 수 있다. 쿠폰은 거의 모든 포장 상품 회사에서 사용하므로 가장 인기 있는 판매촉진 기법이다.

최근 경기 침체 동안 미국에서 소비자 포장 상품(CPG)에 대한 쿠폰 배포 및 사용이 크게 증가했는데, 2010년에 배포된 쿠폰 수가 3,320억 개로 기록적인 수준에 도달했고, 33억 개가 사용되었다. 경제가 회복되면서 배포된 쿠폰 수는 2018년에 2,580억 개로 감소했고, 17억 개가 사용되었다. 쿠폰 배포 및 사용 패턴을 추적하는 회사인 NCH 마케팅 서비스에 따르면 미국 소비자의 60% 이상이 쿠폰을 사용하고 13%는 쇼핑할 때 항상 쿠폰을 사용한다고 한다. 2018년에 배포된 2,580억 개의 CPG 쿠폰의 평균 액면가는 2.01달러였고, 사용된 17억 개의 평균 가치는 1.55달러였다. 그러나 비식품 CPG에 사용된 쿠폰의 평균 액면가는 1.94달러였고, 식품 제품의 경우 1.14달러였다.

지난 수십 년 동안 쿠폰이 폭발적으로 성장하게 된 것에 더 많은 연료를 공급하다시피 한 것은 이 수치에 포함되지도 않는 소매업체를 통해 배포된 엄청난 수의 쿠폰이다. 일부 시장에서는 여러 식료품점이 액면가를 두 배로 늘려 제조업체의 쿠폰을 소비자에게 더욱 매력적으로 만든다.

쿠폰의 장점과 한계점 쿠폰은 여러 가지 장점이 있어 신제품과 기존 제품 모두에 인기 있는 판촉 도구다. 첫째, 쿠폰은 가격에 민감한 소비자에게만 가격 할인을 제공할 수 있다. 이러한 소비자는 일반적으로 쿠폰 때문에 구매하는 반면, 가격에 관심이 없는 소비자는 브랜드를 정가에 구매한다. 쿠폰은 또한 소매업체의 협조에 의존하지 않고도 제품의 소매 가격을 낮출 수 있는데, 이는 종종 문제가 될 수 있다. 쿠폰은 일반적으로 시용을 유도하는 판촉 기법으로 견본품 제공에 이어 두 번째로 간주된다. 쿠폰은 제품 가격을 낮추므로 새로운 브랜드의 시도와 관련된 소비자의 인식된 위험을 줄인다. 쿠폰은 초기 시도 후 재구매를 장려할 수 있다. 많은 신제품에는 반복 구매를 장려하기 위해 패키지 내부에 센트 할인 쿠폰이 포함되어 있다.

쿠폰은 기존 제품에도 유용한 판촉 수단이 될 수 있다. 쿠폰은 비사용자가 브랜드를 시도하도록 장려하고, 현재 사용자에게 반복 구매를 장려하며, 사용자가 새롭고 개선된 버전의 브랜드를 시도하도록 할 수 있다. 쿠폰은 또한 제품 사용자가 더 비싼 브랜드로 거래하도록 유도하는 데 도움이 될 수 있다. 쿠폰이 가장 많이 사용되는 제품 범주는 일회용 기저귀이고, 그 다음으로 시리얼, 세제, 탈취제다. 쿠폰이 가장 적게 사용되는 제품 범주로는 탄산 음료, 사탕, 껌이 있다.

하지만 쿠폰에는 여러 가지 한계점이 있다. 첫째, 얼마나 많은 소비자가 쿠폰을 언제 사용할지 예측하기 어려울 수 있다. 쿠폰에 대한 반응은 거의 즉각적이지 않다. 일반적으로 쿠폰을 사용하는 데 몇 달이 걸린다. 인만과 맥알리스트(Inman과 McAlister)가 실시한 쿠폰 사용 패턴 연구에 따르면 많은 쿠폰이 초기 쿠폰이 시작된 후 기간이 아니라 만료일 직전에 사용된다. 많은 마케터가 만료 전 기간을 단축하여 사용을 촉진하려고 시도하고 있다. 2018년 CPG 쿠폰의 발행일부터 만료일까지의 평균 기간은 6.9주였으며, 비식품 제품보다 소비자 식품 제품의 시간이 더 길다. 그러나 쿠폰은 단기간 내에 초기 제품 체험을 유도하는 데 있어 견본품 제공보다 효과가 떨어진다.

기존 브랜드에 새로운 사용자를 유치하기 위해 쿠폰을 사용하는 것과 관련된 문제는 이미

도표 16-3
쿠폰 발행 비용

쿠폰 사용에 따른 비용계산서 예시	
1. 배포 비용: 5,500만 장 배포 × 1,000장당 배포 비용($6.25)	$343,750
2. 쿠폰 사용률 1.5%	825,000장
3. 쿠폰 사용 할인액: 825,000장 ×$1(쿠폰 1장당 할인액)	$825,000
4. 소매점 쿠폰 취급 관리비 및 수수료: 825,000장 × $0.1	$82,500
5. 디자인 및 기획비용	$1,500
6. 총 쿠폰 발행 비용: 항목 1+3+4+5 쿠폰 1장 사용 비용 총비용/총 사용된 쿠폰 수	$1,252,750 $1.52
7. 실제 제품판매 수량(쿠폰 사용 중 약 20%의 부정 사용이 발생했다고 가정): 825,000 × 80%	660,000개
8. 실제 제품판매에 사용된 쿠폰 1장당 비용: 총비용/실제 제품 판매수량	$1.9

해당 브랜드를 사용하는 소비자의 쿠폰 사용을 막기 어렵다는 것이다. 쿠폰은 새로운 사용자를 유치하는 대신 결국 제품을 구매할 가능성이 있는 소비자 사이에서 회사의 이익 마진을 줄일 수 있다. 그러나 쿠폰은 사용자를 유지하는 데 도움이 될 수 있다.

쿠폰과 관련된 다른 문제로는 낮은 사용률과 높은 비용이 있다. 쿠폰 프로그램 비용에는 사용된 쿠폰의 액면가와 쿠폰의 생산, 유통 및 처리 비용이 포함된다. 도표 16-3은 일요일 신문의 독립형 삽입물(FSI)과 액면가가 1달러인 쿠폰을 사용하여 쿠폰 프로그램의 비용을 결정하는 데 사용된 계산을 보여준다. 이 수치에서 볼 수 있듯이 쿠폰 프로그램의 비용은 매우 높을 수 있다. 마케터는 쿠폰 비용을 매우 신중하게 추적하여 쿠폰 사용이 경제적으로 실행 가능한지 확인해야 한다.

쿠폰 프로모션의 또 다른 문제는 잘못된 사용, 즉 브랜드를 구매하지 않고 쿠폰을 현금화하는 것이다. 쿠폰의 잘못된 사용 또는 사기는 쿠폰에 명시되지 않은 제품 유형이나 크기에 대한 소비자의 쿠폰 사용, 매장 관리자와 직원이 제품 판매 없이 쿠폰 사용, 범죄자가 쿠폰을 인쇄하여 비윤리적인 상인에게 판매한 후 다시 쿠폰을 사용하는 것, 온라인 사기, 즉 위조 쿠폰을 제작하여 온라인에서 배포하는 것을 포함하여 여러 가지 방법으로 발생한다. 쿠폰 사기와 잘못된 사용으로 인해 미국에서만 제조업체는 연간 약 5억 달러의 손실을 입었다.

많은 제조업체는 의심스러운 금액이나 의심스러운 유형의 쿠폰 제출에 대해 소매업체에 지불하지 않는다는 정책을 고수한다. 그러나 일부 회사는 덜 공격적이며 이는 이익 마진에 영향을 미친다. 마케터는 쿠폰 프로그램 비용을 추산할 때 특정 비율의 잘못된 사용을 허용해야 한다. 개선된 코딩과 같이 쿠폰의 잘못된 사용을 식별하고 제어하는 방법이 개발되고 있지만 여전히 문제로 남아 있다. 많은 소매업체가 인터넷 쿠폰에 대한 정책을 강화하고 있다. 예를 들어, 월마트는 유효한 만료일, 송금 주소 및 바코드가 없는 인터넷 쿠폰을 허용하지 않는다.

사진 16-16

프락터앤갬블은 자체 FSI 소책자를 배포한다.

자료: Mark Dierker/McGraw-Hill Education

쿠폰 배포 쿠폰은 일요일 신문의 독립형 삽입물, 직접 우편, 신문(개별 광고 또는 협동 형태의 쿠폰 그룹), 잡지, 패키지 및 온라인을 포함한 여러 수단을 통해 소비자에게 배포될 수 있다. 신문 **독립형 삽입물**(free standing inserts, FSI)을 통한 배포는 소비자에게 쿠폰을 전달하는 가장 인기 있는 방법으로, 배포된 모든 쿠폰의 90% 이상을 차지한다. FSI는 신문(일반적으로 일요일 판)과 함께 제공되는 소비자용 포장 상품 쿠폰 제공이 포함된 4색 다중 페이지 인쇄 광고 소책자다. FSI는 지역 소매업체 광고와 함께 직접 우편 패키지로 제공되거나 레드플럼(RedPlum) 또는 스마트소스(SmartSource)와 같은 협동 소책자 또는 회사에서 만든 단독 책자일 수도 있다. 예를 들어, 프락터앤갬블(Procter & Gamble)은 전국 신문에 매달 자체 P&G 브랜드 SAVER FSI 소책자를 사용한다(사진 16-16).

FSI가 쿠폰을 전달하는 가장 인기 있는 방법인 데에는 여러 가지 이유가 있다. 여기에는 고품질의 4색 그래픽, 경쟁력 있는 유통 비용, 전국적인 당일 유통, 시장 선택성 그리고 FSI 회사의 범주 독점성으로 인해 경쟁을 회피할 수 있다는 사실이 포함된다. 전체 페이지 FSI의 가격은 현재 천 권당 약 6~7달러로, FSI 프로모션을 매우 효율적이고 저렴하게 만든다. 소비자들 사이에서 대중적인 매력과 예측 가능한 유통으로 인해 FSI에서 배포되는 쿠폰은 소매업에서도 강력한 판매 포인트다.

그러나 FSI를 통한 쿠폰 배포가 증가함에 따라 클러터(clutter) 문제가 발생했다. 소비자들은 너무 많은 쿠폰에 폭격을 당하고 있으며, 각 FSI 발행사가 삽입물에 제품 독점성을 제공하지만 일요일 신문에 삽입물이 3개면 이러한 이점이 무효화될 수 있다. FSI 쿠폰의 사용률은 4%에서 2% 미만으로 감소했으며 일부 제품의 경우 더 낮아졌다. 이러한 문제로 인해 일부 마케터는 직접 우편으로 보내거나 매장에서 전자적으로 배포하거나 배포하는 것과 같이 덜 복잡하고 사용률이 높은 쿠폰을 제공하는 다른 방법을 모색하고 있다. 도표 16-4는 FSI가 아닌 다른 방법을 통해 제공된 쿠폰의 비율을 보여준다.

도표 16-4

매체별 소비자 포장 상품(CPG) 쿠폰 배포

자료: NCH Marketing Services, Inc.

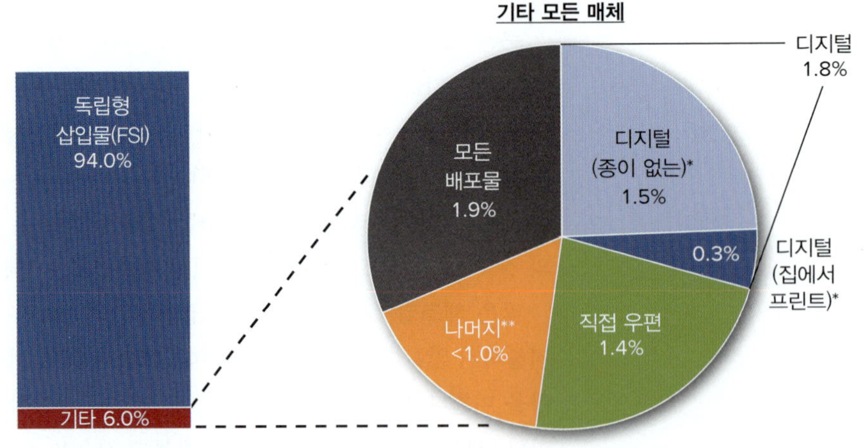

* 디지털 블렌디드 배포 포함

** 나머지: 신문, 잡지, 인/온-팩 및 크로스러프(역자 주: 동일회사에서 판매하는 다른 종류의 제품을 살 수 있게 하는 일종의 만능 쿠폰을 뜻한다), 소비자 관계를 위한 쿠폰 및 바운스 백 쿠폰(Bounce Back Coupon, 역자 주: 물건을 사고 나서 다시 향후에 구입할 때에 몇 %를 할인해주는 쿠폰을 뜻한다), 소매업자를 위한 인-애드 쿠폰은 제외한다.

사진 16-17

〈막장 쿠폰 사용〉은 인기 있는 리얼리티 TV 쇼다.

자료: Mark Dierker/McGraw-Hill Education

쿠폰 사용 추세 쿠폰은 미국 소비자가 매년 17억 개를 사용한다는 사실에서 알 수 있듯이 소비자의 구매 결정에 영향을 미치는 가장 효과적인 판촉 도구로 계속 사용되고 있다. 쿠폰의 인기는 평균 가구가 매년 상당한 금액을 절약할 수 있는 방법이라는 사실을 반영한다. 쿠폰 사용은 최근 경기 침체 이후에도 높은 수준을 유지했다. 소비자의 약 60%가 정기적으로 쿠폰을 사용하고 일부는 매우 많이 사용한다. 사실, 극단적인 쿠폰 사용이라는 용어는 쇼핑하는 동안 가능한 한 많은 돈을 절약하기 위해 쇼핑 기술과 쿠폰 사용을 결합하는 활동을 설명하기 위해 만들어졌다. 케이블 TV TLC 네트워크는 여전히 쿠폰을 사용하여 많은 돈을 절약하는 쇼핑객에 초점을 맞춘 〈막장 쿠폰 사용(Extreme Couponing)〉이라는 제목의 리얼리티 쇼를 방영한다(사진 16-17).

쿠폰 사용의 증가는 또한 더 많은 쿠폰이 마케터에 의해 배포되고 있다는 뜻이며, 마케터는 이를 사용하여 저가 경쟁자 및 개인 상표 매장 브랜드와 경쟁한다. 소비자가 더 많은 쿠폰을 사용하고 있지만, 마케터가 쿠폰을 사용하는 데 여전히 여러 가지 문제가 있다. 평균적인 미국 가정은 여전히 연간 2,000개 이상의 쿠폰을 받고 있으며, 소비자는 배포된 수천억 개의 쿠폰 중 1% 미만만 사용한다.

쿠폰의 비용과 효과에 대한 우려로 일부 마케터는 쿠폰 사용을 줄이거나 사용 방식을 변경했다. 예를 들어, 마케터는 기간을 줄였고 만료일이 3개월 이하로 더 일반화되었다. 마케터들은 쿠폰을 쓸 데에 다중 품목 구매 요건을 더 많이 활용하고 있으며, 특히 식료품의 경우 쿠폰의 약 40%가 이 전략을 사용한다. 주요 마케터들 사이에서 쿠폰이 비효율적이고 비용이 많이 든다는 의견이 커지고 있지만, 쿠폰을 완전히 포기할 회사는 거의 없다. 그러나 회사와 쿠폰 산업은 쿠폰 사용을 개선할 방법을 모색하고 있다.

많은 마케터와 소매업체는 쿠폰을 배포하는 매체로 인터넷을 찾고 있다. 현재 쿠폰닷컴(Coupon.com), 레드플럼(RedPlum), 스마트소스(SmartSource)와 같은 여러 웹사이트에서 쿠폰을 제공한다. 소비자는 밸팩닷컴(Valpak.com)을 통해 온라인으로 쿠폰에 액세스할 수도 있으며, 밸팩 직접 우편 봉투에 들어 있는 것과 동일한 쿠폰과 혜택을 소비자에게 제공한다.

소비자가 온라인에서 할인 및 특별 행사에 접근하는 또 다른 방법은 그루폰(Groupon), 리빙소셜(Living Social) 등과 같은 회사를 통해서다. 이 회사는 지역 상인과 국내 브랜드를 할인 혜택을 찾는 소비자와 연결한다. 이 프로모션 분야에서 가장 잘 알려진 회사는 그루폰으로, 2008년 시카고에서 시작하여 미국과 전 세계로 확장되었다. 이 회사는 북미에서 3,200만 명, 국제적으로 1,700만 명 이상을 포함하여 거의 5,000만 명이 적극 활용하고 있다. 소비자는 사이트에 무료로 가입할 수 있으며 등록하면 이메일 알림이나 그루폰 웹사이트, 페이스북 또는 트위터 페이지를 확인하여 해당 지역에서 제공되는 할인 혜택에 대한 알림을 받을 수 있다. 그루폰은 또한 모바일 마케팅을 활용한다. 거래의 절반 이상이 스마트폰 및 기타 모바일 기기를 통해 이루어진다. 전 세계적으로 1억 2,000만 명 이상의 사람들이 그루폰 모바일 앱을 다운로드했으며, 이를 통해 회사는 위치 기반 마케팅을 사용할 수 있다. 이를 통해 식당이나 소매점과 같은 특정 상인과의 근접성에 따라 소비자에게 할인 혜택을 보낸다. 사진 16-18은 그루폰의 모델이 소비자와 상인 모두에게 어떻게 적용되는지 보여준다.

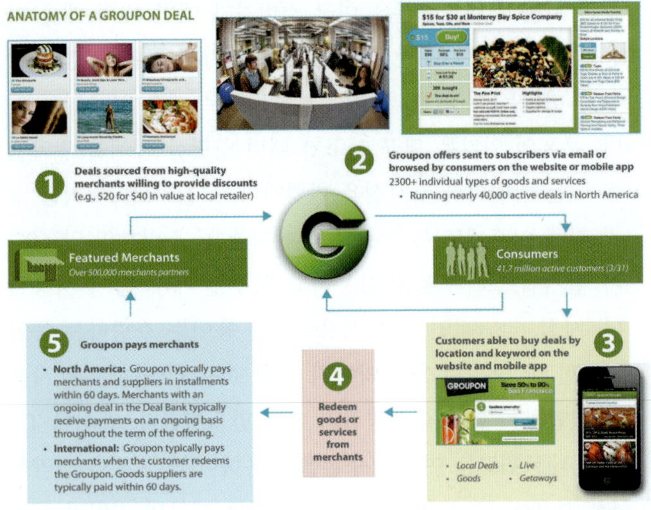

사진 16-18

그루폰은 상인들이 소비자들에게 할인과 거래를 제공하는 매우 인기 있는 방법이 되었다.

자료: Groupon, Inc.

소비자는 소매업체 및 제조업체 웹사이트, 검색 엔진, 쿠폰 전용 앱, 소매업체의 이메일, 푸시 알림, 디지털 간판이나 카탈로그의 QR 코드를 포함한 다양한 디지털 채널에서 쿠폰과 할인을 찾는다. 스캔(Scan), 숍새비(ShopSavvy), 레드레이저(RedLaser)와 같은 회사는 소비자가 휴대전화로 UPC 바코드를 스캔하여 해당 제품이나 관련 제품에 대한 쿠폰을 받을 수 있는 쇼핑 앱을 제공한다. 많은 소비자가 모바일 쿠폰과 기타 프로모션 혜택을 소매업체 로열티 카드에 연결하는 쿠폰을 다운로드하고 있다. 일부 마케터는 서비스에 가입한 소비자의 모바일 기기에 쿠폰을 제공하는 회사와 협력한다. 캐탈리나마케팅(Catalina Marketing)이 소유한 회사 셀파이어(Cellfire)는 소비자 포장 상품 시장에서 L2C(load-to-card) 디지털 쿠폰을 제공하는 선도적 공급업체이며, 전국의 2만 2,000개 이상의 매장과 협력하여 모바일 쿠폰 서비스를 제공한다.

모바일 쿠폰은 마케터의 디지털 마케팅 프로그램에서 훨씬 더 중요한 부분이 될 가능성이 높다. 왜냐하면 그들은 모바일이 현재 온라인 사용자의 모든 디지털 미디어 시간의 약 65%를 차지하고 있으며, 모바일 앱이 그 사용을 지배하고 있다는 것을 인식하고 있기 때문이다. 마케터가 모바일 쿠폰 사용을 늘리는 또 다른 이유는 모바일 쿠폰이 모바일 광고의 효과를 측정하는 효과적인 방법이기 때문이다. 이마케터(eMarketer)는 미국 마케터의 약 3분의 2가 모바일 쿠폰을 매장 내 구매를 모바일 광고에 귀속시키는 가장 효과적인 방법으로 본다는 것을 보여주는 연구를 인용한다.

사은품

사은품은 많은 마케터가 사용하는 판매촉진 수단이다. **사은품**(premium)은 구매자에게 추가 인센티브를 제공하는 무료 또는 저렴한 가격의 상품 또는 서비스다. 많은 마케터가 제품의 품질을 반영하고 시장에서의 이미지와 위치와 일치하는 부가가치 사은품을 선호하여 장난감과 속임수를 없애고 있다. 마케터는 소비자 시장을 타겟으로 하는 부가가치 사은품 인센티브에 연간 40억 달러 이상을 지출한다. 두 가지 기본적인 유형의 제공은 무료 사은품과 자기부담식 사은품이다.

무료 사은품 무료 사은품은 일반적으로 제품 패키지에 포함되거나 구매 증빙과 함께 요청을 우편으로 보내는 소비자에게 보내는 작은 선물이나 상품이다. 패키지 내/외부 무료 사은품에는 시리얼 패키지에 포함된 장난감, 공, 트레이딩 카드 또는 기타 품목과 다른 제품에 포함된 한 제품의 견본품이 포함된다. 패키지에 포함된 사은품은 충동 가치가 높고 제품을 구매하도록 하는 추가 인센티브를 제공할 수 있다. 그러나 사용과 관련된 몇 가지 문제가 있다. 첫째, 비용 요인이 있는데, 이는 사은품 자체와 필요할 수 있는 추가 포장에서 비롯된다. 합리적인 비용으로 바람직한 사은품을 찾는 것은 어려울 수 있으며, 특히 성인 시장의 경우, 낮은 가격의 사은품을 사용하면 이롭기보다 해로울 수 있다. 무료 우편 사은품 제공은 소비자가 구매 증빙을 두 개 이상 보내야 하므로 반복 구매를 장려하고 브랜드 충성도를 보상할 수 있다. 그

사진 16-19

맥도날드 해피밀은 장난감을 사은품으로 사용하여 어린이를 유치한다.

자료: Alissala/Shutterstock

러나 우편 사은품의 주요 단점은 구매자에게 즉각적인 강화나 보상을 제공하지 않아 브랜드를 구매할 충분한 인센티브를 제공하지 못할 수 있다는 것이다. 우편 사은품 제공을 활용하는 소비자는 거의 없으며, 이들의 평균 상환율은 약 2~4%다.

무료 사은품은 레스토랑 업계에서 매우 인기를 얻었으며, 특히 맥도날드와 버거킹과 같은 패스트푸드 체인점에서 어린이를 유치하기 위해 어린이 식사에 사은품을 제공한다. 맥도날드는 단위 기준으로 세계에서 가장 큰 장난감 제조업체가 되었으며, 해피밀을 위해 연간 약 7억 5,000만 개의 장난감을 위탁했다(사진 16-19). 패스트푸드 대기업이 사용하는 많은 사은품 오퍼는 인기 영화와 교차 홍보적 연계가 있으며, 증분 판매를 창출하는 데 매우 효과적일 수 있다. 맥도날드는 드림웍스(DreamWorks) 애니메이션 SKG(Animation SKG) 및 픽사애니메이션스튜디오(Pixar Animation Studios)와 디즈니를 포함한 여러 스튜디오와 영화 연계 거래를 협상한다. 맥도날드는 많은 해피밀 프로모션의 기반으로 영화 연계를 사용한다.

마케터가 사용하는 매우 인기 있는 유형의 인센티브는 항공 마일리지로, 문자 그대로 판촉 화폐가 되었다. 미국 항공사는 다른 마케터에게 마일리지를 판매하여 매년 약 20억 달러 이상을 벌어들인다. 소비자는 이제 아메리칸 항공사(American Airlines)의 어드벤티지(AAdvantage) 프로그램이나 유나이티드 항공사의 마일리지 플러스(Mileage Plus) 프로그램과 같은 주요 상용 고객 프로그램에 대한 마일리지 사은품을 기준으로 신용카드 서비스, 전화 서비스, 호텔 및 기타 여러 제품과 서비스를 선택하고 있다. 사진 16-20은 아메리칸 항공사가 고객을 유치하고 유지하는 데 도움이 되는 판촉 인센티브로 어드벤티지 마일의 가치를 판촉하는 방법을 보여준다.

자기부담식 사은품 **자기부담식 사은품**(self-liquidating premium)은 소비자가 사은품 비용의 일부 또는 전부와 취급 및 우편 비용을 지불해야 한다. 마케터는 일반적으로 자기부담식 사은품으로 사용되는 품목을 대량으로 구매하여 소매가격보다 낮은 가격으로 소비자에게 제공한다. 목표는 사은품 품목에서 이익을 내는 것이 아니라 비용을 충당하고 소비자에게 가치를 제공하는 것이다.

비용 절감 외에도 자기부담식 사은품은 마케터에게 여러 가지 이점을 제공한다. 사은품 제품을 통해 소비자에게 가치를 제공하면 브랜드에 대한 관심을 높이고 브랜드 이미지를 향상시킬 수 있다. 이러한 사은품은 또한 중간상 지원을 장려하고 브랜드와 사은품 제공에 대한 매장 내 디스플레이를 얻을 수 있다. 자기부담식 사은품은 종종 광고 캠페인에 직접 연결되므로 광고 메시지를 확장하고 브랜드에 대한 소비자 프랜차이즈 구축에 기여한다. 예를 들어, 필립모리스는 말보로 컨트리(Marlboro Country) 카탈로그를 통해 서부 의류, 야외용품 및 기타 유형의 말보로 제품을 제공하며, 이는 담배 브랜드의 포지셔닝을 강화한다.

사진 16-20

아메리칸 항공은 구매 인센티브로 어드벤티지 마일의 가치를 홍보한다.

자료: Mark Dierker/McGraw-Hill Education

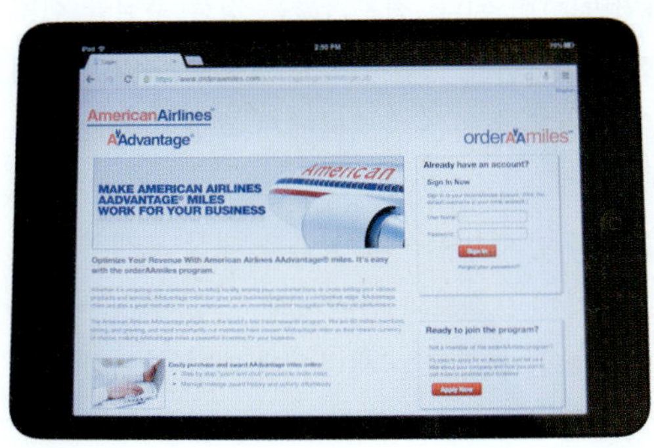

자기부담식 사은품 제공은 우편 사은품과 동일한 기본적인 한계가 있다. 즉, 상환율이 매우 낮아 마케터는 로고나 기타 브랜드 식별이 있는 품목을

대량으로 공급받아 폐기하기 어려울 수 있다. 따라서 소비자의 사은품 인센티브에 대한 반응을 테스트하고 이 제안을 가치로 인식하는지 확인하는 것이 중요하다. 또 다른 옵션은 브랜드 식별이 없는 사은품을 사용하는 것이지만, 이는 소비자 프랜차이즈 구축 가치를 떨어뜨린다.

경연 대회와 경품 추첨

경연 대회와 경품 추첨은 마케터들이 매년 20억 달러 이상을 지출하면서 점점 더 인기를 얻고 있는 소비자 중심 프로모션이다. 이러한 프로모션은 센트 할인 쿠폰과 같은 도구가 갖지 못한 매력과 화려함을 가지고 있는 듯하다. 한 전문가가 지적했듯이 경연 대회와 경품 추첨은 많은 소비자들이 "무지개 끝에 금광이 있다"는 사고방식을 가지고 있고 제공되는 큰 상품을 얻을 수 있다고 생각하기 때문에 흥미진진하다. 경품 추첨과 프로모션의 유혹은 또한 최근 몇 년 동안 많은 주 복권에서 지급한 막대한 현금 상품에서 비롯된 '즉석 백만장자 증후군'의 영향을 받았다. 마케터들은 많은 소비자들 사이에서 주의와 관심을 끌기 위한 방법으로 경연 대회와 경품 추첨에 매력을 느낀다.

경연 대회와 경품 추첨에는 차이가 있다. **경연 대회**(contest)는 소비자들이 기술이나 능력에 따라 상품이나 돈을 놓고 경쟁하는 프로모션이다. 회사는 참가자를 판단하거나 어떤 참가자가 미리 정해진 기준(예: 수퍼볼 또는 NCAA 농구 토너먼트의 우승팀 맞추기나 총 포인트 선택)에 가장 가까운지 확인하여 우승자를 결정한다. 경연 대회는 일반적으로 참가를 위해 구매 증빙이나 딜러 또는 광고에서 제공하는 참가 양식을 요구하여 구매 인센티브를 제공한다. 일부 경연 대회에서는 소비자가 광고나 패키지를 읽거나 매장 진열대를 방문하여 참가에 필요한 정보를 수집해야 한다. 마케터는 경연 대회 참가를 너무 어렵게 하지 않도록 주의해야 한다. 그렇게 하면 주요 잠재 고객의 참여가 저하될 수 있기 때문이다.

경품 추첨(sweepstakes)은 당첨자가 순전히 우연에 의해 결정되는 프로모션이며, 참가 조건으로 구매 증빙을 요구할 수 없다. 참가자는 경품 추첨을 위해 이름만 제출하면 된다. 공식적인 참가 양식이 있는 경우가 많지만, 손으로 쓴 참가도 허용해야 한다. 경품 추첨의 한 형태는 **게임**(game)으로, 여기에는 당첨 확률 또는 확률 요소가 있다. 즉석 당첨자가 있는 스크래치오프 카드는 인기 있는 프로모션 도구다. 게임은 더 오랜 기간 동안 진행되며, 소비자의 참여가 더 필요하다. 소비자가 게임 조각을 수집해야 하는 프로모션은 매장 트래픽을 조장하고 구매를 반복하게 하는 방법으로 소매업체와 패스트푸드 체인에서 인기가 있다.

경품 추첨은 참여하기 쉽기 때문에 경연 대회보다 더 많은 참여자를 유치한다. 또한 모든 참여자를 확인하거나 판단할 필요가 없기 때문에 관리하기가 더 쉽고 비용이 적게 든다. 경품 추첨에서 당첨자를 선택하려면 참여자 풀에서 당첨자를 무작위로 선택하거나 경품 추첨 참가자가 보유한 참여자와 일치하는 숫자를 생성하기만 하면 된다. 전문가들은 경품 추첨을 진행하는 비용도 매우 예측 가능하다고 지적한다. 회사는 보험에 가입하여 큰 상품을 수여하는 데 드는 비용을 보상하고 보호할 수 있다. 일반적으로 경품 추첨은 마케터에게 고정 비용을 제시하는데, 이는 프로모션 예산을 책정할 때 큰 이점이다.

경연 대회와 경품 추첨은 프로모션 제품을 관련성 있게 만들거나 상품을 대상 고객의 라이프스타일, 요구 사항 또는 관심사와 연결하여 소비자를 브랜드와 연관시킬 수 있다. 마케터는 종종 소비자의 주의와 관심을 사로잡고 회사/브랜드와 제품 또는 서비스에 대한 참여와 흥분을 유발하는 경연 대회와 경품 추첨을 위한 창의적인 주제를 찾는다.

경연 대회와 경품 추첨의 본질과 배포 방식은 많은 회사가 우편으로 제출하거나 참가 상자에 넣는 전통적인 참가 양식이 아닌 온라인으로 제공하고 있기 때문에 변화하고 있다. 마케터는 비용효율성, 즉각적인 데이터 수집 기능, 소비자의 참여를 유지하는 능력 때문에 경연 대회와 경품 추첨에 인터넷을 사용하고 있다. 프로모션은 더 재미있고 상호 작용적으로 만들고 더 크고 더 맞춤화되고 경험 기반의 상품을 개발하여 매력적인 소비자 경험을 보장하도록 설계되고 있다. 많은 회사가 사용자가 생성한 콘텐츠를 경연 대회에 통합하고 있으며, 이는 종종 페이스북 페이지에서 홍보된다. 소비자가 아이디어를 입력하고 다른 사람들이 투표하는 크라우드소싱[crowdsourcing: 군중(crowd)과 아웃소싱(outsourcing)의 합성어이며, 기업들이 인터넷을 통해서 대중에게서 아이디어를 얻고 이를 활용하는 방식을 말한다]에 의존하는 경연 대회가 점점 더 인기를 얻고 있다. 예를 들어, 프리토 레이(Frito-Lay)는 도리토스(Doritos)와 레이(Lay)의 감자 칩을 위한 크리에이터칩(create-a-chip) 경연 대회를 운영했고, 새뮤얼 아담스(Samuel Adams)는 소비자들에게 크라우드소싱 맥주를 만들어 달라고 요청하는 경연 대회를 운영했으며, 아리조나 베버리지 유에스에이(Arizona Beverages USA)는 대중에게 새로운 아이스티 맛을 만들어 보라고 독려했다. IMC 관점 16-2는 삶을 위한 퀘이커 음식 시리얼(Quaker Foods for Life Cereal)이 운영한 경연 대회에 대해 논의하는데, 이 경연 대회는 거의 50년 전에 이 브랜드에서 방영된 유명한 〈마이키가 좋아해요(Mikey Likes It)〉 광고의 향수를 바탕으로 만들어졌다. 부모는 자녀의 비디오를 보내 캠페인을 재부팅해서 마이키 역을 맡게 하여 참여할 수 있다.

경연 대회와 경품 추첨의 문제점 경연 대회와 경품 추첨의 사용이 계속 증가하고 있지만, 이러한 유형의 프로모션과 관련된 몇 가지 문제가 있다. 많은 경품 추첨 및 경연 대회 프로모션은 제품이나 서비스에 대한 소비자 프랜차이즈 구축에 거의 기여하지 않으며, 오히려 방해할 수도 있다. 경품 추첨이나 경연 대회는 종종 브랜드보다 지배적인 초점이 되고, 상당한 금액의 돈 또는 상품을 제공하는 것 외에는 거의 달성되지 않는다. 많은 프로모션 전문가가 경연 대회와 경품 추첨의 효과에 의문을 제기한다. 일부 회사는 효과에 대한 우려와 소비자가 이에 의존하게 될까 봐 두려워서 사용을 줄이거나 심지어 중단하기도 했다.

경연 대회와 경품 추천의 또 다른 문제는 제품이나 서비스에 대한 실제적인 관심이 없는 취미인이 참가하는 것이다. 대부분의 주에서 경품 추첨 참가 자격으로 구매를 요구하는 것을 불법으로 규정하고 있기 때문에 소비자는 원하는 만큼 여러 번 참가할 수 있다. 참가자는 경품의 성격과 허용되는 참가 횟수에 따라 경품 추첨에 여러 번 참가할 수 있다. 스윕어드밴티지닷컴(sweepsadvantage.com)과 같이 인터넷에는 소비자에게 개최 중인 모든 경품 추첨, 참가 날짜, 예상 당첨 확률, 참가 방법, 퍼즐의 해답 또는 필요한 기타 정보를 알려주는 수많은 웹사이트가 있다. 전문 참가자가 있으면 프로모션의 목적이 훼손될 뿐만 아니라 당첨 가능성이 제한적이라고 생각하는 소비자의 참가를 꺼릴 수도 있다. 사진 16-21은 경품 추첨과 경품 추첨에 대한 정보와 참가 방법을 소비자에게 제공하는 웹사이트 컨테스트비닷컴(ContestBee.com)의 페이지를 보여준다.

사진 16-21

컨테스트 비는 온라인 경연 대회와 경품 추첨의 모음이다. 경연 대회와 경품 추첨과 관련된 문제가 효과보다 더 크다고 생각하는가?

자료: ContestBee.com

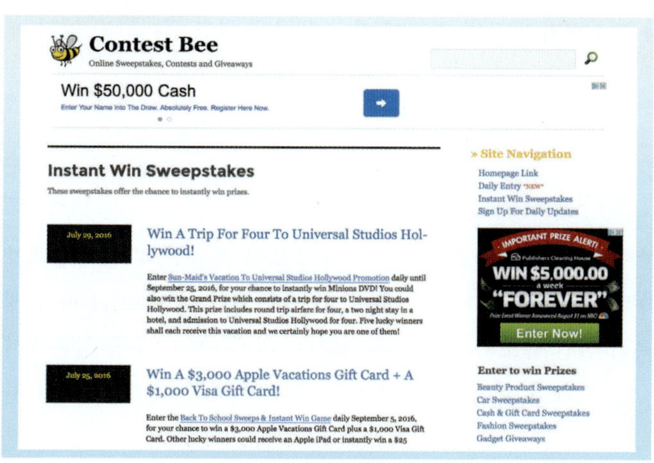

경품 추첨의 설계 및 관리에는 수많은 법적 고려사항이

IMC 관점 16-2 > > >

라이프 시리얼이(Life Cereal)이 다음에 나올 마이키(Mikey)를 찾는다

아침 식사로 시리얼을 먹어본 적이 있다면, 1961년부터 퀘이커 오츠 회사(Quaker Oats Company)에서 마케팅해 온 라이프(Life) 브랜드를 먹었을 가능성이 크다. 퀘이커가 이 브랜드를 출시했을 때, 높은 단백질 함량으로 인해 영양학적 돌파구로 환영받았다. 이 브랜드의 초기 광고는 "바로 먹을 수 있는 시리얼에서 가장 유용한 단백질"이라는 슬로건을 사용하여 영양가에 초점을 맞추었다. 그러나 많은 어머니들이 자녀들이 영양가 있는 시리얼의 맛을 좋아하지 않을까 걱정했기 때문에 이 브랜드는 성공하지 못했다. 도일 대인 번바크(Doyle Dane Bernbach, DDB) 대행사가 계정을 인수했을 때, 목표는 라이프가 아이들도 좋아할 만큼 맛있고 영양가 있는 시리얼이라는 것을 어머니들에게 확신시키는 것이었다. 1972년에 이 대행사는 매우 까다로운 식성을 가진 귀여운 3살 소년이 등장하는 "마이키(Mikey)가 좋아해요!" 광고를 만들었다. 광고는 마이키의 두 형이 라이프 시리얼 한 그릇을 회의적으로 바라보며 서로 도전하는 장면으로 시작한다. 그런 다음 마이키에게 "먹지 않을 거야. 다 싫어해." 라고 말하며 시도해보기로 결정한다. 하지만 마이키는 라이프의 맛을 정말 좋아하고, 이 광고는 한 형제가 "좋아해! 야, 마이키!"라는 매우 인기 있는 대사를 외치면서 끝난다.

마이키 광고는 소비자들에게 호응을 얻었다. 라이프의 마케팅 전략에서 다른 요소는 변함이 없었지만 매출이 급증했고, 시장 점유율에서 10대 당장 먹을(ready-to-eat) 시리얼 브랜드 중 하나가 되었다. 마이키가 등장하는 다른 광고도 제작되었고, 퀘이커 마케팅 임원들이 광고가 라이프의 매출 성장에 가장 중요한 이유라고 인정하면서 캠페인은 거의 10년 동안 성공적으로 사용되었다. 1987년에 퀘이커 회사는 "Whatever happened to Mikey(마이키에게 무엇이 일어나든지간에)" 프로모션을 매우 성공적으로 진행했는데, 소비자들에게 성장한 마이키가 어떤 모습인지 추측해보라고 했다. 라이프 박스에는 뒷면에 20장의 사진이 있었고, 사람들은 어느 것이 진짜 마이키인지 추측하라는 질문을 받았다. 이 경연 대회에는 75만 건의 응모가 접수되었고, 프로모션 기간 동안 라이프의 시장 점유율은 거의 20% 증가했다. 1999년에 이 회사는 같은 대본으로 광고를 리메이크했지만, 어린아이 대신 어른을 등장시켰다.

유명한 마이키 광고를 어른용으로 리메이크한 지 20년 후, 퀘이커와 광고대행사는 라이프 광고 캠페인의 다음 얼굴을 찾기 위한 전국적인 경연 대회를 시작하여 마법을 다시 포착할 수 있을지 알아보기로 했다. 퀘이커 북미 임원은 "마이키가 좋아해요" 광고가 나온 지 40년이 지났지만, 라이프 시리얼은 여전히 아이들이 좋아하는 맛과 부모가 원하는 영양을 가지고 있다. 마이키가 수년 전 처음 시도했을 때와 마찬가지다. "이 전국적인 경연 대회를 통해 차세대에 대한 열정을 키우고 부모에게 영양가가 뛰어나다는 사실을 상기시켜 드릴 수 있어 기쁩니다."라고 말했다.

영향을 미친다. 이러한 프로모션은 여러 연방 기관에서 규제하며 50개 주마다 자체 규칙이 있다. 경연 대회와 경품 추첨에 대한 규제는 수년간 업계를 괴롭혔던 남용을 정화하는 데 도움이 되었으며, 이러한 프로모션에 대한 소비자의 인식을 개선했다. 그러나 회사는 여전히 경연 대회나 경품 추첨을 설계하고 상품을 수여하는 데 주의해야 한다. 대부분의 회사는 법적 문제를 피하기 위해 경연 대회와 경품 추첨의 설계 및 관리를 전문으로 하는 컨설턴트를 사용하지만, 적절하게 관리하지 않으면 여전히 문제가 발생할 수 있다. 마케터만 프로모션에 문제가 있는 것은 아니다. 경연 대회와 경품 추첨에서 이긴 소비자는 종종 경품이 국세청에서 소득으로 처리되기 때문에 예상치 못한 세무 결과가 있을 수 있다는 것을 알게 된다. 경연 대회와 경품 추첨에서 제공되는 많은 상품은 소비자가 표면 가치에 따라 세금을 내고 싶어하지 않기 때문에 청구되지 않는다.

환불 및 리베이트

환불(refunds, 리베이트라고도 함)은 일반적으로 소비자가 구매 증빙을 제공한 후 제조업체가 제품 구매 가격의 일부를 반환하겠다는 제안이다. 소비자는 일반적으로 리베이트(rebates) 제안에 매우 민감하게 반응하며, 특히 절감 규모가 커질수록 그렇다. 리베이트는 포장 상품에서 주요 가전제품, 자동차, 컴퓨터 소프트웨어에 이르기까지 모든 유형의 제품 제조업체에서 사용한다.

자료: Quaker Oats Company

이 대회는 4~8세 어린이의 부모가 자녀가 준비된 대본을 읽는 영상을 라이프캐스팅컨테스트닷컴(lifeCastingContest.com)에 업로드하거나 전국의 5개 월마트 매장 중 한 곳에서 라이브 캐스팅 콜에 참석하도록 장려했다.

일반적으로 마케터가 광고 캐스팅을 결정할 때 전국적인 캐스팅 콜을 하는 대신 탤런트 에이전시를 이용한다. 그러나 퀘이커는 광고 캠페인을 시작하기도 전에 경연 대회 오디션을 이용해 화제와 관심을 모았다. 보도자료를 사용해 경연 대회에 대한 미디어 보도를 받았고, 부모 및 식품 및 요리 웹사이트와 소셜 미디어에서도 홍보했다. 또한 경연 대회에 참여하려면 부모에게 이름, 생년월일, 자녀의 생일, 우편 주소 및 이메일 주소 등의 개인정보를 공유하도록 요청했는데, 이를 통해 회사는 다른 마케팅 캠페인에 사용할 수 있는 고객 데이터를 얻을 수 있었다.

원래 광고의 마이키 캐릭터는 존 길크레스트(John Gilchrest)가 연기했는데, 그는 평생 동안 그를 따라다닌 엄청난 명성을 얻었다. 그는 약 250개의 광고에 출연했고 광고 외의 다른 활동도 했다. 1980년대 중반, 퀘이커 회사는 대중의 감정적 애착을 되살리려고 그를 마이키 역으로 다시 출연시켰다. 하지만 이번 광고는 당시 퀘이커가 소유했던 음료 스내플(Snapple)에 대한 것이었고, 원래의 라이프 시리얼 광고에 스내플 한 병을 디지털 방식으로 넣었다. 이 광고는 "오늘의 마이키"라는 제목이었고 대학생으로 성장한 마이키를 묘사했다. 하지만 길크레스트는 어렸을 때만큼 귀엽지 않았고, 광고는 소비자들에게 호응을 얻지 못했다. 길크레스트는 결국 연기를 그만두고 아이오나 대학교(Iona College)에서 커뮤니케이션 학위를 취득했고, 그 결과 뉴욕의 매디슨 스퀘어 가든(Madison Square Garden)에서 미디어 영업 이사로 일하게 되었다.

이전에는 길크레스트가 그 역할을 한 것처럼, 다음에 등장하는 새로운 마이키가 라이프 시리얼의 판매 바늘을 움직일지 보는 것은 매우 흥미로울 것이다. 아마도 당신이 이 글을 읽을 때쯤이면, 새로운 세대의 시리얼 애호가들이 다시 한 번 "이봐, 마이키! 그는 그것을 좋아해!"라고 외칠 것이다.

자료: Dianna Christe, "Life Cereal Contest auditions Kids for Reboot of '70s 'Mikey likes It' ad," *Marketing Drive*, April 9, 2019, www.marketingdive. com/news/life-cereal-contest-auditions-kids-for-reboot-of-70s-mikey-likes it-ad/552228/; Rebeka Knott, "What really Became of Mikey, the life Cereal Kid?" *Groovy History*, February 25, 2019, groovyhistory.com/mikey-likes-it-lifecereal; "The More Creative the ad, the Better It Sells," Film Series, American Association of Advertising Agencies, New York, 1983; William a. Robinson, "Best Promotions of 1986-1987 Robbie Award Winners," *Marketing Communications*, October 1987, p. 4

사진 16-22

펜조일은 미래 구매에 연계된 환불 제안을 사용한다.

자료: Pennzoil by Shell International B.V.

마케터는 종종 환불 제안을 사용하여 신제품을 시험해보거나 다른 브랜드 사용자에게 전환하도록 장려한다. 환불 제안은 반복 구매를 장려할 수도 있다. 많은 환불 제안은 소비자가 여러 구매 증빙을 보내야 한다. 구매 수가 많아질수록 환불 제안의 규모도 커질 수 있다. 일부 포장 상품 회사는 현금 환불 제안에서 쿠폰 또는 현금/쿠폰 조합으로 전환하고 있다. 환불 제안에 쿠폰을 사용하면 해당 브랜드를 반복 구매할 가능성이 높아진다. 예를 들어, 사진 16-22는 다음 오일 교환 시 사용할 수 있는 펜조일(Pennzoil)에서 사용하는 쿠폰 환불 제안을 보여준다.

환불 및 리베이트에 대한 평가

리베이트는 새로운 사용자를 창출할 수 있고 브랜드 전환이나 반복 구매행동을 장려하는 데 도움이 될 수 있으며, 일시적인 가격 인하를 제공하는 방법이 될 수도 있다. 이 제안은 소비자가 절감을 실현하지 못하더라도 구매에 영향을 미칠 수 있으므로 마케터는 직접적인 가격 인하 거래를 사용하는 경우보다 훨씬 낮은 가격으로 가격을 인하할 수 있다.

환불 및 리베이트에 관련된 일부 문제가 있다. 많은 소비자는 지연과 절감을 얻는 데 필요한 노력 때문에 환불 또는 리베이트 제안에 동기를 부여받지 못한다. 그들은 금전 등록기 영수증과 구매 증빙을 저장하고, 양식을 작성하고, 제안을 우편으로 보내는 데 신경 쓰고 싶어

하지 않는다. 소비자 인식에 대한 연구에서 리베이트 사용과 상환 과정에서 소비자가 느끼는 어려움 사이에 부정적인 관계가 있음이 밝혀졌다. 이 연구에서는 또한 소비자는 제조업체가 잘 나가지 않는 제품을 판매하기 위해 리베이트를 제공한다고 인식한다는 것을 발견했다. 리베이트를 사용하지 않는 사람들은 상환 프로세스가 너무 복잡하다고 인식하고 제조업체의 동기를 의심할 가능성이 특히 높았다. 이는 리베이트를 사용하는 회사가 상환 프로세스를 간소화하고 광고와 같은 다른 홍보 요소를 사용하여 브랜드에 대한 소비자의 신뢰를 유지해야 함을 의미한다.

소액 환불이 제공되는 경우 마케터는 쿠폰이나 보너스팩과 같은 다른 홍보 인센티브를 더 효과적으로 찾을 수 있다. 그들은 리베이트 제안을 과도하게 사용하여 소비자에게 제품이나 서비스의 실제 가격과 가치에 혼란을 주지 않도록 주의해야 한다. 또한 소비자는 리베이트에 의존하게 되어 구매를 미루거나 리베이트가 제공되는 브랜드만 구매할 수 있다. 많은 소매업체는 리베이트와 이를 관리하는 부담과 비용에 환멸을 느꼈다.

그러나 소비자와 소매업체가 이에 대해 불평할 수 있음에도 불구하고 마케터는 리베이트가 매우 효과적인 판촉 도구이기 때문에 리베이트 사용을 없앨 가능성이 낮다. 잘 판촉되고 가치가 높은 리베이트는 매출을 상당히 늘릴 수 있으며, 이를 없애면 특히 소비자가 기대하는 제품 범주에서 매출에 부정적인 영향을 미칠 수 있다. 마케터는 또한 할인 혜택을 사용할 계획이지만 실제로 사용하지 않고 가격 구조에 사용률을 반영하는 소비자 사이에서 가격 인하 효과를 얻을 수 있다는 사실을 인식하고 있다.

보너스팩

보너스팩(bonus packs)은 일반 가격에 더 큰 용기나 추가 단위를 제공하여 소비자에게 추가 양의 제품을 제공한다. 사진 16-23은 샤민(Charmin) 화장지에 대한 보너스팩 제공을 보여준다. 보너스팩은 소비자에게 단위당 비용을 낮추고 추가 가치와 더 많은 제품을 제공한다. 보너스팩 프로모션에는 여러 가지 장점이 있다. 첫째, 마케터에게 복잡한 쿠폰이나 환불 혜택에 관여하지 않고도 추가 가치를 제공할 수 있는 직접적인 방법을 제공한다. 보너스팩의 추가 가치는 일반적으로 소비자에게 명확하며 구매 시 구매 결정에 큰 영향을 미칠 수 있다.

보너스팩은 경쟁사의 프로모션이나 새로운 브랜드의 도입에 대한 효과적인 방어책이 될 수도 있다. 마케터는 현재 사용자에게 대량의 제품을 제공함으로써 이러한 소비자를 시장에서 제거하고 경쟁사의 프로모션 노력에 덜 취약하게 만들 수 있다. 보너스팩은 소매업체와의 관계가 좋은 경우 더 큰 구매 주문과 매장의 유리한 진열 공간으로 이어질 수 있다. 그러나 일반적으로 소매업체에 추가 이익 마진을 제공하지 않고도 추가 진열 공간이 필요하므로 마케터는 거래 관계가 좋지 않으면 보너스팩에 문제가 발생할 수 있다. 또 다른 문제는 보너스팩이 주로 현재 사용자에게 어필할 수 있다는 것이다. 이들은 어차피 브랜드를 구매했을 가능성이 높거나 브랜드에 충성하지 않을 수 있는 프로모션에 민감한 소비자에게 어필할 수 있다.

사진 16-23
샤민은 이 보너스팩에서 소비자에게 20% 더 많은 화장지를 제공한다.
자료: Charmin by Procter & Gamble

사진 16-24

밴은 이 프로모션에서 소비자에게 가격 할인 혜택을 제공한다.

자료: ban by KAO USA Inc.

가격 할인 제공

또 다른 소비자 중심 프로모션 기법은 브랜드 가격을 낮추는 직접 **가격 할인**(price-off deal) 정책이다. 가격 할인은 일반적으로 사진 16-24에 표시된 대로 특별히 표시된 가격 팩을 통해 패키지에 바로 제공된다. 일반적으로 가격 할인은 일반 가격에서 10~25% 할인되며, 할인은 소매업체가 아닌 제조업체의 이익 마진에서 발생한다. 가격 할인 프로모션 중에 소매업체의 마진을 유지하면 소매업체의 지원과 협력이 유지된다.

마케터는 여러 가지 이유로 가격 할인 프로모션을 사용한다. 첫째, 가격 할인은 제조업체에서 관할하므로 프로모션 할인이 중간상에서 유지되는 것이 아니라 소비자에게 전달되도록 할 수 있다. 보너스팩과 마찬가지로 가격 할인 제공은 일반적으로 쇼핑객에게 쉽게 알 수 있는 가치를 제공하며, 특히 브랜드에 대한 기준 가격이 있고 할인의 가치를 인식할 때 더욱 그렇다. 따라서 가격 할인은 가격 비교가 이루어지는 구매 시점에 강력한 영향을 미칠 수 있다. 가격 할인 프로모션은 소비자가 더 많은 양을 구매하도록 장려하여 경쟁사의 프로모션을 선점하고 더 큰 중간상 지원을 이끌어낼 수도 있다.

가격 할인 프로모션은 가격 및 재고 문제를 일으킬 수 있기 때문에 소매업체에서 호의적으로 받아들여지지 않을 수 있다. 대부분의 소매업체는 특정 가격이 표시된 패키지를 수락하지 않으므로 일반 가격에서 소비자들에게 익숙한 X만큼 할인된 가격을 사용해야 한다. 또한 보너스팩과 마찬가지로 가격 할인 제공은 비사용자를 유치하는 대신 주로 일반 사용자에게 어필한다. 마지막으로 연방거래위원회는 가격 할인 라벨이 충족해야 하는 조건과 사용 빈도 및 시기에 대한 규정을 가지고 있다.

가격 할인 프로모션의 인기 있는 변형은 사진 16-25에 나와 있는 퓨리나 베네풀(Purina Beneful) 반려견 사료에 대한 혜택과 같은 1개 구매 시 1개 무료 제공이다. 이러한 유형의 가격 프로모션은 소비자에게 추가 가치를 제공하고 제품을 여러 번 구매하도록 장려하는 효과적인 방법이다.

사진 16-25

1개 구매 시 1개 무료 혜택은 종종 브랜드의 여러 구매를 장려하는 데 사용된다.

자료: Nestlé Purina Petcare

로열티 프로그램

가장 빠르게 성장하는 판매촉진 분야 중 하나는 **로열티 프로그램**(loyalty programs, 상용 고객 우대제도, 빈도 프로그램 또는 마일리지 프로그램이라고도 함)을 사용하는 것이다. 아메리칸 항공(American Airlines)은 1981년 어드밴티지(AAdvantage) 상용 고객 프로그램을 도입하면서 로열티 프로그램을 사용한 최초의 대기업이다. 그 이후로 빈도 프로그램은 특히 여행 및 호텔업과 소매업체에서 많은 제품 및 서비스 범주에서 일반화되었다. 거의 모든 항공사, 렌터카 회사, 카지노 및 호텔 체인에는 어떤 유형의 빈도 프로그램이 있다. 아메리칸 항공은 어드밴티지 프로그램에 약 1억 명의 회원을 보유하고 있는 반면 매리어트 보상(Marriott Rewards), 리츠칼튼 보상(Ritz Carlton Rewards) 및 스타우드 우선 고객(Starwood Preferred Guest) 프로그램을 통합한 메리어트의(Marriott)의 본보이(Bonvoy) 프로그램은 1억 2,000만 명이 넘는 회원을 보유하고 있다. 로열티 마케팅 조사 회사인 콜로퀴(COLLOQUY)의 미국 보상 프로그램 범위에 대한 2년마다 발행되는 보고서에 따르면, 2017년 소비자는 고객 로열티 프로그램에 38억 개의 회원을 보유했으며, 이는 불과 2년 만에 15% 증가한 것이다. 가장 많은 회원을 보유한 범주는 16억 명의 소매업, 11억 명의 여행 및 호텔업, 6억 6,400만 명의 금융 서비스였다.

많은 포장 상품 회사도 로열티 프로그램을 개발하고 있다. 필스버리(Pillsbury), 네슬레(Nestlé), 크레프트(Kraft), 제너럴 밀스(General Mills) 등은 최근 소비자에게 자사 브랜드를 계속 구매할 수 있는 포인트를 모을 수 있는 기회를 제공하는 상용 고객우대 프로그램을 도입했다. 포인트는 선물과 상품으로 교환할 수 있다. 수퍼마켓은 카드 기반 쇼핑객 로열티 프로그램을 개발한 최초의 소매업체로, 현재 7,000개 이상이 멤버 할인, 보상, 뉴스레터 및 기타 특별 서비스로 교환할 수 있는 포인트를 모을 수 있는 기회를 제공하는 로열티 프로그램을 운영하고 있다. 로열티 프로그램은 백화점, 홈 센터, 서점, 심지어 지역 베이글 가게를 포함한 다양한 다른 소매업체에서도 사용된다. 가전제품 매장과 같은 많은 전문 소매업체도 로열티 프로그램을 시작했다. 예를 들어, 베스트 바이(Best Buy)는 2003년에 리워드 존(Rewards Zone) 프로그램을 시작했으며, 현재 마이 베스트 바이(My Best Buy)라고 불리는 이 프로그램은 회원이 1,000만 명 이상이 될 정도로 성장했다.

로열티 프로그램이 인기를 얻은 데에는 여러 가지 이유가 있다. 마케터는 이러한 프로그램을 소비자가 지속적으로 제품이나 서비스를 사용하도록 장려하는 방법이자 강력한 고객 충성도를 개발하는 방법으로 본다. 많은 회사는 또한 고객 유지의 중요성을 깨닫고 있으며, 시장 점유율을 유지하고 확대하는 핵심은 충성도 높은 고객과 관계를 구축하는 것이라는 사실을 이해하고 있다. 빈도 프로그램은 또한 마케터에게 고객의 요구, 관심사 및 특성을 더 잘 이해하고 회사의 가장 귀중한 고객을 식별하고 추적하는 데 사용할 수 있는 고객에 대한 귀중한 정보가 포함된 데이터베이스를 개발할 수 있는 기회를 제공한다. 이러한 데이터베이스는 또한 특정 프로그램과 제안을 고객에게 표적화하여 구매 금액을 늘리거나 고객과 더 강력한 관계를 구축하는 데 사용할 수 있다. 많은 마케터는 대중 매체 광고보다 충성도 프로그램을 통해 고객과 소통하는 것이 더 비용효율적이고 효과적이라고 생각한다.

빈도 프로그램이 더 보편화됨에 따라 마케터는 제품, 서비스, 사업 또는 소매점을 차별화하는 수단으로 이를 사용할 방법을 찾는 데 어려움을 겪을 것이다. 최근의 콜로퀴 로열티 센서스(COLLOQUY Loyalty Census) 보고서에 따르면, 미국 평균 가구는 30개의 로열티 프로그램에 가입되어 있지만, 그중 절반도 채 안 되는 프로그램에만 참여하고 있다. 또한 로열티 프로그램 참여자의 약 30%가 단 하나의 보상도 사용하기 전에 프로그램을 떠났다. 소비자가 로열티 프로그램을 떠나는 주된 이유는 보상 포인트를 적립하는 데 걸리는 시간(57%)과 프로그램에서 관심 있는 보상/제안을 제공하지 않았기 때문이다(53%). 참여자들은 또한 관련성이 없다고 생각되는 너무 많은 커뮤니케이션을 보냈기 때문에 로열티 프로그램을 떠났는데, 이는 잘 고안된 마케팅 커뮤니케이션 전략이 중요하다는 것을 보여준다. 콜로퀴 보고서는 또한 로열티 프로그램 참여자들이 보상을 추적하고 포인트를 사용하기 위해 스마트폰 앱이 있기를 기대한다는 사실을 발견했다. 마케터는 로열티 프로그램을 할인이나 단골 구매자 프로그램 이상으로 만드는 방법을 찾아야 한다. 이를 위해서는 데이터베이스를 신중하게 관리하여 귀중한 고객과 구매 내역을 식별하고 추적하고 특정 목표 고객을 위한 로열티 프로모션을 전략적으로 사용해야 한다.

일부 회사는 이미 회원에게 더 매력적으로 만들고 더 많은 구매를 장려하기 위해 로열티 프로그램을 변경하기 시작했다. 많은 회사가 자체 로열티 프로그램 외부에서 적립 및 사용 제안을 확대하고 있다. 특히 연합 로열티 프로그램을 통해 이를 실현하고 있다. 예를 들어, 사우

사진 16-26

매리어트 본보이 로열티 프로그램은 다른 회사 및 프로그램과 협력한다.

자료: Marriott International, Inc

스웨스트 래피드 리워드(Southwest Rapid Rewards)와 같은 항공사 로열티 프로그램은 회원이 매리어트 본보이(Marriott BONVOY) 및 하얏트 골드 패스포트(Hyatt Gold Passport)와 같은 호텔 프로그램에서 적립한 포인트를 사우스웨스트 마일로 교환할 수 있도록 한다. 매리어트 본보이 프로그램 회원은 전 세계 250개 항공사 및 렌터카 회사에서 포인트를 사용할 수 있다(사진 16-26). 다른 사람의 로열티를 활용함으로써 연합 프로그램 내 브랜드는 참여 증가, 가치 향상 및 자체 프로그램에 대한 충성도 증가의 혜택을 누릴 수 있다. 항공사 및 호텔에 대한 대부분의 로열티 프로그램은 마스터카드(MasterCard), 비자(Visa), 아메리칸 익스프레스(American Express)와 같은 신용카드 회사와 파트너십을 맺어 회원이 카드를 사용할 때 포인트나 마일을 적립할 수 있는 어피니티 카드를 만들었다. 여러 회사는 로열티 프로그램에서 보상을 획득하는 방식도 변경했다. 아메리칸, 델타, 유나이티드, 사우스웨스트 등 여러 항공사는 이제 마일리지가 아닌 항공권 구매 금액에 따라 보상을 제공한다. 스타벅스는 마이 스타벅스 보상(My Starbucks Rewards) 프로그램을 변경했으며, 이제 고객은 커피점에서 지출한 금액에 따라 보상 별을 받는다. 이전에는 고객이 지출한 금액에 관계없이 거래당 별 하나를 받았다.

이벤트 마케팅

최근 몇 년 동안 매우 인기를 얻고 있는 또 다른 유형의 소비자 지향 프로모션은 **이벤트 마케팅**(event marketing)을 사용하는 것이다. 이벤트 마케팅과 이벤트 스폰서십을 구분하는 것이 중요하다. 두 용어는 종종 혼용되지만 서로 다른 활동을 의미하기 때문이다. 이벤트 마케팅은 회사나 브랜드가 이벤트와 연결되거나 소비자를 위한 경험을 제공하고 제품이나 서비스를 프로모션하기 위해 테마별 활동이 개발되는 유형의 프로모션이다. 마케터는 종종 스포츠 이벤트, 콘서트, 박람회 또는 축제와 같은 인기 있는 활동에 참여하고 제품을 연관시켜 이벤트 마케팅을 수행한다. 그러나 마케터는 프로모션 목적으로 사용할 자체 이벤트도 만든다. 예를 들어, 펩시는 인기 있는 마운틴듀(Mountain Dew) 브랜드를 액션 스포츠와 연관시켜 익스트림 브랜드 이미지를 만들었다. 익스트림 스포츠는 옷에서 음악에 이르기까지 비순응적인 라이프스타일에 관한 것이며, 젊은이들을 액션 스포츠 커뮤니티에 진정한 연결을 도모하고 일원이 되게 한다. 2005년, 이 브랜드는 스노보딩 BMX, 프리스타일 모터크로스, 스케이트보딩(사진 16-27)에서 경쟁을 특징으로 하는 5개 이벤트 시리즈인 듀투어(Dew Tour)의 창립 파트너가 되면서 액션 스포츠와의 관계를 새로운 차원으로 끌어올렸다. 듀투어는 액션 스포츠 문화를 통해 세계 최고의 스케이트보더, 스노보더, 스키어, 아티스트, 브랜드, 팬을 하나로 모으는 혁신적인 경연 대회 시리즈

사진 16-27

듀투어는 마운틴듀에 이벤트 마케팅 기회를 제공한다.

자료: The Enthusiast Network and Mountain Dew

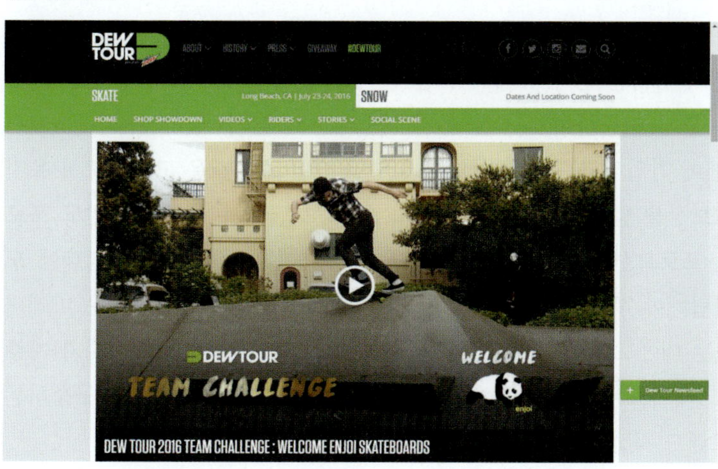

및 콘텐츠 플랫폼으로 성장했다. 여러 회사가 듀투어와 협력하여 제품과 서비스를 프로모션한다. 예를 들어, 스키 및 스노보드 제조업체와 자동차 브랜드는 듀투어의 일부인 스노 이벤트를 후원한다. 이벤트 마케팅 관점에서 볼 때 듀투어의 중요한 부분은 다양한 이벤트와 관련된 프로모션 기회다. 여기에는 맞춤형 아트, 대화형 디스플레이, 선수 사인회, 팬들이 어울리고 좋아하는 익스트림 스포츠 선수와 소통할 수 있는 라운지, 다양한 마운틴듀 맛과 다른 제품을 시식해볼 수 있는 제품 견본품 주방이 포함된다.

이벤트 스폰서십(event sponsorship)은 회사가 특정 이벤트와 실제 스폰서십 관계를 발전시키고 브랜드 이름, 로고 또는 광고 메시지를 표시하고 이벤트의 후원자로 식별될 수 있는 권리에 대한 대가로 재정적 지원을 제공하는 통합 마케팅 커뮤니케이션 활동이다. 이벤트 마케팅은 종종 콘서트, 예술, 사회적 원인 및 스포츠 이벤트와 같은 활동에 대한 회사의 스폰서십의 일부로 이루어진다. 이벤트 스폰서십에 대한 결정과 목표는 종종 조직의 프로모션 활동의 일부이며, 17장에서 논의된다.

이벤트 마케팅은 많은 회사의 통합 마케팅 커뮤니케이션 프로그램에서 매우 인기 있는 부분이 되었는데, 이는 이를 훌륭한 프로모션 기회로 보고 브랜드를 특정 라이프스타일, 관심사 및 활동과 연관시키는 방법으로 보기 때문이다. 이벤트는 소비자가 프로모션 메시지를 받는 데 편안한 환경에서 소비자와 연결하는 효과적인 방법이 될 수 있다. 또한 소비자는 종종 회사가 이벤트에 참여하기를 기대하고 이벤트를 더 재미있고 흥미롭게 만들기 때문에 참여를 환영한다. 마케터는 이벤트를 사용하여 견본품과 제품 및 서비스에 대한 정보를 배포하거나 실제로 소비자가 브랜드를 경험하게 할 수 있다.

소비자 지향 프로모션과 마케터 목표 요약

다양한 판매촉진 기법에 대한 논의는 마케터가 이러한 도구를 사용하여 다양한 목표를 달성한다는 것을 보여준다. 이 장의 시작 부분에서 언급했듯이, 판매촉진 기법은 소비자에게 브랜드 구매와 같은 특정 형태의 행동에 참여하는 데 대한 추가 인센티브 또는 보상을 제공한다. 일부 유형의 판매촉진 도구의 경우 소비자가 받는 인센티브는 즉각적이지만 다른 유형의 경우 보상은 지연되어 즉시 실현되지 않는다. 마케터는 종종 특정 목표를 달성하는 능력 측면에서 판매촉진 도구를 평가하고 프로모션의 영향이 즉각적일지 지연될지 고려한다.

도표 16-5는 마케터의 다양한 목표를 달성하는 데 사용할 수 있는 판매촉진 도구를 개략적으로 설명하고 추가 인센티브 또는 보상이 즉각적일지 지연될지 식별한다.

도표 16-5에서 일부 판매촉진 기법은 두 가지 이상의 목표를 달성하는 데 사용할 수 있기 때문에 두 번 이상 나열되어 있다는 점에 유의해야 한다. 예를 들어, 로열티 프로그램은 즉각적 보상과 지연된 보상을 모두 제공하여 고객을 유지하는 데 사용할 수 있다. 수퍼마켓에서 후원하는 로열티 프로그램에 가입하고 구매할 때마다 할인을 받는 쇼핑객은 고객으로서 유지되도록 설계된 즉각적인 보상을 받는다. 항공사, 렌터카 회사, 호텔에서 사용하는 빈도 프로그램과 같은 일부 로열티 프로모션은 사용자가 포인트를 사용하여 특정 레벨이나 상태에 도달하기 전에 포인트를 적립해야 하므로 지연된 보상을 제공한다. 로열티 프로그램은 마케터가 브랜드 자산을 구축하는 데에도 사용할 수 있다. 예를 들어, 항공사나 렌터카 회사가 자주 이용하는 사용자에게 업그레이드 인증서를 보내면, 이러한 관행은 고객과 관계를 구축하는 데 도움이 되며 따라서 브랜드 자산에 기여한다.

도표 16-5 다양한 마케팅 목표를 위한 소비자 중심의 판매촉진 도구

소비자 보상 인센티브	마케팅 목표: 사용 유도	마케팅 목표: 고객 유지	마케팅 목표: IMC 프로그램 지원 및 브랜드 자산 강화
즉각적	• 견본품 제공 • 즉시 쿠폰 • 매장 쿠폰 • 매장 할인	• 가격 할인 제공 • 보너스팩 • 제품 포장 내외에 제공되는 무료 사은품 • 로열티 프로그램	• 이벤트 • 제품 포장 내외에 제공되는 무료 사은품
지연적	• 미디어 및 우편 배달 쿠폰 • 우편 환불 및 할인 • 무료 우편 사은품 • 스캐너 및 인터넷 발행 쿠폰	• 제품 포장 내외부 쿠폰 • 우편 환불 및 할인 • 로열티 프로그램	• 자기부담 사은품 • 무료 우편 사은품 • 경연 대회 및 경품 추첨 • 로열티 프로그램

마케터는 소비자 중심의 판매촉진을 사용하여 현재 또는 잠재 고객에게 추가 인센티브를 제공하는 한편, 이러한 프로모션을 마케팅 프로그램의 일부로 사용하여 중간상 지원을 활용한다. 소매업체는 제조업체가 지정된 기간 동안 프로모션을 진행하고 있다는 것을 알고 있을 때 브랜드를 재고로 보유하거나, 추가 수량을 구매하거나, 통로 끝 진열대와 같은 추가 지원을 제공할 가능성이 더 높다. 중간상을 타겟으로 하는 홍보 프로그램의 개발은 마케팅 과정에서 매우 중요한 부분이며, 다음 장에서 논의한다.

중간상 지향 판매촉진

중간상 지향 판매촉진의 목표

소비자 지향적 프로모션과 마찬가지로 중간상을 대상으로 하는 판매촉진 프로그램은 목표를 명확하게 설정하고 또한 측정 가능하여야 하며, 마케터가 무엇을 달성하고자 하는지를 분명하게 하여야 한다. 도매업체 및 소매업체와 같은 마케팅 중간상인들을 대상으로 하는 프로모션의 일반적인 목표에는 신제품에 대한 유통 및 지원 확보, 기존 브랜드에 대한 지원 유지, 소매업체가 기존 브랜드를 전시하도록 장려, 소매 재고 유지 등이 포함된다.

신제품에 대한 유통 확보 중간상 촉진은 종종 소매업체가 신제품에 진열 공간을 제공하도록 장려하는 데 사용된다. 제조업체는 수퍼마켓, 약국 및 기타 주요 소매점에서 사용할 수 있는 진열 공간이 제한적이라는 것을 알고 있다. 따라서 소매업체에 새로운 제품을 비축하고 프로모션할 재정적 인센티브를 제공한다. 중간상 할인 또는 기타 특별 가격 거래는 소매업체와 도매업체가 새로운 브랜드를 비축하도록 장려하는 데 사용되는 반면, 마케터는 다른 유형의 프로모션을 사용하여 브랜드를 홍보하도록 할 수 있다. 상품 판매 수당은 소매업체가 매장의 교통량이 많은 구역에 신제품을 진열하도록 하는 반면, 인센티브 프로그램이나 경연 대회는 도매 또는 소매점 직원이 새로운 브랜드를 프로모션하도록 장려할 수 있다.

기존 브랜드에 대한 중간상 지원 유지 중간상 프로모션은 종종 기존 브랜드에 대한 유통 및 중간상 지원을 유지하도록 설계되었다. 제품 수명주기의 성숙한 단계에 있는 브랜드는 특히 차별화되지 않았거나 신제품과의 경쟁에 직면한 경우 도매 및 소매 유통을 잃을 위험이 있다. 중간상 거래는 할인으로 인해 이익 마진이 증가하기 때문에 도매업체와 소매업체가 파워가 약한 제품을 계속 판매하도록 유도한다. 시장 점유율이 낮은 브랜드는 미디어 광고를 통해 경쟁사와 차별화하는 데 필요한 자금이 부족하기 때문에 종종 중간상 프로모션에 크게 의존한다. 브랜드가 강력한 시장 지위를 가지고 있더라도 중간상 프로모션은 전반적인 마케팅 전략의 일부로 사용될 수 있다. 예를 들어, 하인즈(Heinz)는 많은 브랜드의 시장 점유율을 유지하기 위해 중간상 프로모션에 크게 의존했다. 많은 소비재 포장 상품 회사는 소매 유통과 지원을 유지하기 위해 중간상 프로모션에 의존한다.

소매업체가 기존 브랜드를 전시하도록 장려 중간상 중심 프로모션의 또 다른 목표는 소매업체가 기존 브랜드를 전시하고 홍보하도록 장려하는 것이다. 마케터는 많은 구매 결정이 매장에서 내려진다는 것을 알고 있으며, 프로모션 디스플레이는 매출을 창출하는 훌륭한 방법이다. 중요한 목표는 일반 선반 위치에서 떨어진 곳에 제품을 매장에 전시하는 것이다. 일반적인 수퍼마켓에는 통로 끝, 체크아웃 카운터 근처 및 기타 장소에 약 50개의 디스플레이 구역이 있다. 마케터는 쇼핑객이 제품을 접할 가능성을 높이기 위해 이러한 구역에 제품을 전시하고자 한다. 단 하나의 디스플레이만으로도 프로모션 기간 동안 브랜드의 매출을 크게 늘릴 수 있다.

제조업체는 종종 다양한 프로모션 프로그램을 사용하여 소매업체가 소매 수준에서 제품을 프로모션하도록 장려한다. 예를 들어, 사진 16-28은 WD-40 회사가 소매업체에 제공하는 연간 프로그램 일정을 보여준다. 이 일정은 회사가 새로운 이지리치(EZ-REACH) 제품 출시를 지원하기 위해 사용할 다양한 마케팅 지원 프로그램을 보여준다. 이 프로그램에는 TV 및 잡지의 타겟 광고, 온라인 비디오 및 전자 뉴스레터, 소셜 미디어 배너 및 블로그, 중간상 간행물 및 블로거 프로모션, 홍보, 여러 유형의 소비자 및 중간상 프로모션을 포함한 다양한 IMC 도구가 포함되었다.

사진 16-28

WD-40의 프로그램 일정은 소매업체에게 새로운 이지리치(EZ-REACH) 제품을 지원하기 위해 계획된 마케팅 지원을 보여준다.

자료: WD-40 Company

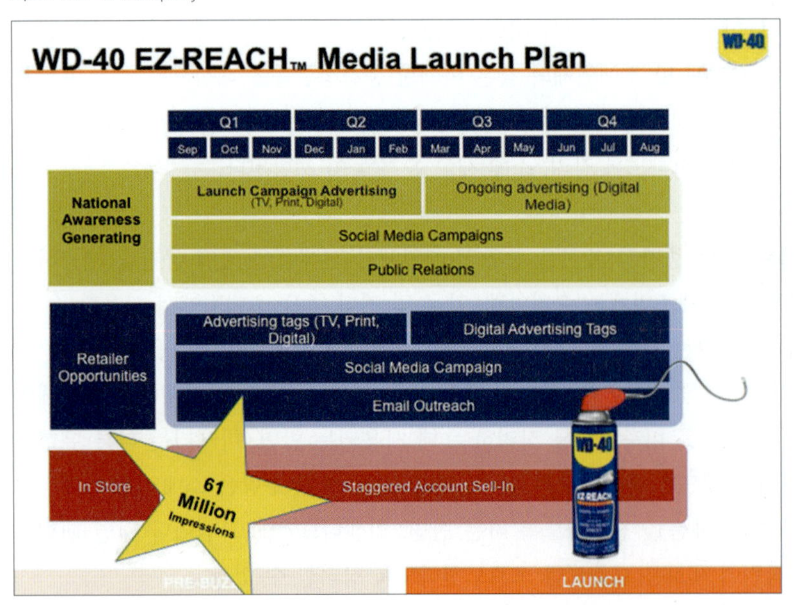

소매상의 제품 재고 구축 제조업체는 종종 중간상 프로모션을 사용하여 소매업체 또는 다른 채널 구성원의 재고 수준을 구축한다. 제조업체가 소매업체에 제품을 적재하려는 데에는 여러 가지 이유가 있다. 첫째, 도매업체와 소매업체는 재고 수준이 높을 때 창고나 백룸에 보관하는 것보다 제품을 밀어붙일 가능성이 더 높다. 채널 구성원의 재고를 구축하면 재고가 부족해져 판매 기회를 놓치는 일이 없다.

일부 계절 제품을 제조하는 업체는 소매업체가 성수기가 시작되기 전에 제품을 비축할 수 있도록 큰 프로모션 할인을 제공한다. 이를 통해 제조업체는 생산 일정의 계절적 변동을 완화하고 재고 유지비용의 일부를 소매업체 또는 도매업체에 전가할 수 있다. 소매업체가 성수기 전에 제품을 비축하면 종종 특별 프로모션을 실행하고 소비자에게 할인을 제공하여 과도한 재고를 줄인다.

중간상 지향 프로모션의 유형

제조업체는 도매업체와 소매업체를 유인하기 위해 다양한 중간상 프로모션 도구를 사용한다. 다음으로 가장 자주 사용되는 중간상 프로모션 유형과 마케터가 이를 사용할 때 고려해야 하는 몇 가지 요소를 살펴보겠다. 이러한 프로모션에는 경연 대회 및 인센티브, 중간상 수당, 디스플레이 및 구매 시점 자료, 판매 교육 프로그램, 중간상 박람회 및 협동 광고가 포함된다.

경연 대회 및 인센티브 제조업체는 중간상인들의 경영진 또는 영업 인력이 더 많은 판매 노력과 지원을 쏟을 수 있도록 유도하기 위해 경연 대회(contests) 또는 특별 인센티브(incentives) 프로그램을 개발할 수 있다. 경연 대회 또는 인센티브 프로그램은 도매업체 또는 유통업체에서 일하는 관리자와 소매 수준의 매장 또는 부서 관리자를 대상으로 할 수 있다. 제조업체는 종종 중간상인을 위한 경연 대회를 후원하고 판매 할당량을 달성하거나 또는 기타 목표를 달성한 것에 대한 보상으로 여행이나 귀중한 상품을 사용한다. 경연 대회 또는 특별 인센티브는 종종 전체 판매업체, 유통업체/딜러 또는 리테일러의 영업 인력을 대상으로 한다. 이러한 영업 인력은 시장에 매우 익숙하고 고객(다른 리셀러든 최종 소비자든)과 더 자주 접촉하며, 제조업체의 자체 영업 조직보다 더 많기 때문에 유통 체인에서 중요한 연결 고리다. 제조업체는 종종 이러한 영업 인력을 위한 인센티브나 경연 대회를 고안한다. 이러한 프로그램에는 제조업체의 제품을 홍보하고 판매하도록 장려하기 위해 소매업체 또는 도매업체의 영업 인력에게 직접 현금을 지불하는 것이 포함될 수 있다. 이러한 지불은 **푸시 머니**(push money, PM) 또는 스피프(spiff)라고 한다. 예를 들어, 가전 제조업체는 특정 모델이나 크기를 판매하기 위해 소매 영업 인력에게 25달러의 스피프를 지불할 수 있다. 판매 경연 대회에서 영업 인력은 제조업체가 정한 특정 목표를 달성하면 여행이나 귀중한 상품을 얻을 수 있다. 도표 16-6에서 볼 수 있듯이 이러한 인센티브는 제품 판매, 신규 계정 배치 또는 상품화 노력과 연관될 수 있다.

도표 16-6

중간상 판매원을 대상으로 한 세 가지 프로모션 형태

제품 또는 프로그램 판매

보상은 제품 판매와 연계된다(아래 예 참조).
- 지정된 수의 케이스 판매
- 지정된 수의 개별 제품 판매
- 지정된 수의 프로모션 프로그램 판매

신규 거래처 증대

보상은 다음과 연계된다.
- 개설된 신규 거래처 수
- 최소 수의 케이스 또는 유닛을 주문한 신규 거래처 수
- 신규 거래처에 배정된 프로모션 프로그램

상품화 노력

보상은 다음과 연계된다.
- 프로모션 프로그램(예: 테마 프로그램) 수립
- 진열대, 카운터 디스플레이 등의 배치

경연 대회와 인센티브 프로그램은 중간상 지원을 할 수 있지만 소매 영업 인력과 경영진 간 갈등의 원인이 될 수도 있다. 일부 소매업체는 영업 인력의 판매 활동을 통제하고 싶어 한다. 그들은 영업 인력이 경연 대회에서 이기거나 제조업체가 제공하는 인센티브를 받기 위해 부당한 노력을 기울이는 것을 원하지 않는다. 또한 그들은 직원들이 고객에게 가장 적합한 제품이나 모델 대신 자신의 이익에 맞는 제품을 너무 공격적으로 밀어붙이는 것을 원하지 않는다.

많은 중간상들은 직원들이 제조업체가 후원하는 경연 대회에 참여하거나 인센티브 지급을 받는 것을 거부한다. 이를 허용하는 중간상들은 종종 엄격한 지침을 가지고 있으며, 프로그램에 대한 경영진의 승인을 요구한다.

중간상 수당 아마도 가장 흔한 중간상 프로모션은 일종의 **중간상 수당**(trade allowances)으로, 소매업체나 도매업체가 제조업체의 제품을 재고, 홍보 또는 전시하도록 장려하기 위해 제공하는 할인 또는 수당이다. 소매업체에 제공되는 수당의 유형에는 구매 수당, 프로모션 또는 전시 수당, 슬로팅 수당 등이 있다.

구매 수당 구매 수당(buying allowances)은 일정 기간 동안 주문한 상품에 대한 가격 인하 형태로 중간상에게 제공되는 거래 또는 할인이다. 이러한 수당은 종종 **청구수당**(off-invoice allowance)의 형태이며, 이는 송장에서 특정 케이스당 금액 또는 백분율이 공제됨을 의미한다. 구매 수당은 무료 상품(free goods)의 형태를 취할 수도 있다. 중간상은 특정 금액을 구매하면 추가 케이스를 받는다(예: 10개의 케이스를 구매하면 무료 케이스 1개).

구매 수당은 여러 가지 이유로 사용된다. 구매 수당은 실행하기 쉽고 중간상들에게서 잘 받아들여지고 때로는 그들이 구매 수당을 기다린다. 또한 중간상이 수당 기간 동안 제공되는 수당 혜택을 활용하고자 하기 때문에 제조업체의 제품을 구매하도록 장려하는 효과적인 방법이다. 제조업체는 도매업체와 소매업체가 가격 인하를 소비자에게 전가하여 더 많은 매출을 올릴 것으로 기대하며 중간상 수당을 제공한다. 그러나 곧 논의하듯이 이는 종종 그렇지 않다.

사진 16-29

범블비 해산물은 프로모션 수당을 사용하여 소매업체가 와일드 사르딘 제품의 매장 내 디스플레이를 사용하도록 장려한다.

자료: Bumble Bee Foods, LLC

프로모션 수당 제조업체는 종종 브랜드를 지원하기 위해 특정 프로모션 또는 상품 판매 활동을 수행하는 소매업체에 수당 또는 할인을 제공한다. 이러한 상품 판매 수당은 제품의 일반 선반 위치와 떨어진 곳에 특별 진열대를 제공하거나 매장 내 프로모션 프로그램을 운영하거나 광고에 제품을 포함하는 데 제공될 수 있다. 제조업체는 일반적으로 프로모션 수당(promotional allowances) 자격을 얻기 위해 수행해야 하는 활동을 지정하는 지침이나 계약이 있다. 수당은 일반적으로 케이스당 고정 금액이거나 프로모션 기간 동안 주문한 상품의 목록 가격에서 일정 비율로 공제된다.

사진 16-29는 범블비 해산물(Bumble Bee Seafoods)이 소매업체에 새로운 와일드 정어리(Wild Sardines) 제품에 대한 판매 기회를 알리고 매장 내 진열대를 사용하도록 장려하기 위해 사용한 중간상 프로모션 자료를 보여준다.

이 회사의 중간상 마케팅 노력의 중요한 목표는 소매업체가 관련 제품을 판매하는 매장의 다양한 구역에 자사 제품을 더 많이 진열하도록 하는 것이다.

슬로팅 수당 일부 소매업체는 신제품 취급에 동의하는 대가로 특별 수당을 요구한다. **슬로팅 수당**(slotting allowances)은 재고 수당(stocking allowance), 소개 수당(introductory allowance), 또는 거리 돈(street money)이라고도 하며, 이는 소매업체가 신제품을 수용할 슬롯이나 위치를 제공하는 데 부과하는 수수료다. 소매업체는 매년 많은 신제품을 취급하는 데 드는 비용, 예를 들어 매장 선반 재설계, 제품을 컴퓨터에 입력하는 것, 창고 공간을 찾는 것, 매장 직원에게 신제품에 대한 브리핑을 하는 것과 같은 비용을 지적하여 이러한 수수료를 정당화한다. 또한 많은 신제품 출시가 실패하기 때문에 어느 정도 위험을 감수하고 있다고 지적한다. 슬로팅 수수료 지지자들은 마케터들이 종종 소비자 조사와 마케팅 지원이 거의 없는 신제품을 출시하고, 이러한 제품이 실패할 때 소매업체가 부담하는 비용을 고려하지 않는다고 주장한다.

슬로팅 수수료(slotting fees)는 매장당 수백 달러에서 전체 소매 체인의 경우 5만 달러 이상까지 다양하다. 전국적으로 제품을 진열대에 올리고자 하는 제조업체는 슬로팅 수수료로 수백만 달러를 지불해야 할 수 있다. 많은 마케터들은 슬로팅 수당이 일종의 협박이나 뇌물이라고 믿고 이러한 수수료의 약 70%가 소매업체의 최종 이익으로 직접 들어간다고 말한다.

소매업체는 매년 출시되는 많은 제품에 비해 수퍼마켓의 진열 공간이 제한적이고 그들의 힘 때문에 슬로팅 수수료를 계속 청구할 수 있다. 일부 소매업체는 특정 기간 내에 신제품이 최소 판매 수준에 도달하지 못하면 **실패 수수료**(failure fees)를 요구하기도 했다. 수수료는 재고를 유지하고 제품을 꺼내는 데 드는 비용을 충당하기 위해 부과된다. 인기 있는 브랜드를 가진 대형 제조업체는 소매업체와 협상할 때 영향력이 부족한 소규모 회사보다 슬로팅 수수료를 지불할 가능성이 낮다.

1999년 상원 중소기업 위원회는 수수료가 중소기업에 미치는 부정적인 영향 때문에 식료품점, 약국 및 컴퓨터 소프트웨어 산업에서 슬로팅 수수료를 사용하는 관행에 대해 조치를 취하기 시작했다. 위원회는 연방거래위원회와 중소기업청이 슬로팅 수수료가 반경쟁적이므로 사용을 제한하기 위한 조치를 취할 것을 권고했다. 폴 블룸(Paul Bloom), 그레고리 군들락(Gregory Gundlach) 및 조셉 캐넌(Joseph Cannon)의 연구는 슬로팅 수수료 사용에 대한 제조업체, 도매업체 및 식료품 소매업체의 견해를 조사했다. 그들의 조사 결과에 따르면 슬로팅 수수료는 소매업체에서 제조업체로 신제품 출시 위험을 전가하고 신제품의 공급과 수요를 분배하는 데 도움이 된다. 또한 슬로팅 수수료는 소매 가격을 인상하고 차별적으로 적용되며 소규모 마케터를 불리하게 만든다는 사실을 발견했다.

슬로팅 수수료 사용에 대한 우려에도 불구하고 많은 전국 및 지역 식료품점 체인은 슬로팅 수수료를 계속 부과하고 있다. 이들은 선반에 진열할 수 있는 제품 수에 제한이 있으며, 이러한 수수료가 정당하다고 주장한다. 하지만 코스트코(Costco), 홀 푸드(Whole Foods), 월마트(Walmart) 등 일부 매장은 슬로팅 수수료를 부과하지 않는다. 월마트는 규모와 구매력을 활용하여 고객에게 전가할 수 있는 낮은 가격을 협상할 수 있는 반면, 코스트코와 홀 푸드는 고객의 요구에 가장 잘 맞는 제품을 선택하는 데 집중한다.

디스플레이 및 구매 시점 광고물 다음에 매장에 가게 되면, 제품을 전시하고 판매하는 데 사용되는 다양한 프로모션 자료들을 살펴보자. 구매 시점(Point-of-Purchase, POP) 디스플레이는 제조업체가 매장 내 제품 판매를 보다 효과적으로 하는 데 도움이 될 수 있기 때문에 중요한 프로모션 도구다. 미국 기업은 통로 끝 디스플레이(end-of-aisle display), 배너(banners), 포스터(posters), 선반 카드(shelf cards), 모션 피스(motion pieces), 스탠드업 랙(stand-up racks) 등을 포함한 POP 자료에 연간 200억 달러 이상을 지출한다. 구매 시점 디스플레이는 많은 소비자가 매장에서 구매 결정을 내리기 때문에 마케터에게 매우 중요하다. 일부 연구에 따르면 소비자의 구매 결정은 약 3분의 2가 소매점에서 내려진다고 추정한다. 따라서 마케터가 POP 디스플레이를 통해 소비자의 관심을 끌고 판매 또는 홍보 메시지를 전달하는 것이 매우 중요하다.

미국의 POP 광고협회 등의 연구에 따르면 수퍼마켓 디스플레이의 POP에 대한 천 회 노출당 비용은 6~8달러로 추산된다. CPM 수치는 식료품점 디스플레이가 매장 규모와 볼륨에 따라 주당 평균 2,300~8,000회의 노출을 한다는 조사 결과에 근거한다. 이 연구에 따르면 POP 디스플레이는 소비자에게 매우 효과적이지만, 소매점에서 디스플레이 요청을 준수하도록 하는 데 어려움이 있어 마케터가 이를 사용하기 어려운 경우가 많다. 게다가 많은 소매업체가 수용할 수 있는 간판과 디스플레이의 양과 전달할 수 있는 메시지를 줄이고 있다. 또한 계절별 프로모션이 인기를 얻으면서 일부 소매업체는 맞춤형 POP 자료를 요구하고 있다. 예를 들어, 세븐일레븐은 공급업체로부터 모든 POP 자료의 생산 책임을 맡았으며, 공급업체는 여전히 비용을 지불해야 한다. 목표는 세븐일레븐이 매장 내 환경을 완벽하게 제어할 수 있도록 하는 것이다.

이러한 과제에도 불구하고 마케터는 구매 시점 디스플레이가 판촉 프로그램의 중요한 부분이라는 것을 인식한다. 많은 기업이 제품을 효율적으로 전시하고, 소매 환경에서 눈에 띄게 하고, 소비자에게 판매 메시지를 전달하기 위한 혁신적인 방법을 계속 개발하고 있다. 창의적인 POP 디스플레이의 중요성이 식료품점이나 편의점에 국한되지 않는다는 점에 유의해야 한다. 구매 시점 디스플레이는 주택 개량, 가전제품, 전문 소매점과 같은 다른 유형의 소매점을 통해 제품을 유통하는 회사에도 중요하다. 예를 들어, 사진 16-30은 E-B 진열회사(E-B Display Co.)에서 씨클리어(SeaKlear) 풀 및 스파 트리트먼트 제품군을 홍보하기 위해 만든 수상 경력에 빛나는 POP 디스플레이를 보여준다. 이 디스플레이는 16가지의 다양한 풀 및 스파 제품을 보관하며, 고유한 팔각형 모양 덕분에 비교적 작은 면적에서 360도 쇼핑이 가능한 디스플레이를 제공한다. 이 디스플레이는 또한 소비자에게 특정 용도와 응용 프로그램에 대해 알리고 구매 결정을 내리는 데 도움이 되는 큰 그래픽 영역을 갖추고 있다.

많은 제조업체는 **플래노그램**(planogram)을 통해 소매업체가 진열 공간을 보다 효율적으로 사용할 수 있도록 돕는다. 일부 제조업체는 소매업체가 스캐너 데이터에서 정보를 입력하고 제품 이동, 공간 활용, 수익률 및 기타 요소를 실험하여 최상의 선반 레이아웃을 결정할 수 있도록 하는 컴퓨터 기반 프로그램을 개발하고 있다.

사진 16-30

씨클리어의 수상 경력에 빛나는 POP 디스플레이는 이 회사의 풀 및 스파 트리트먼트 제품군을 판매하는 데 큰 역할을 한다.

자료: SeaKlear

영업 훈련 프로그램 제조업체가 후원하는 판촉 지원의 또 다른 형태는 중간상 직원을 위한 영업 교육 프로그램(sales training programs)이다. 소매 수준에서 판매되는 많은 제품에는 다양한 브랜드와 모델의 기능, 이점 및 장점에 대한 정보를 소비자에게 제공할 수 있는 지식이 풍부한 판매원이 필요하다. 화장품, 가전제품, 컴퓨터, 가전제품 및 스포츠 장비는 소비자가 종종 잘 알고 있는 소매 판매 직원의 도움을 받는 제품의 예다.

제조업체는 여러 가지 방법으로 소매 판매원에게 영업 교육 지원을 제공한다. 그들은 소매 직원이 제품이나 제품군에 대한 지식을 늘리기 위해 참석할 수 있는 수업이나 교육 세션을 진행할 수 있다. 이러한 교육 세션은 제조업체의 제품을 판매하는 방법에 대한 정보와 아이디어를 제공하며 동기 부여 구성 요소도 포함할 수 있다. 소매 직원을 위한 판매 교육 수업은 종종 스마트폰, 자동차 또는 스키 장비와 같은 고가 품목이나 복잡한 제품을 판매하는 회사에서 후원한다.

제조업체가 소매 직원에게 영업 교육 지원을 제공하는 또 다른 방법은 자체 판매 인력을 통한 것이다. 영업 담당자는 소매 직원에게 제품군에 대해 교육하고 판매 팁 및 기타 관련 정보를 제공한다. 영업 담당자는 정기적으로 리테일 영업 직원과 접촉하면서 지속적인 영업 교육을 제공할 수 있으며, 제품 라인의 변화, 시장 동향, 경쟁 정보 등에 대한 업데이트를 제공할 수 있다.

제조업체는 또한 리셀러에게 자세한 영업 매뉴얼, 제품 브로슈어, 참조 매뉴얼 및 기타 자료를 제공한다. 많은 회사에서는 제품 정보, 제품 사용 시연 및 제품 판매 방법에 대한 아이디어가 포함된 DVD 또는 디지털 파일을 리테일 영업 직원에게 제공한다. 이러한 판매 보조 도구는 종종 고객에게 정보를 제공하는 데에도 사용할 수 있다.

박람회 유통업자를 대상으로 하는 또 다른 중요한 프로모션 활동은 제조업체가 현재 구매자와 잠재 구매자에게 제품을 전시할 수 있는 포럼인 **박람회**(trade shows)다. 전시산업 연구센터(Center for Exhibition Industry Research)에 따르면 매년 1억 명 이상이 미국과 캐나다에서 열리는 약 1만 5,000개의 박람회에 참석하며, 전시하는 회사 수는 130만 개를 넘는다. 많은 산업에서 박람회는 제품 라인을 전시하고 고객과 상호 작용할 수 있는 중요한 기회다. 대형 유통 체인의 중요한 경영진과 유통업체 및 기타 중간상 대표가 종종 참석한다.

박람회에서는 제품 시연, 새로운 잠재 고객 파악, 고객 및 경쟁 정보 수집, 심지어 제품 주문서 작성 등 다양한 홍보 기능을 수행할 수 있다. 박람회는 유통업체가 종종 재고를 위한 새로운 상품을 찾고 있기 때문에 신제품을 소개하는 데 특히 가치가 있다. 박람회는 또한 영업 전화나 직접 마케팅을 통해 후속 조치를 취할 수 있는 귀중한 기회의 원천이 될 수 있다. 박람회의 사회적 측면도 중요하다. 많은 회사가 주요 고객을 즐겁게 하고 상인들과 관계를 발전시키고 유지하기 위해 이를 사용한다. 학술 연구에 따르면 박람회는 제품 인지도와 관심을 끌어내고 측정 가능한 경제적 수익을 가져올 수 있다. 매우 주목받는 박람회의 한 예로 매년 1월 라스베이거스에서 열리는 CES(Consumer Electronics Show)가 있다. 이 박람회는 CEA (Consumer Electronics Association, 소비자전자협회)에서 소유하고 제작하며 컴퓨터, 스마트폰, HDTV 및 기타 다양한 유형의 소비자 전자제품과 같은 신제품을 발표하고 출시하는 플랫폼으로 자주 사용된다. CES는 또한 미디어에서 광범위하게 보도되므로 신제품을 출시하는 시장에 귀중한 홍보 기회가 된다. 사진 16-31은 최근 CES의 사진을 보여준다.

협동 광고 우리가 살펴보는 중간상 지향적 프로모션의 마지막 형태는 **협동 광고**(cooperative advertising)로, 광고 비용을 두 당사자 이상이 공유한다. 협동 광고에는 세 가지 유형이 있다. 처음 두 가지는 중간상 지향적 홍보가 아니지만, 그 목표와 목적을 인식해야 한다.

수평 협동 광고(horizontal cooperative advertising)는 시장에 제품이나 서비스를 제공하는 소매업체 그룹이나 다른 조직이 공동으로 후원하는 광고다. 예를 들어, 자동차 주차장이나 같은 거리에 있는 자동차 딜러는 종종 광고 예산의 일부를 협동 광고 기금에 할당한다. 광고는

사진 16-31

국제 CES는 매우 인기 있는 산업 무역 박람회다.

자료: Kobby Dagan/Shutterstock

딜러십의 위치를 홍보하고 자동차 구매자가 새 자동차를 구매할 때 가까운 거리를 활용하도록 장려한다. 많은 도시와 리조트 지역에서는 호텔, 테마파크, 관광 명소 및 관광으로 이익을 얻는 다른 사업체가 공동으로 광고비를 부담하여, 해당 지역을 관광지 및 회의와 컨벤션을 개최하는 장소로 광고하고 홍보하도록 함으로써 수평 협동 광고를 사용한다.

원료공급사 후원 협동 광고(ingredient-sponsored cooperative advertising)는 원자재 제조업체의 지원을 받는다. 그 목적은 회사의 재료 및 성분이 포함된 최종 제품을 확립하는 데 도움이 되는 것이다. 이러한 유형의 광고를 자주 사용하는 회사로는 테프론 및 케블라와 같은 자사 재료의 사용을 프로모션하는 듀폰, 씬설레이트를 프로모션하는 3M, 많은 식품 및 음료의 성분으로 인공 감미료를 쓰고 있는 뉴트라스윗(NutraSweet)이 있다.

사진 16-32

퀄컴은 스냅드래곤 프로세서에 대해 원료공급사 후원 협동 광고를 사용한다.

자료: Qualcomm

이러한 유형의 협동 광고에서 가장 잘 알려지고 가장 성공적인 사례는 인텔 코퍼레이션이 후원하는 '인텔 인사이드' 프로그램으로, 이 회사는 1991년부터 이 프로그램을 사용해왔다. 이 프로그램에 따라 개인용 컴퓨터 제조업체는 광고와 PC에 '인텔 인사이드' 로고를 표시하는 대가로 인텔에 마이크로프로세서에 지불한 금액의 5%를 돌려받는다. 인텔에서 받은 돈은 PC 제조업체와 인텔이 공동으로 지불한 광고에 적용해야 한다. 미국 및 기타 국가에서 게재되는 PC용 인쇄 및 온라인 광고의 대부분은 '인텔 인사이드' 로고를 사용하고 있으며, 이 프로그램은 인텔이 마이크로프로세서 시장 점유율을 1990년의 56%에서 거의 80%로 늘리는 데 도움이 되었다.

원료공급사 후원 협동 광고를 사용하는 또 다른 기술 회사는 퀄컴(Qualcomm)으로, 많은 스마트폰 및 기타 모바일 기기에 전원을 공급하는 스냅드래곤(Snapdragon) 프로세서에 대한 브랜드 구축 캠페인을 진행해왔다. 이 회사는 스냅드래곤 프로세서의 기능과 이점과 모바일 기기의 성능에 기여하는 방식을 홍보하기 위해 미국과 여러 다른 국가에서 광고를 게재한다. 사진 16-32는 스냅드래곤 프로세서 광고를 보여준다.

가장 일반적인 형태의 협동 광고는 중간상 중심 형태인 **수직 협동 광고**

사진 16-33

이 범블비 수산물 광고는 소매업체에 제공되며 수직 협동 광고 프로그램의 일부로 사용된다.

자료: Bumble Bee Foods, LLC

(vertical cooperative advertising)로, 제조업체가 소매업체가 제조업체의 제품과 소매업체 사업장에서의 가용성을 홍보하기 위해 실행하는 광고의 일부를 지불한다. 제조업체는 일반적으로 소매업체가 실행하는 광고 비용을 일정 한도까지 백분율 기준(일반적으로 50-50)으로 공유한다.

제조업체가 지불하는 협동 광고 금액은 일반적으로 달러 구매의 백분율을 기준으로 한다. 소매업체가 제조업체로부터 10만 달러의 제품을 구매하는 경우 협동 광고 비용으로 3%, 즉 3,000달러를 받을 수 있다. 대형 소매 체인은 종종 모든 매장에서 협동 예산을 결합하여 더 많은 금액으로 작업하고 더 많은 미디어 옵션을 제공한다.

협동 광고는 여러 가지 형태를 취할 수 있다. 소매업체는 예를 들어 여러 다른 제품을 특징으로 하는 신문 광고에서 제조업체의 제품을 광고할 수 있으며, 개별 제조업체는 광고에서 자회사의 제품이 나오는 분량만큼 소매업체에 상환한다. 또는 제조업체가 광고를 준비하고 소매업체가 지역 미디어에 게재할 수도 있다. 사진 16-33은 다양한 시장 지역의 소매업체가 신문 전단지에 삽입하거나 매장 이름과 위치를 추가하여 디스플레이 광고로 사용할 수 있는 범블비 수산물(Bumble Bee Seafoods)의 협력 광고 형식을 보여준다.

협동 광고가 게재되면 소매업체는 제조업체에 미디어 비용의 일정 비율에 대한 변제를 요청한다. 제조업체는 일반적으로 크기, 상표 사용, 콘텐츠 및 형식과 같이 협력 변제를 받기 위해 광고가 충족해야 하는 특정 요구 사항이 있다. 광고의 디지털 사본과 송장 형태로 광고가 게재되었다는 확인도 필요하다.

다른 유형의 중간상 프로모션과 마찬가지로 제조업체는 협동 광고 지출을 늘려 왔다. 일부 회사는 지역 시장에서 광고 캠페인을 통해 더 큰 영향을 미칠 수 있다고 믿기 때문에 전국 광고에서 협동 광고로 자금을 이동하고 있다. 역사적으로 소매업체는 신문, 직접 우편, 라디오와 같은 기존 매체에 대부분의 협동 광고 비용을 지출했으며, 최근까지 많은 마케터는 온라인 채널에서 협동 기금 사용을 권장하지 않았거나 허용하지 않았다. 그러나 신문과 방송 매체의 구독자와 시청자가 감소함에 따라 많은 회사가 정책을 변경하고 협동 기금을 디지털 미디어에 사용할 수 있도록 허용하고 있다. 일부 소매 체인은 이제 공급업체가 소매업체 웹사이트뿐만 아니라 다른 온라인 채널을 통해 소매업체 고객에게 더 잘 도달할 수 있도록 설계된 디지털 미디어 구매 플랫폼을 제공한다. 월마트 및 타겟과 같은 대량 판매업체와 세이프웨이/알벗슨(Safeway/Albertsons), 푸드라이언(Food Lion), 샵라이트(ShopRite)와 같은 수퍼마켓 체인은 디지털 미디어 교환을 설정하고 공급업체가 중간상 프로모션 비용의 일부를 할당하도록 장려하고 있다.

광고 및 기타 IMC 도구와 함께 판매촉진 조율

프로모션 과정에 참여하는 사람은 판매촉진 기법이 일반적으로 광고 및 기타 통합 마케팅 도구와 함께 사용할 때 가장 효과적이며, IMC 캠페인의 효과는 소비자 지향 판매촉진 노력으로 향상될 수 있음을 인식해야 한다. 회사의 프로모션 예산을 놓고 경쟁하는 별도의 활동이 아니라 광고와 판매촉진을 보완적인 도구로 간주해야 한다. 함께 작동하도록 적절하게 계획하고 실행하면 광고와 판매촉진은 프로모션 믹스 요소 하나만을 사용할 때보다 훨씬 더 큰 시너지 효과를 낼 수 있다.

판매촉진을 다른 IMC 도구와 적절하게 조율하는 것은 회사가 각각 제공하는 기회를 활용하고 프로모션 예산을 최대한 활용하는 데 필수다. 광고와 판매촉진을 성공적으로 통합(integration)하려면 각 영역에 대한 예산 할당뿐만 아니라 광고 및 판매촉진 테마의 조율, 다양한 프로모션 활동에 대한 적절한 미디어 지원 및 타이밍, 도달하는 대상 고객에 대한 결정이 필요하다.

예산 할당

많은 회사가 미디어 광고보다 판매촉진에 더 많은 돈을 쓰고 있지만, 회사의 전체 홍보 예산 중 광고에 할당해야 할 비율과 소비자 및 중간상 지향 프로모션에 할당해야 할 비율을 정확히 말하기는 어렵다. 이 할당은 캠페인의 구체적인 프로모션 목표, 시장 및 경쟁 상황, 브랜드의 수명주기 단계를 포함한 여러 요인에 따라 달라진다.

예를 들어, 프로모션 예산 할당은 제품 수명주기에 따라 달라질 수 있다. 도입 단계에서는 많은 예산을 견본품 제공 및 쿠폰과 같은 판매촉진 기술에 할당하여 시용을 유도할 수 있다. 그러나 성장 단계에서는 프로모션 비용을 주로 광고에 사용하여 브랜드 차이점을 강조하고 소비자의 마음속에 브랜드 이름을 유지할 수 있다.

브랜드가 성숙 단계로 이동하면 광고는 주로 소비자에게 브랜드를 알리는 것을 상기시키는 것이다. 쿠폰, 가격 할인, 사은품, 보너스팩과 같은 소비자 지향 판매촉진은 소비자 충성도를 유지하고, 새로운 사용자를 유치하고, 경쟁으로부터 보호하기 위해 주기적으로 필요할 수 있다. 중간상 지향적 프로모션은 진열 공간을 유지하고 소매업체의 더 나은 마진에 대한 요구를 수용하며 브랜드를 프로모션하도록 장려하는 데 필요하다. 광고와 프로모션의 시너지 효과에 대한 연구에서는 브랜드의 수명주기가 성숙한 단계에 있는 브랜드를 조사한 결과 이 단계에서 판매의 80%가 세일즈 프로모션 때문이라는 것을 발견했다. 브랜드가 제품 수명주기의 쇠퇴 단계에 접어들면 대부분의 프로모션 지원이 제거되고 세일즈 프로모션에 대한 지출이 거의 없을 것이다.

광고 및 판매촉진 테마의 조율

광고와 세일즈 프로모션 프로그램을 성공적으로 통합하려면 소비자 프로모션 테마를 가능한 한 회사 및 브랜드의 포지셔닝과 연결해야 한다. 판매촉진 도구는 브랜드의 고유한 속성이나 이점을 전달하고 세일즈 메시지나 광고 캠페인 테마를 강화해야 한다. 이런 식으로 판매촉진 노력은 브랜드의 소비자 프랜차이즈 구축 노력에 기여한다.

동시에 미디어 광고 및 기타 IMC 도구를 사용하여 콘테스트, 경품 추첨 또는 이벤트와 같은 판매촉진 프로그램이나 가격 인하 또는 할인 프로그램과 같은 특별 프로모션 혜택에 주의를 기울여야 한다. 브랜드에 사용된 포지셔닝 테마와 프로모션을 조율한 사례로는 유니레버가 남성용 미용 제품인 액스 아폴로(Axe Apollo) 라인을 소개하는 데 사용한 경연 대회가 있다. 제품 라인의 브랜딩 및 포지셔닝 전략은 우주 관광의 새로운 현실과 우주인을 영웅으로 인식하는 것을 중심으로 개발되었다. 아폴로는 미국의 민간 우주 프로그램을 담당하는 미국

사진 16-34
액스 아폴로를 위한 이 경연 대회는 새로운 제품군의 포지셔닝과 잘 맞다.
자료: Axe by Unilever

정부 기관인 NASA가 후원하는 세 번째 유인 우주 비행 프로그램의 이름이다. 아폴로 제품 라인을 소개하는 데 사용된 글로벌 IMC 캠페인에는 소비자에게 약 1시간 동안 지속되고 고도 64마일에 도달하며 지구로 돌아오기 전에 약 5분 동안 무중력 상태를 경험할 수 있는 링스(Lynx) 아궤도 비행기(suborbital plane, 지구를 완전히 돌지 않는 궤도를 벗어난 비행기)에서 비행을 이길 수 있는 기회를 제공하는 경연 대회가 포함되었다.

영웅이라는 주제를 바탕으로 대회의 태그라인은 “Leave a man. Come back a hero(남자로 떠나라. 영웅으로 돌아와라)”였는데, 이는 젊은 남성에게 여성에게 더 매력적으로 보이기 위해 사용할 수 있는 자신감을 제공하는 브랜드로서 액스(Axe)의 포지셔닝과 잘 맞았다(사진 16-34). 탐내는 링스(Lynx) 비행 중 하나를 따기 위한 실제 경연 대회에서는 참가자들이 특별 웹사이트로 가서 우주인 프로필을 작성하여 선택되어야 하는 이유를 자세히 설명해야 했다. 24명의 남성이 우주로 가는 티켓을 따냈다. 22명의 당첨자는 우주 아카데미 경연 대회에서 선정되었고, 23번째 티켓은 수퍼볼과 연계된 경품 추첨에서 미국 거주자에게 수여되었으며, 24번째 티켓은 영국 국가 프로모션에서 수여되었다. 제품 출시를 지원하기 위해 개발된 IMC 프로그램에는 우주인 영웅 테마를 홍보하는 유머러스한 TV 광고와 달을 걷는 두 번째 사람인 전 아폴로 우주인 버즈 올드린을 대변인으로 고용하고 미디어 이벤트에 출연시키는 프로모션 캠페인이 포함되었다. 이 경연 대회는 소셜 미디어와 온라인 광고를 통해서도 프로모션되었다.

미디어 지원 및 타이밍

판매촉진 프로그램에 대한 미디어 지원은 매우 중요하며, 광고 캠페인을 위한 미디어 프로그램과 조율되어야 한다. 미디어 광고는 쿠폰, 경품 추첨, 콘테스트 참가 양식, 사은품 혜택, 심지어 견본품과 같은 판매촉진 자료를 전달하는 데 종종 필요하다. 또한 소비자에게 프로모션 혜택을 알리고 브랜드에 대한 인지도, 관심, 호의적인 태도를 조성하는 데에도 필요하다.

광고를 판매촉진 프로그램과 함께 사용하면 마케터는 소비자에게 브랜드와 그 혜택을 알리고 프로모션에 대한 반응성을 높일 수 있다. 소비자는 잘 모르는 브랜드보다 익숙한 브랜드의 쿠폰을 사용하거나 가격 할인 혜택에 응할 가능성이 더 높다. 또한 견본품 제공이나 고가 쿠폰과 같은 판매촉진 기법을 통해 만들어진 제품 체험은 광고와 함께 제공될 때 브랜드를 장

사진 16-35

유니레버는 도브맨 플러스 케어 라인의 광고 및 판매 프로모션을 조율한다.

자료: Dove by Unilever

기적으로 사용할 가능성이 더 높다.

사전 또는 동시 광고 없이 프로모션을 사용하면 효과가 제한되고 브랜드 이미지가 손상될 위험이 있다. 소비자가 브랜드를 프로모션에 의존하거나 품질이 낮다고 인식하면 호의적인 태도와 장기적인 충성도를 개발할 가능성이 낮다. 반대로, 쿠폰, 사은품 제안, 경품 추첨이나 경연 대회 참여 기회 등을 통해 광고의 효과를 높일 수 있다.

광고와 판촉의 효과적인 조율의 한 예는 유니레버가 도브맨 플러스 케어(Dove Men + Care) 제품군을 위해 개발한 소개 캠페인이다. 유니레버는 미국 내 절반 이상의 가구에 바디워시와 페이스워시 제품 견본품을 고가 쿠폰과 함께 보냈고, 소개 마케팅 공세의 일환으로 유통업체를 대상으로 중간상 판촉도 사용했다. 판촉 활동은 수퍼볼 광고와 뉴올리언스 세인츠 쿼터백 드루 브리스가 등장하는 후속 광고를 포함하여 인쇄 및 TV에서 대대적인 광고가 수반되었다. 출시 캠페인에는 홍보, 모바일 마케팅, 디지털 및 소셜 미디어를 포함한 추가 IMC 도구 사용이 포함되었다. 유니레버는 사진 16-35에 표시된 것과 같은 광고로 도브맨 플러스 케어 제품군에 대한 광고와 판촉을 계속 조율하고 있다.

광고 및 판촉 프로그램을 보다 효과적으로 조율하기 위해 많은 회사가 자사의 판촉 대행사를 광고 및 판촉 계획 프로세스에 더 많이 참여시키고 있다. 단기 목표와 전략을 가진 개별적이고 프랜차이즈 구축이 아닌 유형의 판촉을 개발하기 위해 대행사를 고용하는 대신, 많은 회사가 자사의 판촉 및 광고대행사가 함께 협력하여 통합된 판촉 전략과 프로그램을 개발하도록 하고 있다. 도표 16-7은 판촉 대행사의 역할이 어떻게 변화하고 있는지 보여준다.

판매촉진의 남용

마케팅 프로그램에서 판매촉진을 점점 더 많이 사용하는 것은 일시적인 유행 이상이다. 이는 회사가 제품과 서비스를 마케팅하는 방법에 대한 전략적 결정에 근본적인 변화를 가져온 것

도표 16-7

프로모션 대행사의 역할 변화

전통적인 프로모션 대행사	새롭게 개선된 프로모션 대행사
1. 주로 단기 전략이나 개념을 개발	1. 장기 및 단기 홍보 전략과 전술 개발
2. 프로젝트별로 고용/보상	2. 공식적인 대행사 검토 후 연간 계약
3. 각 프로젝트별 전문성에 근거하여 개별 대행사 고용	3. 각 사업부 또는 브랜드 그룹에 대해 1~2개의 전담 프로모션 대행사 임명
4. 각 대행사별 1~2명의 전담사원	4. 계정의 전체 팀 또는 핵심 그룹
5. 프로모션 대행사는 광고대행사와 결코 동등하지 않음. 연간 계획 수립 시 참여하지 않음	5. 프로모션 대행사는 광고대행사와 동등한 위치. 연간 계획 수립 시 참여
6. 결과에 대한 직접적인 책임이 없음	6. 결과에 대하여 엄격한 평가 과정을 거치고 직접적인 책임 부여

이다. 판매촉진에 대한 이러한 강조의 가치는 여러 연구자가 의문을 가졌고, 특히 판매촉진 프로그램의 적절한 계획 및 관리 부족과 관련하여 의문이 제기되었다.

마케터가 요즈음 판매촉진에 지나치게 의존하고 있는가? 앞서 논의했듯이 소비자 및 중간상 프로모션은 단기적인 매출 증가를 창출하는 데 매우 효과적인 도구가 될 수 있으며, 많은 브랜드 관리자는 광고에 투자하고 장기간에 걸쳐 브랜드 이미지를 구축하는 것보다 판매촉진을 사용하여 즉각적인 매출을 창출하는 것을 선호한다. 한 대형 광고대행사의 판매촉진 서비스 책임자는 다음과 같이 언급했다. "판매촉진을 통해 빠르게 매출을 늘리려는 유혹이 크다. 경쟁사와 차별화하는 것보다 소비자에게 즉각적인 가격 절감을 제공하는 것이 훨씬 쉽다."

판매촉진을 과도하게 사용하면 여러 면에서 브랜드에 해로울 수 있다. 지속적으로 프로모션되는 브랜드는 인식된 가치를 잃을 수 있다. 소비자는 종종 자신이 발전시킨 호의적인 태도에 따라 결정을 내리기보다는 세일 중이거나, 사은품을 받거나, 쿠폰이 있기 때문에 브랜드를 구매하게 된다. 추가적인 프로모션 인센티브를 이용할 수 없을 때, 그들은 다른 브랜드로 전환한다. 프리야 라구비르(Priya Raghubir)와 김 코프만(Kim Corfman)의 연구에서는 가격 프로모션이 브랜드의 사전 평가에 영향을 미치는지 조사했다. 그들은 가격 프로모션을 제공하면 브랜드가 이전에 프로모션되지 않았을 때 자주 프로모션되었을 때보다 브랜드 평가가 낮아질 가능성이 더 높다는 것을 발견했다. 평가자가 전문가는 아니지만 제품이나 산업에 대한 지식이 있을 때 가격 프로모션이 브랜드에 대한 정보원으로 더 많이 사용된다. 그리고 프로모션이 해당 산업에서 그리 흔하지 않을 때 부정적인 평가로 이어질 가능성이 더 높다. 이 연구의 결과는 마케터가 가격 프로모션을 사용할 때 주의해야 한다는 것을 시사하는데, 이는 특정 상황에서 브랜드의 체험을 방해할 수 있기 때문이다.

앨런 소여와 피터 딕슨은 귀인 이론(attribution theory)의 개념을 사용하여 판매촉진이 소비자 태도 형성에 어떤 영향을 미칠 수 있는지 조사했다. 이 이론에 따르면 사람들은 자신의 행동을 관찰하고 특정 방식으로 행동한 이유를 고려하여 태도를 습득한다. 쿠폰이나 가격 할인 혜택 때문에 지속적으로 브랜드를 구매하는 소비자는 브랜드에 대한 호의적인 태도보다는 외부 판촉 인센티브에 행동을 귀인할 수 있다. 반면 외부 인센티브가 없는 경우 소비자는 구매행동을 브랜드에 대한 호의적인 기본 감정에 귀인할 가능성이 더 높다.

소비자 중심 판촉의 또 다른 잠재적인 문제는 여러 경쟁자가 판촉을 광범위하게 사용할 때 **판매촉진 함정**(sales promotion trap)이나 나선형이 발생할 수 있다는 것이다. 종종 회사는 경쟁사와 제품이나 서비스를 차별화하기 위해 판매촉진을 사용하기 시작한다. 판촉이 성공적이고 차별적 이점을 가져오는 경우(또는 그렇게 보이는 경우) 경쟁자가 빠르게 모방할 수 있다. 모든 경쟁자가 판촉 활동을 벌이면 각 회사의 이익 마진이 낮아질 뿐만 아니라 어느 한 회사

도표 16-8
판매촉진의 함정

다른 회사	우리 회사: 프로모션 중지	우리 회사: 프로모션 유지
프로모션 중지	모두에게 높은 이익	자사의 시장 점유율 확대
프로모션 유지	다른 경쟁사의 시장 점유율 확대	시장 점유율 유지, 수익 감소

도 판촉 활동에서 손을 떼기 어렵게 된다. 이러한 딜레마는 도표 16-8에서 확인할 수 있다.

여러 산업이 이러한 프로모션 함정에 빠졌다. 예를 들면, 화장품 업계에서는 구매 고객에게 신제품 프로모션을 위한 견본품을 증정하는 것이 일반적이다. 하지만 이는 너무나 흔하고 비용이 많이 드는 일이 되었다. 전국의 많은 지역에서 수퍼마켓은 쿠폰을 두 배로 늘리는 함정에 빠졌고, 이는 이미 작은 소매점 이익 마진을 더욱 잠식해버렸다. 패스트푸드 체인점도 인기 메뉴를 99센트 또는 1달러에 판매하는 프로모션으로 함정에 빠졌다. 패스트푸드 회사는 달러 메뉴를 사용하여 금액에 민감한 소비자에게 옵션을 제공하고 일관되게 일상적으로 싸다는 인상을 제공한다. 맥도날드는 2003년에 가치 메뉴를 출시했으며, 수년 동안 더블 치즈버거와 같은 인기 있는 품목을 포함했다. 그러나 버거킹과 웬디스와 같은 경쟁사는 업계 리더와 보조를 맞추기 위해 인기 있는 품목을 가치 식사 메뉴에 넣음으로써 대응했다. 다른 경쟁사도 2013년에 "갈망(Cravings)" 가치 메뉴를 출시한 타코벨과 같은 달러 메뉴 품목을 출시했다(사진 16-36). 맥도날드는 현재 치즈버거, 맥치킨 샌드위치 또는 소시지 맥머핀을 1달러에 제공하는 '1달러 2달러 3달러 메뉴'를 가지고 있다. 맥치킨 샌드위치나 맥머핀은 1달러고, 베이컨 맥더블과 소시지 맥기들은 2달러, 트리플 치즈버거, 클래식 치킨 샌드위치 또는 소시지 맥머핀과 달걀은 3달러다. 2019년에 이 회사는 맥도날드 레스토랑 운영자에게 지역 고객의 취향과 선호도에 맞게 가치 메뉴를 조율할 수 있는 더 많은 유연성을 발휘했다.

사진 16-36

이 광고에서 타코벨은 자사의 "갈망 메뉴"를 프로모션하며, 패스트푸드 경쟁사들과 함께 가치 메뉴의 판매 촉진 나선에 동참한다.

자료: Taco Bell Corp

마케터는 프로모션의 단기적 영향과 브랜드에 미치는 장기적 영향을 모두 고려해야 한다. 경쟁자가 보복적 프로모션을 개발할 수 있는 용이성과 그렇게 할 가능성도 고려해야 한다. 마케터는 판매촉진으로 브랜드 프랜차이즈를 손상시키거나 브랜드의 이익 마진을 침식하고 장기적인 존재를 위협하는 프로모션 전쟁에 회사를 연루시키지 않도록 주의해야 한다. 마케터는 종종 채널 관계, 가격, 패키징, 제품 품질 또는 광고와 같은 마케팅 프로그램의 다른 측면을 검토해야 할 때 판매 감소 및 기타 문제를 해결하기 위해 판매촉진에 의존하려는 유혹을 받는다.

이 장을 읽은 후에는 마케터가 효과적인 판매촉진 프로그램을 개발하고 구현하는 데 고려해야 할 여러 가지 요소가 있음을 알 수 있다. 이는 단순히 소비자에게 제품을 구매할 수 있는 추가적인 경제적 인센티브를 제공하는 것 이상을 포함하기 때문이다. 프리야 라후비르(Priya Raghubir), 제프리 인먼(Jeffrey Inman) 및 한스 그랜드(Hans Grande)는 소비자를 대상으로 하는 프로모션에는 경제적 효과, 정보적 효과, 정서적 효과를 포함한 세 가지 측면이 있다고 제안한다. 그들은 경제적 효과 외에도 마케터가 프로모션 제안이 소비자에게 어떻게 전달하여야 하는지와 감성적인 영향을 고려해야 한다고 지적한다. 여기에는 프로모션에 노출되거나 거래를 제공하는 브랜드나 회사에 관련된 소비자의 느낌과 감정이 포함된다. 이러한 모든 효과를 고려함으로써 경영자는 소비자 프로모션을 보다 효율적이고 효과적으로 설계하고 소통할 수 있다.

요 약

수년 동안 광고는 대부분 소비재 기업의 주요 프로모션 믹스 가운데 하나였다. 그러나 지난 20년 동안 마케터는 판매촉진에 비용을 더 많이 할당해왔다. 소비자의 구매행동에 영향을 미치는 판매촉진 기법의 사용이 꾸준히 증가했다. 소매업체의 힘 증가, 브랜드 충성도 감소, 판촉에 대한 소비자의 민감성 증가, 신제품 출시 증가, 마케팅 및 브랜드 관리자의 단기적 초점, 경쟁, 디지털 마케팅의 성장이 이러한 증가의 몇 가지 이유다.

판매촉진은 프랜차이즈 구축 또는 비프랜차이즈 구축으로 특징지을 수 있다. 전자는 브랜드 정체성과 이미지의 장기적 개발 및 강화에 기여하고, 후자는 구매 프로세스를 가속화하고 매출을 즉시 증가시키도록 설계되었다.

판매촉진 기법은 중간상 지향적이거나 소비자 지향적으로 분류할 수 있다. 이 장에서는 견본품 제공, 쿠폰, 사은품, 경연 대회 및 경품 추첨, 할인 및 환불, 보너스팩, 가격 할인 제공, 로열티 프로그램, 이벤트 마케팅을 포함하여 여러 소비자 지향적 판촉 기법을 살펴보았다. 이러한 판매촉진 도구의 특성과 장단점을 검토했으며, 경연 대회 및 인센티브, 거래 수당, 전시 및 구매 시점 자료, 영업 교육 프로그램, 무역 박람회, 협력 광고를 포함한 다양한 중간상 지향 판매촉진도 살펴보았다.

광고와 판매촉진은 별개의 활동이 아니라 보완적인 도구로 간주되어야 한다. 적절하게 계획하고 실행하면 광고와 판매촉진은 각기 독립적으로 진행할 때보다 더 큰 시너지 효과를 낼 수 있다. 이를 달성하려면 마케터는 예산, 광고 및 판매촉진의 테마, 매체 일정과 타이밍, 타겟 고객을 적절하게 조율해야 한다.

마케터가 판매촉진에 너무 의존하고 단기 판매 증가를 위해 장기적인 브랜드 위치와 이미지를 소홀히 하면 판매촉진 남용이 발생할 수 있다. 많은 산업이 여러 경쟁자가 판매촉진을 광범위하게 사용하고 단일 회사가 판매 손실 위험 없이 판매촉진을 줄이기 어려울 때 판매촉진 함정을 경험한다. 판매촉진 도구를 과도하게 사용하면 이익 마진이 낮아지고 브랜드의 이미지와 심지어 생존 가능성까지 위협받을 수 있다.

CHAPTER 17

홍보, 퍼블리시티 및 기업 광고

자료: Andy Kropa/Getty Images

학습 목표

1 | 홍보, 퍼블리시티, 기업 광고가 프로모션 믹스에서 수행하는 역할을 설명한다.

2 | 홍보와 퍼블리시티의 장단점 및 효과를 비교한다.

3 | 기업 광고의 장단점과 효과를 논의한다.

4 | 다양한 형태의 기업 광고를 비교한다.

부정적인 언론 보도가 얼마나 큰 타격을 줄까?

기업들은 좋은 평판을 구축하기 위해 수백만 달러 예산 지출과 수 년간의 노력을 기울인다. 이를 통해서 공공의 눈에 올바른 일을 하는 것, 즉 좋은 기업 시민으로 행동하고, 자선 단체와 활동을 지원하며, 고객 만족도를 유지하는 등의 활동을 포함하여 전달하게 된다. 좋은 기업 평판이 내부적으로(직원들의 만족과 헌신 유지), 외부적으로(고객 애호도 개발) 수많은 이점을 가져다준다는 것을 잘 알고 있지만, 이러한 평판은 여러 가지 이유로 순식간에 무너질 수도 있다. 다음의 몇 가지 사례를 살펴보자.

폭스 뉴스—3년 연속으로 케이블 TV의 최다 시청 뉴스를 기록하며 기록적인 광고 수익을 올리던 폭스 뉴스는 어려움에 봉착하였다. 보수 성향의 의견 뉴스 방송으로 잘 알려진 폭스는 두 명의 진행자가 한 발언 때문에 소비자와 광고주로부터 항의와 불매운동에 직면하게 된 것이다.

〈터커 칼슨 투나잇〉 프로그램의 진행자 터커 칼슨은 플로리다 라디오 방송에서 "이민자들이 미국을 더 가난하고 더럽고 더 분열되게 만든다"는 발언을 했고, 이를 계기로 렉서스, 재규어, 퍼시픽 라이프, 화이자 등 주요 기업들이 광고를 철회하였다. 이후, 감시 단체 미디어 매터스(Media Matters)가 칼슨의 여성 혐오적, 동성애 혐오적, 인종적으로 민감한 발언들을 소셜 미디어에 게시하자, 아스트라제네카와 시엑스(Sheex)를 포함한 다른 광고주들도 광고를 내렸으며, 워싱턴 포스트의 사설 페이지는 칼슨의 해고를 촉구하였다. 불매운동이 시작된 첫 분기 동안, 칼슨의 프로그램은 광고 수익이 45% 감소했으며, 새로운 광고주는 저렴한 광고를 찾는 1-800 번호를 사용하는 기업들이 주를 이루게 되었다.

또 다른 폭스 진행자인 로라 잉그래햄도 플로리다 파크랜드 고등학교 총기 난사 사건 생존자인 데이비드 호그가 여러 대학에 입학 거절을 당했다고 농담한 트윗으로 많은 광고주를 잃었다. 폭스 뉴스의 또 다른 진행자인 션 해니티 역시 논란이 된 발언으로 불매운동 대상이 되었고, 캐딜락, 랜드로버, 메르세데스-벤츠, 큐리그 등이 폭스 광고를 중단했다. 이후 폭스 뉴스는 더 이상의 논란을 피하기 위해 일부 보수적 논조를 완화하였다.

웰스파고—2016년 가을, 웰스파고 은행은 가짜 은행 계좌 수백만 개를 만든 혐의로 1억 8,500만 달러의 합의금을 지불하고 5,300명의 직원을 해고했다고 발표하였다. 오랫동안 CEO를 역임하였던 존 스텀프는 해임되었으며, 새로운 이사회가 구성되었다. 곧바로 은행은 사과 성명을 내고 변화 중임을 알리기 위해 새로운 광고 캠페인을 시작하였다. 그러나 이후 추가적인 스캔들과 부실 운영이 밝혀졌는데, 더 많은 계좌 개설, 불필요한 주택 담보 대출 수수료, 불필요한 자동차 보험 등이 문제로 드러났으며, 심지어 '컴퓨터 오류'로 인해 일부 고객의 집이 압류되어 사과하여야 했다. 또한 이에 대한 연방 조사도 시작되었다. 현재는 연방준비 제도의 제재가 여전히 진행 중이었고, 수많은 소송이 제기되어 1억 4,200만 달러의 집단 소송 합의금으로 이어졌으며, 주가도 폭락하였다.

2년이 지난 후에도 웰스파고는 회복하지 못했고, 2019년은 더 어려운 해가 되었다. 직원들이 해고되고, 수백 개의 지점이 폐쇄되었으며, 고객의 약 30%가 은행과 거래를 중단하여 1,000억 달러의 매출 손실로 이어졌다. 이를 타파하기 위해서 신뢰 회복을 위한 "Trust(트러스트)"라는 다중 광고 캠페인이 전국적으로 TV, 인쇄 매체, 디지털 및 모바일 채널을 통해 진행되었다.

새로 임명된 CEO(후에 또다시 해임)는 은행의 최우선 과제가 직원, 고객, 지역사회, 주주, 규제 기관과의 신뢰를 재구축하는 것이라고 밝혔지만, 많은 이들은 이 은행이 과연 생존할 수 있을지 의문을 제기했다.

자료: Stephen Battaglio, "Fox News Seeks to Calm Advertisers amid Protests," *Los Angeles Times*, March 14. 2019, pp. C1,5; James F. Peltz, "Wells Fargo Launches Ad Campaign to Leave Accounts Scandal Behind. Not Everyone Is Buying It," May 9, 2018, www.latimes.com; Matt Egan, "The Two-Year Wells Fargo Horror Story Just Won't End," September 7, 2018, www.money.cnn.com.

이 장의 첫 사례에서 볼 수 있듯이 퍼블리시티의 힘은 긍정적이거나 부정적일 수 있다. 그 결과는 종종 재정적으로 관련된 회사에 직접적인 영향을 미칠 뿐만 아니라 신뢰, 이미지 및 기타 비재정적 측면과 관련하여도 영향을 미치게 된다. 브랜드 또는 기업은 부정적인 PR의 결과로 무너지는 경우도 있고, 긍정적인 퍼블리시티를 통해서 성공할 수도 있다.

이 장에서 볼 수 있듯이, 퍼블리시티는 종종 마케터의 통제를 벗어나지만, 마케팅 전략을 운영하는 데 있어서 전반적인 PR 기능의 일부로서 퍼블리시티를 관리하는 것이 점점 더 강조되고 있다. 퍼블리시티 역할에 대해서 다양한 시도는 새로운 것이 아니지만, 이러한 노력이 증가함에 따라 기업과 조직에서 PR 기능의 변화를 가져오게 될 것이다. 통합 마케팅 커뮤니케이션(IMC) 프로그램에서 PR의 중요성과 역할에 대해 다양한 의견이 있지만, 분명한 것은 기업의 커뮤니케이션 프로그램에서 PR의 역할이 변했다는 것이다.

PR에는 퍼블리시티 및 기업 이미지 광고 관리 기능이 포함된다. 현 상황에서 PR은 IMC 프로그램에서 더욱 중요한 역할을 맡고 있는데, 이 역할은 단순히 우호적인 이미지만 만들어 내는 측면보다는 훨씬 더 마케팅 지향적인 역할이라고 할 수 있다. 이 장에서는 IMC 프로그램에서 PR의 역할과 최근 몇 년 동안 이 역할이 어떻게 변화했는지를 살펴볼 것이다. IMC의 다른 모든 측면과 마찬가지로, PR 기능 역시 디지털 및 소셜 미디어에 의해 크게 변화했다고 할 수 있다. 간단히 말하자면, 대부분의 기업과 조직에 대해 뉴스가 지금은 더 빠르고 더 널리 퍼진다고 할 수 있다. 그 결과, PR의 역할과 퍼블리시티 관리의 중요성은 더욱 커졌다.

퍼블리시티, PR 그리고 기업 광고는 모두 마케팅 담당자들에게 큰 이익을 줄 수 있는 촉진 프로그램 요소라고 할 수 있다. 이들은 전체적인 촉진 활동의 필수적인 부분으로, 촉진믹스의 다른 요소들과 함께 관리되고 조정되어야 한다고 할 수 있다. 그러나 이 세 가지 도구는 항상 제품 및 서비스 촉진이라는 구체적인 목표를 가지는 것은 아니며, 지금까지 이 책을 통해 익숙해진 방법과 동일한 방식으로 진행되는 것도 아니라고 할 수 있다. 일반적으로 이러한 활동은 특정 제품을 촉진하거나 행동에 직접적인 영향을 미치기보다는 조직이나 이슈에 대한 태도를 변화시키는 데 더 중점을 두고 설계된다고 할 수 있다(물론 일부 조직에서는 이 역할이 변화하고 있음을 확인할 수 있다). 이 장에서는 퍼블리시티, PR, 기업 광고의 역할, 각각의 장단점 그리고 이를 활용하는 과정에 대해 탐구할 것이다.

홍보

PR이란 무엇인가? 그리고 지금까지 논의된 마케팅의 다른 요소들과 어떻게 다른가? 이를 정리하기 위한 방법은 전통적으로 'PR'이라는 용어가 의미했던 바를 살펴보고, 새로운 PR 역할을 소개하는 순서가 될 것이다.

PR의 전통적 정의

PR을 정의한 다양한 책들이 있지만, 아마도 가장 포괄적인 정의는 **홍보 뉴스**(Public Relations News, 업계 주간 뉴스레터)가 제시한 정의일 것이다.

"PR은 공중의 태도를 평가하고, 기업 조직의 정책과 절차에 대한 공중의 관심에 부합하는지 확인하며, 공중의 이해와 수용을 얻기 위해 행동(및 의사소통) 프로그램을 실행하는 관리 기능이다."

PR은 분명한 기업의 관리 기능(management function)이다. 여기서 "관리"라는 용어는 가장 광범위한 의미로 사용되며, 단순히 사업 관리를 넘어 비영리 기관을 포함한 다른 유형의 조직으로 확장해서 적용된다.

이 정의에 따르면, PR은 다음과 같은 일련의 단계를 거치게 된다.

1. 공중(public)의 태도를 파악하고 평가하는 것
2. 기업의 정책과 절차에 대한 공중의 관심이 부합하는지 확인하는 것
3. 공중의 이해와 수용을 유도하기 위해서 마련된 커뮤니케이션 프로그램의 개발 및 실행

이 과정은 한꺼번에 일어나지 않는다. 효과적인 PR 프로그램은 수개월 또는 수년에 걸쳐 계속된다.

마지막으로, 이 정의는 PR이 제품이나 서비스를 판매하기 위해 디자인된 활동보다 훨씬 더 큰 영역으로 이루어진 것임을 보여준다. PR 프로그램도 이전에 논의한 일부 프로모션 프로그램 요소에 포함될 수 있지만 다른 방식으로 사용할 수 있다. 예를 들어, 기업은 보도자료를 내보내 신제품이나 조직의 변화를 알리고, 기업은 지역 사회에서 호의를 얻기 위해 특별 이벤트를 조직하고, 기업은 광고를 활용하여 논란이 되는 사회적 문제에 대한 기업의 입장을 밝힐 수 있다. 이러한 활동은 계속해서 경영진의 책임이지만, 그 방식은 변화하고 있으며, 여러분은 앞으로 그 변화를 보게 될 것이다.

PR의 새로운 역할

점점 더 많은 마케팅 지향적인 회사들이 PR 업무에 새로운 책임을 부여하고 있다. 이러한 새로운 역할에서 PR은 조직과 그 제품 또는 서비스를 촉진하도록 설계된 것보다 폭넓은 마케팅 지향적(marketing oriented)인 관점을 취한다.

기업과 조직이 PR 기능을 사용하는 방식은 전통적인 PR을 강조하는 방식이 있으며 또 다른 방식은 마케팅 기능과 복합적인 기능을 하는 PR로 간주하는 방식이 있다. 전통적인 관점에서의 PR은 비마케팅 기능으로 간주되며, 주요한 책임 영역은 조직과 공중 간의 상호 이익이 되는 관계를 유지하는 것이다. 이 경우 고객이나 잠재 고객은 직원, 투자자, 이웃, 특별 관심 그룹 이외에 다양한 공중들을 포함하게 된다. 마케팅과 PR은 별개의 부서로 운영되며, 외부 기관을 사용할 경우에도 대개 별개의 기관을 활용하게 된다. 한편 연속체의 또 다른 끝에서는 PR이 주로 마케팅 커뮤니케이션 기능으로 간주됨을 볼 수 있다. 모든 비고객 관계는 마케팅 환경하에서만 필요한 것으로 간주된다. 이러한 조직에서는 PR 부서가 마케팅 부서에 보고하며, 동시에 많은 회사에서 PR 기능이 전통적인 역할보다 마케팅 역할에 훨씬 더 가까운 새로운 역할로 점차 이동하고 있다.

최근 기업 관리자들은 PR의 새로운 역할에 대해서 강력한 마케팅 부서와 강력한 PR 부서가 양립하는 것을 점차 고려하고 있다. 즉, 각 부서가 독립적으로 운영되는 대신, 두 부서는

긴밀히 협력하여 조직 및 제품 또는 서비스 제공에 대한 최상의 모습이 되는 것이다. 조나 블룸(Jonah Bloom)에 따르면, “두 부서를 분리하는 문화적 격차가 항상 존재했지만, 오늘날의 정보화 시대는 두 부서의 협력이 요구된다”고 지적하며, “회사가 강물에 화학물질을 배출했다는 비난을 받는다면, 친환경 세제를 판매하는 데 어려움을 겪을 것이다”라면서 PR 부서와 마케팅 부서의 협력을 강조하였다. 미국PR협회(Public Relations Society of America, PRSA) 회원과 PR 뉴스 구독자를 대상으로 한 설문 조사에서, 응답자의 76%가 마케팅 부서와 정기적으로 협력한다고 응답했으며, 78%는 마케팅 부서가 PR 부서를 긍정적으로 인식하고 있다고 응답했다. 활동별로 협력 정도는 달랐지만, 이 연구 역시 두 부서의 조율과 협력을 강조하고 있다.

〈Advertising Age〉에 기고한 윌리엄 N. 커리(William N. Curry)는 PR과 마케팅은 동일한 것이 아니므로 이 관계를 설정할 때 주의가 필요하다고 지적한다. 즉, 특정한 부서가 지배적이 되면 최대 효율로 운영하는 데 필요한 균형이 상실된다는 것이다. 그는 마케팅 목표를 달성하려는 시도로 PR의 목표와 기능을 간과하면 장기적으로 부정적인 결과를 가져온다는 점을 경고하고 있다. 또한 일부 전문가들은 PR과 마케팅의 경계가 계속 흐려지면 PR 기능의 독립성이 상실되고 효과가 크게 줄어들 것이라고 지적한다. 실제로 컷립(Cutlip), 센터(Center), 브룸(Broom)은 마케팅과 PR은 상호 보완적인 기능이라고 지적하며, “각각 기능은 조직의 생존과 성장을 위해 필수적인 많은 관계를 구축하고 유지하며 독특하지만 상호 보완적인 기여를 한다”고 지적한다. 즉, 둘 중 하나를 무시하면 다른 하나도 실패할 위험이 있다는 것이다.

이러한 입장은 PR이 IMC 프로세스의 중요한 부분이며, PR 고유의 방식으로 기업활동에 기여하지만 또한 마케팅 목표와 일치하는 방식으로 기여한다는 저자들의 견해와 일치한다.

PR을 촉진 믹스에 통합하기

PR의 광범위한 역할을 고려할 때, 이를 촉진 믹스에 어떻게 통합할지가 중요한 과제다. 기업은 마케팅과 공중관계 기능을 조직하는 여러 가지 방식을 가지고 있으며, PR을 외부 기관에 아웃소싱하기도 한다. 이 책에서는 PR을 IMC 프로그램의 한 요소로 간주한다. 이는 공중관계가 전통적인 책임뿐만 아니라 새로운 책임도 포함해야 함을 의미한다.

PR이 전통적인 역할을 수행하든 마케팅 지향적인 역할을 수행하든, PR 활동은 여전히 특정 커뮤니케이션 목표가 있다. 즉, 공중의 태도를 평가하고 긍정적인 기업 이미지를 창출하는 것은 제품이나 서비스를 직접 홍보하는 것만큼이나 중요하기 때문이다.

마케팅 PR(MPR) 기능

토마스 L. 해리스는 마케팅 목표를 지원하기 위해 설계된 PR 활동을 **마케팅 PR**(marketing public relations, MPR) 기능이라고 언급한 바 있다. 이 같은 PR 활동을 통해 지원할 수 있는 마케팅 목표에는 인지도 제고, 정보 제공 및 교육, 이해 증진, 신뢰 구축, 구매 유도, 소비자 수용 촉진과 같은 같은 것들이 포함된다. 따라서 MPR은 여러 가지 방식으로 통합 마케팅 프로그램에 가치를 더하게 된다.

- 미디어 광고가 시작되기 전에 시장의 흥미를 유발하기: 예를 들어, 마케터는 신제품 발표회를 통해서 퍼블리시티할 수 있는 기회가 생기며 제품을 드라마틱하게 강조할 기회가 된다. 애

사진 17-1

테슬라는 새로운 모델 출시 전에 많은 주목을 받는다.

자료: Photosite/Shutterstock

플이 아이폰이나 애플 워치와 같은 신제품을 발표는 제품이 출시되기 전에 PR을 통해 큰 기대감을 형성하게 할 수 있다. 그 결과, 애플은 많은 언론 보도와 소비자들 사이의 많은 구전을 확보하게 되어 광고가 집행되지 않는 상황에서도 신제품을 가장 먼저 구매하기 위해 몇 시간씩 줄을 서는 경우가 흔하다.

- **ROI 개선:** MPR은 전체 마케팅 비용을 줄이면서도 의미 있는 마케팅 성과를 제공하여 ROI(투자 수익률)를 개선한다.
- **제품 소식이 없는 상황에서 광고 뉴스 만들기:** 광고 자체가 PR의 중심이 될 수 있다. 수퍼볼 광고에 대한 열기는 게임 자체만큼이나 뜨거운 것 같다. TV 광고는 자주 인터넷의 소셜 사이트에 올라와 반복적으로 시청되거나 다른 사람들에게 공유된다.
- **광고가 거의 없거나 전혀 없는 제품 소개:** 이 전략은 테슬라(Tesla), 세그웨이(Segway), 타이(Ty) 크레욜라(Crayola), 그리고 물론 애플을 포함한 여러 회사에서 성공적으로 실행하였다. 그중에서도 질레트(Gillette)는 모든 신제품을 출시할 때마다 PR을 주요 매체로 사용한다. 한편 점점 더 많은 회사가 이 접근 방식을 취하는 것으로 나타난다(사진 17-1).
- **가치가 증대되는 고객 서비스 제공:** 버터볼(Butterball)은 칠면조를 준비하는 방법에 대한 개인적인 조언을 받을 수 있는 핫라인을 만들었다. 그 결과, 이 회사는 첫 번째 휴일 시즌 동안 2만 5,000건의 전화를 응대하였다. 이 외에도 많은 기업이 인터넷 사이트를 통해서 이러한 서비스를 제공하고 있다. 대표적으로 치킨 오브 더 씨(Chicken of the Sea)는 사이트 방문자에게 레시피를 제공한다(물론 치킨 오브 더 씨 참치를 사용하는 것이 좋다).
- **브랜드와 고객 간의 유대감 구축:** 필스버리는 필스버리 베이크오프(Pillsbury Bake-Off)를 통해서 필스버리 고객들 사이에서 강력한 브랜드 애호도를 이끌어냈으며, 이 대회

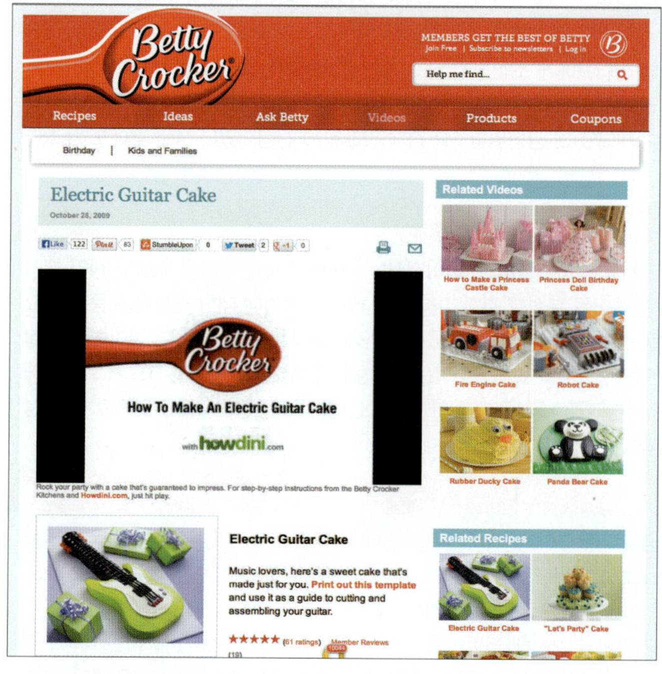

사진 17-2

베티 크로커의 웹사이트는 아이디어, 레시피, 쿠폰 그리고 소비자가 질문을 제출할 수 있는 "Ask Betty" 섹션 등을 제공함으로써 소비자에게 호감을 형성하고 브랜드 애호도를 구축하기 위해 설계되어 있다.

자료: Betty Crocker by General Mills Marketing Inc.(GMMI)

사진 17-3

세스나는 위험에 처한 제품을 지원하려고 시도한다.

자료: The Cessna Aircraft Company

에서 고객들은 베이킹한 음식을 제출하여 경연에 참가하였다. 이 행사는 1949년부터 매년 열렸으며, 현재 우승자에게는 100만 달러의 상금이 수여된다. 우승한 레시피는 필스버리 웹사이트에 게시된다. 경쟁사인 베티 크로커(Betty Crocker)는 브랜드화된 동영상을 활용하여 MPR 목표를 달성하였고, 유용한 웹사이트를 운영하고 있다(사진 17-2 참조).

- **영향력 있는 사람들에게 영향을 미치는 것:** 여론 선도자들에게 정보를 제공하는 것이다.
- **위험에 처한 제품을 방어하고 소비자에게 구매 이유를 제공하는 것:** 건설적인 조치를 취함으로써 PR은 실제로 소비자에게 제품을 구매할 이유를 제공할 수 있다. 에너자이저(Energizer)는

도표 17-1 MPR을 적용한 기업들

세스나
마지막 대공황과 자동차 산업 판매 침체기에 디트로이트의 빅3 자동차 회사의 최고 경영진은 워싱턴에 가서 예산 지원을 요청하였다. 이때 워싱턴으로 가는 임원들은 운전을 하지 않고 5,000만 달러짜리 개인용 비행기를 타고 여행을 가는 바람에 국회의원과 언론은 그들에게 맹비난을 퍼부었다. 이 결과 불행히도, 이 사태는 제트기 제조업체에 심각한 부정적인 영향을 미쳐 수많은 주문이 취소되거나 연기되었다. 생산량은 최대 56%나 줄었고, 업계 근로자의 최대 3분의 1이 해고되었다. 한 회사인 세스나는 반격하기로 결정하고 기업 미국에 구매할 이유를 제공했다. 월스트리트 저널에서 시작된 "Rise"라는 강력한 인쇄 캠페인에서 세스나는 기업 리더들에게 소심하지 말고 개인용 비행기는 자존심이 아니라 생산적인 데 필요한 적절한 도구를 갖는 것임을 인식하라고 촉구했다. 세스나는 부정적인 측면 말고 긍정적인 측면을 논할 때가 되었다고 강조하였다. 세스나사의 광고는 월스트리트 저널 및 전국적인 경제 신문과 잡지, 항공 무역 저널에 게재되었고, 광범위한 PR 캠페인도 함께 진행되었다. 4년 후에도 세스나는 여전히 광고 재인쇄 요청을 받았고 매출이 증가했다.
베티 크로커
베티 크로커는 더 많은 케이크 제빵사가 웹사이트를 방문하도록 하는 목표를 가지고 디지털 비디오 에이전시인 터치스톰과 협력하여 자녀의 생일 케이크를 굽는 어머니를 대상으로 하는 일련의 정보 비디오를 제작했다. 두 사람은 검색어를 분석한 결과, 어머니가 케이크 굽기에 대한 정보나 도움이 필요할 때 브랜드 이름을 검색하지 않고 "생일 케이크"와 같은 특정 솔루션 용어를 검색한다는 것을 알아냈다. 이 정보를 바탕으로 약 5분 길이의 고품질 HD 비디오 시리즈를 제작하여 베티 크로커 웹사이트에 게시했다. 비디오가 PR용이 아니라 교육용이라는 생각을 전달하기 위해 베티 크로커 브랜드에 대한 언급은 거의 없었다. 비디오는 매우 매력적이었고 콘텐츠의 평균 75%가 시청되었다. 지금까지 이 비디오는 웹사이트 방문자를 7,000만 명 이상 끌어들였으며, 더 중요한 것은 교육적 성격 덕분에 브랜드 애호도를 높이는 결과를 가져왔다.
웨스트젯
캐나다 항공사 웨스트젯(WestJet)은 다양한 "PR 스턴트"를 만들어내며 큰 성공을 거두었다. 캘거리(Calgary)에 본사를 둔 이 항공사는 더 많은 승객을 유치하는 데도 성공하였다. 웨스트젯은 주요 경쟁사인 에어캐나다(Air Canada)보다 훨씬 작은 항공사로, 마케팅 예산도 훨씬 적지만, 이를 창의성으로 극복해야 한다는 것을 잘 알고 있었다. 이에 웨스트젯은 PR 스턴트를 시도하고 이를 영상으로 제작하였다. PR 스턴트에는 만우절에 승객들에게 이륙 및 착륙 시 손을 들어 항공기의 공기역학을 개선해 연료비를 절감한다는 장난스러운 요청을 하는 내용으로 구성되었다. 또한 승객들에게 선물을 깜짝 전달하는 크리스마스 영상은 매우 인기를 끌었으며, 비영리 단체와의 협업도 긍정적인 반응을 얻었다. 에어캐나다를 유머러스하게 풍자하는 콘텐츠 역시 호응을 얻고 있다. 지난 5년 동안 웨스트젯은 1억 회 이상의 영상 조회수와 수십억 건의 노출을 기록하였다. 영상을 시청한 사람들은 리타겟팅되어 항공권 구매를 유도받는다. 그 결과는 어떨까? 웨스트젯에 따르면, 자체 추적 지표를 통해 영상을 본 후 즉시 항공권을 구매한 사람들로 인해 수백만 달러 상당의 항공권을 판매한 것으로 나타났다.

자료: "WestJet Taps Power of 'PR Stunts,'" www.WARC.com, June 10, 2019.

도표 17-2

MPR의 장점과 단점

장점
• 시장에 비용효율적으로 접근할 수 있는 방법이다. • 매우 타겟팅된 방식으로 PR을 진행할 수 있다. • 제품과 관련이 없는 독립적이고 객관적인 제3자의 지지를 받을 수 있다. • 신뢰성을 확보할 수 있다. • 메시지를 더 신뢰성 있게 만들어 광고 프로그램을 지원한다. • 혼잡한 정보 속에서도 돋보이게 할 수 있다. • 소비자의 판매 저항을 우회할 수 있다. • 소비자가 미디어에 더 많이 관여하도록 유도할 수 있다. • 의견 지도자와 트렌드를 리드하는 영향력자들에게 영향을 미칠 수 있다. • 투자 대비 수익(ROI)을 개선할 수 있다.
단점
• 미디어에 대한 통제권이 부족하다. • 슬로건이나 기타 광고 장치를 연결하기 어렵다. • 표준화된 효과 측정 방법이 없다.

자료: Harris, Thomas L., "Marketing PR—The Second Century," *Reputation Management, January*/February 1999, www.prcentral.com, pp. 1–6.

가을에 섬머타임이 변경되면서 집의 시계 바늘을 재조정할 때 집안의 화재 경보기의 배터리를 교체하도록 촉구한 전국 교육 캠페인을 통해서 강력한 기업 시민 이미지를 창출해냈으며, 이 결과 에너자이저 배터리 판매가 증가하였다. 임원들에게 기업용 제트기를 구매할 정당한 이유가 있다고 확신시키기 위한 세스나(Cessna)의 캠페인(사진 17-3)은 위험에 처한 제품을 방어하는 훌륭한 사례다. 도표 17-1에서 몇 가지 사례를 더 볼 수 있다.

도표 17-2에서 볼 수 있듯이, 해리스(Harris)는 MPR(Marketing Public Relations)을 사용하는 데 여러 가지 이점이 있다고 언급하였다. 그러나 해리스가 지적한 MPR 구조의 주요 위협 중 하나는 PR 기능이 마케팅 활동에 종속될 수 있다는 점으로, 이는 MPR에 반대하는 많은 이들이 우려하는 부분이다. 하지만 MPR이 적절히 활용되고, 다른 전통적인 PR 방식 및 IMC 요소들과 결합하여 사용된다면, 효과적으로 지속적으로 사용할 수 있다. 또한 와이너(Weiner)는 MPR을 성공적으로 활용하는 열쇠는 IMC와의 통합이라고 언급하였으나, 이는 달성하기 어려운 과제가 될 수 있다고 덧붙였다.

PR의 실행 과정

PR을 실행하고 이를 촉진 믹스에 통합하기 위해서는 PR에 대한 전통적인 접근 방법과 마케팅 지향적 접근 방법을 모두 포함하여 실행하여야 한다.

공중의 태도를 확인하고 평가하기

이전 내용들을 통해서 PR은 제품이나 서비스에 대한 것 이상의 역할이며, 기업이나 특정 이슈에 대한 사람들의 태도와 관련이 있다는 것을 알게 되었다. 여기서 제일 먼저 떠오르는 질문은 기업이 왜 공중의 태도에 그렇게 관심을 갖는가?

첫 번째 이유는 공중의 태도가 회사 제품 판매에 영향을 미칠 수 있기 때문이다. 많은 회사가 소비자의 보이콧으로 인해 판매 감소를 경험한 적이 있다. 예를 들어, BP, 아마존, 나이키, 애플을 비롯해서 조직적인 압력에 대응해야 했던 회사들을 적잖게 확인할 수 있다.

PETA가 잡힌 동물을 학대했다는 혐의로 씨월드(SeaWorld)를 공격하자 씨월드는 1,000만 달러 규모의 광고 캠페인을 통하여 씨월드의 입장을 제시하면서 PETA가 거짓 정보를 유포했다고 주장하였다. 6년간의 싸움 끝에 씨월드는 범고래 프로그램을 중단하고 “샤무(Shamu)”는 더 이상 없다고 발표하였다.

미디어도 마찬가지 사례로 공중의 태도에 관심을 가져야 한다. 뉴스코프(News Corp.)가 소유한 폭스 뉴스(Fox News)는 2016년 공화당 대선 예비선거를 보도한 것으로 인해 공화당 지지층에서 많은 호감을 잃었다.

오랫동안 보수주의자들이 선호하는 네트워크로 알려졌던 폭스 뉴스는 ‘공정하고 균형 잡힌 보도’를 제공한다는 인식에서 큰 하락세를 보였다. 이는 시청자들이 폭스 뉴스가 도널드 트럼프 후보를 대하는 방식과 벤 카슨 박사를 무시한 것에 불만을 가졌기 때문이다. 브랜드인덱스(BrandIndex) 설문조사에 따르면, 100에서 +100까지의 범위로 측정되는 폭스의 버즈(Buzz) 점수는 2013년 38점에서 2016년 여름 17점으로 떨어졌다. 이러한 인식이 계속된다면, 보수적 시청자층이 이탈하면서 전국 선거 보도 중 광고 수익이 크게 감소할 가능성이 있다.

반면, 기업은 올바른 일을 함으로써 소비자들로부터 긍정적인 인식과 호감을 얻을 수 있다. 예를 들어, 인튜잇(Intuit)은 터보택스(TurboTax) 소프트웨어의 일부 양식을 이전 버전에 포함하지 않고 이를 충분히 공지하지 않은 것에 대해 소비자들에게 사과 편지와 무료 업그레이드를 제공했다. 이 사과는 블로거들 사이에서 훌륭한 고객 서비스 사례로 언급되었고 터보택스 제품에 대한 태도를 개선하는 데 기여했다. 또한 누구도 나쁜 시민으로 인식되기를 원하지 않는다. 기업은 지역 사회 안에 존재하며, 직원들도 일반적으로 그 지역에서 일하고 생활한다. 부정적인 태도는 직원 사기에 영향을 미치고 내부 및 지역 사회에서 최적의 근무 환경을 저해할 수 있다.

많은 비상장 기업, 상장 기업, 공공기관 및 언론 매체 등 기업이나 다양한 기관들은 공중의 인식에 대한 관심이 크기 때문에 공중의 태도를 조사한다. 이러한 연구를 수행하는 이유는 다음과 같다.

1. **기획 과정에서 여론을 반영하기 위해서 조사한다**: 기업이 공중의 태도를 파악하면, 이를 바탕으로 기업에 대한 우호적인 입장을 유지하거나 불리한 입장을 변화시키기 위한 프로그램 개발의 출발점이 된다.
2. **조기 경보 시스템 역할을 한다**: 어떤 문제가 발생하면 이를 해결하는 데 상당한 시간과 비용이 들 수 있다. 따라서 연구를 통해 잠재적인 문제를 확인하고 이것이 심각한 문제로 발전하기 전에 효과적으로 처리할 수 있다.
3. **내부적인 지지를 확보한다**: 만일 조사에서 어떤 문제나 잠재적인 문제가 존재한다는 점이 확인되면, 이를 해결하기 위해 PR 부서가 필요한 지원을 얻는 것이 훨씬 쉬워진다.
4. **소통의 효과를 높인다**: 문제를 더 잘 이해할수록, 이를 해결하기 위한 소통 전략을 더 잘 설계할 수 있다.

도표 17-3

PR 계획 수립과 관련된 10개의 평가 질문

No	질문
1.	이 계획은 회사의 사업 상황을 철저히 이해하고 있는가?
2.	PR 프로그램이 연구와 배경 자료를 잘 활용했는가?
3.	계획에 최근의 기사 보도에 대한 완전한 분석이 포함되어 있는가?
4.	PR 담당자들이 제품의 강점과 약점을 충분히 이해하고 있는가?
5.	PR 프로그램이 연구에서 도출된 몇 가지 논리적이고 관련성 있는 결론을 설명하고 있는가?
6.	프로그램 목표가 구체적이고 측정 가능한가?
7.	프로그램이 PR 활동의 내용과 그 활동이 회사에 어떤 이점을 줄 것인지 명확히 설명하고 있는가?
8.	프로그램이 그 결과를 어떻게 측정할지 설명하고 있는가?
9.	연구, 목표, 활동, 평가가 서로 잘 연결되어 있는가?
10.	PR 부서가 프로그램 개발 과정에서 마케팅 부서와 소통했는가?

PR 계획 수립

일부 회사의 PR 활동은 보도자료나 언론용 보도자료 키트, 산업 박람회, 신제품 발표 정도에 그치는 경우가 있다.

또한 이러한 도구들은 체계적인 PR 전략에 포함되지 않고 필요할 때만 사용되는 경우가 많다. 즉, PR을 체계적으로 진행하는 명확한 프로그램이 없다는 의미다. PR은 지속적으로 이루어져야 하며, 문제와 기회를 처리할 수 있는 공식적인 정책과 절차가 필요하다. 광고나 판촉 활동을 계획 없이 진행하지 않는 것처럼, PR 활동도 무계획적으로 시행해서는 안 된다. 더불어 PR 계획은 전체 마케팅 커뮤니케이션 전략과 통합되어야 한다. 도표 17-3은 PR 계획이 효과적인지 판단하기 위해 고려해야 할 질문들을 제시하고 있다.

컷립(Cutlip)과 동료들은 PR 계획을 수립하기 위해 네 단계를 제안한다. 첫째, PR 문제를 정의하고, 둘째, 계획과 프로그램을 수립하며, 셋째, 실행 및 커뮤니케이션을 하고, 넷째, 프로그램을 평가한다. 도표 17-3에 제시된 질문들과 이 네 단계는 판촉 계획 과정과도 연관되어 있다.

PR 프로그램 개발 및 실행

PR이 맡는 역할이 다양한 만큼, PR 프로그램은 단순한 판촉 활동을 넘어설 필요가 있다. 더 넓은 목표시장을 설정하고, 추가적인 커뮤니케이션 목표를 세우며, 다양한 메시지와 전달 방식을 활용할 수 있다. 이를 하나씩 살펴보자.

관련 목표 청중 선정 PR 활동의 대상집단은 매우 다양하며, 각 대상에 따라 목표도 달라질 수 있다. 어떤 대상은 제품 판매에 직접적으로 관련되고, 또 다른 대상은 주주나 입법부처럼 회사에 간접적으로 영향을 미칠 수 있다. 이러한 대상은 기업 내부 또는 외부에 있을 수 있다.

내부 고객(internal audiences)에는 직원, 주주, 투자자, 지역 사회 구성원, 공급업체, 기존 고객 등이 포함될 수 있다. 도표 17-1에서 보듯이, 세스나의 PR 프로그램은 구매자를 대상으로 하면서도 직원들의 사기를 높이는 데 초점을 맞췄다. 그렇다면 지역 사회 구성원과 고객이 외부 대상이 아닌 내부 대상으로 간주되는 이유는 무엇일까?

ADVANCE YOUR CAREER

Explore graduate programs at the Fowler College of Business. Applications open August 1st.

CLICK HERE FOR MORE INFO

Fowler College of Business Staff Spotlight

FCB Staff Q&A
Jason Brown, Department Coordinator
Marketing, Management & Finance

Q: What are some of your responsibilities as Department Coordinator?

Some of my job responsibilities include the maintenance and reconciliation of departmental university accounts and Foundation funds, and the coordination of hiring new faculty for the university. While I am still learning many of the processes inherent to the position, I am excited that soon I will be able to bridge some of the gaps between the faculty and administrative areas to the overall benefit of the college.

Q: What or who inspires you?

My inspiration can change from moment to moment. Sometimes it may be my son, Aaron, or my granddaughter, Chloe, and other times it may be a song that I hear or melody that I play. Whichever it is, my hope is that I can capture the moment in some tangible form to reflect on later.

FCB Staff Q&A
Zena Yang, Coordinator,
The Corky McMillin Center For Real Estate

Q: What are some of your responsibilities at The Corky McMillin Center for Real Estate?

My responsibilities include offering support for our students and our advisory board, marketing activities, engaging with the local real estate community, and event planning and implementation. I also manage the reservation schedules for the Page Pavilion and the college's conference rooms.

Q: Of all the places you've lived in the world, which one is your favorite and why?

I'd say my favorite is New Zealand. It is, without a doubt, the most jaw-droppingly beautiful country I have ever lived in. New Zealand is full of hidden gems from white sand beaches to secret coves and hiking trails. I do believe that Queenstown is one of the most beautiful places on earth.

San Diego State University, 5500 Campanile Drive, San Diego, CA 92182-8230
View Online © 2019 Copyright

사진 17-4

샌디에이고 주립대학교 경영대학은 내부 커뮤니케이션을 위해 뉴스레터를 사용하였다.

자료: San Diego State University, College of Business Administration

존 마스턴(John Marston)에 따르면, 이러한 그룹은 이미 조직과 어떤 식으로든 연결되어 있기 때문에, 기업은 일반적인 업무 과정에서 이들과 소통하는 경우가 많다. 반면에 **외부 청중**(external audience)은 조직과 밀접하게 연결되어 있지 않은 사람들(예: 일반 대중)을 의미한다.

이 그룹들과 지속적으로 소통해야 할 필요가 있을 수 있으며, 그 이유는 선의를 확보하거나 새로운 정책, 절차 또는 제품을 도입하는 등 다양하다. 몇 가지 예를 들어보면 이해가 더 쉬울 것이다.

기업의 직원 기업에서 사기를 진작시키고 직원들의 노력을 통해서 이룬 결과를 보여주는 것은 PR 프로그램의 주요 목표 중 하나다. 이를 위해서 소식지, 게시판 공지, 시상식 및 이벤트, 우편물 발송, 연례 보고서 등이 이러한 그룹과 소통하는 데 사용되는 방법이다. 사진 17-4는 샌디에이고 주립대학교 경영대학에서 사용한 내부 커뮤니케이션의 예를 보여준다.

개인적인 소통 방법은 공식적인 고충 처리 위원회처럼 형식적일 수도 있고, 사무실의 크리스마스 파티처럼 비공식적일 수도 있다. 또한 볼링 대회나 야유회와 같은 사회적 이벤트도 호의를 형성하는 데 사용된다.

주주 및 투자자 사진 17-5에 나오는 연례 보고서는 회사에 관한 재무 정보를 제공하기만 한다고 간주될 수 있지만 이외에도 기업의 성과 이유, 미래 계획 및 단순한 숫자를 넘어서는 다양한 정보를 청중에게 전달하는 커뮤니케이션 채널이다.

기업들이 연례 보고서를 PR 목적으로 사용하는 것이 매우 일반화되었으며, 이는 추가 투자 유치, 국내(혹은 지역) 투자자의 지분을 확대하고, 특정 문제를 해결하기 위한 자금 조달, 그리고 우호적인 태도 증진 등을 위해 사용된다.

지역 사회 구성원 기업의 본사나 공장이 자리 잡고 있거나 사업을 운영하는 지역 사회의 주민들 역시 주요한 PR 활동의 대상이다.

이러한 노력은 예를 들어 공기, 오염 감소, 수질 정화, 습지 보존과 같은 조직의 활동을 지역 사회에 알리는 광고를 포함할 수 있다(지역 사회는 매우 넓게 정의될 수 있다). 사진 17-6에서 볼 수 있듯이, 여러 석유 회사들이 PR 활동의 일환으로 회사가 시민들에게 그들의 복지에 공헌하는 것을 보여주는 사례가 있다.

공급업체와 고객 기업은 공급업체와 소비 공중 모두와의 호의적인 관계를 유지하고자 노력한다. 고객들은 만일 기업이 사회적으로 책임감을 다하지 않는다고 판단하면 기업에 대한 애호도가 낮아지며, 구매 시 다른 브랜드로 이동할 수 있다. 이것은 공급업체도 마찬가지다.

때로는 적절한 PR 활동이 성공을 가져오는 경우도 있다. 예를 들어, 베티 크로커는 소비자

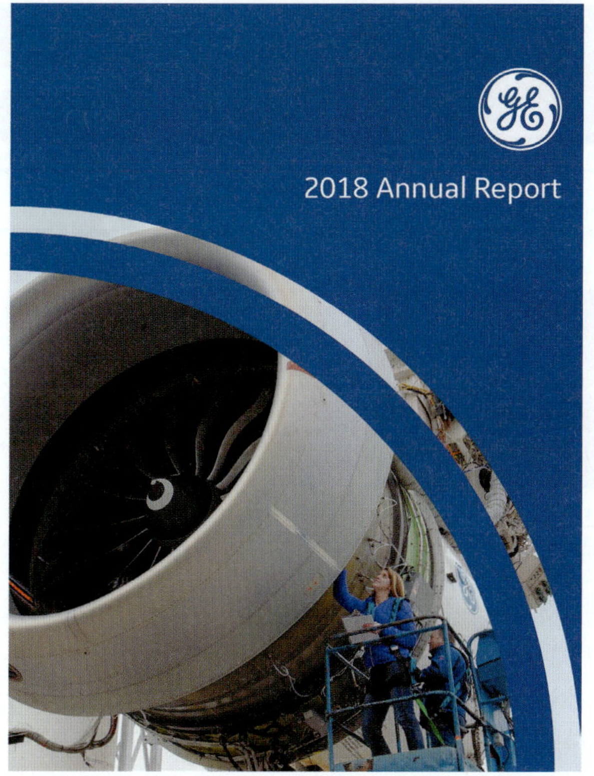

사진 17-5

GE의 연례 보고서는 재무 정보를 제공함과 동시에 다양한 목적으로 활용된다고 하였다. 전체 보고서를 보려면 https://www.ge.com/investor-relations/annual-report를 방문하면 된다.

자료: General Electric Company

사진 17-6

시트고(Citgo)는 지역사회를 위한 관심을 보여주었다.

자료: Citgo Petroleum Corporation

를 웹사이트로 유도하고 브랜드와 상호 작용하는 데 성공하였다. PR 활동의 성공에 대한 간접적인 지표로는 고객 애호도 증가, 적대감 감소 또는 기업과 공급업체나 소비자 간의 더 나은 협력적 관계를 증대시키는 것 등이 포함될 수 있다.

PR 활동은 종종 하나 이상의 집단을 대상으로 하며, 시장에서 발생된 위협에 직접적으로 대응한 결과로 이루어지기도 한다. 앞서 언급했듯이 잠재 소비자 외에도 거래 관련 협회 회원사, 인사 담당자, 구매자, 공급업체 등이 PR 활동의 주요 대상이 되는 경우가 많다.

또한 PR 활동에 관련된 청중에는 기업과 직접적으로 관련이 없는 언론, 교육자, 시민 및 비즈니스 단체, 정부, 금융 커뮤니티 등이 포함되며, 이들은 모두 외부 청중에 해당된다.

언론 가장 중요한 외부 고객 중 하나는 언론이다. 언론은 고객들이 신문이나 온라인에서 읽거나 TV에서 볼 내용을 결정하며, 뉴스가 어떻게 제시될지도 결정하기 때문에 중요한 역할을 한다. 이러한 언론의 힘을 고려하여 기업은 기업의 활동들을 언론을 통해서 알리는 것이 중요하다. 즉, 보도자료를 배포하고 기자회견, 인터뷰, 특별 이벤트 등을 통해 소통하는 것이 바람직하다.

언론은 이런 활동들이 전문적으로 이루어지는 범위 내에서 일반적으로 기업활동에 대한 정보에 대해 잘 수용하여 전달하게 되며, 기자들은 항상 흥미로운 이야기에 관심이 있다. 이와 반대로, 언론도 지역사회가 그들을 어떻게 인식하는지에 관심을 가진다(이전에 언급된 폭스 뉴스 사례를 참조하면 된다).

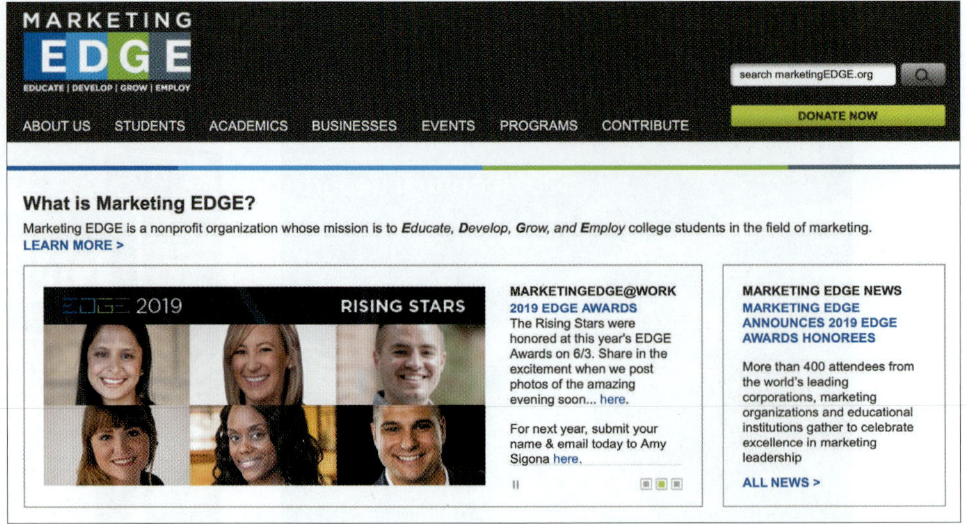

사진 17-7

마케팅 엣지는 마케팅 비즈니스에 관한 정보를 교육자들에게 제공하고, 학생들이 마케팅 분야에서 취업할 수 있도록 돕는 비영리 단체다.

자료: DMEF

교육자 많은 조직들이 교육자들에게 조직의 활동에 관한 정보를 제공하고 있다. 예를 들면, 광고교육재단(AEF), 데이터 및 마케팅 협회(이전의 Direct Marketing Association, DMA), 국제판촉물협회(PPAI), 미국옥외광고협회(OAAA) 등이 이에 해당하며, 이들은 지역 및 국가 수준에서 선의를 창출하고 자신들의 활동을 노출시키기 위해 교육자들에게 정보를 제공한다.

이러한 그룹과 주요 기업들은 혁신, 최첨단 연구 그리고 기타 흥미로운 주제에 관한 정보를 제공하고 있다. 마케팅 엣지(Marketing EDGE, 이전의 Direct Marketing Educational Foundation, DMEF)는 교육자들을 위해 사례 연구와 강의 노트 등 자료를 제공한다(사진 17-7 참고).

교육자들은 언론처럼 특정 그룹에 정보를 전달하는 역할을 하기 때문에 목표 청중이 되며, 이 경우, 정보는 이 책을 읽는 독자들과 같은 사람들에게 전달되는 것이다.

블룸버그 뉴스와 〈Fortune〉 잡지 역시 〈The Wall Street Journal〉, 〈The New York Times〉, 〈Advertising Age〉 등과 마찬가지로 교수들이 수업에서 잡지를 사용하도록 유도하려고 한다. 이를 통해서 더 많은 잡지와 신문을 판매하는 것 외에도 매체의 신뢰성을 높이는 효과가 있으며, 학생들이 졸업 후 직장생활을 시작한 뒤에도 이러한 매체를 계속 사용할 것이라는 기대를 하기 때문이다.

시민 및 비즈니스 조직들 지역에 있는 제이시스(Jaycees), 키와니스(Kiwanis)와 같은 비영리 시민 단체들은 정보의 게이트키퍼 역할을 한다. 이러한 조직에 대한 기업의 재무적인 기부, 조직 행사에서의 연설, 후원 등은 활동 모두가 기업에 대한 호의적인 이미지를 형성하기 위한 것이다. 또한 기업 임원들이 비영리 단체 이사회에 참여하는 것은 긍정적인 PR 효과를 가져온다.

정부 기업은 PR 활동을 통해서 지역 및 중앙 정부기관에 직접 영향을 미치려고 노력하는 경우가 있다. 기업의 성공적인 로비 활동은 제품 매출에 즉각적으로 기여할 수 있으며, 반대로 기업에 대한 불리한 규제는 수백만 달러의 손실을 초래할 수 있다. 예를 들어, FDA의 제품 승인이 매출에 어떤 영향을 미칠지, TV 광고가 금지되었을 때 맥주 및 와인 산업이 어떻게 될지 상상해보면 알 수 있다. 제약업계는 처방전이 필요한 약품 광고를 허용하도록 강력히 로비를 펼쳤다. 이 결과, TV 광고가 승인이 이루어진 첫 5년 동안 약 6,500만 명의 소비자가 의사에게 약품에 대해 문의했으며, 현재 제약업계는 TV 광고에 연간 37억 3,000만 달러 이상을 지출하고 있다. TV, 잡지, 디지털, 신문, 라디오, 옥외 광고를 포함한 전체 광고 비용은 60억 달러를 넘었으며, 이로 인해 미국의학협회(AMA)와 같은 단체들이 광고 금지를 다시 도입하려고 노력하였다. AMA는 TV 광고 금지에는 실패했지만, 2019년 광고에 약물 가격을 표시하도록 요구하는 법안을 이끌어내는 데 성공하였다. 이러한 결과로 가장 광고가 많이 된 상위 10개 약품의 목록 가격이 488달러에서 1만 6,938달러에 달하는 성과를 낳았다. 한편, 환경운동가, 노동조합, 기타 특정 의제를 가진 그룹들도 정부 입법에 영향을 미치기 위해 노력한다.

금융 기관 현재 주주 외에도 잠재적인 주주 및 투자자도 PR 활동의 주요 대상이 될 수 있다. 금융 자문가, 대출 기관 등은 새로운 연구개발 관련 정보와 재무 정보를 지속적으로 공유받아야 하며, 이를 바탕으로 새롭게 자금을 제공할 근거가 되기 때문이다. 이러한 연유로 보도자료와 기업보고서는 이들 단체에 중요한 역할을 한다.

PR 프로그램 실행 조사가 완료되고 목표 집단이 확인되면, PR 프로그램을 개발하여 수신자인 목표집단에게 전달되어야 한다. 이를 위해 보도자료, 기자회견, 독점 인터뷰, 지역사회 참여, 인터넷, 소셜 네트워크 및 블로그 등 다양한 PR 도구가 사용될 수 있다.

보도자료 가장 중요한 PR 대상인 공중(public) 중 하나는 언론이다. 언론에서 사용되기 위해 정보는 사실적이고 진실하며, 매체와 그 청중에게 흥미로워야 한다. 또한 언론을 통해서 '뉴스'로서 전달될 가능성을 높이기 위해 적절한 대상 청중에게 도달하도록 하고, 흥미롭게 만들며, 전달하기 쉽게 만드는 것이 필요하다.

이러한 **보도자료**(press release)는 보낸 매체의 담당자들에게 흥미롭지 않으면 사용될 가능성이 낮아진다. 예를 들어, 금융회사는 보도자료를 경제신문이나 일반 신문의 비즈니스 섹션 편집자에게 보도자료를 발송하는 것이 바람직하다. 미국의 경우에는 PR 뉴스와이어(PR Newswire)와 PRLog와 같은 조직이 정보를 효과적으로 전달하는 서비스를 제공하고 있다.

기자회견 **기자회견**(press conferences)은 기업에서는 자주 사용되지는 않지만 정치인들은 자주 사용하는 편인데, 이 전달 형식은 PR 수단으로서 매우 효과적일 수 있다. 특히 이러한 기자회견은 특정 집단의 사람들에게 큰 관심을 받을 만한 주제여야 보도가 이루어질 가능성이 커진다. 일반적으로 수퍼볼, FIFA, 올림픽 개최지 발표와 같은 주요한 성취 결과라든지 의료 치료제, 비상사태, 재해와 같은 비중 있는 큰 뉴스는 전국 단위의 기자회견을 개최할 가치가 있다. 지역적으로는 지역 행사나 지역 발전과 같은 내용이 보도가치가 있다. 기업의 경우, 신제품 출시나 광고 캠페인 발표 같은 중요한 소식이 있을 때 기자회견을 개최하는 경우가 많다. 또한 스포츠 팀도 새로운 스타 선수 영입 시 팬들의 관심을 끌기 위해 이 방법을 사용한다.

특종 대부분의 PR 활동은 다양한 배포 채널을 모색하지만, 또 다른 전략으로 상당수 목표청중에 도달할 수 있는 특정한 매체가 있다면 그 매체에 독점적인 보도권을 제공할 수 있을 것이다. 이러한 독점 제공을 통해서 기업에서 전달하고자 하는 메시지의 수용 가능성을 높일 수 있다. 언론사의 뉴스를 살펴보면 **특종**(exclusives) 또는 독점 취재를 쉽게 찾아볼 수 있는데,

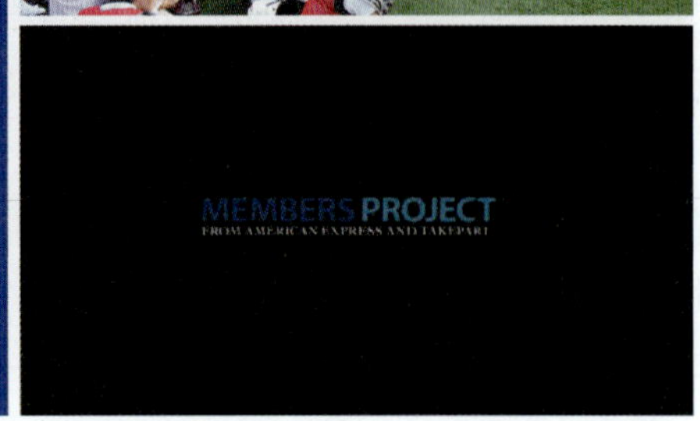

사진 17-8

라크로스 스타 폴 라빌의 재단(www.paulrabilfoundation.org)은 다양한 방식으로 지역사회에 환원하였다.

자료: The Paul Rabil Foundation

언론사의 입장에서도 특종뉴스가 언론사 자체를 프로모션하는 데 도움을 주기 때문에 특종기사에 대해서 적극적인 면을 보인다.

인터뷰 TV나 잡지를 볼 때 개인 인터뷰(interviews)에 기사를 흔히 볼 수 있다. 인터뷰 기사는 기자가 특정 질문을 하면 회사의 담당자가 답변하는 방식이 일반적이다. 예를 들어, 캔자스시티 치프스의 NFL 선수 타이릭 힐이 가정 폭력 혐의를 받았을 때, 치프스 측 대변인은 즉시 힐의 팀 정지 조치를 발표하고 그의 미래에 대한 기자들의 질문에 답변했다. 유사한 상황은 다른 스포츠 선수들에게서도 종종 볼 수 있는데, 사안의 중요성에 따라서 최고 경영진도 개입할 수 있다. 예를 들어, 치크필에이(Chick-fil-A)가 반동성애 기독교 단체를 지원한 것에 대해 소비자들이 항의했을 때, 대표인 댄 캐시는 〈The Baptist Press〉 신문과의 인터뷰를 통해서 자신의 결정을 확고하게 밝혔다.

지역사회 참여 많은 기업과 개인은 지역사회 참여(community involvement)를 통해 공공 이미지를 향상시킨다. 이러한 참여는 키와니스(Kiwanis)나 제이시스(Jaycees) 같은 지역 조직에 가입하거나 지역사회 행사에 기부 또는 참여하는 등의 다양한 형태로 이루어질 수 있다(사진 17-8).

인터넷 15장에서 논의된 바와 같이, 인터넷(internet)은 기업과 조직이 PR 정보를 전파하는 수단으로 자리 잡았다. 인쇄 매체에서와 마찬가지로, 기업들은 웹을 활용하여 언론 관계를 구축하고, 정부, 투자자, 지역 사회와의 관계를 형성하며, 위기 상황을 처리하거나 심지어 사회적 마케팅을 수행하기도 한다.

기업들은 웹사이트를 통해 이슈를 다루고, 제품 및 서비스에 대한 정보를 제공하며, 보도 자료를 아카이브하고, 관련 기사와 사이트 링크를 제공하며, 활동 및 이벤트 목록을 게시한다. 많은 기업 웹사이트에는 언론 활동과 관련된 섹션이 포함되어 있어, 이를 통해 다양한 PR 활동을 소개하고 있다.

소셜 네트워크와 블로그 점점 더 많은 기업과 조직이 PR 목적으로 소셜 네트워크, 블로그 및 기타 웹 2.0 매체를 활용하고 있다. 최근 기업들은 자사의 웹사이트에 제품의 출시, 리콜, 기타 문제에 대한 공지와 업데이트를 게시하는 것이 일반화되고 있다. 또한 이러한 기업 중 다수는 디지털 미디어를 통해 정보를 배포하고 있다.

많은 PR 회사의 직원들이 스스로를 새로운 형태의 PR, 즉 디지털 PR이라고 부르는 영역에서 일하고 있다고 생각한다. **디지털 PR**(digital public relations)은 앞서 논의된 전통적인 PR 활동과 SEO, 소셜 미디어, 인플루언서 마케팅과 같은 디지털 마케팅 기능을 통합한 새로운 활동의 교차점이라고 그들은 말한다. 예를 들어, USC 애넌버그 커뮤니케이션 및 저널리즘 스쿨의 연구에 따르면 "PR 임원의 87%가 'PR(public relations)'이라는 용어가 가까운 미래에 자

사진 17-9

스테이트 팜 인슈어런스(State Farm Insurance)는 이 홍보 광고를 통해 J.D. 파워 상을 수상했음을 알리고, "자동차 보험 제공업체 중 고객 만족도 최고"로 평가받았다고 하였다.

자료: State Farm Mutual Automobile Insurance Company

신들이 하는 일을 정확히 설명하지 못할 것이라고 믿는다"고 한다. 서브웨이는 재러드 포글(Jared Fogle) 사건 동안과 그 이후에 블로그, 페이스북, 트위터 및 기타 소셜 미디어를 효과적으로 활용했다. 소셜 미디어 사용의 주요 장점 중 하나는 PR 목적으로 활용될 수 있다는 점으로, 네트워크상의 사용자들에게 회사나 조직과 관련된 이벤트를 최신 상태로 유지할 수 있다는 것이다.

PR의 장점과 단점

다른 프로그램 요소와 마찬가지로 PR에는 장점과 단점이 있다. 주요 장점은 다음과 같다.

1. 신뢰성: 일반적으로 공중들은 PR 활동 과정에서 기업이 직접적 또는 간접적으로 비용을 지불했음을 인지하지 못하기 때문에 비용을 지불하는 것으로 인식하는 광고와 같은 시각으로 간주되지는 않는다. 따라서 PR은 더 높은 신뢰성을 갖는 경향이 있다. 즉, 미디어가 정보를 제공하는 대가로 보상을 받지 않는다는 사실은 수신자가 뉴스를 더 진실되고 신뢰할 수 있는 것으로 간주하게 만들 수 있다. 예를 들어, 아스피린의 장점을 논의하는 신문이나 잡지 기사는 특정 브랜드의 광고보다 훨씬 더 신뢰할 수 있는 것으로 인식될 수 있다.

자동차 구매자들에게 영향력을 행사하는 모터 트렌드(Motor Trend)의 올해의 자동차 대상은 오랫동안 신뢰를 받아왔다. 또한 J.D. 파워(J.D. Power)의 올해의 자동차 상은 품질, 고객 만족, 서비스 등 다양한 근거를 바탕으로 자동차, 금융 서비스, 공항 등 관련된 여러 산업에서 제공이 된다. 이러한 수상경력을 활용하여 성과를 PR하는 것은 이제 너무 흔한 일이 되었다. 한 예로 최근 배우자를 잃은 아내에게 장례 서비스가 J.D. 파워 어워드(J.D. Power Award) 수상 사실이 있음을 강조하는 직접 우편물이 전달되기도 했다.

특정 제품에 대한 뉴스는 광고의 주제로도 활용되기도 한다. 제너럴 밀스(General Mills)는 통곡물이 건강에 중요한 사실을 여러 매체를 통해서 알리고 자사의 시리얼에 통곡물을 포함했다는 점을 PR했다. 또한 제너럴 밀스 시리얼 박스에는 통곡물 재료가 눈에 띄게 표시되어 있다.

2. 비용: 절대적 측면과 상대적 측면 모두에서 PR 비용은 매우 저렴하다. 특히 기대효과를 고

사진 17-10

제너럴 밀스는 긍정적인 홍보 효과를 활용하였다.

자료: General Mills Marketing Inc. (GMMI)

려할 때 더욱 그렇다. 물론 특정 기업이 PR 대행사와 계약하여 수백만 달러를 지출할 수도 있지만, 중소기업의 경우 PR은 가장 저렴한 커뮤니케이션 대안이 될 수 있다.

앞서 언급했듯이, 무료인 많은 서비스를 활용하여 배포할 수 있다. 즉, 대부분의 PR 프로그램은 프로그램을 구성하고 배포하는 데 드는 시간과 경비만으로도 목표를 달성할 수 있다.

3. **광고 혼잡 회피**: PR 메시지는 일반적으로 뉴스 항목으로 인식되므로 광고 혼잡에 영향을 받지 않는다. 예를 들어, 신제품 소개나 기술의 비약적 발전과 같은 이야기는 뉴스로 간주되어 더 많은 주목을 받을 가능성이 높다.
4. **잠재 고객 창출**: 기술 혁신, 의학적 돌파구 등의 정보는 즉각적으로 다수의 문의를 유발하게 되고, 이러한 문의는 기업에 많은 판매 기회를 가져오게 된다.
5. **특정 그룹에 도달할 수 있는 능력**: 어떤 제품들은 소규모 세분 시장 구성원에게만 매력적이기 때문에 광고나 판촉 활동을 통해 도달시키려고 하는 것은 비현실적일 수 있다. 만약 기업이 판촉 비용을 감당할 예산적인 여력이 없다면, 이러한 목표집단과 소통하는 가장 좋은 방법은 PR이라고 할 수 있다. 이 경우에 소셜 네트워크와 블로그는 매우 유용한 도구로 사용된다.
6. **이미지 구축**: 조직의 긍정적인 이미지를 구축하는 과정에 PR은 매우 유용한 방법이다. 만일 기업에 대해서 강력한 긍정적 이미지가 구축되어 있다면, 기업에 부정적인 사건이 발생하더라도 이미지 손상을 방지할 수 있다. 예를 들면, 토요타의 브랜드가 강력했기 때문에 기계적 문제로 인한 일련의 위기를 극복할 수 있었고, 폭스바겐은 디젤 차량의 배기가스 테스트 조작이 드러난 후 대규모 부정적인 보도를 받고도 살아남을 수 있었다.

PR의 주요 단점 중 하나는 커뮤니케이션 프로세스를 완전히 마무리하지 못할 가능성이 있다는 점이다. PR 메시지는 광고의 혼잡성을 뚫고 전달될 수 있지만, 수신자가 메시지 출처를 떠올리지 못할 수도 있다. 즉, 많은 기업의 PR 활동은 공중의 마음속에서 스폰서와 연관되지 않은 채 남아 있다는 것이 단점이다.

또한 PR은 관리 및 마케팅 부서와의 협조가 부족하여 실패할 수 있고, 마케팅과 PR 부서가 독립적으로 운영되는 경우에는 커뮤니케이션의 불일치, 노력의 중복 등이 발생할 위험이 있다.

효과적인 PR의 핵심은 공중의 관심을 받을 만한 훌륭한 프로그램을 만들고 이를 적절히 관리하는 것이다. 한편 기업은 PR 프로그램이 제대로 작동하는지 판단하려면 PR 효과를 측정해야 한다.

PR 효과 측정

다른 판촉 프로그램 요소들과 마찬가지로, PR 활동의 효과를 평가하는 것이 중요하다. PR 활동이 커뮤니케이션 목표 달성에 기여한 바를 확인하는 것 외에도 평가에는 다음과 같은 장점이 있다.

1. PR 활동을 통해 무엇을 성취했는지 경영진에게 알려준다.
2. PR 성과를 정량적으로 측정할 수 있는 방법을 경영진에게 제공한다.
3. 이는 경영진이 PR 성과와 활동의 품질을 평가할 수 있는 방법을 제공한다.

미국PR협회(Public Relations Society of America, PRSA)에 따르면, PR 평가의 이점을 이해하고 이를 활용하는 조직은 효과적으로 다음을 수행할 수 있다.

- PR 활동의 결과를 검증할 수 있다.
- PR 활동의 결과를 비즈니스 성과와 연결할 수 있고 나아가 기업의 목표와도 연결할 수 있다.
- PR 프로그램에 자금을 투자하는 고객에게 그 효과를 신뢰성 있게 전달할 수 있다.
- 보다 스마트한 목표를 설정하고, 더 나은 전략을 개발하며, 더욱 매력적이고 설득력 있는 전술을 사용할 수 있다.
- 과정 중간에 조정 및 수정을 수행할 수 있다.
- 변화하는 목표, 새로운 경쟁자, 새로운 모범 사례에 따라 측정 방식을 정기적으로 조정할 수 있다.

시드니 공과대학의 짐 맥나마라(Jim Macnamara) 교수는 효과를 측정하는 데 사용되는 기준을 광범위하게 검토한 결과, 오늘날 PR 및 기업 커뮤니케이션을 측정하는 데 사용되는 30개의 주요 지표를 확인했다. PR 효과를 측정하는 새로운 모델을 검토한 아밋 자인(Amit Jain)은 전통적인 방법이 더 이상 효과적이지 않다고 결론지었다. 그는 디지털이 PR 과정에서 점점 더 중요한 부분이 되면서, 기존 측정 기준에 새로운 기준을 추가하고 새로운 모델을 개발해야 한다고 지적했다.

어떤 회사는 디지털 PR 조직이 소비자 퍼널 개념을 기반으로 다음 세 가지 수준의 프레임워크를 사용할 것을 제안하였다. 바로 (1) 브랜드 영향, (2) 디지털 영향, (3) 최종 성과다. 도표 17-4에 나타난 것처럼, 이 수준은 PR 노력의 성공 여부를 결정하기 위해 구체적으로 측정할 수 있는 세부적인 범주로 나눌 수 있다. 시전(Cision)을 비롯한 많은 PR 업계 관계자들은 디지털 PR이 업계의 미래라고 보고 있다.

도표 17-4

디지털 PR의 커뮤니케이션 퍼널

자료: Cision Ltd., Cisco.com, 2019.

시전 리미티드(Cision Ltd.)는 디지털 PR을 지원하는 PR 및 유료 미디어 소프트웨어 회사다. 시전의 프레임워크는 아래와 같은 세 가지 수준의 커뮤니케이션 퍼널로 구성된다.

브랜드 임팩트—시장 내에서 브랜드가 어떻게 인식되는지를 조사하며, 세 가지 범주로 나눌 수 있다.

1. 인지도(awareness): 시장 소비자들이 브랜드를 알고 있는가?
   브랜드가 언급되고 있는가? (언급 횟수가 인지도의 대체 측정치가 될 수 있음)
2. 마인드쉐어: 언급횟수 및 점유율에서의 트렌드 조사(경쟁사의 언급 수와 비교)
3. 평판: PR 보도가 타겟 청중에게 공감되고 있는지 판단(소셜 공유는 청중 참여, 감정 및 확산력의 좋은 대체 측정치)

디지털 임팩트—PR 보도가 브랜드 웹사이트나 디지털 자산으로의 트래픽을 유도하는 정도를 측정한다. 방문자가 어떤 행동을 취했는지를 분석한다.

1. 웹사이트 트래픽: PR이 웹사이트로 유도하는 방문자 수를 추적(전체 사이트 트래픽 중 PR이 유도한 비율 측정)
2. SEO 영향: 참조 도메인이 브랜드 순위에 미치는 영향을 평가(고품질 사이트를 중점으로 하며 '유해 링크'를 피함)
3. 소셜 증폭: 방문자가 소셜 미디어 플랫폼에서 디지털 발자국이 어떻게 확장되었는지 정도를 평가(소셜 미디어 참여 지표 사용)

최종 라인—판매, 기부, 비즈니스 거래와 같은 행동 측정을 통해 PR 노력이 영향을 미쳤는지 평가한다(허브스팟, 마케토 등 시스템에서 제공하는 분석 도구를 사용하여 전환율, 수익 등을 측정).

마크 와이너(Mark Weiner)는 MPR(마케팅 홍보)의 효과를 측정하는 데 있어 다음과 같은 방법들을 사용할 것을 제안하였다.

- **미디어 콘텐츠 분석**: 미디어에 나타나는 메시지의 특성을 체계적이고 객관적으로 식별하고, 콘텐츠를 분석하여 제품이나 브랜드와 관련된 추세와 인식을 결정한다.
- **설문 조사**: 제품이나 브랜드에 대한 소비자의 태도를 정량적으로 평가한다.
- **마케팅 믹스 모델링**: 여러 정보원천에서 데이터를 추출 후 통합하여 프로세스에 대한 통찰력을 제공한다.

PR업계의 선도적인 인물인 지니 디트리히(Gini Dietrich)가 개발하고 주도적으로 보급한 PESO 모델은 현재 많은 홍보 실무자들에게 채택되고 있다. 이 모델은 디지털 미디어가 홍보 활동에서 얼마나 효과적인지 측정하는 데 성공적인 것으로 입증되었다. PESO 모델과 마케팅이 결합하여 효과를 발휘한 훌륭한 사례로는 델(Dell)이 개최한 델 월드(Dell World) 컨퍼런스가 있다. 델은 첫 번째 연례 Global Technology Adoption Index(GTAI)에 대한 정보를 전달하기 위해 PR 및 마케팅 팀을 동원하여 언론 보도, 네이티브 광고, 자체 매체(owned media) 그리고 소셜 미디어를 활용하였다. 이처럼 PESO 모델은 다양한 채널을 통합적으로 활용하여 효과적인 커뮤니케이션을 가능하게 한다.

델 사례에서 다음과 같이 진행되었다.

- 마이클 델(Michael Dell)은 델 월드 기자 회견에서 Global Technology Adoption Index (GTAI)를 발표했다.
- GTAI 결과는 @Dell 핸들의 트윗을 포함하여 델의 소셜 미디어 플랫폼(예: 링크드인, 트위터, 페이스북)에서 공유되었으며, 소셜 커뮤니티에서는 해시태그 #delltechindex를 사용하도록 권장되었다.
- 델이 소유한 미디어 사이트인 Tech Page One은 "Tech Hype Meets Tech Reality"라는 기사를 발표하여 GTAI의 주요 결과 중 일부를 설명하였다.
- PR팀은 이 기사를 언론에 PR하고 Irish Times, ZDnet, eWeek와 같은 온라인 기술 및 비즈니스 사이트를 포함한 미디어 보도를 하였다.
- 뉴욕 타임즈의 GTAI 네이티브 광고 캠페인은 뉴스 미디어가 이 발표를 다룬 지 하루 뒤에 공개되었다.
- 온라인 비디오 및 콘텐츠 신디케이션은 비즈니스 및 기술 관련된 사이트에 널리 게시되었다.
- 유료 소셜 게시물은 링크드인과 트위터에서 캠페인을 포스팅하였다.
- 인포그래픽은 위의 모든 콘텐츠와 함께 사용되었다.

요약하면, PR 믹스에서 PR의 역할이 변화하고 있다. PR 활동이 마케팅 중심이 되고 디지털 마케팅이 PR에서 점점 더 중요해짐에 따라 프로그램을 평가하는 기준도 바뀌었다. 동시에 비마케팅 활동은 PR 부서의 주요 기능이자 평가 기준의 일부가 될 것이다.

퍼블리시티(기사 작성 및 배포)

퍼블리시티(publicity)는 방송, 디지털 또는 인쇄 매체에 게재되는 사람, 제품 또는 서비스에 대한 뉴스를 생성하는 것을 의미한다. 많은 마케터에게 퍼블리시티와 PR은 동의어로 사용되는 단어라고 할 수 있다. 사실, 퍼블리시티는 실제로 PR 활동의 하위 활동에 포함된다.

하지만 몇 가지 주요 차이점이 있다. 첫째, 퍼블리시티는 일반적으로 단기 전략인 반면 PR은 일정 기간 동안 확장되는 협력 프로그램이다. 둘째, 퍼블리시티는 회사에 대한 긍정적인 정보를 제공하도록 설계되었으며, 일반적으로 회사 또는 그 대행사가 통제하게 된다. 반면 PR은 항상 긍정적이지 않으며, 항상 조직이 통제하거나 비용을 지불하는 것은 아니다. 또한 긍정적 퍼블리시티와 부정적 퍼블리시티는 기업 이외에 정보원에서 비롯된다.

대부분의 조직에서 퍼블리시티는 PR팀에서 통제하고 배포하게 된다. 이 절에서는 프로모션 프로그램에서 퍼블리시티가 하는 역할과 마케터가 이러한 커뮤니케이션을 사용하고 반응하는 몇 가지 방법에 대해 논의하기로 한다.

퍼블리시티의 힘

퍼블리시티가 다른 프로그램 요소와 가장 차별화되는 요인 중 하나는 이 커뮤니케이션 형태가 생성할 수 있는 순수한 힘이다. 불행히도 마케터들에게는 이 힘이 항상 그들이 원하는 방식으로 발휘되는 것은 아니다. 퍼블리시티는 제품이나 심지어 회사를 성공시키거나 망칠 수도 있다. 예를 들어, BP의 주가는 멕시코만 유출 사고 이전의 절반 이하로 떨어졌다. 2010년에 발생한 이 유출 사고는 BP에게 청소 작업 비용과 지역 경제적 손실로 인해 200억 달러 이상의 비용을 초래하였다. 2013년까지 이 기금은 거의 소진되었으며, 2019년까지도 환경은 정상으로 돌아오지 않았다. 삼성은 배터리 폭발로 인한 부정적인 퍼블리시티로 수십억 달러의 가치를 잃었다. 파파존스(Papa John's)의 창립자인 존 슈내터는 투자자와의 전화 통화에서 인종차별적 발언을 한 이후 해고되었다. 퍼블리시티 대행사가 그의 변호를 거부하자 그는 자신의 메시지를 공중과 파파존스 직원들에게 전달하기 위해 SavePapaJohns.com이라는 웹사이트를 개설했다. 이후 두 회사는 결별했다. 이는 부정적인 퍼블리시티가 미칠 수 있는 영향에 대한 많은 사례 중 일부에 불과하다.

퍼블리시티가 광고, 판매촉진 또는 다른 형태의 PR보다 훨씬 더 강력한 이유는 무엇일까? 첫째, 퍼블리시티는 매우 신뢰할 수 있다는 점이다. 광고 및 판매촉진과 달리 퍼블리시티는 일반적으로 회사가 후원하는 것으로 보이지 않는다(부정적인 사례에서는 절대 그렇지 않다). 따라서 소비자는 이 정보를 더 객관적으로 인식하며 이에 더 많은 신뢰를 부여한다. 실제로 매체는 자신들의 객관성을 보장하고 광고주나 외부 요인에 영향을 받지 않는다는 사실을 퍼블리시티하기 위해 큰 노력을 기울인다.

퍼블리시티 정보는 그것이 나타나는 매체에서 보증하는 것으로 인식될 수 있다. 예를 들어, 골프공 내구성의 획기적인 발전에 대한 퍼블리시티가 〈Golf〉 잡지에 보도된다면 이는 제품을 크게 퍼블리시티할 수 있다. 또한 Car & Driver가 수여한 '올해의 차' 상은 해당되는 차량에 대한 높은 품질에 대한 평가 수준을 반영한다고 간주되는 것이다.

또 다른 이유로 퍼블리시티가 강력한 이유는 그것이 지닌 뉴스 가치와 이를 통해 생성되는 노출 빈도 때문이다. 긍정적인 퍼블리시티가 이루어지면 기업은 이익을 얻을 수 있다. 그러나 부정적인 퍼블리시티가 이루어질 경우, 판매 감소, 이미지 손상, 심지어 소송과 같은 부정적인 결과를 초래할 수 있기 때문이다.

사진 17-11

트리톱은 부정적인 홍보의 위협에 대응하였다.

자료: Tree Top, Inc.

퍼블리시티의 통제 및 확산

앞서 언급한 사례에서 퍼블리시티의 통제권은 기업의 손에 있지 않았다. 일부는 기업의 실수로 정보가 유출되었다. 파파존스, 삼성, BP와 같은 회사들은 부정적인 정보가 언론에 보도되는 것을 막을 수 없었다. 퍼블리시티가 뉴스가 될 때, 기업의 노력에도 불구하고 종종 언론에 보도되며, 이런 경우 조직은 뉴스가 초래한 잠재적인 위협에 대응해야 한다. 즉, 단순히 문제를 무시한다고 해서 문제가 사라지지는 않기 때문이다.

한 회사가 부정적인 언론 보도에 대응하기 위한 노력을 보여주는 좋은 예는 사진 17-11에 나와 있다. 트리톱(Tree Top)의 문제는 일부 재배자들이 사과의 성장을 조절하기 위해 사용하는 화학물질 알라(Alar)가 어린이에게 암을 유발할 수 있다는 주요 뉴스 매체들의 보도로 시작되었다.

일반외과를 포함한 신뢰할 수 있는 과학 및 의료 당국의 발표에서 알라가 암을 유발하지 않는다고 명확히 밝혔음에도 불구하고, 일부 전문 이해 관련 단체들이 엄청난 양의 부정적인 언론 보도를 생성하며, 소비자와 단체 구매 담당자들 사이에 우려를 불러일으켰다.

일부 학군에서는 급식 메뉴에서 사과를 제외했고, 심지어 사과 소스와 주스도 논란이 되었다. 트리톱은 사진 17-11에 나와 있는 광고를 통해 회사의 입장을 표명하고 소비자들의 불안을 해소하려 했으며, 영양사와 보육 기관 운영자들에게 직접 메일을 발송하기도 했다. 이러한 캠페인은 제품의 안전성을 소비자들에게 보장하고 신뢰를 회복하는 데 성공적이었다.

부정적인 언론 보도에 효과적으로 대응한 또 다른 예는 버드와이저(Budweiser)의 사례에서 볼 수 있다. 버드와이저는 맥주에 물을 타서 알코올 함량을 낮추고 소비자들에게 손해를 입혔다는 집단 소송과 부정적인 언론 보도에 직면하였다. 이에 버드는 광고를 통해 단순히 주장을 반박하는 것에서 그치지 않고, 브랜드의 무결성을 유지할 뿐만 아니라 7,100만 캔 이상의 식수를 필요한 사람들에게 기부했다는 사실을 강조함으로써 상황을 역전시키는 데 성공했다.

한편 퍼블리시티는 마케팅에 긍정적인 효과를 줄 수 있는데 많은 비디오 게임들이 소셜 미디어에서 퍼블리시티되면서 큰 주목을 받는 데 성공하였다. 특히 포켓몬고(Pokémon Go)는 사이트 방문자가 너무 많아 서버가 다운될 정도였고, 출시 하루 만에 가장 높은 수익을 올리는 앱이 되었다. 포트나이트(Fortnite) 역시 광고비를 전혀 쓰지 않고도 큰 인기를 끌었다(사진 17-12 참조).

어린이 장난감은 긍정적인 퍼블리시티와 입소문 덕분에 종종 높은 판매를 나타내며, 또한 CBS의 '60 Minutes' 보도에서 적당량의 레드와인을 매일 섭취하면 심장병 위험을 줄일 수 있다는 내용

사진 17-12

포트나이트에 대한 홍보는 광고비를 전혀 쓰지 않고도 매우 높은 인기를 얻는 결과를 낳았다.

자료: Epic Games, Inc.

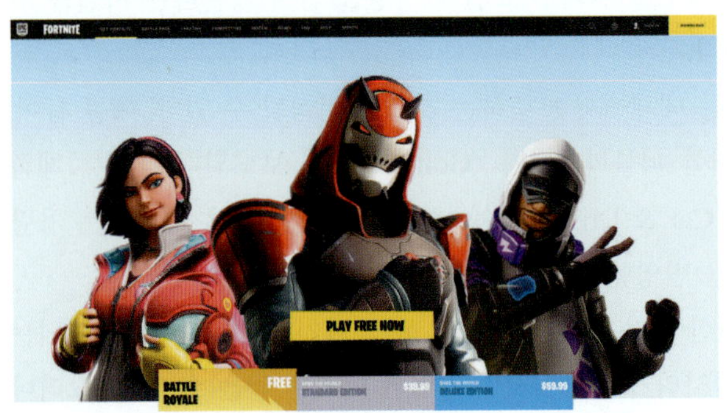

이 전해진 후, 카베르네 소비뇽 와인의 매출은 평균 45% 증가한 사례도 있다. 녹차는 암 예방 효과가 있다는 소문이 퍼지면서 판매가 급증했으며, 항산화제를 포함한 제품들은 건강상 이점으로 인기를 얻고 있다. 이처럼 퍼블리시티가 긍정적인 영향을 미친 사례는 수없이 많다.

마케터들은 가능한 한 정보가 공개되는 시기와 장소를 통제하려는 경향이 강하다. 이를 위한 한 가지 방법은 **비디오 뉴스 릴리스**(video news releases, VNR)를 활용하는 방법이다. 이 방식은 PR 담당자가 제작하여 방송국에서 뉴스 기사로 방영할 수 있도록 한 홍보 자료를 제공하는 것을 의미한다. 이 비디오는 대부분 제작 주체를 밝히지 않으며, 뉴스 방송국도 이를 언급하지 않는 특징이 있다. 여러 정부 기관뿐만 아니라 미국치과협회, GM, 모토로라, 노키아 등의 기업들도 VNR을 활용하고 있다. 한 예로, 메건 마클과 해리 왕자가 프레이저 섬(Fraser Island)을 방문했을 때, 아코르(Accor) 그룹에 속한 킹피셔 베이 리조트(King Fisher Bay Resort)는 주요 언론 매체가 접근할 수 없는 독점 콘텐츠를 제공함으로써 추가적인 미디어 보도를 할 수 있었다. 리조트는 VNR을 사용하여 로열 커플의 방문에 대한 비하인드 장면과 인터뷰를 제공했으며, 이는 지역 방송 채널과 국제 뉴스 사이트에서 뉴스 기사로 활용되기도 하였다. 그러나 출처를 밝히지 않고 VNR을 사용하는 것에 대해 소비자 옹호 단체들이 항의하기도 한 사례가 있으며, 소비자 제품 안전 위원회(CPSC)는 www.cpsp.gov에 VNR의 적절한 사용 지침을 제시하였다.

마케터들은 퍼블리시티와 PR을 위해 계속해서 새로운 방식으로 학습하는 경향이 많다. 이 주제에 관한 강좌가 개설되고, 웹사이트가 운영되며, 관련 서적도 출판되고 있다. 이러한 서적은 프리젠테이션 방법, 연락할 대상, 보도자료 작성 방법, TV, 라디오, 신문, 잡지, 인터넷 및 직접 반응 광고를 포함한 각 매체에 대한 정보 등을 다루고 있다. 또한 기자회견, 세미나, 이벤트, 개인 서신과 같은 대안 매체를 다루며, 정부 및 기타 입법 기관과 협력하는 방법에 대한 통찰도 제공한다. 이러한 정보는 한 개의 장에서 다루기에는 너무 방대하기 때문에 추가적인 지식은 관련 서적을 참고하길 바란다.

퍼블리시티의 장단점

퍼블리시티는 신뢰성, 뉴스 가치, 강력한 입소문 커뮤니케이션, 미디어의 지지를 받는다는 인식과 같은 장점을 제공한다. 잠재적인 부정적 퍼블리시티의 영향을 넘어, 퍼블리시티 사용으로 발생하는 주요 문제는 통제 부족, 타이밍, 정확성이다.

통제 부족 오늘날의 바이럴 환경에서는 전달되는 정보에 대한 통제가 불가능하다. 소셜 네트워크, 블로그 등의 플랫폼이 정보 수신자를 확대시키는 데 주력하는 측면과 동시에, 전통적인 미디어에서 요구되는 기준에 대한 적용을 엄격하게 하지 않기 때문에 정보의 흐름은 자유로운 개진과 전달이 가능하게 된 것이다. 결과적으로 특정정보가 바이럴 환경에 공개되면 기업이나 조직은 해당 정보에 대한 통제력을 잃게 되며, 이는 종종 비용이 많이 드는 경험으로 이어질 수 있다.

타이밍 퍼블리시티 타이밍은 항상 기업의 마케터가 통제하기 어렵다. 언론이 해당되는 정보가 매우 큰 뉴스 가치가 있다고 판단하지 않는 이상, 보도자료의 발표 시점은 미디어의 재량에 달려 있기 때문에 언제 릴리스될지 판단하기 어려운 것이다. 따라서 정보가 예상보다 일찍 공개되거나 너무 늦게 공개되어 영향력을 잃을 수 있다.

정확성 퍼블리시티를 생성하는 방법에는 여러 가지가 있기 때문에 종종 기업이 전적으로 이를 통제하는 것은 매우 어렵다. 퍼블리시티된 정보가 전달되는 과정에서 불행하게도 변질되는 경우가 발생하기도 하는데, 이 결과, 뉴스 제공자가 원하는 방식대로 보도되지 않아 부정확한 정보, 누락, 기타 오류가 발생할 수 있다. 때로는 보도자료에서 작성된 내용을 바탕으로 한 퍼블리시티 자료가 전혀 다른 주제를 다루는 것처럼 보이기도 한다.

퍼블리시티 효과 측정

퍼블리시티 효과를 측정하는 방법은 앞서 논의된 퍼블리시티의 더 넓은 주제에서 사용된 방법과 본질적으로 동일하다. 기존에 사용되어온 전통적인 효과 측정 모델은 디지털 환경이 대기업과 소기업의 커뮤니케이션 프로그램에서 중요한 역할을 하게 되면서 새로운 측정 기준으로 대체되는 편이다.

기업 광고

기업 광고(corporate advertising)는 광고 중에서도 가장 논란이 되는 형태 중 하나다. 이는 PR 기능이 확장된 영역으로서 특정 제품이나 서비스를 퍼블리시티하지 않고 기업 자체를 퍼블리시티하는 데 초점이 맞추어져 있다. 이를 통해서 기업 이미지를 향상시키거나, 사회적 문제나 원인에 대한 입장을 표명하거나, 직접적인 관여를 추구하는 것을 목표로 한다. 왜 기업 광고는 논쟁 대상일까? 이에 대한 몇 가지 이유를 들어보면 다음과 같다.

1. 기업 광고 형태에 대한 소비자의 관심 부족: 소비자들은 이런 형태의 광고에 관심이 없다는 연구 결과가 있다. 이 같은 배경에는 소비자들이 이러한 광고의 이유를 잘 이해하지 못하기 때문이다. 또한 광고가 커뮤니케이션 관점에서 잘 만들어지지 못한 것도 소비자들이 관심을 갖지 않는 이유다.
2. 비용이 많이 드는 자기만족: 기업 이미지 광고는 기업의 고위 경영진의 만족을 위해 진행된다는 비판을 받는다. 이러한 광고의 카피는 작성하기도 어렵고, 또한 제품 포지셔닝 광고처럼 구체적이지 않고, 메시지가 모호하기 때문이다. 따라서 비광고부서의 고위 관리자가 기업과 관련된 광고 내용을 좌지우지하면서 결정하기 때문에 이러한 결과를 가져오게 된다.
3. 회사가 문제를 겪고 있다는 신호: 일부 비판적인 의견은 특정기업이 기업 광고를 하는 경우에는 그 기업이 재정적 문제나 공중적 이미지 문제를 겪을 때 이를 해결하기 위해 실행된다고 평가한다. 사실 기업 광고는 다양한 목적으로 진행되는데, 특정 기업 광고의 경우에는 기업 광고의 목적이 뚜렷하지 않았기 때문에 이러한 의심을 받게 된다.
4. 기업 광고는 돈 낭비인가?: 광고가 특정 대상에게 직접적으로 어필하지 않고, 이해되지 않으며, 특정한 것을 촉진하지 않는다는 점에서 기업 광고는 비효율적이라는 비판이 있다. 비판자들은 광고 예산이 다른 영역에 더 잘 사용될 수 있다고 주장한다. 이러한 비판의 많은 부분은 기업 이미지 광고가 종종 무형적이라는 사실에 기반을 두고 있다. 기업 광고

는 대개 구매를 요청하거나 투자자를 모집하는 것이 아니라, 입장을 제시하거나 이미지를 형성하려고 한다. 따라서 명확한 메시지가 없기 때문에, 많은 비판자들은 이러한 광고의 목적이 목표 청중에게 전달되지 않으며, 기업 자원의 현명한 투자가 아니라고 판단하는 것이다.

그럼에도 불구하고, 기업 광고는 여전히 널리 사용되고 있다. 여러 기업과 기업 간 거래(B2B) 및 소비재 기업들은 기업 이미지 광고를 계속 진행하고 있으며, 많은 다른 기업들도 이 영역에 대한 지출을 증가시키고 있다.

'기업 광고'라는 용어는 제품이나 서비스를 직접 홍보하기보다는 기업 자체의 이익을 위해 실행되는 모든 유형의 광고를 포괄하는 의미로 사용된다. 이 책에서는 이를 기업 자체를 홍보하도록 설계된 광고로 정의한다.

기업 광고의 목적

기업 광고는 두 가지 주요 목표가 있는데, (1) 기업에 대한 긍정적인 이미지를 창출, (2) 사회적, 비즈니스적, 환경적 이슈에 대한 조직의 견해 전달이다. 보다 구체적인 목적은 다음과 같다.

- 직원 사기를 높이고 노사 관계를 원활히 함
- 새롭게 규제가 완화된 산업이 소비자의 불안을 해소하고 투자자 질문에 답하도록 지원
- 다각화된 기업이 개별 기업 브랜드에만 치중하지 않고 모기업의 정체성을 확립하도록 지원

이러한 목표에서 알 수 있듯이, 기업 광고는 내부 및 외부 관객을 모두 대상으로 하며, 조직과 그 아이디어를 널리 알리는 데 중점을 둔다.

기업 광고의 유형

마케팅 담당자들은 기업 광고의 목표를 달성하기 위해 이미지 광고, 이벤트 후원, 옹호 광고, 혹은 목적 중심의 광고를 실행한다. 각 유형은 특정한 목표를 달성하기 위해 설계되었다.

사진 17-13

액센추어는 기업 이미지 광고를 활용하여 자사 포지셔닝을 강화하였다.

자료: Accenture

이미지 광고 기업 광고의 한 형태는 조직의 전반적인 이미지를 촉진하는 것이다. **이미지 광고**(image advertising)는 내부적으로나 외부적으로 호의적인 분위기를 조성하고, 회사의 이미지를 긍정적으로 구축하며, 인적 및 재정적 자원을 창출하는 등 여러 목표를 달성할 수 있다. 이를 위해 다양한 방법이 사용된다.

1. 일반 이미지 또는 포지셔닝 광고: 사진 17-13에 나타난 것처럼, 광고는 종종 기업의 이미지를 마음속에 형성하도록 설계된다. 이 예시에서는 액센추어(accenture)가 자신들을 대규모 기업으로 생각하게 하는 동시에, 고객의 요구에 유연하게 적응할 수 있는 기업으로 인식되도록 광고를 디자인한 방식을 보여주고 있다.

도표 17-5

2020년 미국 올림픽 후원사 및 파트너들

Alibaba
Coca-Cola
Visa
Atos
Intel
P&G
Visa

자료: Fortune, 2019

2. 스폰서십: 기업은 종종 TV 프로그램이나 특집 방송에서 기업 이미지 광고를 진행한다. 예를 들어, 리버티 뮤추얼 보험회사는 PBS에서 방영되는 프로그램 〈앤틱 로드쇼〉를 후원하는데, 이 스폰서십 패키지에는 방송 광고, 온라인 광고 그리고 야외 광고가 포함되며, 공영 방송을 지원함과 동시에 브랜드, 본사, 지점 간의 관계를 강화하기 위해 설계되었다. 다른 기업들도 공영 TV 프로그램이나 교육 프로그램을 후원하여 기업을 홍보하는 데 초점을 맞추고 있다. 이처럼 기업 광고는 단순히 제품을 판매하는 것이 아니라, 조직 자체의 가치를 강화하고 이미지를 구축하려는 중요한 역할을 한다. 다른 회사들 또한 공영 TV 프로그램과 기업을 선량한 시민으로 알리기 위해 설계된 기타 교육 프로그램을 후원하였다. 지멘스와 스타벅스 같은 기업들, 그리고 지역 후원자들은 이미지를 향상시키는 파급 효과를 기대하면서 고품질의 콘텐츠 내지 교육 프로그램을 후원하였다.

또 다른 후원 사례로는 P&G의 아동 안전 음용수 프로젝트, 아메리칸 항공의 유니세프 후원, 그리고 나이키의 "The Girl Effect(소녀 효과)" 등을 들 수 있다. 사진 17-14에서는 월풀(Whirlpool)이 'Habitat for Humanity'를 후원하고 빈곤 주택 문제를 해결하려는 노력을 보여 준다. 비자(Visa)는 후원을 자사의 통합 마케팅 커뮤니케이션의 중요한 부분으로 간주한다. 비자는 올림픽, 미국 10종 경기 팀, FIFA, NFL, NHL, 토론토 국제 영화제 등을 후원해왔다. 이러한 후원은 수혜자에게 지원을 제공하면서도 특정 비즈니스 목표를 달성하기 위해 설계되었다. 도표 17-5는 올림픽 후원이 자신들에게 유리하다고 판단한 일부 회사들을 보여준다.

3. 인재 모집: 사진 17-15에 나오는 광고는 새로운 직원 유치를 목표로 한 기업 이미지 광고의 좋은 사례로서, 맥도날드의 색상을 사용한 이 광고는 사람들의 시선을 끌기에 충분하다(아래 태그라인에는 "우리는 개인을 채용합니다"라고 적혀 있다).

사진 17-14

월풀은 빈곤 주택 문제 해결을 위한 노력에 동참하였다.

자료: Whirlpool Corporation

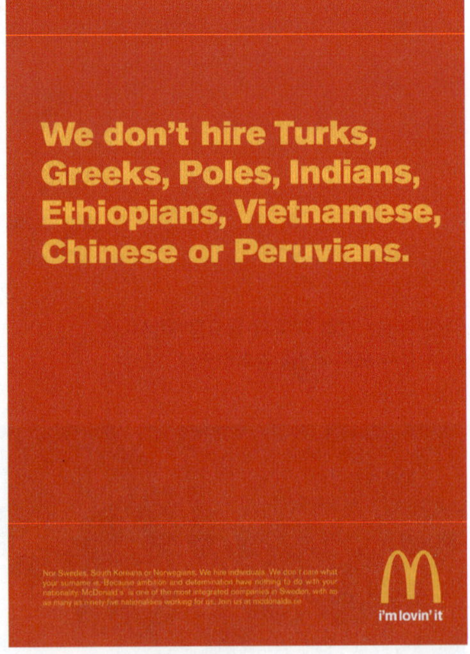

사진 17-15

맥도날드는 직원 유치를 목적으로 기업 이미지 광고를 제작하였다.

자료: McDonald's

도표 17-6
기업 명성들

가장 존경받는 기업	최고의 기업 시민	가장 평판이 좋은 기업
1. 애플	1. 마이크로소프트	1. 롤렉스
2. 아마존	2. 인텔	2. 레고
3. 버크셔 해서웨이	3. 알파벳(구글)	3. 월트디즈니
4. 월트디즈니	4. 텍사스 인스트루먼트	4. 아디다스
5. 스타벅스	5. IBM	5. 마이크로소프트

4. 재정적 지원 유도: 일부 기업 광고는 회사에 대한 투자를 유도하기 위해 설계된다. 광고를 통해서 보다 긍정적인 이미지를 창출함으로써 회사는 잠재적 주식 구매자와 투자자들에게 매력적으로 보이게 하여 운전자본, 연구개발 자금 등에 더 많은 투자를 유도한다. 이 경우, 기업 이미지 광고는 거의 판매를 시도하는 것과 같으며, 상품은 바로 회사가 되는 것이다.

비록 기업 이미지 광고가 투자 증가로 직접 연결된다는 구체적인 증거는 없지만, 많은 경영자들은 상관관계가 있다고 믿는 편이다. 즉, 주식 가격과 기업 광고 지출 간에는 연관성이 있다는 것이다. 기업 광고에 더 많은 비용을 지출하는 회사들은 일반적으로 더 높은 주가를 나타내지만, 이러한 직접적인 관계를 입증하기는 매우 어렵다.

'이미지'라고 불리는 것은 단일 차원이 아니다. 많은 요인들이 이미지를 형성하는 데 영향을 미친다. 도표 17-6은 세 가지 서로 다른 출처에서 발표한 세 가지 순위 결과를 보여준다. 흥미로운 점은 세 리스트 모두에 등장하는 기업이 없다는 것이다. 이는 기업들이 여러 방식으로 존경받고 강력한 기업 평판을 얻을 수 있음을 보여준다. 가장 존경받는 기업들이 단순히 홍보나 입소문만으로 그 위치를 얻은 것은 아니며, 반대로 가장 낮은 평가를 받은 기업들 역시 그렇지 않다.

긍정적인 기업 이미지는 몇 번의 광고만으로 형성될 수 없으며, 제품 및 서비스 품질, 혁신, 건전한 재무 관행, 좋은 기업 시민 정신 그리고 현명한 마케팅은 전반적인 이미지를 형성하는 데 기여하는 요인의 일부에 지나지 않는다. 또한 마케팅되는 제품의 유형과 감정적인 호소력도 중요한 역할을 한다.

위에서 언급된 설문조사들은 이윤과 주식 실적이 평판에 크게 영향을 미치지 않으며, 일단 평판이 형성되면 그것이 지속적인 힘을 가진다는 점을 보여준다. 하지만 IMC 관점 17-1은 평판을 유지하는 것이 얼마나 어려운 일인지 잘 보여준다.

이벤트 스폰서십 앞서 언급한 바와 같이, 자선 및 사회적 대의에 대한 기업 후원은 인기 있는 PR의 형태가 되었다. 일부 기업들은 주로 전통적인 PR 목표를 염두에 두고 특정 이벤트나 대의를 후원하지만, 별도의 마케팅 지향적인 후원이 증가하고 있다. 이러한 **이벤트 스폰서십**(event sponsorship)은 다양한 형태를 띠며, 도표 17-7에 그 예가 나와 있다. 운동복과 장비(Under Armour는 다양한 스포츠의 남녀 팀을 모든 수준에서 후원)부터 콘서트, 경기장, 대학 미식축구 볼 게임까지, 지금은 다양한 형태로 기업 후원이 이루어지고 있다.

다른 관계와 마찬가지로, 이러한 계약에서도 양측은 일정 수준의 위험 부담을 고려해야 한다.

예를 들어, TWA Dome(세인트루이스), PSINet(볼티모어), Fruit of the Loom(마이애미)과 같이 경기장에 이름을 올렸던 많은 회사들이 파산했으며, Enron(엔론 필드), MCI(MCI 센터)

IMC 관점 17-1 >>>

내 평판에 무슨 일이 일어났을까?

프락터앤갬블, 롤렉스, 구글, 애플 이런 기업들은 대부분의 소비자들에게 마케팅 리더로 여겨지고 있다. 이 회사들은 존경받으며, 훌륭한 기업 시민으로 여겨지고, 뛰어난 명성을 가지고 있다. 하지만 이 위치를 유지하는 것이 얼마나 어려운 일인지 깨닫지 못할 수도 있다. "요즘 나를 위해 뭘 해줬니?"라는 이야기를 들어본 적이 있을 것이다. 일반적으로 개인에게 적용된다고 생각할 수 있지만, 이는 기업에도 마찬가지로 적용된다. 단 한 번의 실수가 기업의 이미지를 순식간에 무너뜨릴 수 있다. 때로는 자신들의 실수로 인해 문제가 발생하기도 하지만, 사소한 오류가 큰 피해를 초래하기도 한다. 다음의 몇 가지 사례를 살펴보자.

버드 라이트(Bud Light)—버드 라이트는 "Up for Whatever(뭐든지 할 준비가 된)" 캠페인의 일환으로 병에 "밤에는 '아니오'란 말이 필요없는 완벽한 맥주"라는 슬로건을 적어 넣었다. 이 문구는 레딧과 컨슈머리스트에 사진이 게시되면서 즉시 확산되었으며 소셜 미디어에서는 이 문구가 강간 문화를 조장한다고 주장하는 사용자들에 의해 큰 화제가 되었다. 이는 미국 하원의원 니타 로위(Nita Lowey, D-NY)가 버드 라이트가 "책임감 있는 음주를 홍보해야지, 무모한 음주를 촉진해서는 안 된다"고 비판하는 트윗을 올리게 만들 정도였다. 이 사건으로 인해서 브랜드 평판점수는 큰 타격을 입었고, 버드 라이트의 부사장 알렉산더 램브레히트는 사과 성명을 발표하며 회사가 결코 무례하거나 무책임한 행동을 용납하지 않을 것이며, 해당 문구가 더 이상 병에 인쇄되지 않을 것이라고 밝혔다. 또한 캠페인 2년 차에 소비자 참여를 이끈 140개 이상의 메시지가 개발되었지만, 이번 문구는 실수였으며 다시는 발생하지 않을 것이라고 덧붙였다.

크리스피 크림(Krispy Kreme)—크리스피 크림은 "Krispy Kreme Klub"을 홍보하는 과정에서 "KKK"라는 약어를 페이스북 페이지에 게시했다. 물론 즉시 소셜 미디어 팔로워들로부터 항의를 받았으며, 사과와 함께 실수에 대한 설명을 해야만 했다.

톰스 오브 메인(Tom's of Maine)—천연 재료만 사용하는 치약으로 명성을 쌓아온 톰스 오브 메인은 실상 그 내용은 사실이 아니었다. 이 허위 진술이 발각되면서 집단 소송으로 이어졌고, 결국 450만 달러를 지불하고 기존 레이블의 천연이라고 하는 문구를 변경하는 데 합의하였다. 비록 이 합의에 도출하였지만 톰스와 모기업인 콜게이트(Colgate) 모두에게 긍정적인 영향을 주지는 못하였다.

체이스 은행(Chase Bank)—체이스 은행은 "월요일 동기 부여"를 위한 트윗에서 사람들이 더 재정적으로 책임감 있게 행동하도록 독려했지만, 이는 "가난한 사람 비하"라는 반발을 불러일으켰다. 삭제된 트윗은 은행 고객과의 가상 대화를 묘사하며 고객이 "내 잔고가 왜 이렇게 낮죠?"라고 묻자, 은행이 "집에서 커피를 만들어라. 이미 냉장고에 있는 음식을 먹어라. 택시는 필요 없다. 겨우 세 블록일 뿐이다"라고 답하는 내용이었

도표 17-7 북미 스폰서십 지출(유형별)

	2016년 지출	2017년 지출	2016년 대비 증가	2018년 지출 예상	2017년 대비 증가
스포츠	$157억	$162억 6,000만	3.6%	$170억 5,000만	4.9%
엔터테인먼트	$22억 2,000만	$22억 9,000만	3.2%	$24억	4.8%
공익	$19억 9,000만	$20억 5,000만	3.0%	$21억 4,000만	4.4%
예술	$9억 6,200만	$9억 9,300만	3.2%	$10억 3,000만	3.7%
축제, 박람회 및 연례 행사	$8억 7,800만	$9억 300만	2.8%	$9억 3,600만	3.7%
협회 및 회원 조직	$6억 400만	$6억 1,600만	2.0%	$6억 3,500만	3.1%

자료: 2018 ESP Propenies, LLC.

처럼 이미지가 손상된 회사들도 있다. 이러한 것은 해당 도시나 회사 모두에게 좋지 않은 결과를 초래하게 된다. 특정 기업이 경기장에 기업 이름을 병기할 수 있는 권리를 획득하면서 감수해야 하는 위험 중 하나는 수억 달러에 이르는 비용이다. 이것은 주주와 소비자들에게 그러한 투자가 가치 있는지에 대한 우려를 불러일으킬 수 있다.

동시에, 기업 브랜드를 경기장에 병기할 수 있는 권한은 특히 브랜드 인지도가 낮은 기업들에게는 브랜드 노출을 증가시킬 수 있는 좋은 기회가 된다. 예를 들어, 뉴욕 제츠와 뉴욕 자

Tallmaple/Shutterstock

다. 이에 대한 반응은 빠르고 부정적이었다. 패스트 컴퍼니(fast company)의 기자인 케일 와이스만은 체이스가 고객에게 최대 34달러의 초과인출 수수료를 부과한다고 언급했으며, 배런스(Barrons)의 기자 벤 월시(Ben Walsh)는 JP모건 CEO 제이미 다이먼(Jamie Dimon)이 연간 3,100만 달러를 벌어들이는 것에 대해 트윗으로 비판하며 "집에서 커피를 만들어 마시고 남은 음식을 먹으면서 부를 쌓았을 것"이라고 비꼬았다. 다른 사람들은 은행과 CEO가 "현실과 동떨어져 있다"고 비판했다. 해당 트윗이 삭제된 후, 새로운 트윗이 올라오며 "트위터 세계의 피드백 감사합니다"라는 메시지를 남겼다.

다른 사례로, 어반 아웃피터스(Urban Outfitters)는 켄트 주립대(Kent State University)의 로고가 새겨지고 피 얼룩처럼 보이는 붉은 얼룩이 있는 빈티지 스웨트 셔츠를 판매하며 논란을 일으켰다(1970년 베트남 전쟁 시위 중 오하이오 주방위군이 켄트 주립대 학생 4명을 사살한 사건과 연관이 있다). 자라(Zara)는 홀로코스트 수용소에서 입었던 유니폼과 유사한 6개의 뾰족한 노란 배지가 있는 줄무늬 셔츠를 판매했다. 또한 에르메스(Hermès)는 핸드백 제작에 악어, 타조, 도마뱀을 사용한다는 PETA의 문제 제기로 인해, 해당 백 라인에 자신의 이름이 사용된 제인 버킨(Jane Birkin)으로부터 이름 사용 철회를 요청받았다.

이러한 실수가 발생하는 이유는 무엇인가? 평소 선행으로 주목받는 기업들(예: 물을 나눠주는 버드와이저, 환경 보호 활동을 지원하는 탐스 등)도 부정적인 퍼블리시티를 받을 수 있다. 분명 조직 내부에서 누군가는 슬로건 "Up for Whatever"의 문제점이나 6개의 뾰족한 배지의 상징성, 켄트 주립대 사건의 역사적 의미를 알고 있었을 것이다. 이러한 세세한 점들을 주의 깊게 고려하지 않으면 불필요한 논란을 일으키게 되는 것이다.

자료: Lindsey Rupp and Duane Stanford, "Bud Light Is Sorry for Slogan That Critics Say Endorsed Rape," April 28, 2015, www.bloomberg.com; Elizabeth Bell, "Hermès, Bagged by PETA, Sees Jane Birkin Protest Her Namesake Bag," July 29, 2015, www.brandchannel.com; Patricia Odell, "Krispy Kreme Gets Slammed for KKK Promo," February 9, 2015, www.chiefmarketer.com; Mark J. Miller, "Tom's of Maine Admits It's Not Totally Natural with $4.5M Settlement," July 29, 2015, www.brandchannel.com. Michael Cappetta, "Chase Bank Deletes 'Monday Motivation' tweet after Drawing Social Media Outrage," April 29, 2019, www.nbcnews.com; Jon Gingerich, "Negative Publicity Response Can Boost Brand Value," March 27, 2019, www.odwerpr.com.

이언츠 경기장의 이름을 가진 메트라이프 보험은 단지 브랜드 노출 증가만으로도 매우 좋은 투자라고 평가하고 있다. 또한 연구에 따르면 팬의 99%가 자신이 응원하는 경기장의 스폰서 이름을 기억하며, 35%는 해당 브랜드에 대해 더 긍정적인 인상을 갖게 된다고 응답했다.

이처럼 모든 카테고리에서 스폰서십 지출이 증가하는 모습을 볼 수 있다. 스포츠 이벤트 스폰서십은 여전히 지출의 대부분을 차지하고 있다. 예를 들어, 나스카(NASCAR) 스프린트 컵 시리즈는 스폰서 비용이 증가함에도 불구하고 여전히 많은 기업들에게 매력적인 이벤트로 남아 있다(사진 17-16 참조).

많은 기업들은 이벤트 스폰서십에 매력을 느낀다. 이러한 배경에는 스폰서십을 통해서 효과적인 IMC 프로그램을 구축할 수 있고, 지역, 국내 및 심지어 국제 시장에 프로모션을 연계할 수 있기 때문이다. 기업들은 이벤트 스폰서십을 통해 브랜드 가치를 구축하고 타겟 고객층과의 친밀감을 형성하는 훌륭한 플랫폼으로 활용하는 동시에 효과적인 홍보 도구로 사용하고 있다. 예를 들어, 허츠 렌터카는 최근 몬스터 에너지 나스카(NASCAR) 컵 대회의 최고 경쟁 단계에서 스폰서십 계약을 체결했다. 이를 통해서 허츠의 이름은 차량, 드라이버 슈트, 크루 장비 등에 표시하게 된다. 허츠의 CEO는 스폰서십이 특정 타겟 시장에 도달하고 투자 대비 많은 노출을 얻을 수 있는 가장 효율적인 광고 방식 중 하나라고 평가한다.

옹호 광고 세 번째 주요 형태의 기업 광고는 사회, 비즈니스 또는 환경 문제를 다루는 **옹호**

사진 17-16

허츠는 나스카 후원이 좋은 투자라고 믿었다.

자료: Action Sports Photography/Shutterstock

광고(advocacy advertising)를 들 수 있다. 이러한 광고는 후원사의 이익을 지지하는 방식으로 공공의 중요한 논쟁적 사회 문제를 전파하고 명확히 하는 데 중점을 둔다. 이 광고에서는 여전히 기업이나 조직의 이미지를 보여주지만, 특정 사회적 이슈에 대한 입장을 표명함으로써 기업이미지 광고는 간접적으로 이루어지며 조직 자체를 간접적으로 알리는 방식이다. 예를 들어, 미국심장협회(American Heart Association)와 미국뇌졸중협회(American Stroke Association)가 청소년들에게 금연을 촉구하기 위해 제작한 광고가 사진 17-17에 제시되어 있다. 옹호 광고의 활용은 최근 몇 년간 증가했으며, 동시에 비판도 늘어나고 있다.

예를 들어, 산타페 내추럴 타바코 컴퍼니(Santa Fe Natural Tobacco Company)는 담배에 대한 더 긍정적인 이미지를 만들기 위해 광고 캠페인을 진행하였다. 2페이지짜리 광고는 "우리의 과거에 대해 알아야 할 몇 가지가 있습니다"라는 문구로 시작되며, 1990년대 초부터 미국 농부들을 지원해왔고, 그들의 담배는 100% 첨가물 없이 미국에서 재배된다는 내용을 담고 있다. 미국에서 담배 산업의 이미지는 수십 년간 부정적이었으며, 이를 개선하려는 많은 노력에도 불구하고 변하지 않았다.

사진 17-17

옹호 광고의 한 예다.

자료: US Department of Health and Human Services

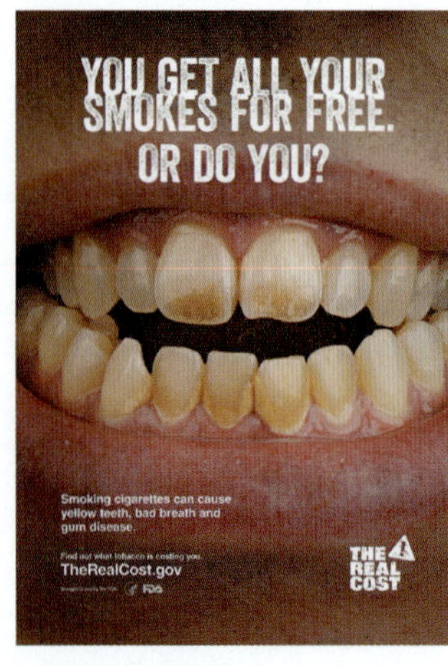

옹호 광고는 기업이나 무역 협회에서 후원할 수 있으며, 청중들에게 회사의 운영 방식이나 특정 이슈에 대한 경영진의 입장을 설명하는 데 목적이 있다. 때로는 부정적 여론에 대응하거나, 중요한 메시지를 기존 홍보 채널을 통해 전달할 수 없는 상황에서 광고를 활용한다. 다른 경우에는 사회에 특정 아이디어를 수용시키거나 회사의 관심사를 이해시키려는 목적일 수 있다.

또 다른 형태의 옹호 광고로 **이슈 광고**(issue ad)가 점점 더 많은 매체에 등장하고 있다(사진 17-18 참조). 이슈 광고는 옹호 광고의 한 형태로 간주되지만, 기업이나 무역 단체와 관련이 없을 수도 있으며 특정 문제를 강조하기 위해 조직에서 후원할 수 있다. 예를 들어, 미국 동물복지 단체인 휴메인 소사이어티(Humane Society)가 식료품 체인점 트레이더 조(Trader Joe's)와 협상이 결렬된 후, "왜 Trader Joe's는 한 발짝도 물러서지 않는가?"라는 제목의 이슈 광고를 게재한 사례가 있다.

이 광고가 나간 후 트레이더 조 고객들의 비난은 엄청났고, 이는 회사가 3개월 이내에 모든 브랜드의 달걀을 케이지 프리(cage-free, 닭장을 사용하지 않는 방식)로 전환하겠다고 공

사진 17-18

이와 같은 이슈 광고가 점점 더 많이 매체에 등장하였다.

자료: (left) Campaign for Tobacco-Free Kids; (right) World Wildlife Fund

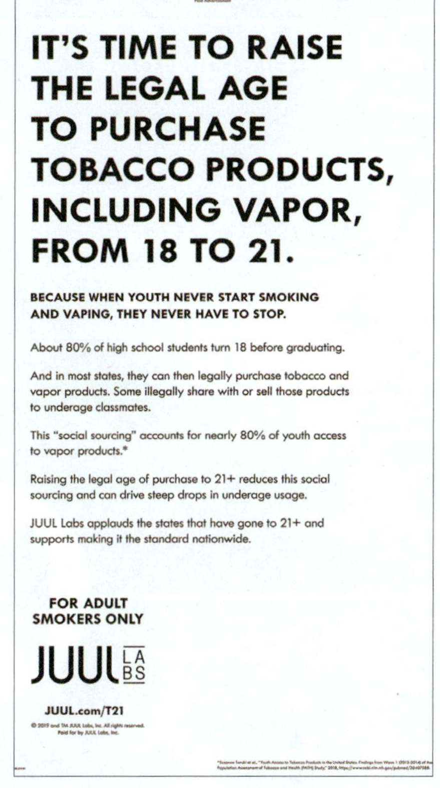

사진 17-19

AT&T는 수년간 옹호 광고를 활용해왔다.

자료: Jay Paul/Getty Images

개적으로 발표하게 만들었다.

한편, 전자담배(vaping)가 잠재적으로 유해할 수 있다는 증거가 나타나기 시작하면서, 이 문제를 둘러싼 양측에서 이슈 광고가 진행되었다. Tobacco-Free Kids.org 캠페인은 사진 17-18의 왼쪽에 표시된 광고를 미국 주요 시장의 여러 신문에 게재했다. 재미있게도, JUUL은 거의 같은 시기에 사진 17-18의 오른쪽에 표시된 광고를 타임지에 게재했다. 2007년, 미국 대법원은 이전에 금지되었던 기업 및 노조의 이슈 광고 후원을 허용해야 한다고 판결했다. 많은 사람들은 이 결정이 이슈 광고의 급격한 증가로 이어질 것이라고 기대하고 있고, 페이스북과 트위터는 모두 이슈 광고와 관련된 가이드라인을 설정한 바 있다.

옹호 광고는 비판도 많았지만 사진 17-19에서 볼 수 있듯이, 이러한 형태의 커뮤니케이션은 오래전부터 사용되어 왔다. AT&T는 이미 1908년에 이슈 중심의 광고를 진행했으며, 21세기에도 이 형태의 커뮤니케이션을 계속 활용하고 있다. 옹호 광고에 대한 비판 중의 하나는, 대규모 광고 예산을 바탕으로 기업들이 지나치게 많은 광고 공간과 시간을 구매함으로써 공중들의 의견을 오도할 수 있다는 점이다. 그러나 일반 상품 광고의 견제와 균형 체계가 이 영역에서도 작용하여 조화가 이루어질 것으로 기대하고 있다.

공익 연계 광고 이미지 구축 시 점점 더 인기 있는 방법 중 하나

사진 17-20

이 광고는 가정 폭력을 근절하기 위해 기획된 캠페인의 일환이었다.

자료: House of Ruth Maryland

는 **공익 연계 마케팅**(cause-related marketing)으로, 기업이 자선 단체나 비영리 조직과 협력하여 후원자로 참여하는 것이다. 2019년에는 공익 연계 마케팅에 20억 달러 이상이 지출되었다. 공익 연계 광고 및 마케팅을 통해서 기업은 긍정적인 퍼블리시티 효과를 얻고, 자선 단체는 필요한 자금을 지원받는 효과가 있다. 공익 연계 마케팅의 지지자들은 특정 원인과의 연계가 브랜드나 매장을 차별화하고, 가격 인상 상황에서도 소비자들의 저항을 줄이며, 긍정적인 퍼블리시티를 생성하고, 기업에 영향을 미칠 수 있는 회의적인 관계자들로부터의 신뢰를 얻을 수 있다고 주장한다. 실제로 한 연구에 따르면, 특정 공익과의 연계는 소비자의 구매 결정을 긍정적으로 영향을 미쳐 스폰서 기업의 제품을 구매할 가능성을 높이는 것으로 나타났다. 또 다른 연구에서는 원인을 지원하는 브랜드에 대해 소비자들이 더 신뢰를 가지는 경향이 있다고 밝혀졌다. 애플, 구글, 마이크로소프트, 펩시는 공익 연계를 지원하는 것으로 잘 알려진 브랜드들이다.

공익 연계 마케팅 관계는 다양한 형태를 취할 수 있다. 비영리 목적의 원인에 직접 기부를 하거나, 기업이 자발적으로 봉사하거나, 물품이나 자재를 기부하거나, 공익 광고를 진행하거나, 행사 음료를 제공하는 등의 방법이 있다. 예를 들어, 사진 17-20에 소개된 "High Heels for Hope(희망의 하이힐 걷기)"라는 행사는 메릴랜드주 볼티모어에 있는 하우스 오브 루스(House of Ruth)에 수익금을 전액 기부했으며, 이는 가정 폭력을 겪은 여성과 청소년을 지원하는 활동이다. 이 캠페인은 가정 폭력의 영향을 극복하려는 사람들을 대상으로 진행되었다. 윤리적 관점 17-1에서는 또 다른 성공적인 원인 지원 사례를 다루고 있다.

하지만 모든 공익 연계 마케팅이 성공을 보장하는 것은 아니다. 단순히 사회적 이슈와 연계한다고 해서 되는 것이 아니며, 시간과 노력이 요구된다. 일부 기업은 소비자들에게 관계를 오도하여 문제가 되기도 했으며, 시너지를 거의 제공하지 않는 원인을 지원함으로써 돈을 낭비한 경우도 있다. 한 설문 조사에서는 300개 이상의 기업이 유방암 문제와 관련된 캠페인에 참여했지만, 대부분이 후원 경쟁 속에서 묻혀버렸다. 또 다른 조사에서는 소비자들이 점점 더 회의적이 되어 기업의 공익 연계 마케팅 노력에 대해 더 많은 책임을 요구하고 있다는 점을 보여준다. 또한 잘못된 공익을 선택한 기업들도 있으며, 고객과 잠재 고객이 그 공익에 관심이 없거나 지지하지 않는 경우도 발생한다. 일부 경우에는 공익 연계 마케팅이 단지 일시적인 충격 광고로 여겨지기도 한다. 또한 이러한 공익 연계 마케팅을 전개한다고 해도 그 노력의 결과를 정량화하기 어려운 경우도 종종 있다는 점이 단점이다.

기업 광고의 장점과 단점

기업 광고가 점점 인기를 얻는 이유를 살펴보면, 이 형태의 커뮤니케이션이 제공하는 몇 가지 장점이 분명히 존재한다.

1. **기업 포지셔닝을 형성하는 데 효과적이다**: 기업도 제품처럼 시장에서의 포지셔닝을 잘 구축해야 한다. 기업 이미지 광고는 이 목표를 달성하는 하나의 방법이다. 잘 포지셔닝한 제품은 모호하거나 명확한 이미지가 없는 제품보다 성공하기가 쉽다. 애플, 존슨앤존슨 또는 프락터앤갬블을 들었을 때 떠오르는 이미지를 생각해보면 금방 알 수가 있다.

   반면, 유니시스(Unisys), USX 또는 내비스타(Navistar)라는 이름을 들었을 때 어떤 이미지가 떠오르는가? 코나그라(ConAgra)의 브랜드[예: 헌츠(Hunts), 셰프 보이아디(Chef Boyardee), 팸(Pam), 슬림 짐스(Slim-Jims) 등]를 얼마나 알고 있는가? 이 회사들이 성공하지 못했다는 것은 아니지만, 이들의 기업 정체성이 처음 언급된 회사들만큼 확고하지 않다는 것을 의미한다. 따라서 강력하고 긍정적인 기업 이미지를 가진 회사들은 경쟁사보다 우위를 점할 가능성이 높은 것이다.
2. **PR에서 발생하는 이점을 활용할 수 있다**: 기업의 PR 활동이 증가하면서, 언론사들의 관심은 점차 줄어들게 된다. 기업들의 PR 활동이 뉴스 가치가 없어서가 아니라 많은 기업들이 PR을 요청하면서 보도지면이나 시간에 제약이 생기기 때문이다. 그 결과 기업이 PR 활동을 하더라도 그것이 언론에 보도될지 확실하지 않은 상황에서 기업 이미지 광고는 메시지를 전달하는 데 확실히 효과적이다. 소비자들이 이를 객관적인 정보로 받아들이지는 않더라도, 메시지를 전달할 수 있다는 점에서 유용하다.
3. **선택된 목표시장에 도달한다**: 기업 이미지 광고는 일반 공중을 대상으로 실행되어서는 안 된다. 기업 광고는 흔히 일반 공중보다는 투자자와 회사의 관리자들을 대상으로 집행되는 광고다. 이 경우에 일반 공중이 이 형태의 커뮤니케이션을 이해하지 못하더라도, 선택된 목표시장에 속한 고객들이 이를 이해하면 되는 것이다. 이러한 점에서 일반 소비자들의 이해가 낮더라도 기업 광고는 그 목적을 달성하고 있을 수 있다.

기업 광고의 단점은 아래와 같다.

1. **효과에 대한 의문**: 기업 광고가 효과가 있다는 확실한 증거는 없다. 기업 이미지 광고와 주가 간의 상관관계를 보여주는 연구 결과를 의심하는 사람들이 많으며, 일부 연구에서는 이러한 효과를 뒷받침하지 못한다는 것을 보여준다.
2. **헌법적 및 윤리적 문제**: 일부 비평가들은 더 큰 기업들이 더 많은 자금을 보유하고 있어 공중의 의견을 부당하게 통제할 수 있다고 주장한다. 법원은 광고주들에게 유리한 판결을 내렸지만, 많은 소비자들은 이런 광고를 불공평하다고 느끼고 스폰서를 부정적인 시각으로 보는 경향도 있다.

기업 광고에 대한 찬반 의견이 제기되어 왔다. 확실한 두 가지 사실은 다음과 같다. (1) 누가 옳은지는 아무도 모른다, (2) 이러한 커뮤니케이션 형태의 사용이 계속 증가하고 있다는 점이다.

기업 광고의 효과 측정

기업 광고와 관련된 논쟁에서 알 수 있듯이, 이러한 광고가 효과적인지 여부를 평가하는 방법이 필요하다.

윤리적 관점 17-1 >>>

전 세계 마케터들이 한자리에 모이다

수많은 중소기업과 대기업들은 오랫동안 선량한 기업 시민으로서 활동해왔지만, 많은 사람들이 그것을 알지 못했다. 과거에는 기업의 광고, 촉진 그리고 홍보 활동이 서로 독립적으로 운영되었다. 이 기업들은 지역사회든, 전 세계적이든 지역 사회에 직접적인 혜택을 주는 다양한 활동을 펼쳤지만, 이를 대대적으로 알리거나 스스로를 칭찬하는 경우는 거의 없었다.

그러나 어느 순간 누군가가 깨달은 듯했으며, "이렇게 좋은 일을 하고 있다면, 왜 사람들에게 알리지 않는가?" 처음에는 망설였지만, 기업들은 천천히 그들의 선행을 알리기 시작했다.

기업들은 연례 보고서에 포함하거나 가끔씩 보도자료를 내는 정도로 시작하며, 점차 독립적이던 부서의 경계가 무너지기 시작했다. 이후 상황은 달라졌다. 기업들은 자신들이 하고 있는 좋은 일을 알리는 데 점점 더 적극적으로 나서게 되었다. 어차피 나쁜 일을 하면 대중은 항상 알고 있었기 때문이다. 적극적으로 알리는 데 대해서 대중들의 부정적인 반응이 없는 것을 확인하고, 기업들은 PR 활동을 더욱 확장하기 시작했고, 결국 PR을 마케팅 도구처럼 활용하기에 이르렀다. 많은 기업들은 그동안 아무런 인정을 받지 못한 상황에서도 훌륭하게 사회에 기여하고 있었고, 따라서 긍정적인 PR은 기업에 전혀 해가 되지 않았다.

1992년, 유엔 환경개발회의는 첫 번째 세계 물의 날을 조직했다. 오늘날 세계의 많은 지역에서는 심각한 물 부족 상황이 계속되고 있다. 약 21억 명의 사람들이 집에서 안전한 물을 얻지 못하며, 매일 약 700명의 어린이들이 물 부족으로 인해 사망하고 있다. 전 세계적으로, 안전하지 않은 물을 사용하는 사람들의 80%는 농촌 지역에 거주하고 있다. 오염된 물로 인한 질병은 매년 전쟁을 포함한 모든 형태의 폭력보다 더 많은 사람들을 죽음에 이르게 한다. 깨끗한 물에 대한 접근은 매주 약 1만 6,000명의 생명을 구할 수 있다. 이러한 문제에 주목하기 위해 CleanWater.org

자료: United Nations

- **태도 조사**: 기업 광고의 효과를 판단하는 한 가지 방법은 태도 조사를 실시하여 공중과 투자자들의 광고에 대한 반응을 파악하는 것이다. 자너스 싱클레어(Janas Sinclair)와 트레이시 이라니(Tracy Irani)가 바이오 기술산업의 옹호 광고에 대해 수행한 연구에서는 설문 조사 방법론을 활용하여, 공공 책임성(public accountability)이 기업의 신뢰도를 예측하는 중요한 요소임을 보여주었다. 또한 광고주에 대한 태도는 소비자의 광고에 대한 태도, 바이오 기술에 대한 태도, 구매 의도 등을 예측하는 데 영향을 미친다는 결과를 도출했다. 이 장의 앞에서 언급된 연구들은 기업 광고에 참여하는 회사들이 얻을 수 있는 많은 긍정적인 효과를 보여준다. 연구에 따르면, 기업 광고는 광고주 브랜드 회상(recall)과 태도 형성에 긍정적인 영향을 미치며, 특히 기업 광고는 제품 광고 단독으로 실행했을 때보다 브랜드 회상 효과를 높이는 데 있어서 더 효율적이라는 점이 밝혀졌다. 빈번하게 광고 캠페인을 진행하는 기업은 광고 예산이 적은 기업보다 거의 모든 태도 측정 항목에서 더 좋은 평가를 받았다.
- **기업 광고와 주식가격 간 관계에 관한 연구**: 기업 광고의 다양한 요소(잡지 내 위치, 출처 효과 등)가 주가에 미치는 영향을 중심으로 조사가 진행되어 왔다. 그러나 이러한 연구들의

은 브랜드와 미디어의 지원을 요청했고, 많은 기업들이 이에 응답했다

CNBC 인터내셔널은 물과 관련된 잘 알려지지 않은 사실을 보도하였다. 맥주 브랜드 스텔라 아르투아(Stella Artois)는 트위터를 통해 소비자들에게 특별 에디션의 챌리스를 구매하도록 요청했으며, 이를 통해 얻은 수익은 도움이 필요한 사람에게 5년간 깨끗한 물을 제공하는 데 사용되었다. 어린이 TV 프로그램 세서미 스트리트는 세계 물의 날에 맞춰 건강 스타인 라야(Raya)를 소개했는데, 라야의 생일은 우연히도 세계 물의 날과 같았다. 데이비드티(DAVIDSTEA)는 새로운 차 종류를 출시했으며, 50g 구매 시마다 케냐의 한 어린이에게 한 달간 깨끗한 물을 제공할 수 있도록 기부한 것이다.

그 외에도 유니레버, 조르지오 아르마니 향수, 애로우헤드 산악 샘물(Arrowhead Brand Mountain Spring Water), 서프라이더 재단(Surfrider Foundation) 등이 참여했으며, 서프라이더는 하룻동안 샤워를 생략하도록 서약을 받아 하루에 100만 갤런의 물을 절약하자는 캠페인을 진행하였다. 고급 샤워기 및 배관 제품을 만드는 스피크맨(Speakman), 수자원 관리 회사 워터스타트(WaterStart), 델타 포셋(Delta Faucets) 등 물과 관련된 여러 기업들도 이 운동에 참여하며 각자 독창적인 방식으로 기여했다.

또한 월드 오브 워크래프트(World of Warcraft)를 포함한 다양한 단체도 참여하였다. 세계 물의 날은 수많은 기업들이 지지하는 수천 가지 캠페인 중 하나일 뿐이다. 또 다른 예로 지구의 날(Earth Day)이 있다.

마찬가지로 지구의 날도 기업들이 독창적인 방식으로 접근해왔다. 1970년부터 매년 4월 22일에 전 세계적으로 기념되는 지구의 날은 현재 141개국에서 10억 명 이상, 2만 개 이상의 기업을 동원하고 있으며, 2018년에는 10억 명이 행사에 참여했다. 지구의 날은 지구를 보호하기 위한 다양한 활동을 제공한다. 예를 들어, 허쉬(Hershey)는 지속 가능성 문제에 집중하며 전 세계 팜유 공급망의 94%를 추적하여 환경 친화적 절차를 준수하고 있는지 확인했다. 허쉬는 2020년까지 전 세계 코코아를 100% 인증받고 지속 가능하게 만들겠다는 목표에서 큰 진전을 발표했다. 맥도날드는 산림 파괴 방지 계획으로 큰 찬사를 받았고, 치폴레(Chipotle)는 지속 가능성 기준을 충족하지 못한 주요 공급업체와의 계약을 중단하며 5%의 주가 하락에도 불구하고 사회로부터 호평을 받았다.

이러한 공익 연계를 지지하는 수천 개의 기업들이 있으며, 150만 개 이상의 다른 공익들도 존재한다. 미국인들만 해도 다양한 자선단체와 사회적 원인에 3,580억 달러 이상을 기부하고 있다.

하지만 많은 사람들은 이러한 기업들의 노력에 대해 들어본 적이 없을 가능성이 높다.

그렇다면, 왜 기업들은 이러한 일을 하고 있을까?

기업들의 긍정적인 활동을 많은 사람들이 접하게 되면서 큰 호감을 갖게 되었고, 기업을 긍정적으로 인식하게 만들기 때문이다. 이러한 호감이 판매, 금융 투자 등을 통해 직접적으로 이익을 줄 수도 있다. 또한 좋은 기업으로서 브랜드 이미지로 향상시키는 데 도움이 된다. 여러 연구에 따르면, 많은 소비자들이 조건이 같을 경우 '친환경적인' 회사를 선호하는 것으로 나타난다.

앞서 언급했듯이, 기업들은 최근에야 PR의 힘을 재조명하기 시작하였다. 과거에는 대부분의 PR 활동이 지역 활동, 위기 관리 또는 부정적인 언론 보도에 대처하는 데 집중하였으나, 마케터들이 PR을 IMC 믹스에 통합할 수 있는 힘과 잠재력을 깨닫게 되면서, PR의 성격과 중요성이 부각되었다. 현재는 기업의 선행에 대한 긍정적인 정보를 전달하는 데뿐만 아니라 그들의 브랜드를 지원하는 데에도 중요한 역할을 한다.

바로 이 마지막 점 때문에 일부 PR 전문가와 공중은 이들 소규모 회사와 대기업들이 자신들의 이익을 위해 이러한 공익 연계를 지원하고 있는 것이 아닌지 우려하고 있다. 아니면, 그들이 단순히 이타적이고 다른 사람들을 돕고 싶어 하는 것일지도 모른다. 세상이 그것을 알게 된다면, 그것이 그렇게 나쁜 일일까?

자료: "Water for All, World Water Day 2019," www.WorldWaterDay.org, Sheila Shayon, "World Water Day: Brands, Media Support Clean, Safe Water Efforts," March 22, 2016, www.brandchannel.com; www.earthday.org; Dale Buss, "Earth Day 2015: Hershey Puts Sustainability Where Its Mouth Is," April 22, 2015, www.brandchannel.com; Dale Buss, "Earth Day 2015: Chipotle Maintains Brand Integrity as Momentum Slows," April 22, 2015, www.brandchannel.com.

결론은 일관적이지 않는데, 이것은 측정 방법이 논리적일 수는 있지만, 측정 과정상의 방법론적 문제로 인해서 이러한 불일치가 발생했을 가능성이 있음을 시사한다.

- **포커스 그룹 연구**: 포커스 그룹을 통한 조사는 투자자들이 광고에서 보고 싶어하는 내용과 광고가 만들어진 이후의 반응을 측정하는 데 사용되었다. 제품 중심 광고와 마찬가지로 이 방법도 한계가 있지만, 일부 효과적인 측정을 가능하게 한다.

기업 광고의 효과는 제품 광고의 효과를 측정하는 데 사용되는 일부 방법을 통해 측정되었지만, 이 분야에서 보고된 연구는 소비자 시장 연구에 비해 뒤처져 있다. 이러한 연구 노력이 부족한 가장 일반적인 이유는 기업 광고가 종종 회사 최고 경영진의 책임이라는 점과 이들이 책임을 지는 것을 꺼린다는 것이다. 아이러니하게도 책임감에 가장 신경 써야 할 측에서 이를 회피하는 경향이 있다는 점이 흥미롭다.

요 약

이 장에서는 PR, 퍼블리시티, 기업 광고의 역할을 살펴보았다. 이 요소들은 마케팅 및 커뮤니케이션 노력에서 매우 중요하며, 다른 촉진 요소와는 차별적으로 간주되는 경우가 많다. 하지만 기업들은 이러한 접점들을 통합 마케팅 커뮤니케이션(IMC) 프로그램 관점에서 점점 더 많이 활용하고 있다.

PR은 전통적인 역할뿐만 아니라 마케팅 지향적인 역할에서도 유용하다는 점이 강조되었다. 많은 기업에서 PR 부서는 마케팅과 독립적으로 운영되기도 하지만, 지원 시스템으로 간주되기도 한다. 오늘날 많은 회사는 IMC 도구로 PR을 효과적으로 활용하며, 명확한 MPR 목표를 설정하고 있다. 대기업들은 외부 PR 대행사를 두고 있으며, 디지털 커뮤니케이션을 지원하는 디지털 PR 대행사도 등장하고 있다.

퍼블리시티에서는 통제할 수 없는 커뮤니케이션 요소가 문제가 될 수 있다. PR이나 기업 광고에서는 조직이 발신자가 되어 더 많은 통제권을 가지지만, 퍼블리시티는 선제적인 접근보다는 특정사건이나 이슈가 발생하면 대응하는 반응적 접근을 취하는 경우가 많다. 때로는 제품이나 조직의 성공에 다른 모든 촉진 수단보다 더 큰 영향을 미칠 수 있다.

비록 모든 퍼블리시티를 관리할 수 있는 것은 아니지만, 마케터는 그 잠재적 영향을 반드시 인식해야 한다. 보도자료와 정보 관리는 회사가 통제할 수 있는 요인 중 일부에 불과하다. 통제할 수 없는 사건에 대한 적절한 대응과 전략 또한 중요한 책임이다.

기업 광고는 논란의 여지가 있는 것으로 설명되었는데, 이는 메시지의 출처가 종종 최고 경영진이기 때문에 다른 광고 및 홍보 형태에 적용되는 규칙이 적용되지 않는 경우가 많기 때문이다. 이러한 커뮤니케이션 요소는 프로모션 믹스에서 분명히 그 역할을 가지고 있다. 그러나 효과적이려면 다른 요소들과 함께 특정한 커뮤니케이션 목표를 염두에 두고 사용되어야 한다. 사회적 이슈와 옹호 마케팅의 중요성이 커지고 있다는 점도 논의되었다.

마지막으로, 프로모션 믹스의 다른 요소들과 마찬가지로 이러한 프로그램 요소 각각에 대해 평가와 통제를 위한 측정이 필요하다는 점을 언급했다. 이러한 측정을 수행하는 방법과 그것을 사용하는 것이 중요한 이유를 보여주는 몇 가지 증거도 제시되었다. 홍보, 퍼블리시티, 기업 광고 요소가 전체 커뮤니케이션 전략의 필수 구성 요소로 간주되는 한, 성공을 보장하기 위해 다른 프로모션 믹스 요소와 동일한 규칙을 준수해야 한다.

PART

모니터링, 평가 및 통제

Monitoring, Evaluation, and Control

CHAPTER 18

프로모션 프로그램의 효과 측정

자료: Truth Initiative

학습 목표

1 | 프로모션 프로그램의 효과를 측정하고자 혹은 안 하고자 하는 이유를 비교한다.

2 | 프로모션 프로그램의 효과를 측정하는 다양한 방법을 학습한다.

3 | 광고 효과 측정 방법의 한계점을 논의한다.

4 | 프로모션 프로그램의 효과 측정을 위한 여러 대안을 평가한다.

데이비드 오길비 상(David Ogilvy Awards)과 광고 효과

오길비 상은 광고대행사와 광고주가 받을 수 있는 가장 권위 있는 상 중 하나다. 이 상은 오랫동안 광고계에서 활약한 '데이비드 오길비(David Ogilvy)'의 이름을 따서 명명됐으며, 그는 항상 광고에서 연구의 활용을 강력히 주장한 인물이었다. 광고 리서치 재단(Advertising Research Foundation, ARF)이 주최하는 이 상은 광고 연구와 광고 기획 과정에서의 창의적인 연구 활용에 탁월한 성과를 보인 경우에 수여된다. 처음에는 광고와 관련된 분야에만 수여됐지만, 현재는 다양한 커뮤니케이션 영역에서 수여된다.

ARF 데이비드 오길비 광고 대상을 수상한 미스터 클린(Mr. Clean)의 "Cleaner of Your Dreams(꿈의 청소부)" 캠페인

Mr. Clean은 미국에서 아주 유명한 청소용품 브랜드다. Mr. Clean은 가상의 캐릭터 Mr. Clean으로 특징지어지는 청소용품 브랜드 중 선두주자였다. 그러나 시간이 지나면서 이 브랜드는 제품수명주기(PLC)상 쇠퇴 단계에 진입했고, 광고주(Procter & Gamble)와 광고대행사는 무엇인가 조치를 취해야 한다는 것을 알았다. 연구 결과 '섹스와 청소' 사이에 놀랍고 흥미로운 연결점이 있다는 사실을 밝혀냈고, 이로 인해 청소용품 브랜드 중 최고의 자리를 다시 차지하였다. 조사를 통해 "청소하는 남자보다 더 섹시한 것은 없다"는 인사이트(통찰)를 도출했으며, "Mr. Clean은 당신의 꿈의 청소부"라는 크리에이티브로 이어졌다. 이 캠페인은 Mr. Clean 캐릭터를 유희적으로 활용함과 동시에 브랜드의 우수한 청소 능력을 확립하는 데 적절한 균형을 맞췄다. 이 캠페인이 수상한 이유는 무엇일까?

- 크리에이티브 팀은 연구 인사이트를 광고 크리에이티브로 전환했다.
- 모범적 방법론에 따른 조사를 실시했다.
- 조사 결과는 과거와의 연결과 함께 이를 더 현대적으로 만들어야 한다는 점을 밝혀냈다.

'Breaking Through Gold' 부문 상을 수상한 파머스인슈어런스(Farmers Insurance)의 "We Know from Experience(경험에서 얻은 지식)" 캠페인

보험 카테고리는 미국에서 가장 큰 광고 지출을 하는 분야 중 하나로, 회사들은 매년 50억 달러 이상을 광고에 지출한다. 파머스 인슈어런스는 프로그레시브(Progressive)와 GEICO 같은 거대 기업 대비 광고비를 10분의 1도 안 되게 지출하는 소규모 광고주였다. 이 때문에 파머스는 주목을 끌고 몰입도를 높이는 전략이 필요하다는 것을 깨달았다. 이를 위해 파머스는 차별화된 브랜드 아이디어를 가지고 포괄적인 조사를 진행했다. 파머스 보험 담당자들이 실제로 처리한 다양한 보험 처리 상황을 보여줌으로써, 경험과 지식의 가치가 보험 회사에 얼마나 중요한 자산인지를 표현했다. "We've seen a thing or two, so we know a thing or two(우리는 여러 상황을 처리해보았기 때문에 여러 상황에 대한 지식이 있다)"라는 광고 카피는 큰 인기를 끌었고, 캠페인은 인지도 상승, 파머스의 차별화, 고려 증가로 이어졌다.

미국 소비자는 평균 일주일에 약 30개의 보험 광고를 본다고 추정된다. 이 카테고리에는 가장 많은 광고 지출을 하는 광고주로 GEICO가 있다. 파머스인슈어런스는 거의 90년의 경험을 가진 존경받는 회사로, 카테고리 내 광고비 지출 순위는 9위다. 또한 이 브랜드는 가격 경쟁이 치열한 환경에서 경쟁사 대비 프리미엄 가격을 책정한다. 베이지안 모델링과 여러 차례의 질적 연구를 통해, 보험에 대해 더 많은 비용을 지불할 의향이 있는 사람들에게는 똑똑함, 신뢰성, 지식, 경험 같은 속성이 가장 중요하다는 점이 밝혀졌다. 캠페인은 파머스가 얼마나 터무니없거나 불가능해 보이는 모든 문제도 해결할 수 있다는 것을 보여주고자 했으며, 실제로 파머스 에이전트가 처리한 30가지 이상의 믿기 어려운 보험 처리 상황을 기반으로 했다. 이 기상천외한 사고들은 비디오 채널에서 버크 교수(Professor Burke)라는 등장인물(광고 모델)을 통해 고객에게 "보험 처리의 전당(Hall of Claims)"이라는 박물관 같은 환경에서 전시물로 재현됐다. 이 기상천외한 사고들은 Farmers.com(새로운 보험과 견적을 고려하는 사람들을 위한 핵심 포털)과 실제 클레임을 바탕으로 한 몰입형 디지털 캠페인에서도 구현됐다. 아카데미 시상식 기간에 맞춰 "The Burkies"라는 새로운 시상식을 소개했고, 실제 파머스 보험 처리를 바탕으로 한 여섯 편의 가짜 영화 트레일러를 론칭했다.

'Unexpected Targeting Gold' 부문 상을 수상한 트루스(truth)의 "Stop Profiling(차별 타겟팅을 멈춰라)" 캠페인

truth®라는 전국 규모의 대중 미디어 청소년 금연 캠페인은 2000년에 출범했을 때 미국 청소년의 23%가 담배를 피웠으며, 흡연은 여전히 주요 공중보건 문제였다. 트루스는 곧 담배 산업의 기만적인 관행을 흡연에 개방적인 청소년들에게 폭로하고, 그들이 '산업에 반기를 들고' 담배를 거부하도록 장려함으로써 매우 성공적인 금연 캠페인으로 자리 잡았다. "트루스 틴(truth Teen)"은 도발적인 사상가,

(계속)

꿈꾸는 사람, 반항아였지만, 올바른 건강 결정을 내릴 만큼 현명하고 양심적이었다. 2014년까지 캠페인은 계속되었다. 그 당시에는 청소년의 9%만이 담배를 피웠으며, 2016년에는 청소년 흡연율이 6%로 역사적 최저치를 기록했다. 매우 성공적인 캠페인이었지만, 전쟁은 끝나지 않았다. 예를 들어, 저소득층은 여전히 흡연 가능성이 두 배 이상 높았다. 연구에 따르면 이 세대의 청소년과 젊은 성인들은 사회 운동을 통해 자신을 표현하는 데 열정적이고 열광적이다. 청소년 흡연율이 감소하고 이 세대가 사회 운동에 관심을 갖게 됨에 따라, 트루스 캠페인은 흡연을 끝내기 위한 사회 운동으로 리포지셔닝됐다. 다시 거대 담배 기업들의 프로파일링 전술에 초점을 맞추면서, 캠페인은 흡연 문제를 특정 하위 집단뿐만 아니라 모든 청소년과 젊은 성인 비흡연자 및 흡연자에게도 매력적인 사회적 부당함으로 재해석하는 데 성공했다.

다중 방법론 연구 접근법이 공공 교육 캠페인 내용을 제공하고, 타겟 대상자 중에서 그 영향력을 평가하는 데 사용됐다. 사전 시장 콘셉트와 광고시험은 수용성, 메시지 이해도, 감정적 반응을 평가하는 데 사용됐으며, 광고 추적은 시간 경과에 따른 기억을 평가하는 데 사용됐다. 캠페인은 젊은 성인들의 정의감을 자극하여 거대 담배 회사에 대한 분노를 불러일으키면서 청소년 흡연을 성공적으로 줄였다. 트루스 얼라이언스(Truth Alliance)에 따르면,

- 캠페인은 트루스의 모든 소셜 미디어 채널에서 9,850만 회 이상의 비디오 조회수를 기록했으며, 미국 공중보건협회, 뉴욕시 프라이드(NYC Pride)와 같은 이해관계자로부터 지지를 포함하여 거의 200만 건의 SNS 참여를 기록했다. 또한 휴먼 라이츠 캠페인(Human Rights Campaign)과의 장기 파트너십에 대한 논의도 시작되었다.
- 트루스는 이 캠페인 후 7일 동안 웹사이트 트래픽이 거의 700% 증가했다.
- 2017년, 트루스는 thetruth.com에서 흡연을 영구히 끝내기 위한 운동에 20만 명 이상의 새로운 '피니셔(Finishers)'를 참여시켰다.
- 캠페인의 언론 홍보는 The Washington Post, Mashable, Fast Company, HowStuffWorks, Essence, Bustle, Huffington Post, Teen Vogue, CheddarTV, Hello Giggles, ATTN 등 최상위 매체에 거의 120건이 게재(현재까지 3억 220만 건의 언론 노출)되었다.

트루스 얼라이언스에 따르면 가장 중요한 것은 "실제로 청소년들이 거대 담배기업에 대한 태도, 흡연 취약성, 흡연 의도, 흡연 행동에 대한 신념을 변화시켰다"는 점이다.

'Changing Consumer Behavior Gold' 부문 상을 수상한 라이스 크리스피 트리츠(Rice Krispies Treats)의 "So Much to Love(사랑할 것이 많아요)" 캠페인

미국 어린이들에게 유명한 켈로그의 라이스 크리스피 트리츠는 학교 점심이나 간식으로 많이 판매되었다. 하지만 점심 간식 시장에서 점유율이 하락하고 있었으며, 브랜드 인지도와 고려도 계속해서 감소하고 있었다. 이 추세를 반전시키기 위해 켈로그와 광고대행사 리오버넷(Leo Burnett)은 학부모와 강한 연관을 맺을 새로운 방법을 찾아보았다. 구글 도구를 활용해 연구팀은 학교 개학 준비(미국은 학용품과 식료품 준비물 목록에 따른 쇼핑이 필요함)를 하는 학부모의 행동에서 기회를 발견했다. 수조 건의 Google.com 검색 쿼리를 분석한 결과, '학교 간식'과 '점심박스 메모' 사이에 명확한 연관성이 존재한다는 사실이 밝혀졌다. 켈로그는 이 기회를 활용하여 부모가 자녀에게 메모를 적을 수 있도록 하트 모양의 메모 공간이 있는 라이스 크리스피 트리츠 포장을 디자인했다. 메시지를 전달하기 위해 "So Much to Love"라는 캠페인은 개학 시즌과 관련된 불안, 흥분, 사랑을 담았다. 소비자들은 이 광고에 강렬히 반응했다. 캠페인 기간 동안 비디오 광고가 소비자들의 제품 키워드 검색을 유도하면서 라이스 크리스피 트리츠의 메모 가능 디자인에 대한 검색량이 구글과 유튜브에서 크게 증가했다.

이상의 몇 가지 사례는 광고주와 광고대행사에게 적절한 광고와 마케팅 조사의 가치를 보여주고 있다. 또한 소비자행동, 세분화 및 타겟팅, 교육 및 커뮤니티 변화 등 다양한 원인과 마케팅 전략에서 조사가 활용된 많은 사례가 있다. 오길비 상은 ARF이 주최하며, 관련된 더 많은 사례는 www.thearf.org 웹사이트에서 찾아볼 수 있다. 광고 관련 우수한 사례를 볼 수 있는 유용한 사이트다.

자료: The David Ogilvy Awards, www.thearf.org.

이 책을 통하여 살펴본 바와 같이 마케팅 활동에 대한 책임이 강조되면서 회사들은 IMC 활동에 대한 정확한 평가를 실시해야만 하는 압박을 받고 있다. 광고주와 광고대행사 모두 그들의 광고 커뮤니케이션이 효과가 있었는지 다른 광고 계획과 비교하여 얼마나 더 효과가 있었는지 판단하기를 원한다. 여러 연구에서는 마케팅 관리자들이 현재 사용하는 측정지표에 대해 의문을 가지며, 이를 개선할 새로운 방법을 찾고 있다고 한다. 이에 회사들도 이런 요구에 답하기 위해 커뮤니케이션 효과 측정을 위한 새로운 방법을 개발하고 있다.

프로모션 프로그램의 효과를 측정하는 것은 프로모션 계획 과정에서 아주 중요한 부분이

다. 이런 연구들은 마케팅 관리자에게 특정 프로그램이 어떤 성과를 냈는지 알려주며, 다음 번 마케팅 활동을 보다 효과적으로 하기 위한 조언을 제공해준다. 즉, 평가는 계속적인 계획 과정의 일환으로 필수적이지만 실제로는 자주 생략된다는 것이 문제다.

이번 장에서는 왜 회사들이 IMC 프로그램의 효과를 측정해야 하는지 그리고 왜 어떤 회사는 효과 측정을 하지 않는지 논의할 것이다. 그리고 언제, 어디서, 어떻게 이런 측정을 할지도 설명할 것이다. 특히 광고의 효과 측정에 대하여 집중적으로 살펴볼 것인데, 이는 광고의 효과 측정에 대한 연구가 다른 프로모션 기법보다 월등히 많이 개발되어 왔기 때문이다. 물론 다른 IMC 프로그램의 효과 측정 방법도 소개할 것이다. 이번 장에서는 평가 역할로서의 효과 측정에 초점을 맞추어 살펴볼 것이다. 즉, 광고와 프로모션 등의 개발 단계별 평가와 광고 실행 이후의 효과 측정을 의미한다. 그럼 먼저 효과 측정의 필요성과 반대 이유에 대하여 살펴본다.

효과 측정에 대한 논란과 반대

어디에나 어떤 프로젝트나 각종 행사를 추진하는 사람이 있는 반면 이를 평가하는 사람이 있기 마련이다. 스포츠의 예를 들면, 골프를 치는 사람들은 파(par) 스코어와 비교하고 스키선수들은 다른 사람의 기록과 비교하여 자신의 실력을 측정한다. 경영현장에서 종업원들은 자신이 달성해야 하는 목표가 주어지고 이 목표를 달성했는지를 놓고 성과를 측정한다. 광고나 프로모션도 마찬가지다. 즉, 광고나 프로모션 프로그램도 어떤 성과지표를 정하고 이를 달성했는지 평가해야 한다.

효과 측정의 이유

광고를 만드는 과정에서 그리고 그 광고를 완성해서 집행한 후 각각의 효과를 측정하는 것은 아래와 같은 장점을 가진다.

1. 비용이 많이 드는 실패를 예방: 미국 내에서 2018년 가장 광고비를 많이 지출하는 3개 회사의 광고와 프로모션 비용의 합은 110억 달러에 이르며 상위 10개 회사의 비용 총액은 250억 달러가 넘는다. 이것은 정말 막대한 비용이고, 마케팅 관리자는 이 큰 돈이 제대로 쓰였는지 알고 있어야 하며 낭비를 막아야 한다.

   광고와 프로모션이 그 목표를 달성하지 못할 경우 이는 돈이 낭비된다는 측면도 있지만 동시에 잘못된 커뮤니케이션으로 기회를 잃을 수 있다는 것을 생각해야 한다. 즉, 광고와 프로모션을 효과적으로 했을 때 늘어날 매출액의 증가에 대한 기회도 잃는 다는 것이다. 따라서 광고의 효과를 측정하는 것은 단지 비용을 절감하려는 목적뿐만 아니라 기업의 투자 효과를 극대화하려는 목적도 있는 것이다. 여러분이 자주 보았던 광고지만 광고 메시지가 무엇인지 기억나지 않는 광고가 얼마나 많았는지 생각해보라.
2. 다른 대안에 대한 평가: 일반적으로 기업은 여러 대안의 전략을 고려한다. 예를 들어, 어떤 매체를 사용한 광고가 가장 효과적일까 또 어떤 메시지를 사용한 광고가 효과가 더 좋을까 등의 의문을 가지게 된다. 또는 두 가지 프로모션 프로그램 중 어느 것의 효과가 더 클 것

인지를 판단해야 한다. 마케팅 관리자는 어느 전략이 얼마나 효과적이었는지 판단할 수 있는 능력이 필요하다. 앞선 장에서 보았듯이, 많은 기업들이 전통적 매체에서 비전통적 매체로 자금을 재배분했으며, 몇몇 연구에 따르면 광고주들은 앞으로 디지털 및 소셜 미디어에 더 많은 자금을 투자할 계획이 있다고 밝혔다. 따라서 전통적 매체, 소셜 미디어, 디지털 광고, 혹은 다른 매체 중 어느 것이 더 효과적인가를 파악해야 한다. 즉, 조사는 관리자가 어떤 전략이 더 효과적일 것인지 결정하도록 도울 수 있다.

3. **전반적인 광고 효과의 증대:** "나무를 보고 숲을 보지 못한다"라는 속담이 있다. 광고주들은 광고 프로젝트에 너무 빠져서 그 광고로 달성하고자 하는 목표를 잊어버리는 경우가 있다. 광고주는 광고를 통해서 하고자 하는 말의 의미를 잘 이해하고 있기 때문에 광고를 보는 소비자들도 모두 광고의 의미를 파악할 것이라고 기대한다. 어떤 광고주는 너무 어려운 전문용어를 사용하기도 하고 어떤 광고 제작자는 너무 독창적인 아이디어를 내거나 혹은 너무 정교한 광고를 제작하여 전달하고자 하는 의미를 이해하기 힘들게 만들기도 한다. 여러분이 광고를 보다 보면 '저 광고가 도대체 무슨 소리는 하는 거야?'하는 경우도 있고 광고는 참 마음에 드는데 정작 그 광고에서 선전하는 브랜드 이름은 기억이 나지 않는 경우가 종종 있었을 것이다. 따라서 조사를 하게 되면 광고가 보다 효과적이고 효율적인 커뮤니케이션을 할 수 있도록 도와줄 수 있다. 점점 더 많은 광고주가 효과적인 광고 캠페인을 기대하고 광고대행사가 효과적인 광고 캠페인을 제안하기를 요구하고 있다. 이 장의 서두에서 다룬 오길비 광고상의 사례가 보여주듯이, 효과적인 조사는 이런 목적을 달성할 수 있다. 이런 조사를 수행하는 방법은 디지털 및 소셜 미디어 관점 18-1에서 설명하고 있다.
4. **목표가 달성되었는지 판단:** 잘 디자인된 IMC 계획에서는 특정한 커뮤니케이션 목표를 수립하기 마련이다. 일단 그 목표가 달성되었다면 다음 단계의 계획을 위한 새로운 목표가 설정되어야 한다. 따라서 IMC 계획의 프로그램별 목표 달성에 대한 기여도를 측정해야 하며, 만약 목표 달성에 미달한 부분이 있다면 무엇 때문에 목표 달성에 미흡했는지 파악해야 한다. 조사는 IMC 전략을 통해 목표 달성이 이루어졌는지 그리고 평가과정에서 적절한 측정 방법을 사용했는지를 평가해야 한다.

효과 측정을 하지 않는 이유

효과를 측정해야 한다는 것은 너무도 당연해 보이지만 또한 효과 측정을 하지 않는 이유들도 있다. 대부분의 광고주가 효과 측정의 중요성을 인식하고 있으며, 90%의 광고주는 측정에 우선순위를 두고 있음에도 불구하고, 정작 효과 측정을 하지 않는 광고주도 많고 효과 측정을 하더라도 그 결과의 의문을 제기하기도 한다. 많은 회사들이 여전히 광고와 프로모션 전략에 대한 효과 측정을 하지 않는 이유는 다음과 같다.

1. **비용:** 효과 측정을 하지 않는 가장 일반적인 이유(특히 규모가 작은 회사일수록)는 비용이다. 어떤 설문결과에 따르면 회사들은 회사 매출의 약 25%를 마케팅과 광고 비용으로 지출하지만 70% 이상의 회사들이 효과 측정에는 2% 미만의 비용만 사용한다고 답했다. 조사를 잘 하려면 시간이나 돈 측면에서 과다한 비용이 지출될 수 있다. 많은 관리자들은 시기를 잘 택하는 것이 중요하기 때문에 기회가 있을 때 조사로 시간을 낭비하기보다 빨리 행동을 취해야 한다고 믿는다. 또 조사에 사용되는 자금은 생산성 향상이나 추가적인 매체 구매와

같이 더 유용한 곳에 사용될 수 있다고 믿는다.

시기의 중요성을 지적한 것에 대하여는 어느 정도 수긍이 가지만 두 번째 의견에 대하여는 잘못된 것이라고 말할 수 있다. 만약 잘못 만들어진 광고캠페인이 실행되고 소비자의 구매욕구를 자극할 수 없는 판매촉진이 실시된다고 상상해보라. 이 경우 원하는 결과를 얻지 못하고 돈만 낭비하는 것은 물론이고 어쩌면 그보다 심각한 문제를 발생시킬 수도 있는 것이다. 매체를 추가로 구매하여 광고량을 늘린다고 해서 잘못된 광고 메시지가 고쳐지는 것은 아니다. 예를 하나 들어보자. 유명한 맥주회사에서 신제품 맥주를 개발하고 시험마케팅을 실시하였지만 매출이 증가하지 않았다. 그리고 문제점으로는 광고가 부족하다는 결론을 도출했다. 그래서 TV 광고를 대폭 늘려 시험마케팅을 계속 진행하였다. 하지만 두 달 뒤에도 매출은 늘지 않았고 그 신제품 계획은 폐기되었다. 이후 신제품 실패의 원인을 좀 더 깊게 연구한 결과는 광고량의 문제가 아니라 광고 메시지의 문제였음이 드러났다. 즉, 소비자들이 신제품 광고를 보고 그 맥주를 구매해야 하는 이유를 찾지 못했다는 것이다. 정리하면 조사는 문제점을 파악하도록 도와주고 이는 수백억 원의 비용 낭비와 브랜드 실패를 방지할 수 있다. 이처럼 잘못된 메시지를 더 많이 광고하기 위해 조사 비용을 전용하는 것은 그리 현명한 의사결정이 못 된다.

2. 조사에 대한 불신: 효과 측정을 하지 않는 두 번째 이유는 각 프로모션별 효과를 정확히 구분하기 어렵기 때문이라고 한다. 마케팅 믹스의 여러 변수들이 제품이나 서비스의 성공에 영향을 미친다. 많은 경우에 개별 마케팅 요소의 직접적인 효과를 측정하기는 어려운 것이 사실이다. 즉, 어떤 상품의 매출 증가가 광고 때문인지 판매촉진 때문인지 혹은 좋은 품질 때문인지 각각의 효과를 분리해서 측정하기 어렵다는 것이다. 그래서 어떤 관리자는 "특정 마케팅 활동의 효과를 정확히 측정할 수 없다면 왜 조사에 돈을 써야 하나?"라고 말하기도 한다. 마케팅 성과 및 측정 전문 기관인 포네즈 마케팅 그룹(Fournaise Marketing Group)에서 실시한 연구에서는 500개 이상의 마케팅 캠페인, 브리프, 효과성 보고서를 분석하였고, 사용되고 있는 측정지표들이 매우 부적절하다는 충격적인 결과를 발표했다. 간단히 말해, 이 보고서는 마케터들이 효과 측정을 어떻게 해야 하는지 이해하지 못하고 있다는 결론을 내렸다.

하지만 특정 마케팅 활동의 성과를 측정할 수 없으니 아예 측정하지 않겠다는 주장은 그리 논리적이지 못하다. 각각의 프로모션 활동이 매출 증대에 얼마만큼의 직접적인 효과를 주었는지 측정하기는 어렵다고 하더라도, 조사는 충분히 유용한 정보를 제공해주며, 대부분의 광고와 프로모션 활동은 각각의 효과를 측정할 수 있는 측정지표(metric)를 가지고 있다.

3. 무엇을 조사할지에 대한 의견 불일치: 프로모션 프로그램의 목표는 산업에 따라, 제품수명주기에 따라 혹은 회사 내 부서에 따라 다를 수 있다. 영업팀 관리자는 프로모션 활동에 따른 매출 증가를 측정하고 싶고, 최고 경영자는 기업 이미지 개선의 정도를 조사하고 싶을 것이고, 광고 제작자는 광고에 따른 브랜드 인지도 상승을 평가하고 싶을 것이다. 또 전통 매체의 효과 측정지표와 디지털 매체의 측정지표는 종종 매우 다르다. 무엇을 조사할 것인지 합의하지 못할 경우 '아무것도 조사하지 않는다'라는 결론을 내기도 한다. 미국광고대행사협회(4As)와 미국광고주협회(ANA)가 공동으로 실시한 연구에 따르면, 많은 마케터들이 전통 매체와 디지털 매체의 통합에 만족하지 못하고 있으며, 이에 적절한 측정지표의 개발이 필요하다는 결과가 도출되었다. 동시에, 무엇을 측정해야 하는지에 대한 의견 차이도 많았다. 15장에서 설명한 바와 같이, 소셜 미디어의 효과 측정만 보더라도 다양한 지표들이

디지털 및 소셜 미디어 관점 18-1 > > >

광고 효과 측정에 대한 신뢰 부족이 그 활용을 저해한다

광고 프로그램의 효과를 파악하는 것은 항상 관리자들에게 어려운 일이었다. 또 효과를 측정하려는 노력에 대한 광고대행사의 반발은 상황을 더 악화시켰다. 광고대행사는 광고의 전체 마케팅 프로그램에서 자신들의 기여도를 측정하는 것이 어렵다고 하며, 오히려 측정이 창의성을 억제해 광고 효과를 떨어뜨릴 수 있다고 주장한다. 그러나 광고비 예산을 줄이려는 주주와 다른 이해당사자들의 요구가 커지며, 마케터들은 마케팅 의사결정에 도움을 줄 수 있는 데이터를 제공하는 측정지표(metric)에 더 많은 관심을 갖기 시작했다. 디지털 매체가 급속도로 확산되면서, 마케터들은 과거로 돌아간 느낌을 받는다고 한다. 이러한 새로운 매체가 전체 마케팅 프로그램에 어떤 기여를 하는지 측정하는 것이 매우 어렵기 때문이다. 또한 이러한 매체에 광고를 집행할 때 시간적 여유가 없다는 것이 문제를 더 심각하게 한다.

그동안 광고주들은 전통 매체의 광고 효과를 측정에 사용할 지표에 대해서는 어느 정도 합의를 이루었다. 그러나 현재까지 소셜 및 디지털 매체에 대하여는 그러한 합의가 아직 없다. 그리고 많은 기업들이 새로운 매체 지표를 단지 IMC 프로그램 평가에만 활용하고 있는데, 이는 불충분하다. 동시에 다양한 연구들은, 마케팅 관리자들이 디지털 매체와 전통 매체 모두 마케팅 효과에 대한 충분한 이해가 없다고 한다. 더군다나 광고대행사들은 광고주가 효과를 이해하는 수준이 거의 없거나 "형편없다"고 보고 있을 정도로 더 회의적이다.

- **클릭률(CTR):** 인터넷에서 디스플레이 광고의 효과를 측정하는 가장 일반적인 지표는 클릭률(Click-through Rate, CTR)이다. 그러나 이 수치의 활용도는 점차 줄어드는 추세다. 수년간 CTR은 약 0.10% 수준을 유지했지만, 디지털 광고에 대한 지출은 계속 증가하고 있다. 2017년 영국 기업 Dunnhumby.com은 60개 이상의 디지털 광고 캠페인을 분석한 결과, CTR과 매출 간에는 아무런 상관관계가 없다고 했다. 18개월 후 시행된 두 번째 연구에서도 같은 결과가 나타났다. 미디어 기획자 제이크 퍼거슨(Jake Ferguson)은 "클릭에 집중하는 것은 디지털 매체 성과에 실질적인 영향을 주지 못하며, 오히려 잘못된 캠페인을 프로모션하는 잘못된 지표"라고 말했다.
- **동영상 광고 조회수:** 트위터 광고 수익의 절반 이상, 스냅챗의 절반, 페이스북 광고 수익의 30%는 동영상 광고에서 나온다. 그러나 '조회수(view)'가 무엇을 의미하는지에 대한 기준은 플랫폼마다 다르다. 페이스북과 인스타그램에서는 3초 시청이 '조회수'로 간주되며, 유튜브는 약 30초 시청이 기준이다. 다른 소셜 미디어는 '광고 픽셀의 50% 이상이 화면에 2초 연속 노출될 때'라는 미디어 평가위원회(MRC)의 기준을 따른다. 즉, 플랫폼마다 기준이 다르기 때문에, 이를 같은 기준으로 비교할 수는 없다.
- **텔레비전:** 미디어사이언스(MediaScience)의 인사이트 및 전략 부사장 아티 벌그린(Artie Bulgrin)은 TV가 광고주에게 계속 가치를 제공하려면 새로운 측정지표가 필요하다고 말한다. TV와 디지털과의 경쟁이 심화되면서 효과 측정에 대한 지식 부족은 광고주의 신뢰를 약화시킨다.

한편 구글 애널리틱스(Google Analytics)와 경쟁하는 조사업체들도 생겨나고 있다. 이는 구글이 소비자에 대해 방대한 데이터를 수집해온 과정에서 발생한 프라이버시 문제 때문이기도 하다. 여전히 의견 차이는 크다. 예를 들어, 어떤 기사는 온라인 측정지표가 구매 과정 내 광고 효과를 측정하는 전통적 방법을 대체했다고 주장한다. 반면, 다른 연구는 온라인 지표가 그러한 용도로 유용할 수 있음을 입증한다. 하지만 셰인 스노(Shane Snow)와 같은 인물은 마케터들이 모든 것을 잘못 이해하고 있으며, "매체의 중요한 다음 임무는 측정 기준 전체를 재정립하는 것"이라고 말했다. 또 잭 마샬(Jack Marshall)은 네이티브 광고의 측정 시도가 존재하며, 이러한 지표들은 지속적으로 변화하고 있다.

무엇을 조사할지 의견 일치를 보지 못하여 조사를 하지 않는다라는 입장 또한 그리 논리적이지 못하다. 조사를 적절히 설계한다면 대부분 혹은 모든 프로모션 목표를 측정할 수 있다. 각각의 프로모션 요소들이 특정한 목표를 가지고 있고 이를 통해 전체적인 마케팅 목표를 달성하게 된다. 따라서 조사를 통해서 이러한 목표들을 달성했는지 측정할 수 있는 것이다.

4. **창의성에 대한 도전:** 사실 광고제작팀이나 광고대행사에서는 그들의 광고를 시험하는 것을 그리 달가워하지 않는다. 그들은 이런 조사가 광고의 창의성과 성과를 정확히 측정할 수 없으며 창의성을 억압한다고 한다. 그리고 창의적인 광고야 말로 성과를 달성할 수 있다고 얘기한다. 따라서 마케팅 목표를 가지고 창의성에 제약을 두는 행위로부터 자유로워야 한다고 한다. 사진 18-1에 제시된 Chiat/Day의 광고는 많은 광고업계 사람들이 이 주제에 대해 어떻게 생각하는지를 보여준다. 1984년 수퍼볼(Super Bowl) 경기 중 방영된 이 광고

자료: metamorworks/Shutterstock

"완전히 제각각"이라고 본다. 일부 관리자들은 "캠페인의 목표가 회사마다 다르므로 지표 자체가 무의미하다"고까지 주장한다. 미국광고주협회(ANA)가 실시한 설문조사에 따르면, 많은 마케팅 관리자들이 무엇을 측정해야 할지 아직 결정하지 못하고 있다고 응답했다. ANA의 수석 부회장 빌 더건(Bill Duggan)은 표준화된 측정지표의 부재가 향후 광고 산업 성장의 장애물이 될 수 있다고 지적했다.

상황은 더 복잡해지고 있다. 디지털과 전통적 범주에 딱 맞지 않는 새로운 측정 방식에 대한 관심이 커지고 있기 때문이다. 광고 전문지인 〈Advertising Age〉는 미래의 광고 효과 측정은 설문조사가 아닌, '미소와 냉소적 웃음(smile and/or smirk)'에서 나올 수 있다고 보도했다. 사람들이 광고에 대해 어떻게 느끼는지를 알고 싶다면, '묻는 것'이 아니라 '느끼는 것'을 측정해야 한다는 것이다. 이를 위해 여러 기업이 정교한 안면 인식(facial recognition) 기술을 제공하고 있다. 예를 들어, 켈로그(Kellogg), 마스(Mars), 유니레버(Unilever)는 어펙티바(Affectiva)라는 회사를 통해 사람들의 스마트폰·노트북 영상 시청 중 순간적인 표정을 측정하고 분석하고 있다. 어펙티바의 CEO 니콜라스 랑에벨트(Nicholas Langeveld)는 다음과 같이 말한다. "사람들은 자신의 감정을 말로 표현하는 데 어려움을 느낍니다. 때로는 본인도 모르는 미세한 감정 변화가 있죠." 이러한 감정은 표정 인식으로 포착할 수 있다는 게 찬성론자들의 주장이다. 조사회사인 칸타 밀워드 브라운(Kantar Millward Brown)은 현재 광고 시험 방법 중 안면 인식을 포함하고 있으며, 닐슨(Nielsen) 등 다른 기업들도 마찬가지다. 어펙티바의 경쟁사인 이모션트(Emotient)는 UC샌디에이고대학교의 기계인지연구소(Machine Perception Lab)에서 출발했으며, 현재는 실험실을 넘어 현장 실사용 환경에서의 광고 반응 측정을 강화하고 있다.

그럼, 해결책은 무엇인가? 이 장에서 살펴보겠지만, 마케터들은 광고 효과를 파악하기 위해 다양한 방법을 시도 중이다. 그중에는 기존 방식도 있고 새로운 방식도 있다. 혹은 그 둘을 결합한 방식도 있다. 아이트래킹(시선추적, eye tracking), 안면 인식, 신경과학기반 분석 등 새로운 기술은 전통적인 회상률 및 태도 변화 측정과 함께 활용되고 있다. 더 많은 유통업체들이 기여도 모델링(attribution modeling)을 도입하여 다양한 미디어 접점의 성과를 평가하려 하고 있다. 감성적 광고 대 인지적 광고, 창의성의 영향, 스토리텔링 대 직접적 설득 광고 등 다양한 변수의 효과를 측정하려 한다.

광고 효과 측정의 가치와 방법에 대해서는 오랜 시간 동안 논쟁이 있었지만, 최근 들어 "측정 자체는 꼭 필요하다"는 점에는 대부분 동의한다. 그리고 이제는 다양한 방법을 병행하여 사용하려고 한다. 어펙티바와 칸타 밀워드 브라운 모두 "안면 인식은 단독으로 사용해서는 안 되고, 전통적인 광고 카피 시험과 병행해야 한다"고 권장한다. 아마 이것만큼은 모두가 동의할 수 있지 않을까?

자료: Katharine Schwab, "It's Time to Ditch Google Analytics," February 1, 2019, www.fastcompany.com; "TV Needs a Measurement Update," March 29, 2019, www.warc.com; AmyGesenhues, "What Counts as a Video View? A Refresher on How Social Platforms Calculate Video Ad Views," March 29, 2019, www.thirddoormedia.com; Jake Ferguson, "Click-Through Rate Is Well Past Its Sell-by-Date," February 26, 2019, www.warc.com; "Facial-Recognition Lets Marketers Gauge Consumers' Real Responses to Ads," May 18, 2015, www.adage.com; Shane Snow, "Brands Are Measuring Their Content All Wrong," April 22, 2014, www.contently.com; Jack Marshall, "Native Advertising Measurement Is All over the Map," April 17, 2015, www.wsj.com; "Display Ad Effectiveness in the Purchase Funnel," October 22, 2015, www.msi.org; www.mediapost.com; Laurie Sullivan, "Retailers Use Attribution Modeling to Measure the Touchpoints Driving Sales," May 28, 2013, www.emarketer.com.

는 Chiat/Day(현 TBWA\Chiat\Day) 광고대행사가 애플 매킨토시의 론칭을 위해 제작한 것으로, 그 창의성으로 인해 많은 사람들이 역사상 최고의 광고 중 하나로 평가하며, 매킨토시의 성공에 크게 기여했다고 본다.

반면 마케팅 관리자는 상품과 브랜드의 성공과 실패에 모든 책임을 지고 있다. 또 상당한 예산이 광고와 프로모션에 투입된 이상 특정 프로모션 프로그램이 시장에서 어떤 성과를 낼 것인지를 파악하는 것은 마케팅 관리자의 권리이자 의무인 것이다. 앞서 논의한 것과 같이, 오늘날 많은 관리자들이 매체뿐만 아니라 크리에이티브 전략까지도 희생시키며 전통적 광고전략을 소셜 및 디지털 매체로 옮기고 있다. 이는 크리에이티브 디렉터들의 불만을 야기한다. comScore ARS가 실시한 흥미로운 연구에서는, 캠페인의 효과성에 기여하는 요소로서의 크리에이티브 품질과 기타 마케팅 변수들(광고 품질, 매체 전략, 가격, 판촉, 유통 등)을 비교·분석하였다. 이를 보면 광고 품질이 52%로 매출 변동에 가장 높은 영향을 미쳤다(도표 18-1 참고).

사진 18-1

이 광고에서 Chiat/Day는 1984년 애플 광고의 사례를 제시함으로써 회상 테스트(recall test)에 대한 자신의 견해(광고 전 테스트에서 최악의 평가를 받았지만 광고가 방영된 후 최고의 광고로 평가받고 있다는 내용)를 표현하고 있다.

자료: TBWA\CHIAT\DAY

도표 18-1

캠페인 효과에 기여하는 크리에이티브의 효과

변수	매출 변화 기여도*
광고 효과[†]	52%
매체 계획[‡]	13%
기타(가격, 프로모션, 유통 등)	35%

* 숫자는 각 변수에 따른 시장 점유율 변화의 비율을 나타냄

† 광고 품질은 ARS 설득력 점수를 기반으로 한 크리에이티브의 품질을 의미하며, 이는 모의 구매 상황에서 소비자 선호도의 변화를 측정한 것임

‡ 매체 계획은 GRP(총도달빈도), 광고 피로, 광고 노출의 연속형/집중형 등의 변수들이 포함됨

자료: comScore ARS Global Validation Summary

5. 시간: 조사를 하지 않는 마지막 이유는 시간이 없기 때문이라고 한다. 많은 관리자가 이미 많은 일들을 했기 때문에 조사에 시간을 낭비할 수 없다고 한다. 그들은 광고 메시지의 전달이 조사 때문에 늦추어지면 안 되며 이런 지연으로 인하여 자칫 기회를 잃을 수도 있다고 한다. 적절한 계획 수립(조사 일정 포함한)은 이런 주장에 대한 해결책이다. 광고 전문지 〈Advertising Age〉에 따르면, 특히 디지털 부문에서 시간 압박은 점점 심해지고 있다. 디지털 시대에 콘텐츠를 빠르게 공개해야 하는 환경은 광고 콘셉트를 검증하기 위해 사용되던 기존 프로세스에 도전 과제를 제기하고 있다. 그 결과, 많은 마케터들이 전통적인 카피 테스트를 생략하고 직관이나 감에 의존하는 리스크를 감수하고 있다. 많은 관리자들이 일이 많고 시간이 부족하다고 하지만 바쁘다고 조사를 생략하기에 조사는 너무 중요한 것이다.

빠른 대응이 필요하는 것도 적절한 계획을 통해 극복할 수 있다. 이러한 요구에 대응하기 위해, 몇몇 리서치 회사들은 서로 다른 크리에이티브 아이디어 버전을 빠르게 테스트하고, 몇 시간 안에 결과를 제공할 수 있는 도구를 개발 중이다. 적시성이 중요하다는 것은 사실이지만, 잘못된 메시지를 신속하게 전달하는 것은 무의미하거나 오히려 해로울 수 있다. 물론 시장상황이 시험을 할 것이냐 당장 실행할 것이냐의 양자택일을 강요할 수도 있을 것이다. 하지만 이런 급박한 경우에도 일정 수준의 조사를 한다면 실수를 방지하고 효과를 증대시킬 수 있을 것이다.

광고 효과 측정을 위한 조사

무엇을 조사할 것인가?

그럼 지금부터는 어떻게 커뮤니케이션의 효과를 측정할 것인지 알아보도록 한다. 그리고 이번 단락에서는 먼저 무엇을, 어디에서, 어떻게 평가할 것인지 살펴본다.

5장에서 커뮤니케이션 모델(발신자/광고 모델, 메시지, 매체, 수신자)의 요소와 그 요소의 중요성을 살펴보았다. 따라서 각각의 요소가 커뮤니케이션 과정에 어떻게 영향을 미치는지 살펴보는 것이 중요하다. 또 프로모션 계획 과정에 필요한 의사결정에 대한 평가도 필요하다.

광고 모델 요인 평가의 중요한 요소는 광고 등에 출연하는 회사의 광고 모델(source)이 얼마나 효과적이냐 그리고 표적시장에서 그 광고 모델에게 어떻게 반응하는가다. 어떤 제품의 광고 모델은 처음에는 아주 훌륭한 광고 모델이었으나 여러 가지 이유로 나중에는 그 효과가 떨어지기도 한다. 17장에서 논의한 바와 같이 부정적인 퍼블리시티는 광고 모델의 가치를 떨어뜨린다. 예를 들어, 사이클 선수였던 랜스 암스트롱(Lance Armstrong)은 도핑으로 몰락하자 많은 회사들이 후원계약을 파기했다. 완구 제조사 해즈브로(Hasbro)는 인플루언서의 효과를 테스트하기 위한 자체적인 방법론을 개발하였다.

메시지 요소 광고나 프로모션을 통해 전달된 메시지도 평가되어야 한다. 앞서 논의되었던 신제품 맥주 사례를 생각해보자. 그 사례의 문제점은 소비자들이 신제품 맥주를 사야 하는 이유를 적절히 설명해주지 못했기 때문이다. 혹은 그 광고가 맥주를 구매해야 하는 적절한 이유를 설명하고 있었으나, 그 광고 자체가 사람의 눈길을 끌지 못했었을 수도 있다. 또 어떤 메시지는 기억에는 남지만 결과적으로 마케팅 목표를 달성하지 못할 수도 있다. 예를 들어, 성적 매력에 소구(sex appeal)한 광고 효과에 대한 연구 결과를 보도록 하자. 성적 매력을 강조한 광고의 경우 여성보다는 남성이 이런 광고에 더 호의적이라고 한다. 하지만 성적 매력에 소구한 광고의 브랜드를 그렇지 않은 광고의 브랜드보다 잘 기억하지 못한다고 한다. 즉, 성적 매력에 소구한 광고는 사람들의 눈길을 끌 수 있을지는 모르나 사람들의 관심은 제품이나 브랜드가 아니라 다른 곳에 있다는 것을 보여준다. 최근 많은 기업들은 시청자들이 제품 및 브랜드 메시지에 대해 어떤 반응(흥분, 몰입, 스트레스, 불안 등)을 하는지 측정하려 한다.

매체 전략 평가를 위해서는 어떤 매체(예: 방송 매체 혹은 인쇄 매체)가 더 효과적인지, 어떤 하위 매체(예: 신문 혹은 잡지)가 더 효과적인지, 그리고 어떤 매체 비히클(vehicle, 예: 특정 신문 혹은 특정 잡지)가 더 효과적인지 분석해야 한다. 또 디지털 매체가 다른 매체 혹은 전통적 매체에 비하여 더 나은지도 평가해야 한다. 특히 전반적인 IMC 목표를 달성하는 데 각각의 매체별 효과를 분석해야 한다.

또 매체 **비히클의 발신자 효과**(vehicle option source effect)도 고려해야 한다. 이는 같은 광고가 같은 청중에게 전달되었어도 그 광고가 어느 매체 혹은 매체 브랜드에 실렸는지에 따라 그 매체에 대한 이미지가 광고 효과에도 전이된다는 것을 의미한다. 사람들은 광고의 맥락에 따라 다르게 인지한다.

매체에 대한 일정도 전체 메시지 평가에 영향을 미친다. 광고의 일정을 잡을 때는 크게 집중형(flight), 파동형(pulse), 연속형(continuous) 방식으로 나뉘는데, 일반적으로는 연속형 일정이 집중형 일정보다 그 효과가 크다고 한다. 또 회사 매출이 줄었을 경우나 불경기일 때 오히려 광고량을 늘리는 전략도 구사할 수 있다. 마케팅관리자는 광고 비용과 일정을 조정하여 어떤 경우에 어떤 광고 효과가 발생하는지 실험을 해보는 것도 한 방법이 될 수 있다. 여러 매체를 혼합하여 사용하는 기업들이 증가하면서, 각 매체의 개별 기여도 및 시너지 효과를 측정하려는 시도가 더욱 중요해지고 있다.

예산 결정 많은 연구들이 광고예산과 광고 효과의 관계 그리고 광고 효과가 상품 판매에 미치는 영향을 분석했다. 또 많은 회사들이 그들의 광고예산 증가가 매출액 증가로 연결되는지 연구하였다. 이런 관계를 증명하는 것은 아주 어려운 일이다. 왜냐하면 광고와 상품의 매출 관계를 볼 때 광고 이외에도 매출에 영향을 미치는 다른 요인들이 무수히 많기 때문이다(예: 경기, 경쟁사, 제품 품질, 언론 보도 등). 따라서 매출 이외의 인지도, 이미지, 구매 의도와 같은 다른 커뮤니케이션 목표를 가지고 평가할 때 보다 정확한 관계를 측정할 수 있다.

언제 조사할 것인가?

모든 효과 조사 방법은 그 조사를 언제 실시하는가로 구분할 수 있다. 먼저 **사전조사**(pretest)는 캠페인이 시작되기 전에 하는 조사를 의미하고, **사후조사**(posttest)는 캠페인이 시작된 이후 하는 조사를 말한다. 다양한 사전조사와 사후조사 기법들이 존재하며, 각각의 조사 방법은 특정한 목적을 가지고 설계되어 있다. 도표 18-2은 여러 조사기법을 정리해 놓은 것이다.

도표 18-2
광고 효과 조사의 종류

사전조사
실험실법
소비자 배심원, 극장 시험, 가독성 조사, 포트폴리오 조사, 러프 테스트, 이해도와 반응도 조사, 콘셉트 조사, 생리학적 측정
현장조사법
더미 광고 조사, 온에어 조사
사후조사
현장조사법
회상률 조사, 단일원천 조사, 재인 조사, 연상 측정, 질문 조사, 추적 조사

사전조사 사전조사는 커뮤니케이션이 실시되기 전 다양한 시점에서 이루어질 수 있는데, 초기의 아이디어 개발 단계부터, 대략적인 광고 시안이 제작된 시점, 혹은 광고가 방송되기 직전의 최종 버전을 가지고 실시할 수 있다. 여러 형태의 사전조사 중에는 콘셉트 조사(concept testing)가 있는데, 이는 광고 제작의 가장 처음 단계에 실시되는 것이다. 이때는 광고의 아이디어, 기본 콘셉트, 포지셔닝 문안들이 실험된다. TV 광고의 경우에는 스토리보드나 애니메틱스(animatics, 애니메이션화된 광고안)를 실험한다. 이런 실험을 통하여 부족한 점을 발견하여 수정하고 TV 광고를 개선하게 된다. 크램폰(Cramphorn)에 의하면 이런 사전조사를 하는 가장 큰 이유는 여러 대안 중에서 나쁜 것을 탈락시키고, 최고를 뽑고, 좋은 광고를 더 좋게 만드는 것이라고 한다. 또한 그는 사전조사를 통하여 어떤 광고를 커뮤니케이션하기 전에 그 광고의 효과를 예측하는 것이 중요하다고 했다.

사전조사를 하는 방법은 다양한데 그중에 FGI(focus group interview, 초점집단면접)가 있다. 이 조사에서는 소수의 사람들을 모아 광고를 보여주고 광고로부터 유추되는 의미를 자유롭게 토론하게 한다. 또 다른 광고 대안에 대한 장단점의 의견을 듣고 광고를 보다 잘 만들기 위한 제안도 수집한다. FGI 이외에도 광고에 대한 의견을 설문지를 통해 점수화(rating scale)하는 조사 방법도 있다. 또 가정방문 인터뷰(in-home interview), 쇼핑몰 설문(mall intercept), 인터넷 설문, 실험실 조사 등의 방법도 사용된다.

이런 사전조사의 큰 장점은 저렴한 비용으로 반응을 미리 확인할 수 있다는 것이다. 또 만약 콘셉트에 문제가 있다면 혹은 그 전달방식에 문제가 있다면 많은 돈이 들어가는 광고제작 과정에 들어가기 전에 문제를 발견할 수 있다. 어떤 경우에는 두 개 이상의 광고 대안을 만들어 어떤 것이 더 효과가 좋을지를 실험해볼 수도 있다.

광고가 적절한 효과를 낼 수 있을지 없을지를 광고를 실행하기 전에 실험해보는 것이 광고 실행 후에 문제를 해결하는 것보다 훨씬 비용이 적게 든다는 측면에서 사전조사의 당위성을 찾을 수 있다.

사전조사의 한계점은 먼저 사전조사에 사용된 스토리보드나 애니메틱스로 측정한 효과가 실제 최종 광고의 효과와는 차이가 날 수 있다는 것이다. 광고 최종본의 분위기나 감성적인 면은 스토리보드나 애니메틱스로 충분히 전달하기가 어렵기 때문이다. 또 다른 한계점은 시간이 지체된다는 것이다. 많은 마케팅 관리자는 아이디어를 경쟁사보다 시장에 처음 소개하는 것이 중요하다고 생각하기 때문에 조사를 생략하고 빨리 커뮤니케이션을 하는 것이 좋다고 믿는다. 하지만 이는 매우 위험한 생각이다.

사후조사 사후조사 역시 많은 광고주와 광고대행사가 실시하고 있다. 사후조사는 (1) 캠페인이 캠페인 목표를 달성했는지 측정하고, (2) 다음 광고제작의 상황분석 자료로 사용하기 위하여 실시된다.

어디서 조사할 것인가?

언제 조사할 것인가에 더하여 어디서 조사할 것인지 결정해야 한다. 사후조사는 실험실에서나 현장에서 조사할 수 있다.

실험실 **실험실 조사**(laboratory test)는 사람들을 특정한 장소에 소집시키고 그곳에서 광고를 보게 한다. 조사원은 실험 참가자에게 설문지를 통한 질문이나 동공 확장 검사, 아이트래킹, 생리적 측정기법, 뉴로마케팅(neuromarketing, 뇌파측정)) 기법을 이용하여 반응을 측정할 수도 있다.

실험실 조사의 가장 큰 장점은 연구자가 원하는 통제(control)를 하기가 용이하다는 것이다. 광고 문안, 그림, 형식, 색깔 등을 바꾸어가며 각각의 효과를 측정할 수 있다. 실험실에서는 각 변수에 대한 개별적인 효과를 측정하기에 용이하다.

반면 실험실 조사의 가장 큰 단점은 현실성이 부족하다는 것이다. 이런 현실성의 결여를 바로 **실험 편향**(testing bias)이라고 부른다. 사람들이 실험실에 와서 광고를 볼 때는 아무리 실험실을 일반 가정집의 응접실처럼 만들었다고 해도 집과 달리 그 광고에 보다 집중해서 보게 마련이다. 두 번째 문제는 집에서 텔레비전을 볼 때처럼 자연스러운 시청환경을 재현할 수 없다는 것이다. 즉, 집에서 TV 시청 시 이를 방해하는 요소(가족, 반려동물, 배경 소음 등)와 집에서 시청할 때의 편안함 등을 재현하기 힘들다는 것이다. 단지 최근 이를 개선한 조사법이 개발되기도 했다. 결론적으로 보면 이런 단점에서 불구하고 실험실 조사의 장점(통제할 수 있음)이 더 크고 이 때문에 실험실 조사가 많이 사용되고 있다.

현장조사 **현장조사**(field test)는 광고를 자연스러운 시청환경(잡음이나 집중을 방해하는 요소 그리고 집에서의 편안함)하에서 실험하는 것이다. 현장조사를 통하여 반복된 광고의 효과, 광고 내용에 대한 효과, 또 경쟁사의 광고와 비교한 효과 등을 측정할 수 있다.

현장조사의 가장 큰 단점은 통제하기 힘들다는 점이다. 즉, 시청자가 광고를 평가할 때 광고의 각 요소별 효과를 분리해서 측정하기 힘들다는 것이다. 또 실험을 하는 중에 예기치 못한 일이 발생하였을 경우 이것이 결과에 영향을 미칠 수 있다. 또 경쟁사가 이런 실험을 방해할 수도 있다. 마지막으로 현장조사는 실험실 조사에 비하여 시간과 돈이 더 많이 든다. 따라서 즉각적인 실행을 위해서는 적합하지 않다. 결과적으로 현장조사는 현실성을 추구하기 위해서 다른 부분을 희생한 조사법이라고 할 수 있다. 어떤 것을 선택할지는 연구자의 몫이다.

어떻게 조사할 것인가?

앞서 무엇을 조사하고, 언제 조사하고, 그리고 어디에서 조사할 것인지를 살펴보며 전반적인 조사 절차와 몇 가지 중요 용어들을 설명하였다. 이번에는 일반적으로 각 단계에서 사용되는 조사기법들에 대하여 소개한다. 먼저 광고를 무엇으로 평가할지 그 기준을 정하는 것이 중요하다.

평가를 위한 연구는 쉬운 일이 아니다. 미국 내 가장 큰 21개 광고대행사들은 "광고를 준비하고 실험하는 데 사용되는 조사기법을 발전시키고, 광고주를 위해 보다 나은 창의력을 제공하며, 텔레비전 광고의 비용을 통제"하기 위한 원칙을 수립하였다. **팩트**(Positioning Advertising Copy Testing, PACT)라고 불리는 이 9가지 원칙은 **카피 시험**(copy testing)을 다음과 같이 정의한다. "광고가 시장에 발표되어도 될지를 결정하는 시점에 실시되는 연구로 단일 시험 혹은 여러 시험을 통하여 특정 광고의 실행 여부를 결정하는 데 도움을 주고자 하는 것이다." 적절한 카피 시험을 하기 위한 9가지 원칙은 도표 18-3에 자세히 나와 있다.

디지털 측면에서, 브랜드 친화적인 디지털 매체 광고 환경을 조성하기 위한 업계 전반의 노력의 일환으로, 블루리본 태스크포스(blue ribbon task force)가 구성되었다. 이 태스크포스

도표 18-3
PACT(Positioning Advertising Copy Testing)

1. 광고 목표와 관련 있는 측정 방법을 준비할 것
2. 각각의 조사를 실행하기 전에 미리 조사 결과를 어떻게 활용할지 합의할 것
3. 복수의 측정지표(하나의 측정지표로 광고 효과를 측정하는 것은 적절하지 않으므로)를 준비할 것
4. 커뮤니케이션에 대한 사람의 반응 모델(자극을 받아들이고, 자극을 이해하고, 자극에 반응하는)을 기본으로 할 것
5. 광고 자극이 한 번 이상 노출할 필요가 있는지를 고려할 것
6. 가능한 한 완성도가 높은 광고 카피로 측정할 것, 최소한 비교되는 광고 카피와 완성도가 같을 것
7. 광고가 노출되는 상황에 편향 효과가 나타나지 않도록 통제할 것
8. 표본에 대한 정의를 정확히 할 것
9. 신뢰도와 타당도를 달성할 것

는 인터랙티브 광고 측정 방식을 발전시킴으로써 디지털 매체 광고를 브랜드에 더 친숙하게 만들고자 노력하고 있다. "측정의 의미를 바로 세우기(Making Measurement Make Sense)"라는 제목의 이 프로젝트는 미국 광고대행사협회(4As), 미국광고주협회(ANA), 인터랙티브 광고국(IAB)의 공동 노력이다. 이 프로젝트의 목표는 "디지털 매체 측정치를 전통 매체의 측정치와 직접 비교할 수 있도록 만드는 동시에, 인터랙티브성(interactivity)이 브랜드 캠페인에 제공하는 고유한 가치를 평가할 수 있는 능력은 유지하는 것"이다. 이 위원회는 이 목적을 위해 다섯 가지 핵심 원칙을 수립했다(도표 18-4 참조).

이처럼 광고주와 광고대행사는 적절한 조사 방법을 개발하는 것에 많은 관심을 가지고 있다. 위에 소개된 규칙을 철저히 지킨다고 하여 완벽한 조사가 보장되지는 않지만 이런 규칙을 통해서 조사 방법의 개선이 이루어지고 조사 방법의 문제를 완화시킬 수 있다.

도표 18-4
디지털 광고 측정의 5가지 원칙

1. '보이는 노출 수(viewable impressions)' 기준을 도입하고 실제 노출만을 집계해야 한다.
2. 온라인 광고는 총노출 수가 아닌 '청중 기준 노출'을 기준으로 해야 한다.
3. 광고 단위는 모두 동일하지 않기에, 명확한 분류 시스템이 필요하다.
4. 중요 인터랙션 지표를 정의하여, 브랜드 마케터가 온라인 광고의 브랜드 기여도를 평가할 수 있도록 해야 한다.
5. 디지털 매체 측정은 다른 매체와 점점 더 통합되고 비교 가능해야 한다.

자료: Author created from www.measurementnow.net.

조사 절차

조사는 광고를 개발하는 여러 단계에 걸쳐서 진행될 수 있다. (1) 콘셉트 개발 조사, (2) 초기단계의 광고디자인, 카피(문안), 광고물에 대한 조사, (3) 완성단계의 광고에 대한 사전조사, (4) 광고에 대한 시장조사(사후조사) 등이 있다.

콘셉트 개발과 조사

도표 18-5는 광고의 콘셉트 조사에 필요한 절차를 설명하였다. **콘셉트 조사**(concept testing)

도표 18-5
콘셉트 조사

목표
문장, 그림, 기호 등으로 표현된 다양한 광고 콘셉트에 대한 소비자의 반응을 조사하는 것
조사 방법
여러 대안 콘셉트들이 제품의 표적 청중에 해당하는 소비자에게 제시된다. 여러 콘셉트들에 대한 소비자의 반응과 평가가 FGI, 직접질문법, 설문지법 등의 조사법을 통해 수집된다. 표본 크기는 몇 가지의 콘셉트가 제시되느냐 그리고 반응이 얼마나 서로 일치하는지에 따라 정해진다.
결과물
여러 대안 콘셉트를 평가하고 비교한 정성적 혹은 정량적 데이터

는 광고 캠페인을 만드는 초기 과정에 실시되며 표적 소비자 집단이 개발하고 있는 광고의 내용이나 다른 광고 대안에 대한 반응을 조사하는 것을 목적으로 한다. 제품에 대한 포지셔닝 설명, 광고 카피, 광고 제목 그리고 광고디자인 등이 조사에 포함된다. 콘셉트 조사에서는 아직 본격적인 광고를 제작하기 전에 광고의 제목이나 광고디자인의 대략적인 스케치 정도를 가지고 조사한다. 또 광고에 사용할 색상, 문안의 글꼴, 광고물 디자인, 혹은 POP(point-of-purchase) 디자인 등을 평가한다.

콘셉트 조사에서 가장 흔히 사용하는 조사 기법은 FGI로 제품의 표적 소비자층을 대변할 수 있는 8~10명 정도를 모아서 실시된다. 여기서 회사는 제품에 대한 콘셉트에서 광고에 대한 콘셉트까지 모든 것을 시험한다. 또 많은 회사들에게 있어서 FGI는 조사 과정의 첫 단계로 실시된다. FGI는 한 번만 실행하는 것이 아니라 다른 집단을 대상으로 몇 번씩 반복하는 경우가 일반적인데 몇 번을 반복해야 하는지는 실험에서 의견이 얼마나 일치되게 나왔는지, 반응의 강도가 어떤지, 그리고 광고에 대한 콘셉트를 얼마나 좋아하는지 혹은 싫어하는지에 따라 다르다. 어떤 경우에는 50번이 넘는 FGI를 실시하기도 하지만 보통은 콘셉트 조사를 위해 10번 이내의 FGI를 실시하는 경우가 많다.

FGI는 마케팅 관리자들이 가장 좋아하는 조사법의 하나로 사실 너무 남용되는 경향도 있다. FGI가 널리 쓰이는 이유는 먼저 데이터를 수집하기 용이하고, 반응을 직접 관찰할 수 있으며, 즉시 그 결과를 알 수 있기 때문이다. 또 여러 가지에 대하여 조사할 수 있고 소비자가 중요하다고 생각하는 부분에 대하여 충분히 심도 깊게 얘기할 수 있다. 더군다나 FGI는 통계가 필요한 정량적인 조사방식이 아니라는 것이다. 사실 많은 마케팅 관리자들은 통계적인 조사법에 대한 지식이 별로 없기 때문에 통계적 분석이 필요 없는 정성적인 조사방식인 FGI를 선호하게 된다. 물론 FGI에도 단점이 있다. 도표 18-6은 FGI를 어떤 경우에 적절하게 사용할 수 있는지 혹은 어떤 경우에 사용하기 적절하지 않은지를 설명하고 있다.

도표 18-6
FGI의 단점

- 결과를 개량화할 수 없다.
- 표본이 너무 작아서 결과를 일반화할 수 없다.
- FGI의 집단 내 영향이 참가자의 반응을 왜곡할 수 있다.
- 한두 명의 발언 대부분을 차지하거나 토론의 방향을 좌우할 수 있다.
- 소비자가 갑자기 '전문가' 행세를 하게 된다.
- FGI 참가자가 표적 소비자 집단을 대표하지 못할 수 있다.
- 실제보다 결과가 너무 전형적이거나 확정적일 수 있다.

사진 18-2

콘셉트 조사에 사용되는 온라인 FGI의 예

자료: FocusVision

FGI 이외에 콘셉트 조사를 할 수 있는 조사법으로는 쇼핑몰 설문(mall intercept)조사가 있다. 이는 쇼핑객이 많은 상점가에서 지나가는 사람에게 광고 콘셉트를 제시하고 그 콘셉트에 대한 의견을 설문지, 점수표, 혹은 순위의 형태로 수집하는 것을 의미한다. 또 최근에는 인터넷을 이용한 조사도 실시되고 있다. 인터넷을 통하여 광고 콘셉트를 설명하고 인터넷을 통하여 그 반응을 거의 실시간으로 수집하는 것이다. 또한 온라인 FGI가 아이디어 테스트에 더 자주 사용되고 있다(사진 18-2 참조). 이런 인터넷 조사법은 조사 비용을 절약할 수 있고, 시간도 줄일 수 있기 때문에 점점 더 보편화되고 있다. 최근에는 온라인을 통한 인터넷 조사와 오프라인에서의 전통적인 조사법을 결합한 하이브리드(hybrid) 조사법도 이용되고 있다.

초기 단계의 광고디자인과 문안에 대한 조사

최종 광고를 제작하는 데는 많은 제작비용이 소요된다. 특히 TV 광고의 경우 제작비가 엄청나다. 따라서 최종 광고를 제작하기 전에 최종 광고가 어떻게 나올지 그리고 소비자의 반응은 어떨지 미리 조사하는 경우가 점점 많아지고 있다. 이런 조사는 광고디자인, 애니메이션화한 광고, 광고의 분위기를 보여주는 사진 등을 가지고 실시된다. 도표 18-7은 이런 실험에 사용되는 용어를 설명해주고 있다. 이런 조사는 비용이 많이 들지 않고, 또 최종 광고가 잘못되었을 때의 비용이 너무 크기 때문에 점점 더 많이 실시되고 있다.

비용적인 측면은 이런 조사의 단지 한 가지 장점일 뿐이다. 조사를 통해 관련성 있고 정확한 정보를 제공하지 못한다면 조사는 가치가 없다. 초기 광고 시안 조사(rough test)는 실제 완성된 광고의 성과를 예측할 수 있어야 한다. 관련된 연구 결과를 보면 광고 시안을 가지고 실시한 광고디자인과 카피에 대한 조사 결과와 최종 광고 제작물의 조사 결과가 높은 상관관계를 가진다고 한다.

이런 시안 제작 과정에서의 조사는 대부분 실험실에서 실시되며, 일부는 실제 시청 상황에서 실시되기도 한다. 이런 실험을 위한 일반적인 조사기법으로는 이해와 반응 시험(compre-

도표 18-7

초기 단계의 광고디자인과 문안에 사용되는 용어

애니메이션 광고 시안	사진 광고 시안	실사 촬영 광고 시안
연속된 그림 또는 만화 컷 구성 렌더링된 일러스트 또는 원화 정지 화면 구성 움직임 시뮬레이션: 프레임의 팬/줌 효과 빠른 장면 전환	연속된 사진 컷 구성 실제 인물 및 배경 촬영 정지 화면 구성 움직임 시뮬레이션: 프레임의 팬/줌 효과 빠른 장면 전환	실제 영상(라이브 모션) 대역 배우 또는 비배우노조 배우 사용 비제작조합 스태프 활용 소품 제한/최소한의 영상 합성 활용 실제 장소(로케이션) 촬영
완성된 광고안 사용		
실사 촬영 또는 애니메이션 결합 사용 고액의 배우노조 배우 출연 제작노조 소속 전문 제작 스태프 활용 고급 소품, 스튜디오 세트, 특수 효과 사용		

hension and reaction test)과 소비자 배심원 조사 등이 있다. 인터넷을 이용한 현장조사도 이 단계에서 이용되기도 한다.

1. **이해와 반응 시험**: 광고주 입장에서 가장 중요한 관심사는 광고를 본 소비자들이 그 광고가 의도한 내용을 이해할 것인가다. 또 두 번째로 중요한 것은 광고를 보고 어떤 반응을 보일 것인가다. 어느 광고주도 소비자들이 자신의 광고를 보고 부정적 반응을 보일 것을 기대하지는 않는다. **이해와 반응 시험**(comprehension and reaction test)은 바로 이런 반응을 측정하기 위해서 실시된다.

   이해와 반응 시험은 한 가지 정형화된 실험법이 있는 것은 아니다. 이 실험에는 개별 인터뷰, 집단 인터뷰, FGI 등의 다양한 방법이 사용된다. 표본 크기도 다양한데 일반적으로 적게는 50명에서 많게는 200명 정도의 응답자를 모집하는 경우가 많다.
2. **소비자 배심원단**: 이 방법은 제품의 표적집단을 대표할 수 있는 소비자들을 대상으로 광고의 성공 가능성을 확인하는 것이다. **소비자 배심원단**(consumer jury)은 광고의 디자인과 문안이 포함된 몇 개의 광고 시안을 보고 이에 대하여 점수를 매기는 방식으로 진행된다. 소비자 배심원단의 목표와 실행 방법에 대하여는 도표 18-8에 설명되어 있다.

   소비자 배심원단은 통제가 용이하다는 것과 비용대비 효과가 크다는 장점이 있는 반면 아래와 같은 한계점도 존재한다.

   - **참가 고객이 자신을 자칭 전문가인 것처럼 생각할 수 있다**: 소비자 배심원단의 장점은 이 방법이 제품이나 서비스에 대하여 객관적이고 관여도가 높은 표적 소비자 집단이 평가에 참여한다는 것이다. 하지만 이 조사에 참가한 소비자들은 광고에 대한 비평을 요청받았다는 것을 인식하고 자신이 전문가가 되어야 한다는 생각을 가진다. 따라서 평소보다 광고에 대하여 관심을 가지고 또 더욱 비판적인 시각으로 본다. 이에 결과가 객관적이지 않거나 중요하지 않은 부분에 평가가 집중될 수 있다.
   - **평가할 수 있는 광고 수가 제한적이다**: 순위 매기기(order of merit) 방법을 사용하건 혹은 쌍대 비교법(paired comparison)을 사용하던 광고 시안에 대한 순위를 매기는 것은 그 대안의 숫자가 늘어날수록 어렵게 된다. 예를 들어, 10개의 광고 대안을 가지고 순위를 매긴다고 생각해보자. 상위 두 개와 하위 두 개는 상대적으로 쉽게 고를 수 있을 것이다. 하지만 중간의 6개는 사실 그 차이를 구별하는 것이 쉽지 않다.

도표 18-8
소비자 배심원단

목표
잠재 시청자(소비자)가 광고에 대하여 그들의 반응과 평가를 하도록 요구받는다. 두 개 이상의 광고를 비교하는 경우에는 그들의 선호에 따라 각각의 광고에 점수를 매기거나 순위를 정하게 된다.
방법
참가자들은 광고를 본 다음에 (1) 순위 매기기법이나 (2) 쌍대 비교법을 이용하여 광고를 평가한다. 순위 매기기법은 응답자들이 각각의 광고를 '전체 광고 중에 n등'이라는 식으로 순위를 평가하는 것이고, 쌍대 비교법은 한 번에 두 개의 광고를 보여주고 둘 중에 어느 것이 더 좋은지를 표시하는 방식이다. 그리고 가장 많이 선택된 광고 시안이 가장 좋은 광고다. 소비자 배심원단은 주로 50~100명의 참가자로 구성된다.
결과물
만들어지고 있는 광고에 대한 소비자의 반응을 알 수 있으며, 복수의 광고 시안에 대하여 순위를 매길 수 있다.

쌍대 비교법의 경우는 대안의 개수에 따른 평가의 횟수가 아래 수식으로 계산된다.

$$\frac{n(n-1)}{2}$$

이 수식에 따르면 만약 6개의 대안이 있을 경우 총 15회의 평가를 거쳐야 하는 것이다. 즉, 대안의 수가 늘어날수록 평가는 점점 더 관리하기 힘들게 된다.

- **후광 효과가 존재한다:** 어떤 경우 평가 참가자들은 어떤 광고를 평가할 때 몇몇 결점에도 불구하고 다른 점들을 좋아하기 때문에 광고의 모든 요소들에 대하여 '좋다'고 평가한다. 이를 **후광 효과**(halo effect)라고 한다. 이런 후광 효과는 전체적인 평가를 왜곡하고 특정 부분을 개선할 수 있는 기회를 잃게 한다. 물론 부정적 후광 효과도 존재한다(전반적인 장점에도 불구하고 어떤 요소들을 싫어하기 때문에 전반적으로 '싫다'고 평가하는 경우).
- **특정한 광고 형태에 대한 선호가 객관성을 상실하게 한다:** 감성적인 광고나 그림이나 사진을 사용한 광고가 문안, 사실, 이성적인 광고보다 높은 점수를 받는 경우가 있다. 실제 시장에서는 정보를 전달하는 이성적 광고가 더 효과적일 수 있지만, 감성적 소구를 선호하는 배심원들에게는 낮은 점수를 받기도 한다.

위에 나열한 문제점들은 순위(ranking) 대신 점수(rating)를 사용할 경우 해결되기도 한다. 하지만 점수를 사용한다고 하여 항상 그 결과가 유효한 것은 아니다. 그래서 소비자 배심원단을 몇 년간 사용하다 보면 연구자들은 그 조사법의 타당성을 의심하게 되고 그 결과 뒤에서 설명할 다른 기법들이 더 많이 사용하게 된다.

A/B 테스트 **A/B 테스트**(A/B testing)는 오랫동안 마케터들에 의해 사용되어 왔다. 이 과정은 광고나 홈페이지의 두 가지 버전을 사전 공개 전에 테스트하여 어떤 것이 더 효과적인지를 확인하는 방식이다. 대부분(또는 모든)의 경우, 광고물이나 웹페이지는 완성된 상태다. 몰리 소앗(Molly Soat)은 개발 과정에서 더 이른 시점에 A/B 테스트를 사용해야 한다는 주장을 하면서, 테스트 시점을 너무 늦추면 기업에 비용이 더 들고, 동시에 효과도 덜할 수 있다고 지적한다. 소앗은 다수의 광고 전문가들이 소비자에게 완성된 두 개의 광고 중 하나를 고르게 하기보다는, 디스플레이 아트나 대본 등을 테스트하여 소비자의 사고방식을 조기에 파악할 것을 권장한다고 언급한다. 이는 소비자 인사이트 개발 비용을 줄이는 데 도움이 된다. 전문가들은 완성된 광고에 대한 A/B 테스트보다는 개발 초기 단계에서 A/B 테스트를 실시하고, 소비자의 감정이나 신경학적 반응을 측정하는 것이 좋다고 한다. 물론, 완성된 광고에 대한 A/B 테스트도 가능하다.

완성된 광고안에 대한 사전조사

완성된 광고안에 대한 사전조사는 마케팅 연구자나 광고대행사에서 가장 일반적으로 사용하는 조사기법이다. 이 단계에서는 완성된 광고가 사용되며 아직 시장에 발표하지 않았기 때문에 필요하다면 수정을 할 수도 있다.

많은 연구자들은 완성된 광고를 가지고 하는 시험이 더 나은 정보를 제공해준다고 한다. 여러 조사기법들이 인쇄 광고나 방송 광고 평가를 위해 사용되며, 실험실 조사법이나 현장 조

도표 18-9

G&R 리서치 앤 컨설팅

목표
개별 광고에 대한 성과를 이해하고 최종 광고에 대해 시험한다. 광고안 실행 전, 그 아이디어의 잠재력을 가늠하기 위해 조사와 시험을 수행한다.
방법
대면 인터뷰, 전화 조사, 인터넷 조사, 생리적 측정, 광고 반응 모델링, 정성적 및 정량적 조사, 얼굴 근전도(facial EMG) 등
결과물
메시지 개발 및 성과 최적화를 위한 매출 검증 기반의 방법론

사법을 사용한다.

인쇄 광고를 위한 실험에는 포트폴리오 시험(portfolio test), 가독성 분석(analyses of readability), 그리고 가상 광고 매체 광고 시험(dummy advertising vehicle)이 있으며, 방송 광고를 위한 조사에는 극장 시험(theater test)과 방송 시험(on-air test)이 있다. 인쇄 광고와 방송 광고를 위한 시험에는 생리적인 측정(physiological measure)을 하기도 한다.

완성된 인쇄 광고에 대한 사전조사 여러 가지의 완성된 인쇄 광고에 대한 사전조사 기법이 있다. 이 중 하나는 갤럽 앤 로빈슨 임팩트 시스템(Gallup & Robinson's Impact System)인데, 이는 도표 18-9에 설명되어 있다. 또 다른 조사 방법으로 포트폴리오 시험, 가독성 시험, 그리고 혼합 측정(hybrid measure) 등이 있다.

포트폴리오 시험 **포트폴리오 시험**(portfolio test)이란 실험실 조사기법으로 실험 참가자에게 실험하고자 하는 광고(test ad)를 비교하고자 하는 다른 광고(control ad)와 함께 보여준다. 그 이후 실험 참가자에게 본 광고로부터 기억할 수 있는 정보는 무엇이었는지 질문한다. 이 실험에서는 여러 광고 중 가장 높은 회상(highest recall)을 달성한 광고가 가장 효과적인 광고라고 가정한다.

포트폴리오 시험은 여러 광고를 직접 비교할 수 있다는 장점이 있는 반면에 아래와 같은 단점이 존재한다.

1. 광고의 창의성 혹은 전달방식과 관련 없는 요인들이 회상에 영향을 미칠 수 있다. 즉, 제품이나 제품군에 대한 관심 정도, 응답자가 실험에 참가하였다는 것을 인지, 실험진행자의 지시사항 등이 광고로부터 유발되는 차이보다 크게 작용할 수 있다는 것이다.
2. 회상이 가장 좋은 측정지표가 아닐 수도 있다. 어떤 연구자들은 특히 저관여 상품의 경우 회상보다 재인(recognition)이 더 나은 측정지표라고 하기도 한다.

포트폴리오 시험의 타당성(validity)은 시험 결과와 광고의 실제 실행 이후의 광고 열독률(readership) 간 상관관계 조사를 통해서 측정할 수 있다. 상관관계가 높다면 시험의 타당성이 높다는 것이다. 다만 이 타당성 조사는 광고가 실제 집행되기 전에는 측정할 수 없다는 문제도 있다. 포트폴리오 시험의 한 방법으로 **모의 잡지 시험**(mock magazine test)이 있으며, 이는 실제 잡지에 광고를 삽입하여 광고 효과를 시험하는 것이다.

가독성 시험 **가독성 시험**(readability test)은 응답자에 대한 조사 없이 커뮤니케이션의 효율성을 측정할 수 있는 기법이다. 이는 개발자인 루돌프 플레쉬(Rudolph Flesh)의 이름을 따서 **플레쉬 공식**(Flesch Formula)이라고 불리는데, 100 단어당 평균 몇 개의 음절이 있는지를 계산하여 광고 카피의 가독성을 측정하는 것이다. 사람의 관심 분야, 문장의 길이, 특정 단어의 친숙도 등이 같이 고려되며 표적 청중 집단의 교육 수준도 결과에 영향을 미친다. 이 실험 결과는 미리 정해진 기준과 비교한다. 이 실험법에 따르면 광고 문안은 각 문장이 짧고, 사용된 단어가 구체적이며 친숙하며, 개인적인 연관성이 있을 때 이해하기 쉽다고 한다.

플레쉬-킨케이드 독서용이성 점수(Flesch-Kincaid Reading Ease Score) 방식은 다른 실험법에서 발생하는 응답자의 편향이나 각종 오차를 줄일 수 있다는 장점이 있다. 사전 설정 기준은 비교를 위한 유용한 기준점을 제공한다. SMOG 가독성 공식(SMOG Readability Formula)과 프라이 그래프 공식(Fry Graph Readability Formula) 등 다른 가독성 측정 방법도 존재한다.

사진 18-3

입소스-ASI는 포괄적인 테스트 측정을 제공한다.

반면 단점도 있는데 광고 카피가 너무 기계적이 될 수 있으며, 조사를 통해 응답자의 직접적인 의견을 들을 수 없다는 문제점이 있다. 효과적인 조사를 위해서는 가독성 시험과 함께 다른 조사 방법도 병행할 필요가 있다.

새로운 인쇄 광고 사전 조사 방법 전통적인 인쇄 광고 사전조사 방법을 보완하기 위해, 여러 기업들이 기존 방식에 새로운 방법론을 도입하거나 가상 광고 매체 시험 같은 기존 방식을 개선하고 있다. 이런 방식은 주로 효과를 다양한 방식 또는 다양한 매체에서 측정하는 혼합 측정(hybrid measure) 방식이다. 예를 들어, 입소스-ASI 넥스트*커넥트(Ipsos-ASI Next*Connect)는 디지털 매체 혹은 전통 매체에서 광고를 시험할 수 있는 온라인 카피 테스트 도구를 도입하였다(도표 18-10 참조). 소비자들은 온라인 설문조사를 위해 모집되며, 다양한 광고 메시지에 노출된다. 결과는 광고에 노출되지 않은 통제 집단과 비교된다. 이 방법은 광고가 완성형이든 초기 단계 시안이든 테스트할 수 있으며, 단일 광고안 또는 복수 캠페인 요소 모두 테스트할 수 있고, 전통 매체나 새로운 매체 모두에서 광고 효과를 측정할 수 있다(사진 18-3 참조).

PTG(PreTesting Group)의 방법론은 응답자가 인쇄 광고, 태블릿 또는

도표 18-10

입소스-ASI 넥스트*커넥트

목적
광고주를 지원하는 카피 시험(copy test)으로 완성된 광고안 혹은 초기 단계 광고물을 전통 매체 또는 디지털 매체에서 개별 광고물이나 종합적 캠페인 형태로 시험함
방법
소비자를 모집하여 온라인 설문조사에 참여하게 하며, 이들은 다양한 광고 메시지에 노출됨. 결과는 어떤 광고에도 노출되지 않은 통제 집단(control group)과 비교하여 분석됨
결과물
표준화된 점수, 관련 광고 회상률(recall), 설득력(persuasion), 종합 진단 지표(comprehensive diagnostics), 그리고 광고에 의해 유도될 수 있는 시장 내 매출 가능성(in-market sales potential)을 포함

매장 내에서 광고를 보는 시간 등을 측정한다. 변경된(모의) 잡지에는 소비자 관심사에 맞춘 여러 광고가 포함되어 있다. 소비자들은 모르게, 잡지를 넘기는 동안 시선 추적 기술을 활용한 숨겨진 카메라가 페이지에서 시선이 머무는 위치, 머무는 시간, 광고의 정지 효과(stopping power)를 기록한다. 이 방법은 대면 방식 또는 온라인으로 수행할 수 있으며, 회상, 주요 메시지 전달 여부 등도 측정 가능하다.

칸타 밀워드 브라운(Kantar Millward Brown)은 자사 고유의 등록 상표 방식인 링크(Link)를 제공한다. 회사에 따르면, 링크는 광고에 대한 시청자 반응을 이끌어내기 위해 종합적인 진단 질문을 활용한다. 시선 추적을 포함한 비언어적 측정 도구도 사용되어 소비자의 즐거움, 이해도, 몰입도 및 기타 반응을 측정한다. 인지도(awareness), 설득력(persuasion), 단기 매출 가능성(short-term sales likelihood)이 주요 세 가지 측정지표로 제공된다. 다른 방법과 측정 방식도 존재하지만, 인쇄 광고의 사전조사에서 가장 일반적인 방식은 일련의 측정 기준을 포함하는 방식이다. 이 시험은 일반적으로 초기 단계 광고안 또는 완성된 광고안 모두에 사용될 수 있으며, 대부분 실험실 또는 온라인에서 수행된다.

완성된 방송 광고에 대한 사전조사 방송 광고에 대한 사전조사 기법으로 다양한 방법이 존재한다. 이들 테스트는 일반적으로 초기 단계 광고물 또는 완성된 광고 모두에 사용될 수 있으며, 대부분 실험실이나 온라인에서 수행된다. 앞서 언급했듯이, 인쇄 광고의 사전조사를 제공하는 대부분의 기업은 TV 및 기타 플랫폼까지 서비스 범위를 확장해왔다(도표 18-10에 설명된 ASI 방식은 매체를 초월하여 동일한 시험 플랫폼을 사용한다). 예를 들어, MSW · ARS 리서치는 광고 메시지와 캠페인의 효과를 평가할 수 있는 서비스를 제공하며, 여기에는 방송(TV와 라디오), 옥외 광고, 디지털 매체 등 다양한 접점을 조합한 시험이 포함된다. 이 회사는 브랜드 전략, 광고 콘셉트 단계부터 완성된 광고까지의 모든 크리에이티브 개발 단계, 모든 채널에 걸친 캠페인 평가, 광고 및 브랜드 자산 추적 조사, 추가적인 컨설팅 서비스를 포함한 리서치 솔루션을 제공한다.

극장 시험 광고에 대한 사전조사로 가장 일반적이었던 것은 **극장 시험**(theater test)이다. 극장 시험에서 참가자들은 어떤 TV프로그램을 보도록 초대되고 이들에게 실험하고자 하는 광고를 보여준다. 또 다른 집단에게는 다른 광고를 보여주어 먼저 실험한 광고 대비 어떤 효과가 있는지를 비교할 수 있는 기준으로 삼는다. 보통 250명에서 600명 정도가 실험에 참가하는데, 300명 정도를 실험하는 것이 일반적이다.

극장 시험을 하는 방법은 다양하지만 모든 극장 시험에서 브랜드 선호의 변화를 측정하는 것이 핵심이다. 또한 요즘에는 실험을 극장이 아닌 가정이나 사무실에서 시청할 수 있도록 프로그램 내에 광고를 삽입하는 방식을 사용하기도 한다. 어떤 경우에는 호텔이나 쇼핑상가의 연회장에 시청각실을 만들고 참가자들이 모여서 광고를 보기도 한다. 또 일부는 소비자에게 다이얼을 돌리거나 키패드의 버튼을 누르게 하여 지속적인 반응을 기록하도록 요구하기도 한다. 한 가지 방법론의 예는 도표 18-11과 사진 18-4에 제시되어 있다(10장에서 언급한 GfK 참조).

이런 극장 시험에 여러 단점이 있다고 지적하는 사람들도 있다. 먼저 실험환경이 너무 인위적이라는 것이다. 응답자 모집과 실험실 테스트 조건은 시험 효과(testing effect)라는 외생변수로써 영향을 미칠 가능성이 크며, 소비자들은 실제 환경에서는 거의 주목하지 않았을 광

도표 18-11

GfK AD*VANTAGE Pulse 기법

AD*VANTAGE Pulse 설문조사는 스튜디오에서 실시되는 테스트를 기반으로 한다. 응답자의 수는 일반적으로 약 125명이며, 이들은 일반적으로 특정 제품 종류의 사용자 집단으로 구성된다. 각 참가자는 TV 프로그램을 시청하며, 그 프로그램 사이 광고 시간에 실험용 광고를 본다. 그 후 참가자들은 프로그램에 대해 질문에 대하여 폐쇄형 질문과 개방형 질문에 대한 답을 터치스크린 시스템을 통해 응답한다. 핵심 측정 항목은 다음과 같다.

(1) 시청 가능성(visibility): 이 광고는 기억될 것인가?
(2) 브랜드 회상(branding): 이 브랜드는 기억될 것인가?
(3) 커뮤니케이션 효과(communications): 어떤 시각 자료와 메시지가 기억될 것인가?
(4) 브랜드 강화(brand enhancement): 이 광고는 브랜드에 대한 긍정적인 감정을 유발하는가?
(5) 설득력(persuasion): 이 광고는 비사용자가 제품을 사용해보도록 만들며, 기존 고객의 브랜드 충성도를 강화할 것인가?

진단 항목으로는 광고에 대한 인지도, 이해도, 독창성, 그리고 관여도 등이 포함된다. AD*VANTAGE Pulse 기법은 장면 별 분석(scene-by-scene analysis)을 가능하게 하며, 전통적인 형태의 광고는 물론 디지털 광고 시험에도 사용할 수 있다.

고에 노출되게 된다. 두 번째로는 광고를 한두 번 보고 브랜드 선호의 변화가 발생하는 것을 측정하려는 것은 너무 믿기 힘들다는 것이다. 실험 참가자들이 광고를 보고 브랜드 선호에 변화를 보이는 이유는 응답자들이 그런 기대를 받고 있다고 느끼기 때문이다. 마지막으로 이런 실험에서는 집단효과(group effect)가 발생해서 자신의 주장을 강하게 표현하는 사람들이 그렇지 않은 사람들의 반응에 영향을 준다고 한다.

하지만 극장 시험을 옹호하는 주장도 있다. 먼저 실험 환경을 통해 외생변수 효과를 통제할 수 있으며, 기준을 설정하여 비교하기 때문에 광고에 따른 효과를 예측할 수 있다고 한다. 마지막으로 브랜드 선호는 실제 매출의 변화와 밀접한 관계가 있다고 한다.

극장 시험은 몇 가지 단점에도 불구하고 회사들이 그들의 광고를 평가하기 위해 가장 널리 사용하는 조사 방법이다. 또 극장 시험은 광고의 장점과 단점을 파악할 수 있게 해주고 경쟁사 광고와도 비교할 수 있도록 해준다. 입소스-ASI(Ipsos-ASI)와 컨슈머 퀘스트(Consumer Quest) 같은 기업들은 현재 가정 내 및 온라인 극장 테스트 서비스를 제공하고 있다(사진 18-4 참조).

사진 18-4

이 GfK 광고는 그들의 연구와 테스트가 스마트한 비즈니스 결정을 돕는다고 주장한다.

자료: Gfk

방송 시험 실험하고자 하는 광고를 실제 TV프로그램에 포함시켜 방송하고 그 반응을 측정하는 것을 **방송 시험**(on-air test)이라고 한다. 일반적으로 완성된 광고로 시험하지만, 초기 단계 광고물로 시험할 수도 있다. 방송 시험은, 뒤에 설명할 단일원천 추적조사(single-source tracking research)로도 실시된다. 인포메이션 리소시스, 입소스-ASI, MSW · ARS, 닐슨을 비롯한 유명 마케팅 회사들이 이런 측정 서비스를 제공하고 있다. 방송 시험 기법은 현장 조사의 장점뿐만 아니라 단점도 가지고 있다. 방송 시험에서 가장 일반적으로 사용되는 측정지표는 **회상률**(recall), 즉 광고 또는 메시지를 기억하는 사람 수다.

Journal of Advertising Research에 게재된 Hu 등(2009)의 연구에 따르면 회상률 및 설득력 테스트가 자주 사용되긴 하지만 신뢰도나 타당도 면에서 만족스럽지 못하다고 했다. 그럼에도 불구하고 대부분의 방송 시험 조사기관은 실제 방송 광고 사전테스트에 대해 신뢰성과 타당성을 입증하는 근거를 제시하고 있다. 입소스-ASI와 MSW·ARS는 자사 사전조사 및 사후조사 결과에서 10번 중 9번 동일한 회상률을 기록한다고 주장하며, 이는 높은 신뢰도의 지표이자 광고가 전체 인구에 노출되었을 때 어떤 효과를 낼지 예측할 수 있는 좋은 지표라고 본다.

정리하면, 방송 시험은 실험실 방식에 비해 몇 가지 분명한 장점을 제공하며, 광고의 성공 가능성을 어느 정도 예측할 수 있는 정보를 제공한다. 다만, 사용되는 측정지표가 실제로 강한 예측력이 있는지는 다소 의문이 남는다.

생리학적 측정 상대적으로 흔하지 않지만 실험실에서 사용되는 광고 효과 측정법 중 **생리학적 측정법**(physiological measure)이 있다. 생리학적 측정법이란 실험참가자의 광고에 대한 비자발적 반응(involuntary response)을 측정하는 것이다. 이론적으로 비자발적 반응(사람이 자신의 의지로 통제할 수 없는 심장 박동이나 반사신경 작용 같은 것)을 측정하면 의식적인 반응을 측정할 때 발생하는 오차를 줄일 수 있다. 생리학적 측정에는 동공 확장 검사, 피부전도 반응, 아이트래킹(시선추적) 그리고 뇌파 검사 등이 있다.

1. 동공 확장 검사: **동공계측**(pupillometrics)은 어떤 자극에 따른 동공의 확장(pupil dilation)과 축소를 측정하는 것이다. 동공의 확장은 행동과 관련이 있으며 축소는 사람의 몸이 에너지를 절약하려고 할 때 발생한다.

   광고주들은 상품 디자인이나 광고의 평가에 동공 확장 검사를 적용해왔다. 동공 확장은 광고에 대한 관심과 선호를 나타내며, 흥분과 주목을 끄는 능력이 있다는 뜻이다. 반면, 동공계측을 통한 감정적 반응을 측정하는 것은 성공적이지 못했다.

   고비용과 다른 방법론적 문제로 인해 동공계측의 활용은 감소하는 추세다. 하지만 광고의 특정 요소를 평가하는 데에는 여전히 유용할 수 있다.
2. 피부전도 반응법: **피부전도 반응법**(galvanic skin response, GSR)은 **전기 피부 반응**(electrodermal response, EDR)이라고도 불리는 실험법으로 두 전극 사이에 약한 전류가 흐를 때 피부가 전류를 얼마나 잘 통과시키는지를 측정하는 것이다. 사람의 피부는 어떤 자극에 반응할 때 땀샘이 활성화되어 전도체(전류가 통하는)의 성질이 더 커진다. 이를 응용하여 광고에 대한 반응을 측정하는 것이다. 하지만 이 실험을 실시하는 데 여러 어려움이 있어 실제로 많이 사용되지는 않는다.
3. 아이트래킹: 디지털 및 소셜 미디어 관점 18-2에서도 소개한 것처럼, 보다 자주 사용되는 방법이 **아이트래킹**(eye tracking, 시선 추적) 실험이다(도표 18-12 참조). 이는 실험참가자

도표 18-12
아이트래킹 기법

목적
시청자의 시선 이동을 추적하여, 인쇄 광고에서 무엇을 읽거나 보는지, TV 광고, 웹사이트 또는 옥외 광고에서 어디에 주의를 집중하는지를 파악한다.
방법
광섬유 기술, 디지털 데이터 처리, 첨단 전자 장비를 활용하여 광고를 처리하는 동안 시청자 혹은 독자의 시선 이동을 추적한다.
결과물
독자가 무엇을 보고, 기억하며, 이해하는지 간의 관계를 도출한다. 인쇄 광고, 옥외 광고, TV 광고, 인쇄물, 웹사이트에서의 시선 이동 경로를 분석한다(제품 포장 디자인 평가에도 활용 가능).

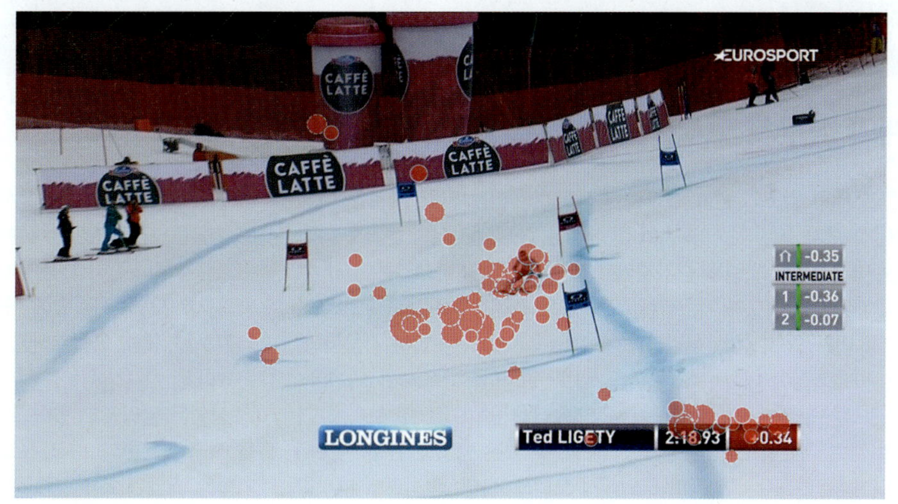

사진 18-5

센소모토릭(Senso Motoric)은 디지털 조사에서 점점 더 자주 사용되는 아이트래킹 솔루션을 제공한다.

자료: Tobii AB

가 광고를 시청하면, 센서가 적외선을 비추어 눈동자의 움직임을 추적한다. 이를 통해 참가자의 시선이 어디를 향하고 있는지 얼마나 머무르는지를 측정하게 된다(사진 18-5 참조). 계속된 눈동자의 움직임을 관찰함으로써, 해당 광고의 어느 부분이 시청자의 주의를 끌고 있는지, 얼마나 오랫동안 집중하고 있는지, 그리고 광고를 보는 시선의 순서까지 알 수 있다.

이를 통해, 아이트래킹은 광고의 장점과 단점을 분석할 수 있다. 예를 들어, 매력적인 모델이나 배경화면이 시청자의 관심을 브랜드나 상품으로부터 분산시킬 수 있다는 것을 측정하고 이를 수정할 수 있다. 반대로, 광고의 어떤 색깔이나 그림이 광고에 대한 집중을 증가시키는지 실험할 수도 있다.

아이트래킹 실험은 온라인 광고나 이메일에도 널리 적용되고 있다. 이 실험법을 사용하여 사람들이 컴퓨터 화면과 인터넷 광고를 볼 때 어디를 보고 있는지 확인할 수 있다. 스티브 아우팅(Steve Outing)과 로라 로엘(Laura Roel)의 연구에 따르면, 사람들이 인터넷을 볼 때 (1) 가장 먼저 인터넷 화면의 좌측 상단에 눈길을 주며, (2) 헤드라인에 주목하고, (3) 큰 글자는 전체를 훑어보기에 적합하고, 작은 글자는 사람들로 하여금 내용을 꼼꼼히 읽게 만든다고 한다. 디지털 및 소셜 미디어 관점 18-2에 다양한 활용 사례가 설명되어 있다.

4. 뇌파 검사: **뇌전도 검사**(electroencephalogram, EEG)는 뇌 속의 전자적 파형을 측정하는 것으로 최근에는 뉴런(neuron)과 마케팅(marketing)의 합성어인 뉴로마케팅(neuromarketing)이라는 용어를 사용한다. 이러한 전기적 신호는 알파파와 뇌기능분화 연구에 활용된다.

- 알파파 측정: **알파파 측정**(alpha activity)법은 뇌의 활성화 정도를 측정하는 것이다. 이론적으로 사람들은 쉬거나 잠자고 있을 때 알파파가 높아진다. 반면, 뇌가 어떤 일을 하고 있을 때나 무엇인가에 집중하고 있을 때는 알파파가 낮아진다. 이에 따라 실험참가자에게 광고를 보여주고 참가자의 알파파 수준을 측정하는 것이다. 즉, 광고가 재미있고 흥미롭다면 알파파가 낮게 표시될 것이다.
- 뇌기능분화 연구: **뇌기능분화**(hemispheric lateralization, 혹은 반구이론) 연구에서는 좌뇌와 우뇌의 알파파를 분리하여 측정하는 것이다. 일반적으로 우뇌는 영상적인 자극을 처리하고 좌뇌는 음성적인 자극을 처리한다고 알려져 있다. 또 우뇌는 보다 감성적인 자극에 반응하고 좌뇌는 보다 이성적인 자극에 반응한다. 그리고 우뇌는 재인(recognition)을

디지털 및 소셜 미디어 관점 18-2 > > >

학계와 실무자 모두 생리학적 측정이 효과적이라는 데 동의한다

책임성에 대한 강조와 광고 효과를 측정해야 한다는 압박, 새로운 매체의 폭발적 증가, 기존 매체의 변화 및 개선은 광고 메시지의 성과를 파악하려는 마케터들의 노력을 증가시키고 있다. 이에 따라, 새로운 조사 방법론이 개발되고 있으며 기존 기술도 이 같은 측정을 지원하도록 변화되고 있다. 이들 중 다수는 신경과학(neuroscience)의 기법을 사용한다. 효율성과 효과성에 대한 수요에 따라, 뉴로-인사이트(Neuro-Insight)의 헤더 앤드루(Heather Andrew)는 신경과학 원칙을 이용하여 보다 효과적인 브랜드 커뮤니케이션을 가능하게 할 수 있는 방법에 관한 논문을 발표하였다. 앤드루는 "행동의 무의식적 모티베이션을 중심으로 분석함으로써, 신경과학은 크리에이티브와 매체 선택, 그리고 캠페인의 궁극적인 효과 사이의 관계를 이해할 수 있도록 해준다"고 말했다. 그녀는 이러한 방식이 마케터로 하여금 소비자가 주장하는 구매 동기를 넘어, 사람들 머릿속에서 실제로 무슨 일이 일어나고 있는지를 이해할 수 있게 해준다고 말한다. 이 중 일부는 꽤 성공적인 것으로 드러나고 있다.

학계에서는, 이너스코프(Innerscope)와 템플대학교(Temple University)의 교수들이 협력하여 수퍼볼(Super Bowl) 광고에 대한 심박수와 호흡 패턴 그리고 기능적 자기공명영상(fMRI) 데이터를 포함한 생리적 반응을 측정하였다. 또 다른 마케팅 교수팀은 시각이미지이론(visual imagery theory)을 활용하여 소비자들이 스폰서와 자신이 참석한 이벤트 사이의 연관성을 인식하고 있는지를 조사했다. 그 결과 "이벤트를 '더 고품질'이라고 평가한 참가자들은 대회에 노출된 스폰서 제품에 대해서도 더 긍정적인 태도를 보였다"고 한다.

실무자들도 여기에 동참하고 있다. 많은 광고주들은 클릭률이 웹 광고의 효과를 측정하는 데 최선의 지표는 아니라는 것을 알고 있기 때문에, 리얼뷰(RealVu)와 같은 기업은 사용자가 실제로 광고에 노출된 시간을 측정하고 있다. 기업들은 클릭률이 인터넷 광고의 효과적인 지표가 아니라는 데는 동의하지만, 어떤 지표가 최선인지에 대해서는 반드시 여러 의견이 있다.

광고 효과 측정을 위한 아이트래킹의 유용성은 마케터들에게 새로운 것이 아니다. 1970년대 후반과 1980년대 초, 광고 연구자들은 광고나 TV 광고를 볼 때 시청자들의 시선이 어디에 주목하고 있는지를 알기 위해 이 기술을 사용하였다. 예를 들어, 초기 탭 다이어트(Tab diet) 탄산음료 광고는 시청자들이 제품이 아닌 여성 수영복 모델에 집중한다는 결과를 바탕으로 모델이 몸 앞에 음료 캔을 들고 있도록 변경되었다고 한다. 이러한 사례처럼, 아이트래킹은 유용함이 입증되었지만, 한동안 주목받지 못했다.

상황은 달라지고 있다. 토비이(Tobii)는 광고 효과 측정에 아이트래킹을 적극 활용한다. 미국, 노르웨이, 독일, 일본, 중국에 지사를 둔 이 국제 기업은 스웨덴 스톡홀름 왕립공과대학교의 연구 프로젝트 결과로 설립되었으며, 비마케팅 목적뿐만 아니라 광고 효과 측정을 위해 아이트래킹을 사용한다. 이 회사는 온라인 마케팅을 위한 연구 서비스를 제공하며, 배너 광고, 이메일 캠페인, 뉴스레터, 인게임 광고(in-game ad)의 효과를 측정한다. 전통적인 조사로는 인쇄 광고의 크리에이티브 단계 카피 시험과 술집, 공항, 마트 등에서의 옥외 광고 효과 측정, PPL과 TV 광고의 효과 측정, 판촉물 시험 등을 포함한다. 마케터들은 아이트래킹을 다양한 방식으로 활용하고 있다. 그 사례는 다음과 같다.

- **소매점(매장 내부 진열/쇼윈도 디자인):** 아이트래킹을 통해 디자이너는 색상, 조명, 구조 등이 고객의 무드에 영향을 미칠 수 있도록 한다. 이 중에는 시선을 끄는 장치를 이용해 지나가는 이의 호기심을 자극하는 것을 포함한다.
- **포장 디자인:** 패키지의 외형과 시각적 주목도를 최적화한다.
- **광고물:** 소비자가 무엇을 보는지 파악하고 카피와 시각적 요소의 효과성을 평가한다.
- **온라인 마케팅:** 웹사이트 디자인에서 디스플레이 광고까지, 아이트래킹을 통해 광고 효과를 높인다.

연구자들은 시선 움직임을 통해 시청자가 어디를 보고 있는지, 읽고 있는지 훑고 있는지, 무엇이 시선을 끌었는지를 알 수 있다. 특정 자극을 바라본 시간과 그 자극들을 본 순서도 확인할 수 있다. 다음의 예를 살펴보자.

담당하고 좌뇌는 회상을 담당한다. 이러한 이론에 따르면 광고주는 좌뇌와 우뇌를 각기 자극하는 광고를 만들어 브랜드를 잘 학습하고 기억하게 할 수 있을 것이다. 반면 어떤 학자들은 좌뇌와 우뇌가 앞선 가설처럼 각각 반응하지 않는다고도 한다. 즉, 광고는 특정 뇌 반구만을 대상으로 설계될 수 없다고 한다.

- 의학적으로 사용되는 기술을 활용한 조사법들도 있다. 예를 들어, 양전자 방출 단층 촬영법(positron emission tomography, PET), 기능적 자기공명영상(functional magnetic resonance imaging, fMRI) 그리고 EEG 등이 있다. 신경과학자와 마케터들이 팀을 이루어 뇌의 촬영영상을 기초로 광고에 대한 생리학적인 반응을 살피는 것이다. 즉, 뇌의 화학적 변화나 자기장의 변화를 관측하여 소비자의 광고에 대한 반응과 의사결정의 과정을 조사한다.

자료: Mark Nazh/Shutterstock

- 원업웹(Oneupweb)의 아이트래킹 연구에서는 참가자들에게 페이스북, 트위터, 유튜브를 평소처럼 탐색하게 했다. 이 연구는 이들이 검색을 시작한 지 10초 이내에 65%가 스폰서와 상호 작용을 했음을 보여주었다. 페이스북에서는 스폰서 광고가 가장 먼저 주목을 받았으며 다른 광고는 거의 주목받지 못했다. 유튜브에서는 상위 6개의 자연 검색 결과와 첫 번째 스폰서 광고만이 관심을 받았다. 즉, 스폰서 광고가 예상보다 효과적이라는 것이다.
- 또 다른 인터넷 연구에서 『Eyetracking Web Usability』의 저자 야콥 닐슨과 카라 퍼니스는 정보 검색 시 사람들이 웹사이트를 어떻게 탐색하는지를 추적했다. 주제는 속쓰림 대처법, 아기 선물 쇼핑, 휴대전화 기능 선택 등이었다. 연구 결과에 따르면, 효과적인 광고는 단순해야 하며, 텍스트만 있거나 텍스트와 분리된 이미지가 있는 광고가 가장 효과적이었다. 반면 텍스트가 이미지 위에 덮인 형태나 애니메이션이 포함된 광고는 효과가 떨어졌다. 사람들이 방문한 페이지에서 광고를 본 비율은 36%였지만, 광고를 본 시간은 평균 0.33초에 불과했다. 텍스트만 있는 광고가 가장 성과가 좋았다는 점은 의외였다. 저자들은 TV처럼 수동적인 매체와 달리 웹은 능동적인 행동(검색, 클릭 등)을 요구하기 때문에 콘텐츠의 가치가 중요하다고 설명했다.
- 한편, 캐나다의 한 기업은 사람이 무엇을 언제, 얼마나 오래 보는지를 감지할 수 있는 아이트래킹 장비를 개발했다. 이 장비는 최대 10m 거리에서도 광고판을 본 사람의 시선을 추적하고, 이를 통해 기존보다 훨씬 향상된 데이터 수집 지표를 제공한다.
- 독일에서는 사전·사후 비교조사를 통하여 가상의 도로를 밴을 몰고 주행하며 도로 옆 광고를 보는 설정으로 실험을 진행했다. 아이트래킹 데이터와 설문조사를 결합하여 재인과 회상, 광고디자인 요소를 측정하였다. 다양한 주행 속도 조건에서도 수행 가능하다.

아이트래킹이 주류가 되지 못한 이유 중 하나는 고비용과 측정 장비의 거추장스러움이다. 일반적으로 실험참가자는 실험실이나 현장에서 머리에 장비(헤드셋)를 착용해야 했고(예: 백화점이나 수퍼마켓에서 이상한 모습으로 걸어다님), 이로 인해 피실험자가 실험에 참여 중이라는 것이 행동에 영향을 미쳤을 수 있다. 하지만 P&G는 외부 아이트래킹 조사회사와 협력하여 웹사이트 디스플레이 광고 중 효과가 없는 것을 사전에 파악해 제거함으로써 막대한 비용을 절감했다고 한다. 이 정보는 웹캠으로 소비자의 시선 이동을 추적하는 소비자 패널에서 수집되며, P&G의 크리에이티브 부서에 피드백으로 전달되어 가장 효과적인 디자인을 선택하는 데 활용되었다. 하버드경영대학원의 제럴드 잴트만(Gerald Zaltman) 교수는 그의 최신 저서에서 아이트래킹이 중요한 이유에 대해 더 많은 시사점을 제공한다. 결론을 정리하면 다음과 같다. 아이트래킹은 소비자가 메시지를 받아들였는지를 확인할 수 있게 해준다. 메시지를 받아들인 이유도 알 수 있고, 받아들이지 않았다면 그 원인을 파악할 수 있는 데이터를 제공해 준다. 아이트래킹은 이제 중요 측정 수단으로 자리 잡을지도 모르겠다.

자료: "Neuroscience Techniques Can Drive Effectiveness," January 11, 2019, www.warc.com; Karna, "Why Is Eye-Tracking Important for Market Research," April 23, 2018; www.medium.com; Angeline G. Close, Russell Lacey, and T. Bettina Cornwell, "Visual Processing and Need for Cognition Can Enhance Event-Sponsorship Outcomes—How Sporting Event Sponsorships Benefit from the Way Attendees Process Them," *Journal of Advertising Research* 55, no. 2 (May 2015), pp. 206–15; Tom Avril, "Super Bowl Ads Get Look by Science," February 27, 2014, www.philly.com; Christopher Heine, "P&G Slashes Wasteful Display Ad Budgets Using Eye Tracking," May 30, 2013, www.adweek.com; Nathania Johnson, "Eye Tracking Study Shows Sponsored Ads Attract Social Media Searchers," July 19, 2009, blog.searchenginewatch.com; Dan Skeen, "Eye-Tracking Device Lets Billboards Know When You Look at Them," June 12, 2007, www.wired.com; G. Theuner, K. Pischke, and T. Bley, "Analysis of Advertising Effectiveness with Eye Tracking," *Proceedings of Measuring Behavior 2008*, Maastricht, The Netherlands, August 26–29, 2008, pp. 229–30.

뇌파 연구는 오랫동안 학계의 관심을 받아왔지만, 최근에는 실무자들에게도 매력적인 기술로 자리 잡고 있다. 닐슨은 이러한 신경과학적 측정에 투자해왔으며, 포춘 500대 기업들이 점점 이러한 서비스를 요구하고 있다. 신경과학적 측정은 수퍼볼 광고, 코카콜라와 펩시에 대한 반응 차이, 정치 광고, 영화 예고편 등 다양한 분야에서 활용되고 있다.

광고의 시장 시험

사전조사를 거쳐 광고가 시장에서 집행된다고 하여 더 이상 조사가 필요 없는 것은 아니다. 사전조사에서는 상대적으로 적은 표본을 대상으로 조사가 진행되었고, 조사 결과에 오차가 있을 수 있기 때문에 시장에서 광고가 방영된 이후에도 광고가 시장에서 잘 역할을 하는지 조사해야 한다. 따라서 지금부터 사후조사에 대하여 논의하도록 하겠다.

인쇄 광고에 대한 사후조사

문의 시험 **문의 시험**(inquiry test)은 사진 18-6과 같은 카드에 광고를 본 소비자가 광고로부터 유발된 '문의'를 하고 싶은 것을 표시하여 조사회사에 보내는 것이다. 소비자의 문의가 많으면 광고 효과가 좋다고 할 수 있다. 이 질문지 카드가 빙고 게임용 카드와 닮아 "빙고 카드"라고도 부른다. 최근에는 인터넷의 발달로 소비자들이 궁금한 상품이나 브랜드가 있다면 인터넷으로 직접 조회해보기 때문에 문의 시험은 많이 사용되지는 않는다. 반면 B2B 마케팅에 사용되는 비즈니스 잡지에서는 문의 카드의 활용 빈도가 더 높다. 하지만 저렴한 가격에 간단히 그 효과를 측정할 수 있다는 장점이 있다. 문의는 반환된 쿠폰 수, 유입된 전화통화 수, 독자 카드를 통한 직접 문의의 형태를 취할 수 있다.

최근에는 보다 정교한 문의 시험 조사법도 개발되었다. (1) 동일한 광고를 같은 매체에 계속 게재한 후의 측정, (2) **스플릿 런 시험**(split-run test)으로 같은 매체에 다른 버전의 광고를 게재한 후 측정, (3) 같은 광고를 다른 매체에 게재한 후 측정하는 것이다. 첫 번째 방식은 광고의 누적된(cumulative) 효과를 측정할 수 있고, 두 번째 방식은 다른 버전의 광고별 효과를 측정할 수 있으며, 마지막 방식은 매체 혹은 매체 브랜드의 효과를 측정할 수 있다.

문의 시험의 단점도 존재하는데, 문의가 많다는 것이 꼭 광고 효과 때문이라고 할 수만은 없기 때문이다. 예를 들어, 문의는 광고의 주목성이나 정보 제공 기능을 정확히 측정하지 못

TARGET MARKETING

Receive the information you need to market smarter instantly!
Go to: **www.targetonline.com** and click on free information.

Or...Fill out this card and either FAX your request today: 215-238-5388 or mail.

Free Subscription

Do you wish to receive (continue to receive) a FREE subscription to TARGET MARKETING? ☐ YES ☐ NO

Signature______________________ Date__________

Name (please print)______________________ Title__________

Company Name______________________

Address______________________

City/State/Zip______________________

Telephone______________________ FAX__________

Email Address:______________________

1. TYPE OF BUSINESS AT THIS LOCATION: (Check One)
04 ☐ Catalogers, Mail Order Companies
05 ☐ Retailers, Wholesaler/Distributor
06 ☐ On-line Merchant
03 ☐ Financial Services: Banks, Insurance, Credit Cards, Investment
21 ☐ Fund Raisers: Non-Profit Groups, Charities
33 ☐ High Technology: Internet Services, Computers, Software, Telecommunications, Office Equipment
12 ☐ Manufacturers, Package Goods and Other Business-to-Business Marketers
31 ☐ Non Financial Services Marketers: Associations, Clubs, Educational, Government Agencies, Health Care, Membership Organizations, Personnel Services, Real Estate, Utilities, Communications, Tourism and Travel
13 ☐ Publishers: Magazines, Books, Newsletters, Newspapers, Book & Record Clubs On-line publications
01 ☐ Advertising/DM Agencies, Freelance Creative and Consultants
09 ☐ Mailing List Professionals: Brokers, Compilers, Owners
20 ☐ Other: (Please Specify) __________

2. JOB FUNCTION: (Check One)
10 ☐ Corporate and General Management (Excluding Sales, Marketing and Advertising Management)
02 ☐ Marketing, List and Sales Management
01 ☐ Advertising Promotion and Public Relations Management
08 ☐ Operational, Technical and Telemarketing Management
06 ☐ Circulation Management
11 ☐ Other: (Please Specify) __________

3. MY FIRM'S MARKETING ACTIVITY: (Check All That Apply)
1 ☐ Catalog
2 ☐ Direct Mail
09 ☐ Internet
3 ☐ Telemarketing
10 ☐ Alternate Media
5 ☐ Consumer
6 ☐ Business-to-Business
7 ☐ International
8 ☐ None of the Above

4. IN THE PERFORMANCE OF YOUR JOB, CHECK THE ONE THAT BEST DESCRIBES YOUR PURCHASING AUTHORITY: (Check One)
1 ☐ Authorize/Approve Purchase
2 ☐ Recommend/ Specify Purchase
3 ☐ No Purchasing Authority

Free Information

Circle the free info number for the products and services that interest you

001	002	003	004	005	006	007	008	009	010	011	012
013	014	015	016	017	018	019	020	021	022	023	024
025	026	027	028	029	030	031	032	033	034	035	036
037	038	039	040	041	042	043	044	045	046	047	048
049	050	051	052	053	054	055	056	057	058	059	060
061	062	063	064	065	066	067	068	069	070	071	072
073	074	075	076	077	078	079	080	081	082	083	084
085	086	087	088	089	090	091	092	093	094	095	096
097	098	099	100	101	102	103	104	105	106	107	108
109	110	111	112	113	114	115	116	117	118	119	120
121	122	123	124	125	126	127	128	129	130	131	132
133	134	135	136	137	138	139	140	141	142	143	144
145	146	147	148	149	150	151	152	153	154	155	156
157	158	159	160	161	162	163	164	165	166	167	168
169	170	171	172	173	174	175	176	177	178	179	180

For Information on Product/Service Categories

To request information on any of the following areas of interest, check the appropriate free information number:

501 ☐ Agencies/Consultants/Creative Services
502 ☐ Alternate Media/Delivery
503 ☐ Broadcast Media/Services
504 ☐ Call Center Equipment
505 ☐ Credit/Collection Services
506 ☐ Database Management Systems/Services/Software
507 ☐ Delivery Services
529 ☐ E-mail Marketing
508 ☐ Envelopes/Order Forms/Labels
509 ☐ Fulfillment Services/Operations
510 ☐ Int'l Call Centers
511 ☐ Int'l Delivery Services
512 ☐ Int'l DM Agencies
525 ☐ International DM Services
530 ☐ Internet Services
513 ☐ Lettershop Services
514 ☐ Lists-Business-to-Business
515 ☐ Lists-Consumer
528 ☐ Lists-E-mail
516 ☐ Lists-International
517 ☐ List Services
518 ☐ Mailing Equipment/Services
520 ☐ Paper
521 ☐ Premiums/Promotional Products
522 ☐ Prepress Equipment/Services
523 ☐ Printers
527 ☐ Printing Systems/Equipment
524 ☐ Telemarketing Services

RS0110

사진 18-6

구독자의 응답카드는 B2B 시장에서 더 자주 사용된다.

자료: Target Marketing/NAPCO Media

도표 18-13

GfK 스타치 광고 열독률 조사

목적
인쇄 광고의 재인율을 측정하고, 독자들이 특정 광고에 대해 가지는 관여 수준에 대한 통찰을 제공하는 것. 스타치는 현재 잡지 또는 디지털에 게재된 광고에 대해 이 서비스를 제공하고 있다.
방법
개별 면접원이 독자들을 자격 요건에 따라 선별하고, 신문, 소비자 잡지, 비즈니스 및 전문 간행물의 특정 호에 대한 노출 및 열독 여부를 측정한다. 참여자들은 잡지를 넘기면서 광고를 보고, 응답하도록 요청받는다.
결과물
스타치 광고 열독률 보고서는 네 가지 인지도 점수를 제공한다. • 주목 점수(noting score): 광고를 본 것을 기억하는 독자의 비율 • 브랜드 연관 점수(brand-associate score): 제품 또는 브랜드를 식별하는 광고의 일부를 본 것을 기억하는 독자의 비율 • 부분 열독 점수(read any score): 광고의 본문 중 일부를 읽은 독자의 비율 • 과반 열독 점수(read-most score): 광고 본문의 절반 이상을 읽었다고 보고한 독자의 비율. 광고 기준점은 다른 광고들과의 비교를 가능하게 하는 기준점을 제공 이러한 기존 점수들은 추가적인 측정 항목(브랜드 성향, 구매행동 또는 구매 의도, 실행된 행동, 입소문 기회, 간행물 및 광고에 대한 관여도)들로 보완되고 있다.

할 수 있다. 예를 들어, 어떤 소비자는 광고도 집중해서 보았고 그 정보도 잘 처리했지만 문의 시험을 하는 그 당시에 그 물건이 당장 필요 없어서 문의를 하지 않을 수도 있다. 또 시간 제약, 광고 시점에 제품 또는 서비스에 대한 수요 부재, 기타 요인들로 인해 문의가 제한적일 수 있다. 즉, 문의 수가 적다고 하여 꼭 그 광고가 효과가 없었다고 할 수는 없다. 광고는 주목, 태도 변화, 인식, 카피 포인트의 회상 등 다양한 효과를 이미 달성했을 수도 있다. 반대로, 특정 제품에 대한 수요가 있는 사람은 광고의 구체적인 특성과 관계없이 어떤 광고에도 반응할 수 있다.

문의 시험의 주요 장점은 실행 비용이 저렴하고, 사용된 광고나 매체의 전반적 효과에 대한 반응을 제공한다는 점이다. 하지만 서로 다른 버전이나 광고의 창의적 요소들을 비교하는 데는 효과적이지 않다.

사진 18-7

스타치 열독률 점수에서 높은 점수를 받은 광고의 예

자료: GfK MRI

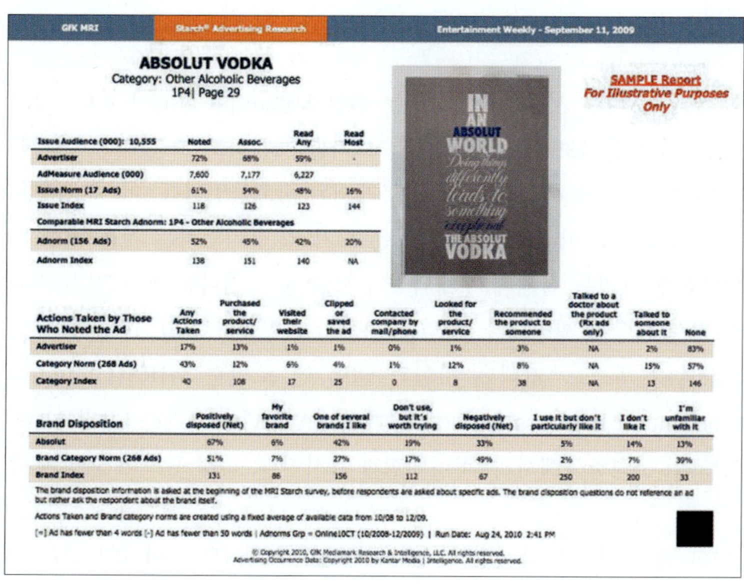

GfK MRI | Starch® Advertising Research | Entertainment Weekly - September 11, 2009

ABSOLUT VODKA
Category: Other Alcoholic Beverages
1P4| Page 29

SAMPLE Report
For Illustrative Purposes Only

Issue Audience (000): 10,555	Noted	Assoc.	Read Any	Read Most
Advertiser	72%	68%	59%	-
AdMeasure Audience (000)	7,600	7,177	6,227	
Issue Norm (17 Ads)	61%	54%	48%	16%
Issue Index	118	126	123	144
Comparable MRI Starch Adnorm: 1P4 - Other Alcoholic Beverages				
Adnorm (156 Ads)	52%	45%	42%	20%
Adnorm Index	138	151	140	NA

Actions Taken by Those Who Noted the Ad	Any Actions Taken	Purchased the product/service	Visited their website	Clipped or saved the ad	Contacted company by mail/phone	Looked for the product/service	Recommended the product to someone	Talked to a doctor about the product (Rx ads only)	Talked to someone about it	None
Advertiser	17%	13%	1%	1%	0%	1%	3%	NA	2%	83%
Category Norm (268 Ads)	43%	12%	6%	4%	1%	12%	8%	NA	15%	57%
Category Index	40	108	17	25	0	8	38	NA	13	146

Brand Disposition	Positively disposed (Net)	My favorite brand	One of several brands I like	Don't use, but it's worth trying	Negatively disposed (Net)	I use it but don't particularly like it	I don't like it	I'm unfamiliar with it
Absolut	67%	6%	42%	19%	33%	5%	14%	13%
Brand Category Norm (268 Ads)	51%	7%	27%	17%	49%	2%	7%	39%
Brand Index	131	86	156	112	67	250	200	33

The brand disposition information is asked at the beginning of the MRI Starch survey, before respondents are asked about specific ads. The brand disposition questions do not reference an ad but rather ask the respondent about the brand itself.

Actions Taken and Brand category norms are created using a fixed average of available data from 10/08 to 12/09.

[=] Ad has fewer than 4 words [-] Ad has fewer than 50 words | Adnorms Grp = Online10CT (10/2008-12/2009) | Run Date: Aug 24, 2010 2:41 PM

재인 시험 **재인 시험**(recognition test)은 인쇄 광고 사후조사에 가장 일반적인 방법으로 미국의 스타치 광고 열독률 보고서(Starch Ad Readership Report)가 유명하다. 스타치 보고서는 광고주가 단일 잡지 호(issue) 내, 시간에 따른 변화, 또는 서로 다른 잡지 간의 광고 효과를 평가할 수 있도록 해준다. 스타치 보고서는 연간 180개 이상의 소비자 잡지를 대상으로 수십만 건의 인쇄 광고를 측정하며, 다양한 광고 효과 측정 항목을 제공한다. 전통적인 스타치 보고서 외에도, 현재는 신디케이트 조사 및 개별 조사, 사전조사, 옥외 광고 연구 등도 제공하고 있다. 스타치 조사방법론에서 사용하는 측정 항목은 도표 18-13에 제시되어 있다. 또 스타치 점수가 부여된 광고의 예시는 사진 18-7에 나와 있다.

스타치 보고서의 장점으로는 (1) 광고에서 주목을 끄는 부분이 무엇인지 밝히고, (2) 경쟁사 광고의 효과를 기준과 비교·분석하며, (3) 자사 대안 광고 효과도 평가하며, (4) 열독률 점수를 통하여 소비자의 광고에 대한 관여도를 측정할 수 있다.

반면 스타치 보고서의 한계점은 아래와 같다.

1. **잘못된 응답**(false claiming): 연구들에 따르면 재인 시험의 응답자들이 보지 않은 광고를 '보았다'고 응답하거나 반대로 본 광고를 '보지 않았다'라고 응답하는 경우가 있다고 한다. 전자의 경우 어디선가 비슷한 광고를 본 경험, 어떤 브랜드가 당연히 광고를 했을 것이라는 기대감, 조사를 진행하는 면접자에 대한 배려, 특정 상품군에 대한 관심 등이 보지 않은 광고를 보았다고 응답하게 만든다. 이러한 허위 응답이 의도적인지 아닌지와 관계없이, 광고 효과의 과다 보고로 이어진다. 반면 실험 진행에 따른 피로는 본 광고를 보지 않았다고 응답하게 하기도 한다. 이는 과소 보고 편향(underreporting bias)으로 이어진다.
2. **면접자 오류**(interviewer sensitivities): 재인 시험은 주로 면접자를 통해서 응답자를 인터뷰하는데 이 과정에서 조사를 진행하는 면접자에 따른 오류가 발생할 수 있다. 먼저 응답자가 여러 개의 광고를 보았는지에 대한 질문을 받을 경우 설사 모든 광고를 못 보았다고 해도 면접자에게 모두 못 보았다고 하기가 미안하거나 창피하여 그중 몇 개의 광고를 보았다라고 응답할 수 있다. 또 면접자의 지시, 기록 방식 등에 따른 차이가 발생할 수 있다. 이런 부분은 면접자 교육을 통해 완화될 수는 있지만 완전히 없애기는 힘들다.
3. **재인 점수의 신뢰도**(reliability of recognition scores): 스타치 보고서에 따르면 재인 점수의 신뢰도와 타당도는 삽입된 광고 수가 많을수록 높아진다고 한다. 따라서 만약에 하나의 광고만을 측정한다면 신뢰도와 타당도에 문제가 생긴다.

요약하자면, 비판에도 불구하고 스타치 광고 열독률 보고서의 독자 조사는 인쇄 광고의 사후조사 영역에서 여전히 가장 널리 사용되고 있다. 스타치의 기준(norms)이 제공하는 가치와, 반복 노출이 신뢰도 및 타당성을 높일 수 있다는 점은 이 방법론을 선택하게 만드는 요인일 수 있다. 또한 85년 이상에 걸친 이 조직의 지속적인 신뢰성과 방법론의 시대적 진화도 이 선택에 중요한 영향을 미친다.

회상 시험 인쇄 광고에 대한 또 다른 사후조사법으로는 **회상 시험**(recall test)이 있다. 앞서 배운 재인과 회상의 차이를 먼저 살펴보자. 재인은 어떤 보기를 제시하고 그중에 본 기억이 있는 것을 고르는 형식(질문의 예: 다음은 A라는 잡지에 게재된 광고들입니다. 이 중 광고를 본 기억이 있는 것을 선택해주십시오)이라고 하면, 회상은 보기 없이 기억하는 것을 직접 말하거나 적게 하는 것(질문의 예: A라는 잡지에 게재되었던 광고 중 기억나는 것을 직접 적어주시기 바랍니다)이다. 따라서 회상이 재인보다 더 깊은 수준의 기억이라고 할 수 있다. 이런 회상 시험에서는 입소스-ASI 넥스트*커넥트 시험과 갤럽 앤 로빈슨 MIRS(Gallup & Robinson MIRS, Magazine Impact Research Service)가 가장 유명하다(도표 18-14 참조). 이 회상 시험은 앞서 방송 광고의 사전조사에서의 회상 시험과 유사한데, 특정 광고의 회상을 측정하고자 한다.

회상 시험도 앞서 설명한 재인 시험과 유사한 단점이 있으며, 추가적으로 다음과 같은 단

도표 18-14
G&R 잡지 광고 효과 연구 서비스 (MIRS)

목적
잡지에 게재된 광고에 대한 회상을 측정하여 광고의 성과와 효과성을 평가하는 것
방법
테스트용 잡지를 참여자의 가정에 배포하고, 그 날 잡지를 읽도록 요청한다. 테스트 광고는 잡지 기사와 다른 광고들과 함께 삽입된다. 다음 날 전화 인터뷰를 통해 광고에 대한 회상, 아이디어 전달, 설득력, 브랜드 평가, 광고 호감도 등을 평가한다. B2B용 비즈니스 잡지 광고와 소비자용 잡지 광고 모두 테스트할 수 있다.
결과물
제공되는 측정 항목: 기준(norms), 응답자의 회상 내용 원문, 성과 요약, 측정지표

점도 있다. 일반적으로 실제의 회상보다 실험을 통한 회상 점수가 낮게 나오는 경향이 있지만 응답자가 특정 상품군에 관여도가 높거나 광고의 독특한 디자인 등의 요소가 있을 경우에는 실제보다 회상 점수가 높게 나온다. 비판적인 입장에서는 이런 회상 시험이 회상을 정확하게 반영할 만큼 강력하지 않다는 의견이 있다. 이로 인해 많은 광고들이 실제보다 덜 효과적인 것으로 평가되고, 불필요한 광고의 폐기나 수정을 유발한다고 한다.

긍정적인 측면에서 회상 시험은 광고가 기억에 미치는 영향을 측정할 수 있다는 것이다. 회상 시험을 지지하는 사람들은 테스트 결과 자체가 아니라 그것을 해석하는 방식이 중요하다고 한다. 또 관련 연구에서는 앞서 살펴본 재인 시험과 지금 살펴본 회상 시험의 결과가 상호 높은 상관관계를 가진다고 한다.

방송 광고에 대한 사후조사 방송 광고에 대한 사후조사에는 다양한 방법이 있다. 가장 일반적인 방법은 익일 회상 시험, 설득 측정, 진단법을 결합하는 것이다. 이 외에도 시험 마케팅, 추적 조사, 단일원천 방법 등이 있다.

익일 회상 시험 버크 테스트(Burket test)라고도 불리는 **익일 회상 시험**(day-after recall test, DAR)은 광고가 방영된 다음 날 광고의 회상 여부를 조사하는 것이다. 방송 광고에 대한 사후조사 방법으로 인기가 있는 조사법이지만, 제한된 표본 수, 높은 비용, 보안 문제(광고가 방영되면 경쟁사에서 새로운 광고의 내용을 파악하게 됨) 등의 단점도 있다. 익일 회상 시험은 널리 사용되어 왔기 때문에 이에 대한 연구도 많다. 몇 가지 연구 결과를 정리하면 다음과 같다.

1. DAR은 감성적 광고보다 이성적 광고일 경우 더 높은 점수를 받는다. 즉, 광고의 내용이 감성적인 경우보다 이성적(혹은 생각하게 하는)인 경우 시청자가 그 메시지를 기억하기가 더 쉽다. 그래서 감성적 광고는 실제보다 회상 점수가 낮게 나오는 경향이 있다. 이에 따라 BBDO 등의 광고대행사는 광고에 대한 감정 반응을 측정할 수 있는 별도의 측정법을 제시하기도 하였다.
2. 광고가 삽입된 프로그램 내용에 따라 DAR 점수가 달라질 수 있다.
3. DAR을 위해 미리 선발된 표본은 자신이 광고를 기억하는 실험의 대상이 된다는 것을 알기 때문에 광고를 보다 주의 깊게 보는 경향이 있다. 이러한 시험 효과는 회상 수준을 실제보다 높일 수 있다.

4. DAR에서 회상에 성공한 응답자라고 하여 광고 메시지에 동의하거나 실제 물건을 산다는 보장은 없다. 즉, 회상이 판매를 예측하지는 않는다.

반면 DAR의 주된 장점은 이것이 현장 실험(field test)이라는 것이다. 즉, 자연스러운 실험 환경이 보다 현실적인 응답을 가져온다. 또 이 조사는 비교할 수 있는 기준점을 제시하기 때문에 자사의 광고가 기준보다 얼마나 더 효과적인지 비교할 수 있다. 최근에는 설득 측정이나 진단법의 효과 지표가 함께 제공되는 경우가 많다.

설득 측정 설득 측정(persuasive measure)은 광고의 설득 효과를 측정하는 것이다. 어떤 경우에는 추가적으로 구매 의도나 구매 빈도와 같은 추가 설득 측정지표를 같이 제공하기도 한다.

진단법 진단법(diagnostics)은 광고에 대한 회상이나 설득 이외의 것들을 분석하는 것이다. 먼저 시청자의 광고에 대한 평가, 광고 크리에이티브나 제품 포지셔닝에 대한 이해도, 광고 주장의 전달력, 이성적 그리고 감성적 반응을 분석한다.

종합법 앞서 설명한 세 가지의 조사가 광고의 각 요소들을 측정하는 것(예를 들어, DAR은 회상)에 비하여 종합법(comprehensive measure)은 위 세 가지 조사를 한 번에 실시하고 종합적으로 분석하는 것이다. 즉, DAR, 설득 측정, 진단법을 한번에 실시하는 것과 비슷하다.

시험 마케팅 전국적인 광고를 실시하기 전에 특정 시장에 한정하여 먼저 실행하고 그 반응을 측정하는 것을 **시험 마케팅**(test marketing)이라고 한다. 이 경우 시험 마케팅을 하는 지역을 선정할 때는 제품의 표적고객을 가장 잘 반영하는 지역을 선정해야 한다. 즉, 시험 마케팅을 하는 도시나 지역은 인구통계적, 사회경제적 특성이 제품의 목표시장과 일치해야 한다. 시험 마케팅에서는 주로 광고에 대한 반응, 예산 증감에 따른 효과 차이, 특별한 프로모션(가격할인 등)에 대한 반응 등을 조사한다. 시험 마케팅 광고는 완성된 광고를 실제 방영될 매체에서 집행하고, 광고 집행 후 효과가 측정된다.

시험 마케팅의 가장 큰 장점은 현실성이다. 현실과 같은 상황에서 광고가 노출되기 때문에 실험 효과가 최소화된다. 또 잘 설계된 시험 마케팅은 높은 수준의 통제도 가능하다. 예를 들어, 시그램(Seagram)과 타임(Time Inc.)은 3년에 걸친 시험 테스트 마케팅 연구를 설계 및 실행했으며, 광고 빈도가 소비자의 구매 습관에 미치는 영향을 측정하였다. 많은 연구자들은 이 연구를 광고가 매출에 미치는 영향을 증명하는 가장 결정적인 사례 중 하나로 본다.

반면 단점으로는 시간과 돈 그리고 경쟁사에게 신제품 정보가 누출되거나 방해받을 수 있다는 점이다.

시험 마케팅은 온라인 인터랙티브 캠페인에도 적용할 수 있으며 이미 많은 대기업들이 활용하고 있다. 미국의 세제 제조사인 레킷(Reckitt)과 식기세척기 제조사인 월풀은 iTV에서 공동 인터랙티브 캠페인을 시험 마케팅하였다. 여기서 소비자들은 (1) 월풀 식기세척기 추첨행사, (2) 레킷사의 식기세척세제 샘플 신청, (3) 식기세척세제 할인 쿠폰 신청 등을 할 수 있었는데, 당초 목표였던 3만 5,000건 이상의 반응을 이끌어냈다. 시험 마케팅은 앞서 말한 단점만 잘 제거한다면 광고 효과를 분석하는 데 아주 유용한 방법이다.

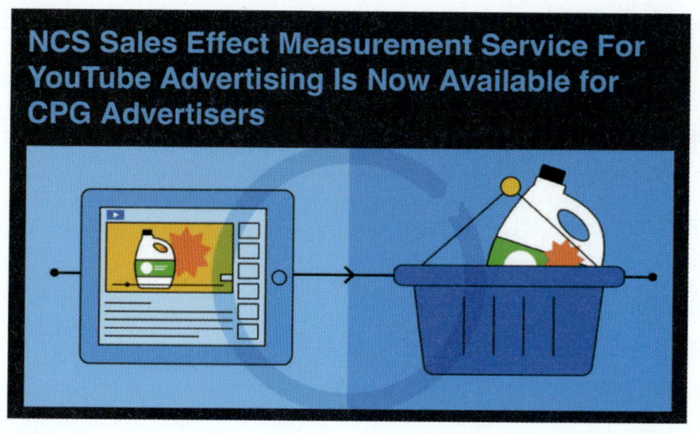

사진 18-8

닐슨 카탈리나에서는 고객들에게 단일원천 추적조사를 제공한다.

자료: Nielsen Catalina Solutions

단일원천 추적조사 단일원천 추적조사(single-source tracking study)는 소비자가 TV를 보는 순간부터 각종 구매를 하는 과정까지를 추적하는 조사 방법이다. 실험 참가를 동의한 사람들은 먼저 자신의 각종 인구통계학적 정보를 제공한다. 다음 조사자는 실험 참가자를 두 그룹으로 나누는데 한 집단은 특정 광고를 시청하도록 하고 다른 집단은 광고를 보지 않거나 같은 회사의 다른 버전 광고를 보도록 하여 집단 간 소비행태 차이를 추적조사하는 것이다. 실험 참가자들의 소비행태는 물건을 구매할 때의 바코드로 조사되고 광고 시청과 구매 행위 간의 상관관계를 분석한다.

단일원천 추적조사는 광고에 대한 사전조사뿐만 아니라 사후조사에도 이용할 수 있다. 즉, 광고예산 증감에 대한 영향, 광고 카피 차이에 대한 효과, 광고가 매출에 미치는 영향을 분석할 수 있다.

IRBS(Information Resources' BehaviorScan) 회사는 10년간 광고가 판매에 미치는 장기적 효과를 단일원천 추적조사를 이용하여 조사하였다. 이 연구는 광고 카피, 매체 일정, 광고 예산, 판매촉진 등이 판매에 미치는 영향에 대하여 미국 내 10개 지역에서 조사하였다. 그리고 광고는 그 광고 캠페인이 끝나고도 최대 2년까지 매출 증대에 영향을 미치는 것으로 결론지었다(이 연구에서는 광고 카피에 대한 회상이나 설득이 매출을 예측하는 신뢰성이 낮다고 했다). 현재까지 닐슨의 카탈리나(Catalina)를 포함하여 다양한 단일원천 방식이 사용되고 있다(사진 18-8 참조).

많은 광고주들이 단일원천 추적조사가 광고 효과 측정 방식에 혁신적 변화를 가져왔다고 말한다. 이 방식의 장점은 통제를 할 수 있다는 것과 광고 효과가 매출에 미치는 영향을 직접적으로 측정할 수 있다는 것이다. 이 때문에 자동차, 엔터테인먼트, 금융 서비스, 소비재, 제약 등 다양한 산업 분야의 기업과 광고대행사들이 이 방법을 활용하고 있다. 닐슨은 초바니 요거트(Chobani Yogurt), 야후(Yahoo), 실크 브랜드(Silk Brands) 등의 마케팅 효과 향상을 위해 사진 18-9와 같이 카탈리나를 사용해왔다.

단일원천 추적조사도 단점이 있다. 조사에서 사용하는 스캐너 데이터가 단기적인 판매 효과만을 측정하며, 이는 전체 광고 효과의 10~30% 정도에 불과하다는 것이다. 또 다른 단점은 조사가 너무 복잡하고 과도한 정보가 수집되며, 비용이 많이 든다는 점이다. 이런 단점들 때문에 이 기법을 이용하는 회사들이 많지는 않았지만 1990년대 이래로 이제는 G&R, 칸타 밀워드 브라운, 입소스-ASI 등 많은 마케팅 회사들이 이용하고 있다.

사진 18-9

실크는 단일원천 추적조사를 실시하는 많은 기업 중 하나다.

자료: Groupe Danone

인쇄/방송 광고 추적조사 사후조사에서 가장 일반적인 광고캠페인 효과 조사 방법이 인쇄/방송 광고 추적조사(tracking print/broadcast ads)로 일정 간격을 두고 측정하는 것을 말한다. **추적조사**(tracking study)는 광고 효과를 인지도, 회상, 흥미, 광고와 브랜드에 대한 태도 그리고 구매의도를 바탕으로 측정한다. 또 추적조사는 인쇄 광고와 디지털 광고 모두 적용 가능하다. 조사는 인터뷰, 전화 설문, 쇼핑몰 설문, 온라인 설문 방식을 사용한다. 추적조사는 마케팅관리자에게 현재 캠페인의 평가와 미래

도표 18-15

광고 추적조사의 성패를 가르는 요인들

1. 적절하게 정의된 목표
2. 판매 목표와의 일치
3. 적절하게 설계된 측정 방법(예: 적절한 표본 크기, 인터뷰 절차에 대한 통제, 추적 기간 사이의 적절한 시간 간격)
4. 반복되는 표본 설계 간의 일관성
5. 무작위 표본 추출
6. 지속적인 면접(즉, 계절적이지 않은)
7. 행동과 연관된 측정 항목의 평가(회상보다는 태도가 이 기준을 더 잘 충족함)
8. 편향을 제거하기 위해 중요한 평가 질문을 먼저 함
9. 경쟁자의 성과 측정
10. '어떤 매체를 통해 광고를 보았습니까?'와 같은 질문을 맹신하지 않기(TV가 항상 높게 나오므로)
11. 조사에 뉴스 가치를 포함시킴
12. 장기적 추세를 파악하고 계절성을 피하기 위해 '이동 평균(moving averages)'을 사용
13. 개별 사실을 나열하지 말고 데이터 간의 관계를 분석할 것
14. 추적조사 결과를 시장의 주요 사건과 통합 분석할 것
    (예: 자사 및 경쟁사의 광고 지출, 광고 캠페인 내 가격 변동과 관련된 판촉 활동, 신제품 출시, 정부 발표, 경제 상황 변화 등)

광고에 대한 기획에 가장 가치 있는 정보를 제공하는 것으로 알려져 있다.

추적조사의 가장 큰 장점은 특정 광고캠페인 상황에 맞게 조사 방식을 맞춤형으로 설계할 수 있다는 것이다. 표준적인 조사 방법은 광고캠페인이 일정 기간 동안 소비자 구매 깔때기(consumer purchase funnel)에 미친 영향을 측정하는 것이다. 얀켈로비치(Yankelovich)와 미국 TV 광고국(Television Bureau of Advertising, TVB)의 조사에 의하면 제품 카테고리와 소비자가 구매 깔때기의 어떤 단계에 있는가가 광고 효과에 가장 큰 영향을 미친다고 한다. 또 소비자가 구매 깔때기의 단계를 이동함에 따라 광고 매체의 영향력도 변화하였다. 매체별 차별적 효과도 어느 정도는 측정할 수 있으나, 그 정확도는 낮다. 추적조사는 광고 예산에 따른 효과, 매체 일정에 따른 효과, 브랜드나 기업 이미지, 특정 광고 문구에 대한 회상도 조사할 수 있다. 하지만 어떤 조사대상은 쉽게 개량화할 수 없다는 한계점도 있다. 그럼에도 불구하고 적절한 조사 설계를 한다면(도표 18-15 참조) 추적조사는 높은 신뢰도와 타당도를 담보할 수 있는 좋은 효과 조사법이라고 할 수 있다.

추적조사의 한계점은 회상과 재인을 측정하는 것에서 발생하는데, 여러 외부 변수들이 브랜드와 광고의 회상에 영향을 미치기 때문이다. 이런 단점에도 불구하고 추적조사는 광고 캠페인의 효과를 조사하는 매우 효과적인 도구라 할 수 있다.

지금까지 여러 광고 효과 조사법을 학습하였다. 각각의 조사법에는 장점과 단점이 있었고, 그 때문에 "정말 광고 효과를 정확히 측정할 수 있는 방법이 있을까?" 또는 "정말 타당성과 신뢰성이 높은 효과 측정을 하려면 어떻게 해야 할까?"하는 의문을 가질 수도 있다. 그럼 다음 단락에서 이에 대한 논의를 해보도록 하자.

광고 효과 조사를 위한 프로그램 구축하기

광고 효과를 측정하기 위한 완벽한 방법은 존재하지 않는다. 하지만 전통 광고와 온라인 광고가 마케팅 활동에 어떤 기여를 하는지 규명하려는 압력에 대응하여 측정 방식을 개선할 수 있는 방법들이 개발되고 있다. 그럼 일반적인 효과 측정 방법의 문제점을 확인하고 그 개선점을 살펴보자.

현재 조사방식의 문제점

위에서 살펴본 조사 방법들을 PACT(도표 18-3 참조)와 '디지털 광고 측정의 5가지 원칙'(도표 18-4 참조)과 비교하여 보면 어떤 것들은 쉽게 달성할 수 있으며, 어떤 것들은 상당한 노력이 필요하다는 것을 알 수 있다. 예를 들어, PACT의 6번 원칙(비교되는 광고 문구는 완성도가 같을 것)은 그리 어렵지 않게 달성할 수 있다. 원칙 1과 2(광고 목표와 관련 있는 측정 방법을 준비하고 조사 결과를 어떻게 활용할지 미리 합의할 것)도 달성하기 쉬운 편이다. 도표 18-4에 따른 디지털 측정과 관련하여, 원칙 2의 측정 기준이나 원칙 5의 비교 가능 측정은 크게 어렵지 않게 달성될 수 있다.

반면 원칙 3, 5, 6은 통제할 수 있지만 다소 달성하기 어렵다. 원칙 3(복수의 측정지표 사용)의 경우 예산을 확보하여 하나 이상의 시험을 한다면 달성할 수 있다. 원칙 5(광고 자극을 한 번 이상 노출)는 적절한 조사디자인을 통하여 충족할 수 있다. 마지막으로 원칙 8(표본에 대한 정의)은 광고에 대한 표적 청중이 포함될 수 있도록 표본을 구성해야 한다. 예를 들어, 술을 마시지 않는 표본을 가지고 신제품 주류 광고를 실험해서는 안 된다는 것이다. 디지털 측정의 원칙 3과 4 역시 어느 정도 시간과 조율이 필요하지만, 결국 달성 가능한 영역이다.

가장 통제하기 힘들고 좋은 조사와 나쁜 조사를 구분짓는 것은 바로 PACT의 4, 7, 9번 원칙을 달성하는 것이다. 디지털 측정 측면에서는 '보이는 노출 수(viewable impression)'를 개발하는 것이 특히 어려운 과제로 남아 있다.

원칙 4(커뮤니케이션에 대한 청중의 반응 모델을 이용)가 중요한 시작점이라고 할 수 있다. 왜냐하면 원칙 4는 적절한 조사를 위해서 꼭 지켜져야 하는 항목이기 때문이다. 5장의 내용을 기억해보면 거기에 여러 가지 모델들(예: 효과계층이론, AIDA 등)이 소개되었고 이런 모델을 사용한다면 원칙 4는 충족될 수 있을 것이다. 이런 모델을 이용한 효과 측정 조사를 살펴보면 회상이 효과 측정에 부적절하다는 지적에도 불구하고 아직까지도 회상 점수를 주로 사용한다. 또 태도 변화나 브랜드 선호 변화를 측정한다고 하는 모델들 중에는 신뢰성에 문제가 있는 경우가 많다. 한편 디지털 측정지표의 문제 중 하나는 소비자 반응 과정을 통찰할 수 없다는 것이다. 디지털 지표는 행동적 측정에 초점을 맞추고 있어, 정서적 반응에 대한 통찰이 부족하다. 효과적인 측정은 반드시 커뮤니케이션 과정에 근거해야 한다.

원칙 7(광고가 노출되는 상황에 편향 효과가 나타나지 않도록 통제)은 상대적으로 달성하기 쉬워 보인다. 하지만 실험실에서 측정할 경우 통제는 가능하지만 실험실이라는 인공의 환경 때문에 시험 효과(testing effects)가 발생한다는 점을 고려해야 한다. 현장조사의 경우는 현실성이 높은 대신에 통제하기가 힘들다. 앞서 설명한 시그램과 타임의 시험 마케팅 기법은 원칙 7을 충족하기 위한 좋은 조사법이기는 하지만 워낙 복잡하고 시간과 비용이 많이 들어 이런 방식으로 조사를 수행할 여력이 되는 회사가 별로 없을 것이다. 또 단일원천 추적조사나 광고 추적조사도 원칙 7을 달성하기 적절한 조사법이다. 기술이 발전하고 원칙 7에 대한 관심이 높아짐에 따라, 조만간 방법론에 대한 개선이 나타날 것으로 기대된다.

마지막으로 그리고 가장 중요한 것이 바로 원칙 9(타당도와 신뢰도)를 달성하는 것이다. 이 원칙은 온라인 측정에도 동일하게 적용되어야 한다. 앞서 설명한 대부분의 조사법들이 타당도와 신뢰도 측면에서 문제점이 있는 경우가 많았다. 타당도와 신뢰도를 달성했는가는 바로 좋은 조사와 나쁜 조사를 구분짓기 때문에 꼭 달성해야 하는 목표이며, 앞서 원칙 1~8까지를 충실히 지켰다면 원칙 9는 달성되었다고 볼 수 있다. 온라인 광고의 효과를 측정하기 위한 연구 설계 역시 PACT 원칙과 '디지털 광고 측정의 5가지 원칙' 모두를 충족시켜야 한다. 본문에서 다룬 주요 리서치 기업 중 상당수는 이미 전통 광고와 디지털 광고 모두를 측정할 수 있는 조사법을 제공하고 있다.

효과적인 조사를 위한 필수 사항

효과적인 조사를 위해서는 앞서 언급한 PACT의 9가지 원칙을 달성하는 것이 중요하다. 이를 달성하기 위해서 프로모션을 기획하는 과정에서 다음의 의사결정단계를 따르는 것이 좋다.

- **커뮤니케이션 목표를 설정할 것:** 광고 효과를 측정하는 여러 조사 기법이 있지만 광고가 판매에 미치는 영향을 직접적으로 측정하기는 거의 불가능하다. 따라서 일반적인 광고에 따른 마케팅 목표는 커뮤니케이션의 효과를 측정하는 데 적절하지 못하다. 예를 들어, 광고가 브랜드 점유율이나 매출에 미치는 영향을 입증하는 것은 매우 어렵거나 비용이 많이 든다. 반면, 커뮤니케이션 목표의 달성은 측정 가능하며 마케팅 목표 달성으로 이어진다.
- **소비자 반응 모형을 사용할 것:** 이 책의 전반부에서는 효과계층모형(hierarchy of effects model), 인지반응모형(cognitive response model) 등의 소비자 반응 모형을 살펴보았다. 이런 모델들은 어떻게 커뮤니케이션 효과가 나타나는지 그리고 어떻게 커뮤니케이션 목표를 달성할 수 있는지를 설명해준다. 혼다(Honda), 제너럴모터스(General Motors), 스프린트(Sprint)를 포함한 많은 기업이 이러한 계층 모델을 사용하여 목표를 설정하고 전통 및 온라인 환경 모두에서 효과를 측정하고 있다.
- **사전조사와 사후조사를 모두 실시할 것:** 비용 등을 고려할 때 사전조사만을 진행하는 경우가 있다. 하지만 사후조사는 사전조사의 한계를 극복하고, 더 큰 표본을 대상으로 하고, 더 자연스러운 환경에서 시험한다. 또 광고캠페인이 판매에 미치는 영향을 측정할 수 있는 사후조사를 함께 실시하는 것이 필요하다.
- **복수의 지표를 측정할 것:** 효과 측정을 위해 단지 하나의 측정지표(예를 들어, 광고 회상률만 측정하거나 판매량만 측정하는 것)만 측정하는 경우가 있다. 하지만 광고는 소비자에게 다양한 영향을 미치며, 어떤 것은 전통적 방법으로 측정 가능하지만 다른 것은 최신 기법(생리적 기법 등)이 필요할 수도 있다. 따라서 가능한 한 다양한 측정지표를 동시에 측정하는 것이 좋다. 앞서 언급된 오길비 상 수상 사례들은 모두 커뮤니케이션 목표에 대한 영향을 분석하기 위해 복수의 측정지표를 사용하였다.
- **적절한 조사방법론을 알고 이를 실행할 것:** 조사자는 조사방법론에 대한 기본적인 지식을 가지고 있어야 한다. 좋은 조사는 무엇인가? 타당도와 신뢰도는 달성되었는가? 우리가 측정하고자 하는 것은 무엇인가? 알고 있어야 하는 것이다.

다른 프로모션 도구를 위한 효과 측정법

앞서 설명한 광고 효과 측정 이외에 다른 프로모션별 효과 측정 방법을 살펴보도록 하자.

판매촉진의 효과 측정

판매촉진(sales promotion)은 소매점에만 한정되는 것이 아니다. 예를 들어, 프로야구 구단의 마케팅 담당자는 판매촉진을 통해 야구장에 더 많은 관중이 올 수 있도록 유도한다. 경기에 입장한 관중 수를 통해 그 상대적 효과성을 측정할 수 있으며, 메이저리그 야구팀들은 판매촉진이 제공되는 경기에서 관중 수가 증가하는 현상을 보였다.

많은 조사회사들이 판매촉진 효과를 측정하고 있다. 예를 들어, 내셔널 쇼퍼 랩(National Shopper Lab, NSL)은 8,000만 명 이상의 소비자로부터 수집된 데이터를 바탕으로 판매촉진 효과를 분석한다. NSL은 소비자의 주간 거래를 쇼퍼 ID, UPC 코드, 매장, 날짜, 가격, 쿠폰 등의 정보로 수집한다. 또 프로모션 디시전스(Promotion Decisions Inc.)는 도표 18-16에서 볼 수 있는 것처럼 독립 인서트(freestanding insert, FSI)가 미치는 영향을 분석했다.

다른 판매촉진 효과 측정 방법도 있다. 예를 들어, 여러 리서치 회사들은 소매업체가 모든 판매촉진 활동의 효과성에 영향을 미치는 요인들을 파악할 수 있도록 지원하여, 제품의 적절한 프로모션이 무엇인지, 재고 수준은 얼마인지에 대한 결정을 돕는다. 또 다른 조사업체는 인지도 추적조사, 고객 문의 수, 쿠폰 교환 수, 경품 응모 수를 측정한다. 또한 프로모션을 했을 때와 안 했을 때의 매출을 비교하여 추적한다. 닐슨의 스캔트랙(ScanTrack)법을 바탕으로 마케터들이 적절한 프로모션의 횟수, 경쟁사와의 차별점, 프로모션의 매출 기여도 등을 파악할 수 있도록 스캐너 데이터를 분석해준다. SAS 보고서에 따르면, 판매촉진의 의사결정은 측정 가능한 소비자행동을 기반으로 해야 하고, 그렇지 않으면 큰 손해가 발생할 수 있다고 한다.

매장 내 판매촉진 효과를 추적하기 위해 개발된 쇼퍼트랙(Shopper Trak)은 아주 흥미롭고 유용한 기술이다. 쇼퍼트랙은 열감지 지도 기술(heat map technology)을 이용하여 소비자 흐름을 추적하고, 입장 또는 퇴장 여부를 파악하며, 신장의 측정을 통해 성인과 아동을 구분하고, 매장 내 이동 패턴 및 구매 전환율 등을 계산한다. 이 시스템은 소매업체들이 매장 내 다양한 위치에 배치된 POP나 디스플레이의 효과도 평가할 수 있다.

도표 18-16
FSI의 효과 측정

프로모션 디시전스는 7만 5,000가구의 내셔널 쇼퍼 랩(National Shopper Lab)의 데이터를 바탕으로 18개월 동안 27개의 쿠폰에 대한 사용자와 비사용자의 실제 구매 데이터를 분석하였다. 연구 결과는 다음과 같다.

- FSI 쿠폰은 해당 제품의 신규 사용자 및 이탈 사용자의 시용(trial)에 유의미한 영향을 미쳤다(53%).
- 쿠폰을 사용한 소비자의 재구매율은 비사용자보다 11.8% 더 높았다.
- 쿠폰을 사용한 소비자의 재구매 물량 중 64.2%는 쿠폰 없이 이루어졌다.
- 쿠폰을 사용한 구매자와 사용하지 않은 구매자 간의 구매량에는 유의미한 차이가 없었다.
- 쿠폰 비용의 71~79%를 12주 이내에 회수하였다.
- 전면 광고는 반페이지 광고보다 더 높은 쿠폰 사용률, 추가 구매량, 신규 사용자에 의한 쿠폰 사용, 더 많은 재구매자를 유도하였다.
- 쿠폰을 사용하는 소비자들은 브랜드 충성 고객이었다.

비전통적 매체의 효과 측정

13장에서 비전통적 매체의 단점으로 그 효과를 측정하기 어렵다는 점을 언급했다. 하지만 아래의 예와 같은 비전통적 매체의 효과 측정법도 있다.

- **인쇄 전단지와 온라인 전단지의 효과 비교**: Journal of Advertising Research에 게재된 이에바 외(Ieva et al., 2018)의 연구는 온라인 전단지와 전통적 인쇄 전단지가 기억 및 구매행동에 미치는 영향의 차이를 분석하였다. 측정은 37개 수퍼마켓 체인에서 총 9,902명의 소비자를 대상으로 수행되었다. 연구 결과, 인쇄 전단지와 온라인 전단지가 소비자에게 미치는 영향에 차이가 없는 것으로 나타났다.
- **주차장 기반 광고 매체의 효과성**: 13장에서 논의했듯이, 주차장 간판 등에서 특정 인구통계학적 집단을 대상으로 한 광고가 시도되고 있다. 현재 TAB(Traffic Audit Bureau)는 이런 유형의 광고 효과를 분석하고 있다. TAB는 광고 설치를 확인하며, 매체 판매업체는 닐슨 미디어 리서치(Nielsen Media Research) 등의 조사회사를 통해 광고 노출 수(ad impressions)와 광고 회상률(ad recall)을 측정한다. 이 측정값들은 판매 추적 데이터와 결합되어 해당 매체의 효과를 평가하는 데 사용된다.
- **매장 내 라디오 및 TV의 효과**: IMS(Interactive Market Systems)는 광고주들이 매장 내 라디오 광고의 효과를 측정할 수 있는 소프트웨어를 제작하였으며, 매장 내 텔레비전 광고 효과 측정을 위한 소프트웨어도 개발 중이다.
- **다른 매체의 효과**: 많은 회사들이 다양한 매체의 효과조사를 하고 있다. 제품 디자인, POP 광고, 전람회 전시 등의 효과를 측정하고 있다. 또 닐슨 엔터테인먼트(Nielsen Entertainment)와 매시브미디어(Massivemedia)사는 비디오게임에 있는 광고 효과와 옥외 광고 매체의 효과를 측정하는 서비스를 제공하고 있다. 또한 다양한 IMC 요소의 효과를 측정할 수 있는 여러 방법이 있다.

스폰서십의 효과 측정

이 책의 전반부에서 스폰서십 분야가 성장하고 왜 많은 회사들이 이 분야에 투자하는지를 살펴보았다. 스폰서십의 지출이 늘어나면서 이에 대한 효과 측정 방법도 다양하게 제안되고 있다. **스폰서십의 효과**(sponsorship effectiveness) 측정 방법은 크게 노출을 측정하는 것과 효과를 추적하는 것으로 나눌 수 있다.

- **노출 측정법**: **노출 측정법**(exposure method)은 스폰서십이 각종 언론매체를 통해 얼마나 노출되었는지를 개량적으로 측정하는 것이다. 즉, 스폰서된 이벤트가 확보한 미디어 보도의 양과 성격, 그리고 직간접적 시청자 수를 측정한다. 많은 회사들이 가장 흔히 사용하는 방법이기는 하지만 많은 비판도 받고 있다. 예를 들어, 미셸 팜(Michel Pham, 2000)은 스폰서십의 목적이 언론 노출이 아닌 이상 이런 방식은 부적절하다고 했다. 그는 노출을 측정하는 것이 스폰서십의 목적인 브랜드에 대한 인지, 태도 변화, 행동 변화 등을 알려줄 수 없기 때문에 스폰서십 효과 측정법으로 적당하지 않다고 했다.
- **효과 추적법**: 효과 추적법(tracking measure)은 설문지를 통하여 스폰서십이 인지도, 친숙

도, 선호도에 어떤 변화를 주었는지를 측정하는 방법이다. 많은 조사에서 스폰서 광고에 대한 회상도, 인지도와 스폰서 브랜드에 대한 태도, 브랜드와 기업에 대한 이미지 등을 측정한다.

많은 기업들이 현재 스포츠 스폰서십의 효과를 측정하고 있다. 예를 들어, 스폰서십 노출에 대한 **광고비 환산법**(media equivalency)이 있다. 이는 이벤트 동안 스폰서가 받은 노출량을 같은 시간의 광고비로 환산하는 것이다. 먼저 후원한 스포츠 경기의 TV 중계화면에서 스폰서의 로고가 선명하게 보인 장면(선수 유니폼이나 경기장 광고판의 스폰서 로고 노출)의 시간을 모두 더한다. 그리고 총스폰서 로고 노출시간을 30초로 나눈다. 즉, TV 중계에서 자사의 로고가 30초간 노출되었다면 30초간 TV 광고를 한 것으로 환산하는 것이다. 여기에 해당 방송사와 방송시간의 광고단가를 곱하면 총광고비 환산 효과를 계산할 수 있다(이런 기법의 타당성에는 논란의 여지가 있다).

다른 모든 IMC 매체와 같이, 마케터들은 이벤트 스폰서십의 ROI를 측정하기를 원한다. 하지만 앞서 언급한 다른 커뮤니케이션 수단들과 마찬가지로, 스폰서십의 효과를 분리하여 측정하는 것은 거의 불가능하다. 따라서 커뮤니케이션 목표에 초점을 맞춘 평가가 필요하다. 도표 18-17은 스폰서십 효과 측정 기업인 스폰서맵(SponsorMap)이 사용하는 스폰서십 성과 매트릭스(Sponsorship Performance Matrix)를 보여준다. 이 매트릭스의 세로축은 대상 소비자가 스폰서 대상(스포츠 팀, 이벤트 등)에 느끼는 열정(passion)을 나타낸다. 리그, 팀, 선수에 대한 정서적 애착(스포츠 관여도, 스포츠 팬덤)이 높을수록 지수가 높아진다. 가로축은 스폰서에 대한 감사(gratitude)를 측정한다. 즉, 스포츠 팬 입장에서 본인이 응원하는 팀이나 선수를 지원하는 스폰서에 대하여 고마운 마음이 생기는 정도인 것이다. 스폰서맵에 따르면, 기업이 더 적극적인 스폰서십 활동(sponsorship activation)을 할수록 소비자의 감사 수준이 높아져 긍정적 인식이 형성된다. 도표 18-17과 같이, 스폰서는 매트릭스 우측 상단 영역에 위

도표 18-17

스폰서십 성과 매트릭스(Sponsorship Performance Matrix)

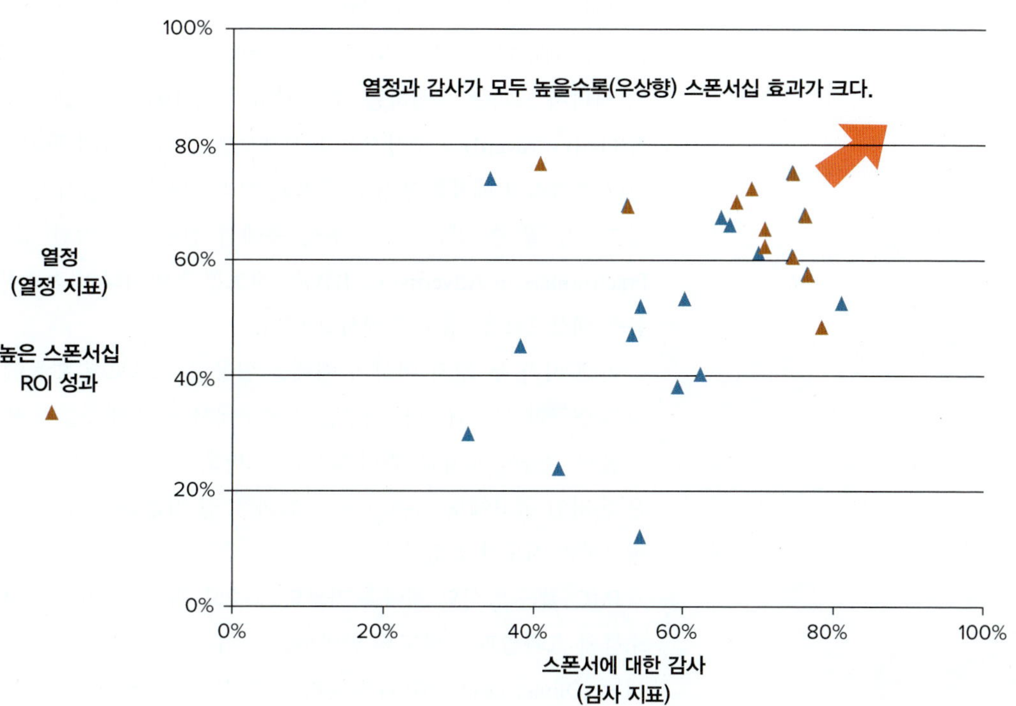

도표 18-18

스폰서십 효과 측정을 위한 8단계

1. 명확한 스폰서십 목표 설정
2. 벤치마크할 프로그램을 선정하여 탄탄한 전략을 수립하고 자사의 스폰서십 효과를 벤치마크한 스폰서십 효과와 비교하여 분석한다.
3. 측정할 수 있고 실현 가능한 목표를 설정한다. 그리고 목표 달성을 지원할 수 있는 스폰서십 활동을 한다.
4. 마케팅 변수들을 바꾸기보다는 개선한다.
5. 기존의 마케팅 계획을 그대로 적용하지 마라. 스폰서십 프로그램은 기업의 이해관계자들과 목표 소비자의 특성을 반영하여 설계되어야 한다.
6. 스폰서십 관리자의 참여 범위를 정의한다. 회사 내 참여 부서와 내외부적으로 팀을 조직할 사람은 누구인지 정한다.
7. '장기적 관점'으로 진행한다. 브랜드 자산을 구축하는 것은 시간이 걸리는 일이다. 이벤트 전후로 가능한 한 오랫동안 스폰서십을 활용하는 방안을 고려한다.
8. 전체 스폰서십 프로그램에 평가 항목과 관련 예산을 포함한다. 사전 및 사후 태도 조사, 매체 분석, 매출 결과 분석 비용 등을 포함한다.

치할수록 최대의 스폰서십 효과를 달성할 수 있다.

성과 조사는 브랜드 인지도 및 이미지 변화에 대한 영향을 측정한다. 웹사이트 방문 수, 구전 효과 생성량(buzz) 등도 사용되는 기준이다. 위의 측정법들은 각각의 장점과 단점이 있으며, 완벽하지는 못하다. 나르도네와 시(Nardone & See, 2007)는 대부분의 마케터들은 스폰서십 노출 횟수와 브랜드 회상 정도로만 스폰서십 효과 측정을 한다고 한다. 여기서 중요한 질문은 "스폰서십이 어떻게 브랜드 자산을 구축하고, 재무적 책임을 지느냐?"다. 도표 18-18은 스폰서십 효과 측정을 위해 고려해야 할 8단계를 제시하고 있다.

다른 IMC 프로그램 요소의 효과 측정

지금까지 여러 마케팅 회사들이 다양한 광고와 프로모션의 효과를 측정하는 서비스를 제공하는 것을 배웠다. 덧붙여 IMC 프로그램이 점점 더 중요해지고 있기 때문에 프로그램 요소 간의 시너지 효과를 측정하는 것이 중요하다. 1993년 이래 지금까지 중요한 광고상인 오길비상(Ogilvy Award)의 수상작을 분석해보면 단지 하나의 광고 캠페인만 진행한 작품에 비하여 여러 추가적인 매체를 활용한 작품과 여러 매체의 통합적인 효과를 잘 측정한 작품이 상을 수상했음을 알 수 있다. 이런 추세 속에서 런던에 위치한 영국 광고실무자협회(Institute of Practitioners in Advertising, IPA)는 광고뿐만 아니라 비전통적인 매체, PR, 판매촉진 등의 활동을 대상으로 한 상도 수여하고 있다.

이에 따라 두 가지 이상의 매체를 활용한 프로모션 활동에 대한 시너지 효과를 측정하는 많은 연구가 실시되었다. 대부분의 연구에서 복수 매체를 활용할 때 효과가 높게 나왔다.

앞서 언급한 것처럼, 칸타 밀워드 브라운이나 닐슨 미디어 리서치와 같은 여러 조사회사들은 온라인 광고에도 기존의 광고 효과 측정 기준을 적용함으로써, 전체 커뮤니케이션 효과를 평가하려 시도하고 있다.

IMC 접근 방식의 채택을 가로막는 주요 과제 중 하나는 IMC 프로그램의 다양한 구성 요소들의 효과성과 기여도를 판별하는 것이다. 이에 대한 학문적 연구들도 많다. 예를 들어, 디너 등(Dinner et al., 2014)은 온라인 광고(디스플레이 및 검색 광고)와 전통 매체 간의 크로스

도표 18-19

효율과 효과를 모두 측정하기 위한 방법

IMC 기획의 가장 중요한 이슈는 가장 적절한 접촉이 무엇인지 찾는 것이다.

질문: 우리는···
효과적인가? 올바른 일을 하고 있는가? 효율적인가? 일을 올바르게 하고 있는가?
효율만을 측정하는 현재의 방식
도달률, 빈도, GRPs(매체 조사) 시장활동의 비중(추정지표)
효과와 효율을 모두 측정하기 위한 MCA
접점의 영향 소비자의 브랜드 경험

채널 효과(교차 채널 효과)의 존재, 강도, 지속 효과를 분석하였다. 그들은 크로스 채널 효과가 존재하며, 중요하다는 결론을 내렸다.

인티그레이션(Integration)이라는 조사회사는 IMC 프로그램의 전체적인 효과를 측정하는 좋은 방법을 제안하고 있다. 이 회사는 IMC 프로그램의 효율(efficiency)과 효과(effectiveness)가 모두 높아져야 한다고 한다. 반면, 기존의 측정 방법은 주로 효율에만 초점을 맞추고 있어 이를 개선한 측정 방법을 사용해야 한다고 한다(도표 18-19 참조). 브랜드를 프로모션하기 위해 사용하는 매체를 결정해야 하는 마케팅 관리자들을 위하여, 인티그레이션은 MCA (Market Contact Audit)를 개발하였다. 이 도구는 소비자와의 접점 형성을 위해 사용된 매체의 효율성과 효과성을 동시에 측정한다. MCA는 소비자가 접점(매체)을 어떻게 이해하고 평가하고 인식하는지, 또 브랜드와 어떤 연관성을 형성하는지 측정함으로써, 전체 IMC 프로그램의 효과뿐만 아니라 개별 요소의 상대적 기여도까지 평가할 수 있게 한다.

이러한 노력에도 불구하고, IMC 프로그램 전체의 효과를 정확히 분석하는 것은 매우 어렵다. 이 장에서 다룬 광고 효과 측정 방법들은 각각의 장단점이 있으며, 광고주가 프로모션 효과를 평가하는 데 있어 어느 정도의 정보를 제공할 수 있다. 모든 프로모션 활동을 효과적으로 측정하는 것에 한계는 있지만 효과 측정에 대한 기법이 점차 개발되고 있다.

요 약

이번 장은 광고와 프로모션 효과 측정에 관련된 여러 이슈들을 살펴보았다. 여러 이슈에는 광고에 대한 시험을 해야 하는 이유와 하지 않는 이유, 그리고 다양한 측정기법들에 대한 소개와 평가가 있었다. 이에 대하여 도출된 몇 가지 결론은 다음과 같다. (1) 광고의 효과를 조사하는 것은 전체 프로모션 프로그램의 성공을 위해 중요하다. (2) 하지만 이런 조사에 소홀한 회사들도 있다. (3) 현재의 조사기법 중에는 문제가 있는 것도 있다. 또한 보다 효과적인 조사를 실시하기 위한 개선 방법도 제안하였다.

마케팅 관리자들은 그들의 프로모션 프로그램이 잘 실행되었는지 항상 알려고 한다. 이런 정보는 특히 다음 번 프로그램을 기획하는 데 아주 중요하다. 현재 전략의 수정이나 유지 여부가 평가 결과에 따라 결정되기 때문이다. 문제는 프로모션 효과를 측정하는 기법들이 효과를 정확히 측정하지 못하거나 그 결과가 잘못 이용되는 것이다.

또 이번 장에서는 효과 조사를 실시할 때 PACT가 제안한 9가지의 조사 원칙(도표 18-3 참조)과 디지털 광고 측정의 5가지 원칙(도표 18-4 참조)을 지키는 것이 중요하다는 것을 강조하였다. 그리고 이에 따르면 사전조사와 사후조사가 병행되어야 한다고 지적하였다.

여러 가지 조사 방법이 소개되었는데 이런 조사들은 입소스-ASI, MSW·ARS, 칸타 밀워드 브라운, 닐슨 같은 조사회사들이 온라인 및 기타 광고 플랫폼의 효과 평가를 지원하는 서비스를 확장해왔다. 또 많은 기업들이 자신들만의 조사기법을 개발하고 있고, 인터넷을 통한 조사도 증가하고 있다.

단일원천 조사기법도 다루었는데, 단일원천 조사기법은 광고의 노출과 반응을 실제 제품판매 데이터와 비교 분석함으로써 측정 방법의 효과 향상에 기여했다.

효과 측정을 위해서 다른 측정지표를 사용하면 다른 결과를 도출할 수도 있다는 점을 인식하는 것은 매우 중요하다. 광고 효과를 한 측정지표를 사용하여 조사하였을 때 아주 효과적으로 평가된 광고가 다른 측정지표를 사용하였을 때에는 효과가 없는 것으로 결론이 날 수 있기 때문이다. 따라서 IMC 프로그램의 효과를 정확히 측정하고자 할 때에는 커뮤니케이션 목표를 분명히 정의하고, 복수의 측정지표를 사용하여 효과 측정을 하는 것이 매우 중요하다.

찾아보기

ㅇ

ㅈ

ㅊ

ㅋ

ㅌ

ㅍ

ㅎ

기타